고려 후기의 불교

–사원의 불교사적 고찰–

고려 후기의 불교

— 사원의 불교사적 고찰 —

윤기엽 지음

일조각

머리말

한국 역사에서 불교가 차지하는 위상을 생각할 때 그 비중이 적지 않다는 것은 누구나 공감하는 사실이다. 하지만 한국 불교의 학문적 연구는 타 분야에 비해 매우 빈약한 편이고, 또 여기에 종사하는 연구 인력도 그다지 많지 않아 예나 지금이나 인기 있는 연구 분야는 아닌 것 같다. 그런 까닭이었는지 필자 또한 학부에서 사학을 전공했을 때나 시간이 꽤 흘러 다시 공부를 하겠다고 대학원에 진학했을 때도 불교학에 특별한 관심을 가졌던 것은 아니다. 다만 한국사에서 불교를 가볍게 취급할 수 없다는 정도의 방관자적인 자세였다. 그러던 필자가 대학원에 진학해 한국 불교를 주 전공으로 하여 학위 논문을 쓰게 된 것은 아마도 연세대학교 철학과의 신규탁 선생님과 당시 그 밑에서 공부하고 있었던 대학원생들과의 인연에서 비롯하지 않았나 생각한다. 긴 시간을 요하는 방대한 불교학을 뒤늦게 접하다 보니 수업을 쫓아가는 것은 물론이고, 과제물도 이만저만한 부담이 아니었다. 그런 과정을 겪으면서 필자 나름대로 설정한 목표는 한국 불교를 연구하되, 역사와 철학이 통섭된 학제學際 간의 연구를 시도하고, 또 역사는 한국사의 범주에 머무르지 않고 중국사를 함께 조명하는 글을 쓰겠다는 것이었다. 지금 생각하면 그 같은 구상은 분명 자신의 능력을 제대로 파악하지 못한 과욕이었지만, 그래도 해보겠다는 의욕만큼은 대단했다. 중국

근대의 대표적인 사상가 후스胡適 선생의 "가설은 대담하게, 논증은 소심하게[大膽的假說, 小心的求證]"라는 경구는 학문 연구 방법으로 당시 가장 가슴에 새겼던 말이었다.

그렇게 연구 목표를 설정하고 기본 자료를 수집하며 공부한 전공 분야가 한국 불교사였고, 또 시기적으로는 고려시대였다. 고려시대의 불교는 국가종교로서의 지위를 갖고 극성했지만, 정작 이 시기의 불교를 연구하는 학자는 그다지 많지 않았고, 체계적인 자료정리나 연구서도 미흡한 상태에 있다는 이야기를 자주 들어오던 터였기 때문이다. 사실 필자도 공부를 하면서 고려시대의 불교 연구가 다른 시대에 비해 상대적으로 활성화되지 않았고, 연구 주제가 소수의 고승高僧과 그 주변의 사안들에만 너무 편중되어 있다는 사실도 깨달았다. 일정한 시기를 대상으로 한 통시적인 불교사 연구는 매우 드물었고, 특히 대몽항쟁기對蒙抗爭期 후 거의 1세기에 걸친 원간섭기元干涉期의 불교 연구는 더욱 빈곤한 형편이었다. 이러한 문제의식을 갖고 고려시기 역사서와 문인들의 문집 속에 등장하는 다양한 성격의 여러 불교 사원을 면밀히 분석한다면 이 시기 개경開京과 지방의 주요 사원을 통한 불교사 연구도 충분히 가능하리라는 판단을 하게 되었다. 그래서 박사학위 논문의 주제를 '고려 후기의 사원 연구'로 설정하게 되었고, 그것도 원간섭기의 사원에 보다 집중하여 이전 시기와는 뚜렷이 구분되는 사원의 변화된 모습과 기능 등을 고찰하고자 했다.

고려왕조가 원제국의 지배 아래에 놓였던 원간섭기는 분명 주권을 상실한 부끄러운 역사로 여겨졌다. 그러나 우리가 원간섭기의 연구를 소홀히 하여 자의든 타의든 원과의 교류 속에서 전개된 고려 사회, 문화의 다양한 측면을 소홀히 한다면, 우리 역사의 중요한 한 층層을 간과하는 중대한 과오를 범하는 것이 된다. 그래서 원간섭기의 불교사에 초점을 맞추는 것도 매우 가치 있고 의미 있는 연구가 되리라고 판단했고, 박사학위 논문에서도 이 점을 그대로 반영하게 되었던 것이다. 이제 원간섭기의 역사도 예전과 달리 정치사나 외교사에 국한되지 않고 종교, 사상, 예술 등 다양한 측면에서의 연구가 꾸준히 시도되어 전보다 훨씬 진전된 연구 성과가 양산되고 있는 것으로 안다. 또한 대중들이 쉽게 접할 수 있는 교양서적도 간간이 출간되고 있어서 다행스럽고 바람직한 현상이 아닐 수 없다.

이 책은 필자가 박사학위 논문으로 발표한 「고려 후기 사원의 실상과 동향에 관한 연구」(연세대학교 대학원, 2004)를 수정, 보완하여 펴낸 것이다. 적지 않은 세월이 흘러 이제야 책을 내게 된 데에는 필자의 게으른 탓이 크지만, 한동안 전혀 경험하지 않았던 새로운 분야에서 연구 작업을 해온 이유도 있었다. 대학원 졸업 후 우연히 한국연구재단에서 지원하는 공동 연구 프로젝트에 참여할 기회가 생겨 일본 근대불교사를 연구하고 관련 논문을 쓰게 되었기 때문이다. 일본 불교에 관한 사소한 글은커녕 강의 한 번 제대로 들은 적이 없었던지라 막연한 지적 호기심에 사로잡혀 새로운 분야의 연구에 뛰어들어 대부분의 시간을 거기에 할애하면서 정작 전공 분야에는 소원해지고 말았다. 학위 논문 심사 때 지적받은 문제점을 중심으로 글을 수정, 보완해 읽기 좋은 단행본으로 간행하고 싶은 생각은 늘 갖고 있었지만 이래저래 시간을 보내고 만 것이다. 그러던 중 연구 프로젝트에서 부과되었던 논문 제출 과제가 얼마 전에 마무리되면서 그동안 미루어두었던 일을 할 수 있는 여력을 갖게 되었다. 학위과정 동안 관심을 갖고 공부했던 한 분야를 다시 정리하고 검토하면서 앞으로의 연구 계획을 세워볼 수 있는 계기로 삼고자 책 출간을 서두르게 되었다. 그동안 이 분야의 새로운 연구 논문도 발표되었기 때문에 이 책의 출간이 특별한 의미가 있을까 하는 생각도 하였다. 하지만 최근에 축적된 연구 성과를 반영해 글을 보완한다면, 이 분야에 관심을 갖고 공부하는 이들에게 간단한 읽을거리 정도는 되지 않을까 하는 기대를 갖고 주위의 도움을 받아 책을 출간하게 되었다.

타고난 천성이 영민하지 못하고 무딘 까닭에 불혹不惑의 나이가 다 되어 대학원에 입학해 이제 지천명知天命의 나이를 넘겨서야 개인 저서를 내다 보니 어떤 감회를 느끼기에 앞서 그동안 도움을 받은 많은 분들께 송구스럽고 부끄럽기 짝이 없다. 이제 더디고 느린 행보는 어쩔 수 없는 숙명으로 받아들이고, 대학원에 입학하여 공부를 다시 시작했던 그때의 자세를 잊지 않고 조금은 피곤해진 심신을 추슬러 새로운 목표를 향해 나아가려고 한다.

늦게나마 이 책을 출간하게 된 데에는 정말 많은 분들의 도움이 있었다. 먼저 불교학에 문외한인 필자가 이 분야에 조금이나마 눈 뜰 수 있도록 자상히 이끌어주시고, 학위 논문 지도를 맡아주신 신규탁 선생님께 깊은 감사를 드리고 싶다. 학위 논문 심사를 통해 조언과 격려를 아끼지 않으신 김상현, 조동원, 김도형, 도현철 선생님께도 감사드린다. 그리고 학부시절 필자에게 역사학을 공부하는 사학자의 바른 자세를 몸소 보여주시고, 얼마 전 후학들에게 이상적인 스승의 상을 남기시고 타계하신 고 노명식 선생님, 대학원 학위과정 동안 한국학을 지도해주신 설성경, 고 김준석, 김영미 선생님께도 감사를 드리고 싶다. 부족한 필자에게 늘 깊은 신뢰를 보내며 따뜻이 대해준 대학원 선후배 여러분에게도 고마운 마음을 전하고 싶다. 그리고 필자가 연구원으로 생활하며 자립할 수 있도록 많은 도움을 준 동국대학교 불교문화연구원, 서울대학교 일본연구소의 여러 교수님들과 동료, 선후배 연구원들에게도 감사를 드린다. 필자의 연구 생활에 늘 든든한 버팀목이 되고 있는 고마운 분들이다.

끝으로 뒤늦게 학문의 길에 들어선 자식의 앞날을 노심초사하시며 헌신적인 사랑으로 감싸주시는 부모님께 머리 숙여 감사드리고, 언제나 필자의 편에서 힘이 되어준 형제들에게도 고마운 마음을 전하며 모두의 건강과 행복한 생활을 기원한다.

아울러 변변치 않은 원고임에도 불구하고 흔쾌히 출간을 허락해준 일조각 김시연 사장님, 책 편집을 위해 세심한 정성을 아끼지 않은 일조각 여러분의 수고에 감사드린다. 한 권의 학술서가 세상에 나오기까지 편집자의 숨은 노고가 얼마나 큰가를 새삼 느끼게 해주었다. 올해는 대선이 있는 중요한 해라고 한다. 역사의 수레바퀴가 요동치지 않고 순탄히 굴러갔으면 좋겠다.

필동 연구실에서

2012년 9월 윤기엽

차례

일러두기

1. 몽골인의 이름이나 고려인의 몽골식 이름은 한자 발음으로 표기하였다.
2. 몽골인 원元 황제의 이름은 몽골어 발음을 우리말로 표기하였다.
3. 몽골인 고려 왕비는 이름이 아닌 시호諡號를 한자 발음으로 표기하였다.

제1장 서론

1. 연구사의 검토

한국의 사원寺院은 불교佛教 전래와 거의 같은 시기에 건립되기 시작했다. 고구려에서는 소수림왕小獸林王 2년(372)에 전진前秦으로부터 불교가 전래되어 소수림왕 5년(375)에 초문사肖門寺와 이불란사伊弗蘭寺가 건립되었다.[1] 백제에서는 침류왕枕流王 1년(384)에 동진東晋으로부터 불교가 전래되어 그다음 해인 침류왕 2년(385)에 최초의 절이 한산주漢山州에 건립되었다.[2] 그리고 신라의 경우 눌지왕訥祗王(재위 417~458) 때 고구려에서 온 아도화상阿道和尙, 곧 묵호자墨胡子가 일선군一善郡(경북 선산) 모례毛禮의 집에 들어와 불교를 전했는데, 이때 포교 장소가 된 모례의 집을 최초의 사원으로 간주할 수 있다.[3] 하지만 공식적인 최초의 절은 법흥왕法興王 14

1 『三國遺事』 권3, 興法3 順道肇麗.

2 『三國遺事』 권3, 興法3 難陀闢濟.

3 『三國遺事』 권3, 興法3 阿道基羅.

년(527) 이차돈異次頓의 순교殉教를 계기로 불교가 공인되며 건립된 경주 흥륜사興輪寺로 보아야 할 것이다.[4] 삼국의 불교 전래 시기는 각기 달랐지만, 승려의 입국과 불상佛像, 경문經文 등이 전해진 것과 거의 때를 같이 하여 사원이 건립되었다는 공통점을 갖고 있다.

불교의 전래와 함께 창건되기 시작한 사원은 삼국시대와 신라시대를 거쳐 불교의 전성기인 고려시대에는 그 수효도 절정에 이르렀다. 삼국 중 역사가 가장 길었던 신라에서는 약 500개 정도의 사원이 창건되었던 것으로 추정되며, 이 중 214개 사원은 『삼국유사三國遺事』, 『삼국사기三國史記』, 금석문金石文 등을 통해 기록으로 확인된다.[5] 그리고 불교가 국교國教였던 고려시대에는 전국에 약 2,000개 이상의 사원이 건립되었던 것으로 현존하는 자료에서 확인된다.[6] 삼국과 통일신라의 사원을 문화유산으로 계승한 고려시대에는 사원의 수가 전 시대에 비해 약 4배 이상의 증가를 보인 것이다. 물론 이 같은 사원의 수는 후대의 것과 비교한다 해도 훨씬 앞서고 있다.[7] 그러면 이렇게 많은 수의 고려시대 사원을 대상으로 하여 그동안 어떤 연구가 진행되었는지 알아보고, 그 문제점을 지적해보도록 하자. 최근까지 사원 연구는 대체로 다음 세 방향에서 진행되어왔다.

첫째, 정치 세력과 연계된 사원에 대한 연구가 주류를 이루었다. 고려시

---

4 『三國遺事』 권3, 興法3 原宗興法 厭髑滅身, "實法興王十四年丁未始開二十一年乙卯大伐天鏡林始興工梁 …… 至眞興王五年甲子寺成"

5 上代에 45寺, 中代에 73寺, 下代에 96寺이다. 진성규 · 이인철, 『新羅의 佛教寺院』, 백산자료원, 2002, 261~263쪽.

6 『新增東國輿地勝覽』의 佛字를 기본으로 하고 연대기, 금석문, 문집 등의 것을 보완했으며 시기는 고려 시기와 조선 초로 한정했다. 韓基汶, 「高麗時代 寺院 一覽」, 『高麗寺院의 構造와 機能』, 민족사, 1998.

7 大韓帝國시대에는 900여 개, 그리고 1990년대 중반 최대의 한국 불교 종단인 大韓佛教曹溪宗에 소속된 사찰이 1,600여 개인 것으로 보고되었다. 박희승, 『이제 승려의 입성을 許함이 어떨는지요』, 들녘, 1999, 256~257쪽; 임혜봉, 『불교사 100장면』, 가람기획, 1994, 434~435쪽; 홍윤식, 『한국의 가람』, 民族社, 1997, 14쪽 참조.

대의 불교 교단은 제도적으로 국가의 통제 아래에 놓여 있었기 때문에 사원은 정치권과 불가분의 관계를 형성하고 있었다. 따라서 고려 정치사의 전개 과정에서 사원은 항상 중요한 원인으로 등장했으므로 정치권과 연관된 사원 연구는 주요 테마가 되었다. 여기에는 정치사 위주의 역사 연구 경향에 편승한 일면이 작용한 것도 사실이다.

수선사修禪社와 백련사白蓮社의 연구는 고려시대 사원 연구 중 최근까지 가장 활발히 이루어진 분야이다. 수선사와 백련사는 무인정권기武人政權期 불교계의 자기모순에 대한 인식과 반성에서 시작된 신앙결사信仰結社 운동으로 이에 관한 연구는 고려 후기 불교사 연구의 중심축이기도 했다. 수선사 연구는 수선사만의 문제에 국한된 것이 아니라 조계종曹溪宗의 형성 시기와 그 창시자에 대한 논쟁, 그리고 지눌知訥 사상과도 연계되어 있기 때문에 이 연구는 여러 방면에서 활기를 띠고 진행되어왔다.[8] 더욱이 이것은 현대 한국 불교의 최대 종단인 대한불교조계종大韓佛教曹溪宗의 역사와도 직접적으로 연관되어 있어서 그 관심과 중요도는 높을 수밖에 없었다. 백련사 연구는 비록 수선사에는 미치지 못하나 백련사가 수선사와 비슷한 시기에 결성된 유사한 성격의 결사라는 점과 고려 후기 천태종天台宗 부흥과도 직결된 주제이기 때문에 역시 여러 방면에서 연구가 이루어졌다.[9] 특히 백련사는 원간섭기元干涉期에 묘련사妙蓮寺와 연계되어 천태종

8 秦星圭, 「高麗後期 修禪社의 結社運動」, 『韓國學報』 36, 일지사, 1984.
———, 「定慧結社의 시대적 배경에 대하여」, 『普照思想』 5·6, 보조사상연구원, 1992.
蔡尙植, 「高麗後期 修禪結社 성립의 사회적 기반」, 『한국전통문화연구』 6, 대구효성가톨릭대학교 한국전통문화연구소, 1990.
崔柄憲, 「定慧結社의 趣旨와 창립과정」, 『普照思想』 5·6, 보조사상연구원, 1992.
許興植, 『韓國中世佛教史研究』, 일조각, 1994.

9 高翊晉, 「圓妙了世의 白蓮結社와 그 思想的 動機」, 『佛教學報』 15, 동국대학교 불교문화연구원, 1978.
———, 「白蓮結社의 思想傳統과 天頙의 저술문제」, 『佛教學報』 16, 동국대학교 불교문화연구원, 1979.

의 중흥을 가져온 사원이기도 해서 원간섭기 불교사 연구에서도 중요하게 다루어지고 있다.

그리고 정치 세력과 연관된 고려 초기의 사원 연구로는 후삼국 정립기에 고려 태조太祖(재위 918~943)에 의해서 집중적으로 창건된 여러 사원들에 대한 개괄적 검토와 후삼국 통일기에 승군僧軍을 보유한 기존 중앙 사원의 역할에 대한 규명이 있었다.[10] 이는 후삼국 통일전쟁기에 정치권의 사원에 대한 정책과 인식, 그리고 당시 전투력을 보유한 지방 사원의 역할을 부각시킨 연구였다. 고려 중기의 사원 연구에서 주목되는 것은 법상종法相宗의 중심 사원인 현화사玄化寺와 화엄종華嚴宗의 중심 사원인 흥왕사興王寺의 발전 과정과 정치 세력의 관계에 대한 분석이었다. 전자는 현화사가 인주이씨仁州李氏 세력과 연결되어 법상종의 융성을 가져왔음을 강조했고,[11] 후자는 왕실 세력과 연결된 흥왕사가 의천義天이 주지로 있던 시기에 화엄종을 주도했음을 밝혔다.[12] 그리고 고려 중기 현화사, 흥왕사, 국청사國淸寺 세 사원의 유기적 관계를 통한 중기 불교계의 종합적 검토가 있었다.[13]

정치 세력과의 관계를 다룬 사원 연구에서는 보통 한 시기의 특정 사원에 대한 분석이 시도되고, 그에 따른 불교사적 의미가 부여되는 경우가 대부분이었다. 이러한 개별 사원에 대한 단편적인 연구는 일정 시기 한 사원의 변천 과정과 그 성격은 명확히 규명할 수 있지만 동일한 시기의 유사한

蔡尙植, 「高麗後期 天台宗의 白蓮結社」, 『韓國史論』 5, 서울대학교 인문대학 국사학과, 1979.
———, 「白蓮結社 성립과 사상적 경향」, 『高麗後期佛教史研究』, 일조각, 1991.

10 韓基汶, 「高麗太祖時의 佛教政策—創建寺院을 중심으로」, 『大邱史學』 22, 대구사학회, 1983.

11 崔柄憲, 「高麗中期 玄化寺의 重建과 法相宗의 隆盛」, 『韓㳓劤博士 停年紀念史學論叢』, 지식산업사, 1981.

12 韓基汶, 「高麗中期 興王寺의 創建과 華嚴宗團」, 『高麗寺院의 構造와 機能』, 민족사, 1998.

13 윤기엽, 「高麗 中期 玄化寺·興王寺·國淸寺의 動向과 佛教界」, 『佛教史研究』 4·5, 중앙승가대학교 불교사학연구소, 2004.

성격의 사원들과는 비교하지 않았기 때문에 한 사원의 연구로 고착되는 경우가 많았다. 따라서 이 연구 결과를 토대로 하여 일정 시기의 불교사 전개 과정을 밝히기에는 상당한 제약이 따르기 마련이다. 그동안의 연구에서는 특정 사원의 특수한 일면이 해당 종파의 모습으로, 혹은 불교계 전체의 모습으로 그려지는 경우가 많았던 것도 사실이다.

둘째, 사원의 경제적 측면에 대한 연구가 일찍부터 시도되었다. 흔히 사원경제로 분류되는 이 분야에서는 고려시대 전 시기를 통괄하여 사원과 연관을 맺고 있는 생산 노동자, 토지, 생산품, 상행위, 재산 운영 등을 포괄적으로 다룬 연구가 꾸준히 진행되어왔다.[14] 이러한 연구 결과를 바탕으로 이 분야의 연구는 더욱 심층적이고 구체화될 수 있었다. 고려 후기만을 대상으로 한 사원경제 연구가 있었고,[15] 사원경제의 특정 부분을 주제로 한 사원전寺院田,[16] 사원보寺院寶,[17] 경작농민耕作農民,[18] 사원노비寺院奴婢[19] 등의 연구가 이루어졌다. 사원경제의 여러 가지 의문점은 단순히 사원 내

14 旗田巍, 「高麗朝に於ける寺院經濟」, 『史學雜誌』 43~45, 東京大文學部內史學會, 1932.
劉敎聖, 「高麗寺院經濟의 性格」, 『白性郁還曆紀念佛敎學論文集』, 1959.
李載昌, 『寺院經濟의 硏究』, 아세아문화사, 1976.
李相瑄, 「高麗寺院經濟에 대한 考察」, 『崇實史學』 1, 숭실대학교 사학회, 1983.

15 李炳熙, 『高麗後期 寺院經濟의 硏究』, 서울대학교 박사학위논문, 1992.

16 朴敬子, 「高麗朝의 寺院田考察」, 『淑大史論』 4, 숙명여자대학교 사학과, 1969.
姜晉哲, 「寺院田」, 『高麗土地制度史硏究』, 고려대학교 출판부, 1980.
李炳熙, 「高麗前期 寺院田의 分給과 經營」, 『韓國史論』 18, 서울대학교 인문대학 국사학과, 1988.
金潤坤, 「麗代의 寺院田과 그 耕作農民」, 『民族文化論叢』 2·3, 영남대학교 민족문화연구소, 1982.

17 韓基汶, 「高麗時代 寺院寶의 設置와 運營」, 『歷史敎育論集』 13·14, 경북대학교 사범대학 역사과, 1990.

18 金潤坤, 「麗代의 寺院田과 그 耕作農民—雲門寺와 通度寺를 중심으로」, 『民族文化論叢』 2·3, 영남대학교 민족문화연구소, 1982.

19 金世潤, 「高麗寺院奴婢의 성격」, 『釜山女大史學』 1, 부산여자대학교 사학회, 1983.
裵象鉉, 「高麗後期 寺院奴婢와 그 社會經濟的 地位」, 『昌原史學』 1, 창원대학교 인문대학 사학과, 1993.

의 문제로만 국한지어서 해명되지 않기 때문에, 불교사학을 중심으로 하여 순수사학과 경제사학 쪽에서의 연구도 필요로 하고 있다. 종합적이고 학제적인 연구가 요청되는 분야이다.

셋째, 사원의 다양한 기능에 대한 연구가 진행되었다. 고려시대의 사원 연구 영역이 전에 비해 확대되고 다양화된 것은 무엇보다도 사원의 기능 연구가 활성화되면서부터였다. 이 연구를 통해 사원이 신앙의 성소聖所로서 종교적 기능을 한 것 외에도 사회에서 일종의 문화적 공간으로 기능한 사실이 밝혀졌다. 즉 고려시대의 사원은 왕실王室, 관인官人, 사서인士庶人 등의 상례喪禮와 제례祭禮를 행하거나, 국가와 왕실의 중요한 의식을 거행하거나, 병자에게는 휴양소로 이용되거나, 교육과 금융기관의 역할을 하거나, 여행자들에게는 편의시설을 제공하거나, 특수 지역의 치안 유지에 기여하거나, 지역의 축제장소나 서적 출판과 보관의 장소로서도 기능했음을 밝힌 것이다.[20] 그리고 수도 개경開京과 그 인근 지역의 사원에 대해서는 보다 활발한 연구가 이루어져 그 지역의 사원에 한정하여 기능과 성격 등이 다루어졌다.[21] 고려시대 사원의 이러한 다양한 기능은 다른 시대의 사원과 구별되는 차별적 요소인 동시에 고려시대의 사원을 종교적인 범주에 국한하지 않고 사회 전체의 구조 속에서 조명한 연구성과였다. 이러한 성과를 바탕으로 하여 왕실 조상 숭배의 한 형태인 진전사원眞殿寺院의 실상과 사원의 원당願堂 기능이나 특수한 기능 등에까지 그 연구가 진척되었다.[22] 이들 연구에서는 대개 사원의 한 가지 특정한 기능이 고려 전 시기에

20 許興植, 「佛教界의 組織과 行政制度」, 『高麗佛教史研究』, 일조각, 1986, 333~335쪽; 韓基汶, 「高麗時代 寺院의 統制와 編制」, 『伽山李智冠스님 華甲紀念論叢 韓國佛教文化思想史』 上, 가산불교문화진흥원, 1992, 730쪽.

21 許興植, 「開京寺院의 機能과 所屬宗派」, 『高麗佛教史研究』, 일조각, 1986.
박윤진, 「高麗時代 開京一帶寺院의 軍事的 政治的 性格」, 『韓國史學報』 3·4, 고려사학회, 1998.
박종진, 「高麗後期 開京 절의 위치와 기능」, 『역사와 현실』 38, 한국역사연구회, 2000.

22 許興植, 「佛教와 融合된 王室의 祖上崇拜」, 『高麗佛教史研究』, 일조각, 1986.

걸쳐서 나타난 모습을 일목요연하게 고찰하고, 그 기능의 역사적, 사회적 의미를 부여했다. 따라서 사원 자체의 연구에 있어서는 보다 충실함을 기했다고 할 수 있다.

그러나 사원의 다양한 기능에 대한 연구에서 보여준 많은 성과에도 불구하고 문제점은 있다. 먼저, 연구 대상의 시기가 보통 고려시대 전체에 걸쳐 있어서 사회적 여건이 바뀜에 따라 다양하게 변화된 사원의 기능과 그 변화를 가져온 역사적, 사회적 배경 등이 면밀히 고려되지 않았다. 개별 사원의 역사적인 변천에 대한 이해가 소홀히 다루어졌고, 다양한 사회 변화에 대응해간 사원의 실상을 잘 파악할 수 없었던 것이다. 그 결과 특정 시기 한 사원의 기능이 곧 고려시대 사원의 기능으로 일반화되고, 사원의 다양한 기능을 불교사의 전개 과정 속에서 이해하기 어려웠다. 다음으로, 특정한 시기에 공존하면서 상호 교류, 대립, 경쟁 관계에 있었던 여러 사원의 구체적인 내용이 파악되지 않았고, 사원의 단편적인 일부 기능을 이해하는 데 그치고 말아 그 시기 사원에 대한 종합적 이해에는 근접할 수 없었다. 다만 1990년대 중반, 무인정권기武人政權期 정치권의 사원 정책과 여러 사원의 분석을 토대로 하여 당대 불교계의 실상을 고찰한 연구가 있었다.[23] 그것은 무인정권기의 주요 사원 연구를 통해서 그 시기 불교사의 전개를 고찰한 것이었다.

秦星圭, 「高麗後期 願刹에 대하여」, 『歷史教育』 36, 역사교육연구회, 1984.
韓基汶, 『高麗時代寺院의 運營基盤과 願堂의 存在樣相』, 경북대학교 박사학위논문, 1994; 韓基汶, 「寺院의 特殊한 機能」, 『高麗寺院의 構造와 機能』, 민족사, 1998.

23 金光植, 『高麗武人政權과 佛教界』, 민족사, 1995.

2. 연구의 의의와 방법

이 책에서는 고려 후기 특히 원간섭기元干涉期에 부각된 사원들에 주목하여 그 실상과 동향을 고찰하고자 하는데, 먼저 원간섭기의 불교사가 갖는 의의와 그 연구의 필요성을 검토해보기로 하자. 고려는 약 30년(1231~1259)에 걸친 대몽항쟁對蒙抗爭을 마감하고,[24] 원종元宗 11년(1270) 개경開京 환도還都와 함께 원元의 정치적 간섭을 받기 시작했는데, 이것이 공민왕恭愍王 5년(1356)에 종식되었다. 약 80여 년에 걸친 원간섭기의 고려 불교계는 보통 13세기의 새로운 신앙결사信仰結社를 중심으로 나타난 개혁성과 참신성이 사라지고 사회경제적인 모순이 가중되면서 사회적 기능이 퇴조된 시기로 평가되고 있다.[25] 그러나 원간섭기의 불교계가 신앙결사 운동 때와는 달리 현실에 타협하고 온존하려는 보수적 성향을 띠며 불교의 사회적 기능이 퇴조하였다는 평가에도 불구하고, 다음과 같은 이유로 충분히 주목할 만한 가치가 있다.

첫째, 한국 불교사에서 원간섭기의 불교가 차지하는 비중이 막중하다는 점이다. 고려는 30여 년간 치열한 대몽항쟁을 벌인 후 80여 년을 원에 복속되는 크나큰 시련을 겪게 되었다. 역사상 전례가 없는 이민족에 의한 오랜 정치적 탄압은 고려 사회 전반에 걸쳐 엄청난 변화를 몰고 왔다. 개국開國 이후 국교國教의 위치에 있던 고려 불교가 원간섭기라는 이질적인 정치 상황 아래서 겪어야 했던 변화의 모습 또한 전례를 찾아볼 수 없을 정도로 큰 것이었다. 따라서 1세기에 가까운 원간섭기 불교계의 다양한 모습들을 추적하지 않은 채 무인정권 이후에 전개된 고려 후기의 불교를 논하는 데

24 고려는 高宗 18년(1231) 8월 몽고의 제1차 침입을 받았고, 고종 46년(1259) 4월 양국의 화의에 따라 太子가 入朝했다.

25 蔡尙植, 「원의 정치 간섭과 불교」, 『한국사』 21, 국사편찬위원회, 1996, 92~93쪽.

는 상당한 한계가 있다. 더욱이 원의 정치적 간섭을 벗어난 공민왕 이후 14세기 후반의 여말麗末 불교와 그 연장선 위에 있는 선초鮮初 불교를 논하기 위해서는 필연적으로 원간섭기 불교계의 다양한 모습들이 보다 면밀히 규명되어야 한다. 14세기 말 왕조 교체와 더불어 불교가 탄압의 대상으로 전락하고 만 것도 이미 원간섭기에 잉태된 불교계의 많은 모순점들이 한 원인이 되었음을 감안할 때 그 필연성은 배가되는 것이다. 그런가 하면 13세기 무인정권기의 불교계와 14세기 중엽 이후 여말의 불교계 사이에 드러나는 다양한 차별적인 모습을 설명하기 위해서도 교량적 위치에 있었던 원간섭기의 불교에 대한 중요성은 부각되지 않을 수 없다.

둘째, 고려가 원에 복속된 원간섭기에 두 나라 사이에는 많은 인적人的, 물적物的 교류가 이루어지며 고려에서는 몽고풍蒙古風이 원에서는 고려양高麗樣이 유행한 것처럼, 불교 또한 두 나라 사이에서 적지 않은 영향을 주고받았다는 점이다. 우선 고려 불교계가 원 불교로부터 받은 영향을 보면, 티베트 불교가 원황실을 통해 고려에 전파되기 시작했고, 13세기 말 몽산덕이蒙山德異(1231~1308)의 사상을 수용하여 간화선看話禪의 영향력이 확대되면서 그 수행법이 고려 불교계의 전반적인 경향으로 자리 잡았다. 또한 인도 출신으로 14세기 초 티베트를 통해 원 대도大都에 들어가 불법을 편 지공指空(?~1363)은 고려 불교계와 긴밀히 연계되어 그의 사상과 계율관이 고려의 고승과 신도들에게 깊은 영향을 미치기도 했다.[26]

한편 고려 불교가 원 불교계에 미친 영향을 보면, 무엇보다 원으로 건너간 많은 승려와 일반민들이 원에 고려 불교를 전하게 되었다는 것이다. 특히 원의 수도 대도에 거주한 다양한 부류의 고려인들이 독자적으로 사찰을 창건하거나 혹은 기존의 사찰을 후원하면서 신앙생활을 지속해간 사실

26 최연식, 「원대 불교계의 동향과 고려-원의 불교교류」, 『몽골의 역사와 문화』, 서경문화사, 2006, 148~157쪽.

은 고려 불교사에서 간과할 수 없는 중요한 부분이 될 것이다. 당시 그곳의 고려인은 원 지배하의 피지배층 계급이라는 열악한 환경 속에 있었지만, 그들의 끈질긴 생명력과 탁월한 개인적 역량을 통해 오랜 세월에 걸쳐 축적된 고려의 독창적인 불교문화는 원나라 불교계에 적지 않은 영향을 미쳤던 것이다.

셋째, 원간섭기와 여말에 걸쳐 활동한 조계종 고승과 이들이 속한 산문山門과 관련하여 다양한 의견들이 최근까지 활발히 제기되고 있지만 실정은 아직 명확한 결론에 이르지 못하고 있다는 것이다. 주로 논의되고 있는 조계종曹溪宗 법통설法統說[27]을 비롯하여 조계종의 역사적 기원 문제, 한국 선종에서의 임제선臨濟禪 전승문제[28] 등이 원간섭기 이후 한국 불교사의 연구 범주에 포함되어 있다. 특히 조계종의 종조宗祖를 누구로 삼을 것인가에 대한 논의는 현재 한국 불교를 대표하는 종단인 대한불교조계종의 정체성을 확립하는 문제와도 직결되어 있어서 이에 대한 논의는 앞으로 더욱 심도 있게 진행될 것으로 예상된다. 원간섭기를 전후한 시기의 불교사 연구가 보다 활성화된다면 위의 쟁점 사항들을 해결하는 데 일조하리라고 본다.

마지막으로, 아직도 원간섭기의 불교사 연구가 매우 부진하다는 점이다. 현재 고려 불교사 연구 중 1세기에 가까운 원간섭기의 연구는 가장 부진한 분야로 평가되고 있다. 여기에는 여러 가지 원인이 있을 수 있겠지만, 우선 이 시기의 고려 불교뿐만 아니라, 몽골족의 원 제국帝國 역사를 배경으로 티베트 불교나 한족漢族 불교 등이 함께 검토되어야 한다는 연구

27 曹溪宗의 법통 논쟁으로 宗祖를 普照로 내세우는 普照종조설과 太古를 종조로 내세우는 太古종조설이 그 핵심이다. 조계종의 종조를 지눌로 보는 견해가 우세하지만 아직 종조와 중흥조를 명확히 밝히지는 못하고 있다. 현 대한불교조계종 宗憲에서는 도의를 종조로 하고 도의→지눌→태고로 이어지는 법통설을 채택하고 있다.

28 한국 선종의 큰 주류인 임제선풍을 그대로 전수한 고승은 太古普愚라고 한다. 신규탁, 「태고보우국사」, 『佛敎』 507, 月刊佛敎社, 1998.

범위의 부담감이 큰 원인으로 작용하지 않았나 생각된다. 또한 한국 역사의 자주성에 깊은 상처를 남긴 원간섭기의 역사가 우리에게 그다지 주목받지 못하면서 당대의 불교사 연구도 자연히 부진을 면치 못하게 되었을 것이다. 이 때문에 고려 후기의 불교사는 무인정권기와 여말의 불교사로만 이루어지는 매우 불완전한 모습을 띠고 말았다. 이제 고려 후기 불교사의 흐름을 온전히 파악하기 위해서는 무인정권기와 여말 사이에서 교량적 역할을 한 원간섭기의 불교 연구가 절실히 요청되는 시점에 있는 것이다.

현재까지 축적된 고려시대의 사원 연구는 많은 성과에도 불구하고 소수 특정 사원의 발전 과정과 사원의 부분적 일면을 규명하는 데 치우쳐 있기 때문에 고려 불교사의 전개 과정이라는 큰 맥락에서 이해되지 못하는 점은 그 한계로 지적할 만하다. 이 책에서는 이러한 점을 고려하여 다음과 같은 몇 가지 기본적인 연구 방향을 설정했다.

첫째, 사원 연구의 일반적 경향인 특정 사원에 대한 단편적인 연구나 고려시대 전 시기에 걸친 사원의 일부분에 대한 연구 경향에서 탈피하여 우선 사원 연구의 시간적 범위를 고려 후기로 한정하고, 이 시기에 부각된 수요 사원에 대한 연구를 토대로 고려 후기 불교사의 흐름을 파악하도록 한다. 물론 원간섭기의 불교사가 갖는 각별한 의미 때문에 이 시기의 사원 연구에 집중하도록 한다.

둘째, 원간섭기와 고려 말의 주요 사원을 몇 개의 범주로 분류하여 각 사원에 대한 개별적인 연구를 시도할 것이다. 개별 사원에 대한 연구가 축적되지 않은 상태에서는 특정 시기 사원의 성격과 기능을 규명할 수 없고, 특히 정치 변화에 따른 사원들의 동향을 추적할 수 없기 때문이다. 모든 사원들은 하나의 유기체와 같은 존재로서 시대의 변화에 따라 부침浮沈을 거듭했기 때문에, 그 변화의 과정을 파악하기 위해서는 사원의 개별적인 분석과 검토가 요청되고 있다. 오늘날 학문의 세분화가 가져온 한계성을 극복하고, 종합적인 이해를 추구하는 학제學際 간(interdisciplinary)의 연구에 있어서는 개별 사례의 연구에 따른 글의 전개는 매우 적절한 방법이라고 생각한다. 각 사례에 대한 종합적 이해가 충실해졌을 때 그것에 의해 도출된 이론이나 결론은 그만큼 설득력을 갖기 때문이다.

셋째, 개별 사원의 연구에서 다루어지는 내용은 사원의 연혁, 성격, 기능, 예술, 의례 등 전반적인 사항이다. 특히 사원의 기능 연구에서 나타난 문제점에 주의하고, 또 그 연구 성과를 바탕으로 하여 기능적인 면을 깊이 있게 다루고자 한다. 사실, 보다 충실한 사원 연구를 위해서는 각 사원의 유물 연구가 비중 있게 다루어져야 한다. 그런데 이 책에서 연구 대상이 된 대부분의 사원은 현재 폐사廢寺되었거나 유물도 거의 남기고 있지 않을 뿐 아니라, 북한 지역에 위치한 관계로 상당한 제약이 따르고 있다. 다만 현존하는 유물이 남아 있는 몇몇 경우에 대해서는 역사적 고증과 해석을 시도하고자 한다.

넷째, 이 책의 진행 과정에서는 무엇보다도 정치사에 유의할 것이다. 이것은 이 책의 목적이 각 사원의 내용 파악에 머물지 않고 이것을 토대로 하여 고려 후기 불교사의 전개 과정을 밝히고자 하기 때문이다. 고려시대의 불교 교단은 제도적으로 국가의 통제 아래서 운영, 유지된 관계로 정치사와 유리된 불교사를 생각하기는 어렵다. 불교 교단의 토대가 된 사원 역시 정치권의 변화와 더불어 성쇠를 거듭했으므로 이 책은 이 시기 정치사에 주목해 진행될 것이다. 이상과 같은 연구 방향을 설정한 상태에서 이 책의 내용을 다음과 같이 구성하고자 한다.

제2장에서는 무인정권기武人政權期의 사원 동향을 개괄적으로 검토한다. 이 부분은 이 책에서 본격적으로 다루고자 하는 원간섭기의 사원 연구에 대한 예비적 검토의 성격을 갖는 장이다. 원간섭기의 사원이 당대의 고립된 실체로 존재한 것이 아니라, 무인정권기의 사원들과 연장선상에 있

었기 때문에 이들에 대한 기본적인 동태 파악이 필요한 것이다. 이 장에서는 각 사원에 대한 개별적인 연구는 피하고, 무인정권의 추이에 따른 각 사원의 전반적인 동향을 파악하여 원간섭기 사원 연구의 한 배경으로 삼고자 한다.

그리고 제3장에서는 먼저, 원간섭기의 시대적 특수성을 반영하며 이 시기에 두각을 나타낸 사원들로서 '원황실元皇室의 원당願堂이 된 사원'과 '원황실의 보시를 통해 중흥된 사원'을 살펴본다. 이들은 고려 국내에 소재한 사원이었지만 당시 원황실과 연계되어 성장, 발전했기 때문에 모두 원황실과 관련된 고려 사원이었다. 그리고 원간섭기에 가장 유력한 종파로 꼽히고 있는 천태종天台宗, 선종禪宗(조계종曹溪宗), 법상종法相宗에 소속된 사원들의 동향과 실상을 살펴보도록 한다. 전형적인 종파불교宗派佛教의 성격을 띠었던 것으로 평가되는 고려 불교계는 원간섭기에도 종파간의 대립과 경쟁관계를 통해서 발전했는데, 여기서는 해당 사원들의 개별 연구를 통해 그것의 전개 과정과 배경 및 그에 따른 불교계의 판도를 살펴보도록 할 것이다.

제4장에서는 원간섭기라는 시대적 특수성과 고려인의 활약상을 반영한 사원인 '원간섭기 재원在元 고려인高麗人 관련 대도大都 사원'을 살펴보도록 한다. 이들 사원은 비록 원의 국도國都 대도에 소재했지만, 그곳에 거주한 고려인에 의해서 창건, 중창, 또는 주재된 관계로 고려 불교사의 한 부분으로 간주할 수 있다. 고려 불교의 원나라 진출과 그 주도 세력 등을 규명함으로써 고려 불교사의 연구 영역이 보다 확장되리라고 본다.

제5장에서는 원간섭기에 이어 고려 말에도 유력한 종파로 꼽히고 있는 선종과 천태종에 소속된 주요 사원들의 동향과 실상을 살펴보도록 한다. 여기서도 해당 사원들의 개별 연구를 통해 여말 불교계의 판도를 파악하는 것이 가능하리라고 본다.

이 책에서 다루어지는 사원들 대부분은 지금까지 고려 후기 불교사 속에서 간단히 언급되는 정도였고, 또 몇 개의 특정 사원에 대한 개별 연구가 있을 뿐이었다.[29] 이것은 아마도 소략한 사료史料가 가장 큰 원인이었던 것으로 생각된다. 그러나 이들 사원에 대한 체계적이고 엄밀한 규명 없이는 고려 후기 불교사는 중요한 일면을 간과한 채 불완전한 상태로 머물 수밖에 없다는 판단 아래 이 연구에 역점을 두게 되었다. 각종 문집文集에서 전하고 있는 사원의 기문記文과 비문碑文, 그리고 고승들의 전기傳記, 역사서歷史書 등을 토대로 하여 이들 사원을 몇 개의 범주로 분류하고, 또 이것을 세부적으로 분석하여 이들 사이의 상호 연관성을 찾을 것이다. 이 과정에서 나타나는 불완전한 사료상의 한계는 이 시기 불교와 정치권의 교류를 참작하여 보완하려고 한다.

29 黃仁奎, 「趙仁規家門과 水原 萬義寺」, 『水原文化史硏究』 2, 수원문화사연구회, 1998.
邊東明, 「고려 忠烈王의 妙蓮寺 창건과 法華信仰」, 『韓國史硏究』 104, 한국사연구회, 1999.
許興植, 「檜巖寺」, 『高麗로 옮긴 印度의 등불』, 일조각, 1997.

제2장 무인정권기의 사원 동향

고려 문종文宗(재위 1046~1083) 때 전성기를 이룬 문벌귀족 사회는 인종仁宗(재위 1122~1146) 때의 이자겸李資謙의 난과 묘청妙淸의 난으로 크게 동요되다가 의종毅宗 24년(1170)에 일어난 무인武人들의 쿠데타로 붕괴되면서 무인정권武人政權이 수립되었다. 무인난을 일으킨 중심인물은 정중부鄭仲夫, 이의방李義方, 이고李高였지만 이들 사이에서 내분이 일어나 이의방이 이고를 제거하고, 다시 정중부는 이의방을 제거하며 단독정권을 수립했다. 그러나 정중부가 경대승慶大升에게 제거되고, 경대승이 병사하게 되자 이의민李義旼에게 권력이 넘어갔고, 또 이의민은 최충헌崔忠獻에게 제거되었다. 이후 최충헌, 최우崔瑀, 최항崔沆, 최의崔竩에 이르는 4대 60여 년의 최씨崔氏 무인정권(1196~1258)이 지속되었다. 이러한 무인들 사이의 계속된 정권 다툼 과정에서 승군僧軍을 보유한 사원 세력은 정권의 향방을 결정짓는 중요한 변수로 작용했다. 특히 이 시기의 사원 세력은 현실적 이해관계에 따라 무력을 동원하여 특정 무인정권에 저항하거나 결탁했기 때문에 이들의 존재는 정치계에도 중요한 의미를 갖고 있었다.

몽고족의 침입에 의한 무인정권의 붕괴는 곧 왕정복고와 함께 원간섭元干涉의 체제로 전환되는 것을 의미했는데, 이에 따라 불교계도 커다란 변혁을 맞게 되었다. 당시 국가의 제도 내지 행정체계에 편입되어 있던 불교계가 예외가 될 수 없었기 때문이다. 대몽항쟁을 전개한 무인정권기는 몽고족에게 굴복한 원간섭기와는 서로 단절된 시기였지만, 시간상으로는 원간섭기와 바로 직결된 시기였다. 그러므로 무인정권기의 사원 동향에 대한 고찰은 대전환기를 맞이한 원간섭기 사원의 변모된 모습과 그 변화의 근원을 밝혀주는 중요한 관건이 된다. 그리고 고려 불교계의 일관된 성향을 파악하는 데에도 일정 부분 도움을 주리라고 생각한다. 무인정권기에는 무력에 의한 정권 교체가 빈번히 일어났고, 또 사원의 군사적 기능이 크게 부각된 시기였기 때문에 여기서는 무인정권의 추이에 따라서 사원의 일반적 동향을 개관하도록 한다.

1. 무인정권 초기의 사원 동향

(1) 이의방, 정중부 집권기

무인난武人亂 직후 난의 주역이었던 정중부鄭仲夫(1106~1179), 이의방李義方(?~1174), 이고李高(?~1171) 중 강경파에 속하는 이의방, 이고 사이에서 먼저 권력 암투가 벌어졌다. 이고는 법운사法雲寺 승僧 수혜修惠, 개국사開國寺 승僧 현소玄素 등 사원의 무장 세력을 동원하여 이의방을 제거하려고 기도했다. 그러나 이 음모를 알아차린 이의방은 명종明宗 1년(1171)에 채원蔡元과 함께 순검군巡檢軍을 시켜 이고를 제거하면서 정국의 주도권을 쥐고 정권을 독점하는 계기를 마련했다.[1] 무인난의 주역이었던

1 『高麗史節要』 권12, 明宗 元年 正月, "義方 素惡高逼己 至是 亦知其謀 與元 候高等 至宮門外 卽

이고가 사원의 승도僧徒를 동원하여 변란을 도모했다는 이 사실은 사원 세력이 무인정권 초기부터 일찌감치 정치권의 권력투쟁에 가담하고 있었음을 말해준다. 일찍부터 도성 내에서 주요 국가 사찰 혹은 왕실 원당願堂으로 기능한 법운사法雲寺와 개국사開國寺가 무인난 직후에는 사원 내의 일부 세력이 이고와 연계되어 변란을 모의한 것이었다.

사원 세력이 조직적으로 무인정권에 맞서서 항쟁을 벌인 사건은 이의방 집권기인 명종 4년(1174) 1월에 발발했다. 귀법사歸法寺를 위시하여 중광사重光寺, 홍호사弘護寺, 홍화사弘化寺 등의 승도 2,000여 명이 항쟁에 가담하여 이의방 정권을 무너뜨리고자 했다. 그러나 이 대규모의 항쟁은 결국 이의방이 이끄는 부병府兵들에 의해 진압되면서 중광사, 홍호사, 귀법사, 용흥사龍興寺, 묘지사妙智寺, 복흥사福興寺 등의 사원이 소실되고 기물이 파괴되었다.[2] 이의방은 명종 초에 이고의 주도하에 사원 세력이 동원된 변란음모를 접한 경험이 있었기 때문에 이후로 사원에 대한 강경책을 구사했던 것이 분명한데 그것이 결국 명종 4년 1월의 승도항쟁을 불러왔던 것이다. 당시 항쟁을 주도한 사원은 귀법사였는데,[3] 이 사원은 다름 아닌 광종光宗(재위 949~975)이 개혁 정치의 지지 기반을 마련하고자 창건한(963) 화엄華嚴 사찰이었다. 따라서 이때 항쟁에 참여한 다른 사원들 역시 귀법사와 유사하게 무인정권 수립에 강한 반감을 품었을 뿐 아니라, 이의방의 사원 정책에 불만을 가진 고려왕실 계통의 사원이었을 것으로 판단된다. 이의방의 사원 세력에 대한 계속된 강경 태도는 불교 신앙을 통한 민심 수습에 이반되는 것이었고, 특히 상당한 물리적 힘을 소유하고 있던 사원 세

以鐵鎚 擊殺之 令巡檢軍 分捕其母及黨與 皆誅之"

2 『高麗史節要』 권12, 明宗 4년 正月, "乃令府兵 分守城門 禁僧出入 遣府兵 破重光 弘護 歸法 龍興 妙智 福興等寺 …… 遂焚其寺 取貨財器皿以歸"

3 명종 4년 1월의 승도항쟁은 歸法寺 승 100여 명이 宣諭僧錄 彦宣을 살해하자 이에 맞서 이의방의 군사가 僧徒를 죽인 데에서 시작되었다. 『高麗史節要』 권12, 明宗 4년 正月.

력의 또 다른 반격에 직면하는 결과를 가져왔다. 이의방은 당시 사원 세력에 대해 올바른 상황 판단을 하지 못한 상태에 있었던 것이다. 이것은 이 승도항쟁이 일어난 지 불과 한 해가 되지 않아서 같은 해 12월에 일어난 이의방 제거사건에서도 확인된다.

명종 4년 12월 조위총趙位寵의 난 진압에 동원된 사원 승도 일부가 정중부의 아들 정균鄭筠의 지시에 의해 이의방을 제거했다.[4] 당시 정균은 종군승從軍僧 종참宗旵의 세력을 끌어들여 이의방을 제거한 것인데 이때의 사원 승도가 어느 사원의 세력이었는지는 알려져 있지 않다. 다만 여기서 분명한 것은 정중부가 비록 무인난을 일으킨 핵심인물이었지만 사원 승도를 이용하여 이의방의 무인정권을 무너뜨리고 정권을 탈취했다는 사실이다. 이것은 당시 사원 세력이 일률적으로 무인정권을 반대했던 것이 아니라,[5] 자신들의 이해관계에 따라서 이의방 정권을 버리고 정중부 정권을 선택했다는 이야기이다. 사실 명종 4년 1월의 승도항쟁과 그해 12월에 일어난 이의방 제거사건 사이의 시차를 생각해보면, 정중부 정권의 수립에 기여한 사원 세력은 명종 4년 1월의 승도항쟁 진압 과정에서 큰 피해를 입었던 사원이었을 가능성이 높다. 그렇다면 이들 대부분은 과거 왕실과 유대관계를 공고히 한 사원이었을 것이다.[6]

사원 세력 자체 내에서의 분열 양상은 이미 이고의 변란음모에서도 목격되었는데, 이것이 이의방의 집권을 거치면서 폭넓게 확산되어 사원 세력의 향배가 무인들의 집권 여부에 상당한 영향을 주고 있었다. 정중부 집

4 『高麗史節要』 권12, 明宗 4년 12월, "鄭筠 密誘從軍僧宗旵等 託有求訴 隨義方後 伺隙斬之 分捕俊儀兄弟 及其黨高得元 柳允元等 皆殺之"

5 사원 세력에 대한 일반적 인식은 文臣들과 결탁하고 있다는 것이었다. 그것은 정중부 세력이 이의방을 제거했을 때 軍中에서 "모두 文臣들이 僧徒를 부추겨 變亂을 일으킨다"라고 한 데에서도 감지된다. 『高麗史節要』 권12, 明宗 4년 12월.

6 閔賢九는 무신정권에 항쟁한 사원 세력은 敎宗 勢力이 중심을 이루었다고 했다. 閔賢九, 「月南寺址 眞覺國師의 陰記에 대한 一考察」, 『震檀學報』 36, 진단학회, 1973, 29~30쪽.

권 시에 잇달아 일어난 홍왕사 밀고사건은 홍왕사와 같은 주요 왕실 사원도 그 내부의 일부 세력은 정중부 무인정권과 결탁하고 있었음을 단적으로 보여준 예였다.[7] 따라서 사원 세력과 무인정권의 결탁은 사원 내의 분열과 함께 현실적인 이해관계에 따라서 전개되었다.

정중부는 무인난의 주역 중 비교적 온건한 세력에 속했다. 그는 이의방 집권기에 발생한 대규모의 조직적인 승도항쟁을 경험했을 뿐 아니라, 이의방을 제거하고 집권하게 된 결정적인 계기도 사원의 승도 세력에 힘입었던 만큼 그의 사원 정책은 사원 세력으로부터 특별한 분규나 항쟁을 불러오지 않았다. 그는 보제사普濟寺를 중수하고 그 낙성식을 명종과 함께 베풀었으며,[8] 명종 7년(1177)과 8년(1178) 2차례에 걸쳐 홍왕사에서의 반란음모를 밀고받았음에도 불구하고 홍왕사 자체 내에는 별다른 탄압을 가하지 않았다.[9] 또한 명종이 용암사龍巖寺와 용수사龍壽寺를 후원하여 중수, 낙성식을 갖게 한 것도 당시 실질적인 최고 권력자인 정중부의 묵인이 없었더라면 어려운 일이었다.[10] 정중부는 정치권과 불교계에서 온건한 정책을 편 까닭에 큰 저항에 부딪치지는 않았던 것이다. 그러나 그의 측근인 아들 정균과 사위 송유인宋有仁 등이 권력을 전횡하며 민심을 잃게 되자, 명종 9년(1179) 9월에 장군 경대승慶大升에 의해 그 일파 모두가 제거되면서 정권은 경대승에게 넘어갔다.

7 정중부 집권기인 명종 7년에 홍왕사 僧이 明宗의 친동생인 沖曦가 홍왕사의 승도와 簒逆을 음모한다고 고발했다. 그리고 명종 8년에도 역시 홍왕사 僧이 홍왕사 승도와 高子章이 함께 반란을 음모한다고 고발했다. 『高麗史節要』 권12, 明宗 7년 2월; 『高麗史節要』 권12, 明宗 8년 正月.

8 『高麗史節要』 권12, 明宗 5년 11월.

9 명종 7년의 밀고는 誣告로 밝혀졌고, 명종 8년에는 반란음모가 밝혀져 그 당사자만 처형하는 선에서 그쳤다.

10 金光植은 정중부 집권기의 사원 정책을 정중부와 명종의 것으로 분리하여 정중부는 선종 사원인 普濟寺를 후원하고, 명종은 화엄 계통의 龍巖寺, 龍壽寺를 후원한 것으로 파악했다. 金光植, 『高麗武人政權과 佛敎界』, 민족사, 1995, 49～50쪽.

(2) 경대승, 이의민 집권기

정중부鄭仲夫 일파 처단의 명분을 사직호위社稷護衛에 둔 경대승慶大升(1154~1183)은 당시 무인들의 불법행위에 분개한 복고적 경향을 띤 장군이었다. 그래서 그는 문관文官들로부터 존중받고 도리어 무인武人들로부터는 두려움과 경계의 대상이 된 특이한 무관이었다.[11] 경대승이 사원 세력에 대해 비교적 온건하고 타협적인 정책을 취한 점은 정중부 집권기와 크게 다르지 않았다. 먼저 경대승은 집권 다음 해인 명종明宗 10년(1180) 7월에 이의방李義方을 제거하고 정중부 정권 성립에 기여한 종참宗昰 등 10여 명의 승려를 유배에 처했다.[12] 이것은 승병을 소유한 사원 세력의 탄압을 목적으로 한 처벌이었다기보다는, 정중부를 제거한 후 수립한 자신의 정권을 보호 유지하고, 또 그 정당성을 확보하기 위한 조치로 보아야 할 것이다. 따라서 이때 이의방 제거에 가담했던 사원 세력이 어떤 타격을 입었다는 흔적은 보이지 않는다. 또 경대승은 명종 10년 10월에 광종光宗 때 태조太祖의 원당願堂으로 창건된 봉은사奉恩寺를 중수 낙성하여 왕실 사원에 대한 보호책을 시행하는가 하면, 정중부 집권 시에 의종毅宗의 원당으로 지정된 해안사海安寺를 중방重房의 원당으로 교체함으로써,[13] 사원을 통해 집권의 명분을 확보하려는 의지를 보였다. 그리고 명종 11년 7월에는 봉은사에서 시장의 물가나 두곡斗斛의 평준화를 논의하는 등 사원을 공무公務의 공간으로 활용하기도 했다.[14]

명종 13년(1183) 7월 경대승이 30세의 젊은 나이에 병사病死하자[15] 그

11 『高麗史節要』 권12, 明宗 13년 7월, "常憤武人不法 慨然有復古之志 文官 倚以爲重 …… 非有學識與勇略者 輒拒之 武官 畏憚 不敢縱肆"

12 『高麗史節要』 권12, 明宗 10년 7월.

13 『高麗史』 권20, 世家 明宗 11년 12월.

14 『高麗史節要』 권12, 明宗 11년 7월.

15 『高麗史節要』 권12, 明宗 13년 7월.

뒤를 이어 집권한 자는 천민 출신 이의민李義旼(?~1196)이었다. 이의민은 무인난에 참여했고 김보당金甫當의 난(1173)을 토벌할 때 의종을 살해했으며, 조위총趙位寵의 난(1174)을 토벌할 때에도 전공을 세우는 등 무인정권기에 급부상한 인물이었다. 그는 경대승 집권기에는 낙향해 있었지만 명종이 변란을 두려워하여 그를 불러들일 만큼 가장 왕실의 경계 대상이 된 무인이었다. 이의민 집권기에 사원과의 관계에서 눈에 띄는 사실은 그의 아들 이지영李至榮이 보달원普達院을 원찰願刹로 운영한 것이다.[16] 경대승 집권 시에 중방의 원당으로 지정된 해안사가 있었음에도 불구하고 이의민 세력이 백성들의 원성을 사면서까지 보달원을 운영한 것을 보면,[17] 그것이 그들 자신의 사적 이익을 위한 사원임이었음에 분명하다. 보달원은 이의민의 정권 유지를 위한 혹은 그의 또 다른 야심을 성취하기 위한 정치, 군사적 공간으로 활용되었던 것이다. 이의민은 사원 세력에 대한 중요성을 충분히 인지하고 있었기 때문에 서로의 대립과 마찰은 피해가면서 자신의 정권 유지나 또 다른 목적을 위해 사적으로 사원을 양성해간 것이 이전의 무인 집권자와는 다른 차별성이었다.

무인난 후 정중부, 경대승, 이의민 등에 의해 성립된 무인정권은 모두 사원 세력과 유대관계를 형성했고, 또 그들을 포섭하는 데 상당한 노력을 기울였다. 이것은 자신들의 정권기반이 확립되지 않은 상태에서는 불가피한 선택이었을 것이다. 또 사원 측에서도 강력한 무력武力을 바탕으로 하여 정권을 탈취한 무인정권과 대적할 만한 여건에 있지 않았다. 따라서 사원 세력도 집권 정권으로부터 직접적인 큰 피해만 입지 않는다면 그들과의 연계를 통해 현실적인 지위를 유지할 수밖에 없는 실정이었다.[18]

16 『高麗史』 권128, 列傳 李義旼.

17 『高麗史』 권128, 列傳 李義旼, "以碧瀾江 普達院爲願刹 欲跨江作橋 携妓往安西都護府 令吏民助其費 吏民畏禍 抽斂白金七十斤與之 民不堪其弊"

18 黃秉晟, 「高麗武人政權期 寺院勢力의 動向」, 『高麗武人政權期硏究』, 신서원, 1998, 277쪽.

2. 최씨 무인정권기의 사원 동향

(1) 최충헌 집권기와 수선사

명종明宗 26년(1196) 4월 최충헌崔忠獻(1149~1219)이 이의민李義旼(?~1196)을 살해하고 집권함으로써 무인들 사이의 권력투쟁은 종식되고 4대 60여 년에 걸친 최씨崔氏 무인정권기武人政權期가 시작되었다. 최충헌의 등장과 함께 사원 세력도 상당한 변화를 겪게 되었는데, 최충헌의 승려와 사원에 대한 기본적인 시각은 정변 직후인 명종 26년 5월에 국왕에게 올린 '봉사십조封事十條'에 잘 나타나 있다. 그는 제6조에서 왕실의 권력에 의지하여 정치에 관여하는 승려들을 축출하고, 또 그들이 백성들에게 경제적 피해를 가하지 못하도록 조치하라고 했다. 제9조에서는 유력자들에 의해 원당願堂이란 명목으로 사원이 난립되었으므로 비보사찰裨補寺刹 외에는 모두 철거하도록 권고했다.[19] 이것은 무인정권기에 집권층과 사원 세력의 유착관계를 통해서 한층 심화된 승려와 사원의 사회, 경제적 폐단을 비판한 내용이었다. 당시 최충헌이 진단한 고려 불교계는 국가권력에 의한 승려와 사원의 통제가 절실히 요청되는 시점에 이르렀던 것이다. 이렇게 최충헌은 과거 명종 때의 무인 집권자들과는 달리 사원 세력에 대해 강경책을 취해 그 폐단을 일소하겠다는 의지를 갖고 있었다. 따라서 그의 집권기간 중에 사원 세력과의 대립 마찰은 불가피하게 되었다.

최충헌은 봉사십조를 올린 그해 5월에 왕자王子로서 승려가 된 소군小君들과 왕이 총애한 승려들을 정치에 관여한다는 이유로 모두 본사本寺로 돌려보내거나 내쫓았다.[20] 봉사십조에서 보여준 그의 의지에 따라 승려와 사원에 대한 개혁을 즉각 실천에 옮긴 것이었다. 이 같은 조치는 사원들 입

19 『高麗史節要』 권13, 明宗 26년 5월.

20 『高麗史節要』 권13, 明宗 26년 5월.

장에서도 심상치 않은 조짐이었다. 최충헌의 집권에 불만을 품은 사원 세력의 반격은 최충헌이 이의민 일당을 척결한 직후에 바로 그 징후를 드러냈다. 길인吉仁이 왕륜사王輪寺 승도를 거느리고 최충헌을 공격하려 한다는 밀고가 전해졌다.[21] 이것은 비록 무고사건으로 끝나긴 했지만 당시 사원 세력이 최충헌의 정변에 반감을 품은 일단을 보인 사건이었다. 또 명종 27년(1197) 9월에는 흥왕사興王寺의 승통僧統 요일寥一과 두경승杜景升이 최충헌을 해치려 한다는 익명서가 전해졌다. 흥왕사는 정중부鄭仲夫(1106~1179) 집권기에 내부에서 반란을 도모한 세력과 또 그것을 밀고하는 자가 있어서 자체 내의 분열 양상을 보인 사원이었다. 이제 최충헌 집권기에는 흥왕사 승도가 두경승과 연합전선을 형성하여 최충헌을 제거하려 한 것이었다. 흥왕사는 이렇게 최충헌 집권 초기부터 정권에 반기를 들면서 훗날 대대적인 반反최충헌 승도항쟁을 이끌었다. 창건 당시부터 개경 내의 대표적인 왕실王室 사원이었던 흥왕사는 왕권을 유명무실하게 만든 무인정권에 대해 강한 거부감을 갖고 있었던 것이다.[22] 최충헌의 사원 정책이 본격적으로 추진되고, 또 이에 맞서 사원 세력이 최충헌 정권에 반발하며 항쟁한 시기는 최충헌에 의해서 명종이 폐위된 후였다.

명종이 폐위되고 신종神宗 1년(1198) 1월에 최충헌은 산천비보도감山川裨補都監을 설치하여 원당願堂의 명목으로 난립하고 있는 사원을 정비하고자 했다. 그가 봉사십조에서 건의한, 비보사찰 외에는 모두 제거한다는 시책[23]을 관철시키고자 함이었다. 최충헌의 비보 사상에 입각한 사원 정책

21 『高麗史』 권129, 列傳 崔忠獻.

22 흥왕사가 교종 계통의 華嚴 寺刹임을 강조하면서 무인정권에 반기를 들었다고 보는 견해가 일반적인데, 그보다는 흥왕사가 왕실에 의해서 창건되고 운영 발전된 만큼 어느 사원보다도 王室 寺院의 성격을 강하게 띠었다는 점이 강조되어야 할 것이다.

23 『高麗史節要』 권13, 明宗 26년 5월, "後代將相群官 無賴僧尼等 無問山川吉凶 營立佛宇 名爲願堂 損傷地脉 災變屢作 惟陛下 使陰陽官檢討 凡裨補外 輒削去 無爲後人觀望脈"

은, 무인정권 이후로 정치권과 이해관계를 더욱 공고히 해가면서 세속화의 길로 치닫던 사원 세력과 필연적으로 충돌할 수밖에 없었다. 신종 5년(1202) 10월 부인사符仁寺와 동화사桐華寺의 승도가 경주인慶州人들의 민란에 합세하여 저항했고,[24] 신종 6년(1203) 9월에는 부석사浮石寺, 부인사, 쌍암사雙岩寺의 승도가 변란을 일으켰다.[25] 그리고 희종熙宗 5년(1209) 4월에 역리驛吏와 여러 사원의 승도가 모의하여 최충헌 부자父子를 살해하려는 청교역리青郊驛吏 사건이 일어났다. 이 사건은 공첩公牒이 귀법사歸法寺에 이르자 그곳의 승려에 의해서 최충헌에게 고해져 역모가 사전에 발각되었다.[26] 여기서 이의방李義方(?~1174) 집권기인 명종 4년(1174) 1월의 승도항쟁을 이끈 교종 계통의 귀법사가 최충헌 집권기에는 최씨 정권에게 기밀을 제공하는 친親최충헌계 사원으로 변모되었음을 알 수 있다. 그렇다면 최충헌 정권에 항거했던 사원 세력을 일률적으로 교종계教宗系 사원으로 단정할 수 없게 된다. 사원 세력은 무인정권 초기와 마찬가지로 최씨 무인정권기에도 자신들의 이해관계에 우선하여 집권층에 밀착 혹은 항쟁했던 것이다. 그리고 희종 7년(1211)에는 수창궁壽昌宮에서 승도僧徒, 속인俗人 10여 명이 최충헌을 살해하려는 사건이 일어났다.[27] 이것 역시 사원 세력이 주동이 되어 최충헌 정권을 무너뜨리려는 변란이었다.

최충헌 정권을 최대의 위기로 내몬 가장 치열했던 대규모의 승도항쟁은 고종高宗 4년(1217) 1월에 발발했다. 항쟁에 참여한 사원으로는 흥왕사興王寺, 홍원사弘圓寺, 경복사景福寺, 왕륜사王輪寺, 안양사安養寺, 수리사修理寺 등이었다.[28] 사원의 승도가 최충헌을 살해하고자 한 직접적인 이유는

24 『高麗史節要』 권14, 神宗 5년 10월.

25 『高麗史節要』 권14, 神宗 6년 9월.

26 『高麗史節要』 권14, 熙宗 5년 4월, "初青郊驛吏三人 謀殺忠獻父子 詐爲公牒 召募諸寺僧徒 牒至歸法寺 寺僧 執賚牒者 以告忠獻"

27 『高麗史節要』 권14, 熙宗 7년 12월.

최충헌의 측근으로 보이는 김덕명金德明이 자주 요역徭役을 일으켜 여러 절을 침해한다는 것이었다. 그동안 최충헌의 사원 정책에 대해 반감을 갖고 있던 다수의 사원들이 김덕명의 사원 침탈을 계기로 일시에 대대적인 저항을 벌였다. 이때 여러 사원의 승도는 최충헌의 순검군巡檢軍과 맞서 800여 명의 사망자를 내는 대규모의 치열한 혈전을 벌였으나 결국 진압되고 말았다. 이 항쟁에 참여한 사원들은 대체로 교종敎宗 계통의 사원인 것으로 여겨진다.[29] 그런데 여기서 주목할 부분은 명종 27년(1197)에 최충헌의 정적政敵인 두경승과 함께 최충헌 제거를 모의한 홍왕사는 항쟁에 참여했지만, 희종 5년(1209) 청교역리 사건을 계기로 친親최충헌 사원이 된 귀법사는 항쟁에 참여하지 않았다는 사실이다. 비록 홍왕사, 귀법사가 개경開京 소재의 화엄華嚴 사찰이었지만 최충헌 집권기에는 서로의 이해관계가 달라져 홍왕사는 전과 같이 최충헌의 제거에 앞장섰고, 이에 반해 귀법사는 불참했던 것이다. 이때의 승도항쟁도 사원과 정권의 이해관계에 의해서 항쟁의 참여 여부가 결정된 것이지 사원의 소속 종파가 우선이 아니었음을 말해준다. 그러므로 이 항쟁의 성격을 최충헌의 선종禪宗 위주의 불교 개편 결과로 인해 그 피해를 본 교종敎宗 사원이 일으킨 저항으로 보는 기존의 견해에는 문제가 있다.

지금까지 살펴본 대로 최충헌의 강경한 사원 정책은 기존의 여러 사원의 큰 반발을 불러와 최씨 정권을 위협했다. 그러나 다른 한편에서는 최충헌의 후원으로 여러 사원이 크게 신장하는 계기를 맞기도 했다.[30] 그 대표

28 『高麗史節要』 권15, 高宗 4년 正月.

29 고종 4년의 항쟁에 참여한 6개의 사원 중 명확히 교종 계통의 사원으로 밝혀진 것은 興王寺, 弘圓寺, 王輪寺뿐이고 나머지 3개 사원은 미상이다. 閔賢九, 「月南寺址 眞覺國師碑의 陰記에 대한 一考察」, 『震檀學報』 36, 진단학회, 1973, 30~31쪽.

30 최충헌은 熙宗 7년(1211)에 개경에 昌福寺를 창건하여 자신의 願堂으로 삼았다. 李奎報, 「昌福寺談禪牓」, 『東國李相國集』 권25.

적인 예가 수선사修禪社였다.

수선사는 보조국사普照國師 지눌知訥(1158~1210)이 명종 12년(1182) 보제사普濟寺의 담선법회談禪法會에 참석하여 당시의 타락한 불교계를 비판하며 동지들과 결사 운동을 벌인 데에서 시작했다. 지눌은 명종 18년(1188) 영천永川 팔공산八公山의 거조사居祖寺에서 동지들과 함께 정혜사定慧社를 결성하고, 그 후 명종 20년(1190)에 그 취지문인 「권수정혜결사문勸修定慧結社文」을 발표하면서 많은 사람들의 동참을 호소했다.

명종 27년(1197)부터 송광산松廣山 길상사吉祥寺를 택하여 중창重創을 시작했고, 공사가 한창 진행 중이던 신종 3년(1200)에 정혜사가 송광산 길상사로 이전했다. 이때 왕명을 받아 사명寺名을 수선사로 바꾸고 「권수정혜결사문」을 처음으로 인쇄하여 반포했다. 그리고 희종 1년(1205)에 8년간에 걸친 수선사의 중창공사가 마무리되고, 이 해 10월 약 120일 동안의 경축법회가 열렸다. 이에 희종은 산의 이름을 바꾸어 조계산曹溪山이라 했고 수선사 친필 사액을 내렸다. 이리하여 송광산 정혜사가 조계산 수선사[31]가 된 것이다. 그런데 여기서 수선사가 언제부터 국가기관, 즉 명종 26년에 집권한 최충헌 정권과 관계를 맺으면서 성장했는가 하는 점이 의문이다. 먼저 지눌이 주석하던 때의 수선사는 국가권력과 형식적인 관계만을 형성했을 뿐 실질적인 후원을 받은 적 없이 정치권력에서 벗어나 있었다고 보는 견해가 있다.[32] 반면에 지눌과 국가권력의 연계는 이미 명종 때부터 시작되었으며 최충헌 집권 초기에 그 관계가 잠시 단절되었다가 희종 때부터 수선사가 최충헌의 지원과 관심 속에서 경제적인 도움을 받으며 성장했다고 보는 견해도 있다.[33] 전자는 지눌 사상의 독자성과 위대성을

31 修禪社는 후에 松廣寺로 바뀌었고, 현 전남 순천시 송광면에 있다.

32 朴榮濟, 「수선사의 성립과 전개」, 『한국사』 21, 국사편찬위원회, 1996, 52~53쪽.

33 金光植, 『高麗武人政權과 佛敎界』, 민족사, 1995, 120~123쪽.

강조하기 위해 수선사와 쿠데타를 통해 수립된 무인정권을 분리시키고자 한 해석으로 보이고, 후자는 무인정권기를 역사적 배경으로 한 수선사의 발전 과정에 더 중점을 둔 해석으로 판단된다. 수선사가 제2세 진각국사 眞覺國師 혜심慧諶(1178~1234) 때에는 최씨 무인정권으로부터 많은 후원을 받아 성장한 사실이 인정되고 있는 현실에서 지눌대의 수선사와 최충헌 정권의 관계를 분리시키고자 하는 것은 그리 타당한 견해로 보이지 않는다. 정혜사가 송광산 길상사로 이전하고 수선사로 개명해 결사 활동이 본궤도에 오른 신종 3년경에는[34] 수선사도 최충헌 정권과 유대관계를 맺으며 성장했으리라고 생각된다.

(2) 최우 집권기와 백련사, 선원사

최충헌崔忠獻이 고종高宗 6년(1219)에 세상을 떠나자 그의 아들인 최우崔瑀(?~1249)가 권력을 승계했다. 최우의 정치 노선은 최충헌과는 다르게 유화적인 자세로 인망人望을 얻으려고 노력했는데, 그의 종교 정책 또한 우선 모든 세력을 포용하는 방향으로 나아갔다. 특히 최우는 최충헌 집권기에 거세게 저항했던 사원 세력에게도 화해의 태도를 취하면서 정권의 안정을 도모했다. 그는 고종 10년(1223) 8월에 200근의 황금으로 만든 13층 탑과 화병 1개를 흥왕사興王寺에 보냈다.[35] 앞서 본 대로 흥왕사는 고종 4년(1217)의 승도항쟁에 가담하여 최충헌 정권을 전복시키고자 한 대표적인 사원이었다. 그동안 무인정권에 대해 가장 적대적인 노선을 취한 흥왕사에[36] 최우가 보인 이와 같은 행동은 사원 세력 전체에 보여준 유화적인

---

34 金君綏, 「曹溪山修禪社 佛日普炤國師碑銘」, 『東文選』 권117, "五年庚申 移居松廣山吉祥寺 …… 至有捨名爵損妻子 毀服壞形 命侶而來偕者 王公士庶 投名入社 亦數百人"

35 『高麗史節要』 권15, 高宗 10년 8월.

36 興王寺가 무인정권에 적대감을 드러낸 대표적인 사건은 다음과 같다. 정중부 집권기인 명종 7년 簒逆을 음모하고 있다는 告變이 있었으나 무고로 밝혀졌다. 명종 8년에는 반란음모가 사

태도이기도 했다. 한 가지 더 예를 들면, 최우는 거란 침입 시 전란을 불력佛力으로 물리치기 위해 왕륜사王輪寺에서 신중법회神衆法會를 개최했으며,[37] 또 왕륜사의 전각을 보수하는 데 국가적 차원에서 후원하기도 했다.[38] 왕륜사 역시 홍왕사와 함께 고종 4년의 승도항쟁에 참여해 최충헌을 제거하고자 혈전을 벌였던 사원이다.[39] 이처럼 최우는 전에 최씨崔氏 정권에 대항한 사원 세력을 자신의 권력 구조 속에 편입시켜 궁극적으로는 정권의 안정을 이루기 위해 적대관계에 있던 사원 세력에도 유화책을 구사했다.

최우 정권기의 수선사修禪社는 지눌知訥에 이어 진각국사眞覺國師 혜심慧諶(1178~1234)이 제2세 사주社主로 있을 때 크게 번창했다. 이 시기 수선사의 발전은 혜심과 최우 사이의 밀착관계에서 찾을 수 있다. 최우는 먼저 자신의 아들 만종萬宗과 만전萬全(최항崔沆)을 혜심에게 삭발하게 해 단속사斷俗寺, 쌍봉사雙峯寺에 거주하게 했다.[40] 그리고 혜심을 개경으로 모시고자 했으나 그의 거절로 이루어지지 못하자 일상에 필요한 사소한 물건부터 법복法服과 불구佛具에 이르기까지 지원했다.[41] 또 '보寶'라는 명목으로 전답과 산전, 염전을 수선사에 시납했다. 최우의 후원을 시작으로 고위 관료들도 대거 수선사에 입사入社해 후원자가 됨으로써 수선사는 이들

전에 발각되었다. 최충헌 집권기인 명종 27년 廖一이 두경승과 함께 최충헌을 해치려는 모의가 있었다. 고종 4년 1월의 승도항쟁에서는 여러 사원과 함께 최충헌을 죽이고자 거병했다. 『高麗史節要』 권12, 明宗 7년 2월; 『高麗史節要』 권12, 明宗 8년 正月; 『高麗史節要』 권13, 明宗 27년 9월; 『高麗史節要』 권15, 高宗 4년 正月.

37 李奎報, 「王輪寺神衆法席日齋疏」, 『東國李相國集』 권41.

38 李奎報, 「王輪寺丈六金像靈驗收拾記」, 『東國李相國集』 권25.

39 명종 26년(1196) 4월 최충헌이 이의민을 제거하고 집권한 직후 王輪寺의 승도가 최충헌을 공격한다는 밀고가 있었으나 무고사건으로 끝났다. 그런데 왕륜사가 고종 4년(1217)의 승도항쟁에 참여한 것을 보면 그때의 밀고가 전혀 근거 없진 않은 듯하다. 『高麗史節要』 권13, 明宗 26년 4월; 『高麗史節要』 권15, 高宗 4년 正月.

40 『高麗史』 권129, 列傳 崔忠獻.

41 李奎報, 「曹溪山第二世 故斷俗寺住持修禪社主 贈諡眞覺國師碑銘」, 『東文選』 권118.

의 경제적 지원을 받아 사원 재정을 크게 늘릴 수 있게 되었다. 그래서 혜심은 월남사月南寺와 같은 대사찰을 창건할 수 있었고,[42] 여러 사찰을 수선사 영역에 둘 수 있었다.[43] 최우는 강화천도江華遷都(1232) 후에 자신의 원당願堂으로 선원사禪源寺를 창건(1245)하여 수선사의 별원別院으로 삼기도 했다.

이렇게 최우가 수선사에 대한 지원을 아끼지 않은 이유로는 다음 사항을 고려해볼 수 있다. 최우는 자신의 집권이 그다지 순탄하지 않았고, 또 최충헌 집권기에 발생한 잦은 변란을 익히 보아왔기 때문에 유화적인 사원 정책으로 항상 정치적 안정을 꾀하려 했다. 이것은 그가 흥왕사와 왕륜사에 대해 취한 태도에서 잘 나타났고, 또 수선사도 예외일 수 없었다. 개경에는 선교禪敎를 막론하고 이전부터 왕실과 유대관계를 형성한 사원들이 주류를 이루고 있었다. 무인정권기에는 바로 이들 사원이 주축이 되어 무인정권에 저항하면서 변란을 기도했다. 따라서 최우는 자신의 정권 안정과 유지를 위해 왕실과 별다른 관계를 맺지 않은 사원을 자신의 지지기반으로 삼고 싶었을 것인데, 당시 사회적으로 좋은 호응을 얻고 있던 수선사를 적절한 대상으로 삼았던 것이다. 수선사가 비록 남단南端에 지우쳐 있었지만 그곳을 구심점으로 하여 지방의 사원 세력을 정치권에 편입시킬 수 있는 좋은 지리적 여건을 가지고 있기도 했다. 그러므로 최우의 수선사에 대한 지원책은 무엇보다도 정치적인 측면에서 배려되었으리라고 생각한다.

최우 정권은 대몽항쟁기對蒙抗爭期(1231~1259)에 접어들면서 백련사白蓮社에 대한 지원도 적극적으로 했다. 백련사는 천태승天台僧 원묘국사圓

42 月南寺는 전남 강진군 月出山 기슭에 있었다. 현재 월남사 절터에는 眞覺國師塔碑(보물 제313호)와 3층 석탑(보물 제298호)이 있다.

43 朴榮濟, 「수선사의 성립과 전개」, 『한국사』 21, 국사편찬위원회, 1996, 55~56쪽.

妙國師 요세了世(1163~1245)가 천태법화天台法華 사상에 입각해 수행하다가[44] 탐진현耽津縣(강진) 토호들의 요청으로 만덕사萬德寺 옛터에 80여 칸의 사찰을 세우면서(1211~1216) 결성된 신앙결사信仰結社였다. 그 후 요세는 고종 19년(1232) 4월 8일에 보현도량普賢道場을 결성해 백련결사의 본격적인 출발을 시작했다.[45] 그리고 고종 23년(1236)에는 천책天頙이 「백련결사문白蓮結社文」을 지어 반포함으로써 내외에 결사를 공표公表했다. 백련사는 초기에 주로 인근 지역의 지방관의 배려에 의해 유지되고 있었다. 하지만 대몽항쟁기 중에 보현도량이 결성되고, 결사문이 반포되면서 최우 정권과 우호적인 관계를 형성했으며 중앙 권력자들의 관심과 지원이 많아졌다. 이것에 대한 정확한 이유는 분명하지 않지만, 백련사가 당시의 시대 상황에 대처해 대몽항쟁을 표방했기 때문에 최우를 중심으로 하는 강화江華 정부가 자연히 이에 대한 관심을 갖게 되었던 것으로 보고 있다.[46] 백련사와 최씨 정권과의 밀착관계가 대몽항쟁기에 집중되었던 것은 이러한 사정을 반영했던 것이다.[47]

강화천도기江華遷都期(1232~1270)인 최우 정권 때 가장 주목되는 사원은 고종 32년(1245) 최우의 원당으로 창건된 강화도의 선원사禪源寺이다.[48] 당

44 원묘요세에 대한 연구로 다음의 글들이 있다. 고익진, 「圓妙國師 了世의 白蓮結社」, 『韓國天台思想硏究』, 동국대학교 불교문화연구원, 1983; 蔡尙植, 『高麗後期佛敎史硏究』, 일조각, 1996; 한보광, 「圓妙了世의 淨土觀」, 『佛敎學報』, 동국대학교 불교문화연구원, 1999; 강남석, 「圓妙了世의 白蓮結社와 天台思想」, 『韓國佛敎學』 27, 한국불교학회, 2000; 최동순, 「원묘요세 연구의 문제점 고찰」, 『韓國佛敎學』 48, 한국불교학회, 2007.

45 白蓮社는 현 전남 강진군 도암면 萬德山에 있다.

46 蔡尙植, 「高麗後期 佛敎史의 展開樣相과 그 경향」, 『歷史敎育』 35, 歷史敎育會, 1984, 109쪽.

47 1230년 이후 白蓮社와 崔氏 정권과의 긴밀한 관계를 알려주는 사례로 다음을 들고 있다. 최충헌의 부인인 靜和宅主가 백련사에 무량수불을 조성 봉안하고 金字蓮經을 書寫한 것, 고종 24년(1237) 了世에게 禪師를 내린 것, 고종 27년(1240) 최우가 戒環解 『妙法蓮華經』을 백련사에서 조판하도록 주선하고 그 跋文을 직접 쓴 것, 天因이 2世 社主로 등장하면서 최우를 축원한 것 등이다. 蔡尙植, 앞의 글, 1984, 109쪽.

48 『高麗史』 권129, 列傳 崔忠獻. 선원사의 창건을 「眞明國師碑銘」에서는 고종 32년(1245)으로,

시 선원사가 수선사의 별원과 같은 위치에 있었다는 관계뿐만 아니라,[49] 『재조대장경再雕大藏經』(『고려대장경高麗大藏經』)의 조판雕板 사업과도 깊은 연관을 맺었기 때문이다. 잘 알려져 있듯이 대장경 조판 사업은 고종 23년(1236)에 시작되어 16년 만인 고종 38년(1251)에 완결되었는데,[50] 사업의 목적은 불력佛力으로 몽고의 침입을 막고자 함이었다.

최우 정권은 대장경 조판 사업을 수행하기 위해 천도遷都한 강화도에 임시관청인 대장도감大藏都監을 설치하고, 남해南海에는 분사대장도감分司大藏都監을 두게 되었다. 그리고 강화와 지방의 여러 사찰에서 판각한 경판經板을 이운移運하여 그것을 대장경판당大藏經板堂에 보관, 관리하였다. 당시 조정에서는 천도지인 강화의 선원사에 대장도감을 두고 대장경을 판각하였으며, 또 대장경판당도 선원사에 설치했을 것으로 예견하고 있다. 『태조실록』 태조 7년(1398)의 "대장경大藏經의 목판을 강화의 선원사로부터 운반하였다"[51]라고 한 기사에 근거해, 대장도감이 설치된 선원사에서 판각된 대장경이 사찰에 설치된 대장경판당에 보관되었다가 태조 7년에 해인사海印寺로 옮겨갔던 것으로 보고 있는 것이나. 하지만 대장경이 판각되고 대장경판당이 설치되었던 정확한 위치나 대장도감과 선원사와의 관계 등에 대해서는 아직도 다양한 의견이 제시되고 있다.[52]

어쨌든 강화천도기의 선원사는 국가의 대문화 사업에 관여하는 국찰國刹로 기능하면서 대몽항쟁의 정신적인 구심점 역할을 하고 있었다. 이에

「圓悟國師靜照塔碑」에서는 고종 33년(1246)으로 기록하고 있다. 1997년 선원사 절터가 사적 제259호로 지정되었고, 1996~2001년까지 4차례의 발굴조사가 이루어졌다. 복원된 선원사는 현 인천광역시 강화군 선원면에 있다.

49 선원사의 초대 주지는 眞明混元(1191~1271), 제2대 주지는 圓悟天英(1215~1286)으로 모두 修禪社 출신의 고승이었다.

50 『高麗史』 권24, 世家 高宗 38년 9월, "幸城西門外大藏經板堂 率百官行香 顯宗時板本 燬於壬辰蒙兵 王與群臣更願 立都監 十六年而功畢"

51 『太祖實錄』 권14, 太祖 7년 5월 10일, "幸龍山江 大藏經板 輸自江華禪源寺."

52 홍윤식 외, 『고려대장경과 강화도』, 강화역사박물관, 2011.

따라 선원사가 당시 수선사에 버금가는 사원으로 군림했음은 분명하다. 최해崔瀣가 선원사를 동방東方의 제이총림第二叢林[53]이라고 한 것도 그런 상황을 설명한 이야기일 것이다.

53 崔瀣,「禪源寺齋僧記」,『拙藁千百』권1, "禪源在東方爲第二叢林 食指常不下數千萬"

제3장 원간섭기의 고려 사원

고려는 약 30년(1231~1259)에 걸친 몽고와의 전쟁을 끝내고 원종元宗 11년(1270) 개경開京에 환도還都한 이후부터 원元나라의 지배를 받는 원간섭기元干涉期(1270~1356)로 접어들었다. 당시 원의 고려에 대한 지배방식은 종래 중국의 전통적인 화이관華夷觀의 범주에서 크게 벗어나지 않았다. 하지만 거듭된 고려 국왕의 친조親朝와 중조重祚, 원 공주公主와의 혼인, 그리고 관제官制의 개편, 정동행성征東行省의 설치 등에 의해 그 지배는 정치, 군사 등의 측면에서 예속의 강도가 매우 높았다.[1] 고려의 반원反元 운동이 성공할 때까지 약 80년 이상 계속된 원간섭기 동안 국내의 불교 사원도 전과 확연히 구분되는 변화의 양상을 드러내게 되었다.

먼저 변화된 시대 상황을 배경으로 원간섭 초부터 원황실元皇室과 관계를 맺은 다수의 국내 사원이 출현했다. 이들 사원은 대개 원황실과 연계된 상태에서 성장 발전했기 때문에 '원황실과 관련된 고려 사원'이라고 할 수

1 박종기, 「14세기의 고려 사회」, 『14세기 고려의 정치와 사회』, 민음사, 1994, 19쪽.

있는데, 편의상 두 부류로 나누는 것이 가능하다. 첫 번째 부류는 원황실을 위해 기복祈福 불사佛事를 열거나 상례喪禮와 제례祭禮를 거행했던 사원이다. 이들 사원은 대개 개경과 그 인근에 위치해 한때 고려왕실의 원당願堂[2]으로 기능했지만 이 시기에 원황실의 원당으로 변모되었거나, 또는 같은 목적으로 창건되기도 했다. 그러므로 이들을 '원황실의 원당이 된 고려 사원'이라고 할 수 있다.[3] 두 번째 부류는 원황실로부터 넉넉한 재물을 보시布施받아 이것을 바탕으로 하여 중흥中興된 사원이다. 이들 사원은 원황실의 후원을 받아 중흥된 만큼 원황실 원당의 성격을 띤 면도 없지 않았다. 하지만 원황실의 보시에 의해서 사원의 외적인 팽창과 발전이 두드러졌고, 그 지역의 대표 사원으로 군림했다. 또한 대부분이 고려왕실의 원당과는 별다른 연관성을 갖지 않은 점에서도 원황실의 원당이 된 고려 사원과는 차별성을 보였다. 그러므로 이들 사원을 '원황실의 보시를 통해 중흥된 고려 사원'이라고 할 수 있을 것이다.

이상과 같은 부류의 사원은 원간섭기에 등장한 새로운 형태의 사원으로서 고려 불교계의 가장 큰 변화 양상 중 하나였다. 여원麗元 양국의 종적 관계와 상호 교류를 통해서 등장한 이들 사원에 대한 실상과 동향 고찰은 원간섭기 고려 불교계의 추이를 파악하는 중요한 관건이 되리라고 본다.

2 願堂 또는 願刹이라고 하면 보통 죽은 사람의 冥福을 빌기 위해 세운 사원을 말한다. 史書에서 나타난 원당(원찰)의 用例를 종합하여 검토할 때 다음과 같이 정의할 수 있다. 주로 王室과 高官들이 그들과 특정한 관계를 맺은 사람이나 혹은 자신들을 위하여 祝願하는 바가 잘 이루어지도록 創建, 重創, 重修했거나, 또는 그렇게 운영되고 있는 사원이 願堂이다.

3 '△△의 願堂'이라고 할 때는 대개 원당을 건립한 주체를 기준으로 하기보다는 원당에서 모시고 있는 대상을 기준으로 한 경우가 많다. 본서에서도 '元皇室의 願堂'이라고 할 때는 원당에 모셔진 대상을 염두에 두고서 元皇室의 사람들을 위하여 다양한 佛事를 여는 사원이라는 의미로 사용했다.

1. 원황실의 원당이 된 고려 사원

원元나라가 정복 지역에 취한 기본적인 종교 정책은 매우 관대했던 것으로 알려져 있다. 즉 원나라는 지배 지역 내에 존재하는 모든 종교에 대해 그것이 반원적反元的인 색채를 띠지 않는다면 자유로운 종교 활동을 허락했던 것이다. 물론 이러한 정책의 이면에는 여러 민족의 동요를 막고 정복 지역을 효율적으로 통제하기 위한 의도가 있었다.[4] 이민족 왕조인 원나라는 역대 중국왕조에서 실시했던 정책과 유사하게 행정적으로 불교 교단을 철저히 통제하면서, 또 그것을 보호 육성하는 정책을 편 것이다. 결과적으로 원나라 지배 지역의 불교계는 특별한 억압이나 제한을 받지 않고 비교적 자유롭게 종교 활동을 영위하는 것이 가능했다.

원나라가 고려 불교계에 취한 정책은 다른 정복 지역과 크게 다르지 않았다. 고려왕조가 개경에 환도한 직후에 원 세조世祖(쿠빌라이忽必烈, 재위 1260~1294)는 "군사들이 사원에 들어가 소란을 피우면서 불경佛經과 불상佛像을 훼손시키는 것을 금지하고 승려들이 안심하고 의식儀式을 행할 수 있도록"[5]한 조서를 보냈다. 또한 제1차 일본원정 때는 남부지방에 주둔 중인 원군元軍이 혼란을 틈타 사원을 어지럽히며 황제의 축성祝聖의식을 방해하는 행위에 대해서는 엄벌에 처할 것을 명시한 공문公文을 전달했다.[6] 세조는 이와 같은 시책에 부응하는 몇 가지 조치를 고려 사원에 취했다.

4 野上俊靜 外, 양은용 옮김, 『中國佛教史概說』, 원광대학교 출판국, 1984, 172쪽.

5 『高麗史』 권27, 世家 元宗 14년 2월, "禁軍士播擾僧舍 損毁經像 使之安心作法"

6 『新增東國輿地勝覽』 권29, 慶尙道, 高靈縣, 佛宇 盤龍寺, "有元世祖時 榜文云 皇帝聖旨 裏行中書省照得 軍馬俱到合浦 已上船征進 外有落後屯住 正軍闊端赤人等 於義安上下丹城村 寨牧放頭匹 誠恐屯守各處寺院 踏踐騷擾 有礙祝延聖壽善事 擬合出榜 省諭禁約 若有不畏公法之人 於寺院內踏踐播擾 以致不安 仰所在官司 捉掌前來 依條斷罪施行"

먼저 세조는 고려승 충지沖止(1226~1292)가 수선사修禪社에 부과된 전세田稅를 면제해줄 것을 요구하는 표문表文을 접하고,[7] 그 면세를 허락했다.[8] 그리고 여기에 대한 답례로 수선사에서는 황제의 원찰願刹이 되기를 청했고 여러 차례의 축성의식을 행했다.[9] 또 세조는 무인정권기에 대몽항쟁對蒙抗爭의 정신적 구심점이 된 강화도 선원사禪源寺에 토지를 하사했으며 이후로 절이 황실의 원찰이 되는 것을 허락했다.[10] 세조의 이러한 일련의 사원 보호 정책과 후원은 다른 정복지의 불교 정책과 다를 바 없는 것이었고, 이 같은 조치를 통해 고려 불교를 친원적親元的이고 체제 순응적인 성향으로 유도했다. 그리고 고려가 원만한 대원對元 관계를 유지하고, 일가一家가 된 원나라를 예우하는 과정에서 여러 사원들이 원황실元皇室을 위한 축성의식과 상례喪禮, 제례祭禮 등을 시행하게 되었다.

(1) 충렬왕대 원황실의 주요 원당

1) 세조의 원당(현성사, 보제사, 신효사)

① 충렬왕 초기의 현성사와 보제사

고려왕조가 개경開京에 환도還都한 후 사원조성별감寺院造成別監이 마련되고,[11] 원나라의 사원 보호 정책에 힘입어 전란에 피해를 입은 많은 사원

---

7 沖止, 「上大元皇帝表一曹溪山修禪社復田表」, 『圓鑑國師集』, "詔下我國達魯花赤及管句兵粮使佐勅令 別護我叢林 永錫我田壤 鎭作參玄之禪藪 絡爲奉福之道場 則臣敢不益勵熏功 倍輸忠懇" 충지가 表文을 올린 시기는 元宗 13~忠烈王 1년(1272~1275) 사이였을 것으로 추정된다. 박영제, 「원간섭기 초기 불교계의 변화」, 『14세기 고려의 정치와 사회』, 민음사, 1994, 519쪽 주25.

8 沖止, 「上大元皇帝謝賜復土田表」(一), 『圓鑑國師集』, "皇帝陛下 廓包荒之量迴燭遠之明 知臣祝聖之積勞 念臣弘法之微效 優垂新綍 俾復舊田 恩旣出於尋常 感何忘於頃刻"

9 沖止, 「上大元皇帝謝賜復土田表」(二), 『圓鑑國師集』, "伏望廓包容之度 迴旁燭之明 念臣奉福之勤 諒臣嚮化之懇 賜爲願刹" 충지는 世祖를 위해 4개의 「大元皇帝祝壽齋疏」와 1개의 「大元皇帝節日齋疏」를 남겼다.

10 息影庵, 「復禪源寺疏」, 『東文選』 권111, "先帝乃完玆柰苑 留與土田 爲東方釋士之遊場 斯以禪源稱號 歷下代元皇之願刹 始於世祖制音"

들이 점차 복구되었다. 충렬왕忠烈王 1년(1275)경에는 봉은사奉恩寺, 왕륜사王輪寺, 현성사賢聖寺, 흥왕사興王寺, 보제사普濟寺, 안화사安和寺 등 개경 내의 주요 사원들이 제 기능을 되찾게 되었고, 특히 충렬왕 1년 8월에는 제상궁堤上宮이 철거되고 5개의 큰 절이 수축되었다.[12] 이들 사원 중 현성사가 충렬왕 1년 4월에 원元 세조世祖(쿠빌라이忽必烈, 재위 1260~1294)의 복을 비는 축성의식을 행했고,[13] 또 다음 해인 충렬왕 2년(1276) 1월에 보제사가 법석法席을 열어 황제를 위하여 복을 빌었다. 보제사의 법석은 매년 세조의 생일인 을해일乙亥日에 열리게 되어 이것을 을해법석乙亥法席이라고 했다.[14] 원간섭기 초에 현성사, 보제사 같은 사원이 원 황제의 기복祈福 불사佛事를 정례적으로 개최하게 된 사실은 종교적으로나 정치적으로 여러 가지 의미를 지니고 있다.

먼저 현성사[15]는 태조太祖 19년(936)에 창건되었고,[16] 고려 신인종神印宗의 중심 사원이었다.[17] 인종仁宗 때 국가 차원의 주요 불사를 거행했고,[18] 고종高宗, 원종元宗 때는 국왕의 행차가 매우 빈번했던 개경 내의 주요 사원들 중 하나였다.[19] 특히 고종 초에는 문두루도량文豆婁道場을 열어 국난을 극복하고자 했고,[20] 강화천도 이후에도 그곳에 현성사가 마련되어 국난

11 『高麗史』 권27, 世家 元宗 14년 2월 丁亥.

12 『高麗史』 권28, 世家 忠烈王 元年 8월, "撤堤上宮 修五大寺"

13 『高麗史』 권28, 世家 忠烈王 元年 4월, "王及公主 如賢聖寺 爲帝祝釐"

14 『高麗史』 권28, 世家 忠烈王 2년 正月 乙亥, "設法席于普濟寺 爲帝祝釐 每値聖甲日 行之 時謂之乙亥法席" 世祖(1215~1294)의 출생일은 乙亥年(1215) 8월 乙卯日이었다. 『元史』 권4, 本紀 世祖 1.

15 賢聖寺는 개경 炭峴門 안에 있었다. 『新增東國輿地勝覽』 권5, 開城府 下, 古跡 賢聖寺.

16 『高麗史』 권2, 世家 太祖 19년(936) 12월.

17 『三國遺事』 권5, 神呪 6 明朗神印, "太祖爲創現聖寺爲一宗根柢焉" 이 기사에서의 現聖寺는 『고려사』의 賢聖寺와 동일한 사원이다.

18 『高麗史』 권16, 世家 仁宗 8년 4월, "設齋于現聖靈通二寺 爲國家禳災祈福"

19 許興植은 고종의 父王인 康宗과 母后의 眞殿寺院일 가능성이 크다고 보았다. 許興植, 「佛敎와 融合된 王室의 祖上崇拜」, 『高麗佛敎史硏究』, 一潮閣, 1986, 81쪽.

20 『高麗史』 권22, 世家 高宗 4년 4월, 12월. 박종진은 현성사가 초기부터 국방과 국가 보위에

극복을 위해 국왕의 행차가 잦았던 호국적 성격을 띤 사원이었다. 이같이 개경과 강도江都에서 중요한 왕실 내지 국가 사찰이었던 현성사가 충렬왕 1년 4월에 세조의 복을 비는 사찰로 지정된 것이다.

다음으로, 보제사는 현성사보다도 훨씬 사원의 역사가 깊을 뿐 아니라[21] 국가의 중요행사가 자주 거행된 국가 사찰이었고 동시에 담선법회談禪法會[22]가 정기적으로 개최된 고려 선종禪宗의 중심 사원이었다. 당대를 대표하는 국찰인 동시에 선종의 중심 사원인 보제사가 충렬왕 2년 1월부터 매년 을해법석을 개최하게 되어 세조의 기복 사찰로 변모된 것이다. 따라서 현성사와 보제사가 세조의 복을 비는 사원으로 변모된 충렬왕 1~2년을 전후한 시기의 고려 정계政界 상황을 살펴봄으로써, 당시 두 사원의 역할과 함께 이들이 여원麗元 양국의 외교에 미친 영향을 살펴보도록 한다.

원종은 재위 10년(1269) 6월 임연林衍에 의해 폐위되었다가[23] 몽고의 도움을 받아 같은 해 10월 왕위에 복위했다.[24] 그리고 다음 해(1270) 5월 임유무林惟茂의 죽음으로 100년간 지속되어왔던 무인정권武人政權이 마침내 붕괴되었다. 이후 몽고의 정치적 간섭과 압력은 원종 초에 비해서 한층 심화되었다. 그 과정을 보면, 고종 46년(1259) 태자太子 전倎(후에 원종)이 몽

관련이 깊은 절이라고 했다. 박종진, 「고려시기 개경 절의 위치와 기능」, 『역사와 현실』 38, 한국역사연구회, 2000, 82쪽.

21 보제사는 太祖가 919년 고려의 수도를 철원에서 개성으로 옮긴 후 도성 내에 건립한 10刹 중 하나였다. 『三國遺事』 권1, 王歷; 『高麗史』 권1, 世家 太祖 2년 3월. 태조가 건립한 10刹은 法王寺, 慈雲寺, 王輪寺, 內帝釋院, 舍那寺, 大禪院(普濟寺), 新興寺, 文殊寺, 圓通寺, 地藏寺로 보고 있다.

22 安啓賢은 담선법회가 禪에 대한 이치를 서로 서로 공부하고 실천적인 參禪도 겸해서 선풍을 떨치는 데 그 목적을 두었다고 했다. 安啓賢, 「談禪法會와 禪風의 振揚」, 『한국사』 7, 국사편찬위원회, 1973, 312쪽. 金光植은 太祖 때부터 정치적 집권화 및 사원 세력의 정비를 추진하는 과정에서 제도화된 禪師들의 모임이라고 했다. 金光植, 「崔瑀의 寺院政策과 談禪法會」, 『高麗武人政權과 佛敎界』, 民族社, 1995, 137쪽.

23 『高麗史』 권26, 世家 元宗 10년 6월.

24 『高麗史』 권26, 世家 元宗 10년 11월.

고에 입조入朝하여 세조를 만나 양국 사이에 화의가 성사됨으로써,[25] 그 후로 몽고군과 다루가치達魯花赤가 철수된 상태였다.[26] 그런데 무인정권이 붕괴되는 과정에서 원종의 요청으로 그들이 다시 주둔하게 되었다.[27] 그리고 무엇보다도 고려가 몽고와 강화를 맺은 후 여러 가지 이유로 미루어왔던 육사六事[28]가 무신정권 붕괴 후에는 모두 실행되었다.[29] 몽고의 힘을 빌려 원종이 복위하고, 고려왕정이 복구된 관계로 고려는 원으로부터 그에 상응하는 많은 부담을 졌던 것이다.

그런데 이와 같은 상황이 원황실의 부마駙馬가 된 충렬왕忠烈王(재위 1274~1308)이 고려왕에 즉위하면서 상당 부분 개선되었다. 그 구체적인 성과는 김방경金方慶의 무고사건誣告事件[30]으로 인한 충렬왕의 제1회 원행元行(1278)을 통해서 나타났다.[31] 그 내용을 육사를 중심으로 정리하면 다

25 몽고와 화의가 성사될 때, 憲宗(몽케, 재위 1251~1259)이 사망했고, 헌종의 2弟였던 쿠빌라이는 막내아우 阿里不哥(아리크부카)와 內戰 중에 있었는데, 그는 원종을 매우 반갑게 맞았다고 한다. 『高麗史』 권25, 世家 元宗 元年 3월, "皇帝驚喜曰, 高麗萬里之國, 自唐太宗親征而不能服, 今其世子自來歸我, 此天意也."

26 高宗 46년(1259) 4월 태자 倎(후에 元宗)의 入朝로 고려와 몽고 사이에 강화가 성립되면서 양국이 합의한 주요 내용(일명 世祖舊制)은 다음과 같다. ① 衣冠은 본국(고려)의 風俗에 따르도록 하여 모두 고치지 않는다. ② 使臣은 몽고 조정에서 파견하는 자만으로 제한한다. ③ 開京으로 還都하는 시기는 역량에 따라 조정한다. ④ 주둔군의 철수는 가을을 기해서 실시한다. ⑤ 전에 배치한 達魯花赤 등의 일행은 모두 서쪽(몽고)으로 돌아오도록 명령한다. ⑥ 자원하여 여기(몽고)에 머무르려고 하는 자 10여 명에 대해서는 철저히 조사할 것이고, 앞으로 이와 같은 자는 결코 허락하지 않는다. 『高麗史』 권25, 世家 元宗 元年 8월; 『元高麗紀史』 世祖 中統 元年 6월

27 『高麗史』 권26, 世家 元宗 11년 2월, 5월.

28 六事는 몽고가 정복 지역에 대해 실행할 것을 강요한 6가지 기본 조항인 納質, 助軍, 輸糧, 設驛, 供戶數籍, 置達魯花赤을 말한다. 『高麗史』 권26, 世家 元宗 9년 3월, "詔曰 …… 惟我太祖成吉思皇帝制度 凡內屬之國 納質助軍 輸糧設驛 供戶數籍 置達魯花赤 已嘗明諭之矣" 몽고로부터 원종 3년 12월, 원종 9년 3월에 六事의 이행을 촉구하는 詔書가 전달되었다.

29 李益柱, 「高麗·元關係의 構造에 대한 研究」, 『韓國史論』 36, 서울대학교 인문대학 국사학과, 1996, 19쪽. 이익주는 당시 고려가 不改土風만은 지켜내면서 王朝체제를 유지했다는 점에 큰 의미를 부여했다.

30 『高麗史』 권104, 列傳 金方慶.

31 忠烈王은 太子 때 5회, 재위 중에 11회 모두 16회에 걸쳐 원나라에 入朝했다. 金惠苑, 「忠烈王

음과 같다. 먼저 다루가치와 원군元軍이 철수했고, 원종의 총신寵臣과 홍다구洪茶丘를 둘러싼 부원附元 세력이 축출되었고, 또 공호수적供戶數籍(호구조사)이 면제되었다. 그리고 조군助軍과 수량輸糧은 제2차 일본원정을 앞두고 오히려 강화되긴 했으나 이것이 일방적인 강요가 아닌 협조형식을 취하게 되었고, 납질納質 또한 강화되었으나 서서히 인질의 성격이 퇴색되었고, 역참驛站의 수도 점차 줄었다.[32] 그런데 고려왕조가 이와 같은 가시적인 성과를 얻어낼 수 있었던 것은 전부터 그에 상응하는 막대한 대가를 치렀기 때문이었다. 고려가 입었던 피해 상황을 충렬왕대로 한정하여 순차적으로 살펴보자.

먼저 충렬왕이 즉위하던 해(1274) 10월 고려군 총 8,000명에 초공梢工, 인해引海, 수수水手 6,700명이 원나라 제1차 일본원정에 동원되었다.[33] 이후 원나라는 고려에 대해 정치적 영향력을 강화하고자 충렬왕 1년(1275) 10월에 양국 간의 통혼通婚과 공녀貢女를 강요했고, 고려왕실에서의 칭호와 관호官號가 원의 것과 같음을 비난하면서 그것을 격하하도록 요구했다.[34] 이에 따라 결국 같은 해 10월에 관제官制의 격하가 실시되었고,[35] 11월에는 공녀의 헌납이 본격적으로 시작되었다.[36] 그리고 앞서 언급한 대로 바로 이 해 4월에 고려왕실에서는 원 세조의 복을 비는 사원으로 현성사가 지정되었고, 또 11월에는 궁중에서 세조의 복을 비는 법석法席을 베풀기까지 했다.[37] 원나라의 정치적 간섭이 강화되자 고려왕실은 이에 대한 대응

入元行績의 性格」, 『高麗史의 諸問題』, 삼영사, 1986, 801쪽.

32 이익주, 앞의 글, 1996, 28~31쪽.

33 麗蒙 연합군의 戰艦은 900여 척이었다. 『高麗史』 권28, 世家 忠烈王 즉위년 10월.

34 『高麗史』 권28, 世家 忠烈王 元年 10월 庚戌.

35 『高麗史』 권28, 世家 忠烈王 元年 10월 壬戌; 『高麗史』 권76, 志 百官1.

36 『高麗史』 권28, 世家 忠烈王 元年 11월. 원나라에 처음 공녀가 바쳐진 것은 원종 15년(1274)이었다. 『高麗史』 권27, 世家 元宗 15년 3월. 공녀의 헌납은 結婚都監을 두고 공민왕 4년(1355)까지 44회에 걸쳐 이루어졌다. 정구선, 『공녀』, 국학자료원, 2002, 27쪽 참조.

37 『高麗史』 권28, 世家 忠烈王 元年 11월, "畵浮屠觀世音菩薩像十二軀 設法席于宮中 爲帝祝釐"

으로 그들의 요구에 응하는 것과 함께 사원과 궁중에서 기복 불사를 열어 친원적 자세를 표명했던 것이다.

그리고 관제의 격하에 이어서 충렬왕 2년(1276)에는 왕실의 용어에도 변화가 있었다. 선지宣旨를 왕지王旨로, 짐朕을 고孤로, 사赦를 유宥로, 주奏를 정呈으로 쓸 것을 확정했다.[38] 그리고 바로 이 해 1월부터 개경 보제사에서는 세조의 복을 빌기 위한 을해법석이 열리기 시작했다. 한 해 전에 세조의 복을 빌기 위해 궁중에서 행해진 법석이 이 해부터는 국찰 보제사에서 정기적으로 시행된 것이다.

이처럼 고려가 감내한 엄청난 희생의 대가로 원나라 군대와 관리가 물러가고, 부원배를 축출하고, 호구 수를 파악할 수 있게 되는 등 원의 간섭을 줄일 수 있었다. 따라서 당시 현성사와 보제사는 세조의 원당이 됨으로써 충렬왕 4년의 외교성과를 이끌어내는 데 일정부분 기여한 것으로 볼 수 있다.[39] 사원 불사를 매개로 하여 고려왕실이 원황실과 더욱 친밀한 관계를 이루었다는 사실은 원황실에 대한 복종과 예속화가 더욱 심화된 동시에, 다른 한편으로는 신뢰와 친밀성을 바탕으로 하여 고려가 원으로부터 어느 정도의 독자성을 인정받을 수 있는 여건이 조성되었음을 말해준다. 또한 이후로 현성사, 보제사 외에 개경과 그 인근 지역에서는 유사한 형태의 원황실의 원당이 지속적으로 출현해 황실을 위한 다양한 형태의 불사가 빈번히 개최되었던 것으로 볼 때, 두 사원은 원황실과 관련된 고려 사원이 출현하는 단초를 마련하는 역할도 했다.

② 충렬왕 4년 원행외교 후의 현성사와 보제사

충렬왕 4년(1278) 후부터 세조가 세상을 떠나기 한 해 전인 충렬왕 19년

38 『高麗史』 권28, 世家 忠烈王 2년 3월.

39 권영국은 충렬왕 4년의 元軍 철수가 충렬왕 즉위 이후 계속된 親元政策에 대한 원나라의 신임에서 비롯된 것으로 보았다. 권영국, 「원간섭기 고려군제의 변화」, 『14세기 고려의 정치와 사회』, 민음사, 1994, 135쪽.

(1293)까지 현성사賢聖寺에는 국왕의 방문이 비교적 빈번히 이루어졌다.[40] 방문의 목적이 구체적으로 명시되어 있지 않지만 충렬왕 1년(1275)의 방문 때와 마찬가지로 대부분 세조를 위한 기복 불사를 열고자 했기 때문일 것이다. 세조가 세상을 떠난 충렬왕 20년(1294) 이후부터 국왕의 현성사 방문이 거의 없었다는 사실이 이를 반증한다. 다만 충렬왕 23년(1297) 5월에 국왕이 공주와 동행하여 현성사를 한 차례 방문한 기사가 있어 주목할 만하다.

현성사는 충렬왕 때 주로 세조의 기복 사찰로 기능했기 때문인지 세조의 딸인 충렬왕비忠烈王妃 제국대장공주齊國大長公主(1259~1297)와도 깊은 인연을 맺은 절이었다.[41] 충렬왕 23년 5월 국왕과 공주는 공주의 복을 빌기 위하여 현성사 내고內庫의 쌀 100석을 내어 가난한 백성을 진휼했다.[42] 그리고 며칠 후 공주가 갑자기 세상을 떠났는데 그 장소도 역시 현성사였다.[43] 이는 현성사가 빈민貧民을 위한 구휼기관으로, 또는 후비后妃의 병 치료를 위한 요양소로 기능했음을 보여준다.

이처럼 충렬왕 초기부터 주로 세조와 제국공주를 위한 기복 불사를 거행한 현성사는 충렬왕 20년에 세조가 세상을 떠나고, 또 3년 후에 제국공주마저 세상을 떠남에 따라 자연히 고려왕실과 멀어졌다. 제국공주 사후 충렬왕이 현성사를 방문한 기록은 보이지 않고, 그 후대의 국왕도 절을 거의 방문하지 않았다.[44] 현성사의 이 같은 급격한 쇠락은 사원의 주된 기능

---

40 현성사 방문은 忠烈王 2년, 5년, 10년, 11년, 14년, 15년, 18년, 19년에 각각 1회의 방문이 있었다. 『高麗史』 世家 忠烈王.

41 齊國大長公主의 모친은 阿速眞可敦으로 세조의 后妃 10명 중 伯要兀眞皇后로 보기도 하는데 명확하지 않다. 『高麗史』 권89, 列傳 齊國大長公主; 『元史』 권106, 表 后妃表.

42 『高麗史』 권31, 世家 忠烈王 23년 5월 癸酉, "王與公主 幸賢聖寺 發內庫米一百石 賜窮民 爲公主祈福"

43 『高麗史』 권31, 世家 忠烈王 23년 5월 壬午.

44 『高麗史』에 따르면 제국대장공주 死後 충숙왕 1년(1314), 공민왕 1년(1352)에 각각 한 차례씩 국왕이 현성사에 행차한 것으로 나온다.

과 전반적인 운영이 원황실의 몇몇 인사들에 의해서만 이루어졌음을 말해준다. 원황실과 관련된 불사를 시행할 때는 절이 고려왕실의 관심 속에서 비교적 순탄한 발전을 했지만, 그렇지 않을 때는 왕실과 점차 소원해지면서 사세寺勢가 급격히 약화된 것이다.

다음으로 보제사普濟寺의 경우를 보면, 충렬왕 2년 1월부터 매년 을해법석을 개최했다고 했는데 과연 이 의례가 언제까지 지속되었을까 하는 것이 의문이다. 원래 을해법석은 세조가 태어난 해가 을해년乙亥年(1215)이었기 때문에 그 을해일乙亥日을 성갑일聖甲日로 하여 매년 세조를 위한 축수재祝壽齋를 지냈던 것이다.[45] 그렇다면 세조가 생존한 충렬왕 19년까지는 이 의례가 매년 보제사에서 시행되었을 것으로 보는 편이 옳다.[46] 그리고 보제사에서 국초 이래로 개최된 담선법회는 원의 간섭에 의해 충렬왕 4년부터 중단되었다가,[47] 3년 만에 속개될 수 있었다.[48] 이후로 담선법회는 계속 개최되었지만 원의 영향 아래서 과거와 같은 성격의 법회가 개최되었을지는 의문이다.[49] 세조가 사망한 이후 보제사 역시 현성사와 유사하게 사세가 크게 위축되었음에 틀림없는데, 이것은 원간섭기 전과는 다르게 국왕의 행차와 함께 국가 차원의 불교행사가 현격하게 줄어든 데에서 알 수 있다.[50]

45 충렬왕 2년의 경우 乙亥日은 1월 9일, 3월 10일, 4월 11일, 6월 12일, 8월 13일, 10월 14일, 12월 5일로 총 7일이었다. 심경진 외, 『고려시대 연력표』, 한국천문연구원, 1999 참조.

46 세조가 사망한 때는 至元 31년(충렬왕 20, 1294) 正月 癸酉日이었다. 『元史』 권17, 本紀 世祖 至元 31년.

47 韋得儒와 盧進義가 洪茶丘에게 담선법회가 실제로는 원나라를 저주하기 위한 모임이라고 말한 데에서 법회가 중단되었다. 『高麗史』 권28, 世家 忠烈王 4년 3월.

48 『高麗史』 권29, 世家 忠烈王 6년 3월.

49 忠肅王은 재위 1년(1314)에 元나라에 사신을 보내어 談禪法會에 오해가 없도록 당부했다. 安啓賢, 『韓國佛敎史硏究』, 동화출판공사, 1982, 321쪽.

50 충렬왕 20년 이후 普濟寺(후에 演福寺)에서 개최된 佛事 중 국가 차원의 의례로 간주할 수 있는 것은 충숙왕대의 2건 정도이다. 『高麗史』 권34, 世家 忠肅王 元年 正月; 권35, 忠肅王 11년 3월.

③ 원 세조의 진전사원 신효사

신효사神孝寺는 충렬왕 때 중홍된 사원으로,[51] 이후 개경 인근의 주요 사원으로 발전했다.[52] 신효사는 충렬왕비 제국공주의 병 치료를 위한 요양소로 자주 이용되었고,[53] 충렬왕 20년(1294) 1월에 세조가 세상을 떠나게 되자 그의 진전사원眞殿寺院으로 기능했다.

ⓐ 신효사로 갔는데 이것은 모두 원나라 선제先帝(세조)의 명복冥福을 빌기 위한 것이다.[54]

ⓑ 원나라 선제(세조)의 대상大祥이므로 왕이 신효사에 가서 행향行香했다.[55]

ⓒ 세조의 기일忌日이므로 왕이 신효사에 갔다.[56]

위의 글은 충렬왕이 세조의 소상小祥과 대상大祥을 맞아 신효사에 행차하여 그의 명복을 빌었으며, 이후 세조의 기일에도 신효사에서 제례祭禮를 드렸다는 내용이다. 즉 신효사가 세조의 상례喪禮와 제례를 거행하는 진전사원[57]이 된 것이다. 이렇게 세조 사후에는 고려 국내에서도 원나라 선제先帝의 명복을 비는 사원이 출현하게 되었다. 세조의 생존 시에는 현성사와 보제사가 황제의 기복 사찰로 지정되어 정기적인 불사를 거행했지만,

51 李穀, 「神孝寺新置常住記」, 『稼亭集』 권5, "昔我忠烈王重興是寺"

52 神孝寺는 廣德山에 있었고, 절 이름을 墨寺라고도 했다. 『新增東國輿地勝覽』 권4, 開城府 上, 佛宇 神孝寺. 신효사는 개경 서쪽에 위치한 碧瀾渡 북쪽의 甘露寺 부근에 있던 절로 추정하고 있다.

53 『高麗史』 권29, 世家 忠烈王 8년 6월; 忠烈王 9년 7월.

54 『高麗史』 권31, 世家 忠烈王 21년 正月 辛酉, "遂幸神孝寺 皆爲先帝薦福也"

55 『高麗史』 권31, 世家 忠烈王 22년 正月 戊子, "以先帝大祥幸神孝寺 行香"

56 『高麗史』 권31, 世家 忠烈王 25년 正月 癸卯, "以世祖忌 幸神孝寺"

57 眞殿寺院이란 王室願堂 중에서도 사원 내에 眞影을 모신 眞殿을 갖춘 사원을 말한다. 고려왕실에서는 대개 先王, 先妃의 喪禮와 祭禮를 올릴 사원 내에 진전을 부설했기 때문에 그러한 禮를 거행한 사원은 해당 인물의 眞殿寺院이라고 할 수 있다.

그가 세상을 떠나게 되자 신효사가 세조의 명복을 비는 원당이 된 것이다. 물론 이런 사원들이 생겨난 것은 당시 원나라의 부마국駙馬國으로 전락한 고려국의 위치나 충렬왕의 원 황제에 대한 복종적인 태도도 일정 부분 작용했으리라고 본다.[58]

한편 충렬왕 23년(1297)에 제국공주가 갑자기 병사하자 신효사는 공주의 진전사원이 되기도 했다.[59] 신효사가 공주의 진전사원으로 지정된 것은 당시 절이 세조의 진전사원이었기 때문에 공주도 그곳에 함께 모셔진 것이 아닌가 생각된다. 통상 고려왕실의 진전사원은 선왕先王과 선비先妃를 함께 모시는 경우가 많았는데, 같은 몽고인이면서 부녀父女 사이인 세조와 제국공주에게도 그러한 관례가 적용된 듯하다. 또한 신효사는 일찍부터 공주가 병 치료를 위해 자주 왕래했던 만큼 공주와는 매우 친숙한 사원이기도 했다. 어쨌든 제국공주의 죽음과 함께 신효사는 세조와 제국공주를 함께 모시는 진전사원이 된 것이다. 그런데 신효사에서 공주를 모신 것은 일시적이었다. 공주의 대상이 되는 충렬왕 25년(1299) 5월에는 국왕이 묘련사妙蓮寺에 행차하고,[60] 뒤이어 그곳에 공주의 영당影堂이 건립된 것으로 볼 때[61] 대상 이후로 공주의 진전사원은 신효사에서 묘련사로 옮겨졌음을 알 수 있다. 이것은 무엇보다도 묘련사가 공주의 발원으로 건립된 사원이기 때문일 것이다.[62] 이렇게 충렬왕대의 신효사는 주로 세조의 진전사원으로서, 또 한때는 제국공주의 요양소와 진전사원으로 기능하며 고려왕실

58 충렬왕대의 대표적인 또 하나의 皇室願堂으로는 충렬왕 9년(1283)에 기공하여 다음 해인 충렬왕 10년에 완공된 妙蓮寺를 들 수 있다.

59 신효사가 제국공주의 眞殿寺院이었음은 다음의 기사를 통해 알 수 있다.
『高麗史』 권31, 世家 忠烈王 23년 7월 己巳, "幸神孝寺 薦福公主"
『高麗史』 권33, 世家 忠宣王 즉위년 5월 乙巳, "王以安平公主小祥 幸神孝寺行香"

60 『高麗史』 권31, 世家 忠烈王 25년 5월 庚子, "以安平公主大祥 幸妙蓮寺"

61 『高麗史』 권32, 世家 忠烈王 28년 10월 辛未, "作安平公主影堂 于妙蓮寺"

62 李齊賢, 「妙蓮寺重興碑」, 『益齋亂藁』 권6.

의 관심과 배려 속에서 중흥되었다.[63]

2) 원황실의 중심 원당 묘련사

① 세조와 제국대장공주의 진전사원

고려왕조의 개경開京 환도還都(1270) 후 많은 사원들이 중수되면서,[64] 개경 내의 주요 사원으로 발전한 데 비해 묘련사妙蓮寺는 충렬왕 9년(1283)에 창건되어 충렬왕 10년에 완공된 사원이다.[65] 여기서는 묘련사가 원황실의 원당으로 기능한 부분에 한정하여 살펴보도록 한다.

묘련사가 완공된 후 충렬왕의 행차는 원에 체류한 기간을 제외하고는 거의 매년 계속되었는데,[66] 그중 충렬왕 20년(1294)까지는 절에 행차한 구체적인 목적은 전하지 않는다. 다만 절의 창건 목적이 천자天子와 종묘宗廟의 복을 빌기 위함이었던 만큼,[67] 양국의 평안과 발전을 기원하기 위해 충렬왕은 늘 제국공주와 함께 묘련사에 동행했던 것으로 보인다. 그런데 충렬왕 20년 1월 제국공주의 친정아버지인 세조가 세상을 떠나게 되자 이후 묘련사는 단순히 복을 비는 원당에서 세조의 상례와 제례를 드리는 진전사원으로 기능하게 된다. 세조의 소상인 충렬왕 21년(1295) 1월에 왕과 공주가 묘련사를 방문해 그의 명복을 빌었고,[68] 또 대상인 충렬왕 22년

---

63 충렬왕이 세상을 떠난 곳은 宮室이 아니라 神孝寺였던 것으로 볼 때, 신효사는 제국공주의 경우와 마찬가지로 충렬왕에게도 치병을 위한 요양소로 이용된 듯하다.

64 개경 환도 후 奉恩寺, 王輪寺를 시작으로 충렬왕 1년(1275)까지 普濟寺, 賢聖寺, 興王寺, 安和寺 등 개경의 대사찰이 복구되었다. 한국사연구회, 『고려의 황도 개경』, 창작과비평사, 2002, 89쪽.

65 묘련사는 개경 三峴里에 있었다. 『新增東國輿地勝覽』 권5, 開城府 下, 古跡 妙蓮寺.

66 충렬왕은 재위 22년 9월~23년 5월, 31년 11월~33년 5월까지 元에 체류 중이었다. 따라서 이 기간 중에는 묘련사에 행차하지 않았다. 재위 17년, 19년, 34년에도 행차하지 않았는데 그 사정은 알 수 없다.

67 李齊賢, 「妙蓮寺重興碑」, 『益齋亂藁』 권6, "將以祝釐於天子 邀福於宗祏者也 堂構于至元二十年之秋 明年之夏而落成"

68 『高麗史』 권31, 世家 忠烈王 21년 正月 乙卯.

〈표 1〉 세조의 진전사원이 된 묘련사, 신효사 관련 기사

	행차 시기	기사 내용	전거
신효사	충렬왕 21년 1월 辛酉日	세조를 위해 薦福	『고려사』 권31
	충렬왕 22년 1월 戊子日	세조의 大祥에 行香	『고려사』 권31
	충렬왕 25년 1월 癸卯日	세조의 忌日에 行次	『고려사』 권31
묘련사	충렬왕 21년 1월 乙卯日	세조를 위해 薦福	『고려사』 권31
	충렬왕 22년 1월 己丑日	行次	『고려사』 권31
	충렬왕 27년 1월 壬戌日	세조의 忌日에 行香	『고려사』 권32

(1296) 1월에도 역시 왕과 공주가 묘련사에 행차했다.[69] 사실 충렬왕 22년 1월의 묘련사 행차에는 그 목적이 정확히 명시되어 있지 않지만, 그때가 세조의 대상에 해당하는 시기였으므로 그의 명복을 빌기 위한 행차였음이 분명하다. 그 후 충렬왕 27년(1301) 1월에도 세조의 기일이라고 하여 왕이 묘련사를 방문한 기록이 보인다.[70] 이러한 사실들을 통해 볼 때 묘련사는 세조 사후에 그의 진전사원으로 지정되었음을 알 수 있다. 그런데 앞서 신효사 편에서 자세히 살펴보았듯이 충렬왕은 세조의 소상과 대상에 신효사를 방문하여 분향焚香했고, 충렬왕 25년(1299)에는 세조의 기일이라고 하여 역시 신효사를 찾았다. 충렬왕이 세조의 기일을 맞아 묘련사와 신효사에 방문한 기사를 함께 정리, 비교해보면 〈표 1〉과 같다.

위의 〈표 1〉에 잘 나타나 있듯이 충렬왕대에 세조의 소상(충렬왕 21년)과 대상(충렬왕 22년)인 상례가 묘련사와 신효사 두 사원에서 시행되었음을 알 수 있다. 그러나 대상 후에도 제례가 두 사원에서 지속적으로 병행 실시되었는가는 위의 사료로 판단하기 어렵다. 어쨌든 매우 이례적으로 세조의 상례가 두 사원에서 시행되었다는 것은 주목할 만한 사실이다. 이

69 『高麗史』 권31, 世家 忠烈王 22년 正月 己丑, "王與公主 幸妙蓮寺"

70 『高麗史』 권32, 世家 忠烈王 27년 正月 壬戌, "王以先帝忌 幸妙蓮寺 行香"

같이 한 시기에 왕성王城과 그 인근의 두 사원에서,[71] 상례가 이루어진 연유는 무엇 때문이었을까.[72] 이는 세조의 도움으로 왕권이 보장되고, 유지되었던 충렬왕이 세조에 대한 깊은 추모의 정情을 나타내기 위하여 이러한 형태의 상례를 치른 것이 아니었을까 생각된다. 실제로 충렬왕 20년 세조가 사망하고 성종成宗(테무르鐵穆耳, 재위 1294~1307)이 즉위하게 되면서 충렬왕의 정치적 지위는 크게 약화되기 시작했다. 곧바로 세자(충선왕忠宣王)의 정치 참여가 시작되었고, 성종은 충렬왕의 위치를 부정하려는 움직임까지 보였다.[73] 그리고 제국공주의 죽음을 계기로 하여 충렬왕은 성종에게 양위를 요청했고,[74] 다음 해인 충렬왕 24년(1298) 1월에 세자가 고려 국왕(충선왕)에 즉위하게 되었다. 세조 사후에 나타난 충렬왕의 급격한 권력 추락은 그의 왕권이 세조의 힘에 크게 의존했음을 단적으로 보여준다. 따라서 세조의 죽음은 충렬왕에게 커다란 충격과 남다른 슬픔으로 다가왔음에 분명하다. 세조의 죽음을 접하고 충렬왕이 보여준 극진한 추모의 정성은 원 조정으로부터 고려인들이 세조의 빈전殯殿에 직접 참석할 수 있는 특전을 받았을 정도였다.[75] 이 같은 충렬왕의 깊은 애도의 정이 신효

71 묘련사는 개경의 羅城 안에 있었고, 신효사는 개경 서쪽 廣德山에 있었다.

72 蔡尙植은 세조의 기일과 관련된 불교행사는 神孝寺에서 행해졌고, 그와 다른 성격의 행사는 주로 妙蓮寺에서 실시되었다고 했다. 蔡尙植, 『高麗後期佛敎史硏究』, 일조각, 1991, 183쪽. 다만 世祖의 기일에 국왕이 행차한 동일한 사실을 두고서 그 성격을 구분한 것이 무엇에 근거하고 있는지는 명확하지 않다.

73 충선왕 즉위를 배경으로 한 충렬왕과 원나라 정치 세력과의 관계는 다음의 글이 참고가 된다. 이익주, 「충선왕 즉위년 관제 개편의 성격」, 『14세기 고려의 정치와 사회』, 민음사, 1994, 96~104쪽.

74 『高麗史』 권31, 世家 忠烈王 23년 10월, "불의에 공주가 죽으니 나의 비통한 심정을 다 말할 수 없다. 더구나 늙어가는 몸이라 병이 점차 많아진다." 충렬왕이 表文에 보인 퇴위의 이유는 표면적 수식에 지나지 않고, 실제로는 세자가 공주의 죽음과 연관된 無比, 최세연 일당을 숙청한 후 충렬왕을 압박하고 장인(晉王)의 동생인 成宗으로부터 그 허락을 받았기 때문인 것으로 본다. 金成俊, 「高麗後期 元公主 出身 王妃의 政治的 위치」, 『韓國中世政治法制史硏究』, 일조각, 1985, 162쪽.

75 『高麗史』 권31, 世家 忠烈王 20년 正月 癸酉. 세조 사망 시 충렬왕은 元에 머물고 있었다.

〈표 2〉 신효사, 묘련사의 제국대장공주 관련 기사

시기	신효사 관련 기사	묘련사 관련 기사	전거
충렬왕 23년 7월	공주를 追福		『고려사』 권31
충선왕 즉위년 5월	小祥에 焚香		『고려사』 권33
충렬왕 25년 5월		大祥에 行次	『고려사』 권31
충렬왕 28년 10월		影堂을 지음	『고려사』 권32
충선왕 복위년 10월		眞影을 拜謁	『고려사』 권33
충숙왕 즉위년 6월		眞影을 拜謁	『고려사』 권34
충숙왕 원년 5월		忌日에 行香	『고려사』 권34

사와 묘련사 두 사원에서 세조의 상례를 거행하게 만들었다고 볼 수 있다.

충렬왕 23년(1297) 5월 제국공주의 죽음은 충렬왕의 양위를 불러온 것과 동시에 묘련사에도 약간의 변동을 가져왔다. 공주가 세상을 떠난 그해 7월에 충렬왕은 신효사를 방문하여 공주의 명복을 빌었다.[76] 그리고 제국공주의 소상인 충선왕 즉위년(1298) 5월에 역시 충선왕도 신효사를 방문해 어머니를 위해 분향했다.[77] 이러한 사실을 통해서 볼 때 앞서 언급한 대로 제국공주는 아버시 세조의 진전사원인 신효사에 함께 모셔진 것이 분명하다.

그런데 제국공주의 대상이 되는 충렬왕 25년(1299) 5월에 국왕은 신효사가 아닌 묘련사를 방문했다.[78] 그리고 충렬왕 28년(1302)에는 묘련사에 제국공주의 영당影堂이 건립되었다. 또 이후로도 국왕들이 제국공주의 진영眞影을 배알하고 기일에 행차한 곳은 모두 묘련사였다. 즉 충선왕 복위년(1308) 10월 국왕의 공주진영 배알,[79] 충숙왕忠肅王 즉위년(1313) 6월 국왕의 공주진영 배알,[80] 충숙왕 1년(1314) 5월 국왕과 후비의 제국공주를 위

76 『高麗史』 권31, 世家 忠烈王 23년 7월.
77 『高麗史』 권33, 世家 忠宣王 즉위년 5월.
78 『高麗史』 권31, 世家 忠烈王 25년 5월 庚子, "以安平公主大祥 幸妙蓮寺"
79 『高麗史』 권33, 世家 忠宣王 복위년 10월 庚子, "王如妙蓮寺 謁仁明太后眞"
80 『高麗史』 권34, 世家 忠肅王 즉위년 6월 癸未, "上王如妙蓮寺 謁齊國公主眞"

한 행향行香 등[81] 이들 모두가 묘련사에서 이루어진 것이다. 이러한 사실을 종합해볼 때 제국공주의 진전眞殿이 공주의 대상을 기해서 신효사에서 묘련사로 옮겨졌음을 알 수 있다.[82] 이에 대한 관련 기사를 정리하면 〈표 2〉와 같다.

위의 〈표 2〉에서도 확인되는 것처럼 제국공주가 세상을 떠난 지 2주기가 되는 대상 이후로는 공주의 진전사원이 묘련사로 정해졌다. 이렇게 제국공주의 진전사원이 바뀌게 된 이유는 묘련사가 공주의 발원으로 건립된 사원인 만큼[83] 공주에게는 보다 의미 있는 사원이었기 때문일 것이다. 묘련사는 제국공주의 진전사원이 된 것을 기점으로 하여 전과는 비교가 안 될 정도로 원황실을 위한 다양한 불사가 빈번히 열리면서 크게 부각되었다.

② 원황실 주요 인사들의 원당

충렬왕 때 묘련사는 세조와 제국공주의 원당으로 기능한 것 외에도 원황실 내의 주요 인사들을 위한 축원이 빈번히 행해진 사원이었다. 충렬왕은 신료들과 함께 묘련사에서 원 성종의 건강과 장수를 기원했고,[84] 성종의 생모인 유성황태후裕聖皇太后(?~1300)의 기일을 맞아 묘련사에 행차하기도 했다.[85] 또 충렬왕 28년(1302) 1월에 성종의 큰형이자 충선왕비忠宣王妃 계국대장공주薊國大長公主의 아버지인 진왕晉王(1263~1302)이 세상을

81 『高麗史』 권34, 世家 忠肅王 元年 5월 甲戌, "公主及王以齊國大長公主忌日 如妙蓮寺 行香"

82 충선왕 때 제국대장공주를 위한 또 하나의 사원으로 충선왕 1년(1309)에 건립된 旻天寺가 있다.

83 李齊賢, 「妙蓮寺重興碑」, 『益齋亂藁』 권6.

84 『高麗史』 권32, 世家 忠烈王 27년 正月 丙辰, "王率百官 幸妙蓮寺 爲皇帝祝釐"
『高麗史』 권32, 世家 忠烈王 27년 正月 乙丑, "王率行省官及群臣 幸妙蓮寺 爲帝聖甲日祝壽也"
성종은 至元 2년(1265) 乙丑年 9월에 태어났으므로 乙丑日을 聖甲日로 한 것이다.
『高麗史』 권32, 世家 忠烈王 30년 正月 丁丑, "幸妙蓮寺 祝帝壽"
『高麗史』 권32, 世家 忠烈王 31년 8월 己丑, "幸妙蓮寺 爲帝祝壽"

85 『高麗史』 권32, 世家 忠烈王 27년 2월 庚辰, "以皇太后忌日 幸妙蓮寺" 裕聖皇太后(闊闊眞)가 사망한 때는 大德 4년(1300, 충렬왕 26) 2월이었다. 『元史』 권115, 列傳 后妃2 裕聖皇后.

〈표 3〉 원황실의 원당으로 기능한 묘련사 관련 기사

시기	관련 기사 내용	전거
충렬왕 21년 1월	세조를 위해 薦福	『고려사』 권31
충렬왕 22년 1월	行次	『고려사』 권31
충렬왕 25년 5월	제국공주의 大祥에 行次	『고려사』 권32
충렬왕 27년 1월 丙辰	성종을 위해 祝釐	『고려사』 권32
충렬왕 27년 1월 壬戌	세조의 忌日에 行香	『고려사』 권32
충렬왕 27년 1월 乙丑	성종의 聖甲日에 祝壽	『고려사』 권32
충렬왕 27년 2월	황태후 忌日에 行次	『고려사』 권32
충렬왕 28년 3월	진왕을 위해 追福	『고려사』 권32
충렬왕 28년 10월	제국공주의 靈堂을 지음	『고려사』 권32
충렬왕 30년 1월	성종을 위해 祝壽	『고려사』 권32
충렬왕 31년 8월	성종을 위해 祝壽	『고려사』 권32
충선왕 복위년 10월	제국공주의 眞影을 拜謁	『고려사』 권33
충숙왕 즉위년 6월	제국공주의 眞影을 拜謁	『고려사』 권34
충숙왕 원년 5월	제국공주의 忌日에 行香	『고려사』 권34
충숙왕 8년 5월	의비의 眞影을 安置	『고려사』 권35

떠나지 충렬왕은 그해 3월 묘련사에 행차하여 진왕의 명복을 빌었다.[86]

충렬왕의 재위 중에는 원의 간섭에 의해 충렬왕의 양위와 충선왕의 즉위, 그리고 충선왕의 퇴위와 충렬왕의 복위와 같은 중조重祚 현상이 나타나면서 고려왕실의 원황실에 대한 예속은 깊어가고 있었다. 이에 따라 애초 원황실의 원당으로 건립된 묘련사에서는 그들을 위한 불사가 계속 이어졌다. 제국공주와 세조, 진왕·성종 형제, 그리고 유성황태후를 위한 축성祝聖과 추복追福의식이 행해진 것이다. 여기서 묘련사가 원황실의 원당으로 기능했음을 전해주는 기사 내용을 모두 정리하면 〈표 3〉과 같다.

〈표 3〉에서 보듯이 묘련사는 철저히 원황실의 원당으로 기능했음을 알 수 있다. 제국공주는 고려왕실로 출가한 사람이었지만 그녀가 원공주元公

86 『高麗史』 권32, 世家 忠烈王 28년 3월 乙巳, "幸妙蓮寺 爲晉王追福"

主의 신분이었고, 충렬왕보다 일찍 사망한 후 고려왕실의 사람으로서보다는 세조의 딸로 더 예우되었던 점을 감안하면, 충렬왕 21년(1295) 이후부터 충숙왕 8년(1321)까지 20년 이상 당대 원황실 내의 주요 인사들을 위한 추복과 축성의식은 거의 묘련사에서 거행되었음을 알 수 있다.

그런데 충선왕 때부터 묘련사는 제국공주의 명복을 빌기 위한 의식 정도를 행했을 뿐 다른 불사는 행하지 않고 있다. 따라서 묘련사의 기능이 전대前代에 비해 현격하게 축소되고 있었음을 알 수 있다. 이 같은 변화는 묘련사가 충렬왕과 제국공주 두 사람의 발원에 의해 창건된 사원이라는 사실과 무관하지 않은 것 같다.[87] 묘련사의 창건주인 충렬왕과 제국공주가 세상을 떠나게 되자 묘련사에 대해 특별한 관심을 가졌던 사람은 모두 사라진 셈이었다. 그에 따라 묘련사는 고려왕실에서 점차 멀어지게 되었고, 사원의 기능도 제국공주의 원당 정도로 한정되게 되었다. 그리고 충선왕 때 묘련사가 특별히 원황실의 주목을 받을 만한 여건도 아니었다. 충선왕대의 원元 무종武宗(카이산海山, 재위 1307~1311)·인종仁宗(아유르바르와다愛育黎拔力八達, 재위 1311~1320) 형제와 죽은 제국공주는 사촌종손·대고모 사이로 양자는 혈연적으로도 그리 가까운 관계가 아니었기 때문에 공주를 모신 묘련사가 황실과 긴밀한 관계를 맺기에 어려운 형편이었다. 충선왕 때는 묘련사 대신 신효사에서 원황실을 위한 주요 불사가 열렸다. 즉 무종을 위한 축성의식,[88] 무종·인종의 생모인 수원황태후壽元皇太后(?~1323)를 위한 기복祈福 불사가 신효사에서 시행되었다.[89] 충렬왕 때는 묘련사가 원황실의 중심 원당이었지만, 충선왕 때는 신효사로 바뀐 것이다.

충렬왕 때 원황실의 원당으로 크게 융성했던 묘련사는 충선왕 때는 제

---

87 李齊賢, 「妙蓮寺重興碑」, 『益齋亂藁』 권6, "有佛者之宮曰妙蓮寺 我忠烈王與齊國大長公主尊信佛氏 …… 卜勝地立精舍"

88 『高麗史』 권33, 世家 忠宣王 복위년 9월.

89 『高麗史節要』 권23, 忠宣王 2년 7월.

국공주의 진전사원 정도로 기능하면서 고려왕실의 원당으로 변화되는 과정에 접어들었다. 당시 묘련사의 사세는 충렬왕 때에 비해 매우 열악한 상태였다.[90] 이것은 지금까지 보아온 다른 원황실의 원당과도 비슷한 경우였다. 현성사와 보제사가 세조 사후에, 그리고 신효사가 충렬왕 사후 10년이 지난 후에[91] 원황실 원당의 기능을 상실하면서 급격히 사세가 기울어진 경우와 큰 차이가 없는 것이다. 이제현李齊賢이 「묘련사중흥비妙蓮寺重興碑」에서 "창건創建의 어려움이 지킴의 어려움만 못하다"[92]라고 한 것도 바로 충선왕 때부터 위축되기 시작한 묘련사의 상황을 설명한 것이다.

제국공주의 진전사원인 묘련사는 충숙왕忠肅王(재위 1313~1330; 1332~1339) 때 이후부터 충렬왕의 진전사원도 겸하게 되었다.[93] 또한 충숙왕 8년(1321) 왕의 생모인 의비懿妃(?~1316)의 초상이 청운사靑雲寺에서 묘련사로 옮겨짐으로써 묘련사는 의비의 진전사원 역할도 하게 되었다.[94] 그리고 원간섭기가 종식된 공민왕恭愍王(재위 1351~1374) 때는 묘련사가 잠시 충숙왕의 진전사원으로 기능하기도 했다.[95] 이렇게 묘련사는 충숙왕 때 이후로 완전히 고려왕실의 진전사원으로 탈바꿈했다.

90 강호선은 묘련사의 사세 위축을 忠肅王代부터로 보고 그 원인 중의 하나를 조인규 가문의 가세 변동과 연결시켰다. 강호선, 「원간섭기 천태종단의 변화」, 『普照思想』 16, 보조사상연구원, 2001, 349~350쪽.

91 李穀, 「神孝寺新置常住記」, 『稼亭集』 권5.

92 李齊賢, 「妙蓮寺重興碑」, 『益齋亂藁』 권6, "竊惟創之之難 不如守之之難 又不如興復之爲難也"

93 『高麗史』 권33, 世家 忠宣王 복위년 10월 庚子, "王如妙蓮寺 謁仁明太后眞"
『高麗史』 권34, 世家 忠肅王 元年 5월 甲戌, "公主及王以齊國大長公主忌日 如妙蓮寺 行香"
『高麗史』 권34, 世家 忠肅王 2년 7월 己未 "公主及王以忠烈王忌辰 如妙蓮寺 行香"

94 『高麗史』 권35, 世家 忠肅王 8년 5월 丁丑, "百官詣靑雲寺 奉懿妃眞 移安妙蓮寺"

95 『高麗史』 권41, 世家 恭愍王 17년 3월 甲午, "王以忠肅王忌辰 如妙蓮寺 行香" 공민왕 19년에 진전사원이 敬天寺로 옮겨갔다. 『高麗史』 권42, 世家 恭愍王 19년 3월.

(2) 충선왕대 원황실의 주요 원당

1) 원황실의 중심 원당 신효사

충렬왕忠烈王(재위 1274~1308) 때 중흥기를 맞았던 신효사神孝寺는 충선왕忠宣王(재위 1298; 1308~1313) 때에도 전과 마찬가지로 원황실의 원당願堂으로 기능하면서 그 위상은 더욱 높아졌다. 충선왕은 복위한 그해(1308) 9월에 일찍부터 절친하게 지냈고,[96] 또 자신에게 심양왕瀋陽王을 제수한 원 무종武宗(카이산海山, 재위 1307~1311)[97]을 위해 바로 신효사에서 축성 의식을 행했다.[98] 또한 이 시기에 고려 출신 원나라 환관宦官 방신우方臣祐(?~1343)[99]의 주재로 무종·인종仁宗(아유르바르와다愛育黎拔力八達, 재위 1311~1320)의 생모인 수원황태후壽元皇太后(?~1323)를 위한 기복祈福 불사가 열렸다.[100] 이렇게 원 무종이 재위 중이던 충선왕 때의 신효사는 황제와 황태후를 위한 기복 불사가 거행된 원황실의 중심 원당이었다. 이외에도 신효사는 충렬왕의 백일재百日齋가 거행된 고려왕실의 원당이기도 했다.[101] 여기서 신효사가 원황실의 원당이었음을 전해주는 기사를 충렬왕과 충선왕 대로 구분해 정리하면 〈표 4〉와 같다.

충렬왕과 충선왕 때 원 세조世祖(쿠빌라이忽必烈, 재위 1260~1294)와 무종을 위시한 황제의 가족들을 위해 축원祝願의식을 베풀었던 신효사가 이

96 충선왕이 왕위에서 퇴위당하고(1298.8) 원나라에서 10년간(1298~1308) 宿衛할 때 帝位에 오르기 전인 武宗, 仁宗 형제와 매우 가깝게 지냈던 것으로 전한다. 『高麗史』 권33, 世家 忠宣王 복위년.

97 『高麗史』 권32, 世家 忠烈王 34년 5월, "帝以前王定策功 封瀋陽王"

98 『高麗史』 권33, 世家 忠宣王 복위년 9월 庚午, "遂幸神孝寺 爲帝祝釐"

99 『高麗史』 권122, 列傳 方臣祐. 方臣祐는 제국대장공주가 아버지인 세조에게 바친 고려인 환관으로 원황실에서 7朝 2太后를 섬긴 인물로 유명하다.

100 『高麗史節要』 권23, 忠宣王 2년 7월, "方臣祐 轉藏經于神孝寺 爲皇太后祈福"

101 『高麗史』 권33, 世家 忠宣王 복위년 10월 丁未, "王如神孝寺 設大行王百日齋" 이 기사에서 충렬왕을 大行王이라고 한 것은 그의 시호가 아직 결정되지 않았기 때문이다. 충렬왕은 1308년 7월 己巳日에 사망했다.

〈표 4〉 원황실의 원당으로 기능한 신효사의 관련 기사

국왕	시기	기사 내용	전거
충렬왕	21년(1295) 1월	세조를 위해 薦福	『고려사』 권31
	22년(1296) 1월	세조의 大祥에 行香	『고려사』 권31
	23년(1297) 7월	제국공주를 薦福	『고려사』 권31
	25년(1299) 1월	세조의 忌日에 行次	『고려사』 권31
충선왕	즉위년(1298) 5월	제국공주의 小祥에 行香	『고려사』 권33
	복위년(1308) 9월	무종을 위해 祝釐	『고려사』 권33
	2년(1310) 7월	황태후를 위해 祈福	『고려사절요』 권23

기간 중에 중흥기를 맞고 있었음은 사원의 경제적인 상황이 잘 말해주고 있다. 보통 고려왕실의 진전사원眞殿寺院은 공식적으로 국가로부터 상당한 물적, 인적 지원을 받으면서 번창했는데 원황실의 원당이 어떠한 상황에 처해 있었는가 하는 것은 그다지 알려진 것이 없다. 그런데 신효사의 경우에는 당시 사원의 경제적 상황을 알려주는 간단한 기문記文이 전해진다. 신효사 주지 수공修公은 절이 원황실의 원당이었던 충렬왕, 충선왕 때의 상황을 다음과 같이 전했다.

> 그때에는 전세田稅로 해마다 들어오는 것이 적지 않았고, 단가檀家에서 날마다 시사施捨하는 것이 끊이지 않아 창고의 저축이 가득하여 넘치고, 부엌의 공궤供饋가 풍족하고 깨끗하며 재齋 드리고 남는 것으로 날마다 궁한 사람을 살린 것이 얼마인지 모른다. 왕(충렬왕)이 세상을 떠나고 10년 동안(1308~1318)은 오히려 이와 같았다.[102]

위에서의 왕은 곧 충렬왕을 말한다. 그러므로 위의 기문記文은 충렬왕,

102 李穀, 「神孝寺新置常住記」, 『稼亭集』 권5, "田租之歲入不貲 檀家之日施相繼 庫儲充溢 厨供豐潔 推其齋餘 日活窮人不知其幾 洎王之棄世 十年之間猶自若也" 이 記文은 忠定王 1년(1349)에 쓰였다.

충선왕을 거쳐 충숙왕忠肅王(재위 1313~1330; 1332~1339) 초까지 신효사의 근황을 이야기하고 있다. 한마디로 당시 신효사가 매우 풍족한 생활을 꾸려가고 있었다는 것이다. 그리고 그 재원의 근거는 전세와 시주자가 보시한 재물이었다. 이 같은 신효사의 상황은 무엇보다도 절이 원황실의 원당으로 지정된 상태에서 고려왕실과 그 주위로부터 많은 물적 도움을 받았기 때문에 가능했다. 따라서 원간섭기 중에 등장한 원황실의 원당은 주위로부터 많은 보시를 받게 되어 상당한 부를 축적했음을 신효사를 통해서 확인할 수 있다.

신효사는 충렬왕, 충선왕 때 원황실의 원당으로 기능하게 되면서 중흥기를 맞았지만 충숙왕 초를 지나면서 절의 상황이 크게 바뀌었다. 당시의 상황을 신효사 주지 수공은 "전세의 수입은 해마다 줄고 시주는 날로 감소하여 승려들은 그 부족함을 괴로워하고, 창고지기는 '쌀이 다 되었다' 하고 부엌 사람은 '죽이 떨어졌다' 하고, 절에 있는 승僧들이 분주히 걸식乞食을 해도 하루도 넉넉하지 않았다"[103]라고 했다. 그래서 이것을 타개하기 위해 충정왕忠定王 1년(1349)경에 상주보常住寶를 설치하기에 이르렀다.[104] 이렇게 신효사는 충숙왕 초 이후 경제적 여건이 절을 운영하기 어려울 정도로 악화되었던 것인데, 이 시기 『고려사』의 신효사 관련 기사를 참조하면 충숙왕 재위 중에 신효사로의 행차는 전무했고, 충혜왕忠惠王 때도 한 차례의 방문에 그쳤음을 알 수 있다.[105] 물론 이 과정에서 원황실과의 관계도 없었다.

신효사의 이와 같은 갑작스러운 변화의 원인을 현전하는 사료로는 정확

103 李穀, 「神孝寺新置常住記」, 『稼亭集』 권5, "田入歲削 檀施日減 居僧始病其不足矣 又其後數十年至于今日 則庫人報其米盡 厨人告其粥罄 居僧奔走乞食 日不暇給"

104 李穀, 「神孝寺新置常住記」, 『稼亭集』 권5, "至正己丑春 神孝法師修公謁予曰 …… 以爲新置常住之本"

105 『高麗史』 권36, 世家 忠惠王 3년 6월 甲寅.

히 파악할 수 없다. 다만 충선왕이 충숙왕에게 왕권을 양위한 지 얼마 지나지 않아 원 인종에 이어 등극한 영종英宗(시디발라碩德八剌, 재위 1320~1323)에 의해 티베트로 유배되는 등의[106] 급변한 정치현실과 관계된 것이 아닌가 생각된다. 신효사는 어느 때보다도 충선왕 때 원황실의 중심 원당으로, 또 고려왕실의 원당으로 크게 발전한 사원이었다. 하지만 충선왕이 왕위에서 물러나자 신효사도 자연히 고려왕실과 소원해지면서 쇠락해갔던 것으로 보인다.

상주보의 설치로 절의 어려운 재정문제를 타개하려고 노력했던 신효사는 충정왕(재위 1348~1351) 당시 충혜왕의 진전사원이었다.[107] 그리고 고려 말 공민왕恭愍王(재위 1351~1374) 때 잠시 충숙왕의 진전사원이 되었다가,[108] 우왕禑王(재위 1374~1388) 때는 충혜왕과 함께 충혜왕비 덕녕공주德寧公主(?~1375)의 진전사원이 되었다.[109] 중흥기에 주로 원황실의 원당으로 기능했던 신효사가 충정왕 이후에는 고려왕실의 진전사원으로 변화된 것이다.

2) 진왕의 원찰, 흥천사

경기 승천부昇天府에 있었던 홍천사興天寺[110]에 대한 연혁은 그다지 전하는 것이 없지만,[111] 원간섭기에 충선왕비忠宣王妃 계국대장공주薊國大長公

106 『高麗史』 권35, 世家 忠肅王 7년 12월; 『高麗史』 권122, 列傳 任伯顏禿古思.

107 『高麗史』 권37, 世家 忠定王 2년 正月 庚午, "王以父王忌日 如神孝寺."
『高麗史』 권133, 列傳 辛禑 3년 5월 丁酉, "以德寧公主 祔于神孝寺 忠惠王眞殿"

108 『高麗史』 권39, 世家 恭愍王 5년 3월 甲辰, "以忠肅王忌辰 如神孝寺" 충숙왕의 기일에 공민왕의 사원 행차가 일정하지 않아서 어느 것 하나를 진전사원으로 간주하기 어렵다.

109 『高麗史』 권133, 列傳 辛禑 3년 5월 丁酉, "以德寧公主 祔于神孝寺 忠惠王眞殿"

110 『高麗史』 권39, 世家 恭愍王 6년 9월 戊戌, "倭入昇天府 興天寺, 取忠宣王及韓國公主眞而去." 昇天府는 후에 海豊郡, 豊德郡, 開豊郡 등으로 바뀌었다.

111 『高麗史』의 홍천사에 관한 기록은 의종 때의 것이 처음이다. 『高麗史』 권18, 世家 毅宗 19년 2월.

主(?~1315)의 아버지인 진왕晉王 감마랄甘麻剌(1263~1302)의 원찰願刹(원당願堂)이 되었으므로 원황실의 원당으로 분류될 수 있는 사원이다. 홍천사는 충선왕 3년(1311) 9월에 원황실로부터 진왕의 원찰로 지정되면서 절을 보호할 목적으로 중정원사中政院使 이신李信이 파견되었다.[112]

홍천사에 모셔진 진왕[113]은 세조의 둘째 아들인 황태자皇太子 진금眞金(유종裕宗)과 태자비太子妃 활활진闊闊眞(유성황태후裕聖皇太后) 사이에서 태어난 큰 아들이었다. 진왕은 아버지 진금이 세조보다 먼저 사망한 관계로 세조를 이어서 황위를 계승할 적장자의 위치에 있었다. 하지만 세조의 유명遺命에 따라 진금의 셋째 아들이고 자신에게는 동모제同母弟가 되는 성종成宗(테무르)에게 황위를 양보했다.[114] 이 때문에 성종의 큰 형이기도 했던 그는 당시 황실에서도 각별히 예우된 인물이었다. 그러므로 진왕의 큰 딸인 계국대장공주가 당시 고려왕실에서 차지한 비중과 그 영향력은 클 수밖에 없었다.[115] 이것은 진왕이 비록 원황제의 신분이 아니었음에도 불구하고 고려 내에 그의 원찰이 마련된 이유이기도 할 것이다. 진왕이 세상을 떠난 것은 충렬왕 28년(1302) 1월이었으나 당시 사위인 충선왕이[116] 고려왕에서 퇴위되어 원나라에 숙위宿衛 중이던 시기(1298.8~1308.7)였으므로 원당이 마련되지 못한 듯하다. 충렬왕의 장인인 세조가 세상을 떠나자 신효사와 묘련사에서 세조의 명복을 빌었던 것처럼, 이제 홍천사가 충선

112 『高麗史』 권34, 世家 忠宣王 3년 9월 壬子, "元遣宦者院使 李信來 以護興天寺也 晉王以是寺爲願刹故 奏遣之" 李信은 고려인 출신 元皇室의 환관으로 충숙왕 초에 申當主와 함께 元 大都의 龍泉寺를 중수하는 데 힘쓴 인물이다.

113 甘麻剌은 至元 27년(1290)에 梁王, 지원 29년(1292) 晉王에 봉해졌다. 『元史』 권115, 列傳 顯宗.

114 『元史』 권115, 列傳 顯宗, "昔皇朝命我鎭撫北方 以衛社稷 …… 母弟鐵木耳仁孝 宜嗣大統"

115 충선왕이 황실 정통의 피를 이은 계국대장공주와 결혼함으로써 元帝國 내에서 고려왕실의 서열이 상승했다고 한다. 周采赫, 「元 萬卷堂의 설치와 高麗儒者」, 『孫寶基博士 停年紀念韓國史學論叢』, 知識産業社, 1988, 232쪽.

116 충선왕이 진왕의 딸 계국대장공주와 혼인한 것은 충렬왕 22년(1296) 11월이었다.

왕의 장인인 진왕의 명복을 빌기 위한 사원으로 지정된 것이다.[117] 이것은 원황실과 일가가 된 고려왕실이 부마국의 입장에서 원황실에게 취한 예우의 한 형태로 보아야 할 듯하다. 그런데 이 같은 현상은 충선왕대를 마지막으로 더 이상 나타나지 않고 있다. 이것은 고려왕실에 출가한 원 공주와 그 아버지가 원황실에서 차지한 위치나 정치적 영향력과 밀접한 관계가 있는 듯하다. 충숙왕대 이후로 고려왕실에 출가한 원공주가 고려 국왕과 혼인할 당시 원 황제와의 혈연관계를 살펴보면 다음과 같다.

충숙왕의 제1비인 복국장공주濮國長公主(?~1319)는 영왕營王의 딸로서 충숙왕과 혼인할 당시 인종과는 육촌 재종再從 남매간이었다.[118] 그리고 충숙왕의 제2비 조국장공주曹國長公主(1308~1325)는 위왕魏王(아목가阿木哥)의 딸로서 충숙왕과 혼인할 당시 태정제泰定帝(예순테무르也孫鐵木兒, 재위 1323~1328)와는 오촌 종숙질從叔姪 사이였다.[119] 충숙왕의 제3비 경화공주慶華公主(?~1344)의 경우는 공주 아버지의 이름과 작위 등이 전하지 않고 있다.[120] 충혜왕비 덕녕공주德寧公主(?~1375)는 진서무정왕鎭西武靖王의 딸로서 충혜왕과 혼인할 당시 문종文宗(투크티무르圖帖睦爾, 재위 1328~1332)과는 팔촌 삼종三從 남매간이었다.[121] 충목왕과 충정왕은 어린 나이에 사망, 퇴위한 관계로 왕비를 맞지 못했고, 공민왕비 노국대장공주魯國大長公主(?~1365)는 위왕魏王(패라첩목아孛羅帖木兒)의 딸로서 공민왕과

117 충렬왕은 자신에게 사돈이 되는 晉王이 세상을 떠난 그해 3월 妙蓮寺에 행차하여 진왕의 명복을 빌었다. 『高麗史』 권32, 世家 忠烈王 28년 3월.

118 복국장공주가 충숙왕과 혼인한 때는 충숙왕 3년(1316) 7월이었다. 공주는 결혼 3년 만인 충숙왕 6년(1319) 9월에 사망했다.

119 조국장공주가 충숙왕과 혼인한 때는 충숙왕 11년(1324) 8월이었다. 공주는 결혼 다음 해인 충숙왕 12년(1325) 10월에 사망했다.

120 경화공주는 충숙왕이 忠惠王에게 양위하고 復位하기 전 上王으로 있던 중(1330~1331)에 혼인했다. 공주는 충혜왕 5년(1344)에 사망했다.

121 덕녕공주가 충혜왕과 혼인한 때는 충숙왕 17년(1330) 3월이었다.

혼인할 당시 순제順帝(토곤테무르妥懽帖睦爾, 재위 1333~1370)와는 육촌 재종 남매간이었다.[122] 이들 공주와 황제들 사이의 혈연적 근친성은 세조의 딸이었던 제국대장공주齊國大長公主,[123] 성종과는 삼촌 숙질叔姪 사이이고 무종·인종 형제와는 사촌 남매 사이였던 계국대장공주[124]와 비교할 때 현격한 차이를 보였다. 또한 공주들의 아버지인 영왕, 위왕, 진서무정왕 등의 영향력 또한 진왕과는 견줄 바가 못 된다. 이러한 이유 때문에 충숙왕대 이후에는 고려 국내에서 신효사, 홍천사와 같은 성격의 사원이 더 이상 나타나지 않았을 것이다.

홍천사가 충선왕 3년(1311)에 진왕의 원찰로 지정된 후 실제로 원찰로 기능한 기간은 그다지 길지 않았다. 계국공주의 마지막 방문이 있던 충숙왕 1년(1314)까지였다.[125] 충선왕은 재위기간 중에도 원나라에 상주해 있었기 때문에 홍천사를 방문한 적은 없었다. 그리고 충숙왕에게 왕위를 양위한 후 공주와 함께 고려에 잠시 체류하던 중에도 충선왕의 홍천사 방문은 이루어지지 않았다. 충선왕은 양위 직후 약 9개월간(1313.4~1314.1)의 짧은 고려체류 기간 중 어머니 제국공주의 원당 묘련사妙蓮寺, 민천사旻天寺를 비롯해 연복사演福寺, 용천사龍泉寺, 안국사安國寺, 봉국사奉國寺, 묘각사妙覺寺, 신효사神孝寺 등 많은 사원에 행차했지만 정작 자신의 장인인 진왕의 원찰 홍천사는 방문하지 않은 채 원나라로 돌아갔다.[126] 계국공주는 충선왕이 원나라로 떠난 후에 아버지의 명복을 빌기 위해 홀로 홍천사를 방문했다.[127] 이 같은 현상은 언뜻 충선왕과 계국공주 부부 사이에 일찍부

122 노국대장공주가 공민왕과 혼인한 때는 충정왕 1년(1349)이었다.

123 제국대장공주가 충렬왕과 혼인한 때는 세조가 재위 중인 원종 15년(1274)이었다.

124 계국대장공주가 충선왕과 혼인한 때는 충렬왕 22년(1296) 11월이었다. 공주는 충숙왕 2년(1315) 12월 大都(燕京)에서 사망했다.

125 『高麗史』 권34, 世家 忠肅王 元年 3월 甲午, "以考晉王忌 幸興天寺"

126 『高麗史』 권34, 世家 忠肅王 元年 正月 丁未.

127 『高麗史』 권34, 世家 忠肅王 元年 3월 甲午, "以考晉王忌 幸興天寺" 진왕이 사망한 때는 大

터 누적되어온 불화에서 기인한 것으로 보이지만,[128] 다른 한편으로는 진왕의 원찰 홍천사가 진왕과 가까운 혈육인 계국공주의 영향력에 의해서 지정, 운영되었음을 의미하기도 한다. 계국공주가 원나라로 돌아가 병사한[129] 이후 홍천사에서 진왕과 관련된 불사佛事가 전혀 없었다는 사실이 그러한 추측을 뒷받침해준다. 홍천사는 그 후 충선왕과 계국대장공주가 세상을 떠난 뒤에 이 두 사람의 진전사원이 되었다.[130] 홍천사가 진왕의 원찰에서 고려왕실의 진전사원으로 변모된 것이다.

3) 제국대장공주의 원당 민천사

① 민천사의 창건과 충선왕

민천사旻天寺는 충선왕이 재위 1년(1309) 9월에 어머니 제국대장공주의 명복을 빌기 위하여 왕성 내의 수녕궁壽寧宮[131]을 희사하여 새로 창건한 사원이었다.[132] 절이 비록 충선왕 때 건립되긴 했으나 이미 충렬왕 3년(1277)에 국왕에 의해서 궁宮을 희사해 사원으로 만들려는 논의가 제기되었다.[133] 이후 민천사에 대한 불사가 전혀 언급되지 않다가,[134] 충선왕이 복

德 6년 正月이었다. 『元史』 권115, 列傳 顯宗.

128 충선왕과 계국공주 사이의 갈등은 충선왕 즉위년(1298) 5월 趙妃誣告事件으로 표출되어 충선왕의 退位를 불러왔고, 또 충렬왕 27년(1301)부터 일어난 계국공주 改嫁문제로 나타나기도 했다. 계국공주를 중심으로 한 당시의 정치상황에 대한 연구는 다음이 있다. 金成俊, 「高麗後期 元公主出身王妃의 政治的 位置」, 『韓國中世政治法制史硏究』, 일조각, 1985.

129 『高麗史』 권34, 世家 忠肅王 2년 12월.

130 『高麗史』 권39, 世家 恭愍王 6년 9월 戊戌, "倭入昇天府 興天寺 取忠宣王及韓國公主眞而去" 忠宣王의 眞殿은 海安寺에 마련되기도 했다. 李齊賢, 「忠宣王眞容移安于海安寺」, 『益齋亂藁』 권4.

131 壽寧宮은 개경 중심부에 위치하여 壽昌宮과 西東으로 잇닿아 있었다. 高裕燮, 『松都의 古蹟』, 열화당, 1977, 86쪽.

132 『高麗史』 권33, 世家 忠宣王 元年 9월 甲辰, "王命飯僧一萬於壽寧宮 遂舍其宮爲寺 追福母后 賜額曰旻天"

133 『高麗史』 권28, 世家 忠烈王 3년 7월 庚戌, "王捨宮爲旻天寺 將上額 百官皆不欲 裴挺阿旨揭額 人皆非之" 고유섭은 충렬왕 3년과 충선왕 복위 1년의 민천사에 관한 기사가 중복되었을

위한 후에 비로소 창건된 것이다.[135] 민천사는 제국공주의 원당願堂이 되었는데 민천사의 창건으로 충선왕대에는 묘련사를 포함하여 제국공주를 위한 두 개의 원당이 운영된 셈이다.[136] 사실 충선왕은 이전 즉위교서(1298)에서 원당의 폐해를 지적하며 그것을 일절 금하도록 명령한 장본인이었다.[137] 그럼에도 불구하고 그가 기존의 궁을 희사해 제국공주의 원당으로 만든 데에는 어머니에 대한 자식으로서의 도리를 다하는 그 이상의 의미를 내포하고 있는 것 같다. 사실 제국공주는 고려왕실에 출가한 충렬왕비였지만 세조의 원당인 신효사와 묘련사에서 상례와 제례가 행해진 것에서 알 수 있듯이 원황실의 공주 신분으로 더 예우된 인물이었다. 세조가 사망한 후 신효사와 묘련사가 세조의 진전사원으로 운영된 것처럼, 충선왕대에는 제국공주의 원당으로 민천사와 묘련사가 운영된 것이다.

충선왕은 고려왕위에 복위한 지 불과 두 달 만에 원나라로 돌아갔다. 이후 아들 충숙왕에게 양위할 때(1313)까지 약 5년간의 재위기간 중 한 차례도 고려에 오지 않았기 때문에 이 시기에 민천사를 직접 방문한 적은 없다. 하지만 그는 민천사가 어머니의 원당이었던 관계로 절이 건립된 후에도 지속적으로 깊은 애정과 관심을 보였다. 민천사에서 1년 동안 승僧 3,000명에게 매달 반승飯僧을 하도록 지시했고,[138] 금자金字로 『대장경大藏

지 모른다는 의문을 제기했다. 高裕燮, 『松都의 古蹟』, 열화당, 1977, 86쪽.

134 충렬왕 3년 7월에 제국공주의 宮인 竹板宮이 희사되어 旻天寺가 창건되었다고 보는 견해도 있다. 김창현, 『고려개경의 구조와 그 이념』, 신서원, 2002, 207쪽.

135 민천사의 창건이 논의된 지 거의 30년이 경과한 후에 절이 창건되었다는 사실은 당시 새 절을 짓는 데에는 그만큼 주위의 많은 제약이 따랐음을 말해준다. 고려시대에는 일찍부터 사원의 濫設을 막고자 집을 절로 만드는 것을 원칙적으로 금했다. 『高麗史』 권3, 世家 成宗 4년 10월, "禁捨家爲寺"; 『高麗史』 권85, 志 刑法2 禁令 顯宗 8년, "禁人捨家爲寺 婦女爲尼"

136 민천사에서 제국공주의 喪禮와 祭禮를 행한 기록이 보이지 않기 때문에 민천사를 제국공주의 眞殿사원으로 간주하기 어렵다.

137 『高麗史』 권84, 志 刑法1 職制 忠宣王, "太祖創立禪教寺社 皆以地鉗相應置之 今兩班私立願堂 虧損地德 又共議寺社住持 率以貨賂濫得 並令禁斷"

經』을 필사하게 하여 모후母后 제국공주의 명복을 빌었으며,[139] 또 절에 불상을 주조하도록 했다.[140] 특히 충선왕 2년(1310)에 원 무종과 인종의 생모인 수원황태후가 금박金薄을 보시해 고려 출신의 환관 방신우에게 민천사에서 사경寫經을 완성하게 했다.[141] 이것은 충선왕 때 원황실과 관련된 중요한 불사가 민천사에서 이루어졌음을 말한다. 그러므로 당시 민천사는 신효사 못지않게 원황실의 주요 원당으로 기능했음을 알 수 있다. 그리고 충선왕은 충숙왕에게 양위한 후 잠시 고려에 머물러 있을 동안(1313. 4~1314. 1)[142] 민천사에서 500명의 승려에게 반승을 베풀었다.[143] 민천사에서 시행된 제국공주를 위한 이런 직간접의 다양한 불사는 당시 묘련사에서 시행된 의식과는 비교될 수 없는 것으로,[144] 민천사가 제국공주의 원당으로 보다 중요한 위치에 있었음을 의미한다.

② 충선왕 후대의 민천사

충선왕 때 수녕궁이 희사되어 창건된 민천사는 제국공주의 원당이 되어 크게 융성했지만 그 기간이 길지는 않았다. 충선왕이 충숙왕에게 양위하고 다시 원나라로 돌아가자,[145] 민천사는 과거와 같은 기능을 거의 상실했다. 이는 앞에서 든 사원들의 예와 비슷하게 민천사와 충선왕과의 관계가 멀어졌기 때문이다. 대신 민천사는 충숙왕, 충혜왕 때 주로 정치 활동의

138 『高麗史』 권34, 世家 忠宣王 3년 正月.

139 『高麗史』 권34, 世家 忠宣王 4년 8월 甲戌, "命書金字藏經于旻天寺 追福母后"

140 『高麗史』 권34, 世家 忠宣王 5년 正月.

141 『高麗史節要』 권23, 忠宣王 2년 6월, "皇太后 送金薄六十餘錠 臣祐 聚僧俗三百人于旻天寺 寫之"

142 충선왕이 양위 후 충숙왕과 함께 고려에 돌아와 체류한 기간은 충숙왕 즉위년 4월~충숙왕 1년 1월까지 약 9개월이었다.

143 『高麗史』 권34, 世家 忠肅王 즉위년 9월

144 忠宣王代에 보이는 妙蓮寺에서의 佛事는 충선왕이 제국공주의 진영에 한 차례 배알한 것이 전부였다. 『高麗史』 권33, 世家 忠宣王 복위년 10월 庚子.

145 『高麗史』 권34, 世家 忠肅王 元年 正月.

공간으로 이용되면서 새로운 국면에 접어들었다.[146] 이렇게 민천사가 주로 정치적 기능을 하게 된 사실은 개경에 소재한 원황실의 원당이 급격히 퇴조되고 있었음을 의미한다. 실제로 충숙왕 때 이후로 원황실을 위한 불교의식은 그다지 눈에 띄지 않고 있다. 이것은 원간섭기의 후반기에 해당하는 충숙왕 때 이후부터 나타난 두드러진 현상이었다.

충숙왕 이후 민천사가 원황실의 원당으로 기능한 예는 충정왕 2년(1350)에 찾을 수 있다. 충정왕이 재위 2년에 순제의 성갑일聖甲日을 맞아 민천사에 행차해 행향行香한 사실이 있는 것이다.[147] 이 의식이 언제부터 시작되어 언제 끝났는지는 알 수 없지만, 이는 충선왕 때 이후에도 원황실을 위한 불사가 민천사에서 간헐적으로 시행되었음을 말해주고 있다. 원간섭기가 종식된 공민왕恭愍王 때 민천사는 잠시 공민왕의 부왕父王인 충숙왕의 진전사원이 되었다.[148]

(3) 원황실 원당으로서의 시기와 출현 배경

1) 원황실의 원당으로서의 시기 구분

지금까지 살펴본 각 사원이 원간섭기 중에 원황실의 원당願堂으로 기능한 시기를 정리해보면 〈표 5〉와 같다.

---

146 민천사가 정치 활동의 공간으로 기능한 것은 다음의 기사에 근거한다. 『高麗史』 권34, 世家 忠肅王 즉위년 6월; 『高麗史』 권35, 世家 忠肅王 11년 12월; 『高麗史節要』 권25, 忠惠王 後 4년 12월; 『高麗史節要』 권25, 忠惠王 後 5년 正月. 고려시대 開京 사원의 정치적 기능에 대한 연구는 다음의 글이 있다. 박윤진, 「고려시대 開京一帶 사원의 軍事的 政治的 성격」, 『韓國史學報』 3·4, 나남출판, 1998; 박종진, 「고려시기 개경 절의 위치와 기능」, 『역사와 현실』 38, 한국역사연구회, 2000.

147 『高麗史』 권37, 世家 忠定王 2년 7월 庚申, "王以聖甲 幸旻天寺 行香" 順帝는 延祐 7년 庚申年(1320) 4월에 태어났다. 그래서 庚申日을 순제의 聖甲日로 한 것이다. 『元史』 권38, 本紀 順帝 1. 충정왕 2년(1350)의 庚申日은 1월 5일, 3월 6일, 5월 7일, 7월 7일, 9월 8일, 11월 9일로 총 6일이었다. 심경진 외, 『고려시대 연력표』, 한국천문연구원, 1999 참조.

148 『高麗史』 권38, 世家 恭愍王 元年 3월 戊辰, "王以忠肅王忌日 如旻天寺 行香"

〈표 5〉 원황실의 원당으로 기능한 고려 사원

●: 원황실의 원당으로 기능

사원(위치)	충렬왕	충선왕	충숙왕	충혜왕	충목왕	충정왕
현성사(개경)	●					
보제사(개경)	●					
신효사(광덕산)	●	●				
홍천사(승천부)		●				
묘련사(개경)	●	●	●			
민천사(개경)		●				●

〈표 5〉에서 보는 것처럼 개경과 그 인근에 원황실의 원당이 집중적으로 출현한 시기는 충렬왕忠烈王(재위 1274~1308)과 충선왕忠宣王(재위 1298; 1308~1313) 때였다. 원간섭기 전반기에 해당되는 약 40년 동안 개경과 그 인근의 주요 사원에서는 원황실을 위한 불사가 빈번히 행해진 것이다.

먼저 충렬왕 때의 원황실의 원당을 정리해보면 원 세조世祖(쿠빌라이忽必烈, 재위 1260~1294)가 사망한 충렬왕 20년(1294)을 기준으로 하여 세조가 생존한 시기에 그의 원당으로 기능한 사원과, 세조가 사망한 이후에 그의 원당으로 기능한 사원으로 나누어볼 수 있다. 즉 세조 생존 시에 그를 위한 기복 불사를 정기적으로 시행한 사원과 세조 사후에 그의 상례와 제례를 시행한 진전사원眞殿寺院으로 구분되는 것이다. 편의상 전자를 '충렬왕 전기의 원황실 원당'이라 하고, 후자를 '충렬왕 후기의 원황실 원당'이라고 하면 현성사賢聖寺와 보제사普濟寺는 전자에 해당하고, 신효사神孝寺와 묘련사妙蓮寺는 후자에 해당한다.

충렬왕 전기의 원황실 원당인 현성사와 보제사는 원의 정치적 간섭이 본격화되던 시점에 정치권과 종교계가 친원적親元的 입장을 표명하는 과정에서 등장했다. 그리고 충렬왕 후기의 원황실 원당인 신효사와 묘련사는 충렬왕 때 중홍 혹은 창건된 사원으로 원황실을 위한 다양한 불사의 시행을 염두에 두고 건립한 성격이 짙다. 특히 묘련사는 성종成宗(테무르鐵穆耳, 재위 1294~1307)과 그의 생모 유성황태후裕聖皇太后(?~1300), 성종의 큰형 진왕晉王 감마랄甘麻剌(1263~1302)을 위한 축성祝聖·추복追福의식을 베풀면서 원황실의 중심 원당으로 자리했던 것이다.

다음으로 충선왕 때의 원황실 원당은 충렬왕 때부터 이어온 신효사와 묘련사가 있었고, 그리고 이 시기에 새롭게 등장한 흥천사興天寺, 민천사旻天寺가 있었다. 충선왕 때는 무종武宗(카이산海山, 재위 1307~1311)과 수원황태후壽元皇太后(?~1323)의 기복 불사를 행한 신효사와 제국대장공주齊國大長公主(1259~1297)의 원당인 민천사가 원황실의 원당으로 크게 부각되었다. 또한 흥천사는 진왕의 원찰願刹로 진왕의 딸인 계국대장공주薊國大長公主(?~1315)의 배려로 성장했다. 그리고 충렬왕 때 원황실의 중심 원당이었던 묘련사는 그 기능이 축소되어 제국공주의 진전사원 정도로만 기능했다. 충렬왕 때의 묘련사는 원황실의 중심 원당인 동시에 제국공주의 중심 원당이었지만, 이 기능을 충선왕 때에는 신효사와 민천사가 대신한 것이다. 여기서 충렬왕과 충선왕 때의 원황실의 원당을 구분해 정리하면 〈표 6〉과 같다.

충숙왕忠肅王(재위 1313~1330; 1332~1339) 때 이후부터 원황실의 원당은 사라져가는 추세였는데, 다만 제국공주의 진전사원으로 묘련사가 충숙왕대 초까지 그 기능을 유지했고 충정왕忠定王(재위 1348~1351) 때에 국왕이 민천사에서 순제順帝(토곤테무르妥懽帖睦爾, 재위 1333~1370)를 위해 행향行香한 사실이 있다.

〈표 6〉 충렬왕·충선왕대 원황실의 원당

충렬왕		충선왕	
전기 원당	후기 원당	전대의 원당	새 원당
현성사·보제사	신효사·묘련사	신효사·묘련사	홍천사·민천사

원황실의 원당은 대개 사원에 깊이 관여한 당사자가 세상을 떠나거나, 혹은 그들이 사원에서 멀어지게 되면 원당으로서의 기능을 상실했고 그 사세寺勢도 급격히 기울었다. 현성사와 보제사는 세조의 기복 불사를 행한 사원이었기 때문에 세조가 사망하게 되면서 자연히 원당의 기능을 상실했고, 묘련사는 사원의 창건주인 제국공주와 충렬왕의 죽음으로 원당으로의 기능이 크게 축소되었다. 또한 신효사와 민천사는 충선왕의 양위와 원나라 영구 체류로, 홍천사는 계국공주의 죽음으로 인해 원당으로서의 기능이 사라졌다. 이는 원황실의 원당 대부분이 여원麗元 양국의 왕권과 황권의 변화에 크게 영향받고 있었음을 말해주는 것이다.

그리고 원황실의 원당은 대개 시간이 흐름에 따라 고려왕실의 사원으로 편입되었고, 그것도 선왕先王, 선후先后의 제례를 올리는 진전사원이 되었다. 이것은 해당 사원들이 개경과 그 인근에 위치해 왕실의 출입이 용이했을 뿐 아니라, 이들이 본래 최고 권력층을 대상으로 한 사원이었기 때문일 것이다. 사원의 변화된 모습을 보면 신효사는 충숙왕·충혜왕忠惠王(재위 1330~1332; 1339~1344)·덕녕공주德寧公主(?~1375)의 진전사원으로, 홍천사는 충선왕과 계국공주의 진전사원으로, 묘련사는 충렬왕·충선왕과 의비懿妃(?~1316)·충숙왕의 진전사원으로, 민천사는 충숙왕의 진전사원이 되었다. 그리고 현성사는 사원의 특별한 기능이 눈에 띄지 않고, 보제사는 공민왕恭愍王(재위 1351~1374) 때 이후로는 국찰과 선종禪宗의 중심 사원으로 그 기능이 회복되었다. 원간섭기의 종교적 상징물이기도 했던 원황실의 원당은 공민왕 이후 원 지배의 종식과 함께 모두 자취를 감추었다. 이것은 원황실의 원당이 여원麗元 양국의 정치적 여건을 배경으로 하여 양산된 사원이었음을 말해준다.

2) 원황실 원당의 출현 배경

이러한 원황실의 원당이 출현하게 된 배경으로는 먼저 고려왕실과 원황실이 인척관계를 맺은 일가였다는 사실을 들 수 있다. 충렬왕비 제국대장공주는 원 세조와 부녀父女 사이였고, 또 충선왕비 계국대장공주는 황실의 적장자이고 성종의 큰형인 진왕晉王과 부녀 사이였기 때문에 충렬왕과 충선왕 때에는 원황실의 원당이 집중적으로 나타나게 되었다. 묘련사와 신효사에서 세조의 상례와 제례를 올리고, 홍천사가 진왕의 원찰로 지정되고, 묘련사와 민천사가 제국공주의 원당으로 운영된 것 등은 두 왕조가 서로 인척관계를 맺고 있지 않은 상황이었다면 생각하기 어려운 일이다. 결국 여원麗元 양국의 정치적 이해관계에 의해서 성사된 고려왕실과 원황실의 통혼通婚이 결국 친원적인 색다른 성격의 사원을 양산한 셈이다.

또한 충렬왕대 초에 원의 정치적 간섭이 본격화되던 시점에는 고려왕실과 불교계가 친원적인 입장을 표명하는 과정에서 황제 일인에게 집중된 현성사, 보제사와 같은 원황실의 원당이 출현하기도 했다.

충숙왕 이후로 원황실의 원당이 그다지 출현하지 않았던 것은 당시 고려왕실에 출가한 공주와 그 아버지인 왕들의 영향력과 밀접한 관계가 있다. 즉 충숙왕비인 복국장공주濮國長公主·조국장공주曺國長公主·경화공주慶華公主, 충혜왕비 덕녕공주德寧公主, 공민왕비 노국대장공주魯國大長公主는 모두 종실녀宗室女로서 황실의 본가와 다소 먼 혈연관계에 있었고, 이들의 아버지인 왕들 역시 황실 내에서 정치적 영향력이 미약했다.

그리고 충숙왕 이후 원나라의 고려 지배는 제도적으로 정착된 상태에 있었기 때문에 과거 현성사, 보제사와 같은 성격의 원황실 원당은 더 이상 나타나지 않았던 것 같다. 게다가 충숙왕 때 원황실 내부의 극심한 정쟁政爭에 따른 빈번한 황권皇權 교체 때문에[149] 고려의 사원이 그들을 위한 불

149 충숙왕 재위 중(1313~1330, 1332~1339) 元에서는 仁宗(1311~1320), 英宗(1320~

〈표 7〉 원황실의 원당이 된 고려 사원 관련 기사

사원	시기	기사 내용	전거
현성사	충렬왕 원년 4월	세조를 위해 祝釐	『고려사』 권28
	충렬왕 23년 5월	제국공주를 위해 祈福	『고려사』 권31
보제사	충렬왕 2년 1월	매년 세조의 乙亥法席 시행	『고려사』 권28
신효사	충렬왕 21년 1월	세조를 위해 薦福	『고려사』 권31
	충렬왕 22년 1월	세조의 大祥에 行香	『고려사』 권31
	충렬왕 23년 7월	제국공주를 薦福	『고려사』 권31
	충렬왕 25년 1월	세조의 忌日에 行次	『고려사』 권31
	충선왕 즉위년 5월	제국공주의 小祥에 行香	『고려사』 권33
	충선왕 복위년 9월	무종을 위해 祝釐	『고려사』 권33
	충선왕 2년 7월	황대후를 위해 祈福	『고려사절요』 권23
홍천사	충선왕 3년 9월	진왕의 願刹로 지정	『고려사』 권34
	충숙왕 원년 3월	진왕의 忌日에 行次	『고려사』 권34
묘련사	충렬왕 21년 1월	세조를 위해 薦福	『고려사』 권31
	충렬왕 22년 1월	行次	『고려사』 권31
	충렬왕 25년 5월	제국공주의 大祥에 行次	『고려사』 권31
	충렬왕 27년 1월 丙辰	성종을 위해 祝釐	『고려사』 권32
	충렬왕 27년 1월 壬戌	세조의 忌日에 行香	『고려사』 권32
	충렬왕 27년 1월 乙丑	성종의 聖甲日에 祝壽	『고려사』 권32
	충렬왕 27년 2월	황태후 忌日에 行次	『고려사』 권32
	충렬왕 28년 3월	진왕을 위해 追福	『고려사』 권32
	충렬왕 28년 10월	제국공주의 影堂을 지음	『고려사』 권32
	충렬왕 30년 1월	성종을 위해 祝壽	『고려사』 권32
	충렬왕 31년 8월	성종을 위해 祝壽	『고려사』 권32
	충선왕 복위년 10월	제국공주의 眞影을 拜謁	『고려사』 권33
	충숙왕 즉위년 6월	제국공주의 眞影을 拜謁	『고려사』 권34
	충숙왕 원년 5월	제국공주의 忌日에 行香	『고려사』 권34
	충숙왕 8년 5월	의비의 眞影을 安置	『고려사』 권35
민천사	충선왕 원년 9월	제국공주를 追福하여 賜額	『고려사』 권33
	충선왕 4년 8월	제국공주를 위해 追福	『고려사』 권34
	충정왕 2년 7월	순제의 聖甲日에 行香	『고려사』 권37

〈표 8〉 고려왕실의 진전사원으로 변화된 사원 관련 기사

사원	시기	기사 내용	진전의 인물	전거
신효사	충정왕 2년 1월	忌日에 行次	충혜왕	『고려사』 권37
	공민왕 5년 3월	忌辰에 行次	충숙왕	『고려사』 권39
	우왕 3년 5월	충혜왕 眞殿에 祔	덕녕공주	『고려사』 권46
홍천사	공민왕 6년 9월	眞影이 없어짐	충선왕, 비	『고려사』 권39
묘련사	충숙왕 2년 7월	忌辰에 行次	충렬왕	『고려사』 권34
		眞容이 있다	충선왕	「묘련사비명」
	충숙왕 8년 5월	眞影 移安	의비	『고려사』 권35
	공민왕 17년 3월	忌辰에 行香	충숙왕	『고려사』 권41
민천사	공민왕 원년 3월	忌日에 行香	충숙왕	『고려사』 권38

사를 벌일 만한 여건이 조성되지 못했다. 충정왕 2년(1350) 민천사에서 원 순제를 위한 기복 불사가 열렸던 것은 당시 원황실에서 황권을 둘러싼 권력투쟁이 종식되고, 순제의 집권이 안정기에 접어든 시기였기 때문에 가능했으리라고 생각한다. 또한 충혜왕 복위 2년(1341)에 해주海州 신광사神光寺가 순제의 원당으로 크게 중창된 사실도[150] 같은 맥락에서 이해할 수 있을 것이다.

여기서 각 사원이 원황실의 원당으로 기능했음을 알려주는 기사 내용과[151] 그 사원이 고려왕실의 진전사원으로 변모되었음을 알려주는 기사 내용을 정리해보면 〈표 7〉, 〈표 8〉과 같다.

1323), 泰定帝(1323~1328), 天順帝(1328), 明宗(1329), 文宗(1328~1332), 寧宗(1332), 順帝(1333~1370) 등이 재위에 있었다.

150 張東翼, 「高麗海州神光寺碑」, 『元代麗史資料集錄』, 서울대학교 출판부, 1997, 99~103쪽; 『新增東國輿地勝覽』 권43, 海州牧, 佛宇 神光寺.

151 『高麗史』 世家 忠烈王~忠定王代에 의하면 각 사원 관련의 전체 기사 횟수와 이 중 元皇室의 願堂으로 기능했음을 직접적으로 예시한 기사 횟수를 대비해보면 다음과 같다. 賢聖寺 2/16회, 普濟寺 1/3회, 神孝寺 6/27회, 興天寺 2/4회, 妙蓮寺 15/49회, 旻天寺 3/15회이다.

2. 원황실의 보시를 통해 중흥된 고려 사원

충렬왕忠烈王(재위 1274~1308)이 원元 세조世祖(쿠빌라이忽必烈, 재위 1260~1294)의 딸 제국대장공주齊國大長公主(1259~1297)를 왕후王后로 맞게 되면서 부마국이 된 고려왕조는[152] 원의 정치적 간섭으로 인해 자주권이 상실되었고, 또한 과중한 조공朝貢으로 많은 고통을 감내해야만 했다. 이렇듯 비록 두 나라 사이에 지배와 종속이라는 불평등한 관계가 유지되었지만 시간이 경과함에 따라 상호 인적 교류는 활발히 전개되었다. 원황실元皇室에 진출해 활동한 고려인의 수가 증가하면서 고려 불교계도 그에 따른 적지 않은 영향을 받게 되었다. 여기서 가장 주목되는 부분은 원황실과 그 측근들의 보시布施를 통해 중흥된 고려 사원이 등장한 것이었다. 즉 '원황실의 보시를 통해 중흥된 고려 사원'(이하 중흥 사원)의 출현이었다. 특히 충혜왕忠惠王 복위 1년(1340)에 고려 여인 기씨奇氏가 원元 순제順帝(토곤테무르妥懽帖睦爾, 재위 1333~1370)의 황후가 되면서 그녀의 권세를 배경으로 한 여러 사원이 중흥되고, 또 당내의 주요 사원으로 군림하게 되었다. 이러한 부류의 사원은 앞서 살펴본 원황실의 원당願堂이 된 고려 사원과 함께 원간섭기의 고려 불교계를 특징짓는 가장 뚜렷한 모습이었다.

152 제25대 충렬왕부터 제31대 공민왕까지 충목왕과 충정왕을 제외한 고려왕 모두가 원나라의 부마가 되었다. 충목왕(1337~1348)과 충정왕(1338~1352)은 각각 8세, 12세의 어린 나이에 즉위한 후 곧 사망, 퇴위했으므로 后妃를 맞지 못했다.

(1) 충숙왕대 중흥 사원의 출현

1) 금강산 표훈사와 수원황태후의 보시

① 원 영종대 원황실의 보시

강원도 금강군에 있는 표훈사表訓寺[153]는 일찍부터 장안사長安寺, 유점사楡岾寺 등과 함께 금강산金剛山 내의 유서 깊은 고찰古刹로 유명하다. 표훈사는 신라 문무왕文武王(재위 661~681) 때 표훈表訓이 창건했다고 전해지며, 고려시대에 들어와 고려 충숙왕忠肅王(재위 1313~1330; 1332~1339), 원 영종英宗(시디발라碩德八剌, 재위 1320~1323) 때 이름난 사원으로 발전했다. 원 양재梁載가 찬撰한 「원황제기공비문元皇帝紀功碑文」(「상주분량기常住分粮記」)에는 표훈사가 영종 때 원황실로부터 상당한 물적 보시를 받았던 사실을 다음과 같이 전하고 있다.

> 절(표훈사)에는 지원至元 4년 무인년戊寅年(1338) 2월의 비碑가 있는데, 대원황제大元皇帝가 세우고, 명命을 받아 양재梁載가 찬撰하고, 고려우정승高麗右政丞 권한공權漢功이 서書했다. 표훈사 승僧을 공양供養하여 만인결연萬人結緣함을 기록했다. 비 뒷면에는 태황태후太皇太后 은포銀布 약간, 영종황제英宗皇帝 약간, 황후皇后 약간, 관자觀者 불화태자不花太子와 두 낭자娘子 약간, 완왕完王 독禿, 심왕瀋王 등 대소신료大小臣僚 약간의 사시舍施(보시)를 기록했다.[154]

위의 글은 표훈사 「원황제기공비문」의 내용을 간략히 소개한 것인데,[155]

---

153 『新增東國輿地勝覽』 권47, 江原道 淮陽都護府, 佛宇 表訓寺. 표훈사는 현 강원도 금강군 내금강 만폭동에 있다.

154 權相老, 『韓國寺刹事典』 下, 이화문화출판사, 1994, 500~501쪽. "寺有至元四年戊寅二月碑, 乃大元皇帝所立, 奉命臣梁載撰, 高麗右政丞權漢功書, 記其皇帝飯表訓僧, 作萬人結緣也. 碑陰載太皇太后出銀布若干, 英宗皇帝若干, 皇后若干, 觀者不花太子及二娘子若干, 完王禿瀋王等, 大小臣僚若干, 此卽記舍施也."

155 「원황제기공비문」의 내용은 다음의 기사에서도 보인다. 『新增東國輿地勝覽』 권47, 淮陽都

비가 표훈사에 건립된 시기는 원 순제順帝 때인 지원至元 4년(1338)으로 원 황실에서 표훈사에 반승飯僧했고, 또한 영종英宗 때 황실과 신료들이 절을 위해 재물을 보시했다는 내용이다. 당시 표훈사에 시주한 인물들의 면면을 통해서 그때의 불사가 어떠한 성격을 띠고 있었는지 알아보자.

먼저 시주자 영종은 인종仁宗(아유르바르와다愛育黎拔力八達, 재위 1311～1320)의 적자로 태어나 원의 제5대 황제에 오른 인물이다. 그리고 태황태후太皇太后는 무종武宗(카이산海山, 재위 1307～1311)과 인종의 생모인 수원황태후壽元皇太后(?～1323)를 말한다.[156] 무종, 인종 때의 수원황태후가 태황태후로 존호尊號된 것은 영종 즉위년(1320) 12월이었다.[157] 그런데 영종 재위 시에 황제와 황후, 태자, 대소신료에 이르기까지 표훈사를 위해 보시한 것은 당시 황실 내의 실권자인 태황태후[158]가 무종 때부터 고려 사원과 맺어왔던 각별한 인연 때문이 아닌가 생각된다.

태황태후는 자신이 수원황태후로 있던 무종 때 고려인 환관宦官으로 황실에 진출하여 큰 활동을 한 방신우方臣祐(?～1343)로부터 시종侍從을 받았다.[159] 이 때문에 황태후는 당시 방신우를 통해서 고려에 적지 않은 불사를

護府, 佛字 表訓寺, "古碑有元皇帝與太皇太后施錢布之文 寺門右又有刻石元朝人梁載所撰常住分粮記"

156 당시 원나라 황제 계승 순서를 보면 다음과 같다. ( )는 재위 기간.

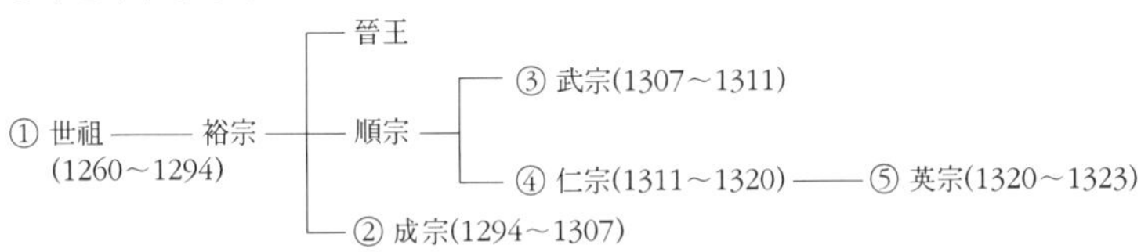

157 『元史』 권116, 列傳 后妃2 順宗后 答己. 答己가 壽元皇太后로 책봉된 것은 武宗 즉위년(1307)이었다.

158 壽元皇太后 答己는 아들 仁宗과 손자 英宗이 재위에 있던 시기에 황제를 무력화시키며 실권을 휘두른 인물로 평해진다.

159 李齊賢, 「光祿大夫平章政事上洛府院君 方公祠堂碑」, 『益齋亂藁』 권7, "武宗朝 事壽元皇太后于興聖宮"

행하게 되었다. 충선왕忠宣王 2년(1310) 6월 황태후는 금박金薄 60여 정錠을 고려에 보내 방신우에게 그것을 민천사旻天寺에서 사경寫經하도록 했다.[160] 또한 같은 해 7월에는 원황실의 원당인 신효사神孝寺에서[161] 방신우의 주도하에 황태후를 위한 기복祈福 불사가 행해졌다.[162] 환관 방신우를 통한 이 같은 황태후의 불사에는 당시 여원麗元 양국에 재위하고 있었던 충선왕과 무종의 우호적인 관계가 크게 작용했다. 무종은 충선왕에게 처사촌이 되는 가까운 인척이었을 뿐 아니라, 둘은 서로 재위에 있기 전부터 매우 절친한 사이였다. 무종이 황제에 오른 데에는 충선왕의 힘이 매우 컸으며 그 공로를 인정받은 충선왕이 심양왕瀋陽王을 제수받았고(1308. 5), 또 고려 국왕에 복위하게(1308. 7) 되었다는 것은 잘 알려진 사실이다. 이러한 분위기에 편승해 충선왕 때는 개경과 그 인근에 위치한 신효사,[163] 민천사,[164] 홍천사興天寺[165] 등에서 원황실을 위한 다양한 불사가 행해졌다. 그러므로 황태후가 고려에 대해 갖고 있던 관심 또한 남달랐던 것 같다.

그 후 수원황태후는 영종 때 태황태후가 되어서도 앞의 비문 내용과 같이 전대前代에 이어 고려 사원에 대한 불사를 금강산 표훈사에 행했던 것이다. 물론 비문에는 태황태후 외에도 황제, 황태자, 심지어 대소大小관료들까지 동참한 것으로 기록되었지만 그것을 주재한 사람은 태황태후로 보

160 『高麗史節要』 권23, 忠宣王 2년 6월, "皇太后 送金薄六十餘錠 臣祐 聚僧俗三百人于旻天寺 寫之" 이 寫經은 충선왕 3년 11월에 끝났다. 『高麗史節要』 권23, 忠宣王 3년 11월.

161 충렬왕과 충선왕 대에 신효사가 원황실의 원당이었다고 보는 데에는 世祖를 위한 薦福, 세조의 大祥에 行香, 세조의 忌日에 행차한 사실이 있기 때문이다. 『高麗史』 권31, 世家 忠烈王 21년 1월, 22년 1월, 25년 1월. 그리고 충선왕 때 武宗을 위하여 祝釐했다. 『高麗史』 권33, 世家 忠宣王 복위년 9월.

162 『高麗史節要』 권23, 忠宣王 2년 7월, "方臣祐 轉藏經于神孝寺 爲皇太后祈福"

163 『高麗史』 권33, 世家 忠宣王 복위년 9월 庚午, "幸神孝寺 爲帝祝釐"

164 『高麗史節要』 권23, 忠宣王 2년 6월.

165 『高麗史』 권34, 世家 忠宣王 3년 9월 壬子, "元遣宦者院使 李信來 以護興天寺也 晉王以是寺爲願刹故 奏遣之"

는 편이 타당하다. 왜냐하면 태황태후는 이미 충선왕 때부터 고려 국내의 불사를 후원했기 때문이다. 당시 영종과 고려왕실의 관계는 충선왕의 유배,[166] 충숙왕의 소환[167] 등으로 그다지 원만한 상태가 아니었으므로 이러한 불사를 영종이 직접 주도했다고 보기는 어렵다. 따라서 표훈사 기공비에 전하고 있는 표훈사 승려들에 대한 공양과 사원에 대한 보시는 무종 때 수원황태후가 행한 민천사, 신효사의 불사와 연관 지어 이해해야 할 것이다. 또한 민천사와 신효사의 예를 보건대, 표훈사의 보시에서도 환관 방신우의 역할이 적지 않았으리라고 생각한다.

② 원황실의 표훈사에 대한 보시 배경

이처럼 원황실에서는 금강산 내에 있던 표훈사를 위해 상당한 보시를 했는데, 그 종교적 배경으로는 당시 유행한 금강산 보살신앙菩薩信仰을 들 수 있다. 이 신앙이 등장하게 된 것은 당시 강원도 금강산이 『화엄경華嚴經』에서 언급된 금강산과 흡사하게 지리적으로 동북방東北方에 위치했고, 1만 2,000개의 봉우리를 갖고 있었기 때문이다. 『화엄경』에 근거하여 법기보살法起菩薩(담무갈보살曇無竭菩薩)이 1만 2,000의 권속眷屬을 거느리고 금강산에 주처住處하고 있다는 금강산신앙은[168] 특히 원간섭기에 유행하여 원황실에서도 복福을 빌고자 금강산에 강향사降香使를 자주 파견해 다양한 불사를 행했다. 이곡李穀(1298~1351)은 금강산에서의 불사가 성행하고 있던 상황을 "천자天子의 사신이 향香과 폐백을 가져오는 것이 길에 연이었고, 사방의 사녀士女들이 천 리 길을 멀다 하지 아니하면서 소에 싣

166 『高麗史』 권35, 世家 忠肅王 7년 12월.

167 『高麗史』 권35, 世家 忠肅王 8년 4월.

168 『80華嚴經』 권45, 제32 「諸菩薩住處品」, "海中有處 名金剛山 從昔已來 諸菩薩中 於中止住 現有菩薩 名曰法起 與其眷屬 諸菩薩衆 千二百人俱 常在其中 而演說法"
『60華嚴經』 권29, 제27 「菩薩住處品」, "四大海中有菩薩住處 名枳怛 過去諸菩薩常於中住 彼現有菩薩 名曇無竭 有萬二千菩薩眷屬 常爲說法"

고 말에 싣고 등에 지고 머리에 이고 와, 부처님과 스님에게 공양하는 자들의 발꿈치가 서로 닿았다"[169]라고 묘사했다. 8세기 전반 신라 땅에 정착되었다는 이 신앙이[170] 고려 국내에서만이 아니라 원나라에서도 깊이 믿어졌기 때문에 표훈사를 위한 원황실의 보시가 이루어질 수 있었을 것이다.

그리고 표훈사에 대한 원황실의 보시는 이것에 그치지 않고 충목왕忠穆王(재위 1344~1348)을 거쳐, 원간섭 말기인 공민왕恭愍王(재위 1351~1374)대 초까지 지속되었다. 이 사실은 표훈사 범종梵鐘[171]과 표훈사가 귀중품으로 소장한 오동향로烏銅香爐 1점이 말해주고 있다. 순제 지정至正 12년(1352)에 제작된 표훈사 향로에는 자정원사資政院使 고용보高龍寶(高龍普)와 영녕공주永寧公主 신씨辛氏가 대공덕주大功德主로 명기되어 있어서 당시 표훈사의 불사에 원황실의 보시가 있었음을 알려준다.[172] 그러므로 영종 때 원황실의 보시는 표훈사가 금강산 내의 주요사찰로 발전하는 중요한 계기가 되었다. 특히 원황실의 보시를 통한 표훈사의 중홍은 원간섭기 중 금강산에서 이와 유사한 형태의 사원들이 출현하는 선례先例가 되기도 했다. 원간섭기에 표훈사를 비롯하여 장안사, 유점사 등이 원황실과 돈독한 관계를 맺으면서 금강산 내의 주요사찰로 성장, 발전했다.[173]

---

169 李穀, 「創置金剛都山寺記」, 『稼亭集』 권3, "天子之使 降香幣絡繹于道 而四方士女 不遠千里 牛載馬馱 背負首戴 供養佛僧者踵相躡也"

170 韓國佛敎硏究院, 『北韓의 寺刹』(韓國의 寺刹 17), 일지사, 1978, 29쪽.

171 충목왕대의 표훈사종은 이 책 제3장 '금강산 장안사의 중창과 기왕후의 보시' 편이 참고된다.

172 許興植 편, 「表訓寺香垸」, 『韓國金石全文』 中世 下, 아세아문화사; 1984, 1188쪽, "至正十二年壬辰閏三月 龍藏禪寺 無量壽殿大香垸 大功德主 崇祿大夫資政院使高龍寶 永寧公主辛氏"

173 『新增東國輿地勝覽』 권47, 江原道 淮陽都護府, 山川에 따르면, 금강산 내의 108곳의 사원 중 대표적인 절로 表訓寺, 正陽寺, 長安寺, 摩訶衍, 普德窟, 楡岾寺를 들었다.

2) 청평산 문수사와 태정제황후의 보시

① 태정제황후의 보시

강원도 춘천 청평산淸平山에 있었던 문수사文殊寺[174]는 고려 중기 청평거사淸平居士 이자현李資玄(1061~1125)이 벼슬을 버리고 은거했던 문수원文殊院[175]으로 당시 거사불교居士佛敎의 유행을 불러온 사원이었다.[176] 문수원을 연원으로 한 문수사는 원간섭기인 충숙왕 때 고려왕실과 원황실과의 관계를 통해서 많은 변화를 겪었다.

문수사는 원 태정제泰定帝 태정泰定 4년(1327) 3월에 사신 중정원사中政院使[177] 이홀독첩목아李忽篤帖木兒를 통해 승僧 성징性澄과 사인寺人 윤견允堅이 바친 불서佛書 한 장藏과 돈 만 민緡을 보시받게 되었다.[178] 이 보시의 대가로 황실에서 요구한 것은 시주한 돈으로 이식利息을 받아 황태자와 황자皇子의 복을 빌고, 이들의 생일에는 반승飯僧을 실시하며 경經을 열독閱讀하고, 또 이것을 기념하여 비碑를 세우는 일이었다.[179] 즉 원황실로부터 일정한 재물을 보시받은 문수사가 그들의 복을 비는 원당願堂으로 지정된 셈이다.

그런데 문수사가 금강산과 같은 성지聖地에 위치한 것도 아니고, 또 교

---

174 『新增東國輿地勝覽』 권46, 江原道 春川都護府, 佛宇 文殊寺.

175 金富轍, 「淸平山文殊院記」, 『東文選』 권64; 安震湖, 「末寺淸平寺」, 『楡岾寺本末寺誌』, 694쪽. 이자현이 아버지 李顗가 중건한 普賢院에 내려와 머물면서 그곳의 산 이름을 淸平山, 사원 이름을 文殊院이라고 한 것이다. 普雨가 조선 명종 5년(1550)에 淸平寺로 개명했다. 청평사는 현 강원도 춘천시 북산면 五峰山에 있다.

176 崔柄憲, 「高麗中期 李資玄의 禪과 居士佛敎의 성격」, 『金哲埈博士 華甲紀念史學論叢』, 1983.

177 中政院使는 皇后의 財賦 관리를 위해 설치된 中政院 최고의 관직이었다. 『元史』 권88, 志 百官4 中政院. 중정원사는 황후와의 접촉이 빈번했던 관계로 대부분이 宦官이었다고 한다.

178 李齊賢, 「有元高麗國 淸平山文殊寺施藏經碑」, 『益齋亂藁』 권7, "天子之近臣司徒剛塔里, 中政院使忽篤帖木兒, 受命天子之后伻來, 以僧性澄寺人允堅等所進佛書一藏 歸諸淸平山文殊寺施緡錢萬"

179 李齊賢, 「有元高麗國 淸平山文殊寺施藏經碑」, 『益齋亂藁』 권7, "令取其息 爲皇太子 皇子祈福 各取其誕辰 飯僧閱經 歲以爲凡 且曰 樹碑以示永久"

통편이 불편한 험한 곳에 있었음에도 불구하고 태정제泰定帝(예순테무르也孫鐵木兒, 재위 1323~1328) 때 황실로부터 상당량의 보시를 받고 기복祈福 사원이 된 것은 무엇 때문이었을까.[180] 여기에는 무엇보다도 이전 영종英宗 때보다 훨씬 가까워진 원황실과 고려왕실의 인척관계 속에서 태정제泰定帝황후의 힘이 크게 작용했기 때문이다.

충숙왕은 영종과는 육촌 내재종형제內再從兄弟 사이지만, 이에 비해 태정제에게는 생질甥姪이 되는 매우 가까운 인척이었다.[181] 물론 충숙왕이 태정제의 누이인 계국대장공주薊國大長公主(?~1315)의 소생은 아니었지만,[182] 양국의 왕실과 황실이 어느 시기보다도 가까운 인척관계를 형성하였음은 부인할 수 없다. 이러한 사실은 원황실 측에서도 분명히 인식한 사항이었다. 문수사의 불사를 주재했던 태정제의 황후가 그 보시의 동기를 "삼한三韓은 선善을 좋아하고 의義를 돈독히 하며, 지금 왕은 우리의 생질이니 복을 빌어 상上에게 보답할 것이다"[183]라고 말한 데에서도 잘 드러나 있다. 영종 재위 시에 충선왕忠宣王(재위 1298; 1308~1313)이 티베트로 귀양 가고, 충숙왕이 원나라에 소환되어 억류되었지만 태정제가 즉위하면서 충선왕이 곧바로 유배에서 풀려나고,[184] 또 충숙왕이 억류에서 해제되어

180 李齊賢, 「有元高麗國 淸平山文殊寺施藏經碑」, 『益齋亂藁』 권7, "名山福地 在天下不爲少 不鄙弊邑 爰置祝釐之所"

181 원황실과 고려왕실의 관계를 보면 아래와 같다. ( )는 재위기간.

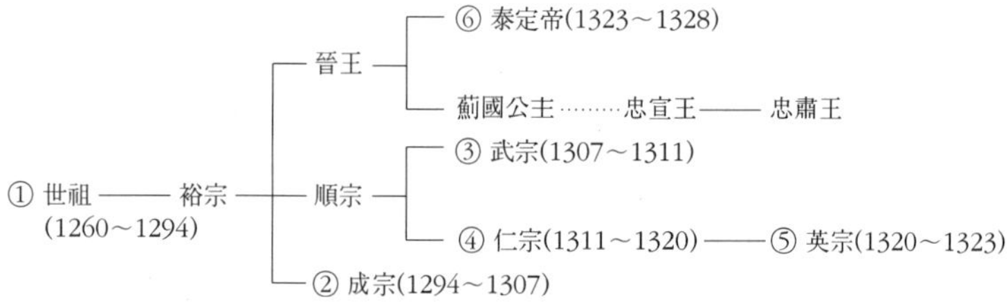

182 충숙왕은 충선왕과 몽고여자 也束眞 사이에서 둘째 아들로 태어났다. 『高麗史』 권89, 列傳 后妃2 懿妃.

183 李齊賢, 「有元高麗國 淸平山文殊寺施藏經碑」, 『益齋亂藁』 권7, "維三韓 樂善敦義 維時維王 我出我甥 祝釐報上"

[185] 고려에 귀국할 수 있게 된 것도,[186] 가까워진 양국의 일가 관계가 크게 작용했던 것이다.

그리고 이 문수사의 불사가 태정제황후의 주재하에 이루어졌다는 사실을 고려해볼 때 화평군化平君 김심金深의 딸 달마실리達麻失里와 깊은 연관을 갖고 있는 듯하다.[187] 김심의 딸은 처음 공녀貢女의 신분으로 원황실에 들어가 인종仁宗(아유르바르와다愛育黎拔力八達, 재위 1311~1320)의 편비偏妃가 되었다가 태정제의 황후가 된 고려 여인이었다.[188] 황후가 고려왕실에 대해 대단한 친근감을 표시하면서 열악한 조건에 있던 문수사를 위해 불서와 돈을 보시했다는 사실을 미루어 보건대, 태정제의 황후는 바로 김심의 딸로 추정된다.[189] 다른 태정제의 황후가 문수사와 같은 고려 사원에 보시할 만한 특별한 인연을 맺지 않았고,[190] 더욱이 이 불사를 위해 파견된 중정원사 이홀독첩목아는 같은 시기인 태정연간泰定年間(1324~1327)에 금강산의 장안사를 위해 보시한 고려인[191]이었기 때문이다. 문수사에 대한 보시가 당시 원황실에 진출하여 활동하고 있던 고려인의 힘으로 이루어졌음을 짐작하게 해주는 것이다.

---

184 『高麗史』 권35, 世家 忠肅王 10년 9월.

185 『高麗史』 권35, 世家 忠肅王 11년 正月.

186 『高麗史』 권35, 世家 忠肅王 12년 5월. 충숙왕은 귀국하기 한 해 전인 재위 11년 8월에 원나라에서 魏王 阿木哥의 딸 曺國長公主 金童(제2妃)과 결혼했다.

187 『高麗史』 권35, 世家 忠肅王 15년 4월 戊戌, "郎將 李自成還自元 言 帝封我化平君金深女達麻實里爲皇后 先是 深女爲仁宗皇帝偏妃"

188 仁宗과 泰定帝는 사촌 간이지만 칭기즈칸 시대 몽고족의 법률 「야사」 35조의 "父가 사망하면 아들은 그 母를 제외한 父의 다른 妻를 處置하고, 혹은 혼인하거나 타인에게 娶嫁시킬 수 있다"라는 내용에 근거하여 태정제는 인종의 비를 황후로 삼을 수 있었다. 高柄翊, 『東亞交涉史의 硏究』, 서울대학교 출판부, 1970, 332쪽 참조.

189 김심의 딸이 태정제의 황후로 책봉되었다는 사실이 원나라에서 돌아온 고려사신에 의해 전달된 시기가 충숙왕 15년 4월이었기 때문에 실제로 황후로 책봉된 때는 그 전이었을 것이다.

190 泰定帝는 正后 八不罕皇后 외에 9명의 황후를 두었다. 『元史』 권106, 表 后妃表.

191 李穀, 「金剛山長安寺重興碑」, 『稼亭集』 권6.

② 중흥 사원의 양면성

문수사는 이자현이 참선參禪을 하며 생활하다가 세상을 떠난 후 거의 200년 동안 별다른 사적기事蹟記를 전하지 않다가 충숙왕 때 황후의 보시를 계기로 하여 원황실과 깊이 연계되면서,[192] 중흥의 토대를 마련했다고 볼 수 있다. 그 이후로 문수사에는 고려 말, 조선조를 거치며 명승名僧 대덕大德의 주석이 잦아서 지공指空(?~1363), 나옹懶翁(1320~1376), 김시습金時習(1435~1493), 보우普雨(?~1565) 등의 이름이 전하고 있다.[193]

충숙왕 때부터는 각 지방의 유서 깊은 고찰들이 원황실로부터 많은 보시를 받아 이를 바탕으로 중흥의 전기를 마련했는데, 이와 더불어 각 사원의 물적 혜택에 상응하는 답례도 따랐다. 원황실로부터 보시받은 사원의 그 재물에 대한 운영의 방법과 황실에 대한 답례의 내용을 문수사는 비교적 선명히 전해주고 있다.

앞에서 본 것처럼 문수사의 경우, 절은 보시받은 재물을 재원으로 삼아 고리대를 통해 그 이식利息으로 경비를 마련하여 해마다 기복 불사를 벌이고, 반승飯僧과 경經을 열독閱讀하고, 또 이것을 기념하여 비석까지도 건립했다. 이처럼 보시를 받은 사원은 그 재물을 바탕으로 하여 상행위에 적극 가담했고, 또 정치권과의 유착관계는 더욱 견고해져 사원의 세속화는 가속화되었다. 이에 따라 사원 본래의 기능이 상당히 훼손되었을 뿐 아니라, 그 예속화의 정도도 강화되었다. 반면에 해당 사원은 전과는 비교할 수 없는 물질적인 여유와 정치권의 보호 속에서 지역 내의 대표 사원으로 발전할 수 있게 되었다. 원황실의 보시에 의해서 사원의 세속화 내지 예속화와

192 문수사가 원황실과 깊이 연계된 것은 泰定帝代에 그치지 않고 順帝代에도 그러했다. 현존하는 3층 석탑에 얽힌 설화가 그것을 말해준다. 이 설화에 따르면 순제의 공주가 상사뱀이 붙어 고생하다가 문수사에 와서 袈裟佛事를 한 후에 그 병이 낫게 되자 이 소식을 들은 순제가 건립했다고 하여 이 탑을 公主塔이라 한다.

193 黃壽永 편, 「清平寺 文殊院記碑片의 調査」, 『黃壽永全集』 4, 혜안, 1999, 535쪽.

함께 사원 자체 내의 비약적 발전이라는 양면성이 공존한 것이다.

(2) 기황후의 등장과 중흥 사원의 양성

1) 금강산 장안사의 중창과 기황후의 보시

① 기황후의 장안사 보시

강원도 금강산金剛山에 있었던 장안사長安寺는 삼국시대에 창건된 유서 깊은 고찰로 전해오고 있다.[194] 고려 성종成宗(재위 981~997) 때 중건되었고, 그 후 300년 이상이 지난 원간섭기에는 태정제泰定帝(예순테무르也孫鐵木兒, 재위 1323~1328) 때 원황실에서 활약한 고려 출신의 환관 중정원사中政院使 이홀독첩목아李忽篤帖木兒와 같은 관리들의 보시를 받아 중흥되기 시작했다.[195] 그리고 충혜왕忠惠王(재위 1330~1332; 1339~1344) 때는 순제順帝(토곤테무르妥懽帖睦爾, 재위 1333~1370)[196]의 제2황후인 기황후奇皇后의 후원으로 크게 융성한 사원이었다. 장안사의 불전佛殿과 당堂, 불상佛像 등은 모두가 중국 기술자에 의해서 제작되었다[197]는 기록으로 미루어 볼 때 원간섭기 중 장안사는 원황실의 전폭적인 지원 속에서 중창되었음을 알 수 있다. 장안사 중흥의 가장 큰 후원자였던 기황후는 순제와 그녀의 소생인 황태자 아유르시리다르愛猷識理達臘(북원北元의 소종昭宗, 재위 1370~1378)[198]의 복을 빌고자 가장 수승殊勝한 사원으로 장안사를 지목하여 충혜왕 복위 4년(1343)부터 충목왕忠穆王 1년(1345)까지 절의 중창을 후

194 장안사의 창건에 대해 「金剛山長安寺重興碑」와 『朝鮮寺刹史料』는 法興王代, 「末寺長安寺誌」는 眞興王代로 기록하고 있다. 강원도 금강군 내강리에 있던 장안사는 금강산 4大寺刹 중 하나로 내려오다가 6.25전쟁 때 모두 불탔다.

195 成宗 1년(982)에 成悅, 扶寧, 平州 등에 걸쳐서 토지 총 1,050結을 국가로부터 희사받았다. 李穀, 「金剛山長安寺重興碑」, 『稼亭集』 권6.

196 순제가 帝位에 오른 것은 至順 4년(1333) 6월 上都에서였다. 『元史』 권38, 本紀 順帝1.

197 『新增東國輿地勝覽』 권47, 江原道 淮陽都護府, 佛宇 長安寺.

198 愛猷識理達臘은 순제 至正 13년(공민왕 2, 1353)에 皇太子로 책봉되어 훗날 北元의 昭宗(재위 1370~1378)이 되었다. 『高麗史』 권38, 世家 恭愍王 2년 7월.

원하게 되었다.

고려 여인 기황후는 기자오奇子敖의 막내딸로 태어나,[199] 고려인 환관 휘정원사徽政院使 독만질아禿滿迭兒의 추천으로 원황실의 궁녀가 되었다.[200] 당시 궁녀인 기씨奇氏가 담당한 임무는 순제의 차 시중을 드는 일로 매우 비천한 지위였지만 그녀는 순제의 총애를 한 몸에 받으면서 자신의 입지를 굳혀갔다. 고려인 궁녀라는 신분상의 취약성에도 불구하고 순제의 마음을 사로잡게 된 이유에는 우선 기궁녀의 빼어난 용모와 성품도 있었지만, 원황실에 진출하여 출세한 고려인 환관들의 영향력도 적지 않게 작용했다.

원 순제는 황실 내의 역모 사건(1335)으로 답납실리황후答納失里皇后가 처형되자 기궁녀를 황후로 삼고자 했는데,[201] 이것만 보아도 순제의 기궁녀에 대한 애정이 얼마나 깊었는가를 알 수 있다. 하지만 기궁녀를 황후로 삼고자 하는 순제의 의지는 승상丞相 백안伯顔의 반대와 원실元室의 정후正后는 홍길자씨弘吉剌氏 출신이어야 한다는 관례에 부딪혀 실현되지 못했다. 결국 순제는 지원至元 3년(1337) 3월 홍길자씨 출신의 백안홀도伯顔忽都를 황후로 맞이하게 되었다.[202] 비록 기궁녀는 신분상의 제약으로 황후가 되지는 못했지만 순제가 즉위한 지 7년 만에(1339) 순제의 장남 아유르시리다르를 낳으며 재기의 기회를 엿볼 수 있게 되었다.[203] 순제는 바로 다

---

199 奇子敖와 그의 부인(李行儉의 딸) 사이에는 아들 奇軾, 奇轍, 奇轅, 奇輈, 奇輪이 있었고, 딸 셋 중 막내가 기황후였다. 『高麗史』 권131, 列傳 奇轍; 李穀, 「政丞判典理司事上護軍奇公行狀」, 『稼亭集』 권12.

200 『元史』 권114, 列傳 后妃1 完者忽都皇后. 奇氏가 황궁의 궁녀가 된 시기는 순제가 즉위한 元統 1년(1333) 6월부터 至元 1년(1335) 6월 사이였을 것으로 추정한다. 李龍範, 「奇皇后의 책립과 元代의 資政院」, 『歷史學報』 17·18, 역사학회, 1962.

201 『元史』 권114, 列傳 后妃1 完者忽都皇后.

202 正后 伯顔忽都와 순제 사이에는 아들 眞金이 있었으나 2세 때 사망했다. 『元史』 권114, 列傳 后妃1 伯顔忽都皇后.

203 李穀, 「金剛山長安寺重興碑」, 『稼亭集』 권6, "聖天子龍飛之七年 皇后奇氏以元妃生皇子" 순

음 해(1340) 2월에 기궁녀의 황후 책봉에 완강히 반대했던 대승상 백안을 중앙 정계에서 축출하고, 4월에 사자반沙剌班의 제청을 받아 마침내 기궁녀를 제2황후로 책봉했다. 당시 순제의 조서에 따르면 백안의 축출과 기궁녀의 황후 책봉 건은 전혀 관련이 없는 것처럼 보이지만,[204] 백안을 제거하고 불과 두 달 만에 순제의 소망대로 기궁녀를 황후로 삼은 것을 볼 때,[205] 그 사건의 이면에는 황후 책봉 문제가 적지 않은 영향을 미쳤던 것 같다. 또 백안의 제거사건에 주동적인 역할을 담당했던 탈탈脫脫(1314~1355)과 기궁녀의 황후 책봉을 곧바로 제청했던 사자반[206] 등이 중앙 정계에서 주도권을 쟁취하기 위해서 기궁녀에 대한 순제의 과도한 애정을 정치적으로 이용했을 가능성도 배제할 수 없다. 그리고 기궁녀가 황후가 된 같은 해 12월에는 기황후의 재부財賦를 관리하는 자정원資政院이 설치됨으로써 훗날 황실의 권력과 부가 기황후에게 집중되는 결과를 가져왔다.

이와 같이 기황후는 중앙 정계의 정치적 숙청이라는 대파란을 겪으며 비천한 궁녀의 신분에서 제2황후가 되었다. 이때 그녀는 고려에서 원 대도大都[207]로 온 비구 굉변宏卞으로부터 금강산 장안사의 중수를 위해 시주자를 찾고 있다는 소식을 접하고 쾌히 장안사의 불사에 참여하게 되었다. 기황후의 보시에 의해 3년에 걸쳐(1343~1345) 중창된 장안사는 120여 칸 규모로 불전佛殿, 경장經藏, 종루鐘樓, 삼문三門, 승료僧寮, 객위客位, 부엌과

제의 皇子 3명 중 기황후에게서 낳은 장남 愛猷識理達臘을 제외한 2명은 일찍 사망했다. 『元史』 권107, 表2 宗室世系表.

204 순제의 조서에는 伯顔의 전횡과 祖宗의 成憲에 대한 자의적 변경, 종실 처형, 황제 자신과 卜答失里太皇太后 사촌동생 燕帖古思에 대한 경시를 죄목으로 지적했다. 李龍範, 「奇皇后의 책립과 元代의 資政院」, 『歷史學報』 17·18, 역사학회, 1962, 472쪽.

205 『高麗史』 권36, 世家 忠惠王 後 元年 4월, "元封奇氏 爲第二皇后"

206 沙剌班은 善敬翁主의 소생이며 奇轍일족인 奇氏여인을 아내로 데리고 있었다. 李穀, 「金剛山普賢庵法會記」, 『稼亭集』 권2.

207 大都는 1271년에 元의 국도가 되었다. 明나라 때 北平에서 北京으로 이름이 바뀌며 明의 국도가 되었다.

욕실 등의 건축물과 불상佛像, 보살상菩薩像, 금자사경金字寫經 등 모든 것들이 극히 아름답고 화려한 사원이었다고 한다.[208] 또 낙성식에서 승僧 500여 명에게 가사와 바리때를 시주하며 법회法會를 거행한 것으로도 절의 규모와 풍요로움을 짐작할 수 있다.

그리고 장안사의 중창 과정에서 실질적인 영향력을 행사한 인물이 자정원사資政院使 고용보高龍普(?~1362)였다는 점에 유념할 필요가 있다.[209] 기황후의 최측근으로 활동한 고려인 환관 고용보는 장안사 불사 이후 기황후의 권력에 의지하여 여원麗元 양국의 중앙 정계에 큰 영향력을 행사했을 뿐 아니라, 고려 국내의 많은 불사에도 참여한 고려인 환관이었다.[210] 특히 그가 자신의 부귀영달을 과시할 목적으로 고향인 전주全州에 있었던 보광사普光寺를 중창한 것은 가장 대표적인 불사였다.[211] 장안사의 중창은 기황후가 처음으로 벌인 대규모의 불사인 동시에, 기황후의 총애를 받으며 권세를 누리던 자정원사가 적극 가담한 불사였다. 기황후가 물적으로 후원하고, 그녀의 최측근인 자정원사가 실무를 담당하는 이 같은 형태의 불사는 이후로도 빈번히 행해지면서 원간섭기 고려 국내의 사원 판도에 큰 영향을 주었다.

② 장안사의 중흥과 금강산 보살신앙

장안사는 원 순제 때 기황후의 대대적인 후원 속에서 중창되어 큰 발전을 했지만, 그 이전 태정제 때 이미 원황실에 진출하여 출세한 고려인들의

208 李穀, 「金剛山長安寺重興碑」, 『稼亭集』 권6.

209 李穀, 「金剛山長安寺重興碑」, 『稼亭集』 권6, "事聞中宮 而高資政主之又力 故其成就如是" 이곡의 『가정집』에서는 高龍鳳으로, 『고려사』 열전에서는 高龍普로, 『원사』에서는 高龍卜으로 나오는데, 모두 동일 인물이다. 본서에서는 高龍普로 통일하여 쓰기로 한다.

210 고용보의 대표적 佛事로 長安寺 중창을 비롯하여 忠惠王 복위 4년(1343)의 전주 普光寺 중창, 충목왕 4년(1348)의 敬天寺 石塔 보시, 공민왕 1년(1352)의 금강산 表訓寺 보시 등을 들 수 있다.

211 李穀, 「重興大華嚴普光寺記」, 『稼亭集』 권3.

도움으로 중홍되기 시작한 절이었다. 기황후의 보시가 있기 전부터 원황실의 측근들로부터 후원을 받았던 것이다. 태정연간泰定年間(1324~1327)에 장안사 중흥을 위해 보시한 대표적인 시주자는 중정원사 이홀독첩목아였다고 하는데,[212] 그는 다름 아닌 청평산 문수사의 불사를 위해 원황실의 사신으로 파견된 인물이었다. 이홀독첩목아가 한때 장안사의 주요 시주자였다는 사실은 절이 중창되기 전부터 이미 원황실로부터 상당한 물적 도움을 받고 있었음을 말해준다. "복福을 빌어 위에 보답하고자 한다면 금강산 장안사만 한 곳이 없다"[213]라는 당시의 이야기는 바로 장안사가 중창되기 전부터 원황실과 맺고 있던 관계에서 근거한 것이다.

또한 기황후의 장안사 보시에는 앞서 표훈사에서 잠깐 언급한 금강산 보살신앙이 그 배경이 되었던 것도 간과할 수 없다. 이곡李穀(1298~1351)이 「장안사비長安寺碑」 서두에서 "『화엄경華嚴經』에 이르기를 동북東北의 바다 가운데 있는 금강산에 담무갈보살曇無竭菩薩이 1만 2,000의 보살들과 함께 항상 반야般若를 강설하고 있다"[214]라고 한 것은 당시 고려 사회에 한창 유행하고 있던 금강산 보살신앙의 정형을 그대로 보여주고 있다. 60권 『화엄경』과 80권 『화엄경』, 징관澄觀의 『화엄경소華嚴經疏』 등에 언급된 이 보살신앙은 동북방東北方에 위치한 금강산에 1만 2,000 보살을 권속眷屬으로 한 담무갈보살(법기보살)이 주처住處하고 있다는 신앙으로 당

212 중정원사 李忽篤帖木兒는 중정원사 李信과 동일한 인물인 듯하다. 이신은 충렬왕 때 降香使로 고려에 파견되었고, 또 충선왕 때는 晉王의 願刹이 된 興天寺를 보호하기 위하여 使臣으로 온 고려인 환관이었다. 『高麗史節要』 권22, 忠烈王 27년 9월; 『高麗史』 권34, 世家 忠宣王 3년 9월. 이와 같이 중정원사의 직함을 갖고 고려의 佛事를 위해 자주 使臣으로 파견되었다는 것과 비슷한 활동 시기, 그리고 모두 李氏였다는 점이 이홀독첩목아와 이신을 동일인으로 보는 이유이다.

213 李穀, 「金剛山長安寺重興碑」, 『稼亭集』 권6, "及聞金剛山長安寺最爲殊勝 祝釐報上 莫玆地若也"

214 李穀, 「金剛山長安寺重興碑」, 『稼亭集』 권6, "其華嚴經所說東北海中有金剛山 曇無竭菩薩與一萬二千菩薩常說般若者是已"

시 고려와 원나라에서 널리 믿어지고 있었다.[215] 이것이 황후의 신분이 된 기씨奇氏에게도 금강산 장안사에 보시하도록 한 또 하나의 주요 원인으로 작용했음은 물론이다. 이렇게 태정제 때부터 황실과 관계를 맺고 있던 장안사였고, 또 그 사원이 담무갈보살이 주처한다는 성지聖地 금강산에 소재하고 있었기 때문에 당시 최고의 영화를 누리고 있던 기황후가 불사를 펼치기에는 가장 적합한 사원이었다.

이홀독첩목아와 기황후의 보시를 통해 약 20년간(1324~1345)에 걸쳐 비약적인 발전을 이룬 장안사는 금강산 내에서 가장 화려하고 웅대한 사찰로 명성을 날리게 되었다. 충혜왕 이후로 기황후의 권세에 의지한 기씨 일족이 고려조정에서 대표적인 권세가로 군림했기 때문에 기황후의 비호를 받은 장안사가 당대의 대표 사원이 되는 데 별다른 어려움이 없었을 것이다.[216] 이후 장안사는 공민왕 때 반원反元 정책의 단행과 함께 기철奇轍을 중심으로 한 부원附元 세력이 축출되는 파란을 겪었음에도 불구하고 고려 말을 거쳐 조선시대 이후까지도 금강산의 주요 사원으로 그 사세寺勢를 유지했다.[217] 그만큼 원간섭기 중 기황후의 후원으로 이룩된 장안사의 중

215 海中에 曇無竭보살이 萬二千보살을 권속으로 하고 있다는 내용은 60권 『華嚴經』 제27 「菩薩住處品」의 "囙大海中有菩薩住處 名枳怛 過去諸菩薩常於中住 彼現有菩薩 名曇無竭 有萬二千菩薩眷屬 常爲說法" 에 근거하고, 海中 金剛山에 法起보살이 권속들과 주처하고 있다는 내용은 80권 『華嚴經』 제32 「諸菩薩住處品」의 "海中有處 名金剛山 從昔已來 諸菩薩中 於中止住 現有菩薩 名曰法起 與其眷屬 諸菩薩衆 千二百人俱 常在其中 而演說法" 에 근거한다. 또 東海의 동쪽에 金剛山이 있다는 것과 담무갈보살이 곧 법기보살이라는 것은 징관의 疏에 근거하고 있다. 澄觀, 「華嚴經疏」, 『大正新修大藏經』 권35, 860쪽 上. 이상의 내용이 종합되어 이곡이 碑文에서 언급한 바와 같은 금강산 보살신앙의 내용이 형성되었다고 볼 수 있다.

216 忠定王 2년(1350) 장안사에 대한 원황실의 보시가 있었던 것을 알려주는 유물로 長安寺鋺이 있다. 許興植 편, 『韓國金石全文』 中世 下, 아세아문화사, 1984, 1187쪽. 당시 시주자로 명기된 朶兒赤은 資政院 관원이었던 것으로 보인다. 『高麗史』 권37, 世家 忠穆王 즉위년 8월.

217 장안사는 조선 世宗代에도 큰 절로 취급되어 전지 300결을 국가로부터 받았다. 『世宗實錄』 권28, 世宗 7년 5월12일.

창은 절을 반석 위에 올려놓은 획기적인 불사였다고 평가할 수 있다.

③ 충목왕대 장안사 범종의 실체

한편 현재 전해오고 있지는 않으나,[218] 장안사 중창(1343~1345)이 끝난 직후에 장안사 범종梵鐘이 주조되었을 것이라는 추론이 일찍부터 제기되었다.[219] 그것은 다음의 연복사演福寺 범종 명문銘文에 근거하고 있다.

> 지정至正 6년(1346) 봄에 자정원사資政院使 강금강姜金剛과 좌장고부사左藏庫副使 신예辛裔가 천자天子의 명령을 받들고 금폐金幣를 가지고 와서 범종을 금강산金剛山에서 만들었다. …… (국왕과 공주가) 연복사演福寺에 있는 큰 종이 오래도록 폐하여 사용하지 못하고 있으니 이제 훌륭한 장인이 온 김에 다시 만든다면 천자天子의 뜻을 본받아 썩지 않는 공덕功德이 될 것이라고 하였다. 강공姜公에게 말하니 공이 즐겁게 승낙하고 갈 길을 멈추고 이루어주었다.[220]

위의 글은 순제 지정 6년(1346)에 신예辛裔와 강금강姜金剛[221]이 '천자天子의 명을 받고 함께 금강산에 와 범종을 주조해주었으며, 또한 동시에 고려왕실의 부탁을 받고 개경의 연복사에도 범종을 주조해주었다는 내용이

218 현재 전해오는 長安寺 梵鐘은 조선조 18세기 초기(1708년)의 것으로 '康熙四十七年銘梵鐘'이다. 신법타, 『북한불교연구』, 民族社, 2000, 315쪽; 국립중앙박물관, 『유리원판 사진 아름다운 金剛山』, 한국박물관회, 1999, 126쪽. 그런데 2008년 6월 지금까지 유실된 것으로 알려진 고려 때의 장안사종이 중국 뤼순(旅順) 박물관에 소장된 新福鐘인 것으로 알려져 비상한 관심을 모으고 있다. 범종의 높이는 2.2m, 직경 1.35m, 무게 1.67t인 것으로 전한다.

219 高裕燮, 『松都의 古蹟』, 悅話堂, 1977, 94쪽.

220 李穀, 「演福寺新鑄鍾銘幷序」, 『稼亭集』 권7, "至正六年春 資政院使姜公金剛 左藏庫副使辛侯裔奉天子之命 以金幣來 鑄鍾于金剛山 …… 演福寺大鐘 久廢不用 今因巧冶之來而更鑄之 亦足以體上之意 而爲不朽之功矣"

221 姜金剛은 고용보, 박불화 등과 함께 資政院 소속의 환관으로서 기황후의 최측근이었다. 그는 공민왕 5년(1356)에는 降香使로서 금강산을 방문했다. 李穡, 「文僖柳公墓誌銘幷序」, 『牧隱文藁』 권18. 충혜왕은 강금강이 왕에게 수고한 공로가 있다고 하여 그의 고향인 退串部曲을 柰城縣으로 승격시키기까지 했다. 『高麗史』 권57, 志 地理2 安東府.

다. 여기서 강금강은 고용보와 함께 자정원 소속의 관원으로서 기황후의 최측근으로 활동한 고려인이었다. 그리고 이 범종의 주조에서 기황후의 영향력을 배제할 수 없는 것은 그녀의 분신分身과도 같은 자정원사 강금강이 이 불사를 위해 사신으로 파견되었기 때문이다.

이렇게 원황실은 한 해에 범종 2개를 주조하여 고려의 두 사원에 각각 하사한 것인데, 연복사 외에 금강산 내의 어느 사찰에 그것을 하사했는지 전하지 않고 있다. 다만 원황실에서 금강산에 와 범종을 주조해주었다는 지정 6년이 기황후의 보시로 장안사의 중창이 끝난 바로 다음 해에 해당하기 때문에 그 범종이 장안사에 설치되었을 것으로 추정하고 있는 실정이다.

하지만 장안사의 중창이 끝난 다음 해에 자정원사 강금강이 금강산에 파견되어 범종을 만들어주었다는 기사에 근거해 그때의 범종을 곧 장안사 범종으로 간주하는 것은 다소 의문의 여지가 있다. 다음의 글은 그 같은 추론이 분명한 오류였음을 보여준다.

> 지정至正 9년 기축己丑(1349) 가을에 금강산을 구경하고자 (8월) 14일에 송도松都를 출발하였다. 21일에 천마령天磨嶺을 넘어 장양현長陽縣에서 자니 산과의 거리가 30여 리이다. 이튿날 일찍 조반을 먹고 산에 오르려 하니, 구름과 안개가 자욱하여 어두웠다. …… 배점拜岾에는 옛날에 집이 없었고 돌을 쌓아 대臺를 만들어 쉴 곳을 마련했었다. 지정 정해丁亥년(1347)에 지금 자정원사資政院使 강공금강姜公金剛이 천자天子의 명을 받들고 와서 큰 종을 주조하고 종각을 지어 고개 위에 달고 그 곁에 집을 지어 종 치는 일을 맡게 하여 우뚝한 금벽金碧의 빛이 설산雪山을 쏘니 또한 산문山門의 한 장관이다. 낮이 못 되어 표훈사表訓寺에 이르러 잠깐 쉬었다. …… 신림新林, 삼불三佛 여러 암자를 들러 시내를 따라 내려와 날이 저물어 장안사長安寺에 이르러 잤다.[222]

222 李穀, 「東遊記」, 『稼亭集』 권5, "至正九年己丑之秋 將遊金剛山 十四日 發松都 二十一日 踰天

위의 글은 이곡이 충정왕忠定王 1년(1349) 8~9월에 걸쳐 강원도 금강산과 동해안 일대의 명승지를 유람하고 쓴 기행문의 일부분이다. 그의 여정을 살펴보면 8월 14일 송도를 출발해 21일 장양현에 이르렀다. 그리고 다음날 22일에 본격적인 금강산 여행이 시작되었는데, 그날 오전경에 이곡은 금강산으로 들어가는 길목에 있는 배점拜岾[223]에서 바로 천자의 명에 의해서 강금강 휘하의 장인匠人들이 주조한 범종을 보게 되었다. 그런데 여기서 범종이 주조된 해를 지정 7년(1347)에 해당하는 정해년丁亥年이라고 하여 연복사 범종의 명문에 보이는 지정 6년(1346)인 병술년丙戌年과는 1년의 오차가 있다. 하지만 이것이 원황실의 보시에 의해 금강산 내의 사원에 설치한 동일한 범종임은 틀림없다. 금강산의 입구 고개에 걸려 있는 범종을 구경한 이곡 일행은 이날 표훈사를 거쳐 저녁 때 장안사에 도착하게 된 것이다. 따라서 장안사의 중수가 끝난 직후에 주조되었다는 금강산의 범종은 장안사 경내의 범종이 아니라 금강산 입구의 배점에 설치해 별도로 관리했던 범종이었음을 알 수 있다. 그것이 장안사에서 그리 멀지 않은 배점에 있었던 것을 보면 장안사와 어떤 연관성이 있다고 생각할 수 있지만, 그보다는 배점에서 더 근접한 곳에 위치한 표훈사와의 관계를 생각해볼 일이다.

실제로 『유점사본말사지楡岾寺本末寺誌』의 「말사표훈사지末寺表訓寺誌」에서는 "정해丁亥(1347)에 자정원사資政院使 고금강高金剛이 원제元帝의 명을 받들고 배점 고개 위에 종각을 세우고 범종을 달았으며 사원을 그 곁에

磨嶺宿山下長陽縣 去山三十餘里 蓐食登山 雲霧晦冥 …… 岾舊無屋 累石爲臺 以備憩息 至正丁亥 今資正院使姜公金剛奉天子之命 來鑄大鐘 閣而懸之于岾之上旁廬桑門 以主撞擊 屹然金碧光射雪山 亦山門一壯觀也 未午到表訓寺小憩 …… 遂由新林 三佛諸菴 沿溪而下 暮抵長安寺宿"

223 拜岾은 금강산 서쪽에 있었다. 『新增東國輿地勝覽』 권47, 江原道 淮陽都護府, 山川 拜岾. 李穀은 "이 고개에 오르면 자신도 모르게 머리를 조아리게 된다"라고 하여 拜岾이라 했다고 한다. 李穀, 「東遊記」, 『稼亭集』 권5.

설치했다"[224]라고 했다. 여기서도 범종의 주조년도를 1347년으로 기록하고 있다. 강금강姜金剛을 고금강高金剛으로 오기한 점이 다소 사료의 신뢰성을 떨어뜨리기는 하지만 배점 고개 위의 범종은 바로 이곡의 글에서 본 원황실이 시주한 범종임을 알 수 있다. 그리고 이 범종 곁에 설치했다는 사원은 독립된 절이기보다는 본사本寺에 부속되어 있는 암자와 같은 성격의 절로 보는 것이 타당할 것이다. 그렇다면 금강산의 배점에 있었던 범종은 원황실이 표훈사를 위해 시주한 것이었고, 그 범종을 표훈사가 관리해 왔음을 알 수 있다. 따라서 이 범종은 장안사 종이 아닌 표훈사 종이라고 해야 할 것이다. 물론 이것이 주조된 해는 「동유기東遊記」나 후대의 사지寺誌에 기록된 지정 7년(1347)보다는 범종의 명문에 새겨진 지정 6년(1346)으로 보는 것이 타당하다. 이 범종을 통해서 표훈사가 충숙왕대에 이어 충목왕대에도 여전히 원황실로부터 적지 않은 보시를 받았다는 사실도 확인할 수 있다.

2) 부소산 경천사와 경천사 석탑의 건립

① 경천사의 연혁과 다층 석탑

경기도 개풍군開豊郡 부소산扶蘇山에 있었던 경천사敬天寺는 사원 경내의 다층 석탑으로 인해 널리 알려진 절이다.[225] 경천사는 예종睿宗 8년(1113)에 창건되었으며[226] 숙종肅宗과 문경태후文敬太后(예종의 제2비妃)의

224 安震湖 편, 「末寺表訓寺誌」, 『楡岾寺本末寺誌』, 金剛大本山楡岾寺宗務所, 1942, 413쪽, "佛紀 2374년, 高麗 忠穆王 2년, 元順帝 至正 7년, 西紀 1347년 丁亥에 資政院使高金剛이 元帝의 勅을 奉하고, 拜岾嶺上에 建閣懸鍾하며 寺院을 그 傍에 設하다. 寺與閣與鍾이 今俱無라." 필자의 견해로 寺誌의 지정 7년은 지정 6년, 서기 1347년은 서기 1346년, 丁亥는 丙戌로 정정되어야 하고, 본문에서 지적한 대로 資政院使 高金剛은 姜金剛의 誤記이다.

225 『新增東國輿地勝覽』 권13, 京畿 豊德郡, 佛宇 敬天寺.

226 『高麗史』 권13, 世家 睿宗 8년 9월. 예종 8년(1113)의 창건 기사에서는 慶天寺로 나오는데 敬天寺와 동일한 사원일 것이다.

제례祭禮를 거행한 고려왕실의 원당願堂이었다.[227] 또한 절이 개경開京에서 강화江華로 가는 길목에 위치해 있었기 때문에 일찍부터 교통, 국방의 기능을 담당했을 뿐만 아니라 활발한 교역이 이루어진 곳이었다.[228]

경천사가 어느 때보다도 세상 사람들의 이목을 끌며 중흥된 시기는 사원 내에 다층 석탑이 건립된 원간섭기였다. 고려시대 석탑들 중에서 정교하고 장중하기로 이름난 대리석의 다층 석탑이 경천사 경내에 건립되었다는 사실은 절의 사세와 위상을 대변해준다. 또한 경천사는 원나라 대재상大宰相 탈탈의 원찰願刹인 것으로 전해지고 있는데,[229] 이것은 절이 실제로 원의 강력한 중앙 정치 세력의 영향 아래에 있었음을 말해주고 있다.

많은 우여곡절 속에 오늘까지 전하고 있는 경천사 다층 석탑은[230] 원나라 장인匠人들의 손에 의해 건립되었던 것으로 그 석탑의 구조와 양식, 건조기법 등이 불교 미술사적으로도 중요한 의미를 갖고 있어서 일찍부터 관심과 연구의 대상이 되었다. 또한 석탑의 명문銘文에는 탑의 건조建造 시기와 시주자 등이 전해지고 있어서 경천사의 성격과 기능, 당시 정치권과 불교계의 상황을 유추해볼 수 있는 귀중한 사료이기도 하다. 먼저 탑 속에 기록된 명문 내용을 살펴보고, 석탑에 조각된 불회상佛會相(부처가 설법한 법회의 장면)과 층수層數, 그것과 관련된 석탑의 구조와의 관계 등을 살펴보자.

227 『高麗史』 권14, 世家 睿宗 12년 10월 丁巳, "以肅宗忌辰道場 幸敬天寺"; 『高麗史』 권16, 世家 仁宗 12년 9월 癸丑, "王以文敬太后忌辰 幸敬天寺 行香" 文敬太后는 숙종의 제2妃이다.

228 박종진, 「고려시기 개경 절의 위치와 기능」, 『역사와 현실』 38, 한국역사연구회, 2000, 84~85쪽. 羅城 밖 교통의 요지에 있던 절로는 서쪽의 국청사, 동쪽의 천수사, 남쪽의 경천사가 있었다.

229 『新增東國輿地勝覽』 권13, 京畿 豊德郡, 佛宇 敬天寺.

230 폐사가 된 敬天寺의 절터에 있던 다층 석탑은 1909년경 일본 宮內大臣 다나카 미쓰아키(田中光顯)에 의해 불법 해체되어 일본으로 반출되었다가 1919년에 국내로 돌아왔다. 1959년 복원 작업에 착수하여 다음 해 완성했고 국보 제86호로 지정되었다. 1960년 경복궁에 옮겨 놓았다가 1995년에 해체되었고, 이것이 2005년 용산에 국립중앙박물관이 개관되면서 복원되어 박물관 내에 전시되고 있다.

② 경천사 다층 석탑의 건립 과정과 의미

경천사 석탑 제1층 탑신塔身 이맛돌에는 다음과 같은 조탑造塔 명문銘文이 새겨져 있다.

> 바람과 비는 순조롭고, 나라는 태평하고 백성은 살기 평안하며, 부처님의 광명은 더욱 빛나고, 법륜法輪은 항상 돌아가니, …… 지정至正 8년(1348) 무자戊子 3월에 대시주大施主 중대광진녕부원군重大匡晉寧府院君 강융姜融, 대시주 원사고용봉院使高龍鳳, 대화주大化主 성공省空, 시주施主 법산인육이法山人六怡 등 …… 널리 일체에 미치게 하고, 자신도 중생衆生과 함께 불도佛道를 이루고자 한다.[231]

위의 명문에 따르면 순제順帝 지정 8년(1348)에 강융姜融, 고용봉高龍鳳,[232] 성공省空, 육이六怡 등이 원황실과 고려왕실의 안녕을 빌고, 천기天氣가 순조롭고, 불법佛法이 날로 홍성하기를 기원하면서 석탑의 건립을 위해 보시한다는 내용이다. 시주자들 중 첫 번째로 기록된 강융(?~1349)은 경천사 석탑의 건조를 직접 지휘한 실무책임자였다. 『신증동국여지승람新增東國輿地勝覽』의 기록에 "원나라 탈탈승상脫脫丞相이 원찰願刹로 삼고, 진녕군晉寧君 강융이 원나라에서 공장工匠을 뽑아다가 이 탑을 만들었다"[233]라고 한 것이 그것을 말해준다. 강융은 본래 한미한 집안의 출신이었지만, 내부령內府領과 찬성사贊成事 등을 거쳐 진녕부원군晉寧府院君에 봉해

---

231 許興植 편, 「敬天寺石塔」, 『韓國金石全文』 中世 下, 아세아문화사, 1984, 1179쪽, "△調雨順國泰民安 佛日增輝 法輪常轉 …… 至正八年戊子三月 大施主 重大匡晉寧府院君姜融 大施主院使高龍鳳 大化主 省空 施主 法山人六怡△△ 普及於一切 我等與衆生 皆共成佛道"

232 『高麗史』 列傳에 등장하는 高龍普와 동일인이다.

233 『新增東國輿地勝覽』 권13, 京畿 豊德郡, 佛宇 敬天寺, "諺傳 元脫脫丞相以爲願刹 晉寧君姜融募元朝工匠 造此塔"

졌던 인물이다. 특히 그의 누이가 경천사를 원당으로 삼은 탈탈脫脫(1314~1355)의 애첩愛妾이었던 관계로[234] 원간섭기에는 상당한 세도를 누린 권세가였다. 그렇다면 당시 경천사는 탑의 시주자였던 강융과 그의 매부인 탈탈 두 사람이 주재한 사찰이었을 가능성이 높다.

석탑이 건조된 시기를 전후하여 경천사를 자신의 원당으로 삼은 승상 탈탈은 순제 지원至元 6년(1340) 2월에 기궁녀의 황후 책봉을 강력히 반대했던 승상 백안伯顔을 정계에서 축출해 같은 해 4월에 기씨奇氏가 제2황후가 되는 길을 열었던 인물이다. 탈탈은 백안 축출의 공로가 인정되어 지정至正 1년(1341)에 중서우승상中書右丞相에 올라 과거 백안의 정치를 일소하고,[235] 또 지정 9년(1349)에 중서우승상에 다시 임명되었다.[236] 게다가 탈탈은 기황후의 소생인 황태자 아유르시리다르를 자신의 집에서 양육하기도 하고, 또 위기에 처한 황태자의 목숨을 구하기도 하는 등[237] 기황후와 매우 친밀한 관계에 있었다. 따라서 탈탈이 백안 축출 사건 이후로 제2황후가 된 기황후와 공조체제를 유지해가면서 중앙 정계를 주도했음은 쉽게 예견되는 사항이다.[238] 아마도 이러한 상황 아래서 탈탈은 기황후의 고국

---

234 『高麗史』 권124, 列傳 鄭方吉 附 姜融, "恭愍以其妹 爲元丞相 脫脫寵姬 命密直 金敬直 以其子妻之"

235 『元史』 권138, 列傳 脫脫.

236 『高麗史』 권37, 世家 忠定王 元年 윤7월. 토니노 푸지오니는 脫脫의 집권 시기를 2期(1340~1344; 1349~1355)로 나누어 분석했다. Tonino Puggioni, 「元代 奇皇后의 佛敎後援과 그 政治的인 意義」, 『普照思想』 17, 普照思想硏究院, 2002, 113쪽.

237 脫脫(1314~1355)은 황태자를 위해 절을 창건하여 福을 빌기도 했다. 『元史』 권138, 列傳 脫脫.

238 토니노 푸지오니는 脫脫과 기황후가 원래 양호한 관계였지만 脫脫이 실각한 1345년 이후부터 대립적인 관계로 바뀌었다고 했다. 그러나 1347년 12월 御史臺의 別兒怯不花 탄핵에 대한 고용보의 탄핵 저지와 검찰어사 曲曲의 高龍普 탄핵, 1348년 11월 감찰어사 張幀의 別兒怯不花 탄핵, 같은 해 12월 감찰어사 李泌의 기황후 탄핵 등은 모두 脫脫이 1349년 윤7월에 中書右丞相에 임명되어 재집권하기 전에 있었던 일이고, 또 그러한 탄핵사건에 脫脫이 개입한 흔적도 찾아볼 수 없다. 따라서 別兒怯不花의 집권기(1345~1349)에 기황후와 탈탈의 관계를 대립적으로 보기는 어렵다.

인 고려와도 친밀해지게 되어 강융의 누이를 애첩으로 맞이하고, 또 기황후의 고려에 대한 영향력을 배경으로 고려왕실의 원당이었던 경천사를 자신의 원당으로 삼기까지 했을 것이다. 여기에 기황후의 최측근인 자정원사 고용보가 경천사 탑의 건립에 대시주大施主로 참여한 것은 지극히 당연한 일이었다.

이렇게 원황실 내에서 기황후의 핵심적인 정치 공조 세력인 탈탈과 고용보, 그리고 부원附元 세력인 강융이 경천사의 불사에 깊이 관여한 사실들을 통해서 경천사에 실질적인 영향력을 행사한 인물은 당시 자정원을 지휘하고 있던 기황후로 보는 것이 타당할 것이다. 더욱이 조선 전기 문인文人 채수蔡壽[239]가 그의 기행문 「유송도록遊松都錄」에서 경천사를 기황후의 원찰로 소개하고, 또 그 석탑이 기황후를 위해 건립된 것이라고 한 것[240]을 보아도 경천사에 대한 기황후의 영향력이 어느 정도였는가를 알 수 있다.

충목왕 때 원황실과 그 측근 관리들의 많은 후원을 받아 중흥된 경천사는 탈탈이 재상에서 물러나 세상을 떠난 공민왕恭愍王 4년(1355)[241]경까지는 개경과 그 인근 지역에서 가장 융성한 사원들 중 하나였음에 분명하다. 한때 고려왕실의 원당인 경천사가 원 고관高官의 원당으로 변하고, 또 부원 세력의 주도하에 고려 후기를 대표하는 다층 석탑이 경내에 건조되었다는 사실은 고려왕실의 권위 추락과 함께 불교계의 원황실 예속이 심화되었음을 보여주는 것이다. 이러한 경천사도 반원反元 정책이 적극 추진되

---

239 蔡壽(1449~1515)는 세조와 중종, 연산군 때 대사헌, 관찰사, 참판 등을 역임했으며 甲子士禍(1504)에 연루되어 유배되기도 했다.

240 蔡壽, 「遊松都錄」, 『續東文選』 권21, "行二十餘里至敬天寺 寺經火但存一室 庭中有石塔 光瑩如玉 高十三層 雕刻十二會相 窮極精巧 殆非人力所造 寺乃奇皇后願刹 …… 惑於內寵 勞民力以事無用如此" 「유송도록」에서의 丞相 脫脫에 대한 언급은 경천사가 탈탈의 畫像을 소유했다는 부분이다. 이 글에서도 역시 탈탈이 경천사와 깊은 관계를 맺고 있었음이 확인된다.

241 『高麗史』 권38, 世家 恭愍王 4년 正月.

던 공민왕 때에 이르러 왕실의 원당으로[242] 그 기능이 회복되었다.

경천사 탑의 건립은 순제의 제2황후가 된 기황후와 그 측근인 자정원 관원들이 참여해 벌인 주요 불사들 중 하나였다. 앞서 보았던 대로 일개 궁녀에서 순제의 제2황후가 된 이후 그녀의 물적 후원과 고용보의 노력으로 장안사 중창(1343~1345)이 이루어졌고, 얼마 후 역시 기황후의 측근인 자정원사 강금강이 파견되어 금강산 표훈사 범종과 함께 개경의 연복사 범종이 주조되었고(1346), 또 기황후와 연계된 부원 세력인 강융과 자정원사 고용보가 시주자로 참여한 가운데 경천사 석탑이 건립되었던(1348) 것이다. 기황후 등장 이후 짧은 기간에 걸쳐 이루어진 이런 대규모 불사를 통해서 해당 사원들은 이전과 비교해 현격한 발전을 보았다. 이에 따라 충혜왕 이후 기황후와 자정원 관원들과 직간접으로 연계된 사원들이 재력과 권력을 지키면서 중흥기를 맞게 되었다. 이 시기에 부각된 이러한 사원들은 원제국元帝國 말기의 소수 권력자들의 영향 아래에 있었기 때문에 자연히 사원의 세속화에 따른 여러 가지 사회적 폐단을 낳았다.

③ 경천사 석탑 12불회상과 13층

충목왕 때 경천사의 위상과 원황실과의 밀착관계를 상징적으로 대변해 주고 있는 경천사 석탑은 특히 고려의 전통적인 석탑 구조와 양식에서 벗어나 있고, 조선 세조世祖 때 건립된 원각사圓覺寺 석탑에도 영향을 준 것으로 평가되어 일찍부터 주목의 대상이 되었다. 여기에서는 석탑의 전체 구조와 관련된 탑 층수에 대한 의문점과 탑신부에 조각된 불회상佛會相이 담고 있는 의미를 간략히 검토해보고자 한다. 『신증동국여지승람新增東國輿地勝覽』은 경천사 석탑을 다음과 같이 소개하고 있다.

> 이 절에 13층의 석탑이 있는데, 12회상會相을 새겨 인물이 살아 있는 듯하고

242 『高麗史』 권42, 世家 恭愍王 19년 3월 癸丑, "以忠肅王忌日 如敬天寺"

형용이 또렷또렷하여 정교하게 만든 것이 천하에 둘도 없다.[243]

경천사 탑은 13층 석탑이고, 또 거기에는 매우 우수한 12불회佛會[244]의 장면이 조각되어 있다는 내용이다. 그런데 실제로 탑은 3층 기단基壇에 10층 탑신塔身으로 이루어진 10층 석탑이고, 탑신부 제1～4층에는 총 16불회(각 층에 4불회)의 장면이 조각되어 그중 13불회의 명칭이 현판에 새겨져 있고, 나머지 3불회의 명칭은 남아 있지 않다.[245] 하지만 『신증동국여지승람』과 같은 옛 문헌에서는 13층 석탑에 12회상이 조각되어 있다고 한 것이다.[246]

그동안 10층 석탑을 13층 석탑으로 불렀던 연유에 대해서는 탑신부 제1～4층의 각 4면에 있는 13불회의 장면과 함께 그것에 해당하는 불회명佛會名이 남아 있기 때문에, 그렇게 불렀던 것으로 보는 견해가 지배적이었다. 하지만 『신증동국여지승람』에서는 엄연히 13불회상이 아닌 12불회상이 새겨졌다고 하였으므로 의문점은 여전히 남는다.[247] 탑의 탑신부에 새겨진 13불회 명칭과 방위를 정리해보면 〈표 9〉와 같다.[248]

---

243 『新增東國輿地勝覽』 권13, 京畿 豊德郡, 佛宇 敬天寺, "寺有石塔十三層 刻十二會相 人物聳動 形容森爽 其制作精巧 天下無雙"

244 佛會란 부처가 설법하는 법회나 그 자리를 말한다.

245 통상 탑은 짝수 층이 없다는 점을 감안하여 탑신 제3층까지의 亞字形 평면에서 제4층의 方形 평면으로 접속되는 부위에 하나의 탑신이 생략된 11층으로 보는 것이 타당하다는 견해도 있다. 尹昌淑, 『문화재해설-塔婆』, 백산출판사, 1991, 124쪽.

246 조선 중기 문인 蔡壽의 「遊松都錄」에서도 13층 석탑, 12會相이라고 기록한 것으로 보아 조선시대 경천사 석탑에 대한 일반적인 인식이었다. 蔡壽, 「遊松都錄」, 『續東文選』 권21, "庭中有石塔 光瑩如玉 高十三層 雕刻十二會相 窮極精巧 殆非人力所造"

247 『東國輿地備攷』, 漢城府 圓覺寺, "이름난 탑13층에 12會相을 새겼다." 이것은 경천사 탑의 유형을 따르고 있는 조선시대 圓覺寺 탑의 경우에도 마찬가지여서 궁금증을 더하고 있다. 金守溫, 「大明朝鮮國 大圓覺寺碑銘幷序」, 『續東文選』 권20, "又建窣覩婆十有三層 安分身舍利及新譯圓覺經" 고유섭은 13불회를 12불회로 기록한 것이 胎藏界現圖曼荼羅의 12院을 염두에 둔 듯하다고 했다. 高裕燮, 『松都의 古蹟』, 열화당, 1977, 130쪽.

248 高裕燮, 『松都의 古蹟』, 悅話堂, 1977, 129쪽; 禹貞相, 「圓覺寺塔婆의 사상적 연구」, 『東國思想』 1, 동국대 불교대학 학생회, 1958.

〈표 9〉 탑신 각 층의 불회명과 방위

( ): 추정된 불회명

	남	서	북	동
제1층 탑신	三世佛會	靈山會	龍華會	彌陀會
제2층 탑신	華嚴會	圓覺會	法華會	多寶會
제3층 탑신	消災會	旃檀瑞像會	楞嚴會	藥師會
제4층 탑신	圓通會	(地藏會)	(涅槃會)	(釋迦會)

탑신 각 면의 불회명은 불회의 장면마다에 그 이름이 남아 있어서 알 수 있지만, 제4층의 경우 남쪽 원통회圓通會를 제외한 나머지의 불회명은 각 면에 새겨진 도상圖像의 내용을 통해서 추정하고 있다.[249] 물론 엄격히 말해서 제4층의 원통회와 지장회는 부처와 관련된 불회가 아닌, 보살菩薩과 관련된 보살회菩薩會에 해당한다.

탑신의 각 4면에 새겨진 불회상이 과연 어떤 의미를 지니고 있는가에 대해서는 그 견해가 매우 다양하다. 제1층의 불회상은 한국 불교 신앙의 대표적인 불회의 모습이고, 제2층의 불회상은 불교 사상의 대표적인 불회의 모습이고, 제3층의 불회상은 밀교 신앙의 대표적인 불회의 모습으로 이해되기도 한다.[250] 혹은 한국에 수용되어 널리 알려진 경전의 내용을 도상화圖像化하여 조각한 것이라는 견해도 있다.[251] 그런가 하면 제4층은 탑 기단부와 제1~3층의 20각 20면 아자형亞字形 구조와 달리, 4각 4면의 방형方形 구조로 되어 있고 원통회, 지장회, 열반회, 석가회의 장면으로 구성되어 있어서 여기에 대한 해석 또한 다양하다.[252] 특히 남쪽 원통회의

249 서쪽 면에 지장과 명부시왕상, 동쪽 면에 석가삼존상, 북쪽 면에 석가의 열반상이 조각되어 있기 때문에 각각 지장회, 석가회, 열반회임을 알 수 있다.

250 홍윤식, 「원각사 가람구조와 10층석탑」, 『한국의 가람』, 民族社, 1997, 462~463쪽.

251 蘇在龜, 『圓覺寺址十層石塔의 연구』, 정신문화연구원 석사학위논문, 1986, 46쪽.

252 홍윤식은 열반회를 주제로 한 새로운 불교사상의 전개 양상을 나타내고 있다고 보았다. 홍윤식, 「경천사십층석탑의 불교사적 연구」, 『경천사 십층석탑』 2, 국립문화재연구소, 2006, 27쪽. 또 신은정은 4층에서 여래와 함께 보살회 장면도 등장하고 있어서 다양한 불교관련

장면은 관음보살觀音菩薩이 선재동자에게 설법하고 있는 모습으로, 당시 고려 사회에서 널리 유행하고 있던 관음 신앙을 반영하고 있는 것으로 보아야 할 것이다. 원간섭기 관음 신앙의 유행은 많은 관음설화의 등장을 통해서 충분히 짐작할 수 있는데, 요원了圓에 의해서 편찬된 『법화영험전法華靈驗傳』과 해인사海印寺의 체원體元이 엮은 『화엄경관자재보살소설법문별행소병집략해華嚴經觀自在菩薩所說法文別行疏幷集畧解』에는 각각 18편의 관음설화가 수록되어 있다.[253] 또한 14세기 불화佛畵에도 아미타불阿彌陀佛 관련 불화 다음으로 관음보살도觀音菩薩圖가 많다는 사실을 간과할 수 없다.[254]

탑신부 제1~4층에 16불회상이 조각되어 있음에도 불구하고, 12불회상이 조각되었다고 기록한 이유는 무엇일까? 이는 탑신부 제1~3층의 각 4면에 새겨진 불회상만을 헤아리는 것이 타당하다고 보았기 때문에 12불회상이라고 했음을 생각해볼 수 있다. 그렇다면 제4층 남쪽 면에 있는 원통회圓通會는 무엇을 의미하는가? 원통회는 탑신부 제1~3층의 12불회 전체를 다시 하나로 회통한다는 의미를 갖고 있지 않나 생각된다. 여기서 원통圓通은 단순히 관음보살의 별칭으로 쓰이지 않고, 모든 것을 하나로 융섭融攝하고, 회통會通한다는 의미를 갖고 있는 듯하다.[255] 이렇다 보니 원통회는 전체 불회의 수에 포함하지 않게 된 것이다. 만약 원통회를 포함하여 13불회라고 한다면 전체를 하나로 회통한다는 본래의 취지는 사라지고 말기 때문이다. 그래서 13회상이 아닌 12회상으로 부르게 되었을 것

법회들이 마무리되고 있는 것으로 해석했다. 愼銀貞, 「敬天寺十層石塔 조성과 조성 장인의 연구」, 『강좌미술사』 26권1호, 한국불교미술사학회, 2006, 487쪽.

253 인권환, 『韓國佛教文學硏究』, 고려대학교 출판부, 1999, 261쪽.

254 洪善杓, 『한국사』 21, 국사편찬위원회, 1996, 432쪽.

255 禹貞相은 원각사 탑 4층의 圓通會를 전 12會를 총괄한다는 의미에서 圓覺思想과 일맥상통하고, 모든 佛會를 攝한다는 의미로도 해석할 수 있다고 하였다. 禹貞相, 「圓覺寺塔婆의 사상적 연구」, 『東國思想』 1, 동국대 불교대학 학생회, 1958.

이다. 이러한 논리는 조선시대에 건립된 원각사 탑의 경우에도 그대로 적용할 수 있다. 불교 교학자들이 경전 해석에서 자주 시도하는 방법 중 하나가 개합開合의 논리에 의해서 궁극적으로는 그 내용을 하나로 회통하는 것인데, 이것이 경천사 탑에 새겨진 불회상에서도 적용된 듯한 인상을 주고 있다.

그러면 경천사 탑을 13층 석탑이라고 한 이유는 무엇일까? 이것의 열쇠는 탑의 기단부와 탑신부의 형태에서 찾을 수 있을 것 같다. 경천사 탑의 평면은 3층 기단부와 3층 탑신부가 동일하게 4면두출성형四面斗出星形의 아자형亞字形을 이루고 있다.[256] 그리고 탑신부 제4~10층까지는 방형으로 되어 있고, 각 층의 체감은 거의 없는 편이다. 물론 이것은 탑의 안정감을 주기 위한 건축상의 배려가 틀림없으나 한편으로는 주요 탑신부 제1~3층과 기단부 3층의 평면을 모두 동일하게 처리하고 있는 데에 중요한 의미가 있다고 생각한다. 기단부를 단순히 탑신부를 지탱해주는 보조적인 장치로 간주하지 않고, 탑신부 제1~3층과 동일한 의미를 부여한 결과 같은 아자형의 평면 위에 3층의 기단과 3층의 탑신을 선조한 것이다. 이 탑에서 3층의 기단부는 탑신부를 떠받치는 것 이상의 의미를 지니고 있다. 그래서 이례적으로 탑의 층수를 말할 때 기단부를 포함하여 13층 석탑으로 부르게 되었다. 즉 탑에 새겨진 불회상의 수와 상관없이, 탑신부 10층에 기단부 3층을 더하여 13층 석탑으로 인식했던 것이다.

256 4面斗出星形의 亞字形의 평면은 라마탑의 대표적인 특징이나 그것이 기단에만 적용되나 경천사 탑의 경우에는 塔身部에까지 적용되고 있다는 것이 큰 차이점이다. 蘇在龜, 『圓覺寺址十層石塔의 연구』, 정신문화연구원 석사학위논문, 1986, 31~37쪽.

3) 북원과의 통교와 보개산 지장사의 중수

① 지장사의 제1차 중수

강원도 철원군 보개산寶蓋山에 있었던 지장사地藏寺[257]는 고려 말 두 차례에 걸쳐 중수된 사원이었다. 지장사는 주지승 자혜慈惠에 의해 중수되었는데,[258] 자혜는 원간섭기를 대표하는 유학자이자 관리였던 이제현李齊賢과 돈독한 친분 관계를 유지한 인물이었다. 그는 스승 진공대로眞空大老의 명命에 따라 지장사의 중수에 앞장서게 되었다. 지장사의 중수는 공민왕 10년(1361) 홍건적紅巾賊의 제2차 침입이 있던 때를 분기점으로 하여 제1차와 제2차 시기로 구분된다. 이 두 차례의 지장사 중수는 중요한 불교사적 의미를 담고 있다.

지장사의 제1차 중수는 홍건적의 제2차 침입이 있기 전에 이루어졌던 것이 분명하지만, 그 정확한 시기는 전하지 않는다. 승僧 자혜는 앞서 본 장안사長安寺 승 굉변宏卞이 그러했던 것처럼 절의 중수를 위해 몸소 원나라 경사京師(상도上都)로 건너가 고관高官들에게 비용을 요청했고, 그 소식이 중궁中宮에까지 전해져 내탕금內帑金을 시주받아 절에서 필요한 여러 기구를 마련하고 절을 중수할 수 있었다. 그리고 이때 절의 중수 과정을 기록에 남기고자 원나라 임천臨川 위소危素에게 비문碑文을 부탁하여 비석을 세우고 낙성회를 크게 베풀었다.[259] 이것이 이곡의 「보개산지장사중수기寶蓋山地藏寺重修記」에 보이는 지장사 제1차 중수에 관한 내용이다.

여기서 절의 제1차 중수를 위해 내탕금을 보시했다는 중궁은 누구를 가리키는 것일까. 절의 중수가 공민왕 10년(1361) 전이었다는 사실을 감안한다면 중궁은 아마도 충혜왕 복위 1년(1340)에 순제順帝의 제2황후가 된 기

257 『新增東國輿地勝覽』 권47, 江原道 鐵原都護府, 佛宇 地藏寺. 현재 정확한 위치는 알 수 없다.

258 李穡, 「寶蓋山地藏寺重修記」, 『牧隱文藁』 권2.

259 李穡, 「寶蓋山地藏寺重修記」, 『牧隱文藁』 권2, "名聞于中宮 出錢內帑 鑄梵唄之器 旣成 乞文於臨川危先生 紀寺功之本末 刻之石"

황후였을 것으로 생각된다. 앞서 보았듯이 기황후가 자정원을 통해서 장안사, 표훈사, 경천사 등의 불사에 관여한 사실을 생각할 때 내탕금을 내어 보시한 중궁은 기황후였을 가능성이 크다. 특히 문인 위소가 지장사의 중수 비문을 썼다는 사실은 기황후가 관여한 불사였음을 강력히 시사한다.

위소[260]는 원말명초元末明初의 문인으로 고려의 학자, 고승 등과 교류하면서 금석문, 문집의 서문序文을 적지 않게 남긴 인물로 잘 알려져 있다.[261] 위소가 남긴 고려와 관련된 글 중에서 먼저 주목을 끄는 것은 「문수사리보살무생계경서계사文殊師利菩薩無生戒經序癸巳」(이하 「무생계경서계사無生戒經序癸巳」) 이다.[262] 이에 따르면, 지공指空이 고려를 방문했을 때 왕과 신료들의 요청에 의해 『문수사리보살무생계경文殊師利菩薩無生戒經』[263](이하 『무생계경無生戒經』을 가지고 중생衆生들에게 계戒를 내리게 되었다. 그 후에 이 경經을 순제의 후원과 자정원사 강금강의 보시로 간행하게 되었고, 이때 지공의 문인門人 달온達蘊[264]이 위소에게 서문을 요청하자 위소 자신이 순제 지정至正 13년(1353)에 그 서문을 쓰게 되었다는 내용이다.

지공의 번역 경전인 『무생계경』을 간행하는 데 순제와 함께 자정원사 강금강이 보시했다는 사실은[265] 이 불사에 기황후의 영향력이 크게 작용하

260 危素(1303~1372)의 字는 太樸, 號는 雲林이고, 金谿人이다. 宋, 遼, 金 3史를 修撰하고 『爾雅』를 주석했다. 『明史』 권285, 列傳 文苑1 危素.

261 危素가 고려와 관련하여 남긴 글로는 碑文으로 「高麗海州神光寺碑」, 「高麗林州大普光禪寺碑」, 「普賢院碑」가 있고, 序文으로 「文殊師利菩薩無生戒經序癸巳」, 「竹磵集序」가 있다. 이 중 「보현원비」, 「죽간집서」의 내용은 전하지 않고 글의 제목만 成俔의 『慵齋叢話』(권4, 8)에 보인다.

262 張東翼 편, 危素, 「文殊師利菩薩無生戒經序癸巳」, 『元代麗史資料集錄』, 서울대학교 출판부, 1997, 338쪽. 재인용, "師乃出文殊師利菩薩無生戒經三卷 欲使衆生 有情無情有形無形 咸受此戒 …… 今皇帝眷遇有加 資政院使姜金剛旣施財 命工刻是經以傳 門人達蘊請予爲序"

263 『無生戒經』은 指空의 번역경전으로 서책의 정식 명칭은 『文殊師利菩薩最上乘無生戒經』(3卷 1冊)이고, 보물 738호로 지정되어 현재 梁山 通度寺에 보관되어 있다.

264 達蘊은 俗性이 趙氏, 호가 玉田이고, 창녕사람이다. 지공이 고려에 왔을 때 그에게서 戒를 받았고, 지공이 원으로 돌아갈 때도 수행했다. 李穡, 「松月軒記」, 『牧隱文藁』 권4.

265 元皇室에서 지공이 번역한 『무생계경』의 간행을 후원한 데에는 순제와 기황후의 지공에 대

고 있었음을 의미하는 대목이다. 기황후는 순제의 제2황후가 된 이후로 자정원을 통해 황실의 권부權富를 장악하고 최측근으로 고려인 환관 박불화朴不花, 고용보와 함께 강금강을 데리고 있었다. 당시 자정원 최고의 관원인 자정원사[266]였던 이들은 기황후와 함께 모두 고려인이라는 동질감 속에서 황후의 분신과 같은 존재였다. 따라서 그들의 활동은 철저히 기황후의 권력과 재력을 배경으로 하고 있었다. 자정원사 강금강은 앞서 보았듯이 지정 6년(1346)에 천자의 명을 받고 고려에 파견되어 금강산의 표훈사 범종뿐만 아니라, 고려왕실의 부탁으로 개경의 연복사 범종까지도 주조해 준 기황후의 최측근 인사였다. 그러므로 지공의 번역경전인 『무생계경』을 간행할 때 강금강이 보시한 데에는 결코 기황후의 영향력을 배제할 수 없다. 이처럼 기황후 주변에 있는 측근 인사의 보시에 의해서 『무생계경』이 간행되었을 때 위소가 이것에 대한 서문을 썼다는 사실은 기황후가 직간접으로 관여한 다양한 불사에 그가 문인文人으로 동참하고 있었음을 말해준다.[267] 따라서 위소가 쓴 지장사 중수 비문에 보이는 중궁은 다름 아닌 기황후였음을 쉽게 연상할 수 있는 것이다. 그리고 그 시기도 「무생계경서계사」가 쓰여진 1353년경, 곧 고려 공민왕 초로 추정된다.

이상과 같이 기황후의 내탕금 보시로 시작되어, 위소의 중수 비문으로

한 호의적인 태도가 작용했기 때문일 것이다. 奇皇后와 皇太子는 지공을 延華閣에 모셔서 佛法을 들었으며, 또 순제는 지공을 法 중의 王이라고 추앙하기까지 했다. 李穡, 「西天提納薄陀尊者浮圖銘幷序」, 『牧隱文藁』 권14, "至正皇后皇太子迎入延華閣問法 師曰 佛法自有學者 專心御天下 幸甚 …… 上曰 渠是法中王"

266 『元史』 권92, 志 百官8 資正院, "至元六年十二月 中書省奉旨爲完者忽都皇后置資正院 正二品 院使六員 同知 僉院 同僉 院判各二員"

267 기황후가 관여한 불사에 危素가 동참하고 있었음은 그가 『무생계경』의 序文을 쓴 비슷한 시기에 썼을 것으로 짐작되는 「海州神光寺碑」를 통해서도 확인할 수 있다. 즉 위소는 순제의 등극과 관련된 靈驗談을 갖고 있는 海州 神光寺의 비문을 資政院使 姜金剛의 요청을 받고 쓰게 된 것이다. 危素, 張東翼 편, 「高麗海州神光寺碑」, 『元代麗史資料集錄』, 서울대학교 출판부, 1997, 99쪽.

완결된 지장사의 제1차 중수는 공민왕 때에 원황실의 보시를 통해 이루어진 대표적인 사원 불사였다. 순제의 제2황후로 책봉된 이후 자신의 권력을 이용하여 고려 사원의 불사에 적극 참여했던 기황후가 이 시기에도 유사한 형태의 불사를 전과 같이 행했던 것이다.

한편 원황실과는 별다른 인연을 맺지 않은 지장사가 이처럼 그들의 도움에 힘입어 큰 불사를 이룰 수 있었던 것은 전적으로 자혜의 정치적 역량으로 가능했다고 보아야 할 것이다. 자혜는 그다지 알려지지 않은 한 지방 사원의 주지승이었다. 하지만 당시 국내 정계의 주요 인물들과 친분관계를 맺고 있었고 사원의 중수를 위해 원에 건너가 시주자를 찾아 불사를 성사시켰던 것이다.

보개산 지장사의 자혜와 같이, 원간섭기 중에는 승려들이 자신들이 소속된 사원의 발전을 위해 물적 후원을 받을 목적으로 원황실과 그 측근 인사들에게 접근하여 적극적인 공세를 펴는 경우가 자주 있었다. 그 대표적인 사례를 보면 원종元宗 13년(1272)경 정혜사定慧寺 주지로 있던 원감국사圓鑑國師 충지沖止가 원 세조世祖(쿠빌라이忽必烈, 재위 1260~1294)에게 수선사修禪社에 부과된 전세田稅에 대한 면세를 요구하는 표문을 올려 그것을 허락받았고,[268] 충혜왕 때 굉변이 금강산 장안사의 중창을 위해 원 대도大都에 건너가 기황후로부터 그 비용을 보시받아 절을 크게 중흥시켰다.[269] 그리고 충숙왕 때 보광사普光寺의 중향中向은 대도에 건너가 자정원사 고용보에게 보광사의 발전을 위해 보시하도록 설득해 절을 크게 중창했다.[270] 이렇게 원간섭기에는 승려들이 황실과 그 측근 인사들과 밀착하

268 沖止, 「上大元皇帝表-曹溪山修禪社復田表」, 『圓鑑國師集』.

269 李穀, 「金剛山長安寺重興碑」, 『稼亭集』 권6.

270 全州 보광사는 고용보의 도움을 받아 중창되었고(1337~1343) 낙성식 때 華嚴法會를 열었다. 李穀, 「重興大華嚴普光寺記」, 『稼亭集』 권3. 中向의 활동과 보광사의 화엄법회는 원간섭기 華嚴宗의 동향을 알려주는 주목되는 사실로 간주하고 있다. 黃仁奎, 「高麗後期 敎宗僧의

여 그들로부터 물적 보시를 이끌어낼 수 있는 능력 여부에 따라 한 사원의 성쇠盛衰가 좌우되는 경우가 많았던 것이다. 이 과정에서 그 사원이 시주자에게 예속된 것은 당연한 현상이었다. 세조가 수선사의 면세를 허락하자 충지가 수선사를 황제의 원찰로 삼아줄 것을 간청한 사례는 그 예속화의 정도를 짐작할 수 있게 한다.

② 지장사의 제2차 중수와 고려 국내외 정세

주지승 자혜의 정치적 역량과 원황실의 도움으로 중수된 지장사가 또 한 번의 중수를 할 수밖에 없었던 것은 공민왕 10년(1361)의 제2차 홍건적 침입 때문이었다. 홍건적의 1차 침입(1359)에 이은 재침입은 개경의 궁성을 전소시키고, 각지의 수많은 문화재와 사원을 불태우는 등 막대한 피해를 입혔다. 당시 철원 보개산 지장사도 절이 불타고 3분의 1만 남게 되어,[271] 자혜는 재차 지장사의 중수를 계획하게 되었다.[272]

지장사의 제2차 중수를 위해 보시한 주요 시주자는 원의 황비皇妃, 고려의 희비禧妃 윤씨尹氏,[273] 그리고 철원군鐵原君 최맹손崔孟孫, 감승監承 최충보崔忠輔, 이제현의 손자인 정당문학政堂文學 이보림李寶林과 사위인 박동생朴東生이었다.[274] 이때 이제현의 손자와 사위가 지장사의 시주자로 나서게 된 것은 이제현이 평소 자혜와 매우 돈독한 친분관계를 맺고 있었기 때문이다. 그런데 제1차 중수에 이어 다시 원나라 황후가 시주했다는 사실

中國遊歷과 佛敎界의 動向」, 『佛教研究』 27, 한국불교연구원, 2007, 102쪽.

271 홍건적 침입 때 철원 지역은 그 피해가 유난히 컸던 것으로 보인다. 이 지역 사람 太成吉은 홍건적의 침입 시 늙은 어머니를 업고 난을 피하여 지극히 봉양했다는 이유로 조정으로부터 효자로 칭송되었다. 『新增東國輿地勝覽』 권47, 江原道 鐵原都護府, 孝子 太成吉.

272 李穡, 「寶蓋山地藏寺重修記」, 『牧隱文藁』 권2, "歲辛丑 兵燹及山中 屋宇存者 蓋三之一 惠迺發憤 又欲新之"

273 禧妃尹氏(?~1380)는 忠惠王의 妃로서 忠定王의 생모가 된다. 『高麗史』 권89, 列傳 后妃2 禧妃尹氏.

274 李穡, 「寶蓋山地藏寺重修記」, 『牧隱文藁』 권2, "於是 元朝皇妃 本國禧妃 施錢於上下 迺鐵原君崔孟孫監丞崔忠輔也 政堂李公 以祖翁之愛惠也 判事朴侯 以外舅之愛惠也"

은 다소 의외다. 물론 이때 원 황비皇妃는 이전 순제의 제2황후에서 정후正后가 된(1365) 기황후였음이 분명하다.[275] 홍건적 침입을 전후하여 당시 여원麗元 양국 사이의 외교관계는 매우 복잡한 양상을 띠었기 때문에 기황후의 지장사에 대한 보시는 여러 가지 사항을 고려하게 한다.

당시 고려 내의 정치 상황을 보면 공민왕 5년(1356)에 단행된 반원反元 정책에 의해서, 기황후로 인해 조정에서 막강한 권력을 행사하던 기씨奇氏 일족을 위시한 부원 세력이 제거되었다. 기황후의 큰오빠인 기철奇轍을 비롯하여[276] 권겸權謙, 노책盧頙,[277] 기유걸奇有傑(기철의 아들), 기완자불화奇完者不花(기철의 조카), 노제盧濟, 권화상權和尙 등의 부원 세력이 제거된 것이다.[278] 이에 기황후는 오빠 기철이 제거된 것에 복수하고자,[279] 공민왕 13년(1364) 충숙왕의 동생 덕흥군德興君을 고려왕으로 삼고 최유崔濡에게 요양遼陽의 군사 1만 명을 거느리게 하여 고려를 공격하도록 했다.[280] 이 전투에서 원군元軍은 최영崔瑩과 이성계李成桂가 이끄는 고려군에게 대패하여 부득이 공민왕을 복위시키고 최유를 고려로 보내 처형하도록 함으로써 전투는 일단락되었지만,[281] 양국관계는 악화일로로 치닫고 있었다. 따라서 공민왕의 반원 정책이 몰고온 이 같은 여원 양국의 관계 속에서 원황실이 지장사의 중수를 위해 보시한다는 것은 상상할 수 없는 일이었다.

---

275 기황후는 순제의 正后 伯顔忽都皇后가 至正 25년(1365) 8월에 세상을 떠나자, 같은 해 12월 中書省의 주청으로 正后에 책봉되었다. 『元史』 권114, 列傳 后妃1 完者忽都皇后.

276 충혜왕 때 원나라는 기철을 行省參知政事로 기원을 翰林學士로 임명했고, 고려 본국에서도 기철을 德城府院君으로 기원을 德陽君으로 봉했다. 『高麗史』 권131, 列傳 奇轍.

277 權謙은 皇太子에게 딸을 바치고 원으로부터 太府監太監의 벼슬을 받았다. 盧頙은 順帝에게 딸을 바치고 集賢殿學士의 벼슬을 받았다. 『高麗史』 권38, 世家 恭愍王 元年 8월; 『高麗史』 권38, 世家 恭愍王 3년 5월.

278 『高麗史』 권131, 列傳 奇轍.

279 『元史』 권114, 列傳 后妃1 完者忽都皇后, "后謂皇太子曰 汝何不爲我復讎也 遂立高麗王族人留京師者爲王 以奇族之子三寶奴爲元子"

280 『高麗史』 권40, 世家 恭愍王 13년 正月 丙寅, "崔濡以元兵一萬 奉德興君 渡鴨綠江 圍義州"

281 『高麗史』 권40, 世家 恭愍王 13년 9월.

그리고 얼마 후에는 대륙에서 주원장朱元璋이 건국한 명明(1368)에 의해 원의 대도大都가 함락되었다(1368. 8). 이에 순제는 기황후, 황태자 등과 함께 상도上都(개평開平)[282]로 달아나 북원北元이 원제국元帝國의 명맥을 이어가는 형편이었다.[283] 이 같은 대륙의 정세 변화에 따라 고려는 원과의 외교를 단절했고, 친명親明 정책을 시행했다. 그러므로 공민왕 때에 있었던 일련의 국내외 정치적 사건과 외교 관계의 변화로 인해 원황실에서는 고려의 사원 불사에 참여할 여건이 결코 아니었다. 그럼에도 불구하고 원 황비가 절의 중수를 위해 보시했던 것은 우왕禑王(재위 1374~1388)의 즉위와 함께 고려왕조가 북원北元과의 외교관계를 재개하면서 가능해진 일이었다.

즉위 초부터 반원 정책으로 일관한 공민왕이 피살된 후,[284] 우왕을 즉위시키는 데 성공한 이인임李仁任 일파의 외교 정책은 전과는 달리 원, 명 모두와 교류하는 양단외교였다.[285] 특히 우왕 즉위년(1374) 12월에 판밀직사사判密直司事 김서金湑를 북원에 보내 공민왕의 상사喪事를 알림으로써,[286] 공민왕 18년(1369) 이후로 단절된 북원과의 외교관계가 회복되는 획기적인 계기가 마련되었다.[287] 북원도 고려의 부고사訃告使 파견에 답하여 다음해 5월에 사신을 보내 양국은 서로 교류할 수 있게 되었다.[288] 우왕 초에

282 上都(현 내몽고 자치구의 남부 多倫)는 世祖(쿠빌라이)가 건설한 도시로 처음에는 開平이라 했다. 세조는 1260년 개평에서 대칸에 즉위했고, 1263년에 上都로 이름을 바꾸었다. 1271년에 大都(현 北京)가 元의 수도가 되면서 상도는 여름에 황제가 기거하는 여름의 수도가 되었다.

283 순제는 공민왕 18년(1369)에 上都에서 應昌으로 달아나 다음 해에 그곳에서 숨졌다. 그리고 기황후 소생인 皇太子 愛猷識理達臘이 뒤를 이어 北元의 昭宗(재위 1370~1378)이 되었다.

284 『高麗史』 권44, 世家 恭愍王 23년 9월 甲申.

285 朴龍雲, 『高麗時代史』 下, 일지사, 1987, 615쪽.

286 『高麗史』 권133, 列傳 辛禑 즉위년 12월.

287 공민왕 18년(1369)에 元 至正 연호의 사용을 정지했다. 그리고 같은 해에 舊制에 의한 官制, 官職名으로 개정했다. 『高麗史』 권41, 世家 恭愍王 18년 5월, 6월.

288 『高麗史』 권133, 列傳 辛禑 元年 5월.

이러한 고려, 북원 사이의 외교관계의 개선이 있었기 때문에 원황실의 지장사에 대한 보시는 가능했을 것이다. 따라서 원황실의 지장사에 대한 보시 시기는 우왕 즉위년(1374) 이후로 보는 것이 타당하다. 그렇게 하여 우왕 2년(1376) 4월에 지장사 제2차 중수의 낙성식이 거행될 수 있었던 것이다.[289] 흥기하는 명과 쇠퇴하는 북원의 대륙정세 속에서 외교 정책의 변화에 따른 고려와 북원의 호전된 관계가 지장사의 불사에 깊이 영향을 끼쳤음을 알 수 있다.

지장사 제2차 중수 과정은 무엇보다도 원황실의 고려 사원에 대한 물적 보시가 고려 말 우왕, 북원 소종昭宗(아유르시리다르愛猷識里達臘, 재위 1370~1378) 때까지 이어지고 있었음을 알려준다. 즉 고려 불교계에서 장안사가 중창된 충혜왕 때부터 시작된 기황후의 영향력이 지장사가 중수된 우왕 때까지 지속되었음을 알려주는 것이다. 기황후의 등장으로(1340) 양성된 원황실의 고려 사원에 대한 보시는 위화도회군威化島回軍(1388)으로 고려의 외교 정책이 친명親明 정책으로 선회하고, 북원 또한 명군明軍에게 패해 몽골지방으로 더욱 쫓겨남에 따라[290] 그 자취를 감추었다.

(3) 중흥 사원의 시기 구분과 사회적 영향

1) 중흥 사원의 출현 배경

앞에서 살펴본 바와 같이 원간섭기 중에는 여러 사원들이 원황실로부터 많은 재물을 보시받아 중흥기를 맞았던 것인데, 그 사원들이 원황실로부터 보시받은 시기를 정리하면 〈표 10〉과 같다.

먼저, 고려 충렬왕忠烈王(재위 1274~1308)과 충선왕忠宣王(재위 1298;

289 李穡, 「寶蓋山地藏寺重修記」, 『牧隱文藁』 권2, "歲丙辰四月十五日 轉大藏經以落其成"

290 1388년(禑王 14) 明軍의 공격에 의해서 和林(카라코룸, 현 몽골 울란바토르 서남 지역)이 함락되고 昭宗을 이은 脫古思帖木兒(재위 1378~1388)가 사망했다. 몽골고원으로 쫓겨난 北元이 실제로 멸망한 것은 1643년(朝鮮 仁祖 21) 後金에 의해서였다.

〈표 10〉 중흥 사원의 출현 시기

●: 원황실의 보시가 있던 시기

사원(위치)	충렬왕, 충선왕	충숙왕	충혜왕	충목왕	충정왕	공민왕	우왕
표훈사(금강산)		●		●		●	
문수사(청평산)		●					
장안사(금강산)		●	●	●	●		
경천사(개풍)				●			
지장사(보개산)						●	●

1308~1313) 때는 원 세조世祖(쿠빌라이忽必烈), 성종成宗(테무르鐵穆耳), 무종武宗(카이산海山), 인종仁宗(아유르바르와다愛育黎拔力八達) 때에 해당하는 시기로 이때는 원황실의 보시를 통해 중흥된 사원이 출현하기 전임을 알 수 있다. 물론 충렬왕 때 세조가 수선사修禪社에 면세免稅를 허락하고, 선원사禪源寺에 토지를 하사하기도 했지만 그것으로 인해 두 사원이 중흥기를 맞았다고 볼 수는 없다.

고려 충숙왕忠肅王(재위 1313~1330; 1332~1339) 때에 해당하는 원 영종英宗(시디발라碩德八剌) 때 표훈사表訓寺는 수원황태후壽元皇太后를 비롯한 황제, 황후, 황태자, 대소신료들로부터 보시를 받아 중흥의 기반을 마련했고, 후대에도 황실의 보시가 잇따르는 계기가 되었다. 그리고 충숙왕은 태정제泰定帝(예순테무르也孫鐵木兒)의 생질甥姪이었기 때문에 고려왕실은 태정제 때 원황실과 보다 우호적인 관계를 형성하고 있어서 고려 사원에 대한 황실의 보시가 많았던 시기였다. 문수사文殊寺가 태정泰定 4년(1327)에 태정제황후에게 돈과 불서佛書를 보시받았고, 장안사長安寺도 태정연간(1324~1327)에 황실의 측근 관리인 중정원사中政院使 이홀독첩목아李忽篤帖木兒의 보시를 받았다.

충혜왕忠惠王(재위 1330~1332; 1339~1344) 이후부터 원황실의 고려 사원에 대한 보시는 충혜왕 복위 1년(1340)에 순제의 제2황후로 책봉된 기

〈표 11〉 중흥 사원의 시기 구분

기황후 등장 전(충숙왕)	기황후 등장 이후(충혜왕~고려 말)
표훈사, 문수사	장안사, 경천사, 지장사

황후奇皇后의 영향력이 거의 절대적이었다. 장안사의 대대적인 중창이 기황후의 보시에 의해 이루어졌고(1343~1345), 표훈사는 충목왕 2년(1346)에 자정원사資政院使 강금강姜金剛을 통해서 황실로부터 범종梵鐘을 하사받았다. 또한 탈탈脫脫의 원당으로 변모된 경천사敬天寺는 충목왕 4년에 강융姜融, 자정원사 고용보高龍普 등의 보시로 고려 후기를 대표하는 다층석탑을 경내에 보유하게 되었다. 지장사地藏寺는 기황후의 보시에 힘입어 공민왕恭愍王(재위 1351~1374) 초와 우왕禑王(재위 1374~1388) 때 2차례에 걸친 중수重修를 마칠 수 있었다. 원간섭기에 원황실의 보시에 의해서 중흥된 사원들은 기황후의 등장을 분기점으로 하여 〈표 11〉과 같이 이분할 수 있다.

이상과 같은 중흥 사원이 나타난 배경으로는, 먼저 원간섭기 중에 여원麗元 양국 사이의 활발한 인적 교류를 통해 원황실에 진출한 고려인들이 황실 내에서 상당한 세력으로 성장했다는 사실을 들 수 있다. 이것은 중흥 사원이 시기적으로 충숙왕 이후부터 출현하게 된 사실과도 무관하지 않다. 원황실에서 활동한 고려인은 대개 조공朝貢의 형태로 바쳐진 환자宦者와 공녀貢女였는데, 간혹 이들 중에는 빼어난 처세술과 정치적 수완을 발휘하여 황실의 신임을 받으면서 막강한 권력과 많은 부를 축적해 고국인 고려의 사원 불사에 참여한 인물들도 있었다. 물론 그 대표적인 예는 공녀 출신으로 순제의 황후가 된 기황후였다. 궁녀에서 순제의 제2황후와 정후正后에까지 오른 기황후는 충혜왕 이후로 많은 고려 사원의 불사에 참여함으로써 원황실의 보시를 통해 중흥된 사원을 양성한 장본인이었다. 그녀는 자정원資政院을 주도하면서 최측근인 고려인 자정원사 고용보, 강금강

등을 통해 30여 년 동안 장안사, 표훈사, 연복사, 경천사, 지장사 등의 불사에 직간접으로 참여했던 것이다.

또한 원황실에서 출세한 몇몇 환관들은 자신의 고향 또는 낙향지 등에 사원을 창건, 중창하기도 했다. 그 대표적인 예로 원 무종의 총애를 받았던 박쇄노올대朴瑣魯兀大는 충숙왕 10년(1323)경에 자신의 고향인 광주廣州 소재의 신복사神福寺 중창을 위해 부인과 함께 토지와 돈을 보시했고,[291] 원황실에서 40년 동안 7조朝 2태후太后[292]를 섬긴 환관으로 유명한 방신우方臣祐는 고려에 귀국한 충숙왕 17년(1330)경에 개경 선흥사禪興寺를 중수해 자신의 원당으로 삼았다.[293] 또 기황후의 최측근인 고용보는 자신의 고향에 소재한 전주 보광사普光寺의 중창(1343)을 위해 역시 많은 재물을 보시했다.[294]

금강산 내의 표훈사, 장안사와 같은 사원들이 원황실로부터 보시를 받게 된 데에는 당시 금강산 보살신앙의 유행이 큰 영향을 미쳤다. 『화엄경華嚴經』에 근거하여 담무갈보살曇無竭菩薩(법기보살法起菩薩)이 1만 2,000의 권속을 거느리고 금강산에 주처하고 있다는 금강산 보살신앙은 당시 양국에서 크게 유행하여 금강산 내의 여러 사찰에서 활발한 불사가 이루어질 수 있었던 주요 요인이었다. 충숙왕 때에 금강산 유점사楡岾寺에서 거행된 원황실을 위한 불사도 다름 아닌 금강산 보살신앙에 기인했다.[295]

---

291 李穀, 「大元高麗國廣州神福寺重興記」, 『稼亭集』 권3.

292 7朝는 世祖(1260~1294), 成宗(1294~1307), 武宗(1307~1311), 仁宗(1311~1320), 英宗(1320~1323), 泰定帝(1323~1328), 文宗(1328~1332)을 말하고, 2太后는 成宗의 生母인 裕聖皇太后와 武宗, 仁宗의 생모인 壽元皇太后를 말한다.

293 李齊賢, 「光祿大夫平章政事上洛府院君方公祠堂碑」, 『益齋亂藁』 권7.

294 李穀, 「重興大華嚴普光寺記」, 『稼亭集』 권3.

295 指空은 유점사가 금강산 法起道場이라는 믿음을 갖고서 泰定年間(1324~1327)에는 유점사를 방문하여 황실을 위한 불교의식을 주관했다. 張東翼 편, 危素, 「文殊舍利菩薩無生戒經序癸巳」, 『元代麗史資料集錄』, 서울대학교 출판부, 1997, 338쪽.

2) 중흥 사원의 사회적 영향

충숙왕 이후부터 출현한, 원황실의 보시를 통해서 중흥된 사원은 그 지역의 주요 사원으로 성장했다. 그렇다면 이들 사원에 대해 당대의 지식인은 어떠한 입장을 취했을까. 그들의 견해는 단편적으로나마 당시 중흥 사원이 사회 전반에 미친 영향력과 문제점 등을 알 수 있게 해준다는 점에서 중요하다. 여기서는 사원 전반에 걸친 내용이 아니라 원간섭기의 중흥 사원과 직접 관련된 내용만을 한정하여 살펴보려고 한다.

안향安珦(1243~1306)의 영향을 받아 14세기 배불론을 선도한 성리학자로 평가되는 최해崔瀣(1287~1340)[296]는 금강산 내의 중흥 사찰들에 대해 다음과 같은 견해를 피력했다.

> 그 대사大寺로는 보덕사報德寺, 표훈사表訓寺, 장안사長安寺 등이 있는데 관官의 힘을 얻어 건립하여 전각이 하늘로 뻗치고 산골짜기에 가득 차고, 금벽이 휘황하여 사람의 눈을 현란하게 하며 상주경비常住經費 같은 것에 이르러서는 재물을 맡은 창고가 있으며, 보물을 맡은 관이 있고, 소속된 양전良田이 주군州郡에 널려 있다. …… 그 승僧들은 보통 거리낌 없이 역役을 피하고, 백성들도 역을 피하고 있으며 항상 수천만인數千萬人이 편안히 앉아 먹기를 기다린다.[297]

이상은 최해가 승僧 선지禪智가 금강산으로 떠난다는 소식을 접하고 그를 환송하며 쓴 글의 일부분이다. 최해는 위의 글 전체에서 당시 불교도가

---

296 高惠玲, 『高麗後期 士大夫와 性理學受容』, 일조각, 2001, 149쪽. 邊東明은 崔瀣의 불교관이 이미 고려 말기 강경파 斥佛論者의 논리를 보였다고 했다. 邊東明, 『高麗後期 性理學受容硏究』. 일조각, 1995, 115쪽.

297 崔瀣, 「送僧禪智遊金剛山序」, 『拙藁千百』 권1, "其大寺則有報德 表訓 長安等寺 皆得官爲營葺 殿閣穹窿 彌漫山谷 金碧輝煌 眩奪人目 至如常住經費 與財有庫 典寶有官 負郭良田 遍于州郡 …… 其僧大抵不隸 逃民役 民避其徭 常有數千萬人安坐待哺"

성지聖地로 신앙하고 있는 금강산에 대한 허상과 그곳을 무대로 하여 벌어지는 불교 타락의 갖가지 실상들을 신랄하게 비판하면서 척불론적斥佛論的 입장을 견지했다. 즉 사원이 관의 힘을 빌려서 건립되어 그 외양이 지나치게 웅대하고 화려하다는 것, 많은 경비와 재물을 소유하고 있다는 것, 여러 지역에 광대한 토지를 거느리고 있다는 것, 또 그곳에 머무는 승려들은 민역民役을 피하고 편안한 생활을 일삼는 무위도식無爲徒食하는 무리라는 것 등을 비난한 것이다.

특히 위의 글은 중흥 사원으로 앞에서 자세히 살펴본 표훈사, 장안사 등을 직접 열거하며 그 타락상을 비판하고 있다. 최해가 활동한 14세기 전기에 보덕사報德寺,[298] 표훈사, 장안사는 모두 금강산을 대표하는 사원으로 꼽혔는데, 위의 글을 쓴 시기가 충숙왕 16년(1329)이었으므로 표훈사와 장안사는 각각 원 영종과 태정제 때 황실로부터 보시를 받아 중흥기로 접어든 때였다. 당시 위의 사원들은 최해의 눈에 타락한 불교계의 모순을 총체적으로 안고 있는 존재로 보였던 것이다. 불교에 대해 비판적인 시각을 갖고 있던 한 성리학자의 견해를 액면 그대로 받아들이기는 어렵다 할지라도 표훈사, 장안사와 같이 원황실의 보시를 기반으로 중흥된 사원이 많은 재물을 축적하고, 농장을 확대해가고, 민역民役의 도피처가 되는 등 여러 가지 사회경제적인 폐단을 노출시키고 있었음은 충분히 감지할 수 있다.

한편 최해와 같은 시기에 활동한 이곡李穀(1298~1351)은 불교에 대해 비교적 긍정적이고 호의적인 입장을 취한 성리학자였지만,[299] 당시 사원의 남설과 중창에 따른 사회적 폐해에 대해서 "부처님 모신 사찰이 서로 바라볼 지경이어서 거의 사람 사는 집의 반수가 될 것 같다", "세상에 탑을 쌓

298 報德寺는 금강산 만폭동에 소재한 절로 조선시대에도 금강산 내의 가장 이름난 사원 중 하나로 꼽혔다. 『新增東國輿地勝覽』 권47, 江原道 淮陽都護府, 佛宇 普德窟.

299 李穀의 불교관은 불교 敎化의 역할을 인정하고, 儒佛을 동질적인 것이고 상호보완적인 것으로 인식했다. 高惠玲, 『高麗後期 士大夫와 性理學受容』, 일조각, 2001, 233~236쪽.

고 사당을 짓는 자가 관가에서 돈을 구걸하거나 혹은 백성에게서 힘을 빌리므로 나라를 병들게 한다"[300]라고 하며 비판적인 입장을 보였다. 그러나 이곡은 원황실의 보시로 표훈사 범종이 주조된 사례를 들면서 그에 따른 다소 긍정적인 일면도 내비쳤다.

> 지정至正 6년(1346) 봄에 자정원사資政院使 강공금강姜公金剛과 좌장고부사左藏庫副使 신후예辛侯裔가 천자天子의 명령을 받들어 금폐金幣를 가지고 와서 금강산에 범종을 만드는데, 그때 산 근방에 있는 여러 고을이 흉년이 들어서 그 백성들이 다투어 이 공사에 달려와 생활을 유지하였다.[301]

위의 글은 장안사 중창 공사가 완결된 다음 해인 순제 지정 6년(1346)에 강금강과 신예가 천자의 명命을 받고 금강산에 파견되어 표훈사 범종을 주조해주었을 때의 이야기다. 당시 흉년으로 어려움을 겪고 있던 인근 지역의 백성들이 범종의 주조 공사에 참여해 기근을 모면할 수 있었다는 내용이다.

사원들이 벌인 여러 가지 불사에는 많은 노동력이 필요함에 따라 대개 인근 지역 일반민이 착취되는 경우가 많았다. 특히 사원의 창건이나 중수 등에는 더욱 많은 인력이 소요되었기 때문에 백성들의 노동력을 착취하는 민폐가 심했던 것이 사실이다.[302] 하지만 위의 표훈사 범종 주조의 예에서와 같이 간혹 백성들이 생계를 이어갈 수 있는 일자리가 제공된 경우도 있

300 李穀, 「高麗國天台佛恩寺重興記」, 『稼亭集』 권3, "佛刹相望 幾半於人家" "世之爲塔廟 或丐錢於官 借力於民 因而有病國者 公則不然"

301 李穀, 「演福寺新鑄鍾銘幷序」, 『稼亭集』 권7, "至正六年春 資政院使姜公金剛 左藏庫副使辛侯裔奉天子之命 以金幣來 鑄鐘于金剛山 時旁山諸郡飢 其民爭趨工 得食以活"

302 李齊賢, 「重修開國律寺記」, 『益齋亂藁』 권6, "余惟近世浮圖之流 有所經爲 必假勢於權豪之家 毒民病國"

었다. 이렇게 보면 당시 중흥 사원이 폐단만을 노출시킨 것이 아니라, 드물게나마 긍정적인 영향도 미쳤음을 알 수 있다. 물론 이것은 매우 제한적이고 특수한 예에 해당할 것이다.

3. 각 종파의 주요 사원

고려 불교의 한 특징인 종파불교宗派佛教의 성향을 그대로 유지한 원간섭기의 불교계에서 유력한 종파로 천태종天台宗, 선종禪宗(조계종曹溪宗), 법상종法相宗(유가업瑜伽業) 등을 들 수 있다.[303] 이들 주요 종파에 소속된 고승高僧들은 대개 왕사王師, 국사國師로 책봉되었고, 또 이들이 주석駐錫한 사원은 자연히 각 종파의 중심 및 주요 사원으로 발전했다. 그러므로 이들 사원은 당시 불교계의 세력 판도를 가늠해볼 수 있다는 점에서 그 의미가 매우 크다. 특히 이 시기는 원의 정치적 간섭이라는 특수한 시대 상황에 처해 있었기 때문에 원의 유력한 정치 세력과 연계된 사원이 각 종파를 대표하는 사원으로 발전할 수 있는 여건에 있었다.

(1) 천태종 사원

고려의 천태종天台宗은 숙종肅宗 2년(1097)에 국청사國淸寺가 완공된 것과 함께 대각국사大覺國師 의천義天(1055~1101)이 주지로 임명되면서 개창되었다.[304] 천태종은 개창 초기 중앙의 국청사와 지방의 육산문六山門을 중심으로 종세宗勢를 크게 확장했지만,[305] 의천의 갑작스러운 입적入寂과

---

303 蔡尙植은 원간섭기 불교계의 동향을 현실과 타협하고 온존하려는 보수적 경향이 주류를 형성했다고 한다. 蔡尙植, 『한국사』 21, 국사편찬위원회, 1996, 92~93쪽.

304 『高麗史』 권90, 列傳 宗室1 大覺國師 煦, "始創天台宗 置于國淸寺"; 朴浩, 「興王寺大覺國師墓誌」, 『韓國金石全文』 中世 上, 아세아문화사, 1984, 532쪽.

무인정권기에 선종의 부흥 등으로 인해 침체에 접어들었다. 그러나 천태종은 원간섭기에 들어와 백련사白蓮社와 연계된 묘련사妙蓮寺가 창건되면서 새로운 전기를 맞았다. 원간섭기 중 묘련사를 위시한 천태종 사원의 성장과 발전은 천태종의 중흥을 의미했다.

1) 묘련사

① 충렬왕대 묘련사의 창건

묘련사妙蓮寺가 창건된 경위와 목적은 이제현李齊賢의 「묘련사중흥비妙蓮寺重興碑」를 통해서 그 대강을 알 수 있다.

> 충렬왕忠烈王과 제국대장공주齊國大長公主가 함께 부처를 존신尊信하였는데, 불도佛道에 들어가는 길은 『법화경法華經』이 가장 심오하며, 경經의 뜻을 창달하는 것은 『천태소天台疏』에 모두 갖추어져 있다고 하였다. 좋은 땅을 가려 정사精舍를 세우고, 『법화경』을 번역하여 도를 찾고 『천태소』를 강론하여 그 뜻을 연구한 것은 장차 천자天子에게 복福을 빌고 종묘宗廟에 복이 내리게 하려 한 것이었다.[306]

위의 비문碑文은 충렬왕忠烈王(재위 1274~1308)과 제국대장공주齊國大長公主(1259~1297)가 『법화경法華經』의 깊은 뜻을 이해하고자 『천태소天台疏』를 연구하기 위해 묘련사를 창건하게 되었는데, 결국 그것이 천자와 종묘에 복을 빌고자 함이었다는 내용이다. 이 비문을 통해 우선 묘련사가 충렬왕과 제국공주의 발원發願으로 창건된 사원이었음을 알 수 있다. 사원

305 天台 六山門은 대개 居頓寺, 神△寺, 靈岩寺, 高達寺, 智谷寺, 僊鳳寺를 말한다.

306 李齊賢, 「妙蓮寺重興碑」, 『益齋亂藁』 권6, "我忠烈王與齊國大長公主尊信佛氏 謂入佛之道法華經最邃 暢經之義 天台疏悉備 卜勝地立精舍 繙經以求其道 講疏以硏其義 將以祝釐於天子 邀福於宗祏者也"

의 이름인 묘련사는 『법화경』의 원명인 『묘법연화경妙法蓮華經』으로부터 취한 것인데, 『천태소天台疏』의 연구를 위해 절을 창건했다는 비문 내용을 감안하면 묘련사가 천태교학의 연구를 주목적으로 한 사원인 듯하다. 하지만 묘련사가 창건된 충렬왕 9년(1283) 전후의 정치상황과 묘련사의 실제 활동 내용을 보면 글 말미에서 언급된 것처럼 원황실元皇室의 복을 빌기 위한 원당願堂으로 건립되었음을 알 수 있다.[307] 묘련사가 충렬왕 때에 대표적인 원황실의 원당으로 기능했음은 이미 앞의 '원황실의 원당이 된 고려 사원'에서 자세히 살펴본 바와 같다.

충렬왕은 국내에서 취약한 지지세력을 가지고 왕위에 올랐던 만큼 먼저 자신이 세조世祖(쿠빌라이忽必烈, 재위 1260~1294)의 부마駙馬라는 점을 활용하는 것과 함께 그 측근 세력을 통한 적극적인 친원親元 정책을 폈다.[308] 이것은 종교적인 측면에서도 예외가 아니었다. 충렬왕 1년(1275) 4월에 개경의 현성사賢聖寺가 세조의 기복 사찰로 지정되었고,[309] 같은 해 11월에는 궁중에서 법석法席을 베풀고 황제를 위하여 복을 빌었다.[310] 그리고 다음 해 충렬왕 2년 1월부터는 매년 보제사普濟寺에서 세조의 성갑일聖甲日을 맞아 을해법석乙亥法席이 열렸다.[311] 충렬왕 재위 초에는 원나라의 정치적 간섭과 조공朝貢의 강요가 본격화된 시점이었는데,[312] 이것과 병행하여

307 충렬왕이 묘련사를 창건하기 전에 法華信仰者였으리라는 것을 알려주는 기사는 없다. 재상 韓康이 충렬왕에게 "전하는 『法華經』을 가장 숭상합니다"라고 말한 것도 묘련사를 창건한 지 10년이 지난 뒤의 이야기여서 충렬왕이 法華信仰을 선양할 목적으로 묘련사를 창건했다고 보기는 어렵다. 『高麗史』 권107, 列傳 韓康 참조.

308 李益柱, 「高麗 忠烈王代의 政治狀況과 政治勢力의 성격」, 『韓國史論』 18, 서울대학교 국사학과, 1988, 168~169쪽.

309 『高麗史』 권28, 世家 忠烈王 元年 4월.

310 『高麗史』 권28, 世家 忠烈王 元年 11월.

311 『高麗史』 권28, 世家 忠烈王 2년 正月.

312 충렬왕 1년 官制의 격하가 실시되었고, 貢女의 헌납이 본격화되었다. 충렬왕 2년 왕실 용어의 격하가 시행되었다.

원황실을 위한 다양한 불사가 시행되었다.

그렇다면 충렬왕 재위 9년(1283)에 착공하여 다음 해에 낙성하게 된 묘련사 역시 충렬왕이 태자太子시절부터 유지해온 기본적인 정책노선과 일치하는 것이었다. 즉 묘련사의 창건은 원 세조를 왕권의 굳건한 후원 세력으로 삼고자 적극적인 친원 정책을 표방하며 왕권 강화를 꾀했던 충렬왕의 여러 시책들과 부합되는 종교적인 거사였다고 할 수 있다. 묘련사가 기공되기 두 해 전에 있었던 원의 제2차 일본원정(1281)을 앞두고 충렬왕이 대원관계對元關係를 원만히 유지하려는 의도에서 원정의 참여를 자청하고 나선 것이나,[313] 묘련사가 완공된 후 당시 원황실의 주요 인물이었던 성종成宗, 유성황태후裕聖皇太后, 진왕晉王을 위한 불사를 시행한 것도 그러한 맥락에서 이해할 수 있다. 특히 세조가 세상을 떠났을 때는 묘련사가 그의 진전사원眞殿寺院이 되었다는 점을 고려해도 절의 창건이 원황실을 가장 염두에 둔 정치적인 목적에서 이루어진 불사였음을 뒷받침하고 있다.[314]

② 천태 사원 묘련사

묘련사의 개산조開山祖는 사자암獅子庵의 고승 홍서洪恕였으나, 제1세 주법主法은 묘련사의 결사結社를 수관한 원혜국사圓慧國師였고, 이후 희禧, 인因을 거쳐 무외국사無畏國師 정오丁午에 이르러 묘련사는 크게 발전했다.[315] 여기서 원혜국사와 무외국사는 묘련사의 주법이 되기 전 각각 백련

313 『高麗史』 권28, 世家 忠烈王 4년 7월 甲申. 또 충렬왕은 이때 세조에게 원나라의 法制에 따라 民戶를 조사 등록할 것을 요청하기까지 했다. 『高麗史』 권28, 世家 忠烈王 4년 7월 戊戌.

314 충렬왕이 天台宗의 성격을 띤 묘련사를 창건한 정치적인 목적이 천태종의 會三歸一과 一心三觀의 사상을 援用하여 자신의 王權强化策을 정당화하고, 국왕을 중심으로 한 정치적 단합과 결속의 중요성을 강조할 필요성에서 비롯된 것이라고 보는 입장도 있다. 邊東明, 「高麗 忠烈王의 妙蓮寺 창건과 法華信仰」, 『韓國史研究』 104, 韓國史研究會, 1999, 105쪽.

315 李齊賢, 「妙蓮寺重興碑」, 『益齋亂藁』 권6, "開山者 師子庵老宿洪恕 實惟其人 洎圓慧國師主盟結社 而恕又副之 三傳而至無畏國師" 蔡尙植은 묘련사의 제1세 주법 圓慧國師를 충렬왕 21년(1295) 5월에 國尊으로 임명된 景宜로 보았다. 蔡尙植, 『高麗後期佛教史研究』, 일조각, 1991, 188쪽.

사白蓮社의 제6세, 제7세 주법을 지낸 고승들이었다.[316] 충렬왕은 먼저 묘련사를 완공한 직후 만덕산萬德山 백련사의 주법인 원혜국사에게 묘련사로 옮겨올 것을 요청했다. 이것은 원혜국사가 일찍부터 천태天台 3부部에 박통博通했던 것으로 알려져 있었기 때문이었을 것이다.[317] 묘련사는 처음부터 『법화경』과 『천태소』의 연구를 위한 천태종 사원으로 창건되었기 때문에 천태교학에 능했던 원혜국사가 묘련사의 제1세 주법으로 적절한 인물이었을 것이다. 원혜국사가 묘련사의 주법이 된 사실은 백련결사白蓮結社의 본거지인 만덕산 백련사가 중앙中央에 진출하여 중앙의 정치권력과 밀착하게 되는 계기가 되었다는 데에 큰 의미가 있다.[318]

그리고 묘련사의 제4세 주법은 백련사의 제7세 주법이었던 무외국사 정오였다. 충렬왕은 재위 28년(1302) 봄에 왕명王命으로 무외정오無畏丁午를 묘련사의 주법으로 삼았다.[319] 무외정오는 원혜국사와 백련사 동문同門 관계였던 것으로 보이는데,[320] 원혜에 이어 18년 만에 다시 백련사의 승이

---

316 『萬德寺誌』에 의하면 백련사 주법의 계승은 다음과 같다. 제1세 圓妙國師 了世, 제2세 靜明國師 天因, 제3세 圓睆國師, 제4세 眞靜國師 天頙, 제5세 圓照國師 而安, 제6세 圓慧國師, 제7세 眞鑒無畏國師 丁午, 제8세 牧菴無畏國師 混其. 이와 같은 백련사 8국사 계승은 일찍부터 상당한 착오가 있었던 것으로 지적되었다. 제7세 진감무외국사는 충렬왕 33년(1307) 王師에 책봉되어, 충숙왕 즉위년(1313) 11월에 國師가 된 丁午이다. 그리고 제8세 목암무외국사를 혼기로 본 것은 오류이다. 혼기는 趙仁規의 兄으로 珍丘寺 주지였을 뿐 국사로 책봉된 적이 없었고, 또 목암은 丁午의 號였다. 蔡尙植, 『高麗後期佛教史研究』, 일조각, 1991, 185~187쪽.

317 釋無畏, 「圓慧國統祭文」, 『東文選』 권109, "妙齡穎悟兮 博通三部 …… 初主白蓮兮 重興祖道 卒爲國統兮" 백련결사를 결성한 圓妙國師 了世는 三大部를 節要하여 그것을 판각 보급시키기까지 했다. 崔滋, 「萬德山白蓮社圓妙國師碑銘」, 『東文選』 권117.

318 高翊晉, 「白蓮社의 思想傳統과 天頙의 著述問題」, 『佛教學報』 16, 동국대학교 불교문화연구원, 1979, 17~18쪽.

319 無畏丁午는 13년간(1290~1302) 백련사 부근 掛塔庵에 머물러 있다가 月出山 白雲庵으로 옮겨와 있던 때였다. 朴全之, 「靈鳳山龍巖寺重創記」, 『東文選』 권68.

320 釋無畏, 「薦法兄圓慧國統疏」, 『東文選』 권111, "惟彼還源之國統 實吾竝世之門兄" 채상식은 원혜국사와 무외국사가 了世의 3世法孫일 것으로 추정했다. 蔡尙植, 『高麗後期佛教史研究』, 一潮閣, 1991, 189쪽. 한편 許興植은 무외국사가 天因이나 天頙의 문도일 가능성이 높다고

묘련사의 주법이 됨으로써 묘련사는 백련사와 더욱 깊은 관계를 유지하게 되었다. 묘련사에 있던 중에 무외정오는 충렬왕 32년(1306) 왕으로부터 '백월랑공적조무애대선사白月朗空寂照無导大禪師'라는 법호를 받았다. 그리고 다음 해인 충렬왕 33년 왕사王師에 책봉되어 '불보조정혜묘원진감대선사佛普照靜慧妙圓眞鑑大禪師'라는 법호를 받고 금장사金藏寺를 하산소下山所로 삼아서 묘련사를 떠났다.[321] 그러므로 무외정오의 묘련사 주법 기간은 충렬왕 28년(1302) 봄부터 33년(1307) 여름까지가 된다. 이후 묘련사의 주법은 분芬, 련璉, 홍泓, 염熖, 여如 등으로 이어졌다. 이렇게 묘련사는 창건주인 충렬왕이 재위에 있고 원혜국사, 무외국사 등과 같은 고승들이 주법으로 있던 시기(1284~1307)에 천태종의 중심 사원이었다고 할 수 있다. 그리고 앞서 살펴본 바와 같이 원황실元皇室의 중심 원당이기도 했다.

보통 묘련사가 만덕산 백련사와 다르게 『법화경』과 『천태소』를 중시하여 교학敎學을 위주로 하는 천태 사원이었다고 하지만[322] 실제로 천태교학天台敎學에 발전을 가져온 구체적인 활동 내용과 성과물은 전하지 않고 있는 실정이다. 다만 여기서 생각해볼 수 있는 것은 충렬왕이 왜 천태종의 소의경전所依經典인 『법화경』을 존숭하면서 천태계 사찰인 묘련사를 창건하고, 또 당대의 천태 고승들을 주법으로 삼았는가 하는 점이다. 이 문제

했다. 許興植, 「無畏國師丁午의 事業과 繼承」, 『天台思想과 東洋文化』 大蓮李永子博士 華甲紀念論叢, 불지사, 1997, 59~60쪽.

321 無畏丁午는 충렬왕 34년(1308)에 周淸寺로 옮겨갔다. 李愭, 「龍頭山金藏寺金堂主彌勒三尊改金記」, 『東文選』 권68. 忠宣王이 복위하던 날(충렬왕 34년 8월 癸丑)에 禪敎各宗山門道件摠攝調提의 직책을 받았고, 忠肅王이 즉위하게 되자 國統으로 책봉되어 '大天台宗師雙弘定慧光顯圓宗無畏國統'이라는 법호를 받았다. 朴全之, 「靈鳳山龍巖寺重創記」, 『東文選』 권68. 여기서 國統을 사용한 것은 元에서 國師란 칭호를 사용하고 있어서 그것을 피하기 위해서였다.

322 高翊晉은 백련사가 懺悔와 淨土信仰의 방향으로 나아가 서민불교 지향적이었고, 묘련사는 『천태소』와 『법화경』 쪽으로 옮겨가 정치권력과 결합된 귀족불교적 성향을 띠었다고 했다. 高翊晉, 「白蓮社의 思想傳統과 天頙의 著述問題」, 『佛敎學報』 16, 동국대불교문화연구원, 1979, 27~28쪽.

는 앞서 검토한 묘련사가 충렬왕의 정치적 목적에서 창건된 사찰이라는 사실과도 결코 무관하지 않다.

충렬왕은 이미 태자太子 때 원 세조로부터 고려왕위 계승을 약속받았고 세조의 딸 제국공주를 비妃로 맞이했으며, 또 고려왕에 즉위해서는 원황실을 의식한 적극적인 친원親元 정책을 펼친 국왕이었다. 따라서 세조가 생존해 있던 충렬왕 10년(1284)에 완공된 묘련사가 원황실의 원당이었던 만큼 당시 원 불교계의 영향을 받지 않을 수 없는 실정이었다.

세조 때 불교계 상황을 일별해보면, 세조는 즉위 전부터 임제승臨濟僧 해운인간海雲印簡(1202~1257)과 친분을 쌓았던 관계로 선종禪宗과 매우 친밀한 관계를 맺고 있었다. 그는 해운인간의 손제자孫弟子인 유병충劉秉忠(1201~1256)을 측근으로 삼고 유병충의 동학同學인 지온至溫도 기용했다.[323] 따라서 세조 때에는 선종이 천태종보다 훨씬 강력한 교세를 펴게 되었다. 하지만 원대元代에 가장 전성기를 누렸던 종교는 티베트 불교였다. 티베트 불교는 세조 때 파스파八思巴가 전파한 불교로 밀교적密教的인 요소가 강했다. 세조는 즉위하던 그해 중통中統 1년(1260)에 파스파를 국사國師로 삼아 옥인玉印을 주었고,[324] 또 지원至元 7년(1270)에는 제사帝師로 임명했으며 티베트 불교를 국교로 삼았다. 파스파가 지원 17년(1280)에 세상을 떠나게 되자 세조는 '서천불자대원제사西天佛子大元帝師'라는 존호를 내리기까지 했다.[325] 이처럼 세조가 추앙했고, 원나라의 국교였던 티베트 불교가 당시 여원麗元 양국의 천태종과 어떤 연관성을 맺고 있었는지에 관해서는 알 수 없다. 다만 고려 충숙왕忠肅王(재위 1313~1330; 1332~1339),

323 劉秉忠은 禪僧 출신으로서 世祖에 의해 중용되어 온갖 일체의 정치에 참여하고, 밀모에 가담하여 진언한 말이 실행되지 않은 것이 없을 정도였다고 한다. 道端良秀, 계환 옮김, 『중국불교사』, 우리출판사, 1996, 246~247쪽.

324 『元史』 권202, 列傳 釋老.

325 파스파의 본 尊號는 '皇天之下 一人之上 宣文輔治 大聖之德 普覺眞智 佑國如意 大寶法王 西天佛子 大元帝師'였다. 『元史』 권202, 列傳 釋老.

원 태정제泰定帝(예순테무르也孫鐵木兒, 재위 1323~1328) 때 천태승 의선義旋이 티베트 불교계 사원인 대도大都 연성사延聖寺에 주지로 있던 예가 있었다.[326] 고려의 천태 사원인 묘련사에 출가한 의선이 원 불교를 대표하는 티베트 불교의 사원 연성사에 주지로 있었다는 사실은 천태종과 티베트 불교 양자 사이에 어떤 교류가 있었음을 시사하는 것이다. 그렇다면 세조 때의 티베트 불교 또한 묘련사와 모종의 관련을 맺지 않았을까 생각할 수 있다.[327] 묘련사가 태자시절부터 대원외교對元外交를 위해 원을 자주 출입하고, 숙위宿衛한 충렬왕의 발원發願으로 창건된 사원이기 때문에[328] 그 가능성은 높다고 할 수 있다.

③ 충선왕대 이후의 묘련사

충렬왕 10년에 완공되어 원혜국사, 무외국통 등 백련사계白蓮社系 천태승이 주법으로 있으면서 당대 천태종의 중심 사원으로 번창한 묘련사는 창건주였던 충렬왕과 제국공주가 모두 세상을 떠나게 되자 자연히 그 역할과 위상은 기울게 되었다. 충선왕忠宣王(재위 1298; 1308~1313) 때 제국공주의 원낭으로 민천사旻天寺가 창건되고,[329] 흥천사興天寺가 진왕晉王의 원찰願刹로 지정되고,[330] 신효사神孝寺가 원황실을 위한 주요 불사를 열면서[331] 이들 사원이 크게 부상하자 묘련사의 위상은 그만큼 축소되었다. 물

326 이 책 제4장 '원간섭기 재원 高麗人 관련 大都 寺院'의 延聖寺 편에 자세하게 다루었다.

327 李龍範은 충렬왕 27년 正月 丙辰日(15일) 왕과 百官들의 묘련사 행차가 元朝之禮로서 티베트 불교와 연관된 儀式일 가능성이 있다고 보았다. 李龍範, 「元代 喇嘛教의 高麗傳來」, 『佛教學報』 2, 동국대 불교문화연구원, 1964, 20~21쪽; 『高麗史』 권32, 世家 忠烈王 27년 正月 丙辰, "王率百官 幸妙蓮寺 爲皇帝祝釐 諸路行省以下官 皆以正月朔望 行香祝釐 蓋元朝之禮也"

328 충렬왕은 태자 때 5회에 걸쳐 入元하여 총 50개월을 보냈고, 국왕 재위 시에는 묘련사가 창건되기 전까지 3회에 걸쳐 입원하여 총 10개월을 보냈다. 金惠苑, 「忠烈王 入元行績의 性格」, 『高麗史의 諸問題』, 삼영사, 1986, 805~806쪽 참조.

329 『高麗史』 권33, 世家 忠宣王 元年 9월.

330 『高麗史』 권34, 世家 忠宣王 3년 9월.

331 『高麗史』 권33, 世家 忠宣王 복위년 9월; 『高麗史節要』 권23, 忠宣王 2년 7월.

〈표 12〉 묘련사의 주요 기능 이전

기능	충렬왕	충선왕
천태종의 중심 사원	묘련사	국청사
원황실의 중심 원당	묘련사	신효사
제국공주의 중심 원당	묘련사	민천사

론 이때도 묘련사는 제국공주의 진전사원으로 기능했지만[332] 과거 충렬왕 때와는 그 위상이 비교될 수 없었다. 그리고 충렬왕 사후死後 묘련사를 떠난 왕사王師 무외정오無畏丁午가 충선왕 1년(1309)에 국청사國淸寺로 옮겨 가면서,[333] 충선왕 때부터 천태종의 중심 사원은 묘련사에서 국청사로 변한 상태였다. 여기서 충렬왕 사후 묘련사의 주요 기능이 다른 사원으로 옮겨간 모습을 정리하면 〈표 12〉와 같다.

충렬왕 때 천태종의 중심 사원, 원황실의 중심 원당, 그리고 제국공주의 중심 원당이었던 묘련사가 충선왕 때부터 주요 기능이 개경과 그 인근의 사원으로 이전된 것이었다. 그만큼 묘련사는 충렬왕과 제국공주의 영향력이 절대적인 사원이었다.

묘련사는 충숙왕 때도 충렬왕과 제국공주,[334] 그리고 충숙왕의 생모인 의비懿妃(?~1316)의 진전사원으로 기능했을 뿐,[335] 왕실로부터 특별한 후원과 관심을 받지 못한 채 더욱 쇠락의 길로 접어들었다. 그래서 이제현李齊賢도 「묘련사비」에서 당시의 정황을 "종鍾, 어魚, 향香, 화火가 처음 그대로이고, 기둥과 지붕이 기울고 기와와 벽돌이 썩고 이지러졌다"[336]라고 서

332 『高麗史』 권33, 世家 忠宣王 복위년 10월 庚子, "王如妙蓮寺 謁仁明太后眞" 충선왕 때에 묘련사와 관련된 기사는 이것이 유일하다.

333 無畏丁午가 王師로 책봉된 것은 충렬왕 33년 여름이었다. 朴全之, 「靈鳳山龍巖寺重創記」, 『東文選』 권68. 그리고 충숙왕 즉위년에 國統이 되었다. 『高麗史』 권34, 世家 忠肅王 즉위년 11월.

334 『高麗史』 권34, 世家 忠肅王 元年 5월 甲戌, 忠肅王 2년 7월 己未.

335 『高麗史』 권35, 世家 忠肅王 8년 5월 丁丑.

술했다. 이 시기 묘련사 주법이었던 승려들은 분芬, 련璉, 홍泓, 염焰, 여如 등으로 전하고 있으나 이들의 활동 상황은 전하지 않는다. 창건된 지 60년이 다 되어가면서 쇠락의 길을 걷던 묘련사가 중흥의 계기를 맞게 된 것은 충숙왕 복위 5년(1336) 연성사延聖寺 주지 의선義旋에 의해서였다.

의선[337]은 조인규趙仁規의 넷째 아들로 태어나 일찍부터 묘련사와는 깊은 관계를 맺었던 인물이다. 그는 어린 시절에 묘련사에 출가出家하여 제1세 원혜국사를 스승으로 했고, 제4세 무외국사의 조카가 되어 묘련사가 당대 최고의 권문權門 중 하나인 조인규 가문과 연계되는 계기를 마련했다. 그 후 의선은 백부伯父인 혼기混其에 이어서 조씨趙氏 가문의 원당願堂인 수원 만의사萬義寺를 주관했으며,[338] 충숙왕 9년(1322) 영원사瑩源寺 주지로 있던 중 원 대도로 건너갔다.[339] 그는 대도에서 15년간(1322~1336) 체류하는 동안 태정제의 명命을 받아 연성사延聖寺 주지를 맡았고, 아울러 삼장법사三藏法師라는 법호도 수여받았다. 그리고 충선왕의 유명遺命에 의해서 광교사光敎寺 주지까지 겸했다. 이렇게 원황실과 깊은 관계를 맺으면서 성계와 종교계에 큰 영향력을 발휘한 의선은 충숙왕 복위 5년(1336)에 강향사降香使의 자격으로 고려에 왔다. 의선이 고려에 귀국한 그해에 충숙왕에게 묘련사의 중창을 건의함으로써 절은 중흥의 계기를 맞았다. 당시 의선의 강력한 권유에 따라 충숙왕이 많은 금은 보화를 보시함으로써 마

336 李齊賢, 「妙蓮寺重興碑」, 『益齋亂藁』 권6, "鍾魚香火 無替于始 而棟宇之撓傾 蓋瓦級甎之腐且缺"

337 의선의 生沒 연도는 미상이나 그의 바로 위의 형인 趙延壽(1278~1325)가 충렬왕 4년(1278)에 태어났고, 바로 아래 동생인 趙瑋(1287~1348)보다 더 오래 살았다. 따라서 의선은 忠烈王 5년(1279) 이후에 태어나 忠定王 1년(1349) 후에 세상을 떠난 것이다. 李穀, 「高麗國重大匡僉議贊成事上護軍平壤君 趙公墓誌」, 『東文選』 권125 참조.

338 權近, 「水原萬義寺祝上華嚴法華會衆目記」, 『陽村集』 권12.

339 無畏國師 丁午가 瑩源寺에 1310~1314년까지 주지로 있었고, 뒤이어 寶鑑國師 混丘가 충숙왕 9년(1322)에 松林寺로 옮겨갈 때까지 주석하였고, 의선은 혼구가 송림사로 옮겨 간 직후 주지에 부임했던 것으로 본다.

침내 묘련사는 중창될 수 있었다. 이후 의선은 충숙왕 복위 7년(1338)에 원으로 다시 돌아갔다.

절이 창건된 지 60년이 다 된 시점에 새롭게 중창된 묘련사가 외적으로는 옛 모습을 회복했는지 모르나, 절의 기능이나 위상은 충렬왕 때의 상황과 비교될 수 없었다. 절이 중창된 이후로 국가적인 행사나 왕실과 황실을 위한 기복 행사도 없었고, 단지 몇 차례의 연회장소로 활용되는 정도였다.[340] 창건주 충렬왕과 제국공주가 세상을 떠난 상황에서 쇠락의 길로 치닫던 묘련사의 운명을 한때의 중창만으로 막아내기에는 모든 여건이 역부족이었던 셈이다.

2) 국청사

경기도 개풍군에 있었던 국청사國淸寺[341]는 선종宣宗 6년(1089) 10월에 문종文宗의 비妃 인예태후仁睿太后의 발원으로 창건되어[342] 숙종肅宗 2년(1097)에 완공되었다.[343] 절이 완공된 그해에 홍왕사興王寺 주지로 있던 문종의 넷째 아들 대각국사大覺國師 의천義天이 국청사의 초대 주지를 겸하게 되면서 천태종의 본찰本刹이 되었다.[344] 그러나 얼마 후 의천의 갑작스러운 입적入寂(1101)과 숙종의 타계로(1105) 국청사의 위상과 역할은 크게 축소되었다. 천태종의 위축과 함께 국청사는 외적인 면에서도 현격한 차이를 드러냈다.[345] 고려 중기 숙종 때 번창했던 국청사가 후기에 들어와 변모된

340 『高麗史』 권36, 世家 忠惠王 4년 8월 庚子, 丁未.

341 徐兢의 『高麗圖經』 권17에서는 "國淸寺 在西郊亭之西 相去三里許"라고 했다. 현 경기도 개풍군 중서면 국청동에 절터가 있다.

342 『高麗史』 권10, 世家 宣宗 6년 10월, "王太后始創國淸寺"

343 『高麗史』 권90, 列傳 宗室1 大覺國師 煦, "始創天台宗 置于國淸寺" 이 기사는 고려에 天台宗이 개창된 것을 의미한다. 숙종 6년(1101)에 大選이 시작됨으로써 비로소 국가에 의해 공인된 천태종이 성립되었다고 보는 견해도 있다.

344 朴浩, 「興王寺大覺國師墓誌」, 『韓國金石全文』 中世 上, 아세아문화사, 1984, 532쪽, "今上告成丁丑歲五月詔國師兼持"

모습을 고려 후기 문신 민지閔漬(1248~1326)는 다음과 같이 기술했다.

> 땅을 송산 서남쪽에 정하여 절을 짓고 역시 국청國淸이라 이름 하였으니 육산六山의 근본이 되었다. 석가삼존釋迦三尊을 세워서 당주堂主로 삼고 항상 묘법妙法을 강연하게 하여 대대로 그 복리福利를 입었다. 국가가 중간에 비색하게 되자 절도 또한 따라서 없어졌다. 중흥中興한 이래로 바야흐로 다시 영건하기를 시작하였으나 예전 터를 회복하지 못하여 의논이 상설像設에까지는 미치지 못하였다.[346]

위의 글에 따르면 창건과 함께 고려 천태종의 본산本山이 되었던 국청사였지만 무인정권武人政權의 등장, 몽고 침입과 같은 국가의 위기상황을 겪으며 절의 명맥조차 끊겼다는 것이다.[347] 그 후 절이 다시 중건되기도 했지만 그것 또한 온전한 모습을 회복하지 못했다고 한다.

한동안 절의 명맥조차 끊겼던 국청사가 중흥의 기운을 보인 것은 충렬왕 때였다. 이것은 충렬왕이 왕위를 계승(1274. 6)한 직후 고려에 입국하게 된 충렬왕비 제국대장공주를 영접한 곳이 바로 국청사였다는 사실에서 짐작된다.[348] 당시 국청사에서 제국공주를 영접했던 이유는 먼저 절이 개경의 서쪽 관문에 위치했기 때문이다.[349] 그리고 재상과 여러 관원들이 원나라에서 온 귀빈을 맞이할 수 있을 만큼 당시 국청사가 외적으로도 어느 정

345 義天 이후로 천태 교단은 翼宗, 敎雄(1076~1142), 德素(1119~1174) 등에 의해서 유지되었다. 李永子, 『법화·천태사상연구』, 동국대학교 출판부, 2002, 297쪽.

346 閔漬, 「國淸寺金堂主佛釋迦如來舍利靈異記」, 『東文選』 권68, "卜地於松山西南麓創寺 亦曰國淸 爲六山根本 造立釋迦三尊 以爲堂主 常演妙法 歷代賴其福利 及國家中否 寺亦隨廢 中興已來 方始重營 而未復舊基 故議未及於像設"

347 『高麗史』에 따르면 무인정권기와 대몽항쟁기였던 明宗~元宗代까지 약 100년 동안 국왕들이 개경 인근 서쪽에 위치한 국청사를 방문한 기록은 보이지 않는다.

348 『高麗史』 권28, 世家 忠烈王 즉위년 11월.

349 박종진, 「고려시기 개경 절의 위치와 기능」, 『역사와 현실』 38, 한국역사연구회, 2001.

도의 격식과 품격을 갖추었기 때문일 것이다. 따라서 충렬왕 때의 국청사는 전과 같은 상태에는 훨씬 미치지 못했다 하더라도 개경 근교의 주요사찰로 기능했음은 분명하다.

충렬왕 때에 천태종 사원으로 사세寺勢를 회복하기 시작한 국청사가 중흥의 계기를 맞게 된 것은 충선왕 1년(1309) 겨울에 왕사王師 무외정오가 국청사에 주석하면서였다. 정오가 묘련사를 떠나 금장사金藏寺(1307)와 주청사周淸寺(1308)에 머물다가[350] 국청사로 옮겨오자 국청사는 그 아래에 오대五臺, 수암水岩, 조연槽淵, 안락安樂, 마류碼瑠 등 5개의 절을 하원下院으로 거느리게 되었다. 그리고 그동안 퇴락해 있었으면서도 논의조차 할 수 없었던 국청사의 금당金堂 건립과 석가삼존상釋迦三尊像의 조성이 정오의 주재하에 착수되었다.[351] 이 시기의 국청사는 사찰의 외적인 모습에서나 또한 실질적인 면에서 천태종의 중심 사원으로 발전하는 단계에 접어든 것이다. 그러나 정오가 곧 국청사에 예속된 5개의 하원을 원상 복귀시키고, 또 충선왕 2년(1310) 국왕의 명에 의해 영원사瑩源寺로 옮겨감에 따라 정오는 국청사의 중건을 막후에서 도울 수밖에 없었다. 급격한 팽창의 기회를 맞았던 국청사였지만 5개의 하원이 환원되고, 정오가 이석移錫하게 됨에 따라 그 발전이 다소 늦추어지게 된 것이다.

이후 국청사의 중수는 대선사大禪師 이안而安[352]이 백은白銀 10근斤을, 상호군上護軍 노우盧祐가 역시 백은 10여 근을 보시하고, 국사國師에 오른

350 周淸寺와 國淸寺를 같은 사원으로 간주하여 정오가 1308년부터 국청사에 주석했던 것으로 보기도 한다.

351 閔漬, 「國淸寺金堂主佛釋迦如來舍利靈異記」, 『東文選』 권68.

352 고익진은 충선왕대 국청사의 중건에 보시한 而安을 백련사의 제5세였을 것으로 추정되는 圓照而安으로 보았다. 高翊晉, 「白蓮社의 思想傳統과 天頙의 著述問題」, 『佛敎學報』 16, 동국대학교 불교문화연구원, 1979, 139쪽. 許興植은 而安이 진정국사 天頙의 문도로서 大禪師가 그의 최종 승계이고, 만덕사의 5세 國師로 본 것은 오류라고 했다. 許興植, 「無畏國師丁午의 事業과 繼承」, 『天台思想과 東洋文化—大蓮李永子博士 華甲紀念論叢』, 불지사, 1997, 60쪽.

무외정오[353]가 후원하는 가운데서 진행되었다. 작업은 충선왕 5년(1313)에 본격적으로 착수되어 다음 해 11월에 석가삼존상이 조성되었다. 그리고 충숙왕 2년(1315) 9월에 불상을 모신 감실龕室과 금강대金剛臺를 완성한 후 3일간의 낙성식을 가졌다. 이때 국통 무외정오는 낙성법회에서 천태종 6산山[354]의 명덕名德 3,000명을 초빙하여 자신이 새롭게 지은 『법화예참法華禮懺』에 따라서 의식을 거행했다. 그런데 정오가 이 예참의식에서 전통적인 천태예참법天台禮懺法을 따르지 않은 이유와 그것이 『법화삼매참의法華三昧懺儀』(1권)에 의거한 백련사白蓮社 보현도량普賢道場에서의 의식[355]과 어떻게 다른지는 알 수 없다. 다만 당시 법회의 규모와 새로운 예참법의 실행 등을 통해서 볼 때 천태종의 중심 사원이 충렬왕 때에는 묘련사였지만, 충선왕·충숙왕 때에 이르러 국청사로 옮겨졌음을 알 수 있다.[356] 이렇게 국청사는 충선왕 때부터 중흥기를 맞으면서 천태종의 중심 사원으로 자리했다. 또한 사원의 입지적 여건 때문에 귀빈과 사신을 영접하는 연회의 장소로 활용되어[357] 세속화된 일면을 보이기도 했다. 즉 충렬왕비 제국공주와 원의 사신을 맞았고, 그리고 공민왕 때는 원군元軍을 물리치고 돌아오는 개선군을 맞아 연회를 베풀기도[358] 했던 것이다.

353 무외정오가 國師에 책봉된 것은 忠肅王 즉위년이었다. 『高麗史』 권34, 世家 忠肅王 즉위년 11월. 그리고 충렬왕 32년(1307)에 天頙의 『湖山錄』 간행 시 門人 이안은 글을 모으고 사비를 들여 지원했고, 정오는 跋文을 썼다. 許興植, 『眞靜國師와 湖山錄』, 민족사, 1995, 323쪽.

354 天台六山門은 대개 지방 소재의 居頓寺, 神△寺, 靈岩寺, 高達寺, 智谷寺, 僊鳳寺를 말한다. 林存, 「僊鳳寺大覺國師碑」, 『韓國金石全文』 中世 上, 아세아문화사, 1984, 600쪽.

355 崔滋, 「萬德山白蓮社圓妙國師碑銘」, 『東文選』 권117.
『法華三昧懺儀』는 『摩訶止觀』 권2의 四種三昧 중 半行半坐三昧의 法華三昧를 정리한 것이다.

356 李逢春은 점차 확장되어가는 천태종의 교세에 부응하기 위한 어떤 새로운 조치로 추론했다. 李逢春, 「高麗天台宗의 成立과 그 展開」, 『韓國史論』 20, 國史編纂委員會, 1990, 84쪽. 許興植은 천태종의 祖師와 功績이 실렸으리라고 추측했다. 許興植, 「無畏國師丁午의 事業과 繼承」, 『天台思想과 東洋文化』 大蓮李永子博士 華甲紀念論叢, 불지사, 1997, 59쪽.

357 『高麗史』 권35, 世家 忠肅王 4년 10월; 『高麗史』 권40, 世家 恭愍王 13년 2월. 고려 중기와 달리 후기의 국청사는 왕실의 원당으로 지정되지 않았기 때문에 국왕의 행차는 보이지 않는다.

358 공민왕 13년(1364) 奇皇后가 공민왕의 반원 정책에 반발하여 元軍 1만 명을 보내어 고려를

3) 지방의 천태종 사원(금장사, 영원사, 용암사)

① 용두산 금장사

전남 장흥군 용두산龍頭山에 있었던 금장사金藏寺[359]는 묘련사의 제4세 주법主法이었던 무외정오無畏丁午가 충렬왕 때 왕사로 책봉되면서(1307) 하산소下山所로 삼았던 절이다.[360] 금장사는 성종成宗 11년(992) 2월에 현탄玄坦에 의해 창건된 강남江南 지역의 비교적 큰 사찰이었던 것으로 전하나 원간섭기 전에는 세인世人들에게 특별히 알려진 내용은 없었다.

금장사가 무외정오의 하산소로 지정된 것은 금장사와 정오의 어떤 우연한 인연에서 비롯했다. 정오가 왕사로 책봉되기 전 여러 지역을 유력遊歷하다가 도중에 금장사를 들르게 되었다.[361] 이때 정오는 금장사의 금당金堂에 있던 미륵삼존彌勒三尊이 오랜 세월이 지나 색상이 헐고 퇴색된 것을 보고 개금改金할 것을 발원했다. 당시 금장사에 주석한 이들이 금당불을 개금하고자 했으나 그것을 선뜻 실행하지 못하고 차일피일 미루었다고 한 것을 보면 그 사세寺勢가 상당히 쇠락했던 것 같다. 마침내 정오가 충렬왕 33년(1307) 여름, 왕사에 책봉되자 발원한 뜻에 따라 금장사를 하산소로 삼아 절의 금당을 개조하고 미륵삼존상을 개금하도록 했다. 이때 정오는 백은白銀 16근, 자금紫金 5냥, 진채眞彩 약간을 보시하여 일체의 공사 비용을 마련해주었다. 무오의 이 같은 보시가 가능했던 것은 당시 국가로부터 왕사 책봉과 함께 상당한 양의 물적 대우가 뒤따랐기 때문이었다. 고려 후기에는 전기와는 달리 왕사, 국사가 국왕으로부터 높은 승관僧官을 받고 승정권僧政權을 위탁받으면서 그에 상응하는 상당한 녹봉도 받는 실정이

침략하게 되자 이것을 최영, 이성계가 이끄는 高麗軍이 㺚川에서 격퇴했다.

359 『新增東國輿地勝覽』 권37, 全羅道 長興都護府, 佛宇 金藏寺. 현재 정확한 위치는 알 수 없다.

360 李㦃, 「龍頭山金藏寺金堂主彌勒三尊改金記」, 『東文選』 권68, "及大德十一年丁未夏 自妙蓮社主法 受册爲王師 乃以玆寺爲下山所焉"

361 무외정오의 遊歷 지역과 경로는 『東文選』 권68의 「庵居日月記」, 「靈鳳山龍巖寺重創記」에 자세히 전하고 있다.

었다. 고려 후기 왕사, 국사의 하산소가 그들 소속 종파의 세력에 큰 영향을 미쳤던 것도 같은 맥락에서 이해할 수 있다. 이렇게 불교계의 세속화된 일면은 왕사, 국사들에 대한 물적 예우에서도 뚜렷이 나타났다.

그런데 정오가 계획했던 금장사의 개금공사는 그의 주재하에서 이루어지지 못하고 제자인 선사禪師 굉지宏之가 맡게 되었다.[362] 이것은 정오가 왕사에 책봉된 다음 해인 충렬왕 34년(1308)에 주청사로 옮겨갔기 때문이다. 이때 정오가 갑작스럽게 절을 옮기게 된 데에는 충렬왕이 재위 34년 7월에 세상을 떠나고, 그해 8월에 그의 아들인 충선왕忠宣王이 복위한 사실과 깊은 연관이 있는 듯하다. 충선왕은 자신이 복위하던 날[363] 정오에게 '선교각종산문도반총섭조제禪教各宗山門道伴總攝調提'의 법호를 내리고, 선교禪教 양종兩宗의 승정僧政업무를 총괄하도록 했다.[364] 그리고 정오는 다음 해(1309)에 국청사에 머물게 되어 국청사가 충선왕 때부터 천태종의 중심 사원으로 발전하는 계기를 마련했다. 충선왕의 복위와 함께 불교계에도 전과는 다른 상당한 변화가 일고 있었던 것이다.

그리하여 금장사는 굉지에 의해서 충선왕 1년(1309) 9월부터 절의 보수공사에 들어갔고, 다음 해 2월에 낙성식을 베풀었다. 이때 거행한 법회가 점안법회點眼法會였고, 행사에 백련사白蓮社의 승려들이 초빙되었다. 당시 금장사 중수의 주된 공사가 불상佛像을 새롭게 단장하는 일이어서 낙성식의 법회명法會名을 점안법회라고 한 것이다.[365] 그리고 이 법회에 백련사

---

362 宏之는 스승 정오에 의해 충숙왕 1년(1314)에 『天台四教儀集解』의 간행을 주관하게 되었고, 정오는 그 발문을 남겼다. 강호선, 「원간섭기 천태종단의 변화」, 『普照思想』 16, 보조사상연구원, 2001, 355쪽.

363 忠宣王이 복위한 날은 충렬왕 34년(1308) 8월 癸丑日(27일)이었다.

364 朴全之, 「靈鳳山龍巖寺重創記」, 『東文選』 권68, "至大元年戊申秋 瀋王卽祚之日 請師上龍床竝坐 又進禪教各宗山門道伴摠攝調提之號 仍委差共議事" 許興植은 이것을 충선왕이 정오에게 모든 불교종파의 주지 임명을 위임한 것으로 해석했다. 許興植, 『高麗佛教史研究』, 일조각, 1986, 410쪽.

365 李恮, 「龍頭山金藏寺金堂主彌勒三尊改金記」, 『東文選』 권68, "紺珠換三尊之瞳 至於花冠瓔

승려들이 초빙되었다는 사실은 금장사와 전남 탐진현耽津縣에 소재한 백련사가 서로 교통하고 있었음을 의미한다. 원래 정오가 백련사의 제7세 주법이었던 적이 있고, 또 두 사원이 지리적으로 그다지 멀지 않은 천태종天台宗계 사찰이었기 때문에 서로 교통할 수 있는 여건은 이미 조성되어 있었다. 이것이 금장사의 점안법회를 계기로 하여 확연히 드러난 셈이다. 그리고 정오가 백련사 주법으로 있던 중 충렬왕 28년(1302)에 묘련사 제4세 주법으로 자리를 옮겨 약 5년간(1302~1307) 주석한 사실이 있기 때문에 금장사와 개경 묘련사의 교류 가능성도 배제할 수 없다.

한편 앞서 본 바와 같이 충선왕 1년에 무외정오가 주석한 것을 계기로 하여,[366] 천태종의 중심 사원으로 발전할 수 있는 토대가 마련된 국청사는 이후 국사에 오른 정오의 후원을 받아 충선왕 5년(1313)부터 시작된 절의 중수가 충숙왕 2년(1315)에 완공되었다. 그러므로 충선왕, 충숙왕 때의 천태종은 중앙의 국청사를 중심으로 하여 지방의 금장사와 백련사를 거점으로 하면서, 중앙의 정치권과 연계되어 교세를 신장하고 있었다. 물론 이와 같은 천태종의 신장에 기여한 핵심적인 인물은 왕사를 거쳐 국사에 오른 무외정오였다.

② 밀양 영원사

경남 밀양에 있었던 영원사[367]瑩源寺[368]는 고려 후기 종파 간의 갈등을 극명하게 표출한 사원으로 잘 알려져 있다. 고려 중기 이후로 선종과 천태종은 영원사의 주지 임명을 둘러싸고 심각한 분쟁 양상을 드러냈다. 영원

珞天衣之屬"

366 무외정오가 國淸寺에 주석한 기간은 충선왕 1년(1309)에 부임하여 다음 해인 충선왕 2년에 瑩源寺로 옮겨갈 때까지 만 1년이었다. 朴全之, 「靈鳳山龍巖寺重創記」, 『東文選』 권68.

367 『新增東國輿地勝覽』 권26, 慶尙道 密陽都護府, 古跡 瑩原寺. 현 경남 밀양시 활성동에 절터가 있다.

368 瑩源寺 혹은 瑩原寺로 쓰는데, 본서에서는 李齊賢의 「曹溪宗慈氏山瑩源寺寶鑑國師碑銘」에 의거하여 瑩源寺로 표기한다.

사가 비록 지방의 남단에 위치한 사원이었지만, 원간섭기에 선종과 천태종 양 종파 간의 우열을 가늠해볼 수 있는 지표가 된 사원이었다는 점에서 중요한 의미를 지니고 있다.

먼저 영원사에는 사굴산문闍崛山門 출신인 대감국사大鑑國師 탄연坦然[369]이 인종仁宗 13~17년(1135~1139)까지 약 4년간 주지로 있었는데 이는 당시 영원사가 조계종 소속의 사찰이었음을 보여주는 것이다.[370] 그 후 명종明宗(재위 1170~1197) 때는 천태승 원각국사圓覺國師 덕소德素[371]가 영원사에 머문 기록이 전하고 있어 이때는 절이 천태종 소속으로 바뀐 것을 짐작할 수 있다.[372]

원간섭기에는 왕사 무외정오가 국청사에 주석하고 있던 중 충선왕 2년(1310)에 국왕의 명을 받고 영원사로 옮겨왔다. 그런데 정오는 충선왕으로부터 영원사에 머무르라는 명을 받았을 때 "영원사가 전대前代 국통國統[373]의 하산소下山所"라고 하면서 그곳에 주석하는 것을 사양했다.[374] 그렇

369 李之茂, 「斷俗寺大鑑國師塔碑」, 『韓國金石全文』 中世 下, 아세아문화사, 1984, 820쪽, "高麗國曹溪宗 崛山下斷俗寺 大鑑國師之碑銘幷序" 대감국사 탄연의 碑가 건립된 것은 明宗 2년(1172)이었다. 曹溪宗이라는 宗名이 최초로 보이는 예가 바로 이 「斷俗寺大鑑國師塔碑」에서이다. 조계종은 天台宗이 성립되던 시기를 전후하여 曹溪(6祖慧能)를 祖로 하는 9山禪門에 의해서 宗名으로 확정되었던 것으로 본다. 金煐泰, 「九山禪門의 형성과 曹溪宗의 展開」, 『韓國史論』 20, 국사편찬위원회, 1990.

370 坦然(1069~1158)이 영원사 주지로 온 仁宗 13년(1135) 9월 전에는 普濟寺帝釋院에 있으면서 영원사 주지를 겸했다. 李之茂, 「斷俗寺大鑑國師塔碑」, 『韓國金石全文』 中世 下, 아세아문화사, 1984, 821쪽. 탄연이 王師에 책봉된 때는 인종 23년(1145)이었고, 의종 12년(1158) 입적한 후에 國師로 추증되었다.

371 德素(1119~1174)는 명종 1년(1171)에 王師로 책봉되었고, 입적 후에 國師로 추증되었다. 『高麗史』 권19, 世家 明宗 元年 9월 癸未, "以僧德素爲王師"

372 韓文俊, 「寧國寺圓覺國師碑」, 『韓國金石全文』 中世 下, 아세아문화사, 1984, 850쪽, "△△△瑩原時 嘗言瑩原者禪家古刹△事紛擾不"

373 원간섭기에 고려에서는 國師 대신 國統 또는 國尊의 칭호를 사용했는데, 이것은 元에서 사용하는 국사를 중복해서 사용할 수 없다는 이유 때문이었다.

374 朴全之, 「靈鳳山龍巖寺重創記」, 『東文選』 권68, "上復命移住瑩原寺 然以其寺爲前代國統下山所 故師欲辭之 而未卽果遂"

다면 정오가 주석하기 전에 영원사는 이미 국통의 하산소로 지정된 적이 있었다는 이야기다. 정오가 말한 '전대의 국통'이란 누구를 지칭하는 것일까. 이는 아마도 정오의 법형法兄이자[375] 정오 스스로가 제문祭文을 지어 죽음을 애도한 백련사 출신의 원혜국통圓慧國統을 말한 듯하다.[376] 원혜국통은 백련사 제6세 주법이었고 묘련사가 완공되자 충렬왕의 요청에 의해 묘련사 제1세 주법이 된 백련사계 천태승天台僧이다. 그가 영원사를 하산소로 삼아 머문 시기는 우선 정오가 주석하기 전이었을 것이고, 또 영원사가 천태종의 소유가 되었다고 한 원元 성종成宗 원정연간元貞年間(1295~1296)이었을 것으로 생각된다.[377] 따라서 원혜국통은 충렬왕 21~22년(1295~1296) 중에 영원사를 하산소로 삼아 머물렀다는 이야기이다. 특히 충렬왕 21년은 국왕이 승僧 경의景宜를 국존國尊으로 삼은 때이기도 한데,[378] 경의는 바로 원혜국사와 동일 인물인 것으로 추정된다.[379] 이처럼 원간섭기 충렬왕 때의 영원사는 천태종 소속의 사원이 되어 한동안 원혜국사의 하산소이기도 했다. 이것은 충렬왕 10년에 묘련사의 완공을 계기로 하여 중흥기를 맞은 천태종의 교세와 깊은 연관성을 갖는 것으로 이해된다.

영원사는 한때 국통의 하산소라고 하여 정오가 사양했지만 그것이 받아들여지지 않자 그는 그대로 머물 수밖에 없었다. 그렇게 하여 정오는 충선

375 釋無畏, 「薦法兄圓慧國統疏」, 『東文選』 권111.

376 釋無畏, 「圓慧國統祭文」, 『東文選』 권109. 이제현의 「妙蓮寺碑銘」과 『萬德寺誌』에서는 圓慧國師로 표기했다.

377 李齊賢, 「曹溪宗慈氏山瑩源寺寶鑑國師碑銘」, 『益齋亂藁』 권7, "寺本禪院 元貞中 爲智者宗所有"

378 『高麗史』 권31, 世家 忠烈王 21년 5월 辛巳, "以僧景宜爲國尊" 충렬왕은 재위 중에 景宜를 포함하여 普覺國尊 見明, 弘眞國尊 惠永 3명의 고승을 國尊으로 임명했다. 閔漬, 「麟角寺 普覺國尊靜照塔碑」, 『韓國金石全文』 中世 下, 아세아문화사, 1984, 1070쪽, "改國師爲國尊者爲避大朝國師之號也"

379 蔡尙植, 『高麗後期佛敎史硏究』, 일조각, 1991, 188쪽.

왕 2~충숙왕 1년(1310~1314)까지 약 4년 동안 영원사에 주석했다. 이 기간 중에 영원사의 금당과 낭무廊廡가 개수改修되었고, 또 정오는 충숙왕이 즉위하던 해(1313)에 왕으로부터 국통(국사)에 임명되면서[380] '대천태종사쌍홍정혜광현원종大天台宗師雙弘定慧光顯圓宗 무외국통無畏國統'의 법호를 받았다. 이같이 영원사는 충렬왕 21년 이후 천태종 소속의 사원이 되어 원혜국통과, 무외국통이 잇따라 머물게 되면서 중앙의 묘련사, 국청사와 함께 지방소재의 주요 천태 사원으로 성장했다. 국통의 자리에 있던 정오가 충숙왕 1년 봄에 다시 영원사를 떠날 것을 간청하여 그 뜻이 받아들여지자 마침내 영봉산靈鳳山 용암사龍巖寺를 하산소로 삼아 떠났다.

여기서 잠시 무외국통이 용암사로 이석移錫한 후의 영원사의 상황을 살펴보면, 정오의 뒤를 이어 영원사에 주석한 고승은 보감국사寶鑑國師 혼구混丘(1250~1322)였다. 혼구는 10세에 출가하여 승과僧科에 급제한 후 보각국존普覺國尊 일연一然을 좇아 공부했던 조계종曹溪宗 가지산문迦智山門의 승僧이었다.[381] 충렬왕 때 대선사大禪師가 되었고, 충선왕 때 양가도승통兩街都僧統을 제수받았다. 그리고 충숙왕이 즉위하던 해(1313) 11월 왕사에 책봉되었다.[382] 왕사가 되어 충선왕과 충숙왕에게 가르침을 베풀던 혼구는 얼마 후 영원사에 머물게 되었다.[383] 여기서 조계종 가지산문의 승려인 혼구가 영원사에 주석했다는 사실은 곧 영원사가 한동안 천태종 사원이었다가 다시 선종 사원으로 바뀌었음을 의미한다. 이러한 상황의 변화를 이제현李齊賢은 「보감국사비명寶鑑國師碑銘」에서 "원정元貞 중(1295

380 『高麗史』 권34, 世家 忠肅王 즉위년 11월.

381 李齊賢, 「曹溪宗慈氏山瑩源寺寶鑑國師碑銘」, 『益齋亂藁』 권7.

382 혼구가 왕사에 책봉되던 때 無畏丁午는 國統에 책봉되었다. 『高麗史』 권34, 世家 忠肅王 즉위년 11월.

383 李齊賢, 「曹溪宗慈氏山瑩源寺寶鑑國師碑銘」, 『益齋亂藁』 권7, "旣數年 乞退甚懇 許之 因命住瑩源寺"

〈표 13〉 원간섭기 영원사 종파의 변천

천태종		선종	
고승	주석 기간	고승	주석 기간
원혜국사	① 충렬왕 21, 22년 이후	보감국사	③ 충숙왕 2~9년
무외국사	② 충선왕 2~충숙왕 1년		
의선	④ 충숙왕 9~충숙왕 복위 7년?		

~1296)에 지자종智者宗(천태종)의 소유가 되었다가 국사 때문에 비로소 옛날로 회복하게 되었다"[384]라고 언급했다. 혼구는 충숙왕 9년(1322) 10월 송림사松林寺로 옮겨갈 때까지 영원사에 있었으므로 대략 그 주석 기간은 7년 정도(1315~1322)로 추산된다.

혼구가 영원사를 떠난 후에는 곧바로 조인규趙仁規의 넷째 아들인 의선義旋이 주지로 왔다. 이때 영원사는 선종 사원에서 다시 천태종 사원으로 바뀐 것이다.[385] 이것은 원간섭기 충렬왕 때 이후로 중앙의 묘련사, 국청사를 중심으로 강력한 교세를 펴고 있던 천태종이 선종에 비해 종세宗勢가 우위였음을 드러낸 좋은 사례에 해당한다. 의선은 원 대도에 건너가 체류하는 동안(1322~1336)에 대도의 연성사延聖寺, 광교사光教寺와 함께 밀양 영원사의 주지도 겸한 것이다.[386] 이렇게 의선이 고려의 한 지방 사찰인 영원사의 주지를 겸한 사실은 당시 영원사가 고려 불교계에서 차지하는 상징적 의미가 그만큼 컸다는 이야기이다. 또한 이것은 충숙왕 말에 이르기

384 李齊賢, 「曹溪宗慈氏山瑩源寺寶鑑國師碑銘」, 『益齋亂藁』 권7, "元貞中 爲智者宗所有 以師故始復其舊焉"

385 義旋이 영원사의 주지가 된 것은 『高麗史』 권105 列傳 趙仁規의 "義璇이 寺院을 奪占하였다"라는 기사 내용에 부합되는 것이라고 해석한다. 高翊晉, 「白蓮社의 思想傳統과 天頙의 著述問題」, 『佛教學報』 16, 東國大 佛教文化研究院, 1979, 29쪽.

386 의선이 원나라로 돌아가던 충숙왕 복위 7년(1338)까지도 그 법호를 "大天源延聖寺 大報恩光教寺兼高麗瑩原寺住持 ……"라고 한 데에서 연성사, 광교사, 영원사의 주지를 모두 겸하고 있었음을 알 수 있다. 李穀, 「高麗國天台佛恩寺重興記」, 『稼亭集』 권3.

까지 천태종이 타 종파에 비해 강성한 세력을 펴고 있었음을 의미한다. 지금까지 살펴본 영원사가 소속되었던 종파의 변천 과정을 정리해보면 〈표 13〉과 같다.

충렬왕 때에는 묘련사가 충선왕·충숙왕 때에는 국청사가 천태종의 중심 사원이 되어 그 교세가 확장된 시기였는데, 〈표 13〉은 대략 이 기간 중에 밀양에 소재한 영원사도 천태종 소속의 사원이었음을 보여준다. 잠시 충숙왕 2~9년까지 약 7년 동안 선종의 보감국사가 영원사에 주석하면서 선종 소속으로 전환되기도 했다. 하지만 당시 조인규 가문의 권세를 배경으로 하여 여원麗元 양국의 정계와 종교계에서 중심인물로 등장한 의선에 의해서 절은 다시 천태종 소속으로 전환되었다. 영원사에 대한 의선의 영향력은 충숙왕 9년(1322)부터 그가 원나라로 돌아간 충숙왕 복위 7년(1338)까지 미치고 있었음이 확실하고, 좀 더 멀게는 그의 사망 시기로 추정되는 충목왕 4년(1348) 이후까지도 계속되었으리라고 예상된다.[387] 이렇게 당시 천태종이 선종보다 상당히 우위에 있었다는 사실은 천태종 사원과 천태고승이 선종에 비해 원황실과 좀 더 밀착된 관계를 유시했기 때문이다. 충렬왕 때의 묘련사는 원황실의 대표적인 원당이었고, 묘련사에 출가한 의선의 원황실에서의 활약은 선종의 고승들을 훨씬 압도하고 있었음을 상기할 필요가 있다.

③ 영봉산 용암사

경남 진주 영봉산靈鳳山에 있었던 용암사龍巖寺[388]는 고려의 개국조사 도선道詵의 예언으로 창건되었다고 전해지는 비보사찰裨補寺刹이었다.[389] 고

387 의선은 바로 아래 동생인 趙瑋(1287~1348)보다도 더 오래 생존했던 것으로 나온다. 李穀, 「高麗國重大匡僉議贊成事上護軍平壤君趙公墓誌」, 『東文選』 권125.

388 『新增東國輿地勝覽』 권30, 慶尙道 晉州牧, 佛宇 龍巖寺. 현 경남 진주시 이반성면에 절터가 있다.

389 朴全之, 「靈鳳山龍巖寺重創記」, 『東文選』 권68, "若創立三巖寺 則三韓合爲一國 戰伐自然息

려 개국 초에 삼한통일三韓統一의 소망을 담아 창건되었다는 용암사가 이후로 시간이 지나면서 쇠퇴하다가 대대적인 중창을 맞게 된 것은 국통 무외정오의 하산소가 되었기 때문이다.[390] 앞서 본 금장사의 경우와 비슷하게 용암사는 무외정오의 하산소로 지정된 이후 역시 지방소재 천태종의 주요 사원으로 발전했다.

충렬왕 33년(1307) 왕사王師에 책봉된 무외정오는 금장사金藏寺를 하산소로 삼았다가 곧 국왕의 명에 의해 주청사周淸寺(1308), 국청사國淸寺(1309), 영원사瑩源寺(1310~1314)로 옮겨가며 주석했다. 그러다가 영원사에 주석하고 있었던 충숙왕 즉위년(1313) 11월에 국통(국사)에 책봉되자,[391] 그다음 해 봄에 국왕에게 영원사를 떠날 것을 간청하여 바로 영봉산 용암사로 옮겨왔다.[392] 즉 용암사가 국사가 된 무외정오의 하산소로 지정된 것이다. 여기서 정오가 당시 외진 지방 남단에 위치하여 퇴락해가던 용암사를 하산소로 삼았던 점에 대하여 주목할 필요가 있다. 원간섭기 이후로 고승의 하산소와 종파의 세력 확장 사이에는 상당한 연관성이 있기 마련이었다. 지정된 하산소에는 중앙정부로부터 많은 재정적인 뒷받침이 있었을 뿐 아니라, 또 그곳에는 많은 문도門徒와 신자들이 운집하여 적지 않은 물적 보시가 이어졌기 때문이다. 따라서 정오가 용암사를 하산소로 삼은 이면에는 천태종의 교세 확장이 의도되었을 것이다.

천태종은 고려 후기에 들어와 원묘국사圓妙國師 요세了世(1163~1245)에 의해 주도된 백련결사白蓮結社를 계기로 하여 그 세력이 부흥했다.[393] 원간

矣 於是創三巖寺 卽今仙巖 雲巖與此寺是也 故此寺之於國家 爲大裨補"

390 朴全之, 「靈鳳山龍巖寺重創記」, 『東文選』 권68, "無畏國統下山所龍巖寺 乃在於晉陽屬縣班城東隅靈鳳山之中也"

391 『高麗史』 권34, 世家 忠肅王 즉위년 11월 戊子.

392 무외정오가 영원사를 하산소로 삼아 잠시 머물렀던 것으로 보지만 다음 구절을 보면 당시 그가 瑩源寺의 住持였던 것으로 생각된다. 朴全之, 「靈鳳山龍巖寺重創記」, 『東文選』 권68, "吾本誓不作住持人 今不獲免而爲之 得寺名則足矣 肯以殘盛便否爲念"

섭기인 충렬왕 때에는 백련사 출신의 원혜국사와 무외국사가 개경의 묘련사에 진출했고, 이후 이들은 본래 선종 사원이었던 경남 밀양의 영원사를 자신의 하산소로 삼거나 혹은 주석하면서 그 세력을 확장했다. 그러므로 무외국통이 영원사에서 물러나 경남 남단에 위치한 진주 용암사를 하산소로 삼은 것 또한 당시 천태종의 종세 확장과 무관하지 않을 것이다.

무외국사 정오의 하산소로 지정된 후 용암사는 충숙왕 2년(1315)부터 중창이 시작되었다. 절의 공사를 총괄한 직책으로 보이는 제찰사提察使가 한중희韓仲熙, 박효수朴孝修, 정안교鄭安敎, 이황李貺 등으로 매년 교체되면서 작업은 충숙왕 5년(1318) 11월까지 4년간 진행되었다. 그리고 두 해 정도는 제찰사의 부관副官 격으로 보이는 염장별감鹽場別監을 두면서 공사의 규모를 확장하기도 했다. 한마디로 절의 작업공정이 중앙정부의 전적인 물적 지원과 계획 아래서 면밀히 이루어졌다. 준공된 용암사의 규모를 보면 중수된 건물이 20여 칸, 새로 지은 것이 80여 칸이었다. 간단히 절의 외형적인 규모만 따져보아도 전과 비교할 때 약 4배 이상으로 확장된 셈이다. 그리고 건물 내부를 "모두 나무 종이로 바르고, 왕골로 깔고 누루 단청을 베풀어 장엄莊嚴함을 갖추지 않은 바가 없다"[394]라고 묘사한 것을 보면 완공된 후 용암사의 웅장함과 화려함의 정도를 짐작할 만하다. 이것은 당시 중앙정부가 고승의 하산소에 베푼 실질적인 대우가 어떠했는가를 잘 보여준다.[395] 또한 정오의 고향인 순창현淳昌縣은 그가 국통國統으로 임명

393 고종 19년(1232)년 4월 8일 萬德寺 普賢道場의 개설을 白蓮結社의 출발로 삼는다. 그리고 天頙이 고종 23년(1236)에 白蓮結社文을 지었다.

394 朴全之, 「靈鳳山龍巖寺重創記」, 『東文選』 권68, "殿堂之內 以楮以莞 塗之鋪之 遍施丹雘 而莊嚴無不備焉"

395 고려 후기 高僧의 하산소에 대한 국가의 재정 지원을 알려주는 또 다른 예로 普覺國尊 一然의 麟角寺와 圓明國師 沖鑑의 普光寺가 있다. 閔漬, 「麟角寺 普覺國師靜照塔碑」, 『朝鮮金石總覽』 上, 아세아문화사, 1976, 471쪽; 危素, 「普光寺重創碑」, 『朝鮮金石總覽』 上, 아세아문화사, 1976, 496쪽; 『新增東國輿地勝覽』 권17, 忠淸道 林川郡, 佛宇 普光寺.

된 충숙왕 즉위년에 군郡으로 승격되기까지 했다.[396] 창건 후 약 400년 만에 이 같은 대규모의 중창을 통해서 화려하게 부활한 용암사는 절의 규모에 걸맞게 약 7일간의 낙성법회落成法會를 열었다. 그런데 유감스럽게도 법회명과 참가자 등이 전하지 않는 관계로 용암사에 대한 보다 구체적인 내용은 알 수 없다.

이렇게 용암사가 충숙왕 초에 중창을 통해 지방 소재의 주요 천태종 사원으로 발전한 것은 천태종이 충렬왕, 충선왕을 거쳐 충숙왕 때에도 상당한 세력으로 그 교세를 확장하고 있었음을 의미한다. 즉 천태종은 충숙왕 때에 이르러 개경의 국청사를 중심으로 하여 그 세력이 남단의 진주지방에까지 확대된 것이다.

무외국사 주석 후 용암사에 대해 특별히 알려진 사실은 없고 공민왕 때 신조神照가 국왕의 총애를 받고 용암사 주지로 있었다는 사실이 전한다.[397] 신조는 위화도회군威化島回軍(1388)에 참여하여 그 공로를 인정받아 공양왕恭讓王 때 공신功臣에 봉해지고,[398] 수원 만의사萬義寺를 받게 되었다. 이를 통해 용암사가 고려 말에도 천태종의 주요 사찰이었음을 짐작할 수 있다.

(2) 선종 사원

1) 일연의 하산소 인각사

경북 군위군에 있는 인각사麟角寺[399]는 승僧 일연一然(1206~1289)이 『삼

---

396 『高麗史』 권57, 志 地理2 全羅道 南原府, "淳昌郡 …… 고려에 와서 지금 명칭으로 고치고 縣으로 만들어 본부에 소속시켰다. 明宗 5년에 監務를 두었으며 忠肅王 元年에 僧 國統인 丁午의 고향이라 하여 知郡事로 승격시켰다."

397 權近, 「水原萬義寺祝上華嚴法華會衆目記」, 『陽村集』 권12, "時有天台龍嵒寺住持大禪師重大匡奉福君神照 嘗被玄陵寵昵之恩"

398 신조는 奉福君이라는 功臣 칭호를 받았다. 『高麗史』 권45, 世家 恭讓王 2년 4월 壬寅.

399 麟角寺는 신라 善德女王 11년(642)에 義湘(625~702), 혹은 선덕여왕 12년(643)에 元曉가

국유사三國遺事』를 저술한 사원으로 널리 알려져 있으며,[400] 만년에 그가 하산소下山所로 삼아 주석한 사원이기도 하다. 경북 의흥현義興縣 화산華山에 위치한 인각사가 세인들의 주목을 받으면서 큰 발전을 이룬 시기는 충렬왕忠烈王 10년(1284)에 일연의 하산소로 지정된 이후였다.[401] 조계종曹溪宗 가지산문迦智山門 출신인 일연이 충렬왕 9년에 국존國尊(국사國師)으로 책봉된[402] 후 개경開京을 떠나 자신의 옛 산으로 돌아가자,[403] 충렬왕은 그다음 해에 일연을 위해 인각사를 하안소下安所로 지정해주었다.

인각사가 일연의 하산소로 정해지자 조정에서는 근시近侍 김용검金龍劍을 책임자로 하여 절을 중수하도록 했고, 또 토지 100여 경頃을 내려주었다. 절이 국존의 하산소가 되면서 중앙정부의 상당한 물적 후원이 따른 것이었다. 앞서 본 무외국사無畏國師 정오丁午의 하산소와 유사한 경우였다. 일연은 인각사에서 주석하고 있던 중(1284~1289) 두 차례에 걸친 구산문도회九山門都會를 개최함으로써,[404] 이 시기에 즈음하여 인각사가 가지산

창건했다고 전한다. 『新增東國輿地勝覽』 권27, 義興縣, 佛宇 麟角寺; 蔣濟明, 『麟角寺誌』, 1981. 현 경북 군위군 고로면 화산에 있다. 1991년에 인각사 발굴작업이 시작되었고, 다음 해에 사적으로 지정되었다.

400 『三國遺事』의 전편은 충렬왕 4년(1278) 이후인 一然의 나이 73~76세 때 雲門寺에서 본격적으로 찬술되었다고 한다. 蔡尙植, 『高麗後期佛教史硏究』, 일조각, 1991.

401 閔漬, 「麟角寺普覺國尊靜照塔碑」, 『韓國金石全文』 中世 下, 아세아문화사, 1984, 1070쪽, "是年 朝廷 以麟角寺爲下安之地"

402 『高麗史』 권29, 世家 忠烈王 9년 3월 庚午, "以僧見明爲國尊"

403 閔漬, 「麟角寺普覺國尊靜照塔碑」, 『韓國金石全文』 中世 下, 아세아문화사, 1984, 1070쪽, "又以母老乞還舊山 辭意甚切 上重違其志 而允之" 여기서의 舊山은 苞山 곧 琵瑟山을 말하는 것으로 보인다. 『新增東國輿地勝覽』 권27, 慶尙道 玄風縣, 山川 琵瑟山. 실제로 일연은 고종 14년(1227) 포산 寶幢庵에 주석한 이후 약 20여 년을 포산에 있는 사찰에 머물면서 활동했다. 또 포산 仁弘社에서 11년 동안(1264~1274) 주석하다가 충렬왕이 즉위하던 해(1274)에 그것을 중수하여 仁興寺로 賜額받았고, 또 포산 동쪽의 涌泉寺를 중수하여 佛日寺로 개명했다. 그러므로 일연의 주 활동 무대는 경북 玄風縣 苞山(현 달성군 현풍면 비슬산)이었다. 『新增東國輿地勝覽』 권28, 慶尙道 星州牧, 佛宇 仁興寺 참조.

404 閔漬, 「麟角寺普覺國尊靜照塔碑」, 『韓國金石全文』 中世 下, 아세아문화사, 1984, 1070쪽, "師入麟角 再闢九山門都會 叢林之盛 近古未曾有也"

문만이 아니라 선종의 중심 사원으로 발전할 수 있는 토대를 마련해놓았다. 당시 여러 산문의 많은 승려들이 일연의 문하門下에 모여들게 되어 인각사는 선문禪門의 중심 역할을 하게 되었다. 이것은 일연이 입적하고 6년 후인 충렬왕 21년(1295) 인각사에 세워진 탑비의 음기陰記에서 보이는 여러 사찰과 승려들의 이름을 통하여 짐작할 수 있다.[405] 비의 음기에는 일연이 주석한 적이 있는 오어사吾魚寺, 인홍사仁弘社, 인흥사仁興寺, 불일사佛日社, 운문사雲門寺, 인각사麟角寺를 포함하여 40개의 사찰과 함께 대선사大禪師, 선사禪師 41명의 이름이 명기되어 있다.[406] 이것은 수많은 제자를 배출한 일연뿐만이 아니라 구산문도회가 개최된 인각사, 그리고 가지산문의 위상을 보여준 실례가 된다.

그런데 비문의 음기에 보이는 여러 사찰 중에서 특히 개경의 보제사普濟寺와 밀양의 영원사瑩源寺가 눈길을 끈다. 원간섭기 전의 보제사[407]는 개경에 소재한 대표적인 국찰國刹이었고 동시에 선종의 중심 사원이었지만 충렬왕 초부터 매년 을해법석乙亥法席이 열리면서 원元 황제의 기복祈福사찰로 변모되었던 절이다.[408] 그러므로 비碑의 뒷면에 보제사의 대선사

---

405 인각사비 陰記에 대한 복원 및 연구는 蔡尙植으로부터 시작했다. 1979년 채상식은 奎章閣本, 黃壽永 소장본, 大東金石書 등을 참조하여 碑陰 855字를 복원했다. 그리고 1991년 金相鉉은 채상식의 연구를 토대로 하고 全寶三 소장본과 朴永弴 소장본을 검토하여 碑陰 1,383字를 복원했다. 1996년 李智冠은 위의 성과를 토대로 하여 修正補完本을 발표했다. 蔡尙植, 「普覺國尊 一然에 대한 研究」, 『韓國史研究』 226, 韓國史研究會, 1979; 金相鉉, 「麟角寺 普覺國師碑 陰記 再考」, 『韓國學報』 62, 一志社, 1991; 李智冠, 「軍威 麟角寺普覺國尊靜照塔碑文」, 『伽山學報』 5, 伽山佛敎文化研究院, 1996. 본서에서는 김상현에 의해서 복원된 비음을 중심으로 하고 이지관, 채상식의 것은 참고 비교하는 사료로 활용했다.

406 大禪師, 禪師 외에 소속된 절은 밝히지 않은 채 山林 18명, 三重 20명, 大選, 入選, 參事 등 78명의 이름이 기록되어 있다. 金相鉉, 「麟角寺 普覺國師碑 陰記 再考」, 『韓國學報』 62, 일지사, 1991, 71~74쪽 참조.

407 보제사가 元皇室의 願堂으로 변모된 과정과 실태는 이 책 제3장 '元皇室의 願堂이 된 寺院' 世祖의 願堂 편이 참고가 된다.

408 『高麗史』 권28, 世家 忠烈王 2년 正月. 乙亥法席의 성격상 충렬왕 2년 1월부터 시작하여 세조가 사망하기 한 해 전인 충렬왕 19년까지는 그 의례가 실시되었을 것이다.

법류法流[409]라는 승려가 일연의 문도로 기재되었다는 사실은 인각사 내지 가지산문이 원황실과도 간접적이나마 우호적인 관계를 유지하고 있었음을 시사한다. 또 영원사는 조계종과 천태종 사이에서 그 소속이 빈번히 교체된 사원이라는 것을 앞서 자세히 살펴보았다. 그런데 역시 비의 뒷면에 영원사의 선사 신구信丘가 기재된 것을 볼 때 충렬왕 21년(1295) 일연의 탑비가 건립되기 전에는 영원사가 선종 소속의 사원이었음을 알려준다. 왜냐하면 천태승天台僧인 원혜국사圓慧國師가 원元 성종成宗 원정元貞 중(1295~1296)에 영원사에 머물었기 때문이다.[410] 즉 원혜국사가 머물기 바로 직전에 영원사는 선종 소속이었다는 계산이 성립된다. 훗날 영원사는 일연의 법맥法脈을 이은 보감국사寶鑑國師 혼구混丘가 잠시 동안 다시 주석하게 된다.

일연이 입적한 후에 인각사를 주재한 승려는 일연의 제자 청분淸玢(1250~1322)이었다. 청분은 일연이 세상을 떠나자 당시 운문사 주지로 있으면서 행장行狀을 지어 충렬왕에게 바쳤고,[411] 또 충렬왕 21년에는 인각사와 내원당內願堂 주지를 겸하면서 일연의 비 건립에 주도적인 역할을 담당했던 인물이다.[412] 청분은 보감국사 혼구의 초명初名으로 그는 10세에 출가하여 승과僧科 구산선九山選에 수석으로 합격했지만 출세의 길을 버리고 일연의 문하에 들어간 사법제자嗣法弟子였다.[413] 혼구는 충렬왕 21년을 전

409 이지관의 수정교감본에서는 '普淵寺 法悅'로 보았고 그 외 김상현, 채상식은 모두 '普濟寺 法流'로 보았다.

410 원혜국사는 충렬왕 21, 22년 이후에, 그리고 무외국사는 충선왕 2~충숙왕 1년(1310~1314)까지 영원사에 주석했다.

411 閔漬, 「麟角寺普覺國尊靜照塔碑」, 『韓國金石全文』 中世 下, 아세아문화사, 1984, 1073쪽, "門人 雲門寺住持大禪師淸玢 狀師之行聞于上" 비문의 撰者는 閔漬, 글씨를 集字한 자는 門人 竹虛, 立石한 자는 門人 淸玢, 陰記를 撰한 자는 山立이었다.

412 閔漬, 「麟角寺普覺國尊靜照塔碑」, 『韓國金石全文』 中世 下, 아세아문화사, 1984, 1073쪽, "門人 內願堂兼住持通奧眞靜太禪師淸珍 立石" 여기서 淸珍은 淸玢의 오기로 본다.

413 金相鉉, 「麟角寺 普覺國師碑 陰記 再考」, 『韓國學報』 62, 일지사, 1991, 58~59쪽. 채상식은

〈표 14〉 충렬왕대 선종·천태종의 중심 사원과 영원사의 소속 변천

* 원 안의 숫자는 영원사의 소속 순서

선종(조계종)			천태종		
사원	고승	주석기간	사원	고승	주석기간
인각사	보각국사	충렬왕 10~15년	묘련사	원혜국사	충렬왕 10년 이후
	보감국사	충렬왕 21년 전후		무외국사	충렬왕 28~33년
영원사	신구 ?	① 충렬왕 21년 전	영원사	원혜국사	② 충렬왕 21, 22년 이후
				무외국사	③ 충선왕 2년~충숙왕 1년
	보감국사	④ 충숙왕 2~9년		의선	⑤ 충숙왕 9년 이후

후하여 인각사 주지로 있으면서 그 역시 많은 문도를 거느리게 되었는데,[414] 그 기간은 명확하지 않다. 이후 혼구는 충숙왕忠肅王 즉위년(1313) 11월에 왕사王師에 책봉되었고,[415] 천태승 무외국사가 영원사에서 용암사龍巖寺로 옮겨감에 따라 영원사에 머물게 되었고, 충숙왕 9년(1322) 송림사松林寺에서 세상을 떠난 후 보감국사로 추증되었다.

지금까지 살펴보았듯이 충렬왕 때 인각사에는 보각국존 일연, 보감국사 청분과 같은 고승이 잇달아 머물면서 선종의 중심 사원으로 확고히 자리해 당시 선문禪門을 주도했다. 한편 비슷한 시기에 천태종에서는 원혜국사, 무외국사의 활발한 활동으로 인해 묘련사妙蓮寺를 거점으로 한 천태종의 교세도 급성장한 때였기 때문에 인각사를 중심으로 한 선종과 묘련사를 중심으로 한 천태종 사이에는 적지 않은 경쟁 양상이 벌어졌다. 아마도

일연의 비를 건립한 淸玢과 비의 陰記를 쓴 山立을 동일인으로 보아 혼구는 일연의 직계문도가 아니라고 주장했다. 蔡尙植, 『高麗後期佛教史研究』, 일조각, 1991, 107~108쪽. 하지만 碑의 陰記에 山立과 함께 문도 중의 한 사람으로서 '麟角寺 淸玢'이 보이고 있어서 산립과 청분은 동일 인물이 아닌 듯하다.

414 李齊賢, 「曹溪宗慈氏山瑩源寺寶鑑國師碑銘」, 『益齋亂藁』 권7, "洎嗣席開堂 其師衆規繩 講若畫一 而雍容閑雅過之"

415 혼구가 王師에 책봉된 때 丁午는 國統에 책봉되었다. 『高麗史』 권34, 世家 忠肅王 즉위년 11월 戊子.

그 대표적인 사례가 원간섭기 이후부터 영원사를 둘러싸고 본격화된 두 종파 간의 분쟁이었을 것이다. 원간섭기 초기인 충렬왕 때 인각사를 중심으로 한 선종이 한창 교세를 떨칠 당시 천태종의 상황과 영원사의 소속이 바뀐 과정을 정리해보면 〈표 14〉와 같다.

〈표 14〉에서 보는 바와 같이 충렬왕 때의 선종과 천태종의 중심 사원은 각각 인각사와 묘련사였고, 또한 당시 영원사는 처음에는 선종 소속이었다가 원혜국사 이후 원간섭기 중 대부분은 천태종 소속이었음을 알 수 있다. 그런데 일연의 비가 건립된 충렬왕 21년(1295) 전에 과연 영원사가 얼마 동안이나 선종에 소속되었는가 하는 것은 알 수 없다. 다만 충렬왕 10년(1284)에 완공된 천태 사원 묘련사가 천태종뿐만 아니라 고려 중앙 불교계의 중심 사원으로 부상했던 것을 감안한다면, 충렬왕 때 영원사가 선종 소속으로 있던 기간은 그리 길지 않았을 것으로 생각된다. 또 위의 표는 영원사가 원간섭기 대부분을 천태종 소속으로 존재했음을 보여주고 있어서 간접적이나마 선종의 교세가 천태종에 비해 열세에 놓여 있었음을 말해준다. 선종이 천태종의 교세를 앞서긴 시기는 원의 간섭기가 끝난 공민왕恭愍王(재위 1351~1374) 이후 회암사檜巖寺가 구심점이 되어 태고보우太古普愚, 나옹혜근懶翁慧勤 등과 같은 고승들이 활약한 때였다.

2) 연복사와 연복사 범종

충렬왕 때 원元 세조世祖(쿠빌라이忽必烈, 재위 1260~1294)의 원당이었던 보제사普濟寺가 충숙왕忠肅王(재위 1313~1330; 1332~1339) 초에는 어떤 이유에서인지 모르지만 사원의 이름이 연복사演福寺로 바뀌었다.[416] 연복

416 『新增東國輿地勝覽』 권4, 開城府 上, 佛宇 演福寺, "在都城中央古名普濟 大殿曰能仁" 『고려사』에서는 충숙왕 1년(1314) 正月에 처음으로 演福寺가 보이나, 『고려사절요』에서는 충숙왕 즉위년(1313) 12월에 그 이름이 보인다. 또 徐兢의 『宣和奉使高麗圖經』 권17 祠宇에서는 절의 이름을 '廣通普濟寺'라고 했다. 절은 개성시 한천동에 있었지만 조선 중기 明宗 18

사는 충목왕忠穆王 2년(1346)에 그동안 절에 폐치廢置되어 있었던 범종梵鐘을 교체하면서 다시 원황실과 인연을 맺었다. 이것은 기황후奇皇后가 순제順帝(토곤테무르妥懽帖睦爾, 재위 1333~1370)의 제2황후皇后로 책봉된 후 황실과 자정원資政院 관리들의 정치적 간섭과 발호가 심화되던 충목왕(재위 1344~1348) 때 황실로부터 범종을 하사받았기 때문이다.[417] 그 내용을 간단히 보면, 충목왕 2년 천자의 명령을 받은 자정원사資政院使 강금강姜金剛과 좌장고부사左藏庫副使 신예辛裔[418]가 장인匠人들과 함께 금강산金剛山에 와 범종梵鐘의 주조를 마치고 돌아가려던 차에,[419] 그들은 고려왕실과 대소신료大小臣僚들로부터 연복사에도 새로운 범종을 주조해달라는 부탁을 받았다.[420] 즉 고려왕실이 원황실의 도움으로 새로운 범종 주조의 불사佛事를 일으켜 황실의 은혜에 보답하고, 천자天子의 뜻을 길이 받드는 공덕功德을 쌓고자 한다는 뜻을 전한 것이다.[421] 이때 자정원사 강금강은 그것을 쾌히 승낙하고 새로운 범종을 주조해 연복사에 하사했다. 여기서 강금강이 연복사 범종의 주조를 승낙한 이면에는 원간섭기 초에 연복사가 세

년(1563)에 모두 불탔다.

417 李穀, 「演福寺新鑄鍾銘幷序」, 『稼亭集』 권7.
고유섭은 개성 연복사종과 함께 평창 上院寺鐘, 경주 奉德寺鐘, 천안 聖居寺鐘, 지평 上院寺鐘을 조선의 5大 名鐘으로 꼽았다. 연복사종은 현 경기도 개성시 북안동 南大門에 있고, 북한 국보 제136호이다. 크기는 높이 3.12m, 직경 1.85m, 두께 23cm, 무게는 약 14톤이다. 高裕燮, 『松都의 古蹟』, 열화당, 1977, 92쪽; 신법타, 『북한불교연구』, 민족사, 2000, 684쪽.

418 辛裔는 奇皇后의 최측근인 資政院使 高龍普와 妻男 妹夫 사이로서 元 制科에 급제한 성리학자다. 충혜왕의 폐위에(1343년) 가담했으며, 또 원 황제의 권력을 업고 금강산 楡岾寺의 楡岾都監을 감독하면서 고려조정의 寺院田 회수 명령을 거부했던 인물로 유명하다. 『高麗史』 권125, 列傳 辛裔; 高惠玲, 『高麗後期 士大夫와 性理學受容』, 일조각, 2001, 113~115쪽 참조.

419 忠穆王 2년(1346)에 금강산 表訓寺鐘이 주조된 것이다. 본서 '元皇室의 布施를 통해 中興된 高麗寺院' 長安寺가 참고된다.

420 연복사종에 결함이 있음은 이미 12세기 초 徐兢의 『高麗圖經』에서도 지적되었고, 충목왕 때는 거의 폐기 상태에 놓여 있었다. 서긍은 송나라 문신으로 仁宗 1년(1123) 개경에 온 사신이었다.

421 李穀, 「演福寺新鑄鍾銘幷序」, 『稼亭集』 권7, "今因巧冶之來而更鑄之 亦足以體上之意 而爲不朽之功矣"

조의 원당願堂으로 기능한 사실이 일정 부분 작용했을 것이다. 원황실에서 범종을 주조해준 것은 연복사가 사원명寺院名이 '보제사普濟寺'이던 때인 충렬왕 2년(1276)부터 매년 을해법석乙亥法席을 열어 세조를 위해 축수재祝壽齋를 행한 데에 대한 답례의 성격을 띤 듯하다.

충목왕 2년(1346) 원나라 장인에 의해 주조鑄造된 연복사 범종을 보면 먼저 하반부 한 구획에는 천자天子의 만수무강과 자손의 번창을 비는 고려 군신君臣들의 축원이 담긴 명문銘文이 새겨져 있다. 또 하반부의 각기 다른 구획에는 충목왕과 그 모후母后로서 섭정 중인 덕녕공주德寧公主, 원에서 온 강금강과 신예를 위시하여 고려조정 내의 주요 관료들의 이름이 명문에 기록되어 있다. 이것은 당시 연복사 범종의 주조가 한 사찰의 불사佛事를 넘어서서 여원麗元 양국의 교류관계에 있어서 중요한 의미를 띤 국가 차원의 대사大事였음을 의미한다. 물론 이 같은 불사를 통해 고려왕실은 원황실로부터 그 종속관계를 더욱 강요받게 되었을 것이다.

다음 범종의 상반부를 보게 되면 용뉴龍紐의 바로 아랫부분인 동서남북 4방에 각각 삼존불三尊佛을 한 단위로 하여 불보살이 양각되어 있다.[422] 그리고 그 사이에는 '불일증휘佛日增輝, 황제만세皇帝萬歲, 법륜상전法輪常轉, 국왕천추國王千秋'를 새겨넣어, 원 황제와 고려 국왕의 장수를 빌고, 불법이 사방에 전파되기를 기원했다. 그리고 밑부분에는 가로로 연속하여 란차Lantsha문자를 새겨넣었는데, 이것은 『불정존승다라니경佛頂尊勝陀羅尼經』의 한 구절인 것으로 알려져 있다.[423] 즉 "만일 어떤 사람이 귀로 이 경

422 4방의 三尊佛은 각각 비로자나불, 아촉불, 보생불, 불공성취불을 主尊으로 한 불보살상인 것이라고 하기도 하고, 또는 석가불, 아미타불, 비로자나불, 약사여래를 주존으로 했다고도 한다. 그런데 전자의 4主尊佛이 종의 상반부에 梵文으로 새겨져 있는 8部佛菩薩 중의 4佛의 명칭과도 일치하고 있기 때문에 전자의 견해가 타당하다고 생각한다.

423 허일범, 「한국 불교 속의 티베트 불교」, 『불교평론』 5, 현대불교신문사, 2000 겨울. 고유섭은 종에 새겨진 經文이 티베트 불교도들이 轉經의 한 수단으로 금속제 원통면에 경문을 새겨 원통을 돌려가며 읽었던 것과 유사한 형태라고 보았다. 高裕燮, 『松都의 古蹟』, 열화당,

經을 듣게 되면 전생前生에 지은 일체의 지옥악업地獄惡業이 모두 소멸되어 마땅히 청정淸淨한 몸을 얻게 되리라"[424]라는 구절이다. 또 그 경문의 밑에는 티베트 문자로 오불진언五佛眞言이 새겨져 있는데 이것은 한국 범종에서 발견된 예가 없는 것으로 티베트와 몽고 지역에서만 나타나는 양식인 것으로 알려져 있다.[425] 티베트 문자가 새겨져 있는 중국식 범종으로 특징지어지는 이 연복사 범종은 원나라를 통해 고려에 전파된 대표적인 티베트 불교 양식의 범종이었다.[426] 이 같은 범종을 통해서 연복사는 이전 충렬왕 때의 보제사와 유사한 성격을 띤 사원이 되었다. 불교국가 고려왕조를 대표하는 국가 사찰인 보제사가 원간섭기인 충렬왕 때 세조를 위한 기복 불사를 정례화하고, 또 충목왕 때 연복사가 범종을 하사받으면서 원 황실에 예속되었던 사실은 당시 선종의 위축과 함께 암울한 시기를 보내고 있던 고려 불교계의 한 단면이었다.

그러나 연복사는 공민왕 때에 이르러 원간섭기 전과 같은 국찰의 기능을 회복하고,[427] 사원의 중창이 추진되면서 과거의 영화를 회복하기 시작했다. 공민왕 때에는 중창이 추진되었으나 이루어지지 못했고,[428] 공양왕恭讓王 3년(1391) 2월부터 대대적인 중창에 들어갔다. 이 작업 과정에서 배불론자排佛論者들의 격렬한 저항이 있었으나 결국 조선 태조太祖 2년

1977, 93쪽.

424 「佛頂尊勝陀羅尼經」, 『大正新修大藏經』 권19, 350쪽, "若有人聞一經於耳 先世所造一切地獄惡業 皆悉消滅 當得淸淨之身"

425 허일범, 「한국불교 속의 티베트불교」, 『불교평론』 5, 현대 불교신문사, 2000 겨울.

426 허일범은 13세기 이후부터 한국 불교문화가 티베트, 몽고불교의 영향을 받은 대표적인 것으로 진언, 불상, 탑, 법구, 탱화, 수행법 등을 들었다. 허일범, 「한국불교 속의 티베트 불교」, 『불교평론』 5, 현대불교신문사, 2000 겨울.

427 연복사는 공민왕 1년(1352)에 충정왕의 眞殿寺院이 되면서 원황실과의 관계를 끊기 시작했다. 『高麗史』 권38, 世家 恭愍王 元年 7월 癸酉.

428 연복사의 중창이 시도된 시기는 대략 辛旽의 집권기인 1365~1371년으로 추정하고 있다. 黃仁奎, 「麗末鮮初 演福寺塔의 重營과 落成」, 『東國歷史敎育』, 동국역사교육회, 1999, 16쪽.

(1393) 4월에 낙성되었다.[429] 고려 말에 연복사가 본래의 기능을 회복하고, 사원의 중창이 추진되고, 또 왕조가 교체된 혼란 속에서도 결국 절이 낙성될 수 있었다는 사실은 연복사가 국초부터 고려왕조에서 차지한 그 위상이 어떠했는가를 잘 말해준다.

(3) 법상종 사원

원간섭기 중 강성한 교세를 편 종파로는 앞서 본 천태종天台宗, 선종禪宗과 함께 법상종法相宗(유가업瑜伽業)을 꼽을 수 있다. 신라 중대(654~780) 태현太賢과 진표眞表에 의해서 성립된 법상종은 고려시대에 들어와 목종穆宗(재위 997~1009) 때 숭교사崇敎寺,[430] 현종顯宗(재위 1009~1031) 때 현화사玄化寺가 창건되면서 크게 흥성했다. 특히 현화사는 현종이 부모의 명복을 빌기 위하여 창건한 원찰願刹로 고려 중기 최고의 문벌귀족인 인주이씨仁州李氏 세력과 연결되어 고려 법상종의 중심 사원이 되었다. 초대 주지 대지국사大智國師 법경法鏡을 시작으로 하여 혜소국사慧炤國師 정현鼎賢, 지광국사智光國師 해린海麟, 영념靈念, 혜덕왕사慧德王師 소현韶顯[431] 등으로 이어지면서 법상종의 종세宗勢는 번창했다.[432] 특히 제5대 주지 소현은 현화사뿐만 아니라 금산사金山寺 주지를 역임하면서 법상종의 발전에 가장 크게 공헌한 인물이었다.[433] 이후 법상종은 의천義天에 의한 화엄종, 천

429 權近, 「演福寺塔重創記」, 『陽村集』 권12.

430 崇教寺는 목종 3년(1000) 10월에 목종의 願刹로 창건되었다. 숭교사는 현종이 즉위하기 전에 千秋太后(景宗의 妃 獻哀王后, 穆宗의 母后)의 핍박을 받고 출가한 사원이기도 하다.

431 韶顯(1038~1096)은 李子淵의 다섯째 아들로 海麟의 문하에 出家했고, 宣宗 1년~肅宗 즉위년(1084~1095)까지 현화사 주지로 있었다. 이외에 이자연 가문 사람으로 현화사와 관계된 승려로 소현에게 조카 되는 世良이 있고, 또 세량에게 조카가 되고 李資謙의 아들인 義莊이 있다.

432 崔柄憲, 「高麗中期 玄化寺의 創建과 法相宗의 隆盛」, 『韓沽劤博士 停年紀念史學論叢』, 지식산업사, 1981.

433 鄭晃先, 「金山寺慧德王師眞應塔碑」, 『韓國金石全文』 中世 上, 아세아문화사, 1984, 540쪽.

태종의 성장과 이자겸李資謙의 난亂(1126)[434]으로 인한 인주이씨의 몰락 등으로 그 세력이 약화되었고, 또한 최씨崔氏 무인정권기에는 그 세력이 전대에 비해 훨씬 미약해졌다.[435]

이후 원간섭기의 법상종은 동화사桐華寺와 법주사法住寺를 중심으로 활약한 홍진국존弘眞國尊 혜영惠永과 자정국존慈淨國尊 미수彌授 등에 의해서 중흥기를 맞게 된다. 통상적으로 법상종의 3대 사찰을 동화사桐華寺, 법주사法住寺, 금산사金山寺라고 하는데, 원간섭기에도 이들 사원이 법상종의 주요 본거지가 되었다. 신라 중대에 성립된 법상종은 크게 태현계太賢系와 진표계眞表系로 나누어지는데,[436] 진표계의 법상종이 지방 소재의 금산사, 법주사, 동화사를 중심으로 전파되었다. 즉 진표는 금산사에 미륵불彌勒佛을 조성하여 법상종의 근본도량으로 삼았는데, 그의 제자인 영심永深은 속리산 길상사吉祥寺(법주사)에서 교법을 일으켰고,[437] 또 영심의 제자인 심지心地는 팔공산 동화사에서 불법을 펼쳤다.[438] 진표의 『점찰경占察經』신앙과 그에 따른 참회행懺悔行은 법주사의 영심, 동화사의 심지에게로 계승된 것인데,[439] 고려 중기를 거치면서 원간섭기에도 그 사원들은 그대로 법상종의 중심 사원으로 존립했다. 하지만 그 내부의 실질적인 내용은 전대

434 이자겸의 난 때 이자겸의 아들 僧 義莊은 현화사 승 300명을 동원하여 난에 가세했다. 『高麗史』 권127, 列傳 李資謙.

435 金南允, 「고려 중기 불교와 法相宗」, 『韓國史論』 28, 서울대학교 국사학과, 1992, 124쪽.

436 太賢系가 유식교학 연구를 바탕으로 彌勒과 阿彌陀淨土를 신앙했고, 眞表系는 占察法과 懺悔를 행하면서 彌勒菩薩과 地藏菩薩을 신앙했다. 金南允, 「고려중기 불교와 法相宗」, 『韓國史論』 28, 서울대학교 국사학과, 1992, 112쪽.

437 진표에게 불법을 받은 제자로는 永深 외에도 寶宗, 信芳, 體珍, 珍海, 眞善, 釋忠 등이 있다. 『三國遺事』 권4, 義解5 眞表傳簡.

438 心地는 신라 제41대 憲德王(809~826)의 아들이고, 閔哀王의 追福을 위해 동화사 석탑을 세우는 일에 참여한 心智와 동일인으로 본다. 『三國遺事』 권4, 義解5 心地繼祖; 「閔哀大王石塔記」, 『韓國金石全文』 古代, 아세아문화사, 1984, 178쪽.

439 『三國遺事』 권4, 義解5 眞表傳簡, "表聞師之言遍遊名岳止錫仙溪山不思議庵該鍊三業以亡身懺" 진표의 수행은 亡身懺法으로 알려져 있다.

에 비해 많은 차이를 보이게 되었다.

1) 동화사

원간섭기에 가장 큰 발전을 이룬 법상종의 중심 사원은 경북 대구 팔공산에 있는 동화사桐華寺였다.[440] 「동화사사적비桐華寺事蹟碑」[441]에 따르면 동화사는 신라 소지왕炤知王 15년(493) 극달존숙極達尊宿이 창건하여 유가사瑜伽寺로 불렸다가, 홍덕왕興德王 7년(832)에 심지대사心地大師가 크게 중창하여 동화사라 했다.[442] 원간섭기 중에 동화사에 머물며 법상종의 진흥에 큰 공을 세운 고승은 홍진국존弘眞國尊 혜영惠永(1228~1294)이었다. 그가 동화사에 주석한 시기는 충렬왕忠烈王 18년(1292) 국존國尊(국사國師)에 책봉된 그해였다. 당시 혜영이 국존에 책봉되었던 것은 사경寫經을 통해 원황실元皇室로부터 상당한 칭송을 받은 덕분인 듯하다. 혜영은 국존이 되기 두 해 전인 충렬왕 16년(1290)에 사경승 100명을 거느리고 원나라 대도大都에 가서 금자金字 『법화경法華經』을 사경하여 세조에게 바쳤다.[443] 또 다음 해인 충렬왕 17년에 『대장경』 사경을 마쳤는데[444] 이에 대해 당시 원 세조는 매우 기뻐하면서 많은 선물을 하사하고, 융숭한 대우를 베푼 것으로 전한다. 이러한 혜영의 국위 선양에 대한 보상으로 충렬왕은 다음 해에 그를 국존에 책봉해 오교도승통직五教都僧統職을 제수하고 동화사에 주

440 동화사는 현 대구광역시 동구 도학동 팔공산에 있다.

441 桐華寺事蹟碑는 마멸되어서 1931년 3월 주지 황보웅이 다시 세우고 碑文은 金鼎來가 撰하고, 金鎭萬이 書했다고 한다. 桐華寺 편, 『팔공산 동화사의 역사와 사상』, 동화사, 2001, 115쪽.

442 『三國遺事』에 따르면 眞表로부터 永深에게 전해진 簡子를 받은 心地가 지금의 동화사 籤堂 북쪽에 창건했다고 한다. 대체로 동화사의 창건은 홍덕왕 7년(832) 심지에 의한 것으로 본다.

443 金晅, 「桐華寺弘眞國尊眞應塔碑」, 『韓國金石全文』 中世 下, 아세아문화사, 1984, 1079쪽, "庚寅 領寫經僧衆一百員到大元國大都 以金字法華經爲贄拜見" 『高麗史』 권30에 따르면 忠烈王 16년 3, 4월에 각각 寫經僧 35명, 65명을 파견한 것으로 나온다.

444 1277년 창건된 元 萬安寺에서 『대장경』의 寫經佛事를 했다고 한다. 黃仁奎, 「高麗後期 教宗僧의 中國遊歷과 佛教界의 動向」, 『佛教研究』 27, 한국불교연구원, 2007, 95쪽.

석하게 했다. 그렇다면 국존에 책봉된 고승이 주석하도록 지정된 당시 동화사의 사세寺勢는 어떠했을까 하는 것이 의문이다. 현재 충렬왕(재위 1274~1308) 때 동화사의 정황을 알려주는 자세한 기록은 전하지 않지만, 다음의 기사가 동화사의 대강을 전해주고 있다.

> 왕후王珛는 충선왕忠宣王 2년에 단양부원대군丹陽府院大君으로 책봉되었고 충숙왕忠肅王 후後 2년에 왕이 원나라에 체류하였기 때문에 왕후가 정동성征東省 사무를 임시 대리하였다. 처음에 정화궁주貞和宮主의 오빠가 승려로 동화사桐華寺에 거주하였는데 양인良人을 가칭하여 노예로 만든 것이 천 수백 호로 늘었다. 왕후 등은 대대로 그들을 부려먹었는데 정치도감整治都監 신리申理가 모두 양민良民으로 회복시켰다.[445]

먼저 위의 글에서 보이는 왕후王珛는 충렬왕과 정화궁주貞和宮主(?~1319)[446] 사이의 소생인 강양공江陽公 자慈(?~1308)의 아들이다.[447] 왕후의 조모祖母인 정화궁주는 원종元宗 1년(1260)에 태자太子 심諶(충렬왕)과 혼인하여 제1비가 될 위치에 있었다. 그러나 이후 충렬왕이 대원對元관계를 위해 정략적으로 세조의 딸 제국대장공주齊國大長公主(1259~1297)와 혼인하게 되어[448] 정비正妃의 자리에 오르지 못했다. 정화궁주는 1남 2녀를 낳

445 『高麗史』 권91, 列傳 宗室2 姜陽公 滋, "珛 忠宣王二年 封丹陽府院大君 忠肅後二年 王在元 珛爲權省 初貞和宮主兄僧 住桐華寺 冒良人爲隷 蕃至千數百戶 珛等世後之 整治都監 申理歸良"

446 宗室 始安君 王絪의 딸로서 원종 1년 11월 太子 諶(후에 忠烈王)과 혼인했으며, 태자가 충렬왕에 오르자 貞和宮主에 봉해졌다. 『高麗史』 권89, 列傳 后妃2 貞信府主 王氏.

447 충렬왕과 제국공주, 정화궁주 사이의 소생들을 보면 다음과 같다.

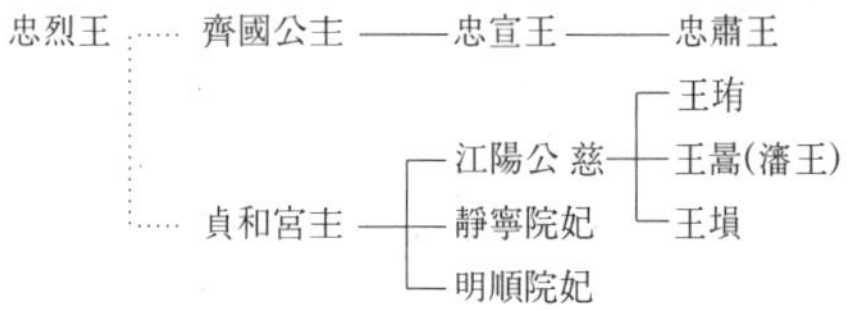

았는데 그 아들이 강양공 자慈이고, 또 자는 슬하에 왕후, 왕고王暠, 왕훈王塤 세 아들을 두었다. 위의 글에 따르면 승려인 정화궁주의 오빠가 바로 동화사에 거주하고 있으면서 많은 양민良民을 노비로 삼아 상당한 세도를 부렸던 것으로 나온다. 또 강양공의 아들이자 충선왕忠宣王(재위 1298; 1308~1313)의 조카인 왕후가 그것을 세습했는데, 정치도감整治都監에 의해서 원상회복될 때까지 불법적으로 소유했다는 내용이다.

우선 충렬왕 때 정화궁주의 오빠가 동화사의 승려로 있으면서 수많은 양인을 불법으로 사원노비화하며 발호했던 것은 물론 정화궁주의 권세에 의지했기 때문에 가능했을 것이다. 또한 왕후가 그것을 세습할 수 있었던 것도 그의 동생인 왕고가 충숙왕忠肅王(재위 1313~1330; 1332~1339) 즉위 시에 세자로 책봉되었고[449] 또 충숙왕 3년(1316)에는 상왕上王 충선왕으로부터 심왕瀋王을 물려받게 되어[450] 그 권세에 의지할 수 있었기 때문이다. 충숙왕 때 왕후 형제들의 권력 발호는 이것 외에도 왕훈이 김영장金永長의 처妻를 간음하여 순군巡軍에 감금되었을 때 심왕 왕고가 압력을 행사하여 풀려나게 한 예에서도 잘 드러난다.[451] 그러므로 충렬왕~충숙왕 때에 동화사를 근거로 한 정치 세력은 정화궁주의 인척과 그 소생인 종실이었음이 분명하다. 그 세력은 양인을 사원노비화한 불법적 행위가 충목왕 3년(1347)에 설치된 정치도감의 구치究治 대상이 되기도 했다.[452] 특히 충숙왕

448 『高麗史』 권27, 世家 元宗 15년 5월.

449 『高麗史』 권34, 世家 忠宣王 5년 3월.

450 충선왕은 충렬왕 34년(1308) 5월에 元 武宗으로부터 瀋陽王을 제수받아 고려왕과 겸직하다가 재위 5년(1313)에 고려왕위를 충숙왕에게 양위하고, 충숙왕 3년(1316) 2월에 심양왕을 조카인 왕고에게 양위하였다. 『高麗史』 권34, 世家 忠肅王 3년 3월. 심양왕은 충선왕 2년(1310)에 심왕으로 改封되었다.

451 『高麗史』 권91, 列傳 宗室2 江陽公 慈. 王塤은 충선왕 때 延德君으로, 충숙왕 때는 府院大君으로 책봉되었다.

452 정치도감은 고려의 정치, 경제, 사회의 개혁을 목표로 元의 후원 아래 설치되어 그 주된 究治對象이 附元勢力이었다. 閔賢九, 「整治都監의 設置經緯」, 『論文集』 51, 국민대학교, 1977; 민현구, 「整治都監의 성격」, 『東方學志』 23·24, 연세대학교 국학연구원, 1980.

때에는 고려왕위까지 차지하려고 한 심왕 왕고[453]의 형인 왕후와 동생인 왕훈이 동화사를 경제 기반으로 삼았다는 사실을 볼 때, 당시 동화사의 부와 권력은 상당했을 것으로 예상된다.

그렇다면 충렬왕 18년(1292) 국존에 책봉된 혜영이 동화사에 주석한 시기(1292~1294)는 그곳 승려인 정화궁주 오빠의 영향력으로 절의 사세가 크게 확장되어가던 때로 보아도 좋을 것이다. 동화사가 혜영의 주석을 계기로 하여 중흥되었다기보다는, 이미 종실 세력으로부터 비호를 받으면서 상당한 사세를 자랑하고 있던 시기에 혜영이 동화사에 주석했던 것으로 보는 편이 타당하다. 그리고 동화사에는 자정국사 미수가 충숙왕 8~11년(1321~1324)까지 주석하기도 했는데,[454] 이 시기는 앞서 본 것처럼 심왕 왕고의 권세에 의지하여 왕후, 왕훈 형제가 동화사를 근거지로 삼아 발호하던 때에 해당한다. 충렬왕 때와 마찬가지로 충숙왕 때에도 동화사의 여러 가지 넉넉한 여건 때문에 그곳에 국사가 머물도록 배려된 것이다. 따라서 원간섭기에 법상종의 교세가 두드러지게 된 것은 단순히 원나라로 사경승을 파견해서라기보다는, 동화사를 본거지로 한 종실과 부원 세력의 비호가 보다 더 크게 작용했음을 알 수 있다.

2) 법주사와 금산사

① 유식학 연구의 본산 법주사

원간섭기에 동화사 다음으로 법상종의 중심이 된 사원은 충북 보은 속

453 고려 국내에서는 충숙왕 8년(1321)부터 瀋王 옹립 운동이 본격적으로 제기되어 충숙왕 10년(1323)에 王暠를 총애하던 元 寧宗(시디발라)이 죽고, 泰定帝(예순테무르)가 즉위하면서 충숙왕의 고려왕위가 보장되었다.

454 李叔琪, 「法住寺慈淨國尊普明塔碑」, 『韓國金石全文』 中世 下, 아세아문화사, 1984, 1156쪽, "辛酉 以△△寺爲下山所 又移住桐華寺 甲子 封崇爲悟空眞覺妙圓無碍國尊 乙丑 復住法住寺" 미수는 동화사 주석기간 중인 충숙왕 11년에 國尊으로 책봉되었다.

리산의 법주사法住寺였다. 법주사는 앞서 언급한 대로 자정국사慈淨國師 미수彌授(1240~1327)가 동화사에 머물다가 충숙왕 12년(1325)에 옮겨와 2년 후에 입적한 절이기도 하다. 법주사는 신라 진흥왕 때 승僧 의신義信이 인도에서 경전을 구해 돌아와 머물며 창건한 절이라는 설화가 전해오고 있으며,[455] 실제로 절이 법상종의 중심 도량으로 기능하게 된 것은 진표眞表의 제자인 영심永深이 이곳에서 교법敎法을 펴면서부터였다.

영심에 의해서 법상종의 주요 사찰이 되어 진표의 점찰교법을 편 법주사는 고려시대에도 여전히 법상종의 중심 사원으로 존립했다. 원간섭기 때 법주사의 정황을 유추해볼 수 있는 단서는 자정국사 미수의 행장이다. 미수는 일찍부터 유식학승唯識學僧으로 크게 이름을 떨친 인물이었다. 그는 29살(1268)에 삼중대사三重大師의 법계를 받고 유식론唯識論을 강설했고, 당대에 박학다식한 희대의 대학자로 평가되었다. 미수가 유식학승으로서 자신의 역량을 최대로 발휘하며 유식학을 신장시킨 시기는 다름 아닌 법주사에 주석하고 있을 때였다. 그의 법주사 주석 시기를 정확히 알 수는 없지만 그것이 충렬왕 때였음은 분명하다. 법주사에서 미수는 왕명에 따라 경론經論의 장소章疏를 세상에 유통하여 후진을 계몽했고, 또 강론講論을 통해 유식학을 널리 선양했다. 특히 이 기간 중에 경론에 대한 주해를 찬술한 것이 92권에 달했다고 한 것을 보아,[456] 당시 법주사는 미수의 활발한 유식학 연구로 인해 유식학의 본산이 되었던 것이다. 또한 이 시기를 전후하여 당시 희유稀有의 저술로 평가되는 『법화경신해품주法華經信解品註』, 『심지관경소기心地觀經疏記』, 『대반야경난신해품기大般若經難信解

455 『新增東國輿地勝覽』 권16, 忠淸道 報恩縣, 佛宇 法住寺. 현 충북 보은군 내속리면에 있다.

456 李叔琪, 「法住寺慈淨國尊普明塔碑」, 『韓國金石全文』 中世 下, 아세아문화사, 1984, 1155쪽, "住俗離山法住寺 詣殿下 申聞下山 大將軍金子廷 出傳王旨 末法大宗匠 曠劫難遇 請撰經論章疏 流通於世間 蒙後進 自承命已來 手不釋老 講論無閒暇 弘揚一代教 爲己任撰述經論之解 凡九十二卷"

品記』 등이 저술되었다. 이후 미수는 유가사瑜伽寺,[457] 장의사莊義寺, 동화사桐華寺 등에 머물다가 충숙왕 12년(1325) 86세의 나이에 다시 법주사로 돌아와 2년 후 그곳에서 입적했다. 미수는 충숙왕 2년(1315)에 참회부懺悔府를 설립하여 오교양종의 사원을 총괄하게 되어 승정僧政 최고의 책임자가 되었고, 충숙왕 11년 동화사에 주석하면서 국존에까지 책봉되기도 했는데, 결국 그가 입적한 곳은 법주사였다. 아마도 미수가 유식학승으로 생의 절정기를 보낸 법주사에 남다른 애착을 가졌기 때문에 그곳에서 만년을 보내고 생을 마감한 것이 아니었을까 생각된다. 원간섭기에 동화사가 당대 주요 정치 세력의 본거지가 된 법상종 사원이었다면, 당시 법주사는 유식사상을 연구, 강론하는 유식학 연구의 중심도량이었다. 이 시기 법주사에 주석한 미수의 활동을 통해서 볼 때 원간섭기의 고려 유식학 연구가 결코 저조하지 않았음을 알 수 있다. 이러한 유식학 연구는 여기서 그치지 않고 금산사와 원나라 복원사에서 활동한 해원에 의해서도 활발히 이루어졌다.

② 금산사와 복원사의 해원

신라시대 진표에 의해 중창되어 법상종의 근본도량이 된 금산사金山寺[458] 역시 고려시대에도 동화사, 법주사와 함께 법상종 소속의 주요사찰로 발전했다. 원간섭기의 금산사는 원나라 복원사福元寺에서 활동한 유가승瑜伽僧 해원海圓(1262~1340)과 깊은 연관을 갖고 있다.[459] 해원은 완산주完山州 함열咸悅 사람으로 12세 때 금산사 석굉釋宏에게 출가한 유가승이었다.[460] 그는 충렬왕 31년(1305) 원元 성종成宗의 초빙을 받아 원나라에

457 미수는 瑜伽寺에 주석하고 있을 때 元에 머물고 있던 上王 충렬왕으로부터 『法華經』 해석의 자문에 응하기도 했다. 李叔琪, 위의 글.

458 『三國遺事』 권4, 義解5 關東楓岳鉢淵藪石記. 『新增東國輿地勝覽』 권34 全羅道 金溝縣 佛宇조에서는 후백제의 견훤이 금산사를 창건한 것으로 소개했다. 현 전북 김제시 금산면에 있다.

459 福元寺에 대한 자세한 내용은 이 책 제4장 '원간섭기 재원 高麗人 관련 大都 寺院' 福元寺편이 참고가 된다.

〈표 15〉 원간섭기 법상종의 주요 사원

사원(위치)	시기	주석한 고승	특기 사항
동화사(대구)	충렬왕	홍진국사 혜영	종실, 부원 세력의 근거지
	충숙왕	자정국사 미수	
법주사(보은)	충렬왕	미수	유식학 연구의 본산
금산사(김제)	충숙왕	유가교사 해원	대도 복원사와 연계

건너가 충선왕 4년(1312)부터 복원사 주지로 있었다. 그가 유가교사瑜伽教師였던 만큼 복원사는 유식학 강론이 끊이지 않는 법상종 사원으로 발전했다. 당시 충숙왕은 원 문종文宗 천력天曆 초(1328)에 해원을 금산사에 주석하도록 요청하여 법호를 내리고, 중대광우세군重大匡祐世君에 봉했다. 이때 해원이 과연 얼마 동안 금산사에 주석했는가는 알 수 없지만 그 기간이 그리 길지 않았던 것은 분명하고, 또 이 기간 중에 금산사를 중창했을 가능성도 매우 희박하다. 이것은 원 인종仁宗의 명에 의해 복원사에 있었던 해원이 그곳에서 입적할 때까지 29년 동안(1312~1340) 주석했다고 전하기 때문이다.[461]

다만 고려인 해원이 오랫동안 복원사에 있었던 관계로 충숙왕 때 고려의 금산사와 원의 복원사가 서로 교류했을 가능성은 충분하다. 특히 해원이 유식학에 박통한 유가승이었던 점을 감안하면 두 사원은 유가 사상의 연구를 매개로 하여 서로 교류했을 가능성이 높다. 충렬왕 때 미수가 중심이 되어 법주사에서 활발하게 전개한 유식학 연구가 이제 충숙왕 때는 해원이 중심이 되어 금산사와 복원사에서 그 명맥이 이어진 것이다. 지금까지 살펴본 원간섭기 법상종 소속의 주요 사원과 그 특징은 〈표 15〉와 같이 정리할 수 있다.

460 李穀, 「大崇恩福元寺高麗第一代師圓公碑」, 『稼亭集』 권6.

461 李穀, 「大崇恩福元寺高麗第一代師圓公碑」, 『稼亭集』 권6, "高麗瑜伽教師圓公領其徒入居之駐錫凡二十九年 至元庚辰二月十八日 示寂于無虧之堂"

(4) 천태종의 강세와 선종의 열세

1) 충렬왕대 제종파의 경쟁

먼저 원간섭기 중 거의 전반기에 해당되는 충렬왕忠烈王(재위 1274~1308) 때의 현황을 보자. 이 시기 천태종의 중심 사원은 원황실의 중심 원당이기도 한 묘련사妙蓮寺였다. 묘련사의 창건을 발원한 충렬왕과 제국공주齊國公主가 그 목적을 천태天台의 법화法華 사상을 선양하기 위함이었다고 표명한 만큼 묘련사는 처음부터 천태 사원의 성격을 뚜렷이 했다. 묘련사가 충렬왕 때에 천태종의 중심 사원이었음은 당시 묘련사 주법主法인 제1세 원혜국사圓慧國師, 제4세 무외정오無畏丁午 등과 같은 고승들을 통해서 짐작할 수 있다. 특히 정오는 묘련사 주법으로 있었던 충렬왕 32년(1306)에 '백월랑공적조무애대선사白月朗空寂照無导大禪師'라는 법호를 받았고, 다음 해에 왕사王師로 책봉됨으로써 묘련사의 위상을 한층 높였다. 천태종의 중심 사원이 대몽항쟁기에는 백련사였으나, 원간섭기인 충렬왕 때에 들어와 묘련사로 바뀐 것을 두고 그 성향이 서민 불교에서 귀족 불교로 바뀌었다고 말할 수도 있겠지만,[462] 그보다 백련사와 묘련사는 각각 당대의 실권자인 최씨 무인정권과 원간섭 아래의 고려왕실에 밀착한 체제지향적 성격을 띠었다는 점에서 유사한 성격의 절이었다고 할 수 있다.

충렬왕 때 천태종과 경쟁관계에 있던 유력한 종파는 선종禪宗(조계종曹溪宗)이었는데, 이것은 가지산문迦智山門 출신 일연一然의 활약에 힘입은 바 크다. 충렬왕 9년(1283)에 국존國尊으로 책봉된 일연의 하산소下山所였던 인각사麟角寺는 인각사 구산문도회를 개최하면서 선종의 중심 사원으로 발전했고, 충렬왕 21년(1295)경에는 사법제자嗣法弟子인 청분淸玢이 주석하면서 역시 많은 문도가 배출되어 일연의 법맥을 이어갔다.

---

462 高翊晉, 「白蓮社의 思想傳統과 天頙의 著述問題」, 『佛教學報』 16, 동국대학교 불교문화연구원, 1979, 146쪽.

〈표 16〉 충렬왕대 왕사·국사와 그 주석 사원

종파	고승	책봉 연도	주석 사원	전거
선종	보각국사 일연	충렬왕 9년	인각사	「보각국존탑비」
법상종	홍진국사 혜영	충렬왕 18년	동화사	「홍진국존탑비」
천태종	원혜국사 경의	충렬왕 21년	묘련사, 영원사	『고려사』
	왕사 정오	충렬왕 33년	묘련사, 금장사	「금장사미륵기」

이 시기에 또 하나의 유력한 종파는 법상종法相宗이었는데 그 중심 사원은 동화사桐華寺였다. 충렬왕 때의 동화사는 종실의 권세에 의지해 사세寺勢가 크게 신장될 수 있었고, 혜영惠永이 충렬왕 18년(1292) 국존에 책봉되어 동화사에 주석한 것은 당시 동화사의 사세를 반영하는 동시에 법상종의 중심 사원으로 더욱 발전할 수 있는 계기가 되었다.

고려 후기에 한 종파의 중심 사원은 국왕으로부터 왕사王師, 국사國師에 책봉된 고승들이 주석한 사원인 경우가 많았는데, 충렬왕 때의 현황을 살펴보면 〈표 16〉과 같다.

충렬왕 때는 3개 종파 소속의 각 고승이 국사(국존), 왕사에 책봉되어서 종파 간의 세력 균형을 위해 안배된 듯 보이기도 한다. 그런데 천태종에서 배출한 국사, 왕사와 그 책봉 시기를 보게 되면 묘련사 주법의 경력을 갖고 있는 원혜국사 경의景宜, 왕사 정오가 모두 충렬왕 20년(1294) 이후에 국사와 왕사에 책봉되었음을 알 수 있다.[463] 이 기간 중의 묘련사는 충렬왕 20년에 세조世祖(쿠빌라이忽必烈, 1215~1294)가 사망한 이후부터 충렬왕 말까지 원황실의 주요 인사들을 위한 불사佛事를 집중적으로 행함으로써,[464]

463 圓慧國師는 묘련사가 완공된 충렬왕 10년 이후부터 주지로 있었으나 언제까지였는가는 알 수 없고, 丁午는 충렬왕 28~33년(1302~1307)까지 주지로 있었다.

464 『高麗史』 世家에 따르면 忠烈王 때 妙蓮寺에서 元皇室을 위한 불사를 개최한 시기는 다음과 같다. 충렬왕 21년 1월, 22년 1월, 25년 5월, 27년 1월 丙辰·壬戌·乙丑, 27년 2월, 28년 3월, 28년 10월, 30년 1월, 31년 8월.

원황실의 중심 원당으로 크게 부각되던 때였다. 충렬왕의 재위 후반기에 해당하는 재위 20년(1294) 이후부터 천태 사원인 묘련사의 두드러진 활동과 함께 그곳에 주지로 있었던 천태 고승이 국사, 왕사에 책봉되었던 것이다. 이것으로 볼 때 당시 천태종 세력은 묘련사를 본거지로 하여 충렬왕 전반기의 유력한 종파였던 선종과 법상종을 앞서가고 있었음을 알 수 있다. 그러므로 충렬왕 20년 이후의 묘련사는 원황실의 중심 원당인 동시에 천태종의 중심 사원이었을 뿐 아니라, 고려 중앙 불교계를 이끌어간 대표 사원으로 간주할 수 있을 것이다.

2) 충선왕, 충숙왕대 천태종의 중흥

충선왕忠宣王(재위 1298; 1308~1313) 때는 충렬왕 후반기에 이어서 천태종이 가장 유력한 종파로 그 세력을 유지했지만 그 내부의 변화는 적지 않았다. 우선 충렬왕 때의 묘련사를 대신하여 국청사國淸寺가 천태종의 중심 사원으로 성장했다. 충렬왕 때에 사세寺勢가 회복되기 시작한 국청사는 충선왕 때에 홍성했다. 이것은 충선왕의 즉위와 함께 승정권僧政權을 장악한 무외정오가 충선왕 1년(1309)에 국청사로 왔기 때문이다. 특히 국청사는 무외정오가 주석하던 중(1309) 5개의 사원을 하원下院으로 거느렸고, 또 대대적인 중창이 충선왕 5년(1313)부터 시작되어 충숙왕 2년(1315)에 종결됨으로써 명실상부한 천태종의 중심 사원으로 자리했다. 그리고 금장사金藏寺가 충렬왕 33년(1307)에 왕사 무외정오의 하산소下山所가 된 것이 계기가 되어 충선왕 때 절이 중수되면서(1309~1310) 크게 발전했다. 또한 전남 장흥長興에 소재해 있던 금장사는 탐진耽津(강진康津)의 백련사白蓮社와도 교류했다.

천태종이 충렬왕 후반기에 이어서 충선왕 때에도 가장 유력한 종파로 교권敎權을 장악하고 있었음은 영원사瑩源寺의 소속에서도 잘 나타난다.

원래 선종 사원이었던 영원사는 천태종이 유력한 종파로 급격히 부상하던 때인 충렬왕 21~22년경에 원혜국사의 하산소가 되었다가 다시 충선왕 2년(1310)부터는 무외정오가 주석했다.[465] 그러므로 경남 밀양密陽에 소재해 있던 영원사는 당시 호남 지역의 백련사, 금장사와 함께 영남 지역의 주요 천태 사원이 된 것이다.

충숙왕忠肅王(1313~1330; 1332~1339) 때도 천태종은 무외정오의 활약에 힘입어 충선왕 때에 이어서 강력한 세력을 떨쳤다. 충선왕의 즉위와 함께 양종兩宗의 승정업무를 총괄했던 무외정오는 충숙왕이 즉위한 후 국통國統(국사)에 책봉됨으로써 천태종의 우세가 계속 유지될 수 있었다. 충선왕 때의 천태종은 중앙의 국청사, 지방의 금장사, 영원사 등을 근거지로 하여 종세宗勢가 크게 신장되었는데, 충숙왕 때에도 역시 이들 사원이 주요 사원으로 기능했음은 물론이다. 그리고 충숙왕 때 새롭게 부상한 천태 사원은 진주晉州의 용암사龍巖寺였다. 용암사는 충숙왕 2년(1315)에 국통 무외정오의 하산소로 지정되어 약 4년간(1315~1318)의 대대적인 중창을 통해서 지방 소재의 주요 천태 사원으로 성장했다.

충숙왕 때 천태종이 강성한 세력을 형성할 수 있었던 데에는 무외정오와 함께 조인규趙仁規의 넷째 아들인 천태승 의선義旋의 활약을 빼놓을 수 없을 것이다. 의선이 관계한 천태 사원을 보면 충렬왕 때의 묘련사는 그가 어린 시절에 출가한 사원이었고, 영원사는 그가 충숙왕 9년(1322) 이후부터 주지로 있던 사원이었다. 그리고 수원의 만의사萬義寺는 그가 백부伯父 혼기混其에 이어서 주지로 있던 사원이었고,[466] 불은사佛恩寺는 그의 힘에 전적으로 의존하여 중창된 사원이었다.[467]

465 무외정오는 忠宣王 1년(1309)에 國淸寺에 주석하다가 이어서 忠宣王 2~忠肅王 1년(1310~1314)까지 塋源寺에 주석했다.

466 權近, 「水原萬義寺祝上華嚴法華會衆目記」, 『陽村集』 권12.

467 李穀, 「高麗國天台佛恩寺重興記」, 『稼亭集』 권3.

〈표 17〉 충선왕·충숙왕대 주요 천태종 사원

	사원(위치)	시기(내용)
중앙 사원	국청사(개풍)	충선왕 1년 (주지 무외정오)
지방 사원	금장사(장흥)	충선왕 5~충숙왕 2년 (중창)
	영원사(밀양)	충선왕 2~충숙왕 1년 (주지 무외정오)
	용암사(진주)	충숙왕 2~충숙왕 5년 (중창)
국외 사원	광교사(대도)	충선왕 4~6년 (창건)
		충숙왕 복위 1년~? (주지 의선)

충숙왕 때 천태종의 중흥을 보여주는 또 하나의 중요한 천태종 사원은 충선왕에 의해서 창건된 대도大都의 광교사光教寺였다. 광교사는 비록 국외인 원元에 소재한 사원이었지만, 당시 불교계에서 가장 영향력 있는 의선이 주지로 있으면서 중흥된 사원이었다. 이것은 고려의 천태종이 원 대도에 진출한 일면으로 간주할 수 있을 것이다. 여기서 천태종의 중흥을 보여주는 충선왕, 충숙왕 때 주요 천태종 사원을 정리해보면 〈표 17〉과 같다.

이상과 같이 천태종은 충선왕을 거쳐 충숙왕 때에 중흥기를 맞고 있었는데, 이에 반해 선종은 상대적으로 열세를 면치 못했다. 충숙왕 즉위년(1313) 무외정오가 국통에 임명되던 때에 일연一然의 문도인 혼구混丘는 왕사에 책봉되었다.[468] 왕사가 국사 아래의 법계法階임을 감안할 때 이 시기 천태종의 우세와 선종의 열세를 단적으로 보여주는 사례에 해당한다. 충숙왕 2년(1315)경부터 영원사에 혼구가 주석하게 되어 이때 영원사는 선종 소속의 사원으로 전환되었지만 충숙왕 9년(1322) 이후로는 또 의선이 주지직을 맡게 됨으로써 다시 한 번 천태종의 우세와 선종의 열세를 드러냈다.

충숙왕 당대의 대표적인 법상종 사원은 충렬왕 때 종실의 세력에 의존하여 발전하고 홍진국사弘眞國師 혜영이 주석했던 동화사였다. 먼저 충숙

468 忠肅王 9년(1322)에 혼구가 입적하자 寶鑑國師에 추증되었다.

〈표 18〉 충숙왕대 왕사·국사와 그 주석 사원

종파	고승	책봉 연도	주석 사원	전거
천태종	무외국사 정오	충숙왕 즉위년	영원사, 용암사	『고려사』
선종	왕사 혼구	충숙왕 즉위년	영원사	『고려사』
	보감국사 혼구(추증)	충숙왕 9년	-	「보감국사비명」
법상종	자정국사 미수	충숙왕 11년	동화사, 법주사	「자정국존비명」

왕 때의 동화사는 정화궁주貞和宮主의 오빠인 동화사 승僧의 세도를 계승한 왕후王珛에 의해서 주도되었다. 왕후는 동생인 심왕瀋王 고暠의 권세에 의지하여 동화사의 사세를 크게 확장시킬 수 있었다. 그리고 충숙왕 8년(1321)부터 동화사에 미수彌授가 주석했는데 미수는 충숙왕 11년(1324)에 국존國尊에 책봉되었다. 충숙왕 때의 동화사는 충렬왕 때와 다름없이 당대의 국존이 머물던 법상종의 중심 사원이었다. 미수는 충숙왕 12년에 일찍이 자신이 유식학唯識學 연구에 매진했던 법주사에 돌아와 2년 후 그곳에서 입적했다. 이는 법주사 또한 당대의 국사가 입적한 주요 법상종 사원이었고, 원간섭기 고려 유식학 연구의 본산이었음을 말해주는 것이다.

충숙왕은 재위 15년(1328)경에 충선왕 4년(1312)부터 대도 복원사福元寺에 주석하고 있던 유가승瑜伽僧 해원海圓에게 금산사金山寺로 와줄 것을 요청하면서 법호와 작위를 내렸다. 이것은 당시 금산사가 동화사에 버금가는 주요 법상종 사원이었음을 의미한다. 여기서 충숙왕 때에 임명된 왕사, 국사와 그들이 주석한 주요 사원을 정리해보면 〈표 18〉과 같다.

충숙왕 때의 국사, 왕사의 임명 상황을 보면 천태종 못지않게 법상종의 종세宗勢 또한 강성했음을 짐작할 수 있다. 〈표 18〉에서는 제시되지 않았지만 충숙왕 2년(1315)에 미수가 국일대사國一大師에 책봉되어 참회부懺悔府에서 승정僧政과 양종兩宗의 사원관리 권한을 부여받은 사실과[469] 금산

469 李叔琪, 「法住寺慈淨國尊普明塔碑」, 『韓國金石全文』 中世 下, 아세아문화사, 1984, 1155~

사 출신의 해원이 대도의 복원사福元寺에까지 진출해 활동한 사실을 고려할 때 그 종세는 천태종에 그다지 뒤지지 않았던 것으로 보인다. 특히 법상종의 대표 사원 격인 동화사는 왕실의 인척과 부원 세력의 경제적 기반이 되어 중앙의 정치 세력과도 매우 밀착된 관계를 형성하고 있었다.

원간섭기 말기에 해당하는 충혜왕忠惠王(재위 1330~1332; 1339~1344) 이후의 고려정계는 기철奇轍, 신예辛裔, 권겸權謙 등과 같은 부원 세력과 원 황실에 진출한 고려인 환관 고용보高龍普, 강금강姜金剛, 박첩목아불화朴帖木兒不花 등의 권력 발호로 인해 왕실의 권위와 실권이 날로 실추되던 시기였다. 이러한 시대 상황에서 불교계도 원황실에 진출하여 권력을 행사한 고려인들의 영향력에 의해 크게 좌우될 수밖에 없었다. 또한 특정 사원들이 원황실과 그 측근 인사들로부터 재물을 보시받아 부를 축적하면서 많은 사회, 경제적 폐단이 발생했다.

1156쪽, "乙卯 封爲內殿懺悔師 三學法主 德慧圓證 藏通玄辯 國一大師 命立懺悔府 別鑄銀印 專管僧政 始差五教二宗 共議寺舍" 충숙왕 2년에 천태종의 無畏丁午는 瑩源寺를 떠나 靈鳳山 龍巖寺를 下山所로 삼아 옮겨갔고, 그리고 선종의 混丘는 정오의 뒤를 이어 영원사에 주석했다.

제4장 원간섭기 재원 고려인 관련 대도 사원

고려가 약 30여 년간 몽고와 항쟁하고, 이후 80여 년 동안 원元의 지배질서에 편입되면서 여원麗元 두 나라 사이에는 활발한 인적 교류가 이루어졌다. 많은 수의 몽고인이 고려를 내왕했고, 또 그것과는 비교가 안 될 정도의 수많은 고려인이 다양한 형태로 원나라로 건너갔다.[1] 대몽항쟁 중에 발생한 선쟁포로와 유민流民,[2] 강화 이후 조공朝貢의 형태로 바쳐진 환관宦官, 공녀貢女,[3] 문화교류 과정에서 진출한 승려僧侶, 문인文人 등 각계각층

1 공민왕 3년에 太師 脫脫이 高郵城을 공격할 때 將士 및 大都에 거주한 고려인 총 2만 3,000여 명을 선봉으로 삼았다고 한다. 『高麗史節要』 권26, 恭愍王 3년 11월, "太師脫脫 領兵攻高郵城 …… 將士及國人在燕京者 摠二萬三千人 以爲前鋒" 또 공민왕 8년에 遼陽과 瀋陽지역의 流民 2,300여 戶가 고려에 귀화했다고 한다. 『高麗史』 권39, 世家 恭愍王 8년 11월 甲辰, "遼瀋流民二千三百餘戶來投 分處西北郡縣 官給資糧" 이와 같은 기사를 통해서 많은 고려인이 大都, 遼陽, 瀋陽 등에 거주했음을 알 수 있다. 大都에 거주했던 고려인을 최소 4~6만, 최대 10만 명으로 추정하기도 한다. 송재웅, 「元 大都의 高麗寺院」, 『中央史論』 23, 한국중앙사학회, 2006, 117쪽.

2 몽고의 제6차 침입(1254~1259)이 시작되던 고종 41년(1254) 한 해 동안 몽고군의 포로가 된 고려인이 20만 6,800여 명이었다고 한다. 『高麗史』 권24, 世家 高宗 41년 12월.

3 『高麗史』 世家에 따르면, 공녀의 헌납은 충렬왕 때 본격적으로 시작되어 공민왕 초까지 모두 44차례에 걸쳐 170명에 이른 것으로 나타나고 있다. 하지만 사적인 공녀까지 감안한다면 실제

의 고려인이 원나라에 이주해 생활했다.[4] 이들이 주로 거주했던 지역은 원의 수도인 대도大都(연경燕京)[5]와 고려 국경으로부터 요양遼陽, 심양瀋陽에 이르는 만주일대였던 것으로 파악하고 있다. 이렇게 오랜 세월 동안 많은 고려인이 원나라 각 지역에 흩어져 생활하게 되면서 이들은 자연히 그 지역 내에서 신앙생활을 영위해갔다. 이 과정에서 고려인에 의해서 건립, 운영된 불교 사원이 속속 출현했다. 즉 정복국가인 원 제국 내에 피정복민인 고려인의 힘에 의해서 운영된 친고려적 성향의 사원이 등장했던 것이다.

이 같은 부류의 사원은 이국땅에 존재하면서도 고려적인 색채를 띠었기 때문에 고려민의 원나라 내에서의 신앙생활, 양국의 종교적 교류, 고려승의 활동 상황 등을 전하고 있어서 고려 불교사의 한 부분임에 분명하다. 하지만 애석하게도 이들 사원의 실상을 전해주는 사료는 매우 소략한 형편이다. 원나라를 자주 방문했거나, 그곳에서 관직생활을 한 유학자 이제현李齊賢(1287~1367), 이곡李穀(1298~1351), 이색李穡(1328~1396) 등이 고려인과 긴밀한 관계를 맺었던 사원에 대해 그 기문記文이나 비문碑文 등을 남긴 것이 전부이다.[6] 그것도 대개 원의 수도인 대도大都와 그 인근 지역의 사원으로 한정되어 있는 실정이다. 이러한 사정과 더불어 원간섭기 고려 사원 연구의 침체 때문에 현재 재원 고려인 관련 대도 사원에 대한 연

로는 2,000명 이상일 것으로 추정하고 있다. 정구선, 『공녀』, 국학자료원, 2002, 17~28쪽.

4 元에 건너간 高麗人에 대한 종합적 검토는 다음의 글이 있다. 張東翼, 「元에 진출한 高麗人」, 『高麗後期外交史硏究』, 일조각, 1994.

5 大都는 전국시대 燕의 수도였고, 이후 遼의 수도로 南京, 金의 수도로 中都로 불렸다. 1215년 칭기즈칸이 금의 중도를 점령하고 燕京이라 했고, 1271년에 元의 수도 대도가 되었다. 1368년 明이 건국되면서 北平이라 했고, 1403년 현재의 이름인 北京이라 했다. 北京은 1421년에 明의 수도, 1644년에 淸의 수도가 되었다. 1928년 국민당이 南京으로 천도하면서 北平이라 했고, 1949년 중화인민공화국이 수립되면서 다시 北京으로 회복되었다.

6 李齊賢의 「大都南城興福寺碣」, 「妙蓮寺重興碑」; 李穀의 「京師報恩光教寺記」, 「大崇恩福元寺高麗第一代師圓公碑」, 「大都大興縣重興龍泉寺碑」, 「大都天台法王寺記」, 「京師金孫彌陀寺記」; 李穡의 「西天提納薄陀尊者浮屠銘」.

구도 매우 저조한 편이다. 원에 건너간 고려승들이 활동하면서 관계한 사원과 그 사원의 창건주創建主나 중창인重創人, 시주자施主者 등의 이름이 언급되고 있는 정도이다.[7]

이러한 연구 경향을 직시하면서 세 유학들이 쓴 기문과 비문 등을 토대로 하여 이들 사원들에 대해 면밀히 검토, 분석해보고자 한다. 우선 이 책의 연구 대상이 된 사원이 대개 원에 거주한 고려인이 관계한 사원이고, 또 지역적으로 대도에 한정되어 있기 때문에 이들을 '재원 고려인 관련 대도 사원'(이하 대도 사원으로 약함)으로 부르도록 한다.[8] 여기서는 대도 사원에 관계한 고려인의 활동 사항과 함께 각 사원의 실상과 그 기능을 위주로 고찰해보고 나아가 고려 불교계와의 관계 속에서 각 사원의 실재 상황을 조명하고 그 역사적 의의를 부여하고자 한다.

1. 고려 국왕의 창건 사원

(1) 광교사와 충선왕

광교사光教寺는 대도大都(경사京師)의 창의문彰義門 밖에 있던 사원으로 고려 충선왕忠宣王(재위 1298; 1308~1313)에 의해서 창건되었다.[9] 충선왕이 재위에 오른 지 5년 만에 아들 충숙왕忠肅王(재위 1313~1330; 1332~

7 喇嘛教의 高麗傳來라는 측면에서 고려승 義旋이 주지로 있었던 大都 延聖寺에 대한 자세한 검토가 일찍이 시도된 적이 있다. 李龍範, 「元代 喇嘛教의 高麗傳來」, 『佛教學報』 2, 동국대학교 불교문화연구원, 1964. 이후의 연구로 다음의 글이 있다. 윤기엽, 「在元高麗人 관련의 大都寺院」, 『불교학연구』 11, 불교학연구회, 2005; 송재웅, 「元 大都의 高麗寺院」, 『중앙사론』 23, 한국중앙사학회, 2006.

8 송재웅은 위의 글 「元 大都의 高麗寺院」에서 고려 계통의 사원을 '高麗寺'로 명명했다. 단월이 高麗人이거나 사원에 주석 관리하는 승려가 高麗僧일 때, 또는 高麗라는 이름이 붙은 사원을 '고려사'라고 했다.

9 李穀, 「京師報恩光教寺記」, 『稼亭集』 권2.

1339)에게 양위하고,[10] 대도에 거주할 때 건립한 사원이었다. 절은 충숙왕 4년(1317)에 착공되어 충숙왕 6년(1319)에 완공되었다. 이 시기 충선왕의 근황을 이곡李穀은 "중년이 되어 왕작王爵을 헌신짝 버리듯 하고, 불교에 전심하여 부처님께 공양하고 스님에게 시주한 것이 이루 다 헤아릴 수 없을 정도이다"[11]라고 평했다. 당시 충선왕은 대도에 만권당萬卷堂을 열고(1314) 정치와는 다소 거리를 둔 채 학문, 예술, 종교 등에 몰두하고 있던 때였다.[12]

그러나 충선왕이 양위 후에 자신의 정치적 실권을 모두 포기한 것은 아니었다. 그는 상왕上王의 위치에 있으면서 충숙왕 초부터 인사와 재정업무에 관여했고, 충숙왕에게 숭불崇佛을 권유하는가 하면,[13] 또 전지傳旨를 통해 국정 전반을 운영하기까지 했다.[14] 이러한 상황은 그의 처사촌인 원元 인종仁宗(아유르바르와다愛育黎拔力八達, 재위 1311～1320)이 재위에 있었던 충숙왕 6년(1319)까지 지속된 것으로 보인다. 정치와는 상당히 거리를 둔 듯하면서도, 한편으로 고려의 내정에 실권을 행사하고 있던 이 기간 중에 충선왕의 신변에는 몇 가지 불행한 사건이 닥쳤다.

광교사가 착공되기 두 해 전인 충숙왕 2년(1315) 12월에 충선왕비忠宣王妃 계국대장공주薊國大長公主(?～1315)가 그곳 대도에서 병사病死했다.[15]

---

10 충선왕은 양위와 동시에 조카인 王暠를 世子로 삼았다. 『高麗史』 권34, 世家 忠宣王 5년 3월. 이때의 世子가 瀋陽王의 세자인지, 혹은 高麗王의 세자인지 분명하지 않다.

11 李穀, 「京師報恩光教寺記」, 『稼亭集』 권2, "甫及中年 脫屣王爵 專心釋教 其所營塔廟造梵像 施內典供佛飯僧者不可殫紀"

12 萬卷堂에서의 충선왕의 생활을 이제현은 "거처하는 집에서 문을 닫고 香을 불사르며 해가 지도록 무릎을 꿇고 앉아 술을 많이 마셨다"라고 했다. 李齊賢, 「世家」, 『益齋亂藁』 권9 上. 또 충선왕은 元 仁宗이 자신을 右丞相으로 삼고자 했을 때도 그 자리를 감당할 수 없다고 하면서 고사했고, 인종 또한 권력을 피하고자 하는 충선왕의 본심을 헤아려 자신의 요청을 철회했다. 『高麗史』 권34, 世家 忠宣王 5년.

13 『高麗史』 권34, 世家 忠肅王 元年 윤3월.

14 『高麗史節要』 권24, 忠肅王 5년 5월, "上王在元 凡國家事 遙傳旨施行故 …… 以親戚故舊 賄賂者 不問賢否 濫受朱紫 王 頗懷不平"

본래 충선왕과 공주는 이전의 불화사건으로 부부 사이가 원만하지 않았지만 충선왕의 위상에 미치는 공주의 영향력은 결코 과소평가할 수 없었다. 계국대장공주는 진왕晉王 감마랄甘麻剌(1263~1302)의 딸로 아버지 진왕이 세조世祖(쿠빌라이忽必烈, 재위 1260~1294)와 정비正妃(소예순성황후昭睿順聖皇后)의 소생인 황태자 진금眞金의 큰 아들이었던 관계로, 황실 정통의 피를 이어받은 장본인이었다.[16] 이 때문에 충선왕과 계국공주의 결혼은 고려왕실의 서열을 상승시켰고, 황실 내에서도 충선왕의 위상을 한층 높여주었다.[17] 따라서 공주의 죽음은 충선왕의 중요한 지지 기반 하나가 상실되었음을 의미했다. 충선왕이 공주가 병사한 다음 해 3월에 원 무종武宗(카이산海山, 재위 1307~1311)[18]에게 제수받은 심양왕瀋陽王[19]을 조카 왕고王暠에게 양위한 사실도,[20] 공주의 죽음 이후 급격히 위축되어가던 그의 정치적 위상을 반영한 것으로 보아야 할 것이다.

그리고 심양왕을 양위한 같은 해 7월에는 제2비이며 충숙왕의 생모인 의비懿妃(?~1316)가 역시 대도에서 세상을 떠났다.[21] 의비는 몽고인으로

15 『高麗史』 권34, 世家 忠肅王 2년 12월; 『高麗史』 권89, 列傳 后妃2 薊國大長公主.

16 계국대장공주의 어머니는 晉王의 正妃 宣懿淑聖皇后였을 것으로 추정하고 있다. 金惠苑, 「麗元 王室通婚의 성립과 특징」, 『梨大史苑』 24·25, 이화여대사학회, 1989, 176쪽.

17 周采赫, 「元 萬卷堂의 설치와 高麗儒者」, 『孫寶基博士 停年紀念韓國史學論叢』, 지식산업사, 1988, 232쪽.

18 충선왕은 충렬왕 24년(1298) 1월에 父王으로부터 선양을 받아 즉위했으나 그해 8월에 퇴위당하고 복위할 때까지 10년간 원나라 燕京에 머물러 있게 되었다. 이때 충선왕은 그에게 처사촌이 되는 카이산, 아유르바르와다 형제와 매우 친밀한 관계를 맺었다. 이들이 훗날 즉위하여 武宗과 仁宗이 됨으로써 이 기간 동안 元皇室은 충선왕의 가장 든든한 권력 배경이 되었다.

19 충선왕이 武宗으로부터 瀋陽王에 봉해진 것은 충렬왕 34년(1308) 5월이었다. 충렬왕이 세상을 떠나기 두 달 전이었다. 『高麗史』 권32, 世家 忠烈王 34년 5월. 그리고 충선왕이 조카 暠에게 양위하던 때는 심양왕이 瀋王으로 改封된 상태였다. 충선왕이 심양왕에서 瀋王으로 개봉된 것은 충선왕 2년(1310)이었다. 『元史』 권23, 本紀 武宗 至大 3년 4월.

20 『高麗史』 권34, 世家 忠肅王 3년 3월. 당시 충선왕의 瀋王 양위에는 충숙왕을 견제하기 위한 어떤 정치적 의도가 개입된 행동으로 해석하기도 한다.

21 『高麗史』 권34, 世家 忠肅王 3년 7월; 『高麗史』 권89, 列傳 后妃2 懿妃.

그다지 높은 신분의 비는 아니었으나 충선왕의 두 아들인 감鑑과 충숙왕은 바로 그녀의 소생이었다. 이런 점으로 보면 충선왕에게 있어서 의비는 가장 소중한 왕비였다.[22] 정치적 영향력의 약화와 공주와 의비가 잇따라 세상을 떠난 것은 충선왕에게 어느 때보다도 감내하기 힘든 시련의 연속이었다. 아마도 충선왕은 이러한 생生의 아픔을 덜고자 불교에 더욱 귀의하게 되었고, 의비가 사망한 다음 해인 충숙왕 4년(1317)에 자신의 사택에서 멀지 않은 창의문 밖의 땅을 구입해 광교사를 창건한 것으로 생각된다. 그러므로 절이 창건된 계기는 다분히 충선왕 개인의 불교에 대한 신앙심과 자신에게 닥친 신변의 불운한 사건들 때문으로 보아야 할 것이다. 또한 절의 창건에는 충선왕이 재위 때 세자 감을 살해한 사건에 대한 회한의 뜻이 담겨 있을지도 모를 일이다.[23]

광교사가 착공되기 시작하여 완공되던 2년간(1317~1319)은 충선왕이 특히 그 어느 때보다도 불사에 열성을 보이던 시기였다. 광교사를 착공하던 해인 충숙왕 4년에 충선왕은 인종에게 청하여 전부터 각별한 관심을 보였던 항주杭州 혜인사慧因寺에 향번香幡을 시주했다.[24] 혜인사는 일찍이 대

의비는 몽고 여자 也速眞으로 충렬왕 20년(1294) 7월에 둘째 아들 충숙왕(1294~1339)을 낳았다. 충선왕은 충렬왕 22년(1296)에 계국대장공주를 妃로 맞았기 때문에 공주보다 먼저 의비와 혼인한 상태였다.

22 정용숙, 『고려시대의 后妃』, 민음사, 1992, 241쪽.

23 『高麗史』 권33, 世家 忠宣王 2년 5월.
충선왕이 세자 鑑을 살해한 이유를 명확히 알 수 없지만 충선왕의 고려 귀국 문제를 둘러싸고 세자와 충선왕 사이의 갈등 때문인 듯하다. 충선왕 1년 4월에 최유엄 등이 왕의 귀국을 간청하는 錢文을 올리자 충선왕은 바로 다음 해 1월에 왕위를 세자에게 전위하고자 했다. 그러나 충선왕은 같은 해 5월에 세자와 金重義 등을 살해했다.

24 金庠基, 「李益齋의 在元 生涯에 대하여」, 『大東文化硏究』 1, 성균관대학교 대동문화연구원, 1963, 17~18쪽; Tonino Puggioni, 「忠宣王代의 麗元불교관계와 杭州 高麗寺」, 『韓國思想史學』 18, 한국사상사학회, 2002. 충선왕은 이보다 앞서 재위 4년(1312)에 홍약, 정득선, 임선 등을 보내어 慧因寺를 중건하게 하고 『金字大藏經』을 시납했다. 그리고 다음 해(1313)에는 田土도 보시했다. 張東翼 편, 慧福, 「高麗國相元公置田碑」, 『元代麗史資料集錄』, 서울대학교 출판부, 1997, 176~177쪽.

각국사大覺國師 의천義天(1055~1101)이 송宋나라에 건너갔을 때 인연을 맺었던 절이다.[25] 또 그는 충숙왕 6년(1319) 3월에 역시 인종의 허락을 받아 이제현, 권한공權漢功 등을 데리고 강절江浙 지방을 거쳐 보타산寶陀山 소재의 보타사寶陀寺에 향香을 바쳤으며,[26] 같은 해 9월에는 환주암幻住庵의 중봉명본中峯明本(1263~1323)과 교류하는 등 강남江南 지역의 여러 선승과 사원을 방문하면서 다양한 불사를 행했다.[27] 모두 공주와 의비 사후에 있었던 일로 이전과는 확연히 구분되는 충선왕의 행보였다.

이곡의 「광교사기光敎寺記」에 의하면 절의 창건은 "불자로 하여금 도道를 정성껏 닦아 임금을 수壽하게 하고, 나라를 복福되게 하여 큰 이익을 무궁無窮하게 하려 함이다"[28]라고 했지만, 이 문구는 절의 창건 취지를 형식적으로 언급한 수사적 표현의 성격이 짙고, 그 이면에는 충선왕 주변의 개인적인 문제가 더 크게 작용하고 있었음을 간과할 수 없다. 광교사가 창건되기 전 충선왕 신변에 발생했던 사건들을 고려해볼 때 왕은 자신보다 먼저 세상을 떠난 두 후비后妃의 명복을 빌기 위한 원당願堂을 마련하고자 광교사를 건립했던 것이다. 충선왕은 왕위에 있을 때 어머니 제국대장공주齊國大長公主(1259~1297)의 명복을 빌기 위해 고려 개경開京에 민천사旻天寺를 창건한[29] 선례가 있다.

광교사가 완공된 다음 해인 충숙왕 7년(1320) 1월에 인종이 세상을 떠남에 따라 충선왕 지지 기반의 마지막 보루가 사라져버렸다. 인종을 이어 같은 해 3월에 영종英宗(시디발라碩德八剌, 재위 1320~1323)이 즉위하자 그해

25 崔柄憲, 「大覺國師義天의 渡宋活動과 高麗·宋의 佛敎交流」, 『震檀學報』 71·72, 진단학회, 1991.

26 『高麗史節要』 권24, 忠肅王 6년 3월.

27 張東翼 편, 「示衆」, 『元代麗史資料集錄』, 서울대학교 출판부, 1997, 147~152쪽.

28 李穀, 「京師報恩光敎寺記」, 『稼亭集』 권2, "蓋將俾佛者精修其道 壽君福國 而推勝利於無窮也"

29 『高麗史』 권33, 世家 忠宣王 元年 9월.

12월에 충선왕은 환관宦官 임백안독고사任伯顔禿古思의 중상에 의해 티베트로 귀양을 가게 되었다.[30] 따라서 창건주가 없는 절의 사정도 열악한 상태에 놓일 수밖에 없었다. 영종이 갑자기 세상을 떠나고[31] 태정제泰定帝(예순테무르也孫鐵木兒, 재위 1323~1328)가 즉위하면서 충선왕의 유배생활도 3년 만에(1320. 12~1323. 9) 끝이 났지만,[32] 얼마 가지 않아 충선왕이 세상을 떠나고(1325) 주지로 모셔왔던 화엄교사華嚴教師 징공澄公마저 입적하게 되어 광교사는 쇠락의 길을 면할 수 없었다.

(2) 광교사와 의선

충선왕(忠宣王, 재위 1298; 1308~1313)이 세상을 떠난 후 사세가 기울던 광교사光教寺가 중흥기를 맞은 것은 충숙왕忠肅王(재위 1313~1330; 1332~1339)이 복위하면서부터였다. 충숙왕 복위 1년(1332)에 충숙왕과 심왕瀋王이 충선왕의 유언을 받들어 조인규趙仁規의 넷째 아들인 삼장법사三藏法師 의선義旋을 광교사 주지로 임명했다. 원래 충숙왕과 조인규 가문 사람들의 관계는 원만할 수 없는 사이였다. 고려 내에서 충숙왕 8년(1321)부터 본격화되기 시작한 심왕의 국왕 옹립 운동 때 조인규의 자손들은 충숙왕을 퇴위시키고 심왕 고暠를 고려왕으로 옹립하려는 심왕파瀋王派에 가담했기 때문이다.[33] 그럼에도 불구하고 충숙왕이 조인규 가문의 사람 의선을 광교사 주지로 삼은 것은 충선왕의 유명遺命에 따른 조치였다.[34]

30 『高麗史』 권35, 世家 忠肅王 7년 12월; 『高麗史』 권122, 列傳 任伯顔禿古思.

31 영종은 1323년 8월 '南坡의 變'으로 시해되었다.

32 『高麗史』 권35, 世家 충숙왕 7년, 10년.

33 심왕을 고려왕으로 옹립하려는 세력은 대부분이 元과 정치적으로 밀착된 附元勢力이었다. 조인규 가문에서는 그의 아들인 趙璉, 趙延壽, 손자인 趙宏이 심왕파에 가담했다. 金塘澤, 『元干涉下의 高麗政治史』, 일조각, 1998. 심왕파의 정치적 기도가 실패한 이후 실제로 조인규 가문에서는 재상급에 오른 정치인이 없을 정도로 큰 타격을 입었다. 閔賢九, 「趙仁規와 그의 家門」, 『震檀學報』 43, 진단학회, 1977, 9쪽.

34 李穀, 「京師報恩光教寺記」, 『稼亭集』 권2, "今高麗國王暨瀋王 以父王遺命 召本國天台師 住持

충선왕이 아들 충숙왕에게 의선을 광교사 주지에 임명하도록 유언을 내릴 만큼 충선왕과 조인규 가문의 관계는 이전부터 각별한 사이였다. 충선왕은 세자로 있던 18세 때(1292) 조인규의 딸을 세자비로 맞이하면서 조씨 가문과 인척관계를 맺었다.[35] 게다가 조비趙妃와 충선왕 사이의 금슬은 다른 비들보다도 유달리 좋았다. 충선왕이 왕위에 오른 해(1298)에 조비에 대한 과도한 총애가 정비인 계국대장공주薊國大長公主의 질투심을 폭발시켜 그 사실이 원황실에 고해졌다. 그리고 그것이 급기야 조비무고趙妃誣告 사건[36]으로 발전되어 결국 충선왕이 퇴위당하고(1298. 8),[37] 조비와 조인규 일족이 투옥되는 화를 입었다. 하지만 10년 후 충선왕이 가깝게 지내고 있던 처사촌인 무종武宗이 성종成宗의 뒤를 이어 마침내 제위帝位에 오르고(1307. 5), 충렬왕忠烈王이 재위 34년(1308) 7월에 타계하자 그는 심양왕을 겸하여 고려왕에 복위하게 되었다. 복위한 충선왕은 그해 11월에 왕실과 혼인할 수 있는 재상지종宰相之宗을 발표했는데 선정된 15개의 명문名門 중에 조인규의 평양조씨平壤趙氏 가문이 들어갔다.[38] 이에 따라 조인규 가문은 왕실의 권력을 배경으로 하여 당대 최고의 귀족 가문으로 화려하게 새기할 수 있었었다. 이같이 충선왕과 조인규 가문의 관계는 권력의 부침과 함께 동고동락한 동반자와 같은 사이였다. 충선왕이 광교사의 주지를 조

瑩原寺 重大匡慈恩君特賜定慧圓通知見無礙三藏法師旋公主其寺"

35 『高麗史』 권30, 世家 忠烈王 18년 윤6월.

36 趙妃誣告 사건은 단순히 충선왕이 조비를 총애한 데에서 비롯한 것이 아니고, 계국대장공주가 아이가 없었던 반면에 충선왕과 懿妃 사이에는 王世子인 鑑과 忠肅王이 있었던 사실에도 기인했다고 한다. 金成俊, 『韓國中世政治法制史研究』, 일조각, 1985, 166~167쪽.

37 『高麗史』 권31, 世家 忠烈王 24년 8월. 이익주는 충선왕의 퇴위가 조비무고 사건 때문만이 아니고, 충선왕의 즉위 과정에서 나타난 충렬왕 측근 세력의 대대적인 숙청, 官制 개편, 대다수 재추관료들의 세력 결집 등이 작용했던 것으로 해석했다. 이익주, 「충선왕 즉위년 관제개편의 성격」, 『14세기 고려의 정치와 사회』, 민음사, 1994, 119~121쪽.

38 『高麗史』 권33, 世家 忠宣王 복위년 11월. 宰相之宗 15개 가문의 전반에 대한 연구로 다음이 있다. 金塘澤, 「忠宣王의 復位敎書에 보이는 宰相之宗에 대하여」, 『元干涉下의 高麗政治史』, 일조각, 1998.

인규의 아들 의선에게 부탁한 이면에는 이전 둘 사이의 돈독한 혈연적 유대 관계가 깃들어 있었던 것이다.

충선왕의 유명에 의해 의선이 주지로 있으면서 광교사가 중창되었을 때(1332~1336)[39] 절의 대지는 50무畝를 넘고 집이 100여 칸으로, 여기에 든 비용이 지폐로 50여만 민緡이었다고 한다. 당시 광교사에 대한 자세한 상황을 전해주는 사료는 없지만, 의선은 선왕先王의 뜻을 받들어 과거 절에서 불도佛道가 끊기고, 사리私利만을 채우고자 하는 사람들이 많았던 현실을 쇄신하여 그 이로움이 많게 했다고[40] 한다. 의선이 광교사에 있을 때 그는 고려의 영원사瑩源寺와 원의 연성사延聖寺 주지를 겸하고 있던 시기였다.[41] 또 천자로부터 '정혜원통지견무애삼장법사定慧圓通知見無礙三藏法師'라는 호까지 하사받으면서 여원麗元 양국 정교政敎의 중심인물로 활동한 때였다.[42] 이런 점들을 감안해보면 광교사는 의선이 주석하던 중에 상당한 번영을 누렸을 것으로 생각된다.

이같이 광교사의 창건이 계국공주와 의비懿妃의 죽음 직후이고, 또 창건주 충선왕의 유명에 의해서 주지가 결정된 것을 보면 광교사의 주된 기능은 충선왕과 충선왕비를 추복追福하는 고려왕실의 원당으로 보는 것이 타

39 의선이 광교사 주지로 부임한 해가 충숙왕 복위 1년(1332)이었고, 李穀이 의선의 부탁을 받고 광교사 記文을 쓴 것은 至元 2년(1336) 8월이었다.

40 李穀, 「京師報恩光教寺記」, 『稼亭集』 권2, "若旋公者 能體先王之志 不踐前人之爲 則所謂福田者 其基益堅 其利益廣"

41 의선의 法號를 '大天源延聖寺 大報恩光教寺兼 高麗瑩原寺住持'라고 한 데에서 알 수 있다. 李穀, 「高麗國天台佛恩寺重興記」, 『稼亭集』 권3.

42 李齊賢, 「妙蓮寺重興碑」, 『益齋亂藁』 권6; 李穀, 「趙貞肅公祠堂記」, 『稼亭集』 권3; 「高麗國天台佛恩寺重興記」, 『稼亭集』 권3. 高翊晉은 의선이 延聖寺 주지를 맡게 되고 三藏法師의 호를 받은 시기를 충숙왕 9년(1322)경으로 보았다. 高翊晉, 「白蓮社의 思想傳統과 天頙의 著述問題」, 『佛教學報』 16, 동국대학교 불교문화연구원, 1979, 29쪽. 그러나 당시 충선왕이 英宗(재위 1321~1323)에 의해 티베트에 유배된 때여서 황실에서 충선왕과 가까운 인척되는 의선을 그렇게 예우했을 것으로 보이지 않는다. 그러므로 충선왕을 유배에서 석방해준 泰定帝(재위 1323~1328) 때로 보는 것이 더 타당할 것이다.

당하다. 충선왕은 고려왕에 재위 중에도, 또 양위 이후에도 거의 대부분의 시간을 원나라에 머물러 있었던 만큼[43] 그 자신을 포함한 후비들의 원당이 원 대도大都 내에도 존재하게 된 것이다. 물론 충선왕과 계국공주, 의비가 사망한 후 그들의 시신은 모두 고려에 돌아와 장사 지냈기 때문에 그들을 봉안하여 예를 올린 사원은 고려 내에도 존재했다.[44]

(3) 광교사와 고려의 천태종

충선왕忠宣王 개인의 발원으로 창건된 광교사는 준공된 당시에는 천태교天台教를 강연하는 천태종天台宗 사원이었다. 하지만 얼마 안 있어서 천태의 가르침을 강연하던 전당錢塘의 행상인行上人이 절을 떠나고, 다음 해에 화엄교사華嚴教師 징공澄公이 절 일을 총괄했다.[45] 천태 사원으로 출발한 광교사가 화엄종 사원으로 전환된 셈이다. 충선왕이 이렇게 천태승과 화엄승을 번갈아가며 광교사에 모신 사실로 그가 개인적으로 어떤 특정 불교종파에 집착하지 않았음을 알 수 있다.[46] 하지만 그가 광교사가 완공

43 忠宣王이 고려왕에 즉위한 이후 高麗와 元에 체류한 기간을 정리해보면 다음과 같다.
① 고려왕 卽位期
충선왕 즉위년(1298) 1월~同年 8월: 고려 체류
② 元 宿衛 기간
충렬왕 24년(1298) 8월~충렬왕 34년(1308) 7월: 원 체류.
③ 고려왕 復位期
충선왕 복위년(1308) 8월~동년 12월: 고려 체류.
충선왕 1년(1309) 1월~충선왕 5년(1313) 3월: 원 체류.
④ 讓位 이후~사망
충숙왕 즉위년(1313) 4월~충숙왕 1년(1314) 1월: 고려 체류.
충숙왕 1년(1314) 2월~충숙왕 12년(1325) 5월: 원 체류.

44 충선왕과 계국대장공주, 의비의 眞殿寺院으로 興天寺, 妙蓮寺, 青雲寺, 海安寺 등을 꼽을 수 있다. 『高麗史』 권39, 世家 恭愍王 6년 9월; 李齊賢, 「妙蓮寺重興碑」, 『益齋亂藁』 권6; 『高麗史』 권35, 世家 忠肅王 8년 5월; 李齊賢, 詩, 『益齋亂藁』 권4.

45 李穀, 「京師報恩光教寺記」, 『稼亭集』 권2, "命錢塘行上人演天台教 未幾還山 明年 乃延致華嚴教師澄公 綱維寺事"

46 충선왕은 티베트 승려를 받아들여 經을 번역하고 戒를 받은 티베트 불교의 신자이기도 했다.

된 시점에 천태교를 강연하게 하고자 했던 사실은 분명 천태종에 좀 더 밀착되어 있었음을 반영한다.

충선왕이 비교적 천태종과 가까웠던 연유로는 먼저 인척관계를 맺고 있던 조인규趙仁規 가문을 생각해볼 수 있다. 조인규 가문은 원간섭기 이후 고려 말까지 4대에 걸쳐서 천태승 4명을 배출한 천태종계 가문이었다.[47] 충렬왕, 충선왕 때에는 조인규의 형인 혼기混其와 아들인 의선義旋이 천태승으로 활동하고 있던 시기였다. 따라서 충선왕이 천태종과 가까워질 수 있었던 첫 번째 이유는 인척인 조인규 가문이 천태종과 연계되었기 때문이다. 이것은 충선왕의 재위 시에 고려의 천태 고승에 대한 우대와 그 시책에서도 잘 드러나 있다.

원간섭기의 대표적인 천태종 사찰인 묘련사妙蓮寺에서 제4세 주법이었던 무외정오無畏丁午가 충렬왕 33년(1307) 여름에 왕사王師로 책봉되며 '불보조정혜묘원진감대선사佛普照靜慧妙圓眞鑑大禪師'의 법호를 받았다. 그리고 다음 해(1308) 8월 충선왕은 고려왕에 복위하던 날[48] 무외정오에게 '선교각종산문도반총섭조제禪教各宗山門道伴總攝調提'의 호를 내리고 전례가 없던 선교禪教 양종의 승정僧政업무를 총괄하도록 했다. 또 그다음 해(1309) 겨울에 무외정오를 국청사國淸寺에 머물게 하고 5개의 절을 하원下院으로 예속시키면서 천태종을 적극 후원했다.[49] 따라서 충선왕이 광교사를 완공하면서 천태의 가르침을 펴고자 한 것은 고려 국왕 재위 때부터 갖고 있던 그의 천태종에 대한 호의적인 태도와 시책에서 비롯되었다고 볼 수 있다.

李齊賢, 「世家」, 『益齋亂藁』 권9.

47 조인규의 친형인 混其, 넷째 아들 義旋, 손자인 普解, 그리고 증손인 妙慧가 4대에 걸친 4명의 천태승이었다. 蔡尙植, 『高麗後期佛教史研究』, 일조각, 1991, 194쪽.

48 충선왕이 복위하여 즉위한 날은 충렬왕 34년(1308) 8월 癸丑日이었다. 『高麗史』 권33, 世家 忠宣王 복위년 8월 癸丑.

49 朴全之, 「靈鳳山龍巖寺重創記」, 『東文選』 권68.

충숙왕忠肅王 7년(1320) 이후 광교사의 일을 총괄하던 화엄승 징공이 충선왕 타계 후 바로 뒤이어 입적하고, 얼마 후 천태승 의선이 광교사 주지로 임명되어 광교사는 다시 천태종 사원으로 환원되었다. 이때 충숙왕(재위 1313~1330; 1332~1339)이 천태승 의선을 주지로 임명한 데에는 앞서 설명한 바와 같이 부왕父王 충선왕의 유명遺命을 따르고자 했던 뜻이 크게 작용했다. 또한 이것은 충숙왕이 즉위 초부터 부왕 충선왕을 계승하여 천태종을 후원했던 정책과도 부합하는 조치였다. 충선왕으로부터 양위를 받아 즉위한 충숙왕은 그해에(1313) 영원사瑩源寺 주지로 있던 왕사 정오를 국통國統으로 삼았다.[50] 충렬왕 때부터 존숭되던 천태승 무외정오를 충숙왕 자신도 그대로 수용하여 당시 국청사, 영원사를 중심으로 세력을 떨치고 있던 천태종을 후원했던 것이다. 따라서 충숙왕이 복위하던 해(1332) 3월에 의선을 광교사 주지로 임명한 것은 충숙왕이 고려에서 펴고 있던 불교 정책과도 부합하는 조치였다. 그리고 당시 원나라 황제로부터 깊은 신임을 받으면서 대도 연성사延聖寺 주지로 있던 의선의 존재도 의식할 수밖에 없었을 것이다.

이처럼 광교사는 천태종과 밀접했던 충선왕에 의해서 창건되었던 관계로 천태종 사원으로 출발했고, 그것은 또 고려 국내에서 천태종의 부흥과 궤를 같이하여 충숙왕 때에도 천태종 사원으로 사세를 유지할 수 있었다. 당시 광교사의 대지가 50무畝가 넘고 창건에 든 비용이 지폐 50여만 민緡이었다는 사실을 통해서도 그 사세寺勢를 짐작할 수 있을 것이다.

원간섭기 중에 묘련사妙蓮寺의 창건(1284)을 계기로 하여 크게 부흥한 천태종이 충선왕, 충숙왕을 거치면서 고려 국내에서 가장 유력한 불교종파로 발전했는데, 대도의 광교사도 그러한 고려 불교계의 추세와 짝하고

---

50 朴全之, 「靈鳳山龍巖寺重創記」, 『東文選』 권68; 『高麗史』 권34, 世家 忠肅王 즉위년 11월, "以王師丁午爲國統 國一大禪師混丘爲王師"

있었다. 즉 충선왕, 충숙왕 때 정오와 의선, 두 승려의 활발한 활동으로 고려의 천태종은 국외 대도의 광교사와 국내 개경의 국청사를 중심으로 하여 중흥기를 맞았던 것이다.

2. 고려승의 주지 사원

원황실에서는 대개 사원 내에 황제와 황후의 진영眞影을 봉안奉安한 신어전神御殿을 마련해놓고 선조들에게 정기적으로 제례를 올렸다. 이 원대元代의 신어전은 송대宋代의 신어전을 계승한 것이고, 또 이것은 한대漢代의 원묘原廟에서 유래한 예제였다.[51] 다만 원묘는 신어전과는 달리 진영을 봉안한 전을 따로 마련하지 않고 묘(사당)에 진영을 봉안한 예제였던 것으로 본다.[52] 송대의 제도를 계승한 원나라의 신어전은 만안사萬安寺에 세조世祖(쿠빌라이忽必烈, 재위 1260~1294)의 신어전이 설치된 이후로 역대 황제, 황후의 신어전이 사원 내에 부설되었다.[53] 신어전이 부설된 신어전 사원[54]은 후대의 황제들에 의해서 정기적으로 선조들을 위한 제사가 거행되었던 만큼 황실의 후원과 보호를 통해 한 시대를 대표하는 사원으로 부각되기 마련이었다. 그런데 이 같은 신어전 사원에 고려에서 건너간 고려승이 주지로 초빙된 예가 종종 있었다. 대도大都에 소재한 복원사福元寺와 연

51 『宋史』 권109, 志 禮12, "神御殿 古原廟也 以奉安先朝之御容"

52 趙善美, 『한국의 肖像畵』, 열화당, 1983, 66쪽. 이러한 신어전은 高麗에도 큰 영향을 미쳐 光宗代 이후로 사원 내에 眞殿이 부설된 眞殿寺院의 출현을 가져왔다.

53 『元史』 권75, 志 祭祀4 神御殿. 고려의 진전은 崇佛思想에 의해 모두 寺院에 부설되었지만 元代의 신어전은 간혹 翰林院에 둔 예가 있었다. 또 송대에는 신어전을 別宮이나 道觀에 둔 경우도 있었다.

54 元代의 神御殿은 대개 사원 내에 부설되어 있었는데 그러한 사원의 명칭을 神御殿 寺院이라고 할 수 있다. 眞殿이 설치된 고려의 사원을 보통 眞殿寺院이라고 하는 것과 같은 논리이다.

성사延聖寺가 여기에 해당하는 사원이다.

(1) 복원사와 해원

복원사福元寺는 도성都城 남쪽에 위치한 절로 무종武宗(카이산海山, 재위 1307~1311)이 창건했다. 그리고 무종 사후에는 무종 자신의 원당願堂이 되었는데, 이 복원사에 고려의 유가승瑜伽僧 해원海圓(1262~1340)이 주지로 있었다.

무종은 즉위하던 그해부터(1307) 사원을 창건할 만큼 불법을 숭상한 황제로 알려져 있다.[55] 그는 지대至大 1년(1308) 3월에 복원사를 기공하여,[56] 같은 해 9월에 사찰업무를 담당할 행공부行工部를 두었다.[57] 그 후 무종은 지속적인 관심으로 정3품의 규운도총관부規運都總管府를 설치했고,[58] 또 그것을 정2품의 융희원隆禧院으로 개편했다.[59] 하지만 무종이 지대 4년(1311) 1월에 세상을 떠남에 따라 복원사의 완공은 무종에 이어 제위를 승계한 동생 인종仁宗(아유르바르와다愛育黎拔力八達, 재위 1311~1320)에게 넘어갔다.

인종은 즉위년 10월, 세상을 떠난 무종의 진영眞影을 복원사 신어전神御殿에 모시고 제를 지냈다.[60] 복원사가 무종의 신어전 사원이 된 것이다. 그리고 다음 해인 황경皇慶 원년元年(1312)에 절을 완공했다.[61] 무종이 재위 초에 복원사를 창건하여 그곳에 깊은 애정을 쏟았지만 결국 완공을 보지

---

55 『元史』 권22, 本紀 武宗 즉위년 11월 癸亥, "建佛寺於五臺山"

56 『元史』 권22, 本紀 武宗 至大元年 3월 戊寅, "建佛寺於大都南城南"
李穀, 「大崇恩福元寺高麗第一代師圓公碑」, 『稼亭集』 권6, "武宗皇帝歸崇佛乘 肇興梵刹于都城之南"

57 『元史』 권22, 本紀 武宗 至大 2년 9월 癸未.

58 『元史』 권22, 本紀 武宗 至大 3년 6월 庚戌.

59 『元史』 권22, 本紀 武宗 至大 3년 11월 壬午.

60 『元史』 권24, 本紀 仁宗 至大 4년 10월 己巳, "勅繪武宗御容 奉安大崇恩福元寺 月四上祭"

61 『元史』 권24, 本紀 仁宗 皇慶元年 4월 庚寅.

못하고 세상을 떠나게 되자 동생 인종이 그것을 애석히 여겨 복원사를 무종의 신어전 사원으로 지정한 것 같다. 절이 완공되던 그해에 인종의 명에 의해서 고려승 해원이 복원사 주지로 있게 되었다.

해원은 인종이 황제에 오르기 전부터 이미 원황실에 초빙된 이름난 고승이었다. 그는 전북 함열군咸悅郡 출신으로 속성이 조씨趙氏이고, 12세 때 인근 금산사金山寺 석굉釋宏에게 출가한 유가승瑜伽僧이었다.[62] 충렬왕 20년(1294) 선불과選佛科에 급제하여 불주사佛住寺 주지로 있었고, 원 성종成宗 대덕大德 9년(1305)에 황제에게 초빙되어 원나라에 건너갔다. 당시 해원이 원황실에 진출한 것은 안서왕安西王[63]이 해원의 계행戒行이 유달리 뛰어나다는 이야기를 듣고 그를 성종에게 초빙하도록 요청했기 때문이다. 그렇게 하여 해원은 안서왕을 따르게 되었고, 대덕 11년(1307) 겨울부터는 무종을 호종하는 위치에 있게 되었다. 성종에서 무종으로 황권이 교체되는 정치적 혼란 중에도,[64] 계율戒律에 뛰어났던 해원의 고승다운 면면은 그대로 인정되어 황제를 호종하는 위치에 그대로 있게 된 것이다. 그리고 인종이 즉위하자 마침내 무종의 신어전 사원이 된 복원사 주지로 있게 되었다. 이같이 해원은 처음 성종에 의해서 초빙되어 무종을 호종하고, 또 인종의 명으로 황실의 원당에 주석함으로써 3대 황제에 걸쳐서 두터운 신임을 받은 고승이었다.

그런데 해원이 원 성종, 무종, 인종 때 황실로부터 극진한 예우를 받을

62 李穀, 「大崇恩福元寺高麗第一代師圓公碑」, 『稼亭集』 권6.

63 安西王은 세조의 孫이자, 성종의 사촌인 阿難達(阿難達答)을 말한다. 성종 死後에 武宗이 된 海山과의 皇權 싸움에서 패한 인물이다. 『高麗史』 권33, 世家 忠宣王 즉위년. 안서왕은 고려에 사신을 보내 童女를 요구하여 韓孫秀의 딸을 부인으로 맞이했고, 또 그 부인을 사신으로 보내 동녀를 요구하기도 했다. 『고려사』 권32, 忠烈王 27년 1월; 『高麗史節要』 권23, 忠烈王 31년 9월.

64 成宗이 大德 11년(1307) 1월에 후손이 없이 세상을 떠나자 이때 성종의 사촌인 安西王 阿難答을 옹립하고자 한 황후 伯要眞, 좌승상 阿忽台, 평장 八都馬辛 등과 성종의 조카인 武宗을 옹립하고자 한 仁宗, 우승상 哈剌哈孫, 忠宣王 등 사이에 내분이 일어났다. 高柄翊, 『東亞交涉史의 硏究』, 서울대학교 출판부, 1970, 298~299쪽.

수 있었던 것은 그가 계율을 엄격히 준수하는 고결한 승려였다는[65] 이유도 있었지만 원간섭기 중에 고려의 불교계에 법상종法相宗(유가업瑜伽業)이 융성하고 있었음을 일정 부분 반영한 것으로 보아야 한다. 고려 중기 현화사玄化寺를 중심으로 세력을 떨친 법상종은 원간섭기에 들어와 동화사桐華寺와 법주사法住寺를 주무대로 한 혜영惠永(1228~1294)[66]과 미수彌授(1240~1327)[67]의 두드러진 활동으로 고려 후기 불교계에 두각을 나타낸 것이다.

먼저 혜영의 주목할 만한 활동을 보면, 충렬왕 16년(1290) 사경승寫經僧 100명을 거느리고 원나라 대도에 들어가 금자金字『법화경法華經』을 사경寫經하여 세조世祖에게 바쳤고,[68] 다음 해에도 『대장경』 사경의 불사를 마침으로써 황실로부터 고려 법상종에 대한 호의적인 반응을 불러일으켰다.[69] 그리고 충렬왕 18년에는 국존國尊에 책봉되었고, 오교도승통직五教都僧統職을 제수받았다.[70]

다음으로 미수는 충렬왕 34년(1308) 4월에 오교도승통직을 제수받았고, 충숙왕 즉위년(1313)에는 삼중대광三重大匡 양가도승통兩街都僧統 국일대

65 李穀, 「大崇恩福元寺高麗第一代師圓公碑」, 『稼亭集』 권6, "聞高麗僧戒行甚高 請于成宗 遣使招致"

66 惠永은 충렬왕 18년 동화사에 주석했고, 충렬왕 20년에 같은 절에서 입적했다. 金晅, 「桐華寺弘眞國尊眞應塔碑」, 『朝鮮金石總覽』 上, 아세아문화사, 1976, 687쪽.

67 彌授는 충숙왕 12년 법주사에 돌아와 충숙왕 14년 같은 절에서 입적했다. 李叔琪, 「法住寺慈淨國尊普明塔碑」, 『朝鮮金石總覽』 上, 아세아문화사, 1976, 488쪽.

68 『高麗史』에서는 충렬왕 16년 3, 4월 두 차례에 걸쳐 元에 寫經僧 100명이 파견되었다고 했다. 『高麗史』 권30, 世家 忠烈王 16년 3, 4월. 고려 사경승의 파견은 충렬왕 23년 8월, 28년 4월, 31년 12월에도 있었는데 이 승려들이 법상종의 승려였는가는 알 수 없다. 『高麗史』 世家 忠烈王 참조.

69 金晅, 「桐華寺弘眞國尊眞應塔碑」, 『朝鮮金石總覽』 上, 아세아문화사, 1976, 68쪽, "庚寅 領寫經僧衆一百員 到大元國大都 以金字法華經爲贄 拜見 世祖皇帝特承勞慰 …… 至翌年 以金泥 寫大藏經事畢 帝乃嘉之"

70 金晅, 「桐華寺弘眞國尊眞應塔碑」, 『朝鮮金石總覽』 上, 아세아문화사, 1976, 687쪽.

사우세군國一大師祐世君에 봉해졌으며 일품一品의 녹봉을 별도로 지급받았다. 또 충숙왕 2년에 참회부懺悔府가 설치되어 미수가 승정업무를 전담하게 되었고, 오교양종五敎兩宗의 사원을 관리했다. 마침내 충숙왕 11년에는 국존으로 책봉되었다.[71] 이처럼 충렬왕과 충숙왕 대에 걸쳐 국내의 유가승들은 높은 승직僧職에 제수되었고 국존으로 추앙되었을 뿐 아니라, 국왕으로부터 승정권僧政權을 위임받기까지 했다. 그만큼 당시 고려 불교계에서 법상종은 강력한 종세를 떨치고 있었다. 따라서 충렬왕 31년(1305) 성종의 초빙으로 원나라에 건너간 해원이 무종을 호위하고, 또 충선왕 4년(1312)부터 복원사 주지가 된 사실은 고려 내에서 크게 부각되고 있던 법상종의 위세에도 영향을 받았을 것이다. 이것은 원나라에서 활발한 활동을 하고 있던 해원에게 고려 국왕이 내려준 존호와 작위를 통해서도 짐작할 수 있다. 충숙왕이 문종文宗 천력연간天曆年間(1328~1329)에 해원에게 예를 다하여 금산사金山寺에 머물기를 청하면서 '혜감원명편조무애국일대사慧鑑圓明遍照無礙國一大師'라는 호를 내리고, 중대광우세군重大匡祐世君에 봉했다.[72] 충숙왕 때 불교계에서 승정僧政과 교권敎權을 장악했던 미수가 입적한 후 곧이어 그것에 버금가는 작위와 법호가 복원사 주지 해원에게 내려졌던 것이다.

해원은 79세로 입적하던 순제順帝 지원至元 6년(1340)까지 29년 동안(1312~1340) 복원사 주지로 있었는데, 그 시기의 복원사는 무종을 위한 제례에 적지 않은 고려승이 참여할 정도로 고려적인 색채를 띤 원황실의 원당이었다.[73] 그리고 또 한편으로 해원이 유가교사瑜伽教師였던 만큼 복

71 李叔琪, 「法住寺慈淨國尊普明塔碑」, 『朝鮮金石總覽』 上, 아세아문화사, 1976, 488쪽.

72 李穀, 「大崇恩福元寺高麗第一代師圓公碑」, 『稼亭集』 권6; 韓國文獻硏究所 편, 『金山寺誌』, 아세아문화사, 1982, 121쪽, "賜號曰慧鑑圓明遍照無礙國一大師 封重大匡祐世君"

73 文宗 天曆 2년(1329) 12월에는 다음 해 1월 武宗의 기일을 앞두고 高麗와 漢나라 僧 340명이 복원사에서 불경을 預誦했다. 『元史』 권33, 本紀 文宗 天曆 2년 12월 甲辰.

원사는 유식학唯識學에 대한 열띤 강론이 벌어지던 대도 내 유식학 연구의 주요 사원이었다.[74] 원간섭기 중 양국 간의 빈번한 인적 교류와 더불어 고려 불교계의 법상종의 중흥은 원나라 대도 내에 고려인 유가승이 주지로 있는 복원사의 출현을 가져왔던 것이다. 당시 고려의 법상종은 국내의 동화사와 법주사를 중심으로 한 혜영과 미수의 활동에 그치지 않고, 복원사 주지 해원의 활약으로 그 교세를 원 대도에까지 확장시키고 있었음을 확인하게 된다. 복원사는 단지 고려승이 주지로 있는 원황실의 주요 원당이었다는 사실보다는 원 대도 내에서 고려 법상종의 교세를 신장시킨 사원이었다는 데에 더 큰 의의가 있을 것이다.

(2) 연성사와 천태승 의선

연성사延聖寺는 대도大都에 있었던 거찰巨刹로 비교적 황실의 출입이 잦은 도성 내의 주요 사원이었다. 그런데 이 사원에 고려인 천태승 의선義旋이 주지로 있었음을 알려주는 사실이 그의 법호法號와 비문에서 보인다.[75] 무엇보다도 의선이 어떤 연유로 연성사 주지를 맡았을까 하는 것이 의문이다. 『원사元史』에는 연성사에 대한 몇 가지 단편적인 기사가 전하는데, 우선 그것을 토대로 하여 연성사가 어떤 성격의 사원이었는가를 알아보자.

> 현종顯宗의 신어전神御殿을 노사사盧師寺에 세우고 대천원연성사大天源延聖寺를 사액賜額하였다. 서번자西番字로 된 장경藏經을 금자金字로 사경하도

74 李穀, 「大崇恩福元寺高麗第一代師圓公碑」, 『稼亭集』 권6, "於其所謂唯識之論 已通大意 不與人諜諜爭辨"

75 이곡은 의선의 法號를 '大天源延聖寺 大報恩光教寺兼高麗瑩原寺住持 福國祐世靜明普照玄悟大禪師 三重大匡慈恩君旋公' 또는 '住天源延聖寺兼住本國瑩原寺福國祐世靜明普照玄悟大禪師三重大匡慈恩君'이라고 했다. 李穀, 「高麗國天台佛恩寺重興記」「趙貞肅公祠堂記」, 『稼亭集』 권3. 이제현은 '天子錫號三藏 命住燕都之大延聖寺'라고 했다. 李齊賢, 「妙蓮寺重興碑」, 『益齋亂藁』 권6.

록 하였다.[76]

위의 글은 태정제泰定帝(예순테무르也孫鐵木兒, 재위 1323~1328)가 태정泰定 3년(1326)에 현종顯宗의 신어전神御殿을 노사사盧師寺에 세우면서 대천원연성사大天源延聖寺라는 현판을 내려주었고, 또 그곳에서 서번西番(서장西藏)자, 즉 티베트 문자의 경전을 금자金字로 사경하도록 했다는 기록이다. 먼저 노사사 내에 현종의 신어전이 건립되면서 그 사원의 이름이 연성사로 변경되었음을 알 수 있다. 여기서의 현종은 태정제의 아버지인 진왕晉王[77]을 말한다.

다음으로 위의 글은 연성사가 티베트 불교와 깊은 연관성을 갖고 있는 사찰이라는 것을 알려준다. 연성사가 티베트 불교계 사찰이라는 사실은 신어전이 완성된 후 태정 4년에 황제가 티베트 불교의 통수자인 제사帝師에게 명하여 연성사에서 불사를 거행하도록 했다는 사실에서도 드러난다.[78] 결과적으로 노사사가 태정제 때 대천원연성사大天源延聖寺로 사액賜額되면서 황실의 주요 사원으로 발전하기 시작한 것이었다. 태정제가 연성사에 신어전을 건립한 목적과 그 역할을 알려주는 다음의 기사가 있다.

ⓐ 대천원연성사大天源延聖寺의 신어전神御殿이 완공되었다.[79]

ⓑ 대천원연성사大天源延聖寺에 현종顯宗의 어용御容을 받들어 모셨다.[80]

76 『元史』 권30, 本紀 泰定帝 泰定 3년 2월 丙申, "建顯宗神御殿於盧師寺 賜額曰大天源延聖寺 勅以金書西番字藏經"

77 晉王(1263~1302)은 태정제에 의해 光聖仁孝皇帝로 추존되었다. 『元史』 권115, 列傳 顯宗. 또 晉王은 忠宣王妃 薊國大長公主(?~1315)의 아버지로 충선왕 3년(1311)에 고려의 興天寺가 진왕의 願刹로 지정되었다. 『高麗史』 권34, 世家 忠宣王 3년 9월.

78 『元史』 권30, 本紀 泰定帝 泰定 4년 10월 癸卯, "命帝師作佛事于大天源延聖寺" 李龍範은 연성사가 라마교 사찰이라는 것에 중점을 두고 분석했다. 李龍範, 「元代 喇嘛教의 高麗傳來」, 『佛教學報』 2, 동국대학교 불교문화연구원, 1964, 23~24쪽.

79 『元史』 권30, 本紀 泰定帝 泰定 3년 8월 乙亥, "大天源延聖寺神御殿成"

태정 3년 2월에 기공된 신어전이 같은 해 8월에 완공되었고, 10월에는 연성사에 현종의 진영眞影을 모셨다는 기사이다. 그러니까 태정제의 아버지 현종의 진영을 모시기 위하여 연성사에 신어전을 새로이 건축한 것이다. 연성사가 현종의 명복을 빌기 위하여 사찰 내에 신어전을 부설한 황실의 원당이었음이 위의 글에서 확인된다.[81] 이처럼 연성사가 현종의 신어전 사원이었던 만큼 연성사에 대한 국가의 지원도 적지 않았다.[82] 이에 따라 태정제 말년에 연성사는 재부財賦 담당의 총관부總管府를 두게 되는 대사찰로 발전했다.[83]

그러나 태정제가 세상을 떠나게 되면서 연성사 내에 있던 현종의 신어전은 그만 폐해지고 말았다.[84] 이것은 태정제 사후에 황권을 둘러싸고 일어난 정치적 분쟁 때문이었다. 태정제가 재위 5년 만에 병사하자 그의 큰 아들인 천순제天順帝(라기바흐阿速吉八, 재위 1328. 9~10)가 제위帝位를 계승했다. 하지만 천순제가 연첩목아燕帖木兒의 무력 쿠데타에 의해서 제거되고 황권이 무종武宗의 아들인 명종明宗(쿠살라和世㻋, 재위 1329.1~8)과 문종文宗(투크티무르圖帖睦爾, 재위 1328~1332) 형제에게로 넘어갔다. 이러한 황실의 정권쟁탈전 속에서 현종의 신어전은 묘실廟室과 함께 폐지되었다.[85]

그 후 연성사는 문종 때 명종의 신어전 사원이 되었다. 명종의 후비后妃 팔불사황후八不沙皇后가 남편의 명복을 빌고자 제사帝師의 주관으로 불사

80 『元史』 권30, 本紀 泰定帝 泰定 3년 10월 庚辰, "奉安顯宗御容於大天源延聖寺"

81 연성사에 현종의 神御殿이 있었음은 다음의 기사에서도 나온다. 『元史』 권75, 志 祭祀4 神御殿, "泰定二年 亦作顯宗影堂于大天源延聖寺" 다만 이 기사에서는 泰定 2년으로 기록되어 있어 태정제 本紀의 기사와 비교할 때 1년의 오차가 있다.

82 『元史』 권30, 本紀 泰定帝 泰定 3년 10월 庚辰.

83 『元史』 권30, 本紀 泰定帝 致和 元年 3월 辛未, "大天源延聖寺顯宗神御殿成 置總管府以司財賦"

84 『元史』 권75, 志 祭祀4 神御殿, "泰定二年 亦作顯宗影堂于大天源延聖寺 天曆元年廢"

85 『元史』 권115, 列傳 顯宗, "文宗卽位 乃毁其廟室"

佛事를 거행하도록 한 예가 있기 때문이다.[86] 이후로 연성사는 원 말까지 계속 명종의 원당으로 존속했다. 이것은 순제順帝(토곤테무르妥懽帖睦爾, 재위 1333~1370) 때 연성사 신어전에 명종의 비를 세우도록 했다는 기사를 통해서 알 수 있다.[87] 순제는 명종의 큰 아들이었기 때문에 당시 연성사가 명종의 신어전 사원으로 존속하는 데 별다른 문제가 없었을 것이다.

앞에서 보았던 것처럼 연성사는 티베트 불교계 사원으로 태정제 때는 현종의 신어전 사원이었다. 그런데 이 연성사와 관련하여 이제현은 「묘련사중흥비妙蓮寺重興碑」에서 다음과 같이 언급했다.

> 순암선공順菴旋公은 원혜圓慧의 적자요, 무외無畏의 조카로 천자가 '삼장三藏'이란 호를 내려 연도燕都의 대연성사大延聖寺에 있도록 하였다. 후지원後至元 병자년丙子年에 강향降香하러 동東으로 돌아왔다.[88]

위의 글을 통해 고려승 의선義旋이 천자의 명에 의해 원나라 연도燕都(대도大都)의 연성사 주지로 있었음을 알 수 있다. 그렇다면 의선은 어느 시기에 어느 천자에 의해서 연성사 주지에 임명되었고, 또 그렇게 된 연유는 무엇 때문이었을까. 이것에 대한 해명은 먼저 충선왕忠宣王(재위 1298; 1308~1313)과 태정제와의 혈연관계, 그다음으로 충선왕과 조인규趙仁規 가문과의 관계에서 찾는 것이 옳을 듯하다. 원황실의 가계도를 대략 살펴보면 〈도표 1〉과 같다.

위의 가계도[89]에서 보다시피 진왕晉王의 큰 아들인 태정제와 충선왕의

86 『元史』 권33, 本紀 文宗 天曆 2년 11월 乙卯; 『元史』 권114, 列傳 后妃1 八不沙皇后, "后八不沙請爲明宗資冥福 命帝師率羣僧作佛事七日于大天源延聖寺"

87 『元史』 권40, 本紀 順帝 至元 6년 4월 庚寅, "詔大天源延聖寺立明宗神御殿碑"

88 李齊賢, 「妙蓮寺重興碑」, 『益齋亂藁』 권6, "順菴旋公 圓慧之嫡嗣 無畏之猶子 天子錫號三藏 命住燕都之大延聖寺 後至元丙子 降香東歸"

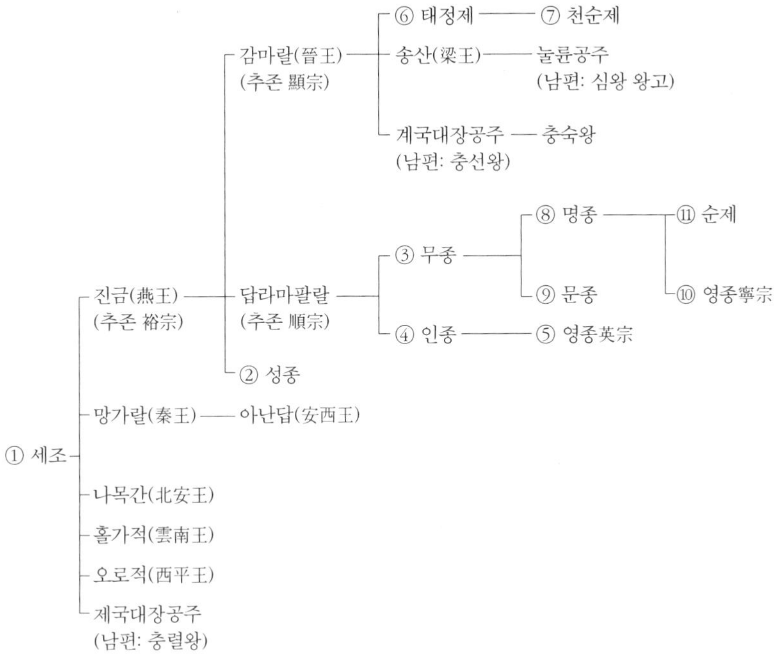

〈도표 1〉 원황실의 가계도

제1비인 계국대장공주薊國大長公主(?~1315)는 남매관계이므로 태정제와 충선왕은 서로 처남 매부 사이가 된다.[90] 그리고 충선왕의 조카인 심왕瀋王 왕고王暠(강양공江陽公의 둘째 아들)는 진왕의 둘째 아들인 양왕梁王 송산松山의 딸(눌륜공주訥輪公主), 즉 충선왕의 처조카와 혼인했다. 따라서 충선왕은 진왕의 가계와 매우 밀접한 인척관계를 형성하고 있었기 때문에 태정제가 황제에 즉위할 때는 누구보다도 황실과 돈독한 관계를 유지할 수 있는 여건에 있었다. 이것은 또 다음의 사례에서 구체적으로 나타난다.

89 杉山正明 지음, 任大熙 외 옮김, 『몽골세계제국』, 신서원, 1999, 198~201쪽; 金庠基, 『高麗時代史』, 서울대학교 출판부, 558쪽; 정용숙, 『고려시대의 后妃』, 민음사, 1992, 217쪽 참조.

90 晉王 甘麻剌는 3男 3女를 두었다. 장남은 泰定帝, 둘째 아들은 宋山, 셋째 아들은 迭里哥兒不花였고, 장녀인 충선왕비 薊國大長公主 외에 壽寧大長公主, 阿剌的納八剌公主가 있었다.

충선왕은 고려 국왕과 심왕의 자리를 모두 양위한 후에도 원 숙위宿衛시절(1298~1308)부터 가깝게 지낸 처사촌인 인종仁宗(아유르바르와다愛育黎拔力八達, 재위 1311~1320)이 제위帝位에 있었기 때문에 자신의 말년을 편안히 보낼 수 있는 여건에 있었다. 하지만 인종이 세상을 떠나게 되자 충선왕을 지지해준 권력의 울타리는 사라져버렸다. 게다가 원 종실의 적장자 혈통을 지니고 있어서, 자신의 위치를 격상시켜준 후비后妃 계국대장공주도 이미 세상을 떠난 후였다. 사실 충선왕은 인종에 이어 등극한 영종英宗(시디발라碩德八剌, 재위 1320~1323)과는 특별한 인연이 없었다. 그에게 영종은 단지 세상을 떠난 처의 오촌인 처가 쪽 사람일 뿐이었다. 결국 영종이 즉위하던 해에 충선왕은 환관 임백안독고사任伯顔禿古思의 모함을 받아,[91] 불경 공부를 한다는 명목으로 티베트로 유배가게 되었다.[92] 이러한 충선왕의 유배생활이 끝난 것은 태정제가 즉위하던 바로 그해 9월이었다.[93] 이처럼 태정제의 즉위와 동시에 충선왕이 유배생활(1320. 12~1323. 9)에서 풀려날 수 있었던 일차적인 원인은 바로 두 사람 사이의 가까운 혈연관계 때문이었을 것이다. 특히 둘 사이의 유대관계가 유달리 좋았다는 사실은 태정제가 충선왕을 유배에서 석방시키고 난 후 그를 고려 국왕에 복위시키려고 했던 의향을 통해서 잘 알 수 있다.[94] 태정제 재위 시에는 원황실 측에서도 고려왕실이 자신들과 매우 가까운 인척관계를 이루고 있음을 인정했다. 이것은 태정제의 황후가 고려 청평산淸平山 문수사文殊寺에 보시할 때 충숙왕忠肅王을 가리켜 "지금 삼한三韓의 왕은 우리의 생질甥姪이다"[95]라며 친

91 충선왕이 충숙왕에게 양위한 후에도 고려 정치에 깊숙이 관여한 것이 문제가 되어 任伯顔禿古思로부터 모함을 받게 되었다는 견해가 있다. 金塘澤, 『元干涉下의 高麗政治史』, 일조각, 1998, 78쪽.

92 충선왕의 귀양살이는 고려인 환자 任伯顔禿古思의 중상이 직접적인 원인이었다. 『高麗史』 권122, 列傳 任伯顔禿古思; 李齊賢, 「世家」, 『益齋亂藁』 권9.

93 『高麗史』 권35, 世家 忠肅王 10년 9월 丁巳, "皇叔晉王卽帝位 是爲泰定皇帝 大赦天下 召還上王"

94 李齊賢, 「世家」, 『益齋亂藁』 권9, "泰定帝召還京師 欲使返初服之國爲王 王固辭焉"

근감을 표시한 데서도 알 수 있다.[96] 이렇게 충선왕은 혈연적으로 태정제와 가까운 위치에 있으면서 그로부터 큰 도움을 받고 있던 상태였다.

다음으로 충선왕과 조인규 가문과의 관계를 살펴볼 때 둘 사이가 막역한 사이였다는 것은 이미 앞에서 언급한 바와 같다. 당시 충선왕이 티베트의 유배생활에서 석방되던 때에 조인규 가문 출신의 승려로는 천태승 의선이 있었다.[97] 의선과 충선왕과의 관계가 얼마나 깊었는가는 충선왕이 유명遺命으로 의선을 광교사光教寺 주지로 삼은 데에서 잘 드러난다. 조인규의 넷째 아들로 태어나 어린 시절 묘련사妙蓮寺에 출가한 의선은 충숙왕 9년(1322)에 영원사瑩源寺 주지로 있었다.[98] 그리고 이후 고려를 떠나 원에 머물렀는데 그는 천자의 명을 받들어 강향사降香使로 귀국할 때까지 15년간(1322~1336) 원에 체류했다.[99] 바로 이 기간 중에 의선은 태정제의 명에 의해서 연성사의 주지직을 맡았을 것이다. 즉 의선에게 연도(대도)의 대연성사 주지로 있도록 한 천자는 바로 태정제였다.

언뜻 보아 의선과 태정제 사이는 서로 무관한 관계인 듯하지만 양자 사

95 李齊賢, 「有元高麗國 淸平山文殊寺施藏經碑」, 『益齋亂藁』 권7, "維三韓 樂善敦義 維時維王 我出我甥 祝釐報上"

96 태정제의 재위 기간은 불과 5년(1323~1328)이었지만 元皇室의 고려 사원에 대한 물적 지원과 관심은 매우 컸다. 즉 泰定年間에 태정제의 황후가 中政院使 李忽篤帖木兒를 파견하여 文殊寺에 보시했고, 역시 이홀독첩목아를 통해 長安寺에 대한 보시가 이루어졌고, 또 指空이 楡岾寺에 파견되어 황실을 위한 불교의식을 주관했다.

97 趙仁規(1227~1308) 가문 출신의 승려로는 조인규의 친형인 混丘를 생각해볼 수도 있다. 하지만 혼구는 조인규의 형이므로 그의 나이가 당시 87세가 넘었다는 계산이 된다. 따라서 그의 생존 가능성은 희박하다.

98 寶鑑國師 混丘가 無畏國師 丁午에 이어서 영원사에 주석하고 있다가 병이 들어 松林寺로 移錫한 英宗 至治 2년(1322)에 의선이 영원사 주지가 되었다. 李齊賢, 「有元高麗國曹溪宗慈氏山瑩源寺寶鑑國師碑銘」, 『益齋亂藁』 권7, "至理二年冬十月 感疾移席于松林寺"

99 의선이 강향사로 고려에 귀국한 것이 順帝 至元 丙子年(1336)이었다. 李齊賢, 「妙蓮寺重興碑」, 『益齋亂藁』 권6. 그리고 그가 至元 戊寅년(1338)에 다시 元으로 돌아가면서 "輦轂에 있은 지가 15년이 되었다"고 한 것으로 보아 의선이 원에 체류한 15년은 1322~1336년이 된다. 당시 의선은 고려의 瑩原寺 주지, 원나라의 延聖寺, 光教寺 주지를 겸하고 있었다. 李穀, 「高麗國天台佛恩寺重興記」, 『稼亭集』 권3.

이에 충선왕을 상정하면 그들 사이는 어느 누구보다도 쉽게 가까워지고 신뢰할 수 있는 여건에 있었다. 이러한 상황에서 태정제는 충선왕을 통해서 의선을 알 수 있었고, 또 충선왕이 절대적으로 신뢰했던 조인규 가문의 의선에게 아버지 현종의 신어전 사원인 연성사의 주지를 맡겼을 것이다. 또한 태정제는 그러한 중책을 맡긴 책무에 걸맞게 의선에게 삼장법사三藏法師라는 법호도 함께 내려준 듯하다. 의선이 충숙왕 복위 5년(1336)에 강향사로 고려에 귀국할 때에도 연성사 주지의 직함을 갖고 있던 것을 보면,[100] 연성사가 문종 때부터 명종의 신어전 사원이 된 뒤에도 의선은 계속 그곳의 주지를 맡고 있었던 것이다.

이상과 같이 고려인 의선이 원황실의 원당인 연성사의 주지를 맡게 된 것은 충선왕, 태정제, 의선 3자 사이의 밀착된 친분관계에서 비롯된 것으로 보아야 할 것이다. 비록 천태승 의선이 연성사 주지로 있었지만 절은 천태 사원의 성격을 띠지 않았다. 그만큼 연성사는 앞서 본 복원사福元寺와는 다르게 원황실의 영향력이 강했고, 그에 따라 원황실과 밀착되어 국교로 발전한 티베트 불교의 성향을 띤 사원이었다.

연성사는 원간섭기 중에 고려왕실과 원황실이 가까운 일가를 이루고 있던 상황에서 종파와 국적을 초월하여 양국의 정치권과 긴밀히 밀착된 세력에 의해서 황실의 원당이 운영되기도 했음을 보여준다. 흔히 귀족승려로 일컬어지는 의선은[101] 그러한 양국의 요구조건을 충족시켜준 적격자였고, 그것은 또 충렬왕 때부터 시작된 조인규 가문의 부원적附元的 성향에 따른 것이었다.

연성사와 관련하여 마지막으로 고려될 사항은 천태승 의선이 티베트 불

---

100 법호를 '大天源延聖寺 大報恩光教寺 兼 高麗瑩原寺住持'라고 한 데에서 알 수 있다. 李穀, 「高麗國天台佛恩寺重興記」, 『稼亭集』 권3.

101 李穀, 「虛淨堂記」, 『稼亭集』 권4, "雖世之享富貴而稱好事者 未有以加焉 烏在其爲虛淨也"

교계의 연성사 주지로 있게 됨으로써 고려 천태종과 티베트 불교의 교류가 이루어졌음을 시사한다는 사실이다. 원 세조世祖(쿠빌라이忽必烈, 재위 1260~1294) 때 파스파八思巴(1239~1280)에 의해 전파된 티베트 불교는 밀교적인 성격이 강한 종교였다. 세조는 파스파를 국사國師, 제사帝師로 삼고 티베트 불교를 국교로 삼기까지 했다. 세조가 특히 추앙하여 원대에 전성기를 누린 티베트 불교가, 의선이 천태종 사원인 묘련사에 출가한 사실을 통해 이미 충렬왕忠烈王대에 묘련사를 통해 전파되지 않았을까 추론하기도 한다.[102] 사실 묘련사가 세조의 딸인 충렬왕비 제국공주齊國公主와 태자시절부터 대원외교를 위해 원나라를 자주 출입한 충렬왕의[103] 발원으로 창건된 사원이기 때문에 그 가능성은 더욱 높다고 할 수 있다. 앞으로 고려 불교(천태종)와 티베트 불교의 교류라는 측면에서 묘련사의 창건과 의선이 연성사에 주지로 있었던 사실이 좀 더 연구되어야 할 것이다.[104]

3. 고려인 환관의 주재 사원

황실의 기복祈福을 주된 기능으로 한 황실 원당願堂 중에는 간혹 원나라에 건너간 고려인에 의해서 창건, 중창 또는 운영되는 곳이 있었다. 원 대

102 李龍範은 충렬왕 27년 正月 丙辰日(15일) 왕과 百官들의 묘련사 행차가 元朝之禮로 티베트 불교와 연관된 儀式일 가능성이 있다고 보았다. 李龍範, 「元代 喇嘛教의 高麗傳來」, 『佛教學報』 2, 동국대학교 불교문화연구원, 1964, 180~181쪽; 『高麗史』 권32, 世家 忠烈王 27년 正月 丙辰, "王率百官 幸妙蓮寺 爲皇帝祝釐 諸路行省以下官 皆以正月朔望 行香祝釐 盖元朝之禮也"

103 충렬왕은 태자 때 5회에 걸쳐 入元하여 총 50개월을 보냈고, 국왕 재위 시에는 묘련사가 창건되기 전까지 3회에 걸쳐 입원하여 총 10개월을 보냈다. 金惠苑, 「忠烈王 入元行績의 性格」, 『高麗史의 諸問題』, 삼영사, 1986, 805~806쪽 참조.

104 고려 불교와 티베트 불교 사이의 교류는 고려 불교의 密教的 성격에서 그 단서를 찾을 수 있다는 견해도 있다.

도大都 소재의 용천사龍泉寺와 법왕사法王寺가 이 경우에 해당하는 사원인데, 이 사찰들을 주재한 고려인은 조공朝貢의 형태로 원황실에 바쳐진 환자宦者들이었다. 원간섭기 초기부터 황실에 진출한 고려의 환자들은 주로 궁중에서 시종侍從하는 일과 재물의 출납을 담당하면서 일부는 황실의 총애를 받아 그 측근 관리로 성장했다.[105] 황실 내에서 권부權富를 향유한 이들 일부 환관宦官들은 고국인 고려를 방문하여 황실의 원당을 지정, 관리, 감독하는가 하면 자신의 연고지에 원당을 창건, 중수한 예가 적지 않았다. 또한 이들은 자신들이 활동하고 있던 원의 궁성 인근에 사원을 중창, 운영하기도 했다. 대도의 용천사와 법왕사는 후자에 해당되는 사원이다. 이제 이들 사원의 창건과 중창을 주도한 많은 고려인 환관들의 활동 상황을 통해서 두 사원의 발전 과정과 특징 등을 중점적으로 알아보고자 한다.

(1) 용천사와 환관 이신, 신당주

대도大都의 대흥현大興縣에 있었던 용천사龍泉寺는 금金을 거쳐 원대元代에까지 존속되어온 고사찰古寺剎이었다. 절은 원 인종仁宗 때부터 순제順帝 초까지 약 20년(1317~1337)에 걸쳐 중창되었는데, 그 작업을 주재한 인물은 고려인 환관 이신李信, 신당주申當主, 그리고 고려승 계명선사戒明禪師 등이었다.[106]

용천사의 중창은 중정원사中政院使 이신이 시작했다. 금왕조金王朝 때 꽤 융성했던 용천사가 원대에 들어와 재산권 다툼으로 한동안 어려움을 겪다가 한때는 서역승西域僧이 주석했고, 인종 때는 이신이 절을 보호하게

105 고려 왕조에서 환자를 공식적으로 조공하기 시작한 것은 충렬왕 26년(1300)이었다. 『高麗史』 권31, 世家 忠烈王 26년 7월. 『高麗史』 列傳에서는 14명의 宦者를 소개하고 있는데, 이 중 12명이 원간섭기에 활동한 인물이었다. 이들의 평가는 대개 부정적인 것으로 기술되어 있다.

106 李穀, 「大都大興縣重興龍泉寺碑」, 『稼亭集』 권6.

되었다. 당시 황실의 측근 관리였던 이신은 주로 황실의 불사를 담당했던 환관으로 충렬왕忠烈王(재위 1274~1308) 때는 강향사降香使로 고려를 방문한 적이 있었다.[107] 또 충선왕忠宣王(재위 1298; 1308~1313)에 의해 영월군寧越君으로 책봉되었고,[108] 진왕晉王 감마랄甘麻剌(1263~1302)의 원찰願刹로 지정된 홍천사興天寺를 보호하기 위해 고려에 파견되기도 했다.[109] 어느 서역승의 요청으로 용천사를 외호外護하게 된 이신은 중창작업에 착수하여 여러 건물들을 중수, 중건했지만 그 일을 완수하지 못하고 같은 신분의 환관 신당주와 자신의 조카인 최백연崔伯淵에게 나머지 일을 부탁하게 되었다. 그에 따라 절의 중창과업은 신당주에게 넘어갔고, 신당주는 다시 고려승 계명(최백연의 아들)에게 절을 맡기게 되었다.

이신에 이어서 용천사의 중창을 주재한 전서사典瑞使 신당주는 주로 문종文宗(투크티무르圖帖睦爾, 재위 1328~1332)과 순제順帝(토곤테무르妥懽帖睦爾, 재위 1333~1370) 때 황실의 총애를 받고 활동한 고려인 환관이었다.[110] 특히 그는 문종의 황후였고, 순제 때 태황태후太皇太后로 존칭된 복답실리卜答失里[111]의 최측근으로 활동하면서 대흥현 용천사의 중창과업을 맡게 되었다. 당시 용천사의 중창을 후원했던 시주자는 순제의 숙모叔母인 복답실리였고, 절의 중창을 신당주에게 주재하도록 지시한 장본인이기도 했다.

그런데 복답실리가 용천사 중수에 참여한 배경에는 문종, 순제에 걸쳐

---

107 『高麗史』 권123, 列傳 朱印遠; 『高麗史節要』 권22, 忠烈王 27년 9월.

108 『高麗史節要』 권23, 忠宣王 2년 9월. 이때 君으로 봉해진 주요 환관은 李大順, 方臣祐, 李三眞, 任伯顔禿古思 등이었다.

109 『高麗史』 권34, 世家 忠宣王 3년 9월.

110 申當主가 참여한 佛事에 여러 고려인 환관들이 동참했다는 점에서 그 역시 고려인일 것이다. 大都의 法王寺 창건에 고려인 환관 李三眞, 趙芬, 朴瑣魯兀大와 함께 참여했다. 李穀, 「大都天台法王寺記」, 『稼亭集』 권4.

111 남편 文宗에 이어 문종의 조카 寧宗이 즉위하게 되자 至順 3년(1332) 11월 皇太后로 尊號되었다. 또 순제가 즉위한 元統 1년(1333)에 太皇太后로 존호되었다. 『元史』 권114, 列傳 后妃 1 卜答失里皇后.

제위帝位를 둘러싼 원 말기 황실 내의 복잡한 권력 분쟁이 작용했던 것으로 생각된다. 먼저 문종의 형인 명종明宗(쿠살라和世㻋)이 제위에 오른 지 불과 6개월 만에(1329. 2~8) 사망하자 명종의 시해 의문이 제기되었다. 뒤이어 복답실리가 자신의 큰 아들 아랄특납답리阿剌忒納答里를 황태자로 책봉하기 위해 동서同壻인 팔불사황후八不沙皇后를 환관 배주拜住와 공모하여 살해했다는 의혹이 일어났고(1330. 4),[112] 황태자로 책봉된 그 아들이 갑자기 사망하고 말았다(1331. 2). 이어서 문종이 사망하자(1332. 9), 당시 복답실리는 자신의 둘째 아들 연첩고사燕帖古思가 생존해 있었지만 남편 문종의 유지를 받들어 조카인 영종寧宗(린칠발懿璘質班, 재위 1332. 10~11)을 황제로 지목했다. 하지만 영종은 재위에 오른 지 불과 한 달 만에 사망했고,[113] 이에 복답실리는 영종의 이복형으로 문종에게 버림받았던 순제를 황제로 지목하게 되었다.[114] 이렇게 그녀는 원 제국 말기 황실의 제반 문제와 비극적인 사건을 한 몸에 안고 있던 주인공이었다.[115] 특히 순제를 황제로 지목하여 등극시켰지만 자신의 소생이고 순제에게는 사촌인 연첩고사가 엄연히 살아 있었기 때문에 그를 둘러싸고 언제 다시 일어날지 모르는 권력투쟁의 불안이 그녀를 늘 괴롭히고 있었다. 이러한 주변의 상황이 복

112 『元史』 권114, 列傳 后妃1 卜答失里皇后, "后與宦者拜住 謀殺明宗后八不沙"

113 寧宗은 7세에 즉위하여 불과 50일 만에 사망했다. 『元史』 권37, 本紀 寧宗.

114 순제는 11세 때 숙부인 문종에 의해서 고려 大淸島로 유배되었다. 그리고 12세 때 廣西로 다시 유배되었다가 13세 때인 元統 1년(1333) 6월 上都에서 황제에 즉위했다. 『高麗史』 권36, 世家 忠惠王 즉위년 7월; 『元史』 권38, 本紀 順帝 1. 당시 卜答失里 태황태후는 자신의 아들 燕帖古思가 너무 어리다는 이유를 들어 13살 된 順帝를 황제로 지목했다.

115 元末의 복잡한 정치적 사안에 대한 상세한 검토는 다음의 글이 있다. 李龍範, 「奇皇后의 册立과 元代의 資政院」, 『歷史學報』 17·18, 역사학회, 1962, 475~486쪽. 元代 황실의 가계도를 보면 아래와 같다(원 안의 숫자는 元代 皇帝의 재위순).

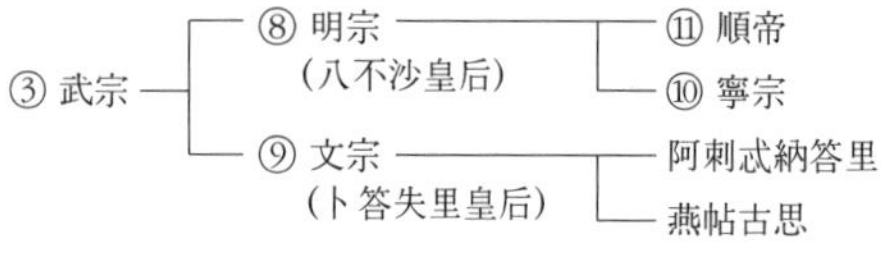

답실리로 하여금 더욱 불교에 귀의하게 했고, 용천사의 중창에도 참여하게 했을 것이다. "문종 황제가 세상을 떠난 후로 더욱 간절하게 귀의歸依하고 존숭하여 부처를 공양하고 반승飯僧을 날마다 하면서도 오히려 부족하게 여겼다"[116]라고 한 것은 당시 황실의 혼란 속에 처해 있던 복답실리의 심난한 심정을 그대로 말해주고 있는 것이다. 이 같은 황실 여건에서 복답실리가 재물을 보시하여 신당주가 용천사의 중창작업을 마무리한 시기는 순제 지원至元 3년(1337)경으로 약 20년에 걸친 중창이었다.

용천사는 중창 후 복답실리의 뜻대로 황실 사람인 복답실리 자신을 비롯하여 순제順帝, 백안홀도황후伯顔忽都皇后,[117] 태자太子 등을 위해 축원하는 사원이 되어 그 전후의 사정을 세상 사람들에게 알리는 「용천사비龍泉寺碑」까지 남기게 되었다.[118] 그러나 뒤이은 정치적 파란은 절의 위상을 상당히 불안하게 만들었다. 순제는 지원 6년(1340) 2월에 당대 최고의 권력가였던 백안伯顔을 정계에서 축출 제거했고, 같은 해 4월에 고려인 기궁녀奇宮女를 제2황후로 책봉하여 이전부터 품어온 그의 소망을 실현했다.[119] 급기야 같은 해 6월에는 숙부인 문종의 묘주廟主를 칠거하고, 숙모인 복답실리를 축출해 그 존호尊號를 폐지했으며, 또 사촌인 연첩고사를 유배 보내어 사망하게 하는 등 피의 숙청을 일으켰다.[120] 이 같은 중앙 정계의 소

116 李穀, 「大都大興縣重興龍泉寺碑」, 『稼亭集』 권6, "自文皇晏駕之後 尤切歸崇 供佛飯僧 惟日不足"

117 순제의 正后인 答納失里 황후는 至元 1년(1335) 6월에 순제 역모사건으로 처형되었고, 지원 3년(1337) 3월에 伯顔忽都가 순제의 정후로 책봉되었다.

118 李穀, 「大都大興縣重興龍泉寺卑」, 『稼亭集』 권6, "託佛乘 爲皇帝太后皇后太子祈天永命 集于休祥"

119 『元史』 권114, 列傳 后妃1 完者忽都皇后, "帝欲立之 丞相伯顔爭不可 伯顔罷相 沙剌班逐請立爲第二皇后"

120 『元史』 권40, 本紀 順帝 至元 6년 6월 丙申, "詔撤文宗廟主 徙太皇太后不答失里安東州安置 放太子燕帖古思於高麗" 燕帖古思는 고려로 유배 가던 중 지원 6년 7월에 瀋陽에서 사망했다. 『高麗史』 권36, 世家 忠惠王 後 元年 4월; 『元史』 권40, 本紀 順帝 至元 6년 7월 丁卯.

용돌이 속에서 용천사의 중창을 후원했던 복답실리가 안동주安東州로 폐위되어 곧 세상을 떠남에 따라[121] 용천사의 사세寺勢도 상당히 위축되었을 것이다.

용천사의 중창 사업은 무엇보다도 황실의 환관으로 활동하고 있던 고려인 중정원사 이신과 전서사 신당주의 노력으로 완결될 수 있었다. 그들이 인종, 순제 초에 황실의 총애를 받았던 환관인 만큼 절은 자연히 황실 원당의 성격을 띠게 되었다. 특히 순제 초에 복답실리가 황실의 어려운 사정을 불법佛法에 의지해 극복하고자 많은 재물을 보시함으로써 절은 황실을 축원하는 원당의 성격을 더욱 강하게 띠었다.

그런데 여기서 용천사의 중창이 끝난 후의 이신과 신당주의 활동이 주목된다. 먼저 인종 때 용천사의 중창 사업을 맡아 일하다가 중도에 멈춘 이신은 이후 태정제 때 고려를 방문하여 이와 유사한 불사를 행했다. 즉 그는 황실의 명命을 받들어 금강산 장안사長安寺와 춘천 문수사文殊寺를 위해 보시함으로써 두 사원의 중흥에 큰 역할을 했다. 장안사와 문수사의 비문에는 중정원사中政院使 이홀독첩목아李忽篤帖木兒로 등장하고 있지만 몇 가지 정황을 검토해볼 때 그가 중정원사 이신과 동일인물인 듯하다.[122] 사실 이신의 불사 활동은 주로 고려 내에서 실행되었다. 그런데 그가 용천사 중창과 같은 대규모 황실 원당의 역사役事를 주재했다는 사실은 고려에 파견되어 다양한 형태의 불사를 벌였던 고려인 환관들이 원나라 내 황실의 불사에서도 상당한 중책을 맡고 있었음을 시사한다. 즉 불사를 위해 고려에 파견된 고려인 환관들은 대개 원황실 내에서도 중요한 불사를 주재

121 『元史』 권114, 列傳 后妃1 卜答失里皇后, "詔去尊號 安置安東州 尋崩"

122 李信과 李忽篤帖木兒가 동일 인물임은 다음 사항으로 추정할 수 있다.
먼저 모두 동일한 中政院使 직함을 가지고 佛事를 수행하기 위해 고려에 파견되었다. 또한 그 활동 시기가 成宗 大德 5년(1301)부터 泰定年間(1324~1327)에 이르고 있어서 한 사람의 활동 기간이기에 충분하다. 마지막으로 동일한 李氏 성을 갖고 있다는 점이다.

한 실무자들이었던 것이다. 이것은 신당주의 경우에서도 확인할 수 있다.

신당주는 용천사의 중창이 끝난 직후인 순제 지원至元 4년(1338)에 고려를 방문했다. 이것은 태황태후 복답실리의 명을 받고서 고려 흥왕사興王寺 홍교원興敎院의 낙성식을 기념하여 향과 폐백을 하사하기 위해서였다.[123] 즉 고려 홍교원의 낙성식에 황실의 하객 사절로 파견된 것이다. 이렇게 신당주 또한 황실의 최측근으로 활동하면서 양국 불사에 깊이 관여하고 있었다.

(2) 법왕사와 환관 이삼진, 조분

법왕사法王寺는 앞서 살펴본 용천사龍泉寺와 유사하게 조분趙芬을 비롯한 고려인 환관들과 황실의 보시에 의해서 창건된 대도大都에 있던 사원이었다.[124] 절의 창건은 순제 원통元統 2년(1334)에 시작되어 지정至正 3년(1343)에 완공되었다. 거의 10년(1334~1343)의 세월이 소요되어 절이 완공된 것이다. 당시 법왕사의 창건에는 황실과 그 측근관리인 환관이 참여한 관계로 절은 용천사와 같은 성격의 황실 원당願堂이었다. 다만 절이 완공되기까지 황실에서 활동 중이던 다수의 고려인 환관들이 이 불사에 참여한 점이 큰 특징이다.

법왕사의 연원은 유천부사有泉府使 이삼진李三眞이 안부리安富里에 있는 자신의 집을 희사하여 법왕사로 만들고 승 자신孜信에게 주관하도록 한 데서 시작한다. 이삼진은 용천사의 중창에서 고찰한 이신李信과 같이 충선왕忠宣王(재위 1298; 1308~1313)으로부터 회음군淮陰君에 봉해진 고려인 환관이었다.[125] 『고려사』에 따르면 그는 본국에서 권력을 남용하고 나라를

---

123 李穀, 「興王寺重修興敎院落成會記」, 『稼亭集』 권2. 興敎院은 大覺國師 義天(1055~1101)이 續藏經을 간행했던 곳이다.

124 李穀, 「大都天台法王寺記」, 『稼亭集』 권4.

125 『高麗史節要』 권23, 忠宣王 2년 9월. 같은 시기에 君으로 봉해진 주요 환관으로는 李大順,

멸시한 대표적인 환관으로 지목되었다.[126]

이삼진에 의해 창건된 법왕사는 후에 권세 있는 집의 마구간이 되었고, 이삼진은 그 절에서 받은 자금으로 다른 장소에 법왕사를 세우고자 했으나 그렇게 하지 못하고 있었다. 이때 고려인 태의원사太醫院使 조분이 절을 운영한다는 말을 듣고 그에게 시주하게 되었고, 조분은 여러 사람의 시주를 받아 금성방金城坊에 법왕사를 창건하게 되었던 것이다. 따라서 법왕사의 창건이 본 궤도에 오른 것은 바로 조분에 의해서였다. 조분은 고려 영춘永春 사람으로 세조世祖 지원至元 30년(1293)에 황궁의 내시로 들어간 고려인 환관이었다.[127] 조분은 황궁에 일찍 진출한 원간섭 초기의 환관으로[128] 절이 완공된 후 조분이 이곡에게 「법왕사기法王寺記」를 부탁한 때가 순제 지정 3년(1343)이었으므로 그가 실제로 황실에서 일한 기간은 거의 50년 남짓이었다.

법왕사의 건립를 위해 보시한 고려인 환관으로는 전서사典瑞使 신당주申堂住,[129] 동지민장총관부사同知民匠摠管府事 박쇄노올대朴瑣魯兀大, 대부대감大府大監 주완택첩목아朱完澤帖木兒 등이었다. 신당주는 앞서 용천사의 중창 과정에서 본 동일 인물이고, 박쇄노올대는 고려 광주인廣州人으로 주로 원 무종武宗(카이산海山, 재위 1307~1311)과 인종仁宗(아유르바르와다愛育黎拔力八達, 재위 1311~1320) 때 활동한 환관이었다. 그는 자신의 고향인 광주에 신복사神福寺를 크게 중창했으며,[130] 또 대도의 곡적산穀積山 영

方臣祐, 李信, 任伯顔禿古思 등이었다. 李信은 이때 寧越君으로 봉해졌다.

126 『高麗史』 권122, 列傳 宦者. 이삼진이 고려를 방문한 것은 회음군에 봉해지기 한 해 전인 忠宣王 元年 한 차례였다. 『高麗史』 권33, 世家 忠宣王 元年 7월.

127 李穀, 「大都天台法王寺記」, 『稼亭集』 권4.

128 조분과 같이 일찍 황실에 진출한 환관으로서 그 시기가 알려진 인물로는 方臣祐가 있다. 그는 충렬왕 15년(1289)에 齊國大長公主를 따라 宮中에 들어갔다고 한다. 李齊賢, 「方公祠堂碑」, 『益齋亂藁』 권7.

129 典瑞使 申堂住는 龍泉寺의 중수를 완결한 신당주와 같은 인물이다. 「용천사비」에서는 申當

암사靈岩寺에 사리탑을 세워 중생들의 신앙심을 일깨우고자 했던 매우 불심 깊은 환관으로 잘 알려져 있다.[131] 그리고 또 한 명의 시주자인 주완택첩목아는 미상의 인물이지만[132] 조분, 박쇄노올대와 같은 신분의 고려인 환관이었음은 분명하다. 절이 한창 건립 중이던 때에는 황제가 금자金字 『연경蓮經』을 하사하고, 황후의 보시까지 이어지면서 절은 지정 3년에 완공되었다.

이처럼 법왕사의 창건은 순제의 전대前代인 무종, 인종, 문종文宗(투크티무르圖帖睦爾, 재위 1328~1332) 때 주로 활동했던 고려 환관들에 의해서 이룩된 대불사大佛事였다. 구성원이 교체되면서도 고려인 환관들의 주도하에 하나의 불사가 완결될 수 있었다는 사실은 황실 내에서의 이들 세력이 매우 견고한 것이었고, 아울러 그것이 지속적이었음을 의미한다. 그런데 이 법왕사의 창건에 순제 때 기황후의 최측근 관리로 활동했던 자정원사資政院使 고용보高龍普, 박불화朴不花, 강금강姜金剛 등이 참여하지 않은 것을 보면 양자는 서로 활동 시기가 다른 세대의 환관들이었음을 알 수 있다.[133]

또한 법왕사의 창건에는 일부 향인鄕人들도 동참하고 있었음이 수녹된다. 향인들은 매년 봄, 가을에 돈을 거두어 송경誦經을 듣기로 하고 절에

主라 했고, 「법왕사기」에서는 申當住로 표기했다.

130 李穀, 「大元高麗國廣州神福禪寺重興記」, 『稼亭集』 권3; 「高麗國贈匡靖大夫 …… 朴公祠堂記」, 『稼亭集』 권4.

131 李穀, 「京師穀積山靈岩寺石塔記」, 『稼亭集』 권3.

132 大府大監 朱完澤帖木兒는 元 大都의 穀積山 石室에 있던 승 妙宏에게 石佛像을 조성하도록 보시한 大府太監 朱完者帖木兒와 동일 인물이 아닌가 생각된다. 李穀, 「大都穀積山新作羅漢石室記」, 『稼亭集』 권4. 朱完者帖木兒가 이곡에게 「대도곡적산 신작나한석실기」를 요청한 때가 至正 4년(1344)이고, 관직이 大府太監(大府大監)이었다는 사실로부터 두 사람이 同一人일 가능성이 높다.

133 활동 시기가 다른 환관들 중에 신당주와 고용보가 함께 佛事에 참여한 경우가 있었다. 고려승 慧月이 순제 至正 1년(1341)에 資政院使 고용보와 將作院使 신당주의 후원을 받아서 華嚴經 經本 12부를 보수한 일이 있었다. 張東翼 편, 「重修華嚴堂經本紀」, 『元代麗史資料集錄』, 서울대학교 출판부, 1997, 232쪽.

물적인 도움을 주었다고 한다.[134] 이러한 연유 때문에 기문記文에서도 절의 창건 취지를 "위로는 황제 일인一人을 위해 축수祝壽하고 열성列聖들을 위해서는 명복을 빌고, 아래로는 민생民生을 무궁하게 하고자 함이었다"[135]라고 밝히고 있다. 이는 법왕사가 황실의 복을 기원한 사찰이면서도, 또 한편으로는 일반민과 소통한 사찰이었음을 말해준다. 이것은 법왕사가 다른 황실의 원당과 구분되는 특징이기도 하다.

지금까지 용천사, 법왕사의 중창과 창건 과정에서 보았듯이 불사에 참여한 고려인 환관들 다수는 역시 고려 국내의 다양한 형태의 불사에도 참여한 인물들이었다. 그러므로 황실의 명을 받고 고려에 파견되어 많은 불사를 행했던 고려인 환관들은 원나라 내에서도 그와 유사한 형태의 책무를 담당한 황실의 주요 측근관리들이었음을 알 수 있다. 이렇게 양국을 왕래하면서 사원의 창건, 중창, 또는 물적 지원을 위해 활동한 고려인 환관들은 양국 사원의 운영과 발전 면에서 큰 영향을 끼친 부류였다.

순제順帝 때 고려 국내에는 원황실과 연계되어 중흥기를 맞은 사원들이 다수 출현했는데, 여기서 살펴본 용천사와 법왕사의 불사는 그보다 좀 더 앞선 시기에 활동한 고려인 환관들에 의해 대도 내에서 이루어진 것이었다. 즉 순제 때 기황후奇皇后의 등장과 함께 그 측근인 자정원사資政院使들에 의해서 활발히 불사가 전개되기 이전에도 이미 고려인 환관들에 의한 불사가 대도에서 행해졌던 것이다.

134 李穀, 「大都天台法王寺記」, 『稼亭集』 권4, "鄕人好善者 約春秋率錢 聽誦大經 歲以爲常"

135 李穀, 「大都天台法王寺記」, 『稼亭集』 권4, "上以祝一人之壽 追列聖之福 下以利生靈於無窮"

4. 고려민의 창건 사원

여원麗元 간의 교류가 계속되면서 원나라 내에는 일반 고려민에 의해서 건립된 사원도 속속 등장했다. 이러한 사원의 출현은 당시 이국에서 생활하고 있던 고려인 신앙생활의 한 단면을 보여준다. 절의 창건 취지는 개인의 사사로운 소원을 빌기 위한 세속적인 목적에서부터 수도修道 생활의 공간을 마련하기 위한 종교적인 목적에 이르기까지 매우 다양했다. 그렇게 설립된 사원은 한 가족의 생활사 속에서 묻혀버리는가 하면, 불교계를 주도한 고승들의 치열한 수행과 득오得悟의 공간이 되기도 했다. 여기에서 살펴보는 사원들은 특히 정치권과 연계되지 않은 상태에서 운영, 발전되었던 관계로 그동안 더욱 주목받지 못한 것이 사실이다. 하지만 이러한 형태의 사원들을 고찰해봄으로써 굴절된 시대의 제약 속에서 양성된 일반민들의 사원이 어떠한 성격과 형태를 띠고 있었는가를 알 수 있을 것이다. 이것은 당시 국내 고려 사원의 특징들과도 결코 무관하지 않았으리라고 본다.

(1) 가족 원당 김손미타사

김손미타사金孫彌陀寺는 대도 완평현宛平縣 지수촌池水村에 있었던 사원으로 문종文宗 지순至順 2년(1331) 1월에 창건되었다.[136] 원에서 고관高官으로 있던 고려인 김백안찰金伯顔察이 그의 부인 손씨孫氏와 함께 발원하여 창건한 절이었다. 절의 이름이 김씨金氏, 손씨孫氏 부부의 성姓을 살려서 김손미타사라 한 것은 사원이 전적으로 두 사람의 영향 아래에 있었음을 시사하고 있다.

김백안찰은 충렬왕忠烈王(재위 1274~1308) 때 고려조정에서 원황실로

136 李穀,「京師金孫彌陀寺記」,『稼亭集』 권2.

파견된 독로화禿魯花(인질)였다.[137] 숙위宿衛의 한 형태인 독로화의 파견은 원간섭 초기인 충렬왕 때 빈번히 이루어졌는데,[138] 김백안찰 또한 이때 원나라로 건너간 독로화였다. 그는 원 성종成宗 대덕大德(1297~1307) 초에 황실에 입시入侍하여 30년 이상을 그곳에 머물면서 높은 지위와 부를 누렸다. 그뿐만이 아니라 두 아들 낭팔囊八, 타아적朶兒赤도 대를 이어 관직에 몸담았다. 김백안찰은 이 같은 자신의 출세와 집안의 번창이 모두 부처님과의 인연에서 비롯된 것이라고 여겨 말년에 부인 손씨와 함께 김손미타사를 건립하게 되었다.[139] 따라서 이 절은 창건 당시부터 김백안찰 가족의 원당이었음을 알 수 있다.

또 절이 창건되던 해 8월에 부인 손씨가 사망하자, 절 북쪽에 장지를 마련하고 집의 두 하인(계홍戒洪, 계명戒明)을 출가시켜 손씨의 명복을 빌게 함으로써, 김손미타사는 전형적인 김씨 가족의 원당이 되었다.[140] 특히 사원 가까이에 장지를 마련했다는 점은 당시 특정 개인의 원당이 어떤 형태를 띠고 있었는가를 잘 보여준다. 이것은 고려 국내의 개인 원당도 별 차이가 없었다.[141] 몇 년 후 김백안찰은 병이 들자 후처後妻인 윤씨尹氏 부인과 의논하여 큰돈을 보시하고 절을 보살피는데, 이를 통해서 이 절이 후대에도 김씨 가족의 원당으로 기능했음을 짐작할 수 있다.[142]

137 최초의 禿魯花는 高宗 때 몽고에 파견된 王淳을 비롯한 衣冠子弟 10명이었다. 『高麗史』 권23, 世家 高宗 28년 4월.

138 원간섭 초기인 忠烈王 1년, 5년에 대방공 왕징의 인솔하에 많은 高官子弟들이 독로화로 파견되었다. 『高麗史』 권28, 世家 忠烈王 元年 12월; 『高麗史』 권29, 世家 忠烈王 5년 3월.

139 李穀, 「京師金孫彌陀寺記」, 『稼亭集』 권2, "一家蒙恩 迄今餘三十年 爵已高 衣食已足 …… 宜莫如歸崇佛敎也"

140 李穀, 「京師金孫彌陀寺記」, 『稼亭集』 권2, "其年八月 夫人歿 藏之寺北 以資冥福"

141 死後의 명복을 빌기 위해 건립된 개인의 원당은 대개 墳墓 가까이에 절이 있고, 또 그 절 내부에 影幀을 봉안한 祠堂(祠宇)을 부설하는 것이 보통이다.

142 李穀, 「京師金孫彌陀寺記」, 『稼亭集』 권2, "其墓塋外地四十餘畝 悉與之寺 以給僧食 因捨家僮 剃度爲僧 主其香火 …… 謀於繼室尹氏 出楮鏹五千錠"

개인의 원당願堂 건립은 고관高官으로 출세하여 재력을 소유한 사람들에 의해서 이루어진 것이 보통인데, 이것은 원에 거주하고 있던 고려인도 예외가 아니었다. 특히 여러 대에 걸쳐 그곳에서 생활하면서 대대로 관직에 진출한 경우는 원당을 건립할 수 있는 보다 나은 여건이 조성되어 있는 셈이었다. 바로 김손미타사는 이 같은 경우에 해당된다. 출세한 김백안찰이 자신과 부인을 포함한 가족들을 위해 사재를 투자하여 원당을 운영했던 것이다. 김백안찰의 아들 낭팔과 타아적이 각기 봉의대부奉議大夫, 도총관都摠管에 있으면서 가세를 이어갔던 것을 감안하면 절은 한동안 김씨 가족의 원당으로 운영되었을 것이다.

위와 같은 형태의 원당은 가장 세속화된 사원의 한 유형으로 기복적인 성향 또한 매우 강하기 마련이었다. 왜냐하면 단지 몇몇 가족 구성원을 위해서만 절이 운영, 유지되었기 때문이다. 원간섭기 중에 원에 건너간 고려인들 중에는 자신뿐만이 아니라, 그 자손들도 대를 이어가면서 고관을 지낸 경우가 종종 있었으므로 김손미타사와 같은 형태의 사원이 그리 드물지는 않았을 것이다.

(2) 고려인의 신앙소 흥복사

대도大都의 남성南城 남쪽에 있었던 흥복사興福寺는 고려승 원담元湛과 그의 제자 숭안崇安, 법운法雲 등이 절터를 잡고, 역시 고려인 장성군부인長城郡夫人 임씨任氏가 많은 돈과 토지를 보시하여 창건한 사원이었다. 절의 공정은 원 인종仁宗 황경皇慶 2년(1313)에 시작되어 연우延祐 4년(1317)에 낙성되었다. 흥복사는 원담, 숭안, 법운, 임씨 등이 고향인 고려를 떠나 원나라에 거주하며 만나게 되어 서로의 돈독한 불심을 바탕으로 완공한 절이었다.

흥복사의 완공에 크게 기여했던 고려 여인 임씨는 그 이력이 다소 특이하다. 임씨가 이 절에 많은 재물을 보시하게 된 계기는 세조世祖(쿠빌라이 忽必烈, 재위 1260~1294) 때부터 황후궁皇后宮에서 일하면서 황실로부터 후한 상을 받고 그 은혜에 감사하고 보답하려는 뜻에서였다.[143] 임씨가 황후궁에서 일한 궁녀였던 것을 보면 그녀는 고려에서 건너간 공녀였음이 분명하다.

몽고족이 고려에 침입하면서부터 시작된 가장 가혹한 수탈 중 하나가 고려의 처녀를 조공朝貢하도록 강요한 공녀였다.[144] 공녀로 인한 고려인들의 폐해와 그 참상이 어떠했는가는 이곡이 원元 어사대御史臺를 통해 올린 상소문에 적나라하게 드러나 있다.[145] 공녀로 뽑혀 원에 들어간 고려 여인들 대부분은 궁중에서 급사給事나 시녀侍女의 일에 종사했지만, 간혹 왕족이나 고급관리 집안 출신의 공녀들은 후비后妃나 왕후王侯, 고관高官의 후실이 되는 경우도 있었다.[146] 하지만 대다수 양인 출신의 공녀들은 궁중 잡무를 하면서 평생을 보내게 되었는데, 홍복사 창건에 큰 도움을 주었던 고려 여인 임씨의 경우도 이와 유사한 경우로 보인다. 임씨도 고려에서 공녀로 뽑혀 원나라 황궁에 들어가 궁중의 급사 일을 하는 궁인으로 있다가 황실로부터 받은 재물을 보시하여 홍복사를 창건하는 데 큰 도움을 주었던 것이다.

이제현은 홍복사 비문에서 절의 창건 취지를 "위로는 조정朝廷을 축복하고, 아래로는 민생에게 이익을 주기 위함이다"[147]라고 했는데, 홍복사는

---

143 李齊賢, 「大都南城興福寺碣」, 『益齋亂藁』 권7, "自世祖皇帝時 遇知於椒闈 賞賚甚厚 常思有以祝釐報上者"

144 고려 貢女에 대한 개괄적인 검토는 다음의 글이 있다. 柳洪烈, 「高麗의 元에 대한 貢女」, 『震檀學報』 18, 진단학회, 1957.

145 『高麗史節要』 권25, 忠肅王 後 4년 12월, "旣在其選 則父母宗族 相聚哭泣 日夜聲不絶 及送于國門 牽衣頓仆 欄道呼號 悲痛憤懣 有投井而死者 有自縊者 有憂愁絶倒者 有血泣喪明者 如此之類不可殫記"

146 貢女 중에서 높은 지위에 오른 대표적인 예로 비파를 잘 타서 世祖의 총애를 받은 宮人 李氏, 仁宗의 偏妃였다가 泰定帝의 황후가 된 金深의 딸, 順帝의 奇皇后를 들 수 있다.

147 李齊賢, 「大都南城興福寺碣」, 『益齋亂藁』 권7, "上以奉福朝廷 下以霑利生靈"

다른 절과 비교했을 때 일반민, 특히 이국땅인 원에서 생활하는 고려민을 위한 사원의 성격이 강했다.

먼저 홍복사가 완공된 후에 대를 이어가면서 고려의 승려들이 강석講席을 주관함으로써,[148] 절이 다분히 고려민을 우선적으로 배려했음을 알 수 있다. 다음으로 절의 창건에 참여한 시주자는 원담을 비롯한 몇몇 고려승과 궁인 임씨가 전부였다. 앞서 본 용천사龍泉寺, 법왕사法王寺의 경우처럼 황실이나 고려인 환관의 보시는 없었다. 「홍복사비」에서도 임씨의 공덕을 "대풍大風도 빈녀貧女의 일등一燈을 끄지 못할 것이다"[149]라고 한 것을 볼 때 당시 홍복사가 대도 남성 주변의 일반민이 수시로 출입한 사원이었음을 짐작할 수 있다. 더욱이 사원의 이름을 '복을 일으키는 절'이라는 뜻에서 '興福寺'라고 했다는 점도 일반민이 부처님께 드리는 소박한 바람을 그대로 드러낸다.[150] 이는 앞에서 본 용천사, 법왕사, 김손미타사金孫彌陀寺 등의 사원 이름과는 근본적으로 다른 분위기를 전해준다. 그러므로 당시 홍복사는 고국을 떠나 원나라에서 곤궁한 삶을 영위했던 고려민을 위한 신앙의 안식처가 되었을 것이다. 홍복사의 이러한 면은 다른 사원과 구분되는 가장 뚜렷한 차별적 요소이기도 하다.

(3) 법원사와 김씨 부인

원 대도大都에 있었던 법원사法源寺는 인도승 지공선현指空禪賢(?~1363)[151]이 인도, 티베트, 원, 고려에 걸친 오랜 유력遊歷을 마치고 그의 여

---

148 李齊賢, 「大都南城興福寺碣」, 『益齋亂藁』 권7, "仍約世以高麗衲子 主盟熏席 蓋爲其能精於戒律也"

149 李齊賢, 「大都南城興福寺碣」, 『益齋亂藁』 권7, "大風不爐貧女之燈 果報之說"

150 寺名은 그 사원의 성격을 가장 집약적으로 나타내는 경향이 있다. 사명이 보여주는 의의와 사상성에 대한 검토로 다음의 글이 있다. 金煐泰, 「高麗 開國初의 佛敎思想」, 『韓國史論』 18, 국사편찬위원회, 1988.

151 이색의 碑文에 따르면 지공은 天壽寺에서 至正 23년(1363) 11월20일에 입적한 것으로 되어

생을 보냈던 사찰로 잘 알려져 있다. 그런데 이 법원사는 한 고려 여인에 의해서 지공에게 보시된 절이었고, 또 고려 말의 많은 고승들이 방문한 절이었다. 이색李穡(1328~1396)은 법원사를 다음과 같이 소개했다.

> 사師는 천력연간天曆年間부터 승의僧衣를 벗었다. 대부대감大府大監 찰한첩목아察罕帖木兒의 아내 김씨金氏도 고려사람이었다. 사를 좇아 출가하여 징청리澄清里에 집을 사서 불궁佛宮을 삼고 사를 맞아 살게 하였다. 지공이 절을 법원法源이라고 하였는데 대체로 천하의 물은 서쪽에서 동쪽으로 흐르는 것이므로 그 뜻을 취하여 스스로 비유한 것이다.[152]

위의 글은 원 문종文宗 천력연간天曆年間(1328~1329)경에 고려 여인 김씨金氏가 지공선사指空禪師를 위해 법원사를 마련해 그곳에 머물도록 했다는 내용이다. 그러면 김씨는 어떤 연유로 지공을 위해 법원사를 마련해준 것인가.

원에 머물고 있던 인도승 지공이 고려를 방문한 것은 충숙왕 13년(1326) 3월이었다. 그는 개경 감로사甘露寺에 도착하여,[153] 충숙왕 15년(1328) 9월 연복정延福亭[154]에서 계율戒律을 설법할 때까지 대략 2년 7개월 동안(1326. 3~1328. 9) 고려에 머물렀던 것으로 추정된다. 천력연간 초에 새로 등극한 문종의 조서를 받고 대도로 돌아간 지공은 문종이 가까이한 승려들의 모함

있지만 출생년도는 미상이다.

152 李穡, 「西天提納薄陀尊者浮屠銘」, 『牧隱文藁』 권14, "師自天曆褫僧衣 大府大監察罕帖木兒之室金氏 亦高麗人也 從師出家 買宅澄清里 闢爲佛宮 迎師居之 師題其額曰法源 蓋天下之水自西而東 故取以自比焉"

153 閔漬, 『禪要錄』 序文, "越泰定三年三月日 到于我王京 城西甘露寺 城中士女咸曰 釋尊復出 遠來至此"

154 『高麗史』 권35, 世家 忠肅王 15년 7월, "胡僧 指空이 延福亭에서 불교의 戒를 설교했는데 선비들과 부녀들이 모여들어 설교를 들었다."

을 받고 어려운 처지에 빠지게 되었다.[155] 위의 글에서 "승의僧衣를 벗었다"라고 한 것은 당시 지공의 그러한 처지를 말하고 있는 듯하다. 그래서 천력연간 이후로 지공은 10여 년간이나 먹지도 않고 말하지도 않았다고 하는데, 이때 고려 여인 김씨는 어려움에 처한 지공을 위해 집을 사서 법원사를 마련해주었고, 그녀 자신도 지공을 따라서 출가한 것이다. 이와 같은 법원사의 창건 동기와 배경은 법원사가 다분히 세속과는 일정한 거리를 둔 승려들의 순수한 수행도량이었음을 전해준다.

문종이 즉위 후 얼마 되지 않아 세상을 떠나고 뒤이어 영종寧宗, 순제順帝가 즉위하면서 상황은 바뀌어 지공의 명성이 회복되었지만, 이후 그는 법원사에 주석하면서 만년의 대부분을 보내게 되었다. 고려 여인 김씨의 힘으로 창건된 법원사였기에 절에는 자연히 고려인의 출입이 잦았다. 지공의 비문에 "지공이 살고 있는 절에는 거의 고려승이 거주했다"[156]라고 한 것은 바로 그와 같은 법원사의 실상을 전해주고 있다. 법원사는 원나라 대도 내에 있는 고려승들의 수행도량으로 크게 발전했던 것이다.

그런데 이 법원사를 지공에게 마련해주고 자신도 출가했다는 고려 여인 김씨, 곧 찰한첩목아察罕帖木兒의 아내는 누구일까? 먼지 그녀의 남편인 대부대감大府大監 찰한첩목아를 보게 되면, 그는 충숙왕 즉위년(1313) 연경燕京에서 충선왕과 충숙왕을 수행하기 위해 고려에 파견된 원나라 중정원中政院 환관이었다.[157] 또 충숙왕 11년(1324)에는 대광안산군大匡安山君으로

155 지공은 大都에 돌아와 티베트에서 온 라마승들에게 탄압을 받았으리라고 본다. 祁慶富, 「指空의 中國遊歷考」, 『伽山學報』 5, 가산불교문화연구원, 1996.

156 李穡, 「西天提納薄陀尊者浮屠銘」, 『牧隱文藁』 권14, "師所居寺, 皆高麗僧. 一日 忽語之曰 汝何故叛耶 欲鳴鼓攻之而止 數日 遼陽省馳奏高麗兵犯界" 법원사에 많은 고려승이 거주한 관계로 高麗寺라는 별명이 붙었다. 至仁, 「指空禪師偈序」, 『澹居稿』 권1(許興植, 『高麗로 옮긴 印度의 등불』, 일조각, 1997, 58쪽. 주141 재인용) "歷泰定天歷 逮今天子尤如敬禮 以詔高麗寺之丈室"

157 『高麗史』 권34, 世家 忠肅王 즉위년 4월.

봉해진 인물이었다.[158] 그러므로 김씨는 고려의 공녀로 원나라에 들어와 중정원사 찰한첩목아의 아내가 된 여인으로 보인다. 원간섭기에 고려에 파견된 원나라의 관리, 사신들은 고려 여자를 요구하여 아내나 첩으로 삼는 경우가 많았는데,[159] 김씨도 바로 그러한 경우에 해당하는 고려 여인이었다.

법원사는 지공이 생의 말년 대부분을 보낸 절이었다는 것 이외에도 고려의 이름난 고승들이 지공을 만나기 위해 방문한 절로도 유명하다. 지공이 천력연간에 원나라 대도에 돌아간 후 20여 년이 지나서 많은 고려의 고승들은 법원사를 방문하여 지공을 친견하고 깊은 사상적 감화를 받았다. 즉 법원사가 고려의 구법求法 선승禪僧들에게 지공의 선사상禪思想을 전수하는 사원이 되었던 것이다.[160] 이처럼 법원사는 일찍부터 많은 고려승이 거주한 관계로 고려사高麗寺[161]라고 불리기도 했다.

법원사에서 지공을 만난 고려승으로 먼저 나옹혜근懶翁慧勤(1320~1376)[162]을 들 수 있다.[163] 나옹은 20세에 공덕산功德山 묘적암妙寂菴에 출

---

158 『高麗史』 권35, 世家 忠肅王 11년 2월. 察罕帖木兒를 元末의 장수 畏兀兒人으로서 至正 12년(1352) 의병을 일으켜 홍건적 토벌에 공을 세운 인물로 보기도 한다. 그러나 철한첩목아의 관직이 大府大監이었고, 그의 활동 시기가 법원사의 창건(1329년 경) 전후였을 것으로 생각돼 그 근접한 시기의 기사가 전해오는 『高麗史』 충숙왕대의 환관 찰한첩목아로 보는 것이 타당하다. 또 법원사를 寺院이 아닌 지공이 거처한 단순한 주택이라는 견해도 있지만, '闢爲佛宮'이라는 표현으로 보아 엄연한 사원임이 분명하다. 祁慶富, 「指空中國行蹟考」, 『伽山學報』 5, 가산불교문화연구원, 1996 참조.

159 奇皇后가 황실 내에서 권력을 휘두르던 시기에 원나라 고관대작과 귀인들은 고려여인을 妻妾으로 거느려야 세력가로 행세할 수 있었다고 한다. 權衡, 『庚申外史』 권2, "當高麗美女大臣有權者輒以此女送之京師 達官貴人必得高麗女 纔爲名家 高麗女婉媚善事人 至則立見奪寵也"

160 金曉呑은 지공의 禪思想을 無生戒, 無心禪, 般若思想으로 정리했다. 金曉呑, 『高麗末懶翁의 禪思想硏究』, 민족사, 1999, 81~90쪽.

161 至仁, 「指空禪師偈序」, 『澹居稿』 권1(許興植, 「指空禪賢」, 『高麗로 옮긴 印度의 등불』, 일조각, 1997, 58쪽. 주141 재인용) "歷泰定天歷 逮今天子尤加敬禮 以詔高麗寺之丈室"

162 懶翁慧勤의 禪思想에 대한 연구로 다음의 글이 있다. 辛奎卓, 「懶翁和尙의 禪思想」, 『삼대화상 연구논문집』 1, 불천, 1996; 許興植, 「懶翁의 思想과 繼承者」 上, 下, 『韓國學報』 16-1,

가하여 이후 회암사檜巖寺에 머물러 있다가 좀 더 정진할 목적으로 스승을 찾아 충목왕忠穆王 3년(1347) 11월 원나라로 떠났다. 그리고 충목왕 4년 3월 대도의 법원사에 도착하여 지공을 만났다. 법원사에서 처음 대면한 지공과 나옹은 서로 문답을 주고받게 되었는데, 그때 나옹은 지공에게 "불법의 이치를 다 깨닫고 후인後人을 돕기 위해 이곳에 왔다"[164]라고 말함으로써 자신의 구법 여정이 단순히 스스로의 깨달음을 위한 데에 국한되지 않음을 분명히 밝혔다. 그러자 지공은 나옹이 크게 될 인물임을 알아보고 판수板首로 삼아 자신의 곁에 머물도록 허락했다.[165] 나옹은 공민왕 7년(1358) 3월 귀국 길에 오르기까지 10년간(1348~1358) 원나라에 머물러 있으면서 모두 3차례에 걸쳐 법원사에서 지공을 친견親見했는데,[166] 그중 2번째의 만남은 더욱 의미가 깊었다. 그 만남은 나옹이 충정왕忠定王 2년(1350)에 지공을 떠나 원나라 남부 지역을 유력遊歷하다가 공민왕恭愍王 2년(1353) 3월에 다시 법원사에 돌아와서 이루어졌는데 그때 나옹은 지공으로부터 가사 한 벌과 불자拂子 하나, 범자신서梵字信書와 전법게傳法偈를 받게 되었다.[167] 지공의 법맥法脈이 나옹에게로 계승되는 의식이 법원사에서 행해진 것이다.[168] 이것만 보아도 법원사가 단지 한 거사居士의 처소가

16-2, 일지사, 1990; 金曉呑, 『高麗末 懶翁의 禪思想研究』, 민족사, 1999.

163 李穡, 「香山安心寺舍利石鐘記」, 『牧隱文藁』 권3, "指空 西天人也 高麗普濟王師 其弟子也"

164 覺宏, 「普濟尊者諡禪覺懶翁和尙行狀」, 『韓國佛敎全書』 6책, 동국대학교 출판부, 1996, 703쪽 中, "勤修四載 一旦忽開悟 欲往中國尋師訪道 丁亥十一月 發足向北 戊子三月十三日 行到大法源寺" "空云十二箇房子將來否 答云將得來 空云誰敎爾來 答云某甲自來 空云爲何事來 答云爲後人來"

165 覺宏, 「普濟尊者諡禪覺懶翁和尙行狀」, 『韓國佛敎全書』 6책, 동국대학교 출판부, 1996, 704쪽 中, "空知是法器 卽俾居板首十年"

166 나옹과 지공의 첫 만남은 1348. 3~1350. 3, 두 번째 만남은 1353. 3~4, 그리고 세 번째 만남은 1357~1358. 3월에 法源寺에서 이루어졌다.

167 覺宏, 「普濟尊者諡禪覺懶翁和尙行狀」, 『韓國佛敎全書』 6책, 동국대학교 출판부, 1996, 705쪽 中, "空迎入方丈 請茶 遂以法衣一領 佛子一枝 幷梵草信書一紙 付囑云"

168 覺宏, 「普濟尊者諡禪覺懶翁和尙行狀」, 『韓國佛敎全書』 6책, 동국대학교 출판부, 1996, 704

아니라 고승들의 수행도량으로 기능했음을 알 수 있다.

다음으로 나옹의 법통法統을 계승한 무학자초無學自超(1327~1405)[169]와 지공의 인연도 법원사와 관련이 있다는 견해가 있다. 무학자초는 공민왕 2년(1353) 가을에 원나라에 가 지공을 참례하고 서로 화답했다고 하는데,[170] 그러나 과연 그 장소가 법원사였는지는 명확하지 않다. 비록 그해 3월에 지공은 바로 법원사에서 나옹에게 법法을 전수했지만, 다음에 보게 될 지천智泉의 비문碑文과 견주어보면 무학을 만난 그해 가을에 지공은 다른 사원(법천사法泉寺 혹은 법운사法雲寺)에서 거처하고 있었던 것 같다. 그러므로 무학이 처음 지공을 만난 장소를 법원사로 보는 것은 타당하지 않다고 생각된다. 그리고 무학은 다음 해인 공민왕 3년(1354)에 나옹을 법천사에서 만나게 되는데,[171] 이 법천사를 법원사와 동일한 사원으로 간주하는 견해가 있다. 하지만 당시 나옹은 한 해 전인 공민왕 2년 4월경에 이미 법원사를 떠나 유력하고 있던 중이었기 때문에[172] 법천사를 법원사와 동일시하는 것은 잘못이다.

그리고 정지국사正智國師 지천智泉(1324~1395)의 경우는 무학이 공민왕 2년 가을에 지공을 만날 당시 그도 함께 지공을 친견했다고 한다. 그리고 그 장소가 법천사라는 기록도 있고,[173] 혹은 법운사라는 기록도 있다.[174]

쪽 下, "三韓慧首座 來見老僧 看其出言吐氣 便與佛祖相合 …… 玆以雪菴所傳 及菴先師法衣一領 拂子一枝 付囑表信 作偈曰" 나옹은 이보다 앞서 平山處林에게 법의와 불자, 전법게를 전해 받아 平山의 법통을 잇기도 했다.

169 卞季良, 「妙嚴尊者塔銘」, 『朝鮮金石總覽』 下, 아세아문화사, 1976, 1282~1283쪽, "辛亥冬前朝恭愍王 封懶翁爲王師 翁住松廣 以衣鉢付師 師以偈謝" "禪覺之嫡 朝聖之師"

170 卞季良, 「檜巖寺妙嚴尊者塔碑」, 『朝鮮金石總覽』 下, 아세아문화사, 1976, 1281쪽, "癸巳秋挺身走燕都 參西天指空 禮拜云"

171 卞季良, 「檜巖寺妙嚴尊者塔碑」, 『朝鮮金石總覽』 下, 아세아문화사, 1976, 1281쪽, "次年甲午正月 到法泉寺參懶翁 懶翁一見而深器之 遊霧靈 歷五臺 再見懶翁於西山靈巖寺"

172 覺宏, 「普濟尊者諡禪覺懶翁和尙行狀」, 『韓國佛敎全書』 6책, 동국대학교 출판부, 1996, 705쪽中, "是歲(1353)三月 還到大都法源寺 再參指空 …… 因留一月 辭退 遊歷燕代山川數載"

173 權近, 「追贈正智國師碑銘」, 『陽村集』 권38, "癸巳與今王師無學俱入燕京 謁指空于法泉寺"

여기서의 법천사, 법운사를 모두 법원사와 동일한 사원으로 보는 견해가 있기도 하지만 법천사가 법원사와 다른 사원이었음은 앞에서 말한 것과 같고, 법운사 역시 법원사와 동일한 사원으로 간주하기 어렵다는 견해가 제시되고 있다.[175]

마지막으로 백운경한白雲景閑(1299~1375)이 원나라에 건너가 지공을 만나면서 둘은 스승과 제자의 관계를 맺고, 또 지공의 무심선無心禪이 백운에게로 전해지는 계기가 마련되는데,[176] 그 만남의 공간을 법원사로 추측하기도 한다. 경한은 충정왕 3년(1351) 5월 원나라에 건너가 다음 해 공민왕 1년(1352) 3월에 귀국할 때까지 약 8개월간 그곳에 체류했다.[177] 그때 그는 자신의 선사상에 큰 영향을 미친 임제종臨濟宗 제18대 법손法孫인 석옥청공石屋淸珙(1272~1352)을 두 차례 방문했다.[178] 아마도 이 기간 중에 경한과 지공의 만남도 이루어졌던 것으로 생각한다. 사실 『백운화상어록白雲和尙語錄』에 따르면 백운이 원나라를 방문한 해인 신묘년辛卯年(1351)에 지공에게 게송을 올리자 지공은 7수의 게송으로 그것에 화답했다고 하는데,[179]

---

174 權近, 「龍門寺正智國師碑」, 『朝鮮金石總覽』 下, 아세아문화사, 1976, 727쪽, "癸巳 與今王師無學俱入燕京 謁指空于法雲寺"

175 祁慶富는 法雲寺가 金山 妙高峰 아래에 있는 사원이라고 지적하였다. 祁慶富, 「指空中國行蹟考」, 『伽山學報』 5, 가산불교문화연구원, 1996, 71쪽.

176 김효탄은 지공의 무심선 사상이 나옹과 백운에게 그대로 전승되었다고 했다. 金曉呑, 『高麗末懶翁의 禪思想硏究』, 민족사, 1999, 90쪽. 반면 백운은 지공의 선사상에 직접적인 영향을 받았다기보다는 석옥청공에게 깊은 감화를 받아 道를 깨치게 되었다고 보았다. 정제규, 「白雲景閑의 無心禪과 思想史的 意味」, 『제3회 청주국제인쇄출판문화학술회의』, 청주고인쇄박물관, 2000, 35쪽.

177 정제규, 위의 글, 2000, 35쪽.

178 백운 혹은 석옥청공의 저서로 보고 있는 『直指心經』이 있다. 선종의 기본정신을 잘 나타낸 서책으로 평가되고 있다. 그 핵심 내용은 "당사자가 직접 체험하라, 死心을 갖지 말라, 화두참구를 일념으로 하라, 생각하지 말라" 등이다. 신규탁, 「백운경한선사」, 『佛教』 511, 월간불교사, 1998. 5. 백운경한에 대한 연구는 다음의 글이 있다. 鄭柄朝, 「白雲景閑과 臨濟宗」, 『佛教研究』 27, 한국불교연구원, 2007.

179 釋璨, 「白雲和尙語錄」, 『韓國佛教全書』 6책, 동국대학교 출판부, 1996, 659쪽.

이것으로 보면 당시 두 사람 사이에 스승과 제자의 관계가 맺어진 것은 분명하다.[180] 하지만 그 같은 만남이 이루어진 구체적인 장소가 언급되어 있지 않아서 그곳을 법원사로 단정 짓기는 어려운 형편이다.

이렇게 보면 법원사에서 지공을 친견했다는 분명한 전거를 갖고 있는 고려 말의 고승高僧으로는 나옹뿐이라는 결론에 이른다.[181] 백운은 비교적 그 가능성이 높은 경우에 해당한다. 그러나 고려 말 불교계에 가장 큰 영향을 미친 고승들 중의 한 사람인 나옹이 지공으로부터 깊은 사상적 감화를 받았고, 또 전등傳燈의식이 행해진 장소가 법원사였다는 한 가지 사실만으로도 법원사의 위상은 결코 반감될 수 없다. 특히 조선 선문禪門에서는 조선 전기까지만 해도 태고법통설太古法統說이 아닌 나옹법통설懶翁法統說이 주류였다는[182] 사실을 감안할 때 법원사가 후대에 갖는 의미는 각별하다. 더욱이 이 같은 절이 공녀 출신인 한 고려 여인의 발원에 의해서 창건되었다는 사실을 떠올릴 때 더욱 각별하게 느껴진다.

'재원 고려인在元高麗人 관련 대도大都 사원'은 위의 사원들 외에도 대도의 곡적산穀積山에 고려승이 거주했다고 하는 영암사靈巖寺가 있었고,[183] 비록 사원은 아니지만 고려인 대부태감大府太監 주완자첩목아朱完者帖木兒,[184] 감수로총관부監隨路摠管府 김정주金鼎住 등에 의해서 조성된 나한석

---

180 백운은 귀국 후인 甲午年(1354) 3월에 제자의 예를 갖추어 지공에게 서신을 보냈고, 게송으로 찬양하기도 했다. 또 己酉年(1369)에는 指空眞讚을 남겼다. 釋璨, 「白雲和尙語錄」, 『韓國佛敎全書』 6책, 동국대학교 출판부, 1996, 659~661쪽.

181 許興植은 達順이 나옹보다 앞서서 법원사를 찾아가 지공에게 수학했다고 보았다. 許興植, 『高麗로 옮긴 印度의 등불』, 일조각, 1997, 60쪽.

182 金曉呑, 『高麗末懶翁의 禪思想硏究』, 민족사, 1999, 210~229쪽.

183 李穀, 「律詩 題西山靈巖寺寺僧皆鄕人」, 『稼亭集』 권16. 여기서 西山은 다음의 글로 볼 때 大都의 穀積山임을 알 수 있다. 李穀, 「大都穀積山新作羅漢石室記」, 『稼亭集』 권4, "至正甲申冬 大府太監朱完者帖木兒游西山 訪石室"

184 大府太監 朱完者帖木兒는 환관 申當住, 朴瑣魯兀大와 함께 法王寺의 건립을 위해 보시한 大府大監 朱完澤帖木兒와 동일인으로 생각된다.

실羅漢石室이 있었다.[185] 그리고 대도 담로방湛露坊에 있었던 수경사壽慶寺는 자세한 연혁은 전하고 있지 않지만, 기황후奇皇后의 최측근인 강금강姜金剛이 중판한 『인천안목人天眼目』[186](1357)에 수록된 옥전玉田의 후서를 통해서 볼 때[187] 고려인과 관련을 맺고 있었던 '대도 사원'으로 간주할 수 있을 듯하다.

5. 원 대도 사원의 출현 시기와 성격

지금까지 살펴본 대도大都 사원이 고려인과 연관을 맺은 내용과 그 시기, 사원의 주요 기능과 소속 종파 등을 정리해보면 〈표 19〉와 같다.

〈표 19〉 대도 사원의 고려인과 사원 상황

사원	관련된 고려인과 시기	사원의 기능과 소속 종파
광교사	충선왕 창건(1317~1319) 주지 천태승 의선 수석(1332~?)	고려왕실의 원당, 천태종 → 화엄종 → 천대종
복원사	주지 유가승 해원 주석(1312~1340)	원 무종의 신어전 사원, 법상종
연성사	주지 천태승 의선 주석(1322~?)	원 현종·명종의 신어전 사원, 티베트 불교계 사원
용천사	환관 이신·신당주, 계명선사 중창 (1317~1337)	원황실의 원당, 선종
법왕사	환관 이삼진·조분 중창(1334~1343)	원황실의 원당, 천태종
홍복사	고려승, 장성군부인 임씨 창건 (1313~1317)	고려민의 신앙소
법원사	김씨 부인 창건(1328~1329)	지공의 주석 사원, 선종
김손미타사	김백안찰·손씨 부부 창건(1331)	김씨 가족의 원당

185 李穀, 「大都穀積山新作羅漢石室記」, 『稼亭集』 권4.

186 『人天眼目』은 南宋 때 智昭의 저술로 禪門五家의 사상과 조사들의 행적을 적고 있다.

187 송재웅, 「元 大都의 高麗寺院」, 『中央史論』 23, 한국중앙사학회, 2006, 124쪽.

우선 고려 충렬왕忠烈王(재위 1274~1308) 재위기에 해당하는 원 세조世祖(쿠빌라이忽必烈, 재위 1260~1294)와 성종成宗(테무르鐵穆耳, 재위 1294~1307)의 재위기는 '재원 고려인 관련 대도 사원'(이하 대도 사원)이 나타나기 전이었다. 물론 이것은 원나라에 건너간 고려인의 활동 상황과 직결된 문제일 것이다. 이때는 원에 거주한 다양한 부류의 고려인이 각자의 위치에서 아직 확고한 기반을 마련하기 전이었던 만큼 그러한 성격의 사원이 출현하기 어려웠을 것이다. 하지만 고려 충선왕忠宣王(재위 1298; 1308~1313) 말인 원 인종仁宗(아유르바르와다愛育黎拔力八達, 재위 1311~1320) 초에 이르러 고려승 해원海圓이 대도 복원사福元寺에 진출하면서 대도 사원이 출현하게 되었다.

(1) 원 인종~문종 천력연간의 대도 사원과 고려인

원 성종成宗(테무르鐵穆耳, 재위 1294~1307)으로부터 초빙받아 원에 건너간 유가승瑜伽僧 해원海圓(1262~1340)이 인종仁宗 황경皇慶 1년(1312)에 무종武宗(카이산海山, 재위 1307~1311)의 신어전神御殿 사원인 복원사福元寺의 주지가 되었다. 해원은 그 후 29년 동안(1312~1340) 주지로 있었는데, 당시 황권을 둘러싼 거듭되는 정쟁政爭 속에서 황실과 특별한 인척관계도 맺고 있지 않던 그가 그토록 오랫동안 주지로 있었던 것은 매우 이례적인 일이었다. 이렇게 고려 충선왕忠宣王(재위 1298; 1308~1313) 말인 원 인종(아유르바르와다愛育黎拔力八達, 재위 1311~1320) 초를 시작으로 고려 충숙왕忠肅王(재위 1313~1330; 1332~1339) 때인 원 인종·태정제泰定帝(예순테무르也孫鐵木兒, 재위 1323~1328)·문종文宗 천력연간天曆年間(1328~1329) 무렵에는 다수의 대도大都 사원이 출현한 시기였다.

먼저, 홍복사興福寺가 고려승 원담元湛, 숭안崇安, 법운法雲, 그리고 고려의 공녀 출신인 장성군부인長城郡夫人 임씨任氏의 보시로 창건되었다. 인종

황경 2년(1313)에 기공하여 인종 연우延祐 4년(1317)에 낙성된 절은 고려승이 강석講席을 주관하면서 주로 고려민이 출입하는 신앙의 안식처가 되었다. 다음으로, 광교사光教寺가 당시 상왕上王인 충선왕에 의해서 인종 연우 4년에 착공되어 연우 6년(1319)에 완공되었다. 이 사원은 충선왕이 자신보다 먼저 세상을 떠난 계국대장공주薊國大長公主와 의비懿妃의 명복을 빌기 위해 건립한 고려 왕실의 원당으로 충선왕이 사망한 후에는 비妃들과 함께 충선왕 자신의 원당이 되었던 것으로 보인다. 다음으로 용천사龍泉寺가 인종 연우 4년경에 고려인 환관 이신李信에 의해서 중창되기 시작했다. 절의 중창은 순제順帝(토곤테무르妥懽帖睦爾, 재위 1333~1370) 때 환관 신당주申當主에 의해서 대략 20년 만에(1317~1337) 완결되었다. 그리고 태정제 때 천태승 의선義旋이 현종顯宗의 신어전神御殿 사원인 연성사延聖寺의 주지로 임명되었다. 당시 의선이 연성사의 주지가 될 수 있었던 것은 조인규趙仁規 가문과 고려왕실의 혈연관계를 바탕으로 하여 그가 여원麗元 양국에서 가지고 있었던 정치적 역량 때문이었다. 또 법원사法源寺가 문종 천력연간 무렵에 고려의 공녀였던 김씨 부인의 보시로 지공指空을 위해 창건되었다.

이처럼 고려의 충선왕·충숙왕 대에 해당하는 원 인종·태정제·문종 천력연간 약 20여 년에 걸쳐 많은 대도 사원이 출현, 발전할 수 있었던 이유로 다음 두 가지 사항을 생각해볼 수 있다.

첫째, 이 시기 원에 진출한 일부 고려인들은 그동안 쌓아온 공로로 얻은 황실의 신임을 기반으로 상당한 명성과 부, 그리고 권력을 축적했다는 사실이다. 그래서 해원과 의선은 선제先帝의 제례祭禮를 거행하는 신어전 사원인 복원사와 연성사의 주지를 맡게 되었고, 장성군부인 임씨는 홍복사의 창건을 위해 보시했고, 역시 김씨 부인은 지공을 위해 법원사를 마련해주었고, 황실의 측근인 환관 이신은 용천사의 중창에 착수할 수 있었던 것이다. 몽골인, 색목인色目人, 한인漢人, 남인南人 4등급[188]으로 구분되어 민족 간의 계급 차별이 극심했던 원대 사회에서 제3계층인 한인으로 분류되어 천대받던 고려인들이 일구어낸 일이었다.

둘째, 이 시기 고려왕실과 원황실은 가까운 인척관계를 바탕으로 하여 어느 때보다도 우호적인 관계를 형성하고, 상호 간에 다양한 불사를 빈번히 열고 있었다. 무종·인종 형제는 충선왕의 처사촌이면서 동시에 충선왕의 숙위宿衛시절부터 그 사이가 매우 가까웠다. 특히 충선왕은 인종과 함께 무종의 황제 옹립에도 큰 공을 세운 인물이었다. 인종에 이어 영종英宗(시디발라碩德八剌, 재위 1320~1323)이 즉위하게 되면서 충선왕이 유배되는 등 잠시 고려왕실과 원황실의 사이가 소원해지기도 했지만, 얼마 가지 않아 충숙왕의 외삼촌인 태정제가 즉위하면서 둘 사이의 관계는 다시 정상화되었다. 이러한 관계를 기반으로 하여 고려왕실이 원황실을 위해 베푼 불사를 살펴보면, 충선왕 복위년(1308)에 신효사神孝寺에서 무종을 위한 축수재祝壽齋를 열었고,[189] 충선왕 2년(1310)에 역시 신효사에서 무종과 인종 형제의 생모인 수원황태후壽元皇太后를 위한 기복 불사를 올렸다.[190] 한편 이때 원황실 측에서도 고려 사원을 위한 많은 보시가 이어졌다. 영종 때 수원황태후를 위시한 황실과 측근관리가 금강산 표훈사表訓寺를 위해 보시했고,[191] 태정 4년(1327)에 태정제의 황후가 청평산 문수사文殊寺를 위해서 보시했다.[192] 또한 태정연간(1324~1327)에 황실의 측근관리인 중정원사 이홀독첩목아李忽篤帖木兒가 금강산 장안사長安寺를 위해서 보시했

188 4등급의 구분은 통치를 위한 민족 등급제가 아니라 몽골제국 복속민들의 고유한 풍속을 인정해주는 本俗主義를 존중하기 위해 고안된 것으로 보기도 한다. 김호동, 『몽골제국과 세계사의 탄생』, 돌베개, 2010, 160쪽.

189 『高麗史』 권33, 世家 忠宣王 복위년 9월.

190 『高麗史節要』 권23, 忠宣王 2년 7월; 尹紀燁, 「元干涉期 元皇室의 願堂이 된 高麗寺院」, 『大東文化硏究』 46, 성균관대학교 대동문화연구원, 2004.

191 『新增東國輿地勝覽』 권47, 江原道 淮陽都護府, 佛宇 表訓寺.

192 李齊賢, 「有元高麗國淸平山文殊寺施藏經碑」, 『益齋亂藁』 권7.

고,[193] 역시 태정연간에 지공은 금강산 유점사楡岾寺를 방문하여 황실을 위한 불사를 열었다.[194] 이와 같은 여건과 상황 아래서 복원사, 홍복사, 광교사, 용천사, 연성사, 법원사 등과 같은 다양한 성격의 대도 사원이 출현할 수 있었던 것이다.

(2) 원 말의 대도 사원과 기황후

대도大都 사원은 고려 충혜왕忠惠王~충정왕忠定王(1330~1351) 때인 원 문종文宗~순제順帝(1330~1370) 때에도 꾸준히 출현, 발전했다. 먼저 김손미타사金孫彌陀寺가 문종 지순至順 2년(1331)에 독로화禿魯花(인질) 출신으로 고관高官으로 출세한 김백안찰金伯顔察과 그의 부인 손씨孫氏에 의해서 가족 원당願堂으로 창건되었다. 그리고 법왕사法王寺가 순제 원통元統 2년(1334)에 환관 이삼진李三眞에 의해서 창건되기 시작하여 환관 조분趙芬의 노력으로 순제 지정至正 3년(1343)에 완공되었다. 법왕사의 완공에는 이삼진, 조분 외에도 신당주申當住, 박쇄노올대朴瑣魯兀大, 주완택첩목아朱完澤帖木兒 등 황실에서 활동한 고려인 환관 다수가 참여했다. 그리고 인종 때 환관 이신李信에 의해서 중창되기 시작한 용천사龍泉寺가 순제 지원至元 3년(1337)경에 환관 신당주에 의해서 거의 20년 만에 완공되었다. 용천사는 복답실리卜答失里를 비롯하여 순제, 백안홀도伯顔忽都황후, 태자太子 등을 축원하는 황실의 원당願堂이었다.

그런데 김손미타사와 법왕사를 살펴볼 때 반드시 함께 검토되어야 할 사항은 절의 소재지에 관한 문제이다. 이곡의 기문에 따르면 법왕사는 감찰어사監察御使 관음노觀音奴가 살던 곳이라고 했다.[195] 여기서 관음노는

193 李穀,「金剛山長安寺重興碑」,『稼亭集』 권6.

194 張東翼 편, 危素,「文殊師利菩薩無生戒經序癸巳」,『元代麗史資料集錄』, 서울대학교 출판부, 1997, 338쪽.

195 李穀,「大都天台法王寺記」,『稼亭集』 권4, "寺故監察御使觀音奴所居"

황실의 숙위宿衛가 되어 출세한 한영韓永(1285~1336)의 차남이고,[196] 독로화로 원에 갔던 한사기韓謝奇의 손자이다.[197] 이들 한씨 일족[198]이 거주했던 곳은 대도 관할 아래에 있던 완평현宛平縣인 것으로 추정하고 있는데,[199] 바로 고려인의 집단 거주지인 고려장高麗莊이 있던 장소였다. 법왕사가 완평현의 고려장에 소재했다는 사실과 절의 창건을 주재한 주역들이 고려인 환관들이었고, 또 그 인근의 향촌민이 빈번히 법왕사에 출입했다는 사실은 결코 무관하지 않을 것이다.

한편 김손미타사 또한 이 완평현에 소재했던 것인데, 이곳 완평현에서 금수하金水河가 발원하여 도성으로 흘러갔고, 또 봉성주奉聖州에서 발원한 노구하盧溝河가 역시 완평현을 거쳐 도성으로 흘러들어 갔다고 한다.[200] 이로 볼 때 당시 완평현은 수로水路를 통해 인근 도성에 쉽게 접근할 수 있던 교통의 요지였음을 알 수 있다. 완평현의 이러한 입지 조건은 그곳에 고려인의 집단 주거지가 형성될 수 있는 중요한 요인이 되었던 것이다. 통주通州에 있던 고려장 역시 궁성으로 흘러가는 통혜하通惠河를 끼고 있었다는 사실을[201] 통해서도 이를 짐작할 수 있다. 이러한 완평현 소재의 김손미타사, 법왕사의 예에서 보듯이 고려장이 형성된 지역에서는[202] 고려인에 의

196 韓永에게는 3男이 있었는데 장자가 孝先(일명 帖木兒不花), 둘째가 仲輔(觀音奴), 셋째가 文獻(承壽)이었다. 李穀, 「有元故亞中大夫 …… 高陽候 謚正惠韓公行狀」, 『稼亭集』 권12.

197 『高麗史』 권107, 列傳 韓康.

198 韓永의 가계는 대략 다음과 같이 정리된다. 韓康 → 韓謝奇(독로화) → 韓永(숙위) → 韓孝先·仲輔·文獻.

199 韓謝奇의 아들 韓永(1285~1336)이 원의 고관으로 활동하다가 바로 완평현 고려장에서 장사지내졌다고 한다. 李穀, 「有元故亞中大夫 …… 高陽候 謚正惠韓公行狀」, 『稼亭集』 권12, "以疾卒于官 享年五十有二"; 張東翼 편, 蘇天爵, 「元故亞中大夫河南府路總管 韓公神道碑銘幷序」, 『元代麗史資料集錄』, 서울대학교 출판부, 1997, 254~255쪽 재인용, "以病終于洛陽官舍 享年五十有二 是歲 五月戊申 載其喪歸 七月己酉 葬宛平縣高麗莊之原"

200 『元史』 권64, 志 河渠1 金水河 盧溝河.

201 『元史』 권64, 志 河渠1 通惠河, "東至通州高麗莊入白河 總長一百六十四里一百四步"; 김호동 역주, 『마로코폴로의 동방견문록』, 사계절, 2000, 237쪽. 大都 평면도 참조.

한 다양한 형태의 사원이 적지 않게 출현한 듯하다.

또한 순제順帝(토곤테무르妥懽帖睦爾, 재위 1333~1370) 때는 고려 여인 기황후奇皇后의 등장으로(1340) 인해 원황실의 보시에 의한 국내 사원에서의 불사가 매우 빈번히 시행된 시기였다. 기황후의 직간접적인 후원으로 장안사長安寺 중창(1343~1345), 표훈사表訓寺·연복사演福寺의 범종 주조(1346), 경천사敬天寺 석탑 건립(1348) 등이 이루어졌다.[203] 그런가 하면 순제 지정 6년(1346)에 원에 유학 간 태고보우太古普愚는 그다음 해에 석옥청공石屋淸珙으로부터 인가印可를 받고 순제의 명에 의해 대도 영녕선사永寧禪寺의 주지가 되어 개당법회開堂法會를 열었다.[204] 나옹혜근懶翁慧勤 또한 법원사法源寺에서 지공으로부터 법의法衣와 불자拂子를 신물信物로 받은 그다음 해인 순제 지정至正 15년(1355)에 황제의 명에 의해 대도 광제선사光濟禪寺의 주지를 맡게 되었다.[205] 당시 기황후는 태고, 나옹과 같은 고려의 선승禪僧들을 크게 환대하여 황실의 공인 종교인 티베트 불교보다도 고려계高麗系의 선종禪宗과 가깝게 지낸 경향이 있었다.[206]

이러한 상황에서 법왕사, 용천사 등과 같은 대도 사원이 창건, 중창되었던 것이다. 당시 기황후와 황실 측근 고려인 환관들의 보시를 통해 여러 국내 사원들이 중흥기를 맞고 있었음을 감안할 때 인종과 태정제 때 못지않은 많은 대도 사원이 출현했을 것이다. 원의 간섭기라는 시대적 한계성

202 宛平縣, 通州에 있던 고려장 외에도 원대에 종이를 생산하던 白紙方에도 고려장이 있었다고 한다. 송재웅, 「元 大都의 高麗寺院」, 『中央史論』 23, 한국중앙사학회, 2006, 115~116쪽.

203 尹紀燁, 「元皇室의 布施를 통해 中興된 高麗寺院」, 『普照思想』 22, 보조사상연구원, 2004.

204 李穡, 「楊州 太古寺 圓證國師塔碑」, 『韓國金石全文』 中世 下, 아세아문화사, 1984, 1230쪽; 雪栖, 「太古和尙語錄」, 『韓國佛教全書』 6책, 동국대학교 출판부, 1996, 695쪽 中.

205 李穡, 「檜巖寺神覺王師碑」, 『韓國金石全文』 中世 下, 아세아문화사, 1984, 1199쪽; 覺璉, 「懶翁和尙語錄」, 『韓國佛教全書』 6책, 동국대학교 출판부, 1996, 712쪽 上.

206 Tonino Puggioni, 「元代 奇皇后의 佛教後援과 그 政治的인 意義」, 『普照思想』 17, 보조사상연구원, 2002, 159쪽.

을 안고 등장한 대도 사원은 고려 불교계가 원의 지배체제 아래에서도 제한된 범위에서나마 능동적인 활약상을 보여준 실증적인 사례에 해당된다고 할 만하다.

제5장 여말의 고려 사원

고려 말의 불교계는 부원附元 세력의 몰락과 함께 친원親元 성향의 종파와 그 소속의 사원들이 급격히 위축되는 변화를 겪게 된다. 원간섭기와 고려 말에 걸쳐 유력한 종파에 소속된 주요 사원의 실상과 동향을 통해 이 시기 불교계의 전반적인 추이와 그 세력 판노를 알 수 있다.

1. 선종의 주요 사원

(1) 공민왕대의 인각사

충렬왕忠烈王(재위 1274~1308) 때 일연一然의 주석으로 인해 구산선문九山禪門의 중심 사원이 되었던 인각사麟角寺는 청분淸玢이 주지를 맡았다는 기록(충렬왕 21년경) 이후 특별히 전해오는 사적은 없다. 다만 이색李穡의 「인각사무무당기麟角寺無無堂記」를 통해 공민왕恭愍王(재위 1351~1374) 때의 절의 위상과 기능을 짐작할 수 있을 뿐이다. 이에 따르면 당시 조계도대선사曹溪都大禪師 서공諝公의 주재하에 경내에 무무당無無堂이 건립되었다. 그리고 공사는 공민왕 10년(1361)에 시작되어 다음 해 7월에 완공되었고, 8월에는 총림법회叢林法會를 열어 낙성식을 거행했으며 이때 기문記文이 작성되었다. 기문 중 다음 구절을 보면 공민왕 때 인각사의 사세寺勢를 짐작할 수 있다.

> 지금 조계도대선사曹溪都大禪師 서공諝公이 새로 총명을 입어 구산九山을 영수領袖하여 낙수洛水 위에서 상감을 본즉 …… 승僧 창공窓公이 나를 한 번 보고 흔연히 그가 주지로 있는 인각사麟角寺 무무당無無堂의 기記를 지어주기를 청하며 그 내력을 갖추어 말해주었다.[1]

윗글의 주요 내용은 승僧 창공窓公이 인각사 주지로 있던 대선사 서공을 위해 인각사 무무당의 기문記文을 이색에게 부탁했다는 이야기다. 그리고 서공이 국왕의 은총을 입어 구산을 영수領袖했다고 했다. 여기서 먼저, 기문이 쓰여진 공민왕 11년(1362)경에 인각사는 구산선문의 중심 사원이었음이 확인된다. 앞서 본 것처럼 일연과 청분의 행장에 의하면 충렬왕 때의 인각사는 선종의 중심 사원이었음을 알 수 있지만, 그 후의 상황은 알려진 것이 없다. 물론 위의 기문에서도 원간섭기 중의 인각사에 대한 상황은 여전히 알 수 없다. 다만 기문이 작성된 공민왕 때에 구산선문을 이끈 서공이 인각사에 주석했다고 한 것을 보면 일연, 청분 후에도 인각사가 여전히 선종의 중심 사원이었음을 시사한다. 인각사 주지로 있으면서 무무당을 건축한 서공이 어떤 인물인지는 전하지 않지만 그가 구산선문의 영수가 된 데에는 다음과 같은 배경이 있었을 것이다.

---

1 李穡, 「麟角寺無無堂記」, 『東文選』 권72, "今曹溪都大禪師諝公 新被寵命 領袖九山 見上于洛水之上 …… 長僧窓公 一見欣然 以所住麟角寺無無堂記爲請 具語其所以"

실제로 인각사의 무무당이 건립된 공민왕 10년 이전에 선교禪敎 양종을 이끌어간 고승은 가지산문迦智山門 출신의 태고보우太古普愚(1301~1382)였다. 일찍부터 공민왕에게 깊은 신임을 받은 보우는 공민왕 5년(1356) 4월에 왕사王師로 책봉되자 곧 개경의 광명사廣明寺에 원융부圓融府를 설치했다.[2] 그리고 그곳에 관속을 두고 머물면서 선교 양종의 주지 임명권을 행사하고 구산선문을 통합하려는 뜻을 가졌다. 그런데 이 같은 보우의 승정권僧政權 장악은 그리 오래가지 못했다. 보우는 바로 그다음 해에 왕사를 사직하고 소설산小雪山으로 퇴거했고, 또 공민왕 8년 가을부터 공민왕 10년까지는 미지산彌智山에 들어가 초당草堂을 짓고 그곳에 은거해 있었다.[3]

당시 국가의 승정업무는 보우의 퇴거와 홍건적의 침입으로 인해 개경이 함락되는 극심한 혼란 때문에 거의 공백 상태에 놓였을 것이다. 이때 공민왕은 남쪽 지방에 위치하여 몽고 침입 이후에도 전란의 피해가 적은 인각사에 주석하고 있던 서공을 구산선문의 책임자로 지명한 듯하다. 그리고 무무당이 이 시기에 즈음해 건립된 것이다. 물론 인각사가 가지산문의 중심 사원이라는 사실과 함께 충렬왕 때 일연의 하산소로 선문의 중심 사원이었다는 사실은 서공이 구산선문의 영수가 된 큰 요인으로 작용했을 것이다. 그리고 무무당이 완공된 후 공민왕 11년(1362) 8월에 열린 총림법회는 충렬왕 때의 구산문도회九山門都會와 유사한 성격의 대불교집회였을 것이다.[4] 그러므로 공민왕 때 인각사의 위상과 역할은 충렬왕 때와 비교해도

2 李穡, 「太古寺圓證國師塔碑」, 『韓國金石全文』 中世 下, 아세아문화사, 1984, 1231쪽, "四月二十四日 封爲王師 立府曰圓融 置僚屬長官正三品 尊崇之至也 留居廣明寺"

3 維昌, 「太古和尙語錄」 下 行狀, 『韓國佛敎全書』 6책, 동국대학교출판부, 1996, 698쪽.

4 국가 주관의 談禪法會와는 다르게 각 九山에서 개최한 談禪法會를 叢林이라고 한다. 安啓賢, 「談禪法會와 禪風의 振揚」, 『한국사』 7, 국사편찬위원회, 1973, 313쪽. 그런데 당시 인각사에 주석한 諝公의 위치가 九山의 영수였기 때문에 이때의 총림법회는 迦智山門만이 아닌 九山 전체의 담선법회적 성격을 띠었을 것이다.

그다지 큰 차이가 없었다.

(2) 선종 소속의 영원사

원간섭기 후 고려 말기의 영원사瑩源寺에 대한 사정은 태고보우太古普愚(1301～1382)와 나옹혜근懶翁慧勤(1320～1376)의 행장行狀을 통해서 간략히 엿볼 수 있다. 먼저 태고보우의 경우를 보자. 보우는 선종禪宗 가지산문迦智山門 출신으로 공민왕恭愍王 20년(1371)에 국사國師로 책봉되며 국왕으로부터 영원사에 주석할 것을 요청받았다.[5] 영원사가 공민왕 때에 들어와 천태종에서 선종 소속으로 바뀐 실증적인 예에 해당된다. 이보다 먼저 보우가 공민왕 5년(1356)에 왕사王師에 책봉되면서 광명사廣明寺의 원융부圓融府를 통해 선교禪敎 양종의 주지 임명권을 장악한 상태였기 때문에,[6] 과거 친원적親元的 성향을 띤 영원사는 선종 소속으로 옮겨갔으리라고 본다. 공민왕의 반원反元 자주 정책에 힘을 실어준 보우의 등장으로 부원附元 세력이 몰락하면서 영원사에도 변동이 생긴 것이다.[7] 공민왕이 보우를 국사로 책봉하는 것과 함께 영원사 주지에 임명하자 보우는 병을 이유로 사양했다. 그래서 공민왕은 보우에게 소설산小雪山에 퇴거해 있으면서 영원사의 일을 맡도록 허락했는데 그 기간이 7년(1371～1377)이었다고 한다.[8]

---

5 李穡, 「太古寺圓證國師塔碑」, 『韓國金石全文』 中世 下, 아세아문화사, 1984, 1231쪽.

6 『高麗史』 권39, 世家 恭愍王 5년 4월 癸酉.
『高麗史』 권39, 世家 恭愍王 5년 5월 乙酉, "王曰 自今禪教宗門寺社住持 聽師注擬 寡人但下除目爾 於是僧徒爭爲門徒 不可勝計"

7 보우는 원나라에 잠시 머물다가(1347～1348) 귀국한 후부터 부원 세력들과 단절하고 원과의 교류도 중지했다. 귀국 후 보우의 反元的 성향은 공민왕에게 元에서 온 護從功臣을 제거할 것을 적극 권유한 데에서도 잘 드러난다. 兪瑩淑, 「圓證國師 普愚와 恭愍王의 改革政治」, 『韓國史論』 20, 국사편찬위원회, 1990, 155쪽; 『高麗史』 권38, 世家 恭愍王 元年 5월. 한편 보우의 정치적 입장은 보수적인 권문세족과 같은 것으로 보는 입장도 있다. 崔柄憲, 「太古和尙」, 『한국불교인물사상사』, 민족사, 1990, 252쪽.

8 李穡, 「太古寺圓證國師塔碑」, 『韓國金石全文』 中世 下, 아세아문화사, 1984, 1229～1230쪽,

영원사가 보우에 의해 간접 운영된 것이다. 보우는 우왕禑王 4년(1378) 겨울에는 국왕의 명을 받아 영원사에 1년 동안 주지로 있다가 다시 소설산으로 돌아갔다. 그 후 그는 우왕으로부터 다시 국사에 책봉되었다가(1381) 그다음 해에 입적했다. 이처럼 보우가 왕사, 국사로서 활약한 공민왕 때와 우왕 초기의 영원사는 그의 영향 아래에 있던 선종 사원이었다.[9]

다음으로 나옹의 경우를 보면 그가 왕사王師가 된(1371) 후 회암사檜巖寺 주지로 있으면서 절의 중창을 완공했는데, 우왕 2년(1376) 4월경에 밀양密陽 영원사로 옮겨가라는 명을 받았다. 회암사 낙성식落成式 때 전국에서 많은 신도들이 운집한 것이 빌미가 되어 대간臺諫들의 탄핵을 받고 영원사로 추방된 것이다.[10]

이 시기는 보우가 소설산에 퇴거해 있으면서 영원사를 간접 운영하고 있던 때였다. 당시 나옹은 영원사로 가던 도중 같은 해 5월 여흥驪興 신륵사神勒寺에서 입적했기 때문에 영원사에 주석하지는 않았다.[11] 이처럼 고려 말의 영원사는 선종 소속의 사원으로 전환된 상태였으며, 또 한편으로는 고승의 유배지와 다름없는 좌천의 장소가 되기도 했다. 원간섭기에 지방의 천태종 주요 사원으로 기능했던 것과 비교한다면 그 사세寺勢가 상당히 쇠퇴했음은 분명하다.

선종과 천태종 사이에서 영원사의 소속 변화는 매우 잦고 장기간 지속되었다. 원간섭기에는 대체로 천태종 소속이었지만, 공민왕 때부터는 선

"辛亥七月 旽誅 玄陵遣使備禮進封國師 請住瑩源寺師以疾辭有 旨遙領寺事凡七年 戊午冬 被今上命 始至寺居一年而還"

9 보우가 공민왕의 신임을 받고 정계와 불교계에서 활발히 활동하던 시기는 공민왕 5~우왕 7(1356~1381) 사이인데, 이 기간 중 辛旽의 등장으로 왕사를 사퇴한 공민왕 15년(1366)부터 신돈이 처형된 공민왕 20년(1371)까지는 그 활동이 잠시 중단되었다.

10 性理學으로 무장한 대간들은 회암사가 서울과 가까운데 信徒들의 왕래가 끊이지 않아 生業을 폐하는 지경에까지 이르렀다고 비난했다. 李穡, 「檜巖寺禪覺王師碑」, 『韓國金石全文』 中世 下, 아세아문화사, 1984, 1197쪽.

11 李穡, 「檜巖寺禪覺王師碑」, 『韓國金石全文』 中世 下, 아세아문화사, 1984, 1197쪽.

종 소속으로 바뀌었다. 정치적 격변기를 맞아 영원사의 소속이 변경된 이유는 우선 주석한 고승들에 의한 사원의 성격에서 찾는 것이 타당하다. 원간섭기의 영원사는 주로 묘련사계妙蓮寺系 고승들이 주석하면서 친원적親元的 성향을 띤 사원으로 발전했다. 그러나 원간섭기가 종식된 공민왕 때부터는 반원 세력이 득세하고 친원 세력이 몰락하게 되면서 영원사 역시 그 내부적 변화를 강요받게 되었다. 이 과정에서 영원사는 공민왕의 반원 정책을 추진하는 데 일조한 태고보우의 영향 아래서 선종 소속의 사원으로 전환되었던 것이다.

그러면 영원사가 남쪽 끝에 위치한 지방 사원이었음에도 불구하고 한 종파를 대표하는 고승들이 계속 주석하면서 그 소속이 자주 교체된 이유는 무엇일까. 유감스럽게도 현재 그것을 명확히 밝힐 만한 사료는 전하지 않는다. 다만 영원사의 경제적 기반과 관련지어 추론해보는 정도에 그칠 수밖에 없다. 즉 영원사가 위치한 경상남도 밀양密陽이 몽고 침입 때에도 피해가 적었고, 또 사찰이 김해평야 일대를 끼고 있어서 한 종파의 중요한 경제적 기반으로 기능했을 것이라는 이야기다.[12] 『세종실록世宗實錄』에서도 밀양도호부密陽都護府를 소개하면서 "땅이 기름지고 기후는 따뜻하며, 간전墾田이 1만 285결結이다"[13]라고 했다. 따라서 도호부의 동쪽에 위치한 영원사는 일찍부터 경제적인 면에서 상당히 중요한 위치에 있었던 지방 사원이었음에 분명하다. 이 같은 영원사의 풍요로운 경제적 여건이 일찍부터 각 종파로부터 주목받게 되었고, 이것이 종세宗勢의 우열에 좌우되어 그 소속이 교체되는 결과를 낳았던 것이다.

12 韓基汶, 앞의 책, 1998, 394~395쪽.

13 『世宗實錄』 권150, 地理志 慶尙道 慶州府 密陽都護府, "厥土肥 風氣暖 墾田一萬二百八十五結"

(3) 선종의 중심 사원 회암사

1) 회암사의 중창과 나옹혜근

경기도 양주 천보산天寶山에 있는 회암사檜巖寺[14]는 여말선초麗末鮮初를 대표하는 거찰巨刹로 인도승 지공선현指空禪賢(?~1363)이 깊은 관심을 표명했고, 나옹혜근懶翁惠勤(1320~1376)과 무학자초無學自超(1327~1405)가 주석한 절로 널리 알려져 있다. 여말선초麗末鮮初에 회암사가 차지한 불교사적 위치가 막중했던 관계로 그동안 연구성과도 꽤 축적되었고,[15] 그에 상응해 1998년 8월부터는 회암사 절터 발굴 작업이 시작되어 현재도 진행 중에 있다.[16]

회암사의 창건 시기는 알려져 있지 않으나 절과 관련된 기사로는 화엄승華嚴僧 원경국사圓鏡國師[17]가 회암사에 글을 써주었다는 기록이 최초이다.[18] 그리고 원간섭기인 충렬왕忠烈王(재위 1274~1308) 때 회암사에는 임제종臨濟宗 양기파楊岐派의 철산소경鐵山紹瓊이 방문해 절에 서액書額을 남겼고,[19] 그 후 20여 년이 지난 충숙왕忠肅王 13년(1326)에 지공이 고려를 방

---

14 『新增東國輿地勝覽』 권11, 京畿 楊州牧, 佛宇 檜巖寺. 현 경기도 양주시 회암동에 있다.

15 安震湖 편, 『奉先寺本末寺誌』(楊州, 奉先寺, 1927); 崔成鳳, 「檜巖寺의 沿革과 그 寺址 조사」, 『佛教學報』 9, 동국대학교 불교문화연구원, 1972; 許興植, 「檜巖寺」, 『高麗로 옮긴 印度의 등불』, 일조각, 1997; 黃仁奎, 「無學自超의 興法活動과 檜巖寺」, 『삼대화상 연구논문집』 2, 불천, 1999.

16 檜巖寺 절터는 1964년 사적 제128호로 지정되었다. 1997년 11월~1998년 5월까지 절터 전체에 대한 정밀조사가 있었다. 2011년까지 9차에 걸친 발굴조사가 완료되었고, 현재 10차 발굴이 진행 중에 있다.

17 圓敬國師는 仁宗과 恭睿太后 任氏 사이의 제4子인 화엄승 元敬國師 冲曦(또는 玄曦)로 본다. 『高麗史』 권90, 列傳 宗室1 元敬國師 冲曦; 『高麗史』 권88, 列傳 后妃1 恭睿太后 任氏.

18 崔滋, 「檜巖寺有王子僧圓鏡國師手蹟……」, 『補閑集』 권下; 『新增東國輿地勝覽』 권11, 京畿 楊州牧, 佛宇 檜巖寺, "회암사에 圓鏡國師의 필적이 남아 있으니 南樓의 동쪽과 서쪽 벽 또 客室의 서쪽 조그만 다락에 붙어 있다."

19 李穡, 「天寶山檜巖寺修造記」, 『東文選』 권73. 紹瓊이 고려를 방문한 기간은 충렬왕 30~32년(1304~1306)까지 약 3년간이었기 때문에 이 기간 중에 그가 회암사에 들러 서액을 남긴 것이다.

문해 약 2년 6개월 동안(1326. 3~1328. 9) 머물던 중 회암사지檜巖寺址를 방문했다고 한다. 당시 지공은 절터가 자리한 산수山水의 형상이 자신이 출가했던 인도의 나란타사那蘭陀寺와 매우 흡사하다고 하면서,[20] 병란兵亂에 의해서 폐사廢寺된 회암사를[21] 중수하려는 어떤 계획까지 세웠던 것으로 보인다.[22] 하지만 그가 원 문종文宗 천력연간天曆年間(1328~1329) 초에 황제의 조서를 받고 대도大都로 돌아가게 되어 그 계획은 실행에 옮겨지지 못하고 차후로 미루어졌다. 원나라에 돌아가 대도 법원사法源寺에 주석하고 있던 지공은 원나라에 10년간(1348. 3~1358. 3) 머물며 가르침을 받고 귀국하는 제자 나옹에게 "본국으로 돌아가 삼산양수간三山兩水間을 찾아서 머문다면 불법佛法이 자연히 일어나리라"[23]고 말했다. 이것은 지공 자신이 고려에 갔을 때 방문했던 회암사를 염두에 두고서 한 말이었다. 그리하여 회암사의 중창은 자연스럽게 나옹에게 위임되었다.

공민왕 7년(1358) 봄에 나옹이 지공으로부터 「삼산양수기三山兩水記」를 받아 고려에 귀국하게 됨으로써 회암사는 새로운 전기를 맞았다. 나옹은 공민왕 19년(1370) 8월부터 회암사 주지로 있었으나 다음 해 8월에 왕사王師로 책봉되자[24] 곧바로 송광사松廣寺[25] 주지로 옮겨갔다가, 공민왕 21년(1372) 가을 다시 회암사 주지로 부임했다. 나옹이 이처럼 회암사에 다시

20 李穡, 「天寶山檜巖寺修造記」, 『牧隱文藁』 권2, "指空量地於後 其山水之形 宛同西竺蘭陀之寺 又指空之所自言也"

21 李穡, 「檜巖寺禪覺王師碑」, 『韓國金石全文』 中世 下, 아세아문화사, 1984, 1197쪽, "先師指空 盖嘗指畵重營 而燬于兵"

22 金守溫, 「檜巖寺重創記」, 『拭疣集』 권2, "昔天曆間 西天薄伽納提尊者 見此寺基 …… 於是 執繩量地 以定其位 時得創前礎切"

23 覺宏, 「普濟尊者謚禪覺懶翁和尙行狀」, 『韓國佛敎全書』 6책, 동국대학교 출판부, 1996, 706쪽 上, "汝還本國, 擇三山兩水間 居之則 佛法自然興矣"

24 공민왕은 재위 20년(1371) 8월 26일에 工部尙書 張子溫을 보내어 '王師 曹溪宗師 禪敎都摠攝 勤修本智 重興祖風 福國祐世 普濟尊者'에 책봉했다. 覺宏, 「普濟尊者謚禪覺懶翁和尙行狀」, 『韓國佛敎全書』 6책, 동국대학교 출판부, 1996, 707쪽 中.

25 修禪社가 松廣寺로 바뀐 것인데, 원간섭기를 거치면서 수선사가 크게 변화되었음을 의미한다.

돌아왔던 것은 스승 지공이 부탁했던 「삼산양수기」를 떠올리면서 절의 중창을 실행에 옮기고자 했기 때문이다. 삼산三山과 양수兩水에 대한 견해는 다양하게 제기되고 있는데 여기서는 「나옹화상행장懶翁和尙行狀」에서 풀이한 것과 같이 삼산은 삼각산三角山을 말하고, 양수는 남쪽의 한강漢江과 북쪽의 장단長湍을 가리키는 것으로 보고자 한다.[26] 나옹이 회암사 주지로 있던 때인 공민왕 21년 9월 지공의 영골사리靈骨舍利를 안치한 부도탑이 건립되었고,[27] 다음 해 9월 회암사에서는 왕명에 의해 나옹의 주재로 소재도량消災道場이 베풀어졌다. 소재도량은 나라의 재앙을 없애기 위하여 여는 법회였던 만큼 국가적 차원의 행사이기도 했다. 그래서 공민왕 재위 중(1351~1374)에 소재도량은 모두 궁성 안과 궁성에 인접해 있던 봉선사奉先寺에서 열렸다.[28] 그런데 이 소재도량이 회암사에서 개최되고, 또 왕명에 의해 왕사 나옹이 주관했다는 사실은 당시 회암사가 국가 사찰로도 기능했음을 의미한다. 왕사에 책봉된 나옹이 회암사에 주석한 이후로 절의 위상은 그만큼 변모되었다. 공민왕 23년(1374) 봄에 국왕의 요청으로 나옹이 다시 주지로 있게 되면서 회암사는 본격적인 중창작업에 들어갔다.[29] 그런데 이 해 9월 나옹에게 각별한 애정을 보였던 공민왕이 시해됨으로써 회암

26 覺宏, 「普濟尊者謚禪覺懶翁和尙行狀」, 『韓國佛敎全書』 6책, 동국대학교 출판부, 1996, 707쪽 中, "玆寺近對三角山 南有漢江 北有長湍 三山兩水之記 昭然可見" 여기서 장단을 臨津江 또는 한탄강으로 보기도 한다. 또 「大谷寺事蹟記」에서는 三山을 三角山, 兩水를 楊花 毛津으로 보았다.

27 지공은 공민왕 12년(1363) 11월에 입적했고 그의 袈裟와 手書가 전해온 시기는 4년 후인 공민왕 16년(1367) 겨울이었다. 지공의 遺骨은 공민왕 19년(1370) 1월 개경에 도착하여 공민왕이 王輪寺에서 직접 맞아들였고, 그것은 다시 회암사로 옮겨졌다. 이 해 3월 나옹은 檜巖寺로 와서 지공의 유골을 예배하고 개경으로 갔다. 그리고 지공의 塔碑는 禑王 4년(1378) 5월에 건립되었다. 지공 碑文에 대한 자세한 검토와 분석은 다음의 글이 있다. 許興植, 「指空의 原碑文과 碑陰記」, 『佛敎와 歷史—李箕永博士 古稀紀念論叢』, 한국불교연구원, 1991.

28 『고려사』에 따르면 恭愍王 재위 시(1351~1374)의 소재도량은 공민왕 2년 11월, 3년 7·12월, 4년 7월, 11년 8월, 17년 7월에 개최된 것으로 나온다.

29 覺宏, 「普濟尊者謚禪覺懶翁和尙行狀」, 『韓國佛敎全書』 6책, 동국대학교 출판부, 1996, 707쪽 中, "此地是吾初入道處 亦先師安骨之地 況又先師曾授記於我 烏得無心哉"

사의 중창은 결코 순탄할 수 없게 되었다.

회암사의 중창이 나옹의 주관하에서 일단락된 것은 우왕禑王 2년(1376) 4월이었다. 그런데 4월 15일 낙성식을 맞아 개경과 각 지방의 신도들이 시주를 위해 앞다퉈 절로 몰려들자 이것이 빌미가 되어 나옹은 대간臺諫들로부터 탄핵을 받고 그만 밀양 영원사瑩源寺로 추방되고 말았다.[30] 유생儒生 대간들의 비판 내용은 회암사가 서울의 가까운 곳에 위치해 있으면서 신도들의 왕래가 끊이지 않아 백성들의 생업에 막대한 지장을 준다는 것이었다.[31] 이 회암사의 중창 낙성식을 계기로 발생한 나옹의 탄핵사건은 성리학性理學을 신봉한 신진사대부들에 의해서 공민왕 때부터 점차로 고조되어가던 배불론排佛論이 우왕(재위 1374~1388) 때 한층 격화되었음을 보여준다.[32] 물론 이는 정계에서 신진사류新進士類들의 입지가 확대되던 당시의 정치적 상황을 그대로 반영한 사건이었다.

나옹은 밀양 영원사로 옮겨가라고 하는 왕의 교지敎旨를 받고 그곳으로 가던 중 우왕 2년 5월 15일 여흥驪興 신륵사神勒寺에서 의문의 죽음을 맞았다.[33] 그리하여 같은 해 8월 15일 회암사 북쪽 언덕에 나옹의 부도탑이 세워졌고,[34] 다음 해에는 그의 탑비塔碑가 건립되었다. 계획했던 회암사의 공정이 미처 절반도 끝나지 않은 상황에서 나옹이 세상을 떠나게 되자 그 업무는 문도門徒의 손에 넘어갔다.[35] 우왕 초에 있었던 회암사 중창을 둘

30 『高麗史』 권133, 列傳 辛禑 2년 4월, "懶翁設文殊會于楊州 檜巖寺 中外士女 無貴賤 齎布帛果餌施與 恐不及 寺門嗔咽"

31 李穡, 「楊州檜巖寺禪覺王師碑」, 『韓國金石全文』 中世 下, 아세아문화사, 1984, 1197쪽, "臺評以謂檜巖 密邇京邑 士女往還 晝夜絡繹 或至廢業禁之便"

32 14세기 후반의 排佛論은 安珦(1243~1306)에 의해서 시작되어 崔瀣(1287~1340)에 의해서 선도되었다고 할 수 있다. 高惠玲, 『高麗後期 士大夫와 性理學 受容』, 일조각, 2001, 144~154쪽.

33 나옹의 죽음에 대해서는 일찍부터 毒殺說이 제기되었다.

34 나옹이 신륵사에서 열반한 것을 기념하기 위하여 우왕 5년(1379)에 頂骨舍利가 石鐘에 안치되었다.

러싸고 벌어진 나옹의 탄핵사건과 의문의 죽음은 당시 회암사의 사세寺勢와 함께 고려 말 선종禪宗의 교세, 그리고 나옹에 대한 신자들의 절대적인 믿음 등을 총체적으로 드러냈다. 이는 무엇보다도 이 시기 선종뿐만 아니라 고려 불교계의 중심 사원이 단연코 회암사였음을 알려준다.

2) 나옹 입적 후의 회암사

나옹이 세상을 떠난 후 그 뒤를 이어서 회암사 주지를 맡은 승僧은 절간익륜絶磵益倫이었다. 절간은 나옹의 문도로 호는 송풍헌松風軒이었고[36] 이색李穡(1328~1396), 보각국사普覺國師 환암혼수幻菴混修(1320~1392) 등과 가깝게 지내는 등 시승詩僧으로도 잘 알려진 인물이었다.[37] 절간은 스승 나옹이 미처 끝내지 못한 회암사의 중창을 계속 진행하여 마침내 그 조성을 마치게 되었다. 그리고 그 대역사大役事의 완공을 기념하여 문인門人 각전覺田을 보내 그와 절친하게 지내던 이색에게 기문記文을 받아오게 했다.[38] 그렇게 하여 쓰여진 기문이 이색의 「천보산회암사수조기天寶山檜巖寺修造記」이다. 이 기문에 따르면 완공된 절에는 건물이 모두 262칸, 15척尺의 불상이 7구軀, 10척의 관음상觀音像이 조성되었다고 했다.[39] 당시 사

35 金守溫, 「檜巖寺重創記」, 『拭疣集』 권2, "工未及半 而王師亦逝矣 其徒倫絶磵等 念王師來究之志 踵其遺矩 以畢其績"

36 李穡, 「松風軒記」, 『牧隱文藁』 권5.

37 절간은 이색과 詩文을 주고받던 절친한 사이였는데 그 대표적인 예로 다음의 시를 꼽을 만하다. 李穡, 『牧隱詩藁』 권9 「次倫絶磵韻 四首」, 「苦熱 倫絶磵見訪 二首」, 「絶澗倫公見訪 三首」. 또 절간이 환암과 가깝게 지냈음은 다음의 시를 통해 짐작할 수 있다. 李穡, 『牧隱詩藁』 권31 「絶磵南赴幻菴法會 過門告別 二首」, 「絶磵倫公遊靑回……」. 환암과 이색이 서로 교분이 두터웠음은 다음의 글을 통해서 짐작할 수 있다. 「幻菴記」, 『牧隱文藁』 권4; 「詠幻菴方丈石燈」, 『牧隱詩藁』 권10; 「奉懷幻菴」, 『牧隱詩藁』 권11.

38 절간은 이색에게 「長城縣白巖寺雙溪樓記」를 부탁하기도 했다. 李穡, 「長城縣白巖寺雙溪樓記」, 『牧隱文藁』 권3.

39 李穡, 「天寶山檜巖寺修造記」, 『牧隱文藁』 권2, "凡爲屋二百六十二間 凡佛軀十五尺者七 觀音十尺" 회암사의 건축물 배치에 대한 상세한 연구는 다음의 글이 있다. 崔成鳳, 「檜巖寺의 연

람들은 완공된 절의 크기와 그 미려美麗함이 동국東國 제일이라며 중국에서도 흔히 볼 수 있는 절이 아니라고 평가했다.

그런데 나옹과 절간이 회암사의 주지로 있으면서 시작되고 최종 마무리되었던 절의 수조修造에 대한 명확한 시말始末은 현재 전하지 않는다.[40] 하지만 중창의 시작을 나옹이 회암사에 다시 주지로 부임한 공민왕 21년(1372) 9월경으로 보는 것이 가능하다. 그리고 중창의 완공은 우왕 2년(1376) 4월의 1차 낙성식을 거쳐 절간이 주지로 있으면서 회암사에 나옹의 부도탑과 탑비를 건립하고, 또 지공指空의 탑비를 건립하던 우왕 4년 5월 이후로 생각할 수 있다.[41] 우왕 2년 4월의 회암사 낙성식이 대성황을 이룬 것이 빌미가 되어 나옹이 대간들의 탄핵을 받아 추방되었음에도 불구하고 주지 절간과 그 보조자인 각전 등의 노력으로 절의 대역사는 성공적으로 마무리되었다. 나옹을 탄핵할 당시 대간들은 신도인 백성들의 생업문제를 거론하면서 당시 어려운 재정상의 문제를 들어 회암사의 확장공사를 반대하고 나섰다. 하지만 나옹이 세상을 떠난 후에도 그 작업은 계속 차질 없이 진행되어 「천보산회암사수조기」에서 묘사되었듯이 동국 제일의 사찰로 그 웅장함과 화려함을 자랑할 수 있게 되었다. 그렇다면 낙성식을 계기로 당시 대간들이 나옹을 탄핵한 이유가 재정상의 문제에서 야기되는 여러 가지 폐해를 시정하려는 것이 아니라 나옹을 제거하고자 함이었다는 것을 알 수 있다. 나옹 사후 계속 제기된 독살설도 이것을 뒷받침해준다.

절간에 이어서 회암사 주지로 있었던 고승은 고암일승杲庵日昇이었다. 일승은 절간과 같은 나옹의 문도로 우왕 10년(1384) 전에는 회암사 주지

혁과 그 寺址조사」, 『佛教學報』 9, 동국대학교 불교문화연구원, 1972.

40 李穡, 「天寶山檜巖寺修造記」, 『牧隱文藁』 권2, "問其功役終始 則以某年某月對"

41 회암사 중창의 완공은 대개 지공의 塔碑가 건립된 우왕 4년(1378)경으로 본다.

로,[42] 또 우왕 5년(1379) 전에는 노국공주魯國公主의 진전사원眞殿寺院이었던 광암사光巖寺(광통보제선사光通普濟禪寺) 주지로 있었다고 한다.[43] 따라서 일승이 회암사 주지로 있던 기간은 우왕 5년 이후부터 우왕 10년 전까지 약 5년 동안이었다. 일승이 이 기간 중에 시행한 불사는 전하지 않지만, 그가 나옹의 문도였던 까닭에 절간과 같이 스승의 유업을 받들어 회암사의 중흥을 위해 노력했을 것이다.

우왕 때 배불론排佛論이 고조되는 여건 속에서도 나옹의 뒤를 이은 주지승 절간과 일승 등의 노력에 의해 회암사는 중흥기를 맞았는데 이것은 우왕이 폐위된 후 왕조가 교체되는 시점에도 지속되었다. 한 사례로 조선왕조가 건국되기 한 해 전인 공양왕恭讓王 3년(1391) 2월 회암사에서 개최된 대규모의 불사佛事를 들 수 있다. 당시 행사에는 공양왕을 위시하여 순비順妃와 세자世子가 모두 참여했으며 1,000여 명의 승들에게 반승飯僧이 실시되는 등 전례 없이 성대하게 치러졌다.[44] 또 며칠 후 같은 장소에서 국왕은 승들에게 천과 의복을 하사했고, 신하들로부터 생일 축하를 받았다.[45] 당시 공양왕은 남경南京(한양)으로 전도遷都해 있었기 때문에,[46] 회암사가 전보다 지리적으로 왕궁에 훨씬 근접해 있어서 왕실로부터 더욱 중요하게 부각된 것 같다. 물론 이 시기는 신진사대부들의 배불론이 더욱 고조되던 때였으므로 그 신료들의 거센 비판과 저항이 이어진 것은 당연했다.[47] 비

42 李穡, 「安心寺指空懶翁舍利石鐘碑」, 『韓國金石全文』 中世 下, 아세아문화사, 1984, 1226쪽, "前檜岩寺住持 正智圓明 應物無礙摠持國一大禪師 杲菴日昇" 安心寺 사리석종비는 우왕 10년(1384) 평안북도 영변군 안심사에 세워졌다.

43 李穡, 「神勒寺普濟禪師舍利石鐘碑」, 『韓國金石全文』 中世 下, 아세아문화사, 1984, 1211쪽, "前住光巖 正智圓明 應物無礙摠持國一大禪師 昇果庵山" 神勒寺 사리석종비는 우왕 5년(1379) 경기도 여주군 신륵사에 세워졌다. 일승은 光巖寺 주지를 공민왕 18~우왕 4년(1369~1378)까지 10년간 지냈던 것으로 본다. 黃仁奎, 『無學大師硏究』, 혜안, 1999, 169쪽.

44 『高麗史』 권46, 世家 恭讓王 3년 2월.

45 『高麗史』 권46, 世家 恭讓王 3년 2월.

46 『高麗史』 권45, 世家 恭讓王 2년 9월.

47 『高麗史』 권119, 列傳 鄭道傳.

〈표 20〉 고려 후기 선종의 중심 사원

시기		중심 사원, 중창 시기	주지승
원간섭기	충렬왕	인각사, 충렬왕 10년	보각국존 일연, 청분
	충선왕～충정왕	-	-
고려 말	공민왕	인각사, 공민왕 10년	대선사 서공
	우왕～조선 초	회암사, 공민왕 21～우왕 4년	왕사 나옹, 절간, 일승
		연복사, 공양왕 3～태조 2년	-

록 이 불사가 끝나고 며칠 후 국왕은 개경으로 환도還都하게 되었지만,[48] 조선 개국 초에도 회암사의 역할과 중요도는 개경에 소재한 거찰巨刹 연복사演福寺와 비견된다 하여도 결코 뒤지지 않았다. 이것은 무엇보다도 나옹의 제자인 왕사王師 무학자초無學自超(1327～1405)가 바로 회암사에 주석했기 때문이다.[49] 공양왕 4년(1392) 7월 조선왕조가 개국되고, 같은 해 10월에 무학은 태조太祖(재위 1392～1398)의 왕사로 책봉되었다.[50] 그는 회암사에 주석하면서 지공, 나옹의 법맥을 이어갔다.[51] 우왕 2년 4월 회암사 낙성식 때 나옹은 제자 무학을 불러 그곳의 수좌首座로 삼으려고 한 적이 있었다.[52] 그때 무학은 그것을 거절하고 받아들이지 않았지만,[53] 거의 20년의 세월이 지난 후에 비로소 같은 장소에서 두 사승師僧의 법맥法脈을 잇게

48 『高麗史』 권46, 世家 恭讓王 3년 2월.

49 무학은 공민왕 14년(1365) 가을 松廣寺에서 나옹으로부터 衣鉢을 傳受했다. 卞季良, 「檜巖寺妙嚴尊者塔碑」, 『朝鮮金石總覽』 下, 아세아문화사, 1976, 1283쪽, "神覺之嫡 祖聖之師"

50 『太祖實錄』 권2, 太祖 元年 10월.

51 무학이 회암사에 주석한 기간은 太祖 재위 시의 대부분(약 5년)이었을 것으로 추정한다. 黃仁奎, 「朝鮮初 自超의 三和尙 道場의 完成」, 『삼대화상연구 논문집』 2, 불천, 1999, 305쪽. 무학은 太宗 2년 7월에 檜巖寺의 監主로 임명되었고, 祖禪이 住持가 되었다. 『太宗實錄』 권4, 太宗 2년 7월 13일.

52 卞季良, 「檜巖寺妙嚴尊者塔碑」, 『朝鮮金石總覽』 下, 아세아문화사, 1976, 1282쪽.

53 무학은 우왕 4년의 「檜巖寺指空塔碑」, 우왕 5년의 「神勒寺舍利石鐘碑」, 우왕 9년의 「神勒寺大藏閣碑」, 우왕 10년의 「安心寺舍利石鐘碑」 陰記에 나옹 문도 중 한 사람으로 나오고 있는데, 그는 이러한 건조물의 건립에 직접 참여했을 것이다.

된 것이었다. 특히 무학은 태조 2년 9월 회암사에 있던 지공과 나옹의 부도탑에 탑명塔銘을 새기고, 나옹의 진영眞影을 걸어두며 두 스승의 유업을 자신의 대에서도 계속 이었음을 밝혔다.[54] 여기서 원간섭기 이후 조선 개국 초까지 선종(조계종)의 중심 사원을 정리해보면 〈표 20〉과 같다.

2. 천태종 사원 만의사

(1) 만의사와 조인규 가문

경기도 수원 무봉산舞鳳山에 있는 만의사萬義寺[55]는 고려 문종文宗 34년(1080) 2월에 창건된 사원으로 알려져 있다.[56] 언제부터인가 파괴되고 폐허화되어 황무지로 변해버린 절을 조인규趙仁規(1227~1308)의 형인 진구사珍丘寺[57] 주지 혼기混其가 중창하여(1312~1313) 법화도량法華道場을 열면서 고려 말 천태종의 중심 사원으로 발전했다.[58] 혼기가 절을 중창하기 전 원 세조世祖 지원연간至元年間(1264~1294)에는 정고貞古, 현묵玄默이 이 절에 주석했다고 하나 당시의 활동 상황은 전하지 않는다.[59]

이후 혼기에 이어서 조인규의 넷째 아들이자 혼기의 조카인 의선義旋이 만의사를 주관하게 됨으로써 의선이 출가한 개경의 묘련사와 연계되는 단

54 卞季良, 「檜巖寺妙嚴尊者塔碑」, 『朝鮮金石總覽』 下, 아세아문화사, 1976, 1282쪽.

55 『新增東國輿地勝覽』 권9, 京畿 水原都護府, 佛宇 萬義寺. 현 경기도 화성시 동탄면 중리에 있다. 본래는 화성시 동탄면 신리에 있었으나 1669년 그곳이 宋時烈(1607~1689)의 葬地로 선택되어 지금의 위치에 있게 되었다.

56 黃壽永, 「萬義寺大鐘銘文」, 『黃壽永全集』 4 금석유문, 혜안, 1999, 373쪽, "高麗國都邑 太康六年庚申二月日創建"

57 珍丘寺는 전북 임실군에 있었던 절로 고구려 普德法師의 제자 寂滅과 義融이 창건했다고 한다.

58 權近, 「水原萬義寺祝上華嚴法華會衆目記」, 『陽村集』 권12.

59 妙慧, 「法華靈驗傳」 跋文, 『韓國佛教全書』 6책, 동국대학교 출판부, 1996, 570쪽 中, "在至元間 貞古玄默相繼主席 卒傳於余"

초가 마련되었다.[60] 즉 조인규 가문의 원당인 만의사와 개경의 묘련사가 긴밀히 교류하는 계기가 된 것이다. 왜냐하면 충숙왕의 판지判旨에 의해 묘련사의 문인門人이 조인규 가문의 원찰로 기능한 만의사에 진출하여 서로 법통을 이어갔기 때문이다.[61] 이렇게 하여 묘련사의 전통은 만의사로 이어졌다.

또한 의선이 만의사를 주관한 사실은 조인규 가문의 천태승天台僧에 의해서 만의사의 법맥이 이어지는 결과도 가져왔다. 의선 3대 후 만의사에는 의선의 사촌 종손이자 조덕유趙德裕의 넷째 아들인 묘혜妙慧[62]가 법을 계승한 예가 있다.[63] 충선왕 때부터 나타난 묘련사의 급격한 쇠퇴와 함께 의선과 묘혜, 그리고 묘련사계 천태승들이 만의사의 법맥을 이은 것은 과거 묘련사가 누리고 있던 천태 사원의 위상이 만의사로 점차 옮겨가고 있었음을 의미한다.

만의사가 지방 소재의 주요 천태종 사원으로서 행한 가장 의미 있는 불사佛事는 『법화영험전法華靈驗傳』과 『강의講儀』를 간행한 것이다. 이것은 조인규의 증손인 묘혜가 만의사에 주석하고 있을 때 일반 대중들을 위해

60 의선이 만의사를 주관한 시기는 그가 충숙왕 9년(1322) 元 大都로 떠나기 전이었을 것이다.

61 權近, 「水原萬義寺祝上華嚴法華會衆目記」, 『陽村集』 권12, "三藏琁公繼而主之 申啓于上 判屬妙蓮 門人相傳"

62 조인규 가문의 妙慧를 의선의 門徒인 熙菴으로 추정하기도 한다. 黃仁奎, 「高麗後期 敎宗僧의 中國遊歷과 佛敎界의 動向」, 『佛敎研究』 27, 한국불교연구원, 2007, 112쪽.

63 妙慧, 「法華靈驗傳」 跋文, 『韓國佛敎全書』 6책, 동국대학교 출판부, 1996, 570쪽 中, "王父忠肅公之伯父 珍丘大禪師混其 其又傳於三藏法師義旋 旋後三傳而至于余" 조인규 가문의 가계표를 간단히 보면 다음과 같다. 『高麗史』 권105, 列傳 趙仁規; 閔賢九, 「趙仁規와 그의 家門」 中, 『震檀學報』 43, 진단학회, 1977, 15쪽; 蔡尙植, 『高麗後期佛敎史研究』, 일조각, 1991, 194쪽 참조.

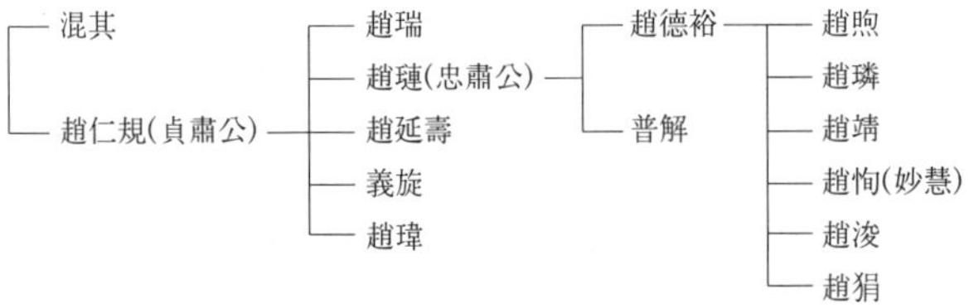

법화신앙法華信仰[64]을 선양할 목적으로 행한 일이다. 그리고 그 시기는 대략 원간섭기가 종식된 공민왕恭愍王(재위 1351~1374) 때 이후였을 것으로 추정된다.[65]

> 일찍이 이 경經을 읽는 사람은 반드시 『강의講儀』와 『영험전靈驗傳』을 보아야 한다고 말하니, 그렇게 함으로써 현묘한 취지를 바로 탐구하고, 오묘한 감응을 깊이 구하게 되니 결단코 두 책에 있는 것이다. 묘혜妙慧가 삼가 재물을 희사하여 이 두 책을 간행하니, 만의사萬義寺에 안치하게 됨으로써 그것은 영원할 것이다. …… 절은 본디 혼기가 일찍이 법화도량法華道場을 설設했기 때문에 마땅히 여기에서 법용法用으로 선양하려는 것이다. 개인은 장수하고, 만백성은 평안해지고, 또 아버지 조덕유趙德裕가 정토淨土에 왕생往生할 것이다.[66]

위의 글은 묘혜가 자신의 재산을 바쳐서 『법화영험전』과 『강의』를 만의사에서 간행, 안치하게 된 경위를 밝힌 일종의 발간문이다. 즉 두 책을 간행한 목적이 만의사를 중건한 혼기의 뜻에 맞게 법화신앙을 널리 선양하고자 함이라고 했다. 그것과 함께 말미에 아버지 조덕유의 극락왕생을 기원한 것을 통해 만의사가 조씨 가문의 원당願堂이었음을 알 수 있다.

만의사에서 발간한 『법화영험전』은 요원了圓이 주로 혜상慧詳의 『홍찬법화전弘贊法華傳』, 송효宋曉의 『법화경현응록法華經現應錄』 등에 실린 영

64 安啓賢은 法華信仰이란 『法華經』에서 설한 가르침을 굳게 믿고 실천에 옮기는 것을 가리키는 것이라고 했다. 安啓賢, 『韓國佛教史研究』, 동화출판공사, 1982, 257쪽.

65 묘혜는 趙德裕(조인규의 손자)의 넷째 아들인 趙恂인데, 그의 둘째 형인 趙璘은 공민왕 때 辛旽(?~1371)을 제거하려다가 죽은 인물이다. 『高麗史』 권105, 列傳 趙仁規 附 趙璘. 그리고 묘혜의 바로 아래 동생인 趙浚은 공민왕 23년에 과거에 급제하여 정계에서 활동하기 시작했다. 그러므로 묘혜의 활동 시기도 대략 공민왕 때였을 것으로 추정할 수 있다.

66 妙慧, 「法華靈驗傳」 跋文, 『韓國佛教全書』 6책, 동국대학교 출판부, 1996, 570쪽 中, "嘗謂讀是經者 要看講儀與夫靈驗傳 以其直探玄旨 探求妙應 斷在二書也 安寘于萬義寺 以壽不朽耳 …… 寺本混其 嘗設法華道場故 宜於此宣揚此法用句 一人之壽萬姓之安 兼及先父趙德裕 往生淨域"

험설화들 가운데 가장 기이한 것들을 상, 하 2권(1책)으로 편집한 저술이다.[67] 여기에는 중국의 저술 이외에 고려시대 천책天頙의 『해동전홍록海東傳弘錄』, 각훈覺訓의 『해동고승전海東高僧傳』, 일연一然의 『삼국유사三國遺事』 등에 게재된 영험설화도 싣고 있어서 그 사료적 가치를 높이고 있다.[68] 요원[69]은 삼국시대 이래로 내려오는 수많은 법화영험설화를 채록採錄하여 1책冊의 『법화영험전』에 담아서 당시 사람들에게 법화신앙을 고취시키고자 했다. 이것을 공민왕 때 묘혜가 만의사에서 출간하여 오늘까지 전하는 것이다.[70]

그리고 만의사에서 『법화영험전』과 함께 간행했다는 『강의』는 구체적으로 어떤 서책인지 알 수 없다. 다만 묘련사와 관계를 맺은 만의사에서 법화신앙을 선양할 목적으로 간행했다는 것으로 보아 천태삼대부天台三大部인 『법화현의法華玄義』, 『법화문구法華文句』, 『마하지관摩訶止觀』을 가리

67 『법화영험전』은 20여 종의 典籍 속에 기록되어 내려온 법화영험설화를 인용하여 114종의 설화를 책에 수록했다. 이것은 『법화경』에서 설한 禮懺이나 稱名을 일반인들이 진지하게 생활화한 일종의 事例集에 해당된다. 吳亨根, 「了圓撰 法華靈驗傳의 史的 意義」, 『韓國天台思想硏究』, 동국대학교 출판부, 1983, 326쪽; 安啓賢, 『韓國佛敎史硏究』, 동화출판공사, 1982, 258쪽.

68 高麗의 서적에서 인용된 설화는 총 12편인데 그 특징은 다음과 같이 요약된다. 먼저 계급의 상하를 막론하고 結社와 法會 등을 통하여 모두 極樂往生을 기원했다는 사실이다. 실제로 極樂往生의 희구는 懺悔行과 함께 고려 후기 了世의 天台禪 수행의 핵심이었다. 설화 속에서 계급을 뛰어넘어 많은 사람들이 극락왕생을 기원했던 것은 고려 高宗代 백련결사의 활발한 신앙 활동에 의한 천태선의 부흥을 반영한 것으로 볼 수 있다. 다음으로 寫經에 의한 功德이 매우 강조되고 있다. 고려에서는 13세기 불교신앙의 한 형태로 사경이 널리 유행했는데 이것은 王室뿐만 아니라 일반 서민들에게까지도 널리 퍼져 있었다. 원간섭기 고려의 사경은 원나라에 그 기술을 전수할 정도였다.

69 了圓은 天台僧으로 幻菴混修(1320~1392)와 비슷한 시기인 忠肅王 전후 시기에 활약한 인물로 추정하고 있다. 蔡尙植, 「高麗後期 天台宗의 白蓮社 結社」, 『韓國史論』 5, 서울대학교 국사학과, 1979, 152쪽 주129.

70 『법화영험전』의 初板本은 만의사에 안치되었으나 전하지 않고, 이것을 저본으로 하여 文殊寺에서 복간한 朝鮮 中宗 29년本이 있고, 단국대학교 출판부에서 影印한 開興寺의 孝宗 3년本이 있다. 黃浿江, 「法華靈驗傳解題」, 『法華靈驗傳』, 단국대학교 출판부, 1976.

키는 것이 아닐까 추측할 뿐이다.[71] 어쨌든 법화신앙의 보급을 목적으로 한 『법화영험전』의 간행을 통해 만의사가 조인규 가문의 원당으로만 기능한 것이 아니라, 당시 천태종의 중심 사원이 되어 법화신앙을 선양하는 역할도 수행했음을 알려준다.[72] 이렇게 만의사는 백련사, 묘련사의 계보를 이어가면서 고려 말기 천태종의 중심 사원으로 발전했다. 이러한 사실은 만의사가 고려 말에 사찰 소유의 재산이 증가하면서 조계종과의 분쟁에 휘말려 든 사건에서도 잘 나타난다.

(2) 만의사의 재산권 분쟁

만의사萬義寺가 고려 말에 많은 재산을 축적하게 되자 만의사의 주지 임명권을 둘러싸고 천태종과 조계종 사이에 분쟁이 일어났다. 이 분쟁은 만의사를 이전대로 천태종에 귀속시키고, 약간의 노비는 수원부水原府에 소속시키도록 하는 것으로 결론이 났다.[73] 이와 같이 사원을 두고 벌어진 불교 종파 간의 대립 분쟁은 그 대부분이 사원의 재산과 이권에 대한 싸움이었는데, 이것은 당시 승정僧政상의 문란과 함께 사원의 세속화에 따른 그 모순점들이 표출된 결과였다. 밀양 영원사瑩源寺의 소유권을 둘러싸고 천태종과 조계종이 벌인 장기간에 걸친 분쟁은 가장 대표적인 사례에 해당한다. 당시 만의사 분쟁의 해결 과정에는 정치권의 영향력이 상당부분 작용했으리라고 본다. 이는 만의사가 고려 말에 천태종의 중심 사원이었다는 점과 함께 조인규 가문의 원당으로 기능하고 있었다는 사실 때문이다.

---

71 李逢春, 「高麗 天台宗의 成立과 그 展開」, 『韓國史論』 20, 국사편찬위원회, 1990, 89쪽.

72 高翊晉은 만의사에서의 『講義』와 『法華靈驗傳』의 간행은 묘련사의 『법화경』과 天台疏를 중시하는 사상 경향을 계승한 것이라고 보았다. 高翊晉, 「白蓮社의 思想傳統과 天頙의 著述問題」, 『佛教學報』 16, 동국대학교 불교문화연구원, 1979, 33쪽.

73 權近, 「水原萬義寺祝上華嚴法華會衆目記」, 『陽村集』 권12, "乃以藏獲若干口 委屬水原府 而以本寺還屬天台"

충렬왕忠烈王(재위 1274~1308) 때 조인규의 정계 활동을 기반으로 하여 충선왕忠宣王(재위 1298; 1308~1313) 때에 재상지종宰相之宗으로 선정된 평양조씨平壤趙氏 조인규趙仁規 가문은 최고의 귀족 가문으로 부상했다. 조씨 가문은 그 권세를 배경으로 과천果川 청계사淸溪寺[74]와 함께 수원 만의사를 중창하여 원당으로 삼았다. 조인규의 형 혼기에 의해서 만의사가 중창된 시기도 바로 조인규 가문이 재상지종으로 선정된 직후였다. 원간섭기가 끝난 공민왕恭愍王(재위 1351~1374) 때부터 조인규 가문의 가세家勢는 이전에 비하여 크게 쇠퇴했지만, 우왕禑王(재위 1374~1388) 초에 정계에 등장한 조준趙浚(1346~1405)[75]의 활약은 눈부셨다. 정도전鄭道傳(1342~1398)과 함께 조선왕조 창업의 대표적인 개국공신이었던 조준은 조덕유趙德裕의 다섯째 아들로 묘혜妙慧의 바로 아래 동생이었고, 조인규에게는 증손曾孫이 되는 인물이었다. 고려 말에 조인규 가문에서는 조준과 같은 인물이 중앙 정계에서 활약하고 있었기 때문에 조계종과 천태종의 분쟁 속에서 만의사가 원간섭기와 다름없이 천태종 소속의 사원으로서 그 사세寺勢를 유지할 수 있었을 것이다. 조준은 위화도회군威化島回軍(1388) 후 정도전과 함께 이성계李成桂의 휘하에서 활동하며 조선왕조의 창업에 일조하게 되는데, 공양왕恭讓王(재위 1389~1392) 때 천태승 신조神照가 만의사를 소유하게 된 사실도 바로 회군 후 조준의 정계 활동과 결코 무관하지 않을 것이다.

고려 말의 만의사가 천태종의 중심 사원으로 보다 확고히 자리 잡게 된 것은 승 신조가 주지로 있게 되면서부터였다. 신조는 일찍이 공민왕의 총애를 받으면서 천태 사찰인 용암사龍巖寺의 주지를 지냈다.[76] 그리고 우왕

74 『新增東國輿地勝覽』 권8, 京畿 果川縣, 佛宇 淸溪寺. 청계사는 조인규가 충렬왕 10년(1284)에 淸溪山 기슭에 자신의 별장을 짓고, 그 곁에 중창한 사원이다. 현 경기도 의왕시 청계동에 있다.

75 『高麗史』 권118, 列傳 趙浚.

때는 이성계 휘하에서 장상將相들과 함께 국가 정책의 자문을 담당하며,[77] 위화도회군에 참여하는 등 이성계의 주요 참모로 활약했다. 회군 후 그 공로를 인정받은 신조는 공양왕 2년(1390)에 왕으로부터 봉복군奉福君이라는 공신功臣 칭호를 받았고,[78] 공신의 사패賜牌와 함께 만의사와 여기에 딸린 노비, 토지 70결結을 받았다. 이같이 신조가 만의사를 운영하게 되어 절은 경제적으로 한층 더 풍요로워졌고, 당대 최고의 실세인 이성계 세력의 비호를 받으면서 고려 말을 대표하는 천태종 사찰로 발전할 수 있었다. 이성계의 회군에 공을 세운 신조가 만의사를 그 대가로 받은 것은 이성계 곁에서 왕조 창업을 돕고 있는 조준 가문의 원당願堂이라는 사실이 고려되었으리라고 본다. 따라서 고려 말 만의사의 중흥은 조준의 정치적 영향력을 결코 배제할 수 없을 듯하다.

당시 신조는 공양왕의 은사恩賜에 감사하고 축복하기 위하여 공양왕 3년(1391) 만의사에서 7일간의 소재도량消災道場을 베풀었다. 그리고 다음 해에 처음은 『화엄삼매참의華嚴三昧懺儀』를 열고, 이어서 『묘법연화경환사소해妙法蓮華經環師疏解』를 강경講經했는데 이것이 21일 동안 계속되었다고 한다.[79] 이 법회에는 현견玄見 등 당대를 대표하는 천태승 330명이 초대되었고, 외호外護는 홍제사洪濟寺 주지 명일明一 등 190명, 집사執事는 각항覺恒 등 190명이 참여한 대규모의 행사였다. 비록 법회에 참여한 천태승들의 면면을 구체적으로 알 수 없지만 외형적인 규모만으로도 당시 천태종과 만의사의 위상을 짐작하기에 충분하다. 여기서 원간섭기와 고려 말

76 권근은 神照를 공민왕의 倖僧이라고 했다. 權近, 「牧隱先生李文靖公行狀」, 『陽村集』 권40; 『高麗史』 권115, 列傳 李穡.

77 신조가 이성계의 휘하에 있었던 기록은 이미 禑王 초에 보이고 있다. 『太祖實錄』 권1, 總序 辛禑 3년 8월 "太祖下馬 據胡床張樂 僧神照割肉進酒"

78 『高麗史』 권45, 世家 恭讓王 2년 4월 壬寅.

79 權近, 「水原萬義寺祝上華嚴法華會衆目記」, 『陽村集』 권12, "初展華嚴三昧懺儀經 講妙法蓮經環師疏解 歷三七日而訖"

〈표 21〉 고려 후기 천태종의 중심 사원

시기		천태종의 중심 사원	주석승
원간섭기	충렬왕	묘련사	원혜국사, 무외정오
	충선왕·충숙왕	국청사	무외정오
고려 말	공민왕 이후	만의사	묘혜, 신조

의 천태종 중심 사원을 정리해보면 〈표 21〉과 같다.

(3) 만의사의 예참의식

공양왕恭讓王 4년(1392) 2월 만의사萬義寺에서 21일 동안 계속 행해졌다고 하는 『화엄삼매참의華嚴三昧懺儀』와 『묘법연화경환사소해妙法蓮華經環師疏解』는 고려 말 천태종 사원에서 어떤 형태의 예참법禮懺法이 시행되었고, 또 어떤 『법화경』 주석서가 강경되었는가에 관한 중요한 정보를 알려준다. 먼저 천태종 사찰인 만의사에서 『법화삼매참의法華三昧懺儀』에 의한 천태종 예참법이 아닌 『화엄삼매참의華嚴三昧懺儀』[80]에 의한 예참법이 행해졌다는 사실이 다소 이례적이다. 예참법禮懺法이란 경전에 의거해, 지은 죄를 참회하는 법식法式에 관한 수행의례를 말한다. 이 의식의 수행은 지은 죄과罪過에 대한 참회를 목적으로 하고 있지만,[81] 그것의 방법과 절차는 다양한 형태를 띠고 있다. 천태교학을 대성한 천태지의天台智顗(538~597)는 『마하지관』 권2에서 수행의 행법行法으로 상좌삼매常坐三昧, 상행삼매常行三昧, 반행반좌삼매半行半坐三昧, 비행비좌삼매非行非坐三昧라고 하는

80 『華嚴三昧懺儀』가 書名임은 다음에서 확인된다. 『太祖實錄』 권5, 太祖 3년 4월 29일 戊戌, "임금이 中宮과 더불어 敬天寺에 거둥하여 桓王의 御眞을 봉안하고, 齋를 베풀고 화엄삼매를 강하게 했다."

81 禮懺은 佛道成就 이외에도 治病이나 災殃의 예방, 祈雨 등과 같은 현세 이익의 추구를 목적으로 하기도 한다. 李永子, 「天因의 法華懺法의 展開」, 『韓國天台思想硏究』, 동국대학교 출판부, 1983, 249쪽.

'사종삼매四種三昧'를 말했는데,[82] 이것은 수행의 방법을 제시한 것이다. 한편 고려 후기 천태종의 중흥을 불러온 원묘국사圓妙國師 요세了世는 고종 19년(1232) 백련사白蓮社에서 보현도량普賢道場을 개설하여 법화삼매法華三昧를 닦으며 정토왕생淨土往生을 구했다.[83] 여기서의 법화삼매는 곧 반행반좌삼매의 법화삼매로,[84] 『법화삼매참의』에 정리된 법화참법法華懺法을 가리킨다. 따라서 고려 후기 천태종의 예참법은 『법화삼매참의』에 의거한 법화참법이었다고 할 수 있다.[85] 그런데 공양왕 때 만의사에서는 『법화삼매참의』가 아닌 『화엄삼매참의』에 의거해서 예참법이 시행된 것이다. 이보다 전인 공민왕 11년(1362)에 『화엄삼매참의』에 의거해 의례가 실행되었다는 기록은 보인다.[86] 『화엄삼매참의』에 관한 구성과 내용은 현재 전하지 않고 그 서명書名만이 전해오고 있으나,[87] 만의사에서 21일 동안 『화엄삼매참의』를 펴는 것과 함께 『묘법연화경환사소해』가 강의되었다고 한 것을 볼 때, 이때의 『화엄삼매참의』는 『법화삼매참의』와 그다지 큰 차이가 없었을 것으로 예견된다. 그것은 다음과 같은 『법화삼매참의』 내용을 통해서 짐작할 수 있다.[88]

82 智顗, 「摩訶止觀」, 『大正新修大藏經』 권46, 11쪽.

83 崔滋, 「萬德山白蓮社圓妙國師碑銘」, 『東文選』 권117, "壬辰夏四月八日 始結普賢道場 修法華三昧 求生淨土 一依天台三昧儀 長年修法華懺"

84 半行半坐三昧는 方等三昧와 法華三昧로 나누어진다. 방등삼매는 『方等陀羅尼經』에 의거하고, 법화삼매는 『法華經』 「普賢菩薩勸發品」과 『觀普賢行法經』에 의거한다.

85 실제로 고려에서 『법화삼매참의』에 의거해 천태예참법이 실행된 것은 선종 9년(1092)의 佛日寺 萬日結社와 고종 19년(1232) 白蓮社의 普賢道場이었다. 그런데 원간섭기 때 무외정오는 국청사 낙성법회 때(1315년) 자신이 새로 지은 法華禮懺으로 의식을 거행했다. 閔漬, 「國淸寺金堂主佛釋迦如來舍利靈異記」, 『東文選』 권68.

86 『高麗史』 권40, 世家 恭愍王 12년 3월, "親設華嚴三昧懺道場于時御宮"

87 高翊晉은 『법화삼매참의』와 『화엄삼매참의』가 동일한 책이면서 이름만 다르거나 혹은 『화엄삼매참의』는 『법화삼매참의』가 화엄의 입장에서 가필된 것으로 보았다. 高翊晉, 「法華經戒環解의 盛行來歷考」, 『佛敎學報』 12, 동국대학교 불교문화연구원, 1975, 10쪽.

88 智顗, 「法華三昧懺儀」, 『大正新修大藏經』 권48, 949~955쪽; 高翊晉, 「圓妙國師了世의 白蓮結社」, 『韓國天台思想硏究』, 東國大學校出版部, 1983, 225~227쪽 참조.

ⓐ 행법화참법行法華懺法 권수勸修: 삼칠일三七日에 법화참법을 닦을 것을 밝힌다.

ⓑ 행법行法 전前 방편: 삼칠일 행법 전의 방편을 밝힌다.

ⓒ 수행修行 일심정진一心精進 방법: 도량에 들어가 삼칠일 일심정진하는 방법을 밝힌다.

ⓓ 정수행正修行 방법: 도량에서의 바른 수행방법을 밝힌다.

ⓔ 증상證相: 수증상修證相을 간략히 밝힌다. 삼칠일을 일심정진하여 삼매를 닦게 되면 삼칠일 중간이나, 혹은 삼칠일이 다 되면 그 증상이 계근청정戒根淸淨, 정근청정定根淸淨, 혜근청정慧根淸淨 3종류로 나타난다.

위에서 보는 바와 같이 『법화삼매참의』에 의한 천태종 예참법은 삼칠일三七日(21일)간의 기일을 정해놓고 일정한 절차에 따라 시행되는 참회 내지는 수행의례임을 알 수 있다. 우선 삼칠일이라는 예참기간은 공양왕 때 만의사에서 『묘법연화경환사소해』의 강경과 함께 『화엄삼매참의』에 의거해 시행한 예참기간과 동일하다는 사실을 발견하게 된다. 그리고 『화엄삼매참의』와 『법화삼매참의』의 내용도 거의 동일할 것이라는 점은 다음의 간접적인 예를 통해서 유추해볼 수 있다.

화엄종의 실천수행 의례문儀禮文에 해당하는 규봉종밀圭峰宗密(780~841)의 『원각경수증의圓覺經修證儀』와 그것과 유사한 성격을 지닌 천태지의의 『동몽지관童蒙止觀』[89]을 비교해볼 만하다. 『원각경수증의』는 『원각경圓覺經』에 근거하여 총 18권으로 구성된 수행의례문이고, 『동몽지관』은 초심자의 수행을 돕기 위하여 『법화경』에 근거하여 실천수행을 밝힌 『마하지관摩訶止觀』의 요체만을 기술해놓은 저술이다. 그런데 『원각경수증의』의 좌선법팔문坐禪法八門인 제17권 「원각도량선관수증광문圓覺道場禪

89 『童蒙止觀』은 『修習止觀坐禪法要』 혹은 『小止觀』이라고 한다.

觀修證廣文」, 제18권 「원각도량수증예참문圓覺道場修證禮懺文」의 구성과 내용은 『동몽지관』의 그것과 거의 일치하고 있음을 발견하게 된다.[90] 이렇게 양자가 거의 대동소이한 것을 보면 화엄종의 수행의례는 천태종의 것을 거의 답습했다는 사실을 알 수 있다. 이는 예참법문으로 보이는 화엄종의 『화엄삼매참의』 역시 천태종의 『법화삼매참의』와 큰 차이가 없으리라는 추론을 가능하게 해준다.

또한 『화엄삼매참의』에 의한 의례와 이것의 강경講經은 조선 개국 초에도 실시되었음이 확인된다. 태조 이성계는 재위 3년(1394)에 경천사敬天寺에서 『화엄삼매참의』를 강경하도록 했고,[91] 또 재위 7년(1398)에는 이것에 대한 법석法席을 열기도 했다.[92] 오히려 이 시기에는 『법화삼매참의』에 의한 의례나 강경은 보이지 않고 있다.[93] 이러한 점은 화엄華嚴과 법화法華를 하나로 보려는 사상적 경향과 태조 이성계의 어떤 개인적 취향 때문인 것으로 생각된다.

그리고 만의사 법회 때 『화엄삼매참의』에 이어서 강의된 『묘법연화경환사소해』는 송대宋代의 계환戒環이 찬술한 『묘법연화경요해妙法蓮華經要解』, 곧 『법화경계환해法華經戒環解』를 가리킨다. 고려 말부터 성행하기 시작한 『법화경계환해』는 고종 19년(1232)에 원묘국사 요세에 의해서 백련사 보현도량普賢道場이 개설될 때 처음 수용된 것으로 추정한다.[94] 그리고

90 구성 목차만을 비교해보면 다음과 같다.
『童蒙止觀』; 1具緣, 2訶欲, 3棄蓋, 4調和, 5方便, 6正修, 7善發, 8覺魔, 9治病, 10證果(『大正新修大藏經』 권48, 462쪽).
『圓覺經修證儀』17 · 18권; 1總標, 2調和, 3近方便, 4辨魔, 5治病, 6正修, 7善根發, 8證相(『卍續藏經』128책 禮儀部).

91 『太祖實錄』 太祖 3년 4월 29일.

92 『太祖實錄』 太祖 7년 1월 7일.

93 『太祖實錄』에 따르면 이성계 재위 시에 『법화삼매참의』에 대한 강경이나 의례는 보이지 않고 있다.

94 高翊晉, 「法華經戒環解의 盛行來歷考」, 『佛敎學報』 12, 동국대학교 불교문화연구원, 1975, 5~7쪽.

이것이 8년 후 고종 27년(1240)에 조판되었다.[95] 고려 말, 조선시대에 걸쳐 『법화경계환해』가 크게 성행한 것은 무엇보다도 천태삼부天台三部와 비교할 때 적은 분량에 따른 그 간결성에 있고, 다음으로 계환의 법화관法華觀이 화엄과 법화를 하나로 보려는 화법일치華法一致의 사상이기 때문일 것이다.[96]

3. 선종의 강세와 천태종의 열세

고려 말의 불교계는 각 종파 중심 사원들의 활동이 두드러진 시기였다. 먼저 원간섭기 중에 거의 대부분의 시기 천태종天台宗에 소속되었던 영원사瑩源寺가 이 시기에는 선종禪宗 사원으로 전환되었다. 이것은 원나라 세력의 퇴조로 인해 부원附元 세력의 몰락과 함께 친원親元 성향이 강한 천태종 세력이 위축되고 있음을 반영한 대표적인 사례에 해당한다.

먼저, 이 시기 선종의 중심 사원으로는 충렬왕忠烈王(재위 1274~1328) 때 국존國尊 일연一然의 하산소下山所가 되어 구산선문九山禪門 세력을 결집시켰던 인각사麟角寺를 들 수 있다. 공민왕恭愍王 11년(1362) 인각사에서는 무무당無無堂의 건립과 함께 총림법회叢林法會가 열렸고, 또 이 시기에 주지로 있던 대선사大禪師 서공諝公은 구산선문을 영도하는 위치에 있었기 때문에 인각사는 곧 선문禪門을 대표하는 사원으로 발전했다. 다음으로, 고려 말

95 東國大佛敎文化硏究所, 「妙法蓮華經戒環解木版本」, 『高麗佛書展觀目錄』, 동국대학교 불교문화연구소, 1963, 14쪽 재인용, "予聞而悅之 遂令雕板 以報環師淸淨慧眼之遠囑焉 時上章困敦牂月下旬 謹誌 …… 晉陽公 崔怡"

96 高翊晉은 華嚴과 法華를 하나로 보려는 법화관 때문에 백련사 普賢道場에서 『법화경계환해』가 채택되었다고 보았다. 또 『법화경계환해』가 天台宗을 넘어서 曹溪宗에까지 수용된 것은 그것이 禪的인 바탕을 두고 있기 때문이라고 해석했다. 高翊晉, 「法華經戒環解의 盛行來歷考」, 『佛敎學報』 12, 동국대학교 불교문화연구원, 1975, 15~18쪽.

선종을 대표한 최대 사원은 당대의 주요 국가 사찰이기도 했던 양주楊州 회암사檜巖寺였다. 회암사가 선종 사원으로 새로운 전기를 맞게 된 것은 나옹혜근懶翁慧勤이 주지로 있게 되면서부터였다. 회암사의 중창은 나옹의 주도하에 공민왕 21년(1372) 9월경에 시작하여 우왕禑王 2년(1376) 4월에 1차 낙성식을 가졌다. 나옹 입적 후에는 그의 문도인 절간익륜絶磵益倫, 고암일승杲庵日昇 등이 중창 사업을 마무리 지음으로써 절은 동국東國 제일의 사찰로 탄생했다. 우왕(재위 1374~1388) 때는 유생들의 배불론排佛論이 고조되던 시기였음에도 불구하고 회암사가 중흥기를 맞을 수 있었던 것은 선종 내지 불교계의 세력이 그렇게 허약하지 않았음을 보여준 일면이었다. 그리고 조선 개국 초에는 회암사에 왕사王師 무학자초無學自超(1327~1405)가 주석하게 되어 나옹의 법맥이 계승되었다. 여말선초에 걸친 이러한 회암사의 위상은 곧 선종의 교세를 그대로 반영한 것으로 조선시대의 불교가 선종 주도로 전개될 수 있는 토대가 이때 마련되었던 것이다.

고려 말 배불론자들의 거센 저항을 무릅쓰고 크게 중창된 또 하나의 선종 사원으로는 개경의 연복사演福寺가 있었다. 연복사는 원간섭기 중에 황실의 원당願堂으로 혹은 원황실과 종속된 관계를 유지한 사원으로 변모되었다가 공민왕(재위 1351~1374) 때에 들어와 비로소 본래의 국찰國刹 기능이 회복되었고, 공양왕恭讓王 3년(1391)에 본격적인 중창 사업에 들어가 마침내 태조太祖 2년(1393)에 낙성되었다. 왕조가 교체되는 정치적 혼란기에도 불구하고 국초부터 내려온 연복사가 갖고 있는 권위와 위상은 새 왕조에서도 존중되고 있었음을 알 수 있다. 고려의 수도 개경에 자리한 연복사와 새 왕조의 수도 한양漢陽에 인접해 있던 회암사는 여말선초에 선종을 대표하는 사원인 동시에, 중앙 불교계를 대표하는 사원으로서 조선 중기까지 그 명맥을 이어갔다.[97]

97 회암사는 文定王后(1501~1565)와 虛應堂 普雨(1509~1565)가 사망한 후에, 그리고 연복사

〈표 22〉 여말선초 왕사·국사와 그 주석 사원

책봉 시기	고승	소속 종파	주석 사원	전거
공민왕 1년	왕사 복구	선종	불갑사	각진국사비문
공민왕 4년	추증 각진국사 복구	〃	백양사	〃
공민왕 5년	왕사 보우	〃	광명사	원증국사탑비문
공민왕 16년	진각국사 천희	화엄종		『동국통감』 권48, 공민왕 16년 8월; 『고려사』 권132, 신돈
〃	왕사 선현	〃		〃
공민왕 20년	원증국사 보우	선종	영원사	원증국사탑비문
〃	선각왕사 혜근	〃	송광사	『고려사』 권43, 공민왕 20년 8월
우왕 7년	원증국사 보우	〃	양산사	원증국사탑비문
우왕 9년	보각국사 혼수	〃	개천사	보각국사비문
〃	왕사 찬영	〃	억정사	대지국사탑비문
공양왕 1년	보각국사 혼수	〃	개천사	보각국사비문
공양왕 2년	추증 지감국사 찬영	〃	억정사	대지국사탑비문
태조 1년	왕사 무학	〃	회암사	묘엄존자탑비문
태조 2년	추증 대지국사 찬영	〃		대지국사탑비문
태조 3년	국사 조구	천태종		『태조실록』 권6, 태조 3년 9월
태조 4년	추증 정지국사 지천	선종		정지국사비문

원간섭기에 가장 강성한 교세를 떨쳤던 천태종은 공민왕 이후 고려 말에는 그 세력이 상당히 위축되었다. 고려 말에 주목되는 천태종 사원으로는 수원 만의사萬義寺를 들 수 있다. 만의사는 의선義旋의 주석을 계기로 하여 묘련사妙蓮寺의 전통을 이어가는 천태 사원으로 발전했고 고려 말에는 법화신앙法華信仰을 선양하는 천태종의 중심 사원이었다. 조인규 가문의 원당이기도 했던 만의사가 더욱 획기적인 발전을 이룰 수 있었던 것은

는 壬辰倭亂(1592) 후에 폐허화되었다.

공양왕恭讓王(재위 1389~1392) 때 이성계李成桂의 신임을 받은 신조神照가 공훈의 대가로 절을 받게 되면서부터였다.

원간섭기에는 강한 친원성향을 바탕으로 하여 극성기를 누렸던 천태종이었지만 공민왕의 반원 정책에 따른 부원 세력의 몰락 과정에서 자연히 그 종세宗勢도 쇠퇴의 길로 접어들 수밖에 없는 처지였다. 이것은 고려 말, 조선 초의 왕사王師와 국사國師의 임명 현황에서도 잘 나타난다.

〈표 22〉에서 보는 바와 같이 여말선초 국사, 왕사의 대부분은 선종에서 배출되었다. 즉 당시 선종은 타 종파에 비해 절대 우위에 있던 상황이었다. 반면 천태종에서는 한 명의 국사, 왕사도 배출되지 못한 상황이었고, 조선 개국 초에 조구祖丘가 국사에 책봉된 것이 전부였다. 공민왕 16년(1367)에 화엄종에서 국사, 왕사를 배출할 수 있었던 것은 화엄승華嚴僧인 신돈辛旽(?~1371)이 권력을 전횡하던 시기에 화엄승 천희千熙,[98] 선현禪顯을 천거했기 때문이다.[99] 공민왕 20년(1371)에 신돈이 처형되면서 화엄종은 다시 침체될 수밖에 없었다.

원간섭기의 불교계에서 유력한 세력을 형성했던 천태종, 선종, 법상종 등은 공통적으로 원나라의 황실 세력과 직간접으로 연계되었고, 또 그것을 배경으로 하여 소속 사원들은 각기 그 발전을 이룰 수 있었다. 사원들 사이에 정도의 차이는 있었지만 모두 친원적 성향을 띠었다는 점은 부인할 수 없는 사실이다. 당시 국가의 통제하에 놓여 있던 각 종파의 사원들이 그 시대의 여건 속에서 반원적인 색채를 띠고 발전을 도모하기는 사실

98 華嚴僧 千熙에 대한 연구로 다음의 글이 있다. 黃仁奎, 「水原의 高僧 眞覺國師 千熙와 高麗末 佛敎界」, 『水原學硏究』 3, 2006.

99 신돈의 등장은 공민왕 8년(1359)경이고, 그의 권세가 절정이었던 시기는 普愚가 王師를 사퇴한 공민왕 15년(1366) 전후였다. 閔賢九, 「辛旽의 執權과 그 政治的 性格」, 『歷史學報』 38, 역사학회, 1968 참조. 신돈이 공민왕에게 기용되어 정권을 장악한 시기는 공민왕 14~20년(1365~1371)까지 약 6년 정도였다.

상 어려웠다. 그러나 반역사적 정치 세력과의 결탁 여부에 따라 사원의 성쇠가 좌우되었기 때문에 사원들은 불교계 전체에 바람직한 발전을 이끌지 못했고, 또한 피폐해진 사회 현실을 개혁하고 선도해갈 세력도 양성하지 못했다.

원의 간섭이 종식된 공민왕 이후 고려 말 불교계 전체의 흐름은 이전과 크게 달라지지 않았다. 원나라 세력의 퇴조라는 급격한 정치적 변동에 의해서 선종의 우세가 두드러졌고, 이에 비해 천태종이 열세에 놓이게 되었다는 점이 큰 변화라고 하면 변화였다. 시대의 격변 속에서도 불교계를 주도해나간 세력은 이전 시기와 그리 달라지지 않았다. 그동안 누적되어온 불교계의 많은 문제점들을 극복하고 개선할 수 있는 새로운 제3의 종파와 그 구심점이 될 만한 사원은 출현하지 않았다. 시대를 선도할 만한 사상도 정책도 양산되지 않았던 것이다. 따라서 사회에서 차지하는 불교계의 입지는 그만큼 줄어들었고, 배불론자들의 거센 비판에 직면하게 되었다. 다만 친원적 성향이 다른 종파에 비해 약세였던 선종이 보우普愚, 나옹懶翁과 같은 고승을 배출하고 회암사와 연복사를 중심으로 교세를 신장시키며 불교계의 세속화와 타락을 조금 희석시키는 정도에 그칠 뿐이었다. 불교계의 이 같은 미온적인 대응은 결국 왕조가 교체되는 상황에 이르자 과거 전 왕조에서 누렸던 기득권을 유지할 수 없는 국면으로 내몰리고 말았다.

제6장 결론

이 책에서 필자는 원간섭기元干涉期의 불교사佛教史가 갖는 의의에 주목하여 이 시기에 부각된 주요 사원의 다양한 모습과 그 추이에 역점을 두면서 고려 후기 불교사의 전개 과정을 규명해보았다. 즉 무인정권武人政權의 붕괴와 함께 원간섭기로 접어든 고려 사회에서 사원의 변모된 모습과 이런 사원들이 당대의 종교, 사회에 미친 영향 등을 중점적으로 고찰하여 불교계의 동향을 파악하고자 한 것이었다. 사원 연구에서 얻어진 내용을 바탕으로 하여 고려 후기 불교계의 변화를 이해하고 싶었던 만큼 개별 연구의 대상이 된 사원들은 다음과 같이 분류하게 되었다. 여기서 분류의 기준이 된 것은 원간섭기의 시대 변화에 따른 사원의 직접적인 대응 여부였다.

먼저, 원간섭기의 특수한 시대 상황을 반영한 사원으로 국내에는 원황실元皇室과 관련된 고려 사원이, 그리고 국외에는 원 거주 고려인과 관련된 대도大都 사원이 있었다. 여기서 원황실과 관련된 고려 사원은 사원의 기능과 그 성격을 고려해볼 때 다시 '원황실의 원당願堂이 된 고려 사원'과 '원황실의 보시布施를 통해 중흥中興된 고려 사원'으로 나누어볼 수 있었다. 원황실과 관련된 고려 사원이 여원麗元 양국의 종적縱的 관계에 의해서 출현한 절이었다면, 고려인과 관련된 원 대도 사원은 양국의 상호 교류의 과정에서 나타난 절이었다. 고려가 원나라의 지배 아래 놓이게 되면서 개경開京 소재의 주요 사원들이 원황실을 위해 축수재祝壽齋와 기일재忌日齋 등을 행하는 원황실의 원당으로 기능했는가 하면, 고려에 영향력을 행사한 원황실과 그 측근들로부터 보시를 받아 중흥된 사원들도 등장했던 것이다. 그리고 다른 한편에서는 원의 대도에 건너가 생활한 다양한 부류의 고려인들에 의해서 창건, 중창, 운영된 사원이 출현했다. 이들 '재원在元 고려인 관련 대도 사원'은 비록 대도에 소재한 원 관할하의 사원이었지만 친고려적 성향을 띠고 있어서 고려 불교계와도 밀접한 연관을 맺고 있었다.

다음으로, 앞의 사원들과 병행하여 국초 이래로 고려 불교의 한 특징이 된 종파불교宗派佛教의 성향을 뚜렷이 나타낸 제종파諸宗派의 주요 사원이 있었다. 무인정권기에는 무인집권자의 사원 정책에 의거해 대개 선종 사원이 성장했지만, 원간섭기에는 천태종天台宗, 선종禪宗, 법상종法相宗 등이 유력한 종파로 등장하여 여기에 소속된 각 사원들이 불교계의 세력 판도를 주도했다. 고려 말에는 원과 부원 세력의 퇴조에 따라 불교계가 선종 위주로 재편성되면서 선종 사원이 부흥했다.

이상과 같이 분류할 수 있는 고려 후기 사원 중에서 무인정권기의 사원과는 대조를 이루며 원간섭기와 고려 말의 종교계와 사회에 큰 영향을 미친 사원은 원황실과 관련된 고려 사원이었다. 최근까지 원간섭기의 불교계 동향에 대해 구체적이고 상세한 내용 없이 그 부정적인 면만이 피상적으로 언급된 것은 바로 이들 사원에 대한 체계적인 연구가 없었기 때문이다. 이 책을 통해 필자는 원간섭기 불교계의 보수화 경향과 사회적 기능의 퇴조, 그리고 고려 말의 불교가 자기 회생능력을 상실한 것 등은 원황실과 관련된 고려 사원이 주요 원인으로 작용했다는 것 등을 중점적으로 다루었다. 특히 이런 현상의 보다 직접적 원인이 된 것은 '원황실의 보시를 통해 중흥된 고려 사원'이었다.

원황실의 보시를 통해 중흥된 고려 사원(이하 중흥 사원)이 등장한 시기는 원간섭기의 중반에 해당하는 충숙왕忠肅王(재위 1313~1330; 1332~1339) 때부터였다. 이들 사원의 출현은 일찍부터 원황실에 진출하여 부와 권력을 축적한 고려인의 영향력에 의해서였다. 먼저 중흥 사원의 가장 큰 특징은 세속적인 성격이 강하다는 것이었다. 사원의 재정문제를 해결하기 위하여 주지승이 종종 직접 원황실의 유력자들에게 접근하여 필요한 재물을 보시받았고, 그리고 보시받은 재물의 상당 부분은 사원 운영을 위한 영리 사업에 쓰였다. 또 중흥 사원은 그 지역의 대표 사원으로 성장하는 과정에서 민역民役의 도피처가 되기도 했다. 이 때문에 금강산의 장안사長安寺와 표훈사表訓寺 등은 최해崔瀣로부터 불교 타락의 온상으로 비난받기까지 했다.

중흥 사원에서 발견되는 또 하나의 특성은 원의 간섭이 종식된 후에도 탄탄한 사세寺勢가 그대로 유지되었다는 사실이다. 표훈사와 장안사는 조선 세종世宗(재위 1418~1450) 때 큰 사찰로 취급되어 국가로부터 전지田地 300결結을 받았고, 경천사敬天寺는 조선 태조太祖(재위 1392~1398) 때 국가 행사와 왕실의 기일재忌日齋를 거행함으로써 국가와 왕실의 사원으로 기능했다. 그리고 문수사文殊寺는 고려 말부터 조선조에 걸쳐 지공指空, 나옹懶翁, 김시습金時習, 보우普雨와 같은 명승名僧 대덕大德이 주석한 유명 사찰이었으며 조선 명종明宗(재위 1545~1567) 때 보우에 의해 청평사淸平寺로 개명되었다. 원간섭기 중에 여러 가지 사회 경제적 폐단을 일으킨 사원들이 조선시대에도 안정된 사세를 유지했던 것이다. 이것은 원의 간섭이 종식된 후에도 중흥 사원으로부터 야기된 불교계의 많은 문제점이 그대로 잔존했음을 의미한다. 물론 이러한 문제점들은 고려 말 배불론자排佛論者들의 신랄한 비판의 대상이 되어 결국 유불교체儒佛交替의 한 원인으로 작용했음에 분명하다.

그리고 중흥 사원의 분석에서 간과할 수 없는 부분은 자신의 측근인 환관宦官 자정원사資政院使들을 통해 고려의 사원 불사를 직간접으로 주재한 기황후奇皇后에 대한 평가이다. 기황후는 순제順帝(토곤테무르妥懽帖睦爾, 재위 1333~1370)의 제2황후가 된 후 장안사의 중창(1343)을 시작으로 하여 지장사地藏寺 중수까지(1376) 30년 이상 그 영향력을 행사했다. 이것은 원 순제 때에 그녀가 자정원資政院을 지휘하면서 황실의 권부權富를 장악하고 있었기 때문에 가능한 일이었다. 그런데 기황후의 보시를 통해 중흥된 사원은 대개 불교계에 새로운 활력소가 되지 못하고 사회 경제상의 여러 가지 폐단을 가중시키고 있었음을 유념해야 한다. 표훈사와 장안사는 절이 주위에 비해 지나치게 웅장하고 화려하며 많은 토지를 소유했고, 또 경천사의 석탑은 나라가 어려운 때에 총애하는 여인에게 미혹되어 국력을 소진해가면서 건립한 탑이라는 비난을 모면하기 어려웠다. 이러한 부류의 사원이 훗날 불교가 사회로부터 외면당하고, 새 시대의 사상과 종교로서 적합하지 않다는 근거를 제공하기에 이른 것이다. 따라서 기황후의 사원 불사는 결과적으로 고려 후기 불교계의 타락을 조장한 셈이 되고 말았다. 중흥 사원이 외적인 측면에서 실제적인 사회 모순을 양산했다면 원황실의 원당이 된 고려 사원은 내적인 측면에서 바람직하지 못한 사회 분위기를 조성하여 사원 본래의 기능을 왜곡시켰다고 할 수 있다.

원황실의 원당이 된 고려 사원(이하 원황실의 원당)은 주로 원간섭기의 전반기에 해당되는 충렬왕忠烈王(재위 1274~1308)과 충선왕忠宣王(재위 1298; 1308~1313) 때 나타났는데 원간섭 초기 불교계의 친원적인 입장 표명과 고려왕실과 원황실 사이에 맺어진 인척관계를 그 배경으로 했다. 이들 사원은 대개 사원의 주된 기능과 전반적인 운영이 황실의 몇몇 인사들에게 집중되었고 여원 양국의 왕권과 황권의 영향 아래에 있었기 때문에 정치권의 변동에 따라 사세寺勢의 부침 현상이 심한 편이었다. 이들 사원은 대개 충숙왕 때부터 자취를 감추기 시작하면서 고려왕실의 진전사원眞殿寺院으로 변모했다. 이때 원황실의 원당이 급격히 퇴조한 원인으로는 원의 고려 지배가 제도적으로 정착된 점, 고려왕실에 출가한 원공주元公主들이 종실녀宗室女로 비교적 그 영향력이 약했다는 점, 또 잦은 정쟁政爭으로 인한 원황실의 혼란한 분위기 등을 들 수 있다. 현전하는 사료에 의하면 원황실의 원당이 불교계와 사회에 미친 폐단은 직접 언급되어 있지 않다. 하지만 원간섭기 중에 이들 사원의 성격이 얼마나 변질되었으며, 또 사회에 어떤 영향을 미쳤는가 하는 것은 무인정권기의 사원과 연관지어볼 때 그 답변이 가능하다.

무인정권기의 사원 동향 분석으로부터 얻은 당시 고려 사원의 두드러진 모습은 사원의 군사적 기능이 크게 부각되었고, 수선사修禪社와 백련사白蓮社를 중심으로 하여 신앙결사信仰結社 운동이 활발히 전개되었으며, 또 강화도 선원사禪源寺는 『고려대장경高麗大藏經』의 판각 사업을 통해 대몽항쟁對蒙抗爭의 정신적 구심적 역할을 한 것이었다. 그런데 원간섭기에 수선사는 충지沖止의 표문表文을 통해 원 세조世祖의 원찰願刹이 되기를 희망했고, 선원사는 세조로부터 토지를 하사받은 이후부터 역대 황제의 원찰이 되었다. 그리고 무장한 승군僧軍을 보유한 관계로 무인정권의 향배에 중요한 변수가 되었던 개경의 주요 사원들은 원의 지배에 저항하는 하찮은 소요 한 번 일으킨 적이 없었다. 그렇다면 원황실의 원당이 황실을 위한 다양한 불사佛事를 정기적으로 혹은 간헐적으로 시행함으로써 고려왕실의 권위가 실추되는 것을 가속화시키고, 또 원의 지배체제를 정당화하는 사회적 분위기를 조성했음을 쉽게 연상해볼 수 있다.

그런데 중흥 사원과 원황실의 원당으로부터 이상과 같은 결론만을 도출한다면 원간섭기라는 시대의 제약성을 고려하지 않은 연구가 되고 만다. 원래 고려의 사원은 국초부터 국가의 제도, 행정에 편입되어 운영되었던 관계로 원간섭기의 정치적 현실에서 원황실과 관련된 사원의 출현은 불가피한 측면이 있었다. 따라서 이 책에서는 다음과 같은 점에 함께 주목했다.

먼저, 원황실의 원당인 현성사賢聖寺와 보제사普濟寺는 충렬왕 초에 세조의 원당이 되어 원의 정치적 간섭을 축소시킨 충렬왕 4년의 외교 성과를 이끌어내는 데 부분적으로 기여했다. 또 현성사의 예를 통해서 알 수 있듯이 원황실의 원당은 다양한 기복祈福 불사를 실시하는 과정에서 주변의 빈민을 위한 구휼기관으로도 기능했다. 신효사神孝寺, 묘련사妙蓮寺, 홍천사興天寺 등은 원황실 내에서 영향력 있는 인사들을 위해 축수재祝壽齋와 기일재忌日齋 등을 올림으로써 일가가 된 두 왕조가 원만한 관계를 유지할 수 있는 가교 역할을 했다.

다음으로, 중흥 사원은 원황실로부터 보시받는 과정에서 고려 불교가 티베트 불교와 교류할 수 있는 여건을 조성했다. 충목왕忠穆王 2년(1346)에 표훈사 범종梵鐘과 같은 시기에 주조되어 개성의 명물로 전해오는 연복사演福寺 범종은 티베트 불교의 색채를 띤 중국식 범종으로 평가되고 있다. 그리고 경천사 경내에 건립된 10층 석탑은 원나라 장인匠人의 손에 의해서 건립되었다고 하는데 고려의 전통적인 석탑양식과는 전혀 다른 티베트 불교적 수법으로 건조되었다. 경천사 석탑의 독특한 형태와 양식은 조선 세조世祖(재위 1455~1468) 때 원각사지圓覺寺址 석탑에도 그대로 재현되어 조선 초기 석탑의 유행양식이 되었다. 중국 공인工人에 의해서 제작되었다고 하는 장안사의 당堂과 불전佛殿, 불상佛像 또한 금강산 일대에서 보고된 사리기舍利器와 사리탑舍利塔 등과 유사한 티베트 불교의 색채를 띠었을 것으로 추정된다. 이렇게 경천사, 표훈사, 장안사 등은 티베트 불교양식의 범종梵鐘, 탑塔, 불구佛具 등이 전래되는 창구 역할을 했던 것이다. 그리고 표훈사 범종의 주조에서 보이듯이 중홍 사원은 불사를 진행하는 중에 드물게나마 주변의 백성들이 기근을 면하고 생계를 유지하는 데 도움을 주기도 했다.

원간섭기의 고려 국내 사원을 고찰할 때 특수한 시대 상황을 반영한 원 황실과 관련된 고려 사원만으로는 일부분의 이해에 그치고 만다. 원의 세력이 고려 땅에서 물러간 고려 말에 이르게 되면 더욱 그러하다. 원간섭기에도 국내에서는 국사國師, 왕사王師와 같은 고승高僧의 주석 사원이 종파적宗派的 성향을 뚜렷이 나타내면서 그 종파의 중심 및 주요 사원으로 성장 발전했던 것이다. 특히 이들 사원을 통해서 고려 후기 불교계의 세력 판도를 가늠해볼 수 있다는 점에서 이들이 갖는 의미는 더욱 크다. 따라서 필자는 이 책에서 원간섭기와 고려 말의 유력한 종파인 천태종天台宗, 선종禪宗, 법상종法相宗에 소속된 주요 사원을 원황실과 관련된 고려 사원과 더불어 비중 있게 다루었다. 그리고 이와 관련해 보다 역점을 두고 부각시킨 부분은 묘련사妙蓮寺의 성격, 동화사桐華寺의 빌 진 과정, 공민왕 때 인각사麟角寺의 위상과 역할, 회암사檜巖寺와 연복사演福寺의 중창이 갖는 의미 등이었다. 이 내용을 중심으로 하여 분석된 원간섭기와 고려 말의 불교계 동향은 다음과 같이 설명할 수 있다.

원간섭기 각 종파의 사원 동향에서 나타난 가장 큰 특징은 천태종 사원의 강세였다. 이 시기에 천태종이 강력한 교세를 떨치며 부흥할 수 있었던 것은 충렬왕 9년에 창건된 묘련사의 친원적 성향 때문이었다. 묘련사는 창건 초부터 종파상으로는 천태 사원이었지만, 그보다는 원황실의 중심 원당으로 더 중요시되었기 때문에 충렬왕 후반기(충렬왕 20~34년)에는 고려 불교계를 대표하는 사원으로 성장했다. 이 묘련사에 백련사 출신의 원혜국사圓慧國師와 무외국사無畏國師가 주석하고, 또 조인규趙仁規 가문의 의선義旋이 출가하여 인연을 맺음으로써 묘련사가 천태종과 불교계 전체에 미친 파급효과는 매우 컸다. 주요 천태 사원인 국청사國淸寺, 금장사金藏寺, 용암사龍巖寺, 영원사瑩源寺, 만의사萬義寺 등이 무외국사나 의선 같은 묘련사에 기반을 둔 천태승에 의지하여 천태종의 중심 및 주요 사원으로 발전했던 것이다. 그러므로 원간섭기 천태종의 부흥은 근원적으로 묘련사의 친원적 성격에서 찾아야 할 듯하다.

원간섭기의 선종 사원은 천태종의 위세 때문에 충렬왕 때 일연一然의 하산소下山所인 인각사 외에는 두드러진 활동을 찾아볼 수 없었다. 선종이 무인정권기에 수선사의 결사 운동을 통해서 부흥한 것과는 대조를 이루는 부분이다. 이에 비해 원간섭기의 법상종은 동화사를 중심으로 발전했다. 동화사는 종실宗室의 경제적 기반이 되었고, 부원 세력과도 밀착된 관계를 형성했다. 동화사에 혜영惠永, 미수彌授와 같은 고승들이 주석하며 절이 법상종의 중심 사원으로 발전한 것도 당시 종실과 부원 세력 등의 영향 아래에 있었기 때문이다. 이것은 원간섭기에 법상종이 유력한 종파로 존립한 사실과도 직결되는 것이기도 하다. 또한 법주사法住寺, 금산사金山寺에서는 유식학唯識學 연구가 활발히 진행되어 이들 사원은 교학 연구의 측면에서 법상종의 발전에 기여했다. 법주사와 금산사를 중심으로 하여 고조된 유식 사상의 연구는 영험성과 신이성이 강조되고 공덕신앙功德信仰이 유행하던 원간섭기 불교계의 현실에서는 매우 이례적인 현상이었다.

원의 간섭으로부터 벗어난 고려 말의 불교계는 정치권의 격변과 더불어 많은 변화가 있었다. 이 시기 공민왕의 반원反元 정책으로 인한 부원 세력의 몰락이 불교계에서는 친원 성향이 강한 천태종 세력의 위축과, 친원 성향이 약한 선종 세력의 팽창으로 나타났다. 먼저 공민왕 때 인각사가 주지승 서공諝公에 의해 선문禪門의 중심 사원으로 발전했다. 그리고 회암사와 연복사가 여말선초에 걸쳐 잇달아 중창되면서 선종뿐만 아니라 불교계를 대표하는 사원으로 성장했다. 두 사원의 중창 과정은 당시 불교계의 세력과 그 위상을 대변한 것이기도 했다. 이렇게 고려 말 불교계의 주도권은 원간섭기의 묘련사, 국청사 등을 기반으로 한 천태종에서 인각사, 회암사, 연복사 등을 기반으로 한 선종으로 넘어갔는데, 이때를 기점으로 하여 한국 불교에서 선종을 중심으로 한 불교계의 구도가 정착되었다. 그리고 원간섭기에 천태종, 선종과 함께 유력한 종파였던 법상종은 고려 말에 그 종세宗勢를 짐작하게 하는 사료가 전하지 않고 있다.

원간섭기의 고려 불교를 논하는 과정에서 빼놓을 수 없는 부분이 원 대도大都에 거주한 고려인이 관계했던 사원, 즉 '재원 고려인 관련 대도 사원'(이하 대도 사원)이었다. 대도 사원은 오랜 기간에 걸친 양국 간의 인적 교류를 통해 고려인의 적극적인 참여에 의해 건립, 운영된 것으로 알려져 왔다. 하지만 아직까지 고려 불교사의 영역 속에서 적극적으로 검토된 적은 거의 없었다. 필자는 이것에 대한 문제점을 제기하며 이들을 '재원 고려인 관련 대도 사원'으로 분류하여 고려인의 활동 상황을 중심으로 그 사원의 다양한 면면을 살펴보았다. 몽고풍蒙古風과 함께 고려양高麗樣이 유행했던 것처럼 이들은 양국에서 사원 불사가 빈번히 행해지던 고려 충숙왕 때에 해당하는 원元 인종仁宗(아유르바르와다愛育黎拔力八達, 재위 1311~1320)에서 문종 천력연간天曆年間(1328~1329)에 홍기한 사원이었다. 이 책에서 살펴본 것처럼 재원 고려인 관련 대도 사원이 고려 불교사에서 갖는 의의는 다음과 같은 부분 때문이다.

대도 광교사光教寺와 연성사延聖寺에는 천태승 의선이 주지로 있었고, 복원사福元寺에는 유가승瑜伽僧 해원海圓이 주지로 있었는데, 이들 사원을 통해 고려 승려들의 뛰어난 역량과 함께 원 대도에 미친 고려 불교의 영향력을 짐작할 수 있었다. 고려인이 색목인色目人 아래의 제3계층인 한인漢人의 범주에 속해 있던 현실에서 선제先帝의 신어전神御殿 사원인 연성사와 복원사에서 수행한 두 승려의 활동은 더욱 의미 있는 것이다. 또한 고려인 환관宦官과 공녀貢女에 의해 시행된 대도의 사원 불사는 가장 주목되는 부분이다. 용천사龍泉寺와 법왕사法王寺는 황실에서 활동한 고려인 환관들의 노력에 의해 오랜 세월에 걸쳐 완공된 사원이었다. 이들 사원은 고려인이라는 유대감을 바탕으로 하여 그곳 환관들을 결속시키는 구심점 역할을 했고, 특히 법왕사는 고려장高麗莊이 있던 완평현宛平縣에 위치한 관계로 사원 주변에 거주하고 있던 일반 고려인을 결집시키는 역할을 했으리라고 본다. 그리고 흥복사興福寺와 법원사法源寺는 고려인 공녀의 힘에 의지하여 건립된 사원으로 어느 사원보다도 종교적인 색채가 뚜렷했다. 흥복사는 그곳 고려민에게 신앙의 안식처가 되었고, 법원사는 새로운 선사상을 전수하고자 한 고려 선승들에게 지공선指空禪이 전법傳法된 도량이었다.

그런데 여기서 원 대도 사원에 고려인이 참여한 사실과 그들의 역할만을 강조한다면 이들 사원이 고려 불교사에서 갖는 의미는 반감될 것이다. 따라서 필자는 다음의 내용도 함께 주목했다. 충선왕이 창건하고 의선이 주지로 있던 광교사는 고려왕실의 원당이었지만, 본래 천태 사원으로 출발하여 충숙왕의 후원에 의해 발전한 사원이었다. 이것은 충숙왕의 정책적인 배려에 의해 국내 천태종이 국청사를 중심으로 부흥한 것과 그 궤를 같이했던 것이다. 그러므로 광교사는 국내 천태종의 중흥기에 대도에서 발전한 고려의 천태 사원이었다. 이와 비슷한 맥락에서 복원사와 연성사에 각기 해원과 의선이 주지로 있던 사실은 두 승려의 역량도 크게 작용했지만, 당시 충숙왕 때에 국내에서 강성한 세력을 떨치던 법상종과 천태종의 종세를 반영한다. 또한 의선의 연성사 주석은 고려 천태종과 티베트 불교의 교류를 시사하고, 복원사에서의 해원에 의한 유식학 연구는 고려 금산사에도 영향을 미쳤을 것이다.

원간섭기의 시대적 한계성은 무인정권기의 사원과는 대조적인 원황실과 관련된 고려 사원의 출현을 가져왔고, 또한 친원 성향이 강한 천태 사원을 기반으로 한 천태종의 부흥을 불러왔다. 고려 말에는 시대의 변화에 편승하여 선종이 불교계의 주도권을 잡았지만, 오랜 세월 동안 이민족 지배하의 현실 속에 안주해온 불교계는 그동안 누적된 많은 모순을 청산할 만한 세력도 사원도 갖지 못했다. 따라서 자기 정화능력을 상실한 상태에서 정계의 실세로 부상한 배불론자들의 거센 비난에 직면하게 되었다. 다만 원간섭기에 등장한 고려인과 관련을 맺었던 다양한 형태의 대도 사원은 고려 불교가 원의 지배체제 아래에서도 제한된 범위에서나마 능동적인 활약상을 보여준 실증적인 사례에 해당한다고 할 것이다.

참고문헌

1. 자료

柯劭忞, 『新元史』, 경인문화사, 1983.
姜裕文 編, 『慶北五本山古今記要』, 경북불교협회, 1937.
景仁文化社 編輯部 編, 『中京誌』, 경인문화사, 1990.
國史編纂委員會 編, 『朝鮮王朝實錄』, 국사편찬위원회, 1970.
權近, 『陽村集』, 아세아문화사, 1974.
權相老 編, 『韓國寺刹全書』, 동국대학교 출판부, 1979.
權衡, 『庚申外史』(續修四庫全書 編纂委員會 編, 『續修四庫全書』 423 史部 · 雜史類, 上海: 上海古籍出版社, 1995～2002).
金富軾, 『三國史記』, 경인문화사, 1970.
金龍善 編, 『高麗墓誌銘集成』, 한림대학교 출판부, 1993.
金宗瑞, 『高麗史節要』, 아세아문화사, 1973.
東國大學校 韓國佛教全書 編纂委員會 編, 『韓國佛教全書』, 동국대학교 출판부, 1996.
朴容大 · 趙昇九, 『(국역)增補文獻備考』, 세종대왕기념사업회, 1988.
徐居正, 『(국역)東文選』, 솔, 1998.
徐居正, 『東文選』, 태학사, 1975.
徐兢, 『宣和奉使高麗圖經』, 이화사학연구소, 1970.
成均館大學校 大東文化研究院 編, 『高麗名賢集』, 성균관대학교 대동문화연구원, 1980.
成俔, 『慵齋叢話』, 南晩星 譯, 양우당, 1994.
宋濂, 『元史』, 경인문화사, 1979.
申景濬, 『伽藍考』(『佛教學報』 26, 동국대학교 불교문화연구원, 1989).
阿魯圖 · 托克托, 『宋史』, 경인문화사, 1979.
安震湖 編, 『金剛大本山楡岾寺本末寺誌』, 금강대본산유점사종무소, 1942.
義天, 『大覺國師文集』, 경인문화사, 1993.
李穀, 『稼亭集』, 李民樹 譯, 가정 · 목은문집편찬위원회, 1983.
李穀, 『稼亭先生文集』, 경인문화사, 1993.
李奎報, 『東國李相國集』, 경인문화사, 1993.

李穡,『牧隱藁』, 민족문화추진회, 1990.
李齊賢,『櫟翁稗說』, 李相寶 譯, 양우당, 1994.
李齊賢,『益齋亂藁』, 아세아문화사, 1973.
李智冠 校勘譯註,『歷代高僧碑文』, 가산불교문화연구원, 1995.
李荇,『新增東國輿地勝覽』, 아세아문화사, 1974.
一然,『三國遺事』, 李丙燾 譯註, 동국문화사, 1977.
張廷玉,『明史』, 경인문화사, 1977.
齋藤忠 編,『高麗寺院史料集成』, 東京: 大正大學綜合佛教硏究所, 1997.
鄭道傳,『三峯集』, 경인문화사, 1987.
正文社 編,『元高麗紀史』, 정문사, 1984.
鄭麟趾,『高麗史』, 아세아문화사, 1972.
正祖 命,『梵宇攷』, 미상, 1779.
朝鮮總督府 編,『朝鮮金石總覽』, 아세아문화사, 1976.
朝鮮總督府 編,『朝鮮寺刹史料』, 東京: 國書刊行會, 1971.
崔瀣,『拙藁千百』, 아세아문화사, 1972.
沖止,『圓鑑國師集』, 秦星圭 譯, 아세아문화사, 1988.
韓國學文獻硏究所 編,『金山寺志』, 아세아문화사, 1982.
韓國學文獻硏究所 編,『萬德寺志』, 아세아문화사, 1977.
韓國學文獻硏究所 編,『楡岾寺本末寺誌』, 아세아문화사, 1977.
韓在濂,『高麗古都徵』, 아세아문화사, 1973.
許興植 編,『韓國金石全文』, 아세아문화사, 1984.
黃壽永 編,『韓國金石遺文』, 일지사, 1976.

2. 저서 · 학위논문

(1) 국내편

高柄翊,『東亞交涉史의 硏究』, 서울대학교 출판부, 1970.
———,『東亞史의 傳統』, 일조각, 1996.
高裕燮,『松都의 고적』, 열화당, 1977.
高惠玲,『高麗後期 士大夫와 性理學 受容』, 일조각, 2001.
곽자일 편역,『법화영험전』, 불교시대사, 1998.
權熹耕,『高麗寫經의 硏究』, 미진사, 1986.
金光植,『高麗武人政權과 佛教界』, 민족사, 1995.
金塘澤,『元干涉下의 高麗政治史』, 일조각, 1998.
金杜珍,『均如華嚴思想硏究—性相融會思想』, 일조각, 1983.
金庠基,『(新編)高麗時代史』, 서울대학교 출판부, 1996.
金成俊,『韓國中世政治 法制史硏究』, 일조각, 1985.
김종명,『한국중세의 불교의례』, 문학과지성사, 2001.

김창현, 『고려 개경의 구조와 그 이념』, 신서원, 2002.
金炯佑, 『高麗時代 國家的 佛教行事에 대한 研究』, 동국대학교 박사학위논문, 1992.
김호동, 『몽골제국과 세계사의 탄생』, 돌베개, 2010.
金曉呑, 『高麗末 懶翁의 禪思想研究』, 민족사, 1999.
盧啓鉉, 『麗蒙外交史』, 갑인출판사, 1993.
都賢喆, 『高麗末士大夫의 政治思想研究』, 일조각, 1999.
朴龍雲, 『高麗時代史』(上, 下), 일지사, 1987.
白仁鎬, 『고려 후기 부원 세력연구』, 세종출판사, 2003.
邊東明, 『高麗後期 性理學受容研究』, 일조각, 1995.
邊太燮, 『高麗史의 諸問題』, 삼영사, 1986.
불교문화연구소 편, 『韓國天台思想研究』, 동국대학교 출판부, 1983.
불교신문사 편, 『한국불교인물 사상사』, 민족사, 1990.
蘇在龜, 『圓覺寺址 十層石塔의 연구』, 한국정신문화연구원 석사학위논문, 1986.
신법타, 『북한불교연구』, 민족사, 2000.
申千湜 外, 『牧隱 李穡의 학문과 학파』, 일조각, 1998.
14세기 고려사회성격연구반, 『14세기 고려의 정치와 사회』, 민음사, 1994.
安啓賢, 『韓國佛教史研究』, 동화출판공사, 1982.
———, 『韓國佛教思想史研究』, 동국대학교 출판부, 1983.
尹龍爀, 『高麗對蒙抗爭史研究』, 일지사, 1991.
尹昌淑, 『文化財解說―塔婆』, 백산출판사, 1991.
이병욱, 『고려시대의 불교사상』, 혜안, 2002.
李炳熙, 『高麗後期 寺院經濟의 研究』, 서울대학교 박사학위논문, 1992.
李永子, 『법화·천태사상연구』, 동국대학교 출판부, 2002.
李龍範, 『中世 滿洲 蒙古史의 研究』, 동화출판사, 1988.
李源明, 『高麗時代 性理學受容研究』, 국학자료원, 1997.
李益柱, 『고려-元관계의 구조와 高麗後期 政治體制』, 서울대학교 박사학위논문, 1996.
이한수, 『고려에 시집온 칭기즈칸의 딸들』, 김영사, 2006.
李載昌, 『韓國佛教 寺院經濟研究』, 불교시대사, 1993.
인권환, 『한국불교문학연구』, 고려대학교 출판부, 1999.
張東翼, 『高麗後期 外交史研究』, 일조각, 1994.
———, 『元代麗史資料集錄』, 서울대학교 출판부, 1997.
정구선, 『공녀』, 국학자료원, 2002.
정영호, 『한국의 석조미술』, 서울대학교 출판부, 1998.
정용숙, 『고려시대의 后妃』, 민음사, 1992.
鄭泰爀, 『한국불교융통사』, 정우서적, 2002.
趙健相, 『貞肅公趙仁規年譜』, 평양조씨대종회, 2000.
趙善美, 『한국의 肖像畵』, 열화당, 1983.
지영재, 『서정록을 찾아서』, 푸른역사, 2003.
진성규·이인철, 『신라의 불교 사원』, 백산자료원, 2003.

蔡尙植,『高麗後期 佛教史研究』, 일조각, 1991.
韓國佛教研究院,『韓國의 寺刹』, 일지사, 1975.
한국역사연구회 편,『한국역사입문 2—중세편』, 풀빛, 1996.
————————,『고려의 황도 개경』, 창작과비평사, 2002.
한국정신문화연구원 편,『고려시대연구』1, 한국정신문화연구원, 2000.
韓基汶,『高麗寺院의 構造와 機能』, 민족사, 1998.
許興植,『高麗佛教史研究』, 일조각, 1986.
———,『한국의 古文書』, 민음사, 1988.
———,『韓國中世佛教史研究』, 일조각, 1994.
———,『眞靜國師와 湖山錄』, 민족사, 1995.
———,『高麗로 옮긴 印度의 등불』, 일조각, 1997.
홍윤식,『한국의 가람』, 민족사, 1997.
黃秉晟,『高麗武人政權期研究』, 신서원, 1998.
黃仁奎,『無學大師研究』, 혜안, 1999.
鎌田茂雄,『화엄의 사상』, 한형조 옮김, 고려원, 1987.
Marco Polo,『동방견문록』, 김호동 역주, 사계절, 2000.
道端良秀,『중국불교사』, 계환 옮김, 우리출판사, 1996.
山口瑞鳳 外,『티베트 불교사』, 李浩根 外 옮김, 민족사, 1990.
杉山正明,『몽골세계제국』, 임대희 外 옮김, 신서원, 1999.
野上俊靜 外,『中國佛教史概說』, 양은용 옮김, 원광대학교 출판국, 1984.
Kenneth Chen,『중국불교』, 박해당 옮김, 민족사, 1991.
Kwanten L.,『유목민족제국사』, 宋基中 옮김, 민음사, 1984.
黃有福·陳景富,『韓中佛教文化交流史』, 權五哲 옮김, 까치, 1995.

(2) 국외편

安部健夫,『元代史の研究』, 東京: 創文社, 1972.
野上俊靜,『元史釋老傳の研究』, 京都: 朋友書店, 1978.
鮑志成,『高麗寺與高麗王子』, 杭州: 杭州大學出版社, 1995.

3. 연구논문

(1) 국내편

강호선,「원간섭기 천태종단의 변화」,『普照思想』16, 보조사상연구원, 2001.
高翊晉,「法華經 戒環解의 盛行來歷考」,『佛教學報』12, 동국대학교 불교문화연구원, 1975.
———,「圓妙了世의 白蓮結社와 그 思想的 動機」,『佛教學報』15, 동국대학교 불교문화연구원, 1978.
———,「白蓮結社의 思想傳統과 天頙의 著述問題」,『佛教學報』16, 동국대학교 불교

문화연구원, 1979.
高惠玲, 「方臣祐 小論」, 『歷史와 人間의 對應』, 한울, 1985.
권기종, 「임제종의 수입과 불교계의 동향」, 『한국사』 21, 국사편찬위원회, 1996.
祁慶富, 「指空中國行蹟考」, 『伽山學報』 5, 가산불교문화연구원, 1996.
金光哲, 「高麗 忠烈王代 政治勢力의 動向—忠烈王 初期 政治勢力의 變化를 中心으로」, 『論文集』 7, 창원대학교, 1985.
———, 「高麗 忠宣王의 現實認識과 對元活動—忠烈王 24년 受禪以前을 중심으로」, 『釜大史學』 11, 부산사학회, 1986.
金南允, 「고려 중기 불교와 法相宗」, 『韓國史論』 28, 서울대학교 인문대학 국사학과, 1992.
金塘澤, 「高麗 崔氏武人政權과 修禪社」, 『歷史學硏究』 10, 전남대학교사학회, 1981.
金庠基, 「李益齋의 在元 生涯에 대하여—忠宣王의 侍從의 臣으로서」, 『大東文化硏究』 1, 성균관대학교 대동문화연구원, 1963.
金相鉉, 「麟角寺 普覺國師碑 陰記 再考」, 『韓國學報』 62, 일지사, 1991.
———, 「指空의 影幀과 遺蹟」, 『삼대화상 연구논문집』 2, 불천, 1999.
金炯佑, 「胡僧 指空연구」, 『東國史學』 18, 동국대학교사학회, 1984.
———, 「元간섭기 고려 불교계의 동향」, 『韓國佛敎史의 再照明』, 불교시대사, 1994.
金惠苑, 「麗元王室通婚의 成立과 特徵—元公主出身王妃의 家系를 중심으로」, 『梨大史苑』 24·25, 이화여자대학교 사학회, 1989.
도현철, 「고려 말기 사대부의 불교인식과 대응」, 『역사와 현실』 20, 한국역사연구회, 1996.
閔賢九, 「月南寺址 眞覺國師碑의 陰記에 대한 一考察」, 『震檀學報』 36, 진단학회, 1973.
———, 「趙仁規와 그의 가문」(上), 『震檀學報』 42, 진단학회, 1976.
———, 「趙仁規와 그의 가문」(中), 『震檀學報』 43, 진단학회, 1977.
———, 「整治都監의 性格」, 『東方學志』 23·24, 연세대학교 국학연구원, 1980.
박영제, 「수선사의 성립과 전개」, 『한국사』 21, 국사편찬위원회, 1996.
박윤진, 「高麗時代 開京一帶 寺院의 軍事的 政治的 性格」, 『韓國史學報』 3·4, 고려사학회, 1998.
朴宗基, 「高麗時代 社會史 硏究動向」, 『韓國史論』 23, 국사편찬위원회, 1993.
박종진, 「고려 시기 개경 절의 위치와 기능」, 『역사와 현실』 38, 한국역사연구회, 2000.
邊東明, 「高麗後期 性理學의 受容과 僧侶의 儒佛觀」, 『國史館論叢』 71, 국사편찬위원회, 1996.
———, 「高麗 忠烈王의 妙蓮寺 창건과 法華信仰」, 『韓國史硏究』 104, 한국사연구회, 1999.
徐閏吉, 「高麗末 臨濟禪의 受用」, 『韓國禪思想硏究』, 동국대학교 출판부, 1984.
———, 「高麗 臨濟禪法의 受容과 展開」, 『普照思想』 8, 보조사상연구원, 1995.
송재웅, 「元 大都의 高麗寺院」, 『中央史論』 23, 한국중앙사학회, 2006.
宋昌漢, 「金貂의 斥佛論에 대하여—恭讓王 3년의 上疏文을 중심으로」, 『大邱史學』 27, 대구사학회, 1985.

———,「朴礎의 斥佛論에 대하여—恭讓王 3년의 上疏文을 중심으로」,『大邱史學』29, 대구사학회, 1986.
辛奎卓,「태고보우국사」,『佛教』507, 月刊佛教社, 1998.
———,「懶翁和尙의 禪思想」,『삼대화상 연구논문집』1, 불천, 1996.
愼銀貞,「敬天寺十層石塔의 조성과 조성 장인의 연구」,『강좌미술사』26권 1호, 한국불교미술사학회, 2006.
安啓賢,「麗元關係에서 본 高麗佛教」,『海圓黃義敦先生 古稀記念史學論叢』, 1960.
———,「曹溪宗과 五教兩宗」,『한국사』7, 국사편찬위원회, 1973.
禹貞相,「圓覺寺塔婆의 思想的 研究」,『東國思想』1, 동국대학교 불교대학 학생회, 1958.
兪瑩淑,「고려 말의 사회변동과 불교계」,『韓國佛教史의 再照明』, 불교시대사, 1994.
李龜烈,「敬天寺 10層石塔」,『法輪』108, 법륜사, 1978.
李逢春,「高麗 天台宗의 成立과 그 展開」,『韓國史論』20, 국사편찬위원회, 1990.
李炳熙,「高麗前期 寺院田의 分給과 經營」,『韓國史論』18, 서울대학교 인문대학 국사학과, 1988.
李相瑄,「高麗寺院經濟에 대한 考察」,『崇實史學』1, 숭실대학교 사학회, 1883.
———,「高麗時代의 隨院僧徒에 대한 考察」,『崇實史學』2, 숭실대학교 사학회, 1984.
李相玉,「高麗史에 나타난 蒙古人」,『史叢』17·18, 고려대학교 문리과대학 사학회, 1973.
李承漢,「高麗 忠宣王의 瀋陽王 被封과 在元 정치활동」,『全南史學』2, 전남사학회, 1988.
이영무,「태고보우국사의 인물과 사상」,『建大史學』5, 건국대학교 사학회, 1976.
李龍範,「奇皇后의 册立과 元代의 資政院」,『歷史學報』17·18, 역사학회, 1962.
———,「元代 喇嘛教의 高麗傳來」,『佛教學報』2, 동국대학교 불교문화연구원, 1964.
李愚喆,「高麗時代의 宦官에 對하여」,『史學研究』1, 한국사학회, 1958.
李益柱,「高麗 忠烈王代의 政治狀況과 政治勢力의 性格」,『韓國史論』18, 서울대학교 인문대학 국사학과, 1988.
———,「高麗·元關係의 構造에 대한 研究—소위 '世祖舊制'의 분석을 중심으로」,『韓國史論』36, 서울대학교 인문대학 국사학과, 1996.
이재범,「崔氏政權의 成立과 山川裨補都監」,『成大史林』5, 성균관대학교 사학회, 1989.
이정,「북한의 사찰과 불교문화재」,『불교평론』5, 현대불교신문사, 2000.
任昌淳,「松廣寺의 高麗文書」,『白山學報』11, 백산학회, 1971.
張東翊·權寧培,「危素의 神光 普光寺 碑文에 대한 檢討」,『論文集』(人文·社會科學)51, 경북대학교, 1991.
———,「元의 政治的 干涉과 高麗政府의 對應」,『歷史教育論集』17, 역사교육학회, 1992.
———,「신자료를 통해본 忠宣王의 在元활동」,『歷史教育論集』23·24, 역사교육학회, 1999.
鄭柄朝,「白雲의 無心禪에 關하여」,『韓國佛教學』3, 한국불교학회, 1977.
鄭玉子,「麗末 朱子性理學의 導入에 대한 試考—이제현을 중심으로」,『震檀學報』51,

진단학회, 1981.
鄭恩雨, 「高麗後期 佛敎美術의 후원자」, 『미술사연구』 16, 미술사연구회, 2002.
정제규, 「白雲景閑의 無心禪과 思想史的 意味」, 『제3회 청주국제인쇄출판문화학술회의』, 청주고인쇄박물관, 2000.
정희돈, 「팔공산 동화사의 역사와 문화」, 『팔공산 동화사의 역사와 사상』, 동화사, 2001.
趙明濟, 「牧隱 李穡의 佛敎認識」, 『韓國文化研究』 6, 부산대학교 한국민족문화연구소, 1993.
———, 「고려 후기 '蒙山法語'의 受用과 看話禪의 전개」, 『普照思想』 12, 보조사상연구원, 1999.
朱雄英, 「家廟의 設立背景과 그 機能—麗末鮮初의 社會變化를 중심으로」, 『歷史敎育論集』 7, 경북대학교 사범대학 역사과, 1985.
周采赫, 「元 萬卷堂의 設置와 高麗儒者」, 『孫寶基博士 停年紀念韓國史學論叢』, 지식산업사, 1988.
中村 淳, 「松廣寺 元代 티베트文 法旨에 대하여」, 『普照思想』 17, 보조사상연구원, 2002.
秦星圭, 「圓鑑國師 冲止의 生涯」, 『釜大史學』 5, 부산사학회, 1981.
———, 「圓鑑錄을 통해본 圓鑑國師 冲止의 國家觀」, 『歷史學報』 94·95, 역사학회, 1982.
———, 「高麗後期의 願刹에 대하여」, 『歷史敎育』 36, 역사교육연구회, 1984.
———, 「高麗後期 修禪社의 結社運動」, 『韓國學報』 10-3, 일지사, 1984.
———, 「定慧結社의 시대적 배경에 대하여」, 『普照思想』 5·6, 보조사상연구원, 1992.
蔡尙植, 「普覺國尊一然에 대한 研究—迦智山門의 등장과 관련하여」, 『韓國史研究』 26, 한국사연구회, 1979.
———, 「高麗後期 天台宗의 白蓮結社」, 『韓國史論』 5, 서울대학교 인문대학 국사학과, 1979.
———, 「高麗後期 佛敎史의 전개양상과 그 경향」, 『歷史敎育』 35, 역사교육연구회, 1984.
———, 「고려 후기 修禪結社 성립의 사회적 기반」, 『韓國傳統文化研究』 6, 대구효성가톨릭대학교 한국전통문화연구소, 1990.
———, 「원의 정치간섭과 불교」, 『한국사』 21, 국사편찬위원회, 1996.
———, 「고려 조선 시기 불교사 연구현황과 과제」, 『韓國史論』 28, 국사편찬위원회, 1998.
최동순, 「원묘요세 연구의 문제점 고찰」, 『韓國佛敎學』 48, 한국불교학회, 2007.
崔柄憲, 「天台宗의 성립」, 『한국사』 6, 국사편찬위원회, 1974.
———, 「高麗中期 玄化寺의 創建과 法相宗의 隆盛」, 『韓沽劤博士 停年紀念史學論叢』, 지식산업사, 1981.
———, 「太古普愚의 佛敎史的 位置」, 『韓國文化』 7, 서울대학교 한국문화연구소, 1986.
———, 「定慧結社의 취지와 창립과정」, 『普照思想』 5·6, 보조사상연구원, 1992.
최연식, 「원대 불교계의 동향과 고려—원의 불교 교류」, 『몽골의 역사와 문화』, 서경문화사, 2006.
秋萬鎬, 「高麗僧軍考」, 『東洋學論叢—藍史鄭在覺博士 古稀紀念東洋學論叢』, 고려원, 1984.
Tonino Puggioni, 「忠宣王代의 麗元 佛敎關係와 杭州 高麗寺」, 『韓國思想史學』 18, 한국사상사학회, 2002.
————, 「元代 奇皇后의 佛敎後援과 그 政治的인 意義」, 『普照思想』 17, 보조사상연구원, 2002.
河廷龍, 「西天提納薄陀尊者浮屠銘幷序에 대한 一考察」, 『삼대화상 연구논문집』 1, 불천, 1996.
韓基斗, 「고려 불교의 結社運動」, 『韓國佛敎思想史—崇山朴吉眞博士 華甲紀念』, 원광대학교 출판국, 1975.
허일범, 「한국 불교 속의 티베트 불교」, 『불교평론』 5, 현대불교신문사, 2000.
許興植, 「13세기 高麗佛敎界의 새로운 傾向」, 『韓沽劤博士 停年紀念史學論叢』, 지식산업사, 1981.
———, 「指空의 原碑文과 碑陰記」, 『佛敎와 歷史—李箕永博士 古稀紀念論叢』, 한국불교연구원, 1991.
———, 「蒙山德異의 행적과 연보」, 『韓國學報』 77, 一志社, 1994.
———, 「無畏國師 丁午의 事業과 繼承」, 『天台思想과 東洋文化—大蓮李永子博士 華甲紀念論叢』, 불지사, 1997.
홍윤식 외, 『경천사 십층석탑』 I·II, 국립문화재연구소, 2006.
黃仁奎, 「趙仁規家門과 水原 萬義寺」, 『水原文化史研究』 2, 수원문화사연구회, 1998.
———, 「麗末鮮初 演福寺塔의 重營과 落成」, 『東國歷史敎育』 7·8, 동국역사교육회, 1999.
———, 「朝鮮初 自超의 三和尙道場의 完成」, 『삼대화상 연구논문집』 2, 불천, 1999.
———, 「高麗後期 敎宗僧의 中國遊歷과 佛敎界의 動向」, 『佛敎硏究』 27, 한국불교연구원, 2007.
———, 「水原의 高僧 眞覺國師 千熙와 高麗末 佛敎界」, 『水原學硏究』 3, 수원학연구소, 2006.
黃浿江, 「法華靈驗傳解題」, 『法華靈驗傳』, 단국대학교 출판부, 1976.

(2) 국외편

西尾賢隆, 「元朝の江南統治における佛敎」, 『佛敎史學』 15-2, 佛敎史學會, 1971.
野上俊靜, 「元の上都の佛敎」, 『佛敎史學』 1-2, 佛敎史學會, 1950.

찾아보기

윤기엽尹紀燁
성균관대학교 사학과를 졸업하고, 연세대학교 대학원 한국학협동과정에서 석·박사학위를 받았다. 동국대학교 불교문화연구원 연구교수, 서울대학교 일본연구소 연구원을 거쳐 현재 동국대학교 불교문화연구원 전임연구원으로 재직 중이다.

고려 후기의 불교
- 사원의 불교사적 고찰 -

1판 1쇄 펴낸날 2012년 9월 15일

지은이 윤기엽
펴낸이 김시연

펴낸곳 (주)일조각
등록 1953년 9월 3일 제300-1953-1호(구 : 제1-298호)
주소 110-062 서울시 종로구 신문로 2가 1-335
전화 734-3545 / 733-8811(편집부)
733-5430 / 733-5431(영업부)
팩스 735-9994(편집부) / 738-5857(영업부)
이메일 ilchokak@hanmail.net
홈페이지 www.ilchokak.co.kr
ISBN 978-89-337-0631-2 93910
값 25,000원

* 지은이와 협의하여 인지를 생략합니다.
* 이 도서의 국립중앙도서관 출판시도서목록(CIP)은
e-CIP홈페이지(http://www.nl.go.kr/ecip)와
국가자료공동목록시스템(http://www.nl.go.kr/kolisnet)에서
이용하실 수 있습니다.
(CIP제어번호 : CIP2012003901)

과학기술혁명시대의
자본주의와 사회주의

과학기술혁명시대의 자본주의와 사회주의

초판 1쇄 발행 1991년 5월 25일
초판 5쇄 발행 2012년 6월 25일

지은이 황 태 연
역은이 허 상 수
발행인 황 세 연
디자인 EG 디자인
C T P 진흥프로세스
인 쇄 새한문화사
제 본 다원문화사
발행처 도서출판 **중원문화**
주 소 서울특별시 마포구 서강로 11-24
주문처 02-325-5534 FAX 02-324-6799

과학기술혁명시대의 자본주의와 사회주의

황 태 연 지음
허 상 수 엮음

도서출판 중원문화

편자 서문

──새로운 현대 사회, 새로운 변혁──

1980년대의 후반과 90년대의 초반에 중부 및 동부유럽에서 진행된 일련의 혁명적 변화는 이제 역사적 사실로만 남아 있는 것이 아니다. 그것은 20세기말과 그 이후 세계사의 장래를 전망할 하나의 중요한 시각과 계기를 제공하고 있다. 이와 같은 현실의 거대한 변화는 유물론에 근거한 역사해석의 유용성을 확인해 보아야 할 뿐만 아니라 그 새로운 발전을 요구하고 있다. 이를 위해 우리가 착수해야 하는 작업의 첫단계는 변화의 실체(substance)를 정확하게 포착하고 이것의 내재적 운동과정을 올바르게 해석하는 일이다. 그 다음은 이것의 운동과정을 하나의 경향, 그리고 추세와 동향으로 현상을 파악하여 현실의 실천과 이를 위한 이론적 작업의 근거로서 위치지워야 하는 것이다.

그런데 지난 1~2년 사이에 유치한 관점의 소유자들이 현존 사회주의의 변화에 대해 역사적 사실의 왜곡과 오해로 자의적인 해석을 일삼고 이를 토대로 무분별한 악담과 유언비어를 남발하여 과학을 매도하고 대중을 기만하는 불행한 사태가 발생하여 왔다. 여기서 우리가 문제삼는 대상은 부르주아 이데올로그나 어용매체들의 사실날조와 모략에 근거한 편파성이다. 동시에 우리는 이른바 정치이론의 탈을 쓴 사이비학자와 속물적 근성의 민주주의자들도 문제시하지 않을 수 없다. 왜냐하면 이들에 의해 오도되고 기형화되는 이데올로기 지형의 극복이 다른 무엇보다도 중요한 내부투쟁의 대상일 수 있다고 보여지기 때문이다. 그러나 우리는 여기에서 이것이 진리요 살 길이라는 상투적 수법의 파시스트적 선동을 일로 삼지 않을 것이다.

우리는 내부투쟁이 기본적으로 비적대적 모순의 운동에 의해 생산적으로 진행될 것을 희망한다. 이 때문에 냉정한 이성의 소유자들은 이론적 논의로부터 우유부단한 결론의 반복이나 결정론적 시각의 강조와는 다른, 올바른 내용을 깨닫기 위해

많은 노력을 기울여야 하는 것이다. 따라서 명석한 독자는 이 책에서 전개된 일련의 논의과정을 점검해 보면서 이론의 위기가 새로운 관점의 획득과 재해석에 의해 자본주의 체제와 사회주의 사회가 또 다르게 해명될 수 있음을 목격하게 되는 것이다.

이 책에서 우리는 크게 세 주제에 저자의 관심이 집중되고 있음을 보게 된다. 그 첫째는 현존 사회주의국가사회와 물적 토대에서의 혁명적 체제개혁에 관련된 설명들이다. 둘째는 경제체제의 변동을 구조화하는 것으로서의 과학기술혁명에 관한 해석들이다. 셋째는 달라지는 세계에서 달라질 세상을 위해 활약할 또 하나의 주체로서 지식 프롤레타리아트를 내세우는 것과 관련된 계급관계의 분석과 현실운동에 대한 주장들이다. 저자는 일찍이 3년 동안 번역작업을 통해 한국에서의 헤겔철학을 대중화하는 데 일조했다. 이 과정에서 저자는 아무리 사소한 변동의 계기이더라도 변혁의 씨앗을 가려볼 줄 아는 혜안을 가지게 되었고 대립물의 투쟁과 통일이 어떻게 운동하는지를 파악하게 되었다. 이러한 파악은 개념과 논리에 의해 정식화되었다. 이를 통해 저자는 그 현실의 길이 비록 멀고 험하더라도 역사연구와 철학적 훈련의 중요성을 누구보다도 일찍 깨닫게 되었다. 그런 다음 저자는 7년에 걸친 집중된 정치경제학 연구를 통해 더욱 세련화된 방법론의 적용과 과감한 시각의 확보를 시도하였다. 이로부터 우러져 나온 저자의 설명과 해석과 주장들은 그 서술의 난해함과 집약적 표현에도 불구하고 많은 비판과 수용의 과정을 겪게 되었다. 그리고 이제 산재했던 논의들을 한데 묶음으로써 비판적 독자들은 일목요연하게 그의 조사방법론과 서술체계를 점검해 볼 수 있게 되었다. 이제 그가 가졌다고 평가할 수 있는 장점들을 열거해 보도록 하자.

1) 민중 중심의 세계개조에 대한 신념

자본관계가 지배적인 사회를 뜯어고쳐야 한다는 전진적인 입장을 보여주었던 본서 저자의 글은 1983년에 제출된 「노동개념과 해방사상의 전개」(『노동, 일터의 소리 Ⅰ』 1984. 10, 지양전서 19권, 지양사)라는 소논문에서였다. 이 글에서 저자는 먼저 노동개념의 변천사를 서양철학에서부터 정리하고 헤겔를 다루면서 헤겔비판을 자기의 것으로 만들려고 하였다. 자신의 편저서(『헤겔 정신현상학 해설』, 도서출판

이삭, 1983)를 인용하는 식으로 논지는 전개되어 헤겔의 「정신현상학」과 마르크스의 「경제-철학 초고」의 체계 안에서 자본주의적 시민사회의 노동이 어떻게 자신의 굴레를 극복할 수 있는가 하는 점을 밝히려 하였다.

> "마르크스에 의하면 인간의 온갖 소외(疏外)의 뿌리는 지배-예속 관계이다. 따라서 자본주의 사회의 소외도 생산관계로서의 이 지배-예속 관계를 폐기함으로써만 극복될 수 있다. 즉 노동주체에서 소원(疎遠)하게 외적으로 대립하는 노동생산물과 대결한다는 것은 곧 이 노동생산물을 노동자의 손으로부터 탈취하는 것을 보장하는 정치적, 법적 체계 및 이 체계의 유지 옹호자인 부르주아와 외적으로 투쟁해야 한다는 것을 뜻한다"(앞의 책, p. 165).

그런데 우리의 주목을 요하는 대목은 이러한 논의 과정에서 주석을 달아 둔 사유재산과 소외의 관계에 대한 다음과 같은 언급이다.

> "즉 그(마르크스 ── 편자 주)는 사유재산이 결과적으로 소외를 심화시키는 메카닉에 끼어 들지만 사유재산이 소외의 원인이라고 보지는 않고 있다. 오히려 사유재산은 소외된 노동의 물적 형태로서 소외의 결과이다. 이런 점에서 사유재산의 폐지가 반드시 노동소외의 궁극적 종식과 동일시될 수는 없겠다"(앞의 책, p. 161, 주 29).

따라서 사적(私的) 소유의 기계적 폐기(廢棄)가 사회주의 경제정책의 정도(正道)가 아님을 일찍부터 지적했다고 볼 수 있다.

이뿐만 아니라 저자는 일관되게 노동자계급이나 농민, 도시빈민, 그리고 지식인들의 삶에 대한 변함없는 이론적 관심과 해방에 대한 접근을 집요하게 추구하고 있는 경우라고 말할 수 있다.

바로 이 점에서 저자의 논점은 80년대 유럽사회에서 새로운 변혁 모형으로 부각되고 있는 '새로운 사회운동'(new social movement)과 뚜렷히 구별된다고 할 수 있다. 새로운 사회운동은 여성운동, 평화운동, 환경운동 세력들을 총칭하는 것으로 기존의 사회운동세력들이 견지해 왔던 노동운동중심의 운동방식을 탈피하는 것에서 촉발된 것이었다. 그러나 이 운동은 참여세력이 중간층, 정확하게는 소시민적 수준을 넘지 못하는 것으로 전개되었고 다양한 분파의 혼재 속에 일정한 운동의

성장이 있었음에도 기껏해야 녹색당의 진출로 가시화되는 정도였다. 이리하여 서구 운동진영내에 새로운 통합전략의 하나로 동맹전술이 제기되었는데 이는 새로운 사회운동의 역량과 전통적 운동논리의 결합으로 나타나 이른바 '신동맹'(green and red coalition)으로 정립되었다. 이 운동방식은 운동이념과 목표가 자본주의체제내의 개혁적 운동 이상이 되지 못하고 말 개연성을 띠기 때문에 그 한계를 내포하는 것이었다. 따라서 사회구성체의 교대를 위한 체제 변동을 겨냥하는 입장에서는 여성운동, 평화운동, 환경운동에 대한 새로운 시각의 정립과 이 새로운 운동세력의 의미와 성격에 대한 재발견이 요구되었던 것이다(환경 및 생태문제에 대한 저자의 소견은 한겨레사회연구소 편, 「겨레의 길」 1, 2호를 참조).

2) 정치경제학에 대한 체계적 인식

저자가 자본주의사회의 해부학으로서의 자본주의 정치경제학에 대한 연구를 시작한 것은 70년대 중반 이후 시대상황의 암울함과 절망적 분위기에도 위축되지 않고 이론적 작업을 철저히 수행하겠다는 의식적 목표를 설정하면서부터라고 말할 수 있다. 이때에 국내에 소개된 저작들의 대다수는 읽기 쉬운 일본어판들이었는데 고집스럽게도 그와 그의 동료들은 원저자들의 언어로 된 독일어책을 통해서 헤겔과 그 비판서들을 독파하였다. 우리가 이 점을 강조하는 이유의 하나는 현실의 논의나 활동방식들의 난조를 설명할 때 그 원인의 하나가 혹시 일본서적류의 실용적 · 편의적 해석에 의존하는 학습과 토론을 행하여, 철학이론서를 보되 정보나 사실만을 습득하여 정작 '철학하는' 사고방식이나 창조적 이론화의 기법을 간과한 데 있지 않은가 하는 혐의를 두기 때문이다. 더욱이 80년대에 들어서서는 스탈린 시대에 정리된 레닌주의와 운동사들을 통해 '스탈린의 시각'으로 그 이전 시대의 이론을 섭취했던 것이다. 그 결과는 논의를 훈고학이나 서지학의 수준에 머물게 하고 정치적으로는 교조주의나 좌, 우익 편향을 낳았다.

정치경제학의 전체 체계에 대한 과학적 인식은 결코 단시간이나 단편적으로 이루어질 수 있는 것이 아니다. 더욱이 요즘처럼 이론 자체에 대한 혐오가 합리적 핵심에 대한 부정으로까지 나아가고 있는 상황에서 자본주의체제나 사회주의체제의 현실과 미래에 대한 철저한 해부와 병리학적 진단과 처방이 없이는 자연발생적이고

대중중심적 사회운동이 아무리 활발하게 이루어진다 해도 사회발전의 질적 전환은 불가능하게 되어 있다고 생각한다.

이러한 이론적 과도기 상황에서 우리는 종종 외국의 저작들로부터 해답을 구하고자 해왔다. 이제 우리가 도전해야 하는 이론적 고지는 외래이론의 도입과 수용 및 평석과 모방이어서는 곤란한 지점이다. 이 때문에 우리의 현실에서도 위력을 발휘할 토착적인 관점에서 전체 저작을 섭렵하는 가운데 모든 논의를 다시 시작해야 하는 위치에 있는 것이다.

고전이론가들이 그러했듯이 본서 저자의 논의의 출발은 생산과정에서 비롯되었다. 1989년 서울에서 행해졌던 일련의 강연에서 저자는 생산과정에서의 분석의 중요성을 강조하고 이를 통해 현대 자본주의의 해부를 완성해 내고자 하였다. 즉 그는 자본에 의한 노동의 실질적 포섭(subsumption)과 형식적 포섭을 개념구분하고 이를 국가형태(절대주의적 국가와 부르주아 국가)와 관련지워 예시한 다음 생산과정의 근본형태와 특성을 유기적 생산과정과 이종적(異種的) 생산과정을 중심으로 추적하였다. 이것이 제2장에서 수행한 저자의 이론적 작업의 시발이다. 이와 같은 논점의 출발은 이전의 노동과정 중심의 논의나 작업장 수준의 논의와는 구별되는 것이었다. 전자는 노동과정과 계급투쟁 간의 관계를, 후자는 가치생산의 논의와 실천적 함의를 연결하는 데 많은 난점을 보여 왔다.

따라서 저자의 논리수준은 높은 추상화(abstractions) 수준에서 시작하여 구체성을 획득하는 개념의 이론적 생산과정을 거치는 것이라고 할 수 있다. 또한 저자는 여기서 만족하지 않고 더 나아가 현대 독점자본주의 단계에서의 생산과정의 변화와 새로운 노동자계급내의 계층 출현을 역설하기에 이른다. 이를 위해 저자는 사회구조를 파악하기 위한 유물론에 입각한 역사관을 개진하게 된다.

3) 역사관 및 인식방법론

역사를 있는 그대로의 시각에서 파악한다는 관점의 획득은 단순히 그가 영웅사관이나 정치제도사에 대한 집착에서 탈피되었다는 의미만이 아니다. 그러한 역사관의 획득은 이른바 경제와 정치, 그리고 사회 및 그것들 사이에 다양한 형태로 존재하는 문화적 실체와 현상까지도 전체적으로 파악한다는 것을 뜻한다. 보통 '총체적'이

란 의미가 이런저런 현상의 단순한 총합으로 이해되고 있는데 사실은 대립되는 것들 간의 투쟁과 통일까지 두루 포괄하는 전체(the ensemble)를 의미하는 것이다. 이 투쟁과 조화에 대한 통일, 이론과 실천의 긴장과 합체, 추상적 이론과 복잡한 현실의 상호침투 등 실재론적 인식 방법은 결코 단순한 논리나 정치노선으로 대체될 수 있는 것이 아니며 기존의 고전적 해설로 통일될 수 없는 것이다.

자연과 세계에 대한 그의 인식론은 변증법적 사유와 실천에 의해 완성되어 간다. 여기서 그가 예시하고 있는 평범한 진리는 우리의 생활주변에서 흔히 볼 수 있는 것들이다. 어떤 사람이 목적지를 향해 나아가던 중 그냥은 도저히 건너갈 수 없는 강을 만났을 때 사람들이 취하는 세 가지 태도를 들어 어느 것이 가장 인간적이며 창조적인가를 설명해 주고 있다. 즉 하나는 사태에 절망하는 주관주의적, 실존주의적 자세가 있을 수 있고, 둘째로는 사태에 순응하는 타협적, 종교적, 이원론적 자세가 있을 수 있고, 세번째는 스스로 수고로이 지혜를 짜내고 정성껏 노동하여 강을 건널 수 있는 수단을 강구하며 배를 지음으로써 '강 때문에' 목적지에 갈 수 없는 부정적 상황을 긍정적 상황으로 반전시키는 주체적, 적극적 상황극복의 주객통일적 절대적 자세가 있을 수 있다는 것이다(만프레드 리델 지음, 황태연 옮김, 『헤겔의 사회철학』, 한울, 1983, 역자후기 p. 187 이하 참조). 이 세번째의 목적의식적 자세야말로 오늘날 모든 양심적 사회세력이 견지해야 할 덕목이라고 할 수 있다.

그러나 우리는 이러한 예시(例示)에서 변증법적 논리의 핵심을 파악했다는 통속적이며 속세적인 이해방식을 경계해야 할 것이다. 왜냐하면 사물의 운동과정을 전체적으로 파악하고 기술하려는 작업은 일정하게 그 힘든 이론적 작업의 도정을 아무런 군소리 없이 거쳐가야 하기 때문이다.

이러한 입장에서 그가 보여주고 있는 중요한 특징을 간단히 살펴보자. 첫째, 그는 논지의 전개를 위해 **정통적 입장**을 견지하고 있다고 보여진다. 저자의 정치적 현상의 해석방식이 중앙파의 입장에 서 있다고 지적하는 경우가 있어 왔다. 그러나 그의 이러한 입장은 결코 현상을 주어지는 그대로 전달하는 경우가 아니라 언제나 이론적 원칙 위에 서서 정치적 현상의 분석을 통해 그것을 정당화하고 비판하고 해석하는 방식을 취해 왔다는 점이다. 그리하여 저자는 1985년 이후 소비에트연방 사회주의체제의 정치적 변화를 언제나 이론사적 접근을 통해 그것의 체계화를 시도해왔다. 반대로 그 이전의 사회분석에서도 당내의 공식적 주장과는 다소 자유

로운 입장에서 과거를 재평가하는 접근방식을 취해왔다고 보여진다. 그가 스탈린이나 그 이외의 이른바 편향을 가진 여러 이론가들을 대하는 태도는 매우 엄정한 자세를 늦추지 않는다(본서 2부 참조).

둘째, 그는 **현대자본주의의 변동에 대한 해명과 접근**을 통해 이론과 현실 간의 변증법적 긴장을 결코 자의적으로 깨뜨리지 않고 있다. 이 때문에 본서에서는 과학기술혁명의 진전에 대한 해석에 많은 비중이 실려 있다. 그 이유는 본서의 제목에서 잘 나타내 주듯이 과학기술혁명에 대한 올바른 이해가 현대 자본주의의 생산력 발전과 현존 사회주의의 생산력 발전의 둔화를 인식할 수 있고 그 논리적 토대 위에서 사회주의의 위기와 대안이 전면적으로 이해될 수 있기 때문이다. 사실 과학기술혁명에 대한 논의는 자연과학내에 그리고 경영자들에 의해서 기술혁신이나 과학혁명으로 많은 논의가 있어왔다. 그러나 저자와 같이 그 변화를 또 하나의 변혁주체의 설정, 계급형성론의 개발이나 한 경제체제의 변동과 관련시켜 본격적인 논의를 벌여나간 경우는 흔치 않은 것이다(본서 1부 참조).

한편 저자는 국제공산주의운동 및 노동운동에 대한 역사적 이해를 위해 『국제반제운동론』(밝은 글, 1989)을 편역해 내었고 일간지를 통해 유럽노동운동의 위기에 대하여 매우 심각하게 사태를 전하였다. 이러한 인식작업의 결과는 전통적인 산업노동자중심의 운동방식의 한계를 극복하는 새로운 운동모형을 창안하고자 하는 이론적 도전과 직면하게 된다. 그가 어째서 지식 프롤레타리아트에게 그 많은 논의의 지면을 할애해야 하는지를 짐작하게 만드는 지점이다. 이와 같은 점에 주목하게 되는 데에는 자본주의사회의 기업조직과 그 권력관계에 대한 전면적 재해석을 통해 새로운 준거를 찾아내고 이를 바탕으로 하여 기존의 계급론이 갖는 한계를 딛고 넘어선 데 있다고 생각한다(본서 1부 3장 참조).

셋째, 그의 연구방법은 **인식의 구체성과 철저성**을 시속시키는 데 있다. 우리는 현존의 이론진영내에서 과학과 현실의 도착현상을 목격하게 된다. 유물변증법을 수용, 강조하는 분파들의 관념성과 그로 인한 모험주의적 경향과 함께 현실세계에서 나타나는 다양한 종류와 내용의 물신적 현상들이 있다. 전자는 전체 사회성원 중 소수를 이루고 후자는 대부분의 일상적 형태로 존재하는 경제적 인간유형들이다. 우리는 여기에서 인간의 역사가 오로지 노동하는 인간들의 실천의 역사인 것을 재확인하며 그것은 또한 진리에 대한 허상과 실상 사이의 투쟁사인 것을 주목하고자 한다. 여기에서 기존의 철학은 허구와 실체를 대상으로 하는 해석이었

던 것이다. 그러나 저자는 언제나 사태의 본질에 다가간다는 입장과 대립물간의 투쟁이 갖는 의의를 적극적으로 추구하는 연구원칙을 취하고 있다. 또한 저자는 변혁주체의 확대와 그 다원성에 대하여 역설하고 있다(본서 1부 4장 참조).

넷째, 저자는 나이에 걸맞지 않게 **장기적 전망**을 하고 있다고 보여진다. 보통 우리는 자본주의가 아닌 경제체제로의 전망은 어떠한가라고 묻는다. 그러나 우리는 미래학자가 아니다. 그렇지만 우리는 탈자본주의 사회에 대한 미래를 꿈꾸지 않을 수 없다. 여기서 이론과 현실의 긴장과 모순이 발생한다. 저자는 물적 토대의 발전과 관련하여 적어도 200~300년의 비교적 짧지 않은 시점에서 사회구성체의 교대가 이루어지지 않겠는가 하는 점을 시사하였다. 이 점은 역사를 보는 관점과 그 맥락을 같이 하는 것인데 봉건사회에서 자본주의 사회로의 이행은 그 보다 더 긴 동안의 계급투쟁과 물질적 토대의 발전을 통해서였다는 역사인식 때문이다. 이 점은 또한 변혁에 대한 저자의 낙관적 견해와 결합되어 나타나고 있다. 이에 대해서는 저자의 책 『한국사회와 자본론 강의』(중원문화, 1990, 개정판) 중 "결론에 대신하여"라는 글을 참조하는 것이 유용할 것이다.

4) 비판형식의 모형을 제시

지금까지 국내에 발표된 저자의 글들은 대개가 논쟁적인(polemic) 것들로 가득 찬 것들이어서 사회과학을 제대로 해보겠다는 많은 논자들에 의해 많은 비판의 대상이 되어 왔다. 그것에 대한 저자의 태도는 매우 진지한 것이어서 지금까지 비판에 응하는 방식이 특이한 것이었다. 그것은 자신의 논지를 오해하고 비난하는 부분에 대해서 그러한 논자의 거명이나 자세한 논문명의 지적이 없이 자신의 입장을 해명하고 설명해주는 방식을 취해 왔다는 점이다. 이러한 저자의 비판형식은 다분히 국내의 비판형식과는 색다른 것이라고 보여진다. 즉 종래의 비판형식이란 대체로 상대방의 무식이나 오류, 또는 감정을 자극하는 비생산적인 방법을 채용해 왔었다. 이러한 군더더기를 뺀 지극히 정제된 언급을 통해 자신의 입론을 거듭 밝히고 누누히 상대방의 논지가 무력함을 입증하는 형식을 띠어 상대방의 학문적 위치나 사회적 명망을 훼손하지 않는 내용을 갖춘다. 또한 이러한 자세를 잘 보여주는 것을 보려면 본서 1부 제1장의 맺음말을 참고해 보면 될 것이다.

앞으로 우리는 저자의 이론적 작업이 다음과 같은 주제들까지 포괄하기를 기대해 본다. 우선 북한사회주의의 형성과 변화과정에 대한 보다 객관적인 해명이 필요하다는 점이다. 왜냐하면 혹자는 그 정치이론의 부당한 전제에도 불구하고 의연히 사회주의적 기조를 유지한다고 천명하고 있기 때문이다. 따라서 이러한 사회내에서 과학기술혁명의 영향과 대응을 해석한다는 것은 민족문제의 접근에 새로운 이론적 지평을 열어줄 수 있다고 보여진다. 북한 사회주의의 운명은 그 정치적 입장의 차이에 상관없이 남한의 민족성원에게 직, 간접적인 영향을 계속 끼친다고 할 때 북한사회에 대한 객관적 인식의 필요성은 두말할 필요가 없다고 생각한다.

다음은 남한 경제에 대한 구체적 인식을 통해 자본주의 발달의 정도를 밝히고 그 미래상을 그려 보여야 한다고 생각한다. 이를 위해서는 특히 미·일 경제에 대한 남한경제의 종속성 및 해외 독점자본의 실체에 대한 구체적 인식이 전제되어야 할 것이다. 결국 제국주의의 신식민지에 대한 관련양상이 해명되어야 한다고 생각된다.

다음은 서구마르크스주의에 대한 올바른 판단을 통해 국내에 유입된 여러가지 사조를 극복하기 위한 이론적 대안들이 모색되어야 할 것이다. 이것은 저자가 들고 있는 유럽, 특히 경제-사회통합 전의 서독중심의 예증들이 현실의 운동에서 갖는 공간적, 이론적 틈새를 메꾸는 데 도움을 줄 것이라고 보여지기 때문이다.

이 책은 지난 3년 동안 저자가 국내에 발표해 왔던 주요 논문들을 한데 모아 엮어 내는 것이다. 따라서 원래의 집필 내용을 거의 그대로 살리는 형태로 모아진 것이다. 그러나 법령의 개정이나 사실의 변화로 특정 부분의 내용이 추가 또는 정정되었다. 그 대표적인 것으로는 제5장의 소련의 정치사회에 대한 부분들이다. 또한 국내 송고 및 편집과정에서 누락 또는 삭제되었던 부분들을 복원하는 경우도 있었다. 그럼에도 불구하고 저자 원래의 이론적 입장이나 취향은 전혀 달라지지 않았다고 보아야 할 것이다. 그러나 저자는 현실의 변화를 시대착오적으로 해석하거나 현재나 미래를 환상적으로 설명하고 있지는 않다는 점 또한 강조되어야 할 것이다.

이 책은 저자와 편자가 그 어두운 시대상황과 사상적 불모지에서 처음 만나던 날부터 의기투합했던 뜻이 맞는 사람들끼리의 우애의 산물이다. 따라서 공간적·시

간적 한계를 극복하기 위해 저자의 서문 대신 이상과 같은 췌사가 첨가되고 있다. 그렇지만 편자는 단지 이것이 본서의 이론적 가치를 올바르게 이해하는 데 도움이 되기를 바랄 뿐이다. 현재와 같은 이론의 싸움판에서 지혜를 가진 사람들은 공통의 대상과 필요한 경우 시비를 가려보도록 해야 할 것이다. 그 경우 적어도 생산적인 논의의 요건은 논리수준과 개념의 통일이 있어야 한다는 점이다. 이러한 조건이 충족된다면 어떤 주제에 대해서도 논쟁을 불사해야 한다고 생각한다. 지금 시기 그러한 대상은 기회주의와 교조주의 분파라고 여겨진다. 전자는 변혁의 전망이 매우 불투명하고 어렵다는 전제하에 민주화 운동세력내에서 편의적 이념과 활동방식을 취하고 있고 후자는 정세인식의 낭만적 규정 위에 전혀 비현실적인 언동을 일로 삼고 있다. 이들의 공통점은 사상 · 이론 · 방법에 대한 상식적 이해에 바탕을 둔 주관주의의 팽배라고 할 수 있다. 이러한 분파의 해체 및 무력화는 말로써뿐만 아니라 그 지지기반의 와해를 통해 이루어져야 할 것이다. 그 지지기반은 인식론으로부터 구체적인 실세에까지 다양한 형태를 띠고 있다. 이들은 후자가 빈약할수록 말이 많고 전자가 취약할수록 현상에 매우 민감한 자세를 보이고 있다. 이럴 때일수록 역사적 · 철학적 연구의 중요성이 더욱 강조되어야 한다고 생각된다. 바로 이 지점에서 본서는 읽어볼 만한 의의를 충분히 지닌다고 여겨진다.

1991년 4월
허 상 수

과학기술혁명 시대의 자본주의와 사회주의

자본주의적 지배 및 계급구조의 변화와 사회주의 개혁의 제문제

● 차 례 ●

제2부 사회주의 개혁의 제문제

제 1 부
기술변동 · 계급이론 노동운동론의 재건

제1장
과학기술혁명과 노동운동*
계급구조의 급변과 새로운 변혁 전략의 모색

1. 머 리 말

제2차 세계대전 이후 서서히 생산력화하기 시작하여 1974~1975년의 세계공황 이후 급속히 확산되기 시작한 새로운 과학기술이 서구의 사회구조와 계급관계를 급변시키고 소련과 동구의 체제변혁을 강제한 데 그치지 않고, 한국을 위시한 중위 자본주의사회에도 빠른 속도로 파급되고 있다. 이 '혁명적'으로 새로운 기술적 생산력은 벌써 우리나라 계급구조의 급속한 변동을 예고하면서 변혁운동의 새로운 진로 정립의 과제를 던져주고 있다.

우리나라 자본주의 발전이 서구의 자본주의 발전단계들을 그대로 거치지 않고 국가자본주의적 개발전략과 차관도입 등을 통해 일정 단계를 뛰어넘거나 압축적으로 통과해왔듯이 현재 우리나라는 사회보장제도의 구축, 계급투쟁의 제도화, 대량소비사회 및 일반민주주의의 완결 등을 수반하지 않는 '유혈'의 포디즘 · 테일러리즘(Fordism · Taylorism) 단계에서 즉각 과학기술혁명 시기에 진입하고 있다. 이에 따라 이제 갓 탄생한 한국 노동운동은 노동권의 확보 및 노조체계의 완비를 달성하기도 전에 제국주의에 예속된 국내자본의 '산업구조조성' 전략에 부딪혀 탄압국면을 맞고 있다. 이로 인해 우리나라 변혁운동은 일반민주주의적 노동권, 여타 민주주의적 제권리의 방어 및 확대의 과제와 새로운 진로 정립의 과제를 동시에 해결해야 하는 어려운 국면에 처해 있음이 사실이다.

그러나 시대의 모든 도전은 변혁주체의 창조적 대응에 따라 새로운 기회로 반전될 수도 있다. 이 글에서는 서구의 과학기술혁명의 객관적 추세를 간략히

---

*「사상문예운동」, 풀빛, 1990년 여름호.

검토해보고 새로운 계급이론적 문제를 논의해본 다음, 우리 변혁운동의 진로설정에 관해 몇 가지 제안을 해보고자 한다. 우리나라에서 과학기술혁명은 현재 초입단계에 있는 까닭에 최근의 통계가 빈약하고 또 연구성과도 드물기 때문에 이 글은 어디까지나 시론적인 것으로서 건설적 토론의 대상이 되기를 바랄 뿐이다.

2. 극소전자적 신산업화 과정과 노동기능 변동의 객관적 추세

(1) 새로운 과학기술의 혁명적 성격

'혁명'이란 보통 사물의 연속적, 양적 변화가 일정한 임계점에서 단절적, 질적 변화로 전환하는 것을 뜻한다. 따라서 기술발전에서 혁명이란 기존의 기술적 원리의 연속적 고도화를 뛰어넘는 새로운 기술적 원리 위에서의 기술발전을 뜻한다. 19세기 산업혁명은 기존의 수공업적 손도구와 손기술의 발전의 절정에서 그리고 이러한 발전을 바탕으로 하여 출현한 공학적 원리의 기계가 생산도구로 일반화된 것을 지칭하였다. 마르크스도 이러한 의미에서 '산업혁명'이란 개념을 사용하였다.

현재의 과학기술도 이전의 역학적 기계공학, 화공학, 전기공학 등의 연속적 발전의 절정에서 그리고 이것을 바탕으로 하여 출현하였지만, 기존의 기술을 원리적으로 뛰어넘는, 질적으로 새로운 기술이다. 이런 의미에서 현재의 기술발전을 '과학기술혁명'이라고 부른다. 순수한 기술적 의미에서의 새로운 기술의 혁명성은 이 기술이 기존의 뉴톤 역학이나 분자학 또는 외적 실험, 관찰에 의해 정립된 유전이론 등을 초월적으로 뛰어넘는, 미시세계를 규명한 양자역학 및――유전자를 해독, 변형시키는――유전공학 등에 기초한다는 데 있다. 그런데 우리들이 문제삼는 과학기술의 혁명성이란 이 과학기술의 사회경제적 의미에서이다. 자본이 매뉴팩처적 수공노동자에 대한 계급투쟁의 일환으로 추동한 19세기 산업혁명은 경제적 생산성, 자본관계의 실질적 심화 · 발전, 계급관계의 변동의 측면에서 가히 혁명적인 것이었다. 마르크스가 주목하였던 것도 바로 이 측면이다.

현재의 과학기술혁명도 실은 자본에 의해 계급투쟁적 목표에서 투입된 것이다. 이 새 기술도 자본이 새로운 사회경제적 위기에 의해 강요받기 이전에는 주로 전쟁무기와 우주항공기술(체제경쟁용)로만 활용되었다.

생산물의 특성에서 생산과정은 마르크스에 의하면 크게 두 가지로 분류되는데 섬유생산, 곡식방아, 종이, 핀, 제련, 강판 등의 생산처럼 일련의 연속동작으로 제품을 생산하는 **유기적 생산과정**과 시계, 기관차, 비행기, 재봉틀, 의류 등처럼 원자재에서 부품을 제작하여(선행적 생산과정) 수많은 부품들을 조합하는 조립공정을 통해 완제품을 만들어내는 **이종적(異種的) 생산과정**이 그것이다. 유기적 생산공정은 19세기 산업혁명 속에서 역학적 공학기계의 **체계**에 의해 거의 자동화되어(역학적 자동화) 이 공정 안에서는 기계의 점검 및 수선을 맡는 소수의 수공업적 또는 기술공학적 노동자를 제외한 모든 노동자들이 단순화되었다(**실질적 포섭의 관철**). 이에 반해 이종적 생산공정에서 기계는 별 신통한 역할을 못하고 기존의 수공업적 노동자들의 보조기구 또는 기존의 도구에 대한 편리한 대용물 역할에 그쳤다. 즉 이 공정에서 기계는 기존의 노동자들을 단순화시키지 못했거나 도리어 기계조종기술의 첨가로 말미암아 더 고도의 기술을 가진 노동자로 만들었다(**형식적 포섭상태의 지속**). 마르크스와 엥겔스는 산업혁명 이후에도 잔존하는 이 고도 수공업적 노동자들과——저 유기적 생산과정에 잔존하는——소수의 점검, 수선 노동자들을 가리켜 '노동귀족층'이라고 불렀다.

이종적 생산과정 안에서 자본 독재의 확립을 지연시키던 이 완강한 수공업적 노동귀족층은 19세기말에서 제2차 세계대전기에 걸쳐 관철된 테일러리즘 · 포디즘에 의해 분쇄된다(자본 아래로의 노동의 실질적 포섭, 즉 실질적 자본관계의 전면적 완성). 이 테일러리즘 · 포디즘적 노동조직, 대량소비 패턴(Pattern), 이와 결합된 케인즈(Keynes)주의적 조정정책 등은 주지하다시피 서구 국가독점자본주의의 완결을 가져온다.

그러나 국가독점자본주의의 이 테일러 · 케인즈주의적 축적형태는 그 절정에 도달하여 단순노동의 급증으로 인한 노조의 강화, 지속적인 외연적 생산확대로 인한 상대적 과잉인구의 고갈, 작업장의 사회적 연관성의 고도화로 인한——소수의 노동자의 단합으로도 전공정을 교란시킬 수 있으므로——노동자계급의 투쟁력의 상승, 착취의 극대화로 인한 높은 직장이동과 무단결근 등으로 인해 좌초한다. 이것은 1974년 이후 서구 제국주의의 제로 성장과 이윤율 하락으로 표현된다.[1]

이러한 축적체제의 위기와 계급관계의 불리한 구조를 돌파하기 위해 자본은

---

1) 이에 대한 자세한 설명은 생략한다.

1970년대에 새로운 과학기술을 급속히 투하한다. 1980년대에 들어서면서 비로소 그 혁명적 성격이 가시화되기 시작한 새로운 기술적 생산력은 두뇌공학, 컴퓨터, 산업 로보트, 컴퓨터에 입각한 설계(CAD; Computer Aided Design) 및 제작(CAM; Computer Aided Manufacture), 공장 전체의 전면적 자동화 등을 가능케 한 극소전자기술, 생화학 및 의료기술을 고도로 진척시킨 유전공학기술, 신소재 합성기술 등을 기초로 하는데, 생산과정의 혁명화에는 극소전자기술의 발전이 그 중심축을 차지한다. 사회경제적 의미에서 이 생산기술의 혁명성은 다음과 같이 요약될 수 있다.

① 유기적 과정과 이종적 과정을 **가릴 것 없이** 완전한 자동화를 가능하게 하여 단순노동을 현격히 감소시키거나 심지어 완전히 제거하는 경향을 보이는 한편, 잔존하는 노동자의 기능을 **고도의 두뇌노동자**로 치환시키는 경향을 관철시킨다. 이로 인해 19세기 산업혁명 이래 포디즘 · 테일러리즘의 관철에까지 지속되어온 "**개인적** 생산력의 극소화와 **사회적** 생산력의 극대화"(마르크스)라는 대립경향이 해소되어 가고 자본관계가 실질적 형태에서 형식적 형태로 전환되는 경향을 보인다. 즉 새로운 생산력의 고도 과학성은 이에 대응하는 개인적 노동능력의 급속한 향상을 요구하며 자본에 형식적으로만 예속되는 노동자의 수를 증대시키게 된다. 이러한 경향은 서구에서 단순 손노동자들의 조합적 연대를 약화시키고 결국 전위당과 사민당 계열의 정치적 약화를 초래했다(특히 서구 공산당 기반의 급속한 축소).

② 자본잉여를 불변자본과 가변자본의 증대, 즉 생산규모(기계와 노동력)를 확대하는 데 투하하는 것이 아니라 주로 **생산기술의 효율화**에 투하하는 것을 혁신적으로 가속화하여 더 적은 생산수단으로 이전에 비해 폭발적인 생산력 증대를 가져오는 생산의 **내포적 축적단계**로의 이행이 시작되었다. 이 내포화 과정 속에서 독점자본들은 더 큰 자본기반을 마련하기 위해 서로 급속히 통합되고 보다 작은 자본들은 기술혁신을 따르지 못하는 경우 자신의 고정자본의 평가절하, 즉 생산기계의 도덕적 마모 속에서 몰락한다. 이리하여 개별자본의 수가 상대적으로 줄어들고 잔존하는 개별자본들의 규모는 커진다. 그러나 **물질적** 생산에 투하된 **사회적 총자본**의 규모는 급속히 감소하고 총생산수단의 소재적 크기, 따라서 산업노폐물의 규모, 환경오염도 감소하는 경향을 보인다.

③ 물질적 생산영역에서 밀려나온 자본은 "비물질적 생산영역"으로 쇄도한다.[2)]

2) 마르크스, MEW 24. 1, pp. 384~385. 여기에는 출판, 카세트 · 비디오 · 디스켓 · 음반 생산,

이 분야에서의 자본증식도 생산수단, 따라서 불변자본이 소요되지만, 물질적 생산영역에 비해 현저히 작은 규모로 충분하다. 따라서 이 분야의 자본의 유기적 구성도는 비교적 낮다. 이것은 다시 물질직, 비물질적 생산분야를 포괄한 총자본의 유기적 구성도를 하락시키고 따라서 이윤율을 상승시킨다. 19세기에 마르크스는 비물질적 생산영역과 관련하여 다음과 같이 말한 바 있다. "이 영역에서의 자본주의적 생산의 모든 현상은 전체 생산에 대비할 때 대수롭지 않아서 전혀 고려하지 않아도 된다."[3] 그러나 이 비물질적 생산분야는 20세기에 들어와 완만하게 확대되기 시작해오다, 과학기술혁명과 더불어 이 분야의 급속한 개척이 자본에게(새로운 기술의 도움으로) 가능하게 되었을 뿐만 아니라 (물질적 생산분야의 내포화로 인해) 불가피한 것이 되었다. 이로 인해 과학기술혁명 속에서 사회의 문화형태, 규모, 심지어 가정문화, 개인적 생활양식에 이르기까지 자본주의의 이전 단계와 단절적인 차원에서 변화되고 있다.

④ 새로운 과학기술은 생산공정의 부분들을 단시간 내에 여러가지로 재배열, 조합할 수 있게 함으로써 사회적 욕구와 수요, 유행의 변화에 유연하게 대처할 수 있게 해주며(생산공정의 각 부분을 마모될 때까지 계속 활용할 수 있으므로) 새 제품 생산에 따른 기존 공정 전체를 폐기해야 하는 비경제를 없애준다.

한마디로 현재 진행되고 있는 과학기술혁명은 자본 및 계급관계와 생산수단의 소재량적, 가치량적 절약에서 획기적인 변혁을 일으키고 있다.

(2) 극소전자적 자동화 단계와 노동기능의 변화

극소전자적 자동화는 1950년대 미국에서부터 생산영역에 투입되기 시작하여 여러 단계를 거쳐 발전하였다. 이 발전단계에 따라 노동기능(Qualifikation)의 변화는 극히 색다른 방향을 취하였다. 설명을 단순화하면 다음의 〈표〉와 같다.

1950년대와 1960년대에 주로 투입되던 부분 또는 반자동화 기술은 테일러리즘 하에서도 잔존하는 숙련노동을 분쇄하는 데 사용되었기 때문에 이 단계의 자동화는

유선 텔레비전 방송, 대중매체, 교육, 통신, 정보 생산, 의료, 유흥, 오락, 스포츠 기업, 숙박, 관광 등 용역생산이 있다.

3) 같은 책, p. 386.

〈표〉 자동화 단계에 따른 노동기능의 변화

부분자동화 단계	숙련노동이 요구되는 잔존부분의 자동화	잔존하는 숙련노동의 감소로 노동의 극단적 단순화 경향.
반자동화 단계	단위기계의 단순화	숙련노동과 비숙련노동의 동시적 감소, 전산카드의 기계투입을 위한 반숙련노동자의 증가, 고도의 두뇌노동자의 한정적 증가.
완전자동화	단위공정의 자동화	공장 내에 고도의 두뇌노동자, 고도의 숙련노동자가 지배적이 됨.
무인생산 공정	전공장의 전면적 자동화	공장내에서 노동인력이 사라지고 공장외부에 설치된 모니터 조정실, 생산물 기획, 개발, 조사, 연구 분야 등의 고도 두뇌노동자와 마찬가지로 정신기능을 지닌 기계점검, 수선 노동자만 남게 됨.

테일러·포드 시스템의 극복수단이라기보다는 이 시스템을 완벽화하는 보조기능을 한 셈이다. 따라서 1950년대에서 1970년대 초반까지는 실제로 소수의 고도 두뇌노동자와 단순노동대중의 양극화가 심화되는 시대였다. 따라서 이 시기를 경험자료로 연구한 1970년대~1980년대 초반의 서구 연구서들은 한결같이 노동기능의 양극화 테제를 고수하였다. 따라서 이때에는 과학기술혁명의 혁명성이 그리 명확히 인식될 수 없었고 당연히 미래에 대한 비관주의, 심지어 염세주의적 기술비판론까지 대두된다.

그러나 1970년대에 투입되기 시작한 완전자동화 기술이 어느 정도 일반화되고 일정 부문에서는 심지어 무인생산 공정까지 산발적으로 선보이기 시작하자 노동대중의 기능은 통계상으로도 점차 높아지기 시작하였고, 이와 함께 1980년대 중반 이후의 연구서들은 대체로 양극화 테제를 비판하게 되었다. 참고삼아 일본의 한 무인생산 공정을 소개한다.

이론적 과학기술은 미국이 여전히 선두이지만 일본은 이것을 생산기술화하는 데서 앞질러 나가고 있는 나라이다. 1980년대 중반 일본이 생산에 투입한 산업로보트 대수는 일본 이외의 모든 나라들에서 투입된 총대수보다 훨씬 많다.[4]

4) 일본은 10만 대(서독 *Der Spiegel*, Nr. 33, 1986과 소련 *Neuer Zeit*, 1988에 의하면 12만

1986년까지 세계에서 가장 자동화된 공장은 일본의 Func기업인데[5] 이 기업은 **산업 로보트**로 **산업 로보트**를 생산하는 기업이다. 종업원 1,500명, 전직원이 대졸 이상의 사원이고 심지어 커피 당번 여직원조차 대졸 '영양학사'이다. 모든 로보트의 작업동작이 공장 외부에 설치된 모니터 앞에 앉아 있는 오퍼레이터에 의해 컴퓨터로 명령되기 때문에 공장 안에는 로보트 시스템 외에 전혀 사람이 없다(무인생산공정). 로보트들이 주야로 일한다.

여기에서 분명해지는 것은 공장 전체가 전면 자동화되는 경우에도 노동자가 공장 안에서만 사라질 뿐 공장 주위에는 여전히 1,500여 명의 각종 고도의 두뇌노동자가 남아 있다는 것이다. 또한 이 잔존하는 노동자들은 기획, 개발, 연구, 조사, 점검, 수선, 조종 등에 관련된 고도의 두뇌노동을 수행하기 때문에 단순 손노동자나 육체적 중노동자들이 없어지게 된다. 생산력의 이러한 객관적 추세에 따라 19세기 산업혁명 시기의 기계제에 제약된 엥겔스의 테제, 즉 **생산과정 안에서** 생산자들로 하여금 모든 공정을 거치게 하여 두뇌노동과 손**노동**의 통일을 기하려던 프로젝트[6]는 교정되어야 할 것이다.

다른 한편 잔존하는 고도기능의 복잡노동자는 비록 수적으로 적지만 테일러리즘 지배 하의 주력 노동대중인 국졸·중졸 노동자보다 서너 배 복잡한 기능을 수행하므로 마르크스의 환원공식에 따라 환산할 때 잔존하는 복잡노동자 1,500여 명은 실은 4,500~6,000명의 단순노동자에 해당한다. 따라서 당시 공학적 자동화의 노동단순화 경향에 제약된 마르크스의 테제, 즉 기계의 계속적 적용으로 24명의 노동자가 가령 2명으로 축소되면 1시간씩 착취당하는 24명의 잉여노동시간(24시간)보다 2명에서 24시간을 착취하는 것이 어렵기 때문에 자본주의의 '내재적 모순'을 피할 수 없다는 테제[7]도 교정되어야 할 것으로 생각한다. 여기에서 마르크스는 잔존하는 2명의 노동자의 기능이 가령 5배 복잡화되는 것을 고려하지 않고 있다. 5배 복잡한 2명의 노동자를 3시간씩 착취하면 단순노동의 30시간에 해당하는데, 이것은 24명의 단순노동자를 1시간씩 착취하는 것보다 6시간이 더 많기 때문이다.

대)인 데 반해, 미국은 2만 대(/*Der Spiegel*, 1987.6.7에 의하면 18,000대), 서독은 12,000대에 불과하다(같은 책).

5) *Der Spiegel*, Nr.33, 1986. 이하 이 잡지에 의존.

6) MEW 20, pp.273~274.

7) MEW 26.2, p.576. 강조는 필자.

노동을 일면화, 단순화시킨 19세기의 **역학적** 자동화에 제약된 마르크스의 저 테제는 바로 이윤율 하락의 법칙의 전제를 이루는데, 결국 그 법칙은 **극소전자적** 자동화의 출현과 함께 재검토되어야 할 것으로 보인다. 상세한 논의는 생략한다. 아무튼, 과학기술혁명은 마르크스의 제반 법칙을 새로운 정신에서 재검토할 것을 요구하고 있는 것으로 생각된다.

마르크스에 의해 정식화된 자본주의 법칙들이 재검토되어야 한다 할지라도 그의 잉여가치이론, 착취이론, 축적이론 등이 건재하는 한에서 새로운 기술발전의 영향으로 야기된 계급변동은 마르크스의 계급론의 범위를 넘어서지 못하고 있다.

3. 마르크스의 지식 프롤레타리아 개념과 중간계층론

앞에서 적시되었듯이 과학기술혁명의 **경제적** 관철과정은 노동대중의 두뇌노동자화와 손노동자 대중의 급속한 감소경향을 초래한다. 물론 생산영역에서 두뇌노동자의 증대가 과학기술혁명과 함께 비로소 개시된 것은 아니다. 19세기의 산업화 과정에서도 과학적 이론으로 교육된 고도노동자가 완만하게 상승하기 시작하였고 테일러리즘의 관철과정에서도 줄곧 증대되었다. 그러나 이 시기의 두뇌노동자들은 대부분 **자본가 진영에 속하는 산업장교** 또는 (테일러리즘 이후에는) **산업관료**들로서 피착취자들이 아니라 부분적인 착취자들이었다.

과학기술혁명 이후의 두뇌노동자들은 이에 반하여 손노동자들과 본질적으로 동일한 **피착취대중**이라는 데 그 특이성이 있다. 따라서 이 새로운 노동대중의 계급적 지위의 규정을 둘러싸고 부르주아 이론과 마르크스 이론 간에는 오랜 논쟁이 진행되었다. 부르주아 이론은 이 피착취대중으로서의 두뇌노동자들을 기업관료들과 함께 '중산층'에 집어넣어 프롤레타리아트를 소멸시키려 하고 마르크스 이론가들은 이 두뇌노동자들을 중산층으로부터 빼내려고 시도하였다. 그러나 이 마르크스주의 이론가들은 마르크스 자신의 중간계층 개념도 프롤레타리아트 개념도 부정확하게 파악하여 간혹 스스로 이론적 혼란 속에 빠져듦으로써 부르주아 이론에 대한 정면비판에 실패하였을 뿐만 아니라, 심지어 일부 교조적 이론가들은 이 두뇌노동자 대중을, 아니 어떤 경우는 단순사무직 노동자까지도 중간계층에 집어넣음으로써 부르주아 이론가들의 마르크스 비판에 무의식적으로 그리고 결과적으로

가담하는 사례가 허다하였다.

오늘날도 부르주아 계층론에서 그대로 답습되고 있는 중산층 증대론은 원래 막스 베버의 마르크스 비판에서 유래한다. 마르크스는 물론 1848년 「공산당 선언」에서 "사회 전체는 **점차** 두 개의 커다란 적대적 **진영**, 즉 두 개의 커다란, 직접 상호대립하는 계급들, 부르주아와 프롤레타리아로 분열하고 있다"[8]고 말하고 있다. 마르크스의 이 테제는 주의깊게 읽혀야 할 것인바, 첫째, 이 구절은 '점차'라는 말이 함축하듯이 어떤 유연성도 배제하는 경직된 순수 양극화론이 아니라 **경향**을 지적하고 있기 때문이다. 둘째, '진영'으로서의 부르주아지와 프롤레타리아트란 가령 '나폴레옹 진영'이란 표현이 결코 나폴레옹(B. Napoleon)만으로 구성되어 있다는 것을 뜻하는 것이 아니듯이 부르주아 **진영**에는 부르주아 **계급**에 속하지 않으면서 비교적 후한 보수와 신분보장을 대가로 부르주아지의 **권력**과 **안전**을 지켜주는 모든 하수인, 즉 국가관료, 산업장교, 산업하사관(오늘날은 기업관료층)도 속한다. 이런 이유에서 마르크스와 엥겔스는 같은 문건에서 노동자들을 감독하는 "하사관과 장교들"[9] 에 관해 언급하고 있다. 셋째, 저 테제가 지적하는 양대 진영으로의 분화는 부르주아 하수인들의 수가 상대적으로, 절대적으로 감소하기 때문에 벌어진다는 것이 아니라——이 하수인들이 부르주아 진영에 속하는 한에서 **진영분화**는 이들이 증가하더라도 관철된다——**소소유자들의 몰락**에 의해 벌어진다는 것을 함의한다.

러시아 10월 혁명 직후 베버(M. Weber)는 마르크스의 저 테제를 다음과 같이 비판하고 있다.

> "기업가들의 수가 적어지면 적어질수록 프롤레타리아트의 수는 상대적으로 그리고 절대적으로 커진다. ……이 테제는 수정된 형태로 오늘날도 고수되고 있다. 그러나 이 테제는 적어도 오늘날 결코 **일반적으로** 올바르지 않다. 첫째, 이 테제는 거꾸로 농민층의 보다 격심한 증가현상이 아주 다각적으로 대두되고 있는 농업에 대해서는 올바르지 않다. ……이 아주 얽히고 설킨 과정(독점형성과정——필자)의 부수현상은 그러나 무엇보다도 '사무직원', 즉 사경제적 **관료층**의 급속한 증가——이들은 통계상

---

8) MEW 4, p. 463. 강조는 필자.

9) 같은 책, p. 469.

노동자보다 몇 곱절 빨리 증가하고 있다——인데, 이들의 이익은 결코 일면적으로 프롤레타리아 독재를 지향하고 있지 않다. 그러나 이렇다면 극도로 복잡한 이해관계의 형성은 부르주아 체제의 직간접적 이익가담자들의 수와 권력이 감소하는 중에 있다고 현재 주장할 수 없을 정도로 복잡한 것이다. 아무튼 무엇보다도, 미래에는 수 명, 아니 수백 명 또는 수천 명의 자본왕들만이 고립되어 수백만, 아니 수천만의 프롤레타리아트에 맞서게 될 것이라고 규정적으로 확언할 수 있는 상태가 아니다."[10]

여기에서 농민층에 관한 베버의 언급은 농민이 전인구의 2% 이하로 하락해버린 오늘날 서구에서 전적으로 오류로 드러났고 반대로 마르크스가 지적한 역사적 **경향**이 관철되었다. 도시 소상공인의 수도 전주민의 8% 이하로 감소하여 계급으로서의 정치적 의미를 상실하였다. 이들은 선거 때마다 양대 진영의 어느 쪽엔가 가담하지 않을 수 없다.

또한 관료층에 관한 베버의 지적은 마르크스에 관한 그의 많은 비판이 그렇듯이 마르크스에 관한 무지로 말미암은 무고로서 마르크스 자신의 주장에 관한 한 전적으로 빗나간 비판이다. 관료층으로 대표되는 이 **중간계층**은 자본의 집중과 집적이 진행됨에 따라 감소하는 소소유자와는 반대로 증가한다. 마르크스는 이 점을 정확히 파악하고 있었고 오히려 이 점을 모르고 있는 맬더스(Malthus)와 리카도(Ricardo)를 나무라고 있다. 마르크스는 맬더스에 대하여 다음과 같이 말하고 있다.

"그가 다소 공상적인 것으로 기술하고 있는 그의 최고의 희망은 중간계급 대중이 증가하고 (노동하는)프롤레타리아트가 (비록 절대적으로 증가할지라도) 전체 인구의 점차 상대적으로 축소되는 부분을 이루는 것이다. **그런데 이것은 실은 부르주아 사회의 진행상황이다.**"[11]

다른 한편 마르크스는 리카도에 대한 비판에서 이 '중간계급 대중'이란 소소유자(즉, 쁘띠 부르주아지)가 아니라 부르주아지의 각종 하수인들임을 밝혀주면서 다시

---

10) Max Weber, "Politik im Weltkrieg", *Der Sozialismus*, 1988, p. 316. 강조는 필자.
11) MEW 26. 3, p. 57. 강조는 필자.

한번 이 중간층의 지속적 증가에 관해 환기시키고 있다.

> "그가 강조하는 것을 망각한 사실은 한편으로 노동자들과 다른 한편으로 자본가 및 지주 사이에 **중간**에 서 있으면서 점차 큰 규모로, 대부분 **수입**에 의해 직접 부양되며 노동하는 기층에 **짐**으로 부담을 주면서 상류계급의 **사회적 안전**과 **권력**을 증대시켜주는 **중간계급들**의 **지속적인 증가**이다."[12]

따라서 순수한 양극화 테제를 마르크스의 예언이라고 무고하면서 정치적으로 귀찮은 마르크스로부터 벗어나고자 하는 베버의 저 비판도 그리고 이를 모방한 온갖 마르크스 비판도 아주 빗나간 것이다.

그러나 여기서 우리에게 중요한 것은 마르크스를 무고로부터 벗겨주는 것뿐만 아니라, 도시와 농촌의 **감소하는** 소소유자들로서의 중간계층과 구별되는 **증가하는** 중간계층[13] 에 대한 마르크스의 특징 묘사이다. 마르크스는 위 인용문에서 부르주아 **진영**에 속하는 중간계층들의 본질적 특징을 보여주고 있다.

①사회적 **기능연관** 속에서의 그들의 **중간적** 위치 : 그들은 특수한 형태의 임금(봉급)을 받는 **임노동자들**이지만 프롤레타리아 진영에 속하는 것이 아니라 부르주아 진영으로 "탈영한"(엥겔스) 또는 부르주아지가 "매입한"(마르크스) **부패한** 임노동자 집단으로서 "고용주를 위해" 즉 자신의 본래적인 소속 "계급의 이익에 대항하여"[14] 기능하며 또한 부르주아 **진영**에 가담하여 '고용주를 위하여' 기능하지만 부르주아 **계급**에는 속하지 않는다는 뜻에서, 즉 **사회적 기능연관** 속에서의 중간적 위치를 점한다. 말하자면 그들의 봉급액이나 권력이 부르주아지의 그것과 노동대중의 그것의 중간에 있다는 뜻이 아니다. 따라서 중간계층들 가운데 특정 부류의 노동자들보다 봉급이 적거나 사회적 지위가 낮은 중간층, 가령 대기업에 고용되어 기업주의 이익을 위해 기능하는 기업 청원경찰, 기업경비, 하급 국가경찰 등도 있을

12) MEW 26.2, p.576. 강조는 필자.

13) 마르크스는 위 인용문에서 보듯이 '계층'과 '계급'을 구별함이 없이 '중간계급들'이라고 하고 있다. 따라서 '중간계층'이라는 말 대신 '중간계급'이라는 표현을 사용하는 사람들에 대해서 그렇게 '성낼' 필요가 없다고 생각한다.

14) 마르크스, MEW 42, p.213.

수 있는 것이다.

② 지배계급의 '**수입**에 의해 부양받는' 그들의 특유한 **경제적 실존** : 그들은 국가 및 기업에 고용되어 봉급을 받지만 이것은 그들의 기능이 이중적인 한에서 (생산적 기능과 비생산적 억압기능) **부분적으로** 언제나 지배계급이 노동대중으로부터 추출한 잉여가치의 일부인 지배자의 수입에서 지급된다. 심지어 사기업에서조차도 그들은 그들의 노동을 전량 자본과 교환하는 것이 아니라 부분적으로 (지위가 높으면 높을수록 '점차 큰 규모로, 대부분') 자본가의 **수입**과 교환한다. 그들은 자본가들의 수입에 의해 신분이 보장되는 "특수한 부류의 임노동자들"[15]이다. 즉 그들의 봉급은 그들이 수행하는 생산적 기능에 대한 대가를 상회하고, 생산적인 기능을 전혀 수행하지 않고 순수한 **파괴적** 기능만 수행하는 직업적인 '구사대'(서구의 경우 합법화된 기업경비대)의 봉급은 비록 노동임금보다 때론 적을지라도 **전액** 자본가의 수입에서 지출된다. 말하자면 그들의 봉급은 부분적으로 또는 전적으로 "특수한 수당" 즉 충성수당을 반영한다.[16]

③ '노동하는 기층에 대해 짐으로 부담을 주는' 그들의 부분적인 **착취자적 성격** : 이들의 충성수당이 결국 노동대중의 잉여노동의 일부인 한에서 부분적으로 또는 거의 전적으로 착취자적 성격을 지닌다. 따라서 이들이 많으면 많을수록 '노동하는 기층'에 큰 '부담'이 된다. 왜냐하면 "임노동자는 자신의 임금을 생산하는 것에 더하여 자신에 대한 지배와 감독의 노동에 대한 보수도 생산하도록 강요되기" 때문이다.[17]

④ '상류계급의 **사회적 안전**과 **권력**을 증대시켜 주는' 그들의 **사회적 기능** : 이들은 이데올로기적, 물리적, 기술적 능력을 지배계급의 사회적 안전과 권력의 증대를 위해 구사한다.

이러한 네 가지 특징에 부합되는 사회집단들은 관료, 테크노크라트, 기업경비대, 청원경찰, 국가경찰, 군대 중하급 간부 등 가릴 것 없이 모두 임금예속적인 중간계층에 속한다. 이들은 사회 전체가 과두화될수록, 그리하여 억압해야 할 인구층이 증대될수록 **지속적으로 증대된다.**

15) MEW 23, p. 351.
16) MEW 42, p. 213.
17) MEW 25, p. 399.

마르크스의 이 중간계층론의 개념적 선명성을 부각시키는 것은 베버의 마르크스 비판이 마르크스에 대한 무지를 제외하면 사실에서 옳다는 것을 증명하기 위한 것이 아니라 베버의 중간계층론의 근본적 오류를 규명하기 위한 것이다. 베버는 위 인용문에서 알 수 있듯이 **사무직원**(Angestellte)과 **관료**를 등치시키고 있다. 그런데 문제는 사무실에서 일하는 모든 직원들이 마르크스의 상술된 중간계층 개념에 부합되는 관료로 간주될 수 없다는 데 있다.

엥겔스는 「공산당 선언」에 대한 1888년 각주에서 프롤레타리아트의 정의에서 생산수단이 없어 먹고 살기 위해 자신의 노동력을 팔아야 하는 측면을 언급하고[18] 마르크스는 임노동자로서 "자본가의 직접적인 통제 하로 들어가는" 것[19]과 잉여노동을 통해 "자본을 증식시키지만" (즉 착취당하지만), 자본이 필요로 하지 않자마자 아무런 신분보장 없이 "아스팔트 길 위로 내동댕이쳐지는" 노동자의 무력한 **사물적** 실존을 강조하였다.[20] 프롤레타리아트의 이러한 처지는 지배계급의 사회적 안전과 권력을 증대시키는 기능을 수행하면서 신분을——많건 적건——보장받고 일정한 권력도 위임받는 중간계층과 본질적으로 구별된다. 그런데 마르크스도 엥겔스도 프롤레타리아트의 정의에서 손노동의 규정을 전혀 사용하지 않고 있는 점에 주목해야 한다. 마르크스, 엥겔스 시대에도 사무실에서 고도의 두뇌노동을 수행하지만 관료적 지위에 있지 않은 실무노동자들이 다소 존재하였다. 이들은 관료적 중간층이 아니라 **반대로** 자본가의 권력을 위임받은 관료체제의 **통치대상**으로서 자본이 필요로 하지 않는 경우 실업상태에 빠졌고 또 생산수단이 없어 자영업자가 되지도 못하고 일자리를 찾아 거리를 헤맸다. 이들은 마르크스와 엥겔스의 상술된 프롤레타리아 개념을 종합할 때 조금도 과장 없이 프롤레타리아트에 속한다.

이런 근거에서 마르크스는 1860년대초 라이프치히에 우굴대던 출판사 직원들을 "문필 프롤레타리아"라고 부르고 있다. "서적상(당시는 출판사 사장을 이렇게 불렀다——필자)의 감독 하에 서적(예를 들면 경제학 참고서)을 저술하는 라이프치히의 문필 프롤레타리아(Literaturproletarier)는 생산적 노동자이다. 왜냐하면 그의 생산물은 애당초 자본 아래에 포섭되어 있고 오직 이것의 증식을 위해서만 생산되

18) MEW 4, p. 462, 각주.
19) MEW 23, p. 533.
20) 같은 책, p. 642.

기 때문이다."[21] 또한 1890년대에 들어서면 공장관리자층과 상업경리실 안에 고용주의 **가부장적** 보호 하에 있던 대졸 엔지니어 등의 각종 전문 직원들과 상업경리직원들의 봉급이 이들의 수적 증대로 하락하고 그 중에는 실업상태에 빠지는 사람들도 나타난다. 이들을 엥겔스는 1893년에 "지식 프롤레타리아"[22] 라고 부르고 이중 상업직원분파를 "상업 프롤레타리아"라고 부른다(1894). 이 상업 프롤레타리아들도 "모든 상업기능과 3~4개의 언어를 통달한" 고도 두뇌노동자들이었다.[23] 이들은 모두 사무직원들이었지만 결코 지배계급의 사회적 안전과 권력을 증대시켜주는 관료들이 아니었는데 베버가 그것도 1920년경 뒤늦게 이들까지 모두 '사경제적 관료층'에 몽땅 집어넣고 있기 때문에 베버의 중간층론은 원래부터 오류였다. 더구나 베버 시대에는 이 고도기능의 지식 프롤레타리아와 나란히 착취당하는 **사무실 손노동자**(단순 사무직 노동자)들이 출현하고 있었는데 베버는 이들도 관료로 '승격'시킨 셈이다. 산업노동자 및 농업노동자를 제외한 모든 임노동자들을 관료와 대충 섞어서 중산층으로 '승격'시키려는 이러한 이데올로기적 말장난은 오늘날도 한상진의 '중산층론'과 '화이트칼라'론 등에서 반복되고 있다.

그런데 더욱 안타까운 것은 일부 교조적 마르크스주의자들이 지식 프롤레타리아를 기업관료층 및 테크노크라트 층과 함께 '임금예속적 중간층' 또는 '신중간층' 또는 '근로인텔리' 등으로 분류하여 부르주아적 말장난을 마르크스주의적 용어로 반복하는 것이다. 이들은 한결같이 마르크스와 엥겔스의 프롤레타리아 개념도 중산층 개념도 저버린, 보다 정확히 말하면 이것에 대해 전혀 알지 못하거나 숙고하지 않은 사이비 근본주의자들이면서 동시에 현실의 객관적 추세에 대한 장님들인 셈이다.

지금까지 마르크스의 중간계층론과 지식 프롤레타리아 개념을 상세히 논구한 것은 부르주아 중산층론을 분쇄하고 과학기술혁명과 더불어 대중화되고 있는 지식 프롤레타리아를 중간계층으로부터 **명확히** 분리, 인식해냄으로써 일정한 실천적 함의를 밝히기 위한 것이었다. 그런데 이젠 지식 프롤레타리아의 프롤레타리아 내에서의 위치가 문제로 부각된다.

---

21) MEW 26. 1, p. 377.

22) MEW 22, p. 415.

23) MEW 25, p. 314.

(1) 노동계급 개념과 프롤레타리아 개념은 같은 개념인가

고전적 프롤레타리아 개념은 손노동자뿐만 아니라 위에서 보듯이 지식 프롤레타리아도 포괄한다. 그러나 마르크스, 엥겔스 시대에는 그리고 그 이후에도 오랫동안 지식 프롤레타리아의 수는 많지 않았고 따라서 실천 속에서 프롤레타리아트는 손노동자와 등치되더라도 별 문제가 없었다. 이런 까닭에 실천적 팜플렛에서 더 많이 사용된 '노동계급'이라는 말은 주로 손노동자대중을 가리켰고 또 실천적으로 프롤레타리아트와 등치되었다. 이런 이유에서 마르크스와 엥겔스도 대부분의 경우 노동계급이라는 표현으로써 손노동자대중을 지칭하였고 또 프롤레타리아트와 동일시하였다. 전시대의 이러한 용례는 실천적으로 정당한 것이었을 뿐만 아니라 용이한 소통을 위해 편리하였다. 또한 프롤레타리아트 안에서 손노동자대중이 압도적 다수를 차지하는 한에서 변혁적 역량의 주력은 바로 이들이었다. 이러는 사이에 노동계급은 항상 손노동자대중을 뜻하게 되었고 이것은 일상적 언어와 심지어 저널리즘에까지 굳게 뿌리내렸다. 이러한 실천적 전통은 이론가들의 개념확장 작업을 통해 무효화될 수 있는 것이 아니다. 왜냐하면 전통적 노동계급 개념은 이미 자본주의적 생산양식의 한 특질인, 생산과정 내의 두뇌노동과 손노동의 분업관계 안에서 손노동에 묶여 있는 생산대중이라는 실재적 인간집단과 불가분하게 융해되어 있기 때문이다. 따라서 이 개념은 두뇌노동자인 지식 프롤레타리아까지 포함시키기 위해 인플레이션시켜서는 안 되고 오히려 존중되어야 한다고 생각된다.

이것은 마르크스와 엥겔스가 지식노동자들을 프롤레타리아트에 포함시켜 지식 프롤레타리아로 규정한 적은 있지만 노동계급에 포함시킨 적은 단 한번도 없기 때문에 그렇게 납득하기 어려운 것은 아니다. 심지어 엥겔스는 1893년에 다음과 같이 말하고 있다.

> "그들(대학생들 —— 필자)의 대오로부터 그들의 **형제들**인 **손노동자들**과 나란히 그리고 이들의 한복판에서 다가오는 혁명 속에서 현저한 역할을 수행할 소명을 받은 **지식 프롤레타리아트**가 부각되어 나올 것이다. ……**노동계급**의 혁명은……**의사, 엔지니어, 화공전문가, 농업전문가 등 기타 전문가들**을 필요로 한다."[24)]

---

24) MEW 22, p. 245 강조는 필자.

여기서 엥겔스는 손노동자들로서의 노동계급과 지식 프롤레타리아의 형제적 **통일성**에 관해 입론함으로써 노동계급과 지식 프롤레타리아 개념을 포괄하는 **상위개념**으로서 **프롤레타리아 개념**을 전제하고 있다. 즉, 프롤레타리아 개념을 노동계급 개념과 등치시키고 있는 것이 아니라 이 개념보다 넓은 개념으로 전제하고 있다. 동시에 프롤레타리아 혁명을 무엇보다도 '노동계급의 혁명'으로 봄으로써 노동계급과 지식 프롤레타리아의 차별성, 말하자면 **형제간**의 **차별성**을 보여주고 있다. 이것은 엥겔스가 1891년까지 프롤레타리아 = 노동계급의 등식을 고수하면서 "기술자들은 우리의 **원칙적인 적수**이다"[25] 라고 하던 발언과 대비할 때 엄청난 입장 전환이다. 그만큼 대졸 기술자들의 객관적 상황은 급속히 악화되고 있었고 지배계급의 교육독점은 급격히 와해되고 있었다.[26] 아무튼 엥겔스의 이 입장에 따를 때 지식 프롤레타리아는 프롤레타리아트 개념에 속하지만, 노동계급에는 속할 수 없다. 엥겔스의 관점에 따를 때 프롤레타리아트 개념구조는 다음과 같이 도식화된다.

　　　　　　　　　　／노동계급(손노동자 대중)
프롤레타리아트
　　　　　　　　　　＼지식 프롤레타리아(비관료적, 비테크노크라트적 대졸 전문노동자)

피착취대중을 항상 단일계급으로 상정하는 우리의 사유습관에서 볼 때 이 도식은 언뜻 불합리하게 느껴질 수 있다. 그러나 현 역사단계를 좀더 잘 이해할 수 있게끔 "이해를 위한 추상"(마르크스)을 발휘해 본다면 각 사회구성체의 직접적인 피착취대중은 그 **후반기**에 대개 초기의 피착취대중이 초기 형태의 기층과 이 기층으로부터 어느 정도 상승한, 따라서 이들의 **외곽**에 위치하는 계층으로 **이중화되어** 공존함을 알 수 있다.

---

25) MEW 38, p. 189.

26) 1875~1902년의 독일 대학생 증대 추세에 관해서는 J. Kocka, Die Angestellten, 1981, p. 101을 볼 것.

- 로마 노예제 후기 형태 : 노예
  - 직접적인 노예(초기 형태와 본질적으로 동일)
  - 유사 콜로넨(Quasi-Kolonen ; 경작지를 분배받은 외거노비, 중세 농노의 전신)
- 봉건제 후기 형태 : 봉건 농민
  - 농 노
  - 예 농

이러한 역사적 '추상'에 입각해서 생각해본다면, 자본주의 구성체에서만은 피착취 생산자 대중인 프롤레타리아트가 예나 지금이나 **노동계급으로만** 되어 있어야 한다고 생각하는 것이 오히려 불합리한 것으로 느껴진다. 자본주의 구성체 안에서의 생산력 발전과 그간의 노동계급의 해방투쟁이 수포로 돌아가지 않은 한에서 프롤레타리아트의 이중화도 당연한 것이다. 로마에서 유사 콜로넨은 차츰 증대하여 직접적 노예를 거의(소수의 노예는 봉건 초기까지도 잔존한다) 대체하여 봉건 농노로 발전하는데, 이 봉건 농노는 다시 점차 예농으로 전환되고 이 예농은 다시 근대적인 자유보유농 대중으로 화한다. 그런데 여기서 주목해야 할 것은 직접적 노예 → 유사 콜로넨, 농노 → 예농으로의 전환은 노예제 도입 초기의 빈번한 혁명적 노예반란, 봉건제 초기의 빈번한 **혁명적** 농노반란으로 촉진되었다는 점과 유사 콜로넨 → 농노, 예농 → 자유보유농으로의 구성체적 전환은 비교적 **평화적** 계급투쟁으로 이루어졌다는 점이다. 자본주의 초기에서 후기 국가독점자본주의에 이르기까지 프롤레타리아트의 투쟁도 노동계급의 혁명적 노선에 따라 진행되었고(그람시에 의하면 '운동전') 그 이후는 대체로 평화적인 '진지전'으로 바뀌어온 것 같다. 아무튼 고전적 지식 프롤레타리아 개념은 오늘날의 기술혁명 속에서 지극히 중요한 범주가 된다.

유사 콜로넨이 노예이되 이미 직접적인 노예는 아니고 예농이 여전히 봉건적 예속농민이되 이미 농노는 아니듯이, 지식 프롤레타리아는 프롤레타리아트이되 이미 노동계급은 아니다. 현재 서구 노동계급은 여론과 논박, 이데올로기적 선전과 문화적 소통 등을 기제로 하는 발전된 시민사회 속에서 혁명적 동력을 상실하고 피동적인 계급으로 바뀌고 있는 것 같고 심지어 과학기술혁명의 진행 속에서 보수화되는 경향까지 보이고 있다. 지금까지 필자의 관찰에 의하면 미래적인 체제변화

적 요소는, 아직도 얼마간 중산층적 전통에 얽매여 있지만 차츰 대중화되고 있는 지식 프롤레타리아와 생성중의 지식 프롤레타리아(대학생)밖에 없는 것 같다. 이들은 계급분석에 따르면 녹색당과 사민당(또는 사회당) 좌파, (이탈리아의 경우) 공산당의 지지대중을 이루거나 이들 당원들 자신이 대부분 지식 프롤레타리아 출신이다.

(2) 지식 프롤레타리아트냐 '새로운 계급'이냐

전위당들이 전통적으로 노동계급을 프롤레타리아트와 등치시켜 왔고 부지불식간 또는 어떤 경우 프롤레타리아트를 손노동자만으로 간주하여 왔기 때문에 부르주아적 중산층론은 전위당의 이 경직된 이론으로부터 백만 원군을 얻었을 뿐만 아니라, 대부분의 부르주아 이론가들은 이 경직된 입장을 마르크스의 입장으로 보고 즐겨 비판해왔다. 가령 쉬파이어(H. Speier)는 다음과 같이 말하고 있다.

> "임노동자 집단이(독일의 —— 필자) 전체 근로자에서 차지하는 몫이 1895년에서 1925년까지 56.8%에서 45.1%로, 즉 절대다수선 아래로 하락하였다. 이러한 사태전개는 프롤레타리아 개념이 **마르크스가 생각했던 것보다** 더 넓게 파악됨으로써만 마르크스주의 사회학에서 불안한 문제가 아닐 수 있었다."[27]

이러한 무고와 오해는 비일비재하다. 그러나 이러한 오해는 동시에 자본주의가 아니라 마르크스를 넘어서려는 모든 계급이론 또는 계층론의 출발점이기도 하다. 굴드너(A. Gouldner)는 다음과 같이 말하고 있다.

> "마르크스주의는 화폐소유와 노동 간의 정치경제학적 구분을 넘겨받아 노동을 단순한 육체노동의 단위로 계산하려는 경향으로 기울어졌다."[28]

굴드너는 일단 마르크스를 포함한 마르크스주의를 이와 같이 비판한 후 자본의 가치증식과 권력증대를 위해 기능하는 기업 내외의 테크노크라트층과 대졸관료층,

---

27) H. Speier, *Die Angestellten*, 1989, p. 21. 강조는 필자.
28) A. W. Gouldner, *Die Intelligenz als Neue Klasse*, 1980, p. 52.

(지식 프롤레타리아로서의) 엔지니어, 영업직원, 교사, 자유직·반자유직의 전통적 지식인, 예술인 등을 가릴 것 없이 "지식인 계급"으로 규정한 후 **미래의 지배계급**으로서의 이것을 "새로운 계급"이라고 주장하고 있다. 그리하여 주계급들, 즉 부르주아와 프롤레타리아트는 사라지고 있다는 것이다. 이와 같은 주장은 심지어 소련 학자 노다리 시모니아(N. Simonia)도 대변하고 있는 것 같다.[29]

이 '새로운 계급론'은 부르주아 진영에 가담하여 지식 프롤레타리아와 노동계급을 억압하는 관료적, 테크노크라트적 중간계층을 이들에 의해 억압받는 지식 프롤레타리아[30] 와——이들 노동기능의 지식성이라는 주관적 유사성에만 사로잡혀——등치시킴으로써 결국 **착취하는 노동**과 **착취당하는 노동**을 동일시하는 오류를 범하고 있다.

중간계층은 서구에서 단체활동을 할 경우 보통 '관리직원협회' 등의 특권적 **직업단체**에 가입하고 과장 밑에 배치된 지식 프롤레타리아 대중은 **노조**에 가입하는 현상을 보더라도 '새로운 계급'론은 근거가 없다. 프롤레타리아트의 **새로운 분파**를 '새로운 계급'으로 얼버무리려는 이러한 시도들은 **자본관계** 또는 관료 및 테크노크라트층과 지식 프롤레타리아의 **대립관계**의 강력한 현존을 은폐하려는 시도이거나 이를 망각한 이론적 혼란이다.

3. 변혁 전략의 모색

(1) 지식 프롤레타리아의 수적 증가추세

지식 프롤레타리아는 현재 진행되고 있는 과학기술혁명 과정 속에서 **새로운 두뇌공학적 사무기술의 대거투입으로 인해 위계단계가 감소하는 추세**를 반영하여 관료층의 증가 속도보다 더 빨리 증가하고 있다. 이 점을 감안하고서 서독의 1976년과 2000년(예상수치)의 취업자 학력분포를 보면 다음의 〈표〉와 같다.

29) 「사상문예운동」 2호, 1989년 겨울, p. 298.

30) 관료로 승진할 수 없어 평사원으로 일생을 보내는 지식 프롤레타리아는 서독의 경우 사기업에 고용된 대졸사원 전체의 3분의 2를 상회한다. L. Winter, *Klassen*, 1989, p. 24.

〈표〉 전체 피고용자 대비 비율

	1976년	2000년	비 고
대졸사원	6.5%	13~15%	우리나라 석사학력 소지자, 학사 취득 후 1년 이상 더 공부한 학력에 대응.
전문학교 졸	6.6%	6.6%	우리나라 대학 3년 수료자에 대응.
기업 내 교육과정 또는 직업학교 졸	50.0%	58~60%	이중 상층은 전문대 졸업학력에 대응하고 하층은 실업고교 졸업학력에 대응. 특히 상층이 급속히 증가한다.
비숙련자	37.0%	약20%	중졸자

자료 : F Deppe, *u. a.*, 1988, p. 142

이 표에 의하면 우리나라 교육제도상 대졸 또는 전문대졸 이상의 학력을 가진 지식 프롤레타리아가 대충 2000년경에는 프롤레타리아트 중 50%를 상회할 것으로 나타나고 있다.[31] 동시에 주목해야 하는 점은 잔존하는 노동계급의 학력도 중졸 이상의 학력자들이기 때문에 마르크스와 엥겔스 시대의 무학력 노동자들 또는 초급학교 졸업자들과 현격히 다르다는 사실이다. 더구나 우리나라 일제시대 때 중 · 고졸자들이 인텔리로 간주되어 국민학교 교사 등으로 활동하였음을 상기한다면 이 기준에 따를 때 잔존하는 노동계급의 대부분도 2000년대에는 '인텔리'(?)인 셈이다.

우리나라에서도 유사한 경향이 목도된다. 산업노동자의 비중이 1988년 1/4분기 이래 감소하기 시작하더니 동년 4/4분기에는 '사무직원'의 비중보다 작아졌다.[32] 여기서 '사무직원'의 개념이 관료층 및 테크노크라트층뿐만 아니라 지식 프롤레타리아 그리고 노동계급에 속하는 단순사무직 노동자들까지 포괄하는 개념이기 때문에 지식 프롤레타리아의 구체적 증가 추세는 알 수 없지만, 아무튼 우리나라도 벌써 계급변동의 전환기를 통과하였다는 것만은 분명하다.

세계에서 유달리 교육열이 높아 고교생의 대학진학률이 세계 1위인 우리나라[33]의

31) 1988년과 1989년 두 해 동안 무려 50여 만 명으로 대학 입학생이 늘어난 점을 감안하면 2000년의 예상수치도 이미 낡은 것으로 느껴진다.

32) 「신동아」, 1989년 11월호, p. 451.

33) 「시사저널」, 1990. 3. 25, p. 21.

특수성과 현재 정부가 극소전자적 자동화 등 기타 첨단기술을 투입시키기 위해 추진중인 '산업구조조정 계획'에 따라 현재 높은 대졸실업은 독점자본이 대졸사원의 '버릇 가르치기'용 인질로 잡아둘 공산이 클 것임을 십분 고려할 때 여기서 높은 실업률은 지식 프롤레타리아의 급증을 내다보는 데 큰 장애가 되는 것이 아니라, 오히려 대졸사원의 프롤레타리아성을 증거할 뿐이다. 1989년 4년제 대학 졸업자(161,602명)와 전문대 졸업자(69,969명)가 도합 23만여 명에 달하는데[34] 향후 10년간 이 수준이 계속 유지된다 하더라도 지식 프롤레타리아는 230만여 명이 추가되고 노동계급의 수는 대충 이에 비례하여 감소할 것으로 관측된다. 해마다 불어날 지식 프롤레타리아들은 물질적 생산분야뿐만 아니라 비물질적 생산분야, 공공기관의 비관료적 실무영역 등에 분산, 배치될 것인데, 교육과정에 있는 지식 프롤레타리아(대학생)까지 합할 때 **대중적** 인구층을 이룰 것이다.

(2) 미래개방적 변혁전략의 모색

과학기술혁명의 객관적 발전추세에 입각하여 유추할 때 우리는, 적어도 2000년대 중반쯤이면 중위 자본주의 이상의 발전수준을 갖는 사회들 안에서 노동계급은 **계급**으로서 의미를 상실하고 지식 프롤레타리아가 압도적 비중을 차지하게 될 것이라고 쉽사리 추정할 수 있다. 그러나 지금부터 그 시점에 이르는 과도기에는 노동계급이 프롤레타리아트 안에서 더 큰 비중을 유지하거나 지식 프롤레타리아와 백중세를 이루는 상태에 놓여 있게 된다. 이 상태에서 자본은 고도 두뇌노동자층으로서의 지식 프롤레타리아와 손노동자들로서의 노동계급을 공히 착취할 것이다. 일찍이 마르크스는 다음과 같이 말한 바 있다.

"……**두뇌노동과 손노동**——다시 말하면 이중 한 측면 또는 다른 측면이 우세한 노동들——을 분리하여 제각기 다른 사람에게 배분하는 것은 바로 **자본주의적 생산양식의 특유성**이다. ……이것은 이 사람들 각자의 관계가 자본에 대한 임노동자의 관계이고 그것도 이러한 **현저한** 의미에서 **생산적 노동자**의 관계라는 것을 방해하거나 변경시키지 않는다. 이들 **모두는** 자신의 급료 외에 자본가를 위한 **잉여가치**를 재생산한다. 이들의

---

34) 같은 책, p. 19.

노동은 지불노동과 **무(無)지불 잉여노동**으로 구성된다."[35]

즉 지식 프롤레타리아와 노동계급에게, 자본에 의해 잉여노동을(같은 비율로) **착취당하고** 자본의 억압기구에 의해 직접 **지배당한다**는 사실은 공통된 운명이다.

그러나 지식 프롤레타리아는 일정한 추상적, 이론적 지식을 바탕으로 연구, 구상, 기획, 조사, 교육, 상담 등의 실무노동을 수행하는 까닭에 자본의 **외적** 통제에 대해 상대적 자율성(**노동 속의 자유**)을 구가한다. 즉, 그들은 자본에 **형식적으로** 포섭되어 있다. 이에 반해 노동계급은 자본의 기계와 관료 · 테크노크라트 기제에 의해 생산기술과 지식조차 박탈당한 단순 손노동을 수행하는 까닭에 미세한 노동동작까지도 자본에 의해 사전 규정당하거나 통제당하는 상태에 있다. 즉, 그들은 자본에 **실질적으로** 포섭되어 있다.

이러한 본질적 구별에 더하여 지식 프롤레타리아도 생산적 분파와 비생산적 분파로 구획되어 있고 노동계급도 이 점에서는 마찬가지이다. 여기에서 약간 부연할 필요가 있는 것은 노동계급의 비생산적 분파(단순사무직원 + 판매, 포장, 발송, 보관 노동자)의 한 집단인 **단순사무직원**에 관해서이다. 이들은 언뜻 보기에 단순한 **두뇌노동**을 수행하는 것으로 보인다. 그러나 이들은 주로 지식 프롤레타리아의 실무노동으로부터 분리된 사무실 잔일거리(문서관리, 계산, 타자, 컴퓨터 오퍼레이션, 전화수 · 송신 등)를 처리하는 까닭에 주로 **손, 발, 몸**을 **직접** 끊임없이 놀려야 한다. 이 동작에 필연적으로 수반되는 정신기능도 실은 두뇌기능이 아니라 대부분 **신경기능**이다. 이 점에서 오늘날 기계화, 자동화, 테일러 · 포드화되어 있는 생산과정의 손노동자와 본질적으로 동일한 처지에 있다. 따라서 단순사무직 노동은 일종의 손노동으로 봐도 무방하다. 그러나 작업장 노동자와는 달리 먼지, 소음, 해로운 광선과 열, 생명의 위험으로부터 공간적으로 차단된 사무실에서 근무하므로 **작업장 손노동**에 대해 특유한 차별성을 지닌다. 이 차별성을 드러내기 위해 앞에서 단순사무직 노동을 **사무실 손노동**(büromässige Handarbeit)으로 불렀다. 지금까지의 설명을 기초로 프롤레타리아트의 내적 구조를 도식화하면 다음과 같다.

35) MEW 26.1, p.387. 강조는 필자.

- 프롤레타리아
  - 실질적 포섭상태 : 손노동계급
    - 생산적 노동자본과 — 산업노동자, 수송노동자 등.
    - 비생산적 노동자분파 — 단순사무직, 판매, 포장, 발송, 보관 노동자 등.
  - 형식적 포섭상태 : 지식 프롤레타리아
    - 생산적 분파 — 평엔지니어, 생산물 연구·기획·개발·구상 담당자들, 의료노동자, 출판·지식정보·교사노동자 등.
    - 비생산적 분파 — 상업, 금융, 재정, 광고분분과의 평대졸사원 등.

지식 프롤레타리아는 서구에서도 부분적으로 노동계급에 대해서 아직 상대적으로 **소수**인 셈이고 따라서 부분적으로 새로운 **노동귀족**의 성격을 아직 완전히 상실한 것은 아니다. 이 점은 우리나라에서는 더욱 그렇다. 뿐만 아니라 과학기술혁명의 불균등한 진행 속에서 지식 프롤레타리아의 어떤 집단은 일시적으로 자본의 급박한 수요에 미달일 수 있어서 '스카웃' 등의 특별대우를 받을 수 있다. 따라서 지식 프롤레타리아가 일반화될 때까지 지식 프롤레타리아의 의식과 정치적 성향은 분야에 따라 극히 들쑥날쑥하고 일정한 동요 속에 들어 있을 수밖에 없을 것이다. 그러나 이것이 이들의 소위 '쁘띠성'을 증거하는 것은 아니다. 이것은 다만 지식 프롤레타리아의 **생성과정**을 증거할 뿐이다. 이러한 상황에 대한 교조적인 오판은 지금까지 대부분의 서구 전위당들의 몰락의 근본원인이었다고 생각한다.

서구에서 지식 프롤레타리아들은 1950~1960년대에 이미 노동계급의 노조에 대거 가입하였거나 독자적인 노조를 건설하였다. 우리나라에서도 이러한 실천동향은 뚜렷이 목격되고 있다. 그러나 필자의 느낌에 의하면 이러한 실천에 대해 진보적 이론이 항상 뒤떨어진 상태에서 절름거렸음을 부인하기 힘든 것 같다.[36]

---

36) 심지어 필자는 —— 과문이지만 —— 한 계급이론가가 이론적 타협을 위해 찾아온 지식 프롤레타리아 운동가에게 대졸사원은 무조건 '쁘띠 부르주아'라고 우겨댔다는 한심한 이야기도

19세기 그리고 그 이후에도 서구 노동계급은 극심한 적빈(赤貧), 노동고, 전쟁고에 시달렸다. 바로 이러한 노동계급의 처지는 당시 이들의 일관된 변혁적 의지와 운동으로 표현되었다. 그러나 이후 서구 노동계급은 제정당의 개량주의 정책과 생산력 발전에 힘입어 **극심한** 빈곤으로부터 벗어났다.

그러나 현재도 서구 노동계급은 그들의 **무지**를 극복할 문화적으로까지 여유있는, 레닌(V. I. Lenin)의 말을 빌리면 "책을 찾을" 만큼 여유있는 상태에 있지 못하다. 그들은 이전에 비해 견딜 만하지만 여전히 궁핍하다. 이런 특이한 상태에서 현재 노동계급은 일체의 제도개선정책에 대해 거의 무감각하다. 주당 35시간 정책과 기업민주주의의 관철에 대해 물으면 절대다수가 '더 많은 임금'을 요구한다. 그리고 많은 경우 그들의 여전한 무지로 인해 보수정당의 이데올로기적 선전에 넘어가기 일쑤이다. 이에 반해 **경제적으로 항상 빠듯하지만 궁핍하지는 않은** 그리고 노동계급에 비해 월등히 유식한 지식 프롤레타리아는 절대다수가 제도개선정책과 노동시간 단축정책에 우선성을 둔다. 프롤레타리아트 내부의 이러한 변혁적 의지의 격차를 반영하여 서구 진보정당들도 제도개선을 우선시하는 좌파와 이에 대해 무관심한 우파로 분열되어 있다. 즉, 사민당 및 사회당의 우파는 실상 '개량주의 세력'도 아닌 셈이다.

이에 비하면 우리나라 노동운동은 일정한 유리점을 가질 수 있을 것으로 느껴진다. 우리나라 노동계급의 조직적 운동은 이제 막 탄생하여 생동하는 변혁성을 안고 있고 마찬가지로 지식 프롤레타리아 운동(전국교직원노동조합, 연구전문직노련, 의료관계노조 등)도 이제 태동중에 있기 때문에 서구에서 보이는 변혁운동의 **시차**가 없기 때문이다. 다른 조건을 일단 추상한다면 우리나라 노동운동의 힘은 이 두 운동의 조직적 결속에 의해 좌우될 것으로 생각된다. 서구에서 19세기와 20세기 전반의 노동계급의 프롤레타리아 운동이 지식 프롤레타리아의 **제2 프롤레타리아 변혁단계**로 **단계적** 이행의 과도기에 처해 있다면, 우리나라에서는 이 두 단계를 하나로 통합시킬 수 있을 것이다. 노동계급에게 일방적으로 매달리며 지식 프롤레타리아를 '쁘띠 부르주아'로 몰아치는 이론적 경직성이 극복될 수 있다면.

물론 이 두 운동의 조직적 통일에는 주체적 난점도 따른다. 우선 노동계급의 각 개인이 아직도 무식하여 노동계급 안에는 가끔 지식 프롤레타리아에 대한 열등

전해들은 바 있다.

의식의 수동적 표현으로서의 자기은폐, 무비판적 맹종, 도피성향과 열등의식의 공격적 표현으로서 지식인 증오, 노동자주의 등이 나타난다. 이에 반해 지식 프롤레타리아의 문제점은 아직 잔존하는 엘리트주의적 개인주의, 사변적 논란을 일삼는 분열성 등에 있다. 따라서 과제는 지식 프롤레타리아가 노동계급으로부터 조직적 단결과 연대활동을 배우고 노동계급이 지식 프롤레타리아로부터 지식과 비판정신을 배우도록 촉진시키는 가치규범을 세워 양자의 "형제적" 통일성(엥겔스)을 공고히 하는 데 있는 것으로 생각된다.

한편 전후 거의 인류 보편적인 가치로 확립된 국제적 **평화주의**, 노동계급의 수적 감소, 평화애호적인 지식 프롤레타리아의 대중화 등 주객관적인 상황을 고려할 때 앞으로 계급투쟁은——적어도 평균적으로 발전된 자본주의 사회에서——**평화적 형태**를 띨 수밖에 없을 것이다. 물론 여기서 평화적 계급투쟁이란 반드시 의회 진출을 유일 목표로 하는 선거전만을 뜻하는 것도 아니고 동시에 격렬한 시위나 대중운동을 배제하는 것도 아니다. 즉 무장내전이나 무장봉기는 불가능하다는 뜻이다.

이러한 사태판단은 또한——서구에서는 전후 완전히 공고화되었고 우리나라를 위시한 중위 자본주의 사회에서는 발전중에 있는——**시민사회**의 확립으로 인해서도 얼마간은 보편적 동의를 얻을 수 있을 것 같다. 사회란 본래 경제적 생산관계의 토대와 정치적 상부구조만으로 되어 있는 것이 아니다. 토대와 정치적 상부구조 사이에는 많건 적건 발전된 시민사회가 자리잡고 있다. 이 점은 마르크스에 의해 이미 오래전에 언급되었으나 토대－국가상부구조의 이분도식의 강력한 영향으로 인해 다만 간과되어 왔을 뿐이다. 마르크스는 안네코프(Annekop)에게 보내는 편지(1846)에서 다음과 같이 말하고 있다.

> "당신이 인간들의 생산력의 일정한 발전상태를 전제한다면, 교류(commerce)와 소비의 일정한 형태를 얻을 것이다. 당신이 생산, 교류, 소비의 일정한 발전단계를 전제한다면, 상응하는 **사회적 질서, 가족, 신분들 또는 계급들의 상응하는 조직**, 한마디로 상응하는 **시민사회**(societe civile)를 얻을 것이다. 당신이 이러한 시민사회를 전제한다면 시민사회의 공식적 표현일 뿐인 상응하는 정치체제(etat politique)를 얻을 것이다."[37]

동일한 편지 다른 곳에서도 마르크스는 "경제적 관계들" "이것들에 상응하는 사회적 관계들" "정치체제"를 삼분하여 나열하고 있다.[38] 이것은 「정치경제학 비판을 위하여」 서문에 나오는 사적유물론의 유명한 정식에서도 마찬가지이다. "물질적 생의 **생산양식**은 **사회적, 정치적** 그리고 정신적 생활과정일반을 제약한다."[39] 즉 토대에 조응하는 상부구조는 **시민사회와 국가**로 크게 이분화되어 있다.

이 점을 명확히 인식한 마르크스주의자는 그람시였다. 그의 '유기적 지식인'론이 지식 프롤레타리아의 출현과 함께 이미 어느 정도 낡은 한에서, 그의 업적은 너무 과장되어서도 안 되고 알뛰세(Althusser), 풀란차스(Poulantzas) 등이 그렇듯이 그렇게 왜곡시켜서도 안 되지만, 그람시는 시민사회에 관하여 분명한 어조로 다음과 같이 말하고 있다.

> "지금까지 두 개의 커다란 '차원'이 상부구조로 확정될 수 있다. '시민사회'라고 불릴 수 있는 차원은 구어로 '민간적'이라고 불리는 개인들의 집체를 포괄하고, 두번째 차원은 '정치적 사회 또는 국가'의 차원이다."[40]

그는 이 시민사회를 "지배하는 기본집단이 규정하는 사회적 정향에 대한 광범한 민중의 '자발적' 동조"를 생산, 재생산하는 '헤게모니'의 기능의 차원으로 보고 있다.[41] 이 시민사회가 개인들과 집단의 **'자발적'** 동조의 심급인 한에서 이것의 발전 정도는 국가적 강제력 기제의 축소 정도에 따라 규정되지만, 이 시민사회가 일단 정착하면 이 사회의 전초적 기제에 지나지 않는 국가기제만의 장악으로 새로운 사회변혁이 불가능하다. 따라서 국가권력에 대한 정면 공격을 통해 사회변혁의 조종간을 탈취하려는 '운동전'은 (제정 러시아처럼) 국가가 '모든' 것이고 시민사회는 거의 발전하지 않았거나 맹아상태에 있는 사회에서만 가능하다는 것이다. 반대로 시민사회가 많건 적건 발전된 사회에서는 지배계급의 시민사회적 헤게모니를 잠식하고 프롤레타리아트 '참호'를 늘려가는 '진지전'으로 투쟁형태를 전환시켜야만

---

37) MEW 27, p. 548. 강조는 필자.
38) 같은 책, p. 549.
39) MEW 13, pp. 8~9. 강조는 필자.
40) A. Gramsci, *Zu Politik*…, 1980, Frankfurt/M., p. 228.
41) 같은 책, pp. 228~229.

정치권력을 획득, 사회경제적 변혁을 완료할 때까지 **견지할** 수 있다는 것이다.

노동계급은 19세기 내내 시민사회의 일원이 아니라 **대상**이었다. 노동**계급**이 시민사회 안으로 침투하여 시민사회의 가치체계에 영향을 미칠 수 있게 된 것은 노조운동과 이 계급의 사회, 정치단체의 확립 이후의 일이다. 그러나 노동자 개개인은 가난과 무지로 인해 여전히 시민사회의 여론기제와 문화 메카니즘에서 소외된 상태에 있었고, 이것은 어느 정도 경제적 여유가 있게 된 노동자도 「빌트」(*Wilt*) 지나 「선데이 서울」 등의 반문화적 신문, 잡지 등만을 구독하는 한 오늘날도 마찬가지이다. 이 점과 관련하여 지식 프롤레타리아는 노동계급과 반대로 시민사회의 능동적, 수동적 **구성요소**로서 기능한다.

시민사회 안의 평화적 '진지전'에서 지식 프롤레타리아는 개인으로서 또는 집단으로서 노동계급보다 탁월한 능력을 발휘할 수 있다. 일단 **수동적** 구성요소로서 지식 프롤레타리아는 진보적 언론매체와 서적, 진보적 문화생산물의 주된 소비대중으로서 진보세력으로 하여금 독자적 경제기반을 갖는 사회문화적 '참호들'을 부르주아적 시민사회 안에 구축할 수 있게 해준다. 동시에 지식 프롤레타리아는 대중화되고 의식화됨에 따라 이들을 독자 내지는 시청자 등의 소비자로 획득하려는 각종 매체와 문화기업들의 노력을 자극하여 중립지향의 매체들을 좌경화시키고 노골적인 부르주아 매체들에게는 '중립지향성'을 강제할 수 있다. 다른 한편 **능동적** 구성요소로서 지식 프롤레타리아는 과학기술혁명과 더불어 급속히 확장되는 비물질적 문화생산 영역의 생산주력인 까닭에 이미 구축된 진보세력의 '참호들'(진보적 대중매체, 그 밖의 진보적 출판사 및 인쇄소들, 연극, 영화단체들) 안에서 직접 활동하거나 중립을 표방하는 여타 쁘띠 부르주아적 '참호들'을 밑으로부터 장악할 수 있고 부르주아 매체 및 국공립 또는 사립 교육체계 안에서 노조를 결성, 부르주아지의 가장 중요한 '참호들'을 내적으로 침식하는 '두더지'로 기능할 수 있다. 동시에 지식 프롤레타리아는 기업 및 사회단체들의 사회토대적 민주화, 민족문제, 환경생태문제, 평화문제, 여성문제 등에서도 열렬하고 예민하고 국제적이다.[42] 이와

42) 반대로 노동계급은 지금까지 동서 유럽에서 국가와 기업의 관료적 전제체제를 견디어 왔을 뿐이고 평화와 생태계 교란 등의 '전지구적' 문제에 대해서까지 생각할 경제적, 심리적 여유가 없으며 공팝과 노동고에 시달리는 노동계급의 여성들은 —— 노동여성을 대변한다는 지식 여성들의 상징적 조직활동은 노동여성 자신의 활동이 아니다 —— 역사상 이렇다 할 독자적인 **조직적** 여성운동을 벌일 여유가 없었다.

관련된 논의는 무한히 발전될 수 있을 것이다. 아무튼 지식 프롤레타리아의 대중적 출현은 프롤레타리아 운동의 종말이 아니라 **프롤레타리아 운동의 새로운 형태의 시작**일 뿐이고 노동계급은 지식 프롤레타리아에게서 유능한 '형제들'을 얻을 따름이다.

마지막으로 지금까지의 논의를 토대로 학생운동의 새로운 성격에 관해 고찰할 수 있겠다. 지금까지 학생운동은 1950~1960년대의 '지사'정신, 1970년대의 마르쿠제(Marcuse)적 '사회초월의식' 또는 최근의 '전위'의식에 의해 뒷받침되어온 셈이다. 이러한 의식적 메카니즘 속에서 학생운동 안에는 불가피하게 **노동대중을 위한** 대학생 선도집단의 **희생적** 투쟁이 심리적으로 강제되고 이를 견딜 수 없는 학생무리는 '학생대중'으로 또는 방관자로 분리되어 나갔다. 대부분의 학생들이 자신들과 **다른** 사회집단을 위한 자기 희생적 투쟁 속에서는 **자기동일성**(Selbstidentität)을 발견할 수 없었기 때문이다. 따라서 변혁이념의 확산도 그만큼 제한되거나 피상적이었다. 그러나 우리의 논의를 되돌아보면 대학생 및 전문대생 등은 미래의 지식 프롤레타리아들이다. 따라서 학생운동의 과업은 미래의 전위들의 양성기능 및 대중운동의 선도기능에만 치중하지 말고 학생 대다수의 미래적 이익의 방어와, 이들이 사회에 나가 직면하게 될 자본주의적 착취와 억압에 대해 맞서 싸울 수 있는 **이념적**, 실천적 능력을 무장시키는 데까지 확장되어야 할 때라고 생각된다. 이러한 폭넓고 시대정합적인 학생운동 안에서는 '학생대중'도 필경 자기동일성을 발견할 것이다. 이런 형태의 노동운동 준비는 '위장취업'보다 수십 배나 더 손쉽고 더 효율적일 것이다.

5. 맺 음 말

지금까지 개진된 설명과 제안들이 완벽하다고 생각하지는 않는다. 어떤 부분은 너무 간략할 수도 있고 또 다른 부분들은 추정적이거나 사실 규명이 불충분하게 느껴질 수도 있을 것이다. 그러나 이러한 방향으로 연구가 계속된다면 여러 사람들의 공동노력 속에서 보다 정치(精致)하고 힘있는 이론들이 발전되어 나오리라고 생각한다. 여기서 대강 제시된 필자의 견해들은 일시적으로 떠올린 착상이 아니라

수년에 걸친 탐구의 결과들로서 개인적 입장에서 볼 때 견지되어야 할 이론적 모색과 확신의 일부이다. 그러나 이 이론적 관점들은 타당성을 지닌 모든 비판과 상반된 제안들에 대해서 개방되어 있다.

제2장
자본주의적 생산과정의 역사적 발전과 지식 프롤레타리아트의 출현*

1. 자본에 의한 노동 포섭의 두 가지 형태

현대 독점자본주의 단계의 지식 프롤레타리아트의 계급적 위상에 대한 과학적 규명을 할 때 기본적으로 요구되는 것이 생산과정의 분석이다. 이러한 생산과정의 분석, 즉 자본에 의한 노동포섭의 두 가지 형태(형식적 포섭과 실질적 포섭)에 입각한 생산과정의 분석은 서구 마르크스주의자들에게는 상당히 오래된 방법론적 시도이다. 그러나 한국에서는 아직도 생산과정의 분석에 이러한 방법론이 본격적으로 적용된 적이 없다. 이 글에서는 자본에 의한 노동포섭의 두 형태가 포괄하고 있는 의미를 상당히 넓게 해석함으로써 기존의 방법들에 비해 상당히 다른 내용을 보여 줄 것이다(이 두 개념이 좀더 자세히 설명되어 있는 것으로는 「직접적 생산과정의 제결과」가 있고 또한 그 이전의 「자본론」 준비를 위한 초고들에서도 마르크스는 두 개념을 열심히 구분하고 있다).

마르크스가 '형식적 포섭' 위에서 벌어지는 자본과 임노동 간의 지배 또는 권력관계를 '형식적 자본관계'라고 했듯이, '실질적 포섭'에 대응하는 것으로서 '실질적 자본관계'를 얘기할 수 있겠다. 두 자본관계는 역사상 단계적으로 발전했을 뿐 아니라(형식적 자본관계→실질적 자본관계) 실질적 포섭단계 하에서도 두 가지 자본관계가 이중적으로 존재하고 있음을 이하의 분석에서 보여줄 것이다.

---

*「한겨레 평론」, 한겨레 사회문제연구소, 1989년 창간호. 이 글은 1989년 4월 서울에서 행한 강연을 녹취하여 정리한 것이다.

(1) 형식적 포섭과 절대주의적 국가형태

형식적 포섭은 우선 순수히 경제적인 처지, 즉 노동수단이나 생산수단, 생계수단이 없어서 남에게 예속될 수밖에 없는 처지로 말미암아 남의 명령·지휘체계 내지는 권력관계 속에 포섭되는 것을 의미하며, 이러한 형식적 포섭 하의 생산과정 내에서 '경제적인 강제'가 이루어진다. 즉 자본주의적 생산과정은 노동과정과 가치증식과정의 통일인데, 여기서 '경제적 강제'란 노동자의 열악한 경제적 처지를 이용하여 외적으로 노동시간을 제약, 규정하는 것을 말한다. 이러한 '형식적 포섭' 하의 노동자는 노동과정 내에서 자립성을 가지고 있다. 다시 말하면 노동자가 최소한 자기책임 하에 노동을 한다는 것이다. 그 근본적인 이유는 노동과정을 감독하고 통제하는 자본가가 그 노동과정의 내용을 다 알지 못하고, 기술적으로 노동자에게 의존하고 있기 때문이다. 따라서 노동현장은 이중권력 상태에 빠지게 된다. 즉 한편으로는 자본가의 외적 통제가, 다른 한편으로는(노동속도 조정권이 노동주체에게 있기 때문에) 노동자에 의한 노동과정의 자립적 운영이 이루어지게 되는 것이다. 자본가는 노동자들이 제기하는 근거있고 일관성 있는 항의나 의견제시에 논리적으로 답변하지 못할 때 그들에게 굴복할 수밖에 없다.

이렇게 노동자들이 기술적 측면에서 자본가들보다 우위에 서있는 상태에서는 자본축적이 대단히 곤란하다. 매뉴팩처 시대까지는 노동이 본질적으로 이러한 형식적 포섭상태에 있었다고 볼 수 있다. 그때에는 자본가의 권력과 노동자의 노동과정에서의 권력이 대단히 유사하거나 전자가 약간 우위에 있었기 때문에 노동자가 (경제외적) 단결을 통해 약간의 대항만 해도 그 자본관계는 무너지고 말았다. 매뉴팩처 시대의 노동자는 자본가가 싫으면 다른 데로 마음대로 이동할 수 있었으며 자본가가 노동자를 따라다녀야 했다. 따라서 경제적 강제에만 의존하는 형식적인 자본관계는 쉽게 무너질 수 있었다. 이러한 상황이 지속되었다면 자본축적은 불가능했을 것이다.

따라서 이러한 형식적 포섭 상태가 자본주의적으로 유지되는 가운데 자본축적을 이루기 위해서는 반드시 국가권력이라는 경제외적 강제력이 지속적으로 생산과정에 침투해 들어와서 노동자들의 적절한 복종상태를 유지할 필요가 있었다. 이것이 생산과정의 측면에서 본 국가권력의 작동형태인데, 이 때문에 그 시대를(생산과정의

측면에서) 절대주의 시대라고 부르는 것이다. 절대주의 체제에서는 거대 상인자본과 거대 고리대(高利貸)자본이 중소 매뉴팩처 자본을 수탈하는 금융자본으로서 존재했고, 이들이 결탁해서 '구금융귀족층'을 이루었다. 이들 구금융귀족층(대부분이 임명 작위를 가지고 있었다)과 세습전통귀족층과의 타협정권이 절대주의였다. 중소 매뉴팩처 자본가들의 입장에서 이 체제는 대단히 불만스러운 체제였지만 생산과정에서의 최소한의 지배-권력관계를 유지하기 위해 이용할 수밖에 없는 체제였다. 이러한 국가권력의 지원 하에서 어렵게 축적된 자본이 나중에는 생산과정과 유통과정의 모순(한편으로 자기들이 만들어낸 상품에 의해 촉진된 수요의 증가와 다른 한편으로는 노동자들의 불복종으로 말미암아 생산량을 급속히 확대할 수 없는 대단히 지체된 생산 간의 모순)에 빠지게 되는데, 이에 자본가들로서는 노동자들의 저항이나 권력을 무너뜨리기 위해 기계의 투입이 불가피해졌다. 즉 매뉴팩처가 어느 정도 높은 수준에 달했을 때 상품수요가 끊임없이 증가하는데, 형식적 포섭 하에서는 그 상품수요를 충족시킬 수 없었던 것이다. 이에 자본측에서는 '경제적인 계급투쟁'의 차원에서 기계를 투입하게 되었고(기계 투입이 처음에는 자본간 경쟁의 차원이 아니라 계급투쟁의 차원에서 시작되었다), 이로부터 산업혁명과 노동의 자본에로의 실질적인 포섭(실질적 자본관계)이 전개되기 시작했다.

(2) 실질적 포섭과 부르주아적 국가형태

실질적 포섭단계에서는 이전의'형식적 포섭단계와는 다른 두 가지 결정적 특징이 나타나는데, 첫째는 노동의 기능이 단순화되어 노동 내에서의 노동자의 자립성이 소멸된 것이며, 둘째는 노동의 기능이 떨어져 노동자의 교육기간이 짧아지고 그로 인해 임금이 낮아진다는 것이다. 이 두 가지 이유 때문에 노동자 계급에 대한 경제적 강제가 더욱 강화된다. 즉 임금이 낮으니까 전가족이 취업해야만 생계유지가 가능했다. 형식적 포섭 하에서는 노동자 한 명이 벌어서 가족의 생계를 유지할 수 있었고 노동시간도 대단히 짧았다(매뉴팩처 시대에는 노동일이 주당 3~4일). 그러나 실질적 포섭의 단계에서는 복잡노동이 노동과정으로부터 방출당하고 노동과정이 단순노동자를 원하기 때문에 엄청나게 많은 노동대중이 생겨나게 된다. 즉 이제는 여자, 어린이까지 노동대중에 포함되어 자본은 대단히 배짱 좋게 누구든지 일을 시킬 수 있게 되었다. 실질적인 포섭단계에 와서야 경제적 강제관계가 최고도

에 달하게 되고 생산과정에서의 노동자의 지위도 미약해지고 임금도 실질적으로 저하되는 현상이 지속된다.

이때 공장제가 들어서는데, 공장제에는 이전과는 다른 '병영적 통제체제'가 들어선다. 군대식으로 통제하고 군대규율로 다스릴 수 있는 수많은 노동자들이 '유기적' 생산과정에서 보편적으로 나타난다(자세한 내용은 후술할 것임). 실질적 포섭이 한 생산과정에서 완벽히 관철됨으로써 자본가가 국가의 지원을 받지 않고도 얼마든지 노동자를 억압, 포섭 또는 장악할 수 있는 강력한 경제적 강제력이 생기게 되었다. 따라서 자본가에게 절대주의 국가는 필요하지 않게 되며, 그들은 자기들이 어린시절에 지팡이로 썼던 절대주의 국가를 폐기처분하고 그들을 수탈하던 구금융귀족층을 쳐부순다. 그 결과로 자유경쟁 자본주의 체제와 그에 대응하는 부르주아적 국가형태가 형성된 것이다. 구금융귀족층은 특권적 어용상인이거나 왕권의 특혜를 받은 독점체적 성격이 대단히 강하다. 이러한 구금융귀족층에 대해서 중소 공장주들이 민중의 지도계급으로서 민중연합전선의 자연발생적 건설을 이용하여 반독점투쟁을 벌이는데 이것이 프랑스 대혁명이다. 다른 나라에서도 이러한 과정을 점진적 혹은 급진적으로 진행시키면서 부르주아 혁명을 수행한다.

자본주의적 생산제관계 중에 근본적(핵심적) 관계로서의 자본관계는 잉여노동을 위한 자본주의적 강제관계 또는 죽은 노동의 산 노동에 대한 권력관계이다. 이러한 자본관계는 역사적으로 두 단계를 거쳐서 발생하게 되지만, 형식적 포섭단계에서 실질적 포섭 혹은 실질적 자본관계로 옮아갔다 해도 형식적 포섭이 완전히 사라지는 것은 아니다. 어쨌든 생산관계의 일정한 발전과 보편화를 통해서 발전하게 된다. 다시 말해 공장에서 완전한 독재 체제가 서면서 상부구조로서의 리버럴한 부르주아적 정치형태가 등장하게 된다.

자유경쟁 자본주의 시대에 자유 부르주아적 국가형태가 나타났고, 독점단계에 들어서면서 구금융귀족층과는 다른 '경제적 독점'에 기초한 새로운 금융귀족층의 등장과 함께 보수정체 또는 파시즘의 두 가지 국가형태가 나타난다.

2. 생산과정의 두 가지 근본형태와 그 특성

본 절에서는 앞에서 고찰한 자본에 의한 노동포섭의 두 형태를 근본적으로

규정짓는 생산과정의 두 가지 근본형태와 그 특성에 대해서 살펴보기로 하겠다.

(1) 유기적 생산과정과 이종적 생산과정

유기적 생산과정과 이종적 생산과정의 구분은 생산되는 제품의 성질 그 자체에 기인한다. 유기적 생산과정은 생산물이 동일한 유형의 반복적인 생산을 통해서 만들어지거나 혹은 분업을 통해 이루어진다고 해도 연속적인 흐름 속에서 만들어지는 과정이다. 한편 사전에 원자재로부터 일정한 자립적인 부품을 만들어 가지고(선행적 생산공정) 그 수많은 부품을 조립해서 제품이 만들어지는 생산과정(조립공정)을 이종적 생산과정이라고 한다. 즉 선행적 부품생산공정과 조립공정이라는 이중적 구조를 가진 것을 이종적 생산과정이라고 한다.

이러한 생산과정의 두 가지 형태 중에 생산과정의 특성상 유기적 생산과정에서 기계투입에 의한 공학적 자동화가 먼저 이루어지게 된다. 공학적 자동화의 특징은 체인이나 피대 등의 공학적 연결 또는 전달장치를 통하여 여러 가지 기계동작의 연속성을 유지한다는 데 있다. 이러한 기계공학적 자동화는 두뇌공학적인 측면이 전혀 없는 연속흐름식의 자동생산과정, 즉 핀이나 텍스타일(textile) 제조공정 또는 방아 찧는 공정 등(유기적 생산과정)에서만 이루어졌다. 생리적인 유기체로서 사람은 손과 발이 두 개씩밖에 안 된다 해도 유기적 생산과정에서는 동일한 동력으로부터 피대를 연결하여 많은 작업기계를 연결시키면, 즉 여러 개의 작업기기를 달아 놓고 그것을 자동화시켜 놓으면 한 사람이 수백 개도 움직일 수 있다. 바꾸어 말하면, 인간의 유기체적 한계를 '질적으로' 돌파해 버리는 측면을 갖고 있다. 그러나 이종적 생산과정에서는 그런 질적인 성격을 전혀 찾아볼 수 없다. 선반의 예를 들면, 기계가 등장하기 전에는 선반을 발로 돌렸는데, 거기에 기계를 부착한다 해도 돌아가는 힘이 조금 강해질 뿐이지, 선반을 움직여야 하는 대단히 정밀한 조정 · 운전기능은 여전히 사람이 해야 한다. 따라서 자동화되는 것이 전혀 아니고 다만 사람이 다루고 있던 기구가 약간 복잡해졌을 뿐이며 질적으로는 아무런 차이를 나타내지 않는다. 또 예컨대 철판을 자르는 경우 마찬가지로 이전에는 두세 명의 장정이 함께 누르고 잘랐는데, 기계를 붙인다 해도 철판을 자르던 가위가 옛날보다 더 커지거나 동력이 더 커졌을 뿐이지 기계를 주도적으로 운전해야 하는 것은 역시 사람이다. 이처럼 유기적 생산과정, 즉 완전히 자동적인 차원의 작업기

계를 붙이고 동일한 상품을 계속 찍어내는 곳에서는 인간의 유기체적 한계를 돌파할 수 있었던 데 반해 이종적 생산과정에서는 이러한 돌파의 효과가 전혀 없었다.

(2) 이종적 생산과정과 '노동귀족'의 출현

자본에 의한 노동의 형식적 포섭상태인 매뉴팩처 시대에 노동자의 노동기능은 반(半) 예술적인 고도의 기능(두뇌노동과 손노동의 통일)을 가지고 있었다. 그런데 유기적 생산과정에서는 공학적 자동화로 인간의 노동이 단순화되었고, 그와 달리 이종적 생산과정에서는 기계를 다루는 기능까지도 노동자에게 요구됨으로써 교육기간은 더욱 길어지고, 이로 인해 기계를 투입해서 노동이 더 고도화되고 임금도 그에 상응하여 오르게 된다. 그리고 구상 · 개발까지도 노동자가 수행함으로써 노동자는 두뇌노동과 손노동을 동시에 수행하는 노동자로 여전히 존재한다. 실질적 포섭 하의 유기적 생산과정에서는 공학적 자동화가 이루어지게 되었지만 형식적 포섭 하의 이종적 생산과정에는 반수공업적 제작과정이 계속 남아 있었고 거기에 반수공업적인 고도기술의 노동자들, 즉 두뇌노동과 손노동을 통합 수행하는 노동자들이 넘쳤다. 마르크스나 엥겔스는 이러한 반수공업적 생산과정의 주요 노동자들을 극히 엄밀하고 객관적인 의미에서 '노동귀족'이라고 불렀다. 노동귀족은 노동계급 중 최고임금 수령층이라는 의미인데 그것은 당연히 고도의 노동능력에 대응한 최고임금 수령층이라는 의미다. 물론 이종적 생산과정에서도 단순노동자들이 있었는데 그것은 다만 한시적으로 존재했다. 왜냐하면 그들은 갓 들어온 사람들로서 노동기능을 습득하는 기간에 해당되는 견습공들이었기 때문이다.

과거의 길드 체제는 붕괴되었지만 이종적 생산과정의 통제조직은 가부장적인 또는 반봉건적인 통제, 즉 장인이 도제를 지시, 통제, 교육하는 것이 그대로 남아 있었다. 장인은 선생과 고용주와 아버지로서의 기능을 수행하고 있었다. 거기에는 실업을 당하면 그것까지도 도덕적으로 배려해야 되는 온정주의적 측면도 있었다. 그런데 공학적 자동화가 관철되는 유기적 생산과정에서는 완전히 병영적 통제체제로 옮아갔다. 그렇지만 거기에도 극소수의, 숫적으로는 거의 의미가 없었던 노동귀족층들이 있었다. 즉 기계를 다루는 사람들은 당시 수학과에서 부분적으로는 과학적으로 교육되고 부분적으로는 기계를 고치고 만지고 통제하는 기술을 가질 수 있도록 수공업적으로 교육되었다. 이들도 노동귀족층이라고 볼 수 있는

사람들이다.

그 다음에 상업 업무를 수행하는 쪽에서도 평균적 노동임금보다 높은 임금을 받는 상당히 고도의 노동을 수행하는(물론 기능에서는 비생산적인) 노동귀족층이 있었다. 왜냐하면 그들은 너댓 개의 외국어에 통달하고 어음 · 수표관계가 어떻게 돌아가는가를 알아야 하며, 그리고 수학도 어느 정도는 터득하고 있어야 할 뿐만 아니라 주판놓는 속도도 남보다 대단히 빨라야 하고 채권 또는 주식시장에서 투자 시점을 포착할 수 있는 감각도 지니고 있어야 했기 때문이다. 따라서 고도의 상업노동자가 되려면 기본적인 자질도 있어야 하지만 짧게는 3~4년 길게는 7~8년의 경력이 요구되었다. 이러한 상업업무 분야도 여전히 반봉건적인 가부장적 통제체제에 들어 있었다. 상업업무 분야에서는 자본가를 Prinzipal(고용주)이라 부르고 그 밑에 사람을 Handelungsgehilfe(조수)라 불렀다. 반수공업적인 이종적 생산과정에서의 통제과정과 상업업무에서의 그것은 유사했는데, 다만 차이점은 다음과 같다. 상업업무 분야는, 과거의 전형적인 봉건제 하의 소상품생산 시대에 도제가 장인이 되어 마이스터(Meister) 시험을 통과하면 그 사람을 데리고 있던 과거 직장이 그를 자영 소상품생산자로서 독립시켜야 했던 것처럼, 그런 도덕적 의무가 있었다(자본주의적 노동과정의 직장은 그런 의무로부터는 벗어나 있었다). 예를 들면 지사나 지점들을 확대하면 반드시 내보내 줘야 했다. 7~8년이 지났는데도 계속 일만 시키는 경우 사보타지(sabotage)하거나 고용주를 나쁜 사람이라고 소문을 퍼뜨려 대응한다. 이것은 당시의 중요한 투쟁수단이었는데, 왜냐하면 명예와 영예를 대단히 중시하는 수공업자들의 문화 세계에서는 누가 나쁜 놈이라는 소문을 내는 것(그것도 집단적으로 수행한다)이 당시 노사투쟁에 있어서 중요한 방법의 하나였고, 다른 도시에서까지 소문을 내면 상대편 거래자가 의심하게 되고 신용이 떨어져 업무수행에 곤란을 겪기 때문이었다.

따라서 나이든 조수를 지점의 프린치팔로 임명하거나 또는 자기 딸이나 친척의 딸과 결혼시켜 독립시키는 것이 가장 일반적인 방법이었다. 또한 상업업무를 배우러 들어오는 사람들은 자기 친구 또는 친척의 아들들이기 때문에 그들은 사실상 임노동자의 성격이 없는, 즉 예비자본가들이었다. 생산과정보다도 상업업무 분야에서는 과거 반봉건적인 유제, 즉 작업통제 유제나 자본가로 올라갈 수 있는 가능성이 오랫동안 남아 있게 된다. 이것이 완전히 파괴되는 것은 독점자본주의 단계에 들어와서다. 자유자본주의 시대의 상업업무 분야는 완전히 반봉건제가 지배하고

있었다. 이 잔재가 독점자본주의의 초기에도 계속 남아 있어 나중에 상업업무에 종사하는 사람들이 1920~1930년대 파시즘의 사회적 토양이 된다. 따라서 그때 형성된 마르크스-레닌주의자들의 상업업무 화이트칼라에 대한 관념은 대단히 부정적이었다. 그러나 이후 이들의 사회적 지위는 크게 악화되었다.

한편 이종적 생산과정에서는 선행적 부품생산공정이나 조립공정에다 고도의 반예술적인 수공업자가 필요했다. 조립을 하려면 여러 방면의 부품들의 결합관계나 성능들을 알고 있어야 하므로 대단히 높은 수준의 기술을 지닌 노동자가 필요했다. 부품을 만드는 공정도 여러 가지 측면에서 이종적 생산공정을 내부에 여러 개 안고 있다. 예를 들면 시계나 기차(과거에는 마차), 자동차 등은 수많은 중소기업에서 부품을 만들고, 독점재벌은 단지 전생산공정의 일부에 해당되는 조립공정을 맡고 있다. 조금 복잡한 부품들은 그 내부에 또한 일정한 조립공정이 들어 있다. 즉 기차의 의자나 시계의 글자판 등은 기차나 시계뿐만 아니라 다른 데도 쓰여지는 '자립적인' 부품으로서 그것의 생산공정에서도 일정한 조립과정이 필요했고, 그런 부품을 조립하는 공정도 고도의 두뇌노동과 손노동을 같이하게 되는데, 즉 유행에 따라 제품모양을 바꾸는 아이디어를 짜내고 제품의 구상과 개발기능을 수행하는 노동자들이 존재했다.

한편 자본의 운동이 주로 경공업 분야에 해당하는 유기적 생산과정에서 완전히 자본축적을 이루고서 중화학공업으로 옮아가기 시작한 때가 독점자본주의 시대로 이행하는 시기와 일치하게 되는데, 경공업 분야에서 자본의 팽창은 또 일반인들의 수요의 팽창을 가져왔고, 거기에 대응해서, 즉 경공업 분야의 자본축적에 대응하는 기계공업의 성장이 요구되었다. 그런데 기계공업 분야에서는 반수공업적인, 대단히 으시대는 거만한 노동자들이 노동과정을 장악하고 있었기 때문에 자본의 의지대로 생산량을 증대시킬 수 없었다. 즉 경공업 분야에서 일단 자본축적을 한 자본가들은 이종적인 생산부분으로 자본을 이동시키는데, 바로 이 과정과 독점형성과정이 일치한다. 여기에서 독점자본가들은 반수공업적인 고도의 노동기능을 수행하는 노동자들과 싸움을 벌이게 된다.

3. 독점자본주의 단계의 생산과정의 변화와 지식 프롤레타리아트의 출현

(1) 문제를 보는 관점
——사회구성체적 생산제관계와 사회조직의 올바른 이해

경제적 사회구성체는 '구조화된' 생산제관계의 총체를 의미한다. 이 개념은 일단 상부구조와 구별되며, 상부구조의 기저에 놓여 있다는 것을 형상적으로 강조하기 위해 채택된 토대(Basis)라는 개념을 구조(Struktur)적으로 파악한 개념이다. 토대는 그 자체로서 구조적인 의미를 내포하고 있는 것이 아니고 상부구조 밑에 있는 근본적인 것이라는 의미를 비유적으로 강조하기 위해 사용된 것이다. 그렇다면 경제적 사회구성체 개념이 상부구조를 포함하고 있지 않고, 생산제관계의 총체인 토대를 구조적으로 파악한다는 것은 무엇을 의미하는가? 그것은 다양한 생산제관계가 제멋대로 널려 있는 것이 아니라 그 중에서 가장 근본적인 생산관계가 나머지 생산관계들을 규제하고 위치지워 하나의 완결적인 총체를 이루어내는바, 이것을 파악해낸다는 것이다. 예를 들면, 자본주의적 생산관계들은 자본관계, 다양한 경쟁관계, 유통관계, 공장 내 분업관계, 사회적 분업관계, 신용관계 등등 수없이 많은 관계들로 구성되는데, 여기서 근본적인 것은 생산수단의 소유자(자본가)와 직접생산자(임노동자)의 관계인 자본관계이다. 이 자본관계가 나머지 자본주의적 생산제관계를 규정짓고, 위치짓는다.

생산제관계를 규정짓는 것은 기본적으로 일정한 생산기술의 발전이나 그로 말미암아 인간들 사이에서 맺어지는 관계들인데, 이때 생산제관계는 노동의 형태변화와 소유관계의 영향 속에서 맺어지는 인간들의 이익체계들이다. 이익체계는 개인들의 의지와는 관계없이 객관적 필연성을 가지고 있다. 사회를 구성하고 있는 여러 이익체계가 있는데 경제적 이익체계를 규정하고 있는 근본적인 인간관계를 생산제관계라 한다. 이익에는 경제적 이익, 정치적 이익, 향락적 이익 등이 있는데, 전체적으로 보면 언제나 근본적인 것은 경제적 이익이다(이러한 경제적 이익도 개인들로서는 때로는 완전히 뛰어넘을 수도 있다). 그런데 여기서 유의할 것은, 이익체계를 바라보는 유물론적 관점이 나머지 이익은 하나도 없다고 무시하려는 것이

아니고 여러 이익체계 중 우위에 있는 것이 경제적 이익이라는 것을 주장한다는 점이다(유물론적 관점을 생물학주의로 오해해서는 곤란하다).

자본주의적 사회구성체의 성격은 '자본관계'에 의해 규정된다. 상품교환관계나 단순상품생산, 경쟁관계 등은 전자본주의 시대 언제나 존재했다. 자본관계란 노동력에 대한 사적 소유를 의미하는데, 즉 교환가치만 주고 사면 사용가치는 자본가의 것이다. 노동력의 사용가치인 노동을 마음대로 시킬 수 있는 권력-지배관계가 바로 자본관계의 핵심이다. 생산수단의 소유자와 직접적인 생산자 간의 관계(자본관계 = 근본적인 관계)와 나머지 생산제관계, 즉 전자본주의에도 있었던 여러 가지 파편들을 가지고 자본주의 시대는 자기를 구성했는데(마르크스), 자본관계가 그것들의 중요성과 위치를 명령적으로 배정해 주고 있으며 따라서 생산제관계를 사회구성체적으로 포착한다는 말은 그 구조를 파악한다는 것이다. 그렇지 않은 제반의 부르주아 방법론을 마르크스는 '경제주의'라 비판했다(레닌의 실천적 · 전략적 의미의 경제주의와 구분). 즉 방법론적인 경제주의는 경제관계에서 권력-지배 관계를 빼버리고 자본가와 노동자 간의 관계를 단순한 교환, 상품생산, 상품유통의 관계로 해소해 버린다(부르주아의 소위 시장경제 = 자본주의라는 인식은 전형적인 경제주의적 경제관이고 마트주의 이론 중에도 잉여수탈이라는 양적 측면만 따지는, 즉 잉여물이 '어떻게' 수탈당하는가 하는 경제적인 권력구조는 배제되어 버린 경제주의가 존재한다).

사회에는 하부구조뿐만 아니라 상부구조도 있는데, 앞에서 얘기했듯이 사회구성체라는 개념으로 토대(하부구조)를 포착한다는 것은 토대의 근본성과 객관성, 구조성을 드러내기 위한 것이다. 한편 사회의 다른 한편(상부구조)을 구성하는, 즉 물질적 이해관계에 의해 맺어지는 객관적인 생산관계가 아닌 수많은 가치관이나 규범에 의해 맺어지는 객관적인 인간관계가 있는데, 그것이 바로 사회조직(사회제도, 사회질서)이다. 즉 가치관과 규범에 기초한 객관적 인간관계가 바로 '사회조직'이다. 이렇게 볼 때 상부구조는 '위'에만 있다고 할 수 없고 '밑'에도 있을 수 있는 것이다. 즉 공장 내부로도 들어올 수 있는 것이다. 따라서 상부구조-하부구조의 비유는 잘못 해석하여 상부구조는 위에만 있는 것으로 생각함으로써 더 많은 오해를 낳는 측면도 있다. 예를 들면 노동조합, 전국경제인연합회는 생산관계가 아닌 상부구조이다. 전경련은 자본가들이 모여서 단결하는 경제외적 논리에 입각한 것으로서(경제적인 논리는 자본가들끼리의 경쟁) 경쟁을 깨고 자기들끼리 단결하는 것이고 또한 단결하지 않으면 이기적이라고 따돌림 받는 규범, 가치관의 체계가

있어 그것에 입각해서 단결해 있는 관계이기 때문에 생산관계가 아니다(동창회, 가족, 국가, 정당 등도 생산관계가 아니다).

이상의 고찰을 통해 '사회'는 '경제적 사회구성체'와 '사회조직'의 통일로 이루어져 있음을 알 수 있다. 따라서 사회의 성격을 묻는 것은 두 가지 측면을 동시에 묻는 것이다. 예를 들면 사회구성체적 측면은 완전히 자본주의, 즉 자본-임노동 관계가 지배하는 자본주의인데, 사회조직은 반봉건적일 수 있다. 따라서 전체 사회성격은 반봉건적 자본주의도 있을 수 있다(요르단, 사우디아라비아 등은 귀족이나 왕족만이 자본을 소유하며 상부구조의 귀족제도가 깨지지 않았다). 현재 한국 사회의 사회구성체는 자본-임노동 관계가 나머지 제관계를 지배하는 자본주의이고, 자본축적의 시각을 도입할 때는 어느 정도 종속적 국가독점자본주의로 이행하는 과도기다. 여기서 중요한 것은 사회구성체와 사회조직을 합쳐야 사회가 구성되고 완결되며, 따라서 사회성격은 둘을 통일적으로 파악할 때만 분명해진다는 점이다. 예를 들면 파시즘은 사회조직으로서 반봉건적인 것이 아니라 특유하게 자본주의적인 것이다. 이때 경제적인 강제가 아니라 경제외적인 강제로 국가권력에 의해 착취하는 것이 아니냐 하는 오해도 있을 수 있지만 절대 그렇지 않다. 말하자면 국가기업에서 해고하는 것은 사기업에서의 해고와 마찬가지로 순수하게 경제적인 강제만을 행사하는 것이다. 따라서 국가소유라 하더라도 경찰에 의해서 혹은 그 안에 감옥을 만들어서 노동을 강제하는 것이 아닌 한 피고용자들은 자본관계를 이용한 착취를 당하는 것이다. 모든 자본을 국가가 소유한다 하더라도 자본관계가 소멸하는 것은 아니다(엥겔스의 『반듀링론』). 국가소유가 많은 국가자본주의라 해도 사회구성체적 시각에서는 완전한 자본주의다. 전체 사회의 성격을 논할 때는 또 다른 측면을 보아야 하는데, 예를 들면 한국의 미국에 대한 종속의 정도, 또는 어떠한 측면이 강한가(경제적 측면보다 정치군사적 측면이 강하다), 또한 한국의 정치권력이 어느 계급의 손아귀에 있고 특히 그 계급 내의 어떤 '분파'의 손아귀에 있느냐 하는 측면에서 파악해야 하는데, 이런 측면에서 한국은 상부구조에서도 전근대성을 이미 탈각했다.

한국 사회가 상부구조에서 전근대적, 반봉건적인 측면을 갖고 있었던 시기는 1960년대초까지인데, 즉 당시까지는 한민당이라는 반봉건 지주들의 권력체가 정권을 잡고 있었다. 따라서 당시의 사회성격은 신식민지 반봉건사회였다. 5 · 16으로 근대적 파쇼 정권이 등장하게 되는데, 미국의 청사진대로 근대적 공업화가 추진되

고 농촌의 이농현상이 광범위하게 일어나면서 반봉건성이 상·하부구조에서 점차 소멸되어 갔다. 한국사회는 1970년대 중반에 완전히 근대적 자본주의 시대로 이행하게 된다. 즉 미제에 종속된 군사파쇼적인 권력에 의해 유지되는 관료적 국가자본주의 사회로 이행한다.

이제는 (1980년대) 그것도 붕괴되면서 더 이상 국가가 경영자로서 금융자본을 좌지우지할 수 없는 단계, 즉 관료적 국가자본주의 시대에서 종속적 국가독점자본주의 시대로 이행하는 과도기다. 국가독점자본주의 단계의 성립은 사적인 산업독점체와 사적인 금융독점체가 융해되어서 만들어진, 어느 정도 자립적인 금융자본의 출현이 관건이다. 한국에서는 금융자본이 이제야 나타나고 있다(은행민영화 및 생명보험, 제2금융권의 출현).*

이하에서는 이러한 경제적 사회구성체와 사회조직의 올바른 개념 및 관계설정에 입각하여 사회조직으로서의 통제체제에 대하여 살펴보고자 한다.

(2) 반봉건적 통제체제와 병영적 통제체제

자본제가 진행된다 하더라도 생산과정에 반봉건적인 통제조직이 남아 있을 수 있다. 사회조직으로서의 통제조직은 생산제관계 중에 핵심적인 자본관계의 발전에 대응하는 것이다. 형식적 자본관계, 실질적 자본관계는 사회구성체적 측면을 얘기하는 것이고 그것에 근본적으로 대응하면서 적절한 사회조직이 형성되는데, 일단 자본주의는 스스로 조직을 만들 수 없었기 때문에 과거의 봉건제 시대의 사회조직인 반봉건적, 가부장제적인 장인-도제 시스템을 활용한다.

장인-도제 시스템은 매뉴팩처 시대까지 공고하게 유지되다가 기계가 투입되고 나서부터, 즉 공학적인 자동화가 관철되는 유기적인 생산과정에서는 고전적인 실질적 포섭이 이루어지면서 병영적 통제체제로 넘어간다. 그러나 이종적 생산과정에는 여전히 반봉건적인, 가부장적인 통제체제가 남아 있다(많은 변화가 이루어지긴 하지만). 그것이 의미하는 바는 과거와 전혀 다르지만 서구에서는 아직도 Master라는 말이 사용되고 있다.

---

* 이상에 대한 논의는 저자의 「한국사회와 자본론 강의」 '결론에 대신하여', 중원문화, 1990.을 참조하시오.

병영적 통제체제 하에서는 육성(소리, 고함)을 통해 군대식 규율을 잡는다. 자본의 규모가 적을 때는 육성을 통한 통제, 즉 화를 내거나 겁을 주고 위협적으로 얘기함으로써 통제하는 것이 오히려 효과적이다. 그런데 작업장 규모가 거대해지고 자본의 독점화가 진행되면서 이러한 통제방식은 오히려 역효과를 내게 된다. 즉 노동자들의 수가 증가하면서 그 저항은 '복리적'으로 늘어난다(협업을 통한 생산력의 질적 증대의 이치와 마찬가지이다). 따라서 병영적 통제로는 더이상 통제가 불가능하다.

(3) 관료체제적 통제체제

독점자본 하의 노동자들을 통제하는 메카니즘이 바로 관료체제인데, 다름아닌 테일러리즘과 포디즘의 관철과정이 곧 독점자본의 생산과정에서 관료체제가(사회조직으로서) 전면적으로 관철되는 과정이다. 그 결과로 하부구조에서는 실질적 포섭이 이종적 생산과정에서도 '거의 완전히' 관철되는데, 조립공정은 포디즘에 의해 '완전히' 관철되고, 선행적 부품생산공정에서는 '거의' 관철된다. 관료체제에 의한 통제체제의 내용을 살펴보기 전에 우선 테일러리즘과 포디즘의 관계에 대해서 간단히 살펴보기로 하겠다.

기계는 자연적으로 마모되거나 직접적인 사용을 통해서 마모되고 또한 기술혁신에 의해 낡아지게 되는데(도덕적 마모), 독점자본주의 단계에 들어서면 이러한 마모와 더불어 기계가 더욱 많이 필요하게 된다. 따라서 기계제작 부문에서 가장 전면적인 모순(수요와 공급의 불균형, 즉 공급부족)에 빠지게 되는데, 이 모순을 해결하려고 한 것이 선행적 부품생산공정에 투입된 테일러리즘과 조립공정에 투입된 포디즘이다.

기존에 테일러리즘은 포디즘에 의해 계승되었다, 또는 둘은 무관하다, 테일러리즘은 포디즘이나 그 외의 Workshop Control System에 의해서 낡아빠진 것이 되어 소멸해 버렸다는 이론들이 있는데, 이 주장들은 정확한 것이 못된다. 우선 그러한 입장은 테일러리즘의 본원적 투입처가 어느 공정인지 전혀 모르고 있다. 다시 말하면 테일러리즘은 오로지 처음에는 선행적 부품생산공정에만 투입되었고, 여기서 만들어진 부품을 조립할 때 부품 하나에 사람 한 명씩 배치해 놓고 그것을 조립라인(Assembly Line)으로 연결해 놓은 것이 포디즘이다. 이처럼 양자가

이종적 생산과정 내에서 근본적으로 다른 공정들에 투입되었다는 사실을 앞의 주장들은 무시하고 있는 것이다. 중요한 것은 테일러리즘이 포디즘의 우위에 있다는 것이며, 다른 생산공정에도 포괄적으로 적용될 수 있는 요소가 있다는 것이다.

테일러리즘의 내용를 살펴보기 전에 우선 관료체제의 특징을 살펴보기로 하자.

관료체제는 첫째, 대단히 사무적이다. 모든 업무가 감정이 배제된 서류로 이루어지며 그것을 통해 증거를 남긴다. 따라서 인간관계가 대단히 사무적(Sachlich)으로 변하며 자본관계의 '경제적 강제'가 더욱 위력적으로 관철된다.

둘째, 관료체제는 자본가라는 지배자와 완전히 분리된다. 그것은 국가체제에서도 마찬가지다. 대통령이나 장관은 국민대표성과 국민에 대한 책임이 있다. 장관이 잘못하면 대통령이 지명했다 해도 국회의 동의에 의해 임명되었기 때문에 국회에서 장관의 정치적 책임을 물을 수 있지만 관료는 그렇지 않다. 다시 말하면 관료체제 하에서는 지배자들과 관료체제가 분리되어 존재한다. 그에 반해 장인-도제 관계에서는 분리되지 않았다. 즉 도제→장인→직장의 일직선적 위계질서로서 계속해서 승진하는 승진의 자동성이 있었다. 따라서 장인들은 자동성을 어기고 승진을 시켜주지 않으면 끈질기게 직장을 욕하고 사방팔방 소문을 냄으로써 자신의 승진권리를 실현했다.

그런데 관료체제의 피라미드적 위계질서는 상사에게 임명권을 전적으로 부여한다(장인-도제 체제에서는 '세월'이 임명자). 그 세포구조는 상사와 참모가 하나의 위계구조를 이루고 있다. 상사와 참모와 사무실이 합쳐져 '관청'(Bureau)이 만들어진다. 상사 밑의 두세 명의 참모라는 기본 세포가 반복되면서 관료체제가 구성됨에 따라 피라미드식 위계구조가 나타난다. 상사가 참모의 근무평정을 하며 임명권자가 선택의 자유를 갖는다(일직선적 위계질서 하에서는 상사에 의한 선택의 자유가 없고 시간이 지나면 당연히 승진하게 된다). 관료체제 하에서 비로소 지배자의 임명권이 시간에 구애받지 않고 실질화되었다. 임명권을 지배자가 장악하고 있기 때문에 완전한 통제가 가능하다.

셋째, 관료체제에서는 모든 정보를 상부가 독점한다. 이를 통해 상사는 참모보다 지식 수준이 높고 정보를 더 많이 갖게 된다. 따라서 업무수행시 상사의 채널을 통과해야 하기 때문에 수평적인 업무협조가 이루어지지 않고 업무효율을 떨어뜨리는 경향이 있다. 이러한 상부의 정보독점을 통한, 정보체제를 통한 지배가 관료체제의 중요한 특성이다.

이러한 관료체제는 우선 국가부문에서 관철된다. 왜냐하면 대중들을 상대로 대량의 업무를 처리해야 했기 때문에 관료체제가 국가부문에서 제일 먼저 관철되었다. 이후 독점자본의 규모가 커지면서 사무처가 2~3천 명을 상대로 업무처리를 해야 됨에 따라 독점기업에도 이러한 대중행정을 위해 관료체제가 등장했다. 관료체제는 임명권을 통해 승진가능성, 나아가 일생을 장악하기 때문에 위계질서가 대단히 경직적이다. 즉 위계 질서가 관료체제의 생명이다. 따라서 관료체제는 지배를 하는 데는 대단히 고도의 기술적 조직이다. 그러나 업무수행의 측면에서는 대단히 불합리한 측면을 가지고 있다(베버는 관료제의 한쪽 측면〔공정성〕만을 보고 일반화시켰다. 마르크스는 자본주의적인 모든 행정과 지도업무를 이중적 시각에서 고찰하고 있다. 즉 하나는 착취 · 지배를 위한 기능의 측면과 다른 하나는 모든 집단적 업무를 수행하는 데 필요한 조정, 지도, 연계업무 등의 생산적 기능의 측면이다. 기능주의 사회학자들이나 부르주아 경제학자들은 생산적인 기능을 가지고 지배기능까지 정당화해 버리고 나아가 어느 조직에서든지 그와 같은 동일한 관계가 있어야 된다고 주장하면서 지배-권력관계를 정당화한다. 나아가 인간은 계급투쟁을 통해 지배-권력관계를 극복할 수 있다는 마르크스-레닌주의의 주장을 허황되고 황당무계한 것이라고 주장한다).

1) 상업분야에서의 관료체제의 관철

기업에 있어서 관료체제가 제일 먼저 관철되는 것은 상업업무 분야이다. 상업업무의 규모가 커지고 유통상품의 양이 늘어나면서 우선적으로 관철되었다. 이전에는 고용주(Prinzipal)와 조수관계로도 얼마든지 업무를 수행할 수 있었으며 그 관계에서는 두 층간에 근본적인 구분이 없었고 따라서 조수가 고용주가 될 수 있었다. 그러나 관료체제에서는 자본가로서의 지배자와 관료 간에는 경제적 이익이나 승진가능성, 출신배경 등의 측면에서 명확히 구분이 된다(회사가 팔리면 관료체제까지 한꺼번에 팔리고, 우두머리가 바뀌어도 관료체제는 안정성을 유지한다.) 상업업무에 일단 관료제가 관철될 때 우선 깨져야 할 부분이 반봉건적인 고용주-조수관계 체제였다. 처음에는 그것이 완전히 파괴되지는 못했다. 친척이 있는 경우 지점의 책임자로 내보내고 지분참여를 허락한다든지 하여 1900년 독점자본주의로 넘어가서도 1920~30년대까지 그런 흔적을 강하게 가지고 있었다. 따라서 사실상 관료가 되어버린 그들은 여전히 이전의 환상을 상당히 지속적으로 갖고 있었다. 즉 자본가와 자신의 이익이 분리되어 버렸다는 것을 거의 인식하지 못했다(이러한 계급적

의식으로 인하여 히틀러 집권시 상업노동자들의 조직이 가장 먼저 지지성명을 낸다). 그러나 독점자본의 대두와 함께 관료체제의 관철은 필연적인 것이다.

한편 상업업무 분야에서는 원래부터 서류를 사용해 왔기 때문에 관료체제의 관철이 어렵지 않았다. 상인 길드에서는 협상을 하고 계약을 맺고 주문을 하는 경우에 세련된 문장력이 필요했기 때문에 처음으로 근대적인 학교를 세웠다. 함부르크에서 처음으로 상인국어학교가 출현하였다. 상인들의 후예를 길러내는 이러한 학교에서 단정하고 유려한 독일어가 만들어진다. 이에 계약이 문서로 작성되고 언어도 세련되게 다듬어져 상업업무 분야에서는 관료제 관철이 그리 어렵지 않았다.

2) 생산과정에서의 관료체제의 관철
—— 테일러리즘과 포디즘

관료체제의 관철에서 핵심적인 관건은 우선 정보가 집중되어야 한다는 것이다. 그런데 생산과정 분야에서는 생산과정에 대한 지식과 정보가 완전히 노동자에 의해 장악되어 있어 자본가나 감독자들이 제품을 언제까지 만들 수 있는가를 물어보아야 할 상황이었기 때문에 관료체제의 관철은 근본적인 한계에 부딪혔다. 이 한계를 돌파해 낸 자가 바로 테일러이다.

테일러는 두뇌노동과 손노동의 분업을 관철시킴으로써 사회구성체적 측면에서 일정한 생산과정의 변모를 일으킨다. 그뿐만 아니라 두뇌노동자로 하여금 생산과정의 지식을 독점하게 함으로써 그 지식 독점에 근거하여 생산과정을 통제할 수 있는 새로운 기술관료적인 노동통제 조직을 만들어낸다. 즉 테일러리즘은 두 측면을 포함하고 있는데, 한 측면은 사회구성체적인 차원에서 실질적인 포섭을 관철시키는 것이고 다른 한 측면은 사회조직적 차원에서 생산과정을 기술관료적으로 통제해내는 통제조직을 만드는 것이다. 따라서 사회조직에서 테일러리즘의 관철은 곧 생산과정에서의 관료체제의 관철이다. 병영적 통제가 이루어졌던 부분에도 테일러리즘은 사회조직적 차원에서 포괄적으로 적용될 수 있었다. 또한 포디즘이 관철되는 부문에서는 생산지식에 대한 독점도 자동적으로 이루어지기 때문에 쉽사리 테일러리즘이 전반적인 노동조직 형태로 되어 버린다. 다시 말하면 포디즘이 관철된 부문에서 테일러리즘이 소멸한 것이 아니라 그것이 바로 현실로 변해 버린 것이다.

이제 테일러리즘의 원리에 대해서 살펴보도록 하자.

첫째, 감독자가 생산과정에 대한 최선의 지식을 수없이 많은 실험을 통해 발견해 낸다. 반수공업적인 노동과정이 지속되는 데는 작업장마다 대단히 다른 생산지식과 기능들이 존재한다. 그 많은 차이들 속에서 어느 것이 최선의 노동형식인가 또는 행동방식인가를 연구한다. 어떤 동작이 가장 빠른 것인가, 어떤 도구가 가장 합리적인가 등을 연구하는 것을 두고 테일러는 '과학'의 개발이라고 주장한다.

둘째, 그 '과학'을 노동자에게 교육한다. 직장-도제 관계가 남아 있던 이종적 생산과정에서는 교육권은 직장에 있었다. 그러나 이제 그러한 가부장적인 교육권은 박탈되고 교육권이 기술관료에게로 넘어가게 된다. 대기업의 직업훈련과정은 테일러리즘적인 요소이며 이미 그것이 현실화된 것이다. 따라서 공장에서 배우고 일하면서 먹고사는 노동자는 회사에 원초적으로 고맙다는 생각을 가질 수밖에 없다.

셋째, 자본가와 노동자는 항상 합심해서 일해야 한다.

넷째, 두뇌노동과 손노동을 분명하게 분할(clear-cut)한다.

테일러는 먼저 작업장 한 곳을 막아 '사무실'을 만들라고 한다. 그 사무실에는 어떤 노동형태가 가장 빠른 것인가, 또한 어떤 도구가 가장 효율적인가 하는 연구자료와 정보들을 수록해 놓은 정보서들을 진열해 놓고 매번 참모들로 하여금 연구케 하고 또한 생산물을 구상 · 개발하고 노동규범을 만들게 한다. 이러한 참모들이 별도의 사무실에 근무하면서 관청(Bureau)이 등장하게 된 것이다.

명령을 내릴 때는 '어떤 물건을 몇 시간(분) 내에 어떤 작업도구를 가지고' 만들라는 지시를 서류로 작성하여 내려 주는데 반장이나 조장을 거치지 않고 직접 개개인에게 주어진다. 테일러는 관료체제가 무엇인지도 몰랐으나(당시 미국에서는 행정부서나 공공영역에 관료체제가 관철되지 않았다. 거의 선거에 의해 이루어졌기 때문이다) 실은 그가 만들어낸 것은 전형적인 관료체제였다. 중요한 것은 사무실에서 생산과정에 대한 지식을 독점하고 육체적인 기능에만 국한된 노동자에게 '기술지도'를 행한다는 것이다. 최초로 기술지도가 등장한 셈인데(옛날에는 노동자가 자본가를 지도했다.) 최선의 작업지식을 위에서 완전히 장악하고 있고 노동자들은 최악의 것이거나 그보다 못한 것들을 가지고 있기 때문에 지도당할 수밖에 없다.

이러한 관계 속에서 전체의 권위구조는 기술관료적으로, 즉 가부장적인 권위체제에서 기술관료적인, 사무적인 방향으로 바뀐다. 이제 노동자들은 노동과정에서 완전히 자유를 상실하게 되어, 다시 말하면, '거의 완전히' 실질적인 포섭이 이루어

진다. 이렇듯 두뇌노동은 위에서 수행하고 노동자들은 육체적 기능만 수행하게 되지만, 여기에도 일정한 훈련이 필요하다. 즉 노동의 기능이 완전히 단순화되는 것이 아니고(물론 공학적 자동화가 이루어진 곳에서는 완전히 단순화되지만) 육체적으로 숙련된 숙련노동이 필요하다. 이에 노동력 생산공장인 학교가 생기게 된다. 독점자본주의 시대에 참모들을 길러내는 공과대학교, 일정 정도 기능수행 능력을 가진 노동력을 길러내는 공업고등학교가 일반적인 형태로 나타난다(과거에도 Poly technician 이라는 곳이 존재했으나 전면적인 것은 아니었다). 독점자본주의가 발달함에 따라 노동력 생산공장도 늘어나게 되는데, 이는 초중등 · 고등학교 · 대학교 등의 학교 위계질서가 공장에서 전개된 직급을 그대로 반영하게 됨을 의미한다(그러나 그 역은 아니다. 즉 본질적인, 역사적인 경향 속에서는 생산과정의 발전이 학교의 위계를 만들어냈던 것이다).

결국 테일러리즘을 통해 이종적 생산과정의 마지막 반수공업적 고도노동자들이 분쇄되어 버리는데, 이러한 선행적 부품생산 과정에서 테일러리즘이 관철되면서, 만들어진 부품들을 조립하는 공정에 포디즘이 적용된다. 이 공정은 한 사람이 부품 하나만을 담당하여 조립하고 그 시간은 수십초를 넘지 않는 간단한 공정이다. 조립공정을 단순화하는 것은 처음부터 어려운 문제가 아니었다. 문제는 계속적이고 규칙적으로 물건을 나르는 조립라인(Assembly Line)을 어떻게 만드느냐 하는 기술적인 문제였다. 이 공정에서는 참모 숫자가 선행 부품생산공정보다 훨씬 적지만 여전히 제품을 개발하고 구상하는 측면이 필요했다. 여기서도 노동조직은 테일러적인 노동조직을 그대로 적용할 수 있다. 마찬가지로 병영적 통제체계에 있는 유기적 생산과정도 규모가 커지면서 테일러적인 노동조직이 그대로 관철된다. 따라서 사회조직의 측면에서 테일러리즘은 대단히 포괄적인 측면을 가지고 있다고 할 수 있다.

3) 지식 프롤레타리아트의 출현

이상의 과정을 거쳐 고전적인 노동귀족이 분해되어 버린 후 한편으로는 단순노동자의 수많은 층이 생겨나고 다른 한편으로 '새로운 노동귀족층'인 참모들이 출현한다. 그런데 순수 관료제적 시각에서는 상사와 참모가 모두 관료다. 따라서 고전적인 독점자본주의 단계에서는 이 참모들은 대단한 관료의식을 갖고 있었다. 관료는 사회구성체적으로는 임금노동자임에 틀림없지만(월급을 받고 생활하며 생산수단을

소유하지 않았다는 측면) 임금노동자로서 노동력이 상품으로 팔리는 측면, 고용과 해고가 마음대로 이루어지는 측면, 즉 노동력을 가지고 시장에 나타나야 하는 측면이 대단히 약화되고 상부로 올라가면 소멸되어 버린다. 관료가 되면 공황기에도 해고가 이루어지지 않을 만큼 체계적으로 신분보장이 이루어지게 된다. 따라서 사회조직을 통해서 '체계적으로' 매수되어 버린 임금노동자들인 관료들은 사회구성체적 성격을 발현하지 못하게 된다(이것이 바로 사회조직이 사회구성체의 성격을 제약해 버리는 경우이다).

독점자본주의가 발전함에 따라 관료체제가 완전하게 발전하면 관료체제 내에 관료층이 또 형성된다. 다시 말하면 과거의 핵심적인 관료체제에 속하던 집단(참모)이 관료체제의 성격을 완전히 상실해 버리는, 즉 관료체제의 주체가 아니라 대상으로 격하된다. 이처럼 관료체제와 분리되어서 대상으로 억압받는 사람들을 '지식 프로레타리아트'라 부른다. 이 지식 프롤레타리아트는 자유업 또는 반자유업(교수 등)에 종사하는 구인텔리와 전혀 다른, 자본에 형식적으로 포섭된 임노동자들이다.

독점기업 내의 중간관료층은 사회구성체적으로는 지식 프롤레타리아트라 볼 수 있으나, 사회조직적 측면까지를 고려하면 지식 프롤레타리아트로서의 성격이 없다. 즉 이들은 독점이윤이나 제국주의적 초과이윤에 의해 체계적으로 매수당함으로써 임노동자가 가지고 있는 운명적인 생활의 불안이 약화되어 반노동자적 의식을 갖게 된다. 예를 들면 기업관리자층(기업관료층)은 조 · 반장에서 부장급에 이르기까지 다양하지만 이들은 관료체제적 특권과 경제적 보상에 의해 체계적으로 매수된 특수한 임노동자들로서 지식 프롤레타리아트가 아니다. 지식 프롤레타리아트는 관료체제에 참가하는 사람들이 아니라 반대로 관료체제에 의해 억압받는 통치대상이기 때문이다. 이들은 다른 노동계급처럼 지속적으로 노동시장에 들락날락해야 하는 운명적 생활의 불안이 독점자본주의가 발전함에 따라 급속히 증가하게 된다.

엥겔스는 독점자본의 출현과 함께 막 나타나 제국주의의 초과이윤에 의해 아직 매수되지 않았던 지식 노동자들을 '지식 프롤레타리아트'로 명명하면서 다음과 같이 말하고 있다.

"……지식 프롤레타리아트, 자신들의 형제인 육체노동자들과 어깨를 나란히 그리고 이들의 한복판에서 다가오는 혁명에서 중대한 역할을 수행할 사명을 띤 지식 프롤레타

리아트가 대학생의 대오로부터 출현하게 될 것이라는 의식을 대학생들 사이에서 일깨우려는 당신들의 노력이 성공하기를 기원합니다. 과거의 부르주아 혁명들은 대학교로부터 다만 정치가의 가장 좋은 재목으로서의 법률가들만을 요구했습니다. 그러나 노동자 계급의 혁명에는 이것을 넘어 의사, 엔지니어, 화학자, 농학자, 기타 전문가들이 필요합니다. 이 혁명에서는 정치기구의 지도뿐만 아니라 사회적 생산 전체의 지도를 넘겨받아야 하는 것이 문제이며 따라서 이 경우에 필요한 것은 쩌렁쩌렁 울리는 상투어들이 아니라 튼튼한 지식이기 때문입니다" (MEW 22, p. 415).

독점자본주의, 특히 국가독점자본주의가 확립된 후 프롤레타리아트는 테일러리즘과 포디즘에 의해 두뇌기능과 손기능의 분리가 첨예화되어 계급적 이중화를 보이게 되는데, 즉 현대의 프롤레타리아트는 이제 단일계급으로 구성되어 있는 것이 아니라 하나의 계급(노동자 계급)과 이 계급 밖으로 분리되어 나온 여러 계층들(지식 노동자+준지식 노동자)로 구성되게 되었다. 이 후자는 '새로운 노동귀족층'으로서 업무수행의 자립성이 확보되어 있는, 즉 자본의 형식적인 포섭상태에 있는 것이다. 이와 같은 독점자본주의 하에서는 한편은(지식 프롤레타리아트) 형식적 포섭 하에 있는 형식적 자본관계와, 다른 한편은(노동자 계급) 실질적 포섭하의 실질적 자본관계라는 자본관계의 이중화가 나타나게 된다. 과거에 시대적으로 배열되었던 형식적 포섭과 실질적 포섭이 이제는 하나의 구조 속에서 상하관계를 이루고 있는 것이다.

지식 프롤레타리아트는 전통적인 노동자 계급과 나란히 종속되고 착취당하지만 상대적으로 고도의 노동능력에 따른 높은 보수와 노동과정의 자립성 등의 측면에서 자본에 대한 투쟁의 강도가 노동자 계급보다 약하게 나타난다. 그러나 지식 프롤레타리아트는 쁘띠 부르주아층과는 달리 자본에 내항할 수밖에 없는 그들의 객관적 지위로 인해 반(反)자본투쟁의 역사적 방향을 인지하고 있다. 이들 지식 프롤레타리아트를 계급론적으로 파악하는 데 있어서 두 가지 오류가 나타나고 있는데, 한편에서는 이들을 노동자 계급에 포함시킴으로써 우편향적 오류를 범하고 있다. 즉 이들은 노동자 계급과 지식 프롤레타리아트의 분단성과 동일성을 통일적으로 포착하지 못함으로써 그들의 요구에 적절히 대응하는 정책수립과 집행을 방해하게 된다. 다른 한편으로는 지식 프롤레타리아트를 신중간층 혹은 신쁘띠부르주아(폴란짜스 등)로 규정하여 쁘띠 부르주아 범주로 내던지는 좌편향적 계급론도 있다.

이들은 프롤레타리아트 혁명의 엄연한 주체인 지식 프롤레타리아트를 등한시한다. 올바른 과학적 계급정책은 전위조직 속에 지식 프롤레타리아트를 최대한으로 끌어들여 프롤레타라아트 전체의 통일을 추구하는 한편, 이것을 거부하고 다른 조직을 갖는 지식 프롤레타리아트 부분에 대해서는 형제적 동맹정책(엥겔스)을 추구해야 한다.

(4) 독점기업 내의 계급관계와 지식 프롤레타리아트

앞에서도 잠깐 살펴 보았지만, 지식 프롤레타리아트를 파악할 때 흔히 노동자 계급과 프롤레타리아트의 개념을 정확히 이해하지 못해 지식 프롤레타리아트를 노동자 계급 내의 일 분파로 보려는 경향이 있다. 프롤레타리아트는 생산수단이 없기 때문에 자기의 노동력을 팔아 자본 아래에서 노동을 하면서 생계를 이어가는 자다. 이때 지식을 팔건, 손노동을 팔건 그것은 상관없다(노동력은 인간의 육체적 · 정신적 능력이다). 따라서 이와 같은 동일한 사회구성체적 규정을 받는 층은 모두 프롤레타리아트이다. 예를 들어 철도 종사자들은 총자본에 고용되어 있는 층으로서, 그들은 다른 노동자들과 동일한 노동력 시장에서 교환된다는 사실에 의거하여 프롤레타리아트로 규정되는 것이다. 서구에서는 국가관료와 국가피용자가 완전히 구분되며, 후자의 임금은 노동력 시장의 임금수준에 의해 규정된다. 그렇다면 국가기구 종사자들의 어느 선(線)까지를 관료라 부를 수 있는 것인가? 그것은 사회조직의 성격에 따라 좌우된다. 가장 중요한 것은 프롤레타라아트는 원칙적으로 노동력을 자본과 직접 교환해야 하며, 최소한 형식적으로 포섭되어 직접 지시를 받아 일을 수행해야 한다는 것이다.

따라서 자신의 노동을 자본가의 소득과 교환하는 노동자들, 즉 식모나 집안경비 등은 프롤레타리아트가 아니고 전(pre)프롤레타리아트적 또는 전(前)자본주의적 임금노동자다. 또한 짐꾼, 날품팔이들도 전프롤레타리아트적 임금노동자다(그들은 노예제 하에서도 있었다). 양복점을 운영하다 망해 가지고 남의 집에 가서 남의 재봉틀을 빌어 양복을 만들어 주고 돈을 받는 사람은 전혀 지시를 받지 않기 때문에 프롤레타리아트가 아니다.

한편 '노동자 계급'이라 말할 때는 주로 육체적 기능을 수행하는 층을 얘기해 왔다. 과거에는 손노동을 수행하지 않은 프롤레타리아트가 거의 없었기 때문에

프롤레타리아트와 노동자가 거의 일치했다(물론 상업부문 종사자들은 마르크스 시대 초기나 중기에 모두 예비자본가였기 때문에 제외). 즉 대부분 노동자는 두뇌 기능을 수행하더라도 손노동을 했으며, '고전적 노동귀족층'은 두뇌노동과 손노동을 통합 수행했다.

그러나 현대 독점자본주의 단계에서는 두뇌-손노동의 선명한 분할로 지식 프롤레타리아트가 노동자 계급 밖으로 떨어져 나와 프롤레타리아트 자체가 계급적인 이중화를 이루어 노동자 계급(실질적 포섭)과 지식 프롤레타리아트(형식적 포섭)로 분리되어 나타난다. 그렇다면 왜 노동자 계급이라는 범주를 내던져 버리지 못하는가? 노동자 계급이란 말은 마르크스-레닌주의에서 유구한 전통을 가지고 있기 때문이다. 따라서 프롤레타리아트라는 말만 쓰고 노동자 계급이라는 말을 소멸시켜서도 안 된다. 그 말이 갖는 역사적 의의와 더불어 그 말이 그들의 분단화 현상으로 완전히 다른 계급상황에 있는 사람들의 모습을 가장 적절히 지적해 주는 개념이기 때문에 계속 사용해야 한다.

노동자 계급과 지식 프롤레타리아트를 하나의 노동자 계급 내의 분파로 파악하는 것은 순수 이론적인 차원에서 볼 때 얼마든지 가능하다. 그러나 "노동자 계급"이라는 전통적 범주가 일반인들의 어감을 무시하고 "지식 프롤레타리아트" 분파에 대해 적절히 개방적일지 의문이다. 즉 우리는 현대에 있어서 숫적으로 결정적인 의미를 갖는 지식 프롤레타리아트를 다루고 있으며 또한 두뇌-손노동의 분업이 현재만큼 철저히 관철된 적이 없었다. 마르크스 시대에는 그렇게 철저하게 관철된 것은 아니었다. 자본가들이 의식적이고 계획적으로 두뇌-손노동의 분업을 관철시킴으로써 노동자 계급과 지식 프롤레타리아트라는 계급적 이중화를 이루게 된 것이다. 결론적으로 노동자 계급과 지식 프롤레타리아트는 단일집단은 아니지만 모두 '프롤레타리아트'다. 따라서 프롤레타리아트에 대한 고전적 정의는 여전히 유효한 것이다.

한편 보통 '근로제계층(급)'이라 할 때 여기에는 노동자 계급뿐만 아니라 관료층, 임금예속자가 아닌 농민, 근로인텔리 등이 포함된다. 마르크스-엥겔스는 노동자 계급(Arbeiterklasse)에 지식 프롤레타리아트 내지는 문예 프롤레타라아트, 상업 프롤레타라아트 등을 넣어서 생각한 적이 한번도 없었다. 텔만(E. Tählmann)은 노동자 계급 내에 지식 프롤레타라아트를 포함시켜 생각하는 것에 엄중한 경고를 한다. 중요한 것은 프롤레타리아트로서의 동일성을 보면서 또한 그 분단성을 확실

히 보아야 한다는 것이다. 프롤레타리아트와 노동자 계급을 일치시키려는 것은 독점자본주의 이전 시대의 상황을 독점 이후에도 그대로 적용하려고 하는 자본논리주의자들의 주장이다. 그들은 독점자본과 중소자본도 구분하지 않고 모두 타도대상으로 설정하는데 이것과 무관하지 않다(원래 마르크스주의에서 말하는 사회주의 사회에서는 중소자본의 존재를 인정하고 있었다. 그런데 과거의 혁명 전통에서, 즉 내전 등의 방식을 통한 혁명 수행으로 중소자본을 제거함으로써 그 전통에 따라 사회주의는 그 안에 자본주의적 요소를 하나도 가지지 않는 것으로 정의되었다. 최근의 사회주의 국가의 개혁과정에서 나타나는 중소경영의 부활은 어떻게 변혁을 겪든지 중소자본이 사회주의 안에서 타도되지 않는 것을 보여주는 것이다).

이와 마찬가지로 앞으로 더욱 주목을 요하는 현상은 앞에서 고찰한 바와 같이 프롤레타리아트의 분단화의 과정이 더 심화되고 나아가 손노동을 하는 노동자 계급이 감소하게 된다는 것이다. 이 현상을 어떻게 파악하느냐 하는 문제가 과학기술혁명 앞에서 마르크스-레닌주의가 살아남느냐 아니면 폐기되느냐 하는 중요한 기준이 될 것이다. 노동자 계급만을 프롤레타리아트로 규정하는 경우 손노동하는 사람들의 감소를 대부분 프롤레타리아트의 소멸이라고 보게 되며, 이러한 입장을 취했던 모든 사람들은 이를 놓고 Krisse des Marxismus(마르크스주의의 위기) 라고 목청을 높이는 것이다. 그러나 이러한 손노동자들의 감소 및 소멸은 바로 프롤레타리아트의 소멸이 아니라 그 '일반화'이고, 이것은 자동화 논쟁과 관련해서 나중에 설명되겠지만 갈수록 지식 프롤레타리아트의 양이 엄청나게 증가한다는 사실에 의해서 입증되는 것이다.

이제 하나의 독점 기업 내 계급관계에서 지식 프롤레타리아트의 위상을 살펴보기로 하자. 기업 내 계급관계는, 우선 수평적으로는 생산적 노동분파와 비생산적 노동분파로 구분되며, 수직적으로는 이사급 이상의 독점 부르주아와 과장급 이상의 쁘띠 부르주아 내지는 부르주아층 그리고 그 밑으로 지식 프롤레타리아트와 노동자 계급이 있다.

이사급 이상의 독점 부르주아지는 관료 부르주아지와는 근본적으로 다른 완전한 '신용자본가'이다. 즉 그들은 주식 소유자와의 관계에서 단순히 신용관계에 있는 사람들이고 이윤에 참가하는 사람이다. 그런데 이들을 '기능적 자본가'로 파악하는 것은 부적절하다. 왜냐하면 기능적 자본가란 화폐자본가에게 돈을 빌어서(법률적 채무자가 되어) 기업을 운영하는 사람인데, 이사들은 그러한 명목으로 자본을 갖고

있지 않고, 단지 자본주의적 착취양식에 대한 믿음, 그리고 착취를 잘할 것이라는 믿음에 근거한 신용으로 주식자본가와 관계를 맺은 사람들이다.

관리자층은 부르주아(중소자본가의 소득 수준에 대응)와 그 밑의 쁘띠 부르주아가 있다. 전자는 독점대기업의 부장급 이상에 해당하고, 후자는 과장급(대리) 이상에 해당한다. 그런데 후자와 지식 프롤레타리아트층과의 구분은 이론적으로 명확하지만, 경험적으로는 명확하지 않으며, 또한 구분선이 고정되어 있는 것도 아니다. 그것은 생산력의 발전정도, 사회·정치적 상황 등에 따라 차이가 나며, 따라서 그 구분을 형이상학적으로 규정짓는다는 것은 전혀 실천에 도움을 주지 못한다.

한편 지식 프롤레타리아트 내에 두 분파가 있는데, 생산적 지식 프롤레타리아트와 비생산적 지식 프롤레타리아트 간에는 계급의식의 측면에서 근본적인 차이는 없다. 왜냐하면 양자 모두 피착취관계에 있기 때문이다. 그런데 자본주의적 생산양식의 확립은 상업과정이 생산과정을 포섭하는 과정으로 전개되기 때문에, 즉 시장구조나 상업업무를 잘 아는 사람들이 처음에는 노동자들을 선대제적으로 예속시키고 다음에는 완전히 예속시킴으로써 생산과정을 장악하게 되기 때문에 자본주의의 생산양식이 존속하는 한 비생산적 프롤레타리아트가 생산적 프롤레타리아트보다 권력관계에서 여전히 우위에 있고 승진가능성도 더 높다. 이로부터 지식 프롤레타리아트 내의 분파상의 갈등이 생길 수 있는 것이다. 그리고 생산적 지식 프롤레타리아트는 직접적인 생산과정에 자주 드나들기 때문에 더 불만이 많고 따라서 일반적으로 의식수준도 높다.

이러한 분파간의 차이는 노동자 계급 내에서 더욱 극명하게 나타나는데, 우선 직접적인 생산물과 부딪혀 자연산물을 가공해야 된다는 측면 때문에 빛, 소음, 먼지, 위험 등의 문제들이 생산적 노동자층에는 필연적으로 따를 수밖에 없다. 그에 반해 단순사무직은 이러한 것들로부터 공간적으로 차단되어 있어 월급이 생산직보다 작아도 이쪽으로 노동자들의 이동이 일어난다. 이러한 분파상의 처지의 차이로 인하여 단순사무직은 투쟁력이 떨어지고 분산적이다. 그리고 이들은 쁘띠 부르주아적 관리자층을 자기 모습으로 착각하는 허위의식을 가지기 쉽다.

한국 독점자본은 현재 호황기의 엄청난 축적으로 인사정체가 그렇게 심하지 않아 지식 프롤레타리아트의 성격이 완벽하게 표출되고 있지는 않다. 왜냐하면 그들은 실제적으로 관료체제로의 편입의 길이 보이고, 또한 관료체제의 편입 가능성, 즉 승진 가능성이 주어지면, 그것으로 인한 심리적 '매수'효과가 발생하여

자신의 계급적 성격을 정확히 인식하지 못하게 되기 때문이다. 그러나 공황기에 들어서면 인사정체가 심해지고 관료체제로부터 그들이 떨어져 나오면서 시간이 지날수록 지식 프롤레타리아트화가 심해질 것이다.

한편 한국의 노동력 구성에서 커다란 변화가 나타나기 시작했는데, 노동자 계급의 비중이 2~3년전부터 감소하기 시작했고, 반면에 지식 프롤레타리아트의 숫자는 급속히 증가하고 있다. 또한 이러한 지식 프롤레타리아트층(교사, 연구 전문직, 사무직 등)의 노동운동이 활발하게 전개되고 있음을 볼때, 변혁운동 내에서 이 지식 프롤레타리아트층에 대한 정확한 분석과 대응이 어느 때보다도 절실하게 요청되는 것이다.

4. 과학기술혁명(극소전자자동화)과 지식 프롤레타리아트의 발전전망

(1) 자동화 논쟁(50년대말~80년대초)의 경과와 귀결

소위 국제적인 자동화 논쟁이 50년대말에서 80년대초까지 벌어지는데, 여기에서는 좌 · 우파의 구분이 없었다. 부르주아 중 낙관주의자들은 생산력이 발달하면 노동시간이 엄청나게 단축되고 노동자들의 능력이 고도화되어 단순노동자들이 소멸할 것이라고 주장했다. 그 반대편의 부르주아들은 경영통계자료에 기초하여 지식 프롤레타리아트와 노동자 계급 간의 분단화가 더 거칠어지고, 실제로 임노동자들의 기능이 전체적으로 하락하고 있다고 주장했다. 즉 지식 프롤레타리아트는 줄어들고 노동자 계급 쪽이 늘어나고 있다라는 테제를 세운다. 이것이 이른바 '양극화 테제'이다. 해리 브레이버만(Harry Braverman) 같은 모택동주의자도 양극화 테제를 지지하고 녹색당 같은 비(非)레닌주의적 기술혐오론자 · 염세주의자들(이들은 자전거를 타고 다니고 뜨게질도 한다)도 이것을 적극적으로 지지하고 나선다. 또 동구권에 있는 답답한 마르크스-레닌주의자 일부가 양극화 테제를 지지했다. 그런데 사실상 1986년에 소련이나 동구권에서 일반적으로 합의되는 바는 양극화 테제가 틀렸다는 것이다. 부르주아지의 천진난만한 낙천주의도 틀렸지만, 양극

화 논리도 틀린 것으로 나타났다.

50년대초부터 80년대초까지는 부분 자동화 내지는 반자동화가 투입되던 시기이다. 부분 자동화 내지 반자동화에서는 양극화 현상이 현실적으로 나타난다. 해리 브레이버만도 그것만을 포착하고 있다. 그런데 선진적인 나라들, 특히 일본이나 미국 같은 나라에서 1세대·2세대 산업 로보트들이 나타나고 3세대까지 넘어가면서 완전자동화가 가능하게 된다. 완전자동화가 가능하게 되면 생산공정은 사람이 하나도 없는 무인생산공정으로 변해간다. 그 전체를 제어해야 하는 고도의 노동자들이 전에 스무 명이 필요했다면 이제는 세 명이 필요한 규모로 줄어들게 된다. 이 세 명은 대졸 이상의 사원이 되어야 한다. 실제로 완전자동화 공정에 들어간 일본의 풍크라는 회사가 있는데 거기에는 1,500명의 사원이 있으며, 과거의 2만 명 몫의 일을 한다. 이 회사는 판매액의 36%가 순이익이며, 1인당 평균임금이 연간 50만 달러 정도 된다. 그런데 그 정도 완전자동화되지 않았다 해도 완전자동화에 접근하고 있는 생산공장에서는 노동자 계급의 숫자가 급격히 감소한다. 이것이 문제인데, 제국주의 국가에서 매우 빠른 속도로 자동화를 진전시킴에 따라 그만큼 빠른 속도로 실업자들이 증가하고 있는 것이다.

결과적으로 단순노동자들이 엄청나게 늘어날 것이라고 생각했던 기술 비판론자들의 망상과 노동자들이 줄어들어 한 줌의 복잡 노동자와 자신의 손가락만 누르는 단순 노동자 대중으로 양극화될 것으로 생각했던 양극화론자들의 망상 등은 이제 사라지게 되었다. 즉 선진 독점자본주의 사회에 있어서 양극화 현상은 일시적으로 나타났다 사라진 것이다. 또한 낙천주의자들이 생각했던 것처럼 노동시간이 단축되어 고용이 증대하는 것이 아니라 거꾸로 실업이 증가하게 되었다. 기술 비관론자들은 새로운 '생산력'의 능력을 무시했다면, 부르주아적 낙천주의자들은 새로운 생산력이 자본주의적 생산관계 하에서 운동한다는 '생산관계'적 측면을 무시했던 것이다. 그리하여 꿈 같은 나라가 오기는커녕 독일 같은 나라에서 실업자가 250만명에 달하고 그 가족까지 합하면 800만명에 육박한다. 그리고 등록하지 않은 숫자까지 합하면 1,000만명 정도가 된다. 이에 따라 벌써 거지들도 나타나기 시작했다. 그러나 이러한 실업의 증대 속에서도 국제경쟁력을 확보하기 위해서, 특히 일본에 패하지 않으려면 자동화 투입은 불가피하다. 영국도 마찬가지로 1,000만 실업자가 존재한다. 1986년 소련에서 펴낸 「국제노동운동」(소련과학아카데미 국제노동계급운동연구소 편, 「국내노동계급운동-역사와 이론의 문제」 전 8권 계획)을 보면, 그들이

왜 양극화 테제에 빠져들었는가를 알 수 있는데, 그것은 부분적 · 반자동화 토대 위에서 수집된 통계자료를 기초로 제시하면서 환상적인 부르주아 이론들을 반박하기에 바빴지, 실제로 생산과정의 기술적 진보가 어느 정도가 될 것인가까지는 생각하지 못했던 것에 기인한다.

(2) 과학기술혁명과 지식 프롤레타리아트의 발전전망 —두뇌노동과 손노동의 대립의 개념과 해소전망—

과학기술혁명의 초기단계(반자동화)에서는 다수의 단순노동자와 소수의 지식인 노동자, 즉 과거의 유기적 생산공정에서 공학적 자동화로 완전히 단순화되듯이 노동기능은 단순화되고 숙련노동은 거의 필요없게 된다. 공업고등학교를 나와야 하는 숙련노동이 테일러리즘 하에서는 살아남았지만 이제는 이것마저 붕괴된다. 반숙련노동자나 비숙련노동자만이 요구되는 상황이 한참 진행될 가능성이 존재한다. 그 과정을 넘어서게 되면 다시 노동자 계급의 숫자가 일정 정도 줄어들게 되는데, 지금은 서구에서 손노동자의 숫자가 줄어드는 상황이다. 자동화의 투입이 뒤늦었던 독일은 80년대초까지 반(半)자동화가 전개되었다. 그러나 80년대 중반을 넘어 자동화 수준이 완전자동화에 접근하면서 그간의 자동화 논쟁은 자동적으로 종식되었다. 즉 지금 진행되고 있는 극소전자자동화가 어떤 영향을 미칠 것인가에 대해 국제적으로 의견이 통일되었다.

극소전자자동화는 공학적 자동화처럼 체인(Chain)이나 피대로 연결시키는 것이 아니라 두뇌공학적 측면을 이용하는 까닭에 아무리 복잡한 공정도 비용만을 생각하지 않는다면 완전자동화가 가능하다. 정보를 전달하는 자동시스템을 통해서 조정하기 때문에 사람이 꼭 조정해야 하는 숙련노동이 분쇄된다. 전선으로 연결되고 암호로 조정되므로 카드를 다루는 반숙련자도 필요없게 된다. 그런데 지금 서구 독점자본의 입장에서는 반자동화 상태에서 반숙련 내지 비숙련 노동자를 고용하는 것이 제일 비용이 적게 든다. 왜냐하면 방대한 실업으로 인해 반숙련 · 비숙련 노동자의 임금이 하락하였기 때문에 완전자동화를 할 때 들어가는 비용에 비해서 값싼 단순노동자를 고용하는 것이 자본주의적 비용계산에 합당하기 때문이다. 이에 따라 실업이 늘어나면 늘어날수록 자동화를 진행하는 속도는 늦어지게 된다. 일본은 고도성장기에 노동력이 부족할 때(다른 선진국은 외국노동자의 유입으로 자동

화가 지체되었다) 자동화를 투입하였다. 따라서 2장에서도 지적했지만 현재 전세계에 투입된 로보트 숫자보다 일본의 것이 훨씬 많다. 과학기술의 이론적인 측면에서는 미국이 훨씬 앞서 있지만, 이 기술의 생산력화에서는 일본이 앞서있다. 그것이 얼마만큼 생산력으로 전화하느냐 하는 것은 공학법칙이 아니라 '경제적 법칙'에 따르기 때문이다.

사용가치적 측면에서는 기계(로보트)가 많이 있어야 하지만, 교환가치의 측면에서는 경제적 법칙에 따라 투입이 안 된다. 이러한 사용가치와 교환가치(잉여가치)의 모순이 첨예화되면서 자본주의적 생산관계가 새로운 생산력에 대해 저항하게 된다. 이는 자본주의 체제 하에서 자동화를 시작했다 하더라도 완전히 관철시킬 수 있기 위해서는 엄청난 갈등을 동반할 것이다. 여기저기서 산발적으로 완전자동화가 보일 수 있을지 몰라도, 이를 완전히 관철시킬 경우 자본주의 체제가 무너지든가 혹은 자본가들이 잉여가치를 손해보는 문제가 생겨난다. 자본가들은 절대로 이러한 방식을 원하지 않을 것이므로 자동화가 어느 정도 가다가 지연되면서 헛바퀴를 돌든지, 국제경쟁에 밀려서 어쩔 수 없이 완전히 관철시키게 됨으로써 격렬한 계급대립이 초래될지도 모른다.

이에 비해서 사회주의 국가에서는 이론상 계획적으로, 실업의 위험없이 그것을 투입해 나갈 수 있다. 그러나 이것도 대단히 어려운 경제운동기술을 요할 것이다. 이에 반해 자본주의 국가에서 실업의 위험은 항상 부메랑 효과를 가져온다. 실업에 의한 임금압박으로 초래된 저임금 상태에서는 기계를 생산에 투여하는 데 드는 비용이 100이라면 100을 투입해서 대체하는 노동자의 수가 15명(임금은 1인당 5)밖에 안 될 경우 25가 손해이기 때문에 기계를 투입하지 않는다. 그런데 만약 임금이 5가 아니라 8로 상승한다면 120으로 되어 자본가는 20이 남으니까 자동화 기계를 투입하게 된다. 이것이 자본주의 사회에서 끊임없이 작동하는 경제법칙이다. 그런데 자본주의적 생산관계의 한계로 말미암아 기술적인 가능성에서나 인간의 두뇌에서나 거대하게 폭발할 수 있는 생산력의 잠재력이 억압당하게 되는데, 이 억압상황을 타개할 수 있는 유일한 방법이 전쟁무기를 개발하는 데 자동화를 투입하는 것이다. 왜냐하면 전쟁무기야말로 유일하게 과잉생산에 도달하지 않는 상품이기 때문이다. 한 쪽에서 방위체계를 바꾸면 다른 쪽에서도 따라서 바꾸어야 한다. 또한 서로 대치하고 있는 나라에서 무기만큼 '도덕적' 마모가 빠른 것이 없다. 이에 따라 미국 주도 하에 SDI(전략방위구상) 등의 정책이 추구된 것이다. 일본보다

뒤떨어진 나라가 유일하게 살 길은 그것이므로 극소전자혁명과 더불어서 그만큼 세계평화 파괴의 위험도 높아진다. 바로 이런 측면들 때문에 프롤레타리아트의 미래 진로에서 평화투쟁이라는 것이 아주 중요하다. 모두 파괴되어 아무것도 남은 것이 없는 폐허 위에서 사회주의를 건설할 수는 없기 때문이다.

그런데 부르주아들이 개인적으로는 모두 전쟁을 싫어한다고 주장할 수도 있다. 즉 국민학교 때부터 배웠던 쁘띠 부르주아적 관념들 때문에 부르주아나 군산복합체가 다 평화주의자인 것 같은 발언을 하면서 소련 때문에 어쩔 수 없다고 강변한다. 그런데 사실상 그들의 전략 개념이 바뀌어 핵무기도 사용할 수 있게 되었다. 핵억지전략이 채택되었을 때 소련에 얼마나 손해 봤느냐고 하면서 사용할 수도 있다는 전략이다. 이에 따라 전술핵무기를 개발하기 시작했다. 핵 사용으로 도시 하나 정도는 파괴해 버리고 사람이 안 살면 되지 않느냐는 것이다. 이러한 대단히 위험한 사고를 하게 되었다. 이것이 미국에서 전략개념으로 채택되면서 군단급 이하에 보급된 지 7~8년이 지났다. 이런 상황에서 과학기술혁명으로 인한 생산력이, 생산관계의 저항을 받게 되는 그 사회체제의 붕괴단계에서는 생산력으로 작동하는 것이 아니라 파괴력으로 작동한다고 마르크스나 엥겔스가 여러 번 이야기했듯이, 기술적인 능력이 제국주의 단계에서 생산력으로가 아니라 '파괴력'으로, 전쟁의 위험으로 나타나며 그 파괴력이 과거와는 비교될 수 없는 규모로, 인류가 공망해 버리는 파괴력이 된다. 이런 측면에서 마르크스가 「독일 이데올로기」에서 말했던 것처럼 생산관계의 저항을 받을 때 그 억압 속에서 생산력이 파괴력으로 바뀌어 나간다는 사적 유물론의 도식이 요즘처럼 적중한 시기는 없었다. 이러한 상황에서 평화공존 전략을 더욱더 실천으로 제기하고 평화구조를 구축해야 하는 것은 프롤레타리아트뿐만 아니라 전인류의 사명이다.

한편 극소전자자동화의 결과 노동자 계급의 숫자는 갈수록 줄어들고 지식 프롤레타리아트의 양은 많아질 것이다. 노동자 계급의 숫자가 어느 시기엔가는(100년 후쯤) 완전히 소멸해 버리고 지식 프롤레타리아트만 남는 시기가 도래할 것이다. 이때는 생산과정에서 손노동은 완전히 사라질 것이며 다른 손노동이 어느 정도 남아 있더라도(10% 정도) 분업체계를 고쳐서 그것을 제거할 수 있다(예를 들면 청소부라는 직업범주를 분업체계의 전환을 통해서 없애 버릴 수가 있다). 사회주의적 분업전략을 구사하면 더 빠른 속도로 손노동 부분을 소멸시킬 수 있다.

과거의 모택동주의자가 지식 프롤레타리아트를 하방(下放)시켜 손노동도 하고

두뇌노동도 하게 하는 한편, 손노동자들에게는 지식노동을 배우게 하여 지식적이면서 육체적인 노동을 수행하게 하려 했던 것은 사변의 산물이다. 즉 역사의 구체적인 발전을 모르는 농촌 국가에서 사회주의 국가를 만들려고 했던 소농적인 망상이다(소농들은 손노동과 두뇌노동을 동시에 수행하는데 이로부터 필연적으로 나타나는 환상이다).

역사의 객관적인 방향은 그것과 완전히 다르다. 인간은 육체적, 정신적 존재이기 때문에 물론 육체적 기능들을 수행하지만, 그 육체적 기능은 미래에 예술이나 스포츠와 같은 방향으로 바뀌어 나가지 노동의 형태로 육체적인 기능을 수행하지는 않을 것이다. 즉 손노동은 범주적으로 소멸하고 생산과정에서는 고도의 정신적 기능만이 존재할 것이다. 그런데 두뇌노동이라 해도 손가락도 전혀 움직이지 않는 노동은 없다. 따라서 두뇌노동과 손노동의 구분은 변증법적 사고(양질전화의 개념)를 요구하는데, 인간의 노동 안에서 두뇌기능이 '우세'하면 두뇌노동, 육체적 기능이 '우세'하면 손노동의 범주로 포착되는 것이다.

손노동과 노동의 분업이 남아있는 한 모든 사람이 대학교육을 받는다는 것이 오히려 교육비의 낭비를 가져올 수 있다. 사회주의 사회에서 누구나 무료로 교육하는 경향들 속에서 공적능력(Qualification)의 과잉을 가져오는데, 이것은 생산(력)의 법칙에 정면으로 위배되는 것이다. 즉 고등학교 나와서 화장실 청소나 하고 있는 경우 능력에 따른 역할 수행이 되지 못함으로써 일은 고통스러운 것이 되고, 따라서 과잉교육이라는 낭비를 초래한다. 역으로 자동화가 완전히 관철되면 대학교육을 받지 않는 것이 오히려 비경제를 초래할 것이다. 모든 사람을 대학교육을 받은 고도의 두뇌노동자로 만드는 것이 생산양식의 발전법칙에서 필연적으로 요구된다. 이것은 100년 정도가 지난 후에나 가능할 것인데 너무 조급하게 공상적으로 생각하다간 중국에서처럼 지식인을 하방한다든지 하여 반(反)지식인 풍조를 프롤레타리아트 운동 내에서 불가피하게 초래할 것이다. 그와 같은 '소농적' 환상을 가졌던 크메르루지(Khmes Rouge)는 중국에서 실패한 것을 끝까지 관철시키려고 지식인들을 100만~150만 명 정도나 죽인 것이다. 그것은 우연한 실수가 아니라 그들이 과학적 미래상으로부터 이탈함으로써 생기는 세계사적인 끔찍한 범죄다. 마르크스-레닌주의자들은 그것을 가리켜 '병영적 공산주의'라고 한다. 마르크스가 바쿠닌(Bakunin) 같은 무정부주의들과 30~40년간의 끈질긴 투쟁을 벌였다는 사실을 상기할 필요가 있을 것이다.

자본주의 생산양식 하에서 노동자 계급의 소멸이 진행되는데, 그것은 대단히 지연된 방식으로 전개될 것이다. 왜냐하면 자본주의적 생산관계가 생산력의 발전을 저지하는 작용을 하기 때문이다. 그것을 발전시킬 수 있는 유일한 방법은 임금투쟁을 계속해서 임금을 올리고, 노동시간 단축투쟁을 벌여서 실업을 생산적인 기능으로 바꾸려는 무진장한 투쟁을 벌이는 것이다. 제국주의 국가에서는 자본가들이 자동화를 열심히 추진해서 돈을 벌어 일자리를 많이 창출함으로써 실업을 해결한다는 고전적인 사기극을 계속 연출하고 있다. 그러나 프롤레타리아트 입장에서는 일관되게 노동시간 단축 투쟁을 벌여야 한다. 지금 주당 노동시간이 39~40시간인데 35시간으로 단축시킬 것을 목표로 하고 있다. 그렇게 되면 100~200만의 실업이 구제되지만 자본가들은 이것을 하려고 하지 않는다. 따라서 싸움에서 이기는 수밖에 없다.

그런데 자본주의 체제 하에서 이렇게 자동화가 관철되면 그 극단에는 자본주의 체제의 해소의 토대가 마련될 것이다. 노동자들이 교양도 높아지고 요구수준도 매우 높아져 더이상 예속되어 있지 않으려고 하기 때문에, 민주주의가 심화 발전하여 토대 속으로까지 완전히 들어오게 되면, 즉 기업 내에서 민주주의가 완전히 관철되면 사유재산은 폐지되는 것이다.

제국주의 내에는 개량주의 전술의 끊임없는 퇴적 때문에 사회주의가 이미 반절 정도 들어와 있다. 예를 들면, 독점대기업 어디에나 노동 이사 5명(노조 지명), 자본 이사 5명, 자본측에서 임명한 대표이사 한 명으로 이사진이 구성된다. 따라서 제국주의 국가에서 노동자 계급이 부르주아(?)가 되는 유일한 길은 노동 이사가 되는 것이다(노동 이사에게 주어지는 것은 월급이라기보다 이사들에게 주어지는 사례금과 같다). 이제 이러한 기업의 운영방향을 결정할 때 가부동수인 경우는 대표이사가 캐스팅보트(Casting Vote)를 쥔다. 노동계급의 상층부가 독점 부르주아에 말려드는 측면이 있긴 하지만, 장기적인 역사적인 관점에서 볼 때 가열찬 정치투쟁을 통해 밀어붙이면 이러한 의사결정구조에서 힘을 역전시킬 수 있기 때문에 사유재산을 실질적으로 폐지시킬 수 있다. 즉 사유재산 폐지 방법이 물론 항상 대중투쟁을 통해서 정치권력과 연계되는 선으로 가야 되지만, 반드시 내전을 통하지 않고도 갈 수 있는 길이 있다. 제국주의 국가는 이와 같은 방식으로 점진적인 이행이 가능할 것이나 우리나라 같은 경우는 좀더 급진적이고 강력한 방식으로 이행될 수밖에 없을 것이다. 예를 들어 노예제도가 붕괴되고 봉건제로 넘어갈

때도 노예제의 중심지인 로마는 대단히 장기간에 걸쳐서(400~500년) 점진적으로 넘어간다. 거기서 봉건제의 맹아형태를 보았던 칼 마르텔(Karl Martell) 같은 게르만 군사수령들은 자기 지역에 무력적 방식을 통해 혁명적으로 100년만에 봉건제를 관철시킨다(마르크스의 「정치경제학 비판을 위하여」의 사적유물론의 정식 참고).

마르크스의 「고타강령비판」에 의하면 사회주의 단계는 공산주의 단계의 첫 단계로 설정되고, 공산주의는 보다 높은 고차적 단계로 설정되어 있다. 공산주의에 가서야 '능력에 따라 일하고 필요에 따라 분배'받는다. 공산주의 단계는 생산력의 풍요, 물질적인 풍요가 넘쳐흘러서 분업이 극복되고 특히 두뇌 - 손노동의 분업이 극복되고 개인들의 분업체계로의 예종적 복속이 끝나게 된다. 과학기술혁명의 객관적인 기술적 필연성과 생산관계 측면에서의 사회주의 정책(분업극복)에 근거해서 볼 때, 마르크스가 예측했던 두뇌 - 손노동의 분업 극복이 전혀 환상이 아니다. 그의 완벽한 과학적 전망은 여전히 유효하다. 「정치경제비판 요강」에도 이러한 과학기술의 혁명을 예측하지는 못했지만, 끊임없는 기술발전을 통해 어떤 형태일지는 몰라도 자동화될 것이라는 예언적, 예측적 구절들이 있다.

생산과정 자체가 과학적인 실험실 같은 분위기로 바뀌고 누구나 거기 들어가 과학적인 이론 공부와 실질적인 조작 공부를 해야 되는 차원에서, 그 노동 자체가 더이상 노동이 아닌 즉, 생산적 활동일 수는 있어도 과거의 '노동'이라는 개념으로 포착할 수 없는, 즉 노동이 '극복'(「독일 이데올로기」) 되는 상태로 될 것이다. 과학과 예술로만 이루어지는 활동과 공동체적인 활동만 남는 사회로 될 것이다. 분업과 노동의 극복이라는 마르크스-엥겔스의 꿈이 과학기술혁명과 함께 단순히 망상으로 전락하는 것이 아니라 과학적인 꿈이라는 것을 과학기술의 혁명을 통해 오히려 확인할 수 있게 된다.

제 3 장
독점적 자본관계와 기업지배구조의 변동*

제1절 소유 · 지배관계의 이중화와 독점적 자본관계의 중복적 이중구조

실질적 자본관계의 고전적 형태 하에서 자본주의적 임금예속관계가 (비교적) 형식적인 종속과 (비교적) 실질적인 종속으로 이중화되는 것은 이미 살펴보았다.** 그러나 자본관계의 역사적 발전은 임노동 쪽, 즉 예속 측면의 이중화로 끝나는 것이 아니다. 자본관계의 다른 측면, 즉 자본 쪽 또는 지배의 측면도 마찬가지로 유사한 이중화를 경험한다. 지금까지 이 측면, 즉 지배계급의 변화 · 발전은 과학적 토론에서 이상하리만치 소홀히 되어 왔다.[1]

1. 자본소유와 소재적(素材的) 관리기능으로부터 자본기능의 분리 : 독점적 자본관계와 매니저의 신용이론적 규정

마르크스와 엥겔스는 자본지배의 이중화의 초기단계에 주목하여 이것의 분석에 충분한 개념적 도구들을 우리들에게 마련해 주고 있지만, 이 개념도구들은 불행히도

---

*「동향과 전망」, 백산서당, 1989년 겨울호～1990년 가을호까지 4회에 걸쳐 연재.

**이 부분에 대해서는 제2장 「자본주의 생산과정의 역사적 과정과 지식 프롤레타리아트의 출현」과 「한국사회와 자본론 강의」(중원문화, 1989)를 참조하시오.

1) 이와 관련해 테쉬너(M. Teschner)는 다음과 같이 비판하고 있다 : 지배계급에 관해서 우리는 "사회과학적 연구로부터보다는 쉬피겔(*Spiegel* : 독일 시사잡지)지로부터 더 많은 것을" 얻고 있다(1989, p. 98f).

인지되지도 않거나 인지되는 경우에도 본질적인 오독으로 말미암아 오용·남용되고 있다. 이러한 자본지배의 이중화의 단초는 마르크스에 의하면 실제로 활약하는 기능적 자본가(fungierender Kapitalist)와 화폐자본가 간의 개인적인 신용관계로부터 자라나온다: "대부자본은 **기능**(Funktion)으로서의 자본에 대하여 소유(Eigentum)로서의 자본인 셈이다"(MEW 25, p. 392, 강조는 필자). **개인적 신용관계** 속에서의 자본의 이러한 이중화 단계에서는[2] 기능적 자본가와 "무위도식적인 소유"(träges Eigentum)가 아직 적어도 형태상 **상호 동등한** 관계에 서있다. 그러나 "무위도식적인 소유"와는 달리 자본기능은 계급대립 속에서 운동하는 자본주의적 생산의 기술적, 사회적, 재정적 측면 등과의 대결적인 몸부림을 벌여야 하는 "긴장된 노고"(Anstrengung)를 요한다.

> "……기능적 자본의 대변자는 대부자본의 대변자처럼 용관(冗官 : 교회의 직책 없는 주교들이나 상징적, 의전적 국가원수처럼 하는 일 없이 거대소득을 얻는 봉록관——필자)이 아니다. ……생산적 노동의 착취는 그가 이것을 직접 수행하든 그의 명의로 타인으로 하여금 수행케 하든 긴장된 노고를 요한다"(MEW 25, p. 393).

그러나 기능적 자본가가 노동의 착취를 "그의 명의로 타인으로 하여금 수행케" 한다면, 그리하여 그가 그의 명의로 지휘하는 이 관리요원들에 대한 통제 및 여타 재정업무 등만을 관장한다면, 그의 기능은 생산의 물질·소재적(기술적) 측면과 인간·소재적(사회적) 측면과의 모든 대결적 몸부림으로부터 해방된다. 이 기능적 자본가는 이제 생산과정의 실재적 또는 소재적 제기능을 거의 수행하지 않고, 오직 자본증식을 위한 초소재적(超素材的)인 기능들만을 관장하게 되는데, 이 초소재적(uberstofflich)인 기능들은 여전히 위력적(ubermachtig)이고 **자본주의적으로** 필수적인 것이지만, 이미 역사적으로 보면 불필요하고(überflussig) 따라서 진정한 생산을 위해서는 역기능적인 것이다. 하지만 이 역기능적 자본가가 화폐자본가와 동일한 의미에서의 '용관'(Sinekure)은 아직 아니다. 마르크스는 위에서 보듯이 정확히 다음과 같이 말하고 있기 때문이다. "생산적 노동의 착취는 그가 이것을

2) 마르크스는 이 경우 신용대부자를 자본의 "법적 소유자"라고 부르고 신용수취자를 "자본의 경제적 소유자"라고 부른 적도 있다(MEW 26. 3, p. 98f).

직접 수행하든 **그의 명의로 타인으로 하여금 수행케 하든** 긴장된 노고를 요한다." 이유야 어떻든 전체 사회적 계급대립과 부침이 심한 자본주의적 경제세계는 그에게 억압적, 조직적, 재정적 업무 등을 그가 편치 않을 만큼 충분히 제공하기 때문이다. **직접적인** 생산과정의 온갖 소재적 부담으로부터 해방된 이 초소재적인, **따라서** 동시에 불필요한, 그러나 아직 위력적인 자본기능을 우리는 **순수한** 자본기능이라 부를 수 있겠다.

따라서 이 특수화된 **순수한 자본기능**의 성립은 **이중적인** 분리과정, 즉 한편으로 **자본소유**로부터의 분리과정과 다른 한편으로는 생산과정의 **소재적 · 실질적 관리기능**으로부터의 분리과정이라는 이중적 과정을 겪는다. 그리고 이것은 자본의 신용적 · 주식적 집중과 발맞추어 **조직적인** 표현형태를 갖춘다. 이것은 위에서 언급된, 기능적 자본가와 자본소유자 간의 조직적인 **상하관계**로 발전하게 되는바, 이 관계의 **실제적인** 세력관계는 물론 오늘날 아주 **변화무쌍**하다.

마르크스는 신용관계의 사회적 확대와 주식회사의 확산에 따라 발전하게 된, 자본소유의 실질적 관리기능으로부터의 순수한 자본기능의 이중적 분리과정을 일단 추상적으로 다음과 같이 서술하고 있다.

> "신용제도와 더불어 발전하게 되는 주식회사 일반은 기능으로서의 이 관리노동을 자본——이것이 자기자본이든 또는 빌린 자본이든——의 점유로부터 점점 분리시키는 경향을 갖는데, 이것은 봉건시대에 부르주아 사회의 발전과 함께 사법적(司法的), 행정적 기능이 이것을 부속기능으로 갖던 토지소유로부터 분리되는 것과 전적으로 유사하다. 그러나 **한편으로** 기능적 자본가가 자본의 단순한 소유권자인 화폐자본가와 맞서 나타나고 신용의 발전과 더불어 이 화폐자본 자체가 은행에 집중되고 더이상 그것의 직접적인 소유권자들이 아니라 이 은행에 의해서 대부됨으로써 사회적 성격을 취하게 되면서, 그리고 **다른 한편으로** 어떠한 명목으로든, 즉 대부방식이든 그밖의 어떤 식으로든 자본을 갖지 않는 단순한 지배인이 기능적 자본가 자신에 속하던 모든 **실질적 기능들**을 관장함에 따라 **기능인**만이 남고 자본가는 **불필요한** 인물로서 생산과정으로부터 소멸한다"(같은 책, p. 401, 강조는 필자).

여기서 우리가 "모든 실질적 기능들"로부터의 순수한 자본기능의 분리를 고찰하면, 이 "단순한 지배인" 또는 "실질적(real) 기능인"의 임금은 "기업이윤으로부터

완전히 분리되어 현상하고"(같은 책, p. 401) 또 "여타 노동자들의 임금과 전적으로 유사하게 투하된 가변자본의 일부를 이룬다"(같은 책, p. 402). 즉, 그는 그가 자본에 의해 프롤레타리아보다 **관료체제적으로 더 높은 지위에 세워졌다**는 사실에 있어서만 자본 하(下)로 형식적 또는 실질적으로 포섭된 프롤레타리아와 구별될 뿐인 "특수한 임금노동자"(마르크스)에 지나지 않는다. 만약 그가 협동조합공장에 단합된 프롤레타리아적 노동자들에 의해 고용된다면, 그는 그의 관리노동을 억압적인 성격으로부터 완전히 탈피시켜 순수하게 **생산적인 관리자**로 화할 수 있다. "협동조합기업에서 감독노동의 대립적 성격은 지배인이 노동자들에 대해서 자본을 대표하는 것이 아니라 노동자들에 의해 급여를 받음으로써 말끔히 사라진다"(같은 책, p. 401).

그러나 이 실질적 지배인은, 오직 **순수한 자본기능**만을 관장하는 오늘날 독점적 주식회사나 재벌회사의 —— 마찬가지로 법적 시각에서 볼 때 자본을 갖지 않는 —— 이사(理事)들이나 감사들과 혼동해서도 안 되고, 이들의 아직 순진무구한 선조(先祖)로 오해되어서도 안 된다. 1940~50년대의 적지 않은 이론가들은 관리자 임금과 관련된 독점자본주의적인 "새로운 사기극"에 혼란당한 나머지 마르크스의 위 구절을 오늘날과 같은 유형의 매니저(Manager)에 관한 언표로 오해했었다. 즉, 그들은 저 착취적인 이사들을 "자본주의 체제의 매장자들"로 규정하였던 것이다(이름을 지목해 보자면, K. Renner, J. A. Schumpeter, A. A. Berle jr, G. C. Means 등이다. H. Pross 1965, pp. 33~39를 참조하라. 이 저서 맨뒤에 수록한 〈참고문헌〉 참조). 또 다른 일군의 이론가들은 마르크스의 저 실질적 지배인(realer Dirigent) 범주를 오늘날 독점 콘체른의 아직 비(非)착취적이었던 선조로 오해하였고 그리하여 마르크스의 매니저 이론을 오늘날은 타당성이 없는 것으로 역사 속에 내던졌다(H. Pross 등. 이에 관해서는 뒤에서 다시 다루겠다). 그러나 마르크스가 의미한 실질적인 지배인의 후예는 오늘날 보통 '부장'(部長) 또는(중소기업의) 전통적 "지배인"으로 불리는 자들로서, 독점 콘체른의 **관료층**에 속하거나 중소기업의 "월급장이 사장"으로 나타나는바, 결코 독점대기업의 이사진이나 감사진에는 속하지 않는다.

금융자본주의적인 "새로운 사기극"을 꿰뚫고 마르크스는 당시 여기저기 산발적으로 등장하던 독점자본주의적 경향과 더불어 생겨난 "인퇴(引退)하는" 자본가들(MEW 25, p. 527)로부터 **오늘날과 같은 유형의** 매니저 부류가 분리되는 과정을 보여주고 있다.

"이것(주식회사의 형성 —— 필자)은 자본주의적 생산양식 자체 **안에서의** 자본주의적 생산양식의 지양(止揚)이요, 따라서 그 자체로서 새로운 생산형태에 이르는 단적인 통과점으로 전개되는, 자기지양하는 모순이다. 이 모순은 일정 영역에서 독점을 산출하고 그리하여 국가의 개입을 유발한다. 그것은 프로젝트 수립가, 창업주 및 **단순한 명목상의 회사관리자들** 형태로 **새로운 금융귀족층**(eine neue Finanzaristokratie) 즉 새로운 종류의 기생충들을 재생산한다"(같은 책, p. 454, 강조는 필자).

마지막 범주, 즉 마르크스가 여기서 "새로운 금융귀족층"에 같이 집어넣고 있는("금융귀족층" 앞에 "새로운"을 붙인 것은 부르주아 정치변혁 이전에 매뉴팩처 자본, 소생산자 및 농민 등을 수탈하던 고리대 상인대자본 —— 주로 왕권과 결탁해 있었다 —— 을 장악했던 구(舊)금융귀족층에 대비하기 위한 것이다) **"단순한 명목상의 회사관리자들"** (bloßnominelle Direktoren)에 주목해야 한다. 이들은 위에서 취급된 **실질적 지배인**들과 엄격히 구분되어야 한다. 이 "명목상의 회사관리자들"은 **순수한** 자본기능인들인데, "인퇴하는" 즉 주식소유자인 자본가들 아래 조직형식상 복속되어 있는 까닭에, **자신의 명의로 빌린 자본**을 소유한 기능적 자본가와도 명백히 구분되는 **순수한** 자본기능인이다. 마르크스는 자본소유로부터의 순수한 자본기능의 이런 **조직형식적** 자립화에 관하여 다음과 같이 언급하고 있다.

"자본주의적 생산에서는 주식기업들의 경우, **현실적인 지배인들**(wirkliche Dirigenten)**과 나란히 그리고 이들보다 높은 지위에** 한 무리의 **이사 및 감사들**이 등장하게 되면서 관리자 임금과 관련된 **새로운** 사기극이 횡행하게 되는데, 이 이사 및 감사들에게 있어서 관리와 감독이란 실은 **주주들의 약탈과 그들 자신의 치부**를 위한 단순한 핑계거리에 지나지 않는다"(같은 책, p. 403, 강조는 필자).

이 '이사 및 감사들'을 마르크스는 바로 다음 구절에서 다시 "명목상의 회사, 관리자들"로 바꿔 쓰고 있다(같은 책, 같은 곳). 이 명목상의 회사관리자들이 **법적으로 자본을 소유하지 않지만 순수한 자본기능을** 수행하거나 또는 단순히 회사 꼭대기에 앉아 있는 것으로써 자본증식에 기여하던 **매니저**였다는 사실 —— 이것을 마르크스는 커티스(Timothy Abraham Curtis)라는 자의 파산사건을 인용함으로써 증명하

고 있다. 이 자는 '여덟 또는 아홉 개 회사'의 관리자였는데, 그가 이 많은 회사의 꼭대기에 솟아 있었던 것은 자기 자본이든 또는 빌린 자본이든 자본을 가지고 있었기 때문이 아니다 : **"커티스 씨가 잉글랜드 은행과 동인도 회사의 이사였기 때문에,** 어떤 주식회사든 그를 관라자로 획득할 수 있는 것을 행운으로 생각하였다."[3] 따라서 마르크스의 이론체계 안에서는 오늘날 이 유형의 매니저를 실질적 지배인이나 또는 기능적 자본가와 혼동할 아무런 유인(誘因)이 없다.

엥겔스도 ①'실질적' 지배인, ②'명목상의' 관리자 그리고 ③주식소유주를 서로 구분하고 뒤 두 범주를 역사적으로 불필요한 것으로 규정하고 있다.

> "철도와 대양횡단 기선의 대부분은 자신의 사업을 직접 관장하는 개별자본가의 소유가 아니라 주식회사의 소유인데, 이 주식회사의 경영은 **월급받는 사무직원들**, 즉 좀 높은 지위에 중임(重任)되고 좀 좋은 급여의 대우를 받지만 어떤 각도에서 보아도 **노동자**의 위치를 점하는 복무자들에 의해 관리되고 있다. **회사관리자들**(Direktoren)과 **주주**에 관한 한, 이 양자는 전자가 관리에, 그리고 후자가 통제에 더 적게 간섭하면 할수록 사업에 그만큼 더 좋다는 것을 알고 있다"(MEW 19, pp. 288~289, 강조는 필자).

이 '명목상'의 회사관리자의 소위 '감독임금'은, 다른 모든 노동임금과 마찬가지로 수많은 산업 및 상업지배인 부류의 형성과 더불어 자신의 정해진 "시장가격을 얻은"(MEW 25, p. 402) "실질적 지배인"의 임금과 **아무런 유사성도 없다**(이것은 비록 이 "실질적 지배인들"의 노동시장이 프롤레타리아 임금노동자들의 노동시장보다 훨씬 덜 발전해 있다 할지라도 여전히 타당하다).

> "파산 법정 앞에서의 심리는 이 감독임금이 보통 이 명목상의 회사관리자들에 의해 실지로 수행되는 감독과 보통 **반비례관계**에 있다는 것을 보여주고 있다"(MEW 25, p. 403).

3) "The City or the Physiology of London Bussiness; Whith Sketches on Change and the Coffee Houses", London, 1845로부터 마르크스의 인용, MEW 25, p. 403. 강조는 필자.

마르크스와 엥겔스는 단 한순간도 금융자본주의적 "사기극"에 빠져들지 않았고 오히려 포괄적인 의미에서의 생산과정의 관리 · 행정에 따르는 "모든 **실질직** 기능들"을 관장하는 "실질적 지배인"과, **순수한** 자본기능만을 관장하는 "명목상의 회사관리자"를 명백히 구별하였음을 알 수 있다. 그런데 오늘날 유형의 매니저를 "자본주의 체제의 매장자"로 파악하는 저 1940~50년대 이론가들을 정당하게 비판하고 있는 프로스(H. Pross)도 "명목상의 회사관리자"에 관한 마르크스의 언표가 있는지 없는지조차 알지 못하고 "실질적 지배인"에 관한 마르크스의 언표를, 마르크스에 의하면 "명목상의 회사관리인"으로서 "새로운 금융귀족층"에 속하는 오늘날의 독점자본적 최고위 매니저(이사, 감사 등)에 관한 언표로 오해하고 있다.

> "여전히 그의(마르크스의 —— 필자) 근본구상으로부터, 그가 그들(최고 매니저들 —— 필자)에게서 장래 자본주의를 거부하고 프롤레타리아 진영에 가담하게 될 것을 기대했다는 점을 추론할 수 있을 것이다. 이러한 추론은 명백한 근거가 있는데, 매니저도 그에게 속하지 않는 생산수단을 가지고 그리고 이것에 의존하여 노동하기 때문이다. 다른 노동자들과 똑같이 매니저도 임금, 즉 '숙련노동에 대한 노동임금'을 수령하고 또 이 임금의 높이는 '수많은 산업 및 상업지배인 부류의 형성과 더불어' 노동시장에 의해 정해질 것이다" (H. Pross, 앞의 책, p. 32).

마르크스에 대한 프로스의 오독은 불가피하게 마르크스의 매니저 이론의 암묵적인 역사화로 귀착된다. 이러한 오해는, 다음과 같은 황당무계한 말로써 마르크스를 무고하고 있는 페처(I. Fetscher)에게서 그 정점에 달한다.

> "오직 생산수단(자본, 토지)의 소유, 비소유만을 계급귀속성에 대한 판정기준으로 간주한 마르크스의 계급개념은 현 사회의 분석을 위해 충분치 않다. 마르크스의 입지점으로 보면 최고봉급을 지급받는 대표이사는 엄밀히 말할 때 프롤레타리아적 임노동자 계급에 속하고, 한낱 몇몇 유급(有給) 조수들만을 데리고 있는 소규모 자영 채소장수 아줌마는 남의 노동력을 착취하는 자본가가 된다" (I. Fetscher 1981, p. 42).

이미 입증된 바와 같이 "최고 봉급을 받는 대표이사"와 같은 "명목상의" 회사관리인은 "마르크스의 입지점에서 보면" 결코 "프롤레타리아적 임노동자"가 아니라, "새로운 금융귀족층"에 속하는 **착취자 중의 착취자**이다(그리고 몇몇 조수를 데리고 있는 "채소장수 아줌마"는 자본가가 아니라, 자본가와 노동자 사이의 "중간자", 즉 소시민이다[4]).

H. 프로스도 I. 페처도 "명목상의 회사관리자"에 관한 마르크스의 언급의 존재여부를 모르는 딜레땅뜨 이론을 펼치고 있는 셈이다. 마르크스에게 있어서 이 오늘날 유형의 매니저는 "실질적인" 지배인도 아니고 프롤레타리아적 노동자는 더욱 아니며, 다만 자본주의적 소유의 "자기지양(止揚)하는 모순"의 부정적인 부산물에 지나지 않는 새로운 착취자일 따름이다. "실질적 지배인", 예를 들면 오늘날의

---

4) 자신들의 '가공적' 또는 '명목적' 자본이 몇몇 임노동자를 고용하고 있을지라도 "노동사용자 자신을 손노동으로부터 해방시켜 소(小)주인을 자본가로 만들고 이리하여 자본관계를 형식적으로 산출하기에" (MEW 23, p. 350) 아직 충분치 않은 자본을 지닌 소상인 및 소생산자들은 아직 자본가가 아니다. 페처는 마르크스가 개별적인 화폐소유자 또는 상품소유자들이 자신을 자본가로 변태시키기 위해 장악해야 하는 "가치총액의 최소한"에 관해 거듭 언급하고 있다는 사실에 대해 감도 못잡고 있다(MEW 23, pp. 326~328, 349 그리고 엥겔스의 뒤링 비판, MEW 20, pp. 116~117). 페처는, 개별적인 화폐소유자 및 상품소유자들이 적용해야 하는 가치총액의 단순한 **양적** 증가가 "일정 임계점에서" 산출하게 되는, 자본가와 소(小)주인 간의 '**질적**인 차이'에 관해 아무것도 아는 바 없다. "물론 그(화폐소유자로서 노동사용자 —— 필자) 자신이 그의 노동자와 마찬가지로 생산과정에 직접 손을 댈 수 있지만, 이럴 경우 그는 자본가와 노동자 사이의 중간자, 즉 소(小)주인에 불과하다. 자본주의적 생산의 일정한 고도성은 자본가가 그 자신의 자본가로서, 즉 인격화된 자본으로서 기능하는 전(全)시간을 남의 노동의 점취와 통제 그리고 이 노동의 생산물의 판매를 위해 사용할 것을 요한다. 수공업적 장주(匠主)가 자본가로 변하는 것을 막기 위해 중세 길드조직은 개별적인 장주가 고용해도 되는 노동자의 수를 일정한 상한선으로 한정하는 강압적 시도를 했었나. 화폐소유자 또는 상품소유자는 생산에 투하된 최소액이 중세적인 상한선으로 크게 웃돌 때야 비로소 진정 자본가로 탈바꿈한다" (MEW 23, pp. 326~327). 어떤 화폐소유주가 2~3명의 노동자를 고용하고 있다는 단순한 사실이 그를 자본가로 변화시키는 것이 아니라, 화폐량과 —— 이로 인하여 —— 고용된 노동자의 수가 화폐소유주 자신이 생산과정 안에서의 직접적인 손노동으로부터 완전히 해방되게 되는 지점까지 증대된다는 사실이 그를 자본가로 만든다. 이때까지 그는 몇몇 노동자를 고용, 착취한다 하더라도 아직 자본가가 아닌 것이다. 물론 '소(小)주인'과 질적으로 구별되는 중소**자본가**들도, 이들이 수행하는 '남의 노동의 점취와 통제' 및 '생산물의 판매'를 위한 모든 행위로부터도 완전히 해방된 독점자본주의적 대자본가 및 저 '명목상의 회사관리자', 즉 '새로운 금융귀족층'과 **질적으로** 구분된다.

관료화된 대기업 부장(部長)들은 혁명적 상황과 세력관계의 변동에 따라 필경 그의 관료체제적 족쇄옷을 벗어던지고 마르크스가 암시하고 있듯이 노동자, 하급사무원 및 "지식 프롤레타리아"(엥겔스)와 더불어 새로운 사회로 전진할 수 있을 것이다. 왜냐하면 생산수단은, "지배인에서 마지막 일용부(日用夫)에 이르기까지, 생산 속에서 진정으로 활동하는 모든 개인들", 즉 형식적으로 그리고 실질적으로 포섭된 전 임금노동자 및 기업관료층 전체에 대해 "낯선 소유로" 현상하기 때문이다(MEW 25, p. 453). 그리고 금융귀족층에 속하는 '명목상의' 매니저는 마르크스 시대 이래 변함없이 "인퇴하는 자본가들"과 더불어 역사적으로 불필요한 존재이다. 따라서 마르크스의 매니저 이론은 그것이 '실질적' 지배인에 관한 것이든 '명목상의' 관리자에 관한 것이든, H. 프로스가 암묵적으로 전제하고 I. 페처는 아예 노골적으로 비웃고 있듯이 낡아빠진 것이 결코 아니고 여전히 현재적인 것으로서 살아 있다. 그것은 전혀 수정될 필요가 없다.

마르크스의 매니저 이론의 강조점은 물론 개별적인 매니저가 자본주의 체제에 대해 취하게 될 개인적인 태도에 있지 않고, **계급으로서의 자본가들의 역사적 불필요성에 대한 이론적 증명**에 있다 : 사적 소유, 자본가, 명목적 관리자 없이도 사회적 생산은 '실질적' 지배인, 노동자 및 기타 사무원들만으로 더 저렴하게 벌어질 **수 있다**. 자본주의적 소유의 폐기의 무르익은 객관적 **가능성**이 바로 마르크스가 강조하고자 했던 요점이다. 진정한 관리기능으로부터 자본기능의 분리와 자본기능으로부터 자본소유의 분리는 따라서 마르크스에게 있어서 자본주의적 사적 소유의 이미 완결되었거나 또는 장래 **자동적으로** 진행될 폐기를 의미하는 것이 아니라, 다만 "사적 소유의(생산적 —— 필자) 통제 없는 사적 생산"을 뜻한 따름이다(같은 책, p. 454). "자본소유의 잠세적(潛勢的) 폐기"(같은 책, p. 457)는 따라서 실은 그것의 현세적(顯勢的)인 역사적 불필요성 속에서의 자본소유의 미(未)폐기를 뜻할 따름이다. 오히려 그것은 자본주의적 사유(私有)의 낡은 **개인적** 형태의 지양을 뜻하며 이 사유에 **새로운** 형식을 부여한다.

> "주식제도 안에서는 이미, 사회적 생산수단이 **개인적** 소유로 현상하는 낡은 형태에 대한 대립이 들어 있다. **그러나** 주식형태로의 형태변화는 그 자체가 여전히 자본주의적 한계에 사로잡혀 있다. 따라서 사회적인 것으로서 부(富)의 성격과 사적 부로서의 성격 간의 대립을 극복하기는커녕 그것은 이 대립을 다만 **새로운 형태로** 완성할 뿐이다"

(같은 책, p. 456, 강조는 필자).

노동하는 대중에 대한 대립을 '새로운 형태로' 완성하는 독점적 자본소유의 새로운 형식은 주식을 소유하는 자본가를 "사업상의 정규적인 긴장"으로부터 해방하고 인퇴한 "금리생활자들의 무리"를 증가시킨다(엥겔스, MEW 25, p. 918). 그러나 아무런 자본기능을 수행하지 않는 용관(冗官)들이 아직 아니고, "느슨하고" "부드러운 업무"의 형태로(엥겔스) 순수한 자본기능들 중에서 열쇠가 되는 핵심적 기능으로서의 연간 수지타산이나 중요 인사정책 등을 독점하는 위력적인 지배자들(보통 '명예회장'의 감투를 달고 있다)이다. 다른 모든 자본기능은 "명목상의" 관리자들에게 위임되는데, 이 명목상의 관리자들은 조직형태상으로 주주들에게 하복관계에 있다. 그럼에도 불구하고 이것이 일반적으로 타당한 것은 아니다. 왜냐하면 "명목상의" 관리자들은 동시에, 주주들에게 단순히 "부속되어" 있는 것이 아니라 그들의 관직을 "주주들의 약탈과 그들 자신의 치부를 위한 단순한 핑계거리"로 이용하는, **상대적 자립성**을 지닌 자본기능인일 수 있기 때문이며 또 주주들에 대한 관리자들의 하복(下服)은 경우에 따라 한낱 형식적인 것에 불과할 수도 있다. 말하자면 그들 간의 실제적인 세력관계가 역전되어 있을 수도 있다. 우리는 오늘날 더욱 공고화되어 있는 이 매니저들의 이러한 사회경제적 지위를 부르주아 법적인 소유개념에 교란당하지 않고, 즉 마르크스의 경제적 소유범주를 적용하여 상세히 규명해 보고자 한다.

일군의 마르크스주의 이론가들은 상황을 과소평가하여 이 자립적인 매니저들을 부르주아 법률적 소유범주 속에 강압적으로 밀어넣고 아무런 독자적인 경제기반을 갖지 않는, 자본소유자들의 '단순한 위탁자'로, 말하자면 자본소유자들에 기능적으로 부속된 붙이로 파악하고 있다(예를 들면, H. Jung 1986, pp. 175~176을 보라).[5] 이러한 취약점을 체제변호론적인 부르주아 및 수정주의 이론가들은 얼씨구나 좋다고 환호하며 전력(全力)을 다해 비판하고 있다. 이 변호론적인, 마찬가지로 법학적

5) H. 융(서독공산당 이론가)은 10여년 전에 다음과 같이 좀 달리 말하고 있다. "어떤 콘체른의 대표이사는 —— 실제에 있어서는 드문 일일지라도 —— 단 한 주의 주식도 가지고 있지 않을 수 있다. 즉 소유에 직접 참여하지 않을 수 있다. 그러나 점취과정에서의 그의 지위는 그가 생산수단을 처분하고 인간들을 통제하는, 즉 착취과정을 관장하는 성격의 것이다. 이 지위는 소득에 있어서도, 그리고 장기적으로는 축적된 자산으로도 표현된다. 그러나

소유개념밖에 모르는 이론가들은 생산수단의 소유, 비소유에 근거한 계급규정은 생산수단에 대해, 법적으로 파악 가능한 소유권을 갖지 않는 자립적인 위력적 매니저의 등장과 함께 그 타당성을 상실했다고 주장한다(예를 들면, Dahrendorf, 1957, p. 138, I. Fetscher, 앞의 책 등). 한편 마르크스를 오독, 남용하고 있는 점에서만 이 두번째 부류의 변호론자들과 구별될 따름인 제 3 의 이론가 부류는 매니저의 존재를 소유에 대한 범주적 **대립**으로 과대평가하고 자본주의적 사적 소유의 **자동주의적** 소멸에 관해 운위한다(예를 들면, 위에서 이미 언급된 Renner, Schumpeter, Berle, Means 및 본질적으로 볼 때 H. Pross 등도 이 부류에 속한다). 상호대립적인 이 세 이론적 입장에 공통된 것은 그들이 모든 소유개념을 오직 법학적인 의미로만 이해하고 있다는 점이다. 그러나 마르크스의 소유개념은 본래

이 지위는 생산수단 소유관계에 의하여 확정지을 수 없다" (H. Jung, 1973, p. 45). 그리고 그는 덧붙이기를, "소유, 비소유는 따라서 너무 협애한 정식이다" (같은 책, 같은 곳) 라고 하고 있다. 우리는 오히려 그가 소유를 너무 협애하게 법률적으로만 파악하고 있다고 —— 이것은 부르주아 이론가들에게 있어서 유행이다 —— 말해야 할 것이다. 그는 결국 매니저의 지위규정에 있어서 소유개념을 포기해버리고 있다. 그러나 마르크스주의 이론은 이것이 어떤 형태를 취하든 '금융귀족적' 독점 부르주아지의 한 분파로서의 매니저의 계급지위를 규정하는 데 소유범주를 내던져서는 안 된다. 왜냐하면 "모든……운동……안에서 그들 (공산주의자들 — 필자) 은 소유문제를, 이것이 많건 적건 어떤 발전된 형식을 취하고 있든 운동의 근본문제로 부각시켜야" 하기 때문이다(「공산당 선언」, MEW 4, p. 493). H. 융은 경제적 범주로서의 마르크스의 소유개념을 망각하고 부르주아적 비판의 고함소리에 움츠러들어 법적으로 협애화된 입지점에서 마르크스주의적 계급이론을 잘못 방어하고 환영받지 못할 잘못된 방향으로 '유연화'시키고 있다. 그런데 H. 융은 나중에(1986) 그의 원래 입장을 180도 바꾸고 있다. 그는 매니저의 기능을 "포괄적인 의미에서의 소유관계의 한 국면"으로 규정하고 있다 (1986, p. 175). 그러나 그는 여전히 매니저와 자본 소유주 간의 **특유하게 경제적인 신용관계**를 간과하고 그리하여 매니저의 특유하게 독점자본주의적인, 경우에 따라 **자립적인 점유자적** 지위를 시야에서 놓침으로써 불가피하게 자립화된 위력적인 매니저들의 명백한 실존(예를 들면, 다이믈러 벤츠 콘체른의 E. Reuter, 독일은행의 A. Herrhausen, 드레스테너방크의 W. Röller, BASF의 H. Albers, 쉐링의 h. Witzel 등을 보라)을 관념으로 폐지하고 있다. 그는 이 매니저들의 기능을 '소유의 한 국면'의 단순한 '위탁'으로 과소평가하고 있다(같은 책, p. 175ff을 보라). '위탁'이라는 범주는 본래적인 소유권자의 단순한 **조직적** 연장 이상을 뜻하지 않고 따라서 이 소유자가 그 '위탁받은 자'를 그의 재량에 따라 해임할 수 있다는 것을 함축한다. 이런 까닭에 '위탁'이란 범주는 상호 완전히 익명화되고 모래알처럼 산개된 소(小)주주들이 온갖 조직적 수단을 다 동원하더라도 해임할 수 없는 자립화된 매니저의 실존을 결코 설명할 수 없다.

그 어떤 법적 유니폼도 알지 못한다.

마르크스의 몇몇 언표만 인용해 보자.

"모든 역사시대에 소유는 완전히 상이한 사회적 관계 하에서 다르게 전개되었다. 따라서 부르주아적 소유를 정의한다는 것은 부르주아적 생산의 모든 사회적 관계들을 서술한다는 것 외에 다른 것을 뜻하지 않는다"(MEW 4, p.165).

"사적 소유는 단일한 관계나 추상적인 개념, 원리 등이 아니라 부르주아적 생산제관계의 전체 속에 존재한다"(같은 책, p.356).

"실제 세계 속에서……분업과 모든 여타 범주들……사회적 제관계 등이 존재하는데, 이것의 전체는 오늘날 소유라고 불리는 것을 구성한다. 이 제관계 외부에서 부르주아적 소유란 형이상학적 또는 법률적 환상 외에 다름 아니다. 다른 시대의 소유는……완전히 다른 사회적 관계들 아래서 발전한다"(같은 책, p.551).

따라서 계급 규정적인 부르주아 소유는 경제적 물건(소재적 생산수단, 자본 또는 신용〔!〕 등)의 독점에 의해 확보되고 또 이 물건들을 매개로 하여 개인적으로 처분가능한, 잉여노동과 권력의 점취의 경제적인 제관계 —— 이것들은 동일한 시대 내에서도 단계적으로 발전한다 —— 를 표현하는 "경제적 범주"(P. Römer 1978, pp.8~37)로 이해되어야 할 것이다. 이런 까닭에 부르조아적 소유는 이것이 해약할 수 있거나 경우에 따라서는 해약할 수 없는 경제적 신용관계를 매개로 하여 소유권원(權源)과 자본기능("법률적 소유권자"와 "경제적 소유권자" —— 마르크스)의 이중화로까지 **발전하여** 지배권력 및 잉여가치가 이 양자간에 배분되는 경우에도 부르주아적 소유이기를 그치는 것이 아니다.

신용은 자본주의적 생산과 더불어 형성되어 "집중의 가장 강력한 지렛대"가 된 "완전히 새로운 권력"이다(마르크스, MEW 23, p.655). 그러나 신용자본은 재산이 없지만 자본기능에 유능한 사람에게도 주어질 수 있는데, 이것을 가지고 체제변호론자들은 예나 지금이나 꽤 법석을 떨고 있다.

"……무산(無産)의 어떤 사나이가 산업가나 상인으로서 신용을 대여받는 경우에

이것은 그가 자본가로서 기능하여 빈 자본을 가지고 무지불노동을 점취할 것이라는 **신임**(Vertrauen)에서 일어난다. 즉 신용(Kredit)은 **잠재적인 자본가로서** 그에게 주어지는 것이다. 그리고 재산은 없으나 정력, 단호성, 능력 및 사업감각이 있는 사나이가 이런 식으로 자본가로 화할 수 있는 상황은 경제학적 변호론자들에 의해 찬탄해 마지 않는 것인바, 자본의 지배를 공고히 하고 이 지배의 토대를 확장하며 항상 신선한 힘들을 사회기층으로부터 충원하는 것을 가능케 해준다"(MEW 25, p.614, 강조는 필자).

"재산은 없으나 정력, 단호성, 능력 및 사업감각을 지닌 사나이"에게 신용을 주는 것은 전혀 찬탄할 것이 없는 아주 납득할 만한 자본주의적 사실이다. 왜냐하면 신용관계는 **"역사적으로……오직 자본 또는 임금노동**에 근거한 유통 속에만 발전된 "본질적인, 발전된 생산관계"(MEW 42, p.441, 강조는 필자), 즉 "노아의 홍수 이전에도 있었던" 현상인 빌고 빌려주는 단순한 관계와 명백히 구별되어야 하는 특유하게 자본주의적인 생산관계이기 때문이다. 그것은 궁극적으로 특유하게 자본주의적인 신임관계를 뜻하는바, 보다 정확히 말하자면, 그것은 "자기증식하는 자본의 단순한 인격화로서의 생산의 개별적 대행인들에 대한 신앙(Glaube)"이다(MEW 25, p.606).

무산(無産)의 사나이의 자본기능적 능력에 대한 신임 속에서 맺어지는 이러한 신용관계는 주식제도적 독점형성과 더불어 대규모 현상이 되지만, 이 경우는 물론 수정된, 즉 조직적으로 체제화된 형태(이사, 이사회, 감사)로 나타난다. **따라서 주주와 매니저(이사) 간의 조직적인 관계의 근저에 놓여 있는 것은 모든 사회구성체 안에서 발견되는 단순한 조직적인 위탁 또는 위임관계도 아니요 초역사적인 "빌고 빌려주는" 단순한 관계도 아니다. 그것은 특유하게 자본주의적인 생산관계, 즉 신용관계이다.**

이러한 조직적인 유형의 신용관계의 독점자본주의적 필연성은 하층계급, 특히 중간층 출신의 "뛰어난 두뇌들"(마르크스)이 자신의 성취업적에 근거하여 금융귀족층으로 상승할 수 있는, 비록 극히 제한된 것이되 유일하게 현실적인 가능성을 뜻한다. 이 가능성은 따라서 부르주아적이면서 동시에 쁘띠 부르주아적인 성취업적 이데올로기(Leistungs-ideologie)의 실제적 토대를 이룬다. 이런 까닭에 매니저의 등장은, 매니저를 "자본주의 체제의 매장자"로 오해한 이론가들이 주장하듯이 자본주의 체제의 기초를 "파 허무는"것이 아니라, 오히려 마르크스가 명백히 못박

아두고 있듯이 그 기초를 "공고히 한다."

그러나 최고 매니저와 실질적 지배인 간의 천지(天地)를 격한 계급차이의 기저에는 이 양자간의 개인적 성취능력의 천지를 격한 차이가 놓여 있는 것이 아니라, **신용자본**의 조직적 인격화로서의 매니저의 경제적 분장인물(ökonomische Charaktermaske)과 ── "어떤 각도에도 보아도" "좀 높은 지위에 중임되고 좀 좋은 보수를 받는 **노동자**"에 지나지 않는(엥겔스) ── "실질적 지배인"이라는 분장인물 간의 특유하게 형태규정된 차이가 놓여 있다. 따라서 주주에 대한 **최고 매니저의 신용관계를** 자본가에 대한 실질적 지배인의 관계와 동일한 **임노동관계**로 파악하는 것은(예를 들면, I. 페처), 결코 허용될 수 없는 망발이다. 매니저와 주식소유자 간의 조직적 신용관계는 노동시장의 임금운동을 전혀 알지 못한다. 소위 '인사(人事) 상담소'(Personal- berater)에 의한 최고 매니저의 직업 알선은 독일의 경우 공공협정에 의해 '금지되어' 있고 이로 인하여 최고 매니저의 콘체른간 이동은 완전한 흑막 속에서 이루어진다.[6)]

따라서 최고 매니저 인력은 상품이 된 적이 없다. 이에 반해 우리는 "자본소유로부터 완전히 분리되어 대로를 배회하는" "수많은 산업 및 상업지배인 부류" (MEW 25, p. 400), 즉 중소 '관리인력'의 구인광고에 관해서는 매일 듣고 있다. 소위 인사상담인 '무리'는 오늘날 "온갖 트릭을 다 동원하여" "관리인력들"을 시장으로 수송하고 있다.[7)] 말하자면 최고 매니저의 자본기능과는 반대로 관리인력은 ── '인사상담소'의 간여가 관리인력의 노동시장이 아직 완전히 발전해 있지 않고 따라서 이 관리인력의 상품화가 산업노동자나 기타 사무직원들의 노동력의 경우만큼 완벽한 것이 아니라는 것을 보여주고 있을지라도 ── 자본주의적 상품이다. 최고 경영인과 실질적 지배인 간의 자본주의적으로 형태규정된 차이는 따라서 예나

---

6) 전문직업 알선업은 수많은 '무리'의 인사상담소들에 의해 온갖 불법적 트릭이 동원되며(예를 들면, 어떤 회사에 고용된 전문인력이나 실질적 지배인 중견간부를 보다 좋은 보수, 조건, 전망 등의 제시를 통해 유인해 내는 것 등) 번창하고 있다. 그러나 '인사 상담소'는 서독에서 **오직** "중견간부 관리인력"이나 "전문인력"만 알선하도록 허가된다. "이로써 'headhunting', 즉 **최고중역인력에** 대한 두뇌사냥은 **배제된다**. 오직 극소수만이 완전히 커다란 두뇌들의 교류업무에 관여하고 있다." 이것은 소개업자들과 연방노동부 및 독점기업 간에 맺어진 "협정"이다 (*Der Spiegel*, Nr. 7, 1988년 9월 15일, p. 75, 강조는 필자).

7) 같은 책 또는 *Capital* 1988년 8월, p. 194ff.

지금이나 현실에 의해 확증되어 있다.

사회경제적으로 볼 때 잉여와 지배권력을 점취하는 최고 매니저는 **신용자본**의 점유자로서 일종의 **소유자**이다(마르크스의 "경제적 소유자" 개념을 상기하자). 한 걸음 더 나아가 이 매니저의 신용소유는 이것이 형식상 항상 가공적인(fiktiv) 주식자본 소유로부터 **파생되어야** 하는 한에서 **하급소유**로 보다 엄밀히 규정될 수 있다. 이것은 엥겔스가 가공적인 주식자본 소유를 **상급소유**로 규정하고 있는 사실의 당연한 유추이다(그런데 여기서 상급소유와 하급소유는 항상 양자간의 실제적인 세력서열을 뜻하는 것이 아니라, 본질적으로 양자간의 경제적인 파생관계 또는 조회관계만을, 즉 화폐 "토대"와 "신용상부구조"〔마르크스〕 간의 관계만을 뜻한다). 1894년 엥겔스는 다음과 같이 기술하고 있다.

> "1865년 당시 증권거래소는 자본주의 체제 안에서 아직 부차적인 요소였다…… 그런데 지금은 다르다. 축적은 1866년 공황 이래 점증하는 속도로 진행되었고, 그것도 어떤 산업국가에서도 특히 영국에서는 더욱이 생산의 확대가 축적과 보조를 같이하지 못하고 개별 자본가의 축적이 그 자신의 사업의 확대 안에서 전적인 투자를 추진할 수 없을 정도로 진행되었다…… 이리하여 산업의, 주식기업으로의 점진적인 형태전환이 오게 되었다. 한 부문 한 부문 그와 같은 운명에 빠져들고 있다…… 동일한 일은 상업에서도 일어나고 있다…… 농업분야에서도 사태는 마찬가지다. 거대하게 확장된 은행들은 특히 독일에서(온갖 관료체제적 명칭 하에) 점점 더 저당권의 담지자가 되어 **은행의 주식형태로** 토지소유에 대한 **진정한 상급소유권**이 증권거래소로 넘어가고 **농장이 채권자에게 빚으로 넘어가는 경우에 이것은 더욱 그렇다**" (MEW 25, pp. 917~918, 강조는 필자).

「프랑스와 독일에 있어서 농민문제」(1894)에서 엥겔스는, 일찍이 봉건농민의 농지를 수탈하여 농민들의 세습적 하급소유권을 자신에 집중시킨 독일 대토지소유는 "적나라한 자본주의적 경영" 속에 들어 있다고 쓰고 있다(MEW 22, p. 503). 따라서 은행주식소유가 이 자본주의적 농업기업의 채무만기로 인해 은행으로 넘어가는 경우 "진정한 상급소유"가 된다면, 우리는 이 농업기업의 최고 경영권을 넘겨받는 "명목상의" 관리진을 정당하게 새로운, 자본주의적 하급 소유자로 규정할 수 있다. 물론 가공적인 상급 소유자와 매니저적인 하급 소유자 간의 실제적인

세력관계는 위에서 암시했듯이 완전히 상이한 외적 사정에 의해 좌우된다. 여기에서는 일단 사회경제적 시각에서 독점기업적 매니저를 일종의 **소유권자, 즉 신용자본에 대한 소유권자**로 규정해야 한다는 사실에만 주목하고자 한다.

주주에 대해 분업적으로 확립된 매니저의 착취 · 지배적 지위는 세습적이지는 않지만 보통 종신적이다. 그리고 그의 지위는 주주들에 대하여 **패권적으로** 강화될 수도 있다. 한 명의 대주주가 패권적으로 지배하는 주식회사에서는 다른 소(小)주주들의 치부 및 지배의 기회가 이 대주주에 의해 제약당하게 되는데, 이 경우 보통 학자들은 "보다 우아하고 보기에 따라 더 부드러운 형태의 수탈"이라고 부른다(Römer, 앞의 책, p. 198). 그러나 이 "보다 우아하고 보기에 따라 더 부드러운" 소유권 수탈은 주식이 셀 수 없이 많은 소주주들에게 분산되는 어떤 임계점에서부터 매니저들에 의해서도 관철된다. 상대적으로 자립적인 강력한 신용자본은 상호 익명적인 수많은 소주주들이 경영진에 넘겨주는 소(小)신용을 단순히 한 손아귀에 양적으로 집적함으로써 형성된다. 강력한 자본이 개별적으로는 너무 작아 남의 노동을 착취할 수 없는 소(小)신용의 단순한 양적 수집에 의해 형성된다는 사실, 즉 소(小)신용들을 긁어모은 최대의 빚장이가 가장 강력한 자본가로 전화한다는 사실——이것은 실로 유별난 사건이긴 하지만, 자본주의 안에서는 본질적으로 새로운 현상이 아니다. 왜냐하면 은행제도 이래 최대의 빚장이가 최대의 자본가로 뒤바뀌는 변증법적 전화의 특유하게 자본주의적인 코미디는 예로부터 있어 왔기 때문이다. 은행제도의 경우 최대의 빚장이(은행)는 예금하는 개개 채권자들보다 수백만배 위력적인 존재로 성장하게 되는데, 그 까닭은 예금된 화폐금액의 기초 위에서 자라나는 "신용상부구조"(마르크스)는 예금된 화폐의 "토대"보다 수곱절 부풀려질 수 있기 때문이며, 예금된 화폐로서의 채무들의 은행 집중은 따라서 강력한 화폐자본의 축적으로 전화된다.

> "화폐자본으로 기능할 수 없을 만큼 제각기 그 자체로서 작은 금액들이 커다란 덩어리들로 통합되어 **화폐권력**을 형성한다. 작은 금액들의 이러한 수집은 은행제도의 **특별**한 기능으로서 본래적인 화폐자본가들과 차용자 사이의 **중개기능과 구별되어야 한다**" (MEW 25, p. 416, 강조는 필자).

신용의 "완전히 새로운 권력"(마르크스)이 가공적 자본의 화폐 토대로부터 일정

하게 자립화되는 것은 달팽이가 달팽이집으로부터 독립하는 것만큼이나 조건부적인 것이지만, 주식제도 안에서는 다각적으로 발전할 전망을 지닌 것으로서 주목되어야 한다.

물론 주주는 매니저의 합법적, 공식적 임명자로 남아 있고 **대부분**의 경우 사실상으로도 그렇다. 주식이 가장 광범위하게 분산되어 있는 주식회사의 경우에조차도 매니저들은 주주들을 완전히 수탈해버릴 수 **없다**(만약 이런 일이 일어난다면 신용자본 소유자로서의 매니저라는 경제적 분장인물은 평범한 자본소유자로 변하여 소멸해버릴 것이다. 따라서 이런 경우 우리의 이 골치 아픈 논의도 종결하게 된다). **아무리 극단적으로 자립화된 매니저도, 익명적인 소(小)주주들의 화폐 "토대" 위에서 부풀어오르는 "신용상부구조"만을 수탈할 수 있을 뿐이다.** 바로 이런 이유에서 우리는 자본주의적 소유의, 화폐자본에 대한 상급소유와 신용자본에 대한 하급소유로의 **이중화**에 관해서만 운위할 수 있을 따름이다.

독점자본주의적 소유를 상급소유와 하급소유로의 사적 소유의 **이중화**로 파악하는 우리들의 이론적 정식화는 부르주아적 소유의 '자동주의적 소멸'의 수정주의적 테제를 몰아내는 데 기여할 뿐만 아니라 동시에, 일군의 마르크스-레닌주의자들이 독점자본을 현시기 가장 중심적인 경제범주로 확립하는 일관된 이론적 입장에도 불구하고 바로 독점자본의 한 주요 분장인물인 매니저의 상대적으로 자립적인 또는 경우에 따라 **패권적으로** 자립적인 **소유권자적** 지위를 과소평가하고 매니저를 자본소유자에 기능적으로 부속된 굽신거리는 '붙이'나 '위탁자' 또는 '위임자'로 평가절하하는 이론적 모순을 제거하여 마르크스-레닌주의 사회경제이론의 한 취약점을 보강하는 데 기여한다. 현 상황을 과소평가하는 자는 실은 독점자본의 면상을 쳐갈기는 것이나 다름없다. 왜냐하면 강력한 신용자본의 담지자로서 패권적으로 확립된 매니저의 등장은 독점자본주의, 특히 국가독점자본주의에 특유한 현상이기 때문이다(서독 제국주의 최대 콘체른들——다이믈러 벤츠 포함——의 대주주인 Deustche Bank의 자립적인 대표이사 Herrhausen이나 종업원 40여 만 명을 호령하는 Daimler-Benz의 자립적인 대표이사 Reuter 등만 간단히 떠올려 보라!). 우리의 이중화 테제는, 자립적인 경영진이란 이들이 가공적인 자본 상급소유의 기초 위에서만 존재할 수 있는 자본주의적 신용소유자들이기 때문에 자본주의적 소유의 범주적 대립물도 아니고 동시에 신용자본이 신용을 주는 소(小)주주들보다 훨씬 강대하게 성장하기 때문에 가공적인 자본소유(여기서 "가공적" 자본이란 주식금액이 너무 작아

그 자체로서는 남의 노동을 착취하는 "자본"일 수 없으나 한 목적에 통합되었을 때 거대한 자본으로 화하는 것을 "가상한다"는 것을 함의한다——마르크스)의 단순한 '붙이'도 아니라는 것을 분명히 해준다. 동시에 우리의 정식은 독점자본주의적 소유관계란 신용경제적으로 이중화된 사적 소유 이상도 이하도 아니라는 점을 부각시켜 준다. 화폐자본의 '토대'보다 몇 곱절 더 커지는 '신용상부구조'는 물론 해약할 수 없는 것으로 화하여 패권적인 자립성을 획득할 수 있는데, 이 경우도 앞에서 이미 살펴보았듯이 신용경제적 논리의 훼손에 의해 벌어지는 것이 아니라, 수십만 명에 분산된 소(小)주식신용들의 축적, 주식예금, 주권 대리제도(proxy system : 소주주들이 주주총회에서의 주주권을 동 회사 매니저에게 위임하는 미국의 특유한 제도. 미국 이외의 나라에서는 대부분 이것은 법적으로 금지된다) 등에 의해 촉진되는 신용경제적 논리의 관철에 의해 벌어진다는 것이다. 또한 저 이중화의 경제적 기초를 신용으로 파악하는 것은 동시에 매니저적 신용소유자들과 주식적 화폐자본 소유자들 간의 매개적인 이익공동성을 이들 간의 일시적으로 항상 가능한 비본질적인 갈등성과 더불어 분명히 해준다.

2. 지배의 이중화의 다섯 가지 유형과 역사적 경향

독점자본주의적 소유의 이중화는 다양한 단계를 갖는다.

첫째, 전통적인 가족 콘체른에서 매니저의 권력지위는 임시적 성격을 지닌다. 이 가족 콘체른 안에서 소유자와 매니저의 관계는 흔히 절대군주와 재상(Kanzler)의 관계와 비교되곤 한다. 전체 콘체른에 구속력을 갖는 중요한 결정은 오직 소유권자의 승인을 얻음으로써만 효력을 얻는다. 그러나 여러가지 이유에서 이 매니저들도 단순한 하수인은 아니다.[8] 절대군주와 재상이 둘 다 귀족으로서 지배계급에 속하듯이 콘체른 소유권자와 그의 매니저도 독점 부르주아지에 속한다. 소유

8) 소유권자의 최고명령권은 특히 초개인적인 업무량에 있어서 그 한계를 갖는다(Pross, 앞의 책, p. 106을 참조하라). 한 걸음 더 나아가 소유권자는 매니저의 업무활동의 효율을 높이기 위해 이들을 의사(擬似) 손아래 동업자로 대우하고 이들에게 일정한 신용을 주지 않을 수 없다. 게다가 소유권자는 이 최고 매니저의 노동시장이 없기 때문에 갈등이 생기는 경우에도 기존의 매니저를 다른 사람으로 교체할 여유가 거의 없다.

권자와 비록 원칙적으로 해약할 수 있을지라도 보통 종신적인 **신용관계**에 서있는 가족 콘체른의 매니저도 단순한 명령집행인이 아니라 의사(擬似)동업자로서 종신적으로 확립된 권력자인바, 이들의 높은 소득은 순수히 추출된 거대한 잉여가치로 구성된다.[9] 따라서 여기에서도 비록 맹아적이긴 하지만 명백한, 지배의 조직적 **이중화**에 관하여 입론(立論)할 수 있는 충분한 근거가 있다 할 것이다.

둘째, 독점적 **주식회사의** 경우 이중화는 보다 더 뚜렷한 형태를 얻는다. 그러나 주식소유자와 매니저의 세력관계는 주식의 분산도 및 주식예금 등의 정도에 따라 변화무쌍하다. 따라서 이러한 세력관계를 규정하는 외적인 객관적 조건들은 오직 주식분산 및 주식예금 등의 대비를 통해서만 확정될 수 있다. 한 명의 **대주주**(또는 중간규모 주주들의 연합집단)가 전체 주식의 50% 이상을 장악한 경우 **모든** 영역에서 **패권적** 권력을 행사한다. 이 경우 주주와 매니저 간의 권한분립은 가족회사의 경우보다 조직형태상 분명하게 규정되어 있을지라도, 매니저가 지니는 권한의 구체적 내용과 규모는 전적으로 주주의 의사에 의해 좌우된다. 이런 까닭에 여기에서의 전체 권력구조는 본질적으로 가족 콘체른의 그것과 유사하다(단독적 대주주 통제 및 집단적 주주 통제. 이것은 우리나라에 가장 흔한 형태이다).

셋째, 한 명의 상당히 강력한 중간주주 또는 몇 명의 주주집단이 50% 이하, **25% 이상**의 주식을 소유하고 있는 경우 주주들은 패권적 권력을 상실하지만 모든 문제에서 매니저의 결정에 **거부권**(Vetomacht)을 행사할 수 있다. 이 경우 의사형성의 주도권은 매니저의 손아귀로 넘어가지만, 궁극적인 결정은 매니저들과 주주들의 **공동작품**일 수밖에 없다. 매니저도 주주들도 패권을 주장할 수 없다(매니저와 주주의 균형적 공동통제). 하지만 매니저의 권력지위는 조직적으로 규정되어 있을 뿐만 아니라, 이미 **구성체적으로도*** 뿌리를 박고 객관적인 생산 및 소유관계의 일부가 되었다. 즉 주주가 매니저에게 준 신용은 여기서 이 매니저에 의해 일정 정도 **수탈되었다**. 즉 **해약할 수 없는**(unkündbar)으로 화한 것이다.

---

9) 서독 100대 재벌에 속하는 한 가족 콘체른의 매니저의 연간 평균 소득은 '공식적인' 공표에 따르더라도 50만~150만 마르크(현재 환율로 계산할 때 1억 7,500만원~5억 2,500만원)에 달한다. 이것은 Deutsche Bank의 자립적인 이사들의 일인당 평균 소득보다 결코 적은 것이 아니다(R. Liedke, 1988 참조). 여기에 전(前) 매니저들 및 이들의 유족들에게 지급되는 거액의 연금이 추가된다. 가족 콘체른에서의 매니저의 이러한 지위도 소유와 무관한 것이 아니라, 본질적으로 자본소유와의 신용관계에 기초한다.

*여기서 "구성체"는 마르크스의 "경제적 사회구성체"(ökonomische Gesellschaftsformation)의 약어이다. 마르크스도 편의상 이 약어를 즐겨 사용하고 있다. 우리의 연구에서 "경제적 사회구성체"는, (물론 생산력을 포함한) **생산제관계의 구조화된 총체**를 의미하는바, 일단 **방법상** 모든 경제적 · 사회적 · 정치적 및 종교적 **조직요소**, 규범요소, 의식요소 등을 배제하는 토대의 전체를 규정한다. 따라서 경제적 구성체는 **최종적으로** 그 어떤 의지력이나 규범력과 무관하게 모든 비매개적인 또는 최고로 매개적인 상부구조적 제조직들의 기저에 놓여 있는 내적인 실재적 구조이다. 그리고 여기서 우리가 의미하는 **조직은** '가장 일반적인 의미'에서의 조직(J. Ritsert, 1988[1], p. 13)이 아니라, 상부구조의 현상으로서의, 인간제관계의 **"규범적으로 결속된 모든 제도적 형성물"**(J. Ritsert 1988[2], p. 82)을 가리키는바, 이것이 어떤 영역에서 구성되든, 즉 경제적 영역에서 구성되든 경제외적 영역에서 구성되든 개의치 않고 적용되는 개념이다. 몇몇 생산관계들은 물론 의식작용과 매개되어 규범적 철갑화, 말하자면 공장, 콘체른, 트러스트, 신디케이트, 카르텔 등으로의 **조직화**를 겪는다. 이 형성물들은 따라서 이중적 시각에서 고찰되어야 할 것이다. 일단 구성체적 시각에서 보면 "공장은 하나의 사회적 생산관계, 하나의 경제적 범주이다"(MEW 4, p. 149). 즉, 생산관계로서의 공장은 기계사용에 기초한, 특유하게 자본주의적인 작업장 분업관계를 뜻한다. 그러나 조직적 시각에서 보면 공장은 동시에, 전제주의적인 **사(私)법적 공장법규**에 의해 철갑화되어 있는 규범적 결성체이다. 그리고 콘체른, 트러스트 등은 구성체적 요소, 즉 생산관계로서의 **독점자본**의 **조직적** 형태들이다. 여기에서 토대와 상부구조의 관계를 이층 건물로 이해하는 모든 비유적 관념은 그 설명력을 완전히 상실하고 만다. 왜냐하면 여기에서 **토대**의 일부가 직접 조직적인, 즉 **상부구조적**인 표현을 얻고 있기 때문이다. 물론 모든 조직이 토대, 즉 구성체의 직접적인 표현은 아니다(예를 들면 국가, 당, 가족, 교회 등).

그런데 국가 또는 심지어 상부구조 전체가 "경제적 사회구성체" 개념에 속한다고 잘못 얘기되고 있다. 예를 들면 동독 『역사사전』(1984, Berlin)에서는 "그것(경제적 사회구성체 개념 —— 필자)은 인간의 사회적 생(生)을, 사회적 생의 모든 본질적 측면들(생산제력, 경제적 토대로서의 생산제관계, **사회적 제관계 및 상부구조**)을 이것들의 법칙적인 질서와 상호작용으로 내포하고 그리하여 이것을 사회의 한 역사적 유형으로 파악하며 사회적 유기체로서의 일정한 구조를 지닌 사회적 제관계의 체계로서 일반화된 형식으로 반영한다"고 한다(강조는 필자).

구성체가 상부구조까지 포함하는 것이라면 구성체란 '사회'의 단순한 이명(異名)에 지나지 않을 것이다. 그러나 '경제적 사회구성체'라는 표현에서 '경제적'이라는 형용사는 쓸데없이 붙인 것이라고 볼 수 없다. 우리는 마르크스가 사회와 구별되는 이 특유한 범주를 필요로 했던 것은 주어진 사회의——생산제관계의 총체(포괄적인 의미에서의 생산양식)를 이 사회의 나머지 요소들로부터 추상하여, 조직관계 · 의지력 및 규범력 등으로부터 최종적으로 독립된, 사회의 객관적인 근본구조를 부각시키기 위한 것이라고 추정하지 않을 수 없다. 이러한 추정은 마르크스의 다음과 같은 표현방식이 뒷받침해 준다: "커다란 개략으로서 아시아적, 고대적, 봉건적 그리고 근대 부르주아적 생산양식은 경제적 사회구성체의 계열적 시대들로서(als) 규정될 수 있다" (MEW 13, p. 9, 강조는 필자). 여기서 특정 생산양식이 경제적 사회구성체의 특정형태와 als로서 등치되고 있다. 구성체를 토대와 상부구조의 통합체로 파악하는 이론가들은 보통 청년 레닌을 인용하면서 자신들의 잘못된 주장을 정당화하기 위하여 레닌을 무고하고 있는데(위 사전 또는 E. Sereni 1981, p. 92ff를 보라), 레닌은 명백한 정의로써 그 반대의 내용을 말하고 있다: "그(마르크스——필자)는 경제적 사회구성체의 개념을 주어진 생산제관계의 총체로서 못박고, 이러한 구성체의 발전이 자연사적 과정이라는 사실을 확정함으로써 사회학을 최초로 과학적 토대 위에 올려놓았다" (레닌, 전집1, Berlin, p. 13, 강조는 필자).

또한 일군의 마르크스주의자들은 마르크스에 의해 사회구성체(Formation) 개념이 도입된 것은 사회형태(Form)라는 술어의 정태적 성격을 극복하고 사회의 동태적인 과정성격을 강조하기 위한 것이라고 주장한다(E. Sereni, 앞의 책, p. 79ff 참조). 그러나 이러한 추정적 해석은 아무런 원리적 근거도 없이 너무 멀리 나갔다고 생각한다. 우리는 일관되게 추측하는바, 구성체 범주는 일단 인식방법상 토대에 대한, 주체 · 의지적, 그리고 규범 · 의식적인 요소들의 변동유발적인 온갖 역작용들을 도외시하고 자기발전하는 생산양식의, 자연과정과 유사하게 객관적인 성격을 방법상 부각시키는 목적을 지녔다고 본다. 마르크스의 이러한 인식방법상의 추상이 지니는 역사 · 존재론적 타당성은, 저 주체적 역작용들이란 실은 장기적인 역사시각에서 볼 때 객관적으로 자기발전하는 생산양식이 그때그때 잉태하게 되는 온갖 객관적 기능태들의 주체적——물론 창조적일 수도 있고 우매할 수도 있는——실현행위로 이해될 수 있다는 데 있다. 오직 이런 근거에서만 "자연사적 과정으로서의 경제적 사회구성체의 발전"이라는 마르크스의 이 입장이 부르주아 행태주의적 생물학주의(Biologismus: 욕구, 자극, 반응체계로 파악된 인간 또는 사회세계관)나 이전의 부르주아적 사회다윈주의, 즉

"자연과학적·추상적 유물론" (마르크스 : 사회의 발전과 운동을 자연과학적 작용법칙과 등치시켜 설명하려는 시도) 등과 하등 구별이 없는 것으로 왜곡, 오해될 것이다. 물론 사회현상을 설명하는 데 편의상 기존의 자연과학적 술어 등이 사회과학에 도입, 재정의됨으로써 사용하는 것은 언제나 가능한 것이다. 이런 까닭에 사회과학 안에도 'System'이니 'Power'니 꽤 많은 자연과학적 술어들이 보이는데, 마르크스도 실은 '구성체'란 술어를 자연과학으로부터 차용하였다(물론 그 이전에는 군사상의 용어인 "편제"를 뜻하는 것으로 먼저 사용되었다). 이러한 사실은 마르크스의 다음과 같은 언급이 잘 보여준다 : "**지질학적 구성체들**(Formationen : 지층의 성층——필자) 에 있어서와 마찬가지로 **역사적 구성체**에 있어서도 일련의 1차적, 2차적, 3차적 유형 등이 존재한다" (MEW 19, p. 336, 강조는 필자). 그러나 이러한 차용이 생산제관계의 총체(생산양식)의 발전법칙을 자연과학적으로 설명하려는 것이 아님은 『자본론』의 제반법칙을 일견함으로써도 곧 깨달을 수 있다. 마르크스는 이러한 차용을 통해서 다만 생산양식의 발전이 지닌 **엄정한 객관성**을 강조하려 했을 뿐이다. 따라서 우리는 사회적 인간관계의——주어진 시대 내에서도 인간의 의지작용에 의해 일정 범위에서 여러 형태로 재구성될 수 있는——상부구조적 성격을 강조하는 '조직적'이라는 표현에 대한 대립개념으로서, 인간관계의——주어진 시대 내에서 **본질적으로** 반복적이고 **객관적으로** 재생산되는——토대적·생산관계적 성격을 부각시키기 위하여 '구성체적'이라는 표현을 일관되게 사용할 것이다. **물론 구성체와 조직** 간에는 상호작용이 벌어진다. 구성체와 조직은 전자의 우위성(Primat) 속에서, 그러나 동시에 제각기 독자적인 내적 규정력을 갖고서 상호 영향을 가한다. 따라서 조직적인 형태요소들도 생산력의 발전에 상응하여 또는 행동하는 주체들의 조직적인 노력 등에 의해 구성체적 요소로 침전해 들어올 수 있다. 예를 들면 '공동결정제'(노동자의 경영참여제도)는 자본관계의, 보잘 것 없지만 일정한 수정을 뜻한다. 또는 주식이 광범위하게 분산되었을 시 경영진이 확보하는 상대적 자립성은 가공적인 자본소유로부터 자라나오는, 몇 곱절 부풀어오른 '신용상부구조'의 부분적 수탈을 뜻하고 따라서 자본관계의 지배측면의 구성체적 변동을 함의한다. 그리하여 이사회는 단순히 조직적인, 언제든 취소할 수 있는 신용종속적 기관에서, 기존의 제도적 관계에 근거하는 온갖 가능한 역기도에 의해서는 폐지될 수 없는 구성체적 심급으로 뿌리내리게 된다. 자립적인 매니저층은 따라서 이제 **오직** 사회의 **구성체적 전환을** 통해서만 소거할 수 있을 뿐이다.

넷째, 전체 주식에서 어느 정도 영향력 있는 비율을 차지하고 있지만 25%의

거부권 행사 가능선(線)을 넘지 못하는 주식을 소유한 중간 주주(단독 또는 집단)가 존재하는 회사에서는 통제의 **패권**이 **조건부적으로** 매니저의 손아귀로 이전된다(조건부 매니저 통제). 이런 회사에서 매니저 통제가 **조건부적으로**만 관철되는 이유는 중간 주주(들)가 매니저의 패권을 전복할 수는 없으나 불만이 있는 경우 주주총회에서 성토하고 사회 매스컴을 이용하여 경영진을 비난하여 회사경영진의 사회적 이미지를 훼손할 수 있기 때문에 매니저들이 이 중간주주의 이익에 정면으로 반하는 경영정책을 사전에 회피하게 되기 때문이다. 하지만 회사정책의 수립과 집행에 관련된 모든 권력은 매니저의 손아귀에 있기 때문에 이런 회사의 경우 매니저들은 주주의 극단적 저항과 소란이 없는 한 **거의** 방해받지 않고 자신들의 **후계자들**까지 결정, 임명할 수 있다.

마지막으로 매니저의 권력지위는 소위 '공영회사'(우리나라에서는 소위 '국민주' 회사)에서 그 정점에 달한다. 여기에서 주식은 가장 광범위하게, 보통 수십만 명의 소(小)주주들에게 분산되어 있다. 이 소주주들은 단지 1% 미만의 주식을 지니고 있을 뿐이므로 대부분 매니저들을 자본주의식으로 신뢰하고(신용!) 배당금의 정기적인 취득에 만족한다. 또한 주주총회에도 참여하는 일이 드물다. 따라서 이 경우 매니저들은 완전히 방해받지 않고 스스로 통제하며 독자적으로 모든 문제를 결정하고 그들의 후계자들을 완전히 자율적으로 임명한다. 그리고 엄청나게 부풀어오른 '신용상부구조'가 보통 자본의 '토대'보다 훨씬 더 크게 성장하기 때문에, 조직화된 매니저들의 신용자본은 비조직적인 소주식의 산술적 합계로서의 가공적 자본보다 논란의 여지없이 더 위력적이다(표준적 매니저 통제). 하지만 이 표준적인 매니저 통제 하에 있는 회사들은 결코 소위 '공영회사'(Publikumsgesellschaft)가 아니라, 주주와 매니저의 **이중화된 사적 소유**에 지나지 않는다. 즉, 그것들은 **종신적** 신용자본가들인 매니저들의 **집단적 점유**(집단적 하급소유)와 자신의 이익을 배당금에만 국한시킨 소주주들의 **사적인 자본상급소유**로 **동시에** 표현되는 자본주의 기업들이다.

물론 이 패권적으로 자립화된 매니저들도 앞에서 암시했듯이 저 소주주들을 완전히 수탈해버릴 수는 없다. "공영회사의 주주들이 그렇게 분산적이고 그렇게 취약하고 그렇게 비조직적이라 하더라도 이 회사의 이사진이 주식회사를 복지재단으로 둔갑시키는 것을 허용하지는 않을 것이다" (Römer, 앞의 책, p. 189). 매니저들은 가공적인 주식자본의 화폐 '토대'로부터 자라나는 '신용상부구조'만을 수탈할

수 있을 뿐이다. 따라서 소주주들의 **잔여** 착취 · 지배권력을 '공영회사'의 경우에도 극도로 취약화될 수 있을지언정 폐지될 수는 없다. 소유 · 지배관계는 이 경우에도 매니저의 신용자본의 하급소유와 소주주들의 잔존하는 가공적 상급소유로 **이중화되어** 있을 따름이다.

지금까지 우리의 분석에 따르면, 매니저들이 항상 자본소유권자의 조직적인 **붙이**로만 나타나는 것이 아니라 종종 가공적 자본소유자들과 **나란히 독자적인** 분장인물로 현상하고 있다는 사실은 명백하다. 매니저 분파는 따라서 두 계열로 구성되어 있는 셈이다. 그들의 조직적 권력지위가 주로 '절대주의적' 자본소유권자(가족소유 독점기업에서)나 대주주의 개인적 신용부여에 의해 보장되고 이런 까닭에 정당하게 자본소유권자의 **붙이**로 간주될 수 있는 계열과 그들의 권력지위가 다수의 중간규모 주주들의 다원적 신용부여나 소주주 대중의 대중적 신용부여에 의해 보장된 계열이 그것이다. 후자의 경우 신용부여는 다시 해소할 수 없다. 여기에서 매니저의 신용점유권은 부분적으로 또는 완전히 자립화되어 있다. 따라서 이 매니저들은 자본소유권자의 '붙이'로 간주될 수 없다. 따라서 이들은 거꾸로 소(小)상급소유자들(소주주들)을 자기 아래 부속시키고 종종(Deutsche Bank, Daimler-Benz 등의 매니저들처럼) **전국민경제의 중심적 조정기관**들을 장악하고 있는 완전히 발전된 위력적인 신용자본가들, 금융귀족들이다. 나중에 자세히 살펴보겠지만 이 두번째 계열의 매니저들이 서독 제국주의의 100대 독점 콘체른 중 21개를 지배하고 있다(1988년 현재). 이러한 사실을 우리가 마르크스주의적으로 사유한다면, 아니 차라리 **마르크스주의적으로** 사유하기 **때문에** 관념으로 지워버리려고 시도해서는 안될 것이다.

그러나 우리가 이러한 사실을 인정하자마자, 즉각 다른 편향적 극단이 부상해 온다. 즉 **표준적인** 매니저 통제 하에 있는 회사들이 시간이 감에 따라 수적으로 늘어날 것이라는 억측이 그것이다. H. 프로스는 30여 년전, 말하자면 1959년 수집된 110대 독일 콘체른에 대한 그녀의 경험적 연구와 관련하여 다음과 같이 결론짓고 있다.

"이러한 사실은 자본주의적 산업경제 안에 소유와 처분권력의 지속적인 분리의 경향이 존재한다는 사실을 지시해 준다. 이것은 또한 소유와 처분의 확대되는 분열, 보다 엄밀히 말하자면 기능적 사적 소유자가 미국 대기업 전체에 미치는 적은 영향력도 확증해 준다. 이러한 경향이 유산 분배, 병합 등으로 말미암아 그리고 한 기업의

이윤이 거대한 프로젝트의 재정조달에 역부족인 경우, 또한 자본수요 등으로 말미암아 미래에도 더욱 확대될 것이라는 것은 개연성이 있다. 따라서 **매니저 통제가 점점 더 많은** 기업에 **확대되고** 자본없는 기능인들에 의한 이러한 통제가 **유일하게 전형적인 통제관계가 될** 가능성이 부각된다" (Pross, 앞의 책, p. 172. 강조는 필자).

자본주의적 소유의 이중화의 경향으로부터 그녀는 독일 경제구조의 특별한 전후(戰後) 개조라는 사실을 전혀 숙고하지 않은 채 부당하게도 점점 더 많은 기업으로의 표준적 매니저 통제의 확대를 역사적 경향으로 추론해 내고 있다.

그러나 소유의 이중화의 독점자본주의적 경향은 반드시 매니저 통제의 확대경향을 초래하는 것이 아니다. 왜냐하면 소유의 이중화는 표준적 매니저 통제의 확대 없이도 진행될 수 있기 때문이다(우리는 이미 앞에서 표준적 매니저 통제가 아닌 다른 이중화 형태들을 살펴보았다). 자본주의적 소유권 질서의 테두리 안에서는 매니저 통제의 확대란 오직 경제외적인 우연(예를 들면 자본가 집안 식구들 간의 유산분배, 서독 'Flick' 콘체른의 세금포탈과 같은 스캔들 등)이나 특별한 정치적 비상조치들(예를 들면 일본 가족 독점체들에 대한 맥아더의 해체조치 등)이나 또는 자본주의적으로 수익성이 없는 대(大)프로젝트의 실현(예를 들면 미국 등의 사회간접시설, 통신, 교통시설 등의 기업)을 위해서만, 그것도 전체 독점자본의 이익을 위해서만 벌어진다. 그러나 이러한 우연적 또는 특별한 경향도 자본주의적인 사적 이익의 끈질긴 근본경향에 의해 상쇄되거나 억제된다(예를 들면 비독점적 가족기업의 성장, 독점형성, 우대주식제, 기명주식제의 도입 및 가족자산을 분할하지 않고 공동관리할 재단의 설립 등으로 나타나는 대주주의 지위를 계속 유지하기 위한 각종 역기도 등). 그리고 사회간접시설을 위한 수익 없는 '공영회사'의 창립은 총자본의 보통 예외적인 마지막 교지(校智)에 지나지 않으며, 더구나 이것조차도 기술발전이나 수요의 증대로 수익성을 얻자마자 곧 자본왕(王)들의 손아귀로 '민영화'되어 버리는 것이 통례이다. 따라서 독일의 경우 매니저에 의해 표준적으로 통제되는 독점기업의 수는 30년전이나 지금이나 전체적으로 불변이다.*

*우리가 본문에서 확정한 통제유형의 범주들을 적용하여 H. 프로스가 서독 110대 독점 콘체른에 대해 1959년에 수집한 자료를 재분류하면 다음과 같다. 그 옆에 나란히 제시된 1988년 수치는 리트케(R. Liedke)가 서독 100대 독점 콘체른에 관해 1988년에

통 제 유 형	기 업 수	
1959년	**1988년**	
패권적 소유권자 통제	**1959년**	**1988년**
전통적 가족소유 통제 단독적 대주주 통제 집단적 주주 통제	5 17 6**	18 11 6
균형적 공동 통제(주주와 매니저의)	7	5
패권적 매니저 통제	15	16
조건부 매니저 통제 표준적 매니저 통제	11 40	31 10
타(他)기업에 의한 통제	40	31
단독소유주로서 대주주 또는 합자자로서 다수 주식분담자로서	0 25 15	10 6 15
국가 통제	19	11
분류불가(조합기업 및 유사형태)	1	2
합 계	110	100

**1988년 수치

수집한 자료를 근거로 필자가 분류, 산출한 것이다.

몇 가지 변화가 눈에 띈다. 궁극적인 통제 유형이 불명확한 '타(他)기업에 의한 통제'를 일단 배제하면 '전통적인 가족소유 통제'는 오히려 13개 콘체른이나 늘어났고 '패권적 소유권자 통제'도 7개 기업이나 확대되었다. 이에 반해 '균형적 공동통제'는 2개 기업이 줄었고 패권적 매니저 통제는 오직 1개 기업이 늘었을 뿐이다. 게다가 **표준적** 매니저 통제 하에 있는 기업의 수는 **불변이다.** 1988년 표준적 매니저 통제(11%)가 1959년(10%)에 비해 1% 이상 확대된 것으로 현상한다면, 이것은 순수히 통계적인 허상에 불과할 것이다. 왜냐하면 이것은 조사된 전체 기업수의 차이(100 : 110)를 반영할 뿐이기 때문이다. 그런데 부분적으로든 전적으로든 구성체적으로 자립화된 매니저에 의해 통제되는 주식회사의 전체수(균형적 공동 통제+패권적 매니저 통제)는 오히려 22개에서 21개 회사로 감소하였다. 이것을 고려한다면, 모든 점이 H. 프로스의 추측에 반(反)한다. 매니저 통제의 확대는 총독점자본이 필요로 하는 정도를 넘어 확대될

수 없다.

자신의 부당한 억측을 정당화하기 위하여 H. 프로스는 미국을 예로 들고 있다. 미국의 현재는 다른 제국주의 국가의 미래라는 것이다. 그러나 미국의 '예'는 통계적으로 과장된 것일 뿐만 아니라, 잘못 해독되고 있다. 이 점을 주목한다면, 미국의 현재는 서독의 현재와 거의 유사하다.[10]

우리들의 일관된 주장은, 소유권자 통제가 매니저 통제에 의해 아직 추방되지 않았다는 것이 아니라, 매니저 통제란 어떤 경제외적인 대규모 경제개혁(맥아더의 일본 경제개혁과 같은)의 개입 없이는 더 이상 현재의 수준을 넘어서지 않을 것이라는 것이다. 왜냐하면 그것의 확대경향은 전통적인 사적 이익의 집요한 자기관철력에 의해 상쇄될 것이기 때문이다. 따라서 매니저 통제는 미래에도 일정한 특정영역에 국한된 채 남아 있을 것이다. 거의 모든 비(非)독점적 대기업 및 중간기업(가족기업으로서의)들이 전체 경제의 밑받침으로서 전통적인 가족적 소유권자의 손아귀에 남아 있고 사적 소유로서의 주식의 명백한 실존 그리고 주식의 무제한적 소유와 교환이 사적 대주주가 새로이 탄생하고 기존의 가족적 독점대주주가 파산하는 '공영회사'를 인수할 수 있는 구성체적 기초로 남아 있는 한, 매니저 통제는 경제의 전체 국면을 수적으로 정복할 수 없다. 그리고 매니저의 "신용상부구조"가 기초하

10) 일찍이 1932년 A. A. Berle와 G. C. Means는 매니저의 권력지위를 과대평가하여(은행업을 제외한) 미국 200대 회사 중 88개사(즉 44%)가 매니저들의 손아귀에 있다고 하고 있다(이에 관해서는 H. Pross, 앞의 책, p. 25 또는 J. K. Galbraith, 1974, p. 106을 참조하라). 30년 뒤 R. J. Larner는 이러한 과대평가를 극단으로 몰아붙였다. 그는 (은행업을 제외한) 200대 회사 중 적어도 169개사(84. 5%)가 논란의 여지없이 매니저들에 의해 통제된다고 하고 있다(같은 책, 같은 곳). 그러나 프랑스 경제학자 Chevalier는 60년대말 미국 200대 산업기업을 조사한 후 135개사(67. 5%)가 소유권자에 의해 통제되고 48개사(24%)만이 표준적인 매니저 통제 하에 들어있다고 보고하고 있다. 또한 미국 경제학자 Ph. Burch는 보다 상세한 정보를 주고 있는데, 이에 따르면 70년대초 300대 기업 중 60%가 명백한 또는 객관적으로 가능한 소유권자의 통제 하에 들어 있다고 한다(Chevalier와 Ph. Burch에 관해서는 H. Fritsch/B. Stiebritz 1981, p. 71을 보라). 그리고 미국 외의 다른 나라에서는 대부분 국유화되어 있는 사회간접시설 기업들(Infrasttur unter nehmen; 전기, 통신, 교통, 방송회사들)이 모두 사(私)자본회사로서 매니저들에 의해 표준적으로 통제되는 회사들이다. 다른 나라의 국영기업의 대응물에 지나지 않는 이 기업들을 제외하면, 미국에서 매니저 통제의 비율은 서독의 그것에 접근하고 있다.

고 있는 주식의 사적 소유제는 제아무리 완전무결한 표준적 매니저 통제에 의해서도 폐지될 수 없다. 이것은 자본주의 세계 안에서 자연스러울 뿐이고 따라서 '신성하다.' 결국 오늘날은 결코 '매니저의 시대'가 아니고 또 이런 시대는 미래에도 도래하지 않을 것이다. 앞으로도 현상은 자본지배의 독점적 이중화의 시대로 변함없이 유지될 것이다.

이중화된 자본지배에 있어서(개인적이라는 의미에서가 아니라) 노동에 대한 **박탈성**(Privativität) 이라는 의미에서의 **사적**(privat) 성격은 불변이다. 그러나 H. 프로스는 다음과 같이 혹세무민하고 있다.

> "개인소유의 사적인 집단소유로의 탈바꿈은 소유가 국유화된 것은 아닐지라도 **탈(脫) 사유화**(entprivatisiert) 되었다는 것을 뜻한다. 동일한 효과는 공영회사에 특징적인, 소유에 대한 처분권력의 분리로부터도 생겨난다. 소유권자 자신이나 이 사람에 의해서 효과적으로 통제당하는 위탁자가 아니라 독립적인 피용자(unabhängige Angestellte : 독립적인 예속인? 이것은 '뜨거운 얼음'이나 다름없는 헛소리이다—— 필자) 에 의해서 처분되는 경우, 사적 소유의 본질을 구성하는 처분권이 사실상 존재하지 않게 된다. 이것의 소거와 함께 사실상의 순이윤에 대한 소유권자의 권리도 사실상 **제거된다**" (H. Pross, 앞의 책, p. 160. 강조는 필자).

'공영회사' 안에서도 사유재산으로서의 주식의 연례적인 배당금에 대한 사적 권리는 극단적으로 약화될지언정 결코 "제거되지"는 않는다. 거듭 말하지만 매니저에 의해 수탈되는 것은 신용상부구조이지 결코 이것의 주식적 '토대'가 아니다. H. 프로스의 괴이한 결론은 그녀의 부르주아 법률적 자본주의 소유관에 기인한 것이다. 그녀에 의하면 사적 소유는 "여러 권리의 통일체"를 뜻한다. "소유의 사성"(私性 : Privatheit) 은 따라서 "① 법의 테두리 내에서의 물건의 용익에 대한 소유권자의 권리, ② 처분에 대한 권리, ③ 그의 소유로서 그 자신 또는 타인에 의해 획득된 순이익에 대한 권리"를 포함한다(앞의 책, p. 159). 그러나 첫번째 계기는 **계급규정적**인 생산수단의 투자에 대한 **사적** 권리, 소생산자에 의한 노동수단의 생산적 이용에 대한 **순진무구한** 권리와 개인적 소비수단(음식, 의류, 주택, 기타 소지품 및 개인소비품목 등) 에 대한 개인적 이용에 대한 당연한 권리를 마구 뒤섞고 있다. 특히 소비수단에 대한 개인적 이용은 사상(事象) 의 본성에 따라(예를

들면 너는 내 대신 먹어줄 수 없고 입어줄 수 없고 향유해 줄 수 없다) '개인적 소유권'에 속하는 것으로서 이 개인적 소유는 지금까지 모든 소유제도 하에서도 존재하였고 또 공산주의 소유제도 하에서도 소멸할 수 없는 것이다(그것은 심지어 로마의 공공연한 노예에게도 인정되었는데, Peculium이 바로 그것이다). 두번째 계기 '처분'은 인간, 즉 **노동자**에 대한 지배의 시각을 소홀히 하고 또한 자기 노동에 의해 획득된 생산수단에 대한 생산자의 처분과 남의 잉여노동에 의해 획득된 생산수단에 대한 비(非)생산자의 처분 간에 놓인 엄청난 차이를 지워버리고 있다. 세번째 계기 '순이익'은 남의 잉여노동의 점취를 미사여구로 은폐하고 있다. 소유의 **자본주의적** '사성'(私性 : Privatheit)은 항상 노동자로부터 **잉여**와 **자립성**을 **박탈하는** 데 본질을 두는 **박탈성**(Privativität)을 뜻한다. 자본주의적 소유의 이러한 박탈성은 독점자본주의적 소유의 이중화된 형태 속에서도 불변적으로 남아 있을 뿐만 아니라, 확대된 규모로 재생산된다. 그러나 H. 프로스는 "자본을 수많은 소주주들로부터 끌어모은 대규모 주식회사는 사적 소유의 본질을 구성하는 제계기의 통일성을 **폭파해버렸다**"고 말한다(같은 책, 같은 곳, 강조는 필자). 여기서 '폭파'는 무엇을 뜻하는가? 소주주의 배당권이 '제거'되고 그리하여 매니저와 주주가 **적대적** 모순에 빠져든다면 '폭파'에 대해 운위할 수 있을 법하다. 그러나 매니저와 주주의 이익은 개별적인 경우 비본질적으로 대립되고 모순되기도 하지만, 적대적이지는 않다. 양자는 온갖 비본질적인 갈등관계 속에서도 신용을 매개한 이익공동체를 형성한다. H. 프로스는 **모순 일반을 적대적** 모순으로 혼동하고 있다. 그녀는 자신의 경험적 연구의 결과에 따르더라도 "출가시켜야 하는 과년한 딸 셋을 가진 과부"가 아니라 거의 모두 중소 부르주아에 속하는(같은 책, p. 133) 독점 대기업의 소주주들과 패권적인 매니저 간의 대립관계를 거듭 "적대관계"로 규정하고 있다(같은 책, p. 122, 124 등). 그러나 부르주아 내부의 비본질적인 모순들은 적대성으로 첨예화될 수 없다. 오직 객관적으로 구조화된 정면적 배척관계의 근거를 이루는 모순만이 적대성으로 규정될 수 있다.[11] 매니저와 주주는 비적대적으로 모순적인 이중화

11) 부하린의 저작에 대한 난외주석에서 레닌은 다음과 같이 말하고 있다 : "적대성과 모순은 결코 동일한 것이 아니다" (Lenin 1981, p. 34). 모순 일반과 적대적 모순의 이러한 구별은 계급사회 내의 주요모순을 판별하고 또 사회주의 사회 안에서의 주요모순과 자본주의적 주요모순 간의 차이를 인식하는 데 필수적이다. J. Ritsert도 간결하게 다음과 같이 말하고 있다. "모든 모순이 적대성인 것은 아니다" (J. Ritsert 1988, p. 202).

속에서도, 노동자들에 대해 **적대적인** 공동체로서의 양자간의 **형제적** 통일성을 이룬다. 주식회사는 자본주의적인 사적 소유를 이중화하고, 그리하여 자본주의적 **사적** 소유의 본질을 구성하는 계기들의 '통일성'의 **개인적** 형식을 폐기하지만 이 통일성 자체는 조직적인 **신용형식**으로 **재생산된다.** 즉 '통일성'은 '폭파되는' 것이 아니라 **발전된다.** H. 프로스의 결론은 그녀 자신의 다른 주장, 즉 "사적 소유는 그들(매니저들——필자)을 보호하고 그들은 사적 소유를 보호한다"(같은 책, p. 179)는 주장과도 모순된다. 게다가 "서독 역사의 그 어떤 단계에서도 매니저 **집단**과 자본주의적 소유권자 **집단** 간의 심각한, 아니 맹아적으로나마 부각되어 나온 대립이 확인된 적이 없다"(H. Jung 1986, p. 180. 강조는 필자).

결국 우리는 다음과 같이 단정할 수밖에 없다 : 오늘날 부르주아적 소유는 오직 자본끼리의 관계에서만 '탈(脫)사유화'되었을 뿐이다. 그것도 **부분적으로만.** 왜냐하면 셀 수 없이 많은 비(非)독점적인 개인적 자본가들이 잔존하기 때문이다. 매니저들은 '순이익'에 대한 주식의 권리를 '제거'하거나, 배당금적 '납부의무'로부터 해방될 수 없다. 매니저가 차용하고 있는 '본질적으로 프로테스탄트적인' 신용, 즉 "자기증식하는 자본의 단순한 인격화로서의 생산의 개별적 대행인들에 대한 신앙"은 "프로테스탄트 교리가 가톨릭 교리의 기초로부터 해방될" 수 없듯이 주식의 "본질적으로 가톨릭적인" 화폐토대로부터 "해방될 수 없다"(MEW 25, p. 606). 게다가 주식배당금의 제거는 주식을 휴지조각으로 만드는 것으로서 곧 주식회사의 제거를 뜻한다. 따라서 매니저에 의한 주식배당금의 제거는 자살행위나 다름없다. 뿐만 아니라 매니저들은 보통 그 자신이 주식소유자들이다.[12] 매니저가 동시에 성장과 주식배당금의 이익대립은 기업가 이윤(Unternehmergewinn)과 이자 간의 대립보다 더 비본질적인 것이다.

12) 주지하듯이 매니저의 소득은 소위 봉급, 이익배당(Tantiemen), 주식배당(Dividende) 등으로 구성된다. 매니저들은 오래 전부터 누진세의 적용을 우회하기 위하여 봉급과 이익배당보다 시세 이하의 액면가격으로 수년마다 주기적으로 배분되는 주식을 선호해 왔다. 그들도 따라서 매니저로 승진된 수년 후에는 거의 예외없이 주주가 된다(매니저의 주식소유가 법으로 금지되더라도 가족명의로 획득한다). 이 주식의 일인당 보유량은 물론 '공영주식회사'의 경우 전체 주식의 1% 이하에 지나지 않지만, 그 싯가는 수백만 마르크에 달한다. 이런 까닭에 매니저들도 주식 배당금의 증대에 관심을 쓸 수밖에 없다. 여기에서 매니저로 대표되는 자본축적(이윤의 확대재투자)과 주주로 대표되는 배당금의 증대(이윤의 개인적 소비) 간의 대립은 그 고유한 한계를 발견한다.

매니저의 소득이 기업이윤처럼 착취된 잉여가치의 일부이기 때문에, 그것은 매니저 이윤이라고 불릴 수 있을 것이다. 따라서 이 **매니저 이윤**은 "이 착취가 그에게 요구하고 또 적절한 급여를 주어 지배인에게 떠넘길 수 있는 노고의 정도에 비례하는" 것이 아니라(MEW 25, p. 401), 대체로 노동의 착취도 및 동시에 착취당하는 노동자의 수에 정비례한다. 그러므로 일정한 착취율이 주어져 있으면 매니저 이윤과 매니저 권력은 일반적으로 그가 지배하는 노동자들의 수와 더불어 증대하게 된다. 이 노동자수는 기업의 크기로 표현된다. 이런 까닭에 매니저들은 주주들이나 실질적 지배인들보다도 회사자본의 집중과 집적에 더 큰 관심을 갖게 되어 기업성장의 직접적인 주요 수익자요 주요 추동자로 나타난다.

그러나 갈브레이드(Galbraith)는 다음과 같이 반대로 말하고 있다 : "회사의 성장은 테크노스트럭처(Technostruktur)의 직접적인 금전적 이익에 전형적인 방식으로 봉사한다" (Galbraith 1974, p. 124, 강조는 필자). 그에 의하면 최고 매니저 집단은 **'테크노스트럭처'**에 속하지 않는다(같은 책, p. 115). 따라서 그는 기업의 성장이 **'전형적인** 방식으로' 매니저 집단의 이익이 아니라 기업의 관료(즉, 실질적 매니저층) 및 테크노크라트층의 금전적 이익에 복무한다고 주장하는 셈이다. 그러나 이 같은 주장은 그가 이 주장을 정당화하기 위하여 모리스(R. Morris)로부터 인용하고 있는 바로 그 인용문에 의해서도 즉각 부정되고 있다.

> "사업정책이 집단에 의해서 정해지는 과두적 회사들 안에서 합의되기에 가장 가능성이 높은 결의들은 각 개인의 시장가격을 가장 빠른 기간에 등귀시키는 종류의 결의일 것이다. 우리가 시장가격을 봉급 · 권력 · 위신의 총화로 간주한다면, **성장**은 증대된 이익의 일부가 필경 아래에 있는 젊은 인력들에게로 분배될 것임에 틀림없지만 **정상에 있는 사람들에게 가장 선차적인 의미를 갖는 것**이 되지 않을 수 없을 것이다" (갈브레이드의 Robin Morris 인용[13], 강조는 필자).

최고 경영자 집단이 기업성장의 주요 수익자라는 사실은 갈브레이드의 이 인용문에서도 논란의 여지가 없다. 번햄(J. Burnham)의 빗나간 '매니저 혁명'

---

13) Robin Morris, "A Model of the 'Managerial Enterprise'", In : *The Quarterly Journal of Economics* Band, 77, 1963/Nr. 2. Galbraith, 앞의 책, p. 123. 각주에서 재인용.

(Managerial Revolution, 1948)을[14] 슬쩍 훔쳐쓰고 있는 갈브레이드의 서툰 표절은 실은 번햄과 마찬가지로 마르크스 이론의 역사화를 겨냥하고 있다. "일견에 회사병합을 통한 현대적인 대(大)콘체른들의 성장과 마르크스가 흑판에 그린, 소자본들이 더 큰 자본들에 의해 지속적으로 잡아먹혀 가는 자본주의적 집적과정(sic!) 간에는 피상적인 유사성이 인지된다. 그러나 이 비교는 하자가 있다. 마르크스의 동기는 착취와 이윤이었다. 현대적 과정에서의 선차적인 동기는 관료적 이익 ── 즉 테크노스트럭처의 보다 많은 위신과 보다 많은 돈이다"(같은 책, p. 129). 그러나 갈브레이드의 이러한 오판은 "테크노스트럭처", 즉 전문관료층에 의한 소유권자와 매니저의 권력의 사실상의 찬탈이라는 그의 다른 잘못된 테제에 근거하고 있다:

> "조직은 결정을 위한 전문가 지식의 종합의 제도이다. ……이 일은 집단적 결정에 참여하지 않지만, 그럼에도 불구하고 이 결정을 변경시키고 이것에 영향력을 행사하려는 자는 업무관계의 불충분한 지식으로부터 출발한다. ……개인의 그러한 간섭이 필연적으로 지식정보의 결함을 안고 있기 때문에 그러한 간섭은 손해를 끼치게 된다. 따라서 권력은 소유권자나 이들을 대표하는 이사회로부터 자본회사의 지배인층으로 이전되게 된다. 또 동일한 이유에서 회사 내의 권력은 다시 **더 아래로**, 지식을 가지고 결정에 능동적으로 참여하는 인물에 이전된다"(같은 책, pp. 104~105, 강조는 필자).

사이비 근본주의적 시각을 가진 갈브레이드는 이제 임금예속적인 전문바보들(Fachidioten)을 집단적 **지배자**로 등극시키고 있다.

전문지식과 직책비밀로부터 생겨나는 전문적인 관료층과 테크노크라트의 권력지위는 주지의 사실이다. 그러나 생산과정 및 유통과정의 실질적 기능들에 필수적인, '테크노스트럭처'의 소재적(素材的)인 전문지식이란 전체사업의 **전반적 조감**을 독점하고 대기업 정책을 구상·입안하며 정부와도 "정치"하는 금융귀족층적 최고 매니

14) 이전의 트로츠키스트 J. 번햄의 매니저 개념은 물론 우리의 최고 매니저도 또 '테크노스트럭처'도 뜻하지 않는다. 번햄의 매니저는 마르크스의 '실질적' 지배인만을 뜻하고 따라서 과학·기술적인 연구·개발·디자인을 담당하는 순수한 테크노크라트(비관리자적인 고위기능인)를 배제하기 때문이다. 이에 반해 갈브레이드의 '테크노스트럭처'는 양자를 다 포괄한다(J. Burnham, 1948〔영어판 : 1941〕, pp. 100~101를 참조하라).

저들의 눈에는 **소인배들의 하찮은 지식거리**(pedantisch)로밖에 보이지 않는다. 그리고 그들의 직책비밀도 일급비밀(Top-Secret)을 독점하고 있는 매니저들에게는 분업에 의해 제약된 **전문바보들의 넝마비밀의 곰상떨이**(Geheimniskrämerei)에 불과한 것으로 나타난다. 즉, 최고경영자들**만이** 순수한 자본기능에 필수적인, 사업 전체에 대한 전반적 조감과 일급비밀을 독점하고 있다. 이 **전반적 조감과 일급비밀**은 거대하게 확장된 독점기업에서 필수불가결한 특별 업무사항인데, 이것들은 분업적으로 확고히 상호 차단당해 있고 또 최고 매니저층의 '글라스노스트'에 대한 어떠한 요구도 제기할 수 없는 임금예속적 '테크노스트럭처'에 의해서는 결코 입수될 수 없다. 베버(M. Weber)는 이전에 관료적인 '전문지식 지배'의 '불가피성'을 갈브레이드보다 훨씬 더 과장했지만, 그는 자본소유주와 매니저를 관료체제에 의한 권력찬탈에 '면역된' 예외심급으로 규정하고 있다 —— 비록 그의 근거제시가 완전히 옳은 것은 아닐지라도.[15]

자본이 사용가치와 교환가치의 매개자로서 모든 소재적인 사용가치들(사물적 사용가치와 육체적・정신적 능력으로서의 인간적 노동)을 주재하는 과정으로서의 자립화된 **교환가치**인 한에서, 그것은 사물적 유용물(有用物)을 취급하는 모든 육체적・

---

15) M. 베버는 다음과 같이 말하고 있다 : "모든 다른 사람(지배자들 —— 필자)은 대중조직 안에서 대량생산에서 냉혹한 정밀기계의 지배에 빠져들 듯 관료체제적 지배에 불가피하게 빠져든다." 그러나 "지식에 있어서, 즉 **전문지식**과 **사실정보**에 있어서 관료층보다 우월한 존재는 그의 이익영역 내에서 보통 사적인 영리이익 관계자뿐이다. 즉 그것은 자본주의적 소유권자이다. 이는 관료체제적 합리적 지식지배의 불가피성에 대해(적어도 상대적으로나마 현실적으로) **면역된** 유일한 심급이다"(M. Weber 1985, p. 129, 강조는 필자). 그리고 "그 까닭은 그들(기업가들 —— 필자)에게 있어서 그들의 영역에서의 정확한 사실정보는 직접 경제적인 실존의 문제이기 때문이다"(같은 책, p. 57). 자본가의 대(對)관료지배 '면역성'에 대한 이러한 근거제시는 잘못된 것이다. 왜냐하면 생산지식의 '자본주의적 점취'와 '개인적 점취'는 '완전히 다른 문제'라서 대부분의 자본가들은 공학, 화학 등에 대해 '까막눈일 만큼' 그리고 '소름끼칠 정도로' 무식하고(MEW 23, pp. 407~408 각주), 따라서 불가피하게 **실재적**인 생산지식과 사실정보에 있어서 관료들에 비해 열등하기 때문이다. 이것은 오늘날의 독점자본주의적 세계에서 더욱 적중하는 사실이다. 관료층 및 테크노크라트층에 대한 자본가의 우월한 권력은 소재적(素材的) 전문지식과 사실정보에 있어서의 그의 우월성에 있는 것이 아니라 자본주의적 재생산과정에 대한 초(超)소재적인 조감(鳥瞰)과 일급비밀의 독점에 있다. 따라서 베버의 다음과 같은 설명은 그렇게 정확한 것이 될 수 없다. "그리고 권력수단으로서의 '비밀'도 관료분과의 서류 안에서보다 기업가의 주요 치부책 안에 항상 훨씬 안전하게 비장되어 있다"(M. Weber, 같은 책, 같은 곳).

지적 능력과 사용가치의 생산과 생산적 소비에 필수적인 노동자의 모든 소재적 지식을 지배한다. 즉 자본은 모든 소재들을 자신의 자기매개(Selbstvermittlung)의 단순한 계기들로 격하시켜 이 모든 소재들을 초월한다. 따라서 사회적 대생산의 교환가치적 형식측면을 이 생산의 소재적 측면으로부터 가장 멀리 떨어진 위치에서 통제하는 금융자본은 소재적 측면과 가장 무관하고 바로 이런 이유로 가장 광범한 소재세계를 지배하는 자본 그 자체(Kapital san phrase)로 자신을 필연적으로 격상시킨다. 이런 까닭에 '새로운 금융귀족'이 모든 다른 자본가들과 '테크노스트럭처'를 공히 지배하는 최고로 격상된 자본가라는 것은 당연하다. 이런 의미에서 마르크스는 다음과 같이 말하고 있다.

"부(富) 그 자체, 즉 부르조아적 부가 그 자신이 **매개자**로서, 즉 교환가치와 사용가치의 극단들의 **매개**로서 확립되는 **교환가치** 안에서 항상 그 최고의 위력으로 표현된다는 것은 언급할 만한 중요한 측면이다. 이 매개중심은 항상 **완전무결한** 경제적 관계로 현상하는 바, 그것은 이 관계가 대립들을 종합하기 때문이며, 또한 그것은 항상 이 극단들에 대해서 **일방적으로 고차적인** 위력으로 현상한다. 왜냐하면 **운동**, 또는 극단을 매개하는 것으로 **근원적으로** 현상하는 관계는 변증법적 필연성으로서 그 **관계가 자기매개**(Vermittlung mit sich selbst)**로, 즉 그 극단들의 지양을 통해 자신을 홀로 자립적인 것으로** 정립하기 위하여 그 극단들의 자립적인 전제를 지양하는 한에서 그 극단들을 자신의 계기들로 격하시킨 **주체**로서 현상하기에 이른다. ……그 자체 극단들에 대해 일방적인 전체적(total) 경제적 표현은, 교환가치가 중간지절로 확립된 곳에서는 어디에서나 교환가치이다. 예를 들면 단순유통 안에서 화폐, 생산과 유통의 매개자로서의 자본 그 자체, 자본 그 자체 안에서 자본의 한 형태는 다시 교환가치로서의 다른 형태의 자본에 대하여 사용가치의 지위를 점한다. 그리하여 예를 들면 산업자본은 유통으로 현상하는 상인에 대하여 생산자로 현상한다. 따라서 전자는 **소재적** 측면을, 후자는 **형식 측면**을 부(富)로서의 부로 표현하게 된다. ……그 다음 산업가와 상인에 대한 은행가, **단순한 생산에 대한 주식회사**, 최고 **수준**에서의 **국가와 부르주아사회의 매개자로서의 금융가**가 나타난다. 부 그 자체는 그것이 직접적 생산으로부터 멀리 떨어지면 떨어질수록 그리고 제각기 그 자체로 보면 이미 경제적 형식관계로 확립된 측면들을 더 멀리 매개하면 매개할수록 가장 판명(判明)하고 광범한 것으로 표현된다. 가장 끝내주는 형태는 금융가(Financier)이다" (MEW 42, pp. 250~251, 강조는 필자).

유일하게 최고 매니저들의 기업정책적 계획과 조정과정에 참여할 수 있는 특권을 향유하였던 하위 부서의 **상업**적 부서들도 심화된 분업과 컴퓨터 정보기술의 복합적인 투입으로 기업정책적 영향주입의 기회를 상실해 가고 있다(Baethge/Oberbeck 1986, p. 17ff. 참조). 이전에는 상업부서들의 **공동작용** 없이는 단 한 건의 중간결산도 이루어질 수 없었다. 왜냐하면 오직 이 상업부서의 직원들만이 자료와 서류의 정돈상황에 정통하였기 때문이다. 기업 전략 수립에 관한 진정한 결정권력은 물론 기업 중역진에 있었지만 기업정책적 기조와 세부결정은 협업 노동의 형태로 최고 경영진과 중간 단계의 상업부서에 의해 공동으로 입안되었다. 그러나 이 상업부서의 지금까지 비교적 강력했던 기업 내 권력지위는 이제 '통일적인 자료은행'의 설치 및 '조종기능들의 노동조직적 세분화'로 인해 점차 약화되었다.

> "전문부서들은 그들에 의해 수집된 자료와 목록들의 기업정책적 정보들을 데이타뱅크로 이전시킴과 동시에 시장동향, 고객구조 등에 관한, 지금까지 본질적으로 그들에 의해서만 장악되었던 노하우를 상실하지 않을 수 없고, 그것은 이제 기업중역 차원이 직접 장악하게 된다. 따라서 이 과정은 전통적인 전문부서들에 대한 **기업 및 경영정상(頂上)의 자립화**를 가능케 해주는바, 이것은 결국 전략적—구상적 분석 · 기획과정으로부터의 전문부서들의 거의 전반적인 배제를 초래하게 된다"(같은 책, p. 175, 강조는 필자).

자본의 가치증식과정 아래로의 노동과정의 포섭이 자본주의적 기업과정의 형태규정적인 토대로 남아 있는 한, 생산 및 유통과정의 사물소재적(기술적) 그리고 인간소재적(사회적) 측면만을 관장하는 관료적 · 테크노크라트적 전문인들은 원칙적으로, 자본소유자나 최고 매니저만이 독점하는 초소재적인 순수자본기능에 대한 수단에 불과하다. 따라서 기업적 포섭구조의 이러한, 개개 기업에는 선험적인 것으로 현상하는 구성체적 형태규정성이 여전히 존속하는 한, '테크노스트럭처로의 권력의 이전'에 대해 운위할 하등의 근거도 없다. 그 간의 자본주의의 역사적 발전경향은 이것의 반대만을 증거해 왔을 뿐이다(이에 관해서는 뒤에서 더욱 상세히 취급하겠다). 테크노스트럭처의 소재적 전문지식은 노동자와 하급 사무원들에게는 일정한 의미를 가지지만, 최고 매니저들에 대해서는 사소한 것이요 하찮은 것이다.

결국 독점자본주의적 금융세계 속에서는 소재적 전문지식을 가졌다는 것 자체가 곧 일정한 종속성의 한 징표일 따름이다.

'테크노스트럭처', 즉 대기업의 관료층과 테크노크라트층은 따라서 전혀 또는 거의 지배하지 못한다. 그들은 기업전략적 결정에도 영향을 미치지 못하며 갈수록 더욱 그렇다. 그들의 활동은 거의 독점적 최고 경영진의 지시를 수행하는 데 국한되어 있다. 최고 매니저들은 관료와 테크노크라트들을 자신과 기업에 묶어두기 위하여 이들의 복무에 대해 후한 보수로 보답하고 또 기꺼이 각종 소비특권에의 접근통로를 마련해 준다. 그러나 최고 매니저들의 이러한 조치들은 실은 타인의 이익을 위해서가 아니라 바로 자신들의 이익을 위한 것들이다. 따라서 그들은 관료와 테크노크라트들의 이익을 **대변하는 것이 아니라, 이들을 매수할 뿐**이다.

정당하게 우리는 다음과 같이 결론지을 수 있다. 착취한 잉여가치 및 지배권력의 분배는 오직 가공적인 주식자본에 대한 **상급 소유자들**(또는 전통적인 가족소유권자)과 신용자본에 대한 **하급 소유권자들**(즉, 가족 콘체른의 단순히 조직적으로 설치된 매니저들이나 구성체적으로 확립된 자립적 매니저들) 간에만 벌어진다. 오늘날 독점기업의 권력구조를 **법률적** 소유범주로써, 즉 **경제적** 소유범주 **없이** 설명하려는 일체의 시도들에 반하여, 신용관계에 기초한, 화폐자본적 상급소유와 신용자본적 하급소유로의 독점자본주의적 사적 소유의 조직적인 또는 경우에 따라 구성체적인 이중화라는 우리의 테제가 자본관계의 현실적인 발전 변증법을 더 충실히 그리고 더 일관되게 해명해 준다 할 것이다. 이 변증법은 일차적으로 생산력과 생산관계의 근본적 변증법에 의해 추동되는 경제적 사회제관계의 **구성체적** 발전('전적으로 새로운 권력'으로서의 신용의 그물망 형성, 독점형성 등)이 **조직적** 발전(주식제도, 트러스트, 콘체른 등의 제도 형성)을 **근본적으로** 규정하면서 동시에 이 조직적인 발전이 다시 구성체적 발전에 **역작용하고** 가끔은 이것을 변경시키면서 **구성체적 구조 속으로 침전되어 들어갈 수 있다**는(자립적 매니저의 출현) 복합적 변증법을 일컫는다.

지금까지 우리는 지배 측면의 이중화, 말하자면 자본관계의 두 측면(자본 또는 지배측면과 임노동 또는 예속측면) 중 하나만을 고찰하였다. 그러나 이 장(章) 서두에서 다시 확인하였듯이 임노동의 예속상태도 **형식적** 종속과 **실질적** 종속으로 이중화되어 있다. 이 이중화된 예속성은 곧 살펴보게 될 것이지만 다각적으로 수정되고 심화되고 일반화된다 하더라도 독점적 자본관계 안에서 오히려 가장 선명한 형태로 재생산된다. 비(非)독점적 자본관계와 나란히 그리고 이것을 억누르면서 발전하는

특별한 생산관계로서의 독점적 자본관계는 이것의 지배측면에 있어서든 예속측면에 있어서든 이중화되어 있다. 즉 그것은 **중복적으로 이중화되어 있다.**

독점적 자본관계의 이러한 중복적 이중구조는 수만 또는 수십만 명의 노동자와 사무직원들을 하나의 통일적인 지배권력 아래 포섭하는 모든 거대 콘체른의 위계조직에 의해 은폐된 **계급적 상명하복관계**의 기저에 놓여 있다. 따라서 이 콘체른에 참여하는 모든 참가자들의 이익 및 계급구조는 이 중복적 이중구조 및 이것의 변혁 · 발전에 의해 부정적으로 또는 긍정적으로 구성당하고 규제당하고 재생산된다. 그러나 노동자와 사무노동자들은 착취와 억압의 단순한 대상이 아니라, 자주적으로 항거하는 행동적 주체들이기도 하다. 그리고 "동시에 고용된 노동자들이 대중화됨에 따라 그들의 저항도 증가하고 따라서 필연적으로 이 저항을 처리하기 위한 자본의 억압도 증가한다" (MEW 23, p. 350).

물론 독점자본의 경제적 억압 · 착취는 "경제외적인 직접적 폭력"에 의해 보장되는 것이 아니라 예나 다름없이 "경제적 관계들의 소리없는 강제" (stummer Zwang der ökonomischen Verhältnisse : 같은 책, p. 765)에 의해 보장된다. 하지만 중간규모 및 소규모의 자본들이 주로 지배하였던 경쟁자본주의 시대에는 자본의 기업적 지배가 자의적이고 무규칙적인 **병영전제체제**(專制體制, Kasernendespotie)의 형태를 취했는바, 이 병영전제체제는 자본가와 족벌체제적으로(Vetternwirtschaftlich) 임명된 산업장교들에 의해 구성되고 직접적인 호령, 호통과 질타, 인격적인 험담과 모독, 심지어 폭행 및 —— "예외적"이었지만(마르크스) —— 폭력의 사용도 배제하지 않은 군대식 통제조직이었다. 그러나 엄청난 수의 노동자와 사무원을 유일한 지휘 중앙 아래 복속시키고 따라서 노동자들의 엄청난 저항잠재력을 안고 있는 독점 콘체른에서는, 이전에 안성맞춤이었던 저 병영적 전제체제는 그 최적의 기능을 상실하고 만다.

지휘중앙과 노동자들 간의 직접적인 접촉은 일찍이 증대된 위계적 서열단계들에 의해 단절되었고 또 익명화된 노동자 대중과 이들의 저항은 증가되어 저 자의적인 병영적 전제체제가 저항을 처리하는 것이 아니라 오히려 계급적 분격을 부채질하게 되었다. 기업지배의 새로운 보장 및 확대된 계급저항의 가능한 한 마찰없는 처리와 중앙지휘권 아래로의 다단계적 위계질서 및 다부분적 업무분업의 빈틈없는 통합을 위한 과업은 이제 새로운, 전적으로 기계적 · 전제적인 행정 · 관리기구, 즉 **관료체제**를 요구하게 된다.[16)]

16) J. 리처르트는 다음과 같이 말하고 있다 : "근대의 고전적 계급이론은 자본주의적 그리고 사회주의적 발전의 현저한 특징으로서 기업(마르크스)과 국가기구(베버) 안에서의 관료체제적으로 규제되는 지배행사의 경향을 강조해왔다" (Ritsert 1988 2, p. 113. 이 말로써 물론 그는, 마르크스가 오늘날의 '사회주의적' 기업관료체제를 '사회주의적' 발전의 '현저한 특징'으로 예언하였다고 주장하는 것이 아닐 것이다. 그러나 마르크스가 자본주의적 기업의 관료화 경향을 강조하였다는 그의 언급은 문제가 있다. 왜냐하면 마르크스는 산업기업의 '관료체제'와 '관료들'에 관해 언급하고 있는 것이 아니라 거듭거듭 '산업장교', '하사관', '하급 산업병졸', '병영적 규율', '산업예비군', 자본의 '통수권' 등에 관해서만 기술하고 있다. 이 표현들은 마르크스 시대의 산업기업이 당시의 군사편제로부터 자신의 조직형태를 차용하였기 때문에 단순한 비유적 표현들이 아니다. 즉 마르크스는 기업의 관료화를 관찰할 수 없었고, 다만 **군사·병영적인** 전제적인 기업위계조직과 기율만을 목도했을 뿐이다. 기업의 관료체제는 그의 사망 무렵에 비로소 파악가능한 형태로 대두하기 시작하였다. 물론 엥겔스는 경제영역의 관료화의 초기현상을 목격할 수 있었다. 그는 다음과 같이 말하고 있다 : "주식회사들은 전 행정이 봉급장이 **관리들**에 의해 수행됨으로써 부르주아 자신이 얼마나 불필요한 것인지에 대한 증거를 이미 제공하였다" (1882년 5월 16일자, 「A. Bebel에게 보내는 편지」, 강조는 필자). 그리고 1894년에는 좀더 분명하게 다음과 같이 언급하고 있다 : "특히 독일에서 거대하게 확장된 은행들은……온갖 **관료체제적** 명칭 하에 점점 저당권의 담지자가 되어 가고 있다" (MEW 25, p. 918, 강조는 필자).

제2절 기업관료체제, 테크노크라시, 지식 프롤레타리아트

1 관료체제 일반

(1)마르크스주의적 관료체제 개념을 위한 투쟁

관료체제 일반은 지배자의 조직적 **수단**이다. 따라서 관료체제의 조직형태와 기능방식에는 우선 지배이익이 반영되어 있다. 그러나 자본주의 기업의 관료체제적 행정 · 지도과정은 전(前)관료체제적인 자본주의 기업행정과 마찬가지로 지배기능과 (모든 협업노동에 공통적으로 필수적인 순수 지도라는 의미에서의) 생산적 지도기능의 모순적 통일이다. 따라서 관료체제의 형식적 요소들은 본질적으로 이질적 · 모순적인 두 종류의 합리성,[17] 즉 **지배기술적** 합리성과 **노동기술적** 합리성에 의해 규정되어 있고 따라서 항상 이 "이중적 본성"(MEW 25, p. 397)에 따라 고찰되어야 한다. 두 가지 합리성은 관료체제 안에서 물론 비중이 동일한 것이 아니다. 지배기술적 합리성이 관료체제에 본질구성적인 것이고 따라서 노동기술적 합리성에 대해 우위를 점한다. 왜냐하면 관료체제는 본질적으로 지배의 수단이고 지배이익과 착취이익은 모든 이익에 우선하는 것이기 때문이다. 이런 까닭에 관료행정의 모든 형식적 요소들을 관료체제에 본질구성적인 것인지 우연적인 것인지 가리지 않고 지배기술

17) 여기서 합리성 개념은 막스 베버의 저 밥맛 떨어지는, "서구에만 고유한" 합리성 개념과 아무 관계가 없다. 베버가 서구 합리주의의 "특수한 고유성"을 소위 프로테스탄티즘의 윤리와 연관시키고 있는 점에서 그의 이 개념은 "비합리적" 세계를 "합리화"시키고 "문명화"해야 한다는 제국주의적 "백인의 책무"(white mens burden)라는 비밀스러운 여운을 담고 있다. 이따위 "거만한" 합리주의 개념은 "백인들"간에만 통용될 수 있는 유럽 중심주의적인, 전혀 잘못된 동양관에 근거하고 있다. 하지만 18세기 이래 동아시아(중국, 한국, 일본, 월남 등)에서도, 베버가 서구 밖의 "지구 어디에서도 발전된 적이 없는" 서구의 독특한 산물로 거만하게 거듭거듭 규정하고 있는(M. Weber 1984, p. 15) 형식적으로 **자유로운** 노동의 합리적 조직을 가진 기업자본주의가 자생적으로 생성되었다. 예를 들면 조선에서는 당시 생산적

"물력"(物力)이라고 부르고 자본가를 "물주"(物主)라고 부름으로써 유통수단으로서의 단순한 화폐, 특권적 상인자본 또는 단순한 상인(장사치)과 구별하였다. 동아시아의 매뉴팩처 자본주의는 단지 동아시아의 도시나 도시 주변에서만 체류하였던 서양 선교사들의 편견에 가득찬 "서구적" 벽안으로는 관측될 수 없었다. 동아시아의 자본주의는 산골 벽촌이나 숲속 등 도시로부터 가능한 한 멀리 이격된 외진 피난처에서만 번창하였기 때문이다. 이런 산골과 시골 벽지는 전아시아 역사를 관통하여 항상 "지방관의 진영"(마르크스)이었고 경제적으로는 기껏 특권상인들의 거래소로 기능하였던 **도시**의 봉건적 권력이 가장 적게 미치는 곳으로서 동아시아 자본주의의 탄생지인 셈인데, 이 점은 서구 근대 자본주의가 농촌의 봉건권력으로부터 가장 멀리 떨어졌고 그리하여 "전 중세에 걸쳐 농노가 도망가던"(MEW 3, p. 51) 피난처로 기능했던 중세도시에서 시작된 사실과 큰 대조를 이룬다.

동서양의 자본주의 출발조건상의 이 본질적인 차이는 서구의 중세가 농촌을 역사의 소재(所在)로 하여 출발한 데 반해 동양 봉건권력의 본래적인 소재지는 항상 도시였다는 상반된 사실에 기인한다. 이런 까닭에 18세기 중엽 중국을 방문하였던 최초의 서양선교사들은 **오로지** "대규모의" 전(前)프롤레타리아적, 즉 전자본주의적 임금노동자들, 말하자면 "아침부터 해질 녘까지 손님을 찾기 위해 가로를 뛰어다니는 수공업자들"(마르크스, R. Jones로부터 인용, MEW 26. 3, p. 425)만을 보았을 뿐이다. 농촌 벽지와 산간에서 18세기부터 시작된 동아시아의 자본주의(중국에서는 한지 및 비단제조업 분야에서 이미 17세기에 시작됨. B. Töpfer 외 1985, p. 155f. 참조)는 16~17세기 이래 진홍된 일반적인 상업화를 기초하였는데, 18세기 중엽을 넘어서면서부터는 종이, 비단, 광업, 금속가공, 놋그릇, 도자기 제조업과 인삼 재배업을 차례차례 정복하였다. 이러한 경제적 변혁과정은 자신에 적합한 이데올로기, 즉 당시 전 동아시아를 지배하게 되었던 "저항하는"(protestierend) 유교도 낳았는데, 소위 자본주의 "정신"의 이론가 베버는 이에 관해서는 전혀 감도 잡지 못하고 있다. 새로운 자본주의적 생산양식의 철학적·이론적 정당화와 자연연구에 전력을 투구하였던 이 개혁 유교는 바로 **실학**(특히 후기 실학)이었다. 이 실학이 동아시아 전체의 근대 정신을 얼마나 위력적으로 지배하였는가는 동아시아의 모든 부르주아적 개화파들이 평생, 그리고 모택동과 호지명을 포함한 거의 모든 사회주의 및 공산주의 혁명가들이 그들의 청년기에 실학의 확고한 추종자들이었다는 사실에 의해 입증된다. 이 실학의 좌우익 스펙트럼에 관해서는 여기서 상세히 취급할 수 없겠다. 하지만 다음과 같은 점만은 간과할 수 없다. 서구의 초기 공상적 사회주의처럼 매뉴팩처기에 임노동자와 천민의 편을 들었던 공상적인 실학 사회주의도 꽤 만발했었다는 사실이다. 이런 까닭에 베버의 다음과 같은 언명도 "서구"이론가들끼리만 은밀히 즐길 수 있는 단견적인 헛소리에 지나지 않는다: "그리하여 —— 또한 그런 이유로 —— 근대 서구 밖의 세계는 어떤 합리적 사회주의도 알지 못했다"(M. Weber, 앞의 책, p. 17).

근대자본주의, 합리주의, 사회주의는 결코 서구의 독특한 현상이 아니다. 자본은 어디서 성장하든 자신의 적절한 이데올로기와 동시에 그 "매장자"의 사상도 산출해낸다. 이 이데올로기가 프로테스탄티즘인지 실학인지, 또는 가치증식의 합리성 원리가 직선적인 합리주의인지는 필경 자본주의의 역사적 출발조건과 제각기의 문명의 전통에 좌우될 것이다. 그러나 이것은 사상(事象)의 본질이 아니다. 그리고 서구 자본주의는 극동아시아 자본주의의 산모도 산파도

적 합리성과 노동기술적 합리성을 등치시킴으로써 동일한 차원에서 나열하는 것은 전적으로 "가치비(非)중립적"인 것이다. 막스 베버는 관료체제의 여섯 가지 형식적 요소들을 바로 그와 같이 "가치비중립적" 방식으로 나열하고 있다 : ①확연한, 법령화된 관청적 권한의 원리, ②독임제(獨任制)적으로 제도화된 관직위계체제의 원리, ③관직수행의 문서성, ④관료의 전문교육, ⑤전직(全職)으로서의 관직, ⑥관직수행의 법규구속성 등(M. Weber 1985, pp. 551~552 참조). 관료체제를 고찰하면서 베버는 부르주아 경제학자들이 "자본주의적 생산양식을 고찰할 때……사회적인 노동과정의 본성에서 나오는 지도의 기능을 이 과정의 자본주의적인, 따라서 적대적인 성격에 의해 생겨나는 기능과 동일시하듯이" (MEW 23, p. 352) 지배기술적인 기능요소들을 노동기술적인 기능요소들과 뒤섞고 있다.[18] 베버에 의해 나열된

아니었다. 오히려 서구제국주의적 **공장자본주의**는 동아시아의 흥기하는 **자생적인 매뉴팩처** 자본주의를 다만 짓뭉개 버렸을 뿐이다. 아무튼 동아시아의 여러 나라가 이전에 자생적으로 자본주의, 합리주의, 사회주의를 어느 정도 발전시켰기 때문에만 서구 자본주의, 합리주의, 마르크스주의를 다른 **어느 지역보다 더 신속히** 수입하고 소화하고 종국에는 **부분적으로 능가할 수** 있었을 것이라는 사실은 논란의 여지가 없다.

18) 베버주의자들은 베버의 "매우 애매모호한 관료체제 개념"으로 인해 고통받고 있다(H. Bosetzky 1978, p. 63 참조). 그런데 베버가 이 혹세무민적인 관료체제 개념을 가지고 "가치비중립적으로" 재주를 피우고 있다는 점을 가끔 베버주의자들도 느끼고 있다. 유디(S. H. Udy jr.)는 예를 들면 베버의 관료체제 이론 안에서의 순수히 "관료체제적인" 요소와 "합리적" 요소의 갈등을 인식하고 있다. 그는 다음과 같이 말한다. "공식적 조직 안에서의 관료체제적 요소와 합리적 요소의 대립에 관한 명시적인 가설은……베버의 저작 안에서 찾아볼 수 없다. 그는 또한 "관료체제적 특징들이 합리성의 제도화에 대해 역기능적인 경향을 갖는다는 사실도 간과하고 있다" (S. H. Udy jr. 1968, p. 64ff.). 또한 바르트(H. P. Bahrdt)도 "협업적 노동의 고유한 경향"이 관료체제적 "지휘체계"의 "고유한 경향"과 "충돌"할 수 있고 또 "사실 그렇게 된다"는 점을 지적하고 있다(H. P. Bahrdt 1968, p. 130). 그러나 루만(N. Luhmann)은 유디나 바르트에 훨씬 못미치는 소리를 하고 있는데, 그는 지배기술적인 것, 즉 특유하게 관료체제적인 것과 노동기술적인 것을 혼동하는 혼돈된 의식 속에서 관료체제의 "싸잡은" 비판을 한탄하고 있다 : "내 눈에는 관료체제가 그렇게 나쁘지 않다. 내 논문의 강세는 따라서 차라리 우리가 아주 성공적인 업무구조를 가능성의 한계에까지 완성했고 지금은 이 한계를 느끼고 있을 뿐이라는 것이다. 너무 싸잡아 몰아치는 관료체제 비판은 복지국가에 적절하게 정식화하자면 애기를 목욕탕과 함께 밖으로 내던질 위험에 빠지기 쉽다" (N. Luhmann 1978, p. 112). 또는 에치오니-헤일비(Eva Etzioni-Halevy)는 마르크스주의적 관료체제 비판의 "일면성"을 나무라고 있다; "최종적으로 마르크스주의자들은 민주주의에 대한 관료체제의 위험을 지적할 때(다른 많은 이론가들과 마찬가지로) 관료체제의 긍정적인

요소들 중 관청적 권한의 수직적 분업으로 구현되는, 위의 지배자와 아래의 피지배자 양편으로부터 분리되고 오직 위에 의해서만 일방적으로 통제되는 엄정한 **관직위계**(이에 관해서는 뒤에서 자세히 다루겠다)의 원리만이 관료체제에 본질구성적인 것이다. 다른 원리들은 전(前)관료체제적 또는 비(非)관료체제적, 나아가 민주적인 행정 및 지도체제 안에서도 도처에서 발견되는 것들이다. 이것들은 그 자체만으로 볼 때 오직 노동기술적인 것이다.

베버는 그의 혼동된 관료체제 개념으로 말미암아 관료체제의 지배기술적 합리성과 노동기술적 합리성 간의 내적인 모순을 보지 못했고 그리하여 관료체제를 **기술적으로 가장 효율적인** 행정으로 과장하고 있다 : "관료조직의 우세한 관철의 결정적인 이유는 예로부터 **다른 모든 형태에 대한 그것의 순수한 기술적 우위성**이다. 전면적으로 발전된 관료기구는 다른 조직형태에 대해 마치 기계가 비기계적인 방식의 재화생산에 대해 가지는 관계와 유사한 관계가 있다. 정밀성, 신속성, 명확성, 문서에의 정통성, 지속성, 분별성, 통일성, 엄격한 상명하복관계, 마찰과 물적 · 인적 비용의 절약은 엄격히 관료적인, 특히 교육된 개별관리에 의한 독임제적 행정에 있어서 모든 집단지도체제적 또는 명예관직적, 기타 부직적(副職的) 행정형태에 대해 **최상으로** 증대된다" (M. Weber, ebenda, 1985 pp. 561~562. 강조는 필자). 여기에서도 관료체제의 기술적 효율성이 미분화된 채, 즉 지배기술적 효율성과 노동기술적 효율성의 혹세무민적 혼돈상태로 현상하고 있다. "전면적으로 발전된 관료기구"가 지배기술적으로 "다른 모든 형태"에 대해 우월할지 몰라도, 경제기술적으로 완벽하고 동시에 엄격히 민주적인 행정에 대해서는 노동기술적으로 열등한 것이다. 왜냐하면 수평적 커뮤니케이션과 하부의 이니셔티브를 원리적으로 배제하는 관료기구의 특유한 관직위계는 노동기술적 합리성의 전면적 발전을 억압하기 때문이다. 노동기술적 효율과 민주적 행정은 관료체제에 본질적으로 낯선 것이다. 관료체제란 너무 많은 불필요한 명령과 보고문서를 양산하고 시민을 마치 귀찮게 구는 걸인처럼 대우하며 다른 관청이 무엇을 하는지를 또 다른 관청이 알지 못하게 만드는 부조리

기여를 부각시키는 데 실패하고 있다. 즉 그들은 민주주의를 위한 관료체제의 필수불가결성을 드러내는 데 실패하고 있는 것이다" (E. Etzioni-Halevy 1983, p. 84). 그녀도 베버류의 혼돈된 관료체제 개념의 테두리를 넘지 못하고 있다. 루만과 에치오니-헤일비는 "오귀스트 콩트와 그 학파가 자본주의들을 위해 했던 방식과 동일한 방식으로" (MEW 23, p. 352, 각주) 관료체제의 "영원한 필연성"을 증명한 셈이다.

의 체계이기 때문이다. 관료체제의 이러한 비효율적이고 전제적(專制的)인 본질은 베버보다 저널리스트들이 더 잘 알고 있다 : "(서독의 —— 필자) 시민들은 관리와 관청의 거드름과 늑장부림에 분개한다. 경제활동은 수십 만 개의 —— 가끔은 불필요한 —— 법령들에 의해 방해받고 있다. 행정은 법령의 수풀 속에 질식당한다. 이러한 관료적 불합리성으로 인해 국가와 기업은 매년 수십억 마르크를 소모하고 있다" (*Stern* 1989/Nr. 40, p. 40). 관료행정의 "기술적" 효율성에 대한 베버의 "거만하고" 동시에 잘못된 과장은 관료체제의 필수불가결성에 관한 모든 잡소리와 관료체제의 모든 자포자기적 정당화의 원천이었다.[19]

그리하여 베버는 노동기술적 임금정책적 또는 직업신분적인 원리들, 말하자면 비관료체제적인 원리들(예를 들면 "화폐봉급" —— 이것은 **형식적으로 자유로운 임노동의 구성체** 속에서는 도처에서 발견되고 일반화된다 ——, "문서행정" —— 이것은 중세의 직업신분적 도시행정과 상업회계실에서 이미 관철되었다 ; E. Isenmann 1988, p. 166 ff. 와 p. 358 ff. 참조 ——, "시험", "고참순에 의한 지위향상과 승진" 등 —— 이것은 오히려 중세 길드조직에서 더 규칙적으로 준수되었다 ——)을 확인함으로써 한편으로 모든 대중조직을 관료화된 것으로 규정하고 다른 한편으로 갑자기 관료적 위계의 지배기술적 원리를 상기시키면서 "미래의 저 예종의 가막소"라는 말로써 위협하며 완전히 "가치비중립적인" 이데올로그로서 사회주의로의 진보를 거부하고 자본주의를 고수하라고 정력적으로 암시하고 있다.[20]

19) 케인(John Keane)은 간명하게 다음과 같이 비판하고 있다 : "베버는 관료적 지배에 관한 더 많은 물음의 불필요성을 거만하게 전제하고서, 거꾸로 자율적인 공공생활의 억압이 더욱더 필요하다는 것을 정당한 것으로 간주한다. 이와 같은 가정들은 모두 베버의 관료체제관, 즉 모든 관료체제의 권위적, 자기모순적, 따라서 우연적인 특성에 관한 더 이상의 토론을 침묵시키는 방향으로 기능하는 그의 평가에서 유래하고 있다. 첫째, 그리고 명백히 베버는 공공관료조직과 사적 관료조직 양자의 기술적 효율성을 과대평가했다. 그가 관료조직의 간단없는 확산이 기술적 효율로 말미암은 것이라고 생각했다는 사실이 상기되어야 할 것이다" (J. Keane 1984, p. 60). 베버는 "관료체제적 형식의 만성적으로 비효율적인, 즉 **기술적으로 불합리한** 측면"을 완전히 간과하고 있다(같은 책, p. 16. 강조는 필자). 그러나 케인도 이 관료체제의 이 "기술적 불합리성"이 관료행정 속의 두 완전히 상이한 종류의 **기술적 합리성** 간의 갈등으로 말미암은 것이라는 사실을 이해하지 못하고 있다.

20) 이런 까닭에 베버의 이론으로써 마르크스를 보충하려는 모든 시도는 심히 의심스럽다. 왜냐하면 이런 시도들은 마르크스의 과감한 사회주의적 지향을 제거하든가 말로만 그치게 하는 것으로 귀착될 것이기 때문이다.

그는 다음과 같이 말하고 있다 : "보편적 관료화라는 이 냉정한 사실은 듣기 좋게 '미래의 사회주의'라고 불리는 것의 배후에도 은닉되어 있다" (M. Weber, 앞의 책, p. 834). "그들(국유기업의 노동자와 사무원들)은 더 부자유스러울 것이다. 왜냐하면 국가관료체제에 대한 모든 권력투쟁은 승산없는 것이고 사경제체제에 대해서는 가능한, 관료체제와 이것의 권력에 대항할 원칙적 이해관계를 갖는 어떤 기구도 동원될 수 없기 때문이다. 이것은 **전적인 차이일** 것이다" (같은 책, p. 835). 즉, 자본주의 안에는 관료체제에 맞서는 이해관계를 갖는 유력한 기구가 있는데, 관료체제에 "방역된"이 유별난 심급은 자본주의적 기업가라는 것이다(같은 책, pp. 129, 574, 836, 837 참조). 베버는, 자본주의에 대해서는 관통체제의 효율성을 강조하고 사회주의에 대해서는 관료체제의 지배기술적 성격을 강조하는 술수를 구사하고 있다. 그리하여 베버는 **단순히** 관료체제적인 미래의 **추정적인** "예종의 가막소" 대신 자본주의적이고 동시에 관료체제적인, 따라서 **이중적으로** 철갑화된 **현실적인** "예종의 가막소"를 권하고 있다.

관료체제에 본질구성적인 지배기술적 요소와 관료체제에 우연적인 노동기술적 요소를 혼동하는 베버의 이론적 혼란은 베버주의적인 관료체제 이론들이 보여주는 모든 혼란의 원인이다. 이것은 마르크스주의를 지지하지만 동시에 베버주의식으로 사유하는 몇몇 이론가들에게서도 유행병이다. 가령 에드워즈(E. Edwards)는 관료체제를 직책범주, 법규성, 물상성(物象性), 승진방법, 임금차별, 책임성 등의 노동기술적, 임금정책적 요소들을 기초로 정의하고 있다(R. Edwards 1981, pp. 144~145 참조. 이에 대한 비판으로서는 D. Clawson 1980, p. 248 참조). 관료체제가 실로 이런 요소들로만 구성되어 있다면, 이 체제는 별 어려움 없이 견딜 수 있을 법하다. 왜냐하면 가령 법규적이고 사무적인 권력행사는 자의적이고 인신적인 권력행사보다 더 진보적인 것이기 때문이다. 베버가 관료체제의 본질구성적인 특징으로 간주하고 있는 권력행사의 비인격성과 물상성은 관료체제에만 특유한 것이 아니라, 노동자가 **자신의 인신**에 대한 **소유권자**로 등장하는 임금노동관계에 보편적으로 적용되는 것이다. 심지어 존-레텔(A. Shon-Rethel)은 자본주의 안에서나 사회주의 안에서 두루 발견되는 행정상의 **분업**을 관료체제 그 자체와 등치시키고 있다 : "애당초 '기능적 경영'에 의한 노동의 사회화 기능들의 점취는 구매, 판매, 기획, 일정수립, 개발, 급여, 인사부서 등으로의 경영의 세분화로 귀착되었는데, 여기에서 각 부서와 이 부서 내의 각 관료들은 엄밀히 구획된 부과된 과업과

책임을 갖고 있다……경영의 기능화와 현대적 생산의 관료화는 동일한 과정이다" (A. Shon-Rethel 1970, p. 216). 관리기능의 분업화와 관료화는 가끔 동시적으로 벌어지기는 하지만 결코 "동일한 과정"이 아니다. 존-레텔은 관료체제의 본질, 즉 특유한 관료체제적 **관직위계**를 간과하고 있다.

논의를 진전시키기 위해서는 관료행정의 지배기술적인 특징으로서의 관직위계의 개념정의가 불가피해진다. 여기에서도 관료체제 이론만큼이나 많은 이론들이 있을 수 있을 것이다. 그러나 우리들은 기업행정의 분석에 필요한 관료적 관직위계의 몇몇 특징들만을 고찰하고자 한다.

① 관료체제적 위계는 지배자에 대하여 도구적인 것이고 따라서 지배자와 분리되어 있는바, 관료들은 보통 **지배자로 승진할 수 없다**. 따라서 지배자가 전직 관료인 경우는 극히 드물다. 이에 반해 중세 수공업적 기업의 직업신분적 위계에서는 장인(匠人)과 도제가 직장(職長)으로 승진하는 것이 개별적 사례에 있어서 또는 일시적으로 지켜지지 않는 경우가 있을지라도 일반적으로 타당한 규칙이었다.[21] 그리고 19세기 2/3분기까지의 자본주의적 공장의 전(前)관료체제적인, 즉 족벌체제

---

21) 중세 장인이 직장으로 승진하는 일이 노동력의 정체된 수요와 과잉공급의 관계로 인해 그리고 소위 길드가입의 폐쇄 및 직장의 아들이나 직장의 딸과 결혼한 장인을 우대함으로써 사실상 어려웠다고 종종 얘기된다. 따라서 생산수단을 평생 자립화된 남의 것으로 대해야 하는 "영원한" 장인의 수가 줄곧 증가했다는 것이다. 베버도 마찬가지로, 도시자치행정의 전성기 동안 길드들이 다음과 같은 방향으로 움직였다고 말한다 : "……소시민적 의식주 공급체제의 유지, 즉 도제와 장인, 경우에 따라서는 직장의 수를 제한하는 것, 그리고 의식주 확보 공간이 더 협소해지자 **직장직(職)**을 토착인들, 특히 **직장의 아들들**에게만 **독점적으로 전수하는 일**이 늘어났다" (M. Weber 1985, p. 792. 강조는 필자). 또한 이 가상적인 사회경제적 사정을 장인소요와 장인운동의 발전의 원인으로 설명하는 시도도 꽤 유포되었다(가령 E. Schanz 1973). 그러나 새로운 보다 엄밀한 연구들은 이러한 관념들을 부인하고 있다 : 그들은 "장인단체가 주로 조직되고 장인들의 폭동이 벌어졌던 1350년경에서 1410년에 이르는 기간이 극심한 인구감소와 이로 인한 도시와 농촌의 노동력 부족으로 특징지어진다"는 사실을 망각하고 있고(E. Isenmann 1988, p. 328), "**비로소** 중세 후기에 가서야 길드들이 신규가입자에 대해 '폐쇄'되는 일이 알려졌지만" (H. Radant u. a. 1981, p. 576. 강조는 필자), 이 "길드 폐쇄와 이로 말미암은 영원한 장인의 출현도 일반적 경향으로 입증될 수 없고 차라리 시골 지역에서는 이것도 부인될 수 있다" (E. Isenmann, 앞의 책, 같은 곳)는 사실을 고려하지 않고 있다. 장인운동과 장인소요의 참된 이유는 길드 폐쇄와 "영원한" 장인의 출현에 있는 것이 아니라, 그때까지 (장인 : Geselle이 아니라) "머슴" (Knecht)으로 불리고 또 그렇게 취급되었던 "자각한 장인들" (같은 책, pp. 326~3270)이 (페스트와 각종 역병의 유린으로

적으로 충원되고 거의 직업신분적으로 조직된 경리실 위계체제 안에서도 경리실 사환으로 입사하여 시간이 감에 따라 최고위 경리로 승진하고 그 이후 자동적으로 (이들이 종종 어떤 자본가의 아들이거나 친척이었기 때문에) 또는 자본가의 딸과 결혼하거나 자본지분을 얻어(왜냐하면 최고참 경리는 보통 "커미션, 이익배당" 등의 "이윤할당의 형태로" 이윤배당에 참여하였기 때문이다 : MEW 25, p. 301 참조) 자본가로 승진하였다(이에 관해서는 뒤에서 다시 상술한다). 오늘날의 최고 경영자 제도는 부장급의 최고 관료층에서 몇몇 관료들이 최고경영자로 승진할 수 있음으로써 소유권자——기업가와 그의 관료층 간의 차별을 완화하는 것처럼 보이지만, 지배자와 관료층의 본질적인 차이는 여전하다. 왜냐하면 최고 경영자들은 대부분의 경우 박사, 전체 기업정책의 기획에 관여하는 "대갈통이 큰" 테크노크라트, 교수, 퇴역장군, 전직 및 현직의 은행가, 전직 정치가 또는 전직 고위국가관료, 그리고

인한) "인구 손실로 말미암은 노동력 시장의 공백들을 그들의 이익을 공동으로 관철시킬 수 있는 유리한 기회로 간파했다"는 데 있다(같은 곳). 또한 18세기에도 길드 폐쇄로 인한 장인들의 소요는 거의 없었다 : 가끔 있었던 당시의 소요의 원인들은 여느 때처럼 보통 임금인상과 여타 경제적 요구, (직장에 대한——필자) 장인들의 탄핵재판권의 방어, 수공업적 명예관에 입각한 자신들의 판결의 집행 등이었다(Fr. Lenger 1988. pp. 16~17 참조). 우리는 다음과 같이 요약할 수 있다 : 개별적인 사례로서 길드 폐쇄의 사례는 물론 확인되지만, "길드 폐쇄의 개별사례들은 중세 후기에 길드 폐쇄가 일반적 경향이었다고 가정할 아무런 권리도 제공하지 않는다. 그러기에는 개개 경제구역들, 즉 도시와 직종마다 경기동향과 노동시장의 사정이 너무 상이했다. 그리고 거듭거듭 파멸적인 전염병들이 대량사망을 가져와 인구구성에 틈을 냈다" (E. Isenmann, 앞의 책, p. 314). 따라서 일반적인 길드 폐쇄와 '영원한' 장인의 일반현상에 관해서는 입론할 수 없다. 이것은 1800년경까지 그대로 타당하다. 특히 1800년경의 "영원한 장인" 문제를 취급하고 있는 렝어(Fr. Lenger, 위의 책, pp. 33~35 참조)는 다음과 같이 결론짓고 있다; "직장 딸과 결혼한 장인과 직장 아들의 특권을 규정한 길드의 규정에만 의존하는 것은 결국 왜곡된 상(像)을 낳고 만다. 이 집단의 우대는 분명 있었지만 길드의 폐쇄는 오직 개별적 사례였을 뿐이다" (같은 책, p. 35). 우리는 따라서 정당하게 다음과 같이 말할 수 있다 : 중세 수공업기업의 직업신분적 위계에서 장인과 도제는 대체로 시간이 감에 까라 차례로 직장으로 승진했고 따라서 그들에 대한 생산수단의 자립화는 직장의 자립적인 지위로 가는 일시적 과도단계에 지나지 않았다. 새로운 역사연구들은 마르크스의 다음과 같은 명제를 다시 뒷받침해 준 셈이다 : "길도조직들은 그들의 분화, 특수화, 새 직종의 형성 등이 매뉴팩처 시기의 물질적 존재조건에 속하는 만큼 매뉴팩처적 노동분업을 배제하였다. **대체로 노동자와 그의 생산수단은 마치 달팽이가 달팽이집과 결합되어 있는 것처럼 상호결합되어 있었고**, 따라서 매뉴팩처의 첫번째 기초, 즉 **노동자에 대한 자본으로서의 생산수단의 자립화**가 결여되었다" (MEW 23, p. 380. 강조는 필자).

(서구에서는)노조 지도자 등으로 구성되어 있기 때문이다.[22] 관료층이 최고경영진에 대해 지니는 이러한 조직적・이해관계적・출신성분적 차별성은 기업정상에서의 지배자의 교체에 대한 그들의 무관(심)성의 근거를 이룬다.

② 관료적 상명하복관계의 권위적 구조는 **복수적인 참모들**을 가진 독임제(獨任制)적 지도의 **피라미드적** 위계체제를 이루고 지배자가 관료들을 배타적으로 **임명하고 해임함**으로써, 즉 관직부여와 승진에 있어서 **일체의 민주적 선임제**를 **배제함**으로써 보장된다. 이러한 전제적(專制的)인 임명・해임권력은 한 상사가 **다수의 참모**를 갖는 피라미드식 위계체제 안에서야 실질적인 것이 된다. 이 경우에만 지배자가 재량에 따라 선택할 수 있는 다수의 경쟁자들이 하나의 관직을 둘러싸고 다투기 때문이다. 즉, 가령 수공업 기업적인 단순한 **일직선적** 위계체제에서 보다 규칙적이었던, 그러나 시간이 감에 따라 차례로 벌어지던 **자동적 승진**의 기회는 관료체제의 피라미드식 위계의 전면적 발전과 함께 협소해지지만, 지배자의 임면권력은 그만큼 더 실질화된다. 배타적으로 위로부터 임명되고 해임되는 관료와 대비되는 행정요원으로서 예를 들면 **아래로부터 민주적으로 선출되고 소환되는** 요원은 **결코 관료가 아니다.** 왜냐하면 관리로서의 그의 개인적 운명이 지배자의 의지가 아니라 자신에 의해서 관리되는 대중의 의지에 달려 있기 때문이다(레닌, 그리고 막스 베버도).[23] 이에 반하여 각개 관료의 개인적 운명이 지배자의 의사, 위계체제의 견고성 그리고 위계체제 내에서의 그의 서열에만 달려 있기 때문에, 관료는 통치되는 대중의 이익을 주목할 필요가 없고 배타적으로 지배자의 이익을 위하여, 즉 지배기술적으로 가장 합리적인 방식으로 기능할 수 있다.

---

22) 가령 다이믈러-벤츠의 12명의 이사들 중 반은 5명의 박사와 1명의 교수로 되어 있다. 9명의 데굿사(Degussa) 이사진은 4명이 박사이고 2명이 교수이다. 6명의 프로잇사크(Preussag) 이사진은 아예 전부가 박사이다. 모든 독점 콘체른에서 사정은 유사하다(R. Lidke 1988 참조). 보통 박사학위를 가진 사원들은 "낙하산 인사"를 통해 입사 즉시 과장 이상의 직위에 임명되어 빠른 속도로 승진하여 그들의 일부는 장년기에 이사(신용자본가)진으로 승진된다. 따라서 이들은 비록 그들이 초창기에 관료체제적 직책명을 달고 있다 하더라도 관료가 아니라 테크노크라트들이다. 물론 이 테크노크라트들이 모두 이사로 승진할 수 있는 것은 아니고 대분분은 기획실, 조사실 등에 테크노크라트로 머물러 있다.

23) 레닌은 선거에 의해 관직에 오른 인물들이 관료가 아님을 전제하고 있는데, 가령 그는 마르크스의 파리 코뮨 분석과 관련하여, 그것도 **관직에 있는** 모든 사람을 관료와 등치시키는 카우츠키에 반대하여 다음과 같이 말하고 있다 : "바로 코뮨의 예에서 마르크스는 사회주의

③ 관료적 위계체제는 (통치되는 대중의 이해관계로부터뿐만 아니라) 그것이 지배자와 조직적, 이해관계상, 출신상 분리되어 있는 만큼 지배자의 이해관계로부터도 **자립화**되는 필연적인 경향을 갖는다. 상부의 모든 명령은 특히 **자기자신의 이익을 위하여** 그리고 그들의 편견과 타성에 의하여 매개 관직단계마다 여과되고 번역되고 찌그러뜨려지고 단순한 딜레땅뜨적 간섭으로 취급되어 무시되고 과장되게 된다. 왜냐하면 관료들은 법령으로 정해진 관직권한을 부여받고 있을 뿐만 아니라, **형식적으로** 예속되어 있어서 오직 **외적으로만** 통제할 수 있을 뿐인 모든 전문노동자들이 공유하는 고유한 업무자율성을 향유하고 있기 때문이다. 이것은 일상적인 사무실 업무과정 안에서의 위계적 상명하복관계가 엄격할 것을 요구한다. 따라서 책임은 위로 이전되고 매개 차원에서의 상사(上司)의 엄한 권위는 일상 속에서 불가피하게 더욱 자기만족적, 개인숭배적인 것으로 되어가고 부하직원의 복종은 업무과정으로부터 더욱 이탈되어 의식(儀式)으로 또는 더욱 의전적(儀典的)인 것으로 되어간다. 권위와 기율이 더욱 개인숭배적이고 업무로부터 분리된 의식(儀式)이 되어갈수록, 하위 관료층은 매단계의 업무처리과정에서 책임지지 않는 행동의 자유를 더 많이 확보한다. 권위의 작용과정과 업무수행과정 간의 관료체제적 모순은 일상 속에서 자기 동력을 얻게 된다. 관료층에 의한 권력남용은 따라서 관료적 위계의 자기운동의 필연적인 산물이다(관료들의 비공식적 권력형성).[24] 이런 의미에서 마르크스는

안에서 관직에 오른 사람들이 '관료'이기를, '관리'(官吏)이기를 그친다는 것, 선임제와 더불어 항시적 소환제가 도입되는 정도에 비례하여 관료이기를 그친다는 것을 보여주었다" (LAW Ⅱ, pp. 415~416). 모든 행정요원을 관료로 보려는 경향이 있는 베버도 다음과 같이 말하고 있다 : "관료적 관리(官吏)의 순수유형은 상부기관에 의해 임명된다. 피지배자에 의해 선출되는 관리는 순수한 관료적 인물이 아니다" (M. Weber 1985, p. 554). 또는 : " '선거' 원리가 행정참모에게도 적용될 수 있다. 피지배자들의 신임에 의해 정당화되고 따라서 이들의 불신임 선언에 의해 소환되는 선임관리는 일정 유형의 '민주제도'에서, 가령 미국에서 전형적이다. 이들은 전혀 관료적 인물들이 아니다" (같은 책, p. 158). 이 전제적 임명과 해임을 본질적인 관료체제원리로 이해하지 못하는 경우 모든 관직기능들을 이들이 상부에 의해 임명되었든 아래로부터 선출되었든 관계없이 관직을 가지고 있다는 단순한 이유만으로 "관리"로 보는 카우츠키식의 개념혼돈에 빠져든다. 호잇서만(H. Häußermann)은 얼마간 이러한 혼돈에 말려들고 있는 것 같다. 그는 레닌의 제안, 즉 관직수행자들의 선출, 순번제, 낮은 급여 등을 관료체제의 철폐를 위한 조치가 아니라 다만 대중에 대한 관료층의 자립화를 막는 조치 정도로 해석하고 있다(H. Häußermann 1977, p. 28 참조).

24) 그러나 관료층의 이러한 자립화 경향 또는 권력형성은(부패한 행정구조가 아니라) 임면

다음과 같이 말하고 있다 : "위계체제"는 그 자체가 권력의 "최대 남용"이고 관료체제의 이 "필연적인 위계체제적 죄악"은 "관리들의 몇몇 개인적 죄악과 비교할 바가 아니다" (MEW 1, p. 255). 왜냐하면 "위계체제는 위계체제에 대해 죄짓거나 위계체제에 불필요한 죄를 범한 관리는 처벌하지만, **위계체제가 그로 하여금 죄를 짓도록 한 경우는 그를 보호한다. 게다가 위계체제가 그 구성원들의 죄악을 확신하기란 어려운 법이다**" (같은 책, 같은 곳. 강조는 필자). 관료체제적 위계는 따라서 개별관료들이 상급기관의 암시에 따라 또는 위계에 대한 충성에서 권력남용을 범하거나 권력남용시에도 위계체제에 충성스런 자세를 버리지 않는 한, 경향상 개별관료에 의한 불법적인 권력남용을 숨기고 이 관료를 보호한다.

④ 관료적 위계체제는 관직수행시 보통 **피지배자의 참여**를 배제한다. 관료는 다만 수동적으로 명령을 따르기만 하는 것이 아니다. 대중에 대해서는 관료도 **능동적**이다. 즉 관료는 상부의 추상적인 명령을 구체화하고 구체적으로 집행해야 한다. 그러나 관료적 위계는 이러한 업무처리에 있어서 공중을 배제하고 피지배 대중으로부터 분리된다. 따라서 명령은 자신의 이익과 자신의 고유한 편견의 관점에서만 구체화되고 그리하여 결국 이그러진다. 관료는 대중을 단순한 대상으로 취급하며 죽은 소재(素材)로 만들어 **능동적으로** 지시하며 **권위주의적으로** 통치한다. 그것도 관료적 위계의 보장 하에 그리고 "상부의 명령"이라는 구실 하에. 그리하여 자신을 찾는 시민의 이익에 대한 관료들의 진실된 고려조차도 불가피하게 가부장적이다(J. Burnheim 1987, p. 72 참조). 마르크스는 정당하게 이 점에서 헤겔을 비판하

권력이 지배자의 손아귀에 실질적으로 남아 있는 정상적인 관료적인 행정구조에 관한 한 피동적이고 비공식적인 것으로 남아 있다. 지배자는 유사시에 거역하는 관료를 해임할 수 있기 때문이다. 그런데 필자의 개인적 경험에 의하면 관료층의 이 피동적인 자립화 경향 또는 비공식적 권력형성이 보통 베버를 본따 거듭 얘기되듯이(가령 H. Häußermann 1977) 관료적인 전문지식과 사실정보에만 근거하는 것으로 보는 것은 그럴듯해 보이지 않는다. 분과화된 지식정보에 의한 전문백치 같은 관료들의 권력형성은 지배자의 임면권력과 전반적 조망과 일급비밀의 독점권에서 명백한 한계에 부딪힌다. 자립화 경향은 차라리 자신들의 위계적 이익의 방어 또는 새로운 혁신적 조치로 인한 위계체제 및 개인적 지위상황의 불안정화와 업무변동에 대한 불안에서 나오는 것 같다. 그리고 일정한 한계 내에서의 관료층의 비공식적 권력형성은 단순히 전문지식이나 사실정보에만 근거하는 것이 아니라, 형식적으로 종속된, 즉 업무상 자율적이고 독임제적인 전문관료층의 위임된 권한위계의 자기논리에 기인하는 것으로 생각된다. 이 위계가 통치되는 이해당사자 대중의 민주적 통제로부터 지배기술적으로 벗어나 있는 한 그러한 현상은 필연적이다.

고 있다 : "첫째 그(관료――필자)는 현실적인 생을 물적인 것으로 간주한다. 왜냐하면 이 현실적 생의 정신은 그의 독자적으로 분리된 실존을 관료체제 속에 두고 있기 때문이다. 관료체제는 따라서 생을 가능한 한 물적인 것으로 만들지 않을 수 없다. 둘째, 생은 관료적 취급의 대상으로, 즉 물적으로 되어야 하는 한에서 관료를 위해 존재한다……관료는 세계를 그의 취급의 대상으로 간주하는 것이다" (MEW 1, pp. 249~250). 따라서 관료를 명령의 단순한 집행자로 특징짓는 빈번한 시도는 너무 일면적인 것이 아닐 수 없다.

⑤ 관료체제적 위계 안에서의 수직적 교류는 지시와 보고를 서면화하고 서식을 표준화함으로써 구두지시와 구두보고시에 불가피하게 일어나는 감정충돌이나 부정확성 또는 망각가능성(따라서 하위부서가 지시를 듣지 않은 것으로 하고 업무를 회피할 가능성)을 배제한다. 이것은 업무성과의 통제와 지시사항의 명료화를 용이하게 한다. 서면교류 일반은 사회적 관계들 안에서 두루 발견된다. 예를 들면 중세 상업에서 수평적 관계, 즉 계약, 서신교환, 어음, 부기 등도 문서로 이루어졌다. 그러나 이러한 문서사용은 순수히 노동기술적인 것이었다. 상주(商主 ; Prinzipal)는 문서규칙을 수직적 교류, 즉 그의 조수들(Handlungsgehilfen)에 대한 지시와 통제에 적용한 것이 아니다. 이것이 만약 여기에 적용되었더라면 이것은 당시 소(小)상업 경리실 안에서의 가부장적 지배행사를 오히려 번잡스럽고 불합리한 것으로 만들었을 것이다. 반대로 이 문서사용의 원칙은 자본주의적 거대기업에서 지시와 보고의 명확성을, 따라서 통제권력을 높여준다. 수직적 교류에 서면규칙을 지배기술적으로 적용하고 이것을 원칙적으로 만든 것은 근대 관료체제의 한 특징이다.

⑥관료체제적 위계의 정상은 보통 서로 다른 직책자들 간의 자율적인 수평적 협력을 배제함으로써 모든 중요한 정보를 독점하고 통제한다. 정보와 업무비밀의 유출을 가능한 한 성공적으로 막고 이것을 오직 위계질서의 명령선을 따라서만 흐르도록 하는 것은 지배기술적으로 존망의 이익사항이기 때문이다. 그리하여 A부서의 참모들이 B부서의 참모들과 동일한 수준에서 협력해야 하는 경우 그의 상사에게 허가를 구해야 하고 이 상사는 그와 B부서의 상사를 공히 지휘하는 보다 높은 상사에게 다시 허가를 구해야 하는 노동기술적으로 그리고 사회적으로 불합리한 지휘구조가 생겨난다. 이것은 노동기술적 합리성에 정면으로 모순될 뿐만 아니라 모든 관료들을 예전의 매뉴팩처적 전문백치들보다 더 강한 의미에서의

부서이기주의적인(resortegoistisch) 전문백치로 만들게 된다. 그리하여 "이 관료층의 곰팡내나고 저열한 정신"(MEW 9, p. 186)에게는 "오로지 양심과 대의의 원대함에 의해 규정되는" 전체의 이익에 관한 폭넓은 사유가 덜레땅뜨적 착상이나 또는 "그들의 이해능력을 넘어가는" 불합리한 "낭만"으로 비친다(아직 반동화하지 않았던 E. Burke로부터 마르크스의 인용, 같은 책, p. 187). 관료층은 새로운 사상, 새로운 대안, 새로운 행동양식을 본능적으로 거부한다. 즉, 타성적이고 단견적인 관료층은 본성상 보수적이며, 혁신에 적대적이고 부서에 국한된 구투(舊套)를 견지한다. 따라서 명령위계가 더 길면 길수록, 훈령은 더 많이 왜곡된다. 왜냐하면 지배자의 훈령이 매단계마다 번역되고 새로 구체화되고 그리하여 매단계마다 지배하는 편견과 타성, 단견성에 의해 여과되기 때문이다. 또한 위계가 더 분과적으로 분화되면 될수록, 원래의 훈령은 관료들끼리만 일관성을 지니고 저희들끼리만 합치되는 특유한 관리행태들로 침몰되고 만다(Burnheim, 위의 책, pp. 68~69 참조). 게다가 서로 다른 부서들 간의 긴밀하고 지속적인 협력을 요하는 정책의 집행에는 커다란 어려움이 따를 뿐만 아니라, 이 정책이 실패하는 경우 그 책임을 묻기도 거의 불가능하다(같은 책, pp. 69~70).

⑦ 관료들은 일체의 생산수단 및 행정수단뿐만 아니라 인신적인 종속으로부터 해방되어 있다. 게다가 그들의 관직장악은 형식원리상 신분, 탄생, 자산에 관계없이 자격과 체제 이데올로기적 충성심에 입각해서만 이루어진다.[25] 그들의 개인적 복종의무는 직무수행에 한정되어 있고 그것도 본질적인 인격성의 불가침성의 테두리 내에서만 요구된다. 관료들의 이러한 사회경제적 지위가 근대 임노동자의 사회적 상황의 일반적 반영인 한에서 근대 관료층의 성립은 자본주의적 생산양식을 전제한다. 따라서 관료들은 단순한 형식의 측면에서 볼 때 "이중적으로 자유로운",

25) 체제 이데올로기적인 충성심이 관료들의 중요한 임용조건의 하나라는 사실은 종종 망각되어 왔다. 흔히 관료층의 체제중립성에 대해서만 이야기되고 있는 형편이다. 그러나 필자의 생각으로는 이것은 그릇된 생각이다. 엥겔스는 프랑스 혁명 당시 절대주의적 구(舊) 관료체제의 저항과 사보타지를 지적하고 있다. 여기에서 우리는 러시아 혁명 당시 구군주정 관료체제의 저항을 상기할 수 있다. 그리고 관료 지원자에 대한 엄격한 면접시험과 사상불순자의 임용금지 등 오늘날 더욱 철저한 이데올로기 테스트를 떠올려야 할 것이다. 이런 까닭에 부르주아 관료층은 사회주의가 넘겨받아도 되는 중립적 소재(素材)가 결코 아니다.

봉급을 유일한 생계원천으로 생활하는 임노동자들이다. **그러나** 그들의 고용조건은 지배기술적인 **특전부여**를 통해 본래적인 임노동자보다 낫게 보장되어 있다. 그들의 노동기능은 또한 자본가의 사회적 안전과 권력의 증대에 기여하는, 일정한 지시권한을 위임받은 지도기능을 포함하고 있다.[26] 그들의 고용은 보통 종신적이고 그들의 해고는 법적 또는 위계적 규율에 대한 위반의 경우를 제외하면 보통 배제된다. 그들의 급여는 노동시간이 아니라 직무연한과 서열에 따라 측정되고 자본가의 수입에서 지출되는 소위 **충성수당**(Loyalitätspramie)을 포함하기 때문에 언제나 그의 노동력의 가치를 상회한다. 이러한 종신적 신분보장, 충성수당, 특수한 급여방식 등은 관료를 정상적인 임노동자와 특유하게 차별짓는 임노동관계의 **조직적** 한정을 뜻한다. 즉, 그들은 **관료체제적으로 매수된, 부패한 임노동자들**이다. 따라서 법규로 규정되어 있는 그들의 지위는 임노동관계로 정의되어 있는 것이 아니라, 보통 "보호 및 부양의무"를 져야 하는 "고용주"에 대한 유사 신분적인 "충성관계"(서독기본법 33조 4항)로 정의된다(H. Jung 1986, p. 204 참조). 이런 이유에서 정당하게, **기업관료에게 있어서는 자본 아래로의 형식적 포섭도 완결되지 않았고 불완전하다**고 얘기될 수 있다. 관료적 특권은 기업에 대한 충성적 결속을 보장할 뿐만 아니라, 관료적 위계 내부에서의 "질서"를 공고히 한다. 왜냐하면 봉급, 권한 및 기타 특권은 관료위계 안에서의 서열에 따라 차등화되어 있기 때문이다. 이것은 고분고분한 업적성취욕과 동시에 관료세계의 특유한 사회적 정신병리를 촉진시킨다. 즉, 광적인 "관직사냥"과 "승진노력" 등이 그것이다(엥겔스). 보다 많은 권한과

---

26) 거대 콘체른에는 관료적 특권이나 부하직원에 대한 명백한 지시권 또는 엄밀히 규정된 업무권한이 없는 전문가들 —— 가령 콘체른 이미지 관리자, 기업심리학자, 기획가 개발가 등 —— 이 있는데, 이들도 자본가의 지배·착취이익을 위한 각종 계획수립에 참여하고 관료와는 다른 유형의 여러가지 특전과 업무권능을 향유한다. 이들은 관료가 아니라 테크노크라트이다. 호잇서만은 테크노크라트층을 관료층과 혼동하고 있는 것 같다 : "과학적 교육을 전제하는(엔지니어, 농업가 등의 —— 필자) 복잡한 활동들은 (레닌에게 있어서 —— 필자) '구'(舊) **관료들에** 의해 '새로운' 지도 하에서 수행된다" (Häußermann 앞의 책, p. 27. 강조는 필자). "그리하여 레닌은 우리가 '계획수립'(즉, "기획" —— 필자)이라고 부르는 기능들에 있어서 관료층에 대한 전통적인 정치적 통제 모델로 되돌아가지 않을 수 없었다" (같은 책, p. 28). 천만에! 레닌은 구관료를 교육된 프롤레타리아로 차근차근 대치하고 선임제와 검소한 급여제를 적용하여 관료체제를 철폐하려고 한 반면, 테크노크라트, 즉 전문가들은 한편으로 프롤레타리아의 총검으로 위협하고 다른 한편으로는 후한 보수로 대우하여 "매수"하려고 하였다.

명예가 이에 대한 사회적 근거라면, 봉급관계는 이 광적인 "관직사냥"에 대한 금전적 이유이다. 왜냐하면 조직적으로 한정되고 완화되는 관료의 자본주의적 임노동성격은 관료의 지위가 기업의 최고 관료층에 접근할수록 약화되다가 결국 소멸해버리기 때문이다. **고위 관료**의 봉급은 그의 노동력 가치를 크게 상회하고 따라서 —— 그의 전(全)봉급이 남의 잉여가치로 되어 있지는 않을지라도 —— 항상 상당한 크기의 남의 잉여가치를 포함하고(충성수당), 그리하여 소득상으로 볼 때 그에게 부르주아적인 생활을 보장한다. 이에 반해 대부분의, 즉 **중급관료 대중**은 사회적으로 볼 때 중간 정도의 봉급을 받는다. 관료대중은 사회적 생산력이 발전함에 따라 그리고 자본의 집적과 독점적인 집중이 강화됨에 따라, 말하자면, 단위기업 내의 억압해야 할 노동자의 수가 증가함에 따라 끊임없이 숫적으로 증대한다. 그들은 그들의 사회적 상황에 비추어 볼 때 자본과 노동 사이에 위치한다. 왜냐하면 그들은 자본가 진영에 들어 있지만 자본가 계급에는 속하지 않는 데 반하여 그렇다고 노동자 진영에 들어 있는 것이 아니라 자본가의 수입에 의해 부양받으며 오히려 노동계급에 대항하여 기능하기 때문이다. 마르크스는 "중간계급" 또는 중간계층의 특징을 다음과 같이 규정하고 있다 : ① 그들의 "끊임없는 증가"의 **역사적 경향**, ② "한편으로는 노동자들과 다른 한편으로 자본가 및 지주 사이, 한중간에 서 있는" 그들의 **사회적 상황**, ③ "점점 더 큰 규모로, 대부분 수입에 의해 부양되는" 그들의 **경제적 실존**, ④ "노동하는 기층에 대해 짐으로서 부담을 주는" 그들의 **부분적인 착취자적 성격**, ⑤ "상류계급의 사회적 안전과 권력을 증대시켜 주는" 그들의 **사회적 기능** 등이 그것이다(MEW 26. 2, P. 576). 그러한 특징들은 관료무리들에도 그대로 적용된다. 즉, 관료들은 중간계층의 대표적 사례이다. 관료들은 자본주의 기업가 단체와도 또한 관료적 통제의 객체인 통치당하는 임금노동자의 노동조합과도 구별되는 각종 **직업단체**(Korporation : 과거의 길드조직처럼 회원들의 직업적 특권을 방어 · 확대하기 위한 배타적 조직)를 통해 자신들의 특수이익을 추구한다. 물론 사무실 안의 모든 업무수행자들이 관료인 것은 아니다. 오늘날 **대공간사무실**의 사무원 대중은 특권적인 고용보장도 봉급상의 특권도 없다. 그들은 "자본 씨(氏)의 가치증식욕에 불필요해지자마자 아스팔트 길로 내던져지는" 임금노동자들이다. 그들은 그들의 실업률이나 계급의식이 얼마나 높든 간에 관계없이 사무실 안의 프롤레타리아이다. 이 사무실 인력대중에 있어서는 임금노동자로서의 그들의 **구성체적** 규정이 궁극적으로 관철되어 있다. 즉, 일체의 관료적 권한과

특권이 없는 대졸평사원들, 즉 "지식 프롤레타리아" (엥겔스) 에게 있어서는 형식적 포섭이, 단순사무직원들에게 있어서는 실질적 포섭이 완료되었다. 이들은 둘 다 완전히 탈(脫)관료화되었고, 산업 프롤레타리아와 마찬가지로 관료체제의 **대상**인 프롤레타리아의 별도 분파를 구성한다.

(2) 자본주의 기업과 관료체제의 관계

대중행정으로서의 자본주의적 지배행사는 지배수단으로서의 관료체제, 특히 관료적 관직위계체제를 요한다. 그러나 자본주의적 지배의 모든 형태가 관료체제를 필요로 하는 것은 아니다. 자본주의적 지배는 전체 자본가 계급과 전체 임노동자 계급 간의 물상적(物象的) 이고 말없는 강제관계, 즉 자본관계로 현상한다. 이에 관해서는 제1장에서 상론했었다. 다음, 지배는 노동자 계급이나 개별적인 자본가의 온갖 경제외적인 침범에 대항하여 자본관계의 재생산을 외적으로 보장하기 위한, 정치적으로 조직된 계급지배, 즉 국가이다. 마지막으로 물상적인 자본관계의 일반적 토대 위에서 개별자본가가 개별노동자들과 맺는 조직화된 권위적 지배관계, 즉 기업이 있다. 따라서 여기에서는 "저 물상적 종속이……다시 모든 환상을 떨쳐버린 특정한 인격적 종속관계로 탈바꿈된다" (MEW 42, p. 98).

본질적으로 행정**조직**으로서 이해되는 관료체제는 **조직화되지 않은** 말없는 지배관계로서의 물상적 자본관계 안에서는 현상할 수 없다. 또한 그것이 **적대적 · 권력전략적**, 지배기술적 행정인 한에서 관료체제는, 가령 자본가연합회 같은 곳에서는 생겨날 수 없다. 자본가 연합체는 노동계급과 이들의 조합에 적대적으로 맞서 있는 명백한 계급조직이지만, 연합체 내의 자본가 회원들 간에는 원칙적으로 적대성이 없다. 이 연합체의 과업은 지배행사가 아니라 조정이다. 여기에서 행정은 지배기술적인 수단이 아니라, **노동기술적인** 도구이다. 이런 까닭에 자본가 연합체들은 대부분 대중조직일지라도 관료체제적 행정을 모른다. 우리는 자본가 연합체의 행정에 고용된 행정요원들이 연합체의 회원인 자본가들을 권위적으로 "지시하고 관리한다"는 소리를 들어본 적이 없다.

근대 관료체제의 탄생지는 주지하다시피 부르주아 국가이다. 하지만 줄곧 계급의식적인 프롤레타리아가 분노하는, 노동자 당과 노조의 관료화에 관해서도 많이 얘기된다. 이런 의미에서 레닌은 이미 다음과 같이 말하고 있다.

> "이런 이유에서, 그리고 바로 이런 이유에서만 우리의 정치조직과 조합조직 속의 관직을 지닌 인물들이 자본주의의 제관계에 의해 기강이 문란해지고 (또는 보다 정확히 말하자면 그들의 기강이 문란해지는 경향이 존재하고) 관료로, 즉 대중들을 소외시키고 대중 위에 올라서는 특권화된 인물들로 탈바꿈하는 성향을 보인다" (LAW Ⅱ, p. 415).

프롤레타리아적 정치조직과 노조의 지도부가 자본주의 체제에 더 많이 적응하면 할수록, 그리고 평균적인 조합원이나 당원들의 해방적 이해관심으로부터 멀어지면 멀어질수록, 이 조직들은 해방적 기구에서 부르주아와의 조정 및 프롤레타리아의 중도화(中途化)의 기능을 떠맡아 이들의 혁명적 요소들을 고립시키고 적대적으로 억압하는 부르주아와 외양상 대립적일 뿐인 파트너로 변질되고 이와 비례하여 관료화과정에 빠져든다.

한걸음 더 나아가 자본주의에 의한 기강문란 없이도 동구의 반(半)사회주의적인 사회들은 관료화되어 있다. 이 사회들은 이제야 탈관료화되기 위해 몸부림치고 있다. 반사회주의 사회 안에 관료체제가 존재한다는 것은 관료체제가 무엇보다도 지배의 수단인 한에서 간접적으로 지배이익과 지배집단이 생성되었음을 입증한다. 이러한 사태는 이제 동구의 모든 나라의 당지도부에 의해 자기비판적으로 자각되게 되었다. 고르바초프는 정상급간부들이 "그들의 관직을 봉토로 간주한다"고 말한 바 있고 소련 공산당 19차 당대표자 대회에서도 "지방당 영주와 관료층의 세습장원"에 관해 아주 빈번히 성토되었다(A.-A. Göha 1988, p. 13). 그러나 여기에서 "봉토"나 "세습장원" 또는 "영주" 등의 술어는 과학적 표현들이 아니라 개혁의 긴박성을 강조하기 위해 의심할 바 없이 과장된 감정적 표현들일 것이다. 이런 표현들은, 동구의 고위 당간부, 노조간부, 국가관리, 기업관리, 기타 사회단체의 고위간부들이 지금까지 관직을 너무 빈번히도 종신적으로 점유하기는 했지만 적어도 그 관직을 자신의 자식에게 세습시킨 관리는 단 한명도 없었기 때문에 그리고 관직의 **종신적** 점유, 즉 **봉록화**(Prabendalisierung)가 관직의 **세습적** 점유, 즉 관직의 **봉토화**와 다르기 때문에 학술적으로 무용하고 부정확하다. 소련에서의 관직의 봉록화 현상은 「19차 전국당대표자대회를 위한 소련공산당 중앙위의 5월 테제」에서 보다 더 정확하게 포착되고 있다 : "……지도간부들은 부분적으로 그들의

기능을 **종신적으로** 보장된 것으로 그리고 자기자신을 무오류의 인물로 간주하고 자신의 권력을 남용하기 시작하였다……" (M. Gorbatschow u. a. 1988, p. 468. 강조는 필자). 동구의 지배는 성직자들의 지배와 꼭 마찬가지로 **봉록적**인 것이고 또한 성직자들의 지배체제가 구성체적인 것, 즉 경제적 소유관계에 뿌리박은 것이 아니듯이 결코 구성체적인 것이 아니다. *

*교회, 근대국가, 국영기업, 당, 노동조합, 노조기업 및 협동조합의 소유는 그것이 성물(聖物)이든 문화재이든, 행정수단, 전쟁수단 또는 생산수단이든 공금이든 고위관직자의 관직활동에 의해 실현되는 **공유재산**이다. 그런데 여기서 공유재산은 **추상적**이다. 왜냐하면 이것에 대한 처분을 위한 관직활동이 "정신적으로든 물질적으로든 스스로 아무것도 생산하는 것이 아니고 다만 결함에 찬 사회적 관계 때문에만 유용하고 필요한 —— 즉, 자신의 존재를 사회악 덕택에 유지하는" (MEW 26. 1, p. 261) 정치, 노조, 교회 등의 권력자들에 의해 독점되어 있기 때문이다. 오직 고위권력자들만이 처분할 수 있는 이 추상적인 공유재산은 따라서 이 권력자들의 **점유** 속에 들어 있다. 이 점유권이 여기에서 보다 엄밀히 정의되어야 할 것이다. 그들의 지배는 다음과 같은 특유한 조건에 기초한다.

① 그들의 권력은 그들이 공유재산을 사적으로 점취하거나 그들의 관직을 자신의 자식들에게 상속시킬 수 없다는 점에서만 구현되는 공유재산의 추상적 규정에 한정되어 있다.

② 그들은 보통 공유재산을 처분할 수 있는 최고 관직을 **종신적**으로 점유한다. 이것은 개개 권력자들이 서로 관직을 바꾸거나 승진하는 경우에도 본질적으로 변함이 없다. 아무튼 그들이 일단 고위관직 차원으로 승진한 후 그들이 사망하기 전에는 이 관직수준에서 물러나는 경우는 아주 드물다. 즉, 그들은 최고 수준에서 자리바꿈만 할 뿐이다(예를 들면 장관에서 수상으로, 수상에서 당수로 또는 명예당수로, 주지사에서 아데나워 재단 이사장으로, 국영기업사장 또는 사재벌기업의 이사로 등등). 그들은 모두 히드라 같은 권력 "진드기" (Kleber) 들이다.

③ 그들은 보통 법적으로 또는 사실상으로 "제2의 착취" (MEW 17, p. 540)를 위한 제도화된 **수입원**(국영기업, 노조기업, 통일교 등의 세속적 자본, 주식, 지대, 부동산 등)을 완전히 또는 부분적으로 점유한다.

가. 그들은 상부에 의해 지불되는 것이 아니라 그들 자신에 의해 통제되는 수입원(관할영역이나 관할 군사단위체에 따른 국가예산요구, 관할구, 기업, 부동산 등에

따른 소득 등)으로부터 **자율조달되는** 공식적 또는 비공식적인 엄청난 수입을 점취한다. 따라서 그들은 자신의 하위에 배치된 관료들과 구별된다. 그들은 마르크스에 의하면 "국가봉록관, 교회봉록관(Staats-, Kirchenpfründer) 등"으로서 사적 자본가와는 "다른 잉여가치 참여자들"이다(MEW 23, p. 622). 또는 "교회 및 국가 안의 봉록관, 용관(冗官)들"(MEW 26. 1, p. 253)이다. 다양한 관료적 또는 사제적(司祭的) 제도의 정상에 서 있는 이 정치, 정당, 노조, 교회 등의 봉록관들은 따라서 그 자신에 의해 통제되는 수입원으로부터 자신의 공식적, 비공식적 **봉록**(Pfründe)을 챙기는 **지배자들**이다. 이에 반해 관료들은 상부에서, 즉 지배자에 의해 지불받는 **정액봉급**을 "특수한" 임금의 형태로 받는다.

나. 봉록, 특히 이것의 비공식적 부분은 **고정적이지도 예측가능하지도 않다.** 왜냐하면 봉록의 크기는 주민, 회원, 신도, 군인 또는 임노동자의 —— 관직, 지역, 시기에 따라 —— 변동하는 수나 행정수단, 생산수단, 공금(예산 등)의 규모 등 수없는 요인들에 의해 좌우되기 때문이다.

다. 저 봉록의 사회적 **잉여성격**은 봉록관들의 실질적 또는 가공적 관직활동이 오직 "사회악" 때문에만 필요하고 따라서 완전히 "비생산적, 차라리 파괴적"이고 동시에 그 크기가 봉록관의 노동시간과 무관하고 자본가의 평균소득과 맞먹기 때문에 곧 찰지(察知)된다. 따라서 목사노동의 비생산적, 혹세무민적 성격에도 불구하고 그 금액상 적대적인 잉여성격을 갖지 않는 하급목사(또는 신부)들의 —— 소득원이 자립적이더라도 —— 종종 보잘것 없는 수입은 아직 봉록이 아니다. 봉록관의 수입의 잉여성격과 관직기능의 계급억압적 성격은(관직을 둘러싼) —— 적어도 정치영역의 최상단 직책에 대해서는 —— 제도화된 민주적 경쟁을 허구적인 것으로 만들어 버린다. 물론 이 민주적 경쟁은 다른 조건에서라면 저 추상적 공유재산을 구체화하고 진정으로 사회화하는 본질적 효과를 가져올 수도 있지만, 이것이 수천, 수만 개의 최고관직에 일반화되지도 않았고 또 성과급이 적용되지도 않고 있기 때문에., 봉록의 사회적 적대성을 철폐할 수 없다.

④ 그들은 자신들의 **후계자**나 (민주주의 선임의 경우에는) **후보자**를 사실상 또는 법적 권한으로써 독자적으로 (즉 종종 보스에 의한 독임제적 임명 또는 경쟁하는 파벌의 보스들 간의 배후협약에 의해 또는 최고봉록관협의체의 집단적 결정에 의해 또는 보스와 지방최고협의체 간의 반(半)민주적인 공동작용에 의해) 임명한다.

⑤ 잉여원천에 대한 봉록관들이 종신적 점유는 **상부구조적인** 요소들에만 근거하고 있다. 즉, 그것은 관료적, 사제적 **조직**과 —— 그것이 순수히 법적인 것이든 종교적인

것이든 계급협조주의적인 것이든 —— 일정한 **이데올로기**의 공식적 독점권과 **때로는** "성스로운" 서적의 일정한 해석에 대한 독점권에 의거한다. 따라서 그들의 지배는 구성체적 요소에 근거한 것이 아니다. 즉, 그것은 경제적 **물건**에 대한 **사적 소유권**에도 **인신**에 대한 가부장적, 노예제적, 봉건신분제적 **소유**에 의거한 것이 아니다. 반대로 이 봉록적 지배는 항상 추상적 공유재산 위에 **떠올라** 중세 사제들의 지배체계처럼 "그들의 위계를 **신분**, **출생**, **재산**을 고려치 않고 민중 속의 최선의 두뇌들로 충원한다" (MEW 25, p. 614). 이 점에서 근대봉록관은 아시아적 봉건제의 **탄생신분적** 봉록관리와 명백히 구별된다.

우리는 이 근대봉록관의 지배를 위에서 엄밀히 개념적으로 구획된 의미에서 **봉록적 지배**, 그리고 추상적 공유재산에 대한 그들의 관직매개적인, 따라서 상부구조에 근거한 점유를 **봉록적 점유**로 명명한다. 이것은 이들의 관직획득의 매질이 정치적 신조이든 종교적 신앙이든 "연줄"이든 관계없이 적용된다. 추상적인 공유재산 위에 떠있는 동구의 정치적, 경제적 지배자들도 마찬가지로 봉록과 특권에 이해관계를 가진, 공유재산의 봉록적 점유자들이었다. 종신적으로 남의 잉여생산물을 **먹어치우는** 이 봉록적 점유는 반대로 잉여생산물을 **납부하였던**, 인신적 예속상태에 있던 봉건농민의 세습적인 사적 점유와 다를 뿐만 아니라, 사회주의적 공유재산의 민주적 자주관리를 위해 **순번제적으로 선출되는** 기능인의 **참으로** 사회주의적인 관직활동과도 다른 것이다. **왜냐하**면 참된 사회주의적 공인(公人)의 임금은 그의 고도로 숙련된 노동시간만을 반영할 것이고 그의 임금이 고도숙련된 노동자의 평균임금을 상회하는 경우에도 그 **자신**의 고도숙련노동의 잉여보다 많지 않아야 할 것이기 때문이다. 그러나 동구의 —— 인민으로부터 자립화된 —— 정상급 간부들은 소련공산당의 자기비판에 의하면 참된 사회주의적 공인보다는 봉록관과 더 유사했다. 한편 사적 자본회사의 자립화된 매니저의 지위도 근대봉록관과 유사한 일면을 지닌다. 하지만 그의 패권적 지위는 ① 단순히 관료체제적 조직뿐만 아니라 **신용자본의 수탈**(따라서 경제적 "물건" 자체의 —— 비록 비세습적일지라도 —— 구성체적으로 안정된 사적 점취)에도 기초하고 있다는 점에서 근대봉록관의 지위와 다르다. 따라서 이 수탈관계는 **조직적으로** 제도화되어 있는 온갖 대항전략으로는 —— 그것이 외부로부터 기해지는 것이든 내부로부터 가해지는 것이든 —— 해소될 수 없다. 이 관계를 해체하기 위해서는 자본주의적 소유 그 자체의 철폐, 즉 구성체 전환이 필요하다. ② 사적 매니저는 명목상의 주인(主人)이며 동시에 잉여가치의 공동수취인인 **사적** 주식소유자 집단과 운명적인 공생관계 속에 들어 있다. ③ 매니저가 처분할 수 있는 회사자본은 **공유재산**이 **아니다**. 왜냐하면 회사자본은 **사적**

주식소유자의 **분할가능한** 소유로서 관념되고 드물게 일어나는 일이긴 하지만 회사를 청산할 때는 실천적으로도 그렇게 취급되어야 하고 따라서 개인들에게 분배되어야 하기 때문이다.

봉록적 지배는 **관료적 조직**과 **이데올로기**에만 의존한다. 따라서 근대봉록적 지배라는 술어로써 우리는 소유관계에 뿌리내리고 있는 것이 아닌, 즉 고대 아시아적 · 가부장적으로 은폐된 또는 로마식으로 노골적인 "노예제나" 봉건적 "농노제에서처럼 직접생산자의 인신에 대한 일정한 사람들의 소유"에도 또 자연이나 자본, 신용 또는 생산수단에 대한 "비생산자의 순수한 사적 소유"에도 뿌리박지 않은, 말하자면 관료적 **행정조직**에 의거하여 공직의 종신적 장악을 통해 **추상적 공유재산**을 처분하는 지배를 뜻한다.[27] 그러나 이 봉록적 지배에서 관료체제는 봉록관과의 차이가 아무리 유동적이라 할지라도 정상의 봉록적 지배층과 엄격히 구별되어야 한다. 자본주의적 근대관료층이든 반(半)사회주의적 관료층이든 이들은 "지배계급"이 아니라, 봉록적 지배층의 **수단**일 뿐이다.[28] 인민의 민주주의적 자치의 이러한 침탈자들은 관료체제를 창출하여 완벽화하였고 이 관료체제는 다시 인민자치가

27) 동구의 관료주의적인 반(半)사회주의를 마르크스와 엥겔스의 아시아적 생산양식의 개념으로써 비판해 보려는 빈번한 시도들은 필자의 생각으로는 전혀 설득력이 없다. 왜냐하면 이 반(半)사회주의 안에는 고대 아시아적 생산양식의 기저에 놓여 있던 가부장제(가족원과 가족재산에 대한 가부장의 은폐된 소유제)가 존재하지 않았기 때문이다. **추상적** 공유재산에 의해 한정당하고 동시에 정당구조적인 요소, 즉 관료적 **조직**과 (네오)스탈린주의적 **이데올로기**에만 의존하였기 때문이다. 그러나 이 지배형태는 그렇게 새로운 것이 아니다. 본질적으로 동일한 지배형태는 자본주의 안에서도 현실의 명백한 일부이기 때문이다. 정상급 노조간부, 노조 및 협동조합 콘체른의 최고경영진, 정당지도자, 국가고위지도자 등은 가부장적, 신분적 또는 소유권적, 말하자면 구성체적 권력 없이 **순수히** 조합관료체제, 기업관료체제, 국가관료체제, 사제관료체제 등의 **조직**과 **이데올로기**에만 의존하여 추상적인 **공유재산**에 대한 처분권력을 독점하고 있다. 이것도 **봉록적 지배** 외에 다른 것이 아니다.

28) 동구의 관료층을 "지배계급"으로 파악하고 최고간부들을 관료층의 한 "분파"로 파악하려는 시도가 있다. 가령 R. Ahlberg(1978)을 보라. 그러나 봉록관을 관료와 명백히 구별하고 있는 베버에 대해서도 불충한, 이 엉터리 베버주의자들의 시도는 중요한 사실을 간과하고 있다. 즉 **봉록적 지배집단**과 수단으로서의 **관료층** 간의 격차를 못 보고 있다. 한걸음 더 나아가 그들은 소련 국가관료의 수만 해도 2,000만 명에 달한다는 사실을 망각하고 있다. 여기에 당, 노조, 경제분야의 기관원들을 더하면 소위 "지배계급"의 비중은 노인네와 어린이, 청소년까지 포함한 소련인구의 약 25%가 될 것이다. 주민의 1/4이 노동하지 않고 남의

최고간부들의 봉록적 지배로 둔갑하는 것을 완벽화시켜 주었다. 그러나 이 봉록적 지배와 이것의 수단인 **일석주적인** 관료체제는 이 지배체제가 구성체적 토대에 뿌리박지 못했기 때문에 그리고 그 관료체제가 일석주적이기 때문에 바로 베버와 베버주의자들의 주장과는 정반대로 구성체적으로 굳게 뿌리박은 부르주아적 지배와 이것의 —— 도처에서 경쟁적으로 히드라처럼 무성히 뻗어오르는 —— 관료체제보다 훨씬 더 취약하다.

앞에서 보았듯이 베버는 사회주의적인 "국가관료체제"에 대한 인민의 투쟁은 승산없고 이 관료체제는 보다 견고하다고 암시적으로 예언하고 있다. 여기서는 좀 길게 인용해 볼 필요가 있다.

> "그러나 그것(사적 소유의 점점 더 광범한 제거)이 일단 성공한다고 전제한다면, 그것은 근대의 산업노동의 강철 같은 가막소의 분쇄를 의미하는 것이 아닐 것이다. 오히려 그것은 국유화된 또는 그 밖의 '공공경영체'로 넘겨진 기업들의 관리도 관료적으로 된다는 것을 뜻한다. 프러시아 국영광산기업과 철도기업의 사무원과 노동자들의 생활형태가 커다란 사(私)자본주의적 기업의 직원들의 생활형태보다 결코 다른 것으로 느껴지지 않는다. 그런데 그들은 더 부자유스럽다. 왜냐하면 국가관료체제에 대한 모든 투쟁은 승산이 없고 또 사(私)경제단위체에게는 가능했던, 원칙적으로 국가관료

잉여물을 점취하는 지배계급일 수 있는가? 말도 안 되는 소리! 게다가 소련의 봉록관적 최고간부들은 페레스트로이카 이전에 결코 의전적인 허수아비들이 아니라, 지배권력이 관료층으로 이전되는 것을 용인하지 않을 정도로 **실질적인** 권력을 장악한 **종신적** 권력자들이었다. 관료층은 지배력의 그늘 아래서 특유한 관료적 특권과 불법적 특권을 향유하고 평범한 인민들에게 견딜 수 없는 존재들이었으면서도 여전히 봉록관들의 지배기술적인 **수단**으로 남아 있었다. 마지막으로 봉록적 지배자들도 결코 지배"계급"이 아니다. 왜냐하면 마르크스주의적인 그리고 비(非)마르크스주의적인 계급개념은 "경제적 기능에 중심적 역할을 부여하기" 때문이다 (Ritsert 1988[2], p. 24). 이에 반해 봉록관들은 보통 **경제외적** 기능과 "연줄"에 기초한 관직점유자들이기 때문이다. 이들이 물론 경제적 기능을 넘겨받을 수도 있지만, 경제적 관직의 임용에 있어서도 이데올로기적 또는 기타 경제외적인 판정기준(예를 들면 당적, 정치적 "연줄", 충성심 등)이 결정적 역할을 하였다. 따라서 필자의 생각으로는 봉록관층이란 —— 아직 역사적, 사회적으로 말안장에 굳게 올라앉지 못한 —— (자본주의 봉록관들처럼) 지배계급으로의 불확실한 **이행집단**이거나 (동구에서처럼) 계급적이지 않은 진정한 사회주의적 공인(公人)으로의 **이행집단**이라고 말하는 것이 더 정확할 듯하다. 아무튼 계급개념을 너무 인플레이션시키면 안 될 것이다.

체제와 이것의 권력에 대항하는 이해관계를 갖는 그 어떤 기구도 동원될 수 없기 때문이다. 이것은 전적인 차이일 것이다. 사(私)자본주의가 제거된다면 국가관료체제만 단독으로 지배할 것이다. 지금 나란히 그리고 가능성에 따라 서로에 대립하여 기능하는, 따라서 줄곧 어느 정도 상호적으로 견제하는 사적 그리고 공적 관료체제들이 하나의 유일한 위계체제로 통합될 것이다. 가령 고대 이집트에서처럼 비교할 바 없이 합리적인, 이런 까닭에 피할 수 없는 형태로"(M. Weber 1985, p. 835).

그러나 이러한 단정들은 모두 빗나갔다.

① 마르크스와 엥겔스는, 따라서 진정한 마르크스주의자들은 모두 프러시아 국영기업들을 단 한번도 사회주의적인 것으로 간주한 적이 없다. 오히려 그 정반대이다.

> "……비스마르크가 그 어떤 경제적 필연성 없이 프러시아의 주요 철도를 국유화한 것은 단순히……**철도관리들을 정부의 순종적 충견으로 육성하기 위한** 것에 지나지 않는다. 따라서 그것은 **결코 직접적이든 간접적이든 의식적이든 무의식적이든 사회주의적 조치가 아니다**"(엥겔스, MEW 19, p. 220. 강조는 필자).

모든 국유화가 아니라, 자유로이 연합한 노동자들의 **기업민주주의적 자주관리**를 수반하는 국유화만이 적어도 형태상 사회주의적 조치이다.

② 베버적인, 따라서 본질적으로 스탈린주의적인 관료주의적 사회주의 안에서도 일석주적 관료체제에 대한 투쟁은 승산없는 싸움이 아니다. 이 체제에서는, 부르주아 체제 안에서 사회적으로 남아 있을 수 있는 사회적 갈등이 모두 쉽게 마무리될 수 없는 정치적 갈등으로 즉각 전환되어 버리기 때문이다. 따라서 한 국영기업에서의 **단 한번의** 소란도 일석주적 관료체제와 국가 및 당의 최고지도층을 덮치면서 직접 **체제위기**로 확대되어 버린다. 이것은 동구에서 기존의 관료체제를 변혁시킨 그리고 변혁시키고 있는 수많은 성공적 투쟁이 벌어졌고 또 지금도 벌어지고 있다는 사실에 의해 웅변적으로 입증된다. 이에 반해 서구 제국주의 국가들 안에서 전후에 벌어진 셀 수 없는 파업과 사회투쟁들 가운데 단 한 건의 싸움도 부르주아 체제와 이것의 관료체제를 뿌리째 뒤흔든 적이 없었다.

③ 스탈린주의적인, 따라서 베버적인 변형태로 환원되어서는 안 되는 진정한

사회주의 안에서라면 모든 경제적 지도와 행정이 유일한 국가행정체제로 통합하지 않을 것이다. 전체 경제를 위한 민주적 국가계획은 개별기업들의 **자율성**을 간단히 흡수해 버리지도, 시장을 완전히 배제해 버리지도 않을 것이다. 문제가 되는 것은 계획의 절대성이 아니라 시장에 대한 민주적 전체 계획의 **우위성**이고, **다양한** 소유형태에 기초한 기업들, 예를 들면 셀 수 없이 많은 주식조합기업, 국영기업, 중소조합기업, 중소자본기업 등이 자기경리로 거시적으로 통제되는 시장에서 자유로이 경쟁할 것이다.

④ "서로 대립하여 기능하는 사적·공적 관료체제들"의 경쟁은 "상호적으로 견제하는 것"으로 반드시 귀착되는 것은 아니다. 관료체제에 대한 경쟁의 영향은 모순적이다. 자본주의적 사적 소유자들의 무정부적 경쟁은 소비자들과 고객들 대중에 대한 관료적 통제를 약화시키는 명백한 요소이긴 하다. 왜냐하면 협력이 부족하거나 경직되거나 수요의 기회에 대한 대응이 불완전하거나 게을러빠지면, 이것은 즉각 판매고의 하락을 야기할 것이기 때문이다. 하지만 이것으로부터 지배적인 독점 콘체른의 거대한 상비적 관료체제들에 대한 변호론을 도출할 수는 없다. 정반대로 기업이 크면 클수록 그만큼 시장의 요구에 의해 더 적게 조종되고 그만큼 더 많이 관료주의적 경직상태로 빠져든다. 동시에 무정부적 경쟁은 관료체제적 위계를 **기업내의 노동자들에 대해서** 결코 완화시키는 것이 아니라 공고화하고 완벽화하는 요소이다. 마르크스는 다음과 같이 말하고 있다 : "사회적 분업의 **무정부성**과 매뉴팩처적 (공장 내 —— 필자) 분업의 **전제성(專制性)**은 자본주의적 생산양식의 사회 안에서 **상호 조건짓는다**" (MEW 23, p. 377. 강조는 필자). 따라서 : "생산의 사회적 성격이 **엄격히 규제하는 권위**와 노동과정의 **완벽한 위계체제로서 조직된 사회적 메카니즘의 형태로 직접생산자대중에게 맞서는데 반하여, 이 권위의 담지자들, 즉 상품소유자들간에는 완벽한 무정부성**이 지배한다" (MEW 25, p. 888. 강조는 필자).

⑤ 관료체제적 행정은 지배기술적으로 "비교할 바 없이 합리적이고" 이런 까닭에 "피할 수 없는" 것일지 몰라도, 노동기술적으로는 최고로 불합리하고 따라서 무조건적으로 회피해야 할 행정이다. 이것은 소련 등이 관료체제를 더욱 첨예화시키는 것이 아니라 이제 철폐하려고 하는 사실에 의해 입증된다. 관료체제의 노동기술적 불합리성과 비효율성은 평범한 시민들을 경제적 궁핍 속에 밀어넣었고 결국 큰 소리로 헛된 약속만 떠벌이는 권력자들에게 등을 돌리도록 하고 저항하도록 하기 때문이다. 또한 관료체제의 불합리성은 노동자의 진취성과 생산적 이니셔티브를

억압하고 그리하여 사회적 생산력 발전을 둔화시키며 게다가 관료들의 권력남용과 부패를 만연시키기 때문이다. 그럼에도 불구하고 일석주적 관료체제의 사회주의적 지배가 서구의 관료주의적 지배보다 더 견고하다고 우기는 베버주의적 주장은 오늘날에도 여전히 유행이다.[29]

동구의 사회주의적 봉록지배가 일정한 정도까지 공고화될 수 있었던 것은 마르크스에 의거할 때 달리 설명되어야 할 것이다. 그것은 봉록체제의 한 근본적인 특징, 즉 "항상 새로운 세력이 사회기층으로부터 상승할 수 있는" —— 서구에서보다 —— 더 높은 가능성이었다. 이것은 "중세 가톨릭 교회가 민중 속의 최선의 두뇌들로서 신분, 출생, 재산 등을 가리지 않고 그들의 위계체제를 구성한 사정이 승려지배체제와 속인의 억압의 주된 강화수단이었다"는 것과 전적으로 유사하다 (MEW 25, p. 614). 그러나 "지배계급이 피지배계급의 가장 뛰어난 인물들을 등용할 능력이 더 많으면 많을수록, 그들의 지배는 더 견고해지고 또한 위태롭다" (같은 책, 같은 곳). 사회체제 안에서의 보다 높은 상승가능성은 루터와 칼빈의 부르주아적 종교개혁과 오늘날 동구의 페레스트로이카처럼 **위로부터의 개혁**의 가능성을 높여주기 때문이다.

자본주의 안에서 국가 외에 관료체제의 아성은 자본주의적 **대기업**이다. 그러나 절대주의적 국가관료체제의 강력한 전통을 가진 나라들에서 사람들은 보통 **기업관료체제**라는 단어를 이상하게 생각한다.[30] 가령 코카는 기업의 "사관리"(私官吏)란 "불합리한 개념"이라고 말하고 있다(J. Kocka 1981, p. 75). 이러한 관념으로부터

---

29) 가령 알베르크는 동구의 관료체제가 서구의 관료체제보다 더 공고하다고 말하고 있다(R. Ahlberg, 앞의 책, p. 193). 그리고 그는 다음과 같이 결론짓는다 : "사회주의적 관료층의 지배계급으로의 승진(? —— 필자)은 동구의 많은 마르크스주의적 반체제 세력에 의해 국가소유제의 도입 및 사유재산의 부재에 기인한 것으로 이해되고 있다. 그럼에도 불구하고 마르크스주의적 사상가들도 사회주의적 기능과 부딪히게 되었다. 즉, 사유재산이 사회적 자율성의 방어를 위한 —— 비록 완벽한 것은 아닐지라도 —— 효과적인 수단이라는 사실을 깨닫게 되었다. 서구민주체제 안에서의 국가관료체제에 내맡긴 사회주의 사회는 지금까지 사명의식에 가득찬 관료체제의 권력횡포에 대해 방어할 수 있는 어떤 대비될 만한 수단도 강구하지 못했다" (같은 책, p. 193). 이것은 베버적 헛소리의 거의 앵무새같은 번역에 지나지 않는다.

30) 1920년경 베버는 다음과 같이 말하고 있다 : "국가사무활동과 사경제적 경리활동이 뭔가 내적으로 본질차별적인 것이라는 관념은 유럽대륙적인 것이고 이에 반해 미국인들에게는 전혀 낯선 것이다" (M. Weber, ebenda, p. 552).

카우츠키도 벗어날 수 없었다 : "기업의 극히 다양한 형태들, 즉 관료체제적 기업, 노동조합기업, 협동조합기업, 개인단독기업 등이 사회주의 사회에서 나란히 존재할 수 있다. 예를 들면 철도와 같이 관료조직 없이는 유지될 수 없는 기업도 있다."[31] 그는 철도기업처럼 **오직 국유화된** 기업만이 관료화된 것인양 착각하고 있다. 이에 대항하여 레닌은 다음과 같이 말하고 있다 : "현재 우체국은 국가자본주의적 독점체의 유형에 따라 조직된 기업이다. 제국주의는 점차 **모든 트러스트**를 유사한 유형의 조직으로 탈바꿈시키고 있다. 악착같이 일하고 굶주리는 '단순한' 근로자들 위에 여기에도 **동일한** 부르주아적 **관료체제**가 서 있다" (LAW Ⅱ, p. 359. 강조는 필자). 나아가 : "소위 필연적이라는 '관료조직'에 관한 한, 철도는 기계화된 대산업의 모든 기업, 임의의 공장, 대사업체, 대자본주의적 농기업 등과 결코 어떤 점에서도 구분되지 않는다" (LAW Ⅱ, p. 409).

그러나 카우츠키 같은 관념은 오늘날에도 여전히 잔존한다. 좌익 비판정신이 통속적으로 유포된 오늘날 서구에서는 대부분의 기업관료들이 "관료"만은 아니라는 것에서 자기만족을 얻고 있기 때문이다. 가끔 "공공행정에만은 들어가지 말아라!"는 슬로건이 직업선택을 규정한다(H. Bosetzky, 1978, p. 56 참조). 이러한 관념의 끈질긴 잔존은 바르트(H. P. Bahrdt)의 저서 『산업관료체제』(1958)가 독일의 학술무대에서조차 "산업관료체제"라는 단어를 비로소 "토착화"시킨 것을 상기할 때 그렇게 놀랄 일이 아니다(Bosetzky, 앞의 책, p. 57 참조). 하지만 산업관료조직은 여전히 "블랙박스"로 남아 있다. 산업관료조직이라는 테마의 이러한 "터부화"는 충실한 베버주의자 보제츠키에 의하면 오늘날 "자유경제"가 모든 사회주의 경제에 대해 갖는 우월성을 주장하고 사적 기업을 공유재산으로 이전시키거나 국가기구에 의해 조종하는 것을 방어할 목적의 "지배적인 기업 이데올로기"에 의해 강화되고 있다. 따라서 관료체제 개념을 자본주의적 기업에 적용하는 것은 "본질적 위협"으로 간주된다. 오직 동구의 계획경제를 분석할 때만 관료체제 개념으로 작업할 수 있다는 것이다(같은 책, p. 55 참조). 그러나 실은 서독에서 매년 수만 개의 기업이 그 관료체제적 경직화로 말미암아 도산하고 있다(같은 책, p. 57 참조)

자본주의적 기업, 특히 이것의 작업장은 오래 전부터 이미 분업적으로 조직되어 있었다. 그러나 자본주의적 대기업의 관료체제화는 작업장이 아니라, 경리실,

31) K. Kautsky, *Die soziale Revolution*, LAW Ⅱ, p. 409에서 재인용.

즉 사업적 행정기구로부터 출발하였다. **부기는 문서정보에 의한 과정의 통제**, 즉 "과정의 관념적 종합과 통제" (MEW 24, p. 137)를 뜻하기 때문이다 : "자본은 자신의 순환단계들의 통일로서……오직 계산화폐의 형태로 관념적으로만, 일단은 자본주의적 상품생산자의 두뇌 속에서만 존재한다. **부기**를 통해……이 운동은 고정되고 **통제된다**. 생산 및 가치증식의 운동은……이리하여 관념 속에서 상징적인 반영상을 얻는다" (같은 책, p. 135. 강조는 필자). 따라서 경리실에서는 오래 전부터 문서절차와 서식체제가 발전되었다. 이럼으로써 문서정보들은 쉽사리 기업수뇌에게로 집중될 수 있었다. 이런 까닭에 관료조직이 경리실에서 시작된 것은 지극히 자연스런 과정이다.

2. 기업행정 관료체제

(1) 관료화 이전의 가부장제적 경리실

경쟁자본주의 시대에 기업행정분과인 "경리실(Kontor)은 개별 작업장에 비해 사라질 듯 작았다" (마르크스, MEW 25, p. 310). 대개 10명 이하의 직원을 가진 이 전(前)관료체제적 소(小)경리실은 "보다 낫게 지불받는 임노동자 부류", 즉 "평균적 노동보다 높은 능력을 지닌 노동"을 수행하는 노동자들로 구성되었다. 그러나 이 경리실은 중세상업회사에서 물려받은 **가부장적 · 가족공동체적** 조직을 답습하고 있었다. 이 조직요소는 나중에 경리실이 관료화되는 과도기에도 계속 잔존하며 영향을 미치게 된다. 경리실의 확대 및 경리실 직원의 수적 증대와 함께, 물론 산업생산의 전사회적 전문화 과정과 유사하게 이 가부장적 경리실 안에서도 위계와 기능에 따른 분화가 진행된다. **상인주**(商人主 : Prinzipal)와 **조수**(Handlungsgehilfe)의 위계를 기본구조로 하던 경리실 위계체제는 상인주(자본주), 지점장, 대행(Disponent 또는 Geschäftsführer), 제1경리와 제2경리, 출납계, 서기 등으로 분화된 위계로 바뀌어 갔다. 이 위계질서는 엄격한 가부장적 성격의 것이어서 경리실 안에서뿐만 아니라 식탁의 자리순서 및 기타 경리실 밖의 모든 사회생활에서도 일반적으로 지켜져야 했다.

경리실 직원의 지위분화와 이와 결부된 소득 및 권한의 불균등성은 경리실

안에서의 공간과 비품체계의 위계화를 통해서도 모든 사람에게 명시적인 것으로 대상화되어 있었다. 책상의 크고 작음, 사무공간의 크고 작음, 창가에 인접해 있느냐 구석진 자리냐의 여부, 여타 사무용품들에 대한 차별적인 사용권 등은 경리실 내의 위계구조를 그대로 반영해 주었다. 공간적 특전은 가령 가능한 모든 소음과 잡무로부터 공간적으로 분리된 곳에 있었다. “사무공간이 더 많이 외부로부터 차단되고 눈에 띄지 않으면 않을수록, 그의(직원의) 지위는 그만큼 더 높다” (Hans-Joachim Fritz, 1982, p. 69). 바르트(H. P. Bahrdt)는 전(前)관료체제적, 가족공동체적 공장경리실을 그 조직적 관점에서 일종의 “수공업 경영”이라고 기술하고 있다.

> “개별적인 기능들은 상호 분리되었고, 각 기능은 최고의 단계에서 가장 낮은 단계까지 엄격히 지켜지는 특전들과 결부된 서열단계를 형성했다. 경리실 직원들 전체는 경리직원이 작업장의 고참도제와 유사한 지위를 점하는 엄격한 위계질서를 형성하고 있었다” (Bahrdt, 1958, p. 40).

그러나 경리실 공동체 내의 기능 분화와 위계 분화는 특유한 한계에 갇혀 있었다. 이 가부장제적 위계는 문서로 고정된 약정에 의해 규제되는 것이 아니라 상인주의 비교적 자의적인 처분권력에 의해 좌우되었기 때문이다. 따라서 권한구획도, 또 기능분화도 넘지 못할 방벽을 뜻하는 것이 아니었다. 필요하다면 하급 판매원이 보다 높은 직원의 업무를 넘겨받거나 협업적으로 처리하였다. 즉 상호지원이 통례였다. 가부장제적으로 운영되는 가족공동체 안에서의 경리실 노동의 조직구조는 따라서 커다란 조직상의 즉흥성을 지니고 있었다(참조 : Fritz, 같은 책, p. 71). 또한 일정 서열단계에서의 업무활동기간은 일종의 교육 및 대기기간을 뜻했다.

> “사무업무의 온갖 차이성에도 불구하고 이것을 수행하는 자가 종신적으로 이것에 묶여 있어야 하는 식으로 전문화되지는 않았다. 즉, 모든 사무원의 승진이 일면적인 교육밖에 거치지 않았거나 특별한 방식으로 전문화된 이유에서 좌초하지 않으면 안 되는 원칙적인 장벽은 존재하지 않았다” (Bahrdt, 같은 곳).

이런 까닭에 모든 경리실 직원은 일정한 시간이 지나고 나면 모든 상업업무를 통달할 수 있었고 또 통달하지 않으면 안 되었다. 가장 오래된, 따라서 가장 높은 경리는 모든 업무를 익혔기 때문에 종종 기업 전체에 대한 **전반적 조감**을 할 수 있었고 따라서 쉽게 독자적인 기업을 차릴 수 있었다(참조 : Bahrdt, 같은 책, p. 43). 말하자면 경리실 사환에서 경리로, 다시 경리에서 자본가로 승진하는 것이 정상적인 행로였다. 이 경우 "가장 흔한 자영화 형태는 상인주 딸과 결혼하는 것이었다"(같은 책, p. 42).

이것 외에 보통의 공장노동자들에 대한 경리실 직원들의 특권적 지위는 "상업적 급료가 상승함에 따라" 경리직원에게 "가끔 그 급료의 일부를 이윤에 대한 일정 비율의 지분으로 지불하는" 것(마르크스, MEW 25, p. 311)에서도 드러난다. 즉 높은 경리직원은 일부 급료를 "그의 상인주가 이 경우 산업이윤과 상업이윤을 모두 챙기게" 되더라도 "매경우의 판매에 대해 적용되는 이윤할당(커미션, 이익배당)의 형태로" 받는다(같은 책, p. 301). 이 수입은 종종 최고참 경리가 자영사업을 차릴 때 기본자본 노릇을 하였다. 경리실소유자("Prinzipal")는 게다가 대개 그의 "조수들"을 그의 자식, 친인척, 친구 또는 그와 연줄이 닿는 다른 자본가의 아들, 친인척, 친구들로부터 충원하였다(정실체제의 원칙). 따라서 이 '조수들'은 수업을 다 마치면 부친의 경리실을 떠맡거나 친척관계 또는 연줄관계에 있는 자본가의 재정지원으로 스스로 자본가로 독립하였다.

따라서 초기 자본주의적 경리실은 '자유의 나라'로 통하는 길이 전혀 없는 종속적 노동의 폐색된 세계가 아니라, 일종의 **자본가 훈육소**였다. 엥겔스도 섬유 공장주의 장남으로서 자기 의사에 반하여 부친의 친구인 브레멘 대상인의 점포에서 이 '훈육소'를 졸업하였다.[32] "이런 까닭에 가장 오래된, 따라서 가장 존경받는 직원이 경리실을 떠나는 순간 일반적인 승진사태가 벌어질 수" 있었다(Bahrdt, 같은 책, p. 43). 이런 한에서 현직의 자본가로서의 상인주와 미래의 자본가로서의 조수들 간에는 원칙적인 계급차이가 없는 셈이다. 따라서 이 경리실 조수들과 관련해서는 임금노동자로서의 **형식적 포섭**조차도 입론할 수 없다. 이 상태는 19세기 후반 깊숙이까지도 잔존하였다. 1872년 엥겔스는 한 스페인 동지에게 다음과 같이 쓰고 있다.

32) L. F. Iljitschow, u. a, 1973, p. 17 이하 또는 H. Gemkow u. a, 1984, p. 21 이하 참조.

"당신 나라에서는 상업직원들이 프롤레타리아의 전진에 대해 거부자세로 대립해 있다는 당신의 말은 다른 나라에도 그대로 적용된다. 이 계층은 일반적으로, **조만간 자신이 부르주아가 되기**를 고대하고 있는 부르주아 계급의 종복들로 구성되어 있다" (MEW 33, p. 394, 1872. 1. 26. 편지초안. 강조는 필자).

따라서 전(前)관료체제적인 경리실의 가부장제적 상인주-조수관계에서 벌어지는 협업은, 마르크스가 **단순협업**의 **"가장 단순한"** 형태에 대해 그리고 동시에 본래적인 기업 내 **분업**에 대해 차별짓고 있는 단순협업의 "가장 완성된 형태"로 규정될 수 있다.*

* "공동노동의 가장 단순한 형태" (MEW 23, p. 346)는 복수적인 노동자들이 **동일한** 또는 **유사한** 기능을 "단지 **공간적으로** 함께", 즉 서로 나란히 "수행하는 형태이다" (같은 책, p. 344. 강조는 필자. 이하 강조도 마찬가지). 이에 반해 공동작업자들이 조합된 노동과정 안에서 **"상이한** 동작들을 **상이한** 손들에 분배하여 동시에 수행하는" 협업형태를 마르크스는 "협업의 가장 완성된 형태"라고 부르고 있다(같은 책, pp. 347~348). 가령 "복잡한 노동의 수행이 필요한 경우 상이한 일들이 동시에 수행되어야 한다. 한 사람이 다른 것을 하는 동안 다른 사람은 또 다른 일을 하게 되는데, 모두는 개별적으로는 생산할 수 없는 결과에 기여한다. 한 사람은 노를 젓고 다른 사람은 키를 잡고 제 3 의 사람은 그물을 던지거나 작살을 던지는 고기잡이 경우는 이 협업이 없더라면 불가능한 성과를 낳는다" (드트라시로부터 마르크스의 인용. MEW 23, p. 347 각주). "여기에서는 노동의 조합(Kombination)이 벌어지고 있다" (같은 책, p. 346). 이런 까닭에 마르크스는 협업을 미리 앞질러 "동일한 생산과정 또는 **상이한**, 그러나 상호연관된 생산과정들 안에서 계획적으로 나란히 그리고 **서로 협력하여** 노동하는 복수적인 사람들의 노동형태" (같은 책, p. 344)로 정의해 두고 있다. 이 단순협업의 가장 완성된 형태는 물론 **나중**에 각기 상이한 기능이 배타적인, 종신적으로 바꿀 수 없는 활동, 즉 개개 노동자의 직업적 활동으로 자립화하는 분업으로 고착화될 수 있다. 그러나 전자는 후자와 범주적으로 명백히 구별된다. 전자는 **단순협업**의 한 형태이기 때문이다.

단순협업의 가장 완성된 형태를 **분업**과 의식적으로 분명히 구별해내기 위해 간단히 **협업적 조합**으로 부를 수 있겠다. 이 조합은 너무도 자주 분업과 혼동되고

있다. 그러나 협업적 조합 안에서는 노동자들이 그들의 상이한 기능들을 서로 직접 바꾸거나 시간이 지남에 따라 거쳐나갈 수 있는 데 반해, 분업의 경우 이것은 전혀 불가능하거나 또는 한정된 테두리 안에서만 가능할 뿐이다. 이런 까닭에 분업의 극복이라는 공산주의적 목표는 항상 **분업의 협업적 조합으로의 질적 변환**으로 이해되어야 할 것이다. 그러나 저 흔한 개념혼동 속에서는 이 목표가 순수히 공상적인 것으로 들리거나 심지어 사기스런 것으로 들릴 수 있다. 왜냐하면 필경 더욱 복잡다단할 미래사회의 노동조직은 보다 더 복잡한 협업적 조합 없이 유지될 수 없을 것이기 때문이다. 그런데 이 협업적 조합은 공장경리실의 위계체제처럼 모든 최하급 노동자들이 원칙적으로 최고 지위의 기능에까지 점차 올라갈 수 있는 경우 수직적으로도 벌어진다. 시간이 감에 따라 자동적으로 승진할 가능성이 진정으로 존재하는 곳에서는 수직적 분업에 대해 운위할 수 없다. 그러나 H. P. 바르트는 그의 개념적 노력에도 불구하고 정확한 개념선택을 못하고 전(前) 관료적 경리실과 관련하여 "죄 없는 분업"이라는 묘한 표현을 사용하고 있다(Bahrdt, 같은 책, p. 43). 이리하여 그는 자본관계의 발전을 망각하고 경리실 직원들이 자본가로 승진하는 메카니즘의 파괴를 모조리 "죄 많은" 분업의 책임으로 돌리고 이 분업을 즉각 관료화와 등치시키고 있다(참조 : 같은 책, p. 43).

그러나 경리실 안에 분업이 정착된 후에도 경리실 직원의 상위집단은 일정 기간 동안 전통적인 방식으로 자본주로 승진할 수 있었다. 왜냐하면 자본가 계급의 형성과정이 아직 완료되지 않았기 때문이다. 따라서 경리실 직원의 자본가로의 자동적 승진 메카니즘이 완전히 파괴된 것은 자본관계의 독점자본주의적 경직화와 이로 인한 사회적 상승이동성의 사실상의 소진으로 말미암은 것이다.

한편 분업은 관료화와 혼동되어서는 안 된다. 분업의 전제 없이는 관료화가 불가능하기는 하지만, 분업은 구성체적 생산관계를 표현하는 경제학적 범주인 데 반해 관료체제는 주어진 분업을 지배기술적인 관점에서 의식적으로 이용 · 왜곡시키는 규범규정적인, 따라서 **상부구조적인 조직형식**을 뜻하는 순수히 사회학적인 범주이기 때문이다. 이런 까닭에 기업관료체제는 작업장 분업이 확립되고 난 후 오랫동안 경제부문에서 찾아볼 수 없었고, 오직 가부장제적 노동조직 또는 병영조직만이 지배하였던 것이다. 아무튼 관료체제 그 자체는 지배기술인 데 반해, 분업은 이것이 동시에 자본에 의해 착취-지배방식으로 활용될지라도 본래 노동의 방식을 뜻한다.*

*최근 몇몇 극좌적인 마르크스주의자들은, 기업 내에서의 분업은 이것이 수평적인 것이든 수직적인 것이든 관계없이 본래 순수한 위계적 지배·착취기술로 생겨났다고 주장한다. 가령 마글린(S. Marglin 1977)은 자본주의적 위계와 분업 일반을 '분할통치'의 **단순한** 권력전략으로 규정한다. 이같은 주장은——필자의 생각으로는——분업의 의의는 착취지배와 전혀 무관하고 **오직** 노동기술적인 합리성과 관계한다는 부르주아 이론가들의 상반된 주장과 마찬가지로 잘못된 일면적 주장이다. 마르크스는 기업 내 분업을 주지하다시피 이중적인 관점에서 고찰하였다 : "그것(분업——필자)은 한편으로 사회의 경제적 구성과정 안에서 역사적인 진보와 필연적인 발전계기로 현상한다면 다른 한편 문명화되고 세련된 착취의 수단으로 현상한다"(MEW 23, p. 386). 자본주의적 위계에 대한 마글린의 비판은 애석하게도 마르크스의 분업론을 왜곡시키고 있다. 물론 마글린의 주장은 이 점에서만 잘못된 것이 아니다. 그는 다음과 같이 말하고 있다 : "조직적 변혁들은 동일한 투자에 의해 보다 큰 수익을 획득하는 의미를 갖기보다는 노동자를 희생하여 보다 더 큰 수확의 몫을 자본가에게 안겨줄 것을 겨냥했다. 혁신으로 인해 전체 산출량이 커졌다는 사실을 통해 이 혁신의 기저에 놓여 있는 계급이익은 은폐되었다. 위계화된 노동의 사회적 의미는 기술적 합리성이 아니라 자본의 축적이익에 있다"(S. Marglin 1977, p. 150).

바로 이어서 그는 A. 스미스가 나열한 기업 내 분업의 생산적 측면들을 부정하고 있다. 스미스는 주지하다시피 분업의 경제적 이점을 ① 능란성 상승, ② 시간의 절약, ③ 기계의 발명으로 나열하고 있다(참조 : A. Smith, *Eine Untersuchung über Natur und Wesen des Wohlstandes Bd. 1*, Iena, 1928, p. 10). 마글린은 첫번째 이점을 분업적 전문화로 인한 노동기능의 하락이라는 역사적 사실을 시사하면서 반박하고 있다(참조 : S. Marglin, 위의 글, pp. 156~157). 그러나 그는 스미스의 발언을 근본적으로 오해하고 있다. 분업으로 인한 노동기능의 온갖 단순화에도 불구하고 부분노동의 능란성과 정확도는 상승한다. 양자는 모순되는 것이 아니라, 나란히 진행되는 것이다 : "매뉴팩처는 사회 안에 이미 존재하는 업종의 자연발생적 **특수화**를 작업장 안에서 재생산, 체계적으로 **그 극단으로까지 몰아붙임**으로써 부분노동자들의 **명장성**(名匠性)을 낳는다"(마르크스, MEW 23, p. 359. 강조는 필자). 왜냐하면 "분업이 일면화되면 될수록 노동자의 능란도는 기능을 통해 그만큼 급속히 발전하기" 때문이다(MEW 25, p. 311).

마글린은 스미스의 두번째 이점도 반박하고 있다 : "전문화 없이도 노동시간의 절감

을 달성하는 것은 기술적으로 가능하다. 가령 한 노동자는 그의 아내와 자식들과 함께 한 노동과정을 한 과정, 한 과정 해나갈 수 있을 것이다. 먼저 그는 2~3백 개 또는 2~3천 개의 바늘을 만들 철선을 뽑고, 다음은 그것을 펴고 자르고 하는 등. 이런 방식으로, 그는 전체 노동과정을 여러 노동단계로 분해했을 때 얻어지는 동일한 이점을 향유할 수 있을 것이다"(S. Marglin, 앞의 글, p. 157). 그러나 이 경우 "각 노동단계마다 노동도구를 노동자의 수(여기서는 노동자 + 아내 + 자식들—— 필자)에 맞춰 마련해야 할 것이다. 그런데 전문화의 경우에는 각 노동단계마다 한 개의 도구만 있으면 된다"(A. Blume 1981, p. 67). 즉, 마글린의 주장은 **생산수단의 경제**에 정면으로 반한다. 동시에 "모든 노동자(여기서는 한 노동자, 아내, 자식들—— 필자)는 동일하게 포괄적인 방식으로 숙련되어야 할 것이다. 그런데 이것은 부분노동자들에게 있어서는 불필요한 비용이다"(같은 책, 같은 곳). 마글린은 매 노동단계를 고루 해낼 수 있는 포괄적인 숙련에 따르는 **교육시간**과 **교육비용**을 망각하고 있다. 그는 스미스의 세번째 이점도 배격한다. 단순화된 부분노동자는 발명할 능력을 상실했기 때문이라 한다(참조 : S. Marglin, 앞의 글, p. 155). 작업장 분업이 심화됨에 따라 개개 노동자들이 일면화되고 능력을 잃어간다는 사실은 부정할 수 없다. 따라서 마르크스는 다음과 같이 말하고 있다 : "기계발명에서……역할을……보인 자들은 매뉴팩처 노동자들이 아니라 학자, 수공업자, 심지어 농부(Brindley) 등이다"(MEW 23, p. 369 각주). A. 스미스가 여기서 실언을 하고 있음은 그가 매뉴팩처의 부분노동자들도 두각을 나타낸 도구들의 분화까지도 기계발명으로 착각하고 있는 점에서(마르크스, 같은 곳) 의심할 바 없다. 그러나 마글린도 마찬가지로 실수했다. 그는 작업장 분업이 기계발명에 대해 지니는 객관적 연쇄도 부정하고 있기 때문이다. 이 객관적 연관은 기계발명의 주체가 매뉴팩처의 부분화된 노동자들이 아니라 학자, 수공업자 등이었다 할지라도 논란의 여지가 없다. "매뉴팩처 시대는 부분노동자들의 배타적 특수기능에 도구를 적응시켜 가는 과정에서 이 도구들을 단순화하고 개선하고 다양화하게 된다. 이리하여 이 시대는 동시에 단순한 도구의 조합으로부터 생겨나는 기계의 물적조건의 하나를 창출한다"(마르크스, 앞의 책, pp. 361~362). 그리고 "매뉴팩처 시대의 가장 완벽한 형성물 중의 하나는 노동도구들의 생산 및 이미 적용된 보다 복잡한 공학적 기제들의 생산을 위한 작업장이다……매뉴팩처 분업의 이 산물은 그 쪽에서—— 기계를 생산하게 된다"(같은 책, p. 390). 아무런 경제적 이점이 없는, 단순한 지배수단으로서의 분업이라는 마글린의 테제는 따라서 아무런 과학성이 없다.

(2) 독점자본주의적 기업행정 관료체제

초기 자본주의적, 가부장제적 경리실 안에서 직원들이 종종 자동적으로 자본주로 승진하고 또 때로 약정에 따라 '이윤할당'을 받을 수 있었다면, 여기에서는 분업 및 관료적 위계에 대해 운위할 수 없다. 여기에는 관료적 관직위계의 한 근본원리, 즉 지배자로부터의 관료의 조직상, 출신상, 이익관계상의 분리성이 결여되어 있다. 게다가 가부장적 위계에서 직원의 직책 임명권자는 **형식적으로** 자본주이지만, 사실상의 임명권자는 **세월**이다. 즉, 이 일직선적인 가부장적 위계의 수직적인 **조합** 안에서는 **배타적으로** 위에서 명령되는 직책임면의 원리가 온전하지 못하기 때문이다.

그러나 독점자본주의적 대기업, 주식회사의 급속한 확산, 기업 내의 조직적, 상업적, 행정적 업무의 상대적 급증의 추세에 따라 사무부문이 급속히 확대되었다. 이와 함께 사무활동은 한 부문에서 다른 부문으로 자리바꿈을 하는 것이 점차 어려워질 만큼 전문화되어 갔다. 이 과정 속에서 경리실 노동자들의 임금도 하락하기 시작한다.[33] 공장경리실은 주로 사관리(私官吏)의 특유한 관료적 관직위계의 형태로 개편된다. 복종의무는 이제 고용주의 개인적 권위뿐만 아니라 점차 규정된 규칙에도 근거하게 되었다. 공식적으로 제도화된 권위관계의 보다 강력한 적용은 또한 명령권의 공식화와 위계적 분배도 요구하였다. 지금까지 상인주 개인에 집중된 지시기능, 조정기능, 감독기능은 점차 관료적인 관할관계 및 상명하복관계 속에서 제각기 다른 사람과 다른 심급에 위임되어 갔다. 그리하여 경리실은 정상(頂上)의 순수히 자본기능적인 지배심급으로부터 조직상 분리된 조직이 되었다.

---

33) 1865년 마르크스는 이미 이런 추세를 내다보고 있다 : "그럼에도(경리실 노동자들의 —— 필자) 임금은 평균적 노동과 비교할 때도 자본주의적 생산양식의 발전 속에서 하락하지 않을 수 없다. 한편으로는 경리실 내의 분업에 의하여 생산할 능력의 단지 일면적인 발전이 이루어지는바, 이것의 생산비용은 자본가에 아무런 부담을 초래하지 않고 도리어 노동자의 능란성이 기능 자체를 통해 발전되며 그것도 분업이 더 일면화되면 될수록 급속히 발전한다. 둘째, 예비교육, 상업지식 및 언어지식 등이 과학과 국민교육의 진보에 따라 자본주의적 생산이 학습방법 등을 실용에 맞추도록 하면 할수록 점점 급속히, 쉽사리, 일반적으로, 저렴하게 재생산된다. 국민교육의 일반화는 이전에 이것으로부터 배제되어 보다 열악한 생활양식에 길든 계급들로부터 이 부류를 충원하는 것을 허용한다. 그것은 사람들의 쇄도와 이로 인해

결국 경리실 노동자들은 후보 자본가적 지위에서——자본가 및 최고 매니저와 구별되는——임금 예속적 관료로 바뀌었다. 따라서 독점의 시대는 동시에 대자본주의적 기업의 관료화의 시대였다.[34]

자본관계의 독점적 경직화 및 사회적 상승이동의 가능성의 약화는 공장경리실 직원이 자본주의로 승진하는 자동적 메카니즘을 파괴하는 것으로 그친 것이 아니다. 경리실은 사무업무의 증대에 밀려 독임제적(獨任制的) 상사와 수 명의 참모로 구성되는 분과들의 피라미드식 위계로 개편된다. 그리하여 자동적 승진의 메카니즘은 행정조직 내부에서도 파괴된다. 이제 하나의 관직을 두고 여러 명의 참모들이 경쟁하기 때문이다(내부 노동시장의 형성). 결국 일직선 위계로 조직되었던 **협업적 조합**이 수직적 **분업**으로 개편된다. 이 분업은 다시 지배기술적 동기에서 조직적-사(私)법령적인 공고화와, 관료적 위계로의 왜곡을 겪게 된다. 이러한 관료화는 자본소유주를 기업행정으로부터 완전히 분리시키고 보다 높은 객관적 기대가능성과 보다 정확한 결산을 위해 빈틈없고 규칙적이며 기계적으로 기능하는 견고한 행정기구를 요하는 대주식회사를 특징짓는다. 엥겔스는 1882년 다음과 같이 말하고 있다 : "주식회사들은 **전행정**이 급료를 받는 **관리**들에 의해 수행됨으로써 부르주아 자체가 얼마나 불필요한 것인지를 이미 증명하였다" (MEW 35, p. 324, 강조는 필

경쟁을 증대시킨다. 따라서 약간의 예외를 빼놓을 때 자본주의적 생산양식의 발전 속에서 이 사람들의 노동력은 평가절하된다. 이들의 노동능력은 올라가는 데 반해 이들의 임금은 하락한다" (MEW 25, pp. 311~312). 이와 관련하여 엥겔스는 다음과 같이 주석을 가하고 있다 : "1865년에 쓰여진, **상업 프롤레타리아의** 운명에 대한 이 예측이 그 이후 어떻게 확증되었는가에 관해서는, 모든 상업기능과 3~4개의 언어에 통달했으면서도 그들의 용역을 숙련 기계제작공의 임금에 훨씬 못 미치는 주당 25실링에 런던 시티(금융가——필자)에서 헛되이 팔려는 수백 명의 독일 상업노동자들이 한 곡조 뽑을 수 있다" (같은 책, 같은 곳, 각주). 엥겔스는 자신의 노동력 외에 아무런 생산조건을 갖지 못해 생존하기 위해 노동력을 자본에 팔아야 하는 임금노동자라는 본래적 의미에서 "상업 프롤레타리아"라는 술어를 시의적절히 도입하고 있다.

34) H. P. 바르트는 1890년과 1911년 사이에 관철된 독점자본주의적 관료화 과정 속에서야 비로소 사회학적으로 포착가능한 사무노동자층이 출현하게 되었다고 말하고 있다 : "1890년과 1911년간의 시기에 산업의 사무부문에 거대한 변동이 일어나게 된다. 유사한 사태전개는 동시에 상업의 광범한 영역에서도 벌어진다. 비로소 이때야 국가 안에서뿐만 아니라 경제 안에서도 관료체제가 존재하게 된다. 비로소 이 시대에야 사무직원층이라 부르는, 사회학적으로 파악가능한 집단이 존재하게 된다" (H. P. Bahrdt, 같은 책, p. 43).

자). 복수의 경쟁자들이 한 관직을 두고 다투는 내부 노동시장의 형성과 함께 정상(頂上)의 종래 형식적이었던 임명권력은 실질적인 것으로 공고화된다. 지배자는 이제 여러 경쟁자들 가운데서 **선택할** 수 있기 때문이다.

자동적 승진 메카니즘의 파괴와 함께 개개 사무직원의 승진은 배타적으로 자본주의 의지에 좌우되고 소수의 순종적이고 '뛰어난' 두뇌들만 승진의 행운을 누릴 수 있게 된다. 대부분의 사무직원들은 이제 종신토록 동일한 서열이나 중간급의 서열에 주저앉아 있게 된다.

상인주—조수관계의 가부장제적 · 신분제적 근본요소(일정한 근무연한 후의 자영화와 자동적 승진 메카니즘)는 따라서 완전히 폐기되었다. 그러나 다른 가부장제적 요소들은 기존 행정체계가 관료체제로 개편되는 이행단계에 지배기술적 고려 및 노동시장의 강제로 인해 유지된다. 기업관료들은 대개——노동자들에게는 막혀 있는——**기업정보**에의 접근통로를 갖고 있었고 가끔 경험과 업무지식을 전제하는, 쉽사리 통제할 수 없고 또 대체할 수 없는 기능을 행사했다. 그들의 노동력은 일반교육의 한정된 확산과 전문학교의 부족으로 여전히 **진귀**한 상품이었다(참조, J. Kocka, 1981, pp. 55~59). 이런 까닭에 1857년 지멘스(W. Simens——현 지멘스 재벌 그룹의 창업주)는 1848년 창설된 그의 회사 Telegraphenanstalt Simens & Halske와 관련하여 다음과 같이 확인하고 있다: "관리(官吏) 직원은 우리의 아킬레스 건이다"(Kocka, 같은 책, p. 55에서 재인용).

바로 이런 이유에서 간부인력과 전문인력을 자본주의적 비용계산에 따라 무자비하게 취급하고 해고하는 것은 자본주에게 일종의 커다란 위험을 초래할 수 있었다. 따라서 회사는 이 사(私) 관리들에게 강력한 충성심을 요구하였고 이 충성을 보장하기 위해 "가부장제적 신뢰관계의 잔재"를 유지하였다. "사무직원들이 어떤 독자적 요구권도 없었지만 회사는 이들에게 병치료 비용을 대주었고 가정적 지원금, 주거비용 및——때에 따라——선불금과 보너스를 제공하였다"(같은 책, p. 40). 충성관계가 그 이후보다 더 강하게 관료적 통제를 보충하고 이것은 1880년 이후에도 계속 잔존한다(같은 책, p. 56). 따라서 기업관료들에게는 자본 아래로의 형식적 포섭조차 완결된 것이 아니었다. 즉, 기업관료들의 '중산층적' 관념은 고유한 사회적 현실성을 지니고 있었다.

물론 이 가부장제적 특권의 잔재들은 시간이 감에 따라 폐기되거나 부분적으로 근대 관료체제적인 특권으로 형태전환되어 전승되었다. 관료들은 이 관료체제적

특권의 보장을 형태전환되어 전승되었다. 관료들은 이 관료체제적 특권의 보장을 직업단체적 조직운동을 통해 요구하였고 회사는 "사회정치적인 고려와 기업통합적 목표에서" 촉진하였다(같은 책, p. 40). 관료와 평노동자의 차별은 "경제적—기능적 필연성을 일반적으로 상실하였"지만 "사회문제의 폭발위험을 진압하기" 위해 지배기술적 관점에서 여전히 필연적이었다(같은 곳). 즉, 자본가들은 지배기술적 이유에서 프롤레타리아의 두뇌적 노동자 부류를 이들의 노동력 가치보다 높은 가격으로 "매수"했고(엥겔스, MEW 37, p. 447), 이들을 인위적으로 "중산층"으로 만들었다(관료들의, 자본 아래로의 불완전한 포섭에 관해서는 앞 절을 참조하라).

특히 이 시대에 흥미로운 것은 지배기술적으로 인위적 승진기회를 창출함으로써 분업의 심화로 생겨난 단순사무직원——여러 가지 점에서 이미 프롤레타리아화된——대중을 유사(類似) 관료화한 것이다. 이들은 기록, 문서업무, 계산, 속기, 필경, 타자, 창구업무 등 단순반복적인 기능에 구속되어 있었고 그들의 기능의 관점에서는 이미 자본 아래로의 **실질적** 포섭이 완료되었다.

말하자면 노동계급이 사회인구층의 절대다수를 차지하게 된 고전적 독점자본주의 안에서의 기업 내 관료화 과정에는 반동적 지향을 갖는 반(反)사회주의적 "중산층"의 인위적 창설과정이 대응한다(참조 : 같은 책, pp. 85~88). 세기 전환기와 그 이후의 경기후퇴로 인해 해고와 봉급하락에 직면하여 이 관료들의 "신중산층적" 자명성이 위험에 봉착했을 때 대부분의 관료들이 그러한 자명성을 포기한 것이 아니라 이것을 구호화하고 강조하였으며 기업 내의 이 사회적으로 불안정화된 관료층이 결국 파시즘의 사회적 아성으로 화했다는 사실은 자세히 다룰 필요가 없겠다(참조 : H. Speier, 1989 ; Kocka, 앞의 책, pp. 158~170).

그러나 전후에는 관료적 특권이 훨씬 더 축소되어 갔고 사무직원층을 한발짝 더, 나름대로 경제적으로 나아진 산업 프롤레타리아에 근접시켰다. 이 과정은 이제 사무직원들의 의식 속에도 반영되기 시작하였다. 이들은 더 이상 반(反)사회주의적 자세를 취할 수 없었다. 사무직원 전체를 '관료'로 유지하는 데 드는 지배기술적 비용은 자본이 이 비용을 사무인력의 가일층의 증대로 인해 너무 엄청나서 자본이 이 비용을 이제 더 이상 감당할 수 없게 되었다. 그리하여 관료적 특권들은 대부분의 사무직원들에게서 점차 박탈되었고 고위 또는 중간급 관료들에게 국한되어 갔다. 사무노동은 게다가 더욱 '합리화'되어 갔다. 실무적 사무노동은 더욱 분해되고 일상화되었으며 단순반복적 노동은 두뇌기능적 실무노동으로부터 더욱

뚜렷이 분리되어 일정 부류의 사무직원들에게 종신적으로 결합되었다. 이를 통해 (우리의 의미에서의) 선명한 **분업**, 즉 실무노동을 수행하는 두뇌기능적 핵심부류와 단순노동의 주변 집단간의 분업이 궁극적으로 관철되었다. 여기에는 타자기, 전화, 계산기 등 기타 단순한 사무도구들도 기여하였다. 이 도구들은 여성 사무노동자들의 수적 폭증을 가져왔다. 다른 한편 전문적 실무노동의 가일층의 분해는 **직업**을 파괴, 직업명 없는 **자리**(Stelle)로 만들었다. 이리하여 중급, 하급직원들은 불가피하게 탈(脫)관료화되었다. 결국 이들의 '중산층적' 관념과 소망, '중산층적' 관료지위를 회복하려는 이들의 절망적인 반동적 노력도 퇴색하고 쇠퇴하였다(참조 : Kocka, 같은 책, pp. 222~229).

이 과정은 종종 '테일러화'로 묘사되곤 한다. 하지만 이런 식으로 '테일러화' 개념을 인플레이션시키기로 하면 자본주의 안에서 진행된 지금까지의 전반적인 분업화 과정을 '테일러화 과정'이라고 해야 할 것이다. 이러한 관념은 나중에 살펴보겠지만 테일러리즘에 대한 불구화된 이해에 기인한다. 테일러리즘적 노동구성은 분업의 단순한 심화가 아니라, 특히 두뇌와 손의 분리를 통해 최선의 노동지식을 독점한 **테크노크라트적 두뇌노동자**에 의한(타자수 등과 같은 보조노동자가 아니라) **중심적인 육체노동자**의 **관료적 기술적 통제**에 있다. 즉, 주요 손노동자 **대중**을 **소수의 테크노크라트** 아래로 복속시킬 목표에서 관철된, 생산적 노동과정의 특유한 **관료화**이다. 이에 반해 사무실 안에서의 가일층의 분업을 실무노동자(주요노동자) **대중**과 상대적으로 **작은 보조노동자** 집단 간의 대립을 산출한다. 여기에서는 문서장리, 타자, 기록, 필경 등과 같은 귀찮은 단순보조노동에 대한 실무노동자들의 **내적, 기술적** 통제에 관해서는 입론할 수 없다. 사무실 안의 '합리화'는 테일러화와는 전혀 다르다. 전통적인 분업의 심화, 반복적 단순노동으로부터 주실무노동자들의 '해방', 문서 서식의 표준화 및 분화, 업무의 일상화 등이 사무실의 '합리화'에서 중심을 차지한다. 사무분야에서 탈관료화된 중하급노동자들의 점진적 성립은 테일러리즘적 비유로부터 해방될 때만 이해될 수 있다(참조 : Baethge/Oberbeck 1986, p. 28).

테일러리즘의 몇 가지 방법(가령, 동작과 책상의 표준화) 및 포드주의적 방법(흐름식 작업의 원리)은 세기 전환기 이래 하급직원의 보조노동에 적용되기도 하였다(참조 : Fritz, 앞의 책, pp. 102~106, pp. 123~127). 그러나 두 방법 모두 사무실에서는 단명했다. 엄격한 작업흐름의 포드주의적 요청은 복수적인 소공간 사무실의 해체,

대공간적 사무실 형성을 초래하였다. 그러나 사무실의 테일러주의나 포드주의는 단순사무원계층을 창출한 것이 아니라, 산업분야에서의 흐름식 작업의 원리를 사무실 안에서 사회적, 공간적으로 위치짓기 위해서는 오히려 점증하는 무력한 하급사무원 계층의 전제 하에서만 가능하였다. 그러나 이 단순 사무원들을 어셈블리 라인식으로 개조된 대중홀(Massensaal)에 집중시키자 곧 다각적인 보건상의 문제(소음, 공기오염, 시력장애 등)가 야기되었고 결국 격렬한 노동조합적 저항이 일어났다(같은 책, pp. 129~131). 그리하여 단순 사무노동의 테일러화 및 포드화는 전쟁 직후 곧 좌초한다(같은 책, p. 131).

그런데 이 대량 작업홀의 위기는 사무노동의 소공간적 체계 쪽으로 복귀운동을 초래한 것이 아니라 반대로 작업공간을 더욱 크게 확대하는 쪽으로 운동시켰다. 1960년대와 1970년대에는 지금까지 선보인 작업홀을 그 크기와 넓이에 있어서 훨씬 능가하는 사무실들이 생겨났다. 이것은 부분적으로 소음을 분산시키고 밀폐된 공기의 오염도를 낮춰줄 수 있었다. 그러나 여러가지 다른 전체 사회적인 영향요인들이 사무공간의 계속적 확대과정을 촉진시켰다.

이 연간에 경제발전의 가장 괄목할 만한 특징은 서비스 분야의 유별난 비중 증가와 이로 말미암은 취업인구의 구조변화이다. 사무직원과 국가관리의 합이 이 시기에 산업노동자의 수보다 훨씬 많아지게 된다(참조 : W. Ruppert 편, *Die Arbeiter,* 1986, p. 96). 거대한 자본축적과 집중, 병합과정의 토대 위에서 사무직원, 특히 은행, 상업, 보험업 등의 사무직원이 급증하였다. 이로 인해 합리화 압박도 비상하게 커졌다. 바로 이때 새로운, 극소전자적 자료처리기술(EDPS)이 급속히 투입되기 시작한다.

극소전자적 사무자동화는 기업지도부를 실무노동자부터 더 독립할 수 있도록 해 주었다(개별 실무노동자 간의 수평적 연관의 해체 및 실무정보의, 중앙자료은행에의 집중). 중급의 간부와 실무노동자 차원에서 결정적인 변화, 즉 기능상실 무력화과정이 개시된다.

기능의 가일층의 분화는 사무분야에서 여전히 '합리화'의 주요무기이지만, 이번에는 새로운 기술의 도움에 의해 더욱 첨예한 형태를 띠게 된다. 기능의 계속적인 분해로 인해 수평적 커뮤니케이션이 어려워진다. 직원들이 자율적으로 '외교관계'를 벌이는 것을 금하는 관료체제와, 이것을 불필요하게 만드는 새로운 기술은 분업의 심화로 인하여 그렇지 않아도 점점 어려워지는 수평적 커뮤니케이션을

거의 완전히 배제한다. 새로운 기술에 기초한 관료체제는 궁극적으로 사무노동자들을, 자신의 과업과 전체 업무에 대한 전반적인 감별력을 완전히 상실해버린 '전문바보'(Fachidiont)로 각인시키게 되는바, 이로 인해 사무공간 내에서는 "관료주의적 결의론(決疑論)의 물결을 불러일으키는 업무한계 시비"가 일어난다(H. P. Bahedt 1968, p. 132).

이것은 중급관료들도 강타한다. 특히 1960년대 중급관료, 즉 중간간부들의 상황의 악화가 강행되었다(참조 : G. Diligenski u. a., 1987, p. 228). 대부분의 지도 및 행정간부들은 정책결정 중앙으로부터 점차 멀어지고 중급관료들의 권한 영역은 상급기관을 유리하게 하는 방향으로 협소해졌다. 관리기능은 가일층 세분되었다. 오늘날 이러한 관료주의적 경직화 과정은 이전에 중급간부들을 회사에 긴밀히 결합시킨 '기업가 윤리'를 궁극적으로 해소시켰다. 이 방향으로의 발전에는 국제적 독점체들의 성장도 큰 몫을 하였다(참조 : 같은 책, p. 229, 또한 G. Diligenski u. a., 1978, p. 22와 R. Köhler. / G. Speer 1978, pp. 107~108). 최고경영자층과 관료층을 가르는 분리장벽과 관료층 내의 고위 중앙관료층과 중급관료층을 가르는 분리장벽은 이제 뛰어넘을 수도, 투시할 수도 없을 뿐만 아니라 점차 억압적인 것으로 변하게 된다. 중급 관리직원들은 그들의 노동이 단순한 집행기능에 국한되기 때문에 하수인적 역할로 내몰린다.

사무실 내에서의 근무조건의 이러한 악화는 관료조직적 시각에서 볼 때 소위 '참모'로 나타나는, 그러나 관료적 권능이 전혀 없는 지식적 또는 준지식적인 전문실무노동자들을 특히 강타한다. 이들은 이제 관료적 '참모'가 아니라 관료체제의 **대상** 또는 광범한 **기층**으로 화했다. 따라서 이들은 궁극적으로 탈관료화되었고 완전히 **자본 아래로의 형식적 포섭**이 관철되었다. 한편으로는 이들의 상업, 행정적 그룹들(엥겔스적 의미에서의 '지식 프롤레타리아'의 비생산적 분파)이 상업, 행정업무의 폭발적 증가로 인해 관료적 관리자들보다 더 빠른 속도로 급증하였고, 다른 한편으로는 과학-기술적 집단들(지식 프롤레타리아의 생산적 분파)이 직접적 생산과정의 테일러화, 포드화, 극소전자적 기술혁명과정에서 폭증하였다(이에 관해서는 다시 상론한다).

(3) 대공간 사무실의 궁극적 관철

이러한 사태진전은 평사무원들의 노동조합관을 변화시키고 장년 사무노동자들과 ——특히—— 평범한 실무노동자들의 노조가입의사를 높여주었다. 따라서 자동화된 사무기술의 도입과 대공간 사무실의 관철은 사무노동자층의 점증하는 저항에 대한 보다 큰 주의와 이 저항의 무마를 위한 조치들을 강구하도록 강제하였다. 대량 작업홀의 위기와 중급 관료 및 실무 노동자들의 기능약화는 사무관리적 지배관계의 일반적 정당성 위기로 발전하였기 때문이다. 이러한 첨예화된 정당성 위기의 강압 하에서는 긴장감이 감도는 사무공간의 경우 지배의지가 더욱 모습을 드러내기 힘들었다. 지배를 은폐하게끔 내모는 이러한 사회적 강제는 대공간적 지배기술의 변화와 세련화 쪽으로 사무공간적 발전을 방향짓게 된다.

그러나 어깨를 나란히 하고 근무하는 실무직원들과 단순사무직원의 수가 급속히 증가하면 증가할수록 그만큼 사무공간의 확대가 필연적이게 되었다. 왜냐하면 효율적인 인간통제를 위한 **시야의 확장**은 사무공간의 역사적 확대경향에 숨겨진 핵심요소이기 때문이다. 그러나 가령 사무실을 감독자가 돌아다닌다든가 여기저기 훑어보는 눈초리 통제의 방법과 같은 직접적인 감시형태는 이제 거의 정당화될 수 없었다.

따라서 대공간적 통제기술은 보다 간접적인 지배행사를 위해 수정될 필요가 있었다. 이리하여 오늘날 완전 에어콘디션된 작업홀이라고 불리는 **대공간 사무실**(Großraumbüro)이 전체 사회적 변동 및 사무경영적 지배관계 안의 강제와 저항의 변위의 테두리 내에서 장기적인 발전과정을 통해 생성되어 나온다. 대공간 사무실 안에서는 공간성원들 간의 상호적 강제가 보다 큰 비중을 차지한다. 동료들에 의한 상호적 규율화는 대공간의 개념 속에 숨겨진 결정적인 목표이다. 이제 무엇보다도 먼저 위계적 감시가 아니라 대공간 사무실 내의 **공중적 눈초리**(Blicken-öffentlichkeit)의 빈틈없는 관계망이 노동행태의 표준화를 관철시킨다(참조 : Fritz, 앞의 책, p. 136).

동시에 20년대 및 50년대의 대량 작업홀과의 어떠한 유사성도 회피된다. 대공간 사무실의 관철은 과거의 대량 작업홀과의 역사적 유사성이 기술적으로 은폐되면 은폐될수록 용이하기 때문이다. 20년대 대중빈곤의 시대에 합리화 강박과 사무직원의 상대적 무기력 상태가 테일러주의와 포드주의의 주도이념에 따른 대량 작업홀의

목적합리적 관철로 귀착되었다면, 60년대의 대공간 사무실의 조직자들은 **심리기술**과 **사회보건학**의 원리에 의존하였다. 사무공간의 전반적인 발전과정의 중심에는 생리학적, 심리기술적 강박의 극히 다양한 수단이 놓여 있게 된다. 소음기술적 조치, 공간 인테리어 조치, 공간 미학적 조치(가령 아름답고 값비싼 노동수단과 작업공간은 암암리에 그 사용자들에게 규율잡힌 행태를 강제한다) 등이 전통적인 작업공간의 변경과 질적 개편의 방법으로 투입되었는데, 이것들은 모두 관료적 대사무관리체제 안에서의 불평등한 권력관계의 현상방식을 변경시키고 은폐하기 위한 것들이다(같은 책, p. 135).

대공간 사무실에서는 이제 한 상사 밑에 2~3명의 '참모'가 아니라, 수십 명, 아니 백여 명의 실무직원들과 단순사무원들이 일한다. 권한 없는 상업적, 행정적, 과학-기술적 대졸사원들은 단순히 관료적 위계체제의 강박에 내맡겨진 채 **익명화된** 대중이 되었다. 이들은 아직 노동 안에서 자율적이고 자기책임적이지만, 자신들의 분업적으로 분단된 업무의 의미연관을 모른다. 한 사무직원은 다음과 같이 하소연하고 있다 : "우리들의 일이 재미있다면 그래도 봐줄 만하다. 그러나 대부분은 수행되어야 하되 나로서는 그 유용성을 거의 납득할 수 없는 잡일이다" (K. Aumeier 1976, p. 53).

당연히 관리직에 있지 않은 사무원들의 소외감도 증가한다. 그들은 자신의 노동 속에서 편안하지 못하고 진행되는 과정을 이해할 수 없다. 그들은 자신의 무력감에 시달리고 사무실 안에서의 그의 일생이 자기 실현에 기여하는 것이 아니라 "낭비된 일생"이라는 느낌에 싸여 있다. 그러나 "산업행정 안에서의 점증하는 소외는 이 행정의 보다 강화돼 온 관료화의 결과일 뿐만 아니라 이것의 **전제**이기도 하다. 왜냐하면 자기의 기업과 노동으로부터 소외된 직원들도 보다 단순하고 일상화된 부분노동, 기계적인 결정 등에만 활용되는 재료일 뿐이고 보다 강력하게 통제되지 않으면 안 되기 때문이다" (H. Bosetzky 1978, p. 67. 강조는 필자).

(4) "체계적 합리화"와 기업지도부의 지배강권의 강화

한편 극소전자적 자료처리기술에 기초한 '합리화' 과정 속에서 자본 아래로의 사무노동의 새로운, 미래지향적인 포섭형태들이 생겨나고 있다. 이것은 "사무직원계층 안에서의 사회적 변동의 일차원적이지 않은, 특히 복합적인 과정"을 가리킨다

(F. Deppe u. a., 1988, p. 149). 이것의 기술적 토대를 바에트게와 오버베크(Baethge/Oberbeck)는 "체계적 합리화"(Systemische Rationalisierung)라고 부른다. 일차적으로 사무와 행정에 특유한 보조기능에 관계하였던 전통적인 분업에 대해 이 "체계적 합리화"는 "극소전자기술에 근거한 새로운 자료처리 기술과 커뮤니케이션 기술의 활용 하에 기업 내적 그리고 기업 초월적인 정보유통, 자료를 통한 커뮤니케이션, 자료들의 조합, 기업과정들의 조직화, 상이한 기능영역들의 조종이 단일행정 및 단위기업 안에서 단일과정으로 개편되는 것"을 뜻한다(Baethge/Oberbeck 1986, p. 20 ff.). "체계적 합리화"의 신화적 결과는 수적으로 적은, EDPS에 능란한 고도 노동자 집단과 단순한 보조인력의 대집단으로의 직접적 양극화에 있는 것이 아니다. "체계적 합리화" 하에서도 탈기능화의 요소는 계속 작용하지만 일반적인 경향은 차라리 다른 방향을 취하고 있다. 즉 신축성 있는 새로운 체계는 단순 노동자들이 구속되어 있던 수많은 일상 기능을 처리한다. 그리하여 단순한 비서직, 필경인력 등의 수가 현저히 감소하고(참조 : B. M. Semmler 1984, p. 167) 이에 반해 상업, 재무행정, 광고·판촉, 시장조사 등을 맡은 대졸인력의 수가 급증한다.[35] 게다가 해리 브레이버만(Harry Braverman)이——어셈블리 라인을 연상시키면서——분석했던 "데이타 타이피스트와 카드펀처 여성들"의——초기 EDPS 단계에 특유한——중앙화된 작업홀(H. Braverman 1977, p. 250ff.)도 사라진다.

> "오히려 통합적 데이타 처리의 새로운 형태들은 컴퓨터 관리와 컴퓨터 활용 간의 종전의 분업을 해소하는 듯하다. 탈중앙화된 데이타 처리체계의 완비와 함께 데이타 입력과 데이타 관리를 데이타가 떨어지는 바로 그곳, 가령 창구에서, 상황에 따라서는 심지어 고객 앞에서 수행하도록 하는 것이 기업에 이익이 된다. 이러한 노동조직은 단조로운 데이타 입력 및 데이타 관리를 맡던 사무원 집단을 현저히 축소시키고 중하급 수준에서의 분업의 부분적 탈(脫)위계화를 초래할 것이다"(Baethge/

35) 가령 Siemens사의 전체 직원은 1973년 200, 700명에서 1982년 169, 800명으로 감소하였다. 그러나 "상업업무자들" 집단은 이에 반해 32, 500명에 33, 700명으로 증가하였다. 이 중 단순사무인력은 약 7, 500명에서 5, 300명으로 감소한 데 반해, 대졸사원은 약 1, 950명에서 5, 300명으로 강력히 성장하였고 대학을 나오지 않은 사회경력의 상업전문인력은 불변의 크기를 보이고 있다(23, 050명에서 23, 100명으로) (참조 : Semmler, 앞의 책, p. 167).

Oberbeck, 앞의 책, p. 31).

따라서 노동기능(Qualifikation)은 '현대화'되거나(참조; 같은 책, p. 34) 차라리 전체적으로 볼 때 상승한다.

기업 전체의 행정을 '위로부터' 장악하는 EDPS 시스템은 사무노동과정을 **투명하게** 만든다. 가령 기업지도부는 EDPS 기술의 도움으로 노동성과를 극단적으로 정밀하게 측정할 수 있다. 따라서 이 체계는 사무직원의 노동형태의 보다 효과적인 통제를 가능케 해준다. 바에트게와 오버베크는 '체계적 합리화'에 의한 기업권력구조의 변동의 '두 가지 핵심적 영향'을 다음과 같이 요약하고 있다(같은 책, p. 174).

(1) **정상(頂上)과 중앙관료층의 통제권력의 강화와 중하급 차원의 사무직원의 무력화**: "기업지도부 차원의 중앙조정권력의 강화와 이에 상응하는 주변적 기업단위들의 약화." "기술투입은 따라서 지금까지 종종 전제해 왔듯이 결정과정의 유연화와 자동화를 고도화시키는 것으로 귀착되는 것이 아니라, 중앙지도권력의 자립화와 강화의 경향을 뚜렷이 드러내준다."

(2) **위계적 기업구조의 첨예화**: "통상적 기술활용 형태들은 여기에서도 위계체제의 완화 및 기업 내 경영구조와 커뮤니케이션 형태의 민주화 등의 종종 정식화돼 온 기대에 부응하는 것이 아니라, 본질적으로 기업업무과정의 흐름에 대한 더 큰 투명성 및 데이타 은행에 정보를 보관하는 보다 신속하고 동시에 일반적으로 접근가능한 형태에 입각한" 위계구조의 첨예화를 낳는다(같은 책, p. 175). 따라서 **노동기능(Qualifikation)의 양극화, 즉 탈기능화 없이, 아니 차라리 장기적인 시각에서 볼 때 노동기능의 고도화를 수반하면서**, 관료체제 안에서 **권력의 양극화**, 즉 상부의 위력화와 하부의 무력화가 벌어진다. 그리하여 보다 높은 노동기능이 직접 노동안에서의 보다 높은 자율성 및 기업정책 수립과정에 대한 중급의 전문분과의 영향력 강화를 가져오는 것이 아니라, 거꾸로 이들의 권력상실을 초래하는 새로운, 기묘한 상황이 생겨난다. 보다 높아진 노동기능이 궁극적으로 주체성 매개의 차원에서 경영진의 강화된 관료주의적 통제에 고집스럽게 대항하도록 하여 '개체의 주체화'에 기여하게 될지 모르지만, 현재 목도되는 상황은 아무튼 그와 같다.

이와 같이 중급차원의 사무직원의 관료주의적 권한은 전통적인 분업과 '체계적 합리화' 과정 속에서 점차 공동화(空洞化)되고 있다. 그러나 EDPS 기술이 **중하급 차원에서의 탈위계화**를 가능케 한다 할지라도 관료체제적 위계는 일상으로부터 자취

를 감추는 것이 아니다. 한 상사에 복종하는 참모들의 수가 불어났지만, 이것은 **고위 관료층**과 중하급 직원 간의 관계를 조금도 완화하지 않고 오히려 고위 상사관료의 특유하게 관료주의적인 물신화, 개인숭배를 강요한다. 대부분의 사무노동자들은 관료체제적 위계를 단지 벌거벗은 강권관계로 간주하고 따라서 '견디어내거나 변혁시켜야 할' 그 무엇으로 느끼지 않을 수 없다. 그들은 자신들의 무력한 지위를 스스로 통감하고 있다.

하지만 **중급관료**의 지위가 아무리 악화되었다 할지라도 이 중급관료들을 완전히 **탈관료화**되어 자본 아래로 완전히 **형식적으로 포섭된 지식노동자**(및 사회적 경력을 통해 고도화된 기능을 획득한 상업적 전문인력과 산업적 기술자)와 등치시키는 계급이론적 입장에 대해서 거리를 취하지 않을 수 없다. 자본 아래로 완전히 포섭되지 않은 관료와 완전히 포섭된 지식노동자가 이 입장에 의하면 몽땅 '신쁘띠 부르주아'나 '중간계급'으로 현상한다.

아직도 상당한 권한과 특권을 **지닌** 사무관리자들은 이런 권한과 특권이 전혀 **없는** 사무노동자들과 선명히 구별되어야 한다. 물론 대기업 안에는 관료 외에도 고위 또는 중급 차원의 테크노크라트들도 존재한다. 이 테크노크라트들은 고도의 추상적 이론지식을 갖고서(보통 박사 등의 타이틀을 달고 있다) 비관료주의적, **특별한 테크노크라시적 권능**을 위임받아 기획, 시장조사, 조직, 개발, 연구 등을 책임지는 전문가들인데, 이들은 보통 형식적 임금단계 속에 들어 있는 것이 아니라 대개 회사와 유사(類似) 파트너식으로 개인적 노동계약을 체결한다. 이들은 사(私) 법령으로 제도화된 관료적 권위위계가 아니라 **과학이론적**으로 정초된 **개인적 능력**으로써 권위를 획득하여 자본의 이익을 위해 투입하는 사무직원층이다. 따라서 중급의 관료층과 테크노크라트층은 **중간계층**을 이룬다. 이에 반해 **고위** 관료층과 **고위** 테크노크라트층——대기업의 이사진 바로 밑에 위치하고 이익배당 그룹에 속하는 고위 대리인, 부장급 관료, 자본의 이익에 따라 대 프로젝트를 준비하고 수립하는 **임금관계 밖의**(AT) 과학자들——은 기업 내의 **관료 부르주아지** 및 **테크노크라트 부르주아지**로 분류될 수 있을 것이다.

이 관료층 및 테크노크라트 집단과는 반대로 이들보다 더 신속히 증가하고 있는 기술 및 상업행정 지식노동자, 준지식 전문인력(전문대, 기업 내 교육과정, 기타 사립기술 교육과정을 졸업하고 사회경력을 쌓은 전문인력) 등은 일체의 관료적 서명권도 특권도 지시권한도 없다. 이들은 관료가 아니라 **관료체제와 테크노크라**

시의 단순한 객체일 뿐이다. 이들은 결코 **산업노동자들에게 짐으로 부담을 주거나 지배계급의 사회적 안전과 권력을 증대시키기 위해 기능하는** 중간계층에 속하는 것이 아니라 **지식 프롤레타리아들**(엥겔스)일 따름이다.

그러나 이 지식 프롤레타리아도 ── '후기산업사회' 이론가들이나 서비스 사회' 이론가들이 그렇듯이 ── 사무실에서 **가장 하위**에 있는 **단순사무노동자들**과 등치시켜서는 안 된다. 비관료적인, 그러나 고도자격화된 실무노동자 집단들은 이 사무보조원들과 마찬가지로 임금예속 상태에 있기는 하다. 또한 체계적 EDPS 기술의 투입은 장차 실무노동자와 사무보조원들간의 기능격차를 해소할 듯하다. 그러나 보다 높은 추상수준에서 동질적인 것으로 파악된 이 임금노동자들을 상호 분리시키는 **객관적인** 분계선이 아직도 엄존한다(이 분계선에 관해서는 뒤에서 자세히 다루겠다). 단순 사무직원들은 노동계급의 한 분파이다.

한편 중간관료들의 처지의 보편적인 악화는 그들의 의식적 표현도 얻고 있다. 그들의 형태규정적인 임금예속적 규정이 관료적 특권집단으로서의 그들의 조직적 규정에 대해 점차 강력하게 관철되어가자 그들은 자기동일성의 위기에 빠져들고 있다. 중급 지도간부와 테크노크라트들은 노동자 및 지식 프롤레타리아와 연대하든지 아니면 독자적 직업단체적 협회를 결성하여 이것을 토대로 사회의 권력체제 안에서 자신의 자리를 마련하든지 선택해야 하는 갈림길에 서 있다. 이들의 노조가입률은 간접적으로, 노동자적 의식이 이 중급관료들 사이에 얼마나 유존되었는지에 관한 정보를 제고한다. **모든** 제국주의 국가들에서 그들의 노조가입률은 증가하고 있다(참조 : G. Diligenski u. a., 앞의 책, pp. 236~237).

이런 경향은 대공간 사무실 안에 우글거리는 지식 프롤레타리아들에게서 더욱 뚜렷하다 : "사무직원의 특별 역할에 관한 엘리트적 의식은 대공간 사무실의 현실 속에서 해체되기 시작한다. 연대와 노동조합활동은 이 사무직원들 사이에서 명백히 증가하고 있다" (K. Aumeier 1976, p. 56). 하이테크(첨단산업) 콘체른의 연구 · 개발 등의 분과에 근무하는 새로운 하이테크 지식노동자들은, 대부분 다른 지식노동자들에 비해 특혜를 받기 때문에 대개 그들의 직업적 확신 속에서 노조적 연대에는 관심이 없지만 이들도 '자기실현'에 대한 관심, 특히 '기업 내의 민주주의, 더 많은 민주주의와 정의'에 대한 관심은 그들의 의식에서 전면으로 부각되고 있다(참조 : R. Ullrich 1988, p. 53).

따라서 사무실 안에서 관료체제적 전제(專制)에 대한 저항의 잠재력과 기업

민주화에 대한 관심은 날로 고조되고 있다 : "공동 결정에 대한 노조의 요구가 지식노동자층에서 일으킨 강력한 반향은 이러한 배경에서도 이해되어야 할 것이다" (Köhler/Speer, 앞의 글, p. 108 또는 참조 G. Diligenski u. a, pp. 239~240). 지식프롤레타리아는 자본주의적 소유권력과 관료체제를 기업민주주의의 확대관철에 의해 해소해 나갈 주도적 잠재력인 셈이다.

3. 생산과정의 관료체제 ——포드시스템, 테일러리즘, 극소전자적 자동화

(1) 병영적 통제체제와 가부장제적 직장(職長)체제

작업장의 관료체제는 파란만장한 전사(前史)을 갖는다. 기계류의 자본주의적 적용의 직접적 결과로서 취급된, 자본 아래로의 노동의 실질적 포섭은 섬유산업과 이와 유사한 산업분야에만 고전적으로 관철되었다. 마르크스도 주로 당시의 섬유산업을 그의 분석의 대상으로 삼았고 따라서 병영전제주의적 공장체제를 "이것의 **가장 완성된** 형태에 있어서" 서술할 수 있었다(참조 : MEW 23, p. 441, 강조는 필자). 그러나 기계화의 기술적 원리에 기초한 실질적 포섭은 모든 생산영역에 관철될 수 없었다. 단순한 기계화는 섬유생산, 제분, 철강제련, 핀, 종이 등의 생산과 같은 **'유기적'** 생산과정과 원칙적으로 구별되는 **'이종적'** 생산과정(의류, 기계제조, 시계, 선박, 기관차, 주택 등의 생산——이 두 생산의 구분에 관해서는 마르크스, 같은 책, p. 363 참조)을 자동화하기에 기술적으로 너무 역부족이었다. 따라서 공학적으로 자동화된 공장체제와 나란히 **저발전된** 형태의 공장체제가 존재하였다. 이 저발전된 형태는 "가장 완성된" 자동화 공장 시스템과 동일한 기계화 수준에서 있었지만 자동화를 전혀 경험할 수 없었다. 따라서 이종적 생산과정의 노동자들은 옛 매뉴팩처 노동자들과 유사하게 본격적인 실질적 포섭이나 병영적 전제체제에 빠져들지 않았다.[36)]

36) 우리는 19세기말의 대침체기 이래 시작된 산업구조의 변동시기까지 자본주의적 생산양식의 두 발전단계, 즉 형식적 포섭만이 관철된 초기 자본주의적 매뉴팩처 단계와 기계경영에

이 저발전된 공장형태, 즉 '공장경영으로의 이행단계'에 있는 근대적 매뉴팩처(같은 책, p. 484)에 관해 마르크스는 여기저기서 언급하고 있다. 그는 '본질적으로 상이한' 이 두 생산형태, 매뉴팩처의 유기적 형태와 이종적 형태에 관련하여 다음과 같이 말하고 있다 : "이중적 성격은 제작물 자체의 본성으로 말미암아 생겨난다. 제작물은 **자립적인 부분생산물들**의 단순히 공학적인 **조립**에 의해 형성되든가 자신의 완성된 형태가 **일련**의 **연관적인** 과정들과 조작들에 의해 이루어진다"(같은 책, p. 362. 강조는 필자). 마르크스는 첫번째 형태의 예로서 기관차를 들고 있다(참조, 같은 곳). 그러나 그는 곧 기관차를 곧 시계로 대치한다. 왜냐하면 "기관차는 본래적인 매뉴팩처의 첫번째 유형의 예로서 간주될 수 없기 때문이다"(같은 곳). 마르크스가 기관차 제작을 **이종적** 생산형태에 대한 예로서 제시했다가 매뉴팩처 시대에 적절한 예가 아니라고 하면서 다시 취소한 의도는 이종적과 유기적이라는 범주가 대공업에도 그대로 타당하다는 것을 암시한다. 따라서 그는 다음과 같이 말하고 있다.

> "두 근본형태는 때때로 얽히고 설킬지라도 본질적으로 상이한 유형들이고 가령 매뉴팩처가 **나중에** 기계경영의 **대공업**으로 탈바꿈할 **때도 전적으로 상이한** 역할을 수행한다"(같은 곳, 강조는 필자). 왜냐하면 기계경영으로의 이행, "이 형태변환은 제작물의 매뉴팩처 생산이 제작과정의 단계적 연쇄가 아니라 **분리된** 여러 과정들을 포괄하는 곳에서 **가장 어려운** 것으로 남아 있기"(같은 책, p. 484. 강조는 필자) 때문이다.

노동이 '일련의 연관적 과정'으로 수행되는 **유기적** 생산과정에서는 공작기계가 **질적으로 새로운** 도구로 현상된다. 왜냐하면 "한 공장기계가 동시에 놀리는 도구의

기초한 실질적 포섭의 대공업 단계가 동시대적으로 관찰될 수 있었다는 R. Schmiede의 견해에 동조한다. 즉, 실질적 포섭의 제1단계는 "반쯤 성공한다"(참조 : R. Schmiede 1989, p. 23). 그러나 우리는 이 실질적 포섭이 "아직 체계적인 경영 및 노동조직에 의해 동반되지 않았기"(위의 글, 같은 곳, 강조는 필자) 때문에 "반쯤 성공"했다고 보는 것이 아니라, **그것이 단지 유기적 생산과정에서만 관철되었기** 때문에 그렇다고 본다. 실질적 포섭이라는 생산관계적 **토대구성체적** 근본특징을 상부구조적인 기업**조직**의 **체계적 발전** 속에서 찾아보려는 그의 혼동된 시도는 그가 대부분의 다른 이론가들처럼 원칙적으로 상이한 두 생산형태(유기적과 이종적)를 구분하지 못하고 있기 때문에 발생하였다(이에 관한 비판으로는 J. Bergmann 1989, p. 41을 참조하라).

수는 한 노동자의 손도구를 가두는 유기체적 한계로부터 애당초 해방하기" 때문이다(같은 책, p. 394). 여기서는 개별 생산과정의 연속성이 보장되고 궁극적으로 공학적 기계체계의 토대 위에서 공장 전체의 생산과정이 자동화될 수 있고 **흐름식 생산**이 확보된다. 여기에서 "기계가 직접적으로 사회화된 또는 공동적 노동의 손 안에서만 기능한다"(같은 책, p. 407). 이에 반해 자립적인 부분생산물이 사전에 선행적 생산공정에 제작되고 그 뒤에 조립되어야 하는 **이종적** 생산과정 안에서의 기계류는 질적으로 새로운 도구의 성격을 전혀 가질 수 없었다.[37] 제작물의 성격이 단순히 개개 기계들의 도입만을 허용하는 이종적 과정에서는 결국 **매뉴팩처**의 "기계류에 기초한 **재생산**"(같은 책, p. 484)이 벌어진다. 가령 기계제작의 경우 "개별적인 기계부품에 필요한 엄격히 기하학적인 형태들, 선, 평면, 원, 실린더, 원추, 구(求) 등"의 기계적 생산은 **활대**(slide-rest)의 발명으로 해결되었지만(참조 : 같은 책, p. 405), "이 공학적 장치는 그 어떤 특별한 도구를 대체한 것이 아니라" 다만 그것의' **크기**를 키웠을 뿐이다(참조 : 같은 책, p. 406). "그리하여 수공업적 도구는" 다만 "거대한 규모로" 크기만 바뀌었을 뿐 "다시 나타났다." "보링 기계의 작동기는 가령 엄청나게 큰 보링 기구이고……기계선반은 평범한 발선반의 거대한 재현이다" 등등(같은 곳). 이 기계적 공구는 따라서 특유하게 **수공업적** 기능으로 단련된 기계공에 의해 **조종되어야** 했고, 이런 식으로 제작된 부품들의 **조립**을 위한 노동도 다면적으로 숙련된 기계제작공에 의해 수행되어야 했다.

유기적 생산부문에서는 노동자들을 자본 아래로 실질적으로 포섭시킨 "가장 완성된 형태"의 공장체계에 기초한 병영적 전제체제가 구축된다. 이와는 달리 이종적 분야의 산발적 기계화는 노동자들의 수공업적 기능을 건드리지 못했다. 여기에서 수공업적 기계공(Machinist), 기계제작공(Maschinenschlosser), 기계수선공(Schreiner), 건축 수공업자, 목수 등은 그들의 노동기능을 유지하고 있었

37) R. Vahrenkamp는 이러한 두 가지 근본적 생산형태에 관한 마르크스의 구별을 찰지하지 못하고 있지만, 마르크스와 본질적으로 동일한 의미에서 생산을 두 가지 형태, "과정지향적 산업"과 "조립지향적 산업"으로 구분하고 있다(Vahrenkamp 1977, S. LXI). 하지만 우리는 마르크스의 범주를 고수한다. 이 범주가 더 간소할 뿐만 아니라, "이종적" 생산의 범주는 나중에 조합되어야 할 부품들의 선행적 생산공정을 분명히 해주고 주택건설, 선박 및 비행기의 건조 등도 환기시켜 주기 때문이다. 보통 주택건설이나 선박건조에 '조립'(Montage)이라는 표현은 부적절하다.

다. 경우에 따라서는 공장기계의 도입이 그들의 노동력가치를 심지어 높여주기까지 했다. 그들의 교육기간이 **기계조종기술**을 연마하는 기간만큼 길어졌기 때문이다. 그들의 길드식, 직업신분적 단체들(초기 Trade-Union)은 이런 이유에서 20세기초까지도 잔존할 수 있었다. 자본 아래 거의 형식적으로만 포섭된 이 노동자 집단들은 그들의 직업 신분적으로 조직된 권력으로써 낯선 기계의 투입, 노동과정에 대한 자본의 과도한 간섭 등을 저지할 수 있었다(마르크스, MEW 23, p. 697. 강조는 필자). 이들에 관하여 엥겔스는 1885년 다음과 같이 쓰고 있다.

> "여기에서는 지금까지도 여성노동자들의 경쟁도 아동노동자들의 경쟁도 또 기계도 그들의 **조직적** 강력성을 분쇄할 수 없었다. 기계제작공, 목수와 수선공, 건축 노동자 등은 제각기 하나의 **권력체**이고 그들 자신이——건축 노동자들이 그러듯이——기계의 도입에 성공적으로 저항할 수 있을 정도이다. 그들의 처지는 1848년 이래 의심할 바 없이 이상하리만치 **향상되었다**……그들은 노동계급 안의 **귀족층**을 이루고 있다" (MEW 23, p. 697. 강조는 필자).

이 길드조직과 과거를 지향하는 노동귀족층은 이미 1848년 이래 영국에서(세계시장에서의 공업독점으로 인해) 그리고 세기전환기경의 제국주의적 독점자본주의로의 이행과 함께 나머지 산업국가에서도 "이 독점의 이익에 참여"함으로써 **부패되어**(같은 글, p. 197 또는 MEW 36, p. 58 참조)[38] "부분적으로 반동화되려는 지경까지" 보이는가 하면(MEW 21, p. 511) "부르주아의 꼬리"로서(MEW 36, p. 58) "리버럴 부르주아와 협력하고 이들보다 더 앞으로 나가지 않았다"(MEW 21, p. 512).

기업가들은 당시 새로운 기계를 이 노동자들의 동의를 구해서만 투입할 수 있었고 또 이것을 자연스런 것으로 인정하였다. 이 이종적 생산영역에서는 보통 **특수한** 형태의 도급제가 실시되었는데, 이것은 **계약제**(Kontraktsystem) 또는

---

38) 부르주아지에 매입된 이 노동귀족층은 영국 노동계급을 1890년대까지 지속된 부패시기로 이끌었다. 1878년 마르크스는 다음과 같이 쓰고 있다 : "영국 노동계급은 1848년 이래의 부패시기를 통과하면서 깊이깊이 기강이 문란해졌고 결국 커다란 자유당의 꼬리, 즉 이들의 종복, 자본가들의 종이 되는 선까지 이르게 되었다. 그들의 지휘권은 매수되기 쉬운 Trade-Union 지도자들과 수공업 선동가들의 손아귀로 완전히 넘어갔다" (MEW 34, p. 30. 1878. 2. 11일 W. Liebknecht에게 보내는 편지).

내부계약제 (Subkontraktsystem)가 그것이다(참조 : R. Vahrenkamp 1977, p. LIX 또는 Schmiede, 같은 책, p. 23). 우두머리 노동자로서의 기계 제작공이, 예를 들면 기업지도부와 계약을 체결하여 그의 보조노동자들의 고용과 임금지급권을 넘겨 받는다. 이에 관해 마르크스는 다음과 같이 말하고 있다 : "자본에 의한 노동의 착취가 노동자에 의한 노동자의 착취를 매개로 실현된다" (MEW 23, p. 577). 이 계약제는 완성된 병영적 공장제도와 나란히 무대를 지배한다. 이 계약제는 영국에서는 'peicemastering' (참조 : D. Clawson 1980, p. 75 또는 MEW 23, p. 577. 각주)으로, 미국에서는 'inside contracting' (Clawson, 같은 책, p. 71 이후)으로, 독일에서는 당시 문헌에서 명명된바 'Werkmeistersystem' (참조 : Schmiede, 같은 곳)으로 나타난다. 이 계약제는 매뉴팩처 시대의 유제로서 가끔 유기적 생산부문에도 남아 있었으나, 이종적 생산공정에서도 특징적인 것이었다.

그런데 이 계약제는 기업주의 관점에서 볼 때 두 가지 심각한 문제를 안고 있었다. 첫째, 계약자들이 그의 보조노동자들로부터 추출한 잉여가치의 일부를 점취하였다. 따라서 계약자들의 소득은 이 계약자들과 거의 동일한 기능을 수행하는 평범한 직장(職長)들의 고정급보다 훨씬 더 많았고(참조 : Clawson, 같은 책, p. 119) 계약자들은 절대적 잉여가치의 이 부분 외에도 기술혁신 초기에 생겨나는 별도잉여가치의 대부분도 점취하였다. 둘째, 이 제도는 사회위계적 문제를 야기하였다. 고정되지 않은 소득은 **소(小)계약자들**로 하여금 그의 보조노동자들에게 부정기적이고 자의적인 임금을 지불하도록 하였다. 이로 인해 생겨나는 갈등은 가끔 기업지도부 자체를 덮쳤다. 한편 **보다 큰** 계약자들은 가끔 기업의 고위행정요원보다 많이 벌었다. 이것은 기업 입장에서 볼 때 행정요원들의 충성심과 상명하복관계를 확보하는 것을 어렵게 하였다. "다른 모든 행정요원들이 걸어서 직장에 오는데, 몇몇 계약자들은 연미복을 입고 당당한 다이아몬드 옷핀, 각반, 장갑 등으로 차려 입고 호화마차를 타고 일터로 왔다" (같은 책, p. 122). "물론 회사 사무원들은 이 계약자들에 분개하였고 이들을 대등한 사람들로 수락하는 것을 거부하였다" (같은 책, p. 123). 이런 이유들에서 자본은 차츰 계약자를 고정급의 직장(職長)으로 대체해 나간다.

그런데 이 직장은 고정급의 임금노동자였지만, 그래도 여전히 상당한 권력을 지니고 있었다. 그는 노동자를 고용하고 해고하고 이들의 임금을 결정하고 도제를 기르고, 노동과정의 모든 측면을 통제할 수 있었다. 오늘날 경리과, 인사과,

개발부서, 기타 기술분과에서 행사하는 모든 결정권력이 직장의 손에 집중되어 있었다. 그러나 그의 이 권력은 부분적으로 명목적이었다. 그의 노동자들의 생산지식이 모두 합해 볼 때 시간이 감에 따라 낡아진 그의 개인적 지식보다 더 많고 구체적이고 현대적이었기 때문이다(참조 : 같은 책, pp. 130~144). 따라서 생산권력은 실은 직장과 그의 노동자들의 집단적 수중에 있는 셈이었다. 따라서 이종적 생산과정의 노동자들이 지닌 이 잔여권력은 자본의 가치증식의 최대 장애물이었다. 이 권력을 분쇄하기 위한 19세기말까지의 자본의 모든 시도는 좌초하였고 기업지도부는 "오직 노동자들만이 현장의 기본 결정을 내릴 수 있고 따라서 노동자들에게는 상당한 자율성과 통제권이 허용되어야 한다"는 사실을 암묵적으로 승인하였다(같은 책, p. 163). 그러나 **직장제도**, 즉 자본의 불완전한 전제체제는 새로운 생산구조 및 소비구조의 변동 속에서 자본의 증식법칙과 심각한 갈등에 빠져 들었다.

> "조립지향적 산업(=이종적 생산과정 —— 필자)에서 고도로 분화된 생산물의 판매, 유행의 변화, 급속한 기술변동은 상담, 고객 서비스, 대체부품 조달 등을 맡는 분화된 조직의 일이 되었다. 이것은 대량생산이라는 슬로건으로 바뀔 수 있는 새로운 산업들의 특징적 생산방법인데 이중 가장 중요한 것만 나열해 보자면, 의류, 프롤레타리아 일반의 첫번째 내구 산업소비재인 재봉틀로 시작되는 내구소비재 생산영역들이다. 이 생산의 확대와 더불어 조립지향적 산업들 안에서의 노동조직은 점차 자본증식의 법칙과 모순에 빠지게 되었다" (R. Vahrenkamp, 위의 책, pp. LIX~LXII).

이종적 생산과정 안의 —— 자본에 형식적으로 종속된 —— 고전적 노동귀족층의 잔존하는 노동자율성과 대항권력이 자본의 행동공간을 제약하고 있었기 때문이다. 그리하여 19세기 마지막 4분기에 닥친 대침체기에 이 생산과정에서 노동의 투입 및 조직에 하나의 획기적인 구조변동이 시작된다(참조 : Schmiede, 앞의 책, p. 23).

(2) 포디즘과 테일러리즘 — 작업장의 관료화

이종적 생산과정 내의 이 형식적 자본관계의 증식난관을 분쇄한 것은 테일러리즘과 포디즘이다. 이것과 함께 아직도 손노동을 수행하는 구(舊)노동귀족층도 점차 해체된다. 동시에 엔지니어, 기술자 등 손노동으로부터 방면된, 지식에 근거하여

또는 그밖에 정신적으로 활동하는 **새로운 노동귀족층**이 노동계급 **외곽에** 통계적으로 포착가능한 규모로 생겨나기 시작한다.

테일러리즘과 포디즘의 해석은 긴 논쟁의 역사를 갖고 있다. 한편은 테일러리즘이란 오래 전에 포디즘과 여타 노동방법들에 대한 대명사로 쓰이고 있을 뿐이라고 주장한다.[39] 다른 한편에서는 포디즘이나 그밖의 방법들은 테일러리즘의 현실화된 실천 또는 이것의 일관된 관철이라고 주장한다. 따라서 테일러리즘은 아직도 현실의 일부라는 것이다.[40]

테일러리즘적 이론들이 기업의 현실적 구조로 전환된 것을 테일러리즘의 소멸로 파악하는 것은 분명 잘못된 것이다. 테일러리즘은 간과할 수 없는 현실의 일부이다. 하지만 포디즘을 테일러리즘의 단순한 연속으로 규정하는 것도 마찬가지로 오류이다. 테일러리즘과 포디즘은, 급여정책 및 사회보장정책 등을 도외시하면, **이종적 생산과정**의 전공정 안에서 본질적으로 상이한 두 단계인 부품의 **제작단계**와 이 부품을 완제품으로 만드는 **조립단계**에 대응하는, 본질적으로 상이한 방법들이기 때문이다.[41] 따라서 포디즘과 테일러리즘은 상호 전제하지만, 원칙적으로 상이한

---

39) 참조 : R. Vahrenkamp, 위의 글, SS. LXXX-LXXI ; R. Edwards 1981, S. 110ff. etc.

40) 참조 : A. Sohn-Rethel 1972, p. 44. 또는 1973, p. 27 ; W. Volpert, 1977 p. IX ; D. Clawson 1980, p. 203 이하 ; W. Hofmann 1988, p. 78 etc. Harry Braverman(1977)은 테일러리즘이 아직도 현실을 지배하고 모든 다른 방법들은 이것의 연속이거나 보충물이라고 주장한다(p. 74 이하). 그러나 그는 테일러리즘과 포디즘의 관계에 대해서 분명한 말을 하지 않고 있다. 이에 반해 Bunnig/Fobbe/Hofkes(1984)와 Hirsch/Roth(1986)는 포디즘을 장기적인 "축적체제"로 이해하고 테일러리즘을 포디즘의 한 요소로 규정한다. 전자는 "그것(포디즘—필자)은 테일러 시스템에 기초한다"고 말한다(Bünnig/Fobbe/Höfkes, p. 289). 후자는 "포디즘의 결정적 기초"는 "테일러리즘적 노동조직과 소비재의 대량생산에 의존한 '집약적' 축적전략으로의 이행"이라고 말한다(Hirsrh/Roth, p. 48). 이들은 모두(노동구성방법이라는 좁은 의미에서의) 포디즘과 테일러리즘 간의 원칙적인 차이를 인식하지 못하고 있다. 이것은 이들의 "**어셈블리 라인**(포디즘의 한 요소 —— 필자)의 기술적 경직성이 테일러리즘의 일반적 관철에 대한 중요한 경제적 장애로 입증되었다"(같은 책, p. 107. 강조는 필자)고 말하고 있는 것을 보면 분명하다. 그러나 포디즘과 테일러리즘은 곧 밝혀지듯이 **이종적** 생산과정의 완전한 **상이한** 두 측면과 관련된 **완전히 상이한** 방법들이다. 게다가 보다 포괄적인 것은 포디즘이 아닌 테일러리즘이다.

41) 테일러리즘과 포디즘의 빈번한 혼동은 모두 생산과정의 "본질적으로 상이한 유형"(유기적 과정과 이종적 과정 —— 마르크스)에 대한 무지와, 이종적 과정 내의 두 단계의 근본적

이유에서 확산된다.

테일러리즘은 본래, 부품들의 조립 **이전에** 제작되어야 하는 **부품들의 생산**을 위한 능란한 수공노동 또는 기계조종노동을——이 노동의 능란한 손기능의 본질적인 세분화의 불가능성으로 말미암아——주로 이 노동을 정신기능으로부터 인위적으로, **조직적으로** 분리시킴으로 가속화시킬 것을 목표로 하고 따라서 노동의, 자본 아래의 실질적인, 즉 구성체적인 포섭을 주로 **관료체제적**으로 **선취하는** 것이다. 이에 반해 포디즘은 이미 제작된 부품들의 **조합**, 즉 조립을 위한 다면적으로 고도화된 노동기능을 **세분화된** 노동으로 **분해하여 흐름식으로** 만드는 것을 목표로 한다. 따라서 조립과정은 **구성체적으로** 자본 아래로 실질적으로 포섭되고 컨베어벨트에 입각한 어셈블리 라인에 의해 **기계적으로** 통제될 수 있게 된다.

(**공학적인 자동기계 시스템**이 모든 제작과정을 떠넘겨 받아 노동자들을 이 과정으로부터 그리고 노동의 내용으로부터 '해방'시킴으로써 재료투입 기능이나 기계보조기능으로 격하시킨 유기적 산업에서와 반대로) 노동의 단순화가 공학적 기계의 아무리 약삭빠른 적용을 통해서도 가능하지 않은 **이종적** 산업들에서 노동속도의 가속화를 위한 **유일한** 방법은 분업을 근본적으로 심화시키는 데 있었다. 공학적 기계체계를 뛰어넘는, 질적으로 새로운 기술, 즉 가령 **극소전자적인**, 컴퓨터에 의해 조종되는 자동화가 발명되어 확산되기 전에는 **이종적** 과정에서 어떤 다른 대안이 없었다. 분업의 의식적 심화는 테일러리즘과 포디즘에 공통된 요소이다. 하지만 이것들은 분업의 심화방향, 정도, 노동통제방법 등에서 본질적으로 다른 것이다.

나중에 조립되어야 할 **부품들**의 **제작**은 재료를 공작기계로 **꼴짓는**(verformen) 것이다. 이때 노동주체는 가령 재봉틀 부품들의 기계적 제작의 경우 공작기계를 홀로 일하도록 놔두고 옆에서 뒷바라지만 할 수 없고 이 공작기계를 끊임없이 노련한 손기능으로 **조종해야** 한다. 물론 이 조종기능은 개의 요소로 분할되어, 불필요한 손동작을 배제하게끔 표준화할 수 있다. 그러나 이 조종노동의 어떤 근본적 표준화 이후에도 기계제작, 의류생산, 제빵업 등 셀 수 없이 많은 생산영역은 더 이상 분할될 수 없는 **손기능**을 수행하는——4~5년 가량 교육되어야 하는 전문기술노동자(Facharbeiter) 들의 활동영역으로 남아 있었다. 즉 기계조종, 금속가공기능, 기타 재료가공기능 등은 이 기능의 수행에 몇 십 초밖에 소요되지

차이에 대한 무지에서 비롯된다.

않는 식으로 분할되어 흐름식으로 만들어질 수 있도록 근본적 차원에까지 분해될 수 없었던 것이다. 이 노동의 성과는 따라서 여전히 이 조종노동자들 또는 가공노동자들의 잔여 수공기능과 주도권에 좌우되었다. 이런 까닭에 **새로운 조직적 통제체계**의 수립없이 분업과 노동 및 노동수단의 표준화만으로써는 성과의 향상에 이를 수 없다. 따라서 테일러리즘의 주공방향은 손기능을 두뇌기능으로부터 '깨끗이'(clearcut) 분리시키고 이 두뇌기능을 전담하는 두뇌노동자에 의한 손노동자의 **관료적** 통제를 조직하는 것이다. 이렇게 볼 때 테일러가 그의 'scientific management'를 Midivale Steel Co. 에서 개발하게 된 것은 결코 우연이 아니다. 이 기업은 기계제작을 위한 **부품**을 생산하여 다른 대기계제작소에 납품하는, 따라서 **조립공정**을 **거의** 포함하지 **않는** 하청업체였기 때문이다.

나중에 조립되어야 할 부품을 제작하는 공정과는 반대로 부품들의 **조합**은 이전에 다른 공정에서 제작된 부품들을 —— 가끔 공작기계로, 그러나 대부분 —— 공구로 **조립하는** 것이다(montieren). 이 조립은 원래 "가장 고도의 기능을 요구하는 노동"이었다(H. Braverman 1977, p. 118). 그러나 여기에서는 분업이 조립노동의 단계에 따라 극단적으로 관철될 수 있었다. 노동동작을 조립해야 할 부품**마다** 낱낱이 분해할 수 있었기 때문이다. 이로써 모든 조립단계를 상대하기 때문에 원래 다측면적으로 고도화된 조립노동은 완전히 단순한 노동부분으로 분해될 수 있다. 따라서 조립과정은 분업의 극단화만으로, 즉 특별한 노동도구적 기술진보 없이도 유기적 생산과정에서와 유사하게 "연관적 과정들 및 조작들의 연속"(Marx)으로 수행될 수 있게 된다. 이것은 부품제작공정에 대해 지니는 본질적 차별성이다. 따라서 어셈블리 라인 시스템이 자동차부품 제작과정을 중소하청업체에 떠넘기고 주로 조립공정만을 감당하였던 Ford Motor Company에서 생겨난 것은 결코 우연이 아니다.

그러나 이종적 산업의 전체 시각에서 테일러리즘과 포디즘은 사회적 분업 또는 공장 내 분업 속에서 상호 연관된 것으로 고찰되어야 한다. 완제품(가령, 자동차, 재봉틀 등에서의)은 두 공정, 즉 부품제작과정과 조립과정을 다 통과해야 하기 때문이다. 동시에 양자는 서로 얽히고 설킨다. 포드 시스템은 부품제작이 일정한 조립과정을 포함하는 한 이 부품제작공정에도 적용될 수 있기 때문이다. 게다가 작업장의 관료화의 테일러리즘적 원리는 노동이 완전히 분해된, 즉 포드화된 곳에서 가장 잘 적용될 수 있기 때문이다. 한 걸음 더 나아가 이 테일러리즘적 **작업장관**

료화는 완전히 새로운 노동통제방법으로써 유기적 공업에도 도입되었다. 이곳에서는 이미 오래 전에 수공노동들이 기계체계에 의해 분해되었기 때문이다. 이런 까닭에 바렌캄프(R. Vahrenkamp)의 다음과 같은 말은 설득력이 없다 : "테일러는 기술적 현상유지의 이론가이다……한 마디로 테일러는 자본주의적 기계화 대신 낡아 빠진 (?——필자) 관료화를 도입하였다"(R. Vahrenkamp, 앞의 글, p. LXIX. 또 그의 다른 글 1976. p. 18 이후).

테일러리즘이 확산되기 전 대기업의 관료체제는 오직 경리분야에만 관철되어 있었고 자본은 작업홀을 '합리적으로' 통제할 체계적 방법을 전혀 모르고 있었다. 노동자들이 상세한 생산지식을 거의 독점하고 생산과정과 노동속도를 사실상 통제하고 있었기 때문이다. 이것은 병영전제체제적 통제방법밖에 모르던 기계적 자동화 체계의 유기적 과정에서도 마찬가지였는데, 이 병영적 통제의 강화는 항상 노동의 가속화로 이어진 것이 아니라, 종종 사보타지와 스크라이크를 초래하였다. 이런 까닭에 테일러적 관료화는 전산업의 관점에서도 결코 '낡아빠진' 것이 아니라, 완전히 새로운 것이다.[42] 이것은 모든 산업분야의 모든 자본가들에게 직장제도의 분쇄를 위한, 즉 이미 확립된 기업행정관료체제 아래로 작업장을 조직론적으로 포섭하는 강력한 무기로 나타났던 것이다.

에드워즈는 한편으로, 테일러리즘이 생산세계를 지배하고 있다는 견해가 "과학적 경영의 영향범위를 과대평가하는 것"이라고 비판하면서(R. Edwards, 앞의 책, p. 110) 다른 한편으로는 "관료체제가 장(場)을 지배하고 있다"고 주장한다(같은 책, p. 144). 그는 테일러리즘이 작업장의 관료화의 최초의 체계적 이론이고 그가 지배적이라고 느끼고 있는 오늘날의 관료체제란 테일러리즘의 체현 외에 다른 것이 아니라는 사실을 이해하지 못하고 있다(참조, D. Clawson, 앞의 책, p. 209).

태일러리즘은 두뇌적 기능을 직접적인 생산노동으로부터 '깨끗이' 분리시켜 이 생산노동을 관료적으로 위계화된 두뇌노동자들의 관료적 통제 아래 완전히 굴복시키는 것이다. 물론 작업장의 관료체제도 행정관료체제와 마찬가지로 본질적으로 모순적인 두 측면——지배기술적인 측면과 노동기술적인 측면——을 포함한다.

---

42) 또한 테일러는 '기술적 현상유지의 이론가'가 아니다. 테일러적 원리는 '노동도구의 개혁', 즉 '기계의 개선'등도 포함된다(참조 : Taylor 1913, p. 106). 그는 직접 강철절단을 위한 '계산척'도 고안하였다(참조 : 같은 책, pp. 111～120).

말하자면 테일러리즘도 이중적 성격을 갖고 있다. 두뇌노동과 손노동의 분업의 "깨끗한" 관철, 노동의 표준화 등은 테일러리즘의 노동기술적 측면으로써 작업장 분업 일반과 마찬가지로 "사회의 경제적 형성과정 안에서 역사적 진보와 필연적인 발전계기" (Marx)를 이룬다. 이런 까닭에 테일러리즘의 이 측면은 모든 사회주의 사회에 의해 넘겨받아졌다.[43] 하지만 우리의 테일러리즘 분석의 중점은 '착취의 세련된 야만성', 즉 작업장에서의 노동자 권력의 관료체제적 분쇄에 있다. 테일러는 당시 자본증식의 장애의 객관적 분석에서 출발하여 이 장애를 극복할 수 없는 것으로 받아들인 자본가들을 설득, 이것의 극복가능성을 확신시키려고 시도한다. 테일러는 당시 노동자들의 '늑장부리기'(Drückebergerei) 의 원인과 정도를 정확히 알고 있었다.

그는 다음과 같이 말한다 : "노동자들은 구전(口傳)을 통해 그들의 기능과 지식을 원시적인 태초로부터 수십 년, 아니 수백 년 동안 산업의 발전의 산물로서 전수받았다" (Taylor 1913, p. 33). 이런 까닭에 동일한 제품생산에 있어서의 동일한 기능에도 '통일적인 방법'이 전혀 존재하지 않는다. 노동 방법은 각 작업장마다 다종다양하다. 테일러가 "주먹구구"라고 부른 이 상이한 작업방법들은 국외자들이 이해할 수 없고 수년의 직접적인 노동을 통해서만 '내밀하게 습득될' 수 있는 것들이다. "이 혼란스런 주먹구구 방법들과 전수된 지식들의 덩어리"는 "당연히 각 수공업자들의 최대의 자산"이다(같은 곳). 심지어 자본가들도 그들의 노동자들이 "이 전수된 지식 덩어리를 기업지도부에 낯선, 자신들의 고유한 지식이라고 얘기하는 것"을 "기꺼이" 인정했다(같은 곳). 이런 까닭에 자본가와 그의 행정관료 체제는 이 노동자들을 **기술적으로** 지도하고 통제하거나 작업속도를 재량에 따라 가속화시킬 수 없었다. 이 소재적 생산지식에 있어서 당시 노동자들은 자본가와 기업행정관료층을 비교할 바 없이 능가했기 때문이다. 자본가들은 물론 노동자들이 하루에 얼마만한

---

43) 이런 의미에서 레닌은 다음과 같이 말하고 있다 : "이전 관점에서의 자본주의의마지막 말, 즉 테일러체계는 —— 자본주의의 모든 진보가 그렇듯이 —— 부르조아적 착취의 세련된 야만성과 기계적 동작의 분석, 계산과 통제의 최선의 체계 등 일련의 귀중한 과학적 성과들을 통합해 지니고 있다. 사회주의의 실현가능성은 소비에트권력과 소비에트 행정조직을 자본주의의 최근의 진보와 결합시키는 데 성공하느냐 여부에 달려있다. 우리는 러시아에서 테일러시스템의 연구, 이것의 교육, 체계적 실험, 평가를 시도해야 한다" (Lenin, LAW 2, pp. 735~754).

성과를 낼 수 있는지에 관한 정보를 '그의 경험을 통해서' 알 수 있었지만, 이 경험조차도 시간이 지남에 따라 얼마간 낡기 마련이었다. 또는 노동자들이 작업과정의 관찰이나 가장 유리한 상황에서 특정노동자들이 한두번 도달한 기록통계에서 정보를 획득할 수 있을 뿐이었다(같은 책, pp. 21~22). 물론 기업경영진은 직장(職長)과 작업반장을 활용할 수도 있지만, 이들의 개인적 지식과 기능은 "모든 노동자들의 지식과 기능의 총화에 비교할 때……거의 견줄 수 없는" 것이다(같은 책, p. 34).

이런 이유에서 경영진은 노동자들에게 문제해결의 권한을 떠맡길 수밖에 없었다. 따라서 노동자들은 노동 **안**에서 일정한 자립성을 간직하고 있었다. 당시 기업지도부는 오늘날은 보편적으로 관철된 **기술지도**에 관해 꿈도 꿀 수조차 없었다. 지도부는 스스로를 **일반적-추상적** 지시에 국한시키고 생산물이 얼마나 빨리 그리고 어떤 방식으로 제작되어야 하는가의 문제는 노동자들의 재량에 맡기고 작업속도를 각 노동자의 '이니셔티브'를 '꾀어내는' 외적 방법들(가령, 보다 나은 승진전망, 노동조건의 개선, 노동시간 단축 등)로 가속화시키고자 했다. 테일러는 이 방법들을 "이니셔티브 시스템" 또는 "유인체계"라고 부르고 있다(참조, p. 36). 그러나 온갖 유인방법으로도 기업지도부는 작업을 일부러 천천히 하는 '늑장부리기'를 제거하지 못했다.

테일러는 '늑장부리기'를 둘로 나누고 있다: "이 늑장부리기는 두 가지 원인에서 생긴다. 첫째는 불가피하게 필요한 것 이상으로 일하지 않으려는 인간이 타고난 본능과 성벽에서 나오고, 둘째는 다른 노동자의 선례의 영향이나 자신의 심사숙고에 의해 형성된, 자신의 이익에 맞는 합목적성의 견지에서 나온다. 후자를 체계적 늑장부리기라고 부를 수 있을 것이다"(p. 20). 그는 이 '체계적 늑장부리기'를 분석하고(참조: 같은 곳) 이 체계적인, 즉 경제적-계급투쟁적인 '늑장부리기'가 노동자의 계급이익임을 인정한다: "종래보다 더 빨리 작업이 진행되지 않아야 하는 것은 당연히 노동자들의 이익에 부합된다. 경험이 없는 젊은이들은 나이먹은 사람들에 의해 이것을 주입받고, 일시적으로 벌이를 높일 수 있지만 이 젊은이들 뒤에 입사하는 모든 이들이 옛 임금에 더 많이 그리고 더 힘들게 일하도록 강제할 새로운 기록을 세우지 못하도록 모든 허영꾼들을 자중시키기 위해 모든 설득기술과 사회적 영향력이 동원된다"(p. 22). 그러나 노동자들의 당연한 권리에 대한 테일러의 이 짧은 시사는 자본가에 대한 투쟁의 관점에서 얘기한 것이 아니다. 이것은

그의 새로운 노동체계의 도입이 "모든 행태의 이 늑장부림을 박멸할 것" (p. 12) 이고 동시에 이윤을 증대시킬 것임을 자본가들에게 설득하기 위한 것이다.

테일러에 의하면 '체계적인', 즉 계급투쟁적인 '늑장부리기'는 도급제로 오히려 "현저히 강화된다"고 한다(참조, p. 18). 도급제는 '늑장부리기'에 대한 효과적인 대응책이라고 보이지만, 실은 이것은 완전한 잘못된 추리라 한다 : "다만 도급제에서는 '늑장부리기'가 전면적으로 발전될 뿐이다. 어떤 노동자가 단위당 임금이 그가 더 열심히 일하여 하루 생산량을 높인 결과 두세 번 인하되는 것을 경험하면, 그는 고용주의 견지에 대한 그 어떤 이해도 잃고, 어떤 식으로든 작업지연을 통해 임금인하를 저지할 수 있다면 더 이상 어떤 임금인하도 좌시하지 않을 확고한 의도를 갖게 된다" (p. 23). 그리하여 "얼마 지나지 않아 노동자들은 고용주를 적대자로 간주하게 된다" (같은 곳).

테일러에 의하면 **본능적** '늑장부리기'와 **체계적** '늑장부리기' 외에 또 다른 **의도적이지 않은** 지연노동이 있다. 이런 유형의 늑장노동은 전통적인 노동지식, 주먹구구, 표준화되지 않은 노동도구 등의 작업방법상의 비합리성으로 야기된다. 테일러에 의하면 이런 비합리성은 "모든 작업방법과 도구의 체계적 연구와 실험을 통해" 제기될 수 있다(p. 25). 테일러는 그의 노동체계의 이 노동기술적인 합리성으로써 노동자들의 '즐거운 자율성'의 자발적 포기와 작업장에서의 자본의 관료주의적 독재의 수립을 달성하려는 순진한 테크노크라트적 꿈을 피력한다. 그러나 현실적 역사 속에서 테일러리즘은 작업장에 언제나 강제적으로 도입되었다. 왜냐하면 노동자들은 그들의 마지막 자율성을 박탈당하려고 하지 않았기 때문이다. 그리하여 테일러리즘의 확산단계는 항상 파업물결을 동반하였다.

테일러 체계는 4개의 원리와 이 원리들을 구현시키는, 따라서 —— 테일러에 의하면 —— 부차적인 의미를 지니는 수많은 방법들로 구성되어 있다. 그에 의하면 이 '방법들'은 상대적인 것이고 항용 변할 수 있는 것이다. 따라서 '원리들'을 '방법들' (가령 '스톱워치'를 이용한 작업표준화, '과제 아이디어', 도구의 표준화 방법 등)과 혼동하여 테일러 체계를 이미 지나간 과거의 유물로 본다면 이것은 근본적으로 잘못된 테일러 해석이다. 그러나 작업동작의 연구를 테일러리즘의 본질로 간주하는 관념은 애석하게도 유행이다. 이에 대해 테일러 스스로 경고하고 있다 : "불행히도 대부분의 독자들은 이 외적 형식을 본질로 간주해 왔다. 새로운 인력절약체계는 여러가지 방식으로 응용될 수 있는 일정한, 보편타당한 원리들에 기초한다.

이 일반적 원칙들의 최선의 실천적 응용형태들의 서술을 원칙 그 자체로 혼동하면 안 될 것이다" (p. 29).

제1원리 : "관리자들은 하나의 체계, 옛 주먹구구 방법을 대신할, 각개 작업요소에 대한 하나의 과학을 발전시킨다". 이 원칙의 실현 방법은 "이전에 개개노동자들의 독점물이었던 전승된 모든 지식을 수집, 분류, 도식화하는 것" (같은 곳), 그리하여 이 중 가장 나은 작업방법과 도구를 철두철미한 "동작연구 및 시간연구"를 통해 찾아내 "이 지식에서 규칙과 법칙, 공식들을 만들어내는 것" (같은 곳) 이다. 여러 방법과 도구 중에는 "언제나 나머지보다 더 빨리 그리고 더 잘 작업할 수 있는 단 하나의 방법과 도구만이 존재한다" (p. 25). 이 노동동작의 **분석적 규범화**와 **최적의** 1일능률(최대의 능률이 아니다. 그는 이것을 강조하고 있다. 참조, p. 58)의 확정, 작업지식의 **표준화**와 **일반화**를 그는 '과학'이라고 부르고 있다. 이 '과학'은 주어진 시점에서, 보다 나은 '과학'이 발전될 때까지 모델로 가능한다. 마르크스는 이 분석적 근본경향을 1868년 이미 간파하고 있었다 : "기술학은 공학이 기계체계의 극심한 복잡성에도 불구하고 단순한 공학적 힘들의 지속적인 반복을 놓치지 않았듯이 인간적 신체의 모든 생산적 동작이 적용된 도구들의 온갖 다양성에도 불구하고 필연적으로 수렴되는 소수의 기본적 동작형태들을 밝혀냈다" (MEW 23, p. 510). 마르크스가 공학적으로 자동화된 유기적 생산과정과 관련하여 관찰한 자본주의적 노동구성의 이 근본경향은 이종적 산업 안에서도 테일러에 의해 의식적으로 현실화된다. 그런데 일견 아무런 문제가 없는 것처럼 보이는 테일러의 제1원리도 살상의 독(毒)을 머금고 있다 : 소위 이 '과학'을 담당하는 사람은 노동자가 아니라 관리자이다. 이로써 적어도 노동 안에서는 **주체**였던 노동자가 **'과학'의 단순한 객체**의 지위로 격하된다.

제2원리 : "과학적 연구의 토대 위에서 그들(관리자들——필자)은 이전처럼 노동자들에게 그들의 활동의 선택권과 보습(補習)교육을 내맡기는 것이 아니라 가장 적합한 사람들을 선발, 훈련, 교육하고 보습교육한다" (p. 38). 관리자들은 적절한 노동자들을 '체계적으로' 선택하여 이들에게 '과학적' 작업방법을 가르치는 것이다. 그리하여 노동자들의 모든 전통적 지식은 최선의 작업방법에 관한 '과학'의 투입하에 '도덕적으로' 마모되고 만다. 노련한 고참노동자들은 젊은 노동자들을 선발하여 교육할 전통적 권리를 박탈당하게 되고 결국 직업신분적 직장——도제관계와 노동자들 간의 가부장적 연대성의 잔재도 분쇄된다. 따라서 계약체제를 대치한

직장체제도 철폐되게 한다. 종전의 위력적인 직장(職長)의 기능들은 사무실 관리자에게 분배된다(참조, p. 126, p. 132). 직장의 지위는 현격히 격하된다. 교사는 이제 사무실에 앉아 지시하는 기술관료, **테크노크라트**이다. "그것(테일러리즘 ── 필자)은 부상하는, 기업 '테크노크라시'의 공약이 되었다" (W. Hofmann 1988, p. 76). 테일러는 다음과 같이 못박고 있다 : "한 사람 한 사람을 상대하여 통달한 교사의 지도 하에 새로운 작업방식을, 이들이 다른 사람에 의해 발견된 과학적 법칙에 따라 지속적으로 그리고 몸에 익어 작업할 수 있게 될 때까지 가르치는 아이디어는 각 노동자들이 제각기 '자신의 방식대로' 가장 잘 노동하도록 놔두는 옛 아이디어에 **정면으로** 대립된다" (p. 66). 이리하여 기술관료적인, 따라서 동시에 테크노크라트적인 위계체제가 종래의 가부장제적 위계체제를 대치하게 된다. 이 테크노크라트적 교사권위는 본질적으로 전(前)자본주의적인 가부장적 권위와 원칙적으로 다른 것인바, 전자는 **작업과정에서** 결코 전수될 수 없는 **과학적-이론적 지식**에 근거하고 후자는 어떻게든 작업과정에서 아래로 전수되는 **전통적인** 그리고 **경험적인** 수공기능에 근거하기 때문이다. 따라서 평범한 노동자들이 고참교사로 승진할 모든 통로를 분쇄해 버린 이 새로운 테크노크라트적 위계체제는 고참교사로부터 경험지식과 기능을 전수받아 모든 도제들이 고참으로 승진할 수 있었던 종래의 가부장제적 위계체제보다 더 숨막히는 것이다.

제1원리와 제2원리는 그래도 노동기술적 관점에서 볼 때 상당히 합리적이다. 하지만 이 원리들은 근본적으로 지배기술적인 제4원리에 복무하도록 강제되고 그리하여 '착취의 세련된 야만성'으로 현상한다.

제4원리의 투입에 대한 저항을 완화시키려는 단순한 이데올로기적 헛소리를 담고 있는 제3원리를 뛰어넘으면,[44] 제4원리는 다음과 같다 : "노동과 책임은 관리자층과 노동자들에게 거의 균등하게 배분된다. 관리자층은 노동자보다 자신들에게 더 적합한 모든 노동을 떠맡기게 된다. 이에 반해 종전에는 거의 모든 노동과 최대의 책임부분이 노동자들에게 전가되었다" (p. 39). 이 미사여구로 포장된 문장들은 노동자들의 정신적 기획노동 및 구상노동을 박탈하여 이것을 사무실에 집중시키고 모든 노동자들을 사무실 지식 아래 굴복시킬 것을 목표로 하고 있다 : "과학적

44) 제 3 원리 : "관리자들은 노동자들과 충심의 합의 속에서 일한다. 이럼으로써 그들은 모든 노동이 그들이 세운 과학의 원칙 등에 따라 수행되는 것을 확고히 할 수 있다" (p. 39).

문서들의 할당을 위해서는 서적, 통계 등이 보관될 **공간**과 **지시하는 두뇌노동자**가 일할 책상이 필요하다" (p. 40). 이렇게 하여 책상에 앉아 오직 '과학적 합리성'만을 맡고 **과학의 이름으로 지휘하고자 하는** 상사와 참모로 구성된 관료체제적 테크노크라트들의 **사무관청**이 작업장에 **붙어** 설치된다. 이 관리자와 이 자의 아카데믹한 보조원들은 이제——마르크스가 말하는바——"전체 기계체제의 점검 및 끊임없는 수선을 맡는" 단순한 엔지니어와 테크니커가 아니라, 과학의 이름으로 노동대중을 행정적으로 **지시하는, 권력**을 위임받은 엔지니어들, 즉 관료적 **테크노크라트들**이다.[45] 이들은 노동과정의 기술적 지도를 위한 관료전제주의적 권력을 행사한다. "새로운 시스템 하에서 노동을 두뇌 속에서 미리 구상하고 미리 어느 정도 수행하는 것을 전문으로 하는 노무분배 사무실의 인물은 노동이 전문화를 통해 더 잘, 더 경제적으로 수행될 수 있음을 거듭 느끼게 된다" (pp. 40~41). 여기서 두뇌노동자와 육체노동자의 수직적 분업이 명백히 표현되고 있다. "한 수공노동자의 매 손기능마다 타인의 상이한 준비행동이 선행되어야 한다" (같은 곳). 따라서 종래의 일반적-추상적 지시 대신 "무엇뿐만 아니라 **어떻게** 수행되어야 하는지"를 규정하고

45) J. Burnham의 '매니저' 개념은 테일러의 이 테크노크라트만을 뜻한다(Vgl. J. Burnham 1948, p. 100). 따라서 그의 '매니저 혁명'은 본래 불가능하다. 과학의 '기적'만을 믿는 저 전문바보들이 어떻게 혁명할 수 있단 말인가? 테일러는 "과학방법적 경영은 고용주와 피고용인 쌍방에……다툼과 불협화음에 모든 원인의 제거를 뜻한다"고 주장하고 있다(p. 154). 말하자면 테일러 자신이 확신에 찬 테크노크라트적 이데올로그인데, 그는 기업지배구조의 완전한 무시 속에서 기업 안의 모든 사람들은 지위고하간에 과학인사들이 제시하는 과학적 법칙에 따라 움직일 것을 요구하고 있다. 그는 심지어 다음과 같이 말한다 : "1일 성과가 얼마나 되어야 하느냐는 흥정하고 다툴 대상이 아니라 과학적 탐구의 문제이다" (같은 곳). 그러나 테일러는 현존하는 권력구조를 단 한번도 문제삼은 적이 없고 항상 이것을 전제하고 있을 따름이다. 이런 한에서 그는 기업의 계급동반자 체계의 '과학적' 창출을 통해 기존의 권력구조를 공고화하려고 한 셈이다. 이런 까닭에 자본주의 기업 내의 모든 테크노크라트들은 과학의 이름으로 그러나 **자본가의 이익**을 위하여 **그리고 자신들의 이익**을 위하여 노동자 대중과 지식 프롤레타리아(테일러 시스템 안에서는 맹아적 형태로서 사무관리자 밑에 배치된 보조원들로서의 '젊은 대학생들')들을 억압하는, 자본가의 내밀한 하수인들로 규정되어야 할 것이다. 그들 자신은 비당파적인 '과학적' 제3자라는 테크노크라트의 망상은 따라서 순수한 자기기만이다. 테크노크라트는 자본가의 권력기반을 파허물지도, 자본가와 투쟁하지도 않는다. 오히려 테크노크라트는 자본가의 권력을 새로운 토대에서 강화시킬 뿐이다. 테크노크라트는 실은 수공노동자적인 노동귀족층의 작업장 권력을 분쇄하기 때문이다. 이러는 한 Burnham의 '매니저 혁명'은 더욱 정신나간 소리이다.

노동의 완료시까지 허용되는 시간을 정확히 규정하는" 세밀한 지시가 내려진다. 또한 모든 지시는 문서로 이루어져야 한다(참조 : 같은 곳). 테일러는 이 문서지시를 '과제'라고 부르고 있다. "노동자는 그의 과업, 도구, 동작을 세밀히 설명하는 상세한 문서지시를 통상적으로 받게 된다" (같은 곳).

이 '과제'의 분배는 노동자들의 개인적 취급의 아이디어와도 관련되어 있다. 이전에 노동자들은 집단적으로 취급되었고 각 집단의 정상에는 통상집단의 우두머리가 서 있었다. 그러나 "이 집단적 취급은 폐기되고 각 노동자는 개인적으로 취급되어야 한다" (p. 73). "이 과업을 위임받은 관리(官吏)들과 보조원들"을 위한 "특별사무실"은 "각 노동자를 개별적으로 다루기 위해서"도 "필수적"이다(p. 720). 즉, 테일러는 이와 같이 인위적으로 개별화된 노동자들을 자본의 권력체제 안에서 다시 관료체제적으로 종합할 것을 의도하고 있다.

노무사무실은 동시에 테크노크라트적 '학교교사'가 된다. 모든 성년노동자들은 지식을 박탈당한 인위적 학동으로 미성년화된다 : "과제 아이디어는 전혀 새로운 것이 아니다. 우리들 각자는 학생시절 동일한 구상이 좋은 성과를 수반하면서 적용되었음을 상기할 것이다. 어떤 유능한 교사도 한 반(班)에 무규정적인 학습과제를 내줄 생각을 하지 않을 것이다. ……우리 모두는 성년이 된 어린이들이고 동일한 것은 우리들에게도 적용된다" (p. 129). 여기서 '우리'는 테일러 같은 테크노크라트와 자본가를 제외한 '우리', 즉 노동자들이고, 테일러리즘 안에서 이 '우리'는 '성년이 된 어린이들'이 아니라 실은 지배기술적으로 미성년화된 성년노동자들이다.

작업장의 옛 가부장제적 위계체제는 이리하여 테크노크라트적 교사권위를 지닌 관료적 관직위계체제로 개편된다. 이전에는 경리실의 경리사원이나 '작업장 사무소'(Werkstatt-Comptoir, Kocka, 위의 책, p. 33)의 공장장이 직장(職長)에게 아무런 기술적 지시를 담지 않은 일반적 업무를 지시하였다. 그러면 이 직장은 다시 아무런 기술적 지도 없이 그의 노동자들에게 이 과업을 전달하였다. 그러나 생산물의 종류와 양을 지시하고 배분하던 경리실 안의 경리직원 대신 이제 작업장에 붙은 노동사무실이 들어선 것이다. 이 사무실 관리자는 반복적인 두뇌노동(가령 노동과정의 작업도구의 기초적 규범화 또는 매일 '과제'의 준비 등)으로부터 면해진다 : "그는 기업 내의 업무진행과정들에 대한 비교가능한 조망만을 담당해야 한다" (p. 129). 저 기초적이고 일상적인 두뇌노동은 "제각기 전문영역이나 기능을 나누어

가진" 보조원들에 의해 수행된다(p. 131). "과제"는 노동과 도구를 표준화하고 보통 노동자의 최적의 1일성과를 밝혀내고 확정짓는 사무실 보조원들의 "통합된 활동의 결과"이다(같은 곳). 테일러는 젊은 **대학생들**을 조수로 투입하였다(참조, p. 58). 이 대학생 보조원들 위에 "기업 내의 업무진행과정에 대한 비교가능한 조망만을 담당하는" 저 관료적인 그리고 **동시에** 테크노크라트적인 관리자가 앉아 있다. 테일러는 이것을 관리구조 안에서 준수되어야 할 "예외원리"라 하고 있다. "이렇게 하여 그(관리자)는 거의 어떤 순간도 한 곳에 몰두하지 않고 있어서 새로운 구상의 시간을 갖는다" (p. 139). 이에 반해 대학생보조원들은 "사무실에서" 보낸다. "왜냐하면 이들은 자신의 업무에 계속적으로 필요한 통계와 설계기록을 항상 장악하고 있어야 하기 때문이다" (p. 132). 이 대학생 보조직원들, 즉 **새로운, 지식적** 노동귀족층의 **맹아형태**는 나중에, 개발분과, 연구분과, 구상분과, 노동표준화 분과, 노무분과 등으로 분화된다. 이들은 오늘날 탈관료화되고 탈테크노크라트화된, 아무런 권한 없는 지식 프롤레타리아 대중으로 부풀어 올랐다.

테일러 시스템 안에서 직장('boss')의 기능은 분업을 통해 약화된다. 작업장의 이 분업적 감독을 테일러는 "기능적 지도" (p. 132) 라고 부른다. "이런 '기능적' 지도체계에서 옛 직장을 8명의 상이한 직장이 대치하는데, 이들 각자는 자신의 전문과업을 갖게 된다" (같은 곳). 따라서 이 새로운 왜소화된 직장들은 이제 전혀 업무매개기능을 수행하지 않게 된다. 업무의 지시와 분배는 '과제'의 형태로 직접 개개 노동자들에게 내려간다. 이제 각 직장은 한두 개의 기능에 국한되게 된다. "inspektor" 직장은 "노동자들이 설계도와 지시카드의 내용을 이해하는지 감독하고" (p. 132), "통로담당 boss"는 노동자에게 "일감을 기계에 어떻게 고정시키는지 등을 보여주고" (p. 133), "speed boss"는 작업속도를 감독하고, "수선 boss"는 기계의 설치, 청결, 관리 등을 맡고, "time clerk"은 "노동시간카드의 급여와 올바른 기입"을 맡고, "route clerk"은 "노동의 순서와 재료의 수송"을, 마지막 "disciplinarian"은 말 안 듣는 노동자를 맡는다. 이 "전문직장"들은 노동자들의 "교사"인데, 그들 자신은 다시 사무실관리들의 "제자"이다. 그리하여 직장들도 노동자들에 대한 사무실 통제체제의 톱니바퀴로 격하된다. 노동자를 재량에 따라 고용하고 투입하고 이들의 임금을 결정하고 노동과정에 전측면적인 책임을 지던 위력적인 직장들은 사라지게 된다.

요약하면 사무실의 지식독점과 조망의 독점은 노동과정의 매단계와 작업방식의

관료주의적 통제를 테크노크라트적 교사권위로 조직하는 데 활용된 셈이다. 작업장 안에서의 노동자들의 단 한 톨의 재량적 자율성도 분쇄된다. 노동자들에게 착취적 침략에 대한 경제적 계급투쟁으로서의 다양한 '늑장부리기'를 가능케 하였던 작업장의 **이중권력상태**는 자본의 **독재체제**로 개편되었다.

잔존하는 수공적인 기능공의 노동자율성에 대한 테일러리즘의 조직적, 테크노크라트적 공격은 물론 기계체계로 자동화된 유기적 생산공정에서처럼 숙련기능공들의 숙련노동의 **본질적** 분쇄와 **궁극적** 저렴화에 도달하지는 못하였다(이것은 나중의 극소전자전 **부분**자동화에 의해서야 관철된다). 그러나 테일러리즘은 수공적 기능공들의 사회적 무력화와 미성년화, 그리하여 착취의 첨예화에 도달하였다. 자본 아래로의 노동의 실질적 포섭은 본래 두 가지 효과를 가져온다 : 노동의 단순화를 통한 노동의 **경제적** 평가절하와 **사회적** 무력화. 따라서 테일러화란 무엇보다도 실질적 자본관계의 **구성체적** 발전의 **한** 효과——즉, 숙련노동의 사회적 무력화——의 **조직론적** 선취를 뜻한다. 이에 반해 포드화는 숙련기능의 완전한 분쇄를 통해 완전한 실질적 포섭을 달성한다. 이것은 노동의 궁극적 저렴화와 사회적 무력화를 동시에 가져온다. 포드주의가 이로 인해 내적으로 분노한, 복수심에 불타는 노동자들을 교활한 임금조작과 기업 내 사회정책들을 통해 온정주의적으로 통합하고자 시도했다는 것은 여기서 언급할 필요가 없겠다.

한편 관료체제적 노동조직의 이론으로서 테일러리즘은 당연히, 실질적 포섭이 오래 전에 관철되었으나 어떤 **테크노크라트적 관료체제**도 발전되지 않은 유기적 산업의 노동과정의 적절한 조직형태로도 활용된다. 관료적 노동통제의 테일러리즘적 개념은 생산지식과 조망을 독점한 두뇌노동자가 **사무실 안에서** 구체적으로 노동과정을 **미리 구상한**(vorauskonzipieren) 다음, **상세한** 지시와 **기술지도**를 통해 탈(脫)정신화된 전문기능공을 **테크노-관료주의적으로** 지휘한다는 점에서 수공업적-가부장제적 통제와도 구별되고 병영전제적-군사적 통제와도 구별된다. 테일러리즘은 기율을 높이는 데 있지 않다. 굶주림의 기율을 활용한다.[46] 테일러리즘은 다만 통제의 조직론적 형태변환만을 달성하였다. 유기적 생산과정에 관철된 종래의 병영전제적 통제체제의 본질은 노동자들을 한 작업장에 결집시켜 과업을 일반적으

46) M. Weber는 다른 곳에서 관료체제의 피할 수 없음을 그렇게 극단으로 과장하였으면서도 테일러리즘이 작업장의 관료화를 위한 한 방법임을 간파하지 못하고 테일러 시스템을 기계

로 분담시키고 노동과정을 감독하는 것(부지런한, 집약적인, 부단한 노동투입을 확보하기 위해)과 일탈(가령 흡연, 음주, 잡담, 작업장 이탈 등)을 막는 규정을 강제하는 것이다. 노동과정에 대해 완전히 **외적인** 이 통제는 군대식으로 되어 있었다. 이 군대식 통제는 통제가 외적으로 남아있는 한 불가피했고 또 파업의 한 요인이었다. 따라서 유기적 생산공정의 이 외적, 병영전제적 통제도 저차 테일러화, 관료체제화된다.

물론 서구에서 테일러리즘의 관철은 그렇게 간단하지 않았다. 이것의 성공은 부르주아 진영에 유리한 기업 내적 그리고 전체사회적 계급세력관계를 전제한다. 이것의 관철에 두 번의 세계대전과 십수년의 파시즘이 '산파'로 기능했다(참조, Hirsch/Roth 1986, p. 240, p. 50). 서구에서의 테일러리즘적 변혁의 성공을 위해서는 적어도 30여 년이 소요되었다. 따라서 테일러리즘의 역사적 영향은 제2차 세계대전의 종결과 더불어서야 가시적인 것이 되었다. 이 변혁은 아무튼 포디즘의 측면지원 하에서 기본생계 지향적인 고전적 자본주의 유형을 새로운, **소비지향적인** 그리고 생활영역 전체를 파고든 자본주의 유형으로 탈바꿈시켰다. 이 테일러-포드주의적 유형의 자본주의는 제2차 대전 후 한동안 계속된 서구경제의 장기성장을 특징짓는다(같은 책, p. 50~52).

이것은 결코 테일러리즘이 조직기술상 그리고 경제적·사회적으로 자본에게 완벽한 것이라는 것을 뜻하지 않는다. 이것도 자신의 고유한 한계를 안고 있다. 첫째 **표준모델**의 형식으로 정보를 **일반화하는** 것이 노동의 극단적 특수성 또는 유행의 흐름의 너무 급속한 교체로 말미암아 불가능하거나 너무 빨리 낡아빠진 것으로 변해버리는 특정 분야에서는 테일러리즘도 기술적으로 너무 역부족인 것으로 드러났다. 둘째, 테일러리즘적 관료체제의 수립에 드는 한계비용(가령 고도기능화된 지식노동자의 필요한 한계인원의 봉급 등 기타 비용)이 테일러 시스템의 구축에 의한 비용절감효과를 상쇄해버리거나 넘어서버리는 중소기업들에게는 테일러 시스템이 너무 비싼 것이었다. 셋째, 테일러리즘은 한편으로 노동자들의 극단적인 소외감(노동강도의 제고, 탈기능화, 단조로움)을, 따라서 완벽하게 작동하는 관료

화와 기율화의 정점으로 규정하는 오류를 범하고 있다 : "구축된 노동성과의 합리적 측정과 주입은 주지하다시피 기업의 기계화와 기율화의 마지막 귀착점에 도달한 미국의 'scientific management' 체계에서 최고의 승리를 경축한다." 테일러리즘은 기계화와 기율화에 본질을 두는 것이 아니라 통제와 기율의 **조직적 형태변환**이다.

체제의 저변에서 전개되는 노동자들의 새로운, 비조직적인 은폐된 수동적 저항(업무상의 방종, 말 없이 직장을 그만두어 버리는 것, 태업, 작업거부 등)을 초래하고 다른 한편 노동과정의 증가된 사회성은 비교적 소수의 반항주체들에게 강력한 전술적 무기를 제공한다. 즉, 증가된 사회성은 그들에게 기업의 '취약고리'를 때릴 수 있는 기회를 제공한다(Edwards, 위의 책, p. 142 ; A. Blume 1981, p. 9 이후 ; Leisewitz 1984, p. 192 ; Hrisch/Roth, 위의 책, p. 80). 테일러화된 작업 시스템은 G. Therborn이 "초급적 계급행동"이라고 부른(G. Therborn 1987, p. 140) 소집단의 간단한 대항행동으로도 작동을 멈추는 일이 허다하였다. 이것은 마치 분쇄된 '숨은 주체들'이 테일러리즘에 가하는 보복과 흡사한 것이었다.

게다가 테일러리즘은 앞에서 말했듯이 이종적 산업의 선행적 제작과정 안의 노동력을 본질적으로 단순화시킬 수 없었다. 기계조종 등에 필수적인, 오로지 경험적으로만 습득가능한 손기능 및 기교는 가일층 분할할 수는 있었지만, 분쇄될 수는 없었다. 이런 까닭에 이종적 산업의 선행적 제작공정은 테일러리즘이 관철된 후에도, 즉 최근까지도 숙련노동자들의 활동영역으로 남아 있었다.

(3) 극소전자적 자동화와 지식 프롤레타리아트의 대중화 경향

작업기계의 극소전자적-수치적 조종기술의 등장은 이종적 생산과정의 선행적 부품제작공정에서 일종의 혁명을 일으켰는데, 가령 이 기술은 기계제작공업에 필요한 노동자의 교육기간을 4년에서 4개월로 단축시키는 변혁을 초래하였다(참조, H. Braverman, 앞의 책, p. 159). 이 **부분자동화**는 1950~60년대에 이종적 생산과정에 잔존하는, 탈(脫)지식화되었지만 숙련된 기능공들의 마지막 손기능을 돌풍처럼 파괴하였다. 그리하여 극소전자적 부분자동화의 적용은 지도사무실과 노동자 간의 지식격차를 극대화시키고 개발분과, 연구분과, 구상설계분과, 노동표준화 분과 등을 부풀려 올림으로써 작업장 관료체제를 더욱 공고화시켰다. 이리하여 이 영역에서도 마침내, 테일러화만으로는 완결될 수 없었던 자본 아래로의 노동의 **실질적** 포섭이 **완수되었다**. 즉, 초기의 부분자동화는 **테일러리즘의 보충물**로 기능하였다.

또한 이 자동화는 이종적 생산과정만 덮친 것이 아니라 유기적 생산과정에도 파급되어 나갔다. 극소전자적 자동화의 이 초기단계는 새로운 자동기술의, 노동기능에 대한 영향을 둘러싼 지리한 논쟁을 불러일으켰다. 자본관계를 완전히 망각하

고 기술을 숭배하는 낙관주의자들은, 이 자동화는 노동자들의 기능을 직접 높여주고 급격한 노동시간단축(과 따라서 자유시간의 확대)의 가능성을 '자동적으로' 즉각 가져올 것이라고 주장하였다. 비관론자들은 물론 이러한 낙관론에 반기를 들었다. 비관론자들은 —— 주로 경험적 자료에 의존하여 —— '양극화' 테제를 제시하였다 : 한 극에는 고도기능화된 전문인력의 **소수층**이 대두하고 다른 극에는 반(半)숙련의 '단추누르는 노동자' **대중**이 폭증한다. 말하자면 '양극화' 테제는 '탈(脫)기능화' 테제 외에 다른 것이 아니었다.[47] '극좌적인' 이론가들, 기술비관주의자들, 그리고 몇몇 교조적 마르크스주의자들이 이 양극화 테제에 종종 가담하였다.[48] 그러나 낙관론자들이건 비관론자들이건 모두 단계적으로 완벽해지고 있는 극소전자적 자동화 기술과 지배적인 생산관계의 **연관성**을 간과하거나 과소평가했다.

자본관계는 급격한 노동시간 단축의 자동기술적 가능성을 항구적으로 증대되는 **대량실업**의 사회경제적 현실로 전도시켰는데, 이 대량실업은 선진적 생산부분에서

---

47) H. Kern과 M. Schumann이 1964년에서 1968년에 걸쳐 수행한 유명한 자동화 연구는 서독의 지각한 극소전자적 자동화 과정의 초기단계를 반영하고 있다. 이런 까닭에 이들은 다음과 같이 말하고 있다 : "그와 나란히 우리 시대의 한 특징인 자동화 과정이 목도되는데, 이로 인해 자유재량권이 축소되고 기능이 하락하며 노동의 부담이 증가하고 기존의 집단간 연관이 해체되고 있다" (Kern/Schumann 1977, 문고본 1985, p. 187). 즉, 이들은 당시 기술변동(즉, 복합적 **기계화**까지 포함한)의 전체상(像)을, "드러나는 상은 복잡하다. 아니 부분적으로는 모순적이고 따라서 기술과 산업노동의 관계에 대한 단일한 특징규정을 배제한다" (같은 책, p. 186)고 요약하고 있을지라도 **극소전자적 자동화**에 관련해서는 명백한 양극화 테제를 내세우고 있다.

48) 참조, B. H. Bravermann, 앞의 책, p. 167 이후 : O. Ullrich 1979, pp. 280~311 : J. Strasse/H. Traube 1982, p. 268 이후 ; R. Winzer u. a, 1980, pp. 31~32 등등. 당시 상황의 불확실성은 Andre Gorz의 다음 오류들이 특히 잘 보여준다 : "궁극적으로 그는 (마르크스-필자) 다기능적 노동자 안에서 프롤레타리아계급과 화해한 프롤레타리아적 개별노동자의 형상을 찾았다고 생각하였다……하지만 여기서 마르크스는 오류를 범했다. 그리고 그를 추종하여 생산기술의 완벽화와 자동화가 단순노동을 극복할 것이라고 생각했던 사람들도 마찬가지로 오류를 범했다." 바로 이 구절에다 Andre Gorz는 "나 자신도" 오류를 범했다고 삽입하고 있다. "사람들이 알고 있듯이 그것과 정반대의 상황이 나타났다. 자동화, 정보화는 직업과 발전가능성을 파괴하고 새로운 유형의 반(半)숙련 노동자로써 잔존하는 고도기능의 노동자와 사무원들을 대치하였다" (A. Gorz 1980, 개정판 1988, p. 21). 그는 불행히도 이와 같이 양극화 테제에 가담함으로써 —— 우리가 위에서 곧 알게 되듯이 —— **두번째** 오류를 범하고 있다.

자동화의 완벽한 관철을 저지하고 후진 영역에 새 자동기술의 도입을 지연시키고 있다. 이로 인해 일정 정도 자동화된 영역에서도 차별적인 기능 상승과 동시에 부문적이고 일시적인 탈기능화 현상이 나타나면서 기술주의적인 자동화 낙관론은 근거 없는 것이 되었다.

극소전자적 자동기술의 가일층의 발전, 특히 몇몇 영역에서의 초기의 부분자동화에서 신축적인 완전자동화로의 이행은 그 사이 자동화의, 노동자에 대한 영향의 보다 정확한 조명을 가능케 해주었다. 일반적 컴퓨터화, 보다 높은 세대의 로보트의 투입, 컴퓨터에 밑받침된 설계구상과 컴퓨터에 밑받침된 제작의 결합(CAD/CAM) 및 이와 결합된 기술(가령 CNC－공작기계)은 노동현장을 다각적으로 변혁시켰다. 기술변동의 영향에 있어서의 이러한 다양성과 차별성이 현재 전형적인 것으로 지배한다. 자동화의 상이한 형태들은 노동자들의 기능구조에 상이한 영향을 미친다. 인간을 생산과정으로부터 완전히 제외시키고, 작업홀 전체를 무인생산공정(menschenleere Prozesse)으로 전변시키는 최고의 안전자동화와 반대로 저급한 부분자동화 단계에서는 생산공정에의 반(半)숙련 노동자의 직접적 참여를 요구하는 일련의 조작동작이 남게 된다. 당연히 가장 저급한 수준의 자동화는 노동내용의 극단적 빈곤화와 가장 부담스런 노동조건을 초래한다(참조, W. G. Afanasiew 1974, p. 42). 저 비관론적인 양극화 테제는 50～60년대의 경험사실에 근거하고 있는 한에서, 50～60년 미국(또는 70년대 서독)에서 특히 돌풍처럼 투입된 가장 저급한 부분자동화 과정을 반영한 것이다(참조 : N. N. Inosemzew u. a. 1985, p. 177). 오늘날은 균형잡힌 평가가 지배적이다 : 차별적인 기능 상승, 오직 부분적이고 일시적일 뿐인 양극화, 대량실업이 나란히 전개된다.[49] 따라서 양극화 테제도[50] 비교적 낙후한 서독 자동화 과정의 연구[51]에 의존한 이론가들의 의심이 아직 잔존함에도 불구하고 붕괴되었다.

새로운 극소전자적 생산력이 자본관계 안에서 펼치고 있는 극히 모순적인 운동에

49) 참조, R. Stollberg 1988, p. 238 ff., A. Leisewitz 1988 ; H. Karl 1988, etc.

50) Kern/Schumann은 자신의 새로운 연구(1984)를 통해 「산업노동과 노동자 의식」(1977) 시대의 양극화 테제를 수정하고 있다. 그들은 자동화에 의해 영향받는 노동자 집단을 세 부류 —— 자동화 승자, 자동화 용인자, 자동화 패자 —— 로 구분하고 있다. 그러나 그들은 애석하게도 그들의 종전 연구가 너무 부족한 것이었다는 사실을 인정하지 않고 있다. 그들은 자신들의 새로운 연구의 결과를 '양극화의 현재적 변형태' 또는 '우리들의 단초의 최신화'

도 불구하고 **취업한** 노동자의 교육수준과 기능수준은 전체적으로 볼 때 항구적 대량실업을 대가로 점차 높아지고 있다. 숙련노동자, 대졸노동자, 실무 및 사회적 직업교육과정 속에서 기능이 높아진 노동자들의 수가 끊임없이 증가하는 데 반해 (J. Bergmann 1989, p. 44 이후), 비숙련노동자의 수는 계속 감소되고 있기 때문이다. 항구적 대량실업을 일단 추상하면 취업자들의 기능구조의 상(像)은 고위 또는 중급의 기업 관료층과 테크노크라트층에 대해 탈(脫)지식화된 비숙련 또는 반(半)숙련의 '단추 누르는 노동자'가 맞서고 있는 것이 아니라, 급증하는, 탈(脫)관료화되고 탈테크노크라트화된(사무실 안 또는 작업장과 나란히 또는 작업장에 붙은 공간에 근무하는) 지식 또는 준지식 프롤레타리아, 정신적 기능도 높아지는 손기능공들의 —— 완만히 증대되는 —— 대중 및 점차 감소하는 비숙련, 반숙련노동자대중이 맞서고 있다.[52] 이것은 프롤레타리아의 전면적 **최신화**, **구조변혁**, **기능회복**을 뜻하고 따라서 **형식적, 실질적 자본관계의 이중구조가 형식적 자본관계 쪽으로 변위되는** 것을 뜻한다.[53] 극소전자적, 디지탈 기술적 **신산업화 과정**(Neoindustrialisierungsprozeß) 또는 **초산업화 과정**(Hyperindustrialisierungsprozeß)은 새로운 엄청난 생산력을 방출하면서 물질적 생산영역의 지식 프롤레타리아를 수적으로 급증시키고 은행,

---

(最新化 : Aktualisierung)로 해석하고 있다(참조, Kern/Schumann 1984, p. 319). 그들은 따라서 그들의 새로운 연구의 성과를 스스로 무효화해버린 셈이다.

51) 생산에 투입된 일본의 산업 로보트는 **전세계**에 투입된 산업 로보트의 총화를 수적으로 **훨씬** 넘어서고 있다(참조, *Der Spiegel*, 8. 7. 1987, p. 58 또는 *Neue Zeit*, Nr. 9/1988, p. 30.). 80년대 중반 일본은 약 10만 대 —— 1988년에는 12만대 —— 의 산업 로보트를 보유하고 있었는데 반해 미국은 2만 대 미만, 서독은 12,000대를 보유하고 있었다.

52) 2000년에는 서독 전체 피고용자 안에서 대졸 이상 노동자(서독에서 대학교 졸업자는 미국식 학제의 석사에 해당하고 전문대학 졸업자는 학사 졸업 후 1년 더 수학한 학력에 해당한다)는 13~15%(1976년 : 65%)에 달할 것으로 전망된다. 한편 전문학교 졸업자 (미국식 학제에서 고교 졸업 후 3년 더 수학한 자에 해당)는 6.6%(1977년에도 6.6%), 기업 내 교육과정 졸업자 및 실업학교 졸업자(미국식 학제에서 실업고교 졸업 후 1~2년 더 수학한 자 또는 실업고교 졸업자에 해당)는 58~60%(1976년 : 50%), 비숙련노동자(중졸자)는 20%(1976년 : 37%)에 달할 것으로 전망된다(참조, F. Deppe u. a, 1988, p. 142f.).

53) 우리는 테일러화 및 포드화, 극소전자화 이래 줄곧 실질적 포섭이 **심화되어** 가는 것으로만 사태를 정식화하여 자본관계의(형식, 실질적 형태의) **이중구조** 및 이것이 오늘날 종전과 반대방향으로, 즉 형식적 포섭 쪽으로 변위되고 있음을 몰각한 포섭이론적 입장에 반대한다(참조, Schmiede 1989). 포섭이론은 오늘날 '변형'이 필요하다(참조, Bergmann 1989).

상업, 보험업 분야와 비물질적 생산과정(여가산업, 정보산업, 문화산업 등)의 상업 프롤레타리아 또는 기타 지식 프롤레타리아를 급증시키고 있다.[54] 따라서 이 신산업화 과정은 사회 전체의 차원에서 마르크스와 엥겔스의 본래적 의미에서의[55] **프롤레타리아**의 가일층의 **일반화**를 초래하고 있다. 따라서 비숙련 **손노동자**의 수적 감소를 '프롤레타리아의 소멸'로 오해하거나 또한 비물질적 생산의 확대를 산업적 제조업의 전사회적 의미의 퇴색으로 착각하거나 오늘날의 **철두철미한 자본주의화 과정**(Durchkapitalisierung)을 '후기산업사회' 또는 'Post-Modern' 등의 사이비 개념으로써 관념적으로 폐지하려고 하는 것은 허용될 수 없을 것이다.

비숙련노동자들은 물론 급속히 소멸하지 않을 것이다. 이들은 수적으로 계속 감소하겠지만, 저급한 자동화의 '틈메우기 노동자'(Lückenbüßer)로서 미래에도 계속 재생산될 것이다. 하지만 비숙련노동자의 소멸이 지연되는 것은 극소전자적 자동화의 기술적 성격이 아니라 자본주의적 비용타산에 기인한다. 부분 또는 반(半)자동화 체계에서 '틈메우기 노동자'로서 비숙련노동자들을 투입하는 것이 상황에 따라 기업 전체의 완전한 자동체계화보다——대량실업이 비숙련노동자의 임금상승을 억제하는 한——더 저렴하기 때문이다. 이런 까닭에 노동시간단축과 임금인상을 위한 **경제적** 계급투쟁은 오늘날 사회진보를 위한 투쟁이면서 무엇보다도 생산기

---

54) 새로운 기술에 힘입어 새로운 가내노동의 맹아들이 나타나고 있다. 이것은 자본관계의 해체를 초래하는 현대적 선대제로 복귀하는 것을 뜻한다. 그러나 이 새로운 선대제의 **확산**은 기대할 수 없을 것 같다. 선대제나 가내노동이 상당한 거래교섭비용(H. Duda 1987, p. 127 이후)과 통제의 문제(A. Blume 1981, p. 127 이하)를 야기했고 또 이런 이유에서 자본주의적 기업체제가 선대제를 몰아냈음을 상기해 볼 필요가 있다. 한편, 후기산업적 '서비스 사회'의 테제가 말도 안 되는 소리라면, Hirsch/Roth가 주장하듯이(1986) 서비스 노동이 자꾸 Self-service로 바뀌어가 축소될 것이라는 테제도 별 설득력이 없는 것 같다. 새로운, 엄청난 생산력이 자본과 노동자를 서비스 산업 쪽으로 뿜어내고 있고 부르주아와 여타 계급들의 서비스 수요를 증대시키고 있기 때문이다. 즉, 서비스의 자본주의적 생산이 전통적 서비스가 새로운 기술에 의해 축소되거나 'self service'로 바뀌는 속도보다 더 급속히 확대되고 있다. 자본에 고용되어 서비스를 행하는 **임금노동자**는 생산력 발전과 더불어 더욱 늘어날 것이다.

55) 마르크스와 엥겔스는 프롤레타리아 개념을 결코 육체노동자로 국한시키지 않았다. 그런데 마르크스의 프롤레타리아 개념은 오직 손노동자라는 소문이 항상 횡행한다(가령, Speier 1977, 최근판 1989, p. 21) A. W. Gouldner는 마르크스주의를 다음과 같이 무고하고 있다: "마르크스주의는 화폐소유와 노동의 정치경제학적 구분을 넘겨받아 노동을 단순한 육체노동으로 계산하려는 경향을 보였다"(Gouldner 1980, p. 50).

술의 진보, 그리하여 미숙련 손노동자의 소멸을 가속화시키는 투쟁이 된다. 자동화는 그것이 계속 발전될 때 기술적 · 객관적으로, 비숙련노동자에 내맡겨지는 파편적 동작으로 노동과정을 분할하는 경향이 극복되는 방향으로 운동한다. "디지탈화된 정보처리가술은 기업 안의 노동과정들을 **이것의 구체적 형태를 가리지 않고** 상호 결합시키는 것을 가능케 한다"(A. Leisewitz 1988, p. 12, 강조는 필자). 따라서 순수기술적 관점에서 볼 때 극소전자적 자동화는 유기적 생산과정과 이종적 생산과정의 구분을 무의미하게 만든다. 그러나 마르크스의 이 범주는 **경제적** 비용타산의 관점에서 볼 때 여전히 유의미하다. 이종적 생산과정의 자동화는 유기적 생산과정의 극소전자적 자동화보다 훨씬 더 큰 비용을 요구하고 따라서 아직도 부분적이고 산발적인 상태에 있다.

완전자동화 시대에는 하나의 직업을 가진 노동자(즉, 활동범위가 협소한 '전문가') 가 아니라 여러 개의 직업을 가진 노동자, 즉 **튼튼한 이론적 일반교육**의 토대 위에서 끊임없는 **보습교육**을 통해서만 낡아빠지는 것으로부터 보호될 수 있는 폭넓은 역동적 기능을 지닌 전문가가 요구된다(참조 : Inosemzew, 앞의 책, pp. 177~178).

가일층의 극소전자적 자동화와 이로 인한 지식 프롤레타리아의 절대적 · 상대적 증대를 통한 프롤레타리아의 사회적 최신화(最新化 : Aktualisierung)와 구조개편 과정 속에서 관철되는 노동자들의——특히 정신적——기능의 점진적 고도화와 사회적 요구의 증대는 자본의 관료주의적 전제체제와의 잠재적 정면대립에 빠져들지 않을 수 없을 것이다. 경영진의 "유리처럼 투명한 주머니"(Gläsernea Tasche), 그리고 노동현장과 전기업 내에서의 민주주의에 대한 노동자들의 새로운 요구는 이제야 비로소 의미있게 투쟁일정에 올려질 수 있을 것이다. 지식프롤레타리아와 새로운 현대적 기능공들은 더 이상 피동적 · 수세적인 것이 아니라, 능동적 · 공세적이기 때문이다 : "이 계층의 행위 잠재력은 노동과정 안에서의 핵심적 기능에만 근거하는 것이 아니라, 그들이 자신들의 직업적 정체성(正體性)에 입각하여 새로운 기술에 대한 **공세적** 태도를 펼칠 수 있다는 데도 근거한다. 합리화에 위협받는 단순노동자들, 즉 잔여일자리의 자동기계 '틈메우기 노동자'나 주변적인 일용부(日用夫)들의 노동보수주의 및 기술보수주의와 달리 합리화의 '핵심집단들'은 노동에 대한 자세에 있어서 심지어 노동과정의 변화에 능동적으로 영향력을 행사하려는 적극적 동기를 지니고 있다"(L. Peter 1988, p. 34, 강조는 필자). 나아가 테일러 테제는——미래에도 자본의 가치증식논리의 관철에 의해 주변영역에서 끈질기

게 재생산되겠지만(참조, L. peter, 같은 글, p. 35) —— 부분적으로 해체되고 있는 듯 하다(참조, Kernl/Schumann 1984, 그리고 Bergmann, 앞의 글, p. 42, p. 47).

하지만 우리가 테일러리즘을 ①노동동작과 도구의 표준모델적 규범화, ②노동자의 기업 내적 교육 및 보습교육, ③고도두뇌노동자들에 의한 탈지식화된 손동자의 관료주의적 · 테크노크라트적 관리통제로 이해하는 한, 테일러리즘의 완전한 해체에의 기대는 성급한 것이다.

극소전자적 자동화는 장기적으로 볼 때 의심할 바 없이 손노동과 두뇌노동의 '깨끗한' 분업 및 노동자들의 정신적 탈기능화(및 기능의 양극화)를 지양해 버릴 것이다. 그러나 그것은 기능적 지식 격차 일반, 따라서 보다 높은 기능을 가진 노동자와 —— 단순기능은 아니지만 —— 상대적으로 열등한 기능을 가진 노동자 간의 수직적 분업과, 이에 근거한 관료체제적 · 테크노크라트적 통제체제를 제거하지는 못할 것이다. 오히려 정반대의 현상이 나타나고 있다. "새로운 기술을 적용한 신축화 전략의 가장 두드러진 그리고 갈등을 잉태하고 있는 계기 중의 하나는 생산흐름과 노동과정에 대한 정보기술적 침투의 강력한 확산과 이를 통해 얻어지는 정보자료의 중앙집중의 가능성이다"(Leisewitz, 앞의 글, p. 189). 그리하여 새로운 기술의 적용에 의해 중하급차원의 관료체제와 위계는 거의 사라져갈 듯하지만 보다 높은 차원의 관료체제는 더욱 강화된다.

극소전자적-정보기술적 방법의 적용은 수많은 영역에서 **비로소** 노동분해와 통제의 테일러주의적 형태들의 체계적 투입을 위한 전제들을 창출하고 있다. 새로운 기술은 정보자료의 밀도를 높여주고 그리하여 정보파악 및 정보가공을 항상 체계화시켜 주며 기업 내적 정보흐름을 가속화시켜 준다. 그리하여 새로운 기술은 노동을 **표준모델**로 일반화하는 테일러주의적 방법의 —— 앞에서 언급한 바 있는 —— 기술적 경직성을 보충한다.

> "과학적 경영은 이 통제를 강제하기 위해, 항상 기술적, 노동조직적, 인적 통제의 결합으로 나타나는 수단과 방법들의 일관적 병기창을 개발했다. 그런데 임금노동력의 자본주의적 점취와 착취에서 노동에 대한 이러한 통제형태의 한계는 특히 이것이 광범한 영역에서 임금노동력의 '자발적 보고'나 **표준모델**의 도출에 의한 노동동작의 세밀한, 그러나 일시적인 그리고 사례별 파악(REFA-System)에 근거한다는 데 있다. 그런데 새로운 극소전자적 기술은 관심있는 성과자료와 노동흐름자료의 지속적인

파악이 **직접적** 채록에 의해 그리고 **어느 때든** 기계와 시설에 관한 정보자료의 가능한 평가를 마련해 주는 한에서 '보족물'을 만들어 준다. 그리하여 기업자료 파악(BDE) 시스템은 이전에 자본이 할 수 있었던 것보다 더 **깊은 노동과정침투**를 가능케 해준다" (같은 책, p. 190. 강조는 필자).

그리고 새로운 기술은 동시에 테일러 · 포디즘이 오래•전에 정착한 곳, 즉 직접적 생산과정 안에서 **새로운**, 보다 완벽한 통제형태들을 가능케 해준다. BDE 시스템은 "기계적 노동과정의 **모든** 본질적 국면들을 기계 그 자체에 기록하여 작업장 또는 분과차원에서 그리고 중앙 제작조종간에서의 **중앙집중적** 정보평가로 이전시키는 것"을 가능케 해준다(같은 글, p. 191;참조, Bergmann, 앞의 글, p. 43 도). 그것은 기계공들의 직접적 성과통제와 행동통제를 거의 언제든 "가능케 하고 상응한 표준모델을 통해 노동과정의 편성에 있어서의 자유재량공간(노동순서, 성과편차의 사후적 보충 등)을 대폭 축소시킬 수 있다" (Leisewitz, 앞의 글, p. 191).

이런 형태의 새 기술은 본래 그 자체로 볼 때 자의적인 것도 또 지배기술적인 것도 아니다 : "그것은 불변자본과 가변자본의 경제화 경향으로부터 불가피하게 생겨난다" (같은 곳). 그러나 이것의 적용은 항상 이중적 성격을 갖는다 : 지배기술적 그리고 노동기술적 성격. 극소전자적 자동화는 여러 번 언급했듯이 사무과정에서와 마찬가지로 생산과정에서도 노동의 탈기능화를 초래하는 것이 아니라, 노동자들의 전반적 기능의 향상과 더불어 중급관료층과 프롤레타리아 대중에게 불리한 방향으로의 중앙관료층의 권력강화를 초래한다. 그리하여 사무실의 '체계적 합리화'와 동일하게 묘한 현상이 나타난다. 기능의 양극화가 아니라 기능격차의 완화 속에서의 **권력의 양극화**가 벌어진다. 기업 안에서의 이러한 실제적 과정은 극소전자적 사회개혁에 관한 자본의 다음과 같은 프로파간다를 반박하는 셈이다 : "……정보시대는 훨씬 더 많은 탈중앙화를 특히 기업 안에서 가능케 한다. 이 시대는 Profit Centers에서든 상당히 자율적으로 돌아가는 중소기업단위체 안에서든, **복잡한 위계체제의 해체**를 향한 기회를 열어 놓고 있다. 극단적인 경우 개개 노동자가 준기업가가 된다."[56)]

56) Herbert Giersch, "Direktor des Kieler Instituts für Wettwirtschaft", in *Wirtschftswoche*, Nr. 10/1985, p. 38 u. auch Nr. 36/1985, p. 8. 강조는 필자. Hirsch/Roth, 앞의

천만에. 자본의 관료체제와 테크노크라트 체제는 여전히 잔존하고 그것도 노동자들의 '깨끗한' 탈정신화 및 탈지식화의 점진적인 완화라는 의미에서만 탈테일러화된 BDE 시스템에 의존한 통제형태로 **더욱 공고화되고** 있다. 그러나 다른 테일러리즘적 원리들(노동자의 기업 내 교육과 보습교육 등)은 그대로 시행되거나 새로운 기술의 도움으로 더 효과적으로 관철된다(표준모델로의 노동의 일반적 규범화). 요약해서 우리는 다음과 같이 말할 수 있다 : 새로운 기술들은 착취과정의 차원에서 보면 테일러-포디즘적 구조가——새로운 기술의 테두리 내에서 그리고 이것의 도움으로——계속 중요한 역할을 수행하되, 다른 한편으로는 이제 더 이상 노동과정의 단계규정적인 과정을 표현하지 않음을 시사하는 **새로운** 차원을 열고 있다(참조, 앞의 글, p. 189). 즉 몇몇 증거들이 산업과정의 변혁이 테일러리즘의 갑작스런 종말이 아니라 사회적 평균의 차원에서 차라리 테일러리즘적 생산구조와 새로운 구조의 **혼합체**를 유입하고 있음을 시사한다(참조, Hirsch/Roth, 앞의 책, p. 112 이후;Bier/Möll 1989, p. 81).

그러나 보다 높은 사회성을 가진 이 새로운 구조물도 전능한 착취-지배 자동기제는 아니다. 노동자들이 전적으로 주체성 없는 대상이 아닌 한, 잠재적 주체성이 "자본의 모든 사회화 형태에 고유한 변증법"(Leisewitz, 앞의 책, p. 192)을 작동시킬 것이라는 것은 의심할 바 없다. 개별노동의 객관화된 메카니즘을 그들의 최소한의 대항행동에 의해 정지시킬 수 있는 가능성을 제공한다. 즉, 행동하는 주체들이 수세적 · 공세적 대항권력을 행사할 수 있는 계기들이 불가피하게 부상하게 된다(참조, 같은 글, 같은 곳).

기업지도부는 다만 전술적인 사소한 양보정책, 점점 능력이 고도화되는 노동자들의 '버려진' 능력들의 자발적 발휘를 위한 교활한 노동구성, 기만적 민주화 제스처 또는 직접적 계급대치선에서의 관료적 위계의 은폐 등을 통해 대처하고 있다. 특히 노동현장에서 위계가 보이지 않게 된 것은 직장(職長)이 기술발전과 더불어 점차 단순한 기술자로 탈바꿈하여 동류 중의 일인자(primius inter pares)로서 노동하게 됨으로써 더욱 강화되었다(참조, N. N. Inosemzow, u. a, 앞의 책, p. 174). 물론 이로 인해 자본지배와 이것의 관료체제가 침해받는 것은 아니다. 지배와 관료체제는 보이지 않게 부단히 작동하고 있다. 뭔가 일이 잘못되면, 위계가

책, p. 132에서 재인용.

즉각 현상하여 가차없이 지시한다.

하지만 저 전술적 양보와 제스처들은, 그것들이 자본지배와 이것의 관료체제가 이미 오래 전에 '고루한' 시대착오적 유제이고 생산성의 가일층의 발전에 대한 장애물이 되었음을, 따라서 자본주의적 기업체제와 이것의 관료주의적 "보아뱀"(마르크스)의 제거가 기업의 집단적 주체로서의 노동자들의 창조적, 주체적 **자발성**을 비약적으로 **상승**시키고(참조, U. Schumm-Garling 1972, p. 95 이후) 이 주인의식적 노동자들에 의한 고도기술화된 생산수단의 **경제적** 이용과 **감독비용**의 본질적 **절감**을 가져올 것이라는 사실(참조, H. Duda 1987, p. 127)을 의도하지 않게 자백한 셈인 한 진리의 몇몇 요소들을 내포하고 있음에 틀림없다.

제3절 물리적 폭력기구로서의 기업체제의 새로운 기능 및 사적 기업경비대의 합법적 정착과 국가적 폭력독점의 침식

여기에서는 산업사회학이 —— 마르크스주의적 산업사회학이든 비마르크스주의적 산업사회학이든 —— 이상하게도 완전히 침묵하고 있거나 망각한 최근의 새로운 현상, 즉 **기업경비대** 및 **기업사법작용**(企業司法作用)이 취급된다. 이 슬그머니 정착하여 합법화된 기업의 새 기능은 그간 한두 잡지들(가령, *CILIP*에서 가끔 또는 「쉬테겔」이나 「쉬테른」에서 아주 드물게)에 의해 취급되었고 극소수의 정치학 또는 법학 논문에서 지나가는 식으로나마 비판적으로 취급된 적이 있다. 그러나 이 보잘것 없는 비판마저도 곧 퇴조하고 말았다. 지금은 기업경비대를 변호하거나 이 기업경비대의 창설 및 운영에 필요한 정보를 제공하고 이윤을 챙기는 잡지들만이 무대를 지배하고 있다.

영미 제국에서 **사적 기업경비대**는 어떤 곳보다도 그 역사가 오래 되었을 뿐만 아니라(F. Ocqueteau 1987, p. 37 참조) 더 규모가 크다. 70년대 중반 미국의 사(私)경찰은 45만여 명의 국가경찰 규모를 능가하는 80만 명에 달했다(Gelhausen/Spitzner 1987, p. 1127의 각주 참조). 임시방편의 사기업 경비대의 존재는 미국에서 초기자본주의 시대에까지 거슬러 올라가지만, 이 기업경비대의 병력이 국가경찰을 능가하는 규모로 팽창하기 시작한 것은 양차세계대전 간의 공황기에 이르러서이다. 1930년대 자본가들의 사경찰과 사병(私兵)들은 노조지도자들의 암살, 염탐, 파업대중 및 노조건물에 대한 군사작전을 자행했었다(M. Dobb, pp. 116~124 참조). 이 임시 폭력조직들은 그간 병력규모상 국가경찰을 무색케 하고 무기 및 정보기술장비면에서 국가경찰에 뒤지지 않는 **합법적, 상비적** 기업경비대로 정착하였다. 사정은 짐작컨대 영국에서도 유사하다. 1986년 우리는 신문에서 한 영국 인쇄회사의 기업경비대가 신기술 투입으로 쫓겨난 노동자들의 저항을 분쇄하는 데 주역을 담당했다

는 보도를 자주 읽었다.

독일에서도 임시기업경비대는 오래 되었다. 이것의 흔적은 19세기 중반까지 거슬러 올라간다. 이것의 역사적 선구로는 지역적 기업군에 의해 창설된 지역적 '공장절도방지협회'를 들 수 있다. 이것의 계급투쟁적 기능은 1872년 Krupp사의 안전수칙에서도 분명하다 : "아무리 비용이 많이 들더라도 모든 노동자들은 정력적이고 노련한 사람들에 의해 끊임없이 감시되어야 하고 만약 이 사람들이 사보타지 선동자, 게으름뱅이 또는 스파이를 적발하는 족족 이에 대한 포상을 받을 것이다" (Gelhausen/Spitzner, 앞의 책, p. 1125f. 에서 재인용). '사회주의자 진압법'이 시행되는 가운데 이 '공장절도방지협회'들은 사민당(SPD)의 당원 및 지지자들, 노조조직의 적발, 감시, 추적에서 효율적인 기구로 입증되었다. 제1차 세계대전 및 파시즘 치하에서는 이 기업경비대에 아예 국가보조경찰의 지위가 부여되기까지 하였다(같은 책 참조). 하지만 오늘날의 정착된 합법적 형태로 기업경비대가 발전한 것은 전후 K. Adenauer의 정식촉구에 의해 이루어졌다 : "대내전선의 창설은 대외전선의 창설만큼이나 중요하다" (R. Pusch 1975, p. 152에서 재인용). 독일산업전국협회(BDI)는 이 촉구를 받아들여 독일고용주전국연합회(BDA) 및 독일산업 · 상업회의(DIHT)와 공동으로 1951년 '독일경제 보위를 위한 협력위원회'(GSW)를 창설하였다. 이것의 기능은 경비원의 병기취급훈련 및 기업경비대의 국가정보기구, 경찰, 연방국경수비대, 연방군대 등과의 접촉을 매개하고 —— 적어도 —— 경비대 간부들의 정치 이데올로기적 훈련을 주관하는 것이었다(같은 책, p. 153). 긴급조치법이 통과된 후 이 GSW는 1968년 해체되어 1969년 '경제안보문제조정국'으로 바뀌는데, 이것도 여전히 BDI, BDA 그리고 DIHT에 의해 지휘되는 것은 마찬가지이다(Gelhausen/Spitzner, 같은 책, p. 1125).

기업 내에 설치된 이 경비대와 나란히 병기 및 기타 장비로 무장한 안전용역회사도 꾸준히 증가하였다. 이 용역회사는 개개 기업경비대에 대한, 일종의 보조병력 또는 기동대인 셈이다. 오늘날은 이 안전용역회사들이 점차 기업경비대를 대신하는 경향을 보이고 있다(*Sicherheitsberater*, Nr. 6/1988, p. 85). 너무 규모가 방대해진 상비적 기업경비대가 가하는 비생산적 임금압박으로 인해 독일 자본은 "외국경쟁자들에 대한 상당한 경쟁상의 불리점"을 안게 되었기 때문이다(같은 책 참조). 그리하여 기업들이 기업경비대의 과업을 독립적인 안전용역회사에 맡기는 일이 빈번해지게 되었다. 서독의 대량실업에도 불구하고 안전용역회사의 일자리는 1987년 10%

포인트 증가하였다. 고정적으로 고용되고 기능훈련을 마친 **보험가입상태**의 안전요원만 해도 이 안전용역 분야에서 59,802명에 달한다(1986년 54,473명. *Wirtschaftsschutz + Sicherheitstechnik* 7/1988, p. 389).

기업경비대의 무장실태에 관해서는 기업에서 설왕설래되는 적이 거의 없다. 그러나 경업경비대 및 안전용역회사요원들의 무장상태에 대해서는 이미 여러 경로를 통해 알려진 바 있다. 이들의 무장은 포승, 곤봉, 수갑, 채찍, 도검, (08 등의 군대권총과 같은) 총기뿐만 아니라, 최루탄, chemical mace 등의 시위대응용 화공무기, 심지어 자동화기까지 다양하다(Gelhausen/Spitzner, 앞의 책, p. 1125 : J. Blau 1977, p. 70 ; A. Bühl 1982, p. 186). 여기에 온갖 최신 기구들, 가령 자동신분확인기계, 통신장비, 감시장치, 최신식의 통신중계소 등이 첨가된다(*Wirtschaftsschutz + Sicherheitstechnik* 7/1988, p. 189). 이와 나란히 이 소위 '안전기술'(Sicherheitstechniken)을 생산하는 기업들이 붐을 만났다.

안전용역회사를 포함한 기업경비대 전체 병력은 서독의 경우 평가에 따라 들쑥날쑥하다. 다만 이 병력이 그간 꾸준히 증가하였다는 것만은 분명하다. *CILIP* 지는 1979년 다음과 같이 보도한 바 있다 : "경비대 병력수는 오늘날 모두 합해 10만명이 넘는 것으로 추산된다. 50만의 연방군대와 비교할 때 그것은 이미 강력한 군대가 되었다. 서독 안전용역회사들은 1990년이면 25만 명의 경비요원이 필요할 것이라고 내다보고 있다" (*CILIP* 4/Nov. 1979, p. 17). 브레멘 주 고위 공무원 H. Schäfer는 1977년 모든 경비요원들 중 약 20%, 즉 2만여 명만이 보험에 든 자격증 전문인력으로 보아야 한다고 말한 바 있다(같은 책, p. 18). 이 비율을 용역회사에만 고용된 보험든 경비요원들(1987년 59,802명. s. o.)에 대입하면, 오늘날의 경비대 총인원이 1979년에 예상한 25만의 예상수치를 이미 넘어섰고 따라서 국가경찰의 정예병력수(1980년 약 16만 명)를 훨씬 능가했음을 쉽게 알 수 있다. 이런 이유에서 기업경비대를 일시적인 파쇼적 비정상상태로 간주한다면, 이것은 눈먼, 심지어 우스꽝스런 사변이 될 것이다.

사경찰의 기능은 국가경찰의 기능과 마찬가지로 '이중적 성격'을 지닌다. 즉, 파괴행위(Vandalismus)에 대한 소유의 방어, 절도, 강도 등의 범죄의 **사회일반적** 진압기능과 동시에 파업 및 항의하는 노동대중과 시민의 **계급투쟁적** 억압기능이 그것이다. 사경찰의 기능은 단순한 '재산보호'만이 아니라 기업 내 '치안유지', 'wild cat striker'의 방지, 시위의 예방, '기업 내 전복세력의 영향력에 대한

방어' 등도 포함한다(J. Blau, 앞의 책, P. 33 참조). 특히 중요한 기능은 소위 '좌익 극단주의자'(공산주의자 및 공산주의자의 영향력 하에 있는 집단들)에 관한 정보의 수집, 분석, 평가, 정치적으로 달갑지 않은 인물들의 염탐, 감시, (기업 내 국가정보요원과 인사과의 협력에 의한) 신원조회, 이미 드러난 '소란요소들'의 고립화, 블랙리스트 작성 등이다(같은 책 참조).

기업경비대는 국가정치경찰 및 정보기구와 협력하고 있다. 이 상호 긴밀히 결합된 감시기구의 전모는 국가정보기구가 이 사경비대의 지원을 받고 있는 사실에 의해 더욱 가공스러운 것으로 드러난다(같은 책, p. 34; A. Bühl, 앞의 책, p. 186). 라인란트-팔츠 주 내무상 R. Geil은 다음과 같이 공개적으로 언급한 바 있다; "사(私)안전용역과 기업경비대는 치안문제를 선봉에서 떠맡고 있다." 그리고 그는 '경제안전협회'(VSW : 경비요원 및 안전용역요원들의 직업단체)를 "안전문제에서 신뢰할 만한 파트너"로 칭찬한 바 있다(*Wirtschaftsschutz + Sicherheitstechnik* 4/1989). K. D. Dunkel은 그의 논문에서 아예 사경찰과 국가경찰 간의 협력을 범죄진압 분야까지 확대하고 심지어 국가경찰을 경비대 지휘계통 아래 투입할 것을 요구하고 있다 : "경찰이 광역의 위험지대를 에워싼 봉쇄의 강화를 위해 사경비대 지휘자의 지휘 아래 들어가는 사태를 왜 상상할 수 없단 말인가?" (K. D. Dunkel 1988, p. 749). 게다가 기업경비대는 소위 '대내전선'에서의 NATO의 유기적 작전망의 합법적 고리이기도 하다(R. Pusch 1975, pp. 152~154).

지금까지 약술한 직접적 국가억압기능의 "민영화" 외에 국가 사법기능의 침식도 벌어지고 있다. 즉 **기업사법작용**(Betriebsjustiz)이다. 이 개념은 서독에서 60년대초에 나타났다. 기업사법이란 노동규범 **그리고** 국가형법에 대한 위반을 기업 내에서 국가재판소의 절차와 유사한 절차를 거쳐 처벌하는 것을 가리킨다(Gelhausen/Spitzner, 앞의 책, p. 1123). 경제분야에서 오래 전부터 기업의 형벌권력은 벌금부과의 방식 및 그 규모가 상세히 규정되는 식으로 제도화를 겪었다. 현재 지배적인 법학은 이것을 단초적으로도 문제삼지 않은 채 "피고용인을 규제하는 것"은 "법적으로 뒷받침될 필요가 없는 고용주의 권리"로 보고 있다(같은 책, p. 1124). 즉 기업사법 및 기업경비대의 옹호자들은 형법위반에 대한 처벌을 포함한 기업사법작용을 기업체제법 및 연방노동재판소의 판결에 의해 이미 합법화된 기업가의 권한으로 간주하고 있다 : "필요한 법적 기초는 기업의 질서 및 피고용인의 행태에 관한 규범을 포고할 수 있는 기업 파트너(기업주를 이렇게 부르고 있다——필자)의 권리를

규정하고 있는 기업체제법 87조와 이에 기초하여 내려진 1967년 9월 12일 연방노동재판소의 판결이 제공하고 있다. 이 판결에 의하면 기업질서권은 이에 상응하는 처벌권을 포함한다. 연방법원은 이 판결 안에서 기업 파트너의 **자율적 권력**에 관해 언급하고 있다" (K. D. Dunkel, 앞의 책, p. 747. 강조는 필자). 이리하여 형법위반에 대한 기업의 처벌권(대부분 폭행, 폭력사건, 절도사건의 처벌)이 국가의 형벌권에 우선하게 되었다. 그리하여 자본주의 기업들은 자신의 기업부지 위에서 일종의 상대적인 영토권——범죄자의 체포, 수사에서 처벌까지 이르는——을 획득하였다. 알려진 범죄의 22%만이 국가수사기관으로 넘겨지고 있는 실정이다. 기업사법권이 가장 발전되어 있는 대기업의 경우 이 기업들의 사법기능은 빈번히 경찰기능, 검찰기능, 증언기능 등을 한 몸에 통합하고 있는 기업경비대의 활동과 불가분적으로 결합되어 있다(Gelhausen/Spitzner, 앞의 책, p. 1124).

기업경비대에 의한 소위 '예방적 인원통제', 즉 회사노동자들에 대한 지속적인 신분증 검사와 '소지품 검사'의 법적 근거는 기업경비대 지침서에 의하면 계약권, 즉 자본주의적 소유권에 있는 데 반해, 방문객에 대한 통제는 주거침해를 막는 가택권에 근거한다(Fernstädt/Ehses 1984, pp. 29~31). 한편, 구체적인 혐의사실이 나타날 경우 경제외적인 물리적 강제권력으로 수행되는 '억압적 인원통제'의 법적 근거는 만인의 권리로서 관념되는 소위 자조권(自助權)에 기초한다. 기업경비대는 모든 혐의자들을 강제력으로 잠정적으로 체포할 수 있다 : "누군가 현장에서 발견되거나 추적당할 경우, 그리고 이 자가 도주의 염려가 있거나 신분이 즉각 확인될 수 없는 경우, 누구든지 이 자를 법관의 명령 없이 잠정적으로 체포할 권한을 갖는다" (서독 형사소송법 127조). 이에 준하여 기업경비대에게는 다음과 같은 사항이 타당하다는 것이다 : "이 법규정에서의 '누구든'이란 모든 시민, 따라서 기업의 직원 또는 경비인원일 수 있다" (Fernstädt/Ehses, 앞의 책, p. 34). Fernstädt/Ehses는 연방내무상이 1979년 "야간에 자기 집을 방어하는 집주인과 동일한 식으로 사적 안전요원들이 정당방위권과 긴급피난권을 이용해서는 안 된다"고 경고했을지라도(*CILIP*, 4/Nov. 1979, p. 17) 정당방위권 및 긴급피난권도 기업경비대의 활동에 원용될 수 있다고 얘기하고 있다(Fernstädt/Ehses, 앞의 책, p. 37). 국가영토권이 법률적으로 원시적인 가택권, 긴급권 등에서 자라나온 것임을 상기한다면, 기업의 상대적으로 자율적인 영토권이 동일한 원시적 권리들에서 여반장으로 도출될 수 있다는 것은 설명을 요하지 않는다. 이리하여 자본주의 기업은 그의 자본이 크면

클수록 그만큼 더 위력적인 경제적, 동시에 경제외적인 권력체가 되어가고 있다. 이에 대한 합법적인 법근거는 자본의 증대만큼 확장되고 강화될 수 있기 때문이다. 따라서 소위 원시적인 **만인**의 권리(주택권, 긴급피난권, 정당방위권 등)는 경향적으로 대자본 및 독점자본들의 **배타적인** 법적 권력으로 둔갑하고 있다.

서독에서와 마찬가지로, 지금까지 주지하다시피 중앙집권화된 국가경찰체계의 모델을 특징으로 하는 프랑스에서도 70년대 이래 사적 안전용역업이 촉망받는 분야가 되었다. 사경찰의 출현은 물론 프랑스에서도 오래 되었다. 19세기와 20세기 초에도 사적 안전용역의 허가를 요구한 흔적들이 보인다(F. Ocqueteau, 앞의 책, p. 37. 이하 이 논문에 의존한다). 하지만 중앙집권적 국가경찰체계를 가진 프랑스에서 이 맹아적인 단초들과 사안전용역업의 허가요구 등은 종종 국가경찰을 늘리고 더 잘 무장하는 것으로 귀착하곤 했다. 이런 까닭에 특정한 파리건물들을 지키는 단순업무를 맡는 단 하나의 안전용역회사를 정식 허가했을 뿐이다(1926년). 이 회사는 오랫동안 독점적 지위를 향유하였다. 그러나 이 지위는 1970년대에 들어 무너지고 여러 회사들이 대규모로 등장하기 시작하였다. 이것은 부분적으로 안전기술 및 감시기술의 발전에도 힘입은 바 크다. 1979년 당시 프랑스에는 안전용역회사가 539개사로 집계되었다(1978년 438개사).

1970년대 프랑스는 안전용역업의 국가방임주의 시대이면서 동시에 1970년대는 "고용주 군대"(milices patronales), 즉 기업경비대에 대한 대규모 항의운동의 시대였다. 그러나 이 격렬한 항의에 대하여 국가당국은 못들은 체했다. 당국은 공공용역에의 사경비대의 침범을 자제케 하고 대외적 활동이나 경계의 모호성을 줄여 이들의 업무수행이 국가경찰과 혼동되지 않도록 요구하는 회람을 경찰관서에 하달하는 정도에 그쳤다.

프랑스 안전용역부문의 병력수에 대한 통계는 대단히 부정확하다. 주도적인 안전용역회사들은 국가승인을 얻으려고 발악해 왔기 때문에 이 부문의 다른 전통적 범주(예를 들면 흥신소나 사설탐정)까지 포괄하는 명칭으로 분류되는 것에 강력히 저항해 왔다. 통계의 부정확성은 주로 이로 말미암은 것이다. 하지만 이러한 통계의 부정확성에도 불구하고 사적 안전용역부문의 병력수는 국가경찰(police nationale)의 규모에 달하는 것으로 나타나고 있다(1982년 약 11만 명).

프랑스에 사회당-공산당 연립정부가 들어서면서 안전용역부문을 국가권력으로 통제해야 할 필요성에 대한 국민의식이 현격히 제고되었다. 오랜 야당생활로 인해

사회당과 공산당은 안전용역업에 극히 민감한 반감을 갖고 있는 데다, 1981년과 1982년에 상당한 항의를 일으킨 사건들(가령 파리 시청 부근에서 사경비요원이 한 부랑자를 살해한 사건이나 한 지방의 파업에 대한 Camemberts d'Isigny 용역회사의 폭력투입 등)이 보도되기 시작했기 때문이다. 연립정부는 사경비대의 무법공간을 법적 규제로 근본적으로 통제하고자 했다. 그리하여 1983년 7월 사설경찰의 통제에 관한 법률이 제정되기에 이른다.

이 법률은 사설안전용역과 기업경비대 및 개인경호원의 활동을 허가제로 묶었다. 게다가 이 법률은 공적 영역에서 이 사경비대가 활동할 수 있는 제한조건, 무기휴대조건, 기업의 공식적 보고의무 등을 규정하였다. 한 걸음 더 나아가 법률은 사경비대의 노사문제에 대한 간여, 정치동향에 대한 감시, 이와 관련된 문서생산 등을 금하였다.

자본의 사설경찰에 대한 이와 같은 법적 규제는 일견 민주주의의 승리로 비쳐졌지만, 사실상 자립화된 지방호족에 대한 법규제를 시행한 칼 대제의 딜레마와[57] 유사한 딜레마에 빠지고 말았다. 이 법규제는 불가피하게, 자본이 오랫동안 갈구해 온 사설경찰에 대한 국가의 승인 및 자본의 경제외적 권력기구의 법적 인정을 내포하게 되었기 때문이다. 그리하여 "승리는 차라리 안전용역회사 쪽이 쟁취한 셈이다" (Ocqueteau, 앞의 책, p. 42).

한 걸음 더 나아가 사회당 정부는 법 선포 이후 사설경찰의 통제를 효과적으로 집행할 수 있는 상응한 수단을 활용할 처지에 있지 못했다. 사설 안전용역의 법적 승인은 일종의 특권회사의 창설이나 다름없는 것이 되고 말았다. 사회당 정부는 이 사설경찰의 통제에 대한 책임을 떠맡으려고 시도하지도 않았다. 결국 1986년 이후 사회당 정부는 서독 정부와 동일한 입장으로 돌아서고 만다. 사회당 정부는 역설적으로 1987년 사설경찰의 허가를 '최선의 협력'이라는 구호 아래 시행할 것을 요구하기에 이른다. 이러한 입장선회는 역사상 유례없는 정치테러가

57) 과거 프랑크 왕국의 시한부 봉토를 받은 지방호족들은 봉건 초기에 이 호족들의 권력을 업고 종종 법정출두나 병역을 거부하는 자유소작인들을 보호하였는데, 칼 대제는 이 자유소작인에 대한 통제를 더욱 공고히 하고 호족들의 권력강화를 막기 위해 이 호족들에게 이 자유소작인의 법정출두, 병역소집, 기타 국무를 위한 호출에 법적 책임을 부과하였다. 그러나 칼 대제의 이 대항조치는 도리어 호족의 영토적 자립화와 그의 소작인에 대한 호족의 정치적, 법적 권력을 공식 승인하는 것으로 둔갑해 버린다(Engels, MEW 19, p. 185f.).

극성을 부리면서 쉽사리 이루어졌다. 그리하여 프랑스의 사설경찰도 다른 제국주의 국가의 사설경비대와 동일한 지위를 쟁취한 셈이다. 자신들의 신분을 격상시킨 이 프랑스 사설경찰이 국가경찰과 협력관계에 들어가게 된 것은 의심할 바 없다. 이 사설경찰은 계급투쟁적 작전행위가 법적으로 금지되어 있다 할지라도 예전처럼 유사시에 노동자와 시민들의 파업이나 시위에 대항해서도 투입될 것이다. 소위 재산 및 인명보호와 계급억압기능 간의 경계는 으레 모호하기 때문이다.

제국주의 국가가 아니라 브라질, 에이레, 그리스, 멕시코, 한국, 터키 등의 중위자본주의 국가에서 기업경비대(가령 '구사대')는 아직 임시방편적 성격을 벗어나지 않은 지위에서 불법성을 띠고 있다. 법적으로 승인된 사설경찰(가령 '청원경찰')은 아직 규모가 그리 크지 못하다. 따라서 중위자본주의 나라의 사설경비대는 법적 회색지대나 파업시기, 내전상황(가령 현재 필리핀의 경우)에서 일시적으로 국가에 의해 묵인된다. 이 나라들의 자본의 기업적 지배구조는 아직 병영전제체제에서 관료전제체제로의 이행단계에 있거나 이런 이행을 이제 막 마감한, 어떤 기업민주주의적 요소도 결여된 관료전제체제 단계에 처해 있다. 즉 자본의 권력은 자본이 유사시에 자신을 자신의 물리력으로 방어하기 위해 **상비적** 사설경찰을 대규모로 필요로 할 만큼 제약당해 있지 않다. 이에 반해 모든 제국주의 국가들은 상비적 기업경비대와 기업사법이 대규모로 발전되고 합법화되었다.

역사적으로 고찰할 때, 자본주의 기업의 경제외적인 상비적 폭력기구의 정착과 증편과정은 형식적인 공동결정제 등과 관련된 자본의 강요된 전술적 양보와 나란히 벌어진다. 자본은 그의 강제적으로 '계몽된' 관료주의적 전제체제를 다시 물리적 폭력기구의 기업 내 창설을 통해 보충한 셈이다. 이와 함께 자본은 경제적이면서 동시에 경제외적인 강제권력이 되었다.

오늘날 사설경비대의 상시적 고용상태, 합법성, 극소전자기술로 보강된 무기 및 장비, 그리고 병력규모는 이제 더 이상 국가의 원칙적인 폭력독점에 대한 예외현상으로 파악할 수 없다. Altvater는 그의 **경제주의적인** 즉 자본관계가 아니라 개별 자본들 간의 관계를 중심에 놓는 '국가도출론'을 정당화하기 위해 사설경찰의 존재를 한 조그만 각주에 '국가특수화'의 '수정'으로 과소평가하고 있다 : "여기에서 중요한 수정이 고려되어야 한다. 대자본들도 명백히 기업 차원에서 계급투쟁의 진압과 관련된 기능을 수행하는 기업경비대 등의 억압기구를 정규적으로 설치해 놓고 있기 때문이다" (Altvater 1972, p. 14의 각주). 그러나 그는 스스로 오늘날

독점자본주의의 후기 단계에서 경제로부터 국가의 뚜렷한 분리에 관해 입론하는 것이 늦가을에 봄꽃을 꿈꾸는 것만큼이나 어렵다는 것을 시인하고 있다 : "여기에서 국가영역과 자본의 사적 영역 사이에 간단히 그리고 예리하게 경계가 그어지는 것이 아니라 많은 부문에서 상호침투하고 있음이 드러난다"(앞의 책). 이런 까닭에 Hirsch는 경제로부터의 물리적 폭력의 분리라는 테제를 완화하면서 다음과 같이 지나가는 말로 기업경비대와 기업사법에 관해 괄호 속에서 언급하고 있다 : "부르주아 사회 안에서의 '경제'와 '정치'의 관계는 물리적 강제기구가 한편으로 이 형태(지배계급으로부터 형식적으로 분리된 형태 —— 필자)를 취하고 생산과정 안에서의 자본가와 노동자의 직접적 관계에서는 관계의 '말 없는 강제'가 항상 작용하고 있다는 사실로부터 그의 특수한 성격을 얻는다. 한걸음 더 나아가 '경제기구들'**도** 항상 지배기구인데, 이것은 자본주의 기업 **안에서** 직접적인 물리적 억압도 벌어진다는 점(기업경비대, 소위 '기업재판권' 등)에서 드러난다. 따라서 정치적 지배기구('국가')는 결코 지배 없는, 오직 객관적인 운동법칙을 따르는 경제영역에 맞서 있는 것이 아니다. '정치'와 '경제'의 관계를 일단 일반적으로 규정하는 것은 물리적 폭력 사용에 의존한, 모든 사회영역에 존재하는 부르주아 계급권력의 안전보장이 한 특수한 기구로 이전되어야 한다는 점이다(Max Weber가 말하는 '정당한 물리적 폭력'의 —— 실은 결코 완전한 적이 없는 —— '독점')(Hirsch 1976, p. 106). Hirsch가 여기서 경제적 기구들이 직접적인 물리적 억압기구를 갖추면서야 비로소 지배기구가 되는 것처럼 말하고 있는 부분은 말할 것도 없이 빗나간 소리다. 경제기구들은 항상 기업경비대나 기업사법 없이도 '경제적 관계의 말 없는 강제'에 기초한 지배기구로 기능한다. 아무튼 Hirsch는 여기서 물리적 폭력수단의 합법적 독점의 관념에 의존하여 국가를 정의하려는 베버주의적 시도 및 이것에 의해 무의식적으로 영향받은 마르크스주의적 '국가도출론'의 시도의 본질적 난점을 무의식적으로 인정하고 있다.

어떤 계급사회든 피지배계급들 및 지배계급의 **개별성원들**의 침범에 대해 일반적 생산조건을 보위하기 위한 **일반적** 계급투쟁에 복무하는 특수한 기구를 필요로 한다. 노예제 사회 이후의 모든 국가는 구체적인 역사적 형태를 추상할 때 차라리 **착취계급들의 일반적** 계급투쟁을 위한 영토적 조직이라는 데 본질을 둔다. 이 조직은 **개별적인** 착취자들로부터**도** 형식적으로 분리되어 있고 따라서 마치 사회 일반으로부터 분리된 것인 양 사회 **위에** 있는 것으로 현상한다. 또 이 조직은 물리적 폭력기구

로만 장비되어 있는 것이 아니라 **경제적 수단, 정보수단, 통신소통수단, 이데올로기적, 문화적 기제** 등으로도 장비되어 있다. 이것은 개별착취자들의 경제단위들이(전자본주의 시대처럼 경제적 착취를 위하여 또는 오늘날처럼 개별기업 차원에서의 개별적 계급투쟁을 위하여) 합법적 또는 불법적인 물리적 폭력수단으로 무장하는 것을 금하지 않는다. 정확히 말하자면 부르주아 국가의 **역사적인 형태적 특징**은 '국가도출론자들'이 주장하듯이 물리적 강제수단에 집중된 강제력이 개별착취자들로부터 분리된 국가적 제도화를 겪는다는 데 있는 것이 아니다. 이것은 역사상 나타난 모든 국가형태의 특징이다. 부르주아 국가와 사회의 특징은 차라리 폭력이 생산과정 안의 **착취**를 위해서는 투입되지 않는다는 데 있다. 이 점은 개별자본가들이(직접적인 착취를 위해서가 아니라) 개별기업 차원에서의 비(非)일반적인, **개별적인 계급투쟁**을 위해서 어떤 물리적 폭력기구도 설치할 수 없다는 식으로 과장되면 안 될 것이다(오늘날 기업 내의 사설경비대도 기업 밖의, 그리고 기업 위의 부르주아 국가기구도 생산과정 안의 직접적 착취에는 봉사하지 않는다. 양자는 다 계급투쟁의 기구일 뿐이다. 전자는 개별적 계급투쟁을 위한 것이고 후자는 **일반적** 계급투쟁을 위한 것이다). 그와 같은 과장은 노동계급을 병영전제체제식으로, 즉 절대주의 방식으로 굴복시키는 데 성공하여 이제 노동자를 적절한 복종상태로 유지하는 데 국가권력의 도움을 더 이상 필요로 하지 않게 된 옛 거만한 자유주의자들의 위선적인 사회관 이외에 다른 것이 아니다. 이 자유방임주의적 자본가들은 이전의 원시적 축적기에 필수적이었던 국가권력의 모든 절대주의적 간섭과 후견을 오히려 커다란 장애로 느끼기 시작하였고 이리하여 "부르주아 사회의 업무에 대한 정부의 모든 간섭을 내동댕이치고" 국가를 "에피쿠로스가 그의 신(神)들을 세계의 기공(氣空)에서만 살도록 했듯이 이 사회의 기공에서만 존속하게끔" 하고자 했다(MEW 26.1, p.37). '자유주의적 천치들'의 이 위선적 사회관이 실은 소위 마르크스주의적 '국가도출론'의 배버주의적 가정의 기초를 이루고 있다. 하지만 경제적 착취에 물리적 폭력을 사용하지 않는다는 부르주아 사회의 역사적인 형태적 특징은 개별적 계급투쟁을 위한 사설경비대의 수적 증대와 무장의 엄청난 강화에도 불구하고 이 경비대가 생산과정 안에서의 **착취**를 위한 직접적인 감독권력으로 투입되지 않는 한 소멸하지 않는다.

동일한 이유에서 부르주아 국가는 합법화된 사설경찰이 국가경찰의 규모를 능가하고 그리하여 경제주의적으로 절뚝거리는 '국가도출론'을 분쇄해버리는 경우에도

부르주아적인 것으로 남아 있다. 국가도 사설경찰도 오늘날 생산과정 **안의** 직접적인 **착취권력**으로 기능하지 **않기** 때문이다.

자본의 원시적 축적기에 해당하는 초기 자본주의적 또는 "형식적-자본주의적 생산양식" (마르크스) 단계에서 국가권력은(제2장 참조) 물론 생산과정 안에서 직접 착취를 위해서도 기능하였다. 전제적인 착취권력을 아직 갖추지 못한 취약한 **형식적** 자본관계는 국가권력을 자신의 정상적 증식의 전제로서 필요로 했다 : "흥기하는 부르주아지는 임금을 규제하고, 즉 증식을 허용하는 테두리 안에 가두고 노동일을 연장하며 노동자 자신을 정상적으로 종속 정도로 유지하기 위해 국가권력을 필요로 하고 활용한다. 이것은 소위 시원적 축적의 한 본질적 계기이다" (MEW 23, p. 766). 바로 이 점이 당시 국가에 절대주의적 성격을 부여하였다. 말하자면 자본 아래로 형식적으로 포섭된 매뉴팩처 노동자들의 견딜 만한, 즉 **"리버럴한"** 종속관계(F. M. Eden으로부터 마르크스의 인용, MEW 23, pp. 644~645)에는 자본을 위해 자본관계 속으로 직접적으로 간섭해 들어온 절대주의 국가가 대응한다. 이에 반해 고전적인, 경쟁자본주의의 **실질적** 자본관계에 기초한 공장체제의 **절대적** 병영전제체제에는 역사적으로 생산 및 유통과정에 대한 직접적 간섭을 그만 둔 **리버럴 부르주아** 국가가 대응했다. 이때 자본관계는 국가권력을 더 이상 필요로 하지 않을 만큼 실질적이고 절대적인 것으로 발전되어 있었다. 오직 여기에서만 경제외적인 물리적 폭력의 상대적으로 순수한 분리, 국가에의 집중, 말하자면 물리적 폭력의 국가독점에 관해 입론할 수 있을 뿐이다.

그러나 지금 독점자본주의의 오늘날 단계에서 국가는 물리적 폭력의 독점권을 개별자본과 나누었다. 물리적 폭력의 국가독점은 개별자본들의 물리적 폭력이 직접 생산과정 안에서 기능하지 않으면서도 **국가독점과 사기업적 폭력독점의 공식적 이중구조**로 변모하였다. 폭력독점의 이러한 이중화는 결코 일과적인 비정상적 상태가 아니라 '정당한' 물리적 폭력의 합법적 실존형태이면서 동시에 그 적용형태이다. 거대 콘체른들은 자력의 사설경찰과 감시조직으로 노동자와 시민들의 합법화된 저항권을 적절한 테두리 안에 유지한다. 말하자면 폭력독점의 이러한 이중화는 생산과정의——노조의 합법적 정착과 몇몇 공동결정체적 요소의 강제에 의해—— '계몽당한' 관료주의적 전제체제에 대응한다. 동시에 모든 비판에 대해 방수된 사설경찰의 합법화는 독점체들의 '안보'욕구의 폭증에도 불구하고 계속되는 만성적인 국가재정난 및 전세계를 착취하고 따라서 종종 개별국가보다 키가 커진 독점체들의

여유만만한 재정상태를 특징으로 하는 오늘날 독점자본주의적 관계의 자연스런 산물이기도 하다(물론 "대내안보의 민영화"〔Gelhausen/Spitzner, 앞의 책, p. 1123〕가 국가억압기구의 강력한 확장과 나란히 진행됐음을 망각하지 말아야 할 것이다). 사설경찰과 국가경찰의 업무협조에 대한 한 변호론자는 다음과 같이 승리의 환호성을 지르고 있다 : "이런 관련 속에서, 전문적으로 수행되는 기업경비의 출현으로 국가의 폭력독점권이 위험에 빠졌다고 하면서 전문경비요원들의 '만인의 권리' 등을 박탈하거나 제한하려는 자들이 벙어리가 되었음을 알 수 있다. 비판의 퇴조는 물론 국가재정의 뚜렷해진 적자 및 국가가 기업의 필수적인 경비를 인적으로도 물적으로도 보장할 수 없다는 통찰과도 유관하다" (K. D. Dunkel, 앞의 책, p. 747). 국가가 상대적으로 너무 가난해서 독점체들의 경비를 서줄 수 없는 것이다. 게다가 국가기구조차도 여러 가지 이유에서 기능하지 못할 수 있다는 불확실성도 사설경찰의 폭증에 기여한다. 한 걸음 더 나아가 종종 국가중립성의 자기최면에 빠지는 불성실한 국가경찰을 더 이상 신뢰할 수 없는 상황이기도 하다. 그리하여 독점부르주아들은 매일 노동자와 사무직원들을 위축시키기 위한 "제2안보체제"를 구축하였다(A. Bühl, 앞의 책, p. 186).

사설경비요원들은 그의 노동력을 자본과 교환하는 양 보인다. 따라서 이들은 이들의 관료적 간부인력을 제외하면 마치 프롤레타리아인 양 나타난다. 특히 안전용역회사에 고용된 경비요원들은 심지어 자본주의적으로 생산적인 노동자의 모습을 취하고 있다. 왜냐하면 이들은 서비스 '안전'을 상품으로 생산하고 동시에 안전용역회사의 자본을 증식시켜 주기 때문이다. 여기에서 우리는 마르크스주의적 계급분석의 가장 어려운 지점과 만나고 있다.

그래도 기업 내에 설치된 기업경비대의 계급귀속성은 비교적 쉽사리 해명될 수 있다. 우리는 기업관료층이 그의 노동의 생산적 부분을 가변자본과 교환하고 동시에 그의 노동의 억압적, 비생산적 부분을——그들의 봉급이 부기방법상 몽땅 가변자본의 일부인 양 현상한다 할지라도—— 자본가의 **수입**과 교환한다는 것을 알고 있다. 이것은 관료층이 충성수당을 받는다는 사실(마르크스)에 의해 확인된다. 이에 반해 경비요원들은 심지어 자본주의적인 의미에서도 아무런 **경제적 노동**을 수행하지 않는다. 그의 용역은 완전히 **경제외적인** 기능이다. 보다 정확히 규정하자면 그것은 자본주의적 생산과정 및 유통과정 **밖의** "부분적으로 비생산적 활동일 뿐만 아니라 본질적으로 **파괴적인**" (MEW 26. 1, p. 145) 활동이다. 따라서 기업

내의 경비요원들이 그의 전적으로 경제외적인 활동에 대한 대가로 받는 봉급은 그들의 기업 **내적** 위치에도 불구하고 기업간부인력들의 관료주의적 충성수당과 마찬가지로 자본주의 수입에서 지출된다. 따라서 경비요원들은 일견 그들의 용역을 직접 산업, 은행, 상업자본들과 교환하는 **양 보일지라도** 실은 그의 **전** 용역을 자본가의 수입과 교환한다. 경비요원은 노동계급에 속하는 것이 아니라 노동계급에 **대항하여** 파괴적으로 활동하는 **임금예속자**이다. 따라서 그들은 **사회적으로** 자본가와 프롤레타리아의 중간에 위치한다. 그들의 파괴적 기능은 자본가의 사회적 안전과 권력을 공고히 해준다.

마르크스의 "중간계급들"의 규정을 상기해 보자. ① 그들은 "노동자를 한편으로 하고 자본가와 지주를 다른 한편으로 하는 중간"에 서 있다(MEW 26. 2, p. 536). 여기서 "중간"이란 물론 반드시 소득, 권력 또는 특권 등의 크기가 중간이라는 것이 아니라 "사회적 **기능**연관 안에서"의 사회적 상황(Soziale Lage)으로서의 "중간"을 뜻한다(Ritsert 1988[2], p. 81, 강조는 필자). "이런 까닭에 중간계급들의 문제를 이들이 마치 본래적인 생산자라는 **땅바닥**과 지배계급의 **천정** 사이의 간층(間層)인 양 취급할 필요가 없는 것이다"(앞의 책). 프롤레타리아의 일정한 계층(가령 지식 프롤레타리아)보다 훨씬 낮은 임금을 받는 중간계급의 성원들도 얼마든지 있을 수 있다(가령 하급직업군인, 하급장교, 하급국가경찰 등). ② 중간계급은 "점차 큰 규모로 대부분 수입에 의해 부양되는" 계급이다(MEW 26. 2, p. 536). ③ 그들은 "노동하는 기층에 짐으로 부담을 주고" 상류계급의 사회적 안전과 권력을 증대시켜 준다. ④ 그들은 부르주아 사회의 발전과 함께 "꾸준히 증가한다"(앞의 책). 마르크스의 이 규정에 입각할 때 사설기업 경비요원은 그의 지위나 봉급의 고하를 막론하고 "중간계급"에 속한다.

그러나 이들은 마찬가지로 수입에 부양되지만 "노동계급의 일부", 즉 상대적 과잉인구의 한 잠재적 형태인 "하인부류"(dienende Klasse)와 선명히 구별되어야 한다(MEW 23, p. 469). "개인집에 근무하는" 모든 인력은 "자본가의 사치지출의 일부"를 하인적 서비스의 대가로 수령하는 "퇴역한 비생산적 노동자들"이다(MEW 24, p. 409). 따라서 근대적 개인시종들은 사설경찰과 마찬가지로 자본가의 수입을 먹고 살지만, 결코 자본가의 "사회적 안전"과 "권력"을 증대시켜 주지 않는다. 개인종복들은 단순히 "주인의 부(富)와 고귀성의 증거물"일 뿐이다(같은 책). 이 잠재적 실업층은 자본의 가일층의 축적, 즉 "부르주아 사회의 진행과정"과 더불어

노동하는 프롤레타리아가 절대적으로 증가하고 사회가 철저히 자본주의화되자마자 사라지게 된다. 개인적 종속상태에서 어떤 개인에게 시중을 들어 먹고 산다는 것은 근대 임금노동자의 신분적 자유라는 역사적으로 형태규정적인 '영예'와 모순되기 때문이다. 오늘날 일자리를 잃은 노동자들은 창피스런 개인 시중보다는 차라리 위협적인 실업상태를 택하고 있다. 즉 하인부류는 "꾸준히 증가하는 것"이 아니라 제국주의 국가에서는 오늘날 거론할 가치가 없을 만큼(J. Bischoff. u. a. 1980, p. 93) 소멸하였다(물론 중위 자본주의 국가 및 제3세계에서는 하인 범주가 아직 대량으로 나타나고 있다. 이런 까닭에 "하인부류"를 여기서 취급하는 것이 아직도 유의미하다). 따라서 하인부류를 중간계급에 집어넣는 것을 금하는 두 가지 조건이 부각된다 : 하인부류에는 "사회적 안전과 권력을 증대시키는" 기능과 또 부르주아 사회의 발전과 더불어 계속되는 "꾸준한 증가"의 경향이 결여되어 있다. 이런 이유에서 J. Bischoff 등이 개인시종 무리를 이들이 주인의 수입에서 봉급을 받는다는 단 한 가지 이유에서 "중간계급"에 집어넣고 거꾸로 **기업관료층**을 노동계급에 속하는 것으로 규정하고 **사설경찰**을 시야에서 완전히 놓치는 것은 극히 부정확한 계급분석이다(J. Bischoff. 1980, p. 45ff. u. p. 93ff. derselbe 1982, p. 88ff. u. 96ff.). 마르크스의 입장에 입각할 때 사설기업경찰은 중하급수준의 국가경찰과 마찬가지로 "중간계급"에 속하는 데 반해, 사택시종, 식모, 사택경비 등의 하인부류는 비생산적이며 "사회적으로 파괴적" 기능을 위해 투입된 노동자가 아니고 따라서 명백히 노동계급에 속한다.

한편 독립적인 **안전용역회사**에 고용된 인력(사무원 제외)의 계급규정은 간단하지 않다. 용병군대의 이 근대적 유형은 예전에는 도시 룸펜 집단으로부터 충원되었다. 오늘날은 주로 국가경찰 및 군대의 '허접쓰레기'로부터도 충원되고 있다(여기서 야경인원은 제외한다 : 이들은 보통 일용부들이고 거의 아무런 계급억압적 기능을 수행하지 않기 때문이다). 안전용역기업에 상근직으로 고용된 '안전요원'은 아무리 현대적인 무기조작기술과 안전기술로 숙련되어 있다 할지라도 계급투쟁적인 자본보위기능 때문에 공식적으로 인정되고 자본가들에게 고용된 '인간 쓰레기들'에 지나지 않는다. 그들의 파괴적 용역이 안전용역회사의 '룸펜자본'의 증식에 생산적이라면, 이 생산성은 "매춘기업가"의 치부를 위해 근무하는 "창녀의 노동력"의 넝마 같은 "생산성"이라는 의미(MEW 26. 1, p. 136)와 동일한 차원일 것이다. '안전용역기업'의 공식적 승인은 매춘기업의 공식적 승인이 창녀노동과 Sex-Shop자본의 '룸펜'성

(性)을 조금도 변화시키지 않듯이 안전용역자본과 경비요원의 사회파괴적 노동의 '룸펜성'에 아무런 변화를 초래하지 않는다. 오히려 안전기업은 '사랑기업'보다도 사회적으로 해로운 것이다. 전자는 노동대중의 "보편적 불안전"(마르크스)을 생산하는 데 반해, 후자는 다만 '넝마 사랑'만을 생산하기 때문이다. 안전용역업의 룸펜 자본주의적 기능인들은 그들의 개인적 성격에서 볼 때 **탈계급화된 영락자들**(Deklassierte)로 규정된다. 즉, 그들은 **사회적 무**(無)이다.

하지만 전체 독점자본과 대자본의 시각에서 볼 때 안전용역회사의 자본과 임금에 속적인 인력의 기능적 성격은 마르크스가 매춘기업의 "창녀노동"이나 룸펜자본과 관련하여 언급한 것과 완전히 다른 것으로 나타난다. 안전용역요원과 안전용역회사는 독점 및 대자본에게 국가경찰, 군대, 국가기구 등과 마찬가지로 "흠결에 가득찬 사회적 관계로 인해 유익하고 필수적인 것"(MEW 26.1, p.261)인 데 반해, 매춘자본과 창녀노동은 정상적 독점 및 대자본에 대해 본질적으로 무관한 것이기 때문이다. 안전용역요원과 창녀의 유사성은 적어도 이 지점에서 종식된다. 부르주아 사회의 기능적 시각에서 국가경찰의 사회적 기능과 안전용역요원의 사회적 기능은 아무런 차이를 보이지 않는다. 양자 모두 "사적 이익과 국민이익의 갈등으로 인해 필요하고 또 스스로를 필요하게끔 만든다"(MEW 26.1, p.154). 기업 내에 설치된 사설경찰이 과거 **가신단적 폭력기구**가 개별 봉건영주에게 했던 기능과 유사한 기능을 **개별자본가**를 위해서 수행한다면, 안전용역회사는 과거 **기업적인 용병군대**가 봉건지배집단 전체에게 했던 기능과 유사한 기능을 대자본가 **전체**에게 수행해주는 셈이다. 즉, 안전용역회사는 이 회사에 고용된 요원들의 개인적 성격이 어떤 것이든 관계없이 전체 대자본가의 용병군대 또는 용병경찰로 규정되어야 할 것이다.

요약하자면 안전용역회사에 고용된 요원들이 생산적 노동자로 파악되는 경우, 이들은 부르주아 사회의 재생산연관 안에서 아무런 지위를 부여받지 못한 룸펜, 탈계급화된 영락자, 사회적 무(無)이다. 이런 한에서 이들의 계급귀속성은 언급할 가치가 없다. 다른 한편 이들이 비생산적인 것, 즉 국가경찰과 마찬가지로 적대적 생산메카니즘의 "불필요비용"으로 파악되는 경우, 이들은 대중에 대해 "차라리 파괴적인" 자본의 이익을 위한 불안조성자들이다. 이 경우는 반대로 사회적 무가 아니라, 일정한 사회적 기능을 지닌 것(Etwas)이 된다. 우리는 전체 자본을 위한 안전요원의 파괴적 기능을 사회적으로 비본질적인 것이라고 규정한다. 왜냐하면

그들의 룸펜 자본을 위한 생산적 기능은 언급할 가치가 없기 때문이다. 안전용역요원들은 간접적으로(즉 안전용역업 자본가를 매개로) 전체 대부르주아들에 의해 이들의 수입에서 지출된 봉급을 받고 고용된 '특수한 임노동자들'이다. 그들은 프롤레타리아의 분파가 아니라 프롤레타리아에 대해 파괴적, 적대적이다. 그들은 이를 통해 **전체** 대부르주아의 '사회적 안전과 권력'을 증대시키고 자본의 축적과 함께 '꾸준히' 증가한다. 따라서 **전체** 자본과 관련된 사회적 기능면에서 볼 때, 그들은 기업 내의 상비적인 사설경찰과 마찬가지로 **'중간계급'**에 집어넣어야 할 것이다. 이것은 그들의 계급행동에서도 확증된다. 그들은 자신들의 계급이익을 노동조합운동이 아니라 국가관료, 기업관료, 테크노크라트, 의사, 직업군인, 변호사 등의 '중간계급'과 마찬가지로 **직업단체적** 이익단체(가령 서독의 경우 '경제안전협회'〔VSW〕)를 통해 추구한다.

제4절 현대 독점자본주의적 계급구조의 개략적 조망

사설경찰의 계급분석에 이어서 우리는 매니저, 행정 및 노동현장 관료체제 등의 분석에서 얻어진 계급이론적 결과들을 요약해보자. 기업의 계급관계는 날로 복잡다단하게 분화에 분화를 거듭하고 있다. 심지어 기업관료층의 지위조차도 극소전자기술에 밑받침된 **권력의 양극화 경향**으로 인해 악화되는 경향을 보이고 있다. 그러나 이들의 금전적, 사회적 특권과 권한은 아직 뚜렷이 잔존하기 때문에 우리는 자본 아래로의 형식적 포섭조차도 마감하지 않은 관료층을 **탈관료화되어** 자본 아래로의 **형식적 포섭**을 완료한 **지식 노동자층**(및 기타 사회적으로 숙련된 상업적, 기술적 전문인력)과 간단히 등치시키는 계급이론적 입장들에 대해 거리를 취하지 않을 수 없다. 이 계급이론들의 시각에서는 형식적 포섭의 궁극적 관철에 대해 **조직체계적으로**(종신고용 등) 보호되고 보다 높은 지위를 점하며 후한 보수를 받는 관료층이 형식적 포섭의 완결로 인해 탈관료화된 지식 노동자층과 나란히 "신쁘띠 부르주아" (Poulantzas 1975) 또는 "신중간계급" (E. O. Wright 1985 etc.)으로 현상한다.

그러나 관료적 권한과 특권을 **갖는** 관료층은 이것이 전혀 **없는** 지식 노동자들과 선명히 구별되어야 한다. 왜냐하면 "지도의 노동의 일부는 자본과 노동의 적대적 대립……즉 자본주의적 생산의 적대적 성격으로 말미암은 것"이고 이런 까닭에

그들의 봉급의 일부는 "유통과정"이 야기하는 "노동의 90%가 그렇듯이" 항상 "생산의 불필요비용에 속하기" 때문이다(MEW 26.3, p.495). 거대기업 안에는 관료 외에 물론 고급 및 중급 차원의 **테크노크라트**도 근무한다. 이들은 (관료적 특권이 아니라) 기획, 개발, 시장조사, 조직 등과 관련된 **테크노크라트적 권한**을 위임받고 있어서 관료층과 마찬가지로 형식적 포섭상태에 있지 않고 보통 회사와 유사동업자적인 개인적 노무계약을 체결한다(즉 임금협약 밖의 지위, AT-Status, Haupt/Kolbe 1978, p.59 참조). 테크노크라트는 말하자면 조작적 **업무능력의 권위**에 기초한 특별한 권한과 특권을 부여받고 자본의 이익을 위해 기능하는 자들이다.

따라서 관료층과 테크노크라트층의 노동에는 그들이 "그들(노동자들 —— 필자)에 대해 자본을 대변함"으로 인해 "대립적 성격"이 달라붙어 있다(MEW 25, p.401). 이런 이유에서만 그들은 관료적 · 테크노크라트적으로 '부패한' 특별지위를 향유할 따름이다. 그들은 이런 특권 이외에 그들의 생산적 노동기능의 가치보다 많은 "특별한 노임"(같은 책, p.391)을 받는다 : 즉, 그것은 항상 자본이 "자기 계급의 이익에 대항하여 고용주의 이익에 따라 기능하는 개별 감독자 등을 매입할 때" 지급하는 "특수한 수당"을 포함하고 있다(MEW 42, p.213). 이 **충성수당**은 본래적인 임금과 무관하고 자본가의 이윤으로부터 지출된다. 말하자면 관료층과 테크노크라트층은 그들의 간부능력과 전문능력을 부분적으로 법률적 또는 신용적 자본소유자의 수입과 교환하는 셈이다. 따라서 그들의 충성수당이 이윤과 완전히 분리되어 숙련노동에 대한 임금의 형태를 취하고 있는 것은 순전히 회계기술상의 허상일 뿐이다. 관료층과 테크노크라트층은 따라서 부분적으로 남의 잉여노동을 점취한다. 즉, 그들의 존재는 노동자에게 부담이 된다. "임노동자들은 자기자신의 임금에 더하여 감독임금, 자신에 대한 지배와 감독에 대한 보수도 생산하도록 강요하기" 때문이다(MEW 25, p.399). 그들은 종종 그들의 특수이익을 확대하여 "별을 따려는" 목적에서 **직업단체적** 이익집단을 형성한다. 한 걸음 더 나아가 앞에서 언급했듯이 관료적 간부인력과 테크노크라트의 임노동자적 성격은 불완전하다. 그들에게 형식적 포섭은 아직 완결되지 않았고 그들의 노동시장은 완전히 발전해 있지도 않고 자기동력적인 것도 아니라서 중계업소(가령 Personalberater)가 이 인력의 기업간 이동에 개입해야 할 정도이다. 관료층적 · 테크노크라트적 간부인력과 전문인력은 여전히 '희소한 상품'이다. 그들은 "**특수한** 부류의 임노동자들"(MEW 23, p.351. 강조는 필자)이다. 따라서 그들의 대부분은 **중간계층**(또는 "중간계급")에

속한다. 한편, 대독점기업의 이사진 바로 밑에 위치하고 재수가 좋으면 이익배당에도 가끔 참가하는 고위관료층과, 자본의 이익을 위해 대프로젝트를 준비하고 평가하는 AT-Status에 있는 과학자들인 **고위 테크노크라트층**은 기업 내의 **관료적 · 테크노크라트적 부르주아**로 분류될 수 있을 것이다. 이들에게는 종종 신용자본가적 최고 매니저(이사)로 승진할 수 있는 기회가 열려 있다.

이 고위 또는 중급의 관료층 및 테크노크라트층은 기업 밖의 중간층들(국가관료, 기타 이데올로그층, 문필가, 예술가, 성직자, 의사 등)과 더불어 절대적으로 증가하는데 반해 **생산적** 프롤레타리아는 절대적으로 증대하지만 상대적으로 줄어든다. **쁘띠** 부르주아(소상인과 소생산자)는 이에 반해 대공업과 대상업의 성장과 함께 절대적 · 상대적으로 감소한다. 마르크스는 이런 방향으로의 진행을 "부르주아 사회의 진행과정"으로 강조한 바 있다. 즉, 그는 쁘띠 부르주아의 점진적 몰락에 많든 적든 부르주아의 수입에서 지출되는 충성수당 등에 의해 부양되고 부르주아지의 지배권력을 강화시키기 위해 기능하는 중간계층의 꾸준한 증가를 대립시키고 있다. 마르크스가 전체 사회의 두 계급으로의 단순한 양극화를 예단하였다는 소문[58]과는 반대로 그는 다음과 같이 말하고 있다 : "그가(맬더스 —— 필자) 얼마간 **공상적인** 것으로 간주하고 있는 그의 최고의 소망, 즉 **중간계급대중이 성장하고(노동하는) 프롤레타리아는(절대적으로는 성장할지라도) 전체 생산의 점차 상대적으로 감소하는 부분을 이루는 것이다. 그런데 이것은 실은 부르주아 사회의 진행상황이다**" (MEW 26. 3, p. 57. 강조는 필자). 위에서 인용된 리카도에 대한 반박과 관련된 마르크스의 언표는 이 과정을 더욱 선명히 보여준다.

> "그가(리카도 —— 필자) 강조하는 것을 잊은 것은 한편으로는 노동자들과 다른 한편으로는 자본가와 지주 사이, **중간에 서 있으면서** 점차 큰 규모로, 대부분 소득에 의해 직접 부양되며 노동하는 기층에 짐으로 부담을 주는 **중간계급들**의 **꾸준한 증대**이다" (MEW 26. 2, p. 576. 강조는 필자).

58) 마르크스와 엥겔스는 「공산당 선언」에서 "두 개의 커다란 적대적 진영, 즉 두 개의 커다란, 상호 직접 대립하는 계급들, 부르주아지와 프롤레타리아트"로의 사회의 점진적 분열에 관해 언급하는 경우에조차 특수한 임금노동자들로서의 새로운 중간계층의 생성을 시야에서 놓치지 않고 있다. 그는 여섯 페이지 뒤에 공장의 "하사관과 장교의 완전한 위계체계"에 관해 언급하고 있기 때문이다(MEW 4, p. 469). 이 하사관과 장교들이 중간계층이 아니고 무엇이란 말인가?

마르크스 자신의 이 분명한 언표들은 "마르크스가 경직된 '양극화 교리'를 얘기했다고 무고함으로써 정치적으로 귀찮은 마르크스로부터 계급이론적으로 가능한 한 신속히 해방되고자 하는 Marx-Killer들" (Ritsert 1988², p. 79)을[59] 교란시키지 않을 수 없을 것이다.

관료층 및 테크노크라트층과 반대로 그 어떤 서명권도 지시권도 **없이** 다만 전문적 수행기능만을 맡고 있는 사무실 지식 노동자층 및 준지식 인력층은 훨씬 더 급속히 증가하고 있다. 이들이 점차 손노동자화하여 노동계급으로 하강할 것으로 파악하는 과거 일부의 교조적 계급론이나 오늘날 녹색당의 기술비관주의적 일부 세력들이 대변하는 계급론적 관점은 극소전자의 투입으로 야기되는 기업정상(頂上)과 기업기층 간의 **권력의 심화되는 양극화**를 **기능의 양극화**로 **착각한** 이론적 혼란이거나 이미 국면규정적이기를 그친 부분적인 탈기능화 경향을 —— 정반대의 더 큰 경향에 의해 압도되어 버리는 것을 망각한 채 —— 전체적 경향으로 과장하는 얼치기 좌익 populism의 산물일 뿐이다. 극소전자기술의 일반화와 자본관계 간의 **변증법적 연관**을 중심에 놓지 않고 자본관계만을 따로 떼어 절대화하는 이런 좌익 populism은 자본주의 속에서 노동대중의 상황이 그저 악화된다고만 하면 올바른 과학적 관점인 양 대접받는 데서 빚어지는바, 이것의 실천에 대한 악영향은 그간 파멸적인 것으로 나타난 바 있다. 현재의 계급변동을 파악하는 데에서 강조되어야 하는 근본 요점은 변증법적 연관의 한 근본적인 대극인 자본관계가 극소전자기술의 기술적 성격의 특유한 자기관철력에 의해 강요되는 노동기능의 상승을 저지하지 못하고 그 특유한 각인력(刻印力)의 행사방향을 권력의 양극화 쪽으로 선회시킨 얽히고 설킨 모순된 사태연관을 이해하는 것이다. 이 연관을 중시하지 않는 좌익 populism적 계급이론은 자본관계, 그리하여 권력의 가일층의 양극화를 망각한 채 극소전자기술적 관철력만을 따로 떼어 절대화하는 부르주아 기술만능주의와 동일한 수준의 비과학적, 이데올로기적 관점일 따름이다.

비관료적, 비테크노크라트적 지식 노동층은 이미 오래 전에 자본에 완전히 형식적으로 포섭되었고 관료체제와 테크노크라시 체제의 단순한 **대상**이 되었다. 이들은

59) 이런 경우에는 —— Ritsert가 정당하게 과거 서독 마르크스주의 그룹들 간의 문헌학 —— 교조적인 비생산적 상호비판의 관례를 비꼬면서 이름붙인 —— "인용문 성전"(聖戰)도 무의미한 것이 아니다.

관료체제와 테크노크라트 체제에 고통받고 차라리 이것과 투쟁관계에 들어서 있다. 따라서 지식 노동자층의 노동은 손노동자와 아무런 "대립적 성격"을 지니지 않고 자신의 "개인적 재능과 성취능력"에 근거한 "자연적 특권"(MEW 19, p. 21) 외에 아무런 특별한 특권을 향유하지 않는다. 따라서 그들은 결코 손노동자에 짐으로 부담을 주며 지배계급의 사회적 안전과 권력을 증대시키는 중간계층에 속하는 것이 아니라, **지식 프롤레타리아** 및 준지식 프롤레타리아[60]에 속하는데, 이들은 사회변혁 과정에서 "그들의 **형제들**인 **손노동자들**과 나란히 그리고 이들의 한복판에서 중요한 역할을 수행할 사명을 띠고 있는" 셈이다(MEW 22, p. 45. 강조는 필자). 자본주의 기업 내의 전체 대졸인력에서 지식 프롤레타리아가 차지하는 몫은 서구에서 이미 60년대 후반에 관료층 및 테크노크라트의 인텔리 숫자의 2배 이상에 달했다(Haupt/Kolbe 1978, p. 58). 오늘날은 지식 프롤레타리아 비율이 자본가 및 최고경영자 인텔리까지 포함한 사(私)경제 속의 전 지식인력의 2/3를 넘어섰다(L. Winter 1989, p. 240). 엔지니어층에서 지식 프롤레타리아 및 여타 두뇌노동하는 전문인력은 무려 4/5에 달한다.

그러나 "후기 산업사회론자"들이나 "서비스 사회론자"들이 그러듯이 최하층의 **단순사무인력** 및 판매, 발송, 보관 노동자들과 동류로 취급해서는 안 될 것이다. 이런 분류는 "이 구성원들의 무한한 분개"를 초래할 것이다(Ritsert 1988², p. 110). 탈관료화된, 그러나 높은 기능을 지닌 사무실 주노동자들은 물론 이 단순사무인력과 마찬가지로 임금종속적 처지에 있긴 하다. 또 체계적 자료처리기술의 투입은 장래 주노동자와 단순인력 간의 기능구분을 점차 지양할 것처럼 보이기도 한다.

60) 여기서 준지식 프롤레타리아란 공립 또는 사립 전문직업학교에서 **어느 정도 이론적으로** 교육되었으나 **튼튼한 추상적-이론적 대학일반교육을 거치지 않은** 기술자, 상업 및 행정요원들을 가리킨다. 이들은 자신들이 암기하여 단순히 적용할 뿐인 과학적 공식이나 도식을 내용적으로 이해하지 못한다. 오늘날은 기술의 너무 빠른 도덕적 마모로 인해 끊임없이 보습교육이 필수적이다. 그러나 이 준지식 프롤레타리아층에게는 이 끊임없는 보습교육의 기본지식으로 기능하는 튼튼한 이론적 일반교육이 결여되어 있다. 이런 까닭에 그들은 기존의 기술수준에 구속된 비이론적 경험지식에 의존하는 경향이 더 농후하다. 튼튼한 아카데믹-이론적 추상지식의 결여 및 그들 기능의 경험지식 구속성은 따라서 본래적인 지식 프롤레타리아와 차이진 그들의 사회경제적 상황을 규정한다. 그들은 보다 낮게 임금을 지급받고 그들의 노동능력은 본래적 지식 프롤레타리아와 비교해 볼 때 보다 빨리 마모되고 따라서 그들의 고용관계는 보다 불안정하다. 이런 한에서 그들은 전체 지식 프롤레타리아의 하층을 이루고 있다.

이것은 주노동자들에게 단순 컴퓨터 조작이 강요되고 이로 인해 단순인력의 수가 점차 줄어드는 식으로 진행되고 있다. 그러나 저 '무한한 분개'를 뒷받침하는 **객관적** 분계선이 아직도 엄존하고 이로 인해 보다 높은 추상수준에서 등질적인 것으로 파악된 이 임노동자들을 지금도 선명히 갈라놓고 있다. 즉 지식 프롤레타리아는 손노동으로부터 해방된 두뇌노동자이지만 단순사무인력은 실은 사무실 손노동자(büromäßige Handarbeiter)이기 때문이다.

수적으로 완만하게 **감소하고** 있는 이 사무실 단순인력은 그 단순손노동으로 인해 자본에 **실질적으로** 포섭되어 있고 따라서 **노동계급**으로 분류되어야 할 것이다.[61] 물론 이것은 이 단순사무인력이 그들의 의식 속에서 산업 손노동자들과 즉각 스스로를 동일시할 것이라는 것을 의미하지 않는다. 그들의 대부분은 전전(戰前)만 하더라도 보통 일시적으로만 (가령 결혼 전에만) 직업활동을 하였다. 그리고 그들의 의식은 허위의식으로 말미암아 왜곡된다. 그들은 심지어 사무실 안에서, 산업 프롤레타리아로 전락하지는 않았다는 일종의 안정감을 느끼고 있기까지 하다. 이것은 오늘날도 부분적으로 타당하다. 하지만 이러한 그들의 "콧대높은" 의식은 단순한 허위의식에만 근거하는 것이 아니라, 전 노동계급 내에서 **생산적** 노동자 분파에 대한 그들의 **객관적** 차이에도 뿌리박고 있다. 그들은 생산과정으로부터 공간적, 조직적으로 분리된 보다 나은 일자리에서 일하고 따라서 이 생산과정으로부터 필연적으로 발생하는 소음, 악취, 먼지, 해로운 광선, 열, 생명의 위험

61) 몇몇 마르크스주의 이론가들은 단순사무인력의 노동계급성을 부인하고 있다. 가령 J. Kuczynski는 다음과 같이 말하고 있다: "나의 견해에 의하면 이들은 노동계급에 속하지 않는다"(1986, p. 93). 왜냐하면 그들은 "일관되게 혁명적이지" 않기 때문이다(같은 책, p. 96). 혁명적 일관성은 그러나 의식요소로서 객관적 계급 **그 자체**를 판별하는 기준일 수 없다. 이를 기준으로 할 때 오늘날 전혀 혁명적이지 않은, 제국주의 국가의 산업노동자들도 노동계급 범주에서 빼내야 할 것이다. 한편 이에 정면으로 맞서 전통적인 산업노동자보다 새로운 기술발전에 대응하는 보다 높은 기능을 지닌 "신노동계급"이 "더 혁명적"이라고 주장하는 S. Mallet 등의 테제와 Kuczynski류의 전통적 주장 간의 논쟁은 그 자체가 이미 낡은, 문제의 핵심을 호도하는 가상(假像)의 대안들 간의 논쟁이다. 오늘날 현실의 올바른 상은 실질적으로 포섭된 노동자 부류든 형식적으로 포섭된, 보다 높은 기능의 두뇌노동자 부류든 개혁의 잠재력을 지니고 있되 **결코 혁명적이지 않다**는데 있기 때문이다. 따라서 과제는 이 중 어느 노동자 부류가 "더 혁명적이냐"를 가리기 위해 때 지난 논쟁을 하는 데 있는 것이 아니라, 각 부류가 처한 특유한 상황에 객관적으로 근거하는 개혁의 잠재력을 각각의 부류가 동시에 지니고 있는 객관적 단점들에 의해 상쇄당하지 않도록 동원하는 전략의 수립이다.

등을 그리고 작업장의 보다 엄격하고 까다로운 노동수칙 등을 면제받고 있다. 즉, 그들은 생산적 노동자에 대해 독자적인 **분파**를 형성하는 **비생산적** 노동자들인 것이다.[62] 역사적 비유를 써 본다면, 이 단순사무인력의 처지는 고대 로마의 '해방노예'와 유사하다. 이 '해방노예들'은 대부분 하급국가관리, 단순한 하급농장 관리자, 가정필경사, 가정교사, 가정돌팔이 의사 등으로 투입되어 주로 비생산적 기능에 고용되었다. 그러나 이들은 그들의 노예출신 성분으로 인해 본래적인 로마 자유시민들에 의해 사회경제적으로 그리고 정치적-법률적으로 크게 차별을 받았다. 그런데 본래적인 '노예'보다 적은 식량배급을 받은 이 비생산적 '해방노예' 인력들은 일종의 특권적 지위에 있는 부류로서 스스로를 분파적으로 본래적 '노예'와 구분하였다. 오늘날 단순사무인력의 보다 나은 노동조건은 이들의 임금이 종종 산업노동자들의 평균임금보다 낮아졌을지라도 노동자들이 이 단순사무직을 더 선호하는 근본이유이다.

이에 반해 수적으로 강력히 성장하고 있는, **대학과정**을 통해 **이론적으로** 교육된 지식인력과 —— 부분적으로 이론적으로, 그러나 무엇보다 —— **사회경험과정을 통해** 높은 기능을 획득한 상업적, 산업적 전문인력들은 단순사무인력보다 나은 처지에 있다. 이들의 급성장은 사회 전체의 통계에 의해 거듭 확인되고 있다. 이 경향은 독점대기업의 경우 더욱 뚜렷하다. 가령 서독 Siemens사의 취업자 기능구조를 보면 60년대초와 80년대초 사이에 단절적인 차이가 드러난다 :

	1962 (%)	1973 (%)	1982 (%)
대졸 및 전문대졸 사원	9.1	11.5	17.0
상업 및 산업전문인력	19.5	26.7	30.0
숙련노동자	23.0	19.0	20.4
비숙련 및 단순사무인력 (이중 단순사무인력)	47.2 (3.9)	43.2 (3.7)	31.6 (3.1)

자료 : B. M. Semmler 1984, p. 167 in 서독공산당연구소 IMSF 刊

62) 생산적 노동과 비생산적 노동이라는 마르크스의 범주는 지배계급과 피지배계급 간의 계급분류에 유효한 것은 아니지만, "계급연구를 계급성원들의 특유한 문제 및 이익 상황에 이르기까지 구체화시키기 위해 필수적"이다(Ritsert 1988, p. 254).

(준) 지식 프롤레타리아는 62년 도합 28.6%에서 82년 47%로 강력히 증가하였고, 이에 반해 노동계급은 62년 70.2%에서 20년만에 52%로 급격히 축소되었다. 현재는 20년간 급격히 분쇄된 테일러형 "숙련노동자" (Facharbeiter)가 1982년을 기점으로 새 기술에 적응한 **새로운** 형태로 점차 완만히 증대하고 있고 이에 비례하여 또는 이보다 더 빨리 비숙련인력은 취업인구에서 감소하고 있다. 그리하여 상황은 테일러형 숙련노동자는 실업으로 남아돌거나 비숙련 인력으로 재고용되고 새로운 숙련노동자는 끊임없이 모자란 상태이다.

(준) 지식 프롤레타리아는 극소전자적 '체계적 합리화' 속에서 권력지위로부터 완전히 배제되어 더욱 무력화되었다(**권력**의 양극화 경향). 그러나 그들의 **기능**은 여전히 보존되고 재생산된다. 이들의 수가 증대하는 것을 감안하면 기능 양극화(=탈기능화) 테제란 전혀 추세를 잘못 이해한 것이다. 한편 (준) 지식 프롤레타리아가 상부에서 위임되는 권력으로부터 배제되었지만, 그들은 노동수행 **동안** 또는 노동 **안에서** 산업 또는 사무실 손노동자들처럼 비자립적 위치로 내몰리지는 않고 있다. 두뇌노동의 특유한 소재적 성격은 실질적 포섭의 장애물로 남아 있다(H. Lange 1984, p. 246ff.). 따라서 그들은 아직도 자본 아래 비교적 형식적으로만 포섭된 셈이고 이것은 보다 실질적으로 포섭된 노동계급과의 객관적 차이를 이룬다.[63] 그들의 기능은 단순노동자보다 높고 이것은 그들의 보다 나은 노동조건, 보다 높은 노동력의 가치, 보다 높은 생활수준으로도 표현된다.

이 (준) 지식적 프롤레타리아는 프롤레타리아 안에서 "가장 나은 급여를 받는 부분"이라는 객관적인 —— 마르크스와 엥겔스의 —— 의미에서 새로운 **노동귀족층**을 이룬다[64] (MEW 23, p. 697 ; MEW 21, p. 194. u. 512 ; MEW 22, p. 274. u. 276~277

---

63) 서독 SOST 그룹은 단순사무인력을 망각하고 다음과 같이 주장하고 있다 : "노동자와 사무직원 간의 경계선은 **숙련노동 비숙련노동**의 분파형성에 따라 그리고 노동의 경제적 형태규정에 따른 구조에 관계없이 그어진다" (J. Bischoff〔Hg.〕 1988, p. 67).

64) 노동귀족층을 자신의 노동력 가치 이상의 임금을 수령하는 '매수된' 노동자층으로 이해하는 잘못된 시각이 한때 동구권에서 일반적이었다. 이에 대해 새로이 H. Jung (서독공산당 1986)과 L. Winter (동독공산당 1989, p. 131)는 노동귀족층의 상대적으로 높은 임금을 이들의 기능높은 노동력의 가치에 대응하는 것으로 강조한다. 그러나 이들도 노동귀족층의 본질적 특징이 단순노동자 대중과의 생활세계적 관계(가령, 사적 친교, 결혼 등)를 꺼리는, **형식적으로**

etc.). 그들의 보다 나은 처지는 마르크스 시대와 마찬가지로 그들의 형식적 포섭상태, 즉 그들의 보다 높은 기능에 근거한다.[65]

그러나 마르크스, 엥겔스, 레닌 시대의 **옛** 노동귀족층은 기계공, 기계제작공, 대목, 소목, 건축공, 기계수선공, 식자공, 금속세공노동자 등 본질적으로 **수공업적인** 임노동자들로 구성되어 있었다. 따라서 이들은 두뇌노동으로서의 잔여구상노동과 더불어 직접적인 손노동을 수행하였고 따라서 여전히 "노동계급으로 **'일부'** 또는 (MEW 23, p.697) 노동계급 **안의** 귀족층"(MEW 21, p.194. 강조는 모두 필자)을 이루었다. 이것은 전통적으로 노동계급과 등치된 프롤레타리아의 이중화였다(형식적 포섭의 수공업자적 노동귀족층과 실질적으로 포섭된 단순손노동 대중). 즉 옛 노동귀족층은 노동계급 **안에** 위치하였다. 그러나 **새로운, 손노동으로부터 방면된,** 두뇌 노동하는 오늘날의 노동귀족층은 옛 노동귀족층과 마찬가지로 형식적 포섭상태에 있지만, 그들의 면모가 완전히 일신되어 많든 적든 지식화되는 방향으로 최신화되었다. 말하자면 지난 세기전환기 이래의 자본주의 발전과정은 사무노동과정의 보다 근본적인 분업과 생산과정의 테일러, 포드적, 극소전자적 변혁과정이

포섭된 노동자들의 **소수성**임을 밝혀내는 데 실패하고 있다. 오늘날 이러한 특징은 결코 '숙련된' 손노동자층이 아니라 (준)지식 프롤레타리아에게서 발견된다. 그러나 극소전자적 신산업화과정이 계속되어 지식 프롤레타리아가 단순노동자 계급보다 더 대중화되면 이들의 소수자적 지위, 따라서 귀족적 성격도 상실될 것이라고 예견할 수 있다. 이미 이러한 경향은 뚜렷해지고 있다. 한편, 노동귀족층은 '매수될' **수 있지만**, 반드시 또는 항상 그런 것이 아니다. 마르크스, 엥겔스, 레닌은 노동귀족층을 형식적으로 포섭된 복잡노동의 보다 나은 지위를 반영하는 보다 나은 사회경제적 지위와 임금을 향유하는 소수의 프롤레타리아 상층 이외의 다른 것을 의미하지 않았다. 따라서 노동귀족층은 매수된 '탈영병들'과 일단 다른 부류이다.

65) J. Bischoff(1908)은 억압기능을 수행하는 관료들과 다른 노동자층의 차이를 무시하고 **기업 내의 중간계층** 개념을 제거하는 한편, 신용자본가적 최고 경영자층(법적자본소유권자와 **신용관계**에 들어 있는 독점기업의 이사진, 즉 금융귀족층)과 고위기업관료(신용자본가적 최고 경영자 또는 법적 소유권자와 적어도 아직 **임금관계**에 있는 부장 등, 즉 관료, 테크노크라트 부르조아지)를 가리지 않고 몽땅 **자본가 계급**에 집어넣고 있다. 이들은 이에 그치지 않고 새로운 노동귀족층의 추상적인 형태규정적 측면, 즉 임금예속적 측면을 절대화하여 노동계급에 귀속시키고 있다(1980. p.63ff.). 이들에게는 형식적 포섭의 범주도, 따라서 프롤레타리아 상층으로서의 귀족층 개념도 결여되어 있다. 자본주의적 **형태규정성**(임금예속성)은 근본적인 것이긴 하되, 결코 절대적인 것이 아니다. 이 형태규정성의 **인간소재적인** 각인의 정도는 심화되거나 완화될 수 있는 것이라서, 노동귀족층과 일반노동자 대중의 차별을 보이는 것이다. 이 차이가 바로 이 두 부류의 노동자들의 계급상황을 다르게 규정짓고 있다.

관철시킨 새로운 (준)지식적 노동귀족층의 생성과정인 셈이다. 이런 변혁과정은 이종적 생산과정의 수공업적 노동자를 단순노동자로 전락시키고 직장(職長)을 "동류 중의 1인자"로 격하시켜 옛 수공업적 노동귀족층을 노동계급 안에서 소멸시켰다. 새로운 노동귀족층의 노동의 공통된 본질은 ① 이들이 거의 또는 전혀 손노동을 수행하지 않으며, ② 거의 높은 기능의 두뇌노동만을 수행한다는 것이다. 따라서 새로운 노동귀족층은 작업장, 사무실, 매장, 창고 등에서 근무하는 손노동자들로 구성된 노동계급으로부터 **빠져나왔다. 이런 이유에서 오늘날의 지식적 노동귀족층을 ——이들이 마르크스와 엥겔스의 본래적 의미에서 프롤레타리아에 속한다는 것은 부인하지 않으면서—— 노동계급 밖의** 자립화된 계층으로 규정하는 것은 정당하고 불가피한 것으로 생각된다. 이것은 **프롤레타리아의 이중화**의 오늘날의 변형태인 셈이다.

따라서 여기서 마르크스와 엥겔스의 프롤레타리아 정의를 상론해 볼 필요가 있다. 엥겔스는 프롤레타리아를 "자신의 생산수단을 전혀 소유하고 있지 못하기 때문에 생존하기 위해 자신의 노동력을 팔도록 내던져진 근대 임금노동자"로 이해하였고(MEW 42, p.462의 각주), 마르크스는 "자본을 생산하고 증식시키되 자본씨(氏)의 증식욕에 불필요하자마자 아스팔트로 내동댕이쳐지는 임노동자들"로 이해하였다(MEW 23, p.642의 각주). 즉 프롤레타리아 개념은 정의상 본래 반드시 **손노동**에 국한되어 있는 것도 아니고 궁핍에 근거하는 것도 아니다. 이런 까닭에 마르크스와 엥겔스는 "서적상의 지휘 아래 서적(가령 『경제학 개요』)을 제작하는 문필 프롤레타리아"에 관해 언급하거나(마르크스, MEW 26.1, p.377. 또한 MEGA 2.4.1., p.113도 참조), "지식 프롤레타리아"(엥겔스 1893) 나아가 "모든 상업기능과 3~4개의 언어에 통달한 상업 프롤레타리아"(엥겔스 1894, MEW 25, p.312의 각주)에 관해 언급하고 있다. 물론 손노동의 개념은 마르크스와 엥겔스에게는 자본가를 소(小)주인과 임노동자로부터 구획하는 경계선을 설정할 때 꽤 중요한 역할을 하고 있다. 자본가가 손노동으로부터 방면된 측면은 이 자본가에 예속된 노동자에 대한 한 가지 본질적 특징이다(MEW 23, pp.326~327, 350, 351). 이 측면을 계승하여 노동계급의 개념은 전통적으로 기계와 분업에 의해 단순화되어 자본 아래 실질적으로 종속된 **손노동자**를 염두에 두었다. 자연스럽게 실천 속에서도 노동계급의 개념은——직업신분적 생활영위나 직업단체적 이익단체로부터 벗어나 손노동자와 "나란히 그리고 그 한복판에서" 싸운 **두뇌노동자들**이 당시 그리고 그 이후 오랫동안에도 거의 없었기 때문에——프롤레타리아 개념과 등치되었다. 하지만

개념적 정의를 엄격히 적용하자면 다음과 같은 사실이 고수되어야 할 것이다 : **프롤레타리아 개념은 손노동하는 프롤레타리아(전통적 노동계급 개념)와 일치하는 것이 아니다.** 마르크스와 엥겔스의 정의에 입각할 때 프롤레타리아는 노동기능이 높은 두뇌노동자 및 대졸 지식노동자도 포함한다.[66] 이런 까닭에 1893년 엥겔스는 노동계급 개념과 차별지어 프롤레타리아 개념을 사용하고 있다.[67] 이런 용례는 독점자본주의 단계에 이미 도달하였으나 대학교육이 급속히 확산되던 새로운 역사적 전기를 반영하는 것이다. 지배계급의 교육독점이 당시 비로소 침식을 겪기 시작하였고, 대졸 엔지니어의 일부가 실업 상태에 빠지기 시작하였을 뿐만 아니라[68] 이들 사이에도 사회주의 이념이 급속히 유포되기 시작하였다.[69] 전인구에 대한 비율이 19세

---

66) 거의 모든 딜레땅뜨적 마르크스 전문가들은 마르크스의 프롤레타리아 개념이 손노동자라고 무고한다. 마르크스, 엥겔스가 "문필 프롤레타리아", "지식 프롤레타리아", "상업 프롤레타리아" 등에 관해 언급한 적이 있음을 전혀 모르는 H. Speier는 다음과 같이 말하고 있다 : "임노동자층이 전 근로자 안에서 차지하는 몫은 1895년에서 1925년까지 56.8%에서 45.1%로, 즉 절대다수선 아래로 하락하였다. 이러한 사태전개는 **프롤레타리아 개념을 마르크스의 경우보다 넓게 파악하는 경우에만** 마르크스주의 사회학에 불안한 문제가 아닐 수 있었다" (Speier, 앞의 책, p.21. 강조는 필자). 정확히 모르면 침묵하는 편이 나을 법하다.

67) 엥겔스 1893년 다음과 같이 말하고 있다 : "……그들(대학생 —— 필자)의 대오로부터, 자신들의 **형제**인 **손노동자**들과 나란히 그리고 그 한복판에서 다가오는 혁명에 중요한 역할을 수행할 소명을 띤 **지식 프롤레타리아**가 생성되어 나올 것이다……**노동계급**의 해방은……의사, 엔지니어, 화공전문가, 농업전문가, 기타 여러 전문자들을 필요로 한다" (MEW 22, p.415. 강조는 필자). 즉 엥겔스는 **노동계급**의 해방이 **지식 프롤레타리아**를 필요로 한다고 말하고 있다. 여기에서 "지식 프롤레타리아"는 "노동계급" 개념과 달리 사용되고 있다. 이것은 그가 노동계급과 지식프롤레타리아를 포괄하는 상위개념으로서의 프롤레타리아 개념을 전제하고 있음을 보여준다. 이것은 그가 대졸기사들의 객관적 상황과 의식이 변함에 따라 기사들에 대한 그의 본래 입장을 상응하게 수정하였음을 뜻한다. 왜냐하면 그는 1891년에도 "기사들이란 할 수 있는 한 우리를 기만하고 배반할 우리의 **원칙적** 적수들"이라고 말하고 있기 때문이다 (MEW 38, p.189).

68) 독일공과대학 학생수는 주식회사 창립붐이 한창이던 1860년대에 증가하기 시작하여 1875년 경기후퇴와 이로 인한 실업으로 인해 감소하였다. 이 시기에 기사 및 엔지니어의 일부가 실업상태에 빠진다. 그러나 학생수는 1885년부터 다시 점차 증가했고 특히 **1890년에서 1902년 사이에** 급증한다. 독일제국 건국에서 세기전환기까지 공과대학생 수는 4곱절로 증가하였고 종합대학생수도 2배로 증가하였다(Sieh Kocka, 앞의 책, p.101). 기사와 엔지니어의 최초의 노동조합(Butib)은 1904년 조직된다(Sieh Speier, 앞의 책, p.39).

69) "Engels' Interview vom Mai 1893", MEW 22, p.543; "A. Bebel에 보낸 Engels의 서한 9~10." Nov. 1891, MEW 38, p.212 참조.

기의 70년대에 비해 약 **30배** 높은 오늘날(Winter, 앞의 책, p. 229) 손노동자 개념을 프롤레타리아 개념과 등치시킨다면 30배 불합리한 것이 될 것이다. 따라서 우리는 엥겔스 시대보다 더 많은 정당성에서 '프롤레타리아'를 손노동자 '노동계급'보다 **더 폭넓은** 개념으로 사용할 수 있을 것이다. 이러한 개념적 정식화는 탈관료화되고 탈테크노크라트화된 (준)지식적 두뇌노동자가 노동계급에 속하는지 또는 '임금예속적 중간층' 및 '신중간계급'에 속하는지를 둘러싸고 끝없이 계속돼온 이론적 논란을 종식시킬 수 있을 것이다. 이들을 노동자 계급에 귀속시키는 것(J. Bischoff u. a. 1980, u. 1982 ; G. G. Diligenski u. a. 1978, 1987 ; L. Winter 1989 etc.)은 노동계급과 지식 프롤레타리아 간의 너무 강하게 각인된 차이를 무시하는 것이다. 오늘날의 지식화된 노동귀족층은 옛 손노동하던 노동귀족층에 비해 그 모습과 기능을 전면적으로 일신하였다. 이 점이 항상 고려되지 않으면 안 될 것이다. 이러한 계급구분은 노동계급과 지식 프롤레타리아 간의 역사적으로 규정된 **프롤레타리아적 동일성**을 소홀히 하여 관료층 및 테크노크라트층과 함께 임금예속적 중간층 또는 중간계급에 집어넣는 것(H. Jung 1973, u. 1986 ; Poulantzas 1975 ; E. O. Wright 1985 etc.)만큼이나 잘못된 것이고 이 두 입장 간의 논쟁은 해결될 수 없다.

오해를 피하기 위해 종합하자면, 마르크스 시대에 그리고 그 이후에도 오랫동안 고전적 프롤레타리아는 정당하게 노동계급과 실천적으로 등치되고 실질적으로 포섭된 단순손노동자층과 형식적으로 포섭된 수공업적 노동귀족층의 계층적 이중구조 속에 들어 있었다면, 오늘날의 프롤레타리아는 노동계급보다 더 많은 것을 포괄한다. 오늘날의 프롤레타리아는 실질적으로 포섭된 노동계급과 노동계급 **밖의**, 형식적으로 포섭된 (준)지식 프롤레타리아의 이중구조 속에 처해 있다. 즉, 오늘날의 프롤레타리아는 노동계급과 노동계급으로부터 분리되어 나온 (준)지식 프롤레타리아를 모두 포괄한다. 프롤레타리아 개념의 이러한 정치화와 새로운 정식화는 프롤레타리아의 고전적 정의와 노동계급의 전통적 의미를 둘 다 고수하기 위해서 이론적으로 필연적일 뿐만 아니라, 현실을 가장 충실히 반영하는 것이라고 생각한다. 한때 유행하던 교조적 중간계층론과 노동계급 개념이 극소전자적 신산업화 과정 속에서 프롤레타리아의 최신화와 가일층의 일반화를 '프롤레타리아의 소멸'로 규정하는 'Post-modern'이론과 피상적 대결관계 속에서 실은 내용적으로 이러한 이론적 시도를 돕는 것이었다면, 우리들의 프롤레타리아 개념의 재정립은 이러한 시도를 기각시킬 수 있다.

상하 좌우로 강력히 분화되고 관료체제, 테크노크라트 체제에 의해 철갑화되고 사설기업경비대에 의해 보호되는 중복된 이중구조의 독점자본관계에 기초한 오늘날의 부르주아 사회구성체는 다시 엄청나게 확대된 사회정치적 상부구조를 지니고 있다. 우리는 **상부구조의 봉록적** 요소들에 관한 마르크스의 언급들(가령 「잉여가치에의 다른 참여자들로서는 국가 및 교회봉록관들」, MEW 23, p. 622 ; 「교회, 국가 안의 봉록관, 명관들 etc.」, MEW 26, p. 253)을 참조하면서 지금까지의 우리 논의를 총괄하여 오늘날의 계급구조를 다음과 같이 도식화할 수 있을 것이다 :

부르주아지

① 국가독점적 과두층

◉ 금융귀족층

—독점자본가로서의 법적 자본소유자 분파

—독점자본의 신용관계적 점유자로서의 최고 매니저 분파

◉ 상부구조 조직체 정상에 위치한 정치 · 이데올로기적, 사회 · 경제단체적 봉록층

—국가 및 대정당의 봉록집단

—교회 및 사회대중단체의 봉록집단

—독점자본가협회 및 독점자본주의적 경제이익에 유관한 경제단체의 봉록집단

② 비독점적 대부르주아지

◉ 비독점 대자본가

—생산적 대자본가 분파

—비생산적 대자본가 분파

◉ 관료적 · 테크노크라트적 대부르주아지

—고위 국가 및 당관료층

—교회, 자본가 단체 및 기타 사회단체의 고위 관리층 및 고위 테크노크라트층

③ 중소 부르주아지

◉ 중소자본가

—하청 중소자본가

—비교적 독립적인 중소자본가

◉ 관료적, 테크노크라트적 중소 부르주아지

—독점 콘쩨른의 고위 기업관료 및 테크노크라트층

—비독점 대기업의 최고경영진

—중소자본가의 소득수준에 상응하는 기타 국가관료층 및 당관료층

④ 교양 부르주아지

—자유직업(법률가, 유명 예술인, 유명 문필가, 유명 의사 등)

—반자유직(유명 교수, 유명 종합병원 의사 등)

중간계층

① 쁘띠 부르주아지

—하층(단독 또는 가족성원만으로 노동하는 소상공인)

—상층(약간의 임노동자를 고용한 소상공인 + 무명 자유직 지식층, 예술가 등)

② 부르주아 진영에 속하는 중간계층

—중간급 기업관료층

—중간급 기업 테크노크라트층

—사설기업경찰 및 안전용역회사 요원

—중간급 기업의 전통적 소지배인층

—중간급 국가 및 당관료와 테크노크라트층

—교회, 자본가연합회, 기타 비중립적 대중조직의 중간관료층

③ 부르주아에 대항하는 중간계층[70)]

—노동조합, 농민조합, 소상공인조합, 기타 저항 단체, 노동자 정당 등의 상근직 간부

프롤레타리아트

① 지식 프롤레타리아트

—대학기관 및 이에 준하는 기관에서 교육된 사영 및 국영기업의 지식노동자

—전문학교 또는 이에 준하는 사설 및 기업 내 교육과정을 마치거나 사회경험과정

---

70) 노조 및 노동자 당의 거의 모든 간부들은 옛 우화에서 아우 돼지를 데리고 소풍나간 맏형 돼지가 자기자신을 세는 것을 망각했듯이 계급분석에서 자기자신을 망각하기 일쑤이다. 그러나 노조 및 노동자 당의 모든 간부는 —— 그들이 얼마나 열심히 그리고 진실되게 프롤레타리아의 이익을 대변하는가에 관계없이 —— 프롤레타리아의 수입에 의해 부양되고 이 미래적 지배자의 사회적 안전과 권력을 자본에 대항하여 증대시키는 중간계층에 속한다. 이것은 사회주의 사회의 간부층이 바로 그 간부 지위로 말미암아 프롤레타리아에 속하지 않는다는 사실로부터 도출되는 자연스런 귀결이다. 그러나 자본주의 사회 안에서는 크게 두 종류의 중간계층이 있기 마련인데, 하나는 부르주아의 안전과 권력을 증대시키기 위해 프롤레타리아에 대항하는 중간계층이고 다른 하나는 프롤레타리아의 안전과 권력을 증대시키기 위해 부르주아에 대항하는 중간계층, 즉 노조, 노동자 당, 기타 저항단체의 간부층이다.

에서 기능을 획득한 준지식 전문인력

② 노동계급

—생산적 분파(산업노동자, 수송노동자, 연구·개발·디자인 분과 등의 단순보조 인력)

—비생산적 분파(단순사무인력, 포장·발송·보관·판매노동자 등)

③ 프롤레타리아적 상부구조 조직의 비간부직 노동자들[71]

—노조, 노동자 당 등의 유급단순활동가 및 사무인력

④ 비억압적, 중립적 상부구조 조직의 노동자들

—국가 및 교회의 계급중립적, 일반공동체적 기능에 근무하는 단순인력(사회보장기구 근무인력, 자선사업 인원, 기타 기술직 단순인력)

—계급중립적, 인간일반적 사회단체의 고용원(적십자사, 소비자협회 등)

분파적으로 복잡다단한 지식 프롤레타리아와 마찬가지로 내부분화된 노동계급 양자에 공통된 운명은 그들이 모두 임금예속자들이고 그들의 노동력의 상품성격이 완전히 발전되었다는 사실이다. 그들은 둘 다 자본에 의해 착취당하고 통치당한다. 이것은 양자의 일반적, 형태규정적 이익공동성을 이룬다. 극소전자기술의 지속적인 투입에 의해 야기되는 지식 프롤레타리아의 종속성의 상승, 직업적 불안정성, 실업 등은 이들의 실업률과 종속성이 노동계급의 그것보다 낮을지라도 오늘날 노동계급과의 이익공동성을 강화시키고 있다.

따라서 노동계급과 지식 프롤레타리아 간에는 단순히 우당적 **동맹**의 객관적 토대만이 존재하는 것이 아니라, 양자의 형제적 **통일**의 기초가 마련되었다.[72] 따라서 여타 모든 중간계층들에 대해서는 전통적인 단순동맹정책이 여전히 유효한데 반해, 지식 프롤레타리아에 대해서는 조직적 통일정책과 동맹정책을 동시에 펴야 할 것이다. 여기서 중요한 것은 지식 프롤레타리아와 노동계급 간의 **동일성 속의 차이**를 완전히 무시하고 양자에 구체적으로 적절한 전략의 개발을 방해할 만큼 양자를 형식적·추상적으로 등치시켜서도 안 되고 지식 프롤레타리아 내의 선진적, 적극적인 요소들까지의 소홀히 할 만큼 그 차이성을 과장해서도 안 된다는

71) 서구에서는 노동조합이나 노동자당에 고용된 인력들의 파업도 종종 일어난다.

72) 동맹은 **유사하지만 다른** 정치적 이해관계를 가진 **상이한** 조직들 간의 조직적 우당성(友黨性)을 뜻하고, 형제적 통일은 **근본적으로 동일한** 이해관계를 갖는 **단일조직** 내의 분파적 관계를

점이다. 따라서 현시점에서 적절한 것은 지식 프롤레타리아의 적극적 요소들을 위해서 조직적 **통일정책**을 추진함과 **동시에** 지식 프롤레타리아의 수동적 요소들을 위해서 **동맹정책**을 신축성 있게 펼치는 것이다. 이 동시적인 신축정책을 통해 형태규정적 동일성 **속의** 차이성을, 말하자면 분야에 따라 들쑥날쑥한 지식프롤레타리아의 의식을 올바로 반영하고 이들을 또한 '형제'로 대할 수 있을 것이다. 이런 까닭에 (준) 지식노동자들을 "임금예속적 중간층"으로 규정하고 형제적이지 않은, **우당적** 동맹정책만을 추구하는 것(H. Jung, 1973, p. 159ff. u. 1986, p. 186ff.)은 이론적으로 문제가 있을 뿐만 아니라 부분적으로 현실과 동떨어진 것이라고 느껴진다. (준) 지 식노동자들은 이들이 지식 **프롤레타리아**인 한에서 프롤레타리아적 현실변혁의 **기본주체**이기 때문이다.

이 동시적 신축정책과 '근로 인텔리'에 대한[73] 전통적인 단순동맹정책 간의 **작은** 차이는 역사적으로 대단히 중요한 변화를 함축하고 있다. 이 작은 차이는 지금까지 얼마나 빗나간 계급정책에 의해 주입되고 조장된 프롤레타리아적 지식노동자층이 노동조합에 대한 불안한 의심을 제거하고, 지식 프롤레타리아와 노동계급 간의 역사규정적인 형제적 혈연관계를 보다 강력히 일깨워내며 이로써 지식 프롤레타리아가 프롤레타리아적 변혁운동에 다양한 형태로 대량 가담할 수 있는 조건을 창출해 줄 수 있다. 이 신축정책은 동시에 손노동자들 안에 종종 잠복해 있는 지식인 증오심을 완화시키고, 일면적으로 빈곤으로부터의 대중의 경제적 해방에만 매달리는 것이 아니라 온갖 조직적(관료적, 테크노크라트적, 봉록적) 그리

뜻한다.

73) "근로 인텔리" 개념은 완전히 추상적인 개념이다. 이 개념은 지식 프롤레타리아, 관료층, 테크노크라트층, 세계적으로 유명한 예술가, 과학자, 무명 예술가 "섬마을 선생" 대학교수, 대졸학력의 독점기업 최고 경영자들을 싸잡고 있다. 즉 이 개념은 단지 이들의 기능의 주관적 측면만을 드러내줄 뿐 이들의 객관적인 사회적 지위에 대해서는 아무것도 보여주는 바가 없다. 그러나 그들의 개인적 운명을 최종적으로 결정짓는 것은 그들의 객관적 처지이다. 자본주의 사회에서 각개 경제주체의 계급처지를 규정짓는 것은 '초월적 주체'로서의 자본이다. 따라서 지식 노동자의 자본주의적으로 형태규정적인 프롤레타리아적 처지는 그들의 기능이 다른 비프롤레타리아적 인텔리의 기능에 대해 지니는 주관적 유사성에 선행하는 것이다. 이런 까닭에 지식 프롤레타리아를 "근로 인텔리" 개념으로 싸잡는 이해방식에 대해 단호히 거리를 취한다. 지금 우리가 문제삼고 있는 집단은 수적으로 적고 사회적으로 "무규정적인" 구인텔리 계층이 아니라, 수적으로 대중화되고 있고 또 자본에 임노동자로 묶여 있는 지식 노동자로서의 **프롤레타리아**이다.

고 이데올로기적 억압으로부터의 사회적, 정치적 해방에도 상응하는 강세를 주는 온전한 프롤레타리아의 보다 자기 완결적인 미래적 사회상(像)을 촉진시킬 것이다.

정치적 민주주의의 완결만으로 완전히 만족하는 중간계층 및 쁘띠 부르주아와 반대로 노동계급과 지식프롤레타리아는 사회토대적 · 기업 내적 민주화를 위한 투쟁에도 간절한 이해관계를 갖고 있다. 물론 객관적인 측면에서 보면 노동계급이 이 투쟁에 지식 프롤레타리아보다 더 절박한 이해관계를 갖지만, 주체적 측면에서 보면 그 요구의 수준이 높지 않다. 이에 반해 이미 극심한 궁핍에서 벗어나 있고 높은 지식적 기능을 갖고 있는 지식 프롤레타리아는 그 객관적 절박성이 노동계급보다 덜하지만, 반대로 그 주체적 요구의 수준과 능력은 더 높다. 이들은 여러 가지 점에서 더 유능하고 민감하며 사상적으로 열렬한 내면성을 갖기 때문이다. 주객관적 측면을 다 고려할 때 노동계급과 지식 프롤레타리아는 대등한 '형제'일 수 있다. 지식 프롤레타리아가 쁘띠 부르주아적 정치행태만을 보인다면, 이것은 많은 경우 노동자 당들이 잘못된 계급정책을 통해 이들을 "중간계층"으로 만드는 데에도 커다란 원인이 있다.

지식 프롤레타리아가 오늘날의 노동귀족층인 한에서 이들이 프롤레타리아 안에서 압도적 대중이 되기 전까지는 노동계급으로부터 자신을 구별하려는 노동귀족적 성향과 노동계급에 가담하려는 프롤레타리아적 성향을 동시에 보이는 양면성을 줄곧 지닐 것이다. 그리하여 그들의 일부는 프롤레타리아 진영에서 '탈영하여' 부르주아의 '꼬리'가 될 수 있다. 지식 프롤레타리아의 이 귀족적 성향은 서구 제국주의 국가의 80년대 신보수주의 정책에 의해 조장되어 왔다. 오늘날의 이 노동귀족적 요소들은 옛 수공업적 노동귀족층의 과거지향적인 직업신분적, 집단폐쇄적 생활행태가 아니라, 체제안주적인 경력추구적, 개인폐쇄적 생활행태를 보이면서 신보수주의자들의 '꼬리'가 되고 있다. 보통 저널에서 '유피'(Yuppies)로 불리는 이 현대판 노동귀족적 "탈영병들"은 질서바르고 업무에 열중하며 정장을 차려입은 전문인력으로서의 면모와 함께 사상도 심장도 없이 소비지향적인, 미학적-니힐리즘적인 개인주의자의 면모를 동시에 지닌 인물형으로 대두하고 있다. 그러나 지식 프롤레타리아가 이 기괴한, 새로운 노동귀족적 "탈영병들"의 바다 속에 몽땅 침몰해버리지는 않을 것이다. 과거 바이틀링(Weitling), 베벨(Bebel), 디츠겐(Dietzgen) 등의 노동자 인텔리들이나 여타 선진노동자들이 대거 옛 수공업자적인 노동귀족층에서 나왔듯이 현대의 새로운 노동귀족층으로부터도 많은 변혁적 요소들이 나오고

있고 또 나올 것임을 부인할 수 없다. 옛 노동귀족층과 관련된 다음과 같은 레닌의 고찰은 —— 교조적인 시각에서가 아니라 —— 역사적 현주소를 오늘에 옮겨 놓는 응용적인 현대적 시각에서 그리고 그 표현의 강한 파토스를 오늘의 수위에 맞춰 음미해 볼 필요가 있다.

> "……사회주의이념은 가장 일찍이 그리고 가장 용이하게 **가장 처지가 좋은** 노동자 계층들에 의해 수용된다. 주로 이 계층들의 한 복판에서 **모든** 노동운동을 일으키는 저 지도적 노동자들, 노동대중의 완전한 신뢰를 획득할 줄 아는 노동자들, 프롤레타리아의 계몽과 조직에 전적으로 헌신하는 노동자들, 사회주의를 완전히 의식적으로 수용하고 심지어 자발적으로 사회주의 이론들을 만들어내기까지 하는 노동자들이 생겨난다" (V. I. Lenin, "Eine Rückläufige Richtung in der Russischen Sozialdemokratie", *Werke*, Bd. 4, S. 275. 강조는 필자).

레닌이 염두에 두고 있는 이 옛 수공업적 노동귀족층은 물론 당대의 저급한 자본주의, 이에 구속된 —— 경향적으로 절대적 빈곤으로부터의 해방에 초점이 맞춰진 —— 옛 사회주의 이념과 함께 그간 소멸하였다. 그러나 자본주의는 더욱 복잡다단하고 섬세한 현대적 형태로 재생산되고 있다. 자본주의는 현대적으로 재생산되는데, 이 복잡다단한 현대 자본주의를 소화하고 이것을 극복하는 보다 고차적인 사회주의 사상과 변혁운동을 이끌 새로운 유능한 선진노동자 대중을 배출할 현대적인 사회적 토양은 재생산되지 않는단 말인가? 아니면 이 사회적 토양이 재생산된다 하더라도 사회민주주의자들의 독무대로 내던짐으로써 결국 사회주의의 미래도 포기해야 되는가?

제4장
'마르크스주의의 위기'와 계급이론의 재건*

1. 머 리 말

자본주의가 1980년대초까지 지속된 체제위기를 신기술의 급속한 투입을 통해 서서히 극복하자 자본의 위기는 어느새 노동운동의 위기, '마르크스주의의 위기'로 둔갑하였다. 1980년대 유럽 마르크스주의의 이론적·실천적 '위기'는 동유럽의 몇몇 나라에서 공산당이 권력을 상실함으로써 사실상 전지구적인 것이 되었고 이 '위기'과정은 1990년대에도 계속될 듯하다.

그러나 이러한 '위기'과정은, 국제노동운동이 ―― 사회민주주의 계열이든 좌익 사회주의 계열이든 공산주의 계열이든 가릴 것 없이 ―― 그간 공유해 오던 몇몇 근본적 원칙들이 자본의 발전과 프롤레타리아트의 전취물의 누적에 의해 낡은 것이 되었음을 각성하는 과정, 그리하여 21세기 노동운동을 위한 새로운 전망을 창출하는 과정으로 적극 이해하는 한, '위기' 그 자체의 처리과정이기도 하다.

이 '위기'의 극복에 있어서 계급이론의 재건과 노동자 당 및 노동운동의 계급정책의 궤도수정은 그 중심축을 차지한다. 이 글에서는 이 '위기'를 돌파하려는 필자의 오랜 모색의 이론적 결과들 중 계급이론과 관련된 부분의 문제의식을 다시 부각시키고 이미 발표된 글들에 한정하여 중요대목에 대한 보충적 주석을 가해 보고자 한다. 발표된 글들에 대해서는 한두 편의 ―― 감정에 치우치고 이론적 미흡을 무기로 삼는 ―― 비판이 나왔는데, 이에 대한 필자의 반비판을 이 글 말미에 감정 없는 사실규명의 형식으로 ―― 지면관계상 ―― 간략히 요약해 두었다.

---

* 「창작과 비평」, 창작과 비평사, 1990년 겨울호.

2. 즉자적 계급과 대자적 계급의 대립 · 긴장의 문제

관찰자에 의해 객관적으로 확인될 수 있는 노동대중이 존재한다고 해서 ① 계급적 각성 · 조직 · 실천이 자동적으로 일어나는 것도 아니고, ②이것들이 발생하더라도 그러한 각성 · 조직 · 실천이 계급의 일반적 · 장기적 이익에 부합된다는 보장이 없다는 것은 굳이 과학적 탐구를 하지 않더라도 매일 경험하는 사실이다. 만약 이 사실이 부정된다면, 자본주의는 탄생과 더불어 멸망했을 것이다.

주지하다시피 마르크스는 자본의 운동과 발전에 의해 객관적으로 규정되어 형성되고 따라서 관찰자에 의해 확인가능한 임노동자 대중을 헤겔의 범주에 따라 즉자적 계급(Klasse an sich)이라고 부르고, 스스로 계급으로서 각성하여 스스로 조직하고 실천하는 이러한 계급을 대자적 계급(Klasse für sich selbst)이라고 불렀다. 이 즉자적 계급으로서의 프롤레타리아트와 대자적 계급으로서의 프롤레타리아트 간에는 **프롤레타리아 개개인**의 능력 · 각성 · 행동 · 투쟁 · 의지 · 욕망 등의 **주체적 요소**의 발전 문제가 개재되기 때문에 필연적으로 **대립과 긴장관계**가 나타난다. 왜냐하면 자본이 임노동을 임노동으로 객관적으로 규정하는 것은 분명하지만, 이 임노동이 **자본에 맞서 싸울 수 있는**, 즉 경제관계를 초월하는 **초경제적인** 주체적 능력까지 만들어내지는 않기 때문이다(오히려 정반대로 자본은 이 저항능력의 발전을 온갖 방법으로 저지하려 한다).

따라서 대자적 계급의 발전은 임노동자들의 계급적 **주체성**의 문제이고 이러는 한 즉자적 계급과 대자적 계급의 긴장은 주체성의 발전정도에 따라 크든 작든 **항구적으로** 존재한다. 객관적으로 자본의 다른 대극으로 정립되는 프롤레타리아가 객관적으로 볼 때 자본주의를 전복시킬 '역사적 사명'을 띠고 있지만, 프롤레타리아 개개 주체들은 여러가지 이유에서 이것을 전혀 **의식하지도 실천하지도 않을 수 있는 것이다.** 이 사정은 종종 **프롤레타리아트**(Proletariat)와 **프롤레타리어**(Proletarier)의 모순으로 불려오기도 했다.

마르크스는 철학적 사유모델에서 아직 탈피하지 못하던 시절(1844) 이러한 긴장과 모순을 무시하고 헤겔의 관념론적 역사낙관주의 냄새가 물씬 풍기는 다음과 같은 명제를 '신성가족'적 이론가 부류들을 향하여 내놓는다.

> "문제는 이 프롤레타리어, 저 프롤레타리어 또는 프롤레타리아트 전체가 목표로서 한때 무엇을 **떠올리는가**가 아니다. 문제는 **프롤레타리아트가 무엇인가** 그리고 이러한 **존재**에 따라 프롤레타리아트가 역사적으로 무엇을 하도록 **강제될** 것인가이다. 그의 목표와 역사적 행동은 그 자신의 생활조건 및 오늘날 부르주아 사회의 전조직에서 감지되게, 무시할 수 없이 두드러져 있다. 이 상황에서 영국과 프랑스 프롤레타리아의 **대부분**이 그들의 **역사적 과업**을 이미 **의식하고** 있고 이 의식을 완전히 명확하게 형성시키기 위해 끊임없이 매달리고 있다는 것은 **설명을 요하지 않는다**"(「신성가족」, MEW 2, p. 38. 강조는 인용자. 이하 인용문 속의 모든 강조는 인용자).

그러나 이것은 대단히 많은 '설명을 요하는' 구절이다. 마르크스의 이러한 이론적 확신의 사회사적 배경을 간단히 적시하자면, 1825년 세계공황을 기점으로 제 발로 섰음을 알리는 유럽 자본주의는 이후 8~10년 간격의 주기적 공황을 반복했다. 자본주의의 이 야생적 과정은 1848년 프랑스 2월 혁명에 이르기까지 프랑스 노동대중의 생활을 극단적으로 악화시켰고 이에 따라 격렬한 노동운동이 가끔 유혈대립을 동반하면서 진행되었고, 영국에서도 1837년 세계공황 이래 차티스트 운동이 거세게 일어나고 있었다. 이 운동은 1850년대말까지 1, 2, 3차의 단계적 발전을 거치면서 계속된다. 말하자면 이 시대는 프롤레타리아 전체의 적빈기(赤貧期)였고 이 시대의 노동운동은 프롤레타리아가 적빈(赤貧)의 정점에서 벌이는 사생결단의 절망적 투쟁인 셈이다. 싸우다 죽으나 싸우지 않고 굶어죽으나 마찬가지라는 차원의 투쟁이었기 때문이다. 매 공황기마다 산업지대에는 아사자가 속출하던 시대였다.

마르크스의 위 테제는 실은 이런 적빈의 정점에 있는 프롤레타리아를 염두에 두고 있는 것이다. 이런 까닭에 위 테제의 전제로서 마르크스는 다음과 같이 말하고 있다.

> "사회주의 문필가들이 프롤레타리아트에게 이러한 세계사적 역할을 귀속시킨다면, 이것은 …… 그들이 프롤레타리어들을 신(神)으로 간주하기 때문이 아니다. 오히려 정반대다. 모든 인간성, 심지어 **인간성의 허상조차** 결여된 상태가 …… 프롤레타리아트 안에서 실천적으로 **완성되었기** 때문이다. 즉, 프롤레타리아트의 생활조건 안에서 오늘날

사회의 모든 생활조건이 **가장 비인간적인 정점**에서 종합되어 있고 프롤레타리아트에게 있어서 인간이 스스로를 상실했기 때문에, 그러나 동시에 이 상실의 이론적 의식을 획득했을 뿐만 아니라, 이제 더 이상 얼버무릴 수 없는 **절대적인** 독재적 궁핍(Not) —— **필연성**(Notwendigkeit)의 **실천적 표현**——에 의해 직접 이러한 비인간성에 대해 분격하도록 **내몰리기** 때문에 프롤레타리아트는 스스로를 해방할 수 있고 또 해방하지 않을 수 없다"(같은 곳).

여기서 마르크스는 프롤레타리아 해방의 필연성을 그 처지의 비인간적인 극점, 즉 절대적 궁핍에서 도출하고 있다. 따라서 마르크스의 이 말들을 **교조화할 때** 절대적 궁핍 속에 있지 않은 프롤레타리아는 자신을 해방할 **능력**도 없고 **해방할 필요**도 없다고 결론짓거나 아니면 절대적 궁핍에서 벗어나 그저 못할 뿐인 프롤레타리아의 객관적 처지를 마르크스에 의해서 서술되고 있는 저 **상황으로 끊임없이** 과장하여 해방의 필연성을 '믿는' 수밖에 없다. 그러나 이 양자 어떤 경우든 즉자적 프롤레타리아와 대자적 프롤레타리아 간의 갈등은 전혀 해결될 수 없다. "산업호황, 장기번영, 트레이드 유니언의 성공… 등"으로 "차티스트 운동마저 1850년대말 이후 완전히 소멸해"버리자(동독 『역사사전』, 1984, p. 154), 마르크스는 영국 노동자들에게 거듭 분노하고 실망한다(영국 노동자의 '부르주아화' 또는 부르주아의 '꼬리' 등——마르크스).

1848년까지 절망적 노동운동의 질풍노도 속에서 형성된 마르크스의 이 프롤레타리아트 관과 혁명관은 이후 상당한 변모를 겪게 된다. 즉자적 계급의 절대적 궁핍에서 객관적으로 **내몰리는** 프롤레타리아 해방의 역사적 필연성을 도출한 관점은 점차 대자적인 계급, 즉 계급의식, 그것도 "부르주아보다 단호한 **이론적** 계급의식"(MEW 23, p. 21) 쪽으로 일정한 강세이동을 겪게 된다. 이후 마르크스는 "이 프롤레타리어, 저 프롤레타리어"의 의식능력과 교육정도에 주목하고 프롤레타리아의 분단성을 고려하게 된다.

조용해진 영국에 대한 마르크스의 관심은 식게 되었고 그의 관심은 대륙, 특히 독일의 흥기하는 노동운동에 쏠리게 된다. 독일 노동자들 중 어떤 부류는 마르크스의 『자본론』 1권을 읽고 노동자 정간물에 서평도 쓸 정도로 유식하였다.

그러나 대부분의 노동자들은 '너무' 무식하였다. 이 해소할 수 없는 즉자와 대자의 모순은 오직 교육을 통해서만 해결될 수 있었다. 그리하여 마르크스는

노동자 계급의 '미래'와 '인류의 미래'는 "**전적으로** 자라나는 노동자 세대의 **교육**에 달려 있다"는 결론에 도달하지만, "노동자 계급의 **깨친** 부분"은 이것을 "아주 잘 알고 있는" 데 반해 "**너무 많은** 경우 그들(개개 노동자들)은 **너무 무식해서** 그들 자녀의 참된 이익 또는 인간 개발의 정상적 조건을 이해하지 못한다"는 것이다(MEW 16, p. 194).

따라서 청소년 교육정책은 국가권력으로 관철되어야 하고 국가로 하여금 이것을 시행하도록 강제하는 것은 마르크스에 의하면 노동자 계급이 "결코 정부의 권력을 강화시키는 것이 아니라", 반대로 "지금 이 계급에 대해 사용되는 저 권력을 이 계급의 시녀로 만드는 것"이고 정신교육·신체교육·기술교육의 결합이 성공하면 노동자 계급은 "귀족과 부르주아의 수준을 훨씬 뛰어넘게 될" 것이라고 본다(같은 책, pp. 194~195).

그러나 이후 자본주의 발전은 자본주의 생산이 필요로 하는 것 이상으로 노동자 계급의 교육을 허용하지 않았고 노동자 계급의 교육수준이 '귀족과 부르주아의 수준'을 '훨씬' 뛰어넘기는커녕 중간계층들의 수준에도 이르지 못하는 부르주아 사회의 '최고 무식층'으로 하락해 간다. 더구나 노동자 계급의 '깨친 부분'조차도 기계화와 분업의 심화과정 속에서 자꾸 줄어들고 '너무 무식한' 부분은 점차 증대되어 간다.

그러나 노동자 계급의 이 '깨친 부분'도 영국에서 1848년 이후 영국이 공업독점의 이점의 수혜자가 되어가면서 완전히 부패해버린다. 물론 독일에서는 이 '깨친 부분'이 영국의 기술우위에 내몰리는 독일자본의 저임금정책 하에서 라쌀르주의적 노동운동과 마르크스주의적 노동운동을 모두 장악하고 있었다. 영국의 부패한 노동귀족에 질리고 라쌀르주의에 신경이 극도록 예민해진 엥겔스는 독일의 이 '깨친 부분', 즉 노동귀족층에 적절한 주의를 주지 못한다. 1860년대 이래 독일 노동운동의 홍기, 사회주의자 진압법의 철폐, 비스마르크의 타도 이후 오히려 엥겔스는 이 노동귀족층의 중요성을 완전히 시야에서 놓치고 만다.

그러나 19세기말 자본주의의 체제위기가 성숙하면서 혁명의 도래를 예감하기 시작한 엥겔스는 사회주의로의 이행과 관련하여 중대한 이론적 난관에 부딪힌다. 혁명적 정치권력은 노동귀족층에서 나온 당내 노동자인텔리들이 장악할 수 있었지만, 그간 점차 과학적 성격이 강화된 생산체제는 이들이 장악할 수 없었기 때문이다. 학교에서 부르주아 이데올로기에 감염되느니 노동자 계급은 차라리 무식한

것이 낫다고 생각해온 엥겔스는 사회주의 사회와 관련하여 다시 마르크스가 봉착하였던 즉자적 계급과 대자적 계급의 갈등을 완전히 색다른 차원에서 감지하게 된다. 이후 기술적으로 교육된 전문인력이 증가되어감에 따라 이 전문인력에 대한 엥겔스의 태도는 1, 2년 사이에 무섭게 변해가기 시작한다.

1890년 8월만 하더라도 엥겔스는 다음과 같이 말하고 있다.

"우리 노동자들의 사회주의자 진압법에 대한 그 승리에 찬 투쟁 속에서 보여준 정치적 성숙의 찬란한 증명 이후에도 당신이 어떻게 독일 대중의 무식에 대해서 거론할 수 있는지 나는 이해하지 못하겠다. 우리의 이른바 식자층이 학식있는 것으로 망상하는 몽매가 내가 보기엔 훨씬 더 큰 장애물이다. 물론 우리는 기술자, 농업전문인력, 엔지니어, 화공전문인력, 건축전문가 등이 없지만, 최악의 경우에 우리는 이들을 자본가들이 그러듯이 **매입할** 수 있고, 몇몇 배반자들에 대해서는——이 사회하에서는 이런 자들이 있기 마련일 것이다——**호된 본때**를 보여주면, 우리로부터 더 이상 뭔가 훔치지 않는 것이 그들의 이익임을 알게 될 것이다"(MEW 37, p. 447).

이때만 해도 엥겔스는 전문인력에 대한 '엿과 채찍' 정책으로 모든 일이 잘 되어갈 것으로 장담하고 있다.

그러나 엥겔스의 이 자신감은 1년 뒤 흔들리기 시작한다.

"나는…… 1898년까지 우리가 권력의 키를 장악할 수 있을 것이라고 말했다. …… 전쟁이 우리를 그러도록 강요할지도 모른다. …… 생산수단을 장악하고 운영하기 위해서는 기술적으로 사전 교육된 사람들이, 그것도 **대량으로** 필요하다. 우리에게는 아직 이들이 없다. 지금까지 우리는 "학식있는" 사람들이 대체로 접근하지 않는 것에 대해 대단히 기뻐해 왔다. **지금은 상황이 달라졌다.** …… 나는 우리가 다음 8년 내지 10년이면 **당원들**로 하여금 공장과 대농장을 전인민을 위해 관리하게끔 젊은 기술자, 의료원, 율사, 교사를 충분히 획득할 것이라고 전망한다. 그러면 우리의 권력장악은 완전히 자연스러울 것이고 비교적 순조롭게 진행될 것이다. 그러나 전쟁으로 인해 **너무 일찍** 권력의 키를 잡게 되면 기술자들은 우리들의 **원칙적인 적수**일 것이고 그들이 할 수 있는 모든 곳에서 우리를 기만하고 배반할 것이다. 우리는 이 경우 이들에게 테러를 적용하지 않을 수 없게 되겠지만, **그래도 우리는 속을 것이다**"(MEW 38, p. 189).

엥겔스는 전문인력에 대한 매수와 테러 정책의 효과를 의심하고 이들을 **당원**으로 **획득**할 것을 ── 베벨에게 ── 강권하고 있다.

그러나 엥겔스는 2년 뒤, 즉 1893년 상황이 급변하자 이 전문인력들을 당원으로 획득하는 것을 넘어서 아예 '지식 프롤레타리아'로 규정한다. 독일에서 공과대학생수는 주식회사 창립이 한창이던 1860년대에 증가하기 시작하여 1875년 경기후퇴와 이로 인한 실업으로 인해 잠시 감소했고 기사와 엔지니어의 일부가 실업상태에 빠졌다. 그러나 학생수는 1885년부터 다시 증가했고 특히 엥겔스가 자신의 입장을 계속 바꿔나가던 1890~1894년 그리고 그 이후에도 지속적으로 급증한다. 독일제국 건국에서 세기전환기까지 공과대 학생수는 네 배나 증가하였고 종합대학생수도 두 배로 증가했다(J. Kocka, *Die Angestellte*, 1981, p. 39 참조). 엥겔스는 이 전문인력뜰을 '지식 프롤레타리아트'로, '손노동자들의 형제들'로 포착하고 '노동계급'이 전체 사회생산을 장악하기 위해 이들을 '필요'로 한다고 말하고 있는 점에서(MEW 22, p. 415), '손노동자들'만을 '노동계급'으로 규정하고 있는 사실은 여전히 변함이 없지만, 2~3년 전의 태도에 비하면 엄청난 파라다임 전환이다.

이런 파라다임 전환은 이 기술전문인력에 대해서뿐만 아니라 상업전문인력에 대해서도 일어난다. 자본가의 경리실에 근무하는 상업전문인력은 19세기말까지도 **가부장적인** 상인주-조수관계(Prinzipal-Gehilfen-Verhältnis)에 있었기 때문에 시간이 지남에 따라 자본주로 자동 상승하는 '예비자본가들'이었다. 이런 까닭에 엥겔스는 1872년만 하더라도 이들에 대해 감정이 좋지 않았다. "당신 나라(스페인 ── 인용자)에서는 상업직원들이 프롤레타리아트의 전진에 대해 거부자세로 대립해 있다는 당신의 말은 다른 나라에도 그대로 적용된다. 이 계층은 일반적으로 **조만간 자신이 부르주아가 되기**를 기다리고 있는 부르주아 계급의 종복들로 구성되어 있다" (MEW 33, p. 394). 그러나 1894년 엥겔스는 이 상업전문인력들의 임금이 하락하고 실업상태에 빠지자, 이들을 '상업 프롤레타리아트'로 규정한다. "**상업 프롤레타리아트**의 운명에 대한, 1865년에 씌어진 이 진단(상업직원의 임금이 하락할 것이라는 마르크스의 진단 ── 인용자)이 그 이후 어떻게 확증되었는가는, **모든** 상업기능과 **3~4개의 언어**에 통달하고서도 런던씨티(금융가 ── 인용자)에서 그들의 서비스능력을 숙련기계공의 임금보다 훨씬 낮은 주당 25실링에 헛되이 내놓고 있는 수백 명의 독일사원들이 한 곡조 뽑을 수 있다" (MEW 25, p. 312). 상업직원을 획득하는 것이

새로운 사회로의 이행을 위해 얼마나 필수불가결한가를 엥겔스 스스로 상업직원 출신이기 때문에 원래부터 잘 알고 있다.

> "도처에서 상업직원에게 프로파간다를 하도록 일반적으로 권고하는 것이 좋을 것이다. 행정을 조직해야 하는 경우 이들이 필수불가결하다 —— 이들은……일람할 수 있는 회계에 숙달되어 있다. 그리고 상업은 쓸만한 사무인력의 유일하게 실천적인 학교이다. 우리의 율사 등은 이 일에 쓸모가 없다. 회계와 붙임성에 있어서 상업직원들, 전보・편지・문서편집에 있어서 재능있는 숙달자들, 바로 이것이 우리가 필요한 것이다. 6명의 상업직원이 있으면 나는 60명의 정부 각료와 관방관료들을 데리고 하는 것보다 1,000배 손쉽게, 더 조감하기 쉽게, 더 실용적으로 행정부문을 조직할 수 있다" (MEW 27, p.289).

프롤레타리아트의 '역사적 사명'을 완수하기 위해 필요한 프롤레타리아트의 **기술적 능력**과 **프롤레타리아트 개개인의 사실상의 기술적 능력** 간의 모순은 엥겔스가 기술전문인력 및 상업전문인력이 다행히(?) 프롤레타리아트화함으로써 해결할 수 있었지만, 프롤레타리아트의 '역사적 사명'과 프롤레타리아트의 박약한 '이론적 계급의식' 간의 모순은 그대로 방치되어 있다.

이에 반하여 레닌은 마르크스와 엥겔스에 의해 미해결로 방치된 이 이론적 계급의식의 문제를 집중적으로 취급한다. 반면 레닌은 엥겔스가 고민했던 모순에 대해서는 거의 이론적으로 준비한 바가 없어 러시아 혁명 직후 잘 알려져 있듯이 생산과 행정의 조직에 있어서 심각한 난관에 부딪혔고 전문가들에 대한 지그재그 정책을 겪게 된다. 이런 까닭에 레닌에게는 '지식 프롤레타리아트' 개념이 없고, 또 **엥겔스의 계급이론적 파라다임 전환**을 인지하고 있지도 않은 것 같다. 이것은 전문인력들이 필경 프롤레타리아트화하는 현상이 레닌 생전에 전혀 없었을, 상대적으로 낙후한 러시아 자본주의 상황을 반영하고 있는 것이기도 하지만, 이후 공산주의운동 안에서 러시아 제약적인 레닌의 이 계급론적 관점이 교조화되는 최근까지도 마르크스주의 계급론의 심각한 장애물로 작용하게 된다. 일단 이론적 계급의식 문제에 대한 레닌의 해결책을 간략히 살펴보고 오늘날 기술혁명의 소용돌이 속에서 주어지는 레닌과 엥겔스의 계급론적 종합가능성에 대해서 살펴보고자 한다.

3. 노동귀족과 이론적 계급의식

마르크스주의 이전 그리고 그 이후의 모든 19세기 노동운동은 반(半) 수공업적 노동귀족층에서 형성되어 나온 선진노동자 대중에 의해 이끌어졌다. 이 노동귀족층은, 기계화 이후에도 역학적 자동화가 완결된 유기적 생산공정에서는 기계의 점검·정비·수선을 맡는 소수의 '부분적으로는 과학적으로, 부분적으로는 수공업적으로 교육된' 주변적 복잡노동자 부류와, (부품제작과 조립을 통해 완제품이 만들어지는) 이종적(異種的) 생산공정에서는 중심적인 위치를 차지하는 기계공(기계조종, 선반 등을 맡는 노동자), 목공, 기계제작공, 기계수선공, 식자공 등의——수적으로 압도적인——복잡노동자 부류로 구성되었다. 여기서 '노동귀족층'이라는 개념은 이후 오용돼 온 '매수되어 부패한' 노동자층이라는 뜻이 아니라, 마르크스의 객관적인 의미, 즉 프롤레타리아트의 '가장 좋은 보수를 받는' 노동자 상층을 가리킨다. 그 가장 좋은 보수는 이들의 반 수공업적인 복잡노동에 대응하는 것이다. 이 복잡노동을 습득, 재생산하는 노동귀족층은 당연히 또한 프롤레타리아트 안에서 가장 유식한 노동자 부류였다. 이 복잡노동의 습득은 노동과정에서 분리된 직업학교에서도 일부 수행되었지만, 여전히 노동현장에 공고히 잔존하는 직장(職長)·도제관계 속에서 주로 이루어졌다.

노동귀족층이 가장 유식한 노동자 부류였던 만큼 프롤레타리아트 전체에 대한 이들의 사회적 영향력은 가히 절대적이었다. 이런 까닭에 이 노동귀족층의 사회경제적 상황이 악화되어 이 층이 움직이기 시작하면 노동운동은 거세게 일어났고, 이 층이 만족하여 잠잠하면 노동운동도 쇠퇴하였다. 따라서 자본과 노동운동 간의 계급투쟁은——좀 과장하면——이 노동귀족층의 획득투쟁이었고, 이 노동귀족층의 행방은 계급투쟁의 성패를 좌우하였다.

노동귀족에 대한 자본의 정책은 19세기 내내 그리고 이후에도 **매수·부패정책**이었다. 그러나 매수에는 엄청난 초과이윤이 소요되기 때문에 세계시장에서 독점적 지위에 있는 나라들의 자본만이 이 정책에서 비교적 실효를 거둔다. 그러나 여타 나라의 자본들은 이 정책의 일관성을 유지할 수 없었기 때문에(특히 19세기말의 독일 및 기타 중부 유럽 국가들), 이런 나라에서는 혁명적 노동운동이 활발히 전개되었다. 그러나 20세기에 들어서 체제위기에 빠진 자본들은 초과이윤은커녕 단순재생산도 어려웠기 때문에 이 골치아픈 노동귀족을 아예 분쇄해버린다. 노동귀족층에

대한 이 **분쇄정책**이 다름아닌 테일러 · 포드주의이다.

19세기 마르크스주의 이전의 자생적 노동운동은 수공업적 또는 반 수공업적 노동자 부류들에 의해 독자적으로 개발된 사회주의에 의해 이끌어졌다. 우리가 익히 아는 사회주의 사상가를 들어보자면 식자공 출신 프루동, 재단사 출신 빌헬름 바이틀링 등이다. 마르크스주의 이후 노동귀족층에 대한 노동운동의 정책은 돈으로 부패시키려는 자본의 매수정책에 대한 **교육정책**이었다. 지식열과 향학열에 불타는 젊은 노동귀족층에 대해 마르크스의 과학지식과 해방사상을 가르치는 것은 일관되지 않은 자본의 부패정책에 대해 엄청난 도덕적 우월성을 발휘하였고 부분적으로 언제나 있기 마련인 자본에 매수된 노동귀족들의 노동대중에 대한 영향력을 극소화, 고립시킬 수 있었다. 적빈의 동료대중을 눈앞에 둔, 또 스스로 사회경제적으로 불안한 유식한 노동귀족층이 마르크스사상과 접한다는 것은 천지개벽의 사건이었고, 마르크스주의는 이후 전유럽의 노동운동을 —— 혁명적 운동이든 개량주의든 —— 석권한다.

마르크스가 1873년, 자신의 이론이 독일 노동귀족층에 비스마르크가 1878년 '사회주의자 진압법'을 도입해야 할 정도로 급속히 확산되던 시절, "독일 프롤레타리아트는 이미 독일 부르주아지보다 훨씬 더 단호한 이론적 계급의식을 갖추었다" (MEW 23, p. 21)고 확인할 수 있었던 사실은 이 노동귀족층 개념의 이해 없이는 단순한 허풍으로 들릴 수 있다. 그러나 레닌은 이 노동귀족층과 사회주의 운동과의 관계를 잘 이해하고 있었다. 레닌은 즉자적 계급과 대자적 계급의 긴장대립은 나머지 노동대중에 대한 신뢰와 영향력을 가지고 있는 노동귀족의 이론적 의식성, 즉 사회주의 의식의 발전으로 해결될 수 있다고 보았고, 프롤레타리아트 안에서 사회주의 이념의 확산과 보존은 이 노동귀족층에 의해서 이루어져왔음을 마르크스와 엥겔스보다 더 명확히, 일관되게 이해하고 있었다. 이 노동귀족층으로부터는 사회주의적 **선진노동자 대중**, 노동운동 지도자, 노동자 인텔리겐차 등이 끊임없이 생성되어 나왔던 역사적 사실을 거의 망각해버린 오늘날 레닌의 이 관점을 부각시키는 것은 극히 중요하다. '노동자 인텔리'의 대표적 인물로서 레닌은 당시 독일 사민당 지도자 아우구스트 베벨(Auguste Bebel)을 들고 나서[1] (물론 크고 작은

1) 베벨은 1865년 선반공 직장(職長)시절 칼 립크네히트의 부친이고 마르크스, 엥겔스의 제자였던 빌헬름 립크네히트를 알게 되어 마르크스, 엥겔스의 저작들을 읽고 포섭(?)된다.

노동자 인텔리는 무수히 나열할 수 있다. 마르크스가 「자본론」 1권 재판 후기에서 들고 있는 요제프 디츠겐〔Jogef Ditzgen〕도 여기에 속한다), 다음과 같이 말하고 있다(1899).

> "사회주의 이념은 가장 일찍이 그리고 가장 손쉽게 **가장 처지가 좋은 노동자층**에 의해 수용된다. 주로 이 계층들의 한복판에서 **모든** 노동운동을 일으키는 저 지도적 노동자들, **노동대중의 완전한 신뢰**를 획득할 줄 아는 노동자들, 프롤레타리아트의 계몽과 조직에 전적으로 헌신하는 노동자들, 사회주의를 완전히 의식적으로 수용하고 심지어 독자적으로 사회주의 이론들을 만들어내기까지 하는 노동자들이 생겨난다" (Lenin, "Eine Rücklaufige Richtung in der Russischen Sozialdemokratie," Werke Bd. 4, p. 275).

레닌은, 퇴행적인 경제주의적 노동운동은 이 노동귀족층 출신의 선진노동자 대중이 영향력을 발휘하는 것이 아니라 중층과 하층 노동자들의 이익관점의 영향력이 발휘될 때 생겨난다고 설명한다. 따라서 「무엇을 할 것인가」에서 자연발생적 노동운동의 경제주의적 성향을 '의식성', 그것도 사회주의적 의식성에 대립시키고 이 의식은 오직 '외부로부터만' 주입될 수 있다고 주장할 때, 레닌의 노동귀족과 선진노동자 개념을 먼저 이해하지 않는다면 「무엇을 할 것인가」라는 논문은 턱없이 다른 방향으로 오해되든가 왜곡되게 된다. 즉, 사회적 불만에 가득찬 인텔리들이 '무식한' 노동자들을 외부에서 조종하여 정치권력을 탈취하려는 이론으로 오해되든가, 아니면 '의식성'의 주입자가 당으로 등치됨으로써 당에 의한 노동대중의 통제이론으로 왜곡된다.

여기서 레닌이 말하고자 하는 핵심은 과학적 사회주의 이론은 불가피하게 노동대중 밖에서 발전되었다는 것, 따라서 이것은 처음에는 외부로부터 도입되는 절차를 거치지 않을 수 없다는 것, 노동귀족층이 이것을 이론적으로 이해하고 체득하여 선진노동자 **대중**이 형성되고 그리하여 중층과 하층의 노동대중의 경제주의적 이익관점을 높은 지향성 속으로 포섭하여 즉자적 프롤레타리아트와 대자적 프롤레타리아트의 모순을 지양함으로써 프롤레타리아트는 '부르주아지보다 더 단호한 이론적 계급의식에 도달할 수 있다는 것, 이상도 이하도 아니다. 이렇게 볼 때 당은 일단 사회주의 이념과 이론이 프롤레타리아트에게 소화되고 나서부터 거꾸로 노동

대중에 의해 통제당해야 한다는 결론이 나온다.

노동대중의 객관적인 '역사적 사명'과 "프롤레타리아트의 해방은 프롤레타리아트 자신의 작품이어야 한다"는 명제 간의 —— 마르크스와 엥겔스가 이론적으로 해결하지 못했던 —— 모순은 레닌에게서 노동귀족층의 올바른 파악을 통해 해소된다.

그러나 제2인터내셔날의 붕괴, 유럽 혁명의 불발에 실망한 레닌이 그 원인을 마르크스와 엥겔스의 선례에 따라 제국주의적 초과이윤에 의해 매수된 서구 노동귀족층의 부패성으로 규정한 이래, 그의 그러한 이론적 측면은 사장되든가 노동귀족층은 아예 '부패한 노동자층'으로 등치돼 왔다. 동시에 사민당계열의 기회주의는 노동귀족층의 이익을 대변한 것으로 골백번 증명된다. 노동대중에 대중적 영향력을 가진 노동귀족층이 초과이윤으로 많건 적건 매수당했다면 노동운동은 경제주의화하거나 양분될 수밖에 없다. 그러나 이것은 현실의 발전을 도외시한 채 각주구검(刻舟求劍)하는 식으로 교조화해서는 안될 것이다.

1920년대 들어 유럽은 격변하고 있었다. 미국에서 테일러 · 포드주의가 성공을 거두자, 체제위기에 빠진 유럽 자본들은 테일러 · 포드주의의 관철에 열을 올린다. 1920~1930년 독일 자본의 구호가 Fordschritt=Fortschritt(포드 걸음=진보)가 될 정도였다. 제1차 세계대전에 승전한 영국과 프랑스의 부르주아지는 강화된 정치권력을 기반으로 매수에서 깨어나 저항하는 반 수공업적 노동귀족층의 마지막 저항을 비교적 쉽사리 분쇄하고 생산과정의 테일러 · 포드화에 성공하였으며 미정복 부분은 전시체제 하에서 테일러 · 포드화를 관철시킨다. 이에 반해 패전국 독일의 부르주아들은 그 경제적 · 정치적 입지가 크게 약화되었기 때문에 노동귀족층을 더 이상 매수할 초과이윤도 없었고 테일러 · 포드주의의 관철에 맞서는 노동귀족층의 저항도 정치적으로 분쇄하지 못한다. 그리하여 독일은 체제위기와 더불어 다시 거대한 계급투쟁의 격전장이 되었다. 위기에 빠진 독점자본의 대답은 파시즘이었다.

당초 반동적 지주와 쁘띠 부르주아지의 운동이었던 파시즘은 '국가사회주의 노동자당'(NSAP)이라는 간판을 걸고 중하층 노동대중을 완전히 획득하여 노동귀족을 고립시킨 뒤 정치권력을 장악, 테일러 · 포드시스템의 관철, 노동귀족층의 분쇄를 획책해 온 자본의 정치적 보장자로 나타난다. 공산당과 사민당계열의 선진노동자들이 '너무 무식한' 중하층 노동자들에게 '노동자'라는 술어도 들어 있지 않은 자기 당의 사회주의가 진짜 사회주의이고 '국가사회주의 **노동자** 당'의 사회주의는

가짜라는 것을 알리는 것은 애당초 가능하지도 않았다. 파시즘의 권력장악은 여태껏 소련이나 동구의 교과서들이 기술해 왔듯이 독점자본에 고용된 '쁘띠' 부르주아들의 준동 때문만이 아니다. 수적으로 미미했던 구쁘띠 부르주아와 신쁘띠 부르주아가 몽땅 파시즘을 지지하는 경우에도 나치정당은 군소정당밖에 되지 못할 것이기 때문이다. 파시즘의 권력장악의 '수훈자'는 공황과 실업에 '내몰리던' 중하층 노동대중이었다.

따라서 '절대적 궁핍'에 분격하여 '내몰리던' 노동대중의 '역사적 사명'은 사회주의 혁명이 아니라 이와 같이 그 정반대, '파시즘 혁명'일 수 있는 것이다. 프롤레타리아트의 일상적 계급이익과 역사적 계급이익 간의 대립, 즉자적 계급과 대자적 계급 간의 모순은 '너무 무식한' 노동대중에게서 최고조에 달한다. 즉, '너무 무식한' 노동대중은 눈앞의 일상적 계급이익을 위하여 자신의 역사적 계급이익과 상반되는 방향으로 조직하고 실천할 수 있다(이것은 최근 동구권에서 다시 대규모로 벌어졌다). 이런 까닭에 앞에서 우리는 "① 계급적 각성 · 조직 · 실천이 자동적으로 일어나는 것도 아니고, ② 이것들이 발생하더라도 그러한 각성 · 조직 · 실천이 계급의 일반적 · 장기적 이익에 부합된다는 보장이 없다"고 말했었다.

아무튼 독일 자본은 파시즘을 등에 업고 그리고 전시를 이용하여 테일러 · 포드주의를 관철, 반 수공업적 노동귀족층을 분쇄해버린다. 그리하여 제국주의 국가의 노동계급은 전후 '숙련 노동자' '반숙련 노동자' '비숙련 노동자'로 개편되고, 반 수공업적 복잡노동자들은, 공장의 예외적인 주변노동자 부류나 작은 수공업작업장(제과점이나 음식점의 요리사가 대표적이다), 기념품 등을 제작하는 특수한 공예산업에나 잔존하는 주변부 노동자로밖에는 남지 않게 된다.

따라서 독점자본이나 대자본에 고용된 주도적인 노동대중 안에서 반 수공업적 노동귀족층이 사라져버린 상황에서 반 수공업적 노동귀족층의 '부패성'을 사민당계열의 기회주의성의 원인으로 '계속' 증명할 수는 없는 것이다.

노동계급 안에서 골치 아픈 노동귀족층을 분쇄해 버린 자본은 유럽에서 전후 테일러 · 포드주의적, 케인즈주의적 축적체제를 구축하고 1960년대말까지 장기성장을 지속한다. 자본은 이 장기성장을 이용하여 노동귀족 없는 노동계급의 일상적 계급이익을 실현시켜줌으로써 파시즘과의 싸움에서 공산당과 사민당(또는 사회당)의 반파쇼투쟁에 의해 손상된 정치적 입지를 신속히 강화한다.

여전히 쪼들리지만 적빈에서 벗어난 노동계급은 일상적 복지를 유일한 삶의

목표로 생각하게 되고 노동자당들은 이로 인해 공산당, 사회당을 가릴 것 없이 수세에 빠져든다. 이러는 사이 공산당과의 심각한 경쟁관계에 있지 않은 몇몇 사민당들이 강령에서 '카를 마르크스'의 이름을 삭제한다(특히 1950년대말 서독 사민당). '이론적 계급의식'이 노동귀족층의 소멸과 더불어 노동계급 안에서 사라지자 마르크스라는 이름이 정치권력에 도전하는 데 커다란 장애물이 된 것이다. 공산당과의 경쟁 때문에 마르크스를 버리지 못한 사민당들도 노동대중은 이제 '적빈'을 벗어났다는 이유를 들어 프롤레타리아트 개념을 폐기한다. 한편 마르크스주의와 프롤레타리아트 개념을 고수하는 모든 공산당들은 점차 힘을 잃고 고립되어 갔다(여기에는 동서간의 냉전도 한몫 하였다).

서구의 제국주의적 초과이윤은 노동계급 상층의 매수에 쓰여진 것이 아니라 대체로 테일러·포드주의 하에서 부풀어 오른 기업관료층과 지식 프롤레타리아트의 매수에 투입되었다. 엥겔스가 다가올 혁명 안에서 '손노동자들'과 손을 맞잡고 역사적 사명을 수행할 것으로 예견했던 지식 프롤레타리아트는 테일러·포드주의 하에서 모두 부패해버린 것이다. 당시 지식 프롤레타리아트는 노동계급의 평균임금의 2배가 훨씬 넘는 보수상의 특혜를 향유했고 신분이 안정적이었기 때문에 관료체제의 '참모'로서만 기능했다. 이것은 전후 자본주의체제의 또 하나의 튼튼한 지줏대였다.

프롤레타리아의 최상층, 즉 "가장 좋은 보수를 받는"(마르크스) 층이 노동귀족층으로 정의된 이상 엥겔스 사후 제2차 세계대전까지를 테일러·포드주의화의 과도기로 본다면, 테일러·포드주의 관철과 함께 대량 생산된 지식 프롤레타리아트는 프롤레타리아트의 최상층으로서 **새로운 노동귀족층**인 셈이다. 이 새로운 노동귀족층은 대졸학력자, 각종 특수전문학교 졸업자, 일정한 고등교육(우리나라의 경우 고졸) 후 사립, 공립 또는 기업내 직업교육과정을 수료한 노동자 부류로서 과거의 반수공업적 노동귀족층과 달리 모두 **두뇌노동자들**이었다. 양차 세계대전 동안은 따라서 신구 노동귀족의 교체기인 셈인데, 새로운 노동귀족층은 탄생과 동시에 모두 매수되어버린 셈이다.

노동귀족을 손노동자의 상층으로 오해하지 않는 한 노동귀족층의 개념은 새로운 형태로 여전히 유효하고 노동귀족의 매수·부패이론도 마찬가지로 재건될 수 있다. 전후 매수되고 부패한 것은 다만 손노동자들의 일부가 아니라 지식 프롤레타리아트라는 점에서만 차이가 있을 뿐이다. 손노동 대중의 복지향상은 매수의 효과라기보

다는 생산력발전과 이를 균점하려는 노동대중 자신의 투쟁의 덕택이다.

전후 테일러·포드주의형의 지식 프롤레타리아트에 더하여 맹아적인 극소전자적 부분 자동화와 반 자동화 과정이 진행되면서 새로운 생산력과 연관된 새로운 과학기술인력도 점차 형성되어 나오지만, 이들도 테일러·포드 시스템 내에 보충물로 포섭되어 탄생과 더불어 매수·부패한다.

그러나 생산과정의 이러한 변동은 인력교육체계의 대변동을 초래했다. 분업의 극단적 관철과 두뇌노동과 손노동의 '깨끗한' 분리를 공통분모로 하는 테일러·포드시스템 및 부분자동화체계에 고급두뇌인력을 공급하기 위해 대학제도 및 기타 유사한 교육기관이 특권적 엘리트 교육체계에서 대량생산 체계로 개편된다. 이로 인해 아카데미 교육과정에 있는 학생들의 자기동일성이 일시 커다란 동요에 빠진다(잔존하는 엘리트 의식과 대중의 일부에 지나지 않는 현실적 지위 간의 갈등).

테일러·포드 시스템 및 부분 자동화체계 하에서는 취업자 기능구조의 양극화 경향이 강화되어 숙련·반숙련·비숙련 노동자 등의 손노동 대중이 수적으로 급증했기 때문에 이 손노동 대중에 거의 배타적으로 의존해 있는 노조의 상대적 강화를 가져오기도 하였다. 이를 바탕으로 노조는 '복지국가'의 계급타협의 기초인 '생산성 약정'(노동생산성 향상에 비례한 임금인상)을 쟁취해내지만, 노조의 거의 모든 싸움은 수세적·적응적 성격을 벗어나지 못한다.

물론 테일러·포드주의적 축적체제도 만능의 착취 자동기계는 아니었다. 극단적인 테일러·포드화는 노동을 극단적으로 비인간화하고 노동의욕을 격감시키고 노동주체의 소외감을 극대화함으로써 테일러·포드주의적 관료체제 저변에서 확산되는 비조직적 저항(개인적 태업, 무단결근, 통고없는 이직, 소집단적 파업 등)을 야기한다. 이로 인해 조직성이 높은 테일러·포드 시스템은 그 완성의 정점에 도달하자 줄곧 '고장나게' 된다. 그리하여 테일러·포드 시스템의 축적체계가 대위기에 빠져들었다. 이윤율의 지속적인 하락으로 현상한 이 위기는 1960년대말의 세계적 대공황으로 가시화된다.

이 공황을 타개하기 위해 자본은 자주 '생산성 약정' 등 노조와의 협약을 파기하게 된다. 또한 지식 프롤레타리아트에 대한 특권적 대우도 크게 축소된다. 이로 인해 계급타협의 근본구조에 균열이 생겨나 서유럽은 전후 처음으로 일정한 계급대립 현상을 겪게 된다. 이것은 정치적으로 노동자당들(사민당 계열 및 공산당)의 지위를 상대적으로 강화시켜 일부 나라에서 노동자당들의 집권으로 이어지고 다른

한편 자기동일성의 위기에 빠진 대학생들의 세계적 학생운동으로 표현되었다.

그러나 손노동 대중에 의존한 노동자당 정부들은 손노동 대중의 1/3 이상을 보수당에게 잃은 상태에서 자유당과 합작한 연립정부이거나 과반수를 아슬아슬 웃도는 취약정부들이었기 때문에 자본관계의 근본적 개혁은 꿈꿀 수 없는 처지에 있었다.

이에 실망한 학생운동은 더욱 과격화한다. 테일러 · 포드 시스템 하에서의 특권적 지위의 동요로 말미암아 터져나온 학생들의 투쟁은 이미 생산체계에 취업한 젊은 과학기술인력에도 일정한 반향을 일으켰다. 이때 말레(S. Mallet)의 '신노동계급론'이 유명해진다. 필자가 학계 출신이 아니라 프랑스 노동계 출신이라서 관심을 더욱 모은 '새로운 노동계급론'을 통해 말레는 과학기술 인력이 손노동 대중보다 '혁명적'이며 곧 노동운동의 '전위'가 될 것으로 주장했다. 한편 서독 프랑크푸르트 학파는 프롤레타리아는 사라지지 않았지만 '죽은' 것이나 다름없고 오직 대학생들의 '사회초월적 사회참여'만이 이 사회를 변화시킬 수 있다는 '대학생 마르크스주의'를 펼친다.

그러나 ① 학생운동은 1970년대 중반을 넘지 못하고 거의 소멸하였고 ② 사회비판적 청년문화는 히피화하거나 펑크화를 거쳐 유피(여피)화하는 경향을 보였으며 ③ 기술전문인력은 손노동까지 포함하는 일반적 계급이익을 추구한 것이 아니라, 사라지는 특권의 방어에 머물렀다. 학생운동의 소멸과 더불어 자멸하거나 신자유주의(하버마스 J. Harbermas)로 물러선 프랑크푸르트 학파의 이론들은 제쳐놓고 볼 때, 말레의 이론은 비판과 반비판 과정 속에서 마르크스주의 학문이 노동과정 연구에 심혈을 기울이게끔 자극하는 무의식적인 긍정적 역할을 한 측면도 있었지만, 지식 프롤레타리아트를 '신노동 계급'으로 파악함으로써 이들이 '더 많이 매수되고 부패되기 위해' 투쟁할 수도 있는 **새로운 노동귀족적** 성향을 시야에서 완전히 놓쳤고, 전문인력의 노동자립성이 곧 자본관계를 '혁명적'으로 공략하는 정치력으로 화할 것으로 과장, 경제주의적 편향을 보임으로써 극소전자기술에 입각한 자본의 지배기술의 발전, 그리하여 권력의 양극화 심화, 부분자동화 및 반 자동화 속에서의 기능의 양극화의 심화, 전문인력의 노동자립성이 두려운 자본의 새로운 매수공략(유피화 전략)의 출현, 중하층 노동대중과 같이 작업장에서 손노동도 수행하던 구 반수공업적 노동귀족층과 두뇌노동만 하는 새로운 노동귀족층의 **역사적 차이** 등을 간과함으로써 전문인력에 대한 노조의 올바른 과제설정에

도움을 주지 못했다.

지식 프롤레타리아트를 '신노동 계급'이 아니라 **새로운 노동귀족층**으로 정식화함으로써만이, 과학기술 전문인력의 가능성과 한계, 전체 프롤레타리아트 안에서의 중요한 역할에 있어서 구 노동귀족층과 새로운 노동귀족층의 유사성과 차별성, 새로운 노동귀족층에 대한 자본의 매수전략의 예측 및 대항전략의 준비, 전문인력의 대중화와 더불어 자본의 매수전략의 재정적 한계 및 전문인력의 **개혁 잠재력의 상승**, 욕구의 변화, 그럼에도 불구하고 적빈이 아니라 청빈(清貧)한 전문인력들의 **비혁명성**, 미래의 사회투쟁의 형식과 차원에 대한 올바른 전략 · 전술 등이 해명될 수 있다.

말레의 이론은 당시 현실을 반영한 노동기능의 양극화론에 의해 분쇄되었다. 또한 1970년대 중반 이후 가속화된 자동화 과정이 과학기술 인력을 폭증시켰음에도 불구하고 이 인력들은 '혁명적'이지도 '전위적'이지도 않았고 이들의 일 분파는 다만 **체제개혁 지향적**이었고 다른 일 분파는 끊임없이 유피화하는 현상을 보임으로써 모든 측면에서 오류로 드러났다.

그러나 과학기술혁명이 더욱 심화되어 가면서 노동자당과 노조의 공통된 이론적 신념이었던 기능 양극화론도 전문인력의 대중화와 단순노동의 감소로 인해 분쇄되었고 산업 손노동자 대중에 의존해 온 모든 노조들이 대위기에 직면했다. 중공업부문의 비중 감소, 단순 사무인력의 완만한 감소, 사무 · 서비스 노동자의 폭증, 첨단산업부문의 급속한 확대 등으로 요약되는 경제구조의 대변동으로 인해 1980년대 후반 노조는 뒤늦게나마 이론적 혁신을 가속화한다. 그러나 이 혁신론의 조직적 실천은 예산할당과 권력의 상대화를 꺼리는 산업노조 위원장들의 저항으로 인해 실천적 난관에 직면해 있고, 또 이 조직혁신이 성공하더라도 노조=산업 손노동자 단체라는 사회적 · 역사적으로 굳어진 노조의 이미지를 청산하는 데에는 오랜 시일이 걸릴 것으로 보인다.

새로운 생산력이 자본관계 안에서 펼치는 극히 모순적인 운동은 노동대중의 평균적 노동기능의 상승을 뜻하는, **노동기능의 양극화경향의 점진적 완화**, 이와 **동시에** 새로운 정보기술 · 커뮤니케이션 기술 등을 통한 기업 정상의 정보독점, 신기술에 입각한 노동 성과의 정밀한 측정, 노동행태 규제, 업적 강박의 강화로 나타나는 **권력의 양극화**로 진행되고 있다. 이 두 측면의 모순적 통일상태는 **모순 그 자체로** 파악해야 한다. 그러지 않고 노동기능의 상승을 따로 떼어 과장함으로써

지배로부터 '진짜 자유로운 임노동자'(따뜻한 얼음?)가 출현한 것으로 주장하는 부르주아 이데올로기와, 권력의 양극화를 따로 떼어 과장하거나 권력의 양극화를 기능의 양극화로 착각하면서 그저 상황이 임노동자들에게 악화되고만 있다고 주장하는 좌익 포퓰리즘은 둘 다 이론적으로 같은 수준에 있는 것들이다.

새로운 노동기능이 단순화되는 현상(가령 컴퓨터 오퍼레이터)은 분명 확인되고 있지만, 이 새로운 단순노동이 옛 형태의 여러 단순노동들(가령 문서관리, 타자 등)을 한 기능으로 통합 대체하고, 새로운 단순기능이 점차 사무실 실무노동자들에게 전가되어 새로운 단순인력을 보조원으로 쓸 수 있는 심급이 기업관료체제 상단으로 국한되어가는 경향이라서(사무노동의 '합리화'), 새로운 탈기능화 현상은 주도적인 기능상승 경향에 의해 압도되는 까닭에 더 이상 본질규정적인 것이 아니다.

한편 노동기능의 상승은 프롤레타리아트의 변혁적 잠재력을 높여줄 것이다. 물론 기술적 노동기능의 상승이 그 자체 즉각 정치적 역량의 상승으로 등치될 수는 없다. 기술적 기능 상승을 직접적인 정치역량의 상승으로 등치시키는 소박한 경제주의(가령 O. Negt)는 문제가 있지만, 노동의 인간개발적 의미, 즉 노동자의 사회의식의 발전에 대한 노동의 일정한 인간학적 관계까지도 부정하는 입장은 분명 오류이다. 가령 하버마스는 마르크스의 노동관을 "낭만적으로 변용(變容)된 수공업 활동 모델"로 규정하고 오늘날의 기계화 생산과정 속에서는 적용근거를 상실했다고 본다(J. Habermas, *Vorstudien und Ergänzungen zur Theorie des Kommunikativen Handelns*, 1984, p. 484). 즉 노동과 노동자의 해방능력 간에는 아무런 관계도 없다는 것이다. 이를 본따 고르즈는 노동능력의 상승으로부터 아무런 변혁역량도 도출할 수 없다고 주장한다(A. Gorz, *Kritik der ökonomischen Vernunft*, 1989 참조). 그러나 노동기능의 상승은 분명 프롤레타리아트 전체의 교육수준, 따라서 자기실현 및 자율적 삶에 대한 새로운 욕구, 결국 자신의 계급적 지위에 대한 올바른 이해와 주체적 자기정립을 위한 변혁적 잠재력을 일정하게 높여준다. 이것은 뒤에서 인용할 실증적 연구에 의해서도 경험으로 확인되고 있다. 따라서 대상에 대한 기술적 기능으로서의 노동이 노동주체도 변화시킴으로써 노동주체의 사회적 주체성의 발전에도 영향을 가한다는 마르크스의 노동철학은, 노동만이 전부고 노동 이외의 인간활동은 무의미하거나 사소한 것이라는 식으로 천박화시키지 않는 한 오늘날도 그리고 앞으로는 더욱 많은 타당성을 갖고 있다.

이러는 한 해방된 사회에서 프롤레타리아트가 전체 생산체계를 기술적으로 장악

해야 하는 필연성과 개별적 프롤레타리아트의 기술적 능력 간의 **기술실천적** 모순에 대한 엥겔스의 해결책으로서의 지식 프롤레타리아트 개념은 즉자적 계급과 대자적 계급의 **사회실천적** 모순에 대한 레닌의 해결책으로서의 노동귀족층(말하자면 선진노동자 대중) 개념과 종합될 수 있다. 즉, **지식 프롤레타리아트를 새로운 노동귀족층으로 파악함으로써 즉자적 프롤레타리아트와 대자적 프롤레타리아트 간의 기술실천적 모순과 사회실천적 모순은 통일적으로 해결될 수 있는 것이다.**

그러나 과거의 반 수공업적 노동귀족층이 기술적 구상의 잔여 두뇌기능과 함께 손노동도 여전히 수행하던 유식한 복잡노동자 부류였기 때문에 나머지 단순 손노동자 대중과의 동질감이 높았고 따라서 이 대중들로부터 손쉽게 정치적 신뢰를 얻고 강력한 영향력을 행사할 수 있었던 데 반하여, 오늘날의 노동귀족층은 손노동 대중에 대해 단순히 기능이 높은 정도가 아니라 두뇌노동과 손노동의 분단선에 의해 손노동 대중으로부터 너무 선명히 분리되어 있어서 새로운 노동귀족층에 대한 손노동 대중의 신뢰, 따라서 이 노동귀족층의 전체 프롤레타리아트 안에서의 영향력도 옛 노동귀족층에 비해 제약된다. 옛 노동귀족층과 새로운 노동귀족층 간의 이 **역사적 차이**에 주목할 때 손노동 대중에 대한 새로운 노동귀족층의 지위는 손노동 대중에 대한 주도권 관계가 아니라 대등한 **형제적 통일**의 관계이다.

옛 노동귀족층과 노동대중 간에도 대립이 없었던 것이 아니지만(가령 반 수공업적 노동귀족층의 어떤 분파들은 노동대중을 배제하는 직업단체의 회원이 되기도 했고 단순노동자들과의 친교나 혼인관계를 꺼리는 성향도 종종 보였다), 새로운 노동귀족층과 손노동 대중 간에는 더 큰 대립의 위험이 있다. 지식 프롤레타리아트는 경향적으로 손노동 대중과 친교, 결혼관계를 꺼린다. 반대로 손노동자들은 가끔 자본에 대한 반감보다도 '배운 놈들'에 대한 반감이 더 큰 경우가 있어서 이것은 열등감으로 나타나거나 지식인 증오심으로 현상하기도 한다. 특히 손노동자들의 지식인 증오심은 노동운동이 어느 정도 확산되고 마르크스주의가 조야한 형태로 보급되는 경우 더욱 기승을 부려, 당파적 지식인이 두각을 보일 수밖에 없는 정치투쟁을 배격하는 노동자주의적 생디칼리즘의 뿌리가 되기도 하고 모든 조직을 손노동자로 구성하려는 웃지 못할 분파주의로도 나타난다. 일찍이 엥겔스는 이런 경향을 목도하고 비판한 바 있다.

"「쁘롤레떼르」(*Proletaire*) 지는 온갖 글 쓰고 싶어 죽는 노동자들의 가장 고루한

> 붕당집단의 잡지였다. 진짜 노동자들만이 협의에 참여하고 같이 글 쓸 수 있다는 것이 이 잡지의 규정이었다. 극히 속좁은 바이틀링 식 지식인 증오가 판을 쳤다. 따라서 이 잡지는 아무런 내용도 없는 것이었지만, 파리 프롤레타리아트의 가장 순수한 표현이라고 참칭했다. 따라서……모든 주변 잡지들에 대해 겉으로는 친한 척했지만 뒤에서는 사생결단의 적대행위와 음모를 자행했다" (MEW 35, p.229).

따라서 지식 프롤레타리아트와 손노동 대중의 조직적 통일에 있어서는 다양한 변종으로 나타나는 지식인 증오현상을 적극 억제해야 하고 지식 프롤레타리아트 쪽에서는 이 증오심을 조장할 수 있는 엘리트주의적 잔재, 개인주의적 태도 등을 적극 청산해야 할 것이다.

그러나 지식 프롤레타리아트와 손노동 대중의 차이가 제아무리 크다 할지라도 부르주아 또는 중간 제계층과 프롤레타리아트 일반과의 차이보다 질적으로 작은 것이다. 더구나 손노동 대중의 학력수준과 노동기능도 점차 높아질 것이기 때문에 (따라서 손노동 대중으로부터도 드물지 않게 선진노동자들이 나올 것이다) 장기적으로 그러한 차이는 완화될 수 있고 현재도 손노동 대중의 최상층은 대개 고졸이기 때문에 이들이 지식 프롤레타리아트와 손노동 대중의 형제적 통일에 있어서 매개집단 역할을 할 수 있다. 따라서 과거 노동귀족층으로부터 나온 선진노동자들보다는 그 영향력이 덜 하겠지만, 지식 프롤레타리아트로부터도 프롤레타리아트 전체에 영향력을 갖는 '이론적 계급의식'의 담지자로서 선진노동자 대중이 형성되고 있고 또 형성될 것이다.

옛 노동귀족층과 새로운 노동귀족층의 또 다른 역사적 차이는 전자는 기계화와 분업의 심화 속에서 점차 소멸중에 있었지만, 새로운 노동귀족층은 점차 증가하여 과학기술혁명의 지속 속에서 확산일로에 있다는 점이다. 2000년대 중반이면 지식 프롤레타리아트가 프롤레타리아트 안에서 압도적 다수로 변할 것이라는 예측은 부정될 수 없다. 따라서 지식 프롤레타리아트가 압도적 다수가 될 미래에는 당연히 **운동의 주도세력은** —— 그 사회가 자본주의 사회이든 사회주의 사회든 관계없이 —— **지식 프롤레타리아트가 될 것이다.** 이때에는 상대적 소수집단으로서 지식 프롤레타리아트가 보이던 귀족적 성격, 즉 손노동자들과의 생활세계적 관계를 꺼리고 배타시하는 경향도 완전히 해체될 것이다.

손노동 대중은 미래에도 (축소) 재생산되겠지만, 사회적 대우는 이들이 다수일

때 보다 나아질 것이다. 오늘날 기피되는 광산노동력을 확보하기 위해 이 노동에 더 많은 임금이 주어지듯이 미래의 축소된 손노동도 더 나은 대우를 받을 수밖에 없기 때문이다. 이런 까닭에 경제적 형편이 개선된 손노동자와 지식 프롤레타리아트 간의 일세대내 또는 격세대적 이동도 빈번해져갈 것이다. 또한 두뇌노동과 손노동의 분업을 철폐하더라도 경제적 합리성에 그다지 큰 영향을 주지 않을 만큼의 수준으로 손노동 부분이 축소되고 또 노동시간이 단축되면 두뇌노동자가 이것을 교대로 또는 통합해서 수행하거나, 병역을 시민역(Zivildienst)으로 바꿔 모든 사회구성원이 병역을 수행하듯이 각자 인생의 극히 짧은 시간을 집중 투여해서 수행할 수 있다. 따라서 두뇌노동과 손노동의 대립의 극복은 과거 모택동주의자들이 주장했듯이 손노동이 두뇌노동을 흡수하는 식으로 벌어지는 것이 아니라, 일정 수준으로 축소된 **손노동을 거꾸로 두뇌노동이 흡수함으로써** 벌어질 것이다.

2000년대 중반 이후, 즉 우리 세대가 죽고 나서야 실천적 과제로 떠오를 이 문제를 여기서 취급한 것은 무의미한 공상을 위한 것이 아니라, 현재 노동운동의 계급정책을 규정하기 때문이다.

4. 프롤레타리아트 주력개념 확대의 현재적 필연성
――우리나라 노동운동을 위하여

지금까지 세계노동운동의 계급정책은 ―― 사민당 계열이든 공산당 계열이든 가릴 것 없이 ―― 산업부분 손노동자(특히 남성노동자)를 프롤레타리아트의 주력(또는 핵심)으로 파악하고 프롤레타리아트의 일반적 계급이익을 산업노동자의 이익모델에 따라 정식화하고 산업노조 중심으로 주변노조를 결집시키는 것이었다. 이 산업노동자 헤게모니 모델은 산업노동자가 프롤레타리아트 안에서 압도적 다수를 차지하고 자본주의의 주력자본들인 독점기업과 대기업에 상대적으로 밀집되어 있는 한, 주변부 노동자들에 대한 노조의 계급적 견인력을 극대화하고 주력자본에 대한 타격에 있어서 자본의 취약고리를 가장 튼튼히 틀어쥘 수 있었다.

그러나 이 헤게모니 모델은 과학기술혁명의 가속화와 더불어 산업부분, 특히 중공업부문의 경제적 비중이 상대화되고 산업노동자가 전체 임노동대중 안에서 차지하는 양적 비중이 급격히 축소되었을 뿐만 아니라 고급인력인 지식 프롤레타리

아트가 독점대기업 안에서 산업노동자와 백중세에 달하고 특히 첨단산업부문에서는 압도적인 다수를 차지하게 되면서 대위기에 봉착한다. 이 산업노동자 헤게모니 모델은 지식 프롤레타리아트에 대해서는 말할 것도 없고 지식 프롤레타리아트와 사무실에서 같이 근무하는 사무실 손노동자인 단순 사무직원들에 대한 견인력도 거의 발휘할 수 없었고 이 모델의 견인력은 비산업부문에서 오직 산업 손노동자의 처지와 유사한 판매노동자, 창고·보관·발송노동자 부류에만 국한되어 갔다. 그리하여 노조 조직률과 노조원 숫자가 격감했을 뿐만 아니라 노조원의 사회적 구성이 50년대 경제구조에 각인된 취업자구조를 탈피하지 못하여 노조가 조직적으로 기형화된다.

이로 인해 노조가 미래지향적 개혁대안을 내놓는 사회정책과정에서 점차 물러나 후진노동자들의 일자리 방어기능으로 전락함으로써, 이념적으로 점차 보수화되었다. 이와 나란히 노조운동 내에서 반(反)사회주의적 또는 비(非)사회주의적인 우파가 득세하는 경향이 강화되고 이와 함께 사회주의 이념을 체제대안으로 고수하는 세력은 점차 고립되는 현상이 빚어졌다.

다른 한편 자본은 지식 프롤레타리아트가 대중화돼 가자 일반적 매수전략을 구사하지 못하고 대다수의 지식 프롤레타리아트에게서 특권적 지위를 박탈하고 이데올로기적 포섭에 더욱 의존하게 된다.

매수에서 깨어난 이 지식 프롤레타리아트는 그러나 기존노조 안에서 안식처를 찾지 못하고 환경보호운동, 여성운동, 평화운동 쪽으로 기울고 기업내에서는 비공식적 서클을 조직하여 기업평의회 등에서 독자적인 활동을 벌이게 된다. 이런 양상은 노조간부들이 이들을 '자본지향적이고 보수적인 분파주의자들'로 애써 무시해 온 편견과 정반대의 현상이었다.

서독노동총동맹(DGB)의 의뢰로 이루어진, 유명한 사회조사 연구소(INFAS)의 전6권에 달하는 방대한 「임노동자 연구」(1989년말)에 의하면 지식 프롤레타리아트의 의식상태를 좀더 실감있게 알 수 있다.

(1) 취업자 전체의 미래지향적 정책선호도는 집단적 재화의 보호, 즉 자연환경의 보호가 71%로서 수위를 차지하고, 이 선호도는 교육수준이 높을수록 비례적으로 상승한다.

(2) 취업자들에는 "구별되는, 그러나 비중이 엇비슷한 두 개의 개혁 분파"가 존재하는데, 일단 이것은 '사회보장개혁파'(Sozialreformer)와 '체제개혁파'

(Gesellschaftsreformer)로 나누어진다. '사회보장개혁파'가 선호하는 목표는 "일자리, 소득, 가족"에 있고 직업을 '수단'으로 간주한다. 이들은 이 목적을 추구하는 기업내적 또는 사회적 차원의 대결에 있어서 적수들에게 협력적이기보다는 대립적이다. 이들은 미래문제에 있어서 노조에 상대적으로 높은 신뢰를 준다. 이에 반해 '체제개혁파'는 한편으로 '개인적 자유에 있어서의 자기 실현과 만족스런 노동을 통한 자기실현에 대한 요구'와 다른 한편으로는 '집단적 재화'(환경, 평화, 제3세계)의 '정책적 보호'에 대한 높은 의식으로 특징지어진다. 이들은 기업내적 그리고 사회적 투쟁에 있어서 협력할 용의도 있고 대립갈등을 벌일 용의도 보이는데, 이 대립갈등은 '사회보장개혁파'와 다른 형태를 띤다. 즉, 그들은 미래문제에 있어서 노조보다 '새로운 사회운동'(환경보호, 여성, 평화운동)에 훨씬 높은 신뢰를 준다.

(3) 이 분파에의 귀속성은 교육수준과 '정비례'한다. 즉, 학력이 높을수록 '체제개혁파'에 속한다.

(4) 조직되지 않은 임노동자들의 1/5에 해당하는 '노조가입의사가 있는 부류'는 임금투쟁이나 노조의 사회정책에 극히 낮은 관심을 보이고 환경보호와 체제개혁에 '월등히' 높은 관심을 보인다.

노동운동의 역사 속에서 어떤 사회집단이 수적으로 많다는 이유만으로 조직대상으로 끌어들이자는 주장은 보통 '조악한 실용주의'로 비판받아 왔다. 그러나 지식 프롤레타리아트의 수적 증대는 위의 실증자료가 보여주듯이 단순한 양적 변화만을 포함하고 있는 것이 아니라, 임노동자 대중 안에서의 개혁잠재력과 욕구의 질적 변동을 보여주고 있다. 이것은 산업노동자와 지식 프롤레타리아트의 형제적 통일의 테제의 역사필연을 뒷받침해 준다. 즉 프롤레타리아트 주력개념의 확대는 더이상 '조악한 실용주의'일 수 없다.

새로운 생산력과 결부된 지식 프롤레타리아트의 증대는 다음과 같은 여러가지 질적 측면을 안고 있다.

(1) 지식 프롤레타리아트의 대중화와 더불어 자본의 매수정책이 한계에 봉착하고 점차 지식 프롤레타리아트의 (혁명성이 아니라) 개혁잠재력이 가시화된다는 것이다.

(2) 생산의 과학화가 심화되는 오늘날과 미래는 지배계급의 교육독점의 보편적 와해의 시대라는 것이다. 이로 인해 과거 테일러·포드화 과정에서 교육독점의

완화는 주로 중간층에게 대학교육의 문호를 열어주었지만, 오늘날과 미래에는 노동자 · 농민 또는 이들의 자식들에게도 고등교육의 문호를 한층 넓게 열지 않을 수 없게 된다. 지식 프롤레타리아트의 이러한 출신성분상의 구성변화는 이들의 개혁잠재력을 더욱 높여줄 것이다.

(3) 운동의 주타격방향으로서 독점자본 개념을 고수하는 한, 독점자본과 대기업 내에서 손노동자와 백중세에 도달한(서구) 또는 조간만 이런 수준에 도달할(한국) 지식 프롤레타리아트를 획득하지 않고는 노동운동은 자본의 취약고리로부터 점차 멀어지게 될 것이다.

(4) 미래에 지식 프롤레타리아트(대학과정, 준대학과정, 고등교육 후 공·사(公 · 私) 단기교육과정, 사회경험과정을 통해 높은 노동기능을 획득하여 활동하는 두뇌노동자 부류)가 **압도적** 다수가 될 것이라는 미래적 전망은 더욱 주력개념의 확대를 불가피하게 만든다.

(5) 두뇌노동과 손노동의 대립의 극복방향이 조명될 수 없었던 19세기나 20세기의 최근년과 달리 손노동의 감소와, 두뇌노동자들에 의한 감소된 손노동의 흡수의 방향으로 그 대립이 극복될 것이라는 사실이 적어도 명확히 전망되고 있는 한, 산업 손노동자의 단독적 헤게모니 모델은 그 마지막 근거를 상실했다.

(6) 즉자적 프롤레타리아트와 대자적 프롤레타리아트의 모순, 즉 프롤레타리아트 주체의 기술실천적 능력과 사회실천적 능력('이론적 계급의식')의 문제는 오직 지식 프롤레타리아트의 획득을 통해서만 해결될 수 있다. 또한 이를 통해 마르크스주의적 계급이론의 재건이 실천적으로 관철될 수 있다.

(7) 전지구적 위기로서의 환경문제는 청빈한 지식 프롤레타리아트의 획득을 통해서만 인류 생존의 문제에서 프롤레타리아트의 헤게모니를 확보할 수 있다.[2)]

(8) 시민사회를 강화, 발전시켜 정치권력을 쟁취하고 국가의 억압기능을 '사멸시키기' 위해 지식 프롤레타리아트의 획득은 필수적이다.

프롤레타리아트 주력개념의 확대와 실천의 문제는 서구에서만 시급한 것이 아니다. 많건 적건 이미 과학기술혁명의 영향 하에 있는 우리나라에서도 시급하다.

---

2) 프롤레타리아트의 생태학적 계급투쟁에 관해서는 필자의 「마르크스주의와 환경생태학적-내포적 재산업화——마르크스주의 생태학과 프롤레타리아트의 생태학적 계급투쟁을 위하여」(『겨레의 길』, 창간호, 1991년 2월 및 3월호) 참조.

계급정책의 이론적 혁신보다 이것의 실천은 더 어렵고 또 시일이 오래 걸리기 때문에 그 사이 산업노조들이 정착하여 기득권이 생기면 서구에서처럼 '고양이 목에 방울 달기'만큼 어려워질 수 있다. 그러나 처음부터 잘 시작하면 서구 노조들이 겪고 있는 노동운동의 대위기를 우리는 우회할 수 있다.

우리나라 독점 및 대자본은 여러 경로를 통해 외국자본에 이윤의 일부를 수탈당하는 상태라서 지식 프롤레타리아트에 대한 매수의 여유가 협소하다. 한국 자본은 서구에서보다 더 가혹하게 지식 프롤레타리아트를 착취하고 있다. 많은 경우 지식 프롤레타리아트는 노동시간도 정해져 있지 않고 상사가 퇴근할 때까지 뭔가 하는 척이라도 해야 하는 열악한 상태에 있다. 자본은 이 지식 프롤레타리아트를 기업지도부에 묶기 위해 산업노동자의 임금상승을 가능한 한 억압, 지식 프롤레타리아트와 손노동자의 임금격차를 벌이는 방법에만 매달리고 있는 형편이다. 따라서 지식 프롤레타리아트의 조직화는 객관적으로 볼 때 서구에서보다 우리나라에서 더 용이할 수 있다. 따라서 프롤레타리아트 주력개념의 확대는 서구에서보다 우리나라에서 더 필수적이다.

주력개념의 확대는 산업노동자 배제론으로 오해되어서는 안 된다. 이에 관해 서독 금속노조 이론진에 있는 페어만(E. Fehrmann)은 다음과 같이 말한다.

> "통일노조의 진정으로 실질적인 개혁이란 결코 남성 산업노동의 헤게모니 모델을 다른 헤게모니 모델에 의해 교체하는 결과를 초래하지 않을 것이라는 점이 강조되어야 한다. 앞으로도 수십 년 동안 자본과의 노조투쟁 및 대결을 주도해 나갈 이 중심층의 이익대변 모델을 교체하려는 것이 아니다. 오히려 테마는 이 기존 모델을, 지금까지 이익대변에서 소홀히 되어왔으나 미래에 **수적으로 지배적이 될** 계급 분파들에 대해 더 큰 매력을 갖춘 **대등한** 이익대변 모델들로 **보충하는** 것이다" (E. Fehrmann, "Quo Vadis? Der DGB und die Zukunftsherausforderung", *Sozialismus* 6-90, 1990).

우리나라 노동운동도 주력개념의 확대를 통한 산업노동자와 지식 프롤레타리아트의 형제적 통일에 의해서만 사회변혁역량을 확보할 수 있다.

새로운 생산력의 발전과 더불어 자본에 비교적 형식적으로 포섭된 지식 프롤레타리아트가 수적으로 증대되자 서구에서 자본은 나름대로 중대한 모순에 직면해 있다. 즉, 지배착취 관계로서의 자본의 본질과 이 자본이 위기를 극복하기 위해

발전시킨 생산력. 같은 말이지만 이 생산력의 주체인 생산수단의 효율적 이용과 관리는 지식 프롤레타리아트의 노동자율성이 최대로 보장되지 않으면 안 된다. 그러나 강제관계로서의 자본은 이 고도기능의 노동을 자신 속에 어떤 식으로든 통합해야 하는 난관에 부딪혀 왔다.

자본은 이 새로운 자기모순을 돌파하기 위해 교묘한 이데올로기적 포섭전략을 다양하게 개발해 왔다. 이 전략 중 가장 대표적인 것이 '합의적 경영'(konsensualles Management) 또는 '참여경영개념'(Beteiligungskonzept)이다. 새로운 정보기술을 이용, 기업의 모든 정보를 중앙으로 빈틈없이 집중시킴으로써 권력을 극대화한 기업지도부가 지식 프롤레타리아트 중 유능한 젊은 부류를 선발, '자질서클'(Qualitatszirkel)이나 '팀대표그룹'(Teambesprechungsgruppe)을 조직케 하여, 업무처리 및 생산에 관련되는 사소한 결정권력을 이 집단에 공동책임으로 하방하는 것이다. 그 대신 이들의 소득의 일부를 기업의 이윤율에 연동시켜 소위 '준기업가'의 지위를 창출하는 것이다. 각 그룹의 성취업적과 근무행태는 새로운 기술에 의존, 정밀히 측정된다.

매수재정이 지식 프롤레타리아트의 폭증으로 쪼들리게 되자 자본이 도입한 이 '합의적 경영'제는 지식 프롤레타리아트의 일부를 선별적으로 분리해냄으로써 이에 가담하려는 인간의 심리를 자극하여 지식 프롤레타리아트 전체를 이데올로기적으로 포섭하려는 데 핵심적 목표를 두고 있다. 이 정책에 말려든 지식 프롤레타리아트들은 보통 저널리즘에서 얘기되는 '유피'(=여피)로 화한다. 이 유피집단은 대단히 경력추구적이고 이기적인 전문인력의 면모와, 사상도 심장도 없이 식도락이나 예술을 즐기는 미학적・니힐리스트적 면모를 통합해서 구현하고 있다.

이 유피화 전략의 이데올로기성은 ① 모든 지식 프롤레타리아트에게 '준기업가적' 지위를 부여하는 것이 아니라 이들의 일부만을 선별할 뿐이고, ② 이미 '자질서클'에 들어 활동한 경력이 있더라도 업적강박에 지쳐 더 이상 성취능력과 의욕을 상실한 부류는 솎아냈다는 것, ③ '자질서클'에 하방되는 권한이 사소한 것이고 기업정상의 권력은 새로운 기술을 통해 더욱 강화되어 여기에 가담한 구성원들의 예속성을 완화시키는 것이 아니기 때문에 '준기업가적인' 지위는 완전히 허구적이라는 것에서 증명된다. '준기업가'란 말하자면 '대우가족' '삼성가족'식 '노사한몸'론의 교묘한 재판인 셈이다. 자본의 유피화 전략에 맞서기 위해서도 프롤레타리아트 주력개념의 확대는 필수적이다.

5. 반 비 판

(1) '신노동자 계급론'이라는 비판에 대하여 : 필자는 두뇌노동하는 전문인력을 '신노동자 계급'이 아니라 '새로운 노동귀족층'으로 포착하였다. 이 입장은 원래 독자적인 생각이었으나, 1989년 동독 쪽 계급이론진의 일각에서도 대단히 우연이지만 동일한 입장의 이론이 나왔다. 이에 따라 뒤늦게 필자가 이 글을 인용한 바 있다. 빈터(L. Winter, *Klassen u. soziale Schichten im Kapitalismus der Gegenwart*, 1989)는 '노동귀족층' 절에서 다음과 같이 말하고 있다. "(광의의 —— 인용자) 노동계급의 특권적 부분들은 현재 산업분야의 전통적인 숙련노동자 사이에서 나타나기보다는 **새로운 기술에 대한 기능을 갖춘 고도기능의 노동자와 사무직원** 사이에서 나타난다. 특히 … **엔지니어 기술직원** 및 경제분야 사무직원과 국가기구의 관리들 중 노동계급에 속하는 **중간집단**의 상황은 노동계급 대중에 대해 특권적으로 기능한다" (pp. 133~134). 빈터의 노동귀족적 특권개념은 노동력가치 이상의 임금을 받는 '부패성'이라는 뜻이 아니라, 마르크스와 마찬가지로 객관적인 의미이다. 오늘날은 빈터의 입장이 PDS 안에서 지지세력을 얻고 있는 상황이다(신간 Anne Schwarz, *Reform u. Revolution*, 1990. pp. 161~162를 보라).

(2) 형식적 포섭과 실질적 포섭이 역사적으로 나열되는 것인데, 오늘날의 자본관계의 이중구조로 오용하고 있다는 비판에 대하여 : 마르크스는 분명 자본관계 발전의 역사적 단계로 이 두 범주를 사용하였다. 그러나 자본이 상품, 화폐, 상업자본, 생산자본, 신용자본 등의 역사적 단계를 거쳐 완성되었다고 해서 완성된 자본주의 하에서 이 단계적 발전의 여러 계기들이 소멸하는 것이 아니라 완성된 자본의 제계기로 새로운 기능연관 속에 포섭되어 제각기 재현되듯이 형식적 포섭(즉 형식적 자본관계)과 실질적 포섭(실질적 자본관계)도 완성된 자본관계의 내적 계기로 재생산된다고 볼 수 있다. 이것은 이중적 의미에서인데, 마르크스가 형식적 포섭이 초기 자본주의의 **소자본**에서 형성된 것으로 본 한에서 독점자본주의 하에서도 잔존하거나 재생산되는 소자본에서는 그러한 형식적 포섭이 재생산된다. 다른 한편 독점자본에게 있어서는 자본이 노동의 소재적 성격(구체적 노동)을 분쇄하여 다른 노동과 별 구별 없는 **단적인 노동일반**(즉 추상적 노동)의 성격에 접근시킬수록 노동의 실질적 포섭이 심화되어 실질적 자본관계가 발전하나, 일부 노동에 대해서는 이러한 실질적 포섭의 관철이 노동성격상 난관에 부딪혀 노동의 구체적 기능을

추상적 노동개념에 충분히 접근시킬 수 없는 상태가 발생한다. 필자는 이것을 '보다' 형식적인 포섭이라고 하여 전자와 구별하였다. 여기서 비교급을 사용한 것은 소자본의 형식적 포섭에 비해 독점자본에 포섭된 복잡노동의 소재적 형태가 더 많이 변형되었으나 완벽한 실질적 포섭에 비하면 **상대적으로** 형식적인 포섭상태에 있기 때문이다. 필자가 형식적 포섭 앞에 원칙적으로 '비교적'이나 '보다'라는 부사어를 붙인 것은 이 때문이고 비교급이 없는 경우는 편의상 생략한 것이다. 현대 자본주의 하에서 형식적 포섭과 실질적 포섭이 동시적으로 이중적 상태에서 존재한다고 파악한 필자의 관점은 필자의 독창적 관점이 아니다. 이것은 오래 전부터 서독 공산당의 계급이론가들에 의해 도입된 것이다(H. Jung et al. Zur Klassenstruktur des SMK in der BRD, 1974, pp. 339~441, 및 H. Jung, Deformierte Vergesellschaftung, 1986, p. 187 참조). 다만 필자는 형식적 포섭의 응용시에 비교급으로 사용하는 것이 더욱 엄밀한 것으로 생각해서 비교급으로 교정하였고 다른 한편 이들이 형식적으로 임노동자들을 중간계층에 집어넣는 것에 반대하여 '노동귀족층'으로 파악한 것이다. 쉬바르쯔(A. Schwarz)는 대단히 우연한 일치점이지만, 형식적 포섭층도 (광의의)노동계급에 집어넣고 있다. "사회경제적 상황이 …… 자본 아래로의 형식적 포섭과 나아가 실질적 포섭에 의해서 규정되는 모든 영리활동하는 사람들은 노동계급의 성원으로 간주된다"(앞의 책, p. 23).

(3) 형식적 포섭과 실질적 포섭의 이중구조가 종전의 실질적 포섭 강화 추세에서 지식 프롤레타리아트의 증가와 더불어 형식적 포섭 쪽의 비중이 느는 방향으로 이중구조가 변동하고 있다는 필자의 주장을 자본관계가 '형식화', 즉 **완화되고 있다**는 것으로 오해한 비판에 대하여 : 형식적 포섭은 마르크스가 formale Subsumtion이라고 표현한 적도 있지만, 원칙적으로 formelle Subsumtion이라는 표현을 사용하였다. 그 까닭은 여기서 '형식'이 내용에 반대되는 형식이 아니라 '소재'(Stoff 또는 Materie)의 반대 뜻이기 때문이다. 형식과 소재의 방법론적 구별은 마르크스의 일관된 입장이다. 소재의 반대되는 '형식' 범주의 철학적 출처는 아리스토텔레스이다. 이때 '형식'을 아리스토텔레스는 '에이도스'(eidos)라 하였고 소재 또는 질료를 '힐레'라 하였다. 이것은 헤겔에 있어서 Form과 Materie로 번역되고 이것의 변증법적 통일을 '내용'(Inhalt)이라고 해명한다. 마르크스는 바로 이런 변증법적 관점에서 형식과 소재를 사용하고 있다. 형식과 소재의 통일로서의 '내용'의 관점에서 보면 형식과 소재는 제각기 일면적인 것이다. 즉, 내용에 대한

반대물로서의 형식은 우리가 일상적 의미에서 사용할 때 '형식적인 것'이라는 것과 같은 뜻이다. 그러나 소재에 대해서 형식은 소재를 지배하는 것, 즉 혼(Seele)이다. 따라서 종속노동의 '역사적 형식규정성'(historische Formbestimmtheit)이라고 마르크스가 말할 때 이 형식규정성, 즉 (자본주의에서는) '임금노동'이라는 규정이 구체적 노동의 소재적 차이(가령 두뇌노동과 손노동의 차이, 기능의 높낮이 등)에 앞서는 것, 지배하는 것이라는 뜻이다. 말하자면 자본에 대립되는 임노동이라는 규정 앞에서는 구체적 노동의 소재적 차이가 상대적인 것이다. 물론 이 상대적인 것이 과학의 대상이 아니라는 뜻이 아니다.

이러한 복잡한 범주적 사유를 배경으로 마르크스는 형식적 포섭과 실질적 포섭이라는 범주를 사용한 것이다. 형식적 포섭에서의 임노동의 형식과 구체적인 노동의 통일은 '내용'을 갖는다. 그러나 이 통일은 형식이 노동의 소재적 측면을 더욱 심층적으로 변형, 이 구체적 노동을 자신에 맞게 각인할수록 발전하는데 이것을 마르크스는 실질적 포섭이라고 불렀다. 물론 이 통일의 두 유형(형식적 포섭과 실질적 포섭) 사이에는 수많은 정도의 차이를 보이는 여러 단계의 통일상태가 있을 수 있다.

만약 임노동의 주체가 이 '내용'을 지각하고 자본주의 형식규정성을 '형식적인' 것, 즉 껍데기(Húlle)로 간주하면, 자본주의란 진짜 껍데기에 지나지 않는 것이다. 그것은 내동댕이쳐질 수 있다. 이런 까닭에 마르크스가 노동자의 혁명적 주체성 또는 자본주의의 역사적 일과성(一過性)에 관해 언급하는 맥락에서는 "자본주의적 껍데기"(kapitalistische Húlle)라는 표현을 가끔 사용한다.

그러나 '소재'에 대립되는 '형식'을 '껍데기'로 보면 안 될 것이다. 이때 형식은 소재의 껍데기가 아니라 소재에 대한 **규정자**이다. 따라서 이중구조가 형식적 포섭 쪽으로 변위되고 있다고 말할 때 결코 자본주의가 '껍데기'화하고 있다는 뜻이 아니다. 이것이 '껍데기'가 되려면 형식적 포섭 및 실질적 포섭의 노동주체들이 각기 포섭상태의 '내용'을 자각하여 실제로 자본주의를 '껍데기'로 간주할 뿐만 아니라 실천적으로 돌파하여야 한다. 그렇지 않은 경우 '형식'은 여전히 강고한 소재규정력을 발휘할 것이다.

다른 한편 독점자본에 형식적으로 포섭된 노동의 종속성은 소자본에 형식적으로 포섭된 노동보다 훨씬 더 강하다. 왜냐하면 종속은 종속시키는 자본의 크기가 클수록 더 크기 때문이다. 이것은 상식에 속한다. 따라서 독점적 자본관계에(보다)

형식적으로 포섭된 노동과 소자본에 형식적으로 포섭된 노동의 사회상황은 판연히 다르다. 마르크스는 소자본에 형식적으로 포섭된 노동자와 소자본가의 관계는 "사회적으로 가까운" 것이라고 했다. 이에 반해 독점자본가와 지식 프롤레타리아트 간의 차이는 천양지차다.

따라서 필자의 이중구조의 변동방향에 대한 언급을 자본관계가 '껍데기화'하는 것으로 오해하는 것은 마르크스에 대한 이론적 이해와 현실적 사유의 미흡성으로 말미암은 것일 수 있다.

(4) 페레스트로이카의 과학기술혁명 제2단계론에 나의 입장이 기대고 있다는 비판에 대하여 : 이것에 기대면 비판받아야 하는 것인지 모르겠지만, 나는 한국에서 번역되어 알려진 그 '2단계론'을 알지도 못한다. 따라서 읽어보지도 못했다. 아마 이것은 서구 과학기술혁명에 대한 소련측의 독자적인 연구의 결과일 것이다. 이 결과가 서구 좌익의 연구성과를 반영하고 있는 필자의 입장과 동일하다면, 필자의 과학기술혁명관을 보강해 주는 것이 될 뿐이다.

(5) 독점자본의 범주가 결여되어 있다는 비판에 대하여 : 독점자본의 범주를 고수한다면 독점에 밀집된 지식 프롤레타리아트와 산업노동자의 형제적 통일론을 받아들여야 한다. 독점자본이라는 '단어'만 고수하고 계급이론에서 이것을 내용적으로 반영하지 않는다면, 즉 주력의 일부로서의 지식 프롤레타리아트 범주를 거부한다면, 실은 이 입장이 독점자본 범주를 폐기한 것이다.

(6) 협의의 노동계급이 우리나라에서 앞으로 20년 동안 계속 증가할 것이라는 주장에 대하여 : 통계수치에 관한 논의는 다른 사람들의 기회로 남겨두고, 이 주장의 잘못된 전제만을 지적하고자 한다. 산업노동자가 수적으로 앞으로도 계속 증가할 것이고 특히 단순사무노동자가 급증할 것이기 때문에 노동계급이 계속 20년 동안 증가할 것이라는 주장은 자본주의적 '합리화'의 방향과 효과를 망각한 것이다. 전통적인 산업부문 취업자는 앞으로도 우리나라에서는 얼마간 늘어날 수 있다. 그러나 이 부문에 자동화의 진척과 함께 손노동자보다도 오히려 지식 프롤레타리아트가 늘어날 것이다. 다른 한편 사무실 손노동자가(단순판매 노동자도) 앞으로 일정 기간 증가할지 모르나 '사무 합리화'와 '판매 합리화'로 인해 증가하더라도 완만하게 증가할 것이고 일정 기간 후 완만하게 감소할 것이다. 따라서 노동계급이 20년 동안 계속 증가할 것이라는 주장은 산업자동화의 첨단국가 일본에 한국이 세계에서 가장 근거리에 있는 나라라는 사실을 망각한 것으로서 공론(空論)이

될 소지가 크다.

(7) '노동자주의'라는 술어를 엉뚱하게 지식인 증오경향이라는 뜻으로 사용하고 있다는 비판에 대하여 : 융(H. Jung)의 노동자주의에 대한 정의를 인용해 보자. "이것(노동자주의, Ouvrierismus —— 인용자)은 생디칼리즘적 태도, 대개 **지식인 적대적인** 태도인데, 이는 종종 특히 **손노동자들**로 특징지어지는 계급조직 안에서 생겨난다" (H. Jung, Deformierte Vergesellschaftung, 1986, p. 131 각주).

(8) 필자의 신용이론적 매니저 론이 '인간관계'론이라는 비판 아닌 왜곡에 대하여 : 사람을 인간적으로 믿고 물건이나 돈을 빌려주고 받는, '노아의 방주' 이전부터 존재했던 임대차관계와 신용관계를 구별하기 위해 마르크스의 전거에 따라 신용관계를 **자본주의에 특유한** 것으로 필자는 **거듭** 강조한 바 있다. 또한 모든 생산관계가 경제재화를 매개로 펼쳐지는 인간관계이듯이 자본주의에 특유한 생산관계로서의 신용관계도 사물끼리의 관계가 아니라 신용을 매개로 한 인간관계이다. 그러나 여기서 인간관계(Menschenbeziehung)는 비판가의 '인간관계론'이 함축하고 있는 인간다운 관계(humane Beziehung)라는 뜻이 아니다. 주식소유자가 매니저를 신뢰하는 것은 매니저의 인간다운 품성 때문에 신뢰하는 것이 아니라, 주식증식의 관점에서 신뢰하는 것이다. 이런 이유에서 필자는 주식소유자가 매니저를 **'자본주의식으로** 신뢰한다'고 하였다(필자의 논문 「독점적 자본관계와 기업지배구조의 변동」 I, 「동향과 전망」, 1989 겨울호, p. 222. 본서 제3장 p. 103). 마르크스의 신용이론 이해는 자본관계의 궁극적 발전형태와 사회주의로의 이행론을 전개하기 위해 극히 중요하다. 그러나 마르크스의 신용이론에 대한 연구는 가장 소홀히 되어왔다.

(9) 노동자 숭배에 대하여 : 노동자 숭배와, 프롤레타리아의 계급관점에 선다는 것은 대단히 다른 문제다. 프롤레타리아의 일반적 계급이익의 관점에 서 있는 사람은 누구나 노동자 대중이 그들의 일반적 계급이익의 관철에 성공하면 기뻐하고 실패하면 슬퍼하고 당면의 일상적 이익을 챙기느라 자신들의 장기적 · 일반적 이익을 헌신짝처럼 저버리면 노동대중에 분격할 수 있다. 동독 노동자 대중이 마르크화를 손에 넣기 위해 보수당에 몰표를 던지고 개혁사회주의를 지지하는 대학생들을 모멸할 때, 동독을 개혁하려 할 것이 아니라 없애버리기 위해 서독 국기를 열광적으로 흔들어댈 때, 프롤레타리아의 계급관점에 서 있는 사람들은 당연히 이 노동대중을 원망할 것이다. 이런 동독 노동자들을 필자가 원망하였다고 필자를 비판한다면, 그것은 노동자 숭배론에 지나지 않는다. 마르크스와 엥겔스는 노동자들에게

얼마나 자주 분격하였던가! 엥겔스는 다음과 같이 말하고 있다. "나는 —— 비록 그 실수의 원인을 인식할지라도 —— 프랑스와 영국의 노동자들에 대해 종종 실컷 분격했다. 그러나 1870년 이래 독일인의 명의로 말하는 몇몇 사람들을 제외하면 독일인들에 대해서는, 아무튼 모든 일을 다시 제자리로 갖다 놓은 대중에 대해서는 분격한 적이 한 번도 없다" (MEW 37, p. 438). 프롤레타리아트의 계급관점에 서는 것이 아니라 노동자를 숭배하는 것은 노동자 대중의 실책과 어리석은 짓(가령 히틀러 지지)에 대한 과학적 분석을 어렵게 만든다. 과거 소련이나 동구의 교과서들이 히틀러의 집권을 독점자본에 고용된 쁘띠 부르주아들만의 탓으로 돌리고 당시 노동자 대중의 실책은 덮어두듯이. 또한 노동자 숭배는 여반장으로 노동대중을 대표한다는 개인에 대한 숭배로 둔갑한다.

(10) '착취하는 노동'이라는 표현을 '뜨거운 얼음' 같은 형용모순으로 보는 비판에 대하여 : 노동개념은 노동자의 착취당하는 노동에만 적용되는 것이 아니다. 마르크스는 전제적인 계급국가의 '정부'의 '노동'이라는 표현(MEW 25, p. 397)도 사용하고 있다. 따라서 자본가의 노동이나 감독자의 노동이라는 표현도 가능한 것이다. 그러나 이들의 노동은 착취하는 노동이다. 이런 까닭에 필자는 자본을 위하여 감독기능을 수행하는 기업 관료와 지식 프롤레타리아트를 한 부류로 싸잡는 것(A. Gouldner)을 '착취하는 노동'과 '착취당하는 노동'의 등치로 본다고 비판하였다. 그러나 이 표현은 필자의 독창적 표현이 아니라, 마르크스의 표현이다. "…… 착취하는 노동(die Arbeit des Exploitierens)과 착취당하는 노동(die exploitierte Arbeit)이 둘 다 노동으로서 등치된다" (MEW 25, p. 396). 다만 일일이 출처를 밝힐 필요가 없어 생략했을 뿐이다.

(11) 프롤레타리아트=노동계급+지식 프롤레타리아트로 보는 필자의 계급구조관에 관한 비판에 대하여 : 이와 같이 본 것은 원래 엥겔스이다. 필자가 인용한 엥겔스의 지식 프롤레타리아트에 관한 공식서한을 양심껏 읽으면, 엥겔스는 전례에 따라 노동계급을 손노동자 대중으로만 이해하고 있음을 알 수 있다. 프롤레타리아트를 한 계급으로 보지 않는 필자에 대한 비판은 실은 엥겔스에 대한 비판이 된다. 물론 엥겔스가 그와 같이 말했다고 해서 그 계급도식을 고수할 생각은 없다. 어떤 다른 이론가들이 노동계급 범주를 광의로 파악하여 프롤레타리아트와 등치시키고 노동계급=손노동자 대중+지식 프롤레타리아트(또는 지식노동자)라고 말한다면, 논란을 벌일 아무런 이유가 없다. 그러나 지식 프롤레타리아트를 배제하

는 협의의 노동계급 개념을 프롤레타리아트와 등치시키는 것에 대한 비판은 불가피하다.

한편 프롤레타리아트는 항상 단일계급이어야 한다는 주장은 계급이라는 술어를 물신화하는 것이다. 마르크스는 계급(Klasse)이라는 술어를 아무 곳에나 사용한다. "중간제계층"이라고 했다가 "중간제계급" 또는 단수로 "중간계급"이라고 하기도 하고 "산업적 · 상업적 관리자들의 계급"이라고 표현하기도 하고 부르주아의 개인 사용인들을 "하인계급"이라고 부르기도 하며, 심지어 "노동자계급들" (복수)이라고도 한다. 노동계급의 개념사를 추적하면, "**단수사용**은 프랑스 혁명 이래 열등한, 그러나 '자유'와 '평등'을 추구하는 이 '계급'의 해방의 '사회문제'를 함축했고, 이에 반해 **복수 '계급들'**은 하층의 사회적 **다양성**을 파악하려는 관심을 함축했다" (*Geschichtliche Grundbegriffe*, 1972, p. 219, '노동자' 항). 마르크스에게 있어서 계급이라는 술어사용이 복수 · 단수가 자주 뒤바뀌는 것은 그러한 개념사적 배경이 있기 때문이다.

오늘날 이론적 소통을 위해, 엥겔스에 입각한 필자의 프롤레타리아트 구조가 조정되어야 할 필요가 있을지는 모르지만, 술어 물신론 쪽으로부터 비판받을 이유는 없다.

(12) '노동과 노동자' '자본과 자본가'를 구별하지 않고 '방법론적 개인주의'에 빠졌다는 비판에 대하여 : 마르크스가 노동자를 노동의 인격화로, 자본가를 자본의 인격화로 파악하였다는 것을 필자도 잘 안다. 이러한 이해를 전제하는 한, 노동 대신 노동자를 분석하든 자본 대신 자본가를 분석하든 아무래도 상관없다. '노동자'나 '자본가' 범주가 이미 자본관계 밖의 개인적 동기나 다른 사회적 · 인간적 역할(가령 아버지, 남편, 친구) 등을 방법상 생략한 **추상**이기 때문이다. 한편 방법론적 개인주의란 사회적 관계나 사회집단에 관한 명제들을 개인들에 관한 명제들로 완전히 환원할 수 있다고 보는 방법론적 관점이다. 따라서 이 입장은 경제적 관계나 구조 등을 개인적 행동이나 동기 등으로 설명한다. 그러나 필자는 **정반대로** 포섭관계 · 신용관계 · 자본관계 등을 분석하고 이것으로부터 경제적 분장 인물들(매니저, 지식 프롤레타리아트 등)을 설명하였다.

다른 한편 마르크스의 "완성된 인본주의로서의……공산주의" 이념(MEW 1. Eb. T. p. 53)은 "인간의 개성을 도처에서 부정하는" 집단주의, 즉 "조야한 공산주의"(같은 책, p. 534)와도 관계가 없지만, 개인주의 더구나 방법론적 개인주의와는

아무런 관계가 없다. 한 걸음 더 나아가 부르주아적 · 추상적 인본주의조차도 부르주아적 개인주의로부터 논리적으로 도출될 수 없다. 추상적 인본주의란 개인주의 사회 속에서 억압되는 인본적 연대(Solidarität)에 대한 무지개 같은 염원 또는 이 사회 속에서의 인본적 연대의 불가능성에 대한 고백으로서, 개인주의의 논리적 소산이 아니라, 개인주의에 대한 인간적 유본질(Gattungswesen)의 심정적 대척 개념이기 때문이다. 따라서 다음과 같은 논리전개는 대단한 마술이다. "황태연 씨는 베버, 굴드너와 더불어 '방법론적 **개인주의**에 서 있다. 그가 '신사고'의 **인간주의**를 수용하는 것은 철학적으로 너무도 자연스런 일이다."(?!)

이론적 미흡성으로 말미암은 수많은 이론적, '자살골'로 점철된 '계급 형이상학' 쪽의 비판에 대한 필자의 더 이상의 반비판은 구차해질 것이므로 이것으로 맺는다.

6. 맺음말

고전 이론가들의 명제의 교조화를 피하고 그 명제의 피닉스(Phoenix)적 본질로 파고 들어가는 것은 그 명제가 성립한 사회경제적 배경을 사회사적 또는 역사학적으로 규명함으로써만 가능하다. 이 글에서는 필자의 글이 까다롭다는 핀잔 때문에 가능한 한 평이한 방식을 택하여 몇몇 고전적 명제의 역사적 배경을 조명함으로써 오늘날의 새로운 상황에서 미래지향적인 계급이론의 재건을 시도해 보았다.

이론적 논의가 어떠하든 실천선상에서는 주력개념의 확대가 불가피하다. 역사의 무대에 먼저 등장한 산업노동자 분파가 시간적으로 먼저 탄생하였다는 이유만으로 오늘날도 장자권(長子權)을 계속 주장한다면, '집안'이 망할 수가 있다. 새로운 상황에서는 '잘 배운 아우' 지식 프롤레타리아트의 도움이 절대적이다. 또한 지식 프롤레타리아트는 노조를 산업노동자 분파에게 떠넘기고 '유피' 노릇만 해서도 안 된다. 시대의 변동에 관계없이 산업노동자 분파가 장자권을 고수하면서 지식 프롤레타리아트를 배제하려 한다거나 반대로 지식 프롤레타리아트가 노조를 '장자의 일'로만 간주하고 유피화한다면, 노동운동 내의 '봉건유제'에 대한 비판은 불가피하다. 지금까지 긴 논의는 이러한 비판에 지나지 않는다.

제 2 부
사회주의 개혁의 제문제

제5장
'더 많은 사회주의'로서의 소련 페레스트로이카*
그 전략의 과학적 기초 및 본질적 내용에 관하여

1. 머 리 글

소련의 혁명적 변혁운동(perestroika, 원음은 '뻬레스뜨로이까'지만 이미 관용화된 대로 페레스트로이카로 표기함)이 벌써 3년째 되고 있다. 이러한 소련의 페레스트로이카는 서방세계의 좌우익 모두에게 엄청난 관심을 불러일으키고 있는바, 이것은 서방 각국에서 고르바초프의 저서 「페레스트로이카」가 출판된 이후 지금까지 줄곧 베스트셀러 1, 2위를 다투고 있음으로써 간접적으로나마 극명하게 입증되고 있다. 그러나 이러한 서방의 관심에 비하면 한국의 관심은 아직도 미미한 정도에 지나지 않는다 할 것이다. 더구나 이러한 관심조차도 민주운동 세력에게서보다도 무역에 관심을 둔 자본의 언론과 관제지식층에게서 일어나고 있는 마당이라 페레스트로이카의 내용과 취지가 여러가지 면에서 심히 왜곡되고 있다. 이러한 때에 페레스트로이카에 대한 과학적 인식을 제고하고 올바른 비전을 얻어내기 위해서는 이론적 해명서와 연구서가 시급히 필요하다고 느껴진다. 이 글은 다방면에 걸친 수많은 혁파의 내용을 담고 있는 페레스트로이카 운동에 관한 방대한 저술이 당장 어려운 마당에, 단행본의 저작은 되지 못하나 잡지에 실린 논문으로서는 좀 방대하게 페레스트로이카의 이론적 기초와 본질적 내용을 밝히고자 한다.

페레스트로이카에 대한 자본의 시각은 대체로 소련이 사회주의만으로는 한계에 달하여 자본주의적 여러 요소를 대폭 도입하게 된 것으로 보고 대충 환영하는 눈치다. 이러한 해석은 자본의 세계관적 한계에서 오는 것이지만, 굳이 교정시켜주

---

*「창작과 비평」, 창작과 비평사, 1988년 가을호.

려고 애쓸 일이 아닌지도 모른다. 왜냐하면 이처럼 그들이 자신들의 관념을 소련에 투영하여 좋아하는 것이 오히려 냉전체제 종식을 위한 평화공존정책의 진전에 있어서 훨씬 긍정적인 기여를 할 것이기 때문이다.

그런데 이러한 오류보다도 못한 진짜 반역사적인 왜곡은 오히려 극좌 기회주의 세력 및 기타 사이비 혁명세력에서 나오고 있다. 예를 들면 서방 트로츠키주의 그룹은 페레스트로이카를 자본주의화로 규정하고 반소선전에 열을 올리고 있다. 이들과 자본 시각의 공통점은 페레스트로이카를 자본주의화로 규정하는 데 있고, 차이점은 후자가 그런 이유로 찬성한다면 전자는 그런 이유로 반대한다는 데 있을 것이다. 트로츠키주의자들은 인도의 남단과 스리랑카를 제외하고는 현실운동세력으로 보기에 불가능할 만큼 작은, 말만 많은 사변적 지식 그룹들이기 때문에 평화공존정책의 추진에 이렇다 할 악영향을 줄 힘은 없지만, 이들의 전도된 부르주아 이데올로기는, 가령 우리나라와 같이 이론축적이 척박한 나라에서는 한때 진보적인 냄새만 나는 이론인 것 같으면 무조건 수입하던 시기가 있었던 관계로 페레스트로이카의 해석 · 소개에 있어서 유사한 오해를 전파할 수도 있다. 예컨대 「창작과 비평」 여름호에 실린 김윤자 씨의 글[1]도 그러한 몇 가지 오해를 담고 있다는 것이 필자의 생각이다. 이 글에서 길게 논의할 여유는 없지만 우선 한가지를 지적한다면, 고르바초프의 저서 「페레스트로이카」는 소련 내부의 체제개혁, 소련의 대외정책으로서의 평화공존, 군비축소 등을 핵심주제로 하여 반공주의에 찌든 미국 일반시민들을 상대로 쓰여진 책이지, 제3세계 민중운동세력을 상대로 제3세계 문제를 다룬 책이 아니다. 따라서 이 책에서 제3세계에 관한 직접적인 언급이 풍부하기를 바라는 것은 무리한 요구가 아닐까 한다.

김윤자 씨의 그런 지적은 고르바초프에 의해 다시 소생된 평화공존정책의 중요한 다른 의미——냉전체제를 최대한 악용하여 제3세계 혁명운동을 모조리 간섭 · 진압해온 미국의 정당화 논리를 분쇄하여 미국 간섭을 약화시킴으로써 주체적 체제변혁역량이 있는 모든 지역에서의 계급 · 민족운동을 촉진시킨다——에 대한 몰이해에 기인한 것으로 보인다. 10월 혁명 70주년 기념연설에서 고르바초프는 부등가교환에 의한 제3세계 수탈 문제를 강조한 바 있다. 그리고 이것을 해결하려는 시도로 그는 '개발도상국을 위한 군비축소안' 등을 유엔에 제출하기도 했다. 평화공존과 군축은

1) 김윤자, 「소련을 어떻게 볼 것인가?」, 「창작과 비평」, 1988년 여름호.

우리나라 분단모순 해결에 있어서도 선결해야 할 중차대한 문제들인 만큼 평화공존 정책의 참된 의미나 그것의 우리 민족과의 연관성 등에 대한 깊은 이해가 절실하다.

이제 본론에 들어가서 혁명 후 20~30년 동안 비교적 순탄하게 그리고 생산력 측면에서는 폭발적인 외연적 발전을 이룩해온 소련 사회경제체제가 빠져든(소련 공산당 표현에 의하면) "전(前)위기적인" 징후와 딜레마(발전된 외연적 '생산력'과 자본제적 유제에 의해 왜곡된 '생산관계'의 모순)를 극복하기 위한 '더 많은 사회주의'의 혁명전략의 이론적 기초와 본질적 내용을 다루고자 한다.

2. 소유관계의 혁명으로서의 페레스트로이카

고르바초프는 페레스트로이카를 '혁명'이라고 규정하고 결코 비유가 아님을 강조하고 있다. 즉, 그는 페레스트로이카를 '10월 대혁명의 직접적인 연속'으로 파악하고, 부르주아 계급도 사회·정치적으로 완벽하게 권력을 잡기까지 여러 번의 혁명을 거쳤음을 주지시키고 있다.[2] 마찬가지로 노동계급도 사회경제적으로 그리고 정치적으로 완벽하게 권력을 굳히기 위해서는 여러 차례의 혁명을 거칠 것이라고 보고 페레스트로이카를 혁명으로 규정하는 데 아무런 이론적 난점이 없음을 시사하고 있다. 하지만 그는 중요한 단서를 붙이고 있는데, 페레스트로이카는 혁명이되 '무혈혁명'이고 또 그래야 한다는 것이다. 이 점은 서방 보수언론들에 의해 가끔 고르바초프의 반대자로 탈바꿈당하는 당 최고이론가 리가초프(Jegor Ligatschow, 정치국원, 이론담당 서기)에 의해서도 다음과 같이 정식화되고 있다.

"우리는 우리나라에서 벌어지고 있는 변화를 역사적 규모의, 즉 혁명적 성격의 변혁으로 규정한다. 이것은 비유적으로 표현된 것이거나 변화의 중요성의 감정적인 과장이 결코 아니다. 그것은 사실상 **그 본질의 측면에 따라 혁명적**이다. 무엇보다도

2) 영국은 17세기 두 번의 부르주아 혁명, 이어서 1830년대의 의회법 개정 등, 프랑스는 1789년 대혁명, 1830년 7월 혁명, 1848년 2월 혁명 등, 독일은 16세기 종교개혁으로 표현된 초기 부르주아 혁명, 19세기 후반 비스마르크의 혁명 예방적 정치사회개혁, 1918년 혁명 등등.

그것은 한 질적인 상태에서 새로운 질적인 상태로의 소련사회의 이행을 뜻한다. 그러나 그것은 **특수한 종류의 혁명**이다. 이 혁명은 한 생산양식에 의한 다른 생산양식의 해체를 뜻하는 것이 아니라, **동일한 경제적 사회구성체**의 테두리 내에서, 정확히 말하면, 공산주의 구성체의 사회주의적 단계의 테두리 내에서 수행되는 것이고, 자기전개되는 사회주의의 온전한 한 단계이다. 따라서 여기서는 국가권력의 교체가 문제되는 것이 아니라, 사회주의적 인민권력의 심화, 즉 사회주의를 위한 이 인민권력의 보다 포괄적이고 효과적인 활용이 문제인 것이다."[3]

이러한 새로운 혁명이론은 전통적인 발전관, 즉 계급사회에서는 혁명(Revolution)이 필연적이고 사회주의로 이행하면 사회발전은 오로지 점진적인 진화(Evolution)를 통해서만 이루어질 것이라는 관념, 사회주의 '점진적 진화론'을 분쇄했다. 이러한 이론적 발전은 마르크스의 반(反)프루동적인 발언을 도식화하지 않고 그의 프롤레타리아 혁명에 관한 다른 발언과의 내적 연관 속에서 재해석함으로써만 이해될 수 있을 것이다.

"프롤레타리아와 부르주아의 대립은 계급의 계급에 대한 투쟁, 최고의 표현으로 옮겨질 때 **전면적인** 혁명을 뜻하는 투쟁이다. 계급대립에 기초한 사회가 **조폭한** 모순으로 치닫는 것에 대해 뜻밖에 놀랄 필요가 있을까? (……) 어떤 계급도 그리고 어떤 계급대립도 없는 사회질서에서만 **사회적인 진화들**은 **정치적** 혁명이기를 그칠 것이다. 그때까지는 사회의 일반적 갱신의 전야에 사회과학의 마지막 말은 항상 투쟁이냐 죽음이냐일 것이다."[4]

이 발언은 계급사회와 무계급사회 간의 사회발전법칙의 차이를 극명하게 보여주고 있지만, 착취계급은 없되 아직 이해관계가 비적대적으로나마 서로 '상이한 여러 계급과 계층이 여전히 잔존하는 사회주의 사회'(공산주의 제1단계)에서 발전법칙은 어떠한 성격과 형태를 띨 것인가에 대한 언급이 없다. 따라서 도식화되어서는 안 되고 다음과 같은 프롤레타리아 혁명에 관한 보다 상세한 정의를 고려에 넣어야

---

3) J. Ligatschow, "Das revolutionäre Wesen der Umgestaltung in der UdSSR," *Probleme des Friedens und des Sozialismus* 1987. 7호 게재, pp. 867~68. 강조는 원저자.

4) 마르크스, 「철학의 빈곤」, MEW 4, p. 182. 강조는 마르크스.

할 것이다.

> "프롤레타리아 혁명은 이에(부르주아 혁명에——필자) 반하여 끊임없이 자기자신을 비판하고, (……) 새로이 거듭 시작하기 위하여 이미 완성된 것처럼 보이는 것으로 다시 되돌아가 자신의 최초의 시도들이 내포하고 있는 불완전성과 취약점과 가련한 측면들을 가혹하고 근본적으로 비웃는다."[5]

이 구절은 완전한 공산주의 단계에 이를 때까지 노동계급이 계속적으로 사회를 개편해나가야 하는 프롤레타리아 혁명의 '과정성'과 '단계성'을 동시에 보여주고 있다. 과거의 시도의 "불완전성과 취약점과 가련한 측면들"에 대한 "가혹하고 근본적인 비웃음"이 '혁명적' 계급투쟁의 방식을 취하지 않고 어떻게 달리 실천될 수 있겠는가? 최초의 노동자 국가인 파리 코뮨과 관련하여 더욱 분명한 어조로 마르크스는 무장혁명 이후에도 자주관리의 자유로운 노동조건에 이를 때까지 계속될 노동계급의 계급투쟁의 '여러 단계'에 관하여 말하고 있다. "노동계급은 그들이 **여러 단계의 계급투쟁**을 거쳐야 한다는 것을 안다. 그들은 자유롭고 연대한 노동의 조건에 의한 예속의 경제적 조건의 대치가 오직 시간의 전진적인 작품일 수 있을 뿐이라는 것을 안다(저 경제적 개혁)."[6] 그러나 그는 동시에 이러한 혁명적 계급투쟁은 '일부러' 첨예화시키지 않고도 수행될 수 있는 단계에 도달한 상태라서 합리적이고 인간적인 무혈혁명적 방식을 취할 수 있음을 분명히 하고 있다. 비판과 설복의 방식으로도 할 수 있는 것을 왜 꼭 총탄을 쏘면서 해야 한단 말인가? "파리 코뮨은 노동하는 계급들이 모든 계급, 따라서 모든 계급지배의 철폐에 도달하기 위한 방도로서의 계급투쟁을 폐기하지는 못하고 있으나, (……) 이러한 계급투쟁이 계급투쟁의 여러 단계들을 **가장 합리적이고 가장 인간적인 방식으로** 경과해 나갈 수 있는 합리적 중간단계를"를 만들었다.[7] '무혈혁명'으로서 페레스트로이카는 바로 이러한 이론적 기초 위에 서 있다. 혁명을 항상 총 쏘는 내전 형태로만 관념하는 급진 쁘띠 부르주아적 망념은 일찍이 마르크스에 의해 그리고 그 이후의

5) 마르크스, 「루이 보나파르트의 브뤼메르 18일」, MEW 8, p. 118.

6) 마르크스, 「프랑스 내전」의 제1초고, MEW 17, p. 546. 강조는 필자.

7) 같은 곳. 강조는 필자.

수많은 혁명가들에 의해 비판된 지 오래다. 이번의 개혁이 추진되는 이론적 기초에 있어서 새로운 측면은 사회주의 사회에서도 단계적인 혁명을 거치는 것이 불가피하다는 점이다. 그것이 위로부터 시발되는지 아래로부터 시발되는지 하는 것은 사상(事象)의 본질이 아니다.

그런데 이러한 설명으로써도 페레스트로이카를 '혁명'이라고 규정하기에는 아직 불충분한데, 혁명은 정신적 · 이념적 · 정치적 측면의 변혁도 필연적으로 초래하겠지만, 유물론적 혁명개념은 이러한 측면과 아울러 우선 토대에 있어서, 토대의 핵심 즉 소유관계 및 생산관계에 있어서의 혁명을 뜻한다. 엥겔스의 다음과 같은 규정은 이를 분명히 해준다.

> "지금까지의 모든 혁명들은 다른 종류의 소유에 대항하여 한 종류의 소유를 보호하기 위한 혁명들이었다. 혁명들은 다른 소유를 침해하지 않고는 한 소유를 보호할 수 없다. 프랑스 대혁명에서는 부르주아적 소유를 구하기 위해 봉건적 소유가 희생되었고, 솔론의 혁명에서는 채무자의 소유에 최대로 유리하게 채권자의 소유가 뒤치다꺼리를 해야 했었다."[8)]

즉, 혁명은 언제나 "소유에 대한 침해"(엥겔스)이다. 페레스트로이카가 혁명이라면, 이것도 필연적으로 "소유에 대한 침해"이어야 할 것인데, 누구의 소유를 위해서 누구의 소유권을 침해하는 것일까? 소련도 페레스트로이카의 결정적인 측면을 소유관계 속으로의 침입, 보다 전진적인 표현으로 "소유관계와 생산관계의 완벽화"로 규정한다.

> "이 혁명의 한 근본적 특징은 '소유관계 속으로 침입해 들어간다'는 데 있다. 10월 대혁명은 생산수단에 대한 사적 소유를 철폐했고 이럼으로써 인간에 의한 인간의 착취의 기초를 제거해버렸다. 소련의 경제적 기초를 이루는 사회적 소유가 생겨났다. 우리나라의 노동계급과 모든 근로세력의 이러한 주요 전과(戰果)는 당연히 침해될 수 없는 것이다. 하지만 이것은 사회적 소유의 기능이 불변적으로 남아 있거나 변하지 말아야 된다는 것을 뜻하지 않는다. 주지하다시피 사회적 소유는 두 개의 형태로——

---

8) 엥겔스, 「가족, 사적 소유 및 국가의 기원」, MEW 21, p. 112.

인민소유와 조합소유로 —— 존재한다."[9]

사회주의적 소유의 이 두 개의 기존형태가 어떻게 변화되어야 한다는 것인가? 일단 기존의 관념과 관행을 보자.

> "사회주의적 소유의 첫번째 형태는 전인민의 소유이기 때문에, 이 소유를 관리하고 경영하는 것은 전사회의 명의로 기능하는 국가의 배타적인 업무이다. —— 이러한 관념이 이론가들에게 존재했고 또 그렇게 실천 속에서 실행되었다. 개별기업들의 생산의 규모와 인원체계의 계획, 가격형성, 기술 및 사회정책이 종종 중앙의 국가기관들과 부분적으로는 구성공화국들에 의해 미세한 것까지 정해졌다."[10]

이러한 관행은 '단기간에' 사회주의적 공업화를 실현시키고 2차대전에 필요한 '전시경제체제'를 구축하고 전쟁으로 파괴된 경제를 '재건'하는 것이 문제의 핵심으로 취급되는 한에서 그 진가를 여지없이 발휘하였다. 국내의 모든 물자를 총동원하고 한 목적에 집중시키기 위해서는 강력한 경영의 집중이 필요했다.[11] 이에 관한 리가초프의 자기비판을 보자.

> "그러나 오늘날의 조건 하에서는 사회의 생(生)의 특수한 시기에 생겨난 그러한 '과잉 중앙집권화'의 객관적인 필요성이 없다. 이것의 장점은 점점 부정적인 영향에 의해 무화되어버렸다. 근본 결점은 직접적인 생산자들, 즉 (각 기업의 —— 필자) 노동공동체들이 소유에 대한 처분권으로부터 사실상 배제되어버렸다는 데 있다. 일반적 인민소유가 근본적으로 볼 때 국가소유와 등치되고 있다. 이럴 경우 전인민의 소유는 그대로 남아 있지만 구체적인 경우 실제의 주인이 없고 마치 누구에게도 속하지 않는 것처럼 되고 만다."[12]

노동자와 평균적인 근로자들이 "자신의 시간을 노동을 통해 떼어주고 **낯선 의지**

9) 리가초프, 위의 논문, p. 869.
10) 같은 곳.
11) 같은 책, pp. 869~871 참조.
12) 같은 책, p. 870.

에 복종하는"[13] 사람들로 격하된 상태에서 노동자들의 자발성은 생기지 않는다. 그리하여 이로 인해 빚어지는 생산력 발전의 차질을 기술투입을 가속화하여 상쇄시키려는 전략은 "이론과 실천에 있어서 생산의 대상적 요소들의 절대화 즉 일정한 기술결정론"[14]을 태동시키고 이것의 필연적인 사회적 귀착점은 행정관료·기술관료층의 특권화, 비대화이다. 이러한 상황에서 직접생산자들(노동자와 여타 근로자들)을 능동화, 활력화하는 유물론적 전략은 '사상의지'의 강조나 구호·현수막의 가능한 한 많은 제작이 아니라 소유관계 및 생산관계(=생산 안에서의 객관적인 인간관계)로 '침입'하여 그 소외성을 제거하고 새로운 기업관계 즉 기업관리자들이나 행정관료들에게 배타적으로 집중된 경영권을 노동공동체(=기업 전직원)에게로 이전시키는, 지금까지 유예되던 레닌주의적 자주관리제의 관철이 된다. 즉, 생산양식의 교체가 문제가 되는 것이 아닌 이 경우에는 소유권의 일부인 점유권——이것은 경영권으로 현상한다——의 혁명, 즉 사회적 소유 속의 '관료적 점유권'을 분쇄하고 노동공동체의 근원적인 '점유권'을 창설하는 의미에서의 소유관계의 혁명이 문제의 본질이 된다. 즉, 페레스트로이카는 인민소유의 실질화를 위한 봉록관료적 점유권(=은폐된 부분적 사적 소유권)에 대한 '침해'이다. "페레스트로이카의 본질은 노동공동체가 참으로 (……) 인민소유의 일부의 점유자가 된다는 데 있다."[15]

물론 사회주의적 소유의 완벽화는 기업차원에서 그칠 수 없다. 왜냐하면 이러한 변혁 속에서도 국가는 개별기업들을 통폐합·신설하고, 개별기업을 법적으로 구속하는 일반적 경제계획을 수립하는 '총경영자'로 남아 있기 때문이다. 즉 사회주의적 소유의 전국적 관리자는 국가중앙부서와 이것을 일반적으로 규제하는 당지도부이다. 따라서 국가와 당지도부에 대한 인민의 실질적 통제권이 회복되지 않는다면 인민소유란 빈말, 즉 법률적 추상에 지나지 않게 된다. 이렇게 볼 때 민주주의는 사회적 소유의 참된 실현을 위한 '유일한 방법'이다. 이런 까닭에 레닌은 사회주의와 민주주의를 대립시키는 사이비 사회주의자들에 대항하여 격렬히 투쟁하였었다. 이러한 레닌의 이념은 결코 죽지 않고 페레스트로이카를 통해 산 이념이 되었다(이

---

13) 리가초프, *Hauptreserve der Beschleunigung-Faktor Mensch*, Moskow, 1987, p. 13. 강조는 필자.

14) 같은 책, p. 12.

15) 리가초프, "Das revolutionäre……," p. 870.

에 관해서는 제5절에서 살펴보기로 한다.)

조합소유의 확대도 이번 소유권 혁명의 주요한 내용이다. 이에 관하여 간단히 살펴보고 개혁 전반의 핵심이 되는 국영기업의 자주관리제로 넘어가고자 한다. 조합소유는 원래 생산의 기능과 아이디어를 가진 사람들이 자발적으로 결사하여 일정한 지분의 생산수단을 한데 모아 기업을 만드는 것으로서, 자본주의 하의 주식회사나 합자회사와 유사한 '외형'을 지닌다. 그러나 과학적 고찰로 넘어가 보면 본질적인 차이를 지니고 있는데, 첫째 각 조합원은 '지분의 크기에 관계없이' 경영자 직책에 대한 피선거권, 선거권, 기타 경영업무방향의 결정에 있어서 민주적 '동등권'에 입각한다는 것이다(노동우선 원칙).[16]

둘째, 조합기업은 조합원 이외의 노동력을 고용할 수 없다(이것은 착취 즉 조합자산의 자본으로의 전환을 막는다). 따라서 여러 형태로 잘만 운영되면 서비스 생산 분야, 소규모 발명·개발 분야, 예술품 및 공예품 생산 분야, 수선업 분야, 음식점 및 주점 등, 국영기업의 대규모 생산체가 할 수 없는 사회적 욕구의 '세심한' 충족, 소비자에 근접한 지역에서의 '편의의 실현' 등에서 주도권을 잡고 사회를 복되게 할 수 있고 인민의 '주변적·우연적 창조성'을 만개시킬 수 있다. 그러나 조합소유에 대한 편견은 (거의 국영백화점이나 다름없이 통제되던) 소비자조합을 제외하고 전 도시부문에서 조합소유를 전멸시킴으로써 "동냥도 안 주면서 쪽박까지 깨버리는" 오류를 범하게 된다. 그런데 문제는 여기서 그치지 않고 조합소유기업의 농민적 형태인 협동농장(콜호스)에 대해서도 유사한 오류를 반복하게 된다.

조합이란 주민의 자발적인 영리조직이기 때문에 조합 내부문제, 예를 들면 임원 선출, 조합장 선출 등도 자율에 맡겨져야 하나 관행은 사실상 국가와 당이 내정한 단일후보를 조합원총회에서 '거수로' 뽑음으로써, 조합내 민주주의를 사실상 없애 버렸다. 이런 관행을 철폐하고 모든 인사결정을 복수경선·비밀투표로 하는, 그리고 조합활동 및 조합형태들을 대폭 확대한 조합법 초안이 전국적 논의에 부쳐졌다가 금년 5월말 소비에트를 통과, 확정되었다. 핵심적 내용은 이미 시행된 국영기업법의 자주관리제, 민주주의의 조합적 관철이다. 동시에 조합소유에 대한 확대조치는 일정 분야에서 국가기업과 조합기업 간의 사회주의적 경쟁을 도입하고 조합기업

16) 그러나 조합이 해체될 때는 원래 지분은 원소유자에게로 돌아가고, 그 이상의 축적자산은 다시 지분의 크기에 관계없이 조합원 모두에게 동등하게 분배된다.

이 성장하는 경우 '국가조합적 소유' 및 '조합국가적 소유'의 이행형태의 창출을 기도하고 있다.[17]

마르크스에 의하면 사회적 소유의 본래적인 형태는 공동**소유** 또는 국가**소유**가 아니라 공동**점유** 상태의 생산수단에 대한 개인적 **소유**이다. 이러한 의미의 순수한 사회적 소유관계에 도달하기 위해서는 다양한 형태의 이행형태들을 거쳐가야 할 것이다. 여기에서는 이 다양한 이행형태의 설명보다도 공동**점유**의 생산수단에 대한 개인적 **소유권**이라는 사회적 소유제도를 상론해야 한다.

이 소유제도는 생산수단에 대한 개인적 소유권을 범죄시하는 국가사회주의적 공동**소유**제도와는 정면으로 대립되는 것이다. 마르크스의 사회주의 안에서의 **소유권자**는 **개인**이고 이에 반해 공동체(이것이 국가이든 단체이든)는 **점유권자**에 지나지 않는다. 마르크스는 자본론 1권의 "자본주의적 축적의 역사적 경향"이라는 절에서 오해할 수 없을 만큼 분명히 다음과 같이 말하고 있다.

> "자본주의적 점취양식, 따라서 **자본주의적 사적 소유**는 자신의 노동에 기초한 **개인적인 사적 소유**(소상품 생산자 소유 —— 인용자)의 첫번째 부정이다. 그러나 자본주의적 생산은……자기자신의 부정을 낳는다. 이것은 부정의 부정이다. 이 부정은 사적 소유를 **다시** 재생산하지는 않지만, 자본주의 시대의 전취물, 즉 협업과 대지 및 —— **노동 자체에 의해 생산된** —— 생산수단의 **공동점유**에 기초한 **개인적 소유**를 재생산한다."[18]

여기에서 마르크스가 상이한 범주들인 "개인적 **소유**"와 공동**점유**"를 사용하고 있는 것은 결코 우연이 아니다. 마르크스는 자본론 1권의 제1판에서 사용된 "공동**소유**"라는 표현을 의식적으로 "공동**점유**"로 교정하였기 때문이다. 자본론 1권의 제1판(1867)과 2판(1873)에서는 "공동점유"가 "공동소유"로 되어 있었다.[19] 그러나 마르크스는 이미 불어번역판(1875)에서 "공동점유"로 고쳐놓고 있다.

"……C'est la négation de la négation. Elle rétablit non la propiété privée,

---

17) Lew Nikiforow, "Genossenschaft als Strategie der Erneuerung," *Neue Zeit* Nr. 12., 1988, pp. 28~29 참조.

18) MEW 23, p. 791, 강조는 필자.

19) MEGA Ⅱ/6, p. 683.

mais sa propriété individuelle, fondée sur la acquêts de l'ére capitaliste, sur la coopération et la *possession commune* de tous les moyens de production, y compis le sol."[20]

따라서, 마르크스는 1873년에서 1875년 사이에 오이겐 뒤링의 해당구절에 대한 비판(뒤링은 1871년 "Kritische Geschichte der Nationalökonomie und des sozialismus"라는 방대한 그의 저서에서 동일한 대상이 개인적 소유와 공동소유로 동시에 나타나고 있다고 비판하고 마르크스의 이 표현을 헤겔적 몽매의 산물이라고 공격한다)을 접했고 가능한 한 오해를 피하기 위하여 교정을 가한 것으로 보인다.

두 개의 상이한 범주(소유와 점유――마르크스는 이 두 범주를 명확히 구분하고 있다)[21]의 사용에 밑받침된 위 문장은 불행히도 100여 년간 오해되고 정반대의 의미로 해석되어 왔다. 즉, 사회주의 사회에서 생산수단에 대한 소유권자는 국가나 집단이라고 말이다(한국어 자본론 1권 번역판 중 북한본과 김영민 본은 "공동점유"를 "공동소유" 또는 "공유"로 오역하고 있다). 이러한 비극적 오해는 뒤링에 대한 엥겔스의 반비판(1878)에 의해서도 촉진된 셈이다.

엥겔스는 다음과 같이 말하고 있다.

"소유권자의 수탈에 의해 형성되는 상태는 개인적 소유의 재산출, 그러나 대지와――노동 자체에 의해 생산된――생산수단에 대한 사회적 **소유**에 기초한 개인적 소유의 재산출로 기술되어 있다. 독일어를 이해하는 모든 사람들은 이것이 사회적 소유는 대지와 다른 생산수단에 미치고 개인적 소유는 생산물, 말하자면 **소비대상**에 적용된다는 것을 뜻함을 알 수 있다."[22]

엥겔스는 뒤링에 대한 이 논박에서 자본론 1권의 제2판(1873)을 인용하고 있고 따라서 프랑스어 번역판에서 마르크스가 해당구절을 교정했다는 사실을 알지 못했던 것으로 보인다. 엥겔스는 위 인용문에서 "개인적 소유"를 **소비수단**에만 국한시키고 있다. 그러나 그는 마르크스 사후 제3판(1883)을 준비하면서 마르크스 자신의

20) MEGA Ⅱ/7 : *Le Capital*, 1872-1875.

21) MEW 42, p. 36.

22) MEW 20, p. 122, 강조는 필자.

교정 노트에 입각하여 오늘날 우리가 접하고 있는 표현으로 교열을 가하였다. 해당구절이 나오는 맥락에서는 개인적 소유를 소비재에만 국한시킬 아무런 유인이 없다. 마르크스는 "역사적 경향"절 전체에 걸쳐 **생산수단**에 대한 소유권의 역사적 발전만을 취급하고 있기 때문이다. 즉, 여기에서 소비수단 소유문제에 대해서는 일언반구도 없다.

아무튼 마르크스에 의하면 "사회적 소유"는 변증법적으로 종합된 소유제도, 즉 **공동점유된 생산수단에 대한 개인들의 소유**를 뜻한다. 물론 이 말도 개인적 또는 자본주의적인 **사적 소유**의 관점에서 보면 불합리하게 느껴질 수 있다. 동일한 생산수단이 개인의 소유물이면서 동시에 집단의 점유물로 파악되고 있기 때문이다. 그러나 위 구절은 자본주의적 **사적 소유**가 아니라 이것의 부정의 산물인 자본주의적 **주식소유**의 관점에서 보면 전적으로 실재하는 소유구조를 드러내고 있다.

주식회사의 "부정의 부정" 관계에서 보면 위 구절은 **주식회사**나 협동조합과 같은 **법적 의제**로서의 **법인체**(法人體)가 "회사 소유" 형태로 규정되는 **공동점유물**로서의 생산수단에 대한 **노동하는** 개인들의 평등한 **주식소유** 또는 **지분소유**로 해석될 수밖에 없다. 말하자면(이미 자본주의적 **사적 소유**가 아니라) 자본주의적인 (집단적)**소유**인 자본주의적 주식회사는 "낡은 사회의 품안에서 부화된" 또는 "적어도 생성과정 중에 있는"[23] 미래사회의 "암시된" 소유구조[24]를 뜻한다. 즉, 주식회사는 대규모 생산협업과 더불어 "자본주의 시대의 전취물"을 뜻한다. 이러한 까닭에 마르크스는 자본론 3권에서 주식회사를 사회주의적 생산양식으로의 **이행형태**로 거듭 규정하였다.

자본주의적 주식회사를 자세히 고찰해 보면 주식회사의 "회사자본"은 주주총회와의 관계에서는 단순한 공동**점유**로 나타나고 **제3자**나 **개별적인** 주식소유자에 대해서는 **법인체**의 **소유**라는 법적 의제의 형태를 취한다. 주식회사의 이러한 변증법적 소유구조를 염두에 두고 볼 때 마르크스가 해당구절의 원래표현인 "공동소유"를 "공동점유"로 교정한 것은 순전히 오해를 피하기 위한 "자귀개선"[25]에 지나지 않는다. 이것으로써도 사회적 소유와 관련해서 마르크스가 주식회사나 조합기업을

23) MEW 13, p. 9.
24) MEW 42, p. 373.
25) MEGA Ⅱ/8, p. 941.

염두에 두고 있었다는 것은 명약관화하다.

이 점은 해당구절의 바로 다음 문장을 자본론 1권 1·2판에서는 "사실상 이미 사회적 생산경영에 기초하는 자본주의적 **사적 소유**"[26]라고 했던 것을 "사실상 이미 사회적 생산경영에 기초한 자본주의적 **소유**[27](la propriété capitaliste)"[28]로 교정하고 있는 데서도 분명해진다.

이러한 설명을 바탕으로 할 때 **중소기업**인 노동자의 개인적 **지분**소유로 이루어지는 협동조합과 노동자의 주식소유로 이루어지는 **거대기업**의 이중구조가 사회주의 또는 공산주의 사회의 기본적 소유형태라고 이야기될 수 있다.

자본주의적 주식회사가 노동과 주식의 본질적 분리에 기초해 있다면 사회주의적 주식회사는 노동과 주식의 통일을 토대로 한다. 이 주식회사를 협동조합과 구분하기 위해 간단히 "주식조합기업"(Aktiengenossenschaft)으로 부를 수 있겠다. 이 주식조합은 일단 다양한 형태로 이행과정을 겪어야 할 것이다. 가령 주식회사의 49% 이하의 주식을 국가가 소유하고 51% 이상을 노동자 개개인들이 비교적 평등하게 소유하는 형태가 있을 수 있다. 장기적으로는 국가가 나머지 49% 이하의 주식마저 노동자들에게 양도하여 순수하게 노동자들의 주식회사로 이행하는 것이 진보의 방향일 것이다. 이렇게 볼 때 사회주의 사회의 소유형태는 매우 다양한 형태를 취하게 된다. 첫째 어떤 경우든 국가 또는 공동체의 공유물로 남아 있어야 하는 은행, 기타 신용기관, 교통·통신시설, 기간산업 등의 국유기업, 둘째 국가와 개인이 주식을 분점하는 "국가조합적" 또는 "조합국가적" 주식회사(대기업), 셋째 순수한 노동자 주식조합, 넷째 협동조합(중소기업), 다섯째는 소규모의 자본제 부문(서비스 및 소매업 등의 중소기업), 여섯째는 소상품 생산기업 등이다.

이 이행형태로부터 '완전한 자주관리'(지금보다 더 완전한, 따라서 분업의 완전한 해소, 순번제 및 추첨제적 관리통제 등)에 기초한 다양한 공산주의적인 사회적 소유형태의 발전을 겨냥하고 있다. 이러한 소유이론에서 보면 과거의 전략, 즉 조합소유를 도시와 농촌에서 모조리 국유로 전환시키고 이 국유기업을 국가의 소멸에 따라 완전 자주관리의 공산적 소유로 바꾸는 전략은 현실에 기초하지 않은 '사변의

26) MEGA Ⅱ/6, p. 683.

27) MEW 23, p. 791.

28) MEGA Ⅱ/7, p. 679.

산물'임을 알게 된다. 소유관계의 발전의 진로는 현재 이론 하에서 다음과 같이 된다.

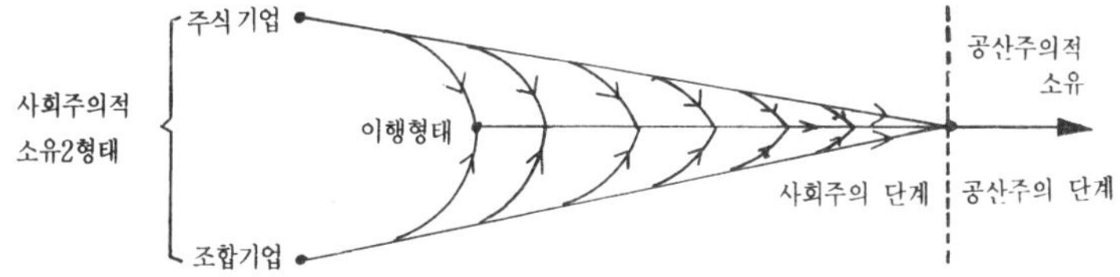

(국유기업, 중소기업, 소상품 생산의 다양한 공존을 일단 추상한다)

공산주의적 사회소유의 시각에서 보면 국유나 국가조합소유나 조합소유가 모두 공산주의적 소유(공동점유의 생산수단에 대한 순수한 개인적 소유)에 비해 낮은 단계의 사회적 소유이고 이 점에서 양자는 '대등하고' 또 대등하게 취급되어야 한다는 것이다.

결국 사회의 객관적 발전법칙을 무시하고 인위적인 법적 조치를 통해 조합소유를 없애고 공산주의에 한 단계 더 접근하였다고 망상하는 주관적 도식주의가 극복되고, 국유기업 · 주식조합기업 · 조합기업 기타 소경리기업간의——비적대적인——경쟁, 국영기업들간의 경쟁, 소경리기업들간의 경쟁 등 복합적으로 얽히고 설킨 사회주의적 경쟁관계를 통해 '과학기술'이 이론이나 실험실, 기타 무기 · 우주항공 분야에만 머무르지 않고 최단시일 내에 '생산기술'로 유입 · 확산되는 촉진 메카즘을 만든다는 것이다.[29]

지금까지 페레스트로이카를 소유권혁명의 측면에서 '일반적으로' 서술하였다. 그러나 조합기업의 민주적 경영구조에 모델 격의 역할을 하고 있는 국영기업의 민주주의적 권력구조, 즉 '기업 자주관리제도'를 구체적으로 알지 못하면 다음과

29) 국가기업도 생산성 향상을 통해 얻어진 이익금 중 국가축적기금으로 이전되고 남는 이익금에서 법으로 정해진 기업내 축적기금 외의 나머지는 100% 자유처분권을 갖는다. 그리고 기업내 축적기금도 1개년 단위로 묶인 것이 아니라 5개년 내에 일정량을 축적해 투하하면 되므로 5년 내에는 기업내 상여금, 사회복지, 임금인상정책 등의 재량공간이 대폭 확대되었다. 이런 조건 속에서는 각 국영기업 관리자들도 노동공동체의 복지를 위해 가능한 한 많은 수익을 올리려고 다른 국영기업 · 조합기업 · 개인소기업 등과 앞을 다툴 수밖에 없기 때문에 과학기술의 생산기술화 및 자체 기술혁신에 '지속적이고 체계적인' 관심을 가질 수밖에 없다. 이것은 전국적 규모로 헤아릴 때 엄청난 '생산력 향상'과 생산물의 '품질향상'을 보장한다.

같은 고르바초프의 자신감을 실감하지 못할 것이다.

> "특히 미국에서는 몇몇 정치가들과 매스컴들이 페레스트로이카를 서구의 압력에 의해 이룩된 '자유화' 시도로 묘사하려고 애써왔다. 우리는 민주주의 개념들의 전반을 그리도 능란하게 연주하는 서방 언론인들의 이런 재주에 응당 경의를 표하지 않을 수 없다. 그러나 우리는 서방에서도 노동자와 여타 사원들이 공장과 기업의 소유자와 은행 총재 등을 자기 손으로 직접 선출하기 전에는(……) 서방 사회형태들의 민주주의적 성격을 믿을 수 없다."[30]

기업민주주의의 의의와 역사적 필연성에 대해서 납득하기 위해서는 마르크스, 엥겔스, 레닌에 의해 사회주의적 기업구조가 어떻게 구상되었는가를 먼저 살펴보아야 할 것이다.

3. 마르크스, 엥겔스, 레닌의 기업민주주의 이념

독점재벌 그룹이 국유화되어 사회화가 완결되려면 사회적 총소유의 처분과 계획을 담당하는 권력이 전민중에 의해 통제되고 그 권력자가 민주적으로 선임되면 되는 것으로 생각하기 쉽다. 그러나 국유화와 '정치적' 민주주의만으로는 재벌총수의 '전제주의적' 소유권력을 사회화하는 데 그칠 뿐, 그 밑에 배치된 각 기업의 최고경영자나 중역진들의 전제주의적 경영권력은 사회화되지 않는다. 이 전제주의적 기업관료체제의 사회화는 정치적 민주주의가 아니라 기업자주관리제에 의해 관철되어야 한다. 따라서 소유개념의 법률주의적 환상에 빠져들지 않는다면 자본의 사회화란 실은 일관되게 민주적인 사회주의적 국가에 의한 '위로부터의 전반적' 사회화와 각 기업 차원의 노동공동체에 의한 '아래로부터의 각 기업별' 사회화라는 '이중적 사회화 과정'을 밟는다. 왜 이렇게 간단치 않게 되었을까?

일단 사회주의적 사회화의 출발점이 되는 자본주의의 독점적 소유관계에 관하여 살펴보자.

---

30) 고르바초프, 『페레스트로이카』, München, 1987, p. 161.

생산의 집중 및 현대적인 대기술에 대응하고 또 특유한 자본주의적 축적법칙에 의해 요구되는 자본주의적 소유 · 지배관계, 즉 자본관계(Kapitalverhältnis)의 변천은 기업의 지배구조에 영향을 미치게 되는데, 마르크스는 이것을 "자본소유와 자본기능의 분리"로 정식화하였다.[31] 이것은 자본주의적 '기업지배의 이중화'에 다름아니다. 이러한 경향은 마르크스와 엥겔스 시대에, 즉 전(前)독점자본주의의 단계에 이미 드문드문 나타났으나, 이러한 이중구조는 독점적 자본관계의 단계에서 '필연적인' 형태로 정착된다.

그런데 여기서 자본주의적 소유의 이중화가 '소유'와 '기능'의 분리로 정식화되고 있지만 실은 이 자본기능이 자본주의적 소유의 한 요소라는 점이 주목되어야 할 것이다. 오해를 피하기 위하여 이러한 분리를 자본주의적 '상급소유'(Obereigentum)와 '하급소유'(Untereigentum)의 분리로 바꿔쓸 수도 있을 것이다. 즉, 경영자의 '자본기능'은 소유개념을 "형이상학적인 또는 법률적인 환상"으로 증발시키지 않는 한,[32] 비록 세습적이지 않고 종종 절름거리기도 하지만 명백한 하급소유권이다. 봉건제 하에서 개개 예속적인 소농들은 경작과 가내공업을 '자립적으로 경영하는' 것을 골자로 하는 세습적 하급소유권(=세습적 점유권)을 향유하였었다. 그러나 자본주의적 소유제는 직접생산자로부터 저 하급소유권까지도 박탈하여 자신 속에 집중시키게 된다. 따라서 자본주의적 소유 하에서 기업경영은 직접생산자를 소외시킨 전제적인 기능으로 현상하고 직접생산자의 생산행위 속에서 사라진 경영의 자립성은 자본의 권력으로 출현하는 것이다. 이런 까닭에 다시 생겨난 자본주의적 하급소유권도 당연히 직접생산자의 수중에서 재생산되는 것이 아니라, 자본경영자들의——기업사업의 관리와 결정에서 노동자가 배제된다는 의미에서——'전제주의적인' 경영권력으로 현상한다. 물론 이 경영권력의 자본주(主)에 대한 자립도는 상이하지만,[33] 경영권력은 아무튼 상대적 자립성 속에서 수천 명, 수만 명, 때로는 수십만 명을 헤아리는 노동자와 기타 근로자들을 짓누르는 '전제주의적 관료체제'로서 구현된다. 따라서 자본주의 후기에 들어서면 경제적 부르주아지는 기생적으로 돼가는 자본가 분파와 자본주의적 경영자 분파로 '양분화'되기에 이른

31) 『자본론』 3권, MEW 25, pp. 392~403과 pp. 452~457.

32) 마르크스, MEW 4, p. 551.

33) 예를 들면 독점 그룹이 2세대 상태에 있는 한국의 경우, 경영자의 하급 소유권자의 발전 정도는 아직 초기 단계에 있다.

다. 이런 상태에서 사회주의혁명이 자본가 분파만을 타도하고 경영자층을 아무런 '민주적' 통제 없이 국가관료의 형태로 재산출한다면 아직 온전한 것이라고 볼 수 없을 것이다. 더구나 자본가의 상급소유권력을 집중시킨 사회주의적 총소유자로서의 사회주의 국가의 민주화가 결여되어 있다면 더 말할 것이 있겠는가?

마르크스와 엥겔스 시대에 자본의 사회화의 구체적 형태와 기업민주주의에 관한 문제는 아직 당면의 문제가 아니었다. 이에 관한 그들의 언급은 모두 맹아적이고 추상적이다. 그들은 어떤 곳에서는 기업공동체에 의한 기업관리자와 기타 기술전문가들의 '고용'에 관해서 언급하고 있는 데 반하여 또 다른 곳에서는 이들의 '선출'에 관하여 말하고 있다. 이런 구절들을 종합하면, 경영자나 기타 간부요원의 '고용'은 '고용계약'에 의한 '임명형식'으로 이루어지는 것이 아니라 '선거'로 이루어져야 하는 것으로 해석된다.[34] 아무튼 이것은 과거의 소련의 경우나 현재 중국·북한·루마니아·알바니아처럼 국가임명제에 기초하여 공장 및 기업의 관료체제를 확대재생산하는 것과는 상반되는 사상이다. 레닌은 이러한 마르크스·엥겔스의 반관료주의적 기업민주화의 사상을 더욱 발전시켰다.

관료체제는 레닌에 의하면 무엇인가? 그것은 조직적·기술적 지도와 행정의 기능이 "특별한 인간계층의 특수기능"으로 나타나, "직책에 임명된 사람들이(……) 대중을 소외시키고 대중 위에 올라서는 특권화된 사람들로 변하는 경향을 지니는" 사회적 조직관계이다.[35] 유달리 강력한 국가관료체제에 눌려 살았던 한국·일본·중국·독일·프랑스 등의 나라에서는 흔히 관료체제란 국가기구에만 있는 것으로 관념한다. 심지어 일본이나 중국·한국의 경우는 '기업관료체제'라는 표현부터 기이하게 들릴 정도이다. 프러시아 관료체제의 망집에 사로잡힌 카우츠키가 관료화된 기업을 '국유화된' 철도청이나 체신부로만 생각했던 것도 그러한 속류관념에 기인한다. 이에 대해 레닌은 카우츠키를 다음과 같이 강력히 비판하고 있다. "(카우츠키가 말하는——필자 삽입) 소위 필연적이라는 '관료체제적' 조직에 관한 한, 철도나 기계제 대공업의 모든 기업, 임의의 공장, 대사업체, 대자본주의적인 농업기업 등이 하등의 구별도 없다."[36] "심지어 프롤레타리아 직책자들의

34) 마르크스, 「자본론」 3권, MEW 25, p. 456. '협동공장'에 관한 언급. 엥겔스, 「권위에 관하여」, MEW 18, p. 306.

35) 레닌, 「국가와 혁명」, 선집, Berlin, 1970, p. 415y.

36) 같은 책, p. 409.

일정한 '관료화'도 불가피하다."[37] 한 걸음 더 나아가, "제국주의는 점차 모든 트러스트 그룹을 유사한 종류의 조직으로 둔갑시키고 있다. 악착같이 일하고 굶주리는 단순한 근로자들 위에 여기에도 동일한 부르주아적 관료체제가 서 있다."[38] 따라서 레닌에 의하면 부르주아 사회에서 관료체제는 국가, 대기업, 독점재벌기업, 프롤레타리아당과 계급조직 등, 손노동과 두뇌노동의 대립이 있고 또 이것이 계급관계에 의해 강화되어 '적대적인 권력관계'로 화하는 곳에서는 어느 곳에나 침투하는 것으로 보고 있다.

레닌의 이러한 분석을 깊이 이해한다면, 우리는 바로 '단순한 소유의 사회화'에는 다음과 같은 위험이 잠복해 있음을 알게 된다. 사회주의적 소유——이러한 사회적 소유의 사회경제적 실현의 핵심적 내용은 '공동 점유의 민주적 경영관계'와 개인적 소유 외에 다른 것이 아니다——의 사회경제적 관철이 자본관계의 유제로서의 기업·국가·당 등의 반(半)자본주의적·전제주의적 관료체제에 의해 저지되고 그리하여 이 관료체제가 사회적 소유제를 한낱 맹목적인 법률적 추상으로 만들어버리는 경우, 사회주의적 공동소유는 부지불식간에 이 반(半)자본제적——전제주의적 관료체제의 상위집단들의 사실상의 배타적 집단소유로 전락해버릴 것이다. 이런 사회형태는 이미 자본주의도 아니지만 '아직' 완전한 사회주의도 아니다. 자본주의 하에서 기업(및 독점기업——트러스트, 콘체른, 혼합콘체른, 콩글로머레이트——)과 국가로 '양분되어 있던' 관료체제가 이 사회형태에서는 국유화를 통해 기업관료체제와 국가관료체제가 '단일구조'로 통합되고 시장기능을 대신하는 국가경제기구 및 기타 계획기구가 대폭 증설된다. 이런 체제는 특수한 상황(고도성장, 전시동원, 전후복구)에서 그 장점을 발휘할 수도 있다.[39]

그러나 이 체제는 몇몇 장점들에도 불구하고 자본주의를 아직 불완전하게 극복한 측면에서 수많은 본질적 문제점들을 내포하고 있다. 이러한 문제점의 핵심내용은

37) 같은 책, p. 415.

38) 같은 책, p. 359.

39) 이러한 스탈린 모델도 이미 이러한 이행을 통해서 사회주의의 최소한을 구현할 수 있게 되는데, 최하층 노동계급과 농민계급의 일부가 무료교육을 통해 최고권력층으로 끊임없이 상승할 수 있는 계급·계층의 사회적 이동을 최대화하고 무료진료와 치료, 완전고용 등을 골자로 하는 사회주의적 요소의 등장·정착을 보게 된다. 또한 이 체제 하에서는 세습적인 사유재산이 없기 때문에 독점자본주의 단계에서 현격히 기생화된 자본가계급이 없다.

세습적인 사유재산의 극복에도 불구하고 앞에서 살펴본 자본기능인(경영자)들의 비세습적 하급소유권과 새로운 총소유자로서의 국가 최고봉록층 및 이에 따른 특권이 그대로 답습·확대된다는 점이다. 앞의 설명에서 우리는 독점자본주의 단계의 두 지배분파를 자본가분파와 경영자분파로 파악했었다(그리고 이것은 현재 마르크스-레닌주의적 독점자본주의 계급분석의 입장이다). 물론 이 두 분파 중 역사적으로 근본적인 것은 자본가분파이지만, 동시에 전제주의적 경영권력을 독점하고 있는 경영자분파도 자본주의적 지배분파임을 부정할 수 없다. 따라서 자본가분파만을 타도한 위 체제는 아직 혁명과업의 반절——물론 역사적으로 근본적인 반절이지만——만을 이룩한 셈이다. 동시에 이 체제 하에서 다시 재산출되는 국가 및 기업 경영자들도 완전히 부르주아적이라고 할 수 없는 일정한 변화를[40] 겪는다. 이러한 이유에서 우리는 이런 경영체제를 자본주의적 관료체제라고 명명하지 않고, 자본제적 유제 측면을 강조하기 위하여 '반 자본주의적' 관료체제라고 불렀다. 이행기 자본주의에서 반 봉건제가 잔존하듯이 이행기 사회주의 체제에서도 이론적·실천적으로 얼마간은 '반 자본주의적 전제체제'[41]가 잔존한다는 것은 이해 가능하다. 그러면 이러한 반 자본주의적·전제주의적 국가경영 및 기업경영의 봉록집단을 질라스나 트로츠키주의자들이 목청을 높이듯이 '새로운 지배계급'이라고 부를 수 있는가? 이러한 규정은 비과학적이다.

첫째, 이 집단은 '새로운' 것이 아니라 자본제의 '낡은' 유제의 확대판에 지나지 않기 때문이다. 둘째, 이 사회체제는 온전한 사회구성체로 안정된 것이 아니라 근본적으로 볼 때 '이행중'에 있기 때문이다. 셋째, 이 집단의 특권적 지위는 자본제 하에서처럼 자본 이데올로기로 정당화되고 있는 것이 아니라, 마르크스-레닌주의에 의해 정면으로 부정되고 있으므로 '토대와 상부구조가 조응'을 이룬 상태의 안정성을 얻지 못하고 있기 때문이다. 따라서 '새로운'이라는 말도 붙일 수 없지만, 사회구성체적으로 안정된 '계급'이라는 말도 붙일 수 없다. 그것은, 앞에서 인용된 마르크스의 말을 빌면, "프롤레타리아 혁명이(……) 가혹하고 근본적으로 비웃을" "자신의 최초의 시도들이 내포한 '불완전성'과 '취약점'과 '가련한 측면들'" 일 뿐이다.

40) 출신성분, 사회주의적 교양 소지, 기타의 면에서.

41) 'Despotie'. 이 개념은 마르크스가 자본주의 공장경영체제를 규정할 때 사용한 범주이다.

한편, 반 자본주의적·전제주의적 국가·기업관료체제는, 사회경제적 측면에서 파악할 때, 생산수단과 노동대중에 대한 상층봉록집단의 전제적인, 따라서 배타적인 처분권력 및 생산물과 서비스의 특권적 점취로 구현되는바, 생산수단에 관한 인간간의 공동체적·민주주의적 관리관계와 생산물의 공동적 평등점취를 본질로 하는 사회주의적 공동소유제와 정면으로 모순된다. 그것은 민주적 관계의 관철을 통해 추방되지 않을 때 사회적 소유제를 절름거리게 만들 수도 있는 '은폐된 특수한 소유관계'이다. 즉, 그것은 소유관계와 무관한 것이 아니다. 따라서 '전제적' 봉록관료체제를 '민주적' 지도체제로 변혁시키는 또 한차례의 혁명 없이는 사회적 소유제의 완벽화, 따라서 완전한 사회주의에 관해 입론할 수 없을 것이다.

이러한 반 자본주의적·전제적 관료체제에 대한 레닌의 투쟁수단은 '일관된 민주주의'였다. 이 민주주의는 소유관계 속의 관료체제로 '일관되게' 파고들어가, "한편으로는 사회주의로 스스로 전환되고 다른 한편으로는 사회주의를 필연적으로 요청하는" 민주주의[42]이다. 이러한 이론적 기초 위에서 레닌은, "자본주의 하에서는 완전히 일관된 민주주의는 불가능하지만, 사회주의에서는 모든 민주주의가 (불필요하기 때문에——필자 삽입) **사멸할** 것이다"[43]라는 식의 사이비 사회주의자들의 궤변에 격렬히 대결하였다. 이런 사이비 사회주의적 궤변에 대항하여 레닌은 "**종국점에 이르기까지의** 민주주의의 발전, 이러한 발전의 형태들의 발견, **실천** 속에서의 이것의 시행·검토 등——이 모든 것은 사회혁명을 위한 투쟁과업의 통합적 일부를 이룬다"[44]고 말했다. 즉, 레닌은 사회주의와 민주주의를 대립시킨 것이 아니라, '변증법적 상관개념'으로 파악한 것이다. "민주주의는 경제에도 영향을 미치고 '경제의' 변혁을 촉진시킬 것이며 경제적 발전의 영향 아래로 들어갈 것이다. 이것이 살아있는 역사의 변증법이다."[45]

물론 "일격에 도처에서, 그리고 남김없이 관료층을 분쇄하게 될 거라고 얘기할 수 없다. 이것은 아마 공상일 것이다. 그러나 일격에 낡은 관료기구를 '파괴하고,'

42) 레닌, 「국가와 혁명」, p. 382.

43) 같은 책, p. 383. 강조는 레닌.

44) 같은 곳. 강조는 레닌.

45) 같은 곳. 1988년 2월 중앙위원회 연설에서 고르바초프는 "민주주의는 사회주의의 방법이고 거꾸로 사회주의는 민주주의의 참된 본질이다"고 하면서, "페레스트로이카는 혁명인데 혁명은 타도되어야 할 적을 갖는다. 페레스트로이카의 적은 관료주의, 그리고 이것의 담지자들이다"고

점차 모든 관료층을 불필요하게 만들어 결국 폐기해버릴 새로운 행정기구의 창설을 즉각 시작하는 것——이것은 결코 공상이 아니다. 이것은 파리 코뮨이 가르쳐주고 있고 혁명적 프롤레타리아트의 직접적이고 당면한 과업이다."[46]

파리 코뮨은 국가부문에서 낡은 관료체제를 분쇄하고 새로운 노동자·근로자 행정기구를 창설한 최초의 프롤레타리아 국가이다. 그런데 파리 코뮨은 존속기간이 짧았던 관계로 자신의 원칙(즉, 모든 관리의 선임제, 항시적 소환제, 관료의 노동자임금제——관리의 노동력의 가치만을 주는 것——)을 경제분야, 즉 토대 속의 관료체제에는 거의 적용하지 못했다. 레닌은 동일한 원칙을 토대 속으로 일관되게 관철시킬 것을 주장하고 있다. 그에 의하면 결속된 노동자와 하급사원들은 경영자·행정전문가·기술전문가들을 고용하여 모든 국가관리의 노동 일반에 대해서처럼 그들 모두의 노동에 대해 그들의 노동력의 가치(기본노동력가치+교육비+학습노동시간+기타)를 지불함으로써 기업과 거대독점콘체른을 잘 운영할 수 있다는 것이다.[47] "이것은 모든 트러스트와 관련하여 즉각 수행될 수 있는 구체적인 실천적 과업인데, 이러는 가운데 근로자들은 착취로부터 해방될 것이고, 이미 코뮨이(특히 국가건설의 영역에서) 실천적으로 이룩하기 시작한 경험들이 활용될 것이다."[48]

레닌은 기업의 민주화에 관해 이와 같이 일반적 지침을 제시하는 것으로 그치지 않았다. 레닌의 『국가와 혁명』은 흔히 생각되듯이 미래의 사회주의 국가형태에 관해서만 논의하고 있는 것이 아니다. 그의 중심저작 중의 하나인 저서에서 레닌은 미래의 '사회주의적 기업형태'에 관해서도 극히 명백한 언어로 정식화하고 있는데, 불행히도 이 구절은 과거 사회주의권에서는 극력 회피되었고 서구에서는 사회주의권에서의 반 자본제적, 관료체제적 공장·기업형태의 기원을 레닌의 탓으로 돌려온 기계론적 집단심리로 인해 대부분의 이론가들에 의해 포착되지 않거나 포착된 경우에도 국가에 관한 발언으로 오해되어왔다.

레닌은 기업들 가운데 오직 국유화된 기업들(국영철도회사, 체신부 등) 만이 관료체제가 뿌리내린 것으로 보고 여기에만 관료기구를 감독하는 일종의 기업 '의

함으로써 타도대상이 관료체제와 관료층임을 분명히 하고 있다. 그리고 이번 19차 당대표자대회의 중요결의문에는 「관료체제에 대한 투쟁」이라는 결의문이 세번째로 끼어 있다.

46) 같은 책, p. 358.

47) 같은 책, p. 359.

48) 같은 곳.

회'를 설치할 것을 주장하는 카우츠키에 대항하여 '모든' 기업이 관료화되어 있고 따라서 모든 기업에 "일종의 의회" 즉 노동자평의회가 설치되어야 한다고 주장하고 있다. "이 **모든** 기업에서 노동자들은 **당연히** '일종의 의회'를 구성할 대표자들을 선출할 것이다."[49]

동시에 그는 카우츠키가 부르주아 의회주의에 사로잡혀, 관료체제와 기술관료체제의 신비스런 정글 앞에서 의회가 무력화되어 논쟁을 일삼되 아무런 하는 일 없는 "잡담의 오두막"으로 변해버린 현실을 간과하고 있을 뿐만 아니라, 특권적·전제적 관료층과 노동하는 대중 간의 대립을 간과하고 있다고 비판하고 있다. 대의제 없이는 대중의 민주주의가 불가능하지만, 대의제의 부르주아적 형태, 즉 의회제 없이도 민주주의는 가능하고 더욱 완벽한 민주주의 형태를 창출할 수 있다. 어떻게? 이 "일종의 의회"라는 것이 '노동자평의회'로 바뀌어 부르주아적 의미에서의 의회가 아니어야 하고, 다시 이 평의회가 기업관료기구의 특권적 권력에 위축되어 잡담하는 곳으로 되지 않기 위해서 이 관료기구를 파괴하고 새로운, '선출된' 노동자로 구성되는 비특권적 기구로 바꾸어야 한다(기업의 민주적 자주관리제의 논의에 있어서는 200~300명이 일하는 중소기업을 떠올려서는 안 되고 항상 수천 명, 수만 명, 수십만 명이 집중된 대기업 및 독점 콘체른을 염두에 두어야 한다).

"그러나 이 '일종의 의회'가 부르주아 의회주의적 대의제라는 의미에서의 의회이지 않을 것이라는 점이 바로 요점이다. 이 '일종의 의회'가 부르주아 의회주의의 테두리를 넘지 못한 사유의 보유자 카우츠키가 그리고 있듯이, '노동규정을 확정하고 관료기구의 행정을 감독하는' 것으로 끝나지 않을 것이라는 점이 문제의 핵심이다. 사회주의 사회에서는 물론 노동자 대표자들의 일종의 의회가 '노동규정을 확정하고' '기구의 행정을 감독할' 것이지만, 동시에 이 기구가 관료적이지 않을 것이다. 노동자들은 정치권력을 장악한 후 낡은 관료기구를 파괴해버릴 것이고 그것을 바닥에 이르기까지 분쇄해버리지 그것의 한 조각을 다른 곳으로 이첩해 두지 않을 것이다. 그들은 옛 관료기구를 바로 이 노동자와 사원들로 구성되는 새 기구로 대체하고, 이들이 다시 관료로 변질되는 것을 막기 위해 마르크스와 엥겔스에 의해 심층적으로 탐구된 조치를 취할 것이다. 즉 1) 선임제뿐만 아니라 항시적 소환제, 2) 노동임금을 넘지 않는

49) 같은 책, p. 410. 강조는 필자.

임금 지급, 3) 모두가 통제와 감독의 기능을 수행하여 일정 기간 모두 '관료'가 됨으로써 결국 아무도 관료가 될 수 없는 상태로의 즉각적인 이행".[50]

이 구절은 최근까지 소련에서 가능한 한 없는 것으로 억압되던 레닌의 한 핵심저작의 구절이다. 이와 유사한 사상을 피력하는 것은 최근까지 수정주의로 격렬히 비판되었다. 그러나 레닌의 이러한 사회주의적 꿈은 이제는 소련을 비롯한 대부분의 사회주의 국가(불가리아 · 체코 · 헝가리 · 폴란드 · 베트남 · 쿠바 등)에서 사태가 일전되어 개혁의 이론적 토대가 되고 있다. 그런데 위의 귀절은 레닌의 지엽적인 글에서가 아니라 그의 중심저작에서, 그것도 카우츠키에 대한 강력한 논박 속에서 전개되고 있는 귀절인 만큼 주목을 요하고, 이 구절의 좌경일탈적 해석(임금획일주의, 지식인 · 전문인 '하방제')에 대항하기 위해 과학적 해석이 필요하다.

첫번째 조치, 즉 기업관료의 선임제와 항시적 소환, 파면제는 파리 코뮨이 국가관료에 대해 취한 조치에서 유래한다. 항시적 소환 · 파면제에 대해서는 엥겔스가 파리 코뮨을 분석한 마르크스의 저서 『프랑스 내전(内戰)』의 서문에서 "노동계급은 비로소 방금 정복한 자신의 지배권을 다시 잃지 않기 위해서(……) 자신의 대의원과 관리들을 단 하나의 예외도 없이 언제든 파면할 수 있는 것으로 선언함으로써 그들에 대해서 자신을 보위해야 한다"[51]고 해석을 가하고 있다. 따라서 이것이 이미 임명된 관리의 특권관료화를 막는 중요한 제도적 장치라는 점을 이해하는 데 별 어려움이 없을 것이다.

그러나 두번째, 세번째 조치에 대해서는 상세한 설명이 필요하다.

먼저 두번째 조치에 대하여. 이 조치를 일종의 임금수평주의로 해석해서는 안 될 것이다. 레닌은 부르주아적 등가성 원리가 아직 정의의 원칙으로 지배하고 보다 높은 교육비를 내포하는 고도로 훈련된 두뇌노동과 비교적 낮은 숙련도를 지닌 단순노동 간의 대립이 잔존하는 공산주의의 첫번째 단계, 즉 사회주의 단계에서 임금수평주의를 도입해서는 안 된다는 것을 잘 알고 있었다. 레닌은 「고타강령 비판」에서 전개된 마르크스의 임금불평등의 사회주의적 필연성에 관한 언급을 직접 상세히 분석하고 있다(레닌의 『국가와 혁명』, 5장을 보라). 레닌에 의하면

50) 같은 책, p. 410.
51) MEW 22, p. 197.

새로운 기업기구는 선거에 의해 "노동자와 사원들로" 구성된다. 이런 까닭에 통제와 수익채산을 수행하는 새로운 기업관리들은 여전히 노동자와 사원에 다름아니다. 이 노동자들은 특별한 근거 없이 직책임명의 단순한 이유로 직책에 임명되지 않은 다른 노동자들보다 더 많은 임금을 지불받아서는 안 된다. 모든 노동임금은 노동력의 가치를 반영해야 된다. 레닌은 통제와 수익채산을 일반적으로 수행하는 일(업무가 잘 돼가는지 또는 연간 얼마의 손익을 올렸는지)은 비교적 간단하여 평균적으로 똑똑한 노동자들은 모두 수행할 수 있는 것으로 보고 있다. 하지만 레닌은 그러한 노동을 대학교육 이상을 받아야 수행할 수 있는 전문노동과 혼동하지 말아야 한다고 경고하고 있다. "통제와 수지채산의 문제를 과학적으로 교육된 요원들, 엔지니어, 농학자 등의 문제와 혼동하면 안 될 것이다."[52] 물론 이들의 노동력의 가치는 평균적 노동자의 노동력의 가치보다 크게 높다. 또한 이 전문인들은 선거에 의해 기업관리자, 종종은 최고관리자가 될 수 있는 그리하여 평균적 노동자임금보다 더 높은 봉급을 받을 수 있다. 그러나 노동자임금을 넘어가는 이 급여는 단순한 직책임명 때문에 이루어지는 것이 아니라, 그들의 노동의 더 높은 숙련도(따라서 이 숙련노동에 투하된 교육비, 교수의 강의지도 노동, 학생의 학습노동+기타) 때문이다. 이러한 임금불평등은 노동능력에 내포된 가치에 대응하는 것이기 때문에 성과급의 원칙을 위배하는 것이 아니라 관철시키는 것이다. 그러나 이러한 성과급 안에도 부르주아 경영진의 봉급 속에 내포된 착취된 잉여가치, 즉 자신의 노동력가치보다 많은 가치가 떨어져나간다는 '혁명적' 의미가 들어 있다. 이들의 임금을 이들의 노동력가치 이하로 깎아내리는, 그리하여 전문가노동을 제값으로 평가하지 않아 이들의 노동의욕을 떨어뜨리는 쁘띠 부르주아적 임금획일주의는 부르주아 경영자 봉급제만큼이나 사회주의와 무관한 것이다. 임금획일주의에 대항하는 투쟁은 현재 소련 페레스트로이카의 중요한 과업 중의 하나다. 사회주의 혁명은 일단 착취자와 피착취자간의 '적대적' 불평등, 적대적 모순만을 철폐한다. 따라서 두뇌노동과 육체노동 간의 모순 등 여타 비적대적 불평등은 남는다. 무릇 모든 모순의 해소가 관념론적으로나 주관주의적으로 성취될 수 없듯이 남아 있는 비적대적 모순들도 이것들의 완전한 '자기발전'을 통해서만 해소될 것이다.[53] 즉, 고질노동

52) 레닌, 앞의 책. p. 402.

53) 마르크스, 「자본론」 1권, MEW 23, p. 512. "역사적 생산형태가 내포한 모든 모순의

과 저질노동 간의 비적대적인, 그러나 중요한 모순은 은폐되어야 하는 것이 아니라, 비적대성의 테두리 내에서 유지·발전되어야 하고 사회주의적 생산양식의 단계에서는 이것이 사회적·법적 정의개념과 합치되는 것이다. 사회적·법적 평등의 내용은 사변에 의해서 규정될 수 있는 것이 아니라 궁극적으로 주어진 생산양식의 보존·발전의 필연성에 의해 규정되는 것이다. "이러한 내용은 그것이 생산양식과 합치되고 이것에 적합하자마자 정의로운 것이다. 그것은 생산양식에 모순되면 곧 정의롭지 못한 것이 된다."[54] 임금이 대졸노동자와 국졸노동자 간의 차이에 구애됨이 없이 수평적·획일적으로 주어진다면 어떻게 될까? 물론 당장 대졸노동자의 생산의욕이 없어지겠지만, 더욱 큰 문제는 저질의 노동자가 자신의 노동력을 개발하려고, 말하자면 '공부하려고' 노력할 까닭이 없다.[55] 이것은 날로 확대되는 대졸사원 수요를 충족시킬 수 없게 만들어 생산체계를 질곡으로 몰아넣을 뿐만 아니라, 일반 국민의 교육수준을 점진적으로 끌어올리려는 사회주의적 목표와 충돌하게 된다.

마지막으로 세번째 조치에 관하여. 이 조치는 '즉각적'이라는 단어 때문에 언뜻 공상적으로 들린다. 그러나 이 구절은 「국가와 혁명」의 전체적 맥락에서 그리고 정밀하게 읽어야 할 것이다. 「국가와 혁명」의 다른 곳에서 레닌은 직책임명을 위해서는 보통교육이 필요하지만 러시아 노동자는 서구 노동자와 달리 그러한 교육수준에 도달하지 못했다고 말하고 있다. 물론 오늘날은 업무의 복잡화로 레닌 시대보다 더 높은, 예를 들면 최소한 고졸 및 초급대수준의 교육이 필요하다. 아무튼 레닌은 러시아 노동자의 교육수준을 높인 후에야 이 조치를 '끝까지' 관철시킬 수 있다고 생각하고 있다. 그러나 이미 어느 정도 교육받은 선진노동자 그룹은 기업행정의 좀더 단순한 기능에서부터 점차 복잡기능까지 점진적으로 장악해나갈 관리자로 선출될 수 있다. 이런 이유에서 레닌은 '모든' 노동자가 '즉각' 통제와 감독의 기능을 수행해야 한다고 말하고 있는 것이 아니라, "즉각적인 **이행**"(강조는 필자)에 관하여 말하고 있다. 교육된 선진노동자층은 그러한 상태로 이행하는

발전은 이 **모순들의 해소**와 갱신의 유일하게 역사적인 길이다"(강조는 필자).

54) 마르크스, 「자본론」 3권, MEW 25, p. 352.

55) 이러한 논의가 자본주의 사회에서의 학력간 임금격차를 정당화시키는 것은 아니다. 무엇보다도 자본주의 사회에서는 임금격차가 노동계급의 분열의 수단으로 기능할 뿐만 아니라 학력도 본인의 능력이나 열의보다는 부모의 경제력에 결정적으로 좌우되기 때문이다.

것을 '즉각' 적어도 '시작할' 수 있다. 앞에서 인용된 국가관료기구의 철폐와 관련된 레닌의 언표를 여기에서 다시 인용하면, "관료층을 일격에, 도처에서 그리고 남김없이 분쇄할 거라고는 얘기할 수 없다. 그것은 아마 공상일 것이다. 그러나 일격에 낡은 관료기구를 파괴해버리고, 모든 관료층을 **점차적으로** 불필요하게 만들어 지양해버릴 새로운 행정기구의 창설을 **즉각 시작하는 것**——이것은 공상이 아니다"(강조는 필자). 그런데 과연 나중에라도 "모든 사람들이 한동안 '관료'가 됨으로써 아무도 '관료'가 될 수 없는" 상태가 도래할 수 있을까?

물론이다. 모든 사람들이 '관료'가 될 수 있기 위해서는 두 가지 조건이 필요하다. 첫째, 모든 사람이 '대체로' 고르게 교육된 유능한 사람들이어야 한다. 둘째, '일관된' 민주주의적 조치가 필요하다. 이 두 조건에 대한 과학적인 분석은 긴요하다. 왜냐하면 그것은 공산주의의 과학적 비전을 밝혀주는 것이고 동시에 일관된 민주주의의 이상, 즉 '능동적' 민주주의를 보여줄 것이기 때문이다. 첫째 조건은 현재 지배적인 협소한 기계화의 수준 위에서 덮어놓고 모든 노동자를 대학까지 교육시킨다고 해서 달성될 수 있는 것이 아니다. 예를 들면 자본가들은 100명의 단순노동자와 20명의 대졸사원으로 동일한 양과 질의 생산물을 제조해내는데, 사회주의자들은 100명의 단순노동자들을 모두 대졸사원으로 교체하여 120명의 대졸사원으로 동일한 성과를 낸다면 말이나 되겠는가? 즉 100명의 단순직에 투입된 대학교육은 경제적 관점에서 낭비이고 어리석은 짓이다. 또 20명의 대졸사원을 모택동 식으로 정기적으로 단순기능직에 '하방'시킨다고 해서도 될 일이 아니다.[56] 현재의 지배적인 기술적 토대의 협소성은 두뇌노동과 육체노동의 분업을 돌파하기 위해서는 근본적으로 새로운 기술적 토대가 준비되어야 되고 또 현재 제국주의 국가에서는 부분적으로 투입되고 있다. 즉 '완전 자동화'이다. 자동화는 만화책 정도의 교양을 가진 사람들에게는 모든 복잡노동이 추방된 '단추 누르는 손가락 노동'만을 연상시키는데, 현실은 그와 완전히 반대다. 생산의 자동화의 본질은

---

56) '하방제'는 고도기술 및 행정직에 인재난을 초래하여 생산효율을 하락시킬 뿐만 아니라 고질의 전문노동자를 단순기능직에 썩힘으로써 경제적 시각에서 보면 동일하게 어리석은 짓이 된다. 동시에 이것은 반(反)지식인 풍조를 만연시켜 민주주의와 관계없는 폭민주의(Ochlakratie)를 만개시킬 것이다. 홍위병의 반란은 어떤 민주적 조직형태도 발전시키지 못한 채 산업화를 해체·저지시켰을 뿐이다. 캄푸치아의 모택동주의 집단인 크메르 루즈의 지식인 대량학살은 우연한 실수가 아니다.

인간을 제작과정으로부터 해방시킴으로써 기계화 단계와 포드 시스템에 고유한 모든 손노동을 노동현장으로부터 추방해버리는 데 있다. 즉, 인간은 노동대상과 상대하는 것이 아니라 자동화 시스템만을 제어한다. 이 시스템의 제어 기능에는 반복적인 손기능이 필요한 것이 아니라 이 시스템의 일반적 원리에 대한 복잡한 지식과 기능방식에 대한 고도의 사전경험이 요구된다. 이 제어 기능은 최소한 전문대 이상, 대부분 대졸사원을 요구한다. 두번째 필요한 기능이 수선노동이다. 자동화 시스템의 수선에는 고도의 능력을 구비한 엔지니어가 필요하다. 생산물의 구상·개발·설계에도 마찬가지의 노동이 필요하다. 이런 까닭에, 일본의 한 완전 자동화된 공장을 예로 들면, 100% 자동화와 더불어 100% 대졸 이상의 사원이 필요하였다. 물론 여기에는 수많은 박사와 과학자들이 포함된다. 만약 이런 자동화가 사회의 '일반적' 생산토대로 확산된다면 이런 고도노동자를 장기간 대량으로 교육해야 할 것이기 때문에 이들을 교육할 한층 고질의 교사들(고질의 교사노동자)이 이전보다 훨씬 더 많이 필요할 것이다. 그리하여 사회는 '고도의' 두뇌노동자로 가득차지 않으면 안 될 것이다. 앞의 예에서 모든 노동자의 대학교육이 비(非)경제였다면, 거꾸로 자동화시대에는 전원의 대학교육이 이루어지지 않는다면 도리어 거대한 비경제가 될 것이다. 그런데 우리가 예로 든 100% 자동화된 위 자본주의 공장은 100% 대졸 이상의 사원으로 구성되어 있음에도 불구하고 여전히 공고한 수직적 분업과 전제주의적 구조 속에 들어 있다. 즉, 자동화만으로 저절로 자유가 오는 것이 아니다. 또한 자본관계 하에서 자동화는 실업인구를 폭증시킬 것이기 때문에 그것의 '전면적인' 관철을 기대하는 것은 망상이기도 하다.

사회주의 사회에서는 완전자동화를 실업의 공포 없이 관철시킬 수 있을 뿐만 아니라 전제주의적인 수직적 분업체제를 분쇄할 수 있다. 이 전제체제를 부수기 위해서는 '일관된' 민주주의가 필요하다. 8천 명의 기업에 4백 명이 간부관리직이고 60명이 노동평의회 의원이라면, 순번제적 선출을 통해 모두가 관리자가 될 수 있다. 왜냐하면 이제 모두가 대졸 이상의 유능한 사람들이기 때문이다. 간부관리직이 4계단의 위계로 되어 있다면, 그리고 최고경영자 1명, 다음 직위 10명, 다음 89명, 마지막 하위관리자 3백 명이라면, 일정한 조건(예를 들면, 임기 2년) 하에서는 최하위 관리직에 재선금지 규칙을, 그 위의 직책에는 3선금지 등을 도입할 경우, 30년 근무연한 내에 누구나 한 번은 상위 관리자나 평의회 의원이 될 수 있고 이러한 경험자 중에서 다음 상위 직책자를, 이 직책경력자 중에서

그 다음 상위 직책을…… 선출하는 식으로 직책을 순번제적 선임제에 의해 채워나갈 수 있다. 이런 경우 모든 노동자가 최소한 최하위관리자나 최고로 기업소장까지의 모든 관리체계에 참가할 수 있고 동시에 노동평의회를 통해 감사와 감독·비판의 기능을 수행할 수 있다. 이러한 민주주의 형태는 선거권자와 피선거권자가 능력과 기능상 완전히 분열되어 일반대중은 평생 표만 던지고 선출되는 일 없는, 따라서 국정에 스스로 참여하지 못하는 수동적 민주주의를 넘어서는 '능동적' 민주주의요 완전한 자치이다. 이러한 단계에서 가능케 될 자주관리의 민주주의 하에서는 뽑는 자가 언젠가 반드시 자신도 뽑혀 공무를 수행하게 된다. 그리하여 모두가 '관료'가 됨으로써 아무도 특권을 향유하는 '관료'가 될 수 없을 것이다. 이것은 일개 생산단위에서만의 현실이 아니라 전사회의 현실이 될 것이다.

4. 소련 국영기업법과 기업민주주의

3절에서 사회주의적 기업민주주의에 관한 레닌의 방침적 이념을 비교적 상세히 논구하였다. 하지만 잘 알다시피 레닌은 그의 이념을 관철시킬 수 없었다. 서구에 대한 '추월'과 제1차대전 및 내전으로 부숴진 경제를 '재건'하는 것이 초기 소비에트 국가의 제1당면과제였다.

이런 상황에서 레닌은 모든 꿈을 당분간 뒤로 유예하고 고도성장을 위한 신경제정책(NEP)을 실시한다. 이때 기업체제 속으로 몇 가지 자본주의적 요소가 다시 도입된다. (1) 반자본주의적·전제적 권한을 가진, 그럼에도 오직 상급 국가기관에만 책임지는 기업관리자의 국가 임명, (2) 아래로부터의 민주적 기업통제 철폐, (3) 경제·기술전문가의 고액 봉급제 등. 레닌은 이러한 양보된 기업체제를 고도로 중앙집권화된 국가와 기업당조직이 감독함으로써 자본주의로의 완전일탈을 막는 제도적 장치를 보완·구축한다.

그러나 레닌은 이러한 전략수정 중에도 그러한 요소들이 자본주의적 관계이고 이러한 요소의 도입은 '일보후퇴'라는 것을 명백히 주지시켰다. "이러한 조치가 —— 일정한 영역에서 그리고 일정한 정도로 —— 자본에 대한 공세의 중단을 의미할 뿐만 아니라(왜냐하면 자본은 일정량의 화폐를 뜻하는 것이 아니라 일정한 사회적 관계이기 때문에), 우리의 사회주의적 소비에트 권력에 있어서(……) **일보후퇴**를

의미한다는 것은 명백하다."[57] 따라서 추월과 복구가 완료되어 사회주의로의 '일보 진전'을 감행할 때는 잠정적인 자본주의 관계들이 모두 철폐되고 레닌의 본래적인 사회주의적 기업민주주의가 관철되어야 할 판이었다. 하지만 스탈린이 그리하지 않았다는 것은 모두 너무 잘 알고 있다. 그의 이론적인 최대 오류는 자신에 의해 주도되어 건설된 사회형태를 완전한 사회주의로 나아가는 '이행형태'로 파악한 것이 아니라 '유일하고 최종적인' 사회주의 형태로 절대화시켰다는 데 있다. 따라서 일체의 개혁 시도는 이후 모두 수정주의로 낙인찍혔다.

그러나 페레스트로이카와 더불어 레닌의 민주주의적 기업자주관리 이념은 다시 '생동하는 이념'이 된다.[58] 페레스트로이카의 핵심은, 자본의 언론이 아무리 은폐하려고 애쓸지라도 그리고 이런 언론에 오도된 소시민적 이론가가 뭐라고 운위하더라도 '기업민주화'이다. "오늘날 소련에서는 생산 속에서의 민주주의, 즉 노동공동체 안에서의 참된 자주관리의 일관된 실현에 **일차적인 중요성**이 부여된다."[59] 즉, 국가의 수많은 지도권한이 기업 차원으로 이양되는 데 그치지 않고 '이양된 이 권한을 다시 민주화하는 것,' 이것이 개혁의 요점이다. 이 점에서 소련의 개혁은 중국의 '소유와 경영의 분리원칙'(1987년 전당대회 확정) 등과 본질적으로 다를 뿐만 아니라 그것을 뛰어넘은 것이다. 민주화 없는 소유와 경영의 분리는 평균적 근로자들의 머리 위에서 벌어지는, 국가관료와 기업경영자 간의 '용호상박전'에 지나지 않는다.

새 '국영기업법'에 따르면 기업은 '법인체'로 기능하고 기업의 노동공동체(=전직원)는 인민소유의 분리된 부분의 '점유자'로 현상한다(1조 2항 참조). 지금까지 한정치산자화되어 있던 노동공동체가 기업소장을 밀치고 기업자율권의 주체가 되는데, 그 법적 지위는 '소유자'가 아니라 '점유자'이다. 유고슬라비아의 문제점은 이 기업주체가 거의 소유자에 가까운 권력을 휘두르는 데 있는바, 이럴 경우 모든 문제가 기업간의 시장경쟁에 내맡겨져 사회주의의 또 다른 근본적 생산관계인 '계획관계'가 희생되고 자본주의 하에서와 유사한 생산의 무정부 상태가 도래하게 된다. 이런 상태에서 실업률 20%(유고의 현재)는 우연이 아닐 것이다. 그러나

57) 레닌, 「소비에트 권력의 당면과제」, 1918, 선집, Berlin, 1970, p. 744. 강조는 필자.
58) F. Burlazki, "Demokratisierung und Selbstverwaltung," Probleme des Friedens und des Sozialismus, H. 8, 1987 참조.
59) 리가초프, 위의 논문, p. 873. 강조는 필자.

소련에서는 기업자율권을 '점유권'의 수준에 한정시킴으로써 국가와 기업 간의 황금률을 찾고자 한다. 즉 국가는 여전히 총경영권자로서 실업 발생에 대항하기에 충분한 본질적 권한을 보유하고 있다.

기업적 점유권에 대응하는 모든 처분권력은 노동공동체에 속한다. 이 공동체의 전권(全權)의 실현을 위한 주요형태는 노동공동체의 "총회(또는 대표자회의)"이다(6조 5항). 여기서 '대표자회의'란 노동공동체의 수적 규모나 지리적 분산도가 너무 큰 경우에 위임된 결정권한의 행사를 위해 인구비례로 선발된 대표자들의 회의를 말한다. 이 총회(대표자회의)의 가장 중요한 권한들은 '기업소장과 노동공동체평의회를 선출하는 권한' '기업소장과 평의회의 사업보고를 청문할 권한' '기업의 경제적·사회적 발전의 계획들을 토의하고 비준할 권한' 등등이다(6조 5항). 바로 여기에 '직접민주주의'의 요소들이 실현되고 있다. 이 점은 마르크스, 엥겔스, 레닌의 말 그대로의 언표보다는 많은 것이지만 그들의 정신과 일관되는 것이다.

기업지도에 있어서 '일인지도의 원리'는 고수되나, 이 일인지도자가 이제는 기업의 최고관리자(기업소장)에서부터 반장이나 작업대장 같은 최하위 관리자까지 모두 선임된다. 최고관리자는 위에 언급했듯이 총회(또는 대표자회의)에 의해 "통상경선(競選)의 토대 위에서"(6조 2항) 선임되고, 다른 하위 관리자들은 수준에 상응하는 분과회의에 의해 선임된다. 기업의 최고관리자는 "5년 임기로(총회 또는 대표자회의의 재량에 따라) 비밀 또는 공개로 선출된다"(6조 3항). 기업연합체의 장은 모기업의 이미 선임된 관리자가 상급기관의 승인에 의해 겸임하거나, 연합체의 지휘관리가 특별한 별도기구에 의해 수행되는 경우에는 이 연합체의 각 구성단위체와 기업들의 노동공동체들의 대표자회의에 의해 별도로 선출되어야 한다(6조 3항). 따라서 국가에 의한 기업소장과 연합체기관장의 임명 및 이 기업소장이나 연합체기관장에 의한 다른 하위관리자들의 임명제도는 완전히 폐지되었다.

그러나 해당 국가기관은 기업소장 및 연합체기관장 선거의 결과에 대한 거부권을 갖는다. 동시에 총회(또는 대표자회의)도 이미 선임된 기업소장이나 연합체기관장을 임기 전에 해임할 수 있다. 따라서 기업소장과 연합체기관장은 상급국가기관이나 기업의 총회(또는 대표자회의) 어느 쪽에 의해서 불신임되든 해임된다. 즉 양쪽에 의해 신임받는 사람만 그 직책을 유지할 수 있다는 말이 되겠다.[60] 이것은 소장

60) 이러한 지휘구조는 엥겔스가 모간의 연구를 바탕으로 밝혀낸 원시공산사회의 지휘구조

이하의 관리자들에게도 그대로 타당하다. '선임' 및 '항시적 소환'의 원칙이 최소한 모든 선임관리자들에게는 철저히 적용되었다. 물론 레닌의 '공산주의적' 꿈, 즉 이 원칙들이 선임관리자들뿐만 아니라 각급 부(副)관리자 및 여타 참모관료 전원에게도 적용되는 상태가 도래할 때까지는 더 기다려야 할 것이다.

그러나 레닌의 꿈의 또 한 측면이 실현되었다. '일종의 의회' 즉 노동공동체평의회가 '모든' 기업 및 연합체에 설치되었다. 평의회는 총회(또는 대표자회의) 회기간에 "노동공동체의 전권"을 행사한다(7조 1항). 평의회는 다음과 같은 폭넓은 권한을 갖는다.

1. 노동공동체 총회(또는 대표자회의)의 결의사항의 실현 여부, 노동자 및 기타 사원들의 비판적 지적의 실현 여부에 관해 감독한다.
2. 기업의 지도 및 조직구조의 완벽화를 위한 문제들을 결정한다.
3. 생산발전, 과학기술, 물질적 유인, 사회보장의 발전 등을 위한 제반기금의 사용과 기업의 사회정책을 위한 물자투입 등을 결정한다.
4. 간부의 교육 및 자질향상의 문제를 결정한다.
5. 다른 하급부서의 공동체평의회의 선출에 관한 문제를 결정한다.
6. 노동공동체평의회의 전권의 테두리 내에서 하급평의회의 권리를 규정한다.
7. 기타.

노동평의회의 모든 결의사항은 "관리진과 기업성원에 대해 구속력을 가진다"(7조 2항). 평의회는 공동체 총회(또는 대표자회의)에 의해 "2~3년의 임기로 비밀 또는 공개로" 선출된다. 그러나 "기업관리진의 대표자들은 노동공동체평의회의 전 위원수의 4분의 1을 넘을 수 없다"(7조 3항). 이것으로써 평의회는 관료적·기술관료적 영향으로부터 본질적으로 해방된다. 동시에 순번제적 선거원칙은 가능한 한 많은 수의 노동자와 사원들이 평의회 의원이 될 수 있는 가능성을 열어놓고 있다. "매번 도래하는 선거 때마다 평의회의 구성은 보통 3분의 1씩 갱신되어야 한다"(7조

즉 부족평의회 및 씨족회의 양측에 의한 씨족장의 불신임권한과 유사하다. 이로쿠오 족의 부족·씨족 구조를 보라.

3항). 감독과 결정은 —— 레닌이 말하고 있듯이 —— 전문적인 지휘관리보다 더 간단하다. 따라서 평균적 노동자가 경영에 참여할 가능성은 관료적 지휘기구에서보다 평의회 안에서 더 크다. 따라서(결정하는 자와 수행하는 자 간의) 예종적 분업의 해체는 순번제적 선거를 통해 일단 평의회로부터 시작된다.

그밖의 인사정책 일반(즉 각급 부책임자, 참모, 평사원 등의 부서이동 및 승진)은 기업당조직, 기업소장, 노동조합 등에 의해 공동으로 결정된다. 그러나 당조직은 생산과 경영의 문제로부터 완전히 손을 떼게 되었다.

지금까지 국가기업 및 조합기업의 민주적 권력구조를 간단히 살펴보았다. 물론 법안에 새로이 규정된 다른 내용들, 경제적 · 신용-재정적 · 사회적 권리와 의무, 기타 최근 새로이 논의에 부쳐진 기업의 자율재정과 관련된 노동주식(각 기업이 자금동원을 위해 '자기 기업의 근로자에게' 개인 보유량의 '상한선'을 그어 주식을 발매하는 제도) 문제 등은 도외시될 수밖에 없었다. 또한 페레스트로이카에 의해 강화된 노동조합의 지위에 관한 논의도 지면 관계상 그냥 지나칠 수밖에 없겠다. 마지막으로 당과 국가의 권력구조의 민주화에 대해서 알아보겠다.

5. 정치권력구조의 근본적 민주화

얼마 전에 소련공산당 제19차 당대표자대회(의례적인 성격을 갖는 당대회와 구별되는 실무대회로서 당규정에는 올라 있었지만 스탈린에 의해 사실상 폐지된 이래 실로 50년만에 처음 열린 대회. 레닌은 주요 실무사항을 이 대회에서 활발한 찬반격론을 통해 결정하였다)가 폐막되었다(6. 28~7. 1 나흘간). 대회는 놀랄 만한 민주적 분위기와 거의 무제한적인 반대의 자유 속에서 그 생동성을 입증하여 서방제국을 놀라게 하였다. 소수파의 고르바초프에 대한 정면비판, 대통령 면전에서 대통령의 퇴임을 요구하는 과감한 도전 등, 원래의 볼셰비키들이 다시 소생한 것 같은 열띤 분위기 속에서 대회는 소수 보수세력과 소수 급진세력의 공동 패배, 중도세력의 압도적 승리로 막을 내렸다. 서기장에 의해 제출된 정치개혁에 관한 발제논문을 둘러싼 토론 · 개정 · 변경 등의 줄다리기 과정은 상당한 수정을 거친 여러 개의 최종결의문을 산출하였는데, 최종결의문에 대한 보수 · 급진적인 반대자들은 각각 145대 4, 841, 209대 4, 773, 53대 4, 933의 표대결로 패배하였다. 대회는, 고르바초프가

이 대회에서 반대파에 의해 전복당하거나 굴복하게 될 것이라는 서방언론의 예측을 비웃듯, 당중앙위원회·정치국·서기장의 권위를 그 정점으로 올려놓았다.

대회는 1988년 5월 23일 결의된 국가와 당의 근본적 개혁에 관한 당중앙위원회 10개 테제와 대회 벽두에 제출된, 10개 테제에 기초한 고르바초프의 구체적인 발제논문을 중심으로 진행되었다. 아직 최종결의문이 발간되지 않았고 또 골자에 있어서 큰 수정이 없으므로 여기서는 '10개 테제'와 '발제논문'에 기초하여 개혁의 골자를 요약·소개하겠다.[61]

먼저 당권력구조의 민주화에 관하여 알아보자. '테제'는 당내 민주화의 취지를, 다음과 같이 선명한 자기비판과 함께 밝히고 있다.

> "레닌 사후 레닌적 원칙으로부터의 이탈이 시작되어 우리 당에 전통적인 토론의 자유가 폐기되고 집단지도원리와 당내민주주의의 원칙들이 침해되었다. 이러한 불운한 관례는 지난 (브레즈네프 시대의――필자 삽입) 정체년간에도 많건 적건 그대로 지속되었다. 피선자격에 관한 연한제한의 부재는 간부 활성화의 자연적 과정을 교란시켰고, 지도적 간부들은 부분적으로 자신들의 직위를 종신적인 것으로, 그리고 자신들을 무오류의 인물로 간주하고 자신들의 권력을 남용했으며 평당원과 근로자들에게 필요한 관심을 돌리지 않기 시작했다. (……) 우리에게 제기된 유예할 수 없는 과제는 당에 의한 사회의 지도라는 레닌의 원칙들의 침해를 유발할 가능성이 있는 모든 것을 미래에도 배제할 수 있는 정치적 제도기구와 보장책을 창출하는 것이다" (테제 5).

그리하여 당권력의 신뢰침해와 관료주의적 부패 및 왜곡을 제도적으로 막기 위해 과감한 민주화조치가 제기되었다. 요약하면,

1. 간부후보 지원자의 **자유경선**, 당내 유세·토론·**비밀투표**의 규범화.
2. 각 지구당 및 당중앙위원회 선거시 **위원 수보다 많은 후보자**를 지명할 각 당원의 권리 보장.
3. 상기 두 원칙은 최하급 지구당위원회 및 제1서기 및 평서기에서부터 당중앙위원

---

61) '테제'는 *Neue Zeit*, Nr. 23에 게재된 것, '논문'은 「쁘라브다」 1988. 7. 29일자에 게재된 것을 인용한다.

회, 당서기장 및 정치국원에 이르기까지 일괄 적용된다.

4. 모든 심급의 당위원회 및 위원과 서기, 당서기장, 정치국원의 임기는 '5년으로 고정되며'(임기제의 도입), 1회에 한하여 연임할 수 있고(중임제) 3선임기는 예외로서만 승인된다. 3선임기를 위한 선거는 '평당원의 발의에 의해서만' 가능하며 3선입후보를 위해서는 해당 당위원회에서 '비밀투표'로 4분의 3 이상의 찬성투표에 기초한 특별결의를 얻어야 한다.[62]

이에 기초한 당조직의 재구성은 금년 내에 이루어져야 하고 내년 4월까지는 완료되어야 한다(「개혁실천을 위한 특별결의」, 『쁘라브다』 7.3, 1면). 이렇게 따질 때 고르바초프 서기장의 임기는 길면 1999년 4월에, 특별결의를 얻어 3선되면 2004년에 끝난다. 3선이 무난할 것으로 보이는데 서기장에 한해서 '특별결의 없이' 3선에 출마할 수 있다는 특권조항을 삽입하자는 소수의견은 표결에 붙여지기도 전에 원칙 위배라는 판정으로 묵살되었다. 어떤 한 대의원은 이 임기제에 대한 지지연설 중 만약 이 규정이 일찌기 도입되었더라면 스탈린은 1935년경 물러났을 것이고 그렇게 되었더라면 그 많은 사람이 총살당하거나 감옥에서 죽지는 않았을 것이라고 농담하여 대의원의 열렬한 박수와 환호를 받았다.

다음으로 당권력 개혁의 또 다른 새로운 '역사적' 측면에 관하여 언급하지 않을 수 없다. 지금까지 당원은 혁명 이전부터의 전통에 따라 스스로 노동계급과 기타 근로세력의 '전위'로 자임해왔다. 반동의 무자비한 탄압이 진행되는 혁명 이전에 이러한 전위의 자임은 놀랄 만큼 순수한 양심세력과 불굴의 투사들을 선발하는 최선의 당원선발 메카니즘이었으나, 당이 정치권력을 장악한 이후에는 —— 일반민중에 의해 지탄받는 권력추구자, 출세주의자들이 당원증으로 위장하고 —— 민중을 우롱하는 논리로의 부분적 변질을 겪게 되었다. 이에 대해 이번에 강력한 민주적 쐐기가 박혔다. 앞으로 모든 당원후보는 해당 근로자총회에서 근로자들에 의한 당가입 결정을 얻어야 정식당원이 될 수 있다. 즉, 전위의 '자임'이 아니라 민중에 의한 전위의 '선임'으로 바뀌었다(『쁘라브다』 6.29, 6면). 동시에 이번 개혁에서 각 심급의 선임된 제1서기와 당서기장은 각 심급의 지역소비에트 및 연방소비에트의 의장을 겸하게 되는데, 이러한 겸임을 위해서는 각 심급 소비에트에서 '비밀투

62) 이 예외조항은 급진파의 반론으로 표결에 붙여졌는데, 투표 결과 예외조항 삭제주장은 찬성 209, 반대 4773, 기권 4로 부결되었다. 『쁘라브다』 7.2, p.12.

표'에 의한 선거를 통과해야 한다. 만약 낙선하면 제1서기직이나 당서기장직에서도 물러나야 한다. 즉, 각 심급의 '장에 해당하는' 으뜸 당직자는 당내부 선거에 의해서만 확정되는 것이 아니고 인민주권기관의 선임메카니즘에 따르게 되어 있는 관계로 소비에트에서 의장으로 선임되기 전의 당직자는 아직 확정된 당직자가 아니라 으뜸 당직에의 '내정자'에 지나지 않게 되었다. 당 권력구조에 민중의 의지가 간섭, 침투할 수 있는 역사적 구조가 창출된 셈이다(「쁘라브다」 6.29, 4면). 따라서 앞으로 각급 으뜸 당직자는 각급 당위원회의 비밀선거에 의한 복수경선에서 당선됨과 동시에 다시 각급 소비에트(민중권력기관)에서 비밀투표로 확정되는 신고(辛苦)의 과정을 겪게 되었다.

마지막으로 국가권력기구의 민주화와 구조변혁에 관하여 살펴보자. 가장 중요한 측면은 이전에 당권에 위축되어 있던 소비에트 권력의 본질적 강화·회복이다. 앞으로 당기구는 소비에트에 간섭할 수 없고 오직 개인 자격으로 소비에트 의원으로 당선된 자격자에 한해서만 소비에트에서 당의 의지를 반영할 수 있을 뿐이다. 의원의 선거에 관한 원칙은 선거 지역구별로 앞에서 말한 당에 관한 민주화조치가 그대로 적용된다. 임기제(5년), 중임제, 예외적 3선제도 마찬가지다. 소비에트회기는 대폭 연장되고 각급 서기장이 소비에트의 장을 겸하게 되어 당기구나 당권력자에 의한 활동방해 공작은 배제될 수 있게끔 되었다.

연방최고소비에트는 근본적인 개혁을 겪게 되었다. 우선 새로운 제도는 '인민대표자회의'이다. 기존의 연방최고소비에트는 각각 750명의 거대한 수로 구성된 지역구 대표자의 연방소비에트와 민족대표로 구성된 민족소비에트의 양원으로 구성되어 도합 1,500명에 달하혔다. 규모의 이러한 방대성은 세세한 법률문제에 있어서 실질적 입법권이 내각으로 이전되어버리는 사태를 초래하였다. 즉 내각은 자기들이 법 초안을 작성하고 다시 소비에트에 와서 발안하고(왜냐하면 내각장관들이 곧 고위 소비에트 위원들이기 때문이다) 무사통과시키는 등 폐단이 말이 아니었다. 이번 개혁은 이에 대해 대단히 변증법적인 접근을 시도하였다. 이 연방최고소비에트를 폐지하거나 숫자를 축소한 것이 아니라, 반대로 여기에 다시 750명의, 각종 사회정치조직(당, 노동조합, 청년조직, 여성조직, 재향군인조직, 과학자·교수 등의 학술조직, 예술가조직 등)의——비밀선거에 의해——선임된 대의원을 합하여 '인민대표자회의'로 명칭을 변경, 확대증편시켰다. 즉 이제 양원제가 아니라 3원제가 된 셈이고 앞으로는 노동조합 대표 및 교수, 예술인 등도 반드시 참가할 수 있게끔

되었다.

이 인민대표자회의 기능은 크게 두 가지다. 첫째, 회의는 헌법 및 정치, 사회, 경제의 근본적인 문제를 심의·결정한다(1년 1회 개회). 둘째, '자신 내부에서' 400~500명에 달하는 '연방최고소비에트'[63]와 '최고소비에트 의장'을 선거하는 '선거기관'으로 기능한다.

연방최고소비에트는 종전처럼 양원으로 구성되나, 수가 크게 축소되고(400~500명) 권한이 법률입안 및 통과에 관한 입법기능과 행정각부 및 조직 의장의 임명, 감독·조사 기능으로 국한, 전문화된다. 내각의 수상과 장관은 의원을 겸임할 수 없고, 최고소비에트 의장에 의해 추천되어 최고소비에트에서 비밀투표에 의거한 과반수 이상의 찬성으로 '임명'된다('동의'가 아니라). 동시에 이 소비에트에 의해 법적·정치적 이유에서 언제든지 해임된다. 한편, 이전에는 내각이 곧 최고소비에트 의장단이나 다름없었는데, 이번에는 최고소비에트 의장이 따로 인민대표자회의에서 선임되어 최고회의의장단을 구성하고 최고소비에트를 내각과 독자적으로 주재하고 법률심의, 조사, 감독기능 및 상임위원회 활동을 조정한다. 앞에서 말했듯이 의장은 당서기장을 겸임한다. 따라서 내각과 기타 당조직은 소비에트를 범할 수 없게 되었다. 소비에트는 '연 2회' 개원한다.

소비에트 의장은 연방의 '국방'과 '외교'에 관한 사항에 전권을 갖는 국가원수이고(즉, 이전의 상징적·의전적 국가원수제의 폐지), 내각의 수상 및 장관을 '추천할' 권한을 갖는다.[64] 물론 앞에서 말했듯이 임명권은 없다. 고르바초프는 내년 4월에 이 소비에트 의장에 출마하여 당선되면, 이 직책을 겸하게 된다. 이런 광범한 개혁 내용을 담기 위해 내년 4월까지는 헌법이 대폭 개정되게끔 결의되었다.

최고소비에트에 의해 임명되거나 비준되는 수상·장관·재판장·검사들이나 기관장 등도 5년 임기, 중임제, 3선예외 조항이 그대로 적용된다. 판사나 검사들도 소비에트 의원직을 겸임할 수 없다(당연히 변호사는 여기서 제외된다). 물론 임기 전에 해당 소비에트에 의해 해임될 수도 있다.

---

63) 우리나라 과거 '통일주체국민회의'에서처럼 외부에서 일괄작성된 유정회 명단에 대해 찬반투표하는 것이 아니라, 자신들 속에서 후보를 내어 각 개인에 대해 개별투표한다. 이때 전체 후보수는 뽑힐 수(400~500)보다 훨씬 많아야 한다.

64) 우리나라 식으로 말하면, 소련에서는 국회의장이 대통령인 셈이다. 이에 반해 수상과 각부 장관은 국회에 종속된 단순한 심부름꾼으로 나타난다.

우리나라에서처럼 국회의원이 7선, 8선의 장수를 누리는 상황이 폐지되고 사실상 3선이 금지된 소련 상황에서는 가능한 많은 인구가 각 심급에서 의원이 될 수 있다. 그런데 궁금한 점은 초선이나 재선의원이 국정을 노련하고 각단지게 처리할 수 있느냐 하는 점이다. 이러한 의문은 소련의 지방자치제, 즉 동(洞) 단위 소비에트, 면 · 군 · 시 · 주 · 공화국 · 연방 차원의 소비에트에까지 이어지는 자치제를 망각할 때 생기는 우문이다. 최고소비에트에까지 진출하기 위해서는 이미 예하 단위에서 10~20년 이상 소비에트의원 경력을 가진 사람이어야 할 것이 자명한 이치이다. 예를 들면 공화국 소비에트에서 재선 내지 3선의 경력이 없는 자가 인민대표자회의 대의원이나 여기에서 다시 최고소비에트 의원에 출마한다고 해서 누가 뽑아주겠는가? 따라서 민주화된 소비에트제도 하에서 항상 하위 소비에트는 상위 소비에트의원들의 정치훈련원이 된다. 인민대표자회의 2,250명(1,500+750)에서 뽑히는 셈이다. 결국 400~500명의 최고소비에트 의원은 6,000~7,500명에서 15대 1의 경쟁을 뚫고 뽑히는 셈이기 때문에 그 경력과 노련성, 전문성과 경험, 자질과 능력 면에서는 의심할 바 없다는 이론이다. 과거처럼 최고소비에트에서 졸거나 신문 읽는 '무능한' 의원들은 없어지게 되는 셈이다.

이상으로 당과 국가의 권력구조 개혁 및 정치민주화에 대하여 간단히 알아보았다. 보다 자세한 내용은 지면관계상 서술이 불가능하고 좀더 치밀한 법논리는 헌법개정 이후에는 거론될 수 있을 것이다.

6. 맺 음 말

물론 앞절에서 다룬 국영기업법이나 여타 정치관계의 민주적 변혁이 '공산주의 사회' 그 자체를 규정하는 것은 아니다. 기업과 국가의 민주화는 경제과정의, 집단적 노동자 아래로의 '형식적' 포섭만을 가능하게 해 줄 뿐이다. 그러나 이러한 '형식적' 공산주의(=사회주의)는 근본적인 새로운 기술토대(완전자동화)의 발전과 함께 두뇌노동과 육체노동의 차별 · 대립을 해소하고 '실질적인' 공산주의(=진정한 공산주의)를 준비해주는 것으로 이해된다.

이러한 목표를 추구하는 사회주의의 자기완벽화 운동으로서의 페레스트로이카의 성공을 위한 전제는 냉전세력에 대한 평화세력의 우위이다. 국제긴장 속에서는

개혁을 추진할 겨를이 없다는 직접적인 의미에서도 그럴 뿐만 아니라, 냉전의 지배 하에서는 제국주의로 하여금 민족 · 민중운동에 대한 전세계적 간섭과 진압을 용이케 해주는 구조가 형성되는 관계로, 냉전 하에서는 그 어떤 민족 · 민중운동도 쉽사리 권력에 이를 수 없기 때문이다. 이러한 민중 · 민족운동의 약화는 다시 제국주의 지배를 저지할 역량을 격감시킬 것이고, 결국 사회주의권에 대한 압박이 가중될 것이다. 이런 까닭에 평화공존의 전세계적 확립은 기존 사회주의의 개혁과 민중 · 민족운동의 '공통된 변증법적 중심고리'가 아닐 수 없다. 소련개혁의 성공은 '이념의 명예회복'을 통해 사회주의의 이념적 견인력을 높여줌으로써 다시 세계적 민중 · 민족운동을 고양시킬 것이다.

제 6 장
소·동구권의 혁명적 체제 개혁과 사회주의 이념의 전면적 자기구현과정*
소련 페레스트로이카의 경제이론적 고찰

1. 머 리 말

소련의 체제변혁과 수많은 대내외 정책의 혁명적 대전환은 소련 내부 및 사회주의권뿐만 아니라 자본주의세계 전체에 대해서도 커다란 변화를 초래하고 있다. 이러한 변동이 어떠한 역사적 의미를 지니는 것인가에 대해서는 정보 부족과 이론 부족, 또는 시각의 문제 등으로 인해 자본주의권에 사는 관찰자들 간에 끊임없는 논란의 여지를 주고 있다. 또 일부 세력들은 이것을 이용하여 '공산주의의 파산'이라는 이데올로기적 선전을 강화하고 이로 인해 민족민주세력 내에 일정한 불안감마저 주고 있는 것이 사실이다.

그러나 이러한 불안감이란 과학적 이론보다는 역사적으로 굳어진 교조의 단편적 섭취에 근거하여 활동하는 이론가들에게나 생기는 것일 뿐, 대부분의 민족민주운동세력에게는 불안감보다는 오히려 궁금증이라 표현해야 맞을 것이다. 물론 외신들의 맥락없는 보도들로써 이러한 궁금증이 해소될 수는 없을 것이다.

이 글에서는 소련의 체제변혁을 중심으로 그 소유관계와 기업조직 및 정치조직에 대한 사실 기술이나 이론적 분석보다는[1] 과거 체제의 토대관계에 대한 **경제이론적** 분석과 페레스트로이카의 필연성에 대한 **경제학적** 해명에 초점을 맞춰 소·동구권의 혁명적 체제개혁이 마르크스-레닌주의의 필연적 자기구현 과정임을 밝혀 보이고

---

*「사상문예운동」, 풀빛, 1989년 겨울호.

1) 이에 관해서는 필자의 「더 많은 사회주의로서의 페레스트로이카」(「창작과 비평」 1988년 가을호, 본서 2부 5장에 수록)와 「폴란드 정치변혁과 그 역사적 위상」(「말」 1989년 10월호), 「폴란드 사회주의 어디로 가나?」(「한겨레신문」 1989년 8월 12일자 외신란) 참조.

자 한다.

2. '사회주의적 시초축적'으로서의 외연적 축적체제의 구축과 마르크스-레닌주의의 불가피한 유예 · 왜곡

혁명 당시 러시아는 페테르스부르크, 모스크바, 발틱 연안, 바쿠 등의 대도시를 중심으로 중급 정도의 자본주의가 발전해 있었으나(레닌), 이러한 도시지역을 제외한 광범위한 농촌지역은 사실상 "반(半)식민지 반봉건 상태"(고르바초프)에 있었다. 이런 까닭에 러시아 볼셰비키 정부의 당면과업은 자본주의 하에서 도달하지 못한 공업화 단계를 사회주의 하에서 신속히 달성하기 위해 "사회주의적 시초축적"이라는 이론에 입각하여 중화학공업 우선의 산업화정책을 강력히 추진하는 것이었다. 이 "사회주의적 시초축적"은—— 자본주의적 시초축적이 매뉴팩처적 자본축적기를 뜻하는 데 반하여—— 생산력의 규모와 성격상 자본주의 발전단계와 비교할 때 매뉴팩처에서 기계제 대공업으로의 이행기인 산업혁명의 과정에 해당하는 것으로서, 제국주의국가의 경제적 추월을 위해서는 필연적인 것이었을 뿐만 아니라 생산력 발전의 객관적 방향과 일치하는 것으로서, 그 자체 본질적으로 진보적인 것이었다.

그러나 자본주의의 기계제 공업화가 기계의 지속적인 투입을 통한 상대적 잉여가치율의 향상 방법의 내재적 자기모순(상대적 잉여가치의 증대율이 자본의 유기적 구성도의 고도화의 증대율에 의해 추월되는 역사적 경향)에 의해 이윤율 하락이라는 역사적 한계에 부딪히듯이 사회주의적 시초축적도 그것의 정점에 도달하자마자, 자본주의의 모순과는 비록 그 표현형태가 판연히 다르지만, 나름의 특유한 객관적 한계에 도달한다. 1956년 이후 사회주의권에서 벌어진 수정주의-교조주의 논쟁, 개혁파와 교조주의세력 간의 충돌, 분열 등은 본질적으로 사회주의적 축적과정의 이러한 법칙적 한계의 이론적 해명과 실천적 돌파를 둘러싼 갈등으로 환원될 수 있겠다. 이러한 갈등을 그토록 첨예화시키고 격화시켰던 요인에는 물론 저 스탈린주의적 "시초축적체제"의 완성과 이 체제의 내재적 모순의 인식 시점이 각국의 출발조건 및 시기 등의 차이로 인해 각기 다를 수밖에 없었다는 우연적, 객관적 사실이 첨가되어야 할 것이다.

먼저 공업화의 완성 단계에 도달한 소련 및 동구권의 동독, 헝가리, 폴란드, 체코 등은 체제위기 및 개혁의 필연성에 직면하여 모종의 개혁조치를 취하게 된 데 반하여, 아직 공업화 단계에 도달하지 못하여 스탈린주의가 더 오래 필요한 나라들(알바니아, 루마니아, 북한, 중공 등)에서는 '수정주의'에 대한 격렬한 성토가 대숙정 과정 및 소·동구권의 개혁이념 침투에 대한 방어논리로서의 민족적 가치의 과도한 강조 등이 풍미하게 된다.[2] 공업화에 막 착수한 후발 국가들로서는 선진사회주의국가들의 개혁이론이나 정책이라는 것이 기존의 스탈린 체제의 보수를 위한 방어적인 조치들에 지나지 않았음에도 불구하고 지극히 민감하게 반응하지 않을 수 없었을 것이다. 이로 인해 후발국가들의 이념인 민족적 가치와 이념의 능력에 대한 과도한 강조로 인해 왜곡된, 본질적인 의미에서의 수정주의로 퇴락하거나 통속화된, 그들의 국제노선은 후발국가들끼리도 각국의 특유한 민족적 색채로 인해 서로 배척하는 국제적 종파활동의 형태를 취하지 않을 수 없게 된다.

이 후발국가들 중에서 그래도 뒤늦게나마 괄목할 만한 공업화를 완수한 유일한 나라는 북한이었다. 그리하여 북한도 사회주의 선진국들이 10여년 전에 직면했던 성장률 둔화라는 경제적인 전(前)위기적 현상을 체험하게 된다. 이로 인해 북한에서도 그 원인의 해명과 돌파를 위한 담당자들 간의 논쟁이 벌어지게 된다. 그 자세한 내막은 알 수 없으나 김일성의 경고연설 내용으로 보아 개혁파가 ① 성장률 둔화의 원인을 마르크스의 자본주의 분석이론에 입각하여 이윤율 하락의 사회주의적 표현으로 해석하고 ② 이것의 돌파를 위해 기업의 민주화 정책을 주장한 것을 알 수 있다(1960년대 후반). 그런데 김일성은 이 이론적 개혁논의를 준열하게 질타하는데, 첫째 자본주의 발전법칙과 사회주의 발전법칙을 혼동하고 있다고 꾸짖고, 둘째 민주주의 운운하는 것을 "자유주의적" 발상으로 단죄한다. 그는 '혁명적' 인민들의 집단적 힘만이 근본적 발전력임을 지적하고 동원체제적인 노선으로 성장률 둔화를 극복할 것을 주창한다. 물론 북한은 나중에 반(反)흐루시초프 투쟁에도 불구하고 독립채산제 및 경제적 경리 등의 부분적 도입을 통해 흐루시초프적 '수정주의' 요소도 적용한다. 그러나 이러한 노선이 소련의 흐루시초프식

2) 이런 까닭에 후발국들의 스탈린주의는 각국의 민족지도자의 사상을 통해 '민족적' 형태로 재생산된다. 알바니아의 호자주의, 루마니아의 차우체스크주의, 중국의 모택동주의 또는 사상, 북한의 김일성주의 등이 그것이다.

미온적 개혁정책이나 동구권의 방어적 개혁 등과 마찬가지로, 축적체제의 자기모순을 근본적으로 해소한 것이 아니라 다른 형태로 전화하도록 하거나 지연시키는 미봉책에 지나지 않는 것임이 현실화되어 누구도 부정할 수 없는 사실로 인지되고 있다.[3)]

물론 자본주의적 발전법칙과 사회주의적 발전법칙은 근본적으로 다르다. 그러나 자본주의의 **소재적**(素材的) 요소들과 이들의 특유한 결합——생산력, 이것의 제요소, 생산수단과 소비재 생산의 균형적 결합, 기술적 구성도, 죽은 노동과 산 노동의 비율관계 등——에 있어서 양자는 동일한 것이고, 다만 이것들의 발전을 촉진시키고 억제하는 생산제관계 및 표현형태에 있어서만 근본적 차이를 보일 뿐이다. 자본주의적 생산제관계의 근본적인 한 특징이 다른 모든 착취적 생산관계와 마찬가지로 억압을 통한 발전에 있다면, 사회주의적 생산관계의 근본적 특징은 각 개인과 집단의 자율성을 **해방하는 민주적 힘**을 바탕으로 한 경제발전이라는 데 있다. 이것을 동원체제적 집단력과 어줍잖게 혼동해서는 안 될 것이다.

마르크스는 특유한 자본주의적 생산제관계를 소재의 특성으로 오해하는 부르주아 경제학의 물신주의를 분석, 해명하고 근본적으로 비판하였다. 즉, 그는 자본의 특유한 경제적 형식과 법칙을 강조하였다. 그러나 이것은 자본의 소재적 측면이 아무런 의미를 지니지 않는다는 것을 뜻하지 않는다. 오히려 두 측면의 확연한 구별과 이것의 독자적인 경제적 의미를 혼동없이 해명하기 위한 것이다. 따라서 마르크스는 「자본론」 2권에서 자본의 소재적 측면에 주목하여 어떻게 자본이 그 **형식의 주도 하에** 소재적 측면 간의 재생산구조적 균형이 가능한가를 분석했던 것이다. 따라서 「자본론」 2권은 자본의 형식적 운동만이 아니라 근본적으로 소재적 운동도 다루고 있는 한에서 항상 사회주의 경제정책의 새로운 입안을 위한 일정한 이론적 지침을 제공해 왔던 것이다. 물론 이 미완성 저작의 해석을 둘러싼 필연적인 논란은 저작을 소홀히 다루게 하고 또 수많은 오해를 낳았던 것이 사실이지만.

소련의 페레스트로이카는 마르크스 경제이론에 입각한 원인 규명과 처방으로서, 다음에서는 간단히 자본의 확대재생산의 측면을 살펴보지 않을 수 없겠다. 이를

3) 북한의 경제성장률은 1987년 3.3%, 1988년 3.0%인데, 이 수치들은 모두 제3차 7개년계획상의 연평균 성장목표인 7.9%의 절반에도 못 미친다. 경제규모는 한국의 1/8, 1인당 소득은 한국의 1/4에 불과하다.

바탕으로 해서만 기존 축적체제의 특성과 한계 그리고 경제개혁 및 정치개혁의 필연성이 이해될 수 있을 것이다.

(1) 자본의 외연적 확대재생산과 내포적 확대재생산

마르크스는 총자본의 재생산과정을 해명하면서 자본의 소재적(사용가치적) 측면에 따라 생산수단 생산부문(제1부문), 소비수단 생산부문(제2부문)으로 나누었다. 생산수단은 사용가치적 특성에 따라 개인적 소비에 쓰일 수 없고 소비수단은 거꾸로 생산재로 쓰일 수 없다. 곡식이나 여타 소비재(석탄 등)는 물론 소비재이면서 동시에 생산재로도 쓰일 수 있으나 분석의 편의상 이러한 경제재는 추상한다. 마르크스는 단순재생산의 경우(자본가가 생산된 잉여가치를 자본으로 투자하지 않고 전량 소비하는 경우)의 예로서 다음과 같은 도식을 제시하고 있다.[4]

제1부문 $1000c + 1000v + 1000m$
제2부문 $2000c + 500v + 500m$

제1부문에 종사하는 노동자와 자본가는 제1부문의 생산품을 먹고 입는 것이 아니라 제2부문과 교환하여 소비재를 구해야 하므로 여기서 소비되는 품목은 전량 제2부문에서 와야 한다. 한편 제2부문의 자본가는 생산재를 오직 제1부문에서만 구할 수 있다. 그리하여 양부문 간의 교환이 벌어진다. 이때 제1부문의 노동자의 소비재 가치는 1000v이고 자본가의 소비재 가치는 1000m인데, 이것은 오직 동일한 가치만큼의 생산재를 제2부문에 팔아서 얻을 수 있다. 동시에 제2부문의 자본은 자신이 필요로 하는 불변자본의 소재적 양을 넘는 것은 필요가 없으므로 제1부문으로부터 사들이는 생산재의 가치량은 제2부문에서 필요한 소비재가치와 일치해야 한다. 그리하여 자본주의적 재생산의 균형은 제1부분의 $1000v+1000m$ $=$제2부문의 2000c로 표현된다. 이러한 균형의 파괴 가능성은 지극히 높은 것이고 이것은 공황으로 표현된다(공황문제는 다른 이론적 고찰이 전제되어야 하므로 생략한다).

4) 「자본론」 2권, MEW 24, p. 446 이하 참조.

단순재생산은 비교적 단순하다. 확대재생산의 문제로 들어가면 대단히 복잡해진다.[5] 확대재생산은 제1부문과 제2부문의 자본가들이 잉여가치를 전량 소비하는 것이 아니라 일부는 소비하고 일부는 재투자하는 것을 말한다. 이때 두 부문간의 균형은 더욱 어려워지는데 자본은 이것을 주기적 공황을 통해 돌파한다(또는 국가독점자본주의 하에서는 경기변동을 통해 돌파한다). 이러한 자본의 확대재생산과정, 즉 자본의 축적과정은 그것이 기계투입의 확대를 통한 상대적 잉여가치 생산의 제고를 목표로 하는 한 자본의 유기적 구성도, 즉 불변자본과 가변자본의 비율의 고도화를 초래한다. 이윤율은 총자본(불변자본+가변자본) 대 잉여량으로 표현되는데, 총자본의 증가율이 잉여가치의 증가율을 유기적 구성도의 누진적 고도화로 인해 압도하면 이윤율은 하락한다.

이런 경우 이윤율 하락은 불변자본이 가변자본에 비하여 더 빠른 속도로 증가하는 것을 표시해주는 지표로서 기계제 공업화 단계의 한계점을 나타내주는 것이다. 여기서 중요한 것은 이윤율 하락이 반드시 자본주의의 몰락을 뜻하는 것이 아니라 자본주의의 일정한 축적형태의 한계를 뜻한다는 것이다. 만약에 이것이 자본주의의 **단계적** 발전의 필연성을 설명해 주는 것으로 이해되지 않으면, 1920~30년대 마르크스주의자들의 자본주의 '붕괴론'으로 빠져들고 말 것이다.

매뉴팩처 자본의 이윤율 하락은 본질적으로 수공업적인 노동자의 고도기능과 교육기간의 장기성으로 인한 항상적인 노동공급 부족과 이로 말미암은 지속적인 임금상승에서 왔다. 이러한 질곡의 돌파는 자본의 대항적 기계투입, 즉 산업혁명을 통한 기계제 대공업으로 나타난다. 말하자면 매뉴팩처 자본의 이윤율 하락은 자본주의의 붕괴가 아니라 새로운 자본주의 단계를 열었다.

자유경쟁적 기계제 대공업의 지속적인 관철로 인한 이윤율 하락은 유기적 구성도의 고도화로 인한 생산재 생산부문(제1부문)의 비대화를 자본주의식으로 표현해주는 것이다. 레닌은, 「자본론」 2권의 분석에서는 논의의 편의상 기술진보 및 유기적 구성도의 고도화가 고려되지 않고 있음을 환기시키면서 이 유기적 구성도의 고도화 경향을 도입하면 소비재 생산부문의 성장속도보다 생산재부문의 성장속도가 더 빠르다고 밝히고 있다.[6] 동시에 그는 생산재 생산부문을 다시 두 개로 나누어

---

5) 같은 책, p. 485 이하 참조. 여기서는 그 일반적 경향만 취급한다.

6) *Lenin Werke*, Bd 1, p. 76.

소비재 생산부문에 공급되는 생산재부문은 이 소비재 생산부문의 성장속도보다 더 빠르지만, 소비재 생산을 위한 이 생산재 생산부문보다 생산재 생산에 생산재를 대는 생산부문은 성장 속도가 더욱 빠르다고 하고 있다. 그리고 "생산재의 더 빠른 성장의 테제는 이 법칙(유기적 구성도의 고도화 법칙)의, 사회적 전체 생산에 연관적인 다른 표현에 지나지 않는다"고 하고 있다.[7] 이러한 레닌의 해명에 따라 소비재 생산부문의 성장률(제2부문), 소비재 생산을 위한 생산재 생산부문의 성장률(제1부문 k), 생산재 생산을 위한 생산재 생산부문의 성장률(제1부문 p)을 간단히 도식화하면 다음과 같다.

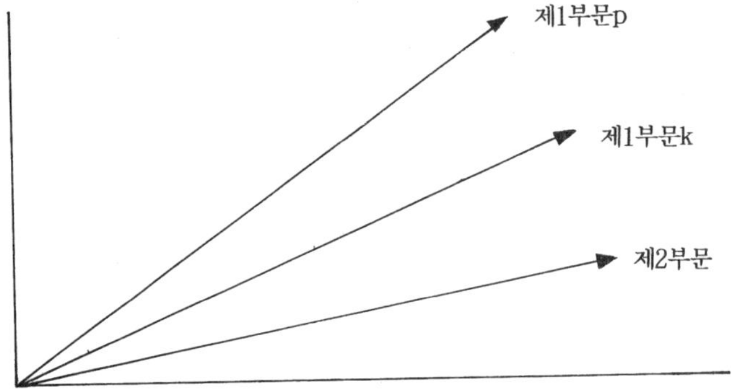

이것은 제2부문에 비해 제1부문의 비대화가 필연적이고 따라서 이윤율의 하락이 불가피하게 초래될 수밖에 없음을 잘 보여준다.

마르크스는 「자본론」 3권에서 이런 종류의 이윤율 하락에 대한 대항요소들로서, ① 기계를 쓰지 않는 각종 노동절약 방식, ② 생산수단의 경제, ③ 과잉착취, ④ 식민지 자본수출 및 부등가교환 등을 나열하고 있다. 그런데 노동강도를 높이는 것이나 과잉착취는 노동자의 저항으로 인해 일정한 한계가 있을 뿐만 아니라 그 극단에서는 체제의 정치적 위기로까지 발전할 수 있어서 해결책이 될 수 없고, 여타의 합리적 노동방식은 단위노동시간당 생산수단의 한 요소인 생산재료가 더 많이 생산과정을 통과함으로 인해 궁극적으로 다시 유기적 구성도의 고도화로

7) 같은 책, p. 78.

귀착되어 지연책은 될지언정 역시 해결책은 아니라고 못박고 있다. 결국 남는 해결책은 생산수단의 경제와 제국주의적 자본운동이다.

자본주의는 이러한 축적체제의 위기를 돌파하기 위해 제1부문의 비대화와 더불어 형성된 **독점자본**의 힘을 바탕으로 제국주의적 세계경제로 내몰리는 한편, 생산수단 경제의 새로운 획기적 방법을 모색하는 단계로 이행한다. 즉, 자본주의의 제국주의 단계에 들어선다. 이윤율 하락은 자본주의 자체의 위기를 말해 주는 것이 아니라 자본주의 특정단계의 축적체제의 위기를 말해주는 것이고 또 그 해결책도 각기 상이하다. 매뉴팩처 자본의 축적위기는 앞에서 말했듯이 기계투입으로 돌파되었고, 기계제 대공업의 위기는 제국주의와 새로운 노동방법의 개발에 기초한 새로운 축적체제의 구축으로 해결된다. 물론 이것이 자본의 본질적 모순을 제거하는 것이 아니라, 자본 모순이 새로운 축적형태 속에서 다시 시작되게 함으로써 그 동안 자본주의는 새로운 단계의 운동을 개시하는 새 시대를 개막한다는 것이다.

그러나 고전적 제국주의의 위기탈출 형태는 제국주의 국가들 간의 대립의 격화와 식민지 민중의 민족해방투쟁으로 인해 안정되지 못하고 두 번의 세계대전 속에서 좌초한다. 그러나 제국주의 국가들은 두 번의 전시경제기간을 이용하여 그 이전에 이미 개발되었으나 노동계급의 저항으로 인해 그 확산이 지연되었던 새로운 생산수단 절약의 방법을 전산업부문에 관철시키는 데 성공한다. 즉, 테일러-포디즘이 그것이다.

테일러-포디즘은 기계의 더 많은 투입을 동반하지 않는 노동방법의 합리화, 생산수단의 경제, 노동강도의 제고 및 고율임금 지급을 통한 계급갈등의 체제내화의 효과를 동시에 달성하는 자못 획기적인 방법이었다. 테일러-포디즘의 노동방법의 합리화는 두 방향으로 이루어지는데, 첫째는 산 노동의 합리화로서 노동동작 연구를 통한 합리화와 분업의 극단적 관철이고, 둘째는 노동도구 및 기계의 합리화로서 최선의 도구 선택 및 개발을 통한 도구의 표준화이다. 이 후자의 측면은 불필요한 도구의 배제를 통해 노동수단을 절약케 해준다. 이것은 생산수단의 경제의 측면이다. 한편 산 노동의 합리화도 제1부문의 생산물 가격을 저렴화시켜 제2부문의 생산수단에 투입되는 불변자본을 상대적으로 인하시켜 간접적으로 생산수단의 경제로 귀결된다. 그리고 노동강도의 제고는 테일러주의적 생산현장의 관료화 및 노동의 단순화를 통한 노동기의 **미성년화** (Entmüdigung)를 관철시켜 노동자의 노동 자율성을 타파함으로써 노동의 강도를 높이는 것으로서, 이것이

제1부문에서 관철되면 제2부문의 생산수단의 저렴화를 가져온다. 마지막으로 테일러-포디즘을 통한 생산력 발전과 착취의 강화는 동시에 **대량생산** 및 **대량소비**의 시대를 개막케 하는데, 이것은 사용가치의 측면에서 상대적인 고율임금 지급을 가능케 하여 계급갈등을 한동안 체제내화하는 새로운 축적체제를 완성시켜준다.

테일러-포디즘은 그리하여 기계의 더 많은 투입을 초래하지 않거나 오히려 부분적으로는 기계사용량을 절감시키는 효과를 가져와 유기적 구성도 ($\frac{C}{C+V}$) 의 고도화를 한동안 저지시키거나 심지어 구성도를 하락시켜 이윤율 저하의 경향을 역전시키는 결정적인 계기로 나타난다. 이것이 전후 자본주의의 상대적인 안정적 성장의 숨은 비결이다. 따라서 고전적 제국주의 시대는 테일러-포디즘에 기초한 국가조정정책이라는 새로운 축적체제의 단계인 국가독점자본주의적 제국주의로 이행하는 불안한 과도기로 볼 수 있다.

그러나 테일러-포디즘은 노동수단의 합리화라는 측면도 지님으로써 유기적 구성도의 고도화에 대항할 수 있는 요소도 포함하지만, 본질적으로는 산 노동의 재구성 및 새로운 통제에 기초한 것으로서 ① 제1부문의 생산비의 하락이 제2부문의 구성도에 미치는 인하효과를 장기적으로 볼 때 무화(無化)시키거나[8] ② 노동의 내용이 빈곤해지거나 통제와 착취가 강화되어 노동자의 궁극적인 수동적 저항을 초래하며 ③ 더구나 노동의 사회화가 강화됨에 따라 소수의 노동자가 사보타지만으로도 전생산과정을 교란시킬 수 있음으로써 일단 노동자가 주체적 행동에 들어가는 경우 저항권력을 극대화하고 ④ 대량생산과 더불어 노동계급의 수적 증대가 급격히 이루어져 계급적 세력관계가 모르는 사이 노동계급에게 유리하게 전개되어 완전고용에 도달한 시기가 장기화됨에 따라 생산성 향상에 따른 임금상승(소위 생산성 약정)을 필연화한다. 이것들은 모두 테일러-포디즘적 그리고 케인즈적 국가독점자본주의 체제의 위기를 가져오는 근본요인이 된다. 이러한 한계로 인해 테일러-포디즘적 그리고 케인즈적 축적체제는 새로운 이윤율 하락과 위기현상에 직면하게 된다(1960년대말 이후의 소위 '스태그플레이션' 및 제국주의 국가의 제로 성장의 도래).

테일러-포디즘은 본질적으로 산 노동의 재구성을 통한 노동절감 및 착취로서,

---

8) 왜냐하면 제1부문의 노동의 절약이나 강화는 제1부문의 구성도를 상대적으로 인상시켜 사회적 총자본의 입장에서는 제2부문의 구성도의 하락이 제1부문의 구성도의 상승에 의해 상쇄돼 버리기 때문이다.

노동수단에 관한 한 19세기 대공업시대와 동일한 공학적 기계제의 기초 위에서 관철된 것이다. 따라서 그것은 노동도구에 관한 그 어떤 새로운 원리적 발전도 가져오지 않았다. 여기서 새로운 원리적 발전이란 매뉴팩처적 손도구가 공학적 기계로 교체되는 정도의 획기적인 발전을 뜻한다. 이런 까닭에 테일러-포디즘은 고전적 기계제 하에서 '흐름식' 생산방식에 도달하지 못한 이종적 생산과정에서만 그 본질적인 의미를 구현한다.[9] 따라서 테일러-포디즘과 기계의 **획기적, 신시대적** 개선은 아무런 관련이 없다.

결국 산업혁명에서 테일러-포디즘에 이르는 전기간은, 그 사이에 지속적으로 동일한 원리 위에서의 기계의 개선이나 합리화가 동반되었다 하더라도, 그리하여 이것이 부분적으로 유기적 구성도의 상승 속도를 둔화시키는 효과를 가져왔다 하더라도, 제1부문과 제2부문의 **외연적** 규모의 지속적인 팽창으로 나타나는 유기적 구성도의 지속적인 고도화 과정에 있었다고 봐야 할 것이다(테일러-포디즘 하에서도 생산영역의 기계화가 지속적으로 파급되었음을 고려하자).

마르크스는 자본주의적 확대재생산을 근본적으로 두 종류로 구분하고 있다. 그는 자본의 확대투자가 단순히 기계의 더 많은 투자나 더 많은 고용을 통한 **생산규모의 확대**를 위해 이루어지는 경우(이전의 손노동부문에 기계를 투입하는 것도 포함한다)를 "외연적" 확대재생산이라고 부르고, 자본이 기계의 수를 늘리는 것이 아니라 그 효율을 향상시키기 위한 기계개선 및 발명에 투자됨으로써 기계를 수적, 양적으로 확대시키지 않는 재생산을 "내포적" 확대재생산이라고 불렀다.[10]

만약 "외연적" 확대재생산이 "내포적" 축적 없이 순수하게 이루어진다면 생산수단의 가격의 저렴화 속도가 크게 둔화되어 자본의 **기술적 구성도**(생산수단의 '양' 대 고용된 노동의 '양')의 고도화는 거의 1백 퍼센트 자본의 **가치구성도**(생산수단의 '가치' 대 고용된 노동력의 '가치', 즉 임금)의 고도화로 나타날 것이다. 그리하여 매뉴팩처 자본의 **유기적 구성도**에 비하여 산업자본의 구성도가 수백만 배 되었을 것이다. 그러나 사실이 그렇지 않음은 산업혁명부터 '1960년대말에 이르는 외연적

9) 이종적 생산과정과는 달리 유기적 생산과정에서는 공학적 기계를 통해서도 이미 자동화에 도달해 있었다. '이종적'과 '유기적'의 개념에 관해서는 필자의 「독점적 생산과정의 역사적 발전과 지식 프롤레타리아의 출현」(『한겨레 평론』 창간호, 본서 1부 2장에 수록)과 『한국사회와 자본론 강의』(중원문화, 1989)를 참조하라. 또는 『자본론』 1권, MEW 23, p. 362 참조.

10) 『자본론』 2권, MEW 24, p. 172 이하 참조.

확대재생산 기간에도 끊임없이 "내포적" 축적이 이루어져 생산수단이 효율화, 저렴화되었다는 것을 뜻한다. 동일한 가치의 기계 1대가 2배 효율화되어 기능한다면 전산업부문의 기계량 및 기계의 불변자본을 반감시키는 효과나 다름없어서 유기적 구성도의 결정적인 하락을 가져올 것이다.

따라서 앞에서 산업혁명에서 1960년대말까지의 시기를 외연적 축적기라고 규정했을 때 이것은 순수한 의미에서가 아니라 그 주도적인 의미에서 그렇다는 것이다. 반대로 "내포적" 축적체제란 "외연적" 축적에 대하여 "내포적" 축적 측면이 주도적인 것을 뜻한다.[11]

근본적으로 기계의 효율화를 위한 투자는 두 가지 방향으로 나타난다. 기계의 효율화는 이 기계 자체의 필요한 양(대수)을 감소시켜 생산수단 중 노동수단의 절약을 가져온다. 둘째, 기계의 특정한 효율화는 원료나 연료 및 기타 보조재료(모빌 및 여타 촉매제 등)의 소비를 절감시킬 수 있어서 생산수단 중 노동대상 및 보조재료의 절약을 가져온다. 이 두 방향의 기계의 효율화는 유기적 구성도 ($\frac{c}{c+v} = \frac{1}{1+\frac{v}{c}}$) 의 하락을 가져와 역으로 이윤율 ($\frac{m}{c+v}$) 을 상승시킨다.

레닌의 말대로 기계제 공업화의 역사적 경향이 제1부문의 더 빠른 확대재생산을 필연화하기 때문에 기계제에 기초한 공업화는 일정 시점에서 그 기계제 자체의 획기적인 절약조치 없이는 체제위기를 면치 못하는 것이다. 유기적 구성도의 극대화는 자본이 일자리 하나를 창출하는 데 엄청난 자본이 들어간다는 것을 뜻할 뿐만 아니라 사람이 직접 소비할 수 없을 생산재부문에 상대적으로 더 많은 노동이 투입된다는 것을 뜻하며, 이것은 임금상승의 둔화 내지는 중지(이윤율 하락에 대한 상쇄조치로 임금상승의 억제)를 초래하고 생산수단의 엄청난 공업적 소모로 인해 자연의 지속적인 파괴를 구조화시켜 다시 자본의 소위 외부비용으로 부메랑한다.

자본은 이러한 경향에 대항하기 위해 이미 1950년대부터 부분적으로 투입시키기 시작한 새로운 기술을 1970년대 이후부터는 본격화한다. 이 새로운 기술이 바로 **극소전자적** 자동화이다. 이것은 산업혁명기 이후의 **공학적** 자동화와 **원리적으로, 질적으로 다른** 획기적인 과학기술이다. 이 극소전자적 자동화는 노동계급의 숫자를 급격히 감소시키고 고급지식 노동자 및 준지식 노동자의 숫자를 증대시키는데,

11) L. I. Abalkin, *USSR*, *Strategie der ökonomischen Entwicklung*, 1987, p. 59. 이하 참조.

이 지식 노동자들의 고도기능에 대응하는 고율 임금으로 인해 가변자본의 급속한 하락을 가져오지는 않지만,[12] 기계의 획기적 효율화로 인해 기계 투입숫자의 엄청난 감소와 기계규모의 엄청난 축소 및 원료의 절감을 가져온다. 이 두뇌공학적, 극소전자적 혁명의 종국점은 물론 아무도 확정할 수 없지만 자본주의 하에서 벌써 실업을 양산하는 대가로 자본의 성장률과 이윤율이 증대하고 있다는 것만은 분명하다. 즉, 자본주의는 내포적 축적체제의 구축과정으로 이미 1970년대 중반 이후 이행을 시작한 것이다. 이 과정의 선두주자는 일본이다. 물론 제국주의는 1950년대부터 부분적으로 극소전자적 **부분**자동화의 도움을 받고 있었다(특히 미국).

이윤율 하락에 대한 자본의 공포와 이를 탈출하려는 자본의 광기가 극소전자적 자동기술의 생산투입을 벌써 30여 년 전부터 서서히 시작하였다면, 사회주의의 외연적 축적체제는 아무런 자극과 노력도 없이 30여 년을 허송세월함으로써; 제국주의적 압박에 대한 대응과 무기경쟁 속에서 군사무기기술과 우주항공기술 및 이론과학 분야에서만 미국 등과 어깨를 나란히 할 뿐(심지어 능가——우주항공), 이 최고 수준의 과학기술을 경제적인 **생산기술**로 전화시키는 경제적 메카니즘의 부재로 인해 제국주의국가보다 첨단**생산기술**에 있어서 현격히 뒤지는 낙후상태를 면치 못하게 된다.

(2) 사회주의의 외연적 축적체제의 역사적 불가피성과 그 성과 및 한계

사회주의적인 외연적 축적체제의 구축과정은 자본주의와 판연히 구분되는 방식으로 진행된다. 그 특징은 첫째, 소비품 생산분야의 매뉴팩처 자본이 장구한 세월 동안 축적되어 수공업적 생산물인 기계를 도입하여 다시 한 번 경공업적 축적을 이룩한 다음에 중공업 분야로 파급하는 행로를 거치는 것이 아니라, 소비재 분야보다 중공업을 우선적으로 발전시켜 소비재 생산을 리드(lead)하는 노선을 택한다는 데 있다.

둘째, 그것은 기계제공업의 완성 후에야 테일러-포디즘을 투입하는 것이 아니라

12) 가령 반자동화 투입으로 종업원이 10,000명에서 4,500명으로 감소하였다 하더라도 이 4,500명의 노동기능의 평균이 이전에 비해 2배 높다면 그 이전의 9,000명에 해당하는 단순노동자의 고용효과나 다름없기 때문이다.

양자를 동시에 관철시킴으로써[13] 자본주의적 외연적 축적기간을 압축적으로 따라잡는다는 데 있다. 이 노선은 산업혁명을 거치지 않았거나 아직 완수하지 못한 모든 사회주의 제국에 있어서 불가피한 노선이었다. 다만 이미 공업화가 크게 진행된 동독, 체코, 폴란드, 헝가리 등에 있어서는 소련보다 더 빨리 이 축적노선의 필요성이 쇠진하게 된다는 것만이 다를 뿐이다.

셋째, 소련의 축적전략은 그 관철을 위해 시장 메카니즘의 제재와 포상(즉, 손익계산)이 아니라 관료체제적 제재와 포상(좌천, 면직, 승진 등)에 의존하였다는 데 또 다른 특징이 있다. 따라서 이 축적체제의 성공 여부는 관료체제의 수직적 공고성과 중앙권력의 집중 정도 및 그 강도(強度)에 좌우되게 된다. 자본주의의 메뉴팩처적 시초축적이 반(半)봉건적 절대주의와 중앙집권적 관료체제를 필요로 했고, 독점자본의 축적과 테일러-포디즘의 관철이 극한적인 제국주의적 민족억압과 두 번의 전시독재 및 파시즘을 요구한 점을 상기한다면, 사회주의적인 외연적 축적체제의 압축된 관철과정에 왜 그렇게 견고한 일석주적(一石柱的) 관료체제와 초중앙집권적 통제권력이 필요하였는가 하는 물음에 답하는 것은 불필요한 것이 될 것이다.

이 사회주의적인 외연적 축적전략은 매뉴팩처 및 수공업적 분야의 기계화와 테일러-포디즘적 방식의 급속한 투입을 통해 생산영역을 고속도로 확장시켜 신속히 공업화를 이룩해냈다. 그리하여 소련은 이미 1930년대에 실업이 완전히 소멸하고 노동가능인구의 완전고용을 통해 노동자 및 여타 근로자의 생계향상이 급속히 이루어진다. 이러한 축적전략은 파시즘 침략에 의해 파괴된 경제의 복구과정에서도 다시 한번 그 위력을 여지없이 발휘한다. 이것은 서방 제국주의 국가의 전후 복구가 1960년대초에 완료되는 데 반하여 소·동구권은 이미 1950년대 초반에 완료된 사실에서 금방 증명된다.

그러나 이러한 진보적 성과는 이 축적체제가 요청하는 초중앙집권적 통제체제와 경직된 관료체제의 악폐를 적시에 인식하는 것을 방해하였을 뿐만 아니라, 파괴된 전후 경제나 낙후한 경제발전단계에 대한 불가피한 극약처방이나 다름없는 이 축적체제를 모든 단계, 모든 지역에 타당한 것으로, 절대화, 일반화하는 것을 촉진시킨다. 그도 그럴 것이 자본주의가 수백 년에 걸쳐 완수한 성과를 이 축적체

13) 테일러리즘 채택에 관한 레닌의 촉구연설을 참조하라.

제는 수십 년간에 완수하였기 때문이다.

동시에 이러한 중공업 우선의 독재적 축적체제의 관철이 이루어지지 않았더라면 현대적 무장력의 부재로 히틀러의 침공에 의해 소련체제가 지구상에서 소멸해버렸을 것이라는 것을 생각한다면 더욱 그러한 정책이 극구 칭송될 수밖에 없었다.

이러한 모든 요인들은 외연적 축적모델을 절대화하게 한 원인이자 동시에 이 축적체제의 위기현상을 올바로 평가하지 못하고 불필요하게 오래 고수토록 만드는 지연요인으로 기능하였다. 또한 자본주의 공업화 단계의 한계를 완화시킨 테일러-포디즘이 사회주의적 외연적 축적체제를 동시에 측면보조하고 있는 한 그 위기의 출현을 완화시키고 민중의 생계향상을 지속할 수 있어서, 이 체제에 대한 과학적 비판은 오래도록 지체될 수밖에 없었다.[14]

그러나 소련, 폴란드, 동독, 헝가리 등은 1950년대에 거의 동시적으로 경제성장률의 둔화(중지가 아니라)에 직면하게 된다. 즉, 이전 10% 이상의 연간 고도성장은 3~4%의 성장률로 둔화되게 되고 인구증가율에 압박받으면서 국민소득의 증대율은 더욱 떨어지게 된다. 이에 불안을 느낀 각국의 국가지도부는 리베르만(Liberman) 방식 및 물질적 자극제, 상품-화폐 관계의 도입 및 부분적인 독립채산제의 도입으로 이러한 전(前)위기적 현상을 일단 진정시킨다. 그러나 이전의 축적체제의 기본구조는 그대로 유지한다.

그럼에도 불구하고 이 체제의 기능적 해체 및 마비 현상은 더욱 심화되기 시작하는데, 브레즈네프 체제의 성립과 더불어 취해진 현상동결 및 부분적인 후퇴정책은 그런 과정을 더욱 촉진시켜 1960년 후반부터 1980년대초에 이르는 경제침체기에 들어간다. 이 기간은 인구증가를 고려할 때 국민의 1인당 소득은 절대적으로 하락한 것이나 다름없게 된다.

또한 브레즈네프 체제 하에서 지속적인 경향이었던 평화공존 정책의 약화는 군사대결을 격화시켜 군비산업부문에 더 많은 경제재를 낭비하게 되고 이로 인해 경제발전은 그만큼 더 압박받게 된다. 경제적 침체현상의 부문별 설명과 그 원인에 대한 구체적인 설명은 다음 절로 미루고 일단 이 체제가 마르크스-레닌주의에 미친 파괴적인 결과를 다루기로 한다.

---

14) 북한에서 테일러리즘은 '대안의 사업체계'로 나타난다.

(3) 마르크스-레닌주의의 유예와 왜곡 ——관료체제와 봉록관적 점유관계의 구축

마르크스-레닌주의는 여타의 마르크스주의와 마찬가지로 사유재산제와 모든 형태의 착취를 철폐할 것을 목표로 과학적 지침에 따라 실천적으로 투쟁하여 착취 없는 사회를 건설하고 궁극적으로 계급의 폐지를 위해 끝까지 전진하는 것을 자신의 본질로 한다. 그러나 이러한 정의만으로써는 마르크스-레닌주의가 세기전환기의 혁명적 마르크스주의자들의 이념과 하등의 본질적 차이가 없게 된다. 그러나 마르크스-레닌주의는 다른 한 본질적인 점에서 이러한 마르크스주의자들과 구별되는데, 그것은 사회주의 하에서의 **민주주의의 일관된 관철**이라는 레닌의 이념이다.

마르크스, 엥겔스는 당시의 시대조건상 부르주아 민주주의에 대한 쁘띠 부르주아 세력의 과도한 가치부여에 대해 경고하기 위해 정당하게 경제적 **구성체**의 변혁을 거듭거듭 강조하였는데, 이러한 강조가 사회의 민주적 **조직**의 필요성을 전제하는 말이었는데도 불구하고 세기말의 마르크스주의자들에게는 구성체적 변혁만을 절대화시키고 사회의 민주적 조직화에 대한 언급은 '자유주의적' 일탈로 낙인찍는 경향이 만연된다. 사회란 경제적 사회구성체와 이것에 대응하여 이 구성체의 발전을 담보할 사회조직이라는 상부구조를 갖는다. 만약 구성체가 억압적이라면 사회조직도 이에 맞춰 억압적, 반민주적일 수밖에 없다. 부르주아 민주주의가 그 정치적 장에서도 형식적이고, 피착취계급을 표 던지는 선거권자로만 남겨두고 있을 뿐만 아니라 또한 기업조직으로 파고들어가 사장, 부장 등을 민주적으로 선출하는 기업조직을 갖지 못하는 것은 바로 경제적 구성체의 사유재산제적 독재성에 대응하는 것에 다름 아니다. 반대로 토대, 즉 경제적 사회구성체는 자본주의인데, 사회조직은 봉건제로 남아 있다면 이 조직적 상부구조가 혁명적 또는 점진적으로 제거되든가, 이 조직적 구조가 강력한 폭력 등으로 그대로 고수된다면 적어도 이것이 고수, 관철되는 동안은 거꾸로 토대, 즉 자본주의적 구성체가 왜곡된다.[15]

마찬가지로 사회주의에서도 사회주의적 구성체, 즉 사회주의적 공유제가 이것의 민중적 성격에 대응하는 적절한 민중민주적 사회조직을 구축하지 못하면 반(半)사회주의적인 기형적 생산관계로 왜곡된다. 레닌은 사회주의의 발전과 관련하여

15) 예를 들어 봉건적 자본 —— 사우디, 요르단 등.

전개될 이러한 **구성체**와 **조직**(토대와 상부구조) 간의 변증법을 깊이 통찰하였을 뿐만 아니라 반(反)민주적 조직에 의한 사회주의적 경제구성체(생산제관계)의 왜곡의 위험을 간파하고 있었다. 이런 까닭에서만 레닌은 과거 저 마르크스주의자들의 반(反)마르크스주의적 성향을 다음과 같은 논박 속에서 맹렬히 규탄하였던 것이다.

> "엥겔스는 예를 들면 마르크스주의자들이 민족자결권의 문제에서 범했던 그런 오류를 범하지 않고 있다 : 자본주의 안에서 민족자결은 불가능하고 사회주의 안에서는 불필요하다. 겉으로 보기에 재기발랄하지만 실은 그릇된 이따위 논리주장은 **임의**의 모든 민주주의적 제도에도 그리고 관리에 대한 검소한 봉급 규정에도 반복될 수 있을 것이다. 왜냐하면 완전히 일관된 민주주의는 자본주의 하에서 불가능하지만, 사회주의 안에서는 그 어떤 민주주의도 **사멸할** 것이기 때문에.
>
> 이것은 어떤 사람이 머리카락 **하나를** 잃을 때 대머리가 되기 시작하는 것인지를 묻는 옛 농담문제를 생각나게 하는 궤변이다.
>
> **종국점에 이르기까지의** 민주주의의 발전, 이러한 발전의 **제형태들**의 발견, **실천** 속에서 그것들의 실험 등——이 모든 것은 사회혁명을 위한 투쟁의 통합적 과업의 일부를 구성한다. 그 자체만 취하면 민주주의는 사회주의를 가져오지 않는다. 그러나 생(生) 속에서 민주주의는 결코 '그 자체만 취해질' 수 없고, 다른 현상들과 '함께 통합되고' 그리하여 경제에도 영향을 가하여 **경제**의 변혁을 촉진시키고 경제적 발전의 영향 아래로 들어갈 것이다. 이것이 산 역사의 변증법이다"[16](강조는 레닌).

그리하여 "일관된 민주주의"라는 사회조직은 "사회주의로 **자기변화되는**" 한편 "사회주의를 **요청할**" 것이다.[17] 이것과 동일한 맥락에서 레닌은 자본주의적 기업관료조직에 대한 비판과 사회주의 하에서의 기업의 민주적 조직형태에 관한 이념을 카우츠키에 대한 강력한 논박 속에서 발전시킨다.[18]

따라서 착취의 제거를 위한 사유재산제의 폐지 및 사회적 소유제의 관철 등만을 기도하는 사회주의는 마르크스-레닌주의적 사회주의가 아니다. 거기에는 "일관된

---

16) 레닌「국가와 혁명」,『레닌선집』, 베를린, pp. 382~383.

17) 같은 책, p. 382.

18) 레닌의 기업의 민주주의적 조직화에 관해서는 필자의「더 많은 사회주의로서의 페레스트로이카」(『창작과 비평』1988년 가을호, p. 384. 이하, 본서 2부 5장에 수록)를 참조하라.

민주주의"라는 마르크스-레닌주의적인 조직이론이 결여되어 있기 때문이다. 동시에 일관된 민주주의의 조직을 말하지 않고 시행하지 않는 모든 사회주의적 기도나 실천은 사회주의를 가져올 수 없다. 사유재산의 처분과 통제는 그 단독소유자가 민주주의 없이도, 아니 민주주의가 없어야만 이루어질 수 있다. 이에 반해 공유제는 익명적인 만인(萬人)의 소유를 뜻하는데, 이 뜻이 만인이 참여하는 민주주의 없이 도대체 어떻게 관철될 수 있단 말인가? 생산관계에까지 침투해 들어오는 '일관된 민주주의' 없는 공유제는 물론 사유재산제는 아니지만 실은 무주물(無主物——주인이 없는 물건)에 지나지 않는다. 이 경우에 '만인의 것은 누구의 것도 아니다'는 쁘띠 부르주아적 속담은 그 완전한 타당성을 얻을 것이다. 이상에서 "일관된 민주주의" 조직을 갖는 공유적 구성체만이 마르크스-레닌주의적 사회주의이고 또한 이 체제만이 진정한 사회주의를 가져온다는 사실을 간단하지만 충분히 규명했다고 생각한다.

물론 레닌은 생전에 그의 이러한 사회주의 이론을 현실로 옮겨놓을 수 없었다. 소련은 레닌 사후 무려 15여 년이 지난 뒤에야 완전고용에 도달하고 이때 비로소 사회주의 헌법을 선포하기 때문이다(1936년 스탈린 헌법). 레닌의 당시 정치경제적 당면과업은 제1차 세계대전과 혁명적 내전으로 파괴된 낙후한 경제체제를 극복하는 것이었고 도탄에 빠진 민중의 삶을 급속히 안정시키기 위한——본질적인 측면에서 고찰할 때 자본주의적인——신경제정책(NEP)을 시행하는 것이었기 때문이다. 이런 긴박한 필요에 따라 레닌은 엄격한 국가관료체제 및 기업관료체제에 의존하는 경제경영과 이를 통제하고 감독할 중앙집권적 계획화 및 기업의 당세포 정책을 실시한다.

이러한 레닌의 정치적 일보후퇴 조치들은 스탈린 및 그 추종세력들에 의해서 절대적 원리로, 즉 레닌주의적 사회주의의 정당화를 위한 절대적 문구로 줄곧 인용된다. 그러나 레닌은 도탄에 빠진 민중의 생활을 신속히 안정화시키기 위한 자본주의적 양보조치들이 사회주의와 무관할 뿐만 아니라 이것의 본질에 적대적인 요소들이라는 것을 잘 알고 있었다.

"이러한 조치가——일정한 영역에서 그리고 일정한 정도로——자본에 대한 공세의 중단을 의미할 뿐만 아니라(왜냐하면 자본은 일정량의 화폐를 뜻하는 것이 아니라 일정한 사회적 관계이기 때문에), 우리의 사회주의적 소비에트권력에 있어서……**일보후**

퇴를 뜻한다는 것은 명백하다"[19] (강조는 필자).

여기서 레닌은 분명 이 조치들을 "일보후퇴"라고 못박고 있다. 따라서 아무리 레닌이 생전에 직접 시행한 정책들이라 하더라도 레닌주의로 교조화되어서는 안되고 레닌의 본래적인 사상과 이론의 맥락 속에서 해석되고 수용되고 폐기되어야 할 것이었다.

외연적 축적체제의 성공적인 관철과정은 동시에 레닌주의에 적대적인 요소를 레닌주의적 요소로 둔갑시키는 과정이 된다. 이것은 몇몇 개인의 음모에 의해 이루어진 것이 아니다. "사회주의적 시초축적"으로서의 사회주의적 공업화정책이 당시의 지상명제인 한에서 레닌주의의 유예와 왜곡은 역사적으로 불가피한 것이었다. 여기서 다시 우리는 사적유물론의 정당성을 그 최고의 패러독스(paradox) 적 형식으로 확인하게 된다. 레닌의 사회주의 이념이 인간의 물적 생활의 생산이라는 과정에 굴복하여 유예, 왜곡되었기 때문이다. 이에 따라 외연적 축적체제가 존속하는 한 레닌의 저작은 이 체제에 적합한 구절만 취사선택되어 이용되고 보다 본질적인 레닌의 핵심적인 이론은 회피, 억압된다. 이러한 강철의 관행은 심지어 몇몇 나라에서 마르크스와 레닌 저작의 보급을 중단하는 사태로까지 발전한다(특히 북한). 그들의 저작은 1985년 페레스트로이카 이후에야 그것들의 전측면적 의미 속에서 활용되기 시작하였다.

아무튼 레닌주의적 사회주의의 이름하에 진행된 외연적 축적체제는 앞에서 살펴본 레닌주의적 사회주의 본질(모든 착취관계를 폐절한 사회적 소유+일관된 민주주의)과 정면으로 모순되는 체제로 나타난다. 민주집중제는 경쟁적 후보자들에 대한 보통·비밀·직접선거 방식을 제거한, 단독후보에 대한 공개거수 선출방식에 의해 단번에 무력화되어 관료집중제로 둔갑하고, 최고소비에트는 그런 식으로 뽑힌 대의원들의 낮잠 자는 장소로 변함으로써 당과 국가의 모든 영역에서 민주주의가 '사멸한다.' 동시에 레닌이 양보조치로서 NEP기에 취한 부르주아적 기업독재체제는 본래적인 사회주의제도로 '승격'된다. 또한 마르크스의 계획경제이념은 중앙계획의 절대명제로 교조화되어 미시경제차원(즉, 기업과 기업 간의 거래관계)의 시장구조를 제거해버림으로써 초중앙집권적 중앙경제기관의 정당화 논리로만 기능하게 된다.

19) 레닌, 「소비에트권력의 당면과제」, 『레닌선집』, 베를린, p. 744.

이러한 체계는 레닌의 '일관된 민주주의' 조직에 정면으로 모순되는 일석주적 관료체제와, 모든 착취의 철폐 이념에 반하는 봉록적(俸祿的) 착취자 집단의 정착을 초래한다. 관료체제는 민중의 참여를 전면 배제한 채 민중의 일을 관료가 독재적으로 결정하고 시행하는 근대 행정의 전제주의적 위계체제를 뜻한다. 따라서 관료들은 본질상, 민중의 이익의 입장에서 업무를 수행하는 것이 아니라 지배집단과 자신들의 이익의 입장에서 업무를 관장하고 또한 민주주의적 대의제가 고무도장이 된 사회에서는 이 관료체제에 대한 어떤 통제기구도 있을 수 없다. 이 관료체제의 상단에는 항상 착취지배집단으로서의 특권적인 봉록집단이 앉아 있다.

현재의 체제개혁은 관료체제의 축소, 약화와 이 봉록집단의 제거를 겨냥하고 있다. 따라서 이 봉록관의 개념을 분명히 해둘 필요가 있겠다. 관료와 봉록관은 고위관료가 봉록관으로 승진하는 사례가 허다하기 때문에 양자의 구별이 항상 유동적이지만 혼동되어서는 안 된다. 봉록관은 지배자이지만 관료는 본질적으로 지배자의 **수단**이기 때문이다.

근대 봉록관은 사적 소유자가 아니라, **공유재산** 위에 올라앉아 공유재산을 자의적으로 관장함으로써 잉여수취와 특권적 권력을 향유하는 최고 관직의 **종신적** 점유자들을 말하는 것으로서 새로운 것이 아니라 까마득한 옛날부터 종교조직에서는 전수되어왔고 또 부르주아 고위정치가들도 "잉여가치에 대한 다른 참여자들"로서 "봉록관들"이다.[20]

교회 및 절(기타 통일교 등의 종교집단)의 소유, 근대 부르주아국가의 소유, 국영기업, 공영기업, 당, 제국주의국가의 방대한 노동조합의 소유 또는 이들의 기업 등은 그것이 종교적 성물(聖物)이든 문화재이든 행정수단이든 전쟁수단이든 공금이든 생산수단이든 간에 모두 **공유재산**이고, 이것은 오직 고위권력자의 최고관직 활동에 의해서만 처분되고 관장된다. 따라서 여기서 공유재산이란 **추상적**이다. 공유재산의 관장권력이 최고 권력자들에 의해 **독점되어** 있기 때문이다. 결국 이 추상적인 공유재산은 만인에 의해 소유되고 있는 것이 아니라 실은 그 최고권력자들의 **점유물**이다. 이 점유관계가 여기서 정밀하게 정의되어야 하겠다. 이 최고권력자들의 지배와 점유는 사적 소유에 기초한 것이 아니라 다음과 같은 특유한 조건에 기초한다.

---

20) 마르크스, 『자본론』 1권, MEW 23, p. 612.

①그들의 권한은 그들이 공유재산을 사적으로 점취하여 그들의 자식들에게 세습하거나 그들의 관직을 세습할 수 없다는 점에서만 구현되는 추상적 공유재산의 규정에 의해 한정당한다.

②그들은 보통 공유재산을 처분할 권한이 주어진 최고 관직을 **종신적**으로 점한다. 이 점은 그들이 그 최고 관직을 수평적으로 교체하거나 또는 그 최고 서열 안에서 위로 승진하는 일이 있다 하더라도 그대로 관철된다. 일단 최고 관직으로 승진하면 그들이 죽기 전에는 물러나는 일이 없다. 즉, 그들은 "히드라" 같은 권력진드기들이다.

③그들은 보통 "제2의 착취"[21]를 위한 제도화된 **원천**(국세, 국가예산, 종교세, 십일조, 기부금, 회비 등)이나 또는 "직접적인 경제적 착취"를 위한 원천(국영기업 또는 조합기업의 이윤, 교회나 절의 세속적 자본의 이윤——예를 들어 통일교의 기업들——및 기타 지대)을 법적으로 또는 사실상, 전적으로 또는 부분적으로 장악한다.

ⓐ그들은 그들 자신에 의해서 자립적으로 통제되는 원천으로부터 엄청난 공식적, 비공식적 금액을 **자율조달**하여 수취한다. 이 점에서 그들은 지배자로부터 정액의 봉급을 받는 관료와 구별된다. 이 관료들은 그들의 하부기관에 불과하다. 그들은 관료가 아니라 마르크스에 의하면 "국가봉록관, 교회봉록관 등"으로서 사적 자본가들과는 '다른, 잉여가치 참여자들'이다.[22] 또는 "교회와 국가 안의 봉록관들, 용관(冗官)들"[23]이다. 여러 관료조직과 교회조직의 꼭대기에 서 있는 정치적, 정당적, 노동조합적, 종교적 봉록관들은 관료들이 봉록관에 의해 지급되는 특수한 형태의 임금인 **봉급**을 받는 데 반하여 그들 자신이 통제하는 수입원천으로부터 자신들의 공식적, 비공식적 **봉록**(Pfründe)을 수취하는 **지배자들**이다.

ⓑ봉록, 특히 이것의 비공식적인 부분(소위 '떡고물')은 고정되어 있지도 않고 또 예견적으로 계산할 수도 없다. 왜냐하면 봉록의 크기는 관직에 따라, 지역에 따라, 시기에 따라 변동하는 주민, 회원, 신도, 군인 또는 임금노동자들의 숫자에 좌우되거나, 행정수단, 전쟁물자, 생산수단, 공금, 교회성물의 규모에 좌우되기 때문이다. 이 점이 봉록과 관료의 **정액** 봉급을 구별시켜준다.

---

21) 마르크스, MEW 17, p. 540.

22) MEW 23, p. 612.

23) MEW 26. 1, p. 253.

ⓒ 이 봉록의 사회경제적 **잉여성격**은 봉록관들의 실제적 또는 가공적인 관직기능이 오직 '사회적 병폐 때문에만 필요하고' '비생산적인, 차라리 파괴적'(마르크스) 인 점에서 그리고 봉록의 크기가 그들의 노동시간과 무관하며 자본가들의 평균적 소득에 접근하는 점에서 금방 찰지된다.[24] 일부 최고 봉록관들의 봉록의 잉여성격과 기능의 '파괴적' 성격은 국가영역의 상층부에서 제도화된, 관직을 둘러싼 민주적 경쟁에 의해서 모호해지지만 낙선하더라도 정당 안에서 여전히 선출 없이 고위관직을 점하는 것이 통례이기 때문에 사실에 아무런 변화를 초래하지 않는다.

④ 봉록관들은(가끔 보스에 의해 독재적 임명 또는 최고 봉록관 집단의 집단결정 또는 그들 간의 타협 등을 통해) 그들의 **후임자**나 후임 **후보자**를 **독자적**으로 **임명한다.** 이 과정에의 민주적 선거제도의 도입은 민중의 의사 주입을 위한 필수적인 조건의 창출로서 커다란 역사적 진보를 뜻하지만, 이 자체만으로서는 봉록적 착취자들의 주기적인 형식적 비준과정의 제도화 외에 아무것도 아니다. 왜냐하면 형식적 선거는 붕당독재적 메카니즘을 파괴하지 못할 것이기 때문이다.

⑤ 잉여원천에 대한 그들의 종신적 **점유**는 **상부구조적인** 요소들, 즉 위계적인 **조직과 이데올로기**('성스러운' 책에 대한 해석의 독점 또는 정치, 종교적 확신 등)에만 의존한다. 따라서 그들의 지배는 **구성체적 요소에 근거한 것이 아니다.**

이러한 조건을 충족하는 권력자들의 지배는 **봉록적 지배**(präbendale Herrschaft)로 불릴 수 있고, 추상적인 공유재산에 대한 관직매개적인, 상부구조에만 의존하는 점유는 **봉록적 점유**(präbendaler Besitz)로 정의될 수 있다(소유와 점유는 엄격히 구분되어야 한다). 이러한 지배형태와 점유형태는 전(前)사회주의 사회에 이미 부분적으로 존재했지만 봉건지주나 자본가의 광대한 현존에 의해 가려졌을 뿐이다. 이것은 스탈린주의적인 외연적 축적체제에서 부분적인 것이 아니라 일반적인 것으로 확산된다.

이러한 지배자들을 가리켜 고르바초프는 관직을 "봉토"(封土)로 아는 자들이라고 비판하고 심지어 어떤 마르크스-레닌주의 이론가들은 "당 제후들"이라고까지 확대 규정하지만[25] 이런 표현들은 모두 개혁의 긴박성을 강조하기 위해 감정적으로

24) 비록 자립적인 수입원천을 가지고 있지만 소득의 규모가 보잘것없는 하층 신부나 목사들은 봉록관이 아니라 교회관료에 속한다.

25) A. A. Guha, *Die Zukunft der Sowjetunion*의 서문, 1988, p. 13.

과장된 것으로 봐야 할 것이다. 소련 지배집단의 개개인은 지금까지 종신적으로 지배했지만 봉건지주나 여타 관직의 사적 소유자들처럼 관직을 **세습하지는 않았기** 때문이다(북한의 세습시도의 성공 여부는 두고 볼 일이다). 따라서 이 표현들은 과학적으로 무용하고 부정확하다.

소련에서 당직, 국가관직, 노조관직, 여타 공식적 사회단체의 고위관직, 경제거대단위체의 고위직 등의 종신화, 봉록화(俸祿化)는 봉건화(封建化)나 사적 소유화와는 엄격히 구분된다. 이 점은 「19차 전국 당대표자대회를 위한 소련공산당의 5월 테제」(1988)에서 더 정확히 포착되고 있다.

> "지도간부들은……그들의 기능을 **종신적으로** 보장된 것으로 그리고 자기자신을 무오류의 인물로 간주하고 그들의 권력을 남용하기 시작하였다"[26] (강조는 필자).

한편 사회주의권 내의 비판세력이나 오늘날의 소련 좌익 공산주의자들은 이 봉록관들을 "노멘클라투라" (또는 'Apparat') 라고 일컬으며 "새로운 계급" 으로 규정하기도 한다. 그러나 필자의 생각으로 이들은 '새로울' 것도 없고 또 구성체적 관계에 기초한 '계급'으로 볼 수도 없다. 왜냐하면 이러한 존재는 계급사회 성립 이래 계속 있어왔던 것이고 또 구성체적 관계(즉, 토대적 생산관계)에 기초한 것들이 아니라 그들이 "Apparat" 또는 "노멘클라투라" 라고 부르듯이 상부구조적인 관직에 기초한 존재들이기 때문이다. 물론 착취계급이 존재하는 사회에서는 이 봉록관들이 일정한 '계급적' 성격을 지닐 수밖에 없는바, 그 까닭은 이들이 봉건계급이나 자본가계급의 가족적 일원이거나, 지배계급 출신이 아닌 경우에도 종신적 관직수행 기간 동안에 어떻게든 사유재산을 긁어모아 유산계급(예를 들면, 주식소유자나 토지소유자 등)으로 정착하는 일이 허다하기 때문이다. 그러나 착취적 계급사회에서도 봉록관은 그 순수한 개념으로 포착할 때 **아직** '계급'에 속하지는 않는, 특정 지배계급의 조직적, 정치적 대변자들이다. 즉 **계급으로** 이행하는 **과도적인** 사회집단으로서 지배계급의 **부속집단**인 셈이다.[27] 이에 반하여 반(反)사회주의적인 공유제사회에서의 봉록관들은 착취 **'계급'으로부터** 진정한 사회주의적 공인(公人)으로 이행하는

26) 「5월테제」, 「소련의 미래」, 1988, p. 468.

27) 물론 이들도 자신들이 대변하는 지배계급에 대해 나름의 특수이익을 갖는다는 점이 부정되어서는 안 될 것이다.

과도적 사회집단으로 규정될 수 있을 것이다. 따라서 반(反)사회주의적 봉록관들은 사유재산의 부재로 어떤 방식으로든 지배계급으로는 정착할 수 없는 과도기적 지배자, 착취자들로서 **이미 '계급'**이 아니다.

한편 사유재산제적 계급지배사회에 대하여 반(反)사회주의적인 봉록적 지배사회의 역사적 우월성은 진정한 사회주의사회에 비하여 봉록적 사회가 지닌 근본적인 문제점들에도 불구하고 부정할 수 없이 명백한데, 그것은 봉록관으로의 계층상승이 예를 들면 자본가 **계급**으로의 상승보다 원리적으로 더 빈번하다는 것이다. 질적으로 높은 이러한 사회적 이동성은 바로 봉록조직의 한 본질적 특징이다. 마르크스는 종교적 봉록지배조직에 관하여 다음과 같이 규정하고 있다.

> "중세의 가톨릭 교회가 자신의 위계체제를 신분, 탄생, 재산 등을 전혀 고려하지 않고 민중 속의 최선의 두뇌들을 받아들여 구성하였다는 사정은 그 승려 지배와 속인들의 억압의 주된 공고화 수단이었다".[28)]

따라서 지금까지 소·동구권의 봉록적 지배가 그 역사적 사명을 완수하였는데도 불구하고 베버주의자들의 추측보다 더 오래 지속될 수 있었던 것은 소·동구권의 일석주적 관료체제의 경직성이라기보다는 사유재산제에 대한 봉록적 공유제의 역사적 진보성에 기인한다고 보아야 할 것이다. 동시에 이 체제의 붕괴도 관료체제의 동요 때문에 일어나는 것이 아니라, 이 체제가 기초로 하고 있는 축적체제의 동요에서 오는 것으로 보아야 한다. 왜냐하면 관료체제는 개혁 직전까지도 견고했기 때문이다.

축적체제의 동요가 봉록적 지배체제의 근본적 와해요인이라면, 이 봉록적 조직의 근본원리, 즉 하층계급들의 높은 상승기회(소·동구의 봉록관은 대부분 그 스스로 과거 노동자나 농민이었다)도 이 봉록체제를 위태롭게 하는 요인이다. 왜냐하면 봉록체제하에서 억압받던 뛰어난 청년노동자나 농민들이 봉록관으로 승진하더라도 옛 시절의 고통스런 추억과 체험을 바탕으로 이 체제를 변혁시키려고 시도하기 때문이다. 이런 까닭에 마르크스는 다음과 같은 역설적인 언급을 하고 있다. 봉록적 지배집단이 "피지배계급의 가장 뛰어난 사람들을 자신 속으로 받아들일

---

28) 『자본론』 3권, MEW 25, p. 614.

능력이 더 많으면 많을수록, 그들의 지배는 그만큼 더 공고하고 동시에 더 위태롭다."[29]

한편, 관료체제가 지배자의 수단에 불과한 것으로서 관료 개개인은 착취자가 아니고 관료체제의 조직적 메카니즘 자체만이 반(反)사회주의적인 데 반하여, 봉록적 지배집단은 그들의 조직적 메카니즘뿐만 아니라 그들 개개인도 착취자로서 반(反)사회주의적인 존재들이다. 봉록적 지배집단은 그들의 권력체제가 민중에 의해 의심의 대상이 될 때마다 '관료주의적 작풍의 일소'라는 슬로건 하에 관료체제는 그대로 놓아둔 채 그 '주의'와 '작풍'만 성토하는 전국적인 '법석'을 주기적으로 피움으로써 '송사리' 같은 일단의 관료들을 제거하거나 관료 절반의 봉급을 그들의 노동력 가치 이하로 인하시키는 나로드니키적 '쇼'를 연출해왔다. 반면 그들 자신의 봉록과 특권은 그들의 기능에 합당한 것 이상으로 턱없이 강화함으로써 사회주의적 성과급의 원칙을 정면으로 침해해왔다. 봉록적 지배체제가 관료를 '속죄양'으로 하여 자신들에 대한 민중의 비판과 증오의 화살을 피해온 한에서, 베버주의자들 또는 이들의 영향을 받은 이론가들이나 저널리스트들이 관료주의 개념으로써 종전의 소련체제를 비판해온 분석들은 봉록관들이나 환호할 피상적이고 비과학적인 시도들에 지나지 않는다.[30] 자본주의나 종전의 사회주의의 비판적, 과학적 분석은 오직 마르크스-레닌주의의 본래적인 방법과 범주들을 날카롭게 갈고닦아 적용함으로써만 가능할 것이다.

봉록적 지배집단에게 권력독점을 보장하는 초중앙집권적인 외연적 축적체제가 공업화의 역사적 사명을 수행하는 한, 이 체제의 고수 관철은 봉록집단과 민중의 공동이익으로서 역사적으로 진보적인 것이었다. 그러나 이 체제가 이 사명을 완수하고 더이상 경제성장의 담보자이기를 그만두고 다른 형태의 성장노선을 억제하는 보수·반동적인 체제로 뒤바뀌는 객관적인 역사변증법에 말려들 때부터 이 체제의 계속적 고수는 봉록관들의 단독적 이익사항일 뿐이고, 이 체제의 해체와 봉록관들의 몰락은 불가분의 관계에 서게 된다.

이제 중앙의 계획기능은 봉록관들의 이익의 고수를 위한 계획으로 둔갑하고,

29) 같은 책, p. 514.

30) 이것은 관료체제의 비판을 방기하는 뜻이 아니다. 그러나 관료체제의 레닌주의적 비판은 관료의 비판이 아니라 관료행정을 민주행정으로 바꾸는 조직개혁이다.

오직 정견과 정책의 과학적 정확성과 민중적 지지의 획득에 의해서 자연스럽게 형성되던 당의 사회적 "영도"는 봉록관의 지배이익을 옹호하고 민중집단의 다른 정책대안과 개혁노선을 억압하기 위한 **봉록관들의** "영도"로 교조화된다.

당의 '영도'는 그것이 당의 민중적, 과학적 정치활동의 성공에 의해 획득되는 **결과**가 아니라 **사전에** 교조로서 강요되는 것인 한에서는 반(反)마르크스-레닌주의적이다. 원래 성공적인 정치활동의 결과로서의 당의 "영도"는 다당제와도 결코 모순되지 않는 것이다. 왜냐하면 여러 당들 중에서 민중의 이익의 가장 정확한 과학적 분석과 민중적인 정책대안을 제시하는 정당이 민중의 시한부, 조건부 "영도권"을 위임받을 것이라는 것은 자연스런 것이고, 이런 의미에서의 본래적인 "영도"란 부르주아 정당들조차도 결코 포기하지 않을 것이기 때문이다. 그러나 사전에 교조로서 강요되는 당의 "영도"는, 마르크스-레닌주의에 의해 원래 이념적, 이론적으로 의도되었던 것이 아니라, 혁명과정에서 우연히 "역사적으로" 성립한[31] 일당제를 교조화시켜 이 일당의 상층부를 장악한 봉록관들의 도전 없는 **무기한** '영도'권력을 보위하기 위한 것에 다름 아니다.

"유일당"의 "영도"라는 교조를 고수하면서 민중 속으로부터의 자연스런 여론형성이나 다른 정치조직의 출현을 분쇄함으로써 '영도자들' 자신이 이 민중에 의해 '가르침'받을 온갖 계기를 말살하고 저희들끼리의 결의나 이론적 입장들을 선전·교육장치들을 통해 민중에게 일방적으로 '가르친'다면, 이것은 민중을 대상으로 격하시키고 "미성년화"하는 가장 반(反)민주적인, 따라서 반레닌주의적인 정치과정이 아니고 무엇이겠는가? 마르크스의 다음과 같은 테제는 '유일당'의 '영도체제'를 정면으로 부정하고 있다.

> "인간들이 환경과 교육의 산물이고 또한 변화된 인간들이 다른 환경과 변화된 교육의 산물이라는(기계적 —— 필자) 유물론적 교리는 환경이 바로 인간에 의해 변화되고 또한 **교육자 자신도 교육되어야 한다**는 사실을 망각하고 있다. 이런 까닭에 그 교리는 **필연적으로 사회를**, 이 중 한 부분이 사회 위에 고귀한 존재로서 높이 올라서는 **두 부문으로** 분할하기에 이르는 것이다(예를 들면 로버트 오웬)"[32](강조는 필자).

31) 고르바초프, 19차 당대표자대회 발제논문.

32) 「포이에르바하 테제」 3번, MEW 3, pp. 533~534. 엥겔스 보충본.

봉록관들은 민중에 의해 그들 자신이 통제받고 교육받고 교정받아야 한다는 마르크스주의적 이념을 부인하고 봉록적 반(半)사회주의 사회를 마르크스-레닌주의로 정당화해온 것이다. 그러나 그것은 "미성년화"된 피교육자들과 교육하는 "고귀한" 봉록집단으로 양분된 반(反)레닌주의적 사회에 다름 아니었다.

봉록적 지배집단의 제거는 지배계급의 타도보다는 용이한 것이지만, 단순한 형식적 민주주의만으로는 가능한 것이 아니다. 그것은 오히려 그 존재를 주기적으로 정당화해 줄 뿐이다. 그들은 오직 마르크스, 엥겔스, 레닌에 의해 의도된 "일관된 민주주의"와 사회주의적 성과급 원칙의 일관된 관철을 통해서만 약화될 수 있을 뿐이다. 페레스트로이카의 시행과 더불어 봉록관들의 특권은 끊임없이 도전받고 있다(예를 들어 1988년 10월, 봉록관들의 모스크바 특권백화점의 해체). 혁명으로서의 페레스트로이카는 이들을 타도대상으로 한다.

봉록적 지배집단의 비과학적 지배 이데올로기는 지금까지 외연적 축적체제의 객관적 한계와 침체의 원인에 대한 과학적 분석을 차단하고 저지하는 반동적 기능을 해왔다. 그 결과는 제국주의국가보다 가난한 반(半)사회주의적인 봉록적 착취사회로 나타났다. 이것이 사회주의 이념의 국제적 위신을 훼손하고 자본주의 국가 전위당들의 정치적 영향력을 간접적으로 약화시키는 악영향을 미치게 되었음은 주지의 사실이다.

3. 외연적 축적체제의 진보적 잠재력의 쇠진과 위기현상

(1) 경제적 위기징후들

테일러-포디즘적 측면보조 하에 기계화 및 화학화의 관철을 핵심으로 하는 외연적 축적체제는 중화학공업을 비약적으로 확대시켜 소비재 생산분야에 대량의 기계제 생산수단을 공급함으로써 이 분야의 노동생산성 향상을 유도하면서 동시에 기계생산 및 소비재생산에 필요한 원자재 및 연료, 기타 동력을 생산하는 분야의 급속한 확대를 초래한다. 이것은 소비재 생산분야의 기술적 구성도를 고도화시켜 생산재 생산분야(제1부문)가 더 빠른 속도로 증가하게끔 강제하게 된다. 즉, 소비재 생산분야에 비하여 생산제 생산분야의 엄청난 비대화가 이루어지게 된다. 또한

이것은 전경제의 성장속도에 비해 1인당 국민소득의 성장률이 비교할 수 없을 정도로 둔화된다는 것을 뜻한다. 왜냐하면 소비품은 오직 제1부문의 성장속도에 비해 상대적으로 급속히 위축되는 제2부문에서만 생산되는 것이고 더구나 제1부문에 고용된 방대한 인구도 오직 제2부문의 생산물(소비품)에만 입을 대고 있기 때문이다. 또한 이를 타개하기 위해 제2부문의 규모를 확대하고자 하면 이보다 더 큰 비율로 제1부문이 확대되어야 하기 때문에 소비품 생산의 자유로운 확대도 불가능한 질곡에 빠지게 된다.

그리하여 예를 들면 소련의 침체기에 해당하는 1960~1985년 간, 산업생산은 매년 4%(1940년대 이전은 매년 10% 이상의 고도성장이었다) 성장하여 1960년 대비 1985년 생산규모는 5배로 확대되었는데 1인당 국민소득은 2.6배의 증가에 머물렀다.[33] 더구나 1981~1985(제11차 5개년계획 기간)년 간 주민의 실질소득이 전혀 증가하지 않고 제로성장으로 귀결되었다는 점에 주목하여야 한다.[34] 유사한 현상은 예를 들면 폴란드에서도 그대로 반복되었는데 1955년까지 10% 이상의 고도성장경제가 1956년부터 4% 이하로 성장이 둔화되기 시작한다.

한편 경제의 기계장비율의 고도화는 경제의 감가상각비를 엄청나게 증가시키게 되는데, 소련의 경우 이 감가상각비는 국민소득 대비 10%(1970), 13.7%(1975), 15%(1980) 및 16.9%(1984)에 이르고 투자에 대비할 때 31.6%(1970), 38.8%(1975), 48.2%(1980) 및 53.3%(1984)에 이르렀다. 즉, 신규투자의 절반 이상이 비대화된 기계장비 및 기타 시설의 단순재생산으로 소모되어버린 것이다.[35]

이러한 전(前)위기적 현상들은 즉각 농업분야와 국가재정분야로 파급된다. 위에서 1981~1985년 실질국민소득이 제로성장으로 나타났다고 하였는데, 실은 이것은 인구증가율을 고려할 때 마이너스성장이나 다름없다. 다만 마이너스 경향의 경제를 한편으로 농산품의 수매가격을 경미하게 인하시켜 인위적으로 수지균형을 맞추었을 뿐이다. 즉, 도시부문 가계의 단순균형은 국가재정의 출혈과 농업수탈을 통해 이루어진 것이다. 이러한 농업수탈 메카니즘은 1950년 후반 산업성장의 둔화 이래 확립된 것으로서 농민 소득의 성장을 억제하고, 이것은 다시 산업부문으로부터

33) L. I. Abalkin, 앞의 책, p.21.

34) 같은 책, p.27.

35) 같은 책, p.64.

기계제 농기구의 지속적인 확대구입을 어렵게 만들거나 농업기술 향상의 퇴조를 가져오게 된다. 그리여 이것은 다시 소련 농업생산의 성장을 둔화시키고 농산물의 품귀현상을 초래한다. 결국 소련은 1950년대 이래 사료작물의 적정비용 생산에 도달하지 못하고 계속 자본주의 국가로부터의 사료수립에 의존하여 육류생산의 미약한 증대에 만족할 수밖에 없게 되었다(소련에서 육류의 품귀현상은 잘 알려져 있는 사실이다).

1인당 국민소득의 마이너스 성장의 부담을 농민과 정부가 지게 된다면, 농업생산이 1960년대 이래 25년간 1.7배 성장에 머물렀다는 것은 당연한 귀결일 것이다(이에 반해 산업생산은 5배). 동시에 정부부담은 정부의 경제적 예비를 고갈시키고 결국 재정적자에 빠뜨리게 되었다.

사회주의 하에서 농촌과 도시의 대립이 약화될 것이라는 기대는 그 정반대로 뒤집히게 된다. 오히려 이 대립은 완화되는 듯하다가 다시 확대재생산되기 시작한 것이다. 이것은 소련처럼 수백 개의 민족들이 제각기 지역적으로 모여 사는 나라에서 농촌과 도시의 대립 및 지역간 불균등발전은 민족대립으로 현상하게 된다. 농촌에 사는 민족은 공업지대에 사는 도시민족의 높은 생활수준에 분개하고 이것을 완화시키려는 정부의 소득분배 조치는 잘사는 민족의 불만(예를 들어 발틱 3국 및 러시아 공화국)을 고조시키게 된다. 그리하여 수십 년간 누적되며 내연하던 민족적 분노와 불만이 현재 계속 터져나오고 있다.

한편 외연적 축적체제의 낭비적인 원자재 및 연료, 기타 동력 소모는 채취산업과 동력산업을 비대화시켜 자연파괴를 가속화시킨다. 이것은 환경보호를 위한 셀 수 없는 저항적 환경보호단체의 출현을 가져오고 동시에 환경보호를 위한 정부지출을 증대시킴으로써 역작용하고 있다.

이상으로 경제위기현상에 대한 간략한 인상은 주어졌다고 생각한다. 우리에게 중요한 것은 사실 이러한 현상서술보다 그 원인의 규명에 있을 것이다. 경제의 소재적 불균형에 관한 원인설명은 이미 이루어진 셈이다. 따라서 여기서 다루어야 할 원인이라 함은 축적체제의 위기가 자본주의식으로 극복되는 데 반하여, 사회주의는 어떤 생산관계 및 사회조직상의 결함으로 인해 그 위기가 심화되고 그 대응조치가 지연되었는가를 밝혀야 할 것이다.

(2) 원 인

경제는 최소한의 투입으로 최대의 산출을 가져오는 것을 본질로 하고 투입은 산 노동과 죽은 노동(생산수단)을 포괄한다. 그런데 외연적 축적체제는 생산수단의 최소한 투입, 즉 생산수단의 경제를 상대적으로 무시하고 기계적, 화학적, 전기적 생산수단을 가능한 한 양적으로 많이 투하하여 산 노동의 경제를 제고시키는 것을 일차적으로 지향한다. 따라서 일정한 발전단계를 경과하면 산 노동의 경제가 생산수단의 비경제에 의하여 상쇄되어버리는 지점에 도달하게 된다. 즉, 이제는 산 노동의 경제보다도 엄청나게 소모되는 생산수단의 경제를 혁명적으로 배가시키는 데서 더 많은 경제가 오게 된다.[36] 이것을 마르크스가 내포적 확대재생산이라고 불렀음은 위에서 서술하였다.

내포적 확대재생산의 핵심을 이루는 생산수단의 경제는 여러 요인으로 구성된다. 동일한 양의 산 노동의 투입이라는 전제 하에서 ① 기계가 효율화된다면 기계의 소요대수를 감소시킬 수 있다. ② 연료와 원료의 소모가 적게 먹히도록 기계의 품질을 향상시키면 원자재의 소모가 감소되어 또다른 생산수단의 경제가 나온다. ③ 기계의 효율화 및 품질 향상은 이 기계의 세련화 및 정밀화를 초래하게 되는데, 이 민감하고 정밀한 기계의 사용에는 이에 대응하는 기능을 가진 고도의 숙련노동과 해방된 주체적 노동이 필요하다. ④ 생산수단의 정성스런 주체적 취급은 동일량의 노동으로도 생산수단의 절감을 가져온다. ⑤ 기계의 품질을 향상시키기 위해서는 기계의 품질 향상에 대한 간절한 경제적 요구와 생산수단의 절약적 투입을 자극하는 수지타산의 경제적 메카니즘이 있어야 한다 등등.

그런데 초중앙집권적 외연적 축적체제는 이것들을 모두 어렵게 하는 생산양식적 측면을 가지고 있다. 이 체제 하에서 마르크스의 "계획경제"의 개념은 이 체제에 적합한 방식으로 해석되어 교조화되는데, 즉 미시경제 차원의 시장 메카니즘을 제거함으로써 각 개별기업의 결정사항까지도 중앙이 흡수하여 거시경제적 계획에서부터 미시경제적인 세밀한 계획까지 중앙계획기관이 수행하는 것으로 관념화된다. 이것은 각 개별기업이 구체적인 상황에서 구체적으로 대응하는 것을 방해하여 각 기업의 경제효율을 떨어뜨린다. 즉, 각 기업은 관료체제적 지시에 저항하여

36) L. I. Abalkin, 앞의 책, pp. 62, 68 이하 참조.

보다 구체적이고 효율적인 대응을 하다가 중앙의 제재를 받느니 부적절한 상부의 세부적 지시를 그대로 집행하는 형식주의와 무사안일주의에 빠져들도록 강제당한다.

동시에 중앙계획기관은 세부계획까지 모두 수립해야 되기 때문에 엄청난 문서생산과 감독활동의 늪으로 빠져든다. 즉, 관료적 집중제 속에서 상부와 하부는 모두 불가피한 비경제 속으로 굴러떨어진다.

이러한 비경제는 단위 기업의 기업지도부와 현장 간에서 그대로 반복된다. 설령 어떤 노동자가 기업지도부의 지시사항과 다른 효율적인 기법을 알고 있다 하더라도 말해보아야 '이빨도 안 먹이니까' 그대로 비효율적인 지시에 순종하는 형식주의, 무사안일주의에 빠져든다.

관료체제적 전제(專制) 하에서 필연적인 이러한 무사안일주의와 형식주의는 노동자 스스로에 의해 조직되고 형성되지 않은 낯선 메카니즘 속에서 조성되는 노동자의 억압과 부자유의 당연한 표현이 되는데, 이것은 단순히 주인의식이나 '시정의지'의 결여로 인해 생기는 것이 아니라, 노동자들로 하여금 주인되게 행동하도록 하는 객관적 사회관계의 결여, 즉 기업 및 생산수단과 노동자의 객관적인 분리에서 필연적으로 생겨나는 것이다. '모든 사람의 것은 아무의 것도 아니다.' 이러한 억압적 사회관계 속의 비주체적인 노동자들에게 '주인의식'이 부족하다고 '주체사상'을 주입하려는 것은 '대우가족', '삼성가족'이라고 떠드는 만큼이나 허위스런 '관념론적 사기극'이 된다. 이때 노동자들의 의식적 반응은 당연히 '냉소주의'로 나타난다. 이 '냉소주의'는 청소년들을 허무주의에 빠뜨려 심각한 사회문제로 현상한다. 이러한 분위기 속에서 생산수단의 정성스런 사용은 기대할 수 없다.

한편 미시적 차원에서도 시장 메카니즘이 전혀 없거나 주도적인 것이 아니기 때문에 동종기업들 간의 수평적 정보교환이 차단되고 이로 인해 개별기업은 효율을 타기업과 비교하는 것이 아니라 자신의 과거 지표에 비교하게 된다. 따라서 각 기업의 효율 측정기준은 주어진 시점에서 최고 효율을 지향하는 것이 아니라 과거 기준적인 보수주의를 벗어나지 못한다. 동시에 이런 구조 속에서는 상부기관의 관리통제도 한계에 도달한다. 낙후한 기업을 제재할 기준이 없는 것이다. 또한 제재의 효과도 지속적이지 않고 체계적이지도 않다. 시장 메카니즘 속에서는 만약 어떤 기업이 낙후하면 즉각 경제적 손해라는 경제적 제재로 나타나는데, 관료체제적 제재는 숙고를 거듭한 뒤 산발적으로 취해지기 때문에 지속적이지 못할 뿐만

아니라 일반적 제재를 가할 수도 없다. 면직, 파면 뒤 보충할 간부와 인력이 없기 때문이다. 동시에 제재의 효과는 하급간부의 매수공작에 의해 쉽사리 무화되고 결국 관료체제적 부패만을 만연시킬 뿐이다. 따라서 낮은 효율에 대한 각 기업의 반응은 품질 좋은 기계 및 여타 생산수단의 경제에 대한 강렬한 욕구로 나타나는 것이 아니라 보수적인 자기만족과 매수공작으로 나타나는 것이다.

이것은 과학기술의 생산기술화에 대한 결정적인 장애로 등장한다. 위에서 언급했듯이 소련의 이론과학과 이론적 과학기술은 세계수준이다. 그러나 이 과학기술은 체제경쟁에 내몰리는 군사부문 및 우주항공분야에서만 실현되고 민간부문에는 거의 확산되지 못하였다. 과학기술의 생산기술화는 과학기술적 법칙에 입각하는 것이 아니라 경제적 법칙에 의해서 이루어진다. 시장과 경쟁을 배제한 소련식 외연적 축적체제에는 이 경제법칙적 메카니즘이 결여되어 있다. 바로 이 점이 극소전자적 자동화, 생화학, 유전공학 등의 경제적 적용이 제국주의국가에 비해 현격히 뒤떨어지게 된 결정적 요인 중의 하나다.

이러한 생산기술의 낙후성은 비대한 생산수단 생산분야의 절약을 어렵게 할 뿐만 아니라 새로운 기술에 대응하는 새로운 엔지니어와 기술자의 숫자가 웬만큼 발전한 자본주의 국가에 비해 크게 뒤떨어지게 하였다. 이것은 세계의 이론적 과학자 총인원의 1/4이 소련에 속하는 것과 비교하면 큰 대조를 이룬다.

또한 초중앙집권적 계획경제는 극히 역설적으로 지속적인 '생산의 무정부성'에 시달린다. 중앙에서 구체적인 상황의 추상 하에 세부적으로 수립된 미시경제적 계획은 현장의 생산단위에서는 즉각 비효율적인 것으로 나타나 중앙의 계획된 기대치와 어긋나게 된다. 동시에 개별기업단위에서는 형식주의와 무사안일주의로 인해 지시가 없는 한 항상 늑장을 부리게 된다. 이 두 요인이 결합하게 되면 거시경제적 균형은 항상 교란되게 된다. 예를 들면 농산물 생산량의 20%가 수송과정과 보관과정에서 손실되는 현상은 바로 농산물 가공업체의 자재난을 초래하여 부분조업을 강제하고 식료품 품귀현상을 부채질한다. 복잡하게 얽히고 설킨 전경제단위체들은 끊임없이 이러한 원자재 품귀에 시달리는 반면, 생산현장이나 수송과정에서 엄청난 생산물이 파기되거나 수송이 지연된다. 자본주의적 '생산의 무정부성'이 과잉생산공황으로 나타나는 데 반하여, 초중앙집권적 축적체제에서는 한쪽에서 엄청난 물자와 노동이 파기되고 다른 쪽에서는 항상 자재난과 장비부족에 시달리는 것으로 나타난다. 이것은 엄청난 생산수단의 비경제를 강요한다.

마지막으로 초중앙집권적 외연적 축적체제의 독재성에 대응하는 '파업금지원칙'은 이 축적체제의 딜레마를 혁신적으로 탈출하도록 각 경제간부들과 당, 봉록관들을 일깨울 최후수단을 제거하여 버렸다. 사회주의국가는 노동자의 국가이므로 국가기업에서의 파업은 노동자가 자신에게 저항하는 것이 되기 때문에, 사회주의 안에서의 파업은 불필요할 뿐만 아니라 해로운 것이라는 것이다. 그럼에도 불구하고 파업을 주장한다면 이것은 부르주아시대의 사상 잔재로서 처벌받아야 마땅하다는 것이다. 이러한 교조가 자본주의사회에서 비(非)정치적인, 체제내적인 경제투쟁이 자본주의체제의 발전에 어떠한 본질적인 긍정적 역할을 하는가를 망각한 비과학적 억설임은 말할 것도 없다. 매뉴팩처 자본은 수공업적 노동자들의 산발적인 임금투쟁과 불복종에 내몰리어 산업혁명으로 이행하였고, 독점자본주의는 노동자계급의 지속적인 임금투쟁에 내몰리어 극소전자기술을 투입하기 시작한 것이다. 자본과 노동간의 이러한 대립 투쟁은 자본주의를 추동시키는 가장 근본적인 동력이다. 이 자본과 노동 간의 수직적 경쟁은 자본과 자본 간의 수평적 경쟁에 대해 항상 그 근본성에 있어서 선차적인 것이다. 노동과의 경쟁에 내몰리는 어떤 자본이 새로운 생산방법을 개발하여 타기업을 자극함으로써야 비로소 자본 간 경쟁이 격렬히 벌어지기 때문이다. 노동계급의 경제투쟁은 아직 적대적 대결에까지 발전하지 못한 체제내적인 비(非)적대적 투쟁이다. 이 비적대적 투쟁은 사회주의 사회에서도 노동자들의 자기주장의 최후수단으로서 필수적인 것일 뿐만 아니라, 관료화와 봉록화의 경향을 분쇄하고 그리하여 관료체제와 봉록체제의 보수주의를 격동시켜 혁신적 노선을 채택하도록 강요할 최후의 자극일 것이다. '파업금지원칙'은 초중앙집권적 외연적 축적체제의 한계를 조기 측정하고 감지하고 돌파할 새로운 자세와 사고의 출현을 촉진시킬 마지막 동적(動的) 요소를 제거하고 사회의 경제 메카니즘을 정태화시켰다.

이러한 원인 해명은 모두 마르크스-레닌주의의 전면적 실현을 지상명령으로 강제하는 것에 다름아니다.

4. 내포적 축적노선과 마르크스-레닌주의의 전면적 구현의 역사필연성

내포적 축적체제로의 혁명적 이행은 생산수단의 획기적인 절약과정을 통해 제1부문의 비대성을 분쇄함으로써만 달성된다.[37] 생산수단의 획기적인 경제는 앞에서 간간이 언급했듯이 ① 이미 확보된 획기적인 과학기술의 생산 기술화를 위한 새로운 경제 메카니즘의 창출 ② 정교해지고 더욱 민감해진 기계와 자재를 더 숙련되고 더욱 주인답게 다룰, 억압으로부터 해방된 완전한 생산주체의 창출이다. 이를 통한 생산력의 비약적인 발전이 자본주의에서처럼 실업의 양산으로 귀착되는 것이 아니라 민중의 소득향상과 노동시간의 단축으로 이어지도록 하는 것은 사회주의 체제의 본래적 과업일 것이다.

이러한 혁명적 과업을 위해서는 과거의 모든 봉록관적 교조주의로부터 해방된 본래적 마르크스-레닌주의로의 회귀가 요구된다. 교조로부터의 해방의 가장 종합적인 표현은 아마 사회주의의 '건설'이라는 교조의 분쇄일 것이다.

(1) 사회주의의 '건설'로부터 사회주의의 '자기발전'으로의 방법론적 자세의 전환

종전까지 교조적 봉록관들은 줄곧 '사회주의 건설'이라고 말해왔다. 이것은 마치 사회주의 사회가 '건물'이나 다름없는 것으로 비유되고 이와 직결된 불가피한 연상으로서 '건설'은 일정한 '설계도'에 따르는 것으로 관념화되었다. 이때 이 '설계도'의 '과학적' 작성은 봉록관들만 과학적으로 사유하는 것이 아님에도 불구하고, 또 일찍이 마르크스가 '과학'에 대한 프루동적 '미신'에 대해 경고했음에도 불구하고, 모든 민중의 참여 하에 이루어지는 것이 아니라 지고의 '과학성'을 갖춘 당, 더 정확히 말하면 당 봉록관들에게만 맡겨진다. 그리하여 '설계도'에서 벗어난 사회주의 '건설'은 모두 수정주의로 처단된다. 그러나 마르크스도 엥겔스도 또 레닌도 사회주의에 관해서는 어떠한 '설계도'를 그리지 않았고 일단의 추상적인

37) 이것은 자본주의에서 유기적 구성도의 고도화에 대한 결정적인 대항요인으로서 이윤율 하락 경향을 역전시키는 것으로 현상한다.

원칙들 외에 어떤 사항도 더 말하지 않았다. 이것은 그들의 유물론적 입장의 당연한 표현일 뿐만 아니라, 사회주의를 마치 고정된 상태로 생각하는 비변증법적 사유에 대항하여 사회주의의 '자기발전'관을 강조하기 위한 것이다. 이것은 그들의 초기사상에서부터 후기사상에 이르는 일관된 입장이다. 마르크스와 엥겔스는 「공산당 선언」에서 다음과 같이 말하고 있다.

"공산주의자들의 이론적 제명제는 이러저러한 세계개선자들에 의해 발명되거나 발견된 이념이나 원리에 근거한 것이 결코 아니다. 그것들은 다만 현존하는 계급투쟁의 사실적 제관계, 즉 우리 눈앞에서 벌어지는 역사적 운동의 일반적인 표현일 뿐이다."[38]

이로부터 30여 년이 흐른 뒤에도 엥겔스는 사회주의 사회에 대한 '설계도'식의 관념에 반대하였다.

"소위 '사회주의 사회'는 내 견해에 의하면 **단적으로 완성되는 사물이 아니라 모든 다른 사회상태와 마찬가지로 계속적인 변동과 변혁 속에 들어 있는 것으로 이행되어야 한다.** 지금의 상태와의 임계적(臨界的) 차이는 당연히 모든 생산수단에 대한 전국민의 공동소유 위에서 생산을 조직하는 데 있다. 이러한 변혁을 내일 당장 하루만에 완수하는 것——즉 점진적으로——이것은 결코 어렵지 않다고 생각한다."[39]

문제는 바로 공유제로 넘어간 뒤에도 이 사회의 생산관계와 조직관계가 끊임없는 '변동과 변혁'을 겪을 것이라는 점이다. 따라서 한때 특정한 시기에 생겨난 사회주의의 청사진도 끊임없이 변화하고 변혁되어야 할 것이다.

미래의 사회주의 단계가 어떻게 발전할지는 아무도 모른다. '설계도'의 작성은 따라서 현실 속의 문제 발생과 새로운 변화에 가장 둔감한 봉록관들에게만 맡겨질 수 없는, 모든 민중과 사회조직의 과업이어야 한다. **그러므로 사회의 '글라스노스트'와 '정치적 다원주의'는 자본주의에서보다도 더 논리필연적인 것이다.** 당의 역할은 다만 다양한 논리적, 이론적 의견 개진을 최종적으로 종합하고 일반적으로 정식화

38) MEW 4, pp. 474, 475.
39) MEW 37, p. 447.

하여 여기에 권위적, 의식적 통일성을 부여하는 것에 국한해야 할 것이다. 통일의 방법은 다양한 정파의 존재를 인정하는 민주주의이다.

> "결정수립의 민주적인 메카니즘은 그것의 과학성의 테제와 교체해버리면, '실제적 사회주의'가 보여주어 왔듯이 절대적으로 과학에 적대적인 지도방법들의 공고화를 초래한다. 사회적 과정들의 지도에 있어서 '의식성'을 최대로 강조하고 이 '의식성'을 역사적 발전의 경과 속에서 성립한 민주적 절차와 방법들에 대립시키는 것은 사회를, 이 사회가 자기자신에 관한 표상을 상실하고 의식없는 삶을 영위하는 상태로 빠뜨리게 된다."[40]

전체로서 사회는 결코 몇몇 사람에 의해서 발명되어 '건설되는' 것이 아니고 '자기발전'하는 것이기 때문이다. 이 '자기발전'이 자본주의의 그것과 다른 점은 그것이 사회의 대부분의 사람들에 의해 **의식되고** 동시에 문제가 발생할 때 '의식적인' 통제 아래로 다시 끌어들일 수 있다는 것뿐이다. 왜냐하면 사회주의적 공유제 하에서는 자본주의 하에서처럼 국가원수의 의지로도 **통제할 수 없는** 경제의 '무정부성'과 '자연성장성'이 없기 때문이다. 공유제 하에서 모든 사회현상은 원칙적으로 민주적 절차를 통해 **신뢰있게** 입안되고 **올바로** 정식화된 국가정책을 통해서 필요한 경우 언제든 의식적으로 통제되고 교정되고 촉진되고 배제될 수 있다.

이러한 새로운 정신적, 이념적 분위기 속에서 문제가 토의되고 정식화되어 이에 대한 새로운 해결책들이 민주적 절차 속에서 제안되고 수정되고 확정되게 되었는 바, 여기에서는 이미 확정되었거나 생성중에 있는 몇몇 개혁정책을 살펴볼 것이다.

(2) 새로운 경제 메카니즘의 창출

① 행정적 경제지도에서 경제적인 경제지도로

종전에는 중앙기관의 예하기관에 대한 경제지도가 관료주의적 지시와 명령을 통해 이루어졌다. 이것은 하급 경제단위체의 구체적인 상황대처와 창조적인 해결능력을 억압할 수밖에 없었다. 따라서 이후에는 중앙기관이 하부기관의 세부사항에

40) "Aufbau oder Selbstentwicklung", *Neue Zeit*, 1989, Nr. 32, Moskau, p. 31.

대해서는 간섭하지 않고 다만 일정한 상한선과 하한선의 표준지표와 신용정책 및 금리정책을 통해 하부단위를 통제한다. 물론 5개년 계획의 일반적 목표와 과업을 수행하도록 중앙기관은 예하단위를 통제, 지도하지만, 그 지도방법이 바뀐 것이다. 중앙의 계획적 통제는 이것으로도 충분히 예하단위를 장악할 수 있다(최저임금, 최고임금, 신용의 신축, 금리의 고저 등으로). 예하단위가 국가시책에 따르지 않거나 못 따르는 경우 종전에는 관료주의적 제재를 가하였으나 이제는 신용을 축소 또는 중단하는 식의 '경제적인' 방법으로 바뀐 것이다. 물론 그렇다고 하여 국가의 최후적 지도권력이 포기될 수는 없다. 즉 모든 새로운 기업은 국가에 의해서만 설립될 수 있고 폐업도 오직 국가에 의해서만 결정될 수 있다. 왜냐하면 모든 기업은 아직 국가기업 또는 국영기업이기 때문이다.

② 독립채산제와 완전한 경제적 경리

중앙기관이 예하단위(기업연합체와 개별기업)에 세부적으로 간여, 명령하지 않는 것은 곧 그 이전의 수많은 중앙권력 사항이 예하경제단위로 이양된다는 것을 뜻한다. 즉 각 개별기업과 기업연합체(자본주의의 콘체른과 조직규모가 유사하다)는 경제계획 기간 내에 금융자산 및 기타 실물자산을 완전히 자유롭게 이월, 처분할 수 있고 은행이나 개인들로부터 금융을 자기 계산 위에서 조달할 수 있다. 동시에 이 모든 자산은 일정한 비율 내에서 기업의 완전한 독자적 점유권에 속한다. 또한 기업 주체는 정해진 법규적 상하한선 내에서 임금기금과 투자기금 간의 비례를 독자적으로 결정한다(이상 독립채산제).

한편 기업은 종전처럼 실물량으로 정해진 목표생산이 목적이 아니라(따라서 과거에는 원자재와 기계가 얼마나 소모되든 목표달성만으로 족하였다), 최소의 투입으로 최대의 효과를 올리는 것을 목표로 활동한다. 결과는 오직 이윤(사회주의적)으로만 측정된다. 따라서 이것은 생산수단의 경제에 대한 관심을 결정적으로 제고시키게 된다. 페레스트로이카 이전에도 이러한 정책은 산발적으로 또는 미지근하게 시행되었으나 이번에 주력하는 것은 이것의 전부문, 전측면적 관철이다(이상 완전한 경제적 경리).

③ 미시경제적 시장 메카니즘의 완전한 확립과 거시적 계획

마르크스에 의하면 한 사회구성체의 역사적 성격은 생산조건의 소유자들 간의

관계가 아니라, 생산조건의 소유자들과 직접생산자들 간의 관계에 의해 규정된다고 하였다. 따라서 자본주의 사회는 단순히 시장경제 메카니즘에 의해 규정되는 것이 아니라 자본과 임노동 간의 관계에 의해 규정된다. 만약 그렇지 않다면 시장과 경쟁은 까마득한 옛날부터 존재했으므로 전근대적인 모든 사회가 자본주의 사회가 되어버릴 것이다. **시장과 경쟁은 자본가들의 발명품이 아니다.** 사회주의 사회에서도 그것의 긍정적인 측면은 적극 활용되어야 한다. 만약 이것에 반대한다면, 그것은 부르주아적 경제관에 사로잡힌 쁘띠 부르주아적 사회주의관일 것이다.

물론 마르크스, 엥겔스, 레닌은 시장의 소멸을 지향하는 구절들을 여기저기서 남겨두고 있다. 그러나 그들은 그 어디에서도 시장, 화폐 등이 어떤 경로를 통해 얼마만한 속도로 소멸해야 하는 것인가를 예단하지 않고 미래의 일로 남겨두었을 뿐이다. 지금의 예측은 시장과 화폐관계가 폐지되는 것이 아니라 신용관계와 분배제도의 완전한 확립 속에서 비로소 '사멸'할 것으로 보고 있다.

그들이 즉각 폐지되어야 할 것으로 본 특유하게 자본주의적인 상품들은 공장과 토지 등의 생산수단과 인간의 노동력이다. 모든 사회주의는 이것의 상품화를 허용하지 않는다. 이것은 즉각 자본가의 출현을 가져올 것이기 때문이다. 페레스트로이카도 이 점을 확고하게 고수한다. 즉, 공장과 토지는 개인매매의 대상이 아니고 기업은 노동자를 이윤상의 이유로 절대로 해고할 수 없다. "사회주의는 완전고용이다"(고르바초프).

그럼에도 불구하고 각 기업들은 시장에 자신들의 제품을 상품으로 생산해 낼 수 있고 또 그래야 한다. 사람의 노동력을 상품화하는 것은 인간의 사물화이지만 제품의 상품화는 당연한 것이다. 이 관계가 아무런 유보 없이 전면적으로 관철된다. 이런 토대 위에서만 독립채산제와 완전한 경제적 경리가 현실성을 얻는다. 그 이전의 독립채산제와 경제적 경리는 따라서 극히 허울뿐인 불완전한 것이었다(현재 북한). 각 기업은 이윤을 위해 완전한 자율성 속에서 활약, 경쟁하고 손해를 보면 전직원의 임금에 부정적인 영향을 미치고 커다란 이윤을 얻으면 임금인상에 결정적인 기여를 하게 될 것이다.[41] 이러한 물질적 이익관계의 구체화 속에서야 과학기술의 생산기술화의 **경제적** 메카니즘이 생겨난다. 보다 효율적인 기술의 지속

41) 최저임금 이하로 임금을 인하하는 것은 금지된다. 사회주의적 평등관에 저촉되는 정도의 고액임금을 규제하는 최고 임금선을 넘으면 안 된다. 남는 것은 재투자되어야 한다.

적인 투입만이 각 기업의 경리를 플러스로 유지시켜줄 것이기 때문이다. 각 기업의 기술개발을 통해 얻은 보다 높은 이윤은 이 기업의 노력에 대한 포상으로서 **사회적인 성과급**인 셈이다. 이러한 메카니즘은 동시에 원자재의 절약적 사용을 강제할 것이다. 경영혁신, 기술혁신 등으로 경쟁에 강한 기업은 높은 이윤으로부터 나오는 재투자기금을 계속 활용하는 경우 끝없이 사업을 확대하고 지점과 연관기업을 확장할 수 있다. 다만, 일정분야의 독점이 출현하는 경우에만 국가가 간섭한다.

한편 거시경제적인 산업간 균형, 국민소득의 분배, 성장속도, 외국무역 등에 관한 전반적인 계획과 이에 따른 통제는 국가 중앙기관의 전담사항이다. 앞에 언급한 바와 같이 국가는 이와 관련된 충분한 권력을 독점한다. 과거의 초중앙집권적 국가권력의 사회주의적인 정반대는 유고의 시장사회주의인데, 이것은 거시경제적 기능까지도 상당한 정도로 시장 메카니즘에 방기함으로써 자본주의와 유사한 경제적 무정부성 속에 빠져든다(유고의 실업률 20%). 소련의 개혁노선은 초중앙집권적 모델의 천길 낭떠러지와 유고 모델의 만길 소용돌이 사이를 걷고 있다. 다만 각국에 미세한 차이들이 있을 뿐이다.

마르크스는 잘 알다시피 사회주의적 사회상태에서는 "보편적으로 발전된 개인들"의 "사회적 제관계가 그들 자신의 공동체적 관계들로써 또한 그들 **자신의 공동체적 통제**에 복속할" 것이라고 예추하였는데[42] 이것은 사회주의적 통제가 만인의 **공동체적** 통제이지 결코 봉록관적 소수 집단의 계획, 통제이거나 '과학'의 이름으로 민중을 통치하려는 테크노크라트들의 계획, 통제가 아니라는 것을 뜻한다. 동시에 마르크스가 "자연과의 물질대사에 의해 눈먼 맹목의 힘에 의한 것처럼 지배당하는 대신에 그것을 합리적으로 규제하고 공동체적 통제 아래로 옮겨놓는다"[43]는 계획경제의 상을 제시하면서도 공동체의 중앙통제기관이 각급 경제주체들의 자율성을 완전히 말살하고 이들의 사사건건을 전단하는 것이 아니라 거시적인 경제과정의 예견적인 일반적 행로 안에서 각급 경제주체들의 **자발적인** 경제운동을 염두에 두었다는 것은 다음의 인용구에서 잘 알 수 있다.

"자본과 토지소유의 자연법칙들의 현재의 **자발적**(spontan) 작용은…… **자유롭고**

42) MEW 42, p. 95.
43) MEW 25, p. 828.

연대한 노동의 사회적 경제의 제법칙의 자발적 작용에 의해 대치될 수 있다."[44]

한 번도 햇빛을 본 적이 없는 마르크스 자신의 이 언표는 극히 중요하다. 왜냐하면 이 구절은 자본주의 경제체제가 '항일유격대식'의 전투적 동원체제에 의해 대체되는 것도 아니고 숨막히는 지시경제체제에 의해 대체되는 것도 아니라는 것을 분명히 해주고 있기 때문이다. 따라서 바랄만한 '계획'이란 **절대적인 계획**이 아니라 미시경제시장에 대한 거시경제적 계획의 **패권**(Hegemonie) 일 것이다.

④ 농업 소유관계의 구체화와 임대차적 소농경제의 창설

마르크스, 엥겔스, 레닌의 농업집단화 안(案)은 원래 극히 신축적인 것이었다. 협동농장, 국영농장, 중농, 소농 등이 다양하게 전개되는 안이었다. 그런데 그간 형성된 교조는 집단화만을 유일시하는 방향으로 운동하여 농경의욕을 크게 제약하였다. 농민의 의식은 도시노동자에 비해 낮을 뿐만 아니라 농경의 조건은 농산물과 지형에 따라 극히 다양하다. 마르크스는 「자수리치에 보내는 편지 초안」(Ⅰ·Ⅱ)에서 원시공산적 농지소유로의 전진적 '복귀'에 관하여 말하고 있는데,[45] 이 의미를 깊이 분석하면 현재 어떠한 농업정책이 합당할 것인가를 알 수 있다. 원시공산사회는 마르크스의 분석에 의하면 수많은 유형단계를 거쳐 고대 사유재산제로 이행하였다. 제1단계 : 완전공유제(토지, 거주가옥, 거주지, 텃밭 등의 공유). 제2단계 : 가옥과 거주지의 사유를 인정한 공유제……. 마지막 단계 : 농경공동체(토지의 **공유제** 하에서의 시한부〔주기적〕 **점유제**, 가옥·거주지·텃밭의 사유제). 만약 과거식의 일면적 농업집단화를 추진한다면 사유제에서 즉각 원시공산단계의 제2단계로 **도약하는** 것을 뜻한다. 이것은 농민의 낮은 의식과 농경조건의 복잡성 때문에 무리일 것이다. 그렇다고 집약농경 부분에서도 이것이 불가능한 것은 아니다. 그리고 앞으로 집단적으로 구입, 사용해야 하는 농기구(대형 콤바인, 비행기 등)가 더욱 증가하게 되는데 이런 것들은 모두 공동소유, 공동사용이 합리적일 것이다. 그러나 현재 합당한 부분에서는 원시공산사회의 마지막 단계인 농경공동체 형태가 더 합리적일 수도 있다. 따라서 소련의 일정한 국영·집단농장은 농경공동체로 이행되고 있다.

---

44) MEW 17, p. 546.
45) 같은 책, p. 390.

이것이 임대차적 소농제의 창설이다. 이것은 일정한 부문에서 가족농의 정성스런 노동을 촉진시킬 뿐만 아니라 집단농경시에 필요한 감독노동자를 절약할 수 있기 때문에 노동생산성의 향상과 생산수단의 경제를 동시에 성취할 수 있다. 농경공동체적 집단농장이나 국영농장의 관리자와 임대차적 소농과의 관계가 아시아적 봉건제적 관계와 근본적으로 다른 것은 오직 민주제에 의해서만 보장될 것이다. 농장의 관리책임자 및 기타 부서장은 뒤에 살펴보게 되겠지만 농민들의 총회에서 비밀투표, 자유경선의 방식에 따라 선출된다(이에 반해 봉건적 지방수령은 중앙에서 파견된다). 생산조건의 소유자(여기서는 국가를 대표하는 국영농장 책임자)와 직접생산자의 관계가 주어진 사회구성체의 역사적 성격을 규정한다는 마르크스의 테제를 상기하면 봉건제와의 근본적 차이점은 곧 이해될 것이다. 토지임대는 장기계약인데 계속 연장할 수 있지만 계약 종료시 토지는 농장에 반납된다. 도시 이주의 경우도 마찬가지다. 따라서 토지의 소유권은 국가나 협동농장에 그대로 남아 있게 된다.[46]

⑤ 조합운동과 소기업운동

주민의 일상적, 세부적 욕구충족과 근접한 지역에서의 일상적인 용역(음식점, 주점, 수선소, 소비품 공급, 병원, 부품상 등)은 대형 국영기업보다도 중소기업이 더 기동력 있게 해낸다. 과거에 도시지역에서 중소조합기업을 전멸시키고 가족노동에 근거한 가족적 소상인 및 소생산자 기업을 (헌법에 명기하고 실제에 있어서) 탄압하던 정책은 모든 기업의 대형화를 초래하여 변동하는 주민욕구와 이것의 발전에 적응할 기동력을 떨어뜨렸다. 결과는 소비품 판매기업 관리자들의 대(對)민중적 관료화와 상가 앞에서의 소비자들의 괴로운 줄서기를 초래하여 주민들의 소비생활을 억압하는 것으로 나타났다. 모든 것을 대형화하려는 거대광증(Megalomanie)은 관료적, 봉록적 이익과 취향에 적합할지는 몰라도 민중의 삶과는 모순되는 것이다. 모든 것이 작아서도 안 되지만 또한 커서도 안 된다. 사물은 제각기 그 나름의 도(度)를 가지고 있다.

이번 개혁조치 안에는 도시부문의 협동조합기업을 허용, 장려하는 조합법이 포함되어 있다. 현재 소련에서는 이 조합운동이 거세게 일어나고 있다. 또한 가족

---

46) 중공의 토지임대차 제도는 민주제의 결여, 이농시 토지사용권 양도의 인정 등의 측면에서 볼 때 아시아적 봉건제의 도입에 다름아니다.

기업도 크게 고무되었다. 그러나 이 운동도 다른 모든 운동과 마찬가지로 일정한 부작용을 보이고 있는데, 예를 들면 한 발명가 조합에서 개발된 새 컴퓨터 프로그램이 국영기업에 날개돋힌 듯 팔려 10명 이하의 이 조합원들이 모두 백만장자가 된 것이다. 조합기업세는 누진세이기 때문에 대부분이 국고에 반납되겠지만, 그럼에도 불구하고 그들은 여전히 백만장자일 만큼의 부자가 되었다. 이것을 법으로 규제하는 경우 발명욕을 해칠 것이고 그대로 방치하면 조합운동의 사회주의적 이념과 상치된다. 이것은 현재도 논란 중이고 마땅한 해결책을 찾지 못했다. 조합운동의 적극적 후원자인 고르바초프도 이 의외의 결과에 대하여 부정적인 견해를 표명한 바 있고, 이 조합기업과 거래하는 국영은행도 여론에 밀려 조합원들의 엄청난 소득을 '불법적으로' 차압해 두고 있다(물론 조합원들은 불평불만이다). 또 다른 부작용은 조합기업과 가족기업에 대한 강도행각을 부채질하는 것이다. 강도들의 견해는 조합이 반(反)사회주의적인 '착취자들'이기 때문에 자신들이 좀 강탈해가도 상관없다는 것이고 경찰들도 이 강도 잡기에 별 신경을 쓰지 않는다. 조합원들이 부자가 되는 것에 대해서 주민들의 여론도 부정적인데, 강도들은 이 여론을 등에 업고 있는 셈이다. 우리로서는 아직 완전히 이해할 수 없는 사회주의 특유의 에피소드가 아닐 수 없다.

⑥ 평화공존정책의 일관된 관철과 군비산업의 민수산업화

레닌의 대 자본주의 국가정책은 평화공존정책이었다. '혁명수출' 노선은 레닌의 정책이 아니라 트로츠키 노선이거나 미 CIA의 선전이다. 또 엥겔스는 어느 편지에서 프롤레타리아 국가가 '혁명전쟁'을 통해 다른 나라에 간섭하면 자국의 존속을 '위태롭게' 할 것이라고 예견하였는데, 이는 그대로 적중하고 있다.

그동안 소련은 제국주의 대결노선을 맞받아치며 군비증강의 악순환 속에 빠져들어 있었고 아프간 간섭전쟁으로 엄청난 피해를 입었다. 이익을 본 것은 제국주의 국가의 군산복합체 독점자본들이었다.

현재의 국제외교노선은 제국주의의 대결적 도전을 받아들이지 않고 획기적인 군축안을 제시함으로써 도전을 무화시키고 자본주의와 사회주의 쌍방의 군비를 감축하는 것이다. 이것은 독점자본의 침략적 분파인 군산복합체 독점체들의 가치증식 기반을 축소시키는 것이면서 동시에 소련경제의 군사적 왜곡을 제거하는 것이 된다. 소련에 대해서 군비산업의 획기적인 축소는 국가 재정적자를 타개하는 결정

적인 출로일 뿐만 아니라, 군비산업의 민수산업화는 주민의 소비압박을 완화시키는 방책이 된다. 따라서 획기적인 군축노선과 평화공존정책의 일관된 관철은 제국주의의 가장 침략적인 부분에 대한 가장 근본적인 공세임과 동시에 소련경제의 결정적인 정상화 방안인 것이다.

레닌적 평화노선은 사회주의의 이념적 일부를 이룬다. 또한 이것은 두 번의 세계대전과 숨막히는 냉전과정에 지친 인류의 가장 간절한 꿈임과 동시에 냉전적 논리에 눌려 가혹한 국내탄압을 받고 있는 모든 혁명세력에 대한 국제적 측면지원 전술이 된다. 이러한 정책의 전지구적 실현은 현재 더욱 확실해지고 있다고 볼 수 있겠다.

(3) 완전히 자유로운 생산주체의 창출

이상과 같은 경제 메카니즘의 도입이 이에 합당한 주체적 대응 없이는 제기능을 다하지 못할 것이다. 왜냐하면 모든 객체적인 생산조건은 오직 인간 주체에 의해서만 활력화되기 때문이다. 또한 더욱 세련되고 더욱 미세해지고 더욱 정교해저고 더욱 민감해지는 생산수단은 이것을 더욱 적절히 다룰 수 있고 또 다룰 줄 아는 생산주체를 요청한다. 즉, 생산수단의 경제는 단순한 기술진보나 경제 메카니즘의 개선만으로는 이루어질 수 없다.

이 주체적 측면과 관련된 생산수단의 경제는 자본주의와 사회주의의 근본적 차이를 보여준다. "생산수단의 경제화를 위한 자본가들의 광기"[47]는 주체의 측면과 관련하여 고찰할 때 항상 "노동자를 희생한 노동조건의 절약"[48]을 동반하거나(산업재해), "생산요소의 위조"[49]를 하거나, **노동주체에 대한 억압적 기율의 강화**로 현상한다. 즉, "아무것도 손실되거나 낭비되지 않도록 하는 것" 즉 "생산수단이 생산 그 자체에 의해 요구되는 방식으로만 사용되도록 하는 것"은 "한편으로 노동자의 훈련과 교육에 달려 있고 다른 한편으로는 자본가가 집체적 노동자에 가하는 기율"의 강도에 달려 있다.[50]

47) MEW 25, p. 93.
48) 같은 책, p. 98 이하.
49) 같은 책, p. 93.
50) 같은 책, p. 93.

그런데 감독과 기율은 비주체적인 피압박노동자에 대해서 일정선을 넘으면 한계에 봉착하고 또한 감독노동자의 비대화를 가져야 감독비용의 비경제를 초래한다. 이것이 자본주의의 본질적인 반(反)인간성이자 역사적인 한계이다. 사물로 취급되는 노예가 자신이 사물이 아님을 증명하기 위해 주인의 생산수단을 함부로 다루어 망가뜨리듯이, 임금노예도 노예의 생산도구보다 더 정교해진 현대적인 생산수단의 경제에 대한 합당한 의식을 가질 수 없다.

이에 반해 "노동자들이 자기자신의 타산을 위해 노동하는" 사회주의적 "사회상태에서는" 그런 강력한 기율과 감독노동의 낭비가 "불필요해질" 뿐만 아니라,[51] 생산수단의 주인다운 정성스런 사용은 **동일한 노동의 투입 하에서도** 생산수단의 경제를 높인다. 이것이 사회주의가 자본주의에 대해 지니는 **원리적인 고차성**이다. 반(半)사회주의적 봉록적 공유제는 이 원리적 고차성의 실현을 방기했을 뿐만 아니라 자신들의 권력이익에서 **억압하였다.**

체제개혁은 이 사회주의적 경제의 원리적 고차성을 전면적으로 구현할 것을 목표로 한다. 이것은 종전처럼 억압적인 객관적 상태에 노동주체를 몰아넣어 놓고 '주체사상'을 갖도록 연일 나팔부는 '대우가족'식의 관념론적 사기극이 아니라, 노동주체가 주인으로서 기능할 수 있는 **해방된 객관적** 조직관계의 구축이다. 즉, 레닌적 "일관된 민주주의"의 전면적인 관철이다.

위에서 설명하였듯이 이 "일관된 민주주의"만이 "누구의 것도 아닌 만인의 것"으로 현상하는 봉록적 공유제를 분쇄하고 "구체적인 각 개인에게 구체적으로 속하는 것으로서의 만인의 것"이라는 진정한 사회주의적 소유제를 구현할 수 있다. 봉록적 소유제는 사적 소유 사회에서 필연적인 민중의 생산수단으로부터의 분리를, 생산수단의 소유자로서의 자본가 계급을 해체함으로써 일반화하여 생산수단으로부터의 **전인민**의 분리를 완성한다('만인의 것은 누구의 것도 아니다'). 이로부터 생기는 형식주의, 무사안일주의, 냉소주의가 무자비한 군사적 규율 잡기나 '주체사상'적 사기극을 통해서는 결코 해소될 수 없다. 이것이 바로 봉록적 공유제의 내재적 자기모순이다.

레닌의 "일관된 민주주의"는 생산수단과 전인민의 결합을 구현한다. 그것은 두 차원에서 벌어지고 있는데 하나는 정치적 국가관계 분야이고 다른 하나는 미시

---

51) 앞의 책, 같은 곳.

적 차원, 즉 기업 및 사회조직의 분야이다. 정치적 관계의 민주화는 국유재산과 전인민의 결합을 가져온다. 국가가 수많은 권한을 개별기업 단위에 이양함으로써 기업점유 주체를 창설하였다 하더라도 여전히 결정적인 거시경제적 경제처분권을 장악한 총소유권자이므로, 정치관계의 민주화는 **전인민의 총소유권자화**를 겨냥하는 것이다. 한편 레닌의 기업민주주의는 기업 점유권이 기업지도부의 손아귀에 독점되는 것을 막아 기업의 테크노크라트화를 저지하고 **기업 점유권과 기업 전직원의 결합**을 겨냥한다.

① 정치적 민주주의의 확립

'모든 권력을 소비에트로!' 집중시키는 소비에트 제도의 개혁이나 당내 민주주의의 확립에 관해서는 여기서 재론할 필요가 없겠다.[52] 다만 강조할 것은 전고위관리직의 5년 임기제, 비밀선거 및 복수경선 방식에 의한 전고위관직의 선출제, 3선제한제의 도입이다. 이에 입각하여 1989년초 소련 인민대표자회의 대의원선거가 있었는데, 당내 봉록관들은 대부분 낙선하는 고배를 마셨다. 이에 대해 고르바초프 등의 개혁세력은 '인민'의 '혜안'에 크게 만족감을 표시하였다. 또한 최고 소비에트는 개혁과 더불어 전국가권력을 집중시켰는데, 마르크스와 레닌의 말대로 "노동하는 의회"의 기능을 발휘하기 시작하였다. 마르크스에 의해 의미된 "노동하는 의회"란, 집행권력은 행정부에 맡기고 입법과 감독권만 지님으로써 행정권의 비대화에 위축되어, 논쟁을 일삼되 하는 일은 없는 부르주아 의회제도를 대신하는, 3권을 장악한, 즉 입법하고 집행하고 재판하는 의회를 뜻한다. 최고 소비에트는 입법하고, 5개년계획과 예산을 심의하고, 집행내각을 **임명하고**(동의가 아니라), 사법부를 임명·구성한다. 이 소비에트 체제 하에서는 입법부가 행정부의 시녀일 수 없고 사법부가 행정부의 시녀일 수 없다. 행정부와 사법부는 서로 완전히 독립되어 있고(수상의 대법원장 추천·임명권이 없기 때문에) 양자는 모두 소비에트의 위탁대행자로 기능한다. 이러한 것들이 부르주아 의회와의 결정적인 차이점이다. 러시아 혁명기의 구호, '모든 권력을 소비에트로!'가 이제야 비로소 달성된 것이다. 이번에 리쉬코프 수상이 제시한 내각각료들은 이전처럼 무사 통과된 것이 아니라

---

52) 필자의 「더 많은 사회주의로서의 페레스트로이카」(『창작과 비평』 1988년 가을호) 참조. 본서 제2부 5장에 수록.

대여섯 명이 소비에트의 결정에 의해 기각됨으로써 인민대의체의 힘이 발휘되기 시작하였다.

한편 소련공산당은 유일당이기를 그만두었다. 모스크바에 소위 '민주연맹'이라는 쁘띠 부르주아적 정치조직이 결성된 것이다. 공산당 입장에서는 반갑지 않은 움직임이지만 그대로 묵인함으로써, 소련의 단일당제는 이념적으로 목표되었던 것이 아니고 내전과정에서 우연히 '역사적으로' 생겨난 것이라는 최근의 소련 공산당의 이론적 입장을 그대로 실천하였다. 그러나 '민주연맹'의 정치적 성공 가능성은 전무하다. 소련 공산당원이 약 2천만 명에 달하는데, 이 숫자는 약 2억 5천만 명에 달하는 소련인구와 비교할 때 약 1/10에 해당하는 것으로서, 성인의 절반가량이 당원인 셈이다. 소련 공산당은 단순한 대중정당이 아니라 국민의 일반적 정치조직인 셈이다. 소련의 당원 비율을 중국에 그대로 적용할 때 중국의 당원수는 1억이 넘어야 하는데, 4천만 명 정도에 머물러 있음을 생각하면, 곧 그 차이를 이해할 수 있다. 따라서 소련에서 다당제는 이론적으로만 가능할 뿐 사실상 불가능하다. 따라서 '민주연맹'도 극소수 불만층의 서클로 머물러 있을 수밖에 없고 또 미래에도 그럴 수밖에 없을 것이다. 1989년 7월 노동자 대파업에서도 '민주연맹'이나 여타 비공식조직의 구호에 대해서 노동자들은 전혀 미동도 하지 않았다.

소련의 이러한 이론적 다당제가 그렇다고 아무런 현실적 의미도 없는 것은 아니다. 이 이론적 입장은 다른 사회주의 국가들, 즉 인민민주주의 국가의 다당제를 현실화한 것이다. 인민민주주의 국가들은 지금까지 반제투쟁을 수행했던 통일전선에 참가한 당들만을 우당(友黨)으로 취급하여 일체의 신당의 결성을 억압하였다. 동시에 전선 내의 당들과 의석수와 내각각료수를 협상을 통해 분배한 연명 리스트를 작성하고 인민으로 하여금 이 리스트에 대한 찬반만을 묻는 선거를 시행해왔다. 그런데 이것은 선택의 여지가 없기 때문에 실은 선거가 아니다. 현실적인 다당제적 선거제로의 발전에 있어서 가장 앞선 나라는 헝가리와 폴란드이다. 이 중 폴란드는 이것을 이미 부분적으로 현실화하였다.

전위당밖에 없는 유일당 제도는 자본주의에서 사회주의로 이행하는 짧은 역사적 과도기의 프롤레타리아 독재에나 적합한 것일 뿐(프롤레타리아 독재는 소련에서 헌법상으로도 이미 끝났다) 그 이후에는 봉록관들의 민중억압의 도구에 불과하다. 보통 봉록관들은 이 유일당제를 가능한 오래 고수하기 위하여 역사적 과도기를 자꾸 확대해석하여 왔는데, 가장 길게 잡은 나라는 북한이다. 공산주의 사회에

이를 때까지가 과도기라는 것이다.[53] 프롤레타리아 독재에 관한 마르크스, 엥겔스의 원문을 못 읽는 무식한 봉록관들의 애교 정도로 취급하고 넘어가는 것이 쓸데없는 이론적 논란을 피하는 최선의 방책일 것이다.

사회주의 제도의 보위를 위해 유일당 제도는 극히 위험하다. 왜냐하면 전위당의 위기가 즉각 체제위기로 치닫기 때문이다. 전위당은 항상 앞질러 나가면서 역사적 과업을 수행하다보면, 수많은 역사적 과제의 완수와 더불어 불가피하게 수많은 오류와 실책을 범하게 되는데, 반체제 세력은 이것들을 이용하여 즉각 체제를 위협하기 때문이다. 이에 반해 대체로 동일한 이념을 갖되 수행방법과 정책에 있어서 다른 의견을 갖는 또 다른 사회주의당들이 있다면 전위당의 위기는 체제위기로 발전하지 않고 전위당의 권력상실로 끝나고 체제는 보전된다. 이때 다른 사회주의당들이 권력을 잡고 뒷갈망하는 것이다. 따라서 전위당만 있고 후위당들이 없는 유일당제는 사회주의 체제를 위한 제도가 아니라 바로 봉록체제의 고수를 위한 제도에 지나지 않는다는 결론이 나온다. 폴란드에서 '연대노조'의 노선을 분석하면 허가받지 않은 후위당 역할이다. '연대노조'는 사회주의 제도의 폐지가 아니라 그 현실화를 겨냥하고 있기 때문이다. 반체제 세력은 '연대노조'의 권력획득과 더불어 즉각 소수세력으로 전락하였다. 따라서 전위당의 전위다운 역할은 다른 형제당들의 경쟁, 위협, 교정이 항상 가능한 **사회주의적 다당제 하에서만** 완벽하게 보장된다. 그렇지 않은 경우 전위당의 독재는 곧 프롤레타리아에 대한 봉록적 독재로 반전해버릴 것이다.

소련은 다당제가 현실적으로 불가능한 조건 하에서 다른 당을 일부러 창설하려는 인위적인 조치를 취하기보다는 **당내 분파의 자유**를 보장함으로써 '국민의 일반적 정치조직'으로서의 당내에 다당제를 도입하는 식으로 움직이고 있다. 이 분파들의 자유의 폭을 놓고 이견이 존재하지만 분파들은 '종파'로 취급되지 않음으로써 당내 민주주의의 기초를 창설하였다.

분파 없는 '콩가루'당 안에서 제아무리 '당내 민주주의'를 수백 번 외친다 하더라도 그것은 빈말이 되고 만다. 당중앙과 다른 의견들의 존재만이 대안들의 활발한 민주적 경쟁을 유발할 수 있기 때문이다. 동시에 이 대안들은 개인의 힘으로써는 방대한 자료를 수집하고 토의하고 정식화하는 일이 불가능하기 때문에 분파 없이

53) 과거 중국도 사회주의=과도기론을 폈다.

제기될 수도 없다.

소련에서는 옐친, 아발킨, 사하로프, 포포프 등을 의장단으로 하는 수백 명의 인민대표자대회 대의원들에 의해 '초지역적 대의원 그룹'이라는 분파가 공식 창설되었다.[54] 현재의 의장단 단장은 1년 임기인데 옐친이 선출되었다. 그들의 일반적 목표는 '경제를 생산의 주인들의 욕구에 적응시키는 것'[55]이라고 한다. 이들은 페레스트로이카의 진척속도가 더디고 불완전하다고 느끼는 일단의 좌익 민주주의자들의 회합이다.[56] 옐친에 의하면 구체적인 목표는 '국가소유를 탈중앙집권화시켜 근로자들에게 이양하는 것', '특별법령으로써 소련 안에서는 현재에도 그리고 미래에도 인민대표자회의 외의 어떤 다른 정치권력의 원천도 없다는 것을 공인하는 것', '소련 시민에게 정치사회적 조직과 청년결사를 창설할 권리를 주는 것', '파업권, 집회, 시위 등의 권리를 법률적으로 공고히 하는 것', '연방공화국들의 주권을 보장하고 자치공화국들, 자치지역들과 지역구들의 헌법적 지위를 검토하는 것', '국영 텔레비젼 및 방송독점을 해체하는 것', '선거제도의 근본적 개혁을 추진하는 것' 등이라고 한다.[57] 이것들은 모두 페레스트로이카의 내용에 속한 것을 반복하고 있는 것으로 느껴지는데, 이것은 이들의 정적이 고르바초프 등의 개혁세력이 아니라 봉록적 개혁 반대파이기 때문이다. 따라서 이 분파의 공식 결성에 대해서 고르바초프 등은 묵인하는 입장이고, 봉록적 'Apparat' 세력은 소비에트 상임위원회로서도 분파활동이 충분한데 쓸데없는 소란을 피우고 있다고 비판하고 있다. '초지역적 그룹'의 기관지 발간은 당에 의해 허가되지 않고 있는데, 이 '그룹'은 허가가 없다면 무허가로라도 내겠다고 하면서 이미 1호를 냈다. 다음호는 「나로드느이 데푸트」(인민대의원)로 이름을 바꿔 낼 예정이라 한다.[58]

소련 공산당에서 확립되어 전세계 공산당의 원칙으로 화한 당내 분파금지원칙은 원래 레닌 생전의 소련 공산당 제1차 당대회 결의에서 유래한다. 이후 이 원칙은 봉록집단들이 당내 반대세력을 '종파'로 몰아 타도, 처단하는 유력한 무기가 되어주

54) 옐친은 전 모스크바당 제1서기였고 또 건설부장관 등을 역임하였는데 현재는 최고 소비에트 의원이다. 아발킨은 세계적인 경제학자로서 대의원이면서 동시에 소련내각의 제1부수상이다.

55) 옐친, *Neue Zeit*, Nr. 32, p. 4

56) *Moskau News*, 독어판 9월호, p. 6.

57) *Neue Zeit*, Nr. 32. p. 6.

58) *Moskau News*, 9월호, p. 6.

었다. 그러나 원래 분파금지원칙은 그런 취지가 아니었다. 1921년 3월에 채택된 「당의 통일에 관한 러시아 공산당 제10차 당대회의 결의」는 혁명적 내전상태에서 적절하고 불가피한 비상조치였다. 전선에서는 반혁명세력과 대치하고 있었고 또 1개월 전 '공산주의자 없는 소비에트'라는 교묘한 슬로건 하에 멘셰비키 및 백군의 연합하에 '크론쉬타트 반혁명'이 일어난 위기상황에 대한 긴급한 대처였다. 더구나 이 '반혁명'세력은 레닌의 그 결의초안에 의하면 당내의 분파간 논쟁을 교묘하게 이용하고 있었다.[59] 이런 상황에서 당내 분파 간 대립과 경쟁은 당연히 지양되어야 했을 것이다. 왜냐하면 단합된 당의 위용의 과시만이 이러한 교묘한 반혁명의 시도를 제압할 수 있기 때문이다. 부르주아 정부도 전시에는 즉각 거국일치내각을 구성하여 당쟁을 종식하고 일사분란하게 전쟁수행에 임하는데, 소련 공산당도 상황 논리상 당연한 비상조치였다. 따라서 이 상황이 지나고서 1930년대에는 다시 분파들이 자유로이 활동하였다. 그런데 갑자기 당권을 군힌 스탈린 분파가 10차 대회의 결의를 상기시키면서 다른 분파들을 종파로 몰아 모두 처단한 것이다. 그 이후 당내 분파금지원칙은 이 선례를 따른 것으로서 그 결의의 원취지와 무관한 것이다.

프롤레타리아당이라 하더라도 프롤레타리아가 다양한 분파들과 집단들(노동계급과 지식 프롤레타리아, 노동계급의 생산적 분파와 비생산적 분파, 상층노동자와 하층노동자, 여성노동자와 남성노동자, 장년노동자와 청년노동자 등)로 분할되어 존재하는 한 이들을 반영하는 당내의 정치적 분파들의 존재는 불가피할 뿐만 아니라 당연한 것이다. 이 분파들이 당헌을 준수하면서 활동하는 한 당의 뿌리민주주의의 초석이 되는 것으로서, 당의 이익을 특수한 분파의 이익에 종속시키는 '종파'와 엄격히 구별하여야 한다. 그런데 10차 대회 결의는 당시의 신디칼리스트적, 무정부주의적 '종파'와 여타 '분파'를 구별치 않고 모두 금지시키는 선례를 남김으로써 봉록세력이 평화시에도 이를 계속 남용하여 반대분파들을 제거하고 당내 독재를 공고히 할 수 있는 구실이 되어줌으로써 향후 전위당의 민주주의적 당생활에 자기파멸적인 위해를 초래하였다. 그러나 레닌은 그와 같은 혁명적 내전기의 분파금지 비상조치에도 불구하고 동시에 「디스쿠시오느이 리스토크」라는 비판적 논쟁지를 당의 공식적 논쟁기관으로 확립함으로써 혁명적 내전기에도 당내 반대의 자유를 보존하려고

59) 「레닌선집」, 베를린, p. 660 참조.

애쓴 점을 명찰한다면[60] 평화시에도 위 비상조치를 끊임없이 남용한 것이 얼마나 반(反) 레닌주의적인 범죄행위인가를 알 수 있게끔 해준다.

1989년 제1차 인민대표자대회에서의 한 에피소드는 분파금지원칙의 파멸적 잔재를 곧 감지할 수 있게 해준다. 대회가 며칠씩 계속되는데도 대의원들이 휴식시간에도 집단적 대화 속에 들어가지 않고 콩가루처럼 흩어지고 회의가 시작되어도 아무런 정책토의가 진행되지 않자, 답답한 고르바초프 의장이 웃으며 단상에서 "분파활동들 좀 하십시오"하고 소리치자 곧 장내는 폭소의 도가니로 빠져들었다. 과거에는 소름끼치게 했을 '분파활동'이라는 말을 의장이며 서기장이며 동시에 대통령인 고르바초프가 입에 담았을 뿐만 아니라 촉구하고 있지 않은가! 이것이 1989년의 모스크바다. 모든 교조는 아직도 현재 속에 잔재로서 침전되어 있지만 역사적 생(生)의 용트림 속에서 차례차례 용해되어 사라지고 있다.

② 기업민주주의의 확립

이제 부르주아 신문과 서적들이 일관되게 은폐해오고 있는 페레스트로이카의 또 다른 본질적인 측면에 대해 언급할 차례다.

기업민주체제는 레닌의 본래적인 사회주의적 기업형태이다.[61] 페레스트로이카는 이번에 이것을 구현하였다. 레닌은 민주집중제와 관련하여 다음과 같이 두 극단에 대한 투쟁을 강조한 바 있다.

> "우리는 민주집중제를 지지한다. 우리는 이 민주집중제가 한편으로 관료집중제와 어떻게 구분되고 다른 한편으로 무정부주의와 어떻게 구분되는지에 대해 뚜렷이 알고 있어야 한다."[62]

지금까지 억압되었던 레닌의 기업민주주의 이념의 관철은 이 양극단으로의 타락을 배제하는 민주적 조직형태를 지향하고 있다. 관료집중제로의 타락에 대한 기계적 반대는 무정부주의적 발상을 가져오기 쉽다.

---

60) 같은 책, p. 661.
61) 레닌, 「국가와 혁명」, 『레닌선집』, 베를린 pp. 409~410.
62) LW 27, p. 197.

만약 어떤 기업관리자가 밑으로부터 선출되고 위에서는 이 관리자에 대한 인사권이 전혀 없다면, 기업의 지휘체계가 유지될 수 없어 무정부상태에 빠져들 것이다. 반대로 위에서 모든 인사권을 독점하면 관료집중제로 타락한다. 소련 기업법은 이 조직적 딜레마를 창조적으로 극복할 새로운 행정조직을 창출하였다. **위와 아래가 인사권을 분담한 것이다.** 즉 모든 관리책임자는 해당직원총회에서 **선임되고 또 언제든 소환된다**(복수경선). 동시에 이 선임된 모든 관리책임자에 대해 상부는 '비토'할 수 있고 이것은 이유없이 관철되어야 한다. 즉 곧 재선거가 벌어져야 한다. 이 구조 속에서 모든 관리책임자는 상부의 지휘체계에 엄격히 복종하면서도 하부의 직원들의 의사도 동시에 고려해야 할 것이다. 그리하여 상부와 자신들의 이익만을 위해 기능하는 '관료'가 소멸한 것이다.

동시에 기업의 모든 **중요결정사항**(기업의 확장방향, 투자와 임금의 비율, 교육, 사회복지 문제 등)은 기업총회에서 **직접민주주의**에 의해 결의된다. 이 총회의 정기적 회기 간에는 기업의 '일종의 의회'(레닌), 즉 **기업 소비에트**가 활동한다. 이 소비에트는 기업총회에서 민주적 절차에 따라 선거된다.[63] 이 기업민주주의 형태는 협동조합 및 국영농장의 조직에 있어서도 그대로 반복된다.

기업자주관리조직은 양극단에 의해서만 위협받는 것이 아니라 테크노크라트 관리형태에 의해서도 위협받는다. 예를 들면 유고의 자주관리제도는 노동평의회에 의한 기업소장의 고용, 고용후 전권장악, 직접민주주의적 요소의 미약 등으로 인해 사실상 전직원(프롤레타리아가 절대다수인)의 자주관리제도가 아니라 테크노크라트의 자주관리제도에 불과한 셈이다. 소련 기업법은 기업소장 및 책임관리자의 임명, 그리고 중요정책 결정에 있어서 전문적 능력과 동시에 민중성의 결합을 구현하기 위해 전직원의 **간부 직선** 및 **복수경선제** 그리고 **직접민주주의**를 명문화하고 있다. 즉, 기업의 독립적 점유권과 테크노크라트의 결합을 최소화하고 기업과 전직원의 결합을 최대화하려는 것이다. 노동자는 비로소 기업현장에서 생산의 주인으로 탄생한 것이다. 무주물(無主物)로서의 기업은 비로소 그 진정한 주인의 손으로 복귀한 것이다. 이때 노동자들이 자신들의 생산수단을 아껴 쓸 것이라는 것은 의문의 여지가 없다. 다만 이 민주주의가 얼마만큼 실천 속에 정착해 들어가

---

63) '기업법'에 관해서는 필자의 「더 많은 사회주의로서의 페레스트로이카」를 참조하라. 본서 제2부 5장에 수록. 이 법은 1989년 다시 수정, 보완되었다.

느냐만이 문제일 뿐이다.

③ 파업권의 회복

지금까지 개혁정책과 개혁입법은 관료들의 사보타지에 의해 그 관철이 둔화되어 현장 노동자들에 의해서는 느껴질 수 없었다. 이에 이제나 저제나 기다리던 노동자들이 파업을 감행한 것이다. 쿠즈네츠크 탄전분지의 30만 광산노동자들이 연대파업을 감행하여 페레스트로이카의 신속한 관철을 요구한 것이다(이 파업은 다른 지역의 광산에도 곧 파급되었다). 이것은 소연방 전체의 모든 봉록관과 관료들을 동요시켰고 관련 책임자들의 인사조치가 줄을 잇도록 하였다. 노동자들은 이 '금지되지 않으나 허용되지도 않는 파업권'을 최후의 자기주장의 수단으로 사용하여 개혁진척속도를 가속화시켰다. 노동자들의 요구는 모두 페레스트로이카와 동일한 내용인데, 이것을 반복하고 있는 것이 의아스러운 것이지만 사실은 '밑으로부터의 운동'이 없기 때문에 그것의 실현이 매단계의 행정기구들에 의해 저지된 것이다.

이 파업은 엄청나게 질서정연한 기율 속에서 수행되었고 파업기간 동안은 이전에 고르바초프도 실패한 금주령이 강철처럼 지켜졌다. 파업위원회에 의해 전시가지의 행정이 접수되고 주류판매가 금지되었으며, 모든 치안업무가 관장되었다. 파업은 결코 국가를 겨냥하지 않았다. 지방관서와 기업관리진을 겨냥한 것이다. 이 파업의 효과는 지대하였는데, 최고 소비에트에서 잠자던 기업법 보완 · 수정안이 백만원군을 얻어 일사천리로 통과되고, 소련 전국노조평의회에 의해 제안되었으나 묵살되었던 파업법안이 즉각 토의를 들어갔다.

코메디 같은 사실은 협상 테이블에서 기존 노조위원장이 정부 대표와 더불어 관리진 쪽에 앉은 것이다. 파업위원회가 동석을 거부하고 사실대로 하자고 우김으로써 관철된 것이다. 이에 따라 소련의 노조정책도 크게 수정될 수밖에 없게 되었다. 노조 전국평의회 의장은 앞으로 노조도 기업관리진의 요구를 대변하는 것이 아니라 노동자 편에 전적으로 서서 일할 것이고, 모든 노력에도 불구하고 처우가 개선되지 않으면 노동자들의 파업을 조직, 지도할 것이라 선언하였다.[64] 노동자들의 요구는 다음 세 가지 점으로 요약된다. ① 독립채산제, ② 기업민주주의, ③ 가격결정권이다. 이것은 모두 페레스트로이카의 본질적 내용이다. 파업기간

64) *Moskau News* Nr. 9, p. 10.

중 노동자들은 우익세력(Pamjat운동)이나 '민주동맹'의 구호에는 미동도 하지 않았다.[65] 기존 노조는 현재 조직된 파업위원회가 어떻게 개편될지 모르지만 공존이 불가피해졌다. 결국 복수노조가 되어버린 것이다(폴란드에서는 오래 전부터 사실상 복수노조가 존재했지만).

이제 파업권이 법으로 인정되든 말든 노동자들의 파업권은 노동자들 자신의 '최후이성(Ultima Ratio)'으로서 현실의 일부가 된 것이다. 이런 까닭에 레닌은 관료조직적으로 왜곡된 노동자 국가의 개별기관들에 대한 노동자들의 파업투쟁을 불가피한 것이면서 동시에 노동자 국가의 국가권력의 강화를 가져오는 것으로 정식화하였다. 우리에게 계급이론가로 유명한 딜리겐스키(G. Diligenski)에 의하면 최근까지도 레닌의 그러한 사상은 인용되는 것이 금지되었었다 한다.[66] 레닌에 의하면,

> "계급들이 존속하는 한 계급투쟁은 불가피하다.……다른 한편 자본주의 하에서의 파업투쟁의 궁극목표가 국가기구의 파괴, 즉 기존 계급의 국가권력의 전복이라는 것은 의심할 바 없다. 그러나 우리와 같은 과도기 유형의 프롤레타리아 국가에 있어서 노동계급의 모든 행동의 궁극목적은 이 국가의 **관료체제적 기형돌기에 대한 투쟁,** 이 국가의 실책과 취약점, 국가의 통제를 벗어나는 자본가들의 계급적 탐욕 등에 대한 투쟁의 경로를 통해서, 프롤레타리아 국가와 프롤레타리아 계급의 국가권력의 공고화일 수 있을 뿐이다. 이런 까닭에 공산당과 소비에트 권력 및 노조는 프롤레타리아 국가의 **관료체제적 기형돌기**와 이 국가의 **제도들 안의 자본주의적 과거의 가능한 모든 잔재들**에 의해서, 그리고 다른 한편으로 근로대중들의 정치적 미발전과 문화적 후진성에 의해서 설명될 수 있고 정당화될 수 있다는 사실을 결코 망각할 수도 없고 **노동자들과 근로대중들에게 은폐하려고 해서도 안 된다.**"[67]

따라서 레닌에 의하면 노동대중이 권력담당자들보다 "정치적으로 미발전되고" "문화적으로 후진"상태에 계속 남아 있어서 노동자 국가가 "관료체제적 기형돌기"에 왜곡되고 "제도 속의 자본주의적 과거의 가능한 모든 잔재들"(봉록체제 등)에

---

65) 같은 신문, p. 10.
66) *Neue, Zeit* 1989, Nr. 32, p. 28.
67) *Neue Zeit*, Nr. 32. p. 6.

의해 시달리는 한 노동자들의 경제적 파업투쟁의 권리는 불가피하고 정당한 것이다. 따라서 그러한 상태가 지속되는 한 과도기 유형의 노동자 국가뿐만 아니라 사회주의 단계에서도 그것은 정당한 것이다. 이 파업권이 국가권력의 전복을 겨냥하지 않는 한에서 딜리겐스키는 '사회주의적 파업'이라고 부를 것을 제안하고 있다.[68] 이와 더불어 '위에서' 발기된 페레스트로이카 혁명은 '아래로부터의 혁명'으로 접맥될 것이다.

노동자 국가의 관료체제적 기형돌기나 봉록체제는 신화, 민담이나 전설에 의해 꾸며내진 하나님이나 도깨비와 같은 환영들이 아니라, 인간대중의 의식 밖에 객관화되어 실존하는 **객관적인** 인간조직들이다. 동시에 이것들은 대중의 '정치적 미발전' 이나 '문화적 후진성' 덕택에만 존재할 수 있는 대중의 자기모멸, 자기비하의 객관적 생산물이다. 따라서 대중은 객관적인 억압조직이 대중의 외부에 객관적으로 존재하는 한 '대우가족', '삼성가족'식의 가부장적 공산주의의 환상적 사기극이나 "병영공산주의"(마르크스) 식의 주체 '사상'에 의해서 마취되거나 최면에 걸려들어서는 안 되고 오직 **자기자신**의 **실천적** 투쟁을 통해서 자신들이 역사의 주체임을 **실천적으로** 보여줌으로써 억압조직을 **실천적으로** 해체하여야 할 것이다. 봉록관들이나 관료들은 노동대중이 무릎을 꿇고 있는 한에서만 '거물'로 보인다. 이런 까닭에 마르크스는 150여 년 전 다음과 같이 말하였던 것이다.

> "대중의 **외부**에 있던 진보의 적은 바로 **대중**의 **자기비하**, **자기모멸**, **자기소외**의 자립화된, 나름의 생명성을 갖춘 **생산물들**이다. 따라서 대중은 마치 인간이 신의 존재에 대항함으로써 자기자신의 **종교성**에 대항하듯이 자립적으로 실존하는, **자기비하**의 **생산물들**에 저항함으로써 그 **자신**의 결함에 저항한다. 그러나 대중의 **실천적인** 자기소외태들이 현실적인 세계 속에 외적인 방식으로 실존하기 때문에, 대중은 또한 이들과 **외적인** 방식으로 투쟁해야 한다. 대중은 자신의 자기소외의 생산물들을 결코 단순한 **관념적** 환상물로, **자기의식의** 단순한 **소외물**로 간주해서도 안되고 또한 **실제적인** 소외를 순수히 **내적인 유심론적**(唯心論的) 동작으로 없애고자 해서도 안 된다. 일찍이 1789년 루스탈로의 잡지는 다음과 같은 모토를 걸고 있다.
>
> 거물들은 우리들이 무릎을 꿇고 있기 때문에만

---

68) *Neue Zeit*, p. 30.

공업적 토대가 튼튼한 출발조건에서 급속히 전후 복구와 외연적 축적체제의 완성에 도달한 나라다. 또한 동독은 소련의 가장 충실한 동맹국의 입장을 취해왔다. 이런 까닭에 동독은 흐루시초프 시대의 헝가리 사태나 브레즈네프 시대의 체코 사태에서 가장 신속하고 적극적인 군사간섭군으로 기능해왔다. 동시에 동독 지도부는 국내에서 이것을 정당화하기 위해 저 사태들을 모두 반(反)혁명 시도들로서 강력히 규탄해왔었다. 이와 같은 역사적 경력을 가진 늙은 동독 지도부(대개 70세 이상이다)가 소련의 개혁정책을 또 지지하고 나서게 되면 국내정책의 일관성을 파기하는 것이 되고 만다. 이것은 곧 현 지도부의 총퇴각을 초래하게 될 것이다. 따라서 동독은 국내외의 개혁압력에 일관된 거부입장을 취해왔는데; 그 변명은 "우리 식대로 살아가자"가 아니라 "우리는 이미 페레스트로이카를 해왔다. 따라서 새삼 뭘 새로이 기도할 것이 없다"는 것이었다.

이는 물론 거의 변명에 지나지 않는 것이지만, 순수히 변명만은 아니다. 왜냐하면 동독은 외연적 축적체제의 완성도 신속했던 만큼 이 체제의 문제점도 곧 인식하게 되어, 주어진 시점에서는 별로 의식되지 않지만 장기간에 걸쳐 누적된 개혁의 성과들을 가지고 있다. 즉, 소상품생산자와 소상인의 폭넓은 재허가나 공장관리제도의 부분적 민주화, 사형제도의 폐지, 법치국가성의 완성[71]등에 있어서 항상 소련을 앞질러왔었고 이런 성과들 덕택에 소·동구권의 제일등국이었고 현재도 일등국으로 남아 있다(물론 러시아 공화국이나 우크라이나, 발틱 3국 등의 발전된 소련지역에 비하면 못하지만). 또한 현재도 소련의 정치적 및 기업적 민주화 부분은 받아들이지 않고 있지만, 내포적 축적이론에 관한 소련의 최근 논의는 전적으로 수용하여 활발한 논의를 벌이고 있다.

그리고 최근에는 동독 내에서 사민당(SPD)의 신당 창당을 묵인하고 관망하는 자세를 보이면서 "다른 당과 악수하는 것보다는 낫다"고 농담을 할 정도이다. 문제는 개혁의 속도일 것이다. 최근 동독시민들의 대량 탈출은 70대 고령의 동독 지도부를 불안하게 하고 있다.[72] 탈출 시민들의 동기를 보면, 정치적 '자유'를 찾아서라기보다는 경제적 이유인 것으로 보아 경제성장과 소득증가 속도는 크게

71) 따라서 북한에서처럼 정적을 재판없이 없애버리는 정치적 야만은 동독 역사상 단 한 건도 없었다.

72) 체제 개혁 공표 이래 체코, 폴란드, 헝가리 등으로부터의 망명자들은 완전히 소멸하였다.

둔화된 것 같다. 개혁은 시급하다 할 것이다. 그러나 현재 병석에 있는 호내커가 죽어 일정한 변혁의 전기를 마련해 주지 않는 한 어떤 근본적인 정치변혁도 일어나지 않을 것이다. 당 지도부가 추구하고 선전해 온 그간의 국내정책의 일관성 문제이기도 하지만, 1920~30년대 스탈린의 소련에 매료되었었고 또 그곳에서 대부분이 당대학을 마쳤으며 또한 반나치 투쟁과정에서 체포되어 캄캄한 감옥 속에 기약없이 감금되어 있다가, 소련 붉은 군대의 진주와 함께 자유를 되찾은 공산주의자들이기 때문에, 그들의 역사인식은 고르바초프와 결코 합치될 수 없기 때문이다. 그러나 소련의 전통적인 맹방으로서 동독은 그렇게 오랫동안 소련과 다른 노선을 걷지는 않을 것이다. 왜냐하면 동독은 지금까지 이데올로기 정책에서 아무런 민족주의적 색조도 섞지 않았고 따라서 무슨 새로운 '주의'를 만들어 법석을 떨지도 않은, 마르크스, 엥겔스, 레닌만을 내세우는 국가이기 때문이다. 따라서 동독의 개혁은 다시 시간문제일 뿐이다.

지금까지 소련 개혁정책을 그 경제이론적 관점에서 간략하게 스케치함으로써 개혁의 필연성과 방향을 개략하였다. 사실 그 방대한 개혁과정을 잡지에 실릴 짧은 논문으로써는 다 담을 수 없는 것이지만, 이런 식으로나마 그것의 본질적 면모들을 개략적으로 설명하는 것은 여러모로 긴박하다고 느껴져 무리를 감행하였다. 각 부분마다 설명이 부족하다고 느껴지지만 협소한 지면의 강박으로 인해 어쩔 수 없었다. 그리고 적어도 소련의 개혁에 관한 올바른 인상 정도는 전했다고 생각한다. 물론 소련 사회주의의 발전단계에 대한 필자의 설명구도는 제국주의 국가나 이미 외연적 축적단계 정도는 통과한 중위자본주의 국가들에서 혁명이 일어나는 경우에도 소련에서처럼 이념의 유예, 왜곡에서 나중의 전면적 실현이라는 노선을 단계적으로 걸어야 한다는 것을 주장하기 위한 것이 결코 아니다. 오히려 정반대일 것이다. 자본주의 하에서 이미 외연적 축적단계를 통과한 나라들에서의 혁명은, 그러한 이념적 왜곡과정이 불필요하고 따라서 이전의 낡은 교조들은 변혁운동의 시초에서부터 배척되어야 한다는 것을 함의한다.

제 7 장
프롤레타리아 독재론과 전인민국가론의 제문제*

1. 머 리 글

프롤레타리아 독재의 종식과 관련하여 사회주의권에서는 지금부터 수십 년 전, 더 정확히 말하면 1930년대말과 1960년대에 꽤 활발한 논쟁이 있었다. 이 논쟁 과정에서 이 문제는 소·동구권과 아시아 사회주의권 간의 입장 차이에도 불구하고 이론적으로 이미 종결되었다. 그러나 우리나라에서는 최근 사회주의권의 개혁과 관련하여 이 문제가 새삼 거론되고 있다. 어떤 사람은 제국주의와의 대결을 위해서는 프롤레타리아 독재가 계속 필요하다고 보고 있고 또 다른 이는 사회주의적 소유의 정치적 보장을 위해서도 프롤레타리아 독재가 필수적이라고 주장한다. 다른 제3의 관점은, 한때 중국 문혁기에 4인방 세력에 의해 주장되었으나 현재는 이론적 오류로 지적되어 자취를 감춘 '사회주의=이행기=프롤레타리아 독재'의 명제와 유사한 입장을 취하고 있다. 이들 모두 자신들의 입장들을 마르크스와 레닌의 견해라고 주장하거나 또는 적어도 전제하고 있다. 이런 입장들이 과연 고전가들의 견해인가? 이 글에서는 이 문제를 고전에 입각하여 살펴보고 이와 관련하여 현재 우리가 당면하고 있는 몇 가지 문제를 다루어보고자 한다.

2. 마르크스·엥겔스·레닌의 국가론
── 프롤레타리아 독재국가→사멸중의 국가→비정치적 국가

마르크스는 모든 계급사회의 국가를 익히 알다시피 그 본질상 이중적인 성격을

* 「사상문예운동」, 풀빛, 1990년 가을호.

갖는 것으로 파악하였다. 즉 모든 계급국가는 지배계급의 계급투쟁적 억압기능과 ── 모든 공동체에 공통된 ── 비계급적 업무기능을 동시에 수행한다는 것이다. 이 국가의 이중적 본질은 아무리 비민주적인 전제국가에 대해서도 마찬가지로 인정된다. "전제국가들 안에서 정부의 감독과 전측면적 간섭의 노동은 다음의 두 측면, 즉 모든 공동체의 본성으로부터 생겨나는 공통된 업무들의 수행과 정부와 민중의 대립에서 생겨나는 특유한 기능들을 포함하고 있다."[1)]

물론 현실 속의 국가기능들은 이 두 측면의 기능들이 서로 복잡하게 얽혀 있기 때문에 면밀히 분류하는 것은 거의 불가능할 것이다. 그러나 적어도 이론적으로는 이러한 분류가 가능하고 이런 전제 하에서 적대적 계급관계의 소멸과 함께 국가의 계급억압적 정치기능이 사그러들어 종국에는 공동체의 일반업무만을 관장하게 되는 순수한 행정기구를 상정할 수 있다. 즉 마르크스와 엥겔스가 말하는 국가사멸 테제는 인민의 인권을 제약하는 국가적인 억압기능이 계급간의 적대성 및 계급 자체의 소멸에 따라 점차 약화되어 사라지는 것을 뜻한다. 이것은 다른 측면에서 인민의 자유와 자율적 행동반경이 더욱 확대되어감을 의미하고 인민으로부터 분리된 국가의 정치 기능들이 점차 시민사회(Zivilgesellschaft)의 자율적 제재 권력 메카니즘과 관습, 도덕 속으로 흡수되는 것을 뜻한다. 물론 이것은 시민사회 전체를 교통정리하고 전체의 계획업무, 경제업무, 기타 방대한 사회업무를 종합·관장할 기구는 잔존하여 합당한 발전을 겪겠지만, 그것은 시민사회의 실체적 권력 통제하에 기능하고 또 일반시민들의 보편적 참여에 의해 구성될 것임을 전제한다.

엥겔스는 「권위에 관하여」라는 팜플렛에서 이 잔존하는 기구의 기능들을 '단순한 행정적 기능들'이라고 부르고 계급국가를 '정치적 국가'라고 부르고 있는데, 레닌은 이에 근거하여 저 단순한 행정기구를 '비정치적 국가'라고 명명하고 있다.[2)] 국가가 사멸한 뒤에 잔존, 발전하는 행정기구를 비정치적 국가라고 부르는 것이 좀 부적절하지만 미래의 사람들이 이 기구를 뭐라고 부를지 모르는 한에서 일단 이렇게 부를 수밖에 없다. 마르크스도 '공산주의 사회 안의 국가제도'라는 표현을 사용하고 있다.[3)]

1) 「자본론」 3권, MEW 25, p. 397.
2) 「레닌선집」 II, 베를린, p. 370.
3) 「고타강령비판」, MEW 19, p. 28.

물론 계급국가를 **정치적** 국가라고 부를 때 정치적 측면은 예외없이 물리적, 이데올로기적 **계급억압** 기능만을 뜻하는 것으로 단순화되어서는 안 될 것이다. **정치적** 억압기능은 계급 억압적인 것뿐만 아니라, 계급적 측면과 다른 이유로 갈라서는 비계급적인 사회집단과 집단 간의 유혈대립, 종족 간의 충돌, 동일계급 내의 상하층간 또는 분파 간의 갈등, 지역 간 대립, 종교대립, 국가기관의 한 부분과 시민들 간의 충돌, 심지어 (과거 베트남과 중공, 소련과 중공 간의 무력충돌처럼) 공산주의세력 간의 충돌 등 셀 수 없이 많은 이유에서 요구되는 정치적 권력기능도 포함하기 때문이다. 따라서 억압해야 할 계급의 완전한 소멸 이후에도 국가는 공산주의의 높은 단계에 이를 때까지 계속 억압기능을 수행하여야 한다. 이 비계급적 억압기능을 수행하는 비계급적 정치국가는 계급국가보다 완화된 강제기구를 갖추겠지만 그럼에도 불구하고 억압기구를 완전히 포기할 수 없을 것이다. 이 국가를 도대체 뭐라 불러야 하는가? 레닌은 이 국가를 '사멸중의 국가'(der absterbender Staat) 라고 불렀다. 즉 계급국가와 (공산주의의 높은 단계의) '비정치적 국가' 사이에는 '국가의 사멸과정'이 끼어 있다.[4] 말하자면 프롤레타리아 계급국가로서의 프롤레타리아 혁명독재의 종식은 국가 일반의 **즉각적 종식**을 뜻하는 것이 **아니라** 국가의 사멸의 **시작**을 뜻할 뿐이다. 바로 이 점이 마르크스와 레닌의 국가론과 관련하여 가능한 한 모든 강세를 주어 강조되어야 할 문제의 요점이다. 왜냐하면 프롤레타리아 독재를 가능한 한 장기화시키려는 모든 스탈린주의적 또는 네오스탈린주의적 주장의 배후에는 항상 프롤레타리아 독재의 종식=국가일반의 즉각적 종식이라는 천박한 반레닌적 등식이 잠복해 있기 때문이다.

프롤레타리아 독재의 종식과 동시에 국가 일반이 '폐지'될 것이라는 이러한 견해 속에서는 당연히 프롤레타리아 독재가 국가 일반과 등치되고 거꾸로 사회주의 사회가 대내외적 이유에서 필요로 할 수밖에 없는 국가적 강력체제는 곧 프롤레타리아 독재와 등치된다. 그러나 이것은 실은 무정부주의자들의 국가 '폐지'론에 대항하여 제기된 마르크스·엥겔스의 국가 '사멸'론의 본질적 의미에 정면으로 반하는 것이다.

자본주의로부터 혁명적 이행기를 거쳐 수립되는, 사회주의사회가 필요로 하는 국가는 위와 같은 레닌의 논리에 따를 때 프롤레타리아 독재국가가 아니라 '사멸중

4) 「레닌선집」 II, p. 370.

갖는 것으로 파악하였다. 즉 모든 계급국가는 지배계급의 계급투쟁적 억압기능과 ——모든 공동체에 공통된—— 비계급적 업무기능을 동시에 수행한다는 것이다. 이 국가의 이중적 본질은 아무리 비민주적인 전제국가에 대해서도 마찬가지로 인정된다. "전제국가들 안에서 정부의 감독과 전측면적 간섭의 노동은 다음의 두 측면, 즉 모든 공동체의 본성으로부터 생겨나는 공통된 업무들의 수행과 정부와 민중의 대립에서 생겨나는 특유한 기능들을 포함하고 있다."[1]

물론 현실 속의 국가기능들은 이 두 측면의 기능들이 서로 복잡하게 얽혀 있기 때문에 면밀히 분류하는 것은 거의 불가능할 것이다. 그러나 적어도 이론적으로는 이러한 분류가 가능하고 이런 전제 하에서 적대적 계급관계의 소멸과 함께 국가의 계급억압적 정치기능이 사그러들어 종국에는 공동체의 일반업무만을 관장하게 되는 순수한 행정기구를 상정할 수 있다. 즉 마르크스와 엥겔스가 말하는 국가사멸 테제는 인민의 인권을 제약하는 국가적인 억압기능이 계급간의 적대성 및 계급 자체의 소멸에 따라 점차 약화되어 사라지는 것을 뜻한다. 이것은 다른 측면에서 인민의 자유와 자율적 행동반경이 더욱 확대되어감을 의미하고 인민으로부터 분리된 국가의 정치 기능들이 점차 시민사회(Zivilgesellschaft)의 자율적 제재 권력 메카니즘과 관습, 도덕 속으로 흡수되는 것을 뜻한다. 물론 이것은 시민사회 전체를 교통정리하고 전체의 계획업무, 경제업무, 기타 방대한 사회업무를 종합·관장할 기구는 잔존하여 합당한 발전을 겪겠지만, 그것은 시민사회의 실체적 권력 통제하에 기능하고 또 일반시민들의 보편적 참여에 의해 구성될 것임을 전제한다.

엥겔스는 「권위에 관하여」라는 팜플렛에서 이 잔존하는 기구의 기능들을 '단순한 행정적 기능들'이라고 부르고 계급국가를 '정치적 국가'라고 부르고 있는데, 레닌은 이에 근거하여 저 단순한 행정기구를 '비정치적 국가'라고 명명하고 있다.[2] 국가가 사멸한 뒤에 잔존, 발전하는 행정기구를 비정치적 **국가**라고 부르는 것이 좀 부적절하지만 미래의 사람들이 이 기구를 뭐라고 부를지 모르는 한에서 일단 이렇게 부를 수밖에 없다. 마르크스도 '공산주의 사회 안의 국가제도'라는 표현을 사용하고 있다.[3]

---

1) 「자본론」 3권, MEW 25, p. 397.
2) 「레닌선집」 II, 베를린, p. 370.
3) 「고타강령비판」, MEW 19, p. 28.

물론 계급국가를 **정치적** 국가라고 부를 때 정치적 측면은 예외없이 물리적, 이데올로기적 **계급억압** 기능만을 뜻하는 것으로 단순화되어서는 안 될 것이다. **정치적** 억압기능은 계급 억압적인 것뿐만 아니라, 계급적 측면과 다른 이유로 갈라서는 비계급적인 사회집단과 집단 간의 유혈대립, 종족 간의 충돌, 동일계급 내의 상하층간 또는 분파 간의 갈등, 지역 간 대립, 종교대립, 국가기관의 한 부분과 시민들 간의 충돌, 심지어 (과거 베트남과 중공, 소련과 중공 간의 무력충돌처럼) 공산주의세력 간의 충돌 등 셀 수 없이 많은 이유에서 요구되는 정치적 권력기능도 포함하기 때문이다. 따라서 억압해야 할 계급의 완전한 소멸 이후에도 국가는 공산주의의 높은 단계에 이를 때까지 계속 억압기능을 수행하여야 한다. 이 비계급적 억압기능을 수행하는 비계급적 정치국가는 계급국가보다 완화된 강제기구를 갖추겠지만 그럼에도 불구하고 억압기구를 완전히 포기할 수 없을 것이다. 이 국가를 도대체 뭐라 불러야 하는가? 레닌은 이 국가를 '사멸중의 국가'(der absterbender Staat) 라고 불렀다. 즉 계급국가와 (공산주의의 높은 단계의) '비정치적 국가' 사이에는 '국가의 사멸과정'이 끼어 있다.[4] 말하자면 프롤레타리아 계급국가로서의 프롤레타리아 혁명독재의 종식은 국가 일반의 **즉각적 종식**을 뜻하는 것이 **아니라** 국가의 사멸의 **시작**을 뜻할 뿐이다. 바로 이 점이 마르크스와 레닌의 국가론과 관련하여 가능한 한 모든 강세를 주어 강조되어야 할 문제의 요점이다. 왜냐하면 프롤레타리아 독재를 가능한 한 장기화시키려는 모든 스탈린주의적 또는 네오스탈린주의적 주장의 배후에는 항상 프롤레타리아 독재의 종식=국가일반의 즉각적 종식이라는 천박한 반레닌적 등식이 잠복해 있기 때문이다.

프롤레타리아 독재의 종식과 동시에 국가 일반이 '폐지'될 것이라는 이러한 견해 속에서는 당연히 프롤레타리아 독재가 국가 일반과 등치되고 거꾸로 사회주의 사회가 대내외적 이유에서 필요로 할 수밖에 없는 국가적 강력체제는 곧 프롤레타리아 독재와 등치된다. 그러나 이것은 실은 무정부주의자들의 국가 '폐지'론에 대항하여 제기된 마르크스 · 엥겔스의 국가 '사멸'론의 본질적 의미에 정면으로 반하는 것이다.

자본주의로부터 혁명적 이행기를 거쳐 수립되는, 사회주의사회가 필요로 하는 국가는 위와 같은 레닌의 논리에 따를 때 프롤레타리아 독재국가가 아니라 '사멸중

4) 「레닌선집」 Ⅱ, p. 370.

의 국가'이다. 이 국가의 사멸과정은 당연히 '장구한 과정'이다.[5] 즉 레닌에 의하면 혁명 이후의 국가는 계급국가→사멸중의 국가→비정치적 국가라는 일반적 발전단계를 거쳐나가고 국가의 **완전한** 사멸은 사멸중의 국가단계의 장구한 과정을 거쳐 등장하는 비정치적 국가의 성립을 뜻한다. "**사멸중의 국가**는 그것의 사멸의 일정한 단계에 이르면 **비정치적 국가**로 규정될 수 있다."[6]

여기서 첫 단계의 국가인 계급국가는 물론 프롤레타리아의 혁명적 독재국가이다. 이와 관련하여 커다란 두 가지 오류가 사람들을 극도로 혼란시키고 있다. 첫째 오류는 국가 **일반**을 **계급지배**의 정치적 기제로 정식화하는 고전가들의 추상명제를 기계적으로 교조화하여 혁명 이후 **모든** 단계의 국가를 **프롤레타리아 독재**와 등치시키는 것이다. 이 경우 프롤레타리아 독재는 당연히 공산주의 사회의 높은 단계에 이를 때까지 계속되는 것이 된다. 둘째 오류는 첫번째 오류와는 다른 시각에서 프롤레타리아 독재가 자본주의에서 보다 나은 사회구성체로 이행하는 과도 단계의 국가체제라는 것을 인정하면서 공산주의의 낮은 단계, 즉 사회주의 단계 **일반**을 그 과도기로 보고 첫번째 오류와 동일한 결론에 도달한다.

첫번째 오류는 역사의 발전을 구체적으로 상상하지 못하는 모든 속류이론의 공유물인데, 이것은 위에서 설명한 레닌의 국가발전의 3단계론에 정면으로 상치된다. 원시공산사회에서 계급사회로 이행할 때도 **갑자기** 계급국가가 탄생한 것이 **아니라**, 비계급사회에서 계급사회로 이행하는 긴 과도기[7]에 대응하는 비계급적 국가, 즉 "생성중의 국가"(엥겔스)가 대응했듯이 계급국가에서 공산주의의 높은 단계의 '비정치적 국가'에 이르는 긴 과도기에는 당연히 비계급적인(즉 착취계급과 피착취계급의 갈등이 아닌) 차원의 불평등과 갈등을 규제할 '사멸중'의 비계급국가가 대응한다고 상정하는 것은――굳이 레닌을 빌리지 않더라도――당연한 것이다.

두번째 오류, 즉 사회주의 일반=과도기=프롤레타리아 독재라는 주장은 자꾸 고전가들의 이름을 들먹인다. 레닌은 이렇게 생각하였는데, 스탈린은 이것을 위반하고 계급 독재를 사회주의의 완전 승리라는 미명 하에 성급히 폐기하였다는 것이

5) 『레닌선집』 Ⅱ, p. 387.

6) 『레닌선집』 Ⅱ, p. 370. 강조는 필자.

7) 원시공산사회의 점진적 해체와 더불어 사회구성원들 간 또는 사회집단 간의 사회적 불평등과 대립이 나타나지만 계급적 불평등과 계급대립으로까지 경직화되지는 않는 수천 년 간의 과도기이다.

다. 과연 그런가? 과연 사회주의=과도기라고 고전가들이 주장하였던가?

일단 논의를 고정시키기 위해 마르크스의 표준 인용문을 제시해 보자. "자본주의 사회와 공산주의사회 간에는 전자가 후자로 전환되는 혁명적 변혁의 시기가 끼어 있다. 이 시기에는 정치적 이행기도 대응하는데, 이 이행기의 **국가는 프롤레타리아의 혁명적 독재** 외에 다른 것일 수 없다."[8] 혁명은 공산주의사회의 높은 단계에 가서야 끝나는 것으로 혁명개념 자체를 확대시키지 않는 한, "프롤레타리아의 **혁명적** 독재"라는 표현에서 인용문 속의 "공산주의 사회"가 요샛말로 사회주의 사회를 뜻한다는 것을 알 수 있다. 그러나 「고타강령비판」에서는 마르크스가 사회주의라는 개념은 사용하지 않고 '공산주의 사회의 첫번째 단계'와 '공산주의 사회의 보다 높은 단계'라는 개념만을 사용하기 때문에 저 인용문 속의 '공산주의 사회'라는 표현이 공산주의의 '높은 단계'를 가리키는 것이라고 혼동할 여지가 없는 것도 아니다.

마르크스의 또 다른 표준 인용문, 즉 "② 계급투쟁은 필연적으로 프롤레타리아 독재로 이끌어지고 ③ 이 독재 자체는 모든 계급의 지양을 위한, 그리하여 무계급사회에 이르는 과도기만을 구성한다"는 구절도 이 논쟁을 해결해 주지 못한다. 이 구절도 프롤레타리아 독재체제를 과도기에 국한시키고 있기는 하지만, "모든 계급들의 지양" 또는 "무계급사회"라는 표현이 착취계급들과 비착취계급의 계급관계의 폐기를 뜻하는지, 과거 피착취계급들이었던 프롤레타리아, 지식층, 소유자, 소농들끼리의 **비적대적**인 계급대립까지 소거하는 것을 뜻하는지 애매하기 때문이다. 따라서 마르크스의 표준 인용문은 합리적 상식의 차원에서 해석해야 할 것이다. 이런 관점에서 레닌은 이행기(또는 과도기)를 자본주의에서 공산주의의 높은 단계로의 이행기가 아니라, 공산주의의 첫번째 단계, 즉 사회주의로의 이행기로 이해하고 있다.

> "이 독재는 착취자들, 자본가, 지주, 이들의 하수인들의 저항을 분쇄하기 위해 무자비하게 가혹하고 신속하고 단호한 폭력사용을 전제한다. ……그 목표는 사회주의를 건설하는 것, 사회의 계급분할을 극복하는 것, 사회의 모든 성원을 근로자로 만드는 것, 인간에 의한 인간의 그 어떤 착취의 토대도 소거하는 것이다. 이 목표는

8) 「고타강령비판」, MEW 19, p. 28. 강조는 필자.

일격에 실현될 수 없다. 이것은 **자본주의에서 사회주의로의 상당히 긴 이행기**를 필요로 한다. 왜냐하면 한편으로는 생산의 새로운 조직화는 어려운 과업이고 다른 한편으로는 생활의 모든 영역에서 근본적인 변혁을 위해서는 시간이 필요하고 마지막으로는 쁘띠 부르주아적 또는 부르주아적 경제에 길든 습관의 강력한 힘은 길고 끈질긴 투쟁 속에서만 극복될 수 있기 때문이다. 이런 까닭에 마르크스는 프롤레타리아 독재의 전시기를 **자본주의에서 사회주의로의 이행의 시기**로 입론하고 있기도 하다."[9]

레닌에게는 이와 같이 자본주의에서 새로운 사회로의 이행기가 사회주의로의 이행기라는 사실에 이론의 여지가 없다. 따라서 「국가와 혁명」에서 나오는 구절, 즉 "자본주의에서 공산주의로의 이행은 당연히 정치형태의 엄청난 풍부성과 다양성을 산출하지 않을 수 없을 것이지만, 여기서 본질적인 것은 반드시 한 가지, 즉 프롤레타리아 독재일 것이다"는 구절에서의 이행기도 공산주의의 높은 단계(오늘날은 단순히 공산주의)로의 이행기가 아니라 낮은 단계, 즉 사회주의로의 이행기를 뜻한다. 따라서 공산주의의 높은 단계에 이르기까지 프롤레타리아 독재가 계속되어야 한다는 주장은——그것이 첫번째 오류로 말미암은 것이건 두번째 오류로 말미암은 것이건 고전적 근거가 없다.

다른 한편 이행기와 관련하여 논자와 상황에 따라 이론의 여지가 있는 점은 사회주의로의 이행이 완료되는 시기를 무엇을 기준으로 하여 언제로 규정하여야 하는가이다. 이 시기 이후에는 프롤레타리아 독재가 폐기되어야 하기 때문에 이 시점 규정은 아주 중요하다.

일단 일국의 관점에서 볼 때 프롤레타리아 독재, 즉 프롤레타리아적 계급국가는 사회주의 건설이 완료되면 종식되어야 할 것이다. 물론 이 사회주의 건설이 계급착취적 소유의 수탈, 국유화, 착취계급의 무력화 및 소거 등으로 단순화될 수는 없다. 사회주의가 일단 일정한 체제로서 자립하려면, 사회주의적 생산 메카니즘의 새로운 완비, 생산력 수준의 고양 (적어도 자본주의 국가들의 평균수준과 같거나 능가하는 선까지), 사회주의적 문화의 형성, 사회복지의 체계와 일정한 민주주의적 정치체계의 완성까지 고려해야 할 것이다. 즉 외부의 유인에 대해서든, 내부의 갈등에 대해서든 경제적, 정치적, 이데올로기적 견고성을 지닌 사회체제로서 사회

9) 레닌, 「헝가리 노동자들에게 보내는 인사」, 『레닌선집』, Ⅲ, p. 238. 강조는 필자.

주의의 성립시기까지를 이행기로 볼 수 있다. 이 단계의 사회주의를 보통 레닌의 용어에 따라 '사회주의의 완전한 승리'단계로[10] 불러왔다.

그런데 여기에서 문제가 되는 것은 이 완전히 승리한 사회주의 단계에서도 토대의 생산양식이 전일적으로 사회주의적이라거나 어떤 계급분할도 소멸해야 하는 단계로 이해될 수 없다는 점이다. 위에서 인용한 구절에서 레닌은 '사회의 계급분할의 극복'을 '사회의 모든 성원들을 근로자로 만드는 것'과 동일차원에서 나열하고 있다. 여기서 노동자가 아니라 '근로자'를 거론하고 있는 것은 사회주의 인민이 단일계급이 아니라 프롤레타리아, 지식인, 국가와 기업 및 사회단체의 지도적 기능인 등의 중간층, 사유재산가들로서의 소생산자 등 비착취적 계급 · 계층으로 구성됨을 함축하고 있다.

따라서 프롤레타리아 독재의 목표로서의 '계급분할'의 극복이란 모든 계급, 따라서 과거 피착취계급들이었던 근로민중 안에서의 비적대적인 계급분할까지도 극복하는 것을 뜻하는 것이 아니라, **착취계급들**(자본가, 지주)과 **피착취계급들 간의 적대적 계급관계**와 이것이 뿌리박고 있는 경제토대를 소거하는 것으로 유연화시켜야 할 것이다. 또한 착취계급의 소거도 현실의 실천 속에서는 크게 유연화되어야 한다. 특히 자본가계급의 제거는 그 주력부분이 타도되어 **계급으로서** 의미가 없어지는 상태, 즉 중소자본가들이 작은 사회계층으로 잔존할 수도 있는 상태를 뜻한다.

레닌은 혁명 직전의 한 논문「임박한 파국, 이것과 어떻게 투쟁해야 하는가」에서 다음과 같이 말하고 있다.

> "역사의 변증법은 독점자본주의가 국가독점자본주의로 탈바꿈하는 것을 엄청나게 가속화시킨 전쟁이 **이를 통해** 인류를 사회주의에 유별나게 근접시킨 변증법이다. 제국주의 전쟁은 사회주의 혁명의 전야이다. 전쟁이 공포를 통해 프롤레타리아 봉기를 야기하기 때문만이 아니라――어떤 봉기도 그것이 경제적으로 성숙하지 않는다면 사회주의를 창출하지 못한다――국가독점자본주의가 사회주의의 완벽한 물질적 준비, 사회주의의 직접적인 전(前)단계이기 때문이다. 이 단계와 사회주의라고 부르는 단계 사이에는 역사단계에서 어떤 중간단계도 존재하지 않는다."[11]

---

10) 「레닌선집」 Ⅲ, p. 736.

11) 「레닌선집」 Ⅱ, p. 300. 강조는 레닌, 이하 레닌 인용문의 강조도 모두 레닌.

이는 흔히 얘기되듯이 자본주의 진영과 사회주의 진영 간에는 어떠한 타협도 있을 수 없다는 뜻이 아니라, ① 자본주의의 최고 단계인 국가독점자본주의와 사회주의 경제체제 사이에는 **경제구조가 동일하다**는 것과 ② 따라서 국가독점자본주의 단계는 소유관계의 변혁을 통해 직접 사회주의로 이행할 수 있는 **단계**라는 뜻이다. 따라서 독점적 경제단위체와 비독점적 대사업체, 소기업으로 성립된 **경제구조**는 소유관계 변혁에도 불구하고 사회주의 안에서도 그대로 계속된다. 즉 변하는 것은 소유관계이지 경제구조가 아니다.

사독점체와 비독점적 대기업을 국가자본주의적 독점체로 소유권을 바꾸고 이것을 전국민의 이익을 위해 활용한다면, 바로 이것이 사회주의이다.

"왜냐하면 사회주의란 **전인민의 이익을 위해 이용되고** 그리하여 자본주의적 독점체이기를 **그친** 국가자본주의적 독점체 외에 다른 것이 아니기 때문이다."[12]

물론 독점자본주의 안에서 독점자본과 대자본에 예속되어 이 자본들의 뒤치다꺼리를 해야 하는[13] 중소자본이 절대적으로 긴요하다(오늘날은 중소자본의 새로운 기능이 첨가된다. 즉 벤처카피탈). 따라서 국가독점자본주의와 **경제구조**가 동일한 사회주의 단계의 사회에서도 기동력 있는 수많은 중소기업들이 절대적으로 필요하다. 사회주의 사회에서 이 자율적인 중소기업들이 국영대기업이 메꿀 수 없는 경제적 기공을 메꿔주지 않으면 사회주의적 계획경제는 자본주의적 시장경제보다 더 심각한 재생산 메카니즘의 교란, 즉 새로운 생산의 무정부성 속으로 빠져들게 된다.

기능상 절대적으로 긴요한 이 중소기업은 물론 적절히 사회주의적 조합기업으로 통합되어 소유권적 변혁을 겪을 수도 있지만 경제적, 기술적, 문화적 이유에서 사회경제적 법칙의 장구한 작업에 맡겨둘 수 있다. 이 점을 부각시키는 것은 현실적 삶의 운동을 멀리하는 맹목의 사변적 교조뿐만 아니라 부르주아의 이데올로기적 선전을 극복하기 위해서도 필요한 작업이다. 중소자본은 자본주의가 고도로 발전하면 '유통구조의 합리화'라는 정부정책 하에 대규모 판매 신디케이트에 포섭되듯이 사회주의 하에서도 일정한 변화를 겪겠지만 수탈되지 않는다. 레닌은 다음

12) 같은 책, p. 299.

13) 이것은 이중적인 의미이다. 첫째 대자본기업에 부품을 대는 기능과 대자본이 정착하지 못하는 영역에서 사회의 소비품 공급상의 기공(氣空)을 메꿔주는 기능.

과 같이 강도 높게 역설한다.

"개별자본가들을 신디케이트로 통합시킴으로써 얻어지는 절약은 경제학이 가르쳐주고 모든 신디케이트, 카르텔, 트러스트 등이 보여주듯이 거대한 규모에 달할 것이다. 여기에서 다시 한번 반복되어야 하는 점은 신디케이트로의 통합을 통해 소유관계에 있어서는 절대적으로 단 한구석도 변하지 않고 어떤 소유권자로부터도 단돈 한푼도 빼앗지 않을 것이라는 사실이다. 이 사실은 특히 힘주어 강조되어야 한다. 왜냐하면 부르주아 언론이 사회주의자 일반과 특히 볼셰비키가 중소소유자들을 '수탈하려고' 한다고 하면서 중소소유자들을 '공포에 떨게 하고 있기' 때문이다. 이것은 노골적인 거짓 주장이다. 왜냐하면 사회주의자들은 **심지어 완전한 사회주의적** 변혁단계에 있어서도 소농을 수탈하려고 하지도 않을 뿐만 아니라 또한 수탈할 수도 없기 때문이다."[14]

레닌은 나중에 '완전한 사회주의' 안에서 소농뿐만 아니라 중소자본도 용인한다. 당연히 비자본주의적 도시 소기업도 광범하게 잔존한다. "기술적, 문화적 성격의 심각한 어려움은 극히 작은 소유권자와 기타 소소유권자들의 단체통합에서 나올 것인바, 이것은 이들 기업의 유별난 분산성, 기술적 원시성, 그 소유권자들의 문맹성과 교육부족에 기인한다. 하지만 이 기업들은 법률에 의해 예외로 취급될 수 있다."[15]

사회주의 안에서 절대적으로 긴요한 무수한 자율적 중소기업들은 조합소유 또는 자본주의적 소유형태를 취할 수 있다. 즉 중소자본이 잔존하는 데도 불구하고 사회주의는 '완전히 승리한' 사회주의인 것이다! 왜냐하면 **기능상** 절대적으로 긴요한 이 중소자본기업의 비중이 전체 국민경제에 대해서는 생산력상, 생산규모상, 자본규모상 별볼일 없기 때문이다. 왜냐하면 엄청나게 많은 수의 소기업들이 생산의 전체금액에서 차지하는 역할, 즉 인민경제 전체에 대한 그들의 비중은 **"사라질 듯 작고"** 게다가 "그들은 이러저러한 방식으로 대기업에 예속되어 있기 때문이다."[16]

중소자본에 대한 이러한 양보정책은 사회주의국가의 정치권력이 약해서가 아니

---

14) 「레닌선집」 Ⅱ, p. 286.
15) 앞의 책, 같은 곳
16) 앞의 책, 같은 곳

라, 새로운 사회주의적 조합기업이 중소자본의 기동성, 경영적 효율성, 견고성, 혁신성을 아직 대체하지 못한 상태에서 필수적인 것이다. 이것은 또한 자본의 소유권전환, 즉 '수탈'이 마르크스의 유명한 명제, "수탈자는 수탈된다"는 테제에 입각해서 벌어져야 하는 한 이론적으로 당연한 것이다. 중소자본은 '수탈자'가 아니라, 반대로 독점자본에 예속되어 수탈당하는 피수탈자이기 때문이다. 물론 난장이 착취자들에 대한 이러한 양보는 러시아혁명의 내전과정에서 일시 배제되지만 레닌의 NEP정책을 통해 다시 도입되고 그의 유언적 논문 「협동조합에 관하여」에서 다시 이론적으로 확인된다.

사회주의 안에서의 중소자본이 경제적으로 '심각한 장애'가 아니라고 해서 사회적, 정치적으로도 문제가 없는가?

자본가 계급이 사회계급상 적은 집단으로서 정치적으로 지배할 수 있는 것은 독점재벌과 비독점 대자본가들의 경제력(소유권력) 때문이다. 따라서 이들이 수탈되면 자본가들은 **계급**으로서 아무런 사회적, 정치적 의미를 지니지 못한다. 사회주의적 대기업에 경제적으로 예속된 중소자본을 이데올로기적, 정치적, 사회적, 문화적으로 사회주의체제에 통합시킬 능력이 없어 무너지는 사회주의체제가 있다면 그것은 아마 프롤레타리아 독재론을 악용한 사이비 공산당의 독재에 의해 점유된 사이비 사회주의적 전체주의체제일 것이다.

중소자본을 사회주의체제에 정치적, 사상적으로 통합시키는 것은 프롤레타리아 독재기의 정치과업일 것이다. 잔존하는 중소자본을 사상적, 법률적(기업민주주의적 기업법), 문화적으로 '순치하는' 데 성공하면 프롤레타리아 독재는 이들의 잔존에도 불구하고 종식된다. 이렇듯 계급 독재는 억압해야 할 계급이 **계급으로서** 소멸하면 종식된다. 계급 독재로서의 국가란 계급의 **계급**에 대한 독재이지 개인이나 **사회계층**에 대한 독재가 아니다. 이런 의미에서 레닌은 다음과 같이 말하고 있다.

> "끝으로 공산주의(=낮은 단계의 공산주의 —— 필자)는 국가를 불필요하게 **만들** 것이다. 왜냐하면 아무도 억압될 필요가 없기 때문이다. 여기서 아무도라는 것은 **계급**이라는 의미에서, 즉 인구의 일부에 대한 체계적인 투쟁이라는 의미이다. 우리는 공상가가 아니다. **개별적인 사람들**의 일탈의 가능성과 불가피성을 결코 부인하지 않으며 또한 마찬가지로 이러한 일탈을 억압해야 할 필연성도 부인하지 않는다"[17]

17) 같은 책, p. 393.

그러나 이러한 일탈을 바로잡는 데에는 그렇게 어머어마한 정보기구와 수십만, 수백만 명에 달하는 군대, 경찰이 필요없다. 따라서 착취하는 계급이 계급으로서 없어진다면 중소자본가계층이 잔존하더라도 프롤레타리아 독재국가는 '사멸중의 국가'로 이행하고 국가는 사멸하기 시작한다. 레닌은 「국가와 혁명」에서 누구라도 이해할 수 있게끔 다음과 같이 말하고 있다. "국가는 자본가, 즉 계급들이 더이상 존재하지 않는 한, 따라서 계급을 더이상 억압할 수 없는 한 사멸해 간다. 그러나 국가는 아직 완전히 사멸하지 않았다. 왜냐하면 사실상의 불평등을 규제하는 '부르주아적 권리'를 관장하는 일이 남아 있기 때문이다. 국가의 완전한 사멸을 위해서는 완전한 공산주의가 필요하다."[18] 여기에서도 레닌이 프롤레타리아 독재국가를 자본주의에서 공산주의의 첫번째 단계(사회주의)로의 이행기에 대응시키고 공산주의의 첫번째 단계에는 '사멸중의 국가'를, 공산주의의 높은 단계 즉 완전한 공산주의에는 국가의 '완전한' 사멸 즉 '단순한 행정기능'의 '비정치적 국가'를 대응시키고 있음이 분명해진다. 이를 도표화하면 다음과 같다.

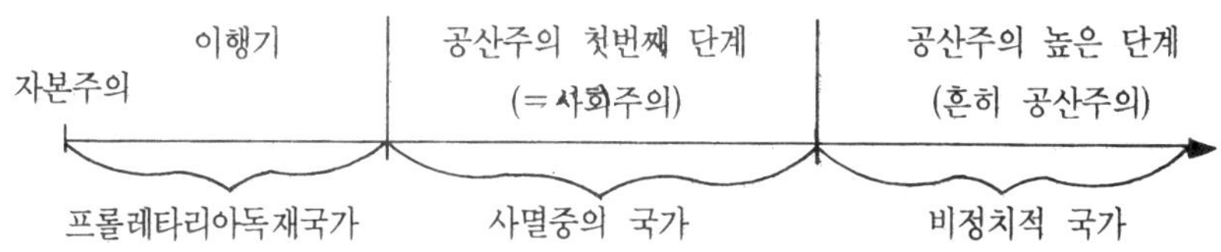

그렇다면 '사멸중의 국가'에 대해 차별성을 갖는 프롤레타리아 독재국가는 무엇이고 이 프롤레타리아 독재 단계는 자본주의에 의해 포위당해 있는 경우에도 종식될 수 있는가? 종식될 수 있다면 어떤 조건에서 가능한가? 다음은 이에 관하여 상론할 것이다.

3. 프롤레타리아 독재론의 성격

18) 같은 책, p. 397. 강조는 레닌.

역사 단계를 가르는 모든 계선(界線)이 그렇듯이 프롤레타리아 독재국가와 '사멸중의 국가'를 가르는 계선도 칼로 자르듯 금을 긋거나 미리 연도와 일시가 예정될 수 있는 것이 아니다. 프롤레타리아 독재의 마지막 연간은 '사멸중의 국가' 단계로의 점진적인 이행이 준비되는 시기로서 기존의 정치요소와 새로운 요소가 뒤섞일 것이기 때문이다. 따라서 모든 계선 설정이 실은 양질전화의 변증법에 따르듯이 어느 시기엔가 새로운 정치요소가 기존의 것에 대해 **양적으로** 우세해지게 되면 '사멸중의 국가' 단계라는 **질적** 규정이 성립된다.

따라서 기존의 정치요소, 즉 프롤레타리아 독재의 본질적 성격을 규명하는 것이 여기서 문제의 요점으로 떠오른다. 마르크스와 엥겔스에 있어서 프롤레타리아 독재의 사상은 1848년 독일혁명의 실패에 대한 분석 속에서 생성된다. 봉건적 군권주의국가에서 부르주아 민주제도를 수립하려던 당시 독일 혁명가들은 아직 수립되지 않은 민주제도의 절차에 사로잡혀 결정적인 시기들을 모두 잃어버리고 봉건세력의 반격에 의해 패배하고 만다. 이때 엥겔스와 마르크스는 혁명세력에게 초법적, 초제도적 독재, 즉 가차없고 신속하고 단호한 혁명권력의 구사를 촉구한다. 이와 관련하여 엥겔스는 다음과 같이 말하고 있다. "혁명적 과도체제는 권력분립이 과도적으로 폐기된다는 데, 입법부가 집행권력을 또는 집행부가 입법권을 잠정적으로 틀어쥔다는 데 있다. 혁명독재(이것이 아무렇게나 느슨하게 구사된다 할지라도 일종의 독재이다)가 왕의 손아귀에 들어 있든 또는 국회의 손아귀에 들어 있든 또는 양자의 손아귀에 들어 있든 아무래도 상관이 없다. 퀼베터(당시 부르주아 혁명가——필자)씨가 이 세 가지 경우의 사례를 모두 원한다면, 1789년 이래의 프랑스 역사가 이 사례를 몽땅 제공할 것이다."[19] 물론 부르주아 혁명독재보다 프롤레타리아 독재는 그 과업의 규모상 비교적 오래 지속되어야 할 것이다. 그런데 문제는 이것이 아니라 혁명독재의 본질이다. 엥겔스의 이 짧은 규정은 혁명독재가 무엇인지 밝혀주기에 충분하다. 그것은 기존의 법과 제도에 구애받지 않으며 혁명독재체제가 새로 포고할 제도나 법령에도 구애받지 않는(왜냐하면 새 법령과 제도도 독재체제가 언제든 폐기할 수 있기 때문에) **단일한** 절대권력이다.

이 권력의 정통성은 어디에 있고 그것의 기초는 어디에 있는가? 이 혁명독재의 정통성은 그 어떤 민주적 제도나 법에 있는 것이 아니라 혁명세력의 역사적 **승리**에

---

19) 「7월 4일의 협의회」, MEW 5, p. 195

있다. 즉 혁명독재의 정통성은 **혁명적 정통성**이지 민주적 정통성이 아니다. 혁명독재의 권력에 대해서 민주적 절차를 통하지 않았다는 등 시비한다면 이것은 미국이 니카라과에 대해서 그랬듯이 반혁명적 행위이거나 아니면 쁘띠 부르주아적 췌언일 것이다. 한편 혁명독재의 권력적 기초는 무장한 혁명세력의 **조직적 폭력**과 **기율**이다. 이것에 입각하여 혁명정부는 모든 저항을 신속히 분쇄하고 수탈하고 생산과 사회조직을 개편해야 한다. 이 과정은 전기간에 걸쳐 모든 난관과 고난을 감내하려는 대중의 **혁명적 열정**에 의존하고 또 이러는 **한에서만** 성공하는 까닭에 혁명독재의 과업수행은 지극히 신중하고 또 지극히 신속해야 한다. 이 과정이 장기화되면 혁명이 실패하기 때문에 혁명독재란 지극히 어려운 과업이다. 또한 생산과 사회의 재조직화에 있어서 일정한 성과, 특히 혁명 전에 비해 경제적으로 더 잘살게 되는 구체적인 사회경제적 성과와 효율의 제고가 뒤따라야 한다. 따라서 니카라과처럼 혁명정부가 아무리 양심적이라 하더라도 미국의 경제봉쇄와 군사간섭으로 인해 경제상황이 악화된다면 —— 미국은 바로 이것을 노렸다 —— 혁명은 중단된다.

아무튼 혁명독재는 초법적이고 초제도적인 절대권력을 구사하는 국가제도이다. 이런 의미에서 레닌은 다음과 같이 말한다.

"이 독재는 착취자를, 즉 자본가, 지주, 이들의 하수인들의 저항을 분쇄하기 위한 가차없이 강경하고 신속하며 단호한 폭력사용을 전제한다. 이것을 이해하지 못한 자는 혁명가가 아니다. 이런 자는 프롤레타리아의 지도자나 고문의 직위에서 쫓아내야 한다. 그러나 프롤레타리아 독재의 본질은 폭력에만, 주로 폭력에 있는 것이 아니다. 그것의 주요 본질은 근로자들 중의 가장 진보적인 분파, 이들의 전위, 지도자인 프롤레타리아의 조직과 기율에 있다."[20]

즉 프롤레타리아 독재는 본질상 민주적 제도형식과 관계가 없다.

"프롤레타리아 독재, 한 계급의 권력, 이 계급의 조직과 기율의 강력성, 자본주의의 모든 문화적, 과학적, 기술적 업적에 뒷받침되는 이 계급의 집중된 권력, 각개 근로자들의 심성에 대한 이 계급의 친숙성, 분산되어 살고 덜 발전되고 정치에 덜 익숙한

20) 「레닌선집」 Ⅱ, p. 390.

농촌사람과 소생산자들에 대한 그들의 권위는 프롤레타리아가 농민계급과 모든 쁘띠부르주아적 계층들을 **지도할** 수 있으려면 필수적이다. 여기서 '민주주의' 일반, '통일성' '노동민주주의의 통일성', 모든 '노동인간의 평등' 따위에 관한 상투어——속물화된 사회쇼비니스트들과 카우츠키 일당이 아주 좋아하는 상투어들은 아무런 도움이 되지 못한다. 상투어들을 지껄여대는 것은 눈에 모래를 뿌리는 것에 지나지 않고 의식을 흐려 낡은 무감각, 타성, 자본주의, 의회주의, 부르주아 민주주의의 구습을 강화시킨다."[21]

혁명독재는 엥겔스의 말대로 입법권과 집행권을 장악한, 또는 마르크스의 말대로 '입법하고 집행하고 사법하는, 노동하는 의회'처럼 초민주주의적인 단일한 권력이다. 이것을 이해하지 못하고 프롤레타리아 독재 하에서 '무제한적 민주주의'에 관해 입론하는 것은 혁명의 논리와 마르크스를 전혀 이해하지 못한 것이다. 가령 로자 룩셈부르크는 이 점을 망각하고 있다. 그녀는 한편으로 레닌을 다음과 같이 칭송하고 있다.

"레닌과 트로츠키는 그들의 친구들과 더불어 세계 프롤레타리아에게 선례를 보여주며 앞질러나간 **최초의** 인물들이다. 그들은 지금까지……나는 해냈다! 라고……외칠 수 있는 **유일한** 인물들이다.

이것은 볼셰비키 정책의 본질적인 것이고 또 **영원한** 것이다. 그들에게는 국제 프롤레타리아를 앞질러 전세계에서 자본과 노동의 대결을 강력히 앞으로 추동시킨 불멸의 공로가 길이 남을 것이다. 러시아에서는 단지 문제가 제기될 수 있었다. 이것은 러시아에서 해결될 수 없다. 이것은 오직 국제적으로만 해결될 수 있을 것이다. 그리고 **이러한 의미에서** 미래는 도처에서 '볼셰비즘'에 속한다."[22]

그러나 그녀는 같은 논문에서 프롤레타리아 독재에 관한 무지를 드러내고 있다.

"레닌-트로츠키 이론의 근본오류는 바로 그들이 독재를 꼭 카우츠키처럼 민주주의에 대립시키고 있는 오류이다. '독재냐 민주주의냐'는 표현은 볼셰비키와 카우츠키에서의 공통된 물음설정이다. 카우츠키는 물론 민주주의, 그것도 **부르주아** 민주주의를 택했다.

---

21) 같은 책, p. 239.
22) 「독재와 민주주의」, *Neue Zeit*, No. 7, 1990, p. 43. 강조는 로자 룩셈부르크.

왜냐하면 그는 바로 이것을 사회주의적 변혁에 대한 대안으로 내세우고 있기 때문이다. 레닌-트로츠키는 거꾸로 한줌의 사람들의 독재, 즉 부르주아 독재를 택했다. 이것은 두 개의 대극인데, 둘 다 마찬가지로 현실적인 사회주의 정책으로부터 멀리 떨어진 것이다.

프롤레타리아는 가장 정력적이고 가장 완강하고 가장 가차없는 방식으로 즉각 사회주의적 조치들을 취해야 한다. 즉 독재를, 그러나 계급의 독재를, 한 당이나 붕당의 독재가 아니라 계급의 독재를, 즉 가장 폭넓은 공개성 속에서 민중의 가장 활동적인 장애 없는 참여 하에 무제한적 민주주의 속에서 독재를 행해야 한다."[23]

로자 룩셈부르크의 이 낭만은 엥겔스가 비판하고 있는 저 킬베터처럼 혁명의 이념을 실현하기 위한 혁명독재 단계의 정책을, 이 이념이 이미 실현된 단계의 정책과 혼동하고 있다. 즉 이행기, 그것도 이것의 초기단계를 사회주의단계로 혼동하고 있다. 그녀는 혁명의 본질을, 5 · 16쿠데타를 통해 3권을 틀어쥔 초법적 '국가재건최고회의' 체제를 수립했던 한국 정치군부만큼도 이해하지 못하고 있다. 또한 대중으로서 계급은 지배할(herrschen) 수는 있으나 통치할(regieren) 수 없다는 사실을 모르고 있다. 자본주의사회의 지배계급인 부르주아지도 민중에 대한 '통치'를 행하는 것이 아니다. 지배를 정치적으로 구현하는 '통치'는 그들의 정치적 전위들인 소위 정치 엘리트, 더 구체적으로 정당, 아니 정당의 상층부에 있는 '한줌의' 권력자들이 행한다. 프롤레타리아 독재도 결국 프롤레타리아당, 아니 이 당의 수뇌부의 권력행사로 구현된다. 혁명기에 이들의 독재적 통치행위가 민중, 특히 프롤레타리아의 이익을 대변한 것인지는 민주적 선거 등을 통해 검증할 수 없다. 그러나 프롤레타리아의 대부분의 이익에 따라 독재가 수행되지 않을 때 이것에 대한 처벌은 평시의 민주적 통제보다 더 가혹하다. 즉 혁명의 실패, 이에 뒤따르는 혁명지도자들의 체포, 투옥, 처형 등의 형태로 가혹하게 집행된다.

물론 프롤레타리아 독재는 가난한 대중의 정치참여를 가능케 함으로써 내용상 부르주아 체제보다 민주주의적이라고 할 수 있다. 그러나 "프롤레타리아 독재, 즉 착취자를 억압하기 위해 피억압자들의 전위계급을 지배계급으로 조직하는 것은 간단히 민주주의의 강력한 확장만을 가져오는 것이 아니다. 부자들을 위한 민주주

23) 같은 글, p. 43.

의가 아니라 **최초로** 빈자, 즉 인민을 위한 민주주의가 될 민주주의의 확장과 **동시에** 프롤레타리아 독재는 억압자들, 착취자들, 자본가들에 대한 일련의 자유제한을 초래한다."[24] 그런데 이 국민의 일부인 착취자들에 대한 억압, 자유권 제한, 감시, 투옥, 처형은 착취자들에게만 국한될 수 없다. 프롤레타리아의 일부가 이들의 영향 하에 있을 수도 있고 과거의 이데올로기에 사로잡혀 있을 수도 있고 또 수탈당한 자본가들이 프롤레타리아가 되기도 하기 때문에 과거의 **착취자만** 탄압하는 것은 기술적으로 불가능할 뿐만 아니라, 정치적으로 위험하다. 노동자를 동원하여 "공산주의자 없는 소비에트"라는 교묘한 구호 하에 일어난 크론슈타트 반란을 상기해 보라. 따라서 피착취자 **계급**의, 착취자 **계급**에 대한 독재적 **지배**는 **국민 일반**에 대한 소수권력자의 독재적 통치로 구현된다. 따라서 프롤레타리아 독재는 **개개 노동자들에 대해서도** 시행되는 것이다. 이것을 이해하지 못하는 자는 현실정치를 이해하지 못한 자이다. 레닌은 이 점을 정확히 이해하고 있었다. "본래적인 의미에서 정치권력이란 타계급을 억압하기 위한 한 계급의 조직된 폭력이다. ……다른 한편 동일한 '집중된 폭력'은 부분적으로 내부로 향해지고 근로자들의 자기조직화와 강제적인 자기기율의 한 요소를 이룬다"라고 기술하고 있는 부하린의 주장에 대해 레닌은 "정확하다!"고 평하고 있다.[25]

이런 까닭에 엥겔스는 베벨에게 보내는 한 편지에서 "프롤레타리아가 국가를 필요로 하는 한, 그들이 그것을 필요로 하는 것은 자유의 관심에서가 아니라 그들의 적수들을 억압하기 위해서이다. 따라서 자유에 관해서 거론할 수 있게 되자마자 본래적인 국가는 존재하기를 그친다"고 말하고 있다. 동일한 의미에서 레닌은 다음과 같이 말하고 있다. "이 자들(착취자들)을 우리는 인류를 임금노예제로부터 해방하기 위해 억압해야 하고 이 자들의 저항은 폭력으로 분쇄되어야 한다. 그리고 억압이 있는 곳에, 폭력이 있는 곳에 어떤 자유도 민주주의도 없다는 것은 명백하다."[26]

따라서 자본주의에서 사회주의로의 이행기에 대응하는 프롤레타리아 독재 하에서는 어떤 진지한 민주주의적 제도와 민주적 문화, 언론, 사상의 자유, 그밖의

---

24) 「레닌선집」 Ⅱ, p. 391.

25) V. I. Lenin, 「부하린의 '이행기의 경제학'에 대한 난외주석」, Frankfurt / M. 1981, p. 67.

26) 「레닌선집」 Ⅱ, p. 391.

개인적 · 집단적 인권 등의 발전도 **제약된다.** 물론 프롤레타리아 독재가 그 종식 시점에 가까워질수록 민주주의가 점차 발전되어 나오겠지만, 이것이 프롤레타리아 독재 권력에 의해 촉진되고 보장되고 창출되는 한 그 고유한 한계 속에서 제약되고 수정되지 않을 수 없다. 즉 "이 자본주의적 민주주의로부터……가일층의 발전은……단순히, 일직선적이고 매끄럽게 '점차 더 큰 민주주의'로 나아가지 않는다. 천만에. ……민중의 거대한 다수를 위한 민주주의와 착취자들, 민중의 억압자들의 폭력적 진압, 즉 이들을 민주체제로부터 배제하는 것 —— 민주주의는 자본주의에서 공산주의(낮은 단계 —— 필자)로의 **이행**에 있어서 이러한 수정을 겪는다."[27) 따라서 룩셈부르크가 말하는 '무제한적 민주주의'란 프롤레타리아 독재 하에서는 거론할 수 없고 이것은 개개 프롤레타리아에 대해서도 마찬가지다.

즉 프롤레타리아 독재체제는 프롤레타리아의 **계급국가**로서 모든 국가와 마찬가지로 '필요악'이다. 그것은 가혹하고 무자비하며 따라서 **위험한** 체제이다. 바꿔 말하면, 이 독재체제를 '필요'도 없이 오래 지속하다간 사회주의의 발전을 억압, 왜곡시키고 어느새 프롤레타리아 독재를 대치한 당독재, 아니 '한줌의' 인간들의 독재에 대한 국민적 저항으로 말미암아 사회주의이념 자체의 폐기까지도 겪을 수 있다는 것을 뜻한다. 따라서 과도기의 경제적, 정치적, 문화적 과업이 완수되어 감에 따라 프롤레타리아 독재체제는 법치성과 민주주의의 발전, 인권의 신장을 통해 '사멸중의 국가' 단계로의 이행, '무제한적 민주주의' 단계로의 이행을 신속히 그리고 정력적으로 준비해야 한다. 이러한 준비는 따라서 프롤레타리아 독재체제의 마지막 정치과업인 셈이다. 그런데 이러한 이행이 대내적인 혁명과업의 완수만으로 관철될 수는 없을 것이다. 자본주의국가들의 포위상태에서 대외적 방위의 문제가 남는다. 프롤레타리아 독재의 지속과 자본주의의 포위는 어떤 관계에 있으며 또 어떤 조건에서 프롤레타리아 독재는 종식될 수 있는가를 다루기로 한다.

4. 스탈린의 프롤레타리아 독재론과 그 오류

러시아혁명은 볼셰비키들의 기대와 달리 유럽혁명의 신호탄이 된 것이 아니라

---

27) 앞의 책, 같은 곳.

일국에 국한되었고 이 혁명의 결과 성립한 소련은 무려 30여 년 동안 고립무원의 포위상태에서 혁명과업을 수행한다. 혁명과 함께 개시된 제국주의국가의 간섭전쟁은 1925년까지 계속되었고[28] 1930년대에 들어서서도 세계 파시즘의 강화와 권력획득으로 국제긴장이 고조되고 극동에서는 일본군의 무력침공이 간헐적으로 획책되는 등 소련의 대외적 위기과정이 계속된다. 그 사이 국내적으로는 착취계급이 소거되고 생산수단의 국유화와 산업건설이 완결되었다.

대내적으로는 프롤레타리아 독재의 이유가 없어졌지만 대외적으로는 체제위협적인 간섭이 계속되는 이 새로운 상황은 레닌에 의해서 문제삼아질 수 없었다. 그에게 프롤레타리아 독재의 종식이란 먼 훗날의 일이었기 때문이다. 따라서 이 새로운 상황에 대응하는 프롤레타리아 독재론이 새로이 전개될 필요가 생기게 된다.

스탈린은 이 이론적 문제에 나름대로 답한다. 당시 이런 의문들이 제기되고 있었다. "우리나라에서는 착취계급들이 제거되었다. 이제 국가제도를 박물관에 보낼 때가 아닌가?" 스탈린은 이러한 의문제기를 마르크스주의의 본질을 이해하지 못한 문구 암송이라고 비판한다.

> "우리 시대의 마르크스-레닌주의자들에게 요구할 수 있고 요구해야 하는 것은 마르크스주의의 개개 일반적 문구들을 암송하는 데 국한시키지 말고 마르크스주의의 본질 속으로 파고들어가라는 것 그리고 우리나라에서의 사회주의국가의 20년 간의 존립의 경험을 고려하고……마르크스주의의 개별적인 일반적 명제들을 구체화하고 정밀화하고 개선하는 것을 배우라는 것이다."[29]

그러나 스탈린은 고전을 '개선'한 것이 아니라 실은 개악하게 된다.

스탈린은 소련의 사회주의국가의 발전을 두 단계로 나누고 제1단계는 10월혁명에서 착취계급들의 청산에 이르기까지의 시기이고 제2단계는 도시와 농촌에서 자본주의적 요소들의 청산에서 사회주의 경제체제의 완전한 승리와 새로운 헌법의 채택에 이르기까지의 시기로 규정한다. 이에 따라 "국내에서의 군사적 억압의

---

28) 일본군의 시베리아 점령은 워싱턴회의의 압력에 의해서야 비로소 종식된다.

29) J. Stalin, *Schriften 1970 Reinbek bei Hamburg*, p. 215.

기능은 없어지고——사멸했다. 왜냐하면 착취는 폐지되었고 착취자는 더이상 존재하지 않으며 따라서 아무도 억압당해야 할 사람이 없기 때문이다."[30] 그러나 "외부로부터의 공격에 대해 나라를 군사적으로 보위하는 기능은 완전히 보존되고 따라서 적군(赤軍)도 해군도, 외국첩보기구가 우리나라에 보내는 스파이, 살인자, 해충들을 적발하고 처벌하는 데 필요한 형벌기구와 보안기구도 보존된다."[31] 따라서 자본주의 포위가 지속되는 한 대내적으로 억압해야 할 계급이 소멸하더라도 국가는 존속한다는 것이다. 이러한 포위상태에서는 심지어 공산주의사회에 진입하더라도 국가가 존속해야 한다는 것이다.

> "우리는 더 앞으로, 공산주의로 전진한다. 국가가 우리나라에서 공산주의시대에도 존속할 것인가? 그렇다. 국가는 자본주의 포위가 제거되지 않는다면, 외부로부터의 공격의 위험이 극복되지 않는다면 존속할 것이다. 여기에서 분명한 것은 우리 국가의 형태들이 국내외 상황의 변화에 대응하여 새로이 변할 것이라는 점이다.
>
> 아니다. 국가는 존속하는 것이 아니라 사멸할 것이다. 자본주의 포위가 제거되면, 이것이 사회주의적 환경에 의해 교체되면."[32]

스탈린은 「레닌주의의 제문제」(1926)에서 프롤레타리아 독재의 임무를 세 부류로 나열하고 제1부류에 착취자의 억압과 국가방위를 나란히 열거하고 "이 특징들 중의 하나가 없어졌다고 해서 프롤레타리아 독재가 자본주의 환경에 직면한 상태에서 독재이기를 그만두기에 충분치 않다"고[33] 말하고 있다. 따라서 스탈린에 의하면 자본주의 포위가 계속되는 한 공산주의사회에서도(!) 프롤레타리아 독재는 종식되지 않는다.

한편 스탈린에 의하면 자본주의 포위의 제거란 "사회주의가 모든 나라 또는 대부분의 나라에서 승리하는" 것, 그리하여 "외부로부터의 공격의 어떤 위험도 더이상 존재하지 않아서 군대와 국가의 강화가 더이상 필요하지 않은" 상태를 뜻한다.[34]

30) 같은 책, p. 217.
31) 앞의 책, 같은 곳.
32) 같은 책, p. 218.
33) 같은 책, p. 97.
34) 같은 책, p. 214.

이러한 상황이 존재하지 않는 한 국가의 형태는 줄곧 바뀌겠지만 국가는 존속할 것이라는 것이다. 그리고 이 국가의 본질은 프롤레타리아 독재라는 것이다. 이것은 스탈린이 국가형태의 변화를 언급한 뒤 바로 이어서 레닌의 저 표준 인용문, "자본주의에서 공산주의로의 이행은 정치형태의 엄청난 풍부성과 다양성을 산출하지 않을 수 없을 것이지만, 여기에서 본질적인 것은 반드시 한 가지, 즉 프롤레타리아 독재일 것이다"는 구절을 들이대고 있는 점에서 명백하다.

스탈린은 이행기를 자본주의에서 사회주의로의 이행기로 이해하고 대외적 측면을 일단 추상할 때 프롤레타리아 독재는 사회주의의 완전한 승리와 더불어 종식되는 것으로 말하고 있는 한에서 레닌의 문헌에 대해 우리나라의 일부 학자들처럼 그렇게 무식하지는 않았다. 그러나 위에서 요약된 스탈린의 프롤레타리아 독재론은 심각한 반레닌적 오류를 안고 있을 뿐만 아니라 자신의 다른 주장과도 모순되는 내용으로 구성되고 있다.

스탈린이 착취계급이 소멸하였으므로 국가를 '박물관'으로 보내자는 주장에 대해 대외적 측면을 들어 비판하였던 그 상황에서는 그것이 그리 틀린 주장이 아니다. 그러나 이것을 정당화하는 그의 주장은 반레닌주의적인 이론적 천박성을 '박물관'론과 공유하고 있다. 즉 국가란 계급독재이고 따라서 국가가 존속하는 한 계급독재는 계속되고 역으로 계급독재의 종식은 국가의 종식이라는 잘못된 전제가 그것이다. 계급독재국가→사멸중의 국가→비정치적 국가의 3단계 발전을 염두에 둔 레닌의 이론에 의하면 국가의 완전한 사멸 이전에 프롤레타리아 독재국가는 종식된다. 즉 프롤레타리아 독재국가의 종식과 더불어 국가가 '폐지'되는 것, 즉 '박물관'으로 곧장 보내는 것이 아니라, 프롤레타리아 독재의 종식과 더불어 비로소 사멸하기 시작한다. 이것이 마르크스와 레닌이 무정부주의자들의 '국가폐지'론에 대항하여 주장한 '국가사멸'론의 본질임을 앞에서 밝혔다. 국가는 독재의 종식과 더불어 서서히 장구한 과정 속에서 불필요한 기능부터 움츠러들어 사멸하는 행정에 들어간다. 따라서 국가방위업무가 잔존한다면 이 기능은 남고 또한 이만큼의 국가기능이 잔존한다. 따라서 국방업무는 반드시 프롤레타리아 독재체제로써만 수행될 수 있는 것이 아니라, 비계급독재적인 '사멸중의 국가'로써도 수행될 수 있다.

문제는 제국주의로부터 오는 위협이 어느 정도인가이다. 1945년까지 사실 소련은 대외적으로 볼 때 위기의 연속이었고 전시와 준전시가 교체되는 이런 상황에서도 체제의 내적 측면은 대외업무에 압도되고 모든 물자와 인력은 대외적 측면으로

동원되어야 했을 것이다. 따라서 전시 또는 준전시 업무의 항구적 유지를 위해서는 프롤레타리아 독재의 존속이 필요하다. 일국에서 혁명이 성공하여, 제국주의의 침략적 간섭으로 위협받는 한 프롤레타리아 독재의 (준)전시업무는 계속되어야 할 것이기 때문이다. 그런데 제국주의가 사회주의국가의 강화 및 확산으로 인해 군사간섭을 포기하고 현실주의적 사고에서 사회주의 국가들과 평화공존관계에 들어간다면? 이 경우에도 프롤레타리아 독재가 계속되어야 하는가?

제국주의국가들이 군사적 도발을 포기하고 사회주의국가를 **국제사회 구성부분**으로 인정하기 위해서는 사회주의국가가 내적으로도 성장해야 할 것이지만 **수적으로도** 확산되어야 할 것이다. 얼마만한 수의 사회주의국가가 출현하여야 하는가? 스탈린은 "사회주의가 **모든** 나라 또는 거의 **대부분의** 나라에서 승리해야 한다"고 말하고 있다. 따라서 스탈린의 주장에 따를 때 모든 사회주의국가들은 지구상의 모든 또는 대부분의 나라에서 사회주의가 승리할 때까지 프롤레타리아 독재체제를 유지해야 하는 것이 되고 만다.

이와 같은 스탈린주의적 프롤레타리아 독재론은 과거 중국 문혁기의 4인방들에 의해 답습되어 사회주의=과도기=프롤레타리아 독재기로 출현하고 이것은 김일성의 '주체형' 프롤레타리아 독재론 안에서도 다시 반복된다. 김일성은 1967년 「자본주의로부터 사회주의에로의 과도기와 프롤레타리아 독재 문제에 관하여」라는 연설에서 다음과 같이 말하고 있다.

> "세계에 자본주의가 남아있는 한 프롤레타리아 독재는 없어질 수 없으며 더욱이 국가의 조락에 대해서는 말조차 할 수 없을 것입니다. 그렇기 때문에 우리가 과도기와 프롤레타리아 독재에 관한 문제를 옳게 해명하기 위하여서는 마르크스와 레닌의 명제에 교조주의적으로 매달릴 것이 아니라 우리나라 사회주의 건설의 실천적 경험에서 출발하여 이 문제를 해석해야 할 것입니다."[35]

'우리나라'를 강조하는 이 '주체형'의 프롤레타리아 독재가 무엇인가 보기로 하자.

---

35) 「김일성저작집」 21권, p. 264.

"그러므로 그때에 가서도 계속 사회주의를 건설하여야 하며 공산주의를 실현하기 위하여 계속 투쟁하여야 할 것입니다. 프롤레타리아 독재 없이 이 임무를 수행할 수 없다는 것은 뻔합니다. 다시 말하여 과도기가 끝나도 공산주의의 높은 단계까지 프롤레타리아 독재는 계속되어야 합니다. 그러나 여기에 또 한 가지 문제가 있습니다. 세계의 자본주의가 아직 남아 있고 한 나라 또는 일부 지역에서 공산주의를 실현하였을 때 프롤레타리아 독재가 어떻게 되겠는가 하는 문제입니다. 세계혁명이 아직 완수되지 못하고 자본주의와 제국주의가 남아 있는 조건에서는 한 나라 또는 일부 지역에서 공산주의를 실현하였다 하더라도 이러한 사회는 제국주의의 위협을 면할 수 없을 것입니다. 이런 조건에서는 공산주의의 높은 단계에 가서도 국가는 조락될 수 없으며 프롤레타리아 독재는 의연히 남아 있어야 할 것입니다."[36]

이 인용문의 전반부는 과거 중국 4인방의 이론이고 후반부는 스탈린의 이론이다. 그런데 스탈린은 1939년에 프롤레타리아 독재의 종식 조건을 "모든 또는 대부분의 나라"에서의 사회주의 승리라고 말하였으나, 1926년「레닌주의의 제문제」에서는 사회주의국가가 간섭에 대하여, 따라서 "옛 제도의 복고"에 대해 "완전히 안전해지는" 조건을 "**일련의** 나라에서의 성공적인 혁명"이라고 말하고 있다.[37] 따라서 스탈린은 자신의 독재권력이 공고해지자 7년 전의 그의 입장을 슬그머니 바꾼 셈이다. '모든 또는 대부분의 나라'는 '일련의 나라'와 전적으로 다른 의미이기 때문이다.

실은 1945년 이후 사회주의국가군의 성립 이래 사회주의국가에 대한 직접 침략의 위협은 사라졌으며 이후 들어선 냉전체제도 점차 약화되고 사회주의국가들은 **전세계적인 승인체제** 속에 들어갔다. 평화공존정책에 사회주의국가들이 충실하다면 자본주의국가 안의 공산당 및 사회당계열 좌익의 적극적 지원 내지는 방조에 의해 국제긴장은 약화될 수 있었고 이런 점에서 국방업무란 프롤레타리아 독재가 아니라 **'사멸중의 국가'의 방위기능으로도 수정될 수 있었다.**

스탈린 사후 사회주의권은 냉전을 첨예화시키고 프롤레타리아 독재를 계속하려는 경향과 평화공존을 관철시켜 '사멸중의 국가' 단계로 이행하려는 경향이 충돌하

---

36) 같은 책, pp. 271~272.

37) 스탈린, *Schriften 1970 Reinbek bei Hamburg*, p. 118, 강조는 필자.

면서 당 내분으로 나타나기도 하고 사회주의국가 간의 이념분쟁으로 나타나기도 한다(전쟁가피론과 전쟁불가피론의 대립).

스탈린의 프롤레타리아 독재의 결정적인 오류는 ①프롤레타리아 독재 종식을 국가의 종식을 착각한 것[38] ② '모든 또는 대부분의' 나라에서의 사회주의의 승리를 프롤레타리아 독재 폐지의 조건으로 설정하고 레닌의 평화공존론을 사실상 폐기한 것으로 요약된다. 이러한 스탈린의 반(反)레닌적 오류를 청산하고 프롤레타리아 독재의 이행을 국가사멸의 시작, 따라서 '사멸중의 국가' 단계로의 이행으로 보는 레닌의 관점으로 복귀하여 레닌의 평화공존론을 복권시킨 것은 흐루시초프 시대의 이론적 업적이다.

레닌에 의하면 프롤레타리아 독재론 종식 이후 국가는 비계급적인 정치국가, 즉 '사멸하는 국가'로 이행하기 때문에, 프롤레타리아 독재는 국가의 완전한 사멸에 앞서 종식된다. 계급국가가 아닌, 그러나 정치적 억압기능을 여전히 수행하는 이 '사멸중의 국가'는 후에 '전인민의 국가'로 정식화된다. 흐루시초프 시절 채택되어 오늘날도 그 기본구조가 유지되고 있는 1961년 소련 공산당 강령은 '공산주의사회 건설에 있어서의 소련 공산당의 과업'이라는 절에서 다음과 같이 규정하고 있다.

"프롤레타리아의 독재가 사회주의 —— 공산주의의 첫번째 단계 —— 의 완전한 그리고 궁극적인 승리와 공산주의의 전면적 건설로의 사회의 이행을 확고히 한 뒤 이 독재의 역사적 사명은 완수되었고 소련의 내적 발전의 관점에서 볼 때 **독재는 이제 더이상 필요가 없다.** 프롤레타리아 독재의 국가로 생겨난 국가는 새로운 현재의 단계에서 **전인민의 국가**, 즉 전인민의 이익과 의지를 표현하는 기구가 되었다. 노동자계급은 소련 사회의 가장 진보적이고 가장 잘 조직된 세력이기 때문에 전면적인 공산주의 건설 동안에도 지도적 역할을 수행한다. 노동계급은 사회의 지도자로서의 자신의 역할의 행사를 공산주의가 완성되면, 계급들이 사라지면 종식한다.

당은 노동계급의 독재가 국가가 사멸하는 것보다 더 일찍 필요하기를 그친다는 사실을 출발점으로 받아들인다. 전인민의 조직인 국가는 공산주의의 완전한 승리에 이르기까지 존속할

38) 제국주의가 존재하는 한 이를 막을 국가가 존재해야 하므로 국가는 종식될 수 없고 따라서 프롤레타리아 독재도 종식될 수 없다.

것이다. 인민의 의사에 부응하여 국가는 공산주의의 물질 · 기술적 토대의 창출, 사회주의적 관계의 공산주의적 관계로의 전환을 조직하고 노동과 소비의 척도를 관리하며, 인민의 복지의 향상, 소비에트 시민의 제권리와 자유 및 사회주의적 법질서와 사회주의적 소유를 보위하고 의식적 기율과 노동에 대한 공산주의적 태도의 정신으로 인민대중을 교육하며 **나라의 방위와 안전을 튼튼히 보장하고**, 사회주의 나라들과 형제적 협력을 발전시키고 모든 나라와의 **정상적인** 관계를 유지할 사명을 진다"(강조는 필자).

그러나 이러한 이론적 교정에도 불구하고 이 강령은 스탈린의 나머지 이론체계를 답습함으로써 스탈린주의에 대해 어정쩡한 태도로 특징지어지는 네오스탈린주의의 중심 문헌이 된다. 인용문에서 보이는 노동계급의 '지도적 역할'이란 1936년 스탈린헌법에 규정된 공산당의 '지도적 역할' 조항을 정당화하기 위한 구절이다.

노동계급이 사회인구의 절대다수를 차지하는 한 그리고 그들이 사회적 부를 생산하는 주력노동자로 남아 있는 한, 그들의 지도적 역할은 당연한 것이다. 만약 그럼에도 불구하고 타계급과 계층이 지도적 역할을 한다면 사회정치적으로 볼 때 그것은 불의(不義)일 것이다. 그러나 노동계급의 지도적 역할은 곧장 공산당의 지도적 역할과 등치될 수 없다는 점은 분명히 해야 할 것이다.

노동계급의 지도적 역할이 공산당의 지도적 역할로 표현되는 것은 공산당이 노동계급의 **대다수**로부터 정치적 **신뢰**를 받고 있는 한 올바르다. 그러나 그러한 신뢰가 존재하는 **한에서만이다.** 그런데 우리가 보아왔듯이 공산당은 많은 올바른 정책과 더불어 수많은 오류와 실책을 저질러왔다. 공산당의 지도를 **헌법에 규정한** 것은 바로 이 오류와 실책에 대한 노동자 또는 여타 계층의 교정, 통제를 애당초 배제한다.

프롤레타리아 독재기에 국가헌법에 이 조항을 규정함으로써 공산당의 권력이 공고해질지 오히려 비웃음을 살지는 의심스럽지만 여하튼 이 조항은 프롤레타리아 독재의 종식 이후에도 노동자들의 민주적 통제와 간섭을 제도적으로 배제함으로써 공산당의 **노동계급에 대한** 독재를 헌법화한 셈이다.

공산당의 모든 오류는 공산당 스스로 고치지 않는 한 수 년이고 수십 년이고 계속된다. 또한 오류와 실책에도 불구하고 공산당의 지도가 '헌법상' 보장되어 있으므로 노동계급 일반과 개개 노동자에 대해 기간당원들이 ── 구호와는 달리 ── 거만한 일방적 지시권자로 변질되고 그리하여 노동계급의 혐오 대상으로

전락한다. 1970년대 이래 이런 사회기류는 소·동구권에서 일반화되었고 최근 소·동구에서 극명하게 증명되었다. 공업발전이 뒤늦은 루마니아를 제외하고는 과거 공산당이나 개혁공산당에 대한 노동계급의 증오는 다른 사회계층의 공산당 기피증보다 오히려 높다. 실은 소·동구 사회주의 위기는 다른 사회계층이 잔존하기 때문에 초래된 것이 아니라 노동계급의 이반 때문에 야기된 셈이다. 동구 변혁과정에서 노동계급은 선두에 서서 공장 내 공산당조직을 몰아내고 노동적위대는 스스로 무장을 해제하고, 조직을 해체하였다. 최근 동독 총선에서도 노동계급은 최대의 반공주의세력임을 극명히 보여주었다(노동계급은 민주사회당, 사민당 및 기타 군소 좌익정당에 도합 33%의 표를 던진 데 반하여 보수세력에게는 무려 63%의 표를 던진 것으로 공식 집계되었다. 이와는 정반대로 대졸 이상의 지식층은 민주사회당에 26% 등 좌익세력에 도합 62%의 표를 던졌고 보수우익세력에게는 38%의 표밖에 주지 않았다).

이러한 역사의 아이러니는 공산당 지도조항을 고수해온 네오스탈린주의가 사회주의이념 일반에 대해 가한 역사적 범죄의 한 본질을 이룬다.

공산당 지도조항의 폐해는 이것으로 그치지 않는다. 이 조항은 프롤레타리아 독재 종식 이후에는 당연히 회복되어야 할 **정치적 결사의 자유**라는 시민의 기본권을 원천적으로 사실상 폐지함으로써 사회주의 국가를 부르주아 국가보다 정치적으로 낙후한 나라로 전락시켰다. 이 조항으로 말미암아 모든 정치적 이견(異見)세력은 그 성향을 가릴 것 없이 반체제세력으로 억압되었고 그리하여 우익세력의 탄압만으로 끝난 것이 아니라 공산당의 스탈린주의와는 다른 의견을 갖는 모든 마르크스-레닌주의 세력, 비레닌주의적 마르크스주의 세력, 여타 좌익세력의 체계적 탄압을 가능케 하여 프롤레타리아 독재 종식 후 당연히 추구되었어야 할 좌익세력의 압도적 헤게모니의 성장을 불가능하게 만들었다. 이러면 이럴수록 공산당은 "일관된 민주주의"(레닌)의 대변자가 아니라, 민주주의의 **일관된 적대세력**으로 전락하였다. 즉 공산당의 지도조항은 노동계급의 지도적 역할을 대변하는 것도 아니고 공산주의의 건설을 조직하는 조항도 아니고, 실은 공산당의 독재, 더 정확히 말하면 공산당 당상층부와 관료들의 독재를 명문화한 조항이었던 셈이다.

스탈린주의의 폐해는 물론 이것으로 그치거나 이론적 차원에 머무는 것도 아니다. 여기서 모든 측면을 다 취급할 수는 없지만 스탈린의 프롤레타리아 독재론이 남긴 어처구니없는 범죄성에 대해 언급하지 않을 수 없다. 스탈린은 주지하다시피

사회주의의 완전한 국내적 승리 이후에도 프롤레타리아 독재의 필요성을 제국주의 국가로부터 오는 침략 및 침투위험으로부터 도출하였다. 따라서 소련내의 모든 사상적 이견분자나 당내의 이견분자들도 소련 내부의 문제 때문이 아니라, 제국주의의 국내적 영향으로 말미암은 것이라고 규정한다. 물론 제국주의의 첩보기관에 고용된 첩자가 한 명도 없었다고 할 수는 없겠지만 문제는 이 논리를 모든 반체제 세력, 심지어 당내의 모든 정적들에게 적용한 것이다. 그리하여 트로츠키도 부하린도 제국주의의 고용간첩으로 둔갑한다. 이로 인해 파시즘의 권력장악, 제2차대전의 발발 이후 소련으로 망명한 수많은 공산주의자들이 이 죄목으로 처형되고 그 이후에도 이런 죄목의 처형이 자연스러운 일로 사회주의권에 일반화된다. 그리하여 이런 사기재판극은 동구권뿐만 아니라 한반도에서도 반복되어 박헌영이 부수상에서 갑자기 '미제 고용간첩'으로 둔갑한다. 아무리 잦은 당내분란과 정책적 오류를 범했다 할지라도 결코 고용간첩이 아니었던 트로츠키 및 트로츠키주의자들에 대하여 그리고 레닌 사후 사회주의 발전노선 논쟁에서 레닌의 노선에 충실한 셈인 부하린과 그 세력에 대하여 스탈린은 다음과 같은 사악한 거짓말로 응징하면서 프롤레타리아 독재의 계속적 **필요성을 정당화한다.**

> "일정 정도로 우리 볼셰비키들은 모두 예외없이 이러한 과소평가(제국주의 국가들의 첩보활동, 침투활동에 대한 과소평가——필자)에 책임이 있다. 우리가 트로츠키주의자들과 부하린 집단의 지휘자들의 스파이 활동 및 모반활동을, 이 자들이 자료에 의해 드러나듯이 이미 10월혁명 최초의 일간에 외국첩보기구에 스파이로 고용되어 모반활동을 자행했을지라도 비로소 그 마지막 단계 즉 1937년과 1938년에야 눈치챘다는 것은 당혹스런 일 아닌가!"[39]

스탈린의 인간성의 사악성과 조폭성을 이론적 논의에서 취급할 사항은 아니다. 그러나 사회주의운동의 이론, 이념, 실천도덕과 윤리 나아가 사회주의체제를 망가뜨린 이 스탈린을, 스탈린주의의 파멸과 이로 인해 그 폐해가 사회주의이념 **일반**에까지 영향을 미치고 있는 오늘날도 찬양하는 자들이 아직도 존재하기 때문에 여기서 레닌의 유언을 인용해 보겠다.

---

39) 스탈린, *Schriften 1970 Reinbek bei Hamburg*, p. 213.

"스탈린 동지는 서기장이 된 후 엄청난 권력을 그의 손아귀에 장악하였는데, 나는 그가 이 권력을 조심스럽게 사용하는 것을 늘 이해할지 확신하지 못한다. 다른 한편 트로츠키 동지는 교통체제를 위한 인민위원회 문제에서 중앙위원회에 대한 그의 투쟁이 보여주었듯이 탁월한 능력만이 두드러지는 것이 아니다. 개인적으로 그는 현재 중앙위원회 안에서 가장 유능한 사람이지만, 자의식의 과잉과 순수히 행정적인 조치에 대한 과도한 선호를 지닌 인물형이다. 현재 중앙위원회의 두 탁월한 지도자의 이 두 가지 성품이 의도하지 않게 분열을 초래할 수 있고, 우리 당이 이것을 막는 조치를 강구하지 않으면 분열은 불시에 닥치게 될 것이다.

나는 중앙위원회의 다른 구성원들의 개인적 성품을 더 특징짓지 않겠다. 나는 다만 지노비에프와 카메네프의 10월 에피소드(1917년 10월봉기 결의에서 반대한 것을 가리킴——필자)가 물론 우연이 아니라는 것을 상기시키겠지만, 트로츠키의 비(非)볼셰비즘과 마찬가지로 이로 인해 그들에게 개인적 책임을 물어서는 안 된다.

중앙위원회의 젊은 구성원들에 관한 한 나는 부하린과 퍄타코프에 관해 몇 마디 하겠다. 이들은 내 생각으론(젊은 세력 안에서) 가장 탁월한 사람들이고 이들에 대해서는 다음과 같은 점을 염두에 두어야 한다. 부하린은 당의 극히 귀중하고 중요한 이론가이고 그는 정당하게 당 전체의 총아로도 간주된다. 그러나 그의 이론적 관점은 아주 큰 조심성을 가지고서만 완전히 마르크스주의적인 관점이라고 봐줄 수 있다. 왜냐하면 그의 머리 속에는 공론적인 측면이 있기 때문이다(그는 변증법을 공부하지 않았고 또 완전히 이해하지 못했다고 생각한다). ……물론 나는 이 두 뛰어나고 헌신적인 간부가 그들의 지식을 늘리고 그들의 일면성을 극복할 기회를 얻지 못할 경우와 현재에 한정해서만 이러저러한 논평을 한 것이다."[40]

〈24일 편지에 대한 레닌의 보충〉

"스탈린은 너무 조폭하다. 우리 가운데에서 그리고 우리 공산주의자들 사이의 교류 안에서 전적으로 견딜 수 없는 이 결함은 서기장의 직능에는 용납될 수 없다. 이런 까닭에 나는 동지들에게 어떻게 스탈린을 교체할 수 있을 것인가를 숙고하고 모든 각도에서 하나의 장점에서, 즉 보다 관용적이고 보다 충성스럽고 보다 공손하고 동지들에게 보다 더 주의를 주며 보다 덜 변덕스런 점 등에 있어서 스탈린 동지와 구별되는 다른 누군가를 그 자리에 앉힐 것을 제안한다. 이런 사정은 마치 아주 작은 사소함으로

40) 레닌, 「당대회에 보내는 서한」, 1922년 12월 24~25일, 「레닌전집」, 베를린, pp. 579~580.

비칠지도 모른다. 하지만 나는 분열의 회피의 관점에서 그리고 나에 의해 위에서 서술된 스탈린과 트로츠키의 관계의 관점에서 그것은 결코 사소한 것이 아니라고, 아니 결정적인 중요성을 갖는 종류의 사소함이라고 생각했다."[41]

우리는 레닌의 이 유언을, 이 유언이 어떻게 무시되었던가를, 그리하여 사회주의 이념이 현재 어떤 고난에 처해 있는가를 세계사의 관점에서 다시 반추해 봐야 할 것이다.

5. '전인민국가론'과 '선진사회주의론'의 문제점

전인민국가론은 공산당의 권력독점이 헌법으로 보장되는 한 이론적으로, 법적으로 파탄할 수밖에 없을 뿐만 아니라, 실천적으로도 파탄할 성격의 이론이었다. 왜냐하면 정치적 현실은 전인민의 국가가 아니라 공산당의 상층봉록관과 관료층의 국가이기 때문이다.

'사멸중의 국가'로서의 전인민국가는 국가의 억압기능이 그 이전에 비해 약화되는 것이 아니라 사실상 그 이전에 비해 본질적으로 변함이 없거나, 반대로 그 보안기구와 권력기구, 군사기구가 더욱더 비대해져 갔다. 이것은 공산당의 일당지배가 정치적 반대세력들에 의해 우스꽝스런 정치체제로 비판되고 거부될수록 더욱 탈출구 없는 악순환에 빠져들었다. 그리하여 전인민국가는 전인민에 대한 공산당 지도집단의 억압국가가 되어갔다.

이론적으로 전인민국가이기 때문에 정치적 인권이 회복되어 다른 정치결사들이 나타나야 하지만 공산당 지도조항에 의해 금지되었고, 국가의 억압 기구는 약화되어야 하지만 오히려 강화되었고 정치범은 없어져야 하는데 더 늘어났으며, 일반시민에 의한 통제 메카니즘이 강화되어야 하는데 거꾸로 공산당의 권력이 강화되었다. 그리하여 인민이 공산당에 대해 엄청난 불신을 갖게 되었다는 사실만 다를 뿐 정치현실은 프롤레타리아 독재기나 그 이후나 본질적으로 동일한 통치형태, 즉 공산당의 독재로 남아 있었다.

41) 레닌, 같은 글, p. 580.

전인민국가 단계를 공산주의의 물질·기술적 토대의 창출단계로 규정한 1961년 당강령은 소련 경제가 이러저러한 피상적 개혁에도 불구하고 서구경제에 비해 갈수록 낙후되고 일반적 침체기에 봉착하자 성급한 것으로 입증되었다. 그리하여 당장 공산주의의 물질적 토대를 구축하는 것이 불가능하다는 사실을 바탕으로 한 이론이 등장하게 되는데, 바로 이것이 '선진사회주의'론이다. 소련 공산당은 당장 공산주의로 진입할 수 없음과 공산주의 이전 사회주의의 여러 단계를 인정하는 한편, 공산주의에 진입하기 위해서는 적어도 또 한 차례의 거대한 기술적 생산력의 폭발적 발전이 있어야 함을 인식한다. 1977년 브레즈네프는 다음과 같이 말하고 있다. "선진사회주의사회는 공산주의 구성체의 첫번째 단계의 테두리 안에서의 새로운 질서의 사회경제의 성숙의 법칙인 한 단계이다."[42] 그러나 곧 이어서 "소련과 사회주의 공동체의 타국들의 경험은 사회주의 기초의 창출, 즉 착취계급들의 청산과 인민경제의 모든 부문에서의 생산수단에 대한 사회적 소유의 관철이 공산주의로의 직접적인 이행으로 넘어가는 것을 아직도 가능케 하지 않는다는 사실을 증명한다. 먼저 사회주의의 발전의 일정한 단계들이 고유한 토대 위에서 통과되어야 한다."[43]

생산력에 관해서는 "그러나 지금, 즉 선진사회주의의 조건하에서 전체 경제의 부단한 성장, 즉 과학기술혁명과 사회의 사회주의적 조직의 장점과의 결합의 토대 위에서 인간들의 다양한 물질적, 문화적 요구의 점점 더 완벽한 충족으로의 경제의 감지될 만한 전회가 가능하게 되었다. 환언하면 사회주의적 생산의 최고 목표는 오늘날 직접 당의 실천적 정책의 중심에 놓인다."[44]

그러나 과학기술혁명에 관해서는 서구에서보다 소련에서 더 많이 논의되었지만 새로운 과학기술은 생산력이 되지 못하고 —— 또 부분적으로 생산력화하는 경우에도 경제적 '섬'에 갇혀 일반화되지도 못하고 —— 서구의 선진기술과 같은 수준에 이르지도 못한다. 이로 인해 사회주의적 조직의 '장점'을 입증하기는커녕 반대로 그 단점을, 아니 더 정확히 말하면 기존 사회주의체제의 사이비성이 입증된다. 이에 관해서는 여기서 더 상론할 필요가 없겠다.

---

42) 브레즈네프, 「공산주의로의 역사적 이정표」, 『소련 헌법, 이론과 정책』, 모스크바, 1979, pp. 5~6.

43) 같은 글, p. 7.

44) 같은 글, pp. 7~8.

아무튼 이런 이론에 입각하여 브레즈네프 지도부는 1970년말 선진사회주의를 규정한 새 헌법을 통과시켜 기존의 공산당 지도조항을 더욱 확대하고 구체화시켜 소련을 전형적인 일당국가로 만든다. 이 헌법이론은 물론 심각한 내적 모순을 안고 있는 것이다. 브레즈네프 지도부는 국가의 사멸이 시민의 자율적 이론과 문화, 사회정치 단체들의 자율적인 제재 및 정제 메카니즘의 발전을 통해 국가의 억압적 제재 기능이 사회 속으로 점차 회수됨으로써 진행되는 것이 아니라, 국가권력이 임의적인 정치단체인 당으로 이양됨으로써 이루어지는 것으로 착각한다. 시민들에 의해 선임된 것이 아니라 전위로 자임하는 당은 분명 인민대의체가 아닌데 어떤 근거에서 국가의 권력을 위임받는단 말인가? 이것이 네오스탈린주의의 근원적인 반민주성이다.

한편 네오스탈린주의에서는 국가가 사멸을 개시할 수도 없다. 시민들의 자율적인 여론 메카니즘, 문화 메카니즘, 이에 입각한 —— 반사회적 또는 반사회주의적 의견과 정치단계에 대한 —— 시민자율적 정제 · 제재 메카니즘, 권력자에 대한 통제 · 감시 메카니즘이 생겨날 수 없기 때문이다. 모든 언론기제, 출판사, 문화, 학술단체의 물적 토대가 당과 국가에 의해 장악되는 전체주의적 국가소유제하에서는 시민사회(bürgerlich가 아니라 Zivilgesellschaft)의 물적 토대가 들어설 자리가 없었다. 이에 반하여 국가가 '필요한 만큼'이 아니라 '가능한 많이' 경제와 사회의 업무를 틀어쥐는 행정주의적 국가사회주의 체제 하에서는 국가의 권한이 더욱더 확대되어 민간생활의 모든 경제적, 사회적, 문화적, 정신적 영역을 규제해 들어왔다. 그리하여 국가가 사멸해간 것이 아니라 반대로 시민사회(Zivilgesellschaft)가 사멸하였고 국가는 인류 역사상 유례없는 비대한 국가가 되었다.

아이러니칼하게도 '국가의 사멸'은 서구 제국주의국가에서 더 많이 진척되었다. 한편으로는 세계 인민의 착취와 수탈로 축적되는 부와 다른 한편으로는 생산력의 비약적 발전에 힘입어 대량소비사회를 구축하고 케인즈주의적 국가조정정책과 사회당 및 공산당의 압력 등에 의해 소득분배의 대립성, 따라서 계급모순을 어느 정도 완화시킴으로써 국가의 억압기능을 소 · 동구보다 현저히 완화시킬 수 있었다. 동시에 서구 역사상 보기 드문 장기 평화시대는 군국주의 성향을 사회로부터 추방하고 정치적 자유, 사상 및 양심의 자유가 —— 지금도 제약이 없는 것이 아니지만 —— 소 · 동구에 비해 비교할 바 없이 확대되었다. 그리하여 착취계급과 피착취계급의 차별이 엄존하는 사회에서 인권이 폭넓게 신장되고 사형제도가 폐지되었으며

양심상의 이유로 병역을 거부할 자유가 도입되고 테러범을 제외한 정치범이 소멸하였다(여기에서 상당 부분 미국은 제외된다). 이러한 사실은 서구 사회체제와 정치체제 그리고 그 문화의 간과할 수 없는 위선성에도 불구하고 소·동구에 대해 그 자체가 치명적인 체제도전이었고 따라서 소·동구와 서구의 이러한 격차가 커갈수록 동서의 장벽은 더 높아만 갔다. 그리하여 동구로부터 망명인파가 줄을 잇고 서구와의 접촉이나 서구여행을 제재하는 소·동구의 체제적 경직성은 갈수록 병적인 징후를 보이게 된다.

6. '죽음의 도약'으로서의 혁명적 체제개혁
——참된 전인민국가를 향하여

착취계급이 소거되어 적대적 계급대립은 사라진 소위 '사회주의'체제가 자본과 임노동의 계급대립이 엄존하는 서구 자본주의체제보다 부자유스럽고 궁핍하다면 결코 자본주의보다 해방된 '사회주의'라고 볼 수 없을 것이다. 이러한 사회주의에 남는 길은 기존의 사이비 사회주의의 혁명적 개혁밖에 없다. 그렇다고 아무런 이론적 대안도 없이 덮어놓고 기존체제를 쳐부술 수는 없다. 우선 고전을 교조적 도식화로부터 해방하여 새로운 정신에서 재검토하고 자본주의의 현단계를 사실 그대로 분석하여 고전적 명제들을 보충하고 풍요롭게 만들어야 할 것이다. 물론 이를 바탕으로 한 체제개혁은 **총체적일** 수밖에 없고 따라서 정치, 경제, 문화 등의 사회 전반의 개혁이 불가분적으로 상호의존적 관계에 놓여 있다. 그러나 여기서는 '국가의 사멸'에 관계되는 사항만 취급할 것이다.

'국가의 사멸'이란 고전에 의하면 착취계급과 피착취계급을 규정짓는 경제관계 및 이 계급들 간의 적대관계의 사멸과 함께 한편으로는 국가의 강력한 억압기능이 완화되어가고 다른 한편으로는 계급억압으로부터 해방된 시민들의 자유권이 점차 확대되는 것을 뜻한다. 이 과정은 분명 계급국가가 유독 필요로 하였던 독특한 여러 기능들이 사라지는 것이기도 하지만, 동시에 시민사회로부터 **자립화된** 국가의 권력이 ① 시민사회 속으로 다시 이양되거나 ② 시민사회의 실질적 통제 하에 들어오는 것을 뜻한다. 이런 까닭에 국가의 사멸과 함께 도래할 '자유'에 관하여 마르크스는 다음과 같이 말하고 있다. "자유는 국가를 **사회** 위에 올라선 기관에서 **사회**에

전적으로 하복(下服)하는 기관으로 바꾸는 데 있다."[45] 이것은 레닌이 「국가와 혁명」에서 줄곧 강조하였듯이 국가행정에 일반시민이 자유로이 참여할 수 있는 제도 메카니즘과 시민의 행정능력이 전제되어야 할 뿐만 아니라, 국가의 권력기능을 이양받거나 통제할 유력한 시민사회의 발전을 요한다.

본래적인 의미에서의 시민사회란 국가와 물질적 토대 사이에서 물질적 생산양식 위에 올라서 있고 또 이것에 영향받으면서도 이것과 구별되는 사회적, 이데올로기적, 문화적, 정신적 **소통체계**로서의 특유한 상부구조이다. 이 소통 메카니즘은 동시에 역사적 가치체계의 보관체계이면서 가치를 미래로 전수해 주는 전달체계이며 국가와는 반대로 **수평적** 교섭, 정보전달을 특징으로 하는 자율적인 정제·제재 권력메카니즘이다. 따라서 강제력으로부터 해방된, 아니 강권으로부터 해방됨으로써만 전면적으로 발전될 수 있는 이 시민사회는 필경 공동생활로부터 자연스럽게 습득되는 관습에 의존하지만, 혈연관계와 혈연적 사랑을 교섭원리로 하였던 소규모 원시공산사회와는 본질적으로 구별되는, 현대적 기술의 대중매체에 의존한 여론, 공공토론 및 논쟁, 공연, 결사, 시위 등을 소통원리로 하는 대중사회이다.

따라서 시민사회는 이러한 교섭을 가능케 할 일정한 물적, 기술적 토대를 요한다. 자본주의적 사적 소유제도에 기초한 **부르주아적** 시민사회는 상대적으로 많은 커뮤니케이션 수단과 대중매체가 자본가들의 손에 들어 있기 때문에 당연히 문화·여론 메카니즘이 자본의 강력한 영향력하에 놓여 있다. 그러나 이러한 지적과 함께 간과되어서는 안 되는 것은 이 부르주아적 시민사회가 부르주아계급으로부터 계급억압의 정치적 임무를 위임받은 부르주아 정치엘리트와 국가권력의 —— 부르주아계급으로부터의 —— 자립화를 비교적 효과적으로 견제한다는 사실이다. 따라서 제국주의 국가는 —— 파시즘 시대를 예외로 하면 —— 내부적으로는 대체로 근로대중에 대해서만 자립적인 권력으로 현상한다. 즉 부르주아 **민주**사회의 진정한 이데올로기적 자동성(自同性)은 국가제도가 아니라 부르주아 시민사회에 소재한다. 비유적으로 표현하자면 부르주아 민주국가는 부르주아 계급들에게만은 많건 적건 '사멸중의 국가'인 셈이다.

사회주의 안에서 '국가를 사회 위에 올라선 기구에서 사회에 하복(下服)하는 기구로 바꾸는 것' 즉 '사멸중의 국가'로 국가체제를 변혁시키는 것은 사회주의적

45) 「고타강령비판」, MEW 19. p. 27. 강조는 필자.

시민사회의 폭넓은 발전 없이 불가능하다. 시민사회의 발전에는 다시 시민적 자유와 국가행위의 공개성, 여론의 자유로운 전개가 요구될 뿐만 아니라(글라스노스트) 이것을 물적으로 보장할 시민적 통제 하의 대중매체, 극장, 출판사, 공간, 건물, 통신 등이 필요하다.

그러나 모든 언론사와 대중매체 등을 국가와 당이 장악하고 있는 국가사회주의에서는 시민사회의 물적 토대가 들어설 자리가 없다. 따라서 국가가 아니라 시민사회가 사멸한다. '국가의 사멸'을 위해서도 즉 진정한 전인민국가의 창건을 위해서도 소유관계의 개혁은 불가피하다. 사회주의적 시민사회의 확립만이 정치적 민주주의, 즉 국가권력의 견제, 사회 속으로의 흡수 등을 가능하게 하기 때문이다. 시민사회의 글라스노스트는 물론 —— 이 사회의 건전한 자율적 정제기능이 발전되어 나올 때까지는 —— 무제한적일 수 없을 것이다. 그것은 일단 사회주의헌법의 테두리 안에서 발전될 수밖에 없을 것이다.

레닌은 『국가와 혁명』에서 기업 안에서의 민주적 선임제를 도입하는 새로운 민주주의적 기업형태를 구상하고 있다. 따라서 국가 및 공산당의 소유인 대중매체와 공연장, 극장 등은 이 기업공동체의 민주주의를 통해 국가와 당에 대해 상대적 자립성을 획득할 수 있을 것이다.

다른 한편 레닌은 그의 유언적 논문 「협동조합에 관하여」에서 기간산업, 금융기관, 토지의 국유와 시장관계에 기초한 시민자율적인 협동조합기업들의 체계의 발전을 완전한 사회주의로 보고 중소자본을 예외로 인정하고 있다. 물론 이러한 레닌의 사회주의관은 스탈린의 국가사회주의와 정면으로 대립되는 것이다. 레닌은 다음과 같이 말하고 있다.

> "내가 보기에는 우리나라에서 협동조합에 충분한 주의를 기울이지 않고 있다. 거의 아무도 협동조합제도가 지금, 즉 10월혁명 이래 그리고 NEP와 무관하게 (거꾸로 이 경우에는 바로 NEP 덕택이라고 말해야 할 것이다) 우리나라에서 완전히 특별한 의미를 얻고 있다는 사실을 깨닫지 못하고 있다. 옛 조합운동가들의 몽상은 많은 점에서 공상적이다. 이런 몽상은 그 공상성으로 인해 우스꽝스런 것으로 나타난다. 그런데 그들의 공상성은 어디에서 기인하는가? 그것은 이 사람들이 착취자의 지배를 전복하기 위한 노동계급의 정치투쟁의 본질적인 근본적 의의를 이해하지 못한 데 있다. 그런데 이러한 전복은 우리에게 있어 이제 사실이 되었고, 따라서 옛 조합운동가

들의 몽상 중 공상적이고, 심지어 낭만적, 아니 밥맛 떨어지던 많은 것들이 꾸밈없는 현실이 되고 있다. 국가권력이 노동계급의 손에 있고 모든 생산수단이 이 국가권력에 속하기 때문에 **우리에게는 진정 주민을 협동조합적으로 단합시키는 과업만이 남았다.** 주민을 최대로 조합으로 조직하는 전제 하에서 이전에……계급투쟁의 필연성, 정치권력을 위한 투쟁 등을 확신한 사람들 쪽에서 업신여김을 당하던 저 사회주의는 저절로 목표에 도달한다."[46]

레닌이 여기서 말하는 주민의 협동조합적 조직화란 협동농장이나 국영농장을 뜻하는 것이 아니라 —— 레닌은 농촌에서 판매조합을 의도하고 있지만 국유토지를 경작하는 중소농을 원칙으로 인정한다[47] —— '전주민'[48]특히 도시주민의 조합기업을 의미하는 것이다(이 점에서 레닌의 사회주의는 도시에서 조합을 엄금하고 모든 기업을 국영기업으로 만들고 산업관계를 억압하고 농촌판매조합이 아니라 집단농장을 도입한 스탈린의 사회주의와 모든 면에서 정반대이다).

이와 같이 레닌은 NEP의 토대에서 조합기업을 전국적 차원으로 조직할 것, 이를 위해 조합원들에게 저렴한 이자율로 신용을 대여할 것,[49]이렇게 하여 조합기업의 '체계'가 완성되면 이것이 바로 사회주의제도라는 것,[50]동시에 '유럽유형'의 '상업'과 상업 능력을 발전시킬 것,[51] 따라서 기존의 국가주의적 행정주의적 사회주의관 전체를 뜯어고칠 것을 강도 높게 주장한다.[52]

레닌의 이 유언적 논문에 기술된 사회주의론은 우리나라의 한 교수가 주장하듯이 '레닌의 병약한 말년'의 '비관'이 아니라, 행정주의적 국가사회주의관에 대해 마르크스의 사회주의관, 즉 "자유롭고 연대적인 노동의 사회적 경제의 자발적 작용"을 본질로 하는 사회주의[53]를 방위하기 위한 목숨을 건 투쟁이다. 왜냐하면 마르크스는 정치적 계급투쟁을 회피하고 협동조합운동에만 전념하는 사회주의운동 조류를

46) 「레닌선집」 Ⅱ, p. 858.
47) 같은 책, pp. 859~860.
48) 같은 책, p. 861.
49) 같은 책, p. 860.
50) 같은 책, p. 862.
51) 같은 책, p. 861.
52) 같은 책, p. 865.
53) 「프랑스 국내전쟁에 관한 첫번째 초안」, MEW 17, p. 546.

비판하였지만, 협동조합의 역사적 의의를 정당히 평가하고 이것을 **전국적** 차원으로 조직하기 위해 정치권력을 쟁취해야 하고 이 쟁취된 권력에 의거하여 국유화된 신용제도를 지렛대로 협동조합의 **전국적** 조직을 완성하는 것을 사회주의로 보고 있기 때문이다.

마르크스는 1864년 「국제노동자협회 취임연설」에서 협동조합제도에 관하여 다음과 같이 말하고 있다.

> "논증이 아니라 행동을 통해 그것(협동조합 건설운동의 위대한 실험들 —— 필자)은 대규모의, 근대과학의 진보에 대응하는 생산이 '일손'계급을 사용하는 고용주(masters) 계급의 존재 없이도 진행될 수 있음을, 결실을 얻기 위해서는 노동수단이 노동자 자신에 대한 지배와 착취수단으로 독점될 필요가 없음을 그리고 노예노동, 농노노동과 마찬가지로 **임금노동**도 자신의 일은 기꺼운 손으로, 활달한 정신으로, 즐거운 마음으로 수행하는 **연대한 노동** 앞에서 반드시 소멸하고 말 일과적(一過的)인, 하위의 사회적 형식임을 증명하였다."[54]

그러나 이것은 "과대평가되어서는 안 된다"는 것이다.[55] 왜냐하면 "노동대중을 해방하기 위해서는 이 협동조합제도의 **전국적 차원에서의 발전**과 **국가재원에 의한 촉진**이 필요"한데, "지주와 자본주들이 항상 그들의 정치적 특권을 그들의 경제적 독점권의 방어와 영구화를 위해 사용하는" 까닭에 "1848~1864년의 기간"동안 "협동조합사업은 산발적인 노동자들의 임시적 시도의 좁은 범위에 국한"되어 "기하급수적인 독점의 성장을 저지하고 대중을 해방할 능력이 없음"이 입증되었기 때문이다. 따라서 국가의 재정지원으로 협동조합을 전국적 차원으로 조직하기 위해서는 정치권력을 장악해야 하고 "그리하여 정치권력을 정복하는 것은 현재 노동계급의 커다란 의무이다."[56] 마르크스는 이와 같이 정치적 계급투쟁을 회피한 조합운동을 비판하였지만, 조합제도를 올바로 평가하였고 정치권력을 장악하여 이 제도를 전국적으로 조직하려고 하였다. 따라서 정치권력과 생산수단, 금융기관을 장악한 볼셰비키들에게 레닌이 병석에서 사력을 다해 '대부'를 통해 '예외없이 전주민'을

---

54) 「국제노동자협회 개회사」, MEW 16, p. 11. 강조는 마르크스.

55) 같은 글.

56) 같은 글. p. 12. 강조는 필자.

협동조합운동 속으로 조직하도록 촉구하고 있는 유언적 논문은 마르크스 이론의 일관된 실천요구 외에 다른 것이 아니다.

마르크스의 저 사회주의관은 1867년의 「임시중앙평의회 대의원들에 대한 훈령」에서도 그대로 나타나고 있을 뿐만 아니라[57] 「자본론」 3권에서도 거의 그대로 반복된다.

> "노동자들의 협동조합공장은 물론 도처에서 그것의 현실적 조직화에 있어서 기존의 제도의 모든 결점을 재생산하고 또 재생산할 수밖에 없을지라도 낡은(생산 —— 필자) 형태 안에서 이 낡은 형태의 최초의 돌파이다. 그러나 자본과 노동의 대립은 비록 일단 노동자들이 유대적 공동체(Assoziation)로서 그 자신이 자본가일지라도, 즉 생산수단을 그 자신의 노동의 가치증식을 위해 사용하고 있을지라도 그와 같은 조합공장 안에서 폐지되었다. 협동조합공장은 물질적 생산력과 이에 대응하는 사회적 생산형태들의 일정한 발전수준에서, 자연스럽게 한 생산양식에서 새로운 생산양식이 어떻게 발전되고 형성되는지를 보여준다. 자본주의적 생산양식으로부터 생겨나는 공장제도 없이는 또한 동일한 생산양식으로부터 생겨나는 **신용제도** 없이는 협동조합공장이 발전될 수 없을 것이다. 자본주의적 사기업을 자본주의적 주식회사로 점차 변화시키는 주요 기반인 후자(신용제도 —— 필자)는 동시에 **협동조합기업**을 많건 적건 **전국적 차원으로** 점차 확장하기 위한 수단이 된다. 자본주의적 주식기업은 협동조합운동과 마찬가지로 자본주의적 생산양식에서 유대적으로 단결된(assoziiert) 생산양식으로의 이행형태로 간주될 수 있는데, 다만 차이는 전자에 있어서는 대립이 **소극적**으로 그리고 후자에 있어서는 적극적으로 폐기되었다는 데 있을 뿐이다."[58]

레닌의 저 유언적 논문이 '병약한 말년'의 '비관'인가?

마르크스와 레닌의 이 조합적 사회주의 안에서는 시민의 자율적 코뮤니케이션 메카니즘이 굳게 그리고 전문적으로 자라나고 따라서 자율적인 시민사회가 위력적으로 성장할 수 있다. 동시에 레닌은 노동자국가가 '조건부로' 용인하는 중소자본에 관해서도 언급하고 있다.[59] 이 '조건부' 중소자본이 첨가된다면 시민사회는 더욱

---

57) 「개별문제들에 대한 임시중앙평의회 대표자들을 위한 지침」, MEW 16, pp. 195~196.

58) 「자본론」 3권, MEW 25, p. 456. 강조는 필자.

59) 「레닌선집」 Ⅲ, p. 865.

폭넓은 공간을 획득할 것이다.

여기서 이 '조건부' 중소자본에 대해 상론할 필요가 있다. 여기서 '조건부'는 ①그것이 국유토지 위에 서 있다는 것 ②국가권력의 통제 하에 들어 있다는 것[60] ③국가의 신용에 의존한다는 것[61] 등을 뜻한다. 따라서 국가에 의해 해당 노동임금의 그 하한선이 규제되고 지대와 이자, 기타 세금(누진세) 등의 징수를 통해 자본이 추출한 잉여가치가 거의 국가나 노동자 손으로 회수된다. 따라서 이 중소자본가들의 수입은 국영기업의 중간관리자나 중소협동조합장의 봉급선에 조응하는 소득수준에 국한시킬 수 있다. 또한 이 기업의 지휘구조를 레닌의 기업민주주의 이념을 응용하여 **민주적 공동결정제**로 바꿀 수 있다. 이러한 한에서 이 중소사기업들은 **반(半)사회주의적인** 성격을 지닐 수밖에 없다.

마지막으로 위 인용문에서 마르크스가 사회주의론의 '소극적' 이행형태라고 말하고 있는 주식제도를 **적극적인** 사회주의 형태로 바꿀 수 있다. **첫째**, 이 주식제도는 시민의 '헌금성' 주식 공모를 가능케 하여 시민자율적인 대중매체기업(언론사, 출판사, 방송국, 극장 등) 등을 설립할 수 있게 해준다. 이 주식은 배당금에 관심이 있는 게 아니라, 설립된 언론·출판주식회사가 본래의 정치적, 문화적, 사회적 창립취지로부터 이탈하는 것을 견제하려는 의미밖에 없는 한에서 자본주의적 주식제도가 아니다.

둘째, 주식제도는 **의결권 없는** 기명주식의 형태로서 중소자본기업이나 국영기업에 일단 **부분적으로** 적용됨으로써 노동자의 개인적 소점유권을 구체화시키는 데 활용할 수 있다. 이것은 서구 사민당의 '노동자 지주제'와 취지가 동일한 것이지만, 국가신용제도의 우월한 지배 하에서 그 의미가 본질적으로 달라진다. 사민당의 '노동자 지주제'의 본래적인 공상성은 이것이 자본주의의 토대 위에서 실시되는 한 그것이 달성될 수 없다는 데 있다. 즉 주식은 부분적으로 노동자들에게 분산되더라도 무제한적인 주식거래의 자유로 말미암아 쪼들리는 노동자들이 획득한 주식을 다시 매각할 수밖에 없는 까닭에 일정 기간이 지나면 다시 자본가들의 손아귀로 몰리고 만다. 사회주의 국가는 주식거래의 자유를 제한하고 주식소유의 상한선을 규정함으로써 이러한 현상을 방지할 수 있다. 이럴 경우 주식제도는 노동자의

60) 같은 책, p. 864.
61) 같은 책, p. 860.

주인된 이익관심을 제고시키고 노동자의 개인소유를 증대시킬 수 있다. 이것은 다시 자율적인 시민사회의 물적 토대로 기능할 것이다.

이러한 다양한 소유관계의 토대 위에서는 자율적인 시민사회의 발전이 가능하고 따라서 국가사멸의 사회적 전제가 창출될 수 있다. 시장의 메카니즘으로 인해 생겨나는 생산의 무정부성의 '가능성'(현실성이 아니라 가능성 —— 마르크스)은 국가 기간산업과 국영금융기관의 지렛대를 이용하여 **경제적** 지도로 저지될 수 있다. 이때 국가독점자본주의와 사회주의 간의 **경제구조**가 동일한 한에서 국가독점자본주의 단계의 조정정책인 케인즈의 제반이론도 활용될 수 있다. 케인즈 이론은 자본주의에서가 아니라 이러한 레닌적 사회주의에서 더 큰 진가를 발휘할 수도 있다. 공황은 시장경제 일반의 특징이 아니라, 자본과 노동의 모순에 의해 규정된 **자본주의적** 시장경제의 특징이기 때문이다.

사회주의적 시민사회는 마르크스와 레닌의 사회주의 안에서 본질적으로 가능한 것이다. 남는 문제는 정치적 상부구조의 적절한 개혁, 즉 정치적 다원주의, 다당제, 대의제도의 완벽화 등의 적합한 민주적 제도 메카니즘의 창설이다. 이것이 개혁공산당 및 기타 좌파세력의 정치적 헤게모니 또는 적어도 공유재산 보위를 위한 개헌 저지선을 확보하면서 이루어질 수 있는지는 기존의 공산당의 스탈린주의적, 네오스탈린주의적 범죄에 대한 현지 시민들의 판단에 달려 있다. 만약 두세 나라에서 실패하더라도 이것은 스탈린주의적 범죄를 용인하였던 국제공산주의 운동이 지불해야 할 응당한 대가일 것이다.

그러나 몇몇 나라에서 개혁이 성공하여 중위 자본주의 국가들보다 물질적으로 풍요롭고 서구보다 정치적으로 자유로운 개혁사회주의적인 사회들이 나타난다면 인본적, 민주주의적 사회주의는 다시 세계사의 견인력을 회복할 수 있을 것이다. 이 목표를 달성키 위해서 어떤 대혼란과 희생이 따르더라도 '죽음의 도약'이 감행되어야 한다. 그렇지 못할 경우 사회주의에 21세기는 없을 것이다. 이 혁명적 개혁 앞에서 좌우동요한 새로운 기회주의, 이것 외에 다른 것일 수 없다.

7. 프롤레타리아 독재론의 현재적 타당성 검토

지금까지의 논의와 관련하여 프롤레타리아 독재론의 현재적 타당성을 검토해 보고자 한다. 프롤레타리아 독재는 현사회주의권에서 아직 초급사회주의 정도도 도달하지 못한 나라들에서는 사회주의 경제체제 및 사회제도를 굳히기 위해 아직 필요할 것이다. 그러나 그것은 중요한 단서가 붙는데 그것이 '사멸중의 국가' 단계로의 이행을 준비하는 것이어야 하는—— 위에서 서술된 의미에서의—— 레닌적 사회주의의 건설을 위한 것이어야 할 것이다. 그러나 현재 '프롤레타리아 독재'를 고수하며 개혁 사회주의를 비난하는 사회주의자들이 스탈린주의적 국가사회주의를 추구하는 한 프롤레타리아 독재의 오용이 아닐 수 없다.

한편 자본주의 주변부의 부르주아 독재사회에 대해서도 프롤레타리아 독재는 유의미할 것이다. 그러나 이 나라들을 제외한 서구와 그밖의 몇몇 나라들에서도 프롤레타리아 독재론은 유의미한 것인가?

레닌은 프롤레타리아 독재론을 전개하면서 언제나 ① 무장봉기노선을 고수하고 ② 당시의 냉혹한 부르주아 독재를 시야에서 놓치지 않고 이 두 가지 현실적 전제 하에서 프롤레타리아 독재의 불가피성을 논증하였다. 이런 상황에서 그는 정당하게 "마르크스주의자는 계급투쟁의 승인을 프롤레타리아 독재의 승인에까지 확장하는 자"이고 "이것은 마르크스주의의 진정한 이해와 승인에 대한 시금석"이라고 말하였다.[62]

그러나 레닌의 이 주장에는 중요한 단서가 붙어 있다. 레닌은 당시 부르주아 민주주의의 제한성과 그 폭력성, 혁명세력에 대한 무력탄압 등에 주목한다. 당시의 자본주의적 민주주의는 가난한 프롤레타리아를 참정권에서 배제해 오다가 겨우 1900년을 전후하여 이것을 남성노동자에게까지 확장하였고 그것도 광범한 인구층인 여성들(대부분이 프롤레타리아 여성이다)을 여전히 배제하고 있었다. 또한 언론은 순수히 부르주아의 손아귀에 있었다. 뿐만 아니라 프롤레타리아 계급 및 정당은 집회장소가 없었으며 의회제도는 부르주아적 억지투성이였다. 이에 관하여 다음과 같이 말하고 있다.

62) 『레닌선집』 Ⅱ, p. 345.

> "자본주의적 민주주의 메커니즘을 더 자세히 관찰해보면 도처에서 '사소한', 소위 사소한 선거법의 세부적 내용(거주지 조항, **여성의 배제** 등)에 있어서든 대의체의 기술에 있어서든 **집회권의 사실상의 저지**(공공건물은 '무산자'를 위해 있는 것이 아니다!) **또는 일간신문의 순수한** 자본주의적인 조직 등에서 —— 관찰하는 모든 곳에서 민주주의의 제한에 대한 중첩된 제한을 발견하게 된다"[63]

그러나 서구에서 프롤레타리아 계급의 투쟁에 의한 부르주아 민주주의의 폭넓은 발전은 당시 레닌이 목표한 저 제한들을 모두 폐기하였다. 즉 '부르주아 민주주의'라고 불리는 오늘날의 민주제도 안에는 프롤레타리아 계급의 역사적 전취물이 보편적으로 삼투되게 되었다. 서구 노동조합은 현재 거대한 자금과 공공시설을 보유하고 있으며 공산당은 보편적으로 승인되고 선거 때마다 득표수에 따라 선거자금을 국가로부터 받고 있으며, 여성참정권도 도입된 지 오래일 뿐만 아니라, 진보적 언론 및 신문도 부르주아 신문보다 수적으로 적지만 모든 대중매체가 부르주아계급의 순수한 독점물은 아니다. 즉 민주주의 제도는 부르주아 독재성을 상실하였다. 부르주아계급은 그들의 경제체제를 독재가 아니라 부르주아에게 상대적으로 유리하게 구조화된 시민사회와 이에 근거한 **헤게모니**에 의해 보위하고 있다. 따라서 서구에서 무장봉기에 기초한 폭력혁명노선은 마르크스가 그의 생존시 영국에 대해서 말했던 것처럼 "커다란 멍청이 짓"이 되고 만다.

한편 레닌이 목도했듯이 당시 칼 립크네히트와 로자 룩셈부르크의 재판없는 처형, 문명세계 전체에서 볼셰비키의 탄압, "이빨까지 무장한 나라들"의 혁명세력에 대한 학살 등이 벌어졌고, "이러한 경악스러운 모순을 산출할 수 있었던 사회관계가 실은 부르주아 독재라는 것은 명백하다." "**이러한 상황에서** 프롤레타리아 독재는 착취자의 전복과 그들의 저항의 억압을 위한 수단으로서 정당화될 뿐만 아니라 전쟁으로 귀착되었고 또 새로운 전쟁을 준비하고 있는 부르주아 독재에 대한 유일한 방위로서 근로자들 전체대중에게 절대적으로 필연적이다."[64]

그러나 레닌시대의 부르주아체제가 보이던 폭력성은 서구에서 대체로 소멸하였고 심지어 사형제도까지 폐지된 나라들이 다수 존재하며 정치범이란 아예 존재하지

---

63) 「레닌선집」 II, p. 390. 강조는 필자.

64) 「레닌선집」 III, p. 170. 강조는 필자.

않는다. 동시에 사회당 및 공산당의 부분적 압력 하에 변형된 서구자본주의(미국 제외)의 전쟁 가능성은 줄곧 약화되어왔다.

레닌은 위 인용문에서 프롤레타리아 독재의 "절대적 필연성"에 "이런 상황에서"라는 단서를 붙이고 있다. 그러나 서구에서 이 '이런 상황'은 지나갔다. 이런 까닭에 서구 좌익세력, 공산당들은 차례차례 프롤레타리아 독재를 강령에서 지우고 **프롤레타리아 헤게모니를** 추구하게 되었다. 이 헤게모니도 평화적 사회운동과 민주적 절차에 입각한 사회투쟁을 통한 **시민사회의 여론구조의 변동**을 통해서만 쟁취할 수 있을 뿐이다. 그렇지 않을 경우 그것은 "커다란 멍청이 짓"이 될 것이다. 한마디로 요약하면 서구에서 프롤레타리아 독재론은 현재적 의미를 상실하였다. 이런 까닭에 서구에서는 오래전부터 평화적 변혁이론을 개발해 왔다(이에 관해서는 여기에서 논구할 수 없겠다).

이상의 논의를 통해서 우리는 소·동구와 서구에서의 프롤레타리아 독재론의 과거 귀속성과 비유럽적 세계에서의 프롤레타리아 독재론의 현재적 의의를 차별해 낼 수 있게 되었다. 그러면 우리나라에서는 어떠한가? 이에 대한 대답은 세계의 구조변화와 국내의 정세변화에 대한 객관적 인식을 토대로 실천적 논의과정을 통해서 구해질 수 있을 것이다. 현재로서 필자는 이러한 문제제기 자체가 무의미하지는 않다고 판단하며 문제제기 선에서 그치기로 한다.

제8장
마르크스주의 과연 위기인가*
——이병천 교수의 마르크스주의 위기론에 대한 비판적 검토

1. 소·동구 개혁에 대한 교조적 '불감증'

소·동구의 변혁과정과 관련하여 '자본주의화'라는 평가가 일방적으로 지배하던 때가 있었다. 이러한 관점은 지금도 여전히 강력한 톤을 유지하면서 존재하고 있지만, 적어도 유일한 관점이기를 그친 듯하다. 그러나 소·동구의 변혁을 새로운 진보 차원으로 보는 시각간에도 커다란 입장차이가 나타나고 있다.

'자본주의화'라는 일방적 평가가 지배하던 때 진보세력은 소·동구의 변화에 대해 '놀랄만한 불감증'을 보였고, 또 여전히 이러한 인식태도는 강력히 잔존하고 있다. 이 지배적인 교조적 '불감증'은 우리나라에서는 그 나름대로의 이유가 있었다. 극소수의 사람들을 제외하고는 대부분의 사람들이 겨우 마르크스주의를 학습하는 단계에 있었고 그것도 지금은 모두 휴지조각이 되어버린 소·동구의 교과서적 마르크스주의 서적이나 서구의——구조주의적으로 '신장개업한'——스탈린주의 서적(알뛰세, 풀란차스, 발리바르) 등을 '정통이론서'로 하여 배우던 시기였기 때문이다. 이런 관계로 교조적인 입장이 진보학계에 굳게 뿌리내렸다.

이런 상황에서 소·동구의 변화에 대한 소개는 이 교조적 입장들이 이론적으로 근거하고 있다고 생각되는 고전의 몇몇 이론들에 대한 비판적 검토, 즉 고전 또는 고전가들의 본래적인 입장과 이론의 시대적 맥락의 복원에 기초해서만 가능할 뿐이었다. 소련의 페레스트로이카도 당내 보수세력과의 대결에서 처음에는 이런 정도의 자세를 보였었다. 그러나 소·동구의 체제개혁이 실은 스탈린주의의 문제점 때문에만 불가피했던 것은 아니다. 즉 마르크스-레닌주의의 본래 사상으로의 복귀

---

* 월간 「말」, 1990년 3월호.

를 통해 간단히 해소될 수 있는 것처럼 보이는 문제들 때문에만 필연적이었던 것이 아니라 새로운 시대의 도전, 즉 자본주의 국가들 안에서 급속히 전개되고 있는 과학기술혁명, 소·동구의 엄청난 경제적·기술적 낙후성, 혁명주체로 간주해온 프롤레타리아의 내적구성의 급격한 변동, 환경파괴, 핵무기 및 재래식 무기의 엄청난 집적 등의 '전지구적 문제'의 첨예화 등 새로운 사태 때문에도 불가피하였다.

이런 측면에서 볼 때 소·동구의 변화를 '마르크스-레닌주의로의 복귀'로만 보는 것은 분명 일면적인 것이다. 새로운 시대의 도전에 맞서기 위해서는 새로운 사조의 흡수, 새로운 이론의 창출 등이 불가피하기 때문이다. 그러나 '복귀'론자들이 모두 일면적인 입장에 서 있는 것은 아니다. 페레스트로이카 이론들만 하더라도 수십 년의 역사를 갖는 것이고, 비록 사람마다 큰 차이를 보이지만 '새로운' 시대의 문제들에 대해 나름대로 '새로운' 이론적 처방들을 제시하고 있다.

그러나 상술된 특이한 상황인 우리나라에서만은 이러한 소·동구의 변혁들이 갑작스러운 '마르크스주의의 위기'로 비칠 수 있다. 그러나 소위 이 '마르크스주의의 위기'는 수십 년 전에 시작되었고, 심지어 60~70년대 마르크스주의에 의해 지배되던 서구 진보학계에도 80년대 내내 '마르크스주의의 위기'론이 휩쓸었다. 물론 서구의 이 '위기론'은 소·동구의 그것과 현상형태가 다르지만 근본원인은 동일하다. 즉, 새로운 시대의 도전에 과거의 마르크스주의가 일정한 시대적 한계를 보이기 시작한 것이다. 이런 '위기'과정에서 일부는 마르크스주의를 이탈하고 일부는 나름대로 해결책을 찾았거나 또는 찾고 있지만, 대체로 합의된 이론적 조류 가운데 현재로선 소련 페레스트로이카의 이론체계와 서독 사민당이 7~8년에 걸친 논쟁과정을 통해 채택한 베를린 강령의 이론토대를 대표적인 것으로 들 수 있다.

2. 마르크스주의는 고수되고 있다

그러나 소·동구 변혁과정을 '스탈린주의의 청산·레닌주의의 복원'이라는 관점에서 해석하는 입장이 안고 있는 명백한 일면성에도 불구하고 스탈린주의가 청산되어 레닌주의로 복귀해야 한다는 명제도 여전히 타당한 것이다. 고전가들의 본래적 이념과 이론이 왜곡되고 뒤틀려 형체도 알아볼 수 없게 꼬인 부분이 산적해 있고

고전이 이 산적한 왜곡의 이데올로기적 정당화 수단으로 남용되어 왔던 것이 사실이기 때문이다. 이것은 스스로를 마르크스주의자로 느끼는 모든 이론가 및 실천운동가들이 수행해야 할 회피할 수 없는 청산의 과제이다. 그러나 이 과제의 수행은 스탈린주의 안에서 고전가들의 이론이나 사상과 동일한 요소들을 찾는 방식이 아니라, 고전가들의 이론을 재검토하고 이를 바탕으로 스탈린주의를 비판하는 방식으로 이루어져야 할 것이다. 왜냐하면 '스탈린주의에도 마르크스-레닌주의적 요소가 내재해 있다는 사실을 승인하는 것'은 통일교 교리 속에서 기독교적 요소가 내재해 있다는 것을 '승인'하는 정도의 '무의미'밖에 지니지 않은 것으로 느껴지기 때문이다.

물론 소·동구의 모든 정치세력들이 레닌주의자들이거나 마르크스주의자들인 것은 아니다. 이들 중에는 기독교 사회주의자들, 비마르크스주의적 사민당 우파세력, 사회자유주의세력, 녹색환경보호론자 등 셀 수 없이 많은 색조의 정치세력들이 섞여 있다(물론 국영 콤비나트나 국영대기업조차도 해체하고 자본주의로 복귀하려는 세력도 상당한 규모로 존재한다). 그러나 마르크스-레닌주의 개혁파의 시각은 이것을 용인하고 다당제와 다원주의의 차원에서 협력적 대결을 해나가고자 한다. 이런 개혁사회주의자들의 시각에 대한 소개를 하는 것을 현재 개혁에 참여하고 있는 모든 정치세력이 마르크스-레닌주의로의 '복귀세력'이라고 우기는 것으로 오해해서는 안 될 것이다.

또한 마르크스주의자나 마르크스-레닌주의자만이 낡은 사회주의를 개혁·보수할 수 있다고 주장하거나 그렇지 않을 경우 '사회주의의 종말' 또는 적어도 '마르크스주의의 위기'라고 단정해서도 안 될 것이다. 비마르크스주의적 좌파세력들이 주관적으로 사태를 어떻게 인식하든 그들이 활동하는 사회경제적 토대는 비록 낡아서 개선되어야 하지만 공유적 소유관계이고 따라서 이 관계의 개혁·보수에 기여할 수 있기 때문이다. 서구에서 마르크스 정당들은――공산당이든 사회당이든――지금까지 그들의 명백한 반자본주의적 정강정책에도 불구하고 대체로 자본주의적 소유관계의 개혁·보수세력으로 기능할 수밖에 없었음을 볼 때 소·동구권에서 비마르크스주의적 좌파세력에게도 기존체제의 개혁·보수의 객관적 '능력'이 있음을 인정해야 할 것이다.

물론 개혁중에 있는 모든 소·동구국가들이 개혁에 성공할 수 있을 것이라고 장담할 수는 없다. 한편으로는 반사회주의 세력이 의외로 강한 지역도 있고 다른

한편으로는 이 반혁명 세력은 극히 약하지만 사회경제적 조건이 너무 취약한 지역(예 : 루마니아)도 있기 때문이다. 그러나 지금까지 이념적 입장을 밝힐 상황에 있지 않은 루마니아 구국전선을 제외하면 신당으로 재창당된 과거의 공산당들이 '비마르크스주의적인 새로운 좌파정당으로 변신'한 당은 하나도 없다. 물론 사회당이나 사회민주당, 민주사회당 등의 명칭을 달고 재창당되면서 레닌주의를 완전히 또는 부분적으로 버린 당들은 있지만 여전히 마르크스주의는 고수하고 있다. 마르크스-레닌주의는 마르크스주의의 커다란 조류이지, 유일한 조류가 아니다.

3. 네오스탈린주의 위기=마르크스주의 위기?

사실에 관한 것이지만, 소련의 페레스트로이카가 '전인류적 가치우위론'이나 인간적 민주적 사회주의론을 제기하면서부터 마르크스-레닌주의의 '창조적 발전'의 선을 넘어선 것으로 보는 것에도 동의할 수 없다. 페레스트로이카는 처음부터 이론적으로 전인류적 가치 우위론과 인간적 민주적 사회주의론을 고전의 본래입장으로 복원하고 출발했기 때문이다. 또한 '전인류적 가치우위론'은 계급적 가치에 대해 가치서열상 전인류적 가치가 '우위'에 있다는 뜻으로 오해되는 한 개혁사회주의의 입장과 관계가 없다. '인간일반적 가치의 선차성' 테제는 프롤레타리아의 진보적 가치가 부르주아적 가치에 대해 지니는 상속관계를 새삼 강조하고, 계급이익의 관철을 위한 계급투쟁이 '적어도' 부르주아 시대까지 축적된 인간일반적 가치규칙의 파괴위험이나 파괴세력으로부터 이를 방위해야 하며, 이 방위의 문제에서는 부르주아와 프롤레타리아가 공통된 이해관계에 있다는 것을 뜻한다.

경기규칙이 경기당사자의 승리이익에 선행하듯이 계급투쟁을 규제하는 일반적 가치규칙이 계급이익에 선행하는 것은 당연하다. 이러한 명제는 원리적으로 볼 때 마르크스-레닌주의 전통 안에서 그렇게 새로울 것도 없다. 2차 세계대전 당시 파시즘에 대한 영 · 미 · 소 등의 연합을 가능케 했던 디미드로프의 인민전선론이 가장 전형적인 예일 것이다. 이러한 전통적 원칙을 냉전과 전쟁위협, 세계적 환경파괴에 직면한 시대에 다시 강조하는 것이 이단적이거나 또는 이해하기에 어려운 내용은 아닌 것이다.

새로운 시대적 도전에 대응하는 이론 문제로 다시 돌아가 볼 때 이것은 물론

어려운 과제로 떠오른다. 마르크스주의자라면 당연히 고전의 이론들이 이미 시대에 뒤떨어져 못쓰게 되었고 어떤 이론부분은 여전히 타당한가를 마르크스의 방법에 따라 비판적으로 검토하고 새로운 현실을 동일한 방법으로 이론화하려는 지향을 가질 것이다. 그러나 이러한 지향의 공통성에도 불구하고 마르크스주의자들 간에는 다른 의견을 용인하고 다른 의견들과 협력적 대결을 벌이는 관용적 자세가 지극히 결여되어 있다. 적어도 우리나라에서는 아직도 이런 비관용적 자세가 남아 있는 것 같다. 마르크스주의의 제반 명제에 대한 비판적 검토와 새로운 대안의 추구를 어렵게 하는 것은 실은 이러한 비관용적 논의구조이다. 다른 입장에 대한 관용이 없다면 이론적으로 천박한 지식의 협잡과 독선이 난무하여 새로운 이론과 전망의 창출은 지극히 어려울 것이다.

소·동구의 변혁과정이 마르크스주의에 대해 갖는 의미에 대한 '놀랄만한 불감증'은 실은 그러한 비관용적 자세의 일면인지도 모른다. 이러한 상황에서 '불감증'에 경종을 울리기 위해 —— 다른 나라에서는 셀 수 없는 사람들에 의해 셀 수 없이 언급된 —— '마르크스주의의 위기'를 말하는 것이라면 한국시간으로는 가장 현대적인 관점일 것이다. 그러나 공산당의 지도적 역할이나 냉전시대의 계급이익우위론 등의 폐기를 현대 마르크스주의의 위기로 규정한다면 그러한 표현은 '네오스탈린주의의 위기'의 잘못된 표현일 것이다. 그런데 많은 사람들이 소·동구의 변화 과정에 '놀랄만한 불감증'을 보였던 것은 감각이 없어서가 아니라, 이 '불감증'에 경종을 울리려는 관점이 전제하고 있는 '네오스탈린주의=마르크스주의' 따라서 '네오스탈린주의의 위기=마르크스주의의 위기'라는 등식에 사로잡혀 있기 때문이다.

참 고 문 헌

Afanasiew, W. G. 1974; *Wissenschaftlich-technische Revolution*, Leitung, Bildung, Berlin.

Ahlberg, R. 1978; "Die Bürokratie als herrschende Klasse in sozialistischen Gesellschaften", in : H. Geißler (Hrsg.) 1978; *Verwaltete Bürger-Gesellschaft in Fesseln. Burokratisierung und ihre Folgen für Staat, Wirtschaft und Gesellschaft*, Frankfurt am Main / Berlin / Wien.

Altvater, E. 1972; *Zu einigen Problemen des Staatsinterventionismus*, in : Prokla H. 3 (1972)

Aumeier, K. 1976; "Im Großraumburo", in : *Kursbuch* Nr. 43/1976

Baethge, M. /Oberbeck, H. 1986; *Zukunft der Angestellten. Neue Technologien und berufliche Perspektiven in Büro und Verwaltung*, Frankfurt am Main / New York.

Bahrdt, H. P. 1958; *Indüstriebürokratie — Versuch einer Soziologie des industrialisierten Bürobetriebs und seiner Angestellten*, Stuttgart.

——— 1968; "Die Krise der Hierarchie im Wandel der Kooperationsform", in : R. Mayntz (Hrsg.) 1968, *Bürokratische Organisation*, Köln/Berlin.

Bergmann, J. 1989; "Reelle Subsumtion" als arbeits-soziologische Kategorie, in : W. Schumm (Hrsg.) 1989, *Zur Entwicklungsdynamik des modernen Kapitalismus. Beiträge zur Gesellschaftstheorie, Industriesoziologie und Gewerkschaftsforschung*, Symposium für Gerhard Brandt, Frankfurt am Main / New York.

Bier, D. / Möll, G. 1989; Einige Anmerkungen zur Entwicklung des "Theorems der reellen Subsumtion" bei Gerhard Brandt, In : W. Schumm (Hrsg.) 1989; *Zur Entwicklungsdynamik des modernen*

Kapitalismus. Beiträge zur Gesellschaftstheorie, Industriesoziologie und Gewerkschaftsforschung, Symposium für Gerhard Brandt, Frankfurt am Main / New York.

Bischoff, J. (Hrsg.) 1980; *Die Klassenstruktur der BRD—Ein Handbuch*, Hamburg.

Blau, J. 1977; *Zum Ausbau des staatlichen Repressioinsapparates seit Ende der sechziger Jahre*, Frankfurt am Main.

Blume, A. 1981; Die Fabrik. *Zur Kritik betrieblicher Macht, Kooperation, Hierarchie und Disziplin*, Giesen.

Bosetzky, H. 1978; "Bürokratisierung in Wirtschaft und Unternehmen", in : H. Geiß er (Hrsg.) 1978; *Verwaltete Bürger-Gesellschaft in Fesseln. Bürokratisierung und ihre Folgen für Staat, Wirtschaft und Gesellschaft*, Frankfurt am Main / Berlin / Wien.

Braverman, H. 1977; *Die Arbeit im modernen Produktionsprozeß* Frankfurt/New York (Originalausgabe : *"Labor and Monopoly Capital. The Degradation of Work in the Twentieth Century"* 1974.).

Bühl, A. 1982; "Der unmittelbare Gewalt-und Repressionsapparat", in : *IMSF* (Hrsg.) 1982; *Der Staat im staatsmonopolistischen Kapitalismus der Bundesrepublik. Empirische Analysen*. Fakten, Farnkfurt am Main.

Bünnig, J. / Fobbe, G. / Höfkes, U. 1984; "Zur aktuellen Neustrukturierung des Kapital-und Klassenverhältnisses. Der Betrieb als Formationsbasis sozialökonomischen Strukturwandels", in : *Marxistische Studien* 7/1984.

Burnham, J. 1948; *Das Regime der Manager*, Stuttgart. (Originalausgabe; "*The Managerial Revolution*" 1941).

Burnheim, J. 1987; *Über Demokratie. Alternativen zum Parlamentarismus*, Berlin. (Originalausgabe : *Is Democracy Possible?*, Cambridge 1985)

Capital, August / 1988.

CILIP Nr. 4 / Nov. 1979.

Clawson, D. 1980; *Bureaucracy and the Labor Process. The Transformation of U. S. Industry 1860-1920*, New York/London.

Deppe, F. u. a. (Autorenkollektiv) 1988 : "Wissenschaftlich–technische Re- volution und staatsmonopolistischer Kapitalismus der BRD : Aktuelle Widersprüche und Konflikte in den Klassenbeziehungen und im staatlich - politischen System", in : *IMSF* (Hrsg.) 1988; *Wissenschaftlich-technische Revolution und Krise des staatsmonopolistischen Kapitalismus*, Frankfurt am Main.

Diligenski, G. u. a. 1987; *Die soziale Psyche der Klassen und Schichten im heutigen Kapitalismus*, Berlin.

Diligenski, G. G. u. a. 1978; "Die Mittelschichten der kapitalistischen Gesellschaft und die Arbeiterbewegung", in : *IPW* (Hrsg.), *Mittelschichten im gegenwärtigen Kapitalismus*, Berlin, 1978.

Dobb, M. 1966; *Organisierter Kapitalismus*, Frankfurt am Main.

Duda, H. 1987; *Macht oder Effizienz? Eine ökonomische Theorie der Arbeitsbeziehungen im modernen Unternehmen*, Frankfurt am Main/New York.

Edwards, R. 1981; *Herrschaft im modernen Produktionprozeß*, Frankfurt/New York (Originalausgabe : "*Contested Terrain*", 1979)

Etzioni-Halevy, E. 1983; *Bureaucracy and democracy. A political dilemma*, London/ Boston/Melbourne/Henley.

Fernstädt, H. / Ehses, H. 1984; *Personenkontrolle. Betriebliche Überwachung und Regelung des Personenverkehrs*, Heidelberg.

Fetscher, I. 1981 : *Von Marx zur Soziologie*, Frankfurt am Main.

Fritsch, H. /Stiebritz, B. 1981; *Arbeitsteilung im Kapitalismus u. Sozialismus*, Berlin.

Fritz, H.-J 1982; *Menschen in Büroarbeitsräumen*, Munchen.

Galbraith, J. K. 1974 : *Wirtschaft für Staat und Gesellschaft*, Frankfurt/Wien/ Zurüch. (originalausgabe : *Economics and The Public Purpose*, 1973).

Gelhausen, U. /Spitzner, A. 1978 ; Privatisierung der "inneren Sicherheit"?, in : *Blätter für deutsche und internationale politik* 9/1978.

Gemkow, H. u. a. 1984; *Friedrich Engels. Eine Biographie*, Berlin.

Goha, A.-A. 1988 : Reformschub. Anmerkungen zur 19. Parteikonferenz der KPdSU – Eine Einleitung zu : Gorbatschow u. a. 1988; "Die

Zukunft der Sowietunion. Die Debatte auf der Parteikonferenz der KPdSU", Köln.

Gorz, A. 1988; *Abschied vom Proletariat. Jenseits des Sozialismus*, Frankfurt am Main (Uberarbeitete Aufl. 1. Aufl. : 1980).

——— 1989; *Kritik der Ökonomischen Vernunft. Sinnfragen am Ende der Arbeits gesellschaft*, Berlin.

Haupt, H. / Kolbe, H. 1978 ; Zur Entwicklung der Intelligenz der BRD in den 70er Jahren, in : *IPW* (Hrsg.) 1978; *Mittelschichten im gegenwartigen Kapitalismus*, Berlin.

Häußermann, H. 1877;Die Politik der Bürkratie. Einführung in die Soziologie der staatlichen Ver waltung, Frankfurt am Main/New York.

Hirsch, J / Roth, R. 1986; *Das neue Gesicht des Kapitalismus. Vom Fordismus zum Post-Fordismus*, Hamburg.

Hofmann, W. 1988; *Industriesoziologie für Arbeiter. Klassenverhältnis und Arbeitsverfassung.* Eine Einführung, Heilbronn.

Ilijtschow, L. F. (Leiter des Autorenkolletivs) u. a. 1973; *Friedrich Engels. Sein Leben und Wirken*, Moskau.

Inosemzew, N. N. u. a. 1985; *Die internationale Arbeiterbewegung. Fragen der Geschichte und der Theorie*, Bd. 6, Berlin.

Isenmann, E. 1988; *Die deutsche Stadt im Spatmittelalter : 1250-1500; Stadtgestalt, Recht, Stadtregiment, Kirche, Gesellschaft, Wirtschaft*, Stuttgart.

Jung, H. 1973 ; Zu den Klassentheoretischen Grundlagen einer sozialstatistischen Analyse der Klassen- und Sozialstruktur der BRD, in : *IMSF* (Hrsg.) 1973; *Klassen- und Sozialstruktur der BRD 1950-1970, Teil I Klassenstruktur und Klassentheorie*, Frankfurt am Main.

——— 1986; *Deformierte Vergesellschaftung. Zur Soziologie des staatsmonopolistischen Kapitalismus der BRD*, Frankfurt am Main.

Karl, H. 1988 ; Zur Zukunft humanorientierter Produktionsprozesse - Elemente einer Automationspolitik von unten, in : *IMSF* (Hrsg.)

1988, *Zukunft von Technik und Arbeit - Alternativen und Strategien der Arbeiterbewegung*, Frankfurt am Main.

Keane, J. 1984 ; *Public Life and late Capitalism. Toward a socialist theory of democracy*, London/New York/New Rochelle/Melbourne/Sydney.

Kebir, S. 1990; Vergesellschaftung statt Verstaatlichung. Über die Aktualität von Gramscis Zivilgesellschaft, in : *Sozialismus* 7/90, Hamburg.

Kern, H. / Schumann, M. 1977 (Taschenbuchausgabe 1985) ; *Industriearbeit und Arbeiterbewußtsein. Eine empirische Untersuchung über den Einfluß der aktuellen technischen Entwicklung auf die industrielle Arbeit und das Arbeiterbewußtsein*, Frankfurt am Main.

——— 1984 ; *Das Ende der Arbeitsteilung? Rationalisierung in der industriellen Produckion*, München.

Kocka, J. 1981; *Die Angestellten in der deutschen Geschichte 1850-1980. Vom Privatbeamten zum angestellten Arbeiternehmer*, Göttingen.

——— 1990[1]; *Weder Stand noch Klasse. Unterschichten um 1800*, Bonn.

——— 1990[2]; *Arbeitsverhältnisse und Arbeiterexistenzen. Grundlagen der Klassenbildung im 19. Jahrhundert*, Bonn.

Köhler, R. / Speer, G. 1978; Zur Stellung der wissenschaftlichtechnischen Intelligenz in Leitungsprozessen, in : *IPW* (Hrsg.) 1978; *Mittelschichten im gegenwärtigen Kapitalismus*, Berlin.

Kuczynski, J. 1986; *Bemühungen um die Soziologie*, Berlin.

Lange, H. 1984; Die lohnabhängigen Naturwissenschaftler und Ingenieur : "Die Arbeiten werden aufgeteilt, und es wird immer mehr", in : *Marxistische Studien* 7/1984.

Leisewitz, A. 1984; Flexibilisierung und Kontrolle. Neue Technologien und Veränderungen der Betriebsstrukturen am Beispiel der Automobilindustrie, in : *Marxistische Studien* 7/1984

——— 1988; Neue Technik und Arbeit im Umbruch, in : *IMSF* (Hrsg.) 1988; *Zukunft von Technik und Arbeit- Alternativen und Strategien der Arbeiterbewegung*, Frankfurt am Main.

Lenger, Fr. 1988; *Sozialgeschichte der deutschen Handwerker seit 1800*, Frankfurt am Main.

Lenin, W. I. ; Zur sogenannten Frage der Märkte, in; *Werke* 1, Berlin 1962.

——— ; Was sind "Volksfreunde" und Wie kämpfen sie gegen die Sozialdemokraten?, in : *Werke* 1.

——— ; Eine rückläufige Richtung in der Russischen Sozialdemokratie, *Werke* 4.

——— ; Der Imperialismus als höchstes Stadium des Kapitalismus. Gemeinverständlicher Abriß Ausgewählte Werke (unten : *LAW*), Berlin 1970.

——— ; Staat und Revolution. Die Lehre des Marxismus vom staat und die Aufgaben des Proletariats in der Revolution, *LAW* 2.

——— ; Die nächste Aufgaben der Sowjetmacht, *LAW* Bd. 2.

——— ; *Bemerkungen zu Bucharins, Ökonomik der Übergangsperiode*, Frankfurt am Main/Gelsenkirchen 1981.

Liedke, R. 1988 ; *Wem gehort unsere Republik? Hundert Konzerne und ihre Verflechtungen*, Frankfurt am Main.

Luhmann, N. 1978 ; Die Organisationsmittel des Wohlfahrtstaates und ihre Grenzen, in : H. Geißler (Hrsg.) 1978; *Verwaltete Bürger – Gesellschaft in Fesseln. Bürokratisierung und ihre folgen für Staat, Wirtschaft und Gesellschaft*, Frankfurt am Main/Berlin/Wien.

Marglin, S. A. 1977 ; Was tun die Vorgesetzten? Ursprünge und Funktion der Hierarchie in der kapitalistischen Produktion, in : *Technologie und Politik* Nr. 8/1977.

Marx, K. ; *Marx Engels Werke* (MEW) Bände 1~42 und Ergängzungsbände 1~2

——— ; *Marx Engels Gesamtausgabe* (MEGA) 2. Abteilung Bande 3~8

——— ; Resultate des unmittelbaren Produktionsprozesses. *Das Kapital*. I. Buch. Der Produktionsprozeß des Kapitals. VI. Kapitel,

Frankfurt am Main (1969 veröffentlicht)

Ocqueteau, F. 1987 ; Frankreich : Private Sicherheitsdienste, in : *Bürgerrechte & Polizei* (*CILIP* Nr. 26) 1/1987.

Marx-Engels Werke(MEW), Bd. 1~42.

Neue Zeit Nr. 9/1988

Peter, L. 1988 ; Einführungsthesen zum "Themenblock : Neue Technologie und Veränderung der Arbeit : Herrschaftstechnik? Ende des Taylorismus? Ansatzpunkte betrieblicher Arbeit?", in : *IMSF* (Hrsg.) 1988; *Zukunft von Technik und Arbeit -Alternativen und Strategien der Arbeiterbewegung*, Frankfurt am Main.

Poulantzas, N. 1975; *Klassen im Kapitalismus – heute*, Berlin,

Pross, H. 1965 ; *Manager und Aktionäre in Deutschland, Untersuchung zum Verhaltnis von Eigentum und Verfügungsmacht*, Frankfurt am Main.

Pusch, R. 1975 ; Die Totalisierung der Gewalt – Anmerkungen zum Ausbau der staatlichen Gewaltpotentiale in der Bundesrepublik, in : *Albrecht*, U. / Schierholz, H. / Theilen, J. H. H. (Hrsg.) 1975 ; Anti-Wehrkunde. Basistexte zur politischen Bildung, Darmstadt/ Neuwied.

Radant, H. u. a. (Herausgeberkollektiv.) 1981 ; *Handbuch Wirtschaftsgeschichte*, Berlin.

Ritsert, J. 1988[1] ; *Gesellschaft, Einfuhrung in den Grundbegriff der Soziologie*, Frankfurt /New York.

———, 1988[2] ; *Der Kampf um des Surplusprodukt, Einfürung in den Klassischen Klassenbegriff* Frakfurt/New York.

Römer, P. 1978 ; *Entstehung Rechtsform und Funktion des kapitalistischer Privateigentums*, Köln.

Schmiede, R. 1989 ; Reelle Subsumtion als gesellschaftstheoretische Kategorie, in : W. Schumm (Hrsg.) 1989; *Zur Entwicklungsdynamik des modernen Kapitalismus. Symposiom für Gerhard Brandt*, Frankfurt am Main.

Schumm-Garling, U. 1972 ; *Herrschaft in der industriellen Arbeitsorganisation*, Frankfurt am Main.

Semmler, B. M. 1984 ; Die Großbetriebe und ihre Belegschaften. Angaben zum großbetrieblichen Sektor der Bundesrepublik, in : *Marxistische Stundien* (Hrsg. v. IMSF) 7/1984.

Sereni, E. 1981 ; "Von Marx zu Lenin : Die Kategorie "ökonomische Gesellschaftsformation". in : IMSF(Hrsg.), *Ökonomische Gesellschaftsformation, Theorie und Geschichte*, Frankfurt am Main. 1981.

Sohn-Rethel, A. 1972[2] ; *Geistige und körperliche Arbeit*, Frankfurt am Main. (Englische Ausgabe 1978; Intellectual and Manual Labour—A Critique of Epistemology.)

————1972[2]; *Die ökonomische Doppelnatur des Spätkapitalismus*, Darmstadt/ Neuwied.

————1973; Technische Intelligenz zwischen Kopitalismus und Sozialismus, in : R. Vahrenkamp (Hrsg.), *Technologie und Kapital*, Frankfurt am Main. 1973.

Speier, H. 1989; *Die Angestellten vor dem Nationalsozialismus. Zur deutschen Sozialstruktur 1918-1933*, Frankfurt am Main.

Der Spiegel Nr. 33/1986, 8. Juni/1987 u. Nr. 7/1988.

Steinkühler, F. 1986 ; Befreiung der Arbeit. Betriebliche und politische Mobilisierung von Arbeitnehmerinteressen, in : K. van Haaren/ H.-U. Klose/M. Müller (Hg.) 1986; Befreiung der Arbeit. Strategien gegen Arbeitslosigkeit, Naturzerstörung und Entfremdung, Bonn.

Stollberg, R. 1988 ; *Soziologie der Arbeit*, Berlin.

Strasse, J. /Traube, K. 1982 ; Technik und Herrschaft, in : R. Jokisch (Hrsg.), *Techniksoziologie*, Frankfurt am Main. 1982.

Taylor, Fr. W. 1913 ; *Die Grundsätze wissenschaftlicher Betriebsführung* (autorisierte Übersetzung von 1913. (Originalausgabe : "*The Principles of Scientific Management*"), Nachdruck : Weinheim / Basel 1977.

Teschner, M. 1989 ; "Was ist Klassenanalysse? Klassenverhältnis, Ausbeutung und Macht", in : W. Schumann (Hrsg.), *Zur Ertwicklungsdynamik des modernen Kapitalismus*, Frankfurt am Main.

Therborn, G. 1987 ; Auf der Suche nach dem Handeln. Geschichte und Verteidigung der Klassenanalyse, in : *Prokla* 66.

Thesen des Zentralkomitees der KPdSU zur 19. Unionsparteikonferenz (Angenommen vom Plenum des ZK der KPdSU am 23. Mai 1988), in : M. Gorbatschow / L. Abalkin u. a. 1988 ; Die Zukunft der Sowietunion. Die Debatte auf der Parteikonferenz der KPdSU, Köln.

Töpfer, B. u. a. (Autorenkollektiv) 1985 ; *Allgemeine Geschichte des Mittelalters*, Berlin.

Udy jr., S. H. 1968 ; Bürokratische und rationale Elemente in Webers Bürokratiekonzeption, in : R. Mayntz (Hrsg.) 1968 ; *Bürokratische Organisation*, Köln/Berlin.

Ullrich, O. 1979 ; *Technik und Herrschaft. Vom Handwerk zur verdinglichten Blockstruktur industrieller Produktion*, Frankfurt am Main.

———1979; *Weltniveau. In der Sackgasse des Industriesystems*, Berlin

———1986; Modernisierung oder Entindustrialisierung? Überlegungen zur Technologiepolitik, in : Projektgruppe Gruner Morgentau (Hrsg.) 1986; *Perspektiven ökologischer Wirtschaftspolitik. Ansätze zur Kultivierung von ökonomischen Neuland*, Frankfurt am Main/New York

Ullrich, R. 1988 ; Neuer Belegschaftstyp : High-tech-Konzern, in : *IMSF* (Hrsg.) 1988; *Zukunft von Technik und Arbeit – Alternativen und Strategien der Arbeiterbewegung*, Frankfurt am Main 1988.

Vahrenkamp, R. 1976 ; Taylors Leben – ein Mittelklassentraum. Überlegungen zu seinem Rätsel, in : *Kursbuch* Nr. 43/1976.

———1977; Frederick Winslow Taylor — Ein Denker zwischen Manufaktur und Großindustrie, in : Einführung zum Nachdruck von Fr. W. Taylors "*Die Grundsätze wissenschaftlicher Betriebsführung*", Weinheim/

Basel 1977.

Volpert, W. 1977 ; Von der Aktualität des Taylorismus, in : Einführung zum Nachdruck von Fr. W. Taylors "Die Grundsätze wissenschaftlicher Betriebsführung", Weinheim/Basel 1977.

Weber. M. 1984 ; Die protestantische Ethik I. Eine Aufsatzsammlung, hrsg. v. j. Winckelmann.

——— 1985, *Wirtschaft und Gesellschaft*, Tübingen (1. Ausgabe : 1922), besorgt, V. J. Winckelmann.

Winzer, R. u. a. (Autorenkollektiv) 1980 ; *Körperlicher und Geistiger Arbeit im Sozialismus*, Berlin.